2025년 개정증보판

소득세법론

김완석 · 정지선 공저

SAMIL | 삼일인포마인

제31판 증보판을 내면서

제30판이 출간된 이후 2024년에도 연례행사처럼 소득세법 및 관련 법령에서 개정이 이루어졌다. 이와 같은 법령의 개정부분과 그 동안 집적된 판례 등을 중심으로 하여 소득세법론의 내용을 수정·보완하면서, 평소에 미흡하다고 생각하던 부분의 내용을 바꾸고 다듬었다. 짧은 시간 안에 개정작업을 마무리하다 보니 미흡한 부분이 적지 않을 것으로 생각된다. 원래는 2025년부터 금융투자소득세가 시행될 예정이었지만, 그 시행시기가 미루어 졌으며, 여러 문제점 때문에 결국은 폐지되었다. 전면개편이 이루어지지 않은 것이 저자의 게으름 때문인데, 핑계를 대고 있는 것 같아서 부끄럽다.

이 책이 어느덧 제31판으로 세상에 나오게 되었다. 이 책의 특징으로서는 다음과 같은 점을 들 수 있다.

첫째, 이 책은 소득세법령을 중심으로 하여 소득세법의 기본원리와 실정세법의 해석론을 제시하는 데에 초점을 맞추었다. 그리고 최근까지의 헌법재판소의 판례 및 대법원 판례를 모두 반영하여 서술하였다. 소득세법 기본통칙을 비롯한 행정해석은 특히 중요하다고 판단되는 것만을 다루었다.

둘째, 개정판이 나올 때마다 판례 등을 반영하기 때문에 부득이하게 지면이 늘어나지만, 지면을 900쪽 안팎에 맞추었다. 따라서 지엽적인 사항, 지나치게 실무적이거나 기술적인 사항들은 기술에서 제외하였다. 그리고 세액의 감면·세액공제·준비금 등과 같은 각종 우대조치의 법적 성질, 최저한세제도 등과 같은 기본적인 원리를 제외하고는 조세특례제한법상의 개별적인 각종 우대조치들은 본서의 기술범위에서 제외하였다.

셋째, 이 책은 같은 출판사에 출간하는 법인세법론(제25판)과 짝을 이루어 출판된 것이다. 그런데 소득세와 법인세는 모두 강학상의 소득세(Income Tax)로서 많은 부분에 있어서 그 원리는 물론이고 실정세법상의 개개의 규정에 이르기까지 그 내용을 같이 하고 있다.

그러므로 소득세법론을 집필함에 있어서는 지면상의 제한 때문에 법인세법론과 다음과 같이 그 역할을 분담하였다.

• 소득과세의 원리와 그 이론적 고찰에 관하여는 주로 소득세법론에서 다루었다. 소득세

의 과세원칙·과세소득의 개념과 범위·과세단위·누진세율구조 및 자본이득 등은 소득세법론에서 다루고, 법인세법론에서는 법인세의 성격과 배당소득에 대한 이중과세 조정에 관하여 다루었다. 다음으로 동업기업에 대한 조세특례제도(조세특례제한법 제10절의 3)는 법인세법론에서 다루었다.

- 감가상각비의 손금산입·충당금 및 준비금의 손금산입 등을 비롯한 소득금액 계산과 관련한 부분은 특히 소득세에 특유한 사항을 제외하고는 법인세법론에서 깊이 다루었다. 그러므로 소득세에 있어서 감가상각비의 필요경비산입·재고자산의 평가·충당금 및 준비금의 필요경비산입 등을 비롯한 소득금액 계산과 관련한 부분은 법인세법론을 참고하길 바란다.

- 원천징수제도 및 토지 등의 양도소득에 관하여는 소득세법론에서 상세히 다루었다. 법인세의 원천징수와 토지 등 양도소득에 대한 법인세의 이론부분은 법인세법론을 참고하길 바란다.

바쁜 중에서도 이 책을 출판하여 주신 삼일피더블유씨솔루션 이희태 대표이사님과 임연혁 차장님, 편집 및 교정에 수고하여 주신 편집부 여러분에게 진정어린 감사의 인사를 드린다. 또한, 개정내용을 꼼꼼하게 체크해 주고, 교정을 도와 준 현연지 세무사에게 감사 드린다.

2025년 2월
저 자

머리말

所得稅는 개인의 租稅負擔能力을 직접적으로 表象하는 소득에 대하여 부과하는 조세로서 納稅義務者의 개인적 사정을 고려하고 超過累進稅率을 적용함으로써 應能負擔의 原則을 실현하려고 한다. 또한 소득세의 과세구조는 最低生活費 免稅와 관련하여 자칫하면 납세의무자의 인간다운 생활을 할 權利를 침해하고 나아가서는 인간으로서의 尊嚴과 價値를 해칠 수도 있는 것이다.

그리고 所得稅는 각국의 세제에 있어서 중추적인 지위를 차지하고 있을 만큼 稅收寄與度가 높고 경제활동에 참여하는 모든 국민을 납세의무자로 하고 있는 大衆稅이다. 이와 같은 소득세의 높은 稅收寄與度와 大衆稅的인 성격은 당해 조세가 국민경제 또는 국민에게 얼마만큼 영향을 미치며 重要性을 갖는 것인가를 대변하여 주고 있는 것이다.

한편, 所得課稅制度, 그 중에서도 특히 個人所得稅制度는 다른 어떤 조세보다도 심오한 이론의 집적물이다. 課稅所得의 槪念과 範圍, 課稅單位, 人的控除制度, 累進稅率構造, 資本利得課稅, 同一所得에 대한 二重課稅의 調整 및 負의 所得稅에 관한 이론들이 그 전형적인 예이다.

결론적으로 소득세만큼 중요하고 깊은 이론적인 바탕을 필요로 하는 租稅는 없다고 단정하더라도 지나치지 않다고 생각한다. 그럼에도 불구하고 지금까지 所得稅의 理論的 探究는 우리의 관심 밖에 놓여 있었다.

이 책의 출판은 이와 같은 현실에 대한 작은 도전이다. 그러나 미숙함과 재주 없음에 대한 부끄러움이 이 책의 出版을 망설이게 하였음도 否定하기 어렵다.

이 책은 다음과 같은 기본구도 아래 저술하였다.

첫째, 대학 및 대학원의 교과서로 사용하도록 記述하였다. 특히 이 책의 내용 중 약 3분의 1 정도는 所得稅 基本理論의 소개와 外國所得稅制와의 比較法的 考察에 안배하였다. 다만, 大學(학부)의 강의는 제1편(所得稅의 基本理論) 중 제1장과 제2편 이하만을 다루면 될 것으로 생각한다.

즉 제1편 중 제2장 내지 제8장은 學部講義에서는 제외하되, 단지 필요한 부분만을 참조하는 방법으로 강의를 진행하면 좋을 것이다.

둘째, 實定稅法의 解釋論에서는 가능한 한 이론과 실무의 接木化에 노력하였다. 이에 따라 기본통칙과 판례 중 기본적이고 중요한 것은 모두 교과서의 내용 안에 受容하였다. 특히 판례는 최근(1993년 8월말 현재)의 것까지 모두 수록하였음을 밝혀 둔다.

셋째, 實定稅法의 해석상 다툼이 있거나 해석에 있어서 異見이 제기되고 있는 부분을 중점적으로 다루었다. 다만, 교과서의 분량관계로 쟁점 중에서 충분한 討論과 結論을 전개 또는 유도하지 못한 부분도 있음을 지적하여 둔다. 아울러 著者가 취한 견해 중에서도 소수의 견해에 해당하거나 미숙한 부분이 있으리라고 생각한다. 연구하면서 補完하기로 한다.

넷째, 所得稅法의 내용 중 '事業者의 必要經費의 計算'에 관한 부분은 반드시 소득세법에서 언급하여야 할 부분을 제외하고는 지면관계로 법인세법의 교과서에 그 책임을 넘겼다. 在庫資産의 評價·準備金 및 充當金의 必要經費算入 등에 관한 부분 등이 이에 해당한다. 이 부분은 法人稅法에서 보충하여 주기를 바란다.

이 책을 집필하기 위하여 약 1년 정도에 걸쳐서 자료를 수집하고, 그 수집한 자료를 읽고 정리하였다. 그러나 막상 집필시간은 신학기에 쫓기어 6개월이 채 못되는 짧은 기간 안에 강행군을 함으로써 미숙아의 상태로 세상에 내놓게 되었다. 미흡한 부분은 다음 改訂版에서 補完할 것을 약속드린다. 서울시립대 崔明根 敎授님의 열화같은 재촉과 독려가 없었다면 아마 또 한두 해 정도 出産이 미루어졌을 것이다.

금년에 정년퇴직을 맞는 恩師 金伊烈 先生님에게 이 지면을 빌려 뜨거운 감사를 표하며, 餘生이 지금까지와 같이 늘 보람차고 힘차도록 기도드린다.

그리고 미숙한 이 책의 出版을 허락하여 주신 조세통람사 徐源鎭 사장님과 편집·조판 및 교정 등에 수고하신 編輯部 여러분에게 진심으로 감사의 마음을 전하고자 한다. 또한 원고 정리와 교정을 도와 준 李在雲 稅務士에게도 감사드린다.

1994년 1월

법령약어표

기　법 … 국세기본법	지　　법 … 지방세법
기　령 … 국세기본법시행령	지　　령 … 지방세법시행령
법　법 … 법인세법	相　　法 … 상속세및증여세법
법　령 … 법인세법시행령	相　　令 … 상속세및증여세법시행령
법　칙 … 법인세법시행규칙	처　　법 … 조세범처벌법
법　통 … 법인세법기본통칙	주 등 법 … 주민등록법
부　법 … 부가가치세법	표준분류 … 한국표준산업분류
부　령 … 부가가치세법시행령	국 조 법 … 국제조세조정에관한법률
소　법 … 소득세법	국 조 령 … 국제조세조정에관한법률시행령
소　령 … 소득세법시행령	부동산실명법 … 부동산실권리자명의등기에
소　칙 … 소득세법시행규칙	관한법률
소　통 … 소득세법기본통칙	금융실명법 … 금융실명거래 및 비밀보장에
조특법 … 조세특례제한법	관한법률
조특령 … 조세특례제한법시행령	기회기 … 기업회계기준

AO … Abgabenordnung(독일 조세기본법)

EStG … Einkommensteuergesetz(독일 소득세법)

KStG … Krperschaftsteuergesetz(독일 법인세법)

ICTA … Income and Corporation Taxes Act(영국 소득 및 법인세법)

IRC … Internal Revenue Code(미국 내국세법)

TCGA … Taxation of Capital Gains Act(영국 자본이득과세법)

日本 所法 … 일본 소득세법

日本 法法 … 일본 법인세법

日本 國通 … 일본 국세통칙법

차례

차례

제4편 거주자의 양도소득에 대한 납세의무

제5편 비거주자의 소득에 대한 납세의무

제6 편   원천징수

차례

제1편

소득세의 기본이론

제1장

소득세의 의의와 특성

제1절 소득세의 의의와 중요성

소득세(Income Tax, Einkommensteuer)란 소득을 과세물건으로 하여 부과하는 조세를 총칭하는데, 개인이 얻는 소득에 대하여 부과하는 개인소득세(Individual Income Tax)와 법인이 얻는 소득에 대하여 부과하는 법인소득세(Corporate Income Tax)로 구분하는 것이 일반적이다.

현행 세법에서는 개인소득세를 소득세로, 법인소득세를 법인세로 부르고 있다. 그러므로 아래에서는 소득세를 개인소득세의 의미로 한정하여 사용하기로 한다.

소득세는 각 개인의 부담능력을 가장 직접적으로 표상하는 소득을 과세물건으로 하면서 개인적인 사정을 고려하고 누진세율을 적용하기 때문에 응능부담의 원칙(Leistungsfähigkeitsprinzip)을 실현하기에 가장 적합한 조세이다.

그리고 소득세는 각국의 세제에서 중추적인 지위를 차지하고 있을 만큼 세수기여도가 높다. 우리나라의 2023년도 소득세 징수액은 115조 833억원으로서 내국세 징수액의 37.4%를 차지하고 있다.[1]

다음으로 종합소득세의 납세의무자는 2023년 말 현재 10,414,651명[2]으로 근로소득자 및 연금소득자를 포함한 원천납세의무자를 가산하면 약 1,290만 명[3]을 넘어서고 있다.

즉 모든 국민을 납세의무자 또는 잠재 납세의무자로 하고 있는 것이다. 이와 같은 소득세의 대중세적인 성격은 바로 소득세가 국민경제 또는 국민에게 얼마만큼 영향을 미치며, 아울러 중요성을 갖는 조세인가를 가리키는 척도로 볼 수도 있는 것이다.

이 밖에 소득세가 조세체계상 차지하는 위치를 살펴보면 다음과 같다.

첫째, 소득세는 과세권의 주체가 국가이므로 국세에 해당한다. 그리고 소득세는 재화의

---

1) 국세청, 「2024 국세통계」(2024).
2) 2023년 양도소득세의 납세의무자는 608,630원이다.
3) 근로소득자 중의 일부는 확정신고대상 과세인원에 포함될 수 있기 때문에 일부 인원은 중복적으로 계산되었다.

수입 등에 부과하는 관세와는 달리 내국세에 속한다.

둘째, 소득세는 입법자가 세액의 전가를 고려하지 아니하고 납세의무자와 담세자가 일치할 것을 예정한 조세이므로 직접세에 해당한다.

셋째, 소득세는 조세수입의 용도를 특정하지 아니한 조세이므로 보통세에 해당한다.

넷째, 소득세는 인적사정을 고려하여 과세하는 조세이므로 인세에 해당한다.

다섯째, 소득세는 과세물건을 측정하는 척도가 화폐단위로 표시되는 소득금액이기 때문에 종가세이다.

제2절 소득세의 생성과 발달

1 소득세의 생성과 보급

소득세를 최초로 도입한 나라는 영국이다. 나폴레옹전쟁의 전비를 조달할 목적으로 1799년에 핏트(W. Pitt)에 의하여 최초로 도입되었고, 필(Peel)에 의하여 1842년부터 항구적인 세제로 정착되기에 이르렀다.[4]

그러나 각국의 세제 중에서 소득세가 명실공히 중요한 위치를 차지하게 된 것은 20세기에 들어와서부터이다. 미국에서는 남북전쟁 때, 즉 1862년부터 1871년까지 일시적으로 소득세를 도입한 적이 있었으나 항구적인 세제로 정착된 것은 1913년 "합중국 의회는 각 주(州)에 배분함이 없이, 그리고 국세(國勢)조사나 인구수에 관계없이 모든 원천으로부터의 소득에 대한 세금을 부과·징수할 권리를 가진다"라는 수정헌법 제16조가 채택된 이후부터이다.[5]

프랑스에서는 1914년에 소득세를 도입하였다. 그리고 독일에서는 1891년에 프로이센에서 소득세를 주세(州稅)로 도입하였고, 1920년에는 연방세로 채택하였다.[6]

이 시기에 이르러 소득세제가 성숙기를 맞게 된 것은 독점자본주의 단계에서 "비싼 정부"가 출현함으로써 비롯되었다. 특히 이 시기에는 주식회사제도가 보급되어 이윤·이자·배당·임금과 같은 소득의 분화가 명백하여지고 소득계산실무도 보다 합리적으로 개선되었

---

4) Chris whitehouse & Elizabeth stuart - Buttle, Rebenue Law - principle and practice, 10th edition(Butterworths, 1992), p.23.
5) John K. Mcnulty, Federal Income Taxation of Individuals, 4th edition(West Publishing Co., 1988), p.5.
6) Klaus Tipke/Joachim Lang, Steuerrecht, ein systematischer Grundriβ, 13. Aufl.(verlag Dr. Otto Schmidt, 1991), S.192.

으며, 게다가 재정수요가 폭발적으로 증가함으로써 소득세를 발전시키는 계기가 되었던 것이다. 노이마르크(F. Neumark)에 의하면 소득세의 발전조건으로서 정확한 소득계산의 가능성, 유효한 세무행정의 존재, 비싼 정부로의 움직임, 소득세를 받아들이는 심리, 혁명이나 위기와 같은 사회적 조건의 존재 등을 지적하였는데, 20세기 전후의 사정이 이러한 조건들을 충족시킬 수 있었으므로 소득세가 급속하게 발전하기에 이른 것이다.

그리고 제2차 세계대전시에는 임금소득에 대한 원천징수제도를 채택하기에 이르렀다. 일본에서는 1940년, 미국에서는 1943년, 영국에서는 1944년에 원천징수제도가 채택되었다.

2 우리나라에 있어서의 소득세의 연혁[7]

가. 일정(日政) 아래에서의 소득세제

1926년 조선총독부 안에 설치한 세제조사위원회가 일반소득세를 조세체계의 중추로 하는 세제개혁안을 작성한 바 있다. 그러나 과세기술, 부담형평 및 실행상의 이유 등으로 도입이 연기되었다가 1934년에 비로소 창설되기에 이르렀다. 1934년에 도입한 일반소득세는 제1종 소득세(법인소득)[8] · 제2종 소득세(이자 및 배당소득과 같은 원천과세소득) 및 제3종 소득세(제2종에 속하지 않는 개인소득으로서 종합과세의 대상임)의 3종으로 구성되어 있었다. 특히 제3종 소득세의 경우에는 최저 0.3%에서 최고 27%까지의 22단계 초과누진세율구조를 채택하고 있었으며, 가족단위합산과세제도를 채택하여 동거가족의 소득금액을 합산하여 세액을 산정하도록 하였다.

이와 같은 소득세제는 중 · 일전쟁 및 제2차 세계대전을 치르면서 전비조달을 목적으로 수차례에 걸쳐서 개정이 이루어졌다.

나. 미군정기(美軍政期)의 소득세제

미군정 초기에는 일정 아래에서의 소득세제를 일부 수정하여 시행하였다. 그러던 중 1947년 6월 21일과 1948년 4월 1일 두 차례에 걸쳐 조선소득세령의 개정을 통하여 소득세제를 개편하였다.

먼저 1947년 6월 21일의 개정에서는 근로소득공제율의 현실화와 소득세율의 인상(최저 1%부터 최고 53%까지의 누진세율에서 최저 3%부터 최고 90%까지 누진세율로의 인상)이 있었다.

---

7) 재무부, 「한국세제사」 상권, 1979.
8) 법인소득세는 이미 1916년 8월에 신설되었던 것인데, 1934년에 소득세 안에 포함시키게 된 것이다.

다음으로 1948년 4월 1일의 개정에서는 제3종 소득의 추가와 부동산 등의 양도차익에 대한 과세 등에 의하여 과세소득의 범위를 확대하고 인적공제액을 현실화하였다. 그리고 제1종 및 제2종 소득 중 갑종에 대한 비례세율은 인상하되, 제3종 소득에 대한 초과누진세율은 최고세율을 90%에서 70%로 인하하였다.

다. 건국 후의 소득세제

1948년 8월 15일 정부수립 후에 세제개혁위원회를 설치하고 세제개혁을 추진하였다. 이에 따라 1949년 7월 15일에 소득세법(법률 제33호)을 새로이 제정하여 공포하였는데, 그 특색은 다음과 같다.

첫째, 법인소득세를 소득세에서 분리하여 법인세로 독립시켰다.

둘째, 소득세를 일반소득세(부동산소득·사업소득·산림소득·배당소득 등)와 특별소득세(청산소득분배금·퇴직급여소득·비영업대금이자소득·일시소득·공채 및 사채이자소득·은행예금이자소득 등)로 구분하였다. 일반소득세는 최저 4%에서 최고 65%까지의 16단계 초과누진세율에 의하여 종합과세하였고, 특별소득세는 소득원천별로 초과누진세율 또는 차등비례세율에 의하여 분류과세하였다.

셋째, 종전에 과세소득의 범위 안에 포함하였던 양도소득을 과세에서 제외하였다.

그 후 6·25동란을 거치면서 전비조달의 목적으로, 그리고 휴전 후에는 전재복구(戰災復舊)를 목적으로 소득세법을 개정하기에 이르렀고, 그 뒤에도 여러 차례에 걸쳐 소득세법을 개정하였다.

라. 경제개발기 이후의 세제

1) 1961년 소득세법의 제정

1961년의 5·16혁명 이후에 경제개발계획을 추진하기 위하여 세제개혁을 단행하였다. 즉 1961년 12월 8일에 구소득세법을 폐지하고 새로운 소득세법(법률 제821호)을 제정하였는데, 그 특색은 다음과 같다.

첫째, 종전의 부분적인 종합소득세제의 요소를 제거하여 완전한 분류소득세로 전환하였다.

둘째, 과세소득을 부동산소득·배당이자소득·근로소득·사업소득 및 기타소득의 다섯 종류로 구분하였다.

셋째, 부동산소득·사업소득 및 근로소득에 대하여는 3단계의 초과누진세율(부동산소득 및 사업소득의 경우에는 15%에서 30%까지, 근로소득의 경우에는 7%에서 25%까지)을, 배당이자소득과 기타소득에 대하여는 비례세율을 적용하였다.

넷째, 외화획득산업에 대한 세제상의 지원을 확대하고, 경제개발 5개년계획에 필요한 전략업종을 중요산업감면업종으로 추가하였다.

1961년 이후에도 여러 차례에 걸쳐 소득세법의 개정이 있었으나 주로 세율에 관하여 행하여졌고 제도의 근본적인 골격에는 변동이 없었다.

2) 1967년 소득세법의 제정

경제개발을 지원하기 위한 재원조달을 원활하게 함과 아울러 세제유인기능을 강화하기 위하여 1967년 11월 29일 종전의 소득세법을 폐지하고 새로운 소득세법(법률 제1966호)을 제정하여 시행하기에 이르렀다. 그 특색은 다음과 같다.

첫째, 분류과세제도를 종합과세제도로 전환하기 위한 단계적 조치로서 종전의 분류소득세체제를 그대로 유지하면서 각 분류소득별로 일정액(사업소득 300만원, 부동산소득 150만원, 근로소득 240만원, 배당이자소득 150만원, 기타소득 100만원) 이상으로서 두 종류 이상의 분류소득 합계액이 500만원 이상인 고소득자에 한하여 다시 종합과세하도록 개정하였다.

둘째, 예술가 및 직업운동가 등의 소득을 자유직업소득으로 신설하고 위약금·배상금 및 알선수수료를 기타소득에 추가하는 등 과세소득의 범위를 확충하였다.

셋째, 세율을 전반적으로 인상하였다. 근로소득에 대한 세율은 소득계급을 다단계화함과 아울러 최고세율을 50%로 인상하였으며, 부동산소득과 사업소득에 대한 세율도 최고세율을 55%로 인상하였다. 부동산소득과 사업소득에 대한 세율은 종합소득에 대하여도 그대로 적용하였다. 그리고 비례세율인 배당이자소득에 대한 세율은 종전의 12% 또는 10%에서 각각 15%씩으로 인상하였다.

넷째, 투자 및 수출증대를 위한 유인책으로 중요산업감면 또는 외화획득감면제도를 투자세액공제제도 또는 세액공제제도로 전환하였고, 국외근로소득에 대한 면세, 공개법인의 이익배당 등에 대한 비과세 및 주택자금세액공제제도가 채택되었다.

다섯째, 자진신고납부를 유도하기 위하여 가산세 및 세액공제를 개선하고, 원천징수의 범위를 확대하였다. 이후에도 10여 차례에 걸쳐 세법 개정이 이루어졌으나, 주로 세율의 개정이 주류를 이루고 있었다.

마. 1974년 소득세법의 전면개정

1974년 12월 24일 법률 제2705호로 공포되어 1975년 1월 1일부터 시행한 소득세법에서는 과세소득을 종합소득(이자소득·배당소득·부동산소득·사업소득·근로소득·기타소득)· 퇴직소득·양도소득 및 산림소득으로 구분하고, 퇴직소득·양도소득 및 산림소득을 제외한 나머지 소득을 개인별로 종합과세하도록 개정하였다. 다만, 이자소득·배당소득 및 부동산소득과 같은 자산소득에 대하여는 세대단위로 합산과세를 하도록 하였다. 그리고 1968년 이래 시행하여 오던 부동산투기억제세를 소득세제 안에 흡수·보완하여 양도소득세를 신설하였다. 특히 양도소득을 제외한 기타의 소득에 대한 세율은 최저 8%에서 최고 70%까지의 16단계 초과누진세율로 통합하였다.

바. 1994년 소득세법의 전면개정

금융실명제의 실시로 그 기반이 마련된 이자소득 및 배당소득과 같은 금융소득에 대한 종합과세를 도입함과 아울러 소득세의 확정방식을 종전의 부과과세제도에서 신고납세제도로 전환함에 따라 소득세법령의 조문을 전면개편하였다.

소득세법 개정의 주요내용은 아래와 같다.

첫째, 이자소득 및 배당소득과 같은 금융소득에 대한 종합과세를 도입하였다. 즉 부부단위로 금융소득이 4,000만원을 초과하는 경우에는 그 금융소득을 종합소득 과세표준에 합산하여 과세하도록 개정하였다.

둘째, 자산소득합산과세의 단위를 종래의 세대단위에서 부부단위로 개정하였다.

셋째, 종합소득세 등의 최고세율을 40%로 인하하고 세율구분도 종래의 6단계에서 4단계로 단순화하였다. 그리고 종래의 필요경비적 공제, 개인적 지출에 관한 공제, 특별소득공제 및 인적공제를 통합·단순화하였다.

넷째, 소득세(양도소득에 대한 소득세를 제외한다)의 확정방식을 종래의 부과과세제도에서 신고납세제도로 전환하였다.

다섯째, 총수입금액 등의 귀속연도와 자산 등의 평가에 있어서 사업자가 계속적으로 적용하여 온 기업회계기준 등을 소득세법령보다 우선 적용하도록 개정하였다. 그리고 기업회계를 대폭적으로 수용하여 기업회계와 세무회계의 차이를 축소하였다.

제**3**절　소득세의 분류

　소득세는 과세방법에 따라 크게 종합소득세와 분류소득세로 대별할 수 있다.

　종합소득세(global income tax)란 소득의 원천이나 소득의 종류에 관계없이 모든 소득을 종합하여 누진세율에 의하여 과세하는 방법이다. 과세최저한의 설정, 개인적 사정의 고려, 누진세율의 적용 등에 의하여 부담능력에 따른 공평한 과세를 실현할 수 있을 뿐만 아니라 소득재분배의 유효한 수단이 되고 있다. 다만, 징세 및 납세상의 절차가 복잡하고 자진신고의 탈루 등에 의한 탈세의 위험성이 높다.

　이에 대하여 분류소득세(schedular income tax)란 근로소득·배당소득·이자소득·사업소득 등 소득원천에 따라 소득금액의 계산방법 및 세율을 달리하여 각각 과세하는 제도이다. 소득원천에 따라 단일비례세율 또는 복수비례세율을 적용하여 원천징수방법으로 과세하게 되므로 납세와 징세절차가 간편하다는 장점이 있다. 그러나 같은 금액의 소득을 가진 사람간에도 소득원천에 따라 차별적인 과세를 행하는 점, 소득원천에서 주로 비례세율에 의하여 과세를 행하는 점 및 납세자의 개인적인 사정을 고려할 수 없는 점 등으로 인하여 응능부담의 원칙을 구현할 수 없는 단점을 안고 있다.

　소득과세론의 흐름은 분류소득세제에서 포괄적 소득세(comprehensive income tax)에 바탕을 둔 종합소득세제로 이행하여 왔다. 소득세제가 처음으로 도입된 시기에는 세무행정능력 또는 수용태세의 미흡, 소득의 원천 및 분배구조의 단순성, 근로소득에 대한 경과(輕課)와 불로소득에 대한 중과(重課)라고 하는 소박한 공평관 등으로 말미암아 분류소득세제가 일반적으로 채택되었다. 그러나 급속한 경제발전으로 인하여 주식회사가 출현하고 자본시장이 대형화됨에 따라 자본이득을 포함한 소득원천의 다양화와 분배구조의 복잡화가 필연적으로 수반되었으며, 조세수입의 수요도 폭증되기에 이르렀다. 제한적인 소득개념과 소득원천에 따른 차별과세를 특징으로 하는 분류소득세제가 위와 같은 상황에 대처할 수 없었음은 명백하다. 이에 따라 각국의 소득세제는 거의 예외없이 종합소득세제로 이행하게 되었던 것이다. 다만, 우리나라의 경우에는 종합과세를 원칙으로 하되, 장기간을 통하여 소득이 집적·형성된 퇴직소득 및 양도소득에 대하여는 결집효과(bunching effect)[9]를 완화할 필요 등에 의하여 종합소득과 합산하지 아니하고 해당 소득단위로 합산하여 분류과세하도록 하고 있다.

---

9) 묶음효과 또는 다발효과라고도 한다.

제4절 소득세의 특성 및 문제점

1 소득세의 특성

가. 공평성의 확보

소득세는 개인의 담세력을 가장 직접적으로 표상하는 소득을 과세물건으로 하는 조세이다. 그리고 부양가족의 수와 같이 담세능력에 영향을 미치는 객관적인 요인을 과세에 고려할 뿐만 아니라 초과누진세율구조를 채택함으로써 개인의 담세능력에 상응한 공평한 과세를 달성할 수 있다. 다만, 소득개념의 불명확성과 방만한 조세우대조치의 설정 등으로 인하여 과세 베이스가 침식되고 있고, 이와 같은 과세 베이스의 침식은 필연적으로 과세의 공평성을 침해하는 요인으로 작용하고 있다.

나. 소득재분배의 달성과 경기조절기능의 수행

소득세는 개인적인 사정을 고려한 인적공제제도와 누진세율구조에 의하여 소득재분배의 기능을 수행한다. 뿐만 아니라 소득세는 위와 같은 인적공제제도와 초과누진세율구조로 인하여 조세의 소득탄력성이 매우 크게 나타나게 된다. 이로 인하여 경기 하강기에는 소득세액이 소득감소액보다 급격하게 감소하게 되며, 경기 상승기에는 소득세액이 소득증가액보다 현저하게 증가하여 경기를 자동적으로 안정시키는 기능, 즉 조세의 자동적 안정장치(built-in stabilizer)로서의 기능을 수행하게 되는 것이다. 특히 원천징수제도와 예납제도는 소득발생시점과 세액의 납부시점과의 시차(time lag)를 단축시킴으로써 경기조절기능을 강화하는 요인으로 작용한다.

다만, 근래에 이르러 소득세율이 점차 비례세율화하고 있으며, 이와 같은 비례세율화 추세는 소득세에 의한 소득재분배기능과 경기조절기능을 약화시키고 있다.

다. 과세의 충분성의 보장

소득세는 각국의 세제에서 중추적인 지위를 차지하고 있을 만큼 세수기여도가 높다. 특히 소득세는 비교적 시장가격기구에 충격을 주지 않으면서 많은 규모의 세수를 조달할 수 있는 이점이 있는 조세이다.

2　소득세의 문제점

가. 세무행정의 복잡성

소득세는 소득을 과세물건으로 하고 있으므로 과세표준의 산정과정이 매우 어렵고, 더욱이 다양한 원천으로부터 얻어진 소득을 종합하여야 하기 때문에 필연적으로 세무행정을 복잡하게 한다. 특히 인적사정을 고려하기 위하여 마련된 각종 공제제도는 세무행정을 더욱 복잡하게 하는 요인이 되고 있다.

나. 탈세 또는 조세회피행위에 의한 불공평의 초래

경제가 성장하고 경제구조가 고도화함에 따라 소득의 원천 또는 소득의 종류가 다양화하게 되고 경제활동인구 또한 엄청나게 증가하게 되었다.

소득세는 납세의무자의 높은 납세윤리 또는 납세의식수준·과세관청의 고도의 행정능력 및 수용능력 등을 존립기반으로 하고 있으나, 현실은 미처 이와 같은 요구를 충족하지 못하고 있는 실정이다. 이로 인하여 소득의 탈루에 따른 탈세가 성행하게 되고 탈법행위를 통하여 소득세를 회피하려는 경향이 증대하고 있다. 그리고 탈세 및 조세회피의 증대는 필연적으로 과세의 불공평을 심화시키는 요인으로 작용하고 있다.

다. 납세자의 심리적 중압감 등

소득세는 직접세이기 때문에 납세의무자에게 심리적인 중압감을 준다. 뿐만 아니라 소득세는 납세의무자에게 장부의 기장이나 과세표준과 세액의 신고 등과 같은 의무의 이행을 강제하고 있기 때문에 높은 납세협력비용(compliance costs)이 소요된다.

라. 경제성장에 대한 저해적 효과

소득세는 민간의 투자 및 저축을 감소시키는 경향이 있으며, 아울러 특히 높은 한계세율은 근로의욕을 위축시키기 때문에 경제성장에 대하여 저해적인 효과를 갖는다.

제5절 소득세의 과세원칙

소득세의 과세원칙이란 소득세 제도를 입안하거나 소득세를 과세함에 있어서 준거하여야 할 기본원칙이다. 소득세의 과세원칙으로서는 응능부담의 원칙, 기간과세의 원칙 및 혼인과 가족생활의 보호원칙을 들 수 있다.

1 응능부담의 원칙

응능부담의 원칙(ability-to-pay principle, Leistungsfähigkeitsprinzip)이란 경제적인 급부능력(wirtschaftlichen Leistungsfähigkeit)에 따른 과세의 원리[10]로서 동일한 경제적 능력에 대하여는 동일한 조세가 부담되어야 하며(수평적 공평), 보다 높은 담세력이 있는 자는 보다 낮은 담세력을 갖는 자에 비하여 보다 많은 조세를 부담하지 않으면 안된다고 한다(수직적 공평). 그리고 담세력이 아닌 것에 대하여는 과세할 수 없으며, 담세력을 넘는 과세 또한 허용되지 않는다고 한다.

이와 같은 응능부담의 원칙은 조세평등 내지 조세정의를 실현하기 위한 조세법상의 기본원칙으로서 헌법 제11조에 그 근거를 두고 있다고 하겠다. 그런데 소득세는 경제적인 급부능력을 직접적으로 표상하고 있는 소득을 과세물건으로 삼고 있기 때문에 응능부담의 원칙을 실현함에 있어서 가장 적합할 뿐만 아니라 중요한 조세로 평가되고 있다.

따라서 응능부담의 원칙은 소득세의 과세원칙 중에서 최상층에 위치하는 최고의 기본원칙의 지위를 차지하고 있다고 하겠다. 그러나 조세정의의 관념에서 도출되고 있는 응능부담의 원칙은 그 내용이 어느 정도 추상적일 수밖에 없다. 그러므로 하위의 실천적인 법원칙에 의하여 그 내용을 구체화할 필요가 있는 것이다.

그러므로 응능부담의 원칙은 종합과세의 원칙·순소득과세의 원칙·최저생활비 면세의 원칙·실질과세의 원칙 및 누진과세의 원칙 등과 같은 실천적 원리에 의하여 구체화되고 있다고 하겠다.

가. 종합과세의 원칙

소득세는 자연인에게 귀속된 모든 소득을 종합하여 과세하는 것을 원칙으로 한다. 이를

---

10) Klalus Tipke/Joachim Lang, Steuerrecht, ein systematischer Grundriβ, 14. Aufl.(Verlag Dr. Otto Schmidt, 1994), S.75.

종합과세의 원칙(Totalitätsprinzip)이라고 한다. 물론 소득의 발생원천별로 분류과세하는 경우도 있으나, 이 경우에는 수평적 공평은 물론이고 수직적 공평의 달성이 어렵게 된다. 부담능력에 상응하는 공평한 과세는 종합과세에 의하여 실현될 수 있다. 즉 자연인에게 귀속된 모든 소득금액을 합산한 후에 개인적 사정을 고려한 인적공제액을 차감하여 과세표준을 산정하고, 여기에 누진세율을 적용하여 세액을 산정하는 종합과세제도야말로 응능부담의 원칙을 구현하기 위한 최선의 장치인 것이다. 따라서 소득세는 분류과세보다는 종합과세를 선택하는 것이 훨씬 바람직한 것이다.

나. 순소득과세의 원칙

소득세는 소득, 즉 총수입금액에서 필요경비를 공제한 순소득액에 대하여 부과하여야 한다. 이를 순소득과세의 원칙(Nettoprinzip)[11]이라고 하는데, 객관적 순소득과세의 원칙이라고도 한다.

순소득액만이 사적 생활 또는 납세를 위하여 자유로 처분할 수 있으며, 객관적 담세력 또는 급부능력을 나타내기 때문이다. 따라서 총수입금액에서 필요경비의 공제를 허용하지 아니하고 소득금액을 산정한다거나 소득금액이 아닌 것을 소득금액으로 의제하여 소득세를 과세하는 것은 허용되지 않는다고 하겠다.

또한 순소득과세의 원칙에는 투하자본 내지 원본에 대하여 소득세를 과세하여서는 안된다는 내용을 포함하고 있다. 투하자본 내지 원본은 소득을 창출하는 수단이기는 하나 소득 그 자체는 아니기 때문이다. 객관적 담세력을 표상하는 소득이란 순자산의 증가를 의미하는 것이므로 투하자본의 회수에 상당하는 유입부분이 소득을 구성하지 않음은 당연한 것이다.

투하자본 내지 원본을 소득세 과세에서 제외하여야 한다는 순소득과세의 원칙은 응능부담의 원칙과 포괄적 소득개념의 필연적 귀결일 뿐만 아니라 자본주의의 확대재생산이라는 경제논리의 요구이기도 하다.

다. 최저생활비 면세의 원칙

자신과 가족의 최저생활비(Faimilienexistenzminimum), 즉 자신과 가족의 생존을 위하여 불가피하게 소비하지 않으면 안될 최저한의 지출은 소득세의 과세표준에서 제외하지 않으면 안 된다. 이와 같은 불가피한 인적공제의 과세제외는 조세우대조치(Steuervergünstigungen) 또는 조세법상의 보조금 교부가 아니고 담세력에 근거한 과세를 실현하기 위한 필요적 조

---

11) Ludwig Schmidt, EStG Einkommensteuergesetz Kommentar, 9. Aufl.(Verlag C.H.Beck, 1990), S.13 : Klaus Tipke / Joachim Lang, a.a.o., S.203.

치인 것이다. 최저생활비의 면세는 헌법상 기본권의 이념적 기초 또는 기본권보장의 목적인 인간으로서의 존엄과 가치를 실현하기 위한 경제생활에 있어서의 최저한의 조건인 것이다. 따라서 납세의무자와 그 가족의 생존을 위한 최저생활비에도 미치지 못하는 소득에 대한 소득세의 과세는 위헌임을 면하기 어려운 것이다.

최저생활비 면세의 원칙을 주관적 순소득과세의 원칙이라고도 부른다.

라. 누진과세의 원칙

소득세는 응능부담의 원칙, 특히 수직적 공평(vertical equity)을 달성하기 위하여 누진과세제도를 채택하고 있다. 누진과세는 인적공제와 누진세율에 의하여 수행한다. 다만, 지나치게 급격한 누진성은 근로의욕을 위축시키고 저축 및 투자활동을 저해하는 등의 부작용을 초래한다. 따라서 세율의 누진성을 결정함에 있어서는 공평(equity)이나 사회적 정의뿐만 아니라 효율(efficiency) 또는 경제적 효과도 아울러 고려할 필요가 있는 것이다.

마. 실질과세의 원칙

과세소득의 귀속이 명의일 뿐이고 사실상 귀속되는 자가 따로 있는 때에는 사실상 귀속되는 자를 납세의무자로 하여 소득세를 과세한다. 이를 실질소득자 과세의 원칙 또는 귀속에 관한 실질과세의 원칙이라고 한다. 그리고 과세소득의 판정 또는 과세표준의 계산 등은 소득 등의 명칭이나 형식에 불구하고 그 실질내용에 따라야 한다. 이를 거래내용에 관한 실질과세의 원칙이라고 한다. 이와 같은 실질과세의 원칙은 응능부담의 원칙을 실현하기 위한 실천적 원리인 것이다.

다음으로 제3자를 통한 간접적인 방법이나 2 이상의 행위 또는 거래를 거치는 방법에 의하여 세법의 혜택을 부당하게 받기 위한 것으로 인정되는 경우에는 그 경제적 실질에 따라 당사자가 직접 거래한 것으로 보거나 연속된 하나의 행위 또는 거래로 보아 세법을 적용하도록 함으로써 제3자거래(우회거래)나 단계거래 등을 통한 조세회피행위를 부인하도록 하고 있다.

2 기간과세의 원칙

소득세는 자연인의 생애소득을 기준으로 과세하는 것이 마땅하지만 과세의 편의를 고려하여 인위적으로 기간을 확정하고, 그 확정한 기간을 단위로 하여 세액을 산정·부과하도록 하고 있다.

소득세는 보통 1역년을 기준으로 해당 기간에 획득한 소득을 기준으로 하여 소득세를 산정한다. 이를 기간과세의 원칙이라고 한다. 이와 같은 기간과세의 원칙(Periodizitätsprinzip)은 가치원칙이 아니고 기술상의 원칙(technisches Prinzip)에 해당한다.[12] 생애소득(Lebenseinkommen)을 인위적인 기간 단위로 구획하여 과세표준을 산정하도록 하고 있는 기간과세의 원칙은 그 산정과정에 자의적인 요소가 개입될 수 있는 소지를 부정하기 어렵다. 이와 같은 자의적인 요소를 완화하기 위하여 제한적이기는 하나 결손금 소급공제(carry back, Verlustrücktrag) 또는 결손금 이월공제(carry over : carry forward, Verlustvortrag)가 허용되고 있으며, 특히 변동소득에 대하여는 평균과세(income averaging, Durchschnittsbesteuerung)[13]를 허용하는 경우도 있다.

3　혼인과 가족생활의 보호원칙[14]

소득세는 누진세율구조를 채택하고 있기 때문에 과세단위의 선택에 따라서 소득세의 크기가 영향을 받게 된다. 그러므로 소득세제를 입안함에 있어서는 소득세가 혼인 및 가족생활을 방해하거나 부부 및 가족을 불리하게 취급하는 결과를 초래하지 않도록 고려하여야 한다.

헌법 제36조 제1항에서 "혼인과 가족생활은 개인의 존엄과 양성(兩性)의 평등을 기초로 성립되고 유지되어야 하며, 국가는 이를 보장한다"고 규정하고 있다. 이와 같은 헌법 제36조 제1항은 혼인 및 가족제도에 관한 최고의 헌법원리임과 아울러 민주적 혼인제도와 가족제도에 관한 제도적 보장이며, 또한 주관적 방어권[15]으로서의 성격을 갖고 있다.

그런데 혼인 및 가족생활의 보장에는 혼인의 자유의 보장도 포함[16]하고 있기 때문에 소득세가 혼인징벌세(Ehestrafsteuer) 또는 결혼세(marriage tax)로서 기능하는 것, 즉 결혼 전에 각자가 부담하던 소득세의 합계액보다 혼인 후에 부부가 부담하는 소득세의 합계액이 오히려 과중하게 되는 부부단위 합산비분할주의는 헌법에 위반되는 것이다. 그리고 자녀의 소득을 부모의 소득과 합산하여 과세하는 세대단위 합산비분할주의도 동일한 이유로 헌법에 위반된다고 하겠다. 소득세는 누진세율구조를 채택하고 있으므로 소득세의 과세단위를 개인·부부 또는 가족 중의 어느 것으로 하느냐에 따라서 소득세의 부담에 차이가 생기게

---

12) Klaus Tipke/Joachim Lang, a.a.o., S.203.

13) 그 대표적인 방법이 연분연승법(年分年乘法)이다.

14) Klaus Tipke 교수는 조세법의 기본원칙 중의 하나로 "혼인 및 가족의 차별금지의 원칙"을 들고 있다(Klaus Tipke / Joachim Lang, a.a.o., SS.53~55).

15) 權寧星, 「憲法學原論」(法文社, 1994), p.300.

16) 金哲洙, 「憲法學原論」(博英社, 1992), p.536.

된다. 따라서 과세단위를 비롯한 소득세제는 혼인 또는 가족생활에 대하여 적어도 중립적이어야 하며, 혼인으로 인하여 소득세의 부담이 오히려 늘어나게 되는 것은 혼인의 자유를 침해하는 것이다.

독일에서는 부부단위 합산비분할주의를 규정하고 있던 소득세법(Einkommensteuergesetz) 제26조가 "혼인 및 가족은 국법상 특별한 보호를 받는다"는 기본법(Grundgesetz) 제6조 제1항에 위배되어 위헌이라고 판시하였고,[17] 이어서 자녀합산과세제도도 같은 조항에 위배됨을 선언한 바 있다.[18]

우리 헌법재판소도 자산소득에 대하여 부부단위 합산비분할주의를 채택하고 있던 소득세법 제61조 제1항이 합리적인 근거 없이 합산대상 자산소득이 있는 혼인한 부부를 소득세 부과에 있어서 차별취급하는 것이기 때문에 헌법 제36조 제1항에 위반된다고 판시하였다.[19] 이와 같은 헌법재판소의 위헌결정에 따라 종전의 자산소득에 대한 부부단위 합산비분할주의를 폐지하고 개인단위주의로 전환하게 되었다.

---

17) 1957.1.17., BVerfGE Bd. 6, S.55.
18) 1964.6.30., BVerfGE Bd. 18, S.97.
19) 헌법재판소 2002.8.29., 2001헌바82.

제2장

과세소득의 개념과 범위

제1절 과세소득의 범위에 관한 학설과 포괄적 소득개념

1 포괄적 소득개념의 의의

소득(income, Einkommen)은 소득세의 중심개념을 이루고 있다. 그러므로 소득세의 이론적 고찰은 당연히 소득개념의 검토로부터 시작되지 않으면 안되는 것이다.

소득의 개념 또는 범위는 경제학·회계학 및 법학 등 학문별 관점에 따라 상이하며, 같은 학문분야라 할지라도 학자에 따라 현저한 견해의 차이를 드러내고 있다. 소득세의 과세물건인 소득, 즉 과세소득의 개념에 관하여도 견해가 일치하지 않고 있으며, 과세소득의 범위에 관한 각국의 입법례 또한 그 나라의 정치적·사회적·경제적 또는 문화적 지반의 차이에 따라 상당한 차이점을 드러내고 있다. 따라서 시대와 공간을 초월하는 과세소득의 개념 또는 범위를 일의적으로 확정한다는 것은 사실상 불가능한 것이다.

과세소득의 개념 또는 범위를 둘러싸고 전통적으로 소득원천설과 순자산증가설이 대립하여 왔다. 소득원천설(Quellentheorie)은 소득의 개념을 제한적으로 파악한 학설로서 F. Neumann과 B. Fuisting 등에 의하여 주창되었다. 소득원천설에서는 소득을 노동·사업 또는 재산과 같은 특정의 원천으로부터 주기적 또는 반복적으로 유입되는 수입이라고 정의한다. 소득원천설에 따르게 되면 주로 요소소득만이 과세소득을 구성하는 것으로 된다. 주기설(Periodiziatätstheorie)이라고도 한다.

이에 대하여 순자산증가설(Reinvermögenszugangstheorie) 또는 포괄적 소득개념(comprehensive income concept, einheitliche Einkommensbegriff)은 샨츠(G. V. Schanz), 헤이그(R. M. Haig) 및 사이몬스(H. C. Simons) 등에 의하여 주창된 것으로서 과세소득을 포괄적으로 파악하려고 하였다. 샨츠는 소득을 일정한 기간에 있어서의 순자산의 증가(Zugang von Reinvermögen)[20]라고 정의하였다. 이 견해에 따르면 고정자산의 양도차익, 복권당첨소득,

---

20) G. V. Schanz, Der Einkommensbegriff und die Einkommensteuergesetze, Finanzarchiv 13. Jg., 1896, S.7.

상속 또는 증여로 인하여 취득한 재산 등과 같은 일시적 또는 우발적인 성격의 소득까지 모두 과세소득의 범위에 포함하게 되는 것이다.

헤이그는 소득을 만족(satisfaction)의 유입이라는 측면에서 이해하였다. 그러나 헤이그는 소득을 단순히 만족 그 자체로서가 아니고 경제적 욕구를 충족시킬 수 있는 힘(power)의 증가라는 형태로 이해하여 소득을 일정한 두 시점 사이에 증가된 경제력의 평가액이라고 정의하였다.[21]

그리고 사이몬스는 개인소득을 소비에 충당된 권리의 시장가치와 특정한 기간에 있어서의 기초와 기말 사이의 축적된 재산권 가치의 변화의 합계액이라고 정의하였다.[22] 즉 소득이란 기말의 재산권 가액에 해당 기간 동안의 소비액을 가산하고 기초의 재산권 가액을 공제하여 얻은 결과를 가리키는 것이다.

일정기간에 있어서의 소비를 c, 기말과 기초의 축적된 재산권의 가치를 각각 W_1, W_0라고 할 때, 사이몬스의 정의는 다음과 같이 등식화할 수 있다.

$$Y = c + (W_1 - W_0) = c + \Delta W$$

이상에서 살펴본 바와 같이 포괄적 소득세에 있어서는 원천을 달리하는 근로소득·사업소득·자산소득 및 이전소득 등이 그 형태나 실현 여부에 관계없이 모두 과세소득을 구성한다. 따라서 변형급여(fringe benefits),[23] 자기소유 주택의 귀속임대료를 비롯한 귀속소득(imputed income), 미실현 자본이득(unrealized capital gains), 사회보장급부 등도 과세소득에 산입하는 것이다. 과세소득을 담세력(steuerliche Leistungsfähigkeit)의 지표로 파악할 때에 순자산증가설 또는 포괄적 소득개념이 소득원천설보다 훨씬 담세력의 포착이라는 목적에 부합하는 우월한 소득개념이라고 하지 않을 수 없다.

---

21) R. M. Haig, "The Concept of income-Economic and Legal Aspects," in R. M. Haig ed. The Federal Income Tax(Columbia University Press, 1921), p.7.

22) Henry C. Simon, Personal income taxation(University of Chicago Press, 1938), p.50.
　원문을 소개하면 다음과 같다. "personal income may be defined as the algebraic sum of (1)the market value of rights exercised in consumption and (2)the change in the value of the store of property rights between the beginning and end of the period in the question."

23) fringe benefits의 의미와 내용은 명확하지 않으나, 넓은 의미(광의)로는 "현금소득 이외의 모든 소득(all advantages other than cash income)", "현금에 의하지 않는 이익(noncash benefits)", "추가적 급부"라는 의미 등으로 쓰이는 경우가 있다. 좁은 의미(협의)로는 근로소득만으로 국한하여 "금전에 의하지 않고 지급되는 급여(compensation paid other than in cash)" 또는 "현물급여(compensation in kind)"라는 의미로 쓰이고 있다. 후자의 의미로 쓰여지는 경우가 일반적이다. 필자는 fringe benefits를 "변형급여"라는 용어로 번역하여 사용하고자 한다.

포괄적 소득개념이 소득원천설보다 우월한 이유로서는 다음과 같은 점을 지적할 수 있다.

① 비주기적 소득, 특히 자본이득(capital gains)도 경제력의 증가에 기여할 뿐만 아니라 자본이득에 대하여 비과세하는 것은 조세회피행동을 자극한다. 즉 자본이득에 대하여 비과세하게 되는 경우에는 배당소득 등과 같은 자산소득을 자본이득으로 전환시켜 소득세의 부담을 회피하게 되는 것이다.

② 원천을 달리하는 이질적인 소득이라 하더라도 같은 금액의 소득은 같은 경제력 또는 소비능력을 갖는다. 즉 "1달러는 어디까지나 1달러"인 것이다. 반면에 원천을 같이하는 소득이라 하더라도 서로 다른 금액의 소득은 다른 금액의 경제력 또는 소비능력을 갖는다.

③ 경제의 성장과 발전에 따라 소득원천의 다양화가 진행되고 있고, 동일한 납세자가 복수의 소득을 획득하는 경우가 일반화되고 있다. 따라서 과세소득을 일정한 원천으로부터 주기적 또는 반복적으로 유입되는 소득만으로 한정하는 경우에는 담세력을 표징하는 소득의 상당한 부분이 과세에서 제외되는 결과가 되어 부담의 불공평을 초래할 뿐만 아니라 증대하는 조세수요에도 응답할 수 없어 타당하지 않다.

④ 과세소득개념의 포괄화와 각종 소득의 동등한 과세상의 취급에 의하여 수평적 공평을 달성할 수 있다. 그리고 과세소득개념의 포괄화는 평균세율의 인하와 세율누진도의 완화를 가져올 수 있으며, 이로 인하여 노동공급·저축·사업의욕 등과 같은 경제적 저해효과를 극소화하고 탈세유인을 약화시킬 수 있는 이점이 있다.

이상과 같은 이유로 각국의 소득세제는 정도의 차이가 있기는 하나 모두 포괄적 소득개념의 바탕 위에 구축되고 있다. 단지, 실행가능성이나 공익 또는 국가정책상의 필요 등을 고려하여 인정하고 있는 과세제외항목의 다과(多寡)에 차이가 있을 뿐이다.

한편, 포괄적 소득개념에 바탕을 둔 소득세제를 포괄적 소득세(comprehensive income tax : CIT)라고 부른다.[24] 포괄적 소득세는 일반적으로 포괄적 소득개념, 각종 소득의 종합과세 및 초과누진세율을 그 특징으로 한다.

2 포괄적 소득세의 채택에 관한 제안

가. Carter 보고서상의 과세소득의 범위

1) 과세소득의 범위

포괄적 소득개념에 바탕을 둔 포괄적 소득세의 채택을 제안한 보고서 중 대표적인 것

---

24) 金子宏, "所得稅の課稅ベース,"「所得稅・法人稅の課稅ベース」租稅法硏究, 第17號 (有斐閣, 1989), p.16 ; 藤田晴, 「所得稅の基礎理論」(中央經濟社, 1992), p.18.

으로서는 캐나다의 카터 보고서를 들 수 있다. 카터 보고서에서 주장하고 있는 과세소
득의 범위를 요약하면 다음과 같다.[25]

가) 법인 등의 소득

법인 · 신탁 등과 같은 매개기관(intermediaries)의 소득은 개인의 과세표준에 산
입한다. 매개기관을 독립된 과세단위로 취급하지 아니하고 그 주주나 수익자에게만
과세하는 것으로서 개인소득세와 법인소득세의 완전통합을 의미한다.

나) 고용자소득

고용자소득에는 임금 · 봉급 · 상여 이외에도 고용주가 부담하는 변형급여(fringe
benifits : 현물급여 및 연금, 건강보험갹출금 등)를 포함하여야 한다.

다) 자산소득

과세소득에는 이자 · 배당 · 임대료 등과 같은 자산소득뿐만 아니라 자산의 매각에
서 발생하는 자본이득(capital gains)을 포함한다. 자본이득에 대하여 비과세하는 경
우에는 이자 · 배당 또는 임대료 등을 자본이득으로 전환시켜 조세를 회피하려고 하
는 현상이 일반화할 가능성이 있다. 그러나 자본이득에 대하여는 자산의 유동화를 강
요할 뿐만 아니라 평가상의 어려움이 있음을 이유로 소득의 발생시점이 아닌 실현시
점에서 과세하도록 하되, 다만 자산의 소유자가 사망하거나 출국하여 비거주자가 되
는 경우 또는 가족 이외의 자에게 증여하는 경우에는 실현된 것으로 의제하도록 한다.

라) 귀속소득

원칙적으로 모든 귀속소득이 과세소득에 포함되어야 한다. 그러나 자기소유 주택
의 귀속임대료를 비롯한 귀속소득의 상당한 부분은 소득 측정상 또는 평가상의 어
려움으로 말미암아 과세의 실행가능성이 희박하며, 따라서 해당 소득들은 과세에서
제외하여야 한다.

마) 증여 · 상속

생전증여(inter vivos gifts) 또는 상속으로 인하여 취득한 재산은 모두 소득에
포함하여 소득세를 과세할 것을 제안하고 있다. 이와 같이 수증재산 및 상속재산을
과세소득에 포함하는 대신에 현행의 증여세 및 상속세와 같은 독립된 조세는 폐지
하여야 한다.

---

25) Kenneth Le M. Carter et al, "Report of the Royal Commission on Taxation", Taxation of Income, Volume
3(Queen's Printer and Controller of Stationery, 1966), pp.39~58, 513.

바) 정부의 이전지출

사회보장급부 등과 같은 정부의 이전지출도 포괄적 소득개념에 따라 과세소득에 산입할 것을 권고하고 있다. 만일 이와 같은 이전지출에 과세하지 않는다면 동액의 근로소득을 얻는 사람들이 과세상 불공평한 취급을 받는 결과가 되기 때문이다.

2) 포괄적 소득개념과 카터 보고서상의 과세소득의 범위간의 괴리

가) 자산증가액의 평가 및 과세

자산증가액(예 : capital gains)에 대한 과세시기가 발생시점에서 실현시점으로 후퇴하고 있다는 점이다. 이로 인하여 자산의 매각 등 실현을 연기하여 조세부담을 회피하는 경향이 나타난다. 그리고 실현시점에 과세하는 경우에는 누진세율로 말미암아 실현시점에 일시적으로 세부담의 급증을 가져오게 된다. 그러므로 평균과세방법 등과 같은 장치를 도입하지 아니하면 자산의 유동화를 제약하는 봉쇄효과(lock-in effect)가 발생하게 된다.

나) 전면적인 인플레이션 조정

카터 보고서에서는 실질소득에만 과세한다고 하는 사고방식이 반드시 명확한 것은 아니다. 만일 세율구조나 자산소득 등에 대하여 인플레이션 조정을 행하지 아니하면 인플레이션으로 인하여 보다 높은 한계세율구간으로 진입하는 현상(Bracket-creep)이 발생할 뿐만 아니라 인플레이션 이익에 대하여 과세가 행하여지게 된다. 공평성 또는 경제적 중립성이라고 하는 점에서도 인플레이션의 소득세에 관한 악영향은 극히 큰 것이다.

다만, 자동안정장치(built-in stabilizer)로서의 기능이 강화된다는 긍정적인 측면은 있다.

다) 소득평가의 곤란

귀속소득 및 변형급여를 정확하게 평가 또는 측정하여 과세하는 것은 지극히 어렵다. 그러므로 자기소유 주택의 귀속임대료를 과세에서 제외할 것을 제안하고 있는 것이다.

나. 1984년 미국의 재무부 보고서

1984년의 미국의 "공평·간소 및 경제성장을 위한 세제개혁-레이건 대통령에 대한 재무부 보고서"(이하 '재무부 보고서'라고 한다)는 소득세제가 과세제외·소득조정·소득공제 · 세액공제의 확장에 의하여 현저하게 복잡하고 불공평한 제도로 전락하였음을 지적하면서 과세소득의 범위를 확대함으로써 포괄적 소득세로의 회귀를 강력하게 주장하였다.

과세소득의 범위의 확대와 관련된 제안을 요약하면 다음과 같다.[26]

① 사용인이 사용주로부터 근로의 대가로 수취하는 일체의 급여가 과세소득에 포함되지 않으면 안된다. 따라서 그 동안 과세에서 제외하여 왔던 사용주가 지급하는 특정한 변형급여(fringe benefits)는 모두 과세대상에 포함하여야 한다.

② 실업보상, 산재보상, 광산병 및 퇴역군인의 장해급부에 대한 비과세 혜택을 폐지 또는 감축하여야 한다.

③ 장학금 및 연구장학금에 대한 비과세 조치는 과세소득으로부터 교육비를 지출하고 있는 일반납세자와 비교하여 과세상 형평을 잃고 있기 때문에 과세로 전환함이 타당하다. 그리고 종교 · 자선 · 과학 · 예술 · 문학 또는 시민적 업적에 대한 표창에 따른 상금도 담세력을 증가시키는 것이므로 과세소득에 포함시켜야 한다.

④ 주세(州稅) 및 지방세의 공제를 폐지하고 자선기부금 및 지급이자의 공제를 제한하여야 한다.

⑤ 개인적 소비의 성격을 띠고 있는 업무추진비 및 출장여비 등이 사업경비로서 공제되고 있기 때문에 과세의 불공평을 야기하고 소비선택을 왜곡하고 있음을 지적하고 이에 대한 공제를 제한할 것을 지적하였다.

⑥ 장기자본이득(long-term capital gains)에 대한 특별공제제도(자본이득의 60%에 상당하는 금액을 특별공제하는 우대조치)를 폐지하여야 한다.

⑦ 인플레이션 조정을 통하여 실질소득만을 과세소득으로 포착하여야 한다.

이와 같은 재무부 보고서는 다소의 수정을 거쳐 1986년 11월에 상하양원합동위원회에서 가결되어 현재 시행 중에 있다. 앞의 제안 중 변형급여에 대한 과세대상 확대와 자본이득에 대한 인플레이션 조정은 수용되지 못하였다.

---

26) Tax Reform for Fairness, Simplicity, and Economic Growth-The Treasury Department Report to the President(Volume 1 overview), Office of the Secretary Department of the Treasury, 1984, pp.73~84.

3 포괄적 소득개념에 대한 비판

가. 포괄적 과세 베이스 논쟁

포괄적 소득개념에 의한 과세소득의 확대요구는 공평한 과세를 달성하는 것이 주된 목적이었으나, 실제의 운용실태는 각종 조세특별조치의 남발로 인하여 과세소득의 잠식, 수평적 및 수직적 공평의 손상, 세제의 복잡화와 같은 부정적 측면만이 현저하게 드러나기에 이르렀다. 이에 따라 포괄적 소득개념에 대하여 비판이 제기되기에 이르렀는데, 비트카(B. I. Bittker)의 논문 "소득세 개혁의 목표로서의 포괄적 과세 베이스"가 그 시작이라고 할 수 있다. 비트카는 포괄적 소득개념은 과세소득에 관한 중립적·과학적 척도가 될 수 없으며 세제개혁의 기준도 될 수 없다고 주장하였다.[27] 그 이유로서 당시의 미국의 소득세제가 여러 가지 특례, 우대조치, 법령의 허점 또는 누수현상(exceptions, preferences, loopholes or leakage) 등으로 말미암아 과세 베이스의 침식을 결과하였을 뿐만 아니라 포괄적 소득개념과도 엄청나게 괴리되고 있음을 지적하였다.

이와 같은 비트카의 비판론에 대하여 포괄적 소득개념을 옹호하는 학자들의 거센 반발이 있었다. 머스그레이브(R. A. Musgrave)·페크만(Joseph A. Pechman) 및 갈빈(Charles Galvin)이 그 대표적인 학자들이었다.[28]

이 중에서 특히 머스그레이브는 집행상의 가능성이라는 관점에서 포괄적 소득개념의 적용이 제한되는 경우가 있으며, 또한 다른 정책목표의 달성을 위하여 공평이라는 목표를 희생하여야 할 경우가 있음을 시인한다. 그럼에도 불구하고 공평한 소득세제를 구축하기 위해서는 기초적 소득개념의 확립이 전제조건을 이루게 되며, 이와 같은 관점에서 여전히 포괄적 소득개념은 최선의 것이라고 주장하였다.[29]

머스그레이브는 조세부담을 공평하게 배분하기 위해서는 동등한 지위에 있는 사람들은 동일한 액수의 조세를 지불하고 서로 다른 지위에 있는 사람들은 지위의 차이에 따라 각각 다른 액수의 조세를 지불하여야 한다고 주장하였다. 이와 같은 수평적 공평과 수직적 공평을 유지하기 위해서는 동등한 지위 내지 동등하지 않은 지위를 구분할 수 있는 척도가 있어야 하는데, 소득이 바로 이와 같은 척도에 해당한다고 보았다. 그리고 담세력의 지표 내지 척도로서의 소득은 부의 증가와 같이 포괄적으로 정의될 필요가 있음을 강조하면서 그 증

---

27) B. I. Bittker, "A comprehensive tax base as a goal of income tax reform," Harvard Law Review, Volume 80, No.5, 1967, pp.980~985.

28) R. A. Musgrave, J. A. Pechman 및 C. Galvin은 비트카의 포괄적 소득개념에 대한 비판논문을 반박하는 논문들을 Harvard Law Review(Volume 81)에 게재하였다.

29) R. A. Musgrave, "In defence of an income concept," Harvard Law Review, Volume 81, No.1, 1967, p.44.

가가 규칙적인 것, 예기된 것 및 실현된 것인지의 여부와는 관계없이 소득을 구성한다고 보았다.[30]

나. 시장소득설의 등장

순자산증가설의 입장에서는 경제적 이득의 형태나 실현 여부에 관계없이 일정한 기간에 있어서의 순자산의 증가를 모두 과세소득으로 파악한다. 이와 같은 과세소득에는 변형급여, 자기소유 주택의 귀속임대료를 비롯한 귀속소득, 미실현 자본이득 등이 모두 포함되는 것이다.

그러나 이와 같은 순자산증가설은 과세소득의 범위가 지나치게 광범위하여 과잉과세의 위험이 상존하고 있으며, 또한 모든 순자산의 증가를 빠짐없이 포착하여 과세한다는 것도 과세기술상 어렵다. 그러므로 실행가능한 시장소득개념(Markteinkommensbegriff)에 바탕을 두고 과세소득을 파악하여야 한다는 이론이 독일에서 주장되기에 이르렀다. 이를 시장소득설(Markteinkommenstheorie)이라고 부른다. 즉 시장소득설은 변형 내지 수정된 순자산증가설이라고 할 수 있는데, 시장을 통하여 가득한 순자산증가액만을 과세소득으로 삼아야 한다는 견해이다.

시장소득설은 독일의 경제학자 빌헤름 로셔(Wilhelm Roscher)[31]에 의하여 주장되었으며, 근래에 이르러 킬히호프(Kirchhof, Paul) 및 랑(Lang, Joachim) 등[32]에 의하여 지지를 얻고 있다.[33]

시장소득설은 다음과 같은 특징을 갖는다.

첫째, 시장소득설은 이익 또는 이윤을 획득할 의도를 갖고 경제거래에 참여함으로써 획득한 재산증가액만을 과세대상으로 한다. 이와 같은 시장소득설에 의하면 귀속소득은 과세소득을 구성하지 않는다.

둘째, 시장소득개념은 실행 가능한 소득개념이다. 왜냐하면 시장소득은 비교적 쉽게 포착할 수 있기 때문이다. 그러나 주부의 가사노동과 같은 귀속소득은 실무상 그 포착이 사실상 불가능하다.

30) R. A. Musgrave, P. B. Musgrave, Public finance in the theory and practice, 5th edtion(McGraw-Hill International Edition, 1989), p.332.
31) Roscher, Wilhelm, System der Volkswirtschaft, Bd. Ⅰ : Grundlagen der National ökonomie 17, 1883, §144.
32) Kirchhof, Paul, Empfielt es sich, Das Einkommensteuerrecht zur Beseitigun zur Vereifachung neu zu ordnen, Gutachten F zum 57. Deutschen Juristentag, München 1988, S.16f. 20ff : Lang, Joachim, Die Bemessungsgrundlage der Einkommensteuer, Köln 1981/88, 39ff.
33) Tipke, Klaus/Lang, Joachim, Steuerrecht, 16.Aufl., Dr. Otto Schmidt, 1998, SS.208~210.

셋째, 시장소득개념은 실현주의와 분리하여 설명하는 것이 불가능하다. 시장소득개념은 원칙적으로 실현된, 즉 시장에서 가득한 소득만을 과세소득으로 파악하기 때문이다. 그러므로 미실현 자본이득과 같은 가치증가익은 과세소득을 구성하지 않는다고 본다.

다. 지출세론자에 의한 비판

① 공평한 조세의 기준으로서 소득보다 소비가 더욱 훌륭하다는 주장이 칼도아(N. Kaldor) 이래 유력하여지고 있다. 포괄적 소득개념에 의하면 이미 축적하고 있던 자산이나 저축의 소비(부의 저축)에 의하여 표시되는 개인의 급부능력은 소득에 포함되지 않기 때문에 과세에서 제외되는 결과를 가져온다. 그러므로 개인의 연간 소비지출을 기준으로 하는 지출세(expenditure tax)가 포괄적 소득세보다 오히려 공평의 원칙에 합치할 뿐만 아니라 투자촉진이라고 하는 경제적 효과도 달성할 수 있는 우월한 제도라는 것이 칼도아의 주장이다.

② 이어서 1970년대에 이르러 지출세의 지지론과 그 도입을 권고하는 제안이 연이어 나오게 되면서 다시 지출세는 관심의 대상으로 떠오르게 되었다. 즉 1974년에 앤드류스(W.D. Andrews)가 「소비형 또는 캐시 플로우 개인소득세」(A Consumption type or Cash Flow Personal Income Tax)라는 논문을 발표하였고, 연이어서 이 이론에 바탕하여 지출세의 도입을 권고한 미국 재무부의 「기본세제개혁을 위한 청사진」(blueprints for Basic Tax Reform, 1977) 및 영국 미드위원회의 「미드보고서」(The Structure and Reform of Direct Taxation - Report of a Committee chaired by Professor J. E. Meade, 1978)가 공표되기에 이르렀다.

지출세론이 특히 1970년대 후반 이후에 논의의 초점이 된 배경으로서는 다음과 같은 점을 지적할 수 있다.[34]

㉮ 소득세의 이론 및 실태에 대한 엄격한 비판이 제기되었다. 포괄적 소득세제의 이론적 결함, 소득세에 있어서의 세무행정의 곤란, 소득세제의 복잡화와 불평등한 세부담의 초래 등과 같은 측면에서 강력한 비판론이 제기되었다.

㉯ 석유파동 이후 선진제국의 경제상황은 크게 악화되었고, 그 중요한 원인으로서 소득세의 높은 한계세율·자산소득과세 및 인플레이션의 상승적 저축저해효과가 지적되었다.

---

34) 宮島洋, 「租稅論の展開と 日本の稅制」(日本評論社, 1986), p.27 : 吳載善, 앞의 논문, p.45 : 李鎭淳, "과세 베이스의 選擇 : 所得 對 消費," 「月刊租稅」 通卷 제41호(조세통람사, 1991.10.), p.25.

　　㉰ 고령사회로의 이행과 더불어 생애설계의 필요성이 증대되었고, 소득세의 저축에 대한 이중과세가 생애설계를 저해하는 요인으로 지적되었다.

　　㉱ 지출세의 현실성에 대한 긍정적 인식이다. 소득세의 실태는 지출세와의 혼합세라는, 즉 현실의 소득세는 일부의 저축 및 저축수익에 대하여 비과세하는 등 지출세적 요소를 다분히 가지고 있다는 점이 지적되었다.

③ 이와 같은 지출세론의 주장은 다시 1990년대 중반 이래 미국을 중심으로 하여 그 논의가 계속되고 있다. 그 논의의 초점은 소득베이스 과세에서 소비베이스 과세로의 전환과 세제의 단순화에 관한 논의로서 Flat Tax가 이에 해당한다. 이에 관하여는 다음의 항에서 다시 논의하기로 한다.

4 최근의 소득세제 개편의 흐름

　　1990년대에 이르러 세계화·개방화가 급속하게 이루어지고 자본·노동·기업 등의 국제간 이동이 활발하여짐에 따라 높은 누진세율구조에 터 잡은 종래의 소득세제도는 많은 비판에 직면하고 있다. 이와 관련한 소득세제 개편의 흐름 중 주목할 만한 경향으로서는 크게 미국의 Flat Tax의 도입에 관한 논의, 덴마크·핀란드 등을 비롯한 북유럽국가의 이원적 소득세(Dual Income Tax : DIT)를 들 수 있다.

가. Flat Tax

　　최근 미국에서 제시된 세제개편안 중 주목할 만한 것으로서는 Flat Tax의 도입을 제안한 1997년의 Armey – Shelby법안(H.R. 1040 : The Freedom and Fairness Restoration Act of 1997)과 2001년의 Armey법안(Freedom and Fairness Restoration Act of 2001)을 들 수 있다. Flat Tax[35]는 1995년 미국의 Hallry교수와 Rabushika교수에 의하여 최초로 제안되었다. 이와 같은 Armey – Shelby법안 및 Armey법안 외에도 Steve Forbes의원에 의해서 Flat Tax의 도입에 관한 법안이 제출된 바 있는데, 그 내용은 큰 차이가 없다.

　　Armey – Shelby법안에서는 현행의 개인소득세와 법인소득세를 폐지하고 단일세율(17%)의 개인근로소득세(Individual Wage Tax)와 사업세(Business Tax)를 신설할 것을 제안하고 있다.[36] 즉 개인의 임금·봉급·연금 등에 대하여는 그 합계액에서 인적공제액을 차감한 금액에 단일의 비례세율(17%)을 적용한 개인근로소득세를 과세한다. 이자소득

---

35) Flat Tax에 관하여는 평률세(곽태원, 조세론, 법문사, 2000, p.577) 또는 단일세율소득세(李尙栗, 단일세율소득세에 대한 연구 I, 「월간조세」 1999년 1월호, 조세통람사, p.22) 등으로 번역하고 있다.
36) http://flattax.house.gov/proposal/flat – sum.asp.

과 배당소득과 같은 자본소득은 사업세의 과세대상이 되며, 개인단계에서는 별도로 과세하지 않는다.

그리고 모든 기업소득(법인·파트너십 및 개인기업의 소득·변호사 등 인적용역소득·농업소득·임대업소득 및 로열티 등)에 대하여는 그 발생 원천을 가리지 아니하고 모두 단일의 비례세율(17%)을 적용한 사업세를 과세한다. 기업소득은 총수입금액에서 필요경비를 공제하여 산정하되, 변형급여(fringe benefit)·이자비용 및 지급배당금은 필요경비로 보지 않는다. 즉 변형급여·이자비용 및 지급배당금은 기업에게 과세하며, 그 소득자에게는 과세하지 않는 것이다.

나. 이원소득세

노르웨이, 핀란드, 스웨덴, 덴마크, 네덜란드 등과 같은 북유럽의 나라들은 소득을 근로소득과 자본소득으로 분리하여 과세하는 이원소득세(Dual Income Taxation : DIT)를 도입하고 있다. 이원소득세는 소득을 근로소득과 자본소득을 분리하여 근로소득에 대하여는 재분배를 고려하여 누진적으로 과세하고 자본소득에 대하여는 단일 세율로 과세한다. 자본의 국제간 이동이 활발히 일어나고 있는 상황에서 자본소득에 대한 소득세를 저율로 분리과세하기 위하여 도입된 것이다. 자본소득에 대한 소득세의 세율은 국제간 자본이동, 재정거래 가능성, 세수효과, 재분배효과 등을 고려하여 결정한다. 자본소득 안에서는 손실의 상계를 허용하고 미처 상계되지 못한 손실에 대하여는 일정 기간을 정하여 이연을 허용할 수 있다.

미국의 경우 2005년 대통령 직속 연방세 개혁을 위한 대통령자문단(The President's Advisory Panel on Federal Tax Reform)은 그 보고서에서 성장을 촉진하기 위하여 자본소득(이자소득, 배당소득과 주식양도차익)에 대하여 다른 소득과 분리하여 15%의 낮은 세율로 과세하는 방안을 권고한 바 있다.[37]

---

37) The President's Advisory Panel on Federal Tax Reform, Simple, Fair, and Pro‒Growth : Proposals to Fix America's Tax System, Report of the President's Advisory Panel on Federal Tax Reform, November 2005.

제**2**절   과세소득의 구체적 범위

1 과세소득의 구체적 범위

과세소득은 포괄적으로 정의되지 않으면 안 된다고 하겠다. 즉 그 원천 또는 형태의 여하나 이득의 실현 여부와는 관계없이 경제력의 증가를 가져오는 것이라면 모두 과세소득의 범위에 포함되어야 한다. 이와 같은 관점에서는 소득을 일정한 기간에 있어서의 경제력의 순증가액(the money value of the net accretion to economic power)[38]으로 정의할 수 있는데, 귀속소득·변형급여·미실현이득·상속 및 수증재산 등을 포괄한다.

한편 위법소득 및 무효이거나 취소할 수 있는 법률행위에 기인한 경제적 이익이 과세소득을 구성하는지도 문제이다.

이하에서는 과세소득의 범위와 관련하여 특히 문제가 되고 있는 귀속소득·변형급여·미실현이득·상속 및 수증재산, 위법소득 등에 관하여 구체적으로 검토하고자 한다.

가. 귀속소득

귀속소득(imputed income)이란 시장거래를 거치지 아니하고 개인에게 귀속되어 소비되는 것으로서 자기가 소유하고 있는 재산의 사용, 자기가 생산한 재화의 소비나 자신의 노동 등으로부터 얻어지는 이익 또는 만족을 가리킨다. 귀속소득 중 대표적인 것으로서는 자기소유 주택의 귀속임대료(imputed rent), 가사노동, 농가에서의 자기가 수확한 농작물의 소비, 여가(leisure)를 들 수 있다.[39] 포괄적 소득개념에 의할 경우에는 귀속소득도 당연히 과세소득을 구성하며, 따라서 귀속소득에 대하여도 소득세를 과세하는 것이 공평부담의 요청에 합치한다. 다만, 행정상 또는 납세순응상의 어려움 때문에 대부분의 귀속소득을 과세에서 제외하고 있는 것이다.

1) 자기소유 주택의 귀속임대료

자기소유 주택에서 거주하고 있는 사람은 그 주택을 타인에게 임대한 경우에 받았을 임대료에서 그 주택의 유지 및 관리비 등과 같은 필요경비를 공제한 금액에 상당하는 귀속임대료를 획득한다.[40] 따라서 해당 귀속임대료만큼 과세소득에 포함하여 소득세

---

38) John K. McNulty, Federal Income Taxation of Individual, 4th edition(West Publishing Co., 1988), p.45.
39) op.cit., pp.36~37.
40) Harvey S. Rosen, Public Finance, 3rd edition(Irwin, 1992), p.374.

를 과세함이 마땅한 것이다. 다만, 실제에 있어서는 다음과 같은 이유[41]로 사실상 과세를 포기하고 있는 실정[42]이다.

① 객관적이고 적정한 귀속임대료를 산정하는 데에 어려움이 있다.[43]

② 귀속임대료라고 하는 이론적인 사고방식은 일반인에게는 이해되기 어렵고, 더욱이 현금수입이 수반되지 않은 상태에서의 과세는 납세자로 하여금 불만을 갖게 하는 요인이 된다.

③ 주택의 소유에 대하여는 재산과세가 행하여지고 있기 때문에 중복과세의 우려가 있다.

그러나 자기소유 주택의 귀속임대료에 대하여 소득세를 과세하지 않고 있는 현행의 제도는 다음과 같은 문제점을 안고 있어서 불합리하다.

① 자기소유 주택에서 거주하는 사람은 다른 사람의 주택을 임차하여 거주하는 무주택자보다 과세상 우대되고 있어서 불합리하다. 특히 주택의 임대료가 고액인 우리 나라의 경우에는 무주택자와의 사이에 엄청난 과세상의 불공평이 야기되고 있다. 뿐만 아니라 자기소유 사업용 자산의 귀속임대료[44]에 대하여 소득세가 과세되는 경우와 비교하여 보더라도 형평을 잃고 있어서 타당하지 않다.

② 거주용 주택에 대한 투자를 특별히 우대하는 결과가 되어 자원의 효율적 배분에 부정적인 영향을 미치고 있다.

---

41) 藤田晴, 앞의 책, p.24.

42) 미국·영국·일본을 비롯한 대부분의 국가에서 귀속임대료에 대하여 소득세를 과세하지 않고 있는 실정이다. 독일만이 자기소유 주택의 用益價値(Nutzungswert der selbstgenutzten Wohnung im eigenen Haus), 즉 귀속임대료에 대하여 소득세를 과세하여 왔으나, 소득세법의 개정(과세근거규정이던 소득세법 제21조 제2항 및 제21a조의 삭제)에 따라 1987년부터는 귀속임대료에 대한 과세제도가 폐지되었다[Klaus Tipke/Joachim Lang, Steuerrecht, ein systematischer Grundriβ 13. Aufl.(Verlag Dr. Otto Schmidt, 1991), SS.241~242].

43) 독일이 1986년 이전에 자기소유 주택의 용익가치에 대하여 소득세를 과세할 때에 주택의 용익가치는 주택이 소재하는 지역의 통상의 평균가격(üblicher Mittelpreis), 즉 중간적인 임대료(die ortsübliche mittlere Miete)에 의하여 측정하였다. 이와 같은 용익가치에서 수선비·부동산세·감가상각비 및 지급이자와 같은 필요경비(Werbungskosten)를 공제하여 소득을 산정하였다. 그러나 통상의 평균가격의 산정에 어려움이 있기 때문에 용익가치를 그 주택의 통일가격(Einheitswert)의 1%에 상당하는 금액으로 평가할 수 있는 특례 규정을 두었다. 이 경우에는 용익가치에서 그 용익가치의 범위 안에서 주택의 이용과 관련이 있는 채무의 이자와 할증상각비를 공제하여 소득을 산정하였다.

44) 이론상 공장 또는 사옥과 같은 사업용 부동산을 소유하고 있는 사업자는 해당 부동산에 대한 임차료를 필요 경비에 산입할 수 없으므로 그 임차료상당액(정확히 말한다면 임차료상당액에서 그 부동산에 관련된 필요 경비, 즉 세금과 공과·감가상각비·수선비 등을 공제한 금액)만큼 사업소득 등이 증가하게 된다. 이와 같이 증가한 사업소득 등이 실질적으로는 해당 부동산의 용익가치와 관련된 소득에 해당하는 것이다.

한편, 귀속임대료에 대하여 과세하지 않으면서 귀속임대료의 비과세조치에 따라 야기되는 불공평을 시정하기 위하여 일정액 이하의 근로소득이 있는 무주택자가 지출하는 주택임차료 및 주택임차자금 차입금의 원리금 상환액에 대해서는 특별소득공제(종합소득공제)를 허용하고 있다(소법 52 ④). 그리고 무주택 근로자 등에 대한 주택자금공제(소법 52 ⑤ 내지 ⑥) 또한 비록 적용대상이 제한적이기는 하나, 위와 같은 취지와 저소득 근로자의 복지후생을 위하여 인정된 제도라고 하겠다.

2) 가사노동

외부에서 소득을 가득하지 아니하고 가정에서 가사에만 종사하는 주부의 노동, 즉 전업주부의 가사노동을 어떻게 취급할 것인지가 문제이다. 전업주부의 가사노동은 가정의 후생을 증대시키는 것이므로 그 귀속가득액(imputed earnings)을 과세소득에 포함하는 것이 마땅하다. 다만, 이론상 과세의 당위성에도 불구하고 다음과 같은 사유로 전업주부의 가사노동에 대하여는 소득세를 과세하지 못하고 있는 실정이다.

첫째, 가사노동에 따른 귀속가득액의 평가가 사실상 불가능하거나 극히 곤란하다는 점이다.

둘째, 설사 가사노동의 가치에 대한 평가가 가능하다고 하더라도 일반 납세자에게 비화폐소득인 귀속가득액에 대한 과세의 정당성을 이해시키기가 어렵고, 오히려 거센 조세저항에 직면[45]할 개연성이 높다는 점이다.

각국의 입법례를 살펴보더라도 전업주부의 가사노동에 대하여 소득세를 과세하는 국가는 찾아보기 어렵다.

그러나 전업주부의 가사노동을 과세에서 제외하면서 맞벌이하는 주부에게 취업에 따라 추가로 소요되는 가사와 육아비용(housekeeping and childcare expenses)을 세제상 고려하지 않을 때에는 전업주부와 맞벌이하는 주부 사이에 세부담의 불공평이 초래된다.

이를 시정하기 위하여 맞벌이하는 세대의 가사와 육아비용에 대해서는 해당 비용 중의 일부를 소득금액에 공제하여 주거나 해당 비용을 고려하여 일정액을 세액에서 공제하여 주기도 한다. 앞의 예로서는 우리나라의 취업주부에 대한 추가공제(소법 51)가 있으며, 뒤의 예로서는 미국의 자녀세액공제(child tax credit)를 들 수 있다.

---

45) 崔洸, "男女平等과 租稅政策,"「韓國租稅研究」제6권(社團法人 韓國租稅學會, 1990), p.227.

3) 자가생산물

농부가 자기가 생산한 곡물 또는 야채를 시장기구를 거치지 아니하고 직접 소비하는 경우에 해당 농산물의 소비액이 과세소득을 구성함에 관하여는 의문이 있을 수 없다. 다만, 시장기구를 거치지 않고 소비하기 때문에 그 포착 또는 평가에 어려움이 있는 것은 사실이다.

현행 소득세법상 거주자가 재고자산 또는 임목을 가사용으로 소비한 경우에는 이를 소비한 때의 가액에 상당하는 금액을 사업소득금액 또는 기타소득금액을 계산할 때 총수입금액에 산입하도록 함으로써 자가생산물의 가계소비에 대하여 과세를 규정하고 있다(소법 25 ②).

4) 여　가

개인이 화폐소득을 얻기 위하여 일하는 대신에 여가를 선택하는 경우가 있을 수 있다. 이와 같은 여가(leisure)는 과세소득을 구성한다.[46] 여가는 기회비용인 임금으로 환산하여 소득에 포함하여야 할 것이나, 실행상 상당한 어려움이 있다.[47]

나. 변형급여

① 변형급여(fringe benefits)[48]의 개념을 광의로 이해할 때에는 현금소득 이외의 모든 경제적 가치를 갖는 이익이라는 의미로 쓰인다. 이곳에서는 근로의 대가로 지급받는 금전 이외의 경제적 이익으로 한정하여 사용하고자 한다.[49] 이와 같은 변형급여에는 근로자에 대한 자산의 증여 또는 저가양도, 금전·기타의 자산 및 용역의 무상 또는 저렴한 대부 또는 제공(무이자부의 금전의 대여, 자동차의 제공, 식사의 제공, 사택 등의 제공, 휴양시설 또는 스포츠시설 등의 무료이용의 허용 등), 근로자에 대한 채권의 포기 또는 면제, 근로자가 부담할 비용(연금부담금 및 의료보험료 등)의 부담 등과 같은 경제적 이익[50]이 포함된다. 이와 같은 변형급여가 과세소득을 구성함은 의문의

---

46) 李鎭淳, 「財政學」(조세통람사, 1990), 291면 : 中里實, 「所得の構成要素としての消費」 : 金子宏 編, 「所得課税の研究」(有斐閣, 1991), pp.58~60 : John K. McNulty, op.cit., p. 37 : R. W. Boadway, D. E. Wildasin, 「공공경제학」(Public SectorEconomics 2nd ed.), 金知澤 譯(螢雪出版社, 1989), p.285.

47) R. A. Musgrave & P. B. Musgrave, op.cit., p.334.

48) fringe benefits를 附加給與·現物給與·追加的 給與 또는 變形給與 등으로 번역할 수 있을 것이다. 이하에서는 fringe benefits를 變形給與라고 부르기로 한다.

49) 石島弘, "フリンジ·ベネフィット", 「所得税·法人税の課税ベース」 租税法研究 第17號(有斐閣, 1989), p.51 : 碓井光明, "フリンジ·ベネフィットの課税問題", 「所得課税の研究」(有斐閣, 1991), pp.166~167.

50) 石島弘, 앞의 책, pp.57~59.

여지가 없다.

다만, 변형급여는 평가상의 어려움 등을 이유로 과세에서 제외하고 있거나 과세상 유리한 취급을 받는 경우가 많다. 특히 근로자의 근로조건의 개선·복리후생시설 또는 복리후생의 확충 추세에 따라 과세에서 제외되는 변형급여가 격증하고 있고, 이로 말미암아 과세의 형평상 심각한 문제점을 불러일으키고 있다.

② 소득세가 과세되지 않은 변형급여의 유형을 예시하여 보면 대체로 아래와 같다.

첫째, 그 경제적 이익이 사용자의 직무상의 편의에 의한 것이기 때문에 근로자가 그와 같은 경제적 이익을 향수함에 있어서 개인적인 선택의 여지가 없는 경우이다. 직장에서 착용하는 제복 등이 이에 해당한다.

둘째, 근로자에게 제공한 경제적 이익을 개인별로 구분하여 평가하는 것이 곤란한 경우이다. 기숙사의 전기료 등이나 사용자가 부담하는 레크리에이션비용 등이 이에 해당한다.

셋째, 근로자에게 제공한 경제적 이익이 매우 적기 때문에 그것을 포함하여 과세하지 않더라도 과세상 폐해가 거의 없을 정도의 것이다. 그 이익이 소액인 금전의 무이자대부, 소액의 용역의 제공 등이 이에 해당한다.

넷째, 경제적 이익의 제공에 예의적인 요소가 강하고 근로자에게 선택의 여지를 인정하지 않는 경우이다. 장기근속자에 대해 지급하는 기념품이나 창업기념품 등이 이에 해당한다.

다섯째, 사회정책 기타 정책적 관점에서 비과세함이 타당하다고 인정되는 것이다. 사용자로부터 주택자금 등의 대부를 받은 경우와 무상으로 사택을 제공받은 경우의 경제적 이익 등이 이에 해당한다.

미국의 경우에도 추가적 경비가 소요되지 않는 용역·근로자에 대한 자기제품의 할인판매·근로조건(working condition)을 이루는 것·소액인 것(de minimis fringe)[51]과 복리후생적인 편익 등과 같이 변형급여 중 상당한 부분을 과세소득에서 제외하고 있는 실정이다.

우리나라에 있어서도 변형급여에 대하여 광범위한 비과세를 허용하고 있는 실정이다. 업무 성질상의 필요에 의하여 제공받는 피복, 사용주로부터 제공받는 식사 기타 음식물, 사택의 무상 사용, 출퇴근을 위하여 제공받는 차량의 이용편익 등과 같이 대체로 추가적 경비가 소요되지 않은 용역, 근로조건을 이루고 있거나 복리후생적인 측면을

---

51) John K. McNulty, op.cit., p.30.

고려하여 제공되고 있는 편익 등에 대하여 비과세를 허용하고 있는 것이다.

③ 변형급여에 대한 과세방법으로서는 크게 다음과 같은 세 가지 방법을 들 수 있다. 첫째는, 근로자의 변형급여를 근로자의 근로소득에 포함하여 과세하는 방법이다. 변형급여로 인한 경제적 이익을 얻고 있는 근로자에게 소득세를 과세하는 방법인데, 소득과세의 원리 또는 응능부담의 원칙에 부합하는 가장 일반적인 과세방법이다.

둘째는, 변형급여를 지급하는 사용자의 손금을 부인하는 방법이다. 예를 들면 클럽회원권이나 이와 유사한 접대(entertainment)와 관련한 변형급여에 관하여 손금불산입하는 규정이 이에 해당한다고 하겠다. 제한된 범위 안에서만 적용이 가능하다.

셋째는, 사용자에게 변형급여세(Fringe Benefits Tax: FBT)를 과세하는 방법이다. 오스트레일리아와 뉴질랜드에서 채택하고 있는 방법이다.

④ 변형급여는 근로소득자가 근로를 제공한 대가로서 얻는 경제적 이익에 해당하기 때문에 근로소득에 포함됨은 의문의 여지가 없다. 그러나 변형급여 중 상당한 부분에 대하여 비과세를 허용하고 있다. 변형급여에 대한 광범위한 비과세는 소득세의 과세 베이스를 침해하고, 수평적 공평은 물론이고 수직적 공평을 침해하게 된다. 그러므로 변형급여에 대한 비과세의 폭을 축소할 필요가 있다.

첫째, 과세의 공평을 확보하기 위하여 일반적으로 변형급여에 대한 과세의 폭을 확대할 필요가 있다. 통상적인 금전형태의 급여이든 변형급여이든 이들 모두가 경제적 이익에 해당하기 때문에 양자간에 아무런 차별없이 과세가 이루어지도록 입법적인 개선이 이루어져야 한다.

둘째, 변형급여는 일반적으로 선택성·환금성이 결여되어 있으며, 아울러 그 가치의 파악 및 평가가 곤란한 것이 많다. 즉 변형급여는 평가가 곤란한 것·평가는 용이하나 선택성이나 환금성이 결여된 것·수급자에게는 경제적 가치가 높으나 지급자에게는 추가적 비용이 소요되지 않는 것 등과 같이 개별적인 특색을 지니고 있는 것이 많기 때문에 획일적인 평가기준이나 평가방법을 채용하는 것이 적절하지 않는 경우가 많다. 변형급여를 평가하는 방법으로서는 일반적으로 시가기준법(market value)·비용기준법(cost to the employer)·표준가치기준법(arbitrary values, based on pre-determined formula) 등을 들 수 있다.[52]

적정한 담세력을 파악하기 위한 평가기준을 정립함과 아울러 가능한 한 그 평가방법을 법령으로 구체적으로 규율할 필요가 있다.

---

52) Cataldo D'Andria et al, the taxation of employee fringe benefits, International Fiscal Association, 1995, p.41.

다. 미실현이득

포괄적 소득개념에 의하면 임금이나 자산의 판매와 같이 현금의 형태로 실현된 것인지 아니면 보유하고 있는 자산의 가치상승으로 발생한 것인지의 여부를 묻지 아니하고 모두 소득의 범위 안에 포함한다.[53] 미실현이득을 과세소득에 포함할 것인지의 여부에 관한 논의는 주로 자본이득(capital gains)에서 문제가 되고 있다.

앞에서 논급한 바와 같이 이론상으로는 이득의 실현 여부와 관계없이 해당 이득이 발생된 때에 과세소득에 포함하는 것이 타당하다고 하겠다.

그러나 미실현이득에 대한 과세는 다음과 같은 난점으로 말미암아 대부분의 국가에서는 해당 이득이 실현된 때에 과세하도록 하고 있다.[54]

첫째, 미실현이득에 대하여 과세하기 위하여는 모든 자산의 가치를 매년 정확하게 평가하여야 하는데, 그 실현 가능성이 거의 희박하다는 점을 들 수 있다.

둘째, 대부분의 사람들은 현실적으로 실현되지 않은 소득에 대하여 조세를 부과하는 것이 불공평하다고 생각하고 있다는 점이다.

셋째, 미실현이득에 대한 과세는 세액을 납부하기 위하여 자산의 유동화(liquidation of assets)를 강요하게 된다는 점이다. 현금화되지 않은 계산상 이득에 대하여 납세의무를 지우기 때문에 세액의 납부를 위해서는 자산의 처분이 불가피하게 된다.

그런데 자본이득을 발생기준에 의하여 인식하지 아니하고 실현시에 한꺼번에 과세하게 되는 경우에는 다음과 같은 몇 가지 문제를 야기하게 된다.

① 소득자는 연기된 조세(deferred tax)를 투자하여 소득을 얻을 수 있기 때문에 정부로부터 이자 없는 대부를 받는 것과 같다.
② 납세자가 자본이득 또는 자본손실의 실현시기를 자유롭게 선택함으로써 조세부담을 회피하는 수단으로 활용하는 경우가 있다. 특히 생전에 자본이득을 실현하기보다 상속에 의하여 재산을 이전시키는 것이 조세부담의 경감을 가져오기 때문에 상속시까지 재산을 보유하려는 경향이 있다.
③ 수년 동안에 발생한 이득을 일시에 누진세율로 과세하기 때문에 매년 발생한 소득에 대하여 과세하는 것보다 조세부담이 늘어나는 경향이 있다.

---

53) R. A. Musgrave & P.B. Musgrave, op.cit., p.333.
54) Joseph A. Pechman, Federal Tax Policy, 4th edtion(The Brookings Institution, 1983), p.109 : R.A. Musgrave & P.B. Musgrave, ibid., p.338.

④ 자본이득을 실현기준에 의하여 과세하는 경우에 손실의 실현은 촉진되지만 이득의 실현은 가능한 한 연기되어 자본의 유동화를 저해하게 된다. 즉 봉쇄효과(lock-in effect)[55]가 발생하는 것이다.

이상에서 미실현이득의 과세에 관한 논거와 그 제약성 또는 난점에 관하여 살펴보았다. 미실현이득에 대한 과세는 그 이론적 당위성에도 불구하고 앞에서 지적한 난점들로 인하여 거의 대부분의 국가가 이를 실행하지 못하고 있는 실정이다. 포괄적 소득개념에 입각하여 세제개혁을 제안한 카터 보고서에서도 실현이득에 대해서만 과세할 것을 주장한 것은 평가의 난점을 고려한 것이다.

라. 상속재산 및 증여로 인하여 취득한 재산

1) 과세소득의 구성 여부

상속 또는 증여로 인하여 취득한 재산이 과세소득을 구성하는지에 관하여는, 과세소득을 구성한다는 견해(긍정설)와 과세소득에서 제외된다는 견해(부정설)로 나누어져 있다. 포괄적 소득개념에 따르게 되는 경우에는 상속 또는 증여로 인하여 취득한 재산이라 할지라도 당연히 과세소득을 구성한다. 따라서 상속 또는 증여로 인하여 취득하는 재산에 대하여는 상속세 또는 증여세를 과세하는 대신에 소득세를 과세하여야 한다고 주장한다. 전술한 바와 같이 1966년의 카터 보고서에서는 기존의 상속세나 증여세와 같은 독립된 조세를 폐지하고 상속재산 또는 수증재산을 모두 과세소득에 포함하여 소득세로 과세할 것을 제안하였다. 다만, 이와 같은 제안은 캐나다에서 받아들여지지 않았다. 그 후 미국의 돗지(Dodge) 교수[56]가 이 이론을 계속 주장하면서 발전시켰고, 맥널티(McNulty) 교수[57]도 이에 찬성하고 있다.[58]

특히 맥널티 교수는 다음과 같은 이유[59]로 긍정설을 적극적으로 지지하고 있다.

첫째, 소득세의 과세 베이스를 확대할 수 있으며, 납세의무자의 담세력을 증가시키는 항목을 모두 포괄하여 단일의 누진세율을 적용할 수 있다.

둘째, 상속 또는 수증재산을 소득에 포함하여 과세하는 것이 담세력을 보다 적절하게

---

55) 동결효과(凍結效果)라고도 한다.
56) J. M. Dodge, "beyond Estate and Gift Tax Reform", including gifts and bequests in income, Harvard Law Review Vol. 91~6, 1978, pp.1186~1188.
57) J. K. McNulty, Federal Estate and Gifts Taxation, 3rd edtion(West Publishing Co., 1983), pp.484~487.
58) 최명근, 「한국조세의 과제」(도서출판 又玄, 1992), p.201.
59) J. K. McNulty, op.cit., pp.486~487.

포착할 수 있으며, 또한 상속세 또는 증여세의 면세점이나 세율의 차이 등으로 인하여 야기되는 불공평을 제거할 수 있는 이점이 있다.

셋째, 소득과세는 소득이 적은 사람에게 증여하거나 유증하도록 유인함으로써 재산의 집중을 완화할 수 있다.

넷째, 상속세 및 증여세는 세수효과가 미미함에 비하여 엄청난 징세비용 또는 납세협력비용이 소요된다. 뿐만 아니라 상속세 및 증여세의 절세 또는 조세회피의 만연현상으로 말미암아 납세의무자간의 부담의 불공평을 초래하고 있다.

이상과 같은 긍정설의 주장과는 달리 대부분의 국가에서는 상속재산 또는 수증재산에 대하여 상속세 또는 증여세로 과세하고 있는 실정이다. 우리나라의 경우도 마찬가지이다. 다만, 소득세법은 사업소득이 있는 자의 사업과 관련한 자산수증이익과 채무면제이익에 한하여 증여세를 과세하지 않고 소득세를 과세하도록 하고 있다(소령 51 ③ Ⅳ, 상증법 4의 2 ③).

2) 상속재산 등과 양도소득세와의 관계

상속재산 또는 수증재산이 자본적 자산에 해당하는 경우에 상속인 또는 수증자가 취득한 상속재산 또는 수증재산에 대한 과세(상속세와 증여세 또는 소득세)와는 별개로 그 상속 또는 증여를 실현으로 의제하여 피상속인 또는 증여자에게 자본이득에 대한 소득세를 과세할 것인지의 여부와 상속인 또는 수증자의 자본이득을 산정함에 있어서 피상속인 또는 증여자의 취득가액을 승계하게 할 것인지, 아니면 신규취득가액을 적용하게 할 것인지가 문제이다.

이에 관해서는 "자본이득"에서 구체적으로 다루기로 한다.

마. 위법소득 등

위법소득, 무효인 법률행위 또는 취소할 수 있는 법률행위로 인하여 얻은 경제적 이득이 과세소득에 포함되는지의 여부가 문제이다. 소득의 발생원인이 되는 법률관계의 적법성·유효성이 과세소득의 구성요건을 이루고 있는 것은 아니다. 따라서 위법소득, 무효이거나 취소할 수 있는 법률행위에 기인한 소득이라 할지라도 특정인이 해당 소득을 지배·관리하면서 누리고 있는 한 과세소득을 구성한다고 새겨야 할 것이다.

이에 관해서는 제2편의 "실질과세의 원칙"에서 다룬다.

2 실정법상 과세소득의 범위와 규정방식

앞에서도 언급한 바와 같이 거의 대부분의 국가가 포괄적 소득개념에 입각하여 과세소득의 범위를 규정하고 있다. 그러나 다 같이 포괄적 소득개념에 따라 과세소득을 규정한다고 하더라도 과세소득을 규정하는 방식에는 차이가 있다. 과세소득을 규정하는 방식에는 포괄주의방식과 열거주의방식이 있다.

가. 포괄주의방식

포괄주의란 포괄적인 정의규정에 의하여 과세소득을 규율하는 방식이다. 포괄주의 방식을 채택한 국가 중 가장 전형적인 국가가 미국이다. 이 밖에도 일본은 과세소득을 소득발생의 원천에 따라 10종류로 구분하면서 어느 소득에도 해당하지 않는 소득들은 모두 잡소득에 포함시킴으로써 포괄주의방식을 채택하고 있다.

1) 미 국

미국은 내국세법(Internal Revenue Code) 제61조 (a)에서 "…… 총소득은 원천에 관계없이 다음의 항목을 포함한 모든 소득을 의미한다[……, gross income means all income from whatever source derived, including(but not limited to) the following items :]"라고 하여 모든 형태의 경제적 이익이 과세소득에 포함됨과 아울러 같은 조항에서 열거하고 있는 15개 유형의 소득이 총소득에 포함될 소득의 예시적인 규정임을 명백히 하고 있다. 내국세법 제61조 (a)에서 예시하고 있는 총소득의 유형은 다음과 같다.

① 수수료·커미션·변형급여 및 이와 유사한 항목의 용역에 대한 보수(compensation)
② 사업소득
③ 재산의 거래에서 얻은 소득
④ 수입이자
⑤ 수입집세
⑥ 로열티
⑦ 배당금
⑧ 연금(annuities)
⑨ 생명보험 또는 양로보험계약으로부터 얻는 소득
⑩ 퇴직연금(pensions)

⑪ 채무면제이익

⑫ 공동사업의 분배이익

⑬ 사망자에 대한 소득

⑭ 유산재단 또는 신탁재산의 이익으로부터 얻는 소득

그러나 포괄주의에 의하여 과세소득을 규정한다고 하여 모든 경제적 이익이 예외 없이 과세소득에 포함되는 것은 아니다. 소득의 성질이나 공익상의 필요에 의하여 법률에서 예외규정(비과세소득에 관한 규정)을 두고 있는 경우가 많고, 이로 인하여 과세베이스가 현저하게 침식되고 있는 실정이다.

2) 일 본

일본은 과세소득을 소득의 발생원천에 따라 이자소득·배당소득·부동산소득·사업소득·급여소득·퇴직소득·산림소득·양도소득·일시소득 및 잡소득의 10종류로 구분하면서, 이자소득·배당소득·부동산소득·사업소득·급여소득·퇴직소득·산림소득·양도소득 및 일시소득 중 어느 소득에도 해당하지 않는 소득을 모두 잡소득에 포함시키고 있다. 그리고 소득세의 과세표준은 총소득금액·퇴직소득금액 및 산림소득금액으로 대별하고, 총소득금액 안에는 퇴직소득금액과 산림소득금액 이외의 모든 소득금액을 포함시키고 있다. 다만, 장기양도소득 및 일시소득은 그 1/2만을 총소득금액에 합산하며, 이자소득·배당소득의 일부·특정 토지 등의 양도익 및 유가증권 양도익에 대하여는 분리과세한다.

가) 이자소득

이자소득이란 공사채의 이자, 예금 또는 저금의 이자, 합동운용신탁, 공사채투자신탁 및 공모 공사채 등 운용투자신탁의 수익분배와 관련된 소득을 말한다. 분리과세하므로 총소득금액에 포함하지 아니한다.

나) 배당소득

배당소득이란 법인으로부터 받는 이익의 배당과 잉여금의 분배금, 공사채투자신탁 이외의 증권투자신탁수익의 분배금을 말한다. 증권투자신탁수익의 분배금을 제외하고는 총소득금액에 포함하여 종합과세한다.

다) 부동산소득

부동산소득이란 부동산·부동산상의 권리·선박 또는 항공기를 대여하고 얻은 소득을 가리킨다. 부동산소득은 총소득금액에 포함하여 종합과세한다.

라) 사업소득

사업소득이란 각종 사업으로부터 얻는 소득을 가리킨다. 사업이란 영리를 목적으로 자기의 계산과 위험 아래 계속적으로 영위하는 경제활동으로서 그 대표적인 유형으로는 농업·임업·어업·제조업·도매업·소매업 및 서비스업 등을 들 수 있다. 다만, 사업자가 사업자금의 일부를 금융기관에 예금함으로써 얻은 이자 등은 사업소득이 아니라 이자소득에 포함한다. 사업소득은 총소득금액에 포함하여 종합과세한다.

마) 급여소득

급여소득이란 봉급·급료 등 비독립적 노동 또는 종속적 노동의 대가를 가리킨다. 법인의 임원이 법인으로부터 받는 보수도 급여소득에 포함된다. 총소득금액에 포함하여 종합과세한다.

바) 퇴직소득

퇴직소득이란 퇴직수당·일시은급 등 퇴직으로 인하여 일시에 받는 급여를 말한다. 퇴직소득은 장기간의 근무에 따른 근속보상적 급여로서 노후의 생활보장수단이 되고 있다. 누진세율의 적용을 완화하기 위하여 일정액을 소득금액에서 공제함과 아울러 총소득금액에서 제외하여 분류과세하도록 하고 있는 것이다.

사) 산림소득

산림소득이란 소유기간이 5년을 초과하는 산림의 벌채 또는 양도로 인하여 얻는 소득을 말한다. 산림소득은 투하자본의 회수에 장기간을 요하기 때문에 다른 소득과 분리하여 5분5승법에 의하여 과세하도록 특례를 인정하고 있다.

아) 양도소득

양도소득이란 자산의 양도로 인하여 얻는 소득을 말한다. 건물 또는 구축물의 소유를 목적으로 하는 지상권·임차권 또는 지역권의 설정 중 그 대가로서 받은 금액이 그 토지 등의 가액의 1/2을 초과하는 경우에는 양도소득에 포함한다.[60] 법인에 대한 증여·상속(한정승인의 경우에 한한다)·유증(법인에 대한 것 및 포괄유증 중 한정승인의 경우에 한한다)에 의한 자산의 이전은 양도로 의제한다(소법 59 ①). 양도소득의 수입금액을 회수할 수 없게 된 경우 또는 보증채무를 이행하기 위하여 자산을 양도하고 그 구상권의 행사가 불능인 경우에는 해당 금액에 대하여는 수입

---

60) 부동산소득에서 제외하여 양도소득에 포함시키고 있는 것이다.

금액이 없는 것으로 의제한다(소법 64). 그리고 재해·도난 또는 횡령에 의하여 생활에 통상 필요하지 않은 자산에 관하여 생긴 손실의 금액은 양도소득금액의 계산상 공제하여야 할 금액으로 의제한다. 장기양도소득은 그 1/2만을 과세대상으로 한다. 유가증권의 양도익을 비롯하여 폭넓게 분리과세를 허용하고 있다.

자) 일시소득

일시소득이란 이자소득·배당소득·부동산소득·사업소득·급여소득·퇴직소득·산림소득 및 양도소득 이외의 소득 중 영리를 목적으로 하는 계속적 행위에서 생기는 소득 이외의 일시적인 소득으로서 노무 기타 역무나 자산의 양도대가로서의 성질을 갖지 않는 것을 말한다. 일시적·우발적 이득으로서 현상금, 경마투표권의 환급금, 해고 예고수당, 생명보험계약에 따른 일시금, 유실물 습득자가 받는 사례금 등이 포함된다.[61] 일시소득은 그 소득금액의 1/2만을 총소득금액에 포함하여 종합과세한다.

차) 잡소득

잡소득이란 이자소득·배당소득·부동산소득·사업소득·급여소득·퇴직소득·산림소득·양도소득 및 일시소득 중 그 어느 소득에도 해당하지 아니하는 것으로서 공적 연금 등과 기타의 잡소득으로 구분할 수 있다. 기타의 잡소득은 다른 소득(잡소득 중 공적연금을 포함한다)에 해당하지 않는 기타의 소득을 총칭한다. 사업에 해당하지 않는 동산의 대여로 인한 소득, 저작권 및 특허권 등의 사용료, 원고료, 강연료, 비영업대금의 이익 등과 같이 성질이 다른 여러 종류의 소득들이 모두 포함된다. 잡소득금액은 총소득금액에 포함하여 종합과세한다.

나. 열거주의방식

열거주의란 법률에서 과세대상이 되는 소득을 제한적으로 열거하는 방식으로서 독일·영국 및 우리나라 등이 이 방식을 채용하고 있다. 열거주의에 의하여 과세소득을 규정하는 경우에 법률에서 한정·열거하고 있지 않은 소득에 대하여는 소득세를 과세할 수 없다. 즉 법률에서 열거되지 않은 소득은 조세법률의 공백영역(steuerrechtsfreien Raum)으로서 사실상 비과세와 다를 바 없다. 법률에서 열거되지 않은 소득들의 대부분은 소득의 성질이나 공익상의 필요 등에 따라서 입법시에 의도적으로 과세소득에서 제외시킨 것들이나, 입법상의 미비 또는 공백으로 인하여 입법자의 의사와는 달리 과세에서 제외되는 경우도 있을 수 있다.

한편, 공백규정에 의하여 사실상 비과세되는 경우와는 별개로 법률에서 명시적으로 비과

---

61) 金子宏, 「租稅法」 第16版(弘文堂, 2011), p.243

세소득에 관한 규정을 두고 있는 경우가 많다.

이하에서는 앞의 국가에서 열거하고 있는 과세소득의 범위 및 그 구분에 관하여 간략하게 살펴보고자 한다.

1) 영 국

영국은 과세소득을 스케줄(schedule) A 및 스케줄 C부터 스케줄 F까지 다섯 종류로 대별하고[62] 다시 스케줄 D는 케이스(case) Ⅰ부터 케이스 Ⅵ까지, 그리고 스케줄 E는 케이스 Ⅰ부터 케이스 Ⅲ까지로 세분하고 있다.[63]

그러나 양도소득은 소득세(income tax)에서 분리하여 자본이득세(capital gains tax)라는 독립된 세목으로 과세하고 있다. 소득세법(Income and Corporation Taxes Act)과는 별개로 자본이득세법(Taxation of Capital Gains Act)이 따로 제정되어 있다.

가) 스케줄 A

영국 안에 있는 부동산의 임대료와 임대 프리미엄 기타 이와 유사한 수입을 말한다. 외국에 소재하는 부동산의 임대료는 스케줄 D 케이스 Ⅴ로 분류된다.

나) 스케줄 C

영국 또는 외국의 정부·지방정부 및 공공단체가 발행한 채권의 이자, 공적연금 등(interest, public annuities, dividends or shares of annuities)으로서 영국 국내에서 지급되는 것을 말한다. 필요경비의 공제를 허용하지 않는다.

다) 스케줄 D

다시 케이스 Ⅰ 내지 Ⅵ으로 세분하고 있다.

- 케이스 Ⅰ : 거주자가 영국 및 외국에서 얻는 사업소득(income from trades)과 비거주자의 영국 안에서의 사업소득이 포함된다. 사업의 정의가 법령상 명확하지 않기 때문에 주로 판례에 의존하고 있다.[64]
- 케이스 Ⅱ : 거주자가 영국 및 외국에서 얻는 전문직업소득(income from professions and vocations)과 비거주자의 영국 안에서의 전문직업소득을 말한다. 우리나라의 자유직업소득과 유사하다.

---

62) 스케줄 B에는 산림소득을 규정하고 있었으나 1988년 4월 6일부터 과세소득의 범위에서 삭제하였다. 따라서 현재에는 과세에서 제외되고 있는 실정이다[Chris Whitehouse & Elizabeth Stuart-Buttle, Revenue Law-principle and practice, 10th edition(Butter worths 1992), p.698].

63) ibid., p.25.

64) ibid., p.86.

- 케이스 Ⅲ : 이자·연금·기타의 연차 지급금, 할인료(discounts), 스케줄 C에 해당하지 않는 유가증권의 이자 등을 말한다.
- 케이스 Ⅳ : 외국의 저당증권 및 채권 등에서 얻는 이자소득을 말한다.
- 케이스 Ⅴ : 외국에 소재하는 재산(부동산 및 주식 등)으로부터 얻는 소득과 외국에서 얻는 사업소득을 말한다.
- 케이스 Ⅵ : 소득의 성격을 갖는 연차의 이익(annual profits or gains)으로서 다른 케이스에 해당하지 않는 소득이 포함된다.

라) 스케줄 E

사용인이 근로의 대가로 받는 보수(emoluments)는 스케줄 E로 분류한다. 보수 안에는 봉급·사례금·임금·수당·퇴직금 및 일체의 이익이 포함된다. 이와 같은 스케줄 E에 속하는 소득은 거주자인지의 여부 및 근로공제지를 기준으로 케이스 Ⅰ에서 케이스 Ⅲ으로 세분하고 있다. 스케줄 E에 속하는 소득에 대하여는 보수의 지급시에 독특한 원천징수의 방식, 즉 즉시납부제도(Pay As You Earn-PAYE)에 의하여 소득세를 징수한다.

마) 스케줄 F

법인세의 납세의무를 지는 내국법인으로부터 받는 배당소득을 말한다. 영국은 배당소득에 대한 종래의 완전한 법인세 주주귀속법(imputation method)을 폐지하고 1999년 4월 6일부터 배당세액공제율을 배당금의 1/9로 인하하였다. 예를 들면 배당금이 £18,000인 경우에 배당세액공제액은 £2,000이며, 배당소득금액은 £20,000가 된다.

2) 독 일

독일은 과세소득을 다음과 같이 일곱 가지 유형으로 구분하고 있다. 이 중에서 농림업소득·사업소득 및 독립적 근로소득이 있는 자, 즉 사업자의 과세표준은 순자산증가설에 바탕을 둔 재산비교법(Bestandsvergleich)에 의하여 산정하도록 하고 있다. 그리고 농림업소득 등에는 농림업 등과 관련하여 얻는 일체의 소득, 예를 들면 사업용 자산을 양도함으로써 얻는 양도차익이나 사업자금을 일시적으로 예치함으로써 얻는 이자소득까지도 모두 농림업소득 등에 포함시키고 있는 것이다.

가) 농림업소득

농업·임업에서 얻는 소득과 원예, 일정한 범위 안의 동물의 사육, 민물어업과 양어, 양봉, 수렵으로부터 얻는 소득을 가리킨다. 사업의 양도 또는 사업용 자산의 양도로 인하여 얻는 소득도 농림업소득에 포함된다.

나) 사업소득

사업소득이란 사업활동에서 얻는 소득을 말한다. 사업(Gewerbebetrieb)이란 일반적인 경제거래에 대한 참가로서 이윤을 얻을 목적으로 독립적·계속적으로 영위하는 활동을 의미한다(EStG 15 ②). 다만, 농림업과 독립적 근로활동은 여기에서의 사업에는 포함하지 아니한다. 사업의 양도 또는 사업용 자산의 양도로 인하여 얻는 소득도 사업소득을 구성한다.

다) 독립적 근로소득

독립적 근로소득(Einkünfte aus selbständiger Arbeit)에는 자유직업소득(Einkünfte aus freiberuflicher Tätigkeit), 정부발행복권판매인 및 기타 독립적 근로소득(유언집행인·재산관리인 등)이 포함된다. 독립적 노동에 사용하는 재산 등의 양도차익도 독립적 근로소득에 포함한다.

라) 비독립적 근로소득

비독립적 근로소득(Einkünfte aus nichtselbständiger Arbeit)에는 공법상 또는 사법상의 근로관계에 기초하여 받는 수입금 및 이득과 과거의 근로에 의거하여 받는 수입금 및 이득이 모두 포함된다.

마) 자본자산소득

자본자산소득(Einkünfte aus Kapitalvermögen)에는 배당금, 저당권 및 토지채권에 대한 이자, 금융기관의 예금이자를 포함한 각종 채권의 이자, 유가증권의 할인액, 지분권자가 갖는 배당증권 등의 양도로 인하여 얻는 소득이 포함된다.

바) 임대소득

임대소득에는 부동산(등록된 선박 및 토지에 관한 민법규정이 적용되는 지상권, 영구소작권, 광물채굴권과 같은 권리를 포함한다)과 사업용 동산의 대여로 인하여 얻는 소득, 저작권·산업기술·특허권 등과 같은 권리의 대여로 인하여 얻는 소득과 임대채권의 양도로 인하여 얻는 소득이 포함된다. 종전에는 자기소유 주택의 용

익가치(Nutzungswert)도 임대소득에 포함하였으나, 소득세법의 개정에 따라 1987
년부터는 과세에서 제외되기에 이르렀다.

사) 기타소득

기타소득에는 다른 소득에 속하지 않는 연금 및 보조금 등과 같은 반복적 수입금,
이혼 등에 따른 부양료, 사적 자산의 양도(Private Veräußerungsgeschäfte)로 인한
소득, 의원의 보수 등과 기타의 각종 소득(일시적인 용역의 제공, 예를 들면 일시적
인 중개 및 동산의 임대에 따른 소득)이 포함된다.

3) 우리나라

우리나라는 열거주의방식에 따라 과세소득의 범위를 한정하여 열거하고 있다. 다만
이자소득(소법 16 ① XII, XIII)·배당소득(소법 17 ① IX, X)·사업소득(소법 19 ① XXI)
및 연금소득(소법 20의 3 ① III)에 있어서는 해당 소득별로 포괄주의방식을 취하고 있다.
그리고 과세소득은 종합소득·퇴직소득 및 양도소득으로 대별하고, 종합소득은 다시
이자소득·배당소득·사업소득·근로소득·연금소득 및 기타소득으로 세분하고 있다.
법인세법이 과세소득을 포괄주의방식으로 규정하고 있는 것과는 대조적이다. 법인세
법은 내국법인의 각 사업연도의 소득을 익금(법인의 순자산을 증가시키는 거래로 인
하여 발생하는 수익의 금액)의 총액에서 손금(법인의 순자산을 감소시키는 거래로 인
하여 발생하는 손비의 금액)의 총액을 공제한 금액이라고 정의(법법 14)함으로써 포괄
주의방식에 따라 과세소득을 규정하고 있다.

제3장

과세단위

제1절 과세단위의 개념

　소득세의 과세단위(tax unit)라 함은 소득을 종합하는 인적단위를 가리킨다. 즉 소득세의 과세단위란 소득을 가득하는 개인단위로 소득세를 산정할 것인가 또는 생활공동체로서의 부부나 가족과 같은 소비단위로 소득세를 산정할 것인가에 관한 문제인 것이다. 대부분의 국가들이 소득세를 초과누진세율에 의하여 과세하고 있기 때문에 과세단위를 개인단위로 할 것인가 또는 소비단위로 할 것인가에 관한 문제는 소득세의 크기에 직접적이고도 결정적인 영향을 미치고 있다. 아울러 소득세의 과세단위에 관한 문제는 과세의 공평성·효율성·부부재산제·조세행정과의 관계 등과도 중요한 관련을 갖는다.

　따라서 소득세의 과세단위는 과세 베이스 및 세율과 함께 소득세의 가장 기본적인 골격을 형성하고 있다.

제2절 과세단위의 유형

　소득세의 과세단위는 크게 개인단위주의(individual unit system)와 소비단위주의(consumption unit system)로 나눌 수 있다. 개인단위주의는 소득을 얻는 개인(가득자)을 과세단위로 하는 경우이고, 소비단위주의는 부부 또는 가족과 같은 소비생활상의 집단을 과세단위로 하는 경우이다. 그리고 소비단위주의를 채택하는 경우에도 소비생활상의 집단의 크기에 따라서 부부단위주의(marital unit)와 가족단위주의(family unit)로 구분할 수 있다. 또한 가족단위주의에 있어서도 부부와 그 자녀만으로 한정하여 과세단위를 설정하는 경우와 부모 등을 포함한 모든 동거가족으로 확대하여 과세단위를 설정하는 경우가 있을 수 있다.

　다음으로 소비단위주의를 채택하더라도 소득의 분할 여부에 따라 합산분할주의와 합산비분할주의로 나눈다. 합산분할주의란 소비단위의 구성원의 소득을 합산한 금액을 다시 구성원별로 분할하여 각각 세율을 적용하여 세액을 산정하는 방법인데, 소득의 분할방법에 따라 균등분할주의와 불균등분할주의로 세분된다. 합산비분할주의는 소비단위의 소득을 합계한 금액에 그대로 세율을 적용하여 세액을 산정하는 방법이다.

　그리고 소비단위주의를 채택함에 있어서 적용할 세율표에 관하여는 독신자·부부 또는 가족과 같은 소비단위의 크기 등에 관계없이 동일한 세율표를 적용하는 단일세율표주의와 소비단위의 크기 등에 따라서 서로 다른 세율표를 적용하는 복수세율표주의가 있다.

　이상에서 살펴본 바와 같이 소비단위주의를 채택하는 경우에는 소비집단의 크기·소득의 분할 여부와 분할방법·상이한 세율표의 채택 여부에 따라 무수한 과세단위의 유형이 존재하게 된다. 이를 도표로 정리하여 보면 [별표 1]과 같다.

[별표 1] 과세단위의 유형

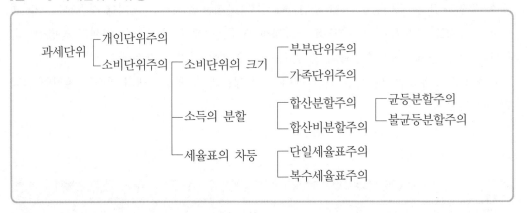

제**3**절 각국의 입법례

1 미 국

미국은 1913년에 항구적 세제로서 소득세를 채용한 이래 계속하여 개인단위주의를 채택하여 왔다. 그러나 미국은 연방 전체를 규율하는 통일적 재산제도를 갖지 않고 각 주의 정하는 바에 일임하고 있었으므로 재산제도의 일부분을 이루고 있는 부부재산제도 또한 각 주의 자주적 규율에 맡기고 있었다. 그러므로 주에 따라서 제각기 부부별산제를 채택하거나 부부공유제 등을 채택하게 되었다.

그러나 1930년에 연방대법원은 Poe v. Seaborn 사건에 대한 판결에서 부부공유제를 채택하고 있는 주(州)에서는 부부의 소득을 합산한 금액을 반으로 나눈 것이 각각 남편 및 아내의 소득이기 때문에 부부는 합산소득액의 1/2에 상당하는 금액을 각자의 소득으로 신고할 자격이 있다고 판시하였다. 이와 같은 판결의 법리를 일반화하면 부부공유제를 채택하고 있는 주의 경우 부부의 소득을 합산하여 이등분한 금액이 각각 남편 및 아내의 소득이 되기 때문에 결과적으로는 2분2승제의 이익을 부여하는 것과 다를 바 없게 되었다. 이로 인하여 부부공유제를 채택하고 있는 주와 부부별산제를 채택하고 있는 주 사이에는 세부담의 불공평을 초래하기에 이르렀다. 뿐만 아니라 부부별산제를 채택하고 있는 일부의 주에서는 단지 주민의 세부담의 경감만을 목적으로 부부공유제로 이행하였고,[65] 또는 세부담의 경감을 목적으로 재산을 아내에게 증여하거나 아내와 공동으로 사업을 영위함으로써 소득을 분산하려는 노력이 빈번하게 시도되었다.

이와 같이 부부재산제의 상이에 따른 각 주간의 세부담의 불공평을 시정하기 위하여 1948년에 선택적인 2분2승제를 채택하게 되었다. 즉 부부는 임의적인 선택에 따라 각자의 소득을 각각 별도로 신고하거나, 2분2승제에 의하여 공동으로 신고할 수 있도록 허용하게 된 것이다. 그러나 단일세율표 아래에서의 2분2승제는 독신자에 비하여 기혼자, 특히 혼자 버는 부부를 우대한다는 점과 배우자 없이 부양가족을 거느리고 있는 독신세대주에게 가혹하다는 등의 비판이 끊임없이 제기되었다. 이에 따라 1969년에 내국세법(Internal Revenue Code)을 개정하여 단일세율표제에서 복수세율표제로 이행하게 되었다. 현재에는 세율표를 개인단위과세를 선택하는 기혼자, 공동신고를 선택하는 기혼자(married filing jointly), 독신자(single person) 및 독신세대주(head of household)의 4종으로 세분하고 있다.

---

65) John K. McNulty, Federal Income Taxation of Individuals(West Publishing Co., 1988), p.346 : Joseph A. Pechman, Federal Tax Policy, 4th edition(The Brookings Institutions, 1983), pp.96~97.

2 　영 국

근대적 소득세의 모국이라고 불리고 있는 영국은 1799년에 소득세를 채택한 이래 일관하여 부부를 하나의 과세단위로 취급하여 왔다. 즉 부부의 소득을 합산한 후에 독신자와 동일한 세율표에 의하여 과세하는 합산비분할주의를 고수하여 왔던 것이다.

그러나 기혼여성의 사회적 진출이 두드러지게 됨에 따라 1972년부터 아내의 근로소득은 부부 쌍방의 신청에 의하여 남편의 소득으로부터 분리하여 과세받을 수 있도록 개정하기에 이르렀다.

그 후 1978년의 미드보고서에서 근로소득(earned income)에 대하여는 개인단위주의, 투자소득(investment income)에 대하여는 소비단위주의를 채택할 것을 주장하였으나 채택되지 못하였다.[66] 이어서 1986년에 공표한 개인과세의 개혁에 관한 재무부의 그린페이퍼(Green Paper, The Reform of Personal Taxation)에서 자산소득을 포함한 모든 소득에 대하여 완전한 개인단위주의로 전환할 것을 제안하였고, 이 제안을 바탕으로 하여 이루어진 세제개혁(Finance Bill 1988)에 의하여 1990년 4월부터 완전한 개인단위주의로 전환하기에 이르렀다.[67]

3 　독 일

1920년에 제정된 연방소득세법에서는 부부의 소득에 미성년인 자녀의 소득을 합산하여 과세하는 가족단위의 합산비분할주의가 채택되었다. 그 후 아내의 소득 중 독립적 근로소득과 남편과 관계가 없는 사업에 있어서의 비독립적 근로소득은 남편의 소득과는 별개로 과세하도록 개정되었다.

제2차 세계대전이 종료하고 제정된 1951년의 소득세법(Einkommensteuergesetz : EStG)에서는 종전의 입장을 그대로 견지하여 원칙적으로 합산비분할주의를 채택하였다. 즉 소득세법 제26조 및 제27조에서 부부의 소득(아내의 비독립적 근로소득은 제외한다)과 18세 미만의 자녀의 소득(비독립적 근로소득은 제외한다)을 합산하여 과세하도록 규정하였던 것이다. 따라서 부부가 제각기 소득이 있는 경우에도 합산하여 과세함으로써 개인단위로 과세하는 경우보다 소득세의 부담이 증가하게 되었고, 이로 말미암아 혼인징벌세(Ehestrafsteuer)

---

66) IFS, The Structure and Reform of Direct Taxation(Report of a Committee chaired by Professor J. E. Meade, George Allen & Unwin, 1978), p.395.
67) Chris Whitehouse & Elizabeth Stuart-Buttle, Revenue Law-principle and practice, 10th edition(Butterworths, 1992), p.653.

라는 말이 생겨나게 되었다. 이와 같은 소비단위주의는 누진세율구조로 말미암아 개인단위주의에 비하여 현저한 소득세 부담의 증가를 초래하였고, 따라서 합산과세를 정한 소득세법 제26조[68]가 독일의 기본법(Grundgesetz) 제3조 제2항(남녀평등), 제6조 제1항(혼인 및 가족의 보호) 및 제3조 제1항(법 앞의 평등)에 위배된다는 주장이 제기되기에 이르렀다. 연방헌법재판소는 기본법 제6조 제1항(혼인 및 가족은 국법상 특별한 보호를 받는다)은 단순히 혼인 및 가족생활의 존중·보장만을 규율한 것이 아니고 혼인 및 가족생활에 불이익을 주지 않도록 국가에게 명령하고 있는 것이기 때문에, 혼인으로 인하여 결혼 전의 세액보다 과중하게 되는 합산과세 규정은 기본법 제6조 제1항에 위배된다고 판시하였다. 즉 기본법 제6조는 혼인 및 가정을 국가로부터 보호하기 위한 원칙규범(Grundsatznorm)으로서 공법 및 사법에 대한 구속적 가치결정(verbindliche Wertentscheidung)의 의미를 지니고 있기 때문에 입법자를 구속하며, 따라서 소득세법 제26조는 혼인에의 방해적 조치를 구성하기 때문에 기본법의 다른 규정의 판단을 기다릴 여지도 없이 위헌임을 선언하였다.[69] 이와 같은 위헌판결에 따라 독일은 소비단위주의를 완전히 폐지하고 개인단위주의로 이행하거나, 아니면 미국과 같은 2분2승제를 채용하여야 할 기로에 서게 되었다. 이에 따라 1958년에 소득세법을 개정하여 2분2승제와 개인단위주의 중에서 납세의무자가 임의로 선택한 방법에 따르도록 하였다. 즉 부부의 자유의사에 따라 합산과세(zusammen Veranlagung)의 방법을 선택하거나 분리과세(getrennte Veranlagung)의 방법을 선택할 수 있게 된 것이다.

독일이 비록 선택적이기는 하나 합산분할과세의 방법, 즉 2분2승제(Splittingverfahren)를 채택하게 된 이유는 다음과 같다.

① 독일은 종래부터 부부를 일체로 보아, 즉 세대를 단위로 하여 담세력을 측정하여 왔다. 이와 같은 전통에 따라 세대합산을 계속하는 것이 세부담의 공평에 이바지하는 것이다.

② 부부의 소득의 합계액이 100일 경우에는 부부의 한쪽만이 100일 경우, 각각 70과 30일 경우 또는 각각 50과 50일 경우라고 하여 세부담이 달라져야 할 이유는 없는 것이다.

③ 합산을 폐지할 경우에는 자산소득에 의존하는 세대는 매우 유리하게 된다. 예를 들면 일반부부공유제(allgemeine Gütergemeinschaft)를 계약함으로써 부부가 자산소득을 분할하거나 재산을 적당히 부부간에 분산함으로써 소득을 분산하여 높은 누진세율의 적용을 피할 수 있다. 그러나 근로소득자는 소득을 분산할 여지가 전혀 없기 때문에 개인단위주의는 근로소득자에게 불리하게 되어 공평에 배치된다.

---

68) EStG 제26조 ① 부부 모두 무제한납세의무가 있고 동시에 계속하여 별거하고 있지 않은 경우에는 쌍방에 대하여 합산과세를 행한다. 앞의 요건은 과세기간에 있어서 적어도 4개월 이상 존속함을 필요로 한다. ② 합산과세에 있어서 부부의 각 소득은 합산된다.

69) 1957.1.17., BVerfGE Bd. 6, S.55.

위와 같은 이유로 채택된 2분2승제는 함께 생활하고 있는 부부는 근로 및 소비의 공동체를 형성하고 있고 아울러 부부는 수입을 반액씩 향수함과 동시에 지출 및 부담도 각각 반액씩 분담하여야 한다는 점에서 세대의 실태에 맞는 것이다. 뿐만 아니라 이 제도는 아내의 입장을 특히 존중하여 남편의 직업에 대한 아내의 조력을 세법상 인정하여 준 것으로서 1959년부터 시행하고 있는 민법상의 증가재산공유제(Zugewinngemeinschaft)와도 부합한다.[70]

한편, 연방헌법재판소는 만 18세 미만인 자녀가 얻는 소득을 부모의 소득과 합산하도록 규정하고 있던 소득세법 제27조의 자녀합산과세(Zusammenveranlagung mit Kindern)도 부부합산과세에 관한 위헌판결에 이어 기본법 제6조 제1항에 위배되어 무효라고 선언하기에 이르렀다.[71] 따라서 현재에는 자녀의 소득을 부모의 소득과 합산하지 않고 각각 과세하도록 하고 있다.

4 일 본

明治 20년에 제정된 소득세법에서는 호주 및 그 동거가족의 소득을 합산하여 과세하는 가족단위주의를 채용하였다. 이는 그 당시의 민법이 가족제도를 채택하고 있었음에 크게 영향을 받았고, 민법상의 가족제도와 소득세법상의 가족단위주의와는 호흡이 잘 맞는 것으로 생각되었다. 그런데 1947년에 민법의 친족편이 전부 개정되어 종래의 가족제도가 폐지되었고, 이로 인하여 소득세법상의 가족단위주의는 존립의 근거를 잃게 되었다. 한편, 샤프권고에서는 가족단위주의를 폐지하고 각 납세의무자가 독립의 신고서를 제출하여 각자의 소득액에 대한 세액을 제각기 납부하게 하도록 권고하였다. 이에 따라 1950년의 소득세법의 개정시에 개인단위주의로 이행하기에 이르렀다.

그런데 1957년의 임시세제조사회는 그 답신에서 자산소득은 세대를 과세단위로 하여 합산하는 것이 자산 명의의 분할 등 표면상의 가장에 의하여 부당하게 소득세가 경감되는 것을 방지할 수 있기 때문에 자산소득합산과세를 채택할 것을 주장하였다. 이와 같은 답신에 근거하여 1957년부터 자산소득합산과세제도가 개인단위주의의 특례로서 인정되기에 이르렀다. 즉 개인단위주의를 원칙으로 하되, 다만 자산소득에 한하여 세대단위로 합산과세하는 특례가 채택된 것이다. 그러나 1988년 소득세법의 개정에서 세액계산이 복잡하다는 이유로 자산소득합산과세제도를 폐지하고 순수한 개인단위주의를 채택하여 현재에 이르고 있다.[72]

---

70) Klaus Tipke/Joachim Lang, Steuerrecht, ein systematischer Grundric, 13. Aufl.(Verlag Dr. Otto Schmidt, 1991), S.396.
71) 1964.6.30., BVerfGE Bd. 18, S.97.
72) 金子宏, 「租稅法」第16版(弘文堂, 2011), p.179.

5　프랑스

　　프랑스는 1945년 이래 가족분할제(systeme du quotient familial)라는 독특한 소득분할방식을 채택하여 오고 있다.

　　합산대상의 대상이 되는 가족, 즉 세대(foyer)의 범위에는 부모, 부모와 동거하는 자녀가 포함된다. 그러나 자녀가 18세 이상이거나 18세가 되기 전에 결혼한 때에는 합산대상에서 제외된다. 그리고 21세 미만(재학 중인 자는 25세 미만)인 자녀 또는 군에 복무하는 자녀(연령에 관계없다)의 경우에는 합산대상으로 취급되는 것을 선택할 수 있다.[73]

　　한편 부부의 소득은 반드시 합산하여야 하나, 자녀의 소득에 대하여는 분리하여 신고할 수 있다. 즉 자녀의 경우에는 합산이 강제되는 것은 아니다. 자녀의 소득을 분리하여 신고한 경우에 그 자녀는 독립된 납세의무자로 취급되며, 뒤에서 설명하는 가족분할계수의 산정에 있어서도 제외된다.

　　다음으로 소득분할방식은 가족분할제라는 방식을 채택하고 있다. 가족분할제는 합산대상가족의 과세소득의 합계액을 독신자의 경우에는 1단위, 부부는 2단위, 부부 및 1인의 자녀는 2.5단위, 부부 및 2인의 자녀는 3단위, 부부 및 3인의 자녀는 4단위[74]로 하여 산정한 가족분할계수로 나눈 금액에 세율을 곱하여 세액을 산출하고 여기에 다시 가족분할계수를 곱하여 납부세액을 산정하는 방법이다. 자녀의 수가 많으면 많을수록 세율의 누진도를 완화시키게 된다. 납세의무자가 홀아비 또는 과부로서 부양하여야 할 자녀가 있는 경우에는 가족분할계수를 산정할 때 배우자가 생존하고 있는 것으로 간주한다. 부부의 소득에 대하여는 부부가 공동으로 소득세를 신고하여야 하며, 아울러 연대납세의무를 진다(프랑스 일반조세법 6).

　　가족분할제는 기혼자, 특히 자녀가 있는 기혼자의 소득세 부담을 감소시킨다. 소득세 부담의 감소 정도는 자녀의 수가 많고 가족 중 남편 또는 아내만이 소득을 얻는 경우에 가장 현저하다. 따라서 가족분할제는 누진소득세의 기능을 약화시키는 작용을 하는 것이다. 이 제도는 인구증가를 장려하기 위하여 채용된 것이라고 한다.

　　그러나 고액소득자에게 보다 큰 소득세의 경감혜택을 부여하고 있다는 점에서 비판이 가하여지고 있다.[75]

---

73) 監査法人トーマッEC統合チーム, 「EC加盟國の稅法」(中央經濟社, 1992), p.163.
74) 앞에서의 단위수를 가족분할계수라고 하는데, 가족 1인당 가족분할계수는 1이다. 그러나 자녀의 경우에는 1인당 0.5로 계산하여야 하나, 자녀가 3인 이상인 세대의 경우에 세 번째 자녀부터는 1로 계산하도록 하고 있다.
75) 金子宏, "所得稅における課稅單位の硏究," 「公法の理論」(中), 田中二郎先生古稀記念(有斐閣, 1976), pp.721
　　~722.

제**4**절 과세단위의 유형에 따른 구체적 검토

1 공평성

어떤 과세단위를 기준으로 담세력을 측정하는 것이 공평의 원칙에 적합한 것인가가 문제이다. 일반적으로 경제생활의 기본단위는 부부 내지 가족이기 때문에 가족구성원의 소득을 개별적으로 파악하여 각각 과세하기보다는 부부 내지 가족과 같은 소비단위를 기준으로 하여 그 소비단위 구성원의 소득을 합산하여 과세하는 것이 보다 공평의 원칙에 합치한다고 하겠다. 카터 보고서에서도 현대사회에 있어서 기본적인 경제적·재무적 주체가 가족이기 때문에 가족이 소득과세에 있어서의 기본적 단위로서 채택되어야 한다고 주장한 바 있다.[76] 합산한 소득금액이 다같이 3,000만원이기는 하나 남편만의 소득이 3,000만원인 A부부, 남편과 처가 각각 1,500만원씩인 B부부, 남편 2,000만원과 처 1,000만원인 C부부에 대하여 개인단위주의에 따라 과세하는 경우에는 각 부부간에 현저한 세부담의 차이가 발생하게 된다.[77]

생각건대, 부양가족의 유무 및 그 수, 혼자 버는 부부와 맞벌이부부 사이의 차이를 무시한다면 앞의 세 부부는 동일한 담세력을 갖는다고 보아야 할 것이고, 따라서 동일한 세부담을 지움이 보다 공평의 원칙에 합치하는 것이다. 이와 같이 과세의 공평이라는 측면에서 본다면 소비단위주의가 개인단위주의보다 우월하다고 하지 않을 수 없다.

다음으로 소비단위주의에 있어서도 소비단위의 크기(부부단위주의와 가족단위주의), 소득의 분할(합산분할주의와 합산비분할주의) 및 세율표의 차등(단일세율표주의와 복수세율표주의) 등에 따라 과세의 공평은 서로 다르게 나타난다.

첫째, 소비단위주의에 있어서도 부부와 가족 중 어느 쪽을 과세단위로 선택하는 것이 보다 공평의 원칙에 부합하는가가 논란의 대상이 되고 있다. 세대 중에서 자녀 등이 소득을 가득하고 있는 상태는 일반적인 것이라고 보여지지 않기 때문에 부부만을 합산의 단위로 하여야 한다는 주장도 있으나, 카터 보고서에서는 가족이 사회생활 및 경제생활의 단위임을 이유로 원칙적으로 자녀를 포함한 가족을 과세단위로 채택할 것을 제안하고 있다. 즉 카터 보고서는 부부, 21세 이하의 미혼자녀 및 21세를 초과하는 박약자(infirm)인 자녀로 구성되는 가족을 과세단위로 하되, 다만 21세 이하의 미혼자녀라 하더라도 부모와 별거하

---

76) Kenneth Lem. Carter et al, Report of the Royal Commission on Taxation, Volume 3(Taxation of Income, 1966), p.124.
77) ibid., p.118.

면서 전업으로서 취업하고 있거나 사업을 영위하는 경우에 한하여 자녀 또는 부모의 선택에 따라 합산가족에서 제외되어야 한다고 주장한다.[78]

둘째, 소비단위주의에 있어서 합산분할주의와 합산비분할주의 중 어느 쪽이 더 바람직한지가 문제이다. 합산비분할주의는 과세의 공평이라는 측면은 무시하더라도 혼인에 대한 제재(marriage penalties)로서 작용할 뿐만 아니라 제2차 소득가득자(주로 아내)에 대한 한계세율을 높임으로써 노동의 공급을 저해하는 등의 폐해로 말미암아 "합산비분할주의만큼 불공평하고 부도덕하며 반사회적인 제안은 없다"라는 극단적인 비판론[79]까지 제기되고 있다.

합산비분할주의는 결혼 후의 부부의 소득세 부담을 결혼 전의 2인의 독신자의 소득세 부담보다 현저히 증가시킴으로써 다분히 위헌적인 요소를 안고 있다.

반면에 합산분할주의에 있어서도 특히 미국과 독일에서 채택하고 있는 2분2승제는 단순히 2분2승을 하기 때문에 혼인에 의한 규모의 이익(economics of scale)을 통한 비용의 절감을 무시함으로써 기혼자를 독신자보다 우대하는 결과를 초래하고 있다.[80] 그러므로 이론적으로는 바람직한 분할계수를 구하기 위하여 규모의 이익을 측정할 필요가 있다.

셋째, 소비단위주의를 채택하는 경우에도 소비단위의 크기에 따른 규모의 이익을 기초로 하여 마련한 복수세율표를 시행하는 것이 서로 다른 세대 간의 공평을 유지할 수 있다. 문제는 규모의 이익을 객관적·실증적으로 파악하는 데에 달려 있다.

미국의 경우에는 독신자, 독신세대주, 공동신고하는 부부 및 분리신고하는 부부별로 각각 다른 복수세율표를 채택하고 있다.

2 효율성

소득세의 과세단위를 효율성이라고 하는 관점에서 살펴본다면 주로 과세단위가 노동의 공급에 미치는 효과가 문제된다. 소비단위주의 중 합산비분할주의의 경우에는 소득에 대한 한계세율이 합산대상가족 또는 배우자의 소득의 크기에 의하여 좌우되기 때문에 가득능력이 상대적으로 낮은 다른 합산대상가족 또는 배우자의 노동에 저해적으로 작용하게 된다.

근년에 이르러 기혼여성의 취업비율이 현저하게 상승하여 맞벌이 세대가 증가하고 있는 추세에 있다. 이와 같은 상황 아래에서 부부 또는 가족의 소득에 대하여 합산비분할주의를 채택하게 되는 경우에는 제2차 소득가득자, 특히 여성의 노동에 대한 한계세율을 높이는

---

78) ibid., pp.144~145.
79) D. Smith, Federal Tax Reform, 1961, p.44.
80) Boris I. Bittker, "Federal income taxation and the family", 27, Stanford L. Rev., 1975, p.1423.

결과가 되어 여성의 사회진출을 저해하는 작용을 하게 됨에 유의할 필요가 있다. 가능하다면 과세단위의 선택이 제2차 소득가득자의 근로의욕을 저해하지 않는 범위 안에서 이루어지는 것이 바람직한 것이다.[81)]

3 세무행정의 간편성

소득세의 과세단위를 세무행정 또는 세무집행의 간편성이라는 측면에서 고찰하여 볼 필요가 있다. 개인단위주의와 소비단위주의 중 어떤 과세단위를 채택하더라도 세무집행상 상당한 문제점들이 예견되고 있다.

먼저 소비단위주의에 있어서는 부부 또는 가족과 같은 과세단위의 소득을 합산하기 위하여 필요한 자료 및 정보의 제출 또는 수집이 필수적이다. 이로 인하여 징세비(administrative costs) 및 납세협력비용(compliance costs)과 같은 세무행정비용의 증가를 초래하게 된다. 이와 같은 세무행정비용의 증가는 주로 원천징수의무의 이행, 과세자료의 제출, 과세표준 확정신고의 이행 및 그 처리와 관련하여 발생하게 되는 것이다.

다음으로 개인단위주의의 경우에는 부부 또는 가족 간의 인위적인 소득분산에 의하여 높은 초과누진세율의 적용을 면함으로써 소득세의 부담을 경감·회피하려고 하는 유인이 강하게 작용한다. 특히 문제가 되는 것은 자산명의의 형식적인 변경에 의한 자산소득의 분산, 가족조합을 가장한 소득의 분산, 가족 간의 거래에 의한 소득의 분산 및 사용인으로 가장한 가족에 대한 급여지급에 따른 사업소득 등의 분할이다. 과세관청은 납세의무자의 인위적인 소득분산에 대응하여 사실을 조사·확인하고 과세처분을 행하는 등 엄청난 행정력을 투입하지 않으면 안 되는 것이다. 반면에 소비단위주의의 경우에는 소득의 인위적인 분산이 전혀 무익하기 때문에 이로 인한 세무행정의 부담문제는 발생하지 아니한다.

4 부부재산제와의 관계

소득세의 과세단위는 부부재산제와 밀접한 관련을 갖는다. 즉 부부의 소득의 귀속을 어떻게 파악할 것인가는 결국 부부의 재산관계를 어떻게 이해할 것인가에 달려 있기 때문이다. 부부공유제를 채택하고 있는 주(州)에서는 부부의 소득을 합산한 금액을 둘로 나눈 것이 각각 남편 및 아내의 소득이기 때문에 부부는 합산소득액의 1/2에 상당하는 금액을 각자의 소득으로 신고할 자격이 있다고 판시한 미국 연방대법원의 Poe v. Seaborn 사건에

---

81) IFS, The Structure and Reform of Direct Taxation(Report of a Committee chaired by Professor J. E. Meade, George Allen & Unwin), p.377.

대한 판결이 이를 웅변하고 있는 것이다.

일반적으로 공유재산제를 채택하고 있는 국가의 경우에는 개인단위주의와 친숙하지 않다.

우리 민법은 부부간에 부부재산계약을 체결하지 않은 경우에는 법정재산제로서 부부별산제에 의하도록 하고 있다(민법 829 ①). 즉 우리 민법은 원칙적으로 계약재산제를 채택하여 부부의 계약에 의하여 부부의 재산문제를 정하도록 하되, 이와 같은 약정이 없는 경우에만 법정재산제인 부부별산제에 따르도록 하고 있다.

부부재산계약은 선량한 풍속 기타 사회질서, 강행법규에 위반하지 않은 한 부부의 재산관계에 관한 어떠한 내용도 자유로이 정할 수 있다.[82] 그런데 민법 제829조에 따라 혼인 중에 취득하는 재산을 부부의 공동재산으로 하는 내용의 부부재산계약을 체결한 부부에 있어서 부부 중 한쪽만이 소득활동에 종사하고 다른 한쪽은 오로지 가사에 전념한 경우에는 부부가 소득금액의 1/2씩에 대하여 각각 소득세의 납세의무를 진다는 견해와 소득활동을 영위하는 자만이 소득금액의 전액에 대하여 소득세의 납세의무를 진다는 견해가 대립하고 있다. 앞의 견해를 취하는 경우에는 법정재산제인 부부별산제를 적용받는 부부와의 사이에 과세의 형평이 깨어지게 되어 불합리한 결과를 초래하게 된다.[83]

다음으로 법정재산제를 적용받는 경우에는 부부의 일방이 혼인 전 부터 가진 고유재산과 혼인 중 자기의 명의로 취득한 재산은 그 특유재산으로 하지만, 부부의 누구에게 속한 것인지 분명하지 아니한 재산은 부부의 공유로 추정하도록 하고 있다.

부부재산의 귀속은 크게 세 가지 유형으로 나누어 살펴볼 수 있다.[84]

첫째, 명실공히 부부 각자의 소유로 되는 특유재산으로서 혼인 전부터 각자가 소유하는 고유재산, 혼인 중에 부부의 일방이 제3자로부터 상속 또는 증여받은 재산, 고유재산 등으로부터 생긴 수익 및 각자의 장신구나 의복 등이 이에 속한다. 이와 같은 재산은 혼인해소의 경우에도 각자의 소유가 되며, 상대방은 재산분할청구권을 갖지 못한다.[85]

둘째, 명실공히 부부의 공유에 속하는 재산으로서 공동생활에 필요한 가재도구 등이 이에 해당한다.

82) 박동섭, 「친족상속법」(박영사), 2004, p.115 : 이강원, "부부재산계약", 「재판자료 제101집 가정법원사건의 제문제(上)」, 법원도서관, 2003, pp.36~37.
83) 독일의 연방헌법재판소는 개인단위주의 아래에서는 "고소득의 부부는 ……그들의 총소득의 합계액을 계약에 의하여 분할하는 것에 의하여 2분2승제의 경우와 동일한 효과를 갖는 누진세율의 인하를 달성할 수 있다. 이와 같은 것은 대중인 근로자에게는 불가능한 것이다"고 하여 같은 견해를 피력하고 있다(BVerfG – Beschluβ 1 BvL 10/80 vom 22.2.1984 : BVerfGE 66, 214, 223 : BVerfG–Beschluβ 1 BvR 527/80, 528/81, 441/82 vom 17.10.1984 : BVerfGE 68, 143, 153).
84) 金疇洙, 「親族·相續法」(法文社, 1991), p.166.
85) 特有財産에 있어서도 배우자가 적극적으로 그 특유재산의 유지에 협력하여 그 감소를 방지하였거나 그 증식에 협력하였다고 인정되는 경우에는 분할의 대상이 될 수 있다(대법원 1998.2.13 선고, 97므1486 판결).

셋째, 명의는 부부의 일방으로 되어 있으나 실질적으로 공유에 속한다고 보아야 할 재산으로서 부부가 혼인 중에 협력하여 취득한 주택·대지 기타의 부동산, 공동생활의 기금이 되는 예금·주권 등이 이에 속한다.

그런데 앞의 부부재산의 귀속형태 중 특히 중요한 것은 셋째 유형으로서 부부 일방의 명의로 되어 있는 재산이라 할지라도 공유로 해석하여야 할 재산의 범위는 상당히 넓다고 하지 않을 수 없다. 즉 남편이 사회적으로 활동하여 수입을 얻는 경우로서 아내가 직접 이에 협력하는 경우는 물론이고, 남편의 활동에 직접 협력하지 않고 단순히 가사노동에만 종사한다고 할지라도 남편의 명의로 얻어지는 수입은 실질적으로는 부부의 공유에 속한다고 보아야 하기 때문이다.[86] 따라서 부부가 이혼하는 경우에는 재산분할청구권제도에 의하여 사실상의 공유재산을 청산하도록 하고 있고, 배우자의 일방이 사망한 경우에는 기여분제도에 의하여 상속재산에서 제외하여 다른 배우자의 일방에게 귀속시키도록 하고 있다.

따라서 현행의 부부재산제도를 위와 같이 해석하는 경우에는 개인단위주의는 문제점을 지니고 있다고 하지 않을 수 없다.[87] 부부가 협력하여 사업을 영위하는 경우는 물론이고 아내는 오로지 가사에 전념하고 남편만이 사업을 영위하거나 근로를 제공하여 일정한 소득을 얻는 경우에도 이를 남편만의 소득으로 보기는 어려우며 부부의 공동소득으로 이해하는 것이 오히려 실질에 부합하는 측면이 있기 때문이다.

---

86) 金疇洙, 앞의 책, p.167 : 金德煥, "離婚時의 財産分割請求權과 慰藉料,"「考試界」通卷 430호(1992.12.), pp.144~145 : 吉良實,「所得課税法の論点」(中央經濟社, 1984), pp.190~191.
대법원 1993.5.11 선고, 93스6 판결.
[判決要旨] ……민법 제839조의 2에 규정된 재산분할제도는 부부가 혼인 중에 취득한 실질적인 공동재산을 청산·분배하는 것을 주된 목적으로 하는 것이므로, 부부가 협의에 의하여 이혼할 때 쌍방의 협력으로 이룩한 재산이 있는 한, 그 재산의 분할에 관하여 협의가 되지 아니하거나 협의할 수 없는 때에는 법원으로서는 당사자의 청구에 의하여 그 재산의 형성에 기여한 정도 등 당사자 쌍방의 일체의 사정을 참작하여 分割의 額數와 방법을 정하여야 하는 바, 妻가 가사노동을 분담하는 등으로 내조를 함으로써 부의 재산의 유지 또는 증가에 기여하였다면 그와 같이 쌍방의 협력으로 이룩된 재산은 재산분할의 대상이 된다.
다만, 大法院은 이혼 또는 상속과 같은 결혼의 청산시와는 달리 혼인 중에는 "부부의 일방이 혼인 중 단독 명의로 취득한 부동산은 그 명의자의 특유재산으로 추정되므로……단지 그 부동산을 취득함에 있어서 자신의 협력이 있었다거나 혼인생활에 있어서 내조의 공이 있었다는 것만으로는 위 추정이 번복되지 아니한다"(대법원 1998.12.22. 선고, 98두15177 판결 : 대법원 1998.6.12. 선고, 97누7707 판결)고 하여 부부별산제에 충실한 입장을 취하고 있다.
87) 吉良實, 앞의 책, pp.190~191.

5　그 밖의 고려사항

가. 결혼에 대한 중립성

소비단위주의를 채택하게 되면 소득세제는 결혼에 대하여 중립성을 잃게 된다. 일반적으로 합산비분할주의는 결혼에 대한 제재(marriage penalties) 또는 결혼세(marriage tax)로 작용하며, 합산분할주의는 결혼에 대한 은전 또는 보너스(gifts or bonuses)로서 기능하게 된다.[88]

이와 같이 소비단위주의를 채용할 경우에는 결혼의 유무가 세부담에 큰 영향을 미치게 되므로 세제가 결혼에 대하여 억제적(합산비분할주의)이거나 촉진적(합산분할주의)인 효과를 갖게 되는 것이다.[89] 과세단위가 결혼을 할 것인지의 여부에 관한 의사결정에 영향을 미치는 것은 바람직하지 않다.[90]

나. 프라이버시(privacy)의 보호

근래에 이르러 아내의 경제적 활동이 두드러짐에 따라 점차 아내가 남편으로부터의 경제적 자립을 시도하는 경향이 있을 뿐만 아니라 자기 명의의 소득 및 재산에 관한 정보가 남편에게 알려지는 것이 바람직하지 않다고 생각하는 여성이 증가하는 추세에 있다. 일반적으로 소비단위주의의 경우에는 개인의 프라이버시의 보호가 어렵다고 할 수밖에 없으며, 이 점에 관한 한 개인단위주의가 우월하다.

---

88) Boris I. Bittker, "Federal Taxation of Income, Estates and, Gifts", Volume 4, 2nd edition (Warren, Gorham & Lamont, 1981), pp.111~150.
89) 税務經理協會編, 「税制の抜本改革」 税制調査會 第2・第3特別部會中間報告(税務經理協會, 1986), p.30.
90) IFS, op.cit., p.377.

제5절 우리나라에 있어서의 과세단위

1 과세단위의 개요

우리나라의 소득세법은 개인단위주의를 채택하여 각 거주자에게 귀속되었거나 귀속될 소득금액에 대하여 해당 거주자별로 소득세의 납세의무를 지우고 있다(소법 2).

종래에는 개인단위주의를 원칙으로 하면서 자산소득(이자소득·배당소득 및 부동산임대소득)에 한하여 부부단위 합산비분할주의를 채택하고 있었으나, 헌법재판소가 자산소득에 대한 부부단위 합산비분할주의가 합리적인 근거 없이 합산대상 자산소득이 있는 혼인한 부부를 소득세 부과에 있어서 차별취급하는 것이기 때문에 헌법 제36조 제1항에 위반된다고 판시[91]함으로써 완전한 개인단위주의로 전환하기에 이른 것이다.

2 과세단위의 문제점과 개선방안

현행 소득세법은 원칙적으로 개인단위주의를 채택하여 소득을 가득하는 거주자별로 소득세를 과세하도록 하고 있다. 이와 같은 개인단위주의는 가족 중 제2차적 노동공급자의 근로의욕을 감소시키는 유인이 적고 세무행정비용의 절감·결혼에 대한 중립성 보장 및 프

---

91) 헌법재판소 2002.8.29., 2001헌바82.
    [判決要旨] ① 헌법 제36조 제1항은 "혼인과 가족생활은 개인의 존엄과 兩性의 平等을 기초로 성립되고 유지되어야 하며, 국가는 이를 보장한다."라고 규정하고 있는데, 헌법 제36조 제1항은 혼인과 가족생활을 스스로 결정하고 형성할 수 있는 자유를 基本權으로서 보장하고, 혼인과 가족에 대한 제도를 보장한다. 그리고 헌법 제36조 제1항은 혼인과 가족에 관련되는 공법 및 사법의 모든 영역에 영향을 미치는 헌법원리 내지 원칙규범으로서의 성격도 가지는데, 이는 적극적으로는 적절한 조치를 통해서 혼인과 가족을 지원하고 제삼자에 의한 침해 앞에서 혼인과 가족을 보호해야 할 국가의 과제를 포함하며, 소극적으로는 불이익을 야기하는 제한조치를 통해서 혼인과 가족을 차별하는 것을 금지해야 할 국가의 의무를 포함한다. 이러한 헌법원리로부터 도출되는 차별금지명령은 헌법 제11조 제1항에서 보장되는 평등원칙을 혼인과 가족생활영역에서 더욱더 구체화함으로써 혼인과 가족을 부당한 차별로부터 특별히 더 보호하려는 목적을 가진다. 이때 특정한 법률조항이 혼인한 자를 불리하게 하는 차별취급은 중대한 합리적 근거가 존재하여 헌법상 정당화되는 경우에만 헌법 제36조 제1항에 위배되지 아니한다.
    ② 부부간의 인위적인 자산 명의의 분산과 같은 가장행위 등은 「상속세 및 증여세법」상 증여의제규정 등을 통해서 방지할 수 있고, 부부의 공동생활에서 얻어지는 절약가능성을 담세력과 결부시켜 조세의 차이를 두는 것은 타당하지 않으며, 자산소득이 있는 모든 납세의무자 중에서 혼인한 부부가 혼인하였다는 이유만으로 혼인하지 않은 자산소득자보다 더 많은 조세부담을 하여 소득을 재분배하도록 강요받는 것은 부당하며, 부부 자산소득합산과세를 통해서 혼인한 부부에게 가하는 조세부담의 증가라는 불이익이 자산소득합산과세를 통하여 달성하는 사회적 공익보다 크다고 할 것이므로, 소득세법 제61조 제1항이 자산소득합산과세의 대상이 되는 혼인한 부부를 혼인하지 않은 부부나 독신자에 비하여 차별취급하는 것은 헌법상 정당화되지 아니하기 때문에 헌법 제36조 제1항에 위반된다.

라이버시(privacy)의 보호 등과 같은 긍정적인 측면을 갖고 있다.

그럼에도 현행의 개인단위주의는 재산형성에 있어서의 부부의 공동 공헌을 배려하지 못하고 있을 뿐만 아니라 재산분할청구제도 및 상속에 있어서의 기여분제도와도 조화를 이루지 못하고 있다. 그리고 실질과세의 원칙 및 부부의 생활실태에도 부합하지 않으며, 소득의 인위적인 분산을 초래하여 과세의 형평이 침해를 받고 행정비용이 증가하는 등의 문제점이 제기되고 있다.

생각건대 개인단위주의를 채택하고 있는 현행의 소득세의 과세단위를 개인단위주의와 부부단위 합산분할주의(2분2승제) 중 납세의무자가 선택하는 방법을 적용하도록 개선하는 것이 바람직하다고 하겠다. 소득세의 과세단위에 선택적 2분2승제를 도입하여야 할 필요성은 다음과 같다.

① 재산형성에 있어서의 공동 공헌의 배려와 재산분할청구제도와의 조화

2분2승제는 재산형성에 있어서의 부부의 공동 공헌[92]을 배려할 뿐만 아니라 재산분할청구제도 및 상속에 있어서의 기여분제도와 부합하는 합리적인 제도이다.

부부가 협력하여 사업을 영위하는 경우는 물론이고 어느 한쪽은 오로지 가사에 전념하고 다른 한쪽이 사업을 영위하거나 근로를 제공하여 얻은 소득으로 취득한 재산이라 할지라도 이를 명의자만의 소득으로 보기는 어렵다. 이는 부부 쌍방의 협력으로 이룩한 소득으로서 부부의 공유에 속한다고 해석하는 것이 오히려 실태에 부합하기 때문이다.[93]

그리고 2분2승제는 이혼시의 재산분할청구제도(민법 제839조의 2)와 상속에 있어서의 기여분제도(민법 제1008조의 2)와도 부합한다.

② 부부재산계약제와의 조화

부부가 혼인 중에 취득하는 재산을 부부의 공동재산으로 하는 내용의 부부재산계약을 체결한 경우와의 소득세 과세에 있어서의 형평성을 도모할 필요가 있다. 민법 제829조에 따라 혼인 중에 취득하는 재산을 부부의 공동재산으로 하는 내용의 부부재산계약을 체결한 부부에 있어서 부부가 소득금액의 1/2씩에 대하여 각각 소득세의 납세의무를 진다는 견해를 취하는 경우에는 법정재산제인 부부별산제를 적용받는 부부와의 사이에 과세의 형평이 깨어지게 되어 불합리하다. 2분2승제를 채택하는 경우에는 이

---

92) 「妻の內助の功」을 고려하여 2분2승제의 채택을 주장한다(北野弘久, "內助の功と稅法", 判例硏究 日本稅法 體系 2, 學陽書房, 1979, pp.266~267).

93) 「妻の座の保障」 또는 「妻の內助の功の經濟的價値評價」라고 하는 관점에서 소득 등의 공동소유론이라고 부르면서 2분2승제의 도입을 주장하는 견해가 있다(吉良實, "課稅單位に 關する 一考察", 稅法學 論文集, 日本 稅法學會, 1981, pp.388~391).

와 같은 문제점을 해소할 수 있다.

③ 실질과세의 원칙에의 적합성

부부가 협력하여 사업을 영위하는 경우에는 설사 해당 소득이 명의상으로는 부부의 일방에게 귀속된다고 하더라도 실질적으로는 부부의 쌍방에게 귀속된다고 해석하는 것이 오히려 실태에 부합한다. 부부가 공동으로 사업을 영위하는 것과 다를 바 없기 때문이다. 나아가서 부부의 한쪽(예 : 아내)은 오로지 가사에 전념하고 다른 한쪽(예 : 남편)은 사업을 영위하거나 근로를 제공하여 일정한 소득을 얻는 경우에도 이를 남편의 소득만으로 보기는 어렵다. 왜냐하면 아내의 가사노동이 있음으로 인하여 남편의 노동력이 재생산되기 때문에 남편이 얻은 소득은 부부의 공동노동의 성과로서 부부의 공유에 속한다고 해석하는 것이 타당하기 때문이다.

소득의 귀속에 있어서의 실질이 위와 같다면 실질과세의 원칙에 따라 남편이 가득한 소득 금액의 1/2 또는 상당한 부분은 처의 소득금액으로 보아 부부에게 과세함이 마땅한 것이다.

④ 부부의 생활실태에의 부합성

2분2승제는 개인단위주의보다는 부부의 생활실태에 부합하는 제도이다. 부부는 소득활동 및 소비를 공동으로 담당하는 단일의 생활공동체를 형성하고 있기 때문에 그 구성원인 부부가 가득한 소득금액의 1/2은 부부 각자의 소득금액으로 이해하는 것이 부부의 생활실태에 부합하는 것이다. 즉 2분2승제는 부부의 소득과세에 있어서 조세법상의 우대조치가 아니고, 실제로 존재하는 경제적 제사정에 부합하는 과세방법인 것이다.[94]

⑤ 조세부담의 형평성 확보

개인단위주의의 경우에는 부부 또는 가족간의 인위적인 소득분산에 의하여 높은 초과 누진세율의 적용을 면함으로써 소득세의 부담을 경감·회피하려고 하는 유인이 강하게 작용한다. 특히 자산명의의 형식적인 변경에 의한 자산소득의 분산, 가족조합을 가장한 소득의 분산, 가족간의 거래에 의한 소득의 분산 및 사용인으로 가장한 가족에 대한 급여지급에 따른 사업소득 등의 분할 등이 문제가 되고 있다.

소득의 인위적인 분산에 따른 과세가 받아들여지는 경우에는 소득을 분산하지 못한

---

94) K. Vogel, Berucksichtigung von Unterhaltspflichten im Einkommensteuerrecht. Die Entscheidung des Bundesverfassungsgerichts vom 23.11.1976 und die Zukunft der Familienbesteuerung, DStR 1977, S. 37 : J Lang, Familienbesteuerung Zur Tendenzwende der Verfassungsrechtsprechung durch das Urt. des Bundesverfassungsgerichts vom 3.11.1982 und die Zur Reform der Familienbesteuerung, StuW 1983, S. 117f. : K. Tipke, Neuordnung der Familienbesteuerung, Stbkongr Rep. 1983, S. 43ff.

납세의무자와의 사이에 과세의 형평이 깨어지는 결과를 초래하게 되어 불합리하다. 다음으로 과세관청은 납세의무자의 인위적인 소득분산에 대응하여 사실을 조사·확인하기 위한 행정력의 투입 등 행정비용이 소요되는 문제점도 발생하게 된다.

2분2승제를 채택하는 경우에는 이와 같은 소득의 인위적인 분산의 필요성이 없어지게 된다.

제4장

인적공제제도

제1절 소득세 공제제도의 유형

    소득세의 과세표준은 총수입금액에서 필요경비, 개인적 지출, 소득의 성질을 고려한 특별공제, 세제상의 우대조치로서의 소득공제와 인적공제 등을 차감하여 산정하게 된다. 따라서 총수입금액에서 공제하는 항목의 유형은 그 성질에 따라 크게 필요경비적 공제, 개인적 지출에 관한 공제, 소득의 성질을 고려한 특별공제, 전형적인 우대조치로서의 소득공제 및 인적공제로 구분할 수 있는 것이다.

    과세표준을 산정하기 위해서는 먼저 총수입금액에서 필요경비 또는 필요경비적 공제를 차감하여 순소득 또는 순이익(net income or gain)을 산정한다. 이와 같이 순소득 또는 순이익을 산정하는 과정을 납세의무자의 객관적 담세력(objektive Leistungsfähigkeit)의 계산과정이라고 부른다. 이에 대하여 순소득 또는 순이익에서 납세의무자의 담세력에 영향을 미치는 개인적 지출이나 본인과 부양가족의 생존에 필요불가결한 비용을 공제하여 과세표준을 산정하는 단계를 주관적 담세력(subjektive Leistungsfähigkeit)의 계산과정이라고 한다.[95]

가. 필요경비적 공제

    소득세의 과세표준을 산정하기 위해서는 먼저 총수입금액에서 필요경비(costs of producing income)를 공제하여 순소득 또는 이득을 산정하는 과정을 거쳐야 한다. 이와 같은 과정을 거침으로써 납세의무자의 객관적 담세력이 측정되는 것이다. 이와 같은 필요경비는 실액에 의하여 공제함을 원칙으로 하나, 소득의 종류에 따라서는 표준액(개산액)에 의하여 공제하는 경우도 있다. 미국의 표준공제액[96](standard deductions), 독일의 필요경비의 개산액

---

95) Klaus Tipke/Joachim Lang, Steuerrecht, ein systematischer Grundriß, 13. Aufl.(Verlag Dr. Otto Schmidt, 1991), S.209.

96) 표준공제액 안에는 개인적 지출에 해당하는 항목(예 : 의료비, 자선기부금 등)들도 일부 포함하고 있으므로

(Pauschbeträge für Werbungskosten), 일본의 급여소득공제 등과 우리나라의 근로소득공제 등이 이에 해당한다. 이를 편의상 필요경비적 공제[97]라고 부르기로 한다. 이익과 관련된 공제액(profit-related deductions)이라고 한다.[98]

나. 개인적 지출에 관한 공제

과세표준을 산정하기 위해서는 소득 또는 이득에서 개인적 지출을 공제할 필요가 있다. 개인적 지출은 필요경비로 보기는 어려우나, 해당 지출 또는 자산손실로 말미암아 담세력의 감손을 초래하게 되는 것만은 명백하다.[99] 불가피한 개인적 지출(unvermeidbarer privater Aufwendungen)을 과세표준에서 제외하는 것은 소득과세의 원리와 담세력에 따른 과세를 실현하기 위한 필요적 조치이며, 조세법상의 우대조치는 아니다.[100] 개인적 지출에 해당하는 항목으로서는 미국의 항목별 공제액(itemized deductions) 중 의료비 등, 독일의 특별지출(Sonderausgaben)과 이상부담(außergewönliche Belastungen), 일본의 잡손공제 및 의료비공제, 우리나라에 있어서의 의료비(세액)공제 등을 들 수 있다.

다음으로 일정한 유형의 지출은 공익상 또는 사회적으로 바람직한 지출에 해당하기 때문에 과세상 우대할 목적으로 과세표준에서 제외하는 경우가 있다. 본래의 개인적 지출과는 성격이 이질적이기는 하나 편의상 개인적 지출에 포함하여 설명하고자 한다. 미국의 항목별 공제액 중 자선기부금, 독일의 특별지출 중 기부금과 보험료, 일본의 기부금공제와 보험료공제, 우리나라의 기부금(세액)공제 및 보험료(세액)공제 등이 이에 해당한다.

다. 소득의 성질을 고려한 특별공제

과세표준을 산정하는 과정에서 소득의 성질에 따라 특별공제를 허용하는 경우가 있다. 일본에 있어서의 퇴직소득특별공제·산림소득특별공제·양도소득특별공제와 일시소득특별공제, 우리나라에 있어서의 퇴직소득공제·양도소득기본공제 및 장기보유특별공제가 이에 해당한다. 이와 같은 특별공제는 주로 오랜 기간(근속기간·보유기간 또는 조림기간)에 걸쳐 집적된 소득이 일시에 실현되거나 변동소득의 성격을 지닌 소득유형에 대하여 누진과세의 폐해를 완화하고 영세한 소득계층을 과세대상에서 제외함과 아울러 납세의무자 수의

순수한 필요경비적 공제로 보기는 어려운 면이 있다.
97) 필요경비의 개산공제액이 실제의 필요경비를 초과한 고액으로 설정되는 경우에는 필요경비로서의 성격과 세제상의 우대조치로서의 성격을 아울러 지닐 수 있다.
98) John K. McNulty, Federal Income Taxation of Individuals, 4th edition(West Publishing Co., 1988), p.106.
99) John K. McNulty 교수는 "이익과 관련된 공제"와 뒤에서 설명하는 "인적공제"의 성질을 아울러 지니고 있는 점을 고려하여 혼합공제(mixed deductions)라고 부르고 있다(ibid., p.106, 178).
100) Klaus Tipke, Steuerrecht, 11. Aufl.(Verlag Dr. Otto Schmidt KG, 1987), S.302.

축소를 통한 행정비용의 절감 등을 위하여 마련된 공제제도이다.

라. 조세우대조치로서의 소득공제

소득세법상의 공제 중에는 조세우대조치의 수단으로서 인정되는 소득공제가 있다. 일본의 토지수용에 따른 양도소득의 특별공제(5,000만엔) 등, 우리나라의 벤처투자조합 출자 등에 대한 소득공제 및 신용카드 등 사용금액에 대한 소득공제 등이 이에 해당한다. 이와 같은 소득공제는 세액감면 또는 세액공제 등과 같은 조세법상의 우대조치의 일종으로서 공익상의 필요에 따라 허용되고 있는 제도이다.

마. 인적공제

최저생활비 면세의 원칙에 따라 가족의 생존에 필요한 인적 비용, 즉 가족의 최저생활비(Familienexistenzminimum)는 소득세의 과세대상에서 제외하여야 한다. 아울러 소득세제는 각 세대간의 상이한 가족구성, 즉 가족수에 따른 최저생활비의 차이를 반영하여 세부담에 차이가 생기도록 설계하지 않으면 안 된다.

이와 같은 필요들에 응답하는 것이 인적공제제도인 것이다.

"인적공제"에 관하여는 "제3절"에서 구체적으로 고찰하고자 한다.

제 **2** 절   우리나라의 소득세 공제제도

1 필요경비적 공제

필요경비적 공제 또는 필요경비의 개산공제로서 근로소득공제와 퇴직소득공제(근속연수에 따른 공제액 부분)가 있다. 이러한 근로소득공제와 퇴직소득공제는 필요경비의 개산공제적 성격 이외에도 담세력이 높은 이자소득 또는 배당소득, 소득포착률이 상대적으로 낮은 사업소득 등과의 과세의 형평을 고려하기 위한 특별공제로서의 성격도 갖고 있다고 보아야 할 것이다. 다만, 최근에는 근로소득공제액과 퇴직소득공제액을 지속적으로 인하하여 특별공제로서의 성격도 적어지고 있다고 할 것이다.

2 개인적 지출에 관한 공제

현행 소득세법은 개인적 지출(privater Aufwendungen)에 관한 공제를 특별소득공제와 특별세액공제라는 명칭으로 부르고 있다. 이러한 개인적인 지출에 관한 공제는 소득을 창출하기 위한 비용으로 보기는 어렵지만, 해당 지출로 말미암아 담세력의 감손을 초래하는 성격의 지출이다. 개인적 지출에 관한 공제를 과세소득에서 제외하는 것은 소득과세의 원리 및 담세력에 따른 과세를 실현하기 위한 최소한의 조치라고 할 수 있으며, 조세우대조치라고는 할 수 없다.[101]

개인적 지출에 대한 공제방식으로는 2013년까지는 특별공제라는 명칭으로 종합소득금액에서 공제하였지만, 2014년부터는 그 공제방식을 이원화하여 일부의 개인적인 지출은 특별소득공제로 종전과 마찬가지로 종합소득금액에서 공제하고, 일부의 개인적인 지출은 특별세액공제로 종합소득산출세액에서 세액공제하는 방식으로 전환하였다. 즉 무주택자가 주택마련저축에 가입하여 불입한 저축액이나 국민주택규모 이하의 주택의 취득·임차를 위한 차입금상환액의 공제 및 일정액 이하의 근로소득이 있는 무주택자의 국민주택규모의 주택 임차를 위한 지급임차료의 경우에는 일정한 한도 내에서 종합소득금액에서 소득공제하고, 의료비와 교육비의 경우에는 일정한 한도 내에서 종합소득산출세액에서 세액공제하는 것이다.

다음으로 앞의 개인적 지출에 관한 공제와는 다소 성격이 상이한 항목으로서 기부금 및 보험료 등을 들 수 있다. 이와 같은 지출은 공익상 또는 사회적으로 바람직한 지출에 해당하기 때문에 과세상 우대할 목적으로 종합소득산출세액에서 세액공제하여 주는 항목이다. 다만, 우리나라에 있어서는 담세력을 감퇴시키는 재해 및 도난손실에 대해서는 공제를 허용하지 않고 있다.[102]

3 소득의 성질을 고려한 특별공제

장기간에 걸쳐서 집적된 소득이 일정시점에서 일시에 실현됨에 따라 발생한 결집효과(bunching effect)를 완화하기 위하여 해당 소득금액에서 일정액을 공제하여 주는 경우가 있다. 이를 특별공제라고 한다.

주로 퇴직소득 및 양도소득에 대하여 인정하고 있는 공제항목이다. 퇴직소득공제·양도

---

101) Klaus Tipke, a.a.o. S.302.
102) 사업자가 재해로 인하여 사업용 자산을 포함한 자산총액의 20% 이상에 상당하는 자산을 상실한 때에는 소득세액에 그 상실비율을 곱하여 계산한 금액을 세액공제하도록 하고 있다(소법 58). 그러나 비사업자의 경우와 사업자로서 비사업용 자산에 대하여는 이와 같은 공제를 적용받는 길이 봉쇄되어 있는 것이다.

소득기본공제 및 장기보유특별공제가 이에 해당한다.

이 밖에 연금소득공제도 특별공제의 성격을 지니고 있다.

4 인적공제

현행 소득세법에서는 인적공제를 기본공제와 추가공제로 구분하고 있다. 기본공제는 소득자 본인·배우자 및 부양가족에 대한 일반적인 공제액을 가리킨다.

이에 대하여 추가공제란 소득자 본인이나 그 가족의 특수사정, 예를 들면 경로우대자·장애인·부녀자세대주·취업주부 또는 신규 입양자에 해당하는 경우에 추가적으로 허용하는 공제를 가리킨다.

한편, 종전에는 자녀관련 인적공제제도를 기본공제와 다자녀추가공제 등 소득공제제도로 운영하였는데, 2014년부터 세액공제제도로 전환하였다. 즉 8세 이상의 자녀(입양자 및 위탁아동을 포함한다) 및 손자녀가 1명인 경우에는 25만원을 세액공제하고, 2명인 경우에는 55만원, 2명을 초과하는 경우에는 55만원과 2명을 초과하는 1명당 40만원을 세액공제하여 주는 것이다.

또한, 해당 과세기간에 출생하거나 입양신고한 공제대상 자녀가 있는 경우 1명당 연 30만원이나 50만원 또는 70만원을 세액공제한다.

제**3**절 인적공제제도

1 인적공제의 의의와 기능

가. 인적공제의 의의

인적공제(exemptions, Private Abzüge)는 가족의 생존에 필요한 최저생활비를 과세에서 제외함과 아울러 과세단위간의 상이한 인적 구성에 상응하는 공평한 소득세의 부담을 실현하기 위하여 인정되고 있는 공제제도이다. 소득세법은 인적공제를 기본공제와 추가공제로 구분하고 있다.

한편, 이와 같은 인적공제는 과세소득의 범위·과세단위·누진세율 등과 함께 소득세제도의 골간을 이루고 있다.

나. 인적공제의 기능

인적공제의 기능으로서는 최저생활비에 대한 면세, 저소득층의 실효세율에 대한 완만한 누진성의 확보, 가족의 수에 따른 세부담의 차등, 업무량의 축소와 세무행정비용의 절감 등을 들고 있다.[103]

1) 최저생활비에 대한 면세

최저생활의 유지에 필요한 소득은 담세력을 구성하지 않으며, 따라서 소득세의 과세대상에서 제외하여야 한다. 최저생활비 면세의 원칙이라고 하며, 소득세의 과세원칙 중 근간을 이루는 원칙이다.

최저생존수준 이하의 영세한 소득에 대한 과세는 건강과 작업능률을 해치고 경제활동을 저해하며 사회복지지출의 증가를 초래한다.[104] 뿐만 아니라 최저생활비에 대한 면세는 헌법적 요청이기도 하다. 우리 헌법은 모든 국민이 인간으로서의 존엄과 가치를 가질 뿐만 아니라 인간다운 생활을 할 권리가 있음을 분명히 하고 있다(헌법 10 및 34 ①). 그런데 인간으로서의 존엄과 가치는 최소한 물질적인 최저생활의 보장이 전제되어야만 비로소 논의할 가치가 있는 것이다. 그러므로 최저생활비에 대한 면세는 헌법 제10조·제34조 제1항 및 제36조 제1항에 의하여 보장되고 있는 것이다.[105]

2) 실효세율의 누진도 강화

인적공제에 의하여 과세표준의 변동률이 소득금액의 변동률보다 크게 나타나게 된다. 이와 같은 현상은 특히 저소득층에 두드러지게 나타나기 때문에 저소득층의 실효세율이 완만한 누진성을 갖게 하는 기능을 수행한다.

한편, 저소득층에 대한 실효세율의 누진도 완화는 소득세의 전반적인 실효세율의 누진도를 강화하는 결과를 초래한다.

3) 인적구성의 차이에 따른 세부담의 차등

소득이 동일한 납세의무자라 할지라도 부양가족의 수나 부양가족의 특수한 사정 등과 같은 인적구성에 따라서 담세력에 상당한 차이가 있다. 이와 같은 인적사정을 고려하여 세부담을 조정하기 위한 장치가 인적공제제도인 것이다.

---

103) Richard Goode, The Individual Income Tax(The Brookings Institution, 1976), pp.214~215.
104) Joseph A. Pechman, Federal Tax Policy, 4th edition(The Brookings Institution, 1983), p.78.
105) 同旨 : Klaus Tipke, a.a.o., S.305.

4) 업무량의 축소와 세무행정비용의 절감

인적공제는 영세한 계층의 납세의무자를 과세에서 제외함으로써 납세의무자수를 감소시키는 기능을 수행한다. 이와 같은 납세의무자수의 감소를 통하여 과세관청의 집행면에서의 부담을 경감시키며, 세무행정비용을 절감할 수 있게 되는 것이다.

2 인적공제제도와 관련한 제문제

가. 상이한 가족수에 따른 적절한 공제액

가족구성이 서로 다른 과세단위간의 세부담은 주로 인적공제와 세율표(복수세율표)에 의하여 조정하여 왔다. 그러나 대부분의 국가, 즉 단일세율표를 채택하고 있는 국가의 경우에는 가족구성에 따른 세부담의 차이를 주로 인적공제라는 수단에 의하여 조정하여 왔던 것이다.

따라서 가족수가 1인 · 2인 · 3인 · 4인 또는 그 이상일 경우에 동등한 생활수준을 유지하기 위한 적절한 공제액이 얼마인지가 문제로 되는 것이다. 가계의 재정적인 필요, 즉 생계비는 가족수와 정비례 관계에 있는 것은 아니다. 예를 들면 맞벌이부부의 담세력은 2인의 각인의 담세력보다 큰 것이다.[106] 이와 같은 현상은 주로 규모의 이익에서 비롯되는 것이다. 페크만(J.A. Pechman) 교수는 독신자, 결혼한 부부 및 부양가족이 동등한 생활수준을 유지하기 위하여 지출하는 생계비의 비율이 대체로 80 : 100 : 25 수준임을 제시한 바 있다.[107]

다음으로 인적공제에 부양가족의 연령 및 건강상태(장애인에 해당하는지의 여부) 등과 같은 특수한 인적사정을 반영할 것인지가 문제이다. 이는 특수한 인적사정을 고려함으로써 세부담의 공평을 실현한다는 측면과 복잡한 공제제도는 세제를 더욱 혼란스럽게 한다는 측면을 종합적으로 고려하여 결정하여야 할 문제인 것이다.

나. 인적공제의 수준

인적공제의 수준은 대체로 과세최저한[108] 또는 면세점의 크기와 일치한다. 과세최저한

---

106) ① Klaus Tipke/Joachim Lang, a.a.o., S.397.
　　② 독일의 연방헌법재판소는 소득세법상 기본공제(Grundfreibetrag)는 최소한 사회보장법이 보장하는 정도의 최저생계비 수준을 유지하여야 하기 때문에 이에 미치지 못하는 소득세법상 기본공제에 관한 규정에 대하여 헌법불합치결정을 한 바 있다(BVerfGE 87. 153/154). 이에 따라 소득세법을 개정하여 2002년에는 사회보장법상의 최저생계비인 7,235(기혼자는 14,470)유로, 2005년부터는 7,664(기혼자 15,328)유로로 인상하기에 이르렀다.
107) Joseph A. Pechman, op.cit., pp.78~79.
108) 과세최저한과 유사한 개념으로서 면세점이 있다. 과세최저한이 소득세가 과세되는 최저의 금액을 가리키

이란 소득세가 과세되는 한계선상의 소득금액, 즉 소득세가 과세되는 최저의 소득금액을 의미한다. 즉 소득금액에서 인적공제를 차감한 금액이 정수(＋)가 되는 하한점이 바로 과세최저한이기 때문에 인적공제의 크기가 과세최저한을 이루는 것이다.

그런데 과세최저한은 인간이 최소한의 생활을 유지하기 위하여 필요로 하는 최저생활비를 기준으로 하여 정하는 것이 일반적인 경향이다. 그러나 과세최저한의 수준이 인간의 최저생활비를 기준으로 하여 정하여진다고 하더라도 이와 같은 최저생활비의 의미를 어떻게 파악하느냐에 따라서 그 크기는 상당한 차이를 가져올 수 있다. 즉 최저생활비를 육체적인 생존에 필요한 비용은 물론이고 문화적 또는 문명적 요구를 충족하면서 가족의 미래에 대비할 수 있는 저축 또는 재산형성을 가능하게 하는 정도의 것으로 이해할 것인지, 아니면 육체적인 생존에 필요한 비용으로 이해할 것인지에 따라서 과세최저한의 크기가 영향을 받는 것이다.

과세최저한의 수준을 결정짓는 최저생활비를 문화적 또는 문명적 요구를 충족할 수 있을 정도의 비용으로 받아들인 입법례를 찾아보기는 어렵다. 다만, 과세최저한이 적어도 인간의 육체적인 생존에 필요한 비용을 상회하여야 한다는 점에 있어서는 공감대가 형성되고 있다. 만일 과세최저한이 인간의 육체적인 생존에 필요한 최저생활비에도 미달하는 수준에 머물러 있다면 해당 규정은 위헌임을 면하기 어렵다고 하겠다. 왜냐하면 최저생활비에 상당하는 금액은 소득세의 과세권이 미치는 영역 밖에 있기 때문이다.

다음으로 최저생활비의 의미를 명확하게 정의한 경우에도 그 최저생활비를 계측하는 방법은 다양하다. 최저생활비를 측정하는 방법으로서는 대체로 다음과 같은 방법들이 제시되고 있다.

첫째, 저축을 할 수 있는 여유가 있어야만 비로소 소득이 최저생활비를 상회한다고 볼 수 있기 때문에 저축이 시작되는 시발점을 표준으로 하여 최저생활비를 정하는 방법이다. 수지균형점방식이라고 한다.

둘째, 하루에 필요한 식료품비를 계산하고 여기에 엥겔계수를 적용하여 최저생활비를 산출하는 방법이다. 시장바구니(market basket)방식이라고 한다.

셋째, 가계조사 통계에 의하여 최저생활비를 구하는 방법이다.

앞에서 살펴본 바와 같이 최저생활비는 어떤 통계 등으로부터 일의적으로 도출할 수 있는 것은 아닌 것이다. 인적공제의 수준, 즉 과세최저한은 인간의 육체적인 생존에 필요한 최저생활비를 하한으로 하여 재정수요·조세체계·국민의 납세의식수준·일반의 최저생활비에 관한 사고방식 및 과세관청의 집행능력 등을 함께 고려하여 결정하여야 할 것이다.

는 데 대하여, 면세점은 소득세가 과세되지 아니하는 최고의 금액을 가리킨다.

다. 공제수단의 선택

인적공제의 수단에는 소득공제(exemptions)와 세액공제(tax credits)가 있다. 소득공제는 과세표준을 감액시키기 때문에 같은 금액의 소득공제를 하더라도 적용되는 세율의 차이에 따라서 세부담의 감소액에 차이가 있게 된다. 고액소득자는 소득공제가 세액공제보다 유리하다. 이에 대하여 세액공제는 소득공제보다 절차적으로는 번거롭다. 소득공제에 의하여 과세소득이 없는 것으로 밝혀지면 세율을 적용하여야 하는 수고가 필요 없게 되나, 세액공제의 경우에는 결정세액이 없는 경우에도 먼저 산출세액을 산정한 후 세액공제를 하여야 하는 번거로움이 따르게 되는 것이다.

이와 같이 인적공제는 그 수단마다 모두 일장일단이 있기 때문에 소득공제의 방법으로만 허용하거나 소득공제의 방법을 세액공제의 방법으로 대체하는 방안보다는 납세의무자가 소득공제의 방법과 세액공제의 방법 중에서 임의로 선택할 수 있도록 허용함이 타당하다는 견해가 있다. 저소득층은 세액공제의 방법을 선택할 것이고, 고소득층은 소득공제의 방법을 적용받으려고 할 것이기 때문이다. 그러나 선택적인 인적공제제도는 소득세제도를 복잡하게 함으로써 납세의무자를 당혹하게 할 뿐만 아니라 행정력의 낭비를 초래할 수도 있다는 점을 간과하여서는 안 된다.

현재 대부분의 국가에서는 소득공제의 방법을 채택하고 있는데, 우리나라의 경우에는 소득공제의 방법과 세액공제의 방법 모두를 사용하고 있다.

제5장

누진세율구조

제1절 누진세율의 의의와 종류

1 누진세율의 의의

소득세의 세율구조는 누진세율(progressive tax rate, progressiver Tarif)로 이루어져 있는 것이 통례이다. 누진세율이란 과세표준이 커짐에 따라 세율이 상승하는 구조를 가리킨다. 즉 누진세율이란 실효세율(effective rate)[109]이 과세표준 또는 소득금액의 증가함수로 되어 있는 세율구조를 의미하는 것이다. 이와 같은 누진세율은 인적공제 또는 과세최저한과 더불어 소득세의 누진구조를 형성하고 있다. 소득세가 납세의무자의 담세력에 상응하는 가장 바람직한 조세라고 주장되는 이유 중의 하나는 소득세액의 크기가 납세의무자의 개인적 사정을 반영한 인적공제제도와 누진세율구조에 의하여 결정되기 때문이다. 이와 같은 누진세율은 수직적 공평을 확보함과 아울러 소득재분배의 기능을 수행한다.

2 누진세율의 종류

누진세율은 적용방법에 따라 전액누진세율과 초과누진세율로 구분할 수 있다. 전액누진세율이란 과세표준이 커짐에 따라 체증(遞增)하는 세율 중 해당 구간의 세율을 과세표준의 전체에 대하여 적용하는 방법으로서 단순누진세율이라고도 한다. 전액누진세율에 의하여 세액을 산정하는 경우에는 소득계급구분(bracket)의 경계선의 상하에 위치하고 있는 소득계층 사이에 소득세 부담에 있어서 불균형이 나타나는 모순점이 있다. 즉 소득계급 구분의 경계선

---

109) 실효세율이란 세법상 용인되는 소득에 대한 실제의 세액비율을 가리킨다. 실효세율은 한계세율이나 각종의 공제 및 면제의 수준에 따라 차이가 생긴다. 그러므로 세율구조가 어느 정도 수직적인 공평(누진성)을 반영하고 있는가를 살펴보기 위해서는 실효세율을 음미하여 보아야 한다. 이에 대하여 평균세율(average rate, Spitzensteuersatz)이란 과세표준인 소득에 대한 산출세액의 비율을 의미한다. 한편, 한계세율 (marginal rate, Marginal steuersatz)이란 소득세의 과세표준에 대한 적용세율, 즉 소득계급구분(bracket)에 따른 세율로서 표면세율이라고도 한다.

에 위치하는 일정범위 안의 소득계층에 있어서는 과세표준(소득금액)이 많은 자가 오히려 과세표준이 적은 자보다 소득세 공제 후의 가처분소득이 줄어드는 불합리한 점이 나타난다.

초과누진세율은 과세표준을 낮은 한계세율이 적용되는 소득계급구분부터 그 구분된 과세표준에 해당 세율을 적용하여 소득계급구분별 세액을 산정하고, 이와 같이 산정한 소득계급구분별 세액을 합하여 세액을 계산하는 방법이다. 단계누진세율이라고도 한다. 전액누진세율의 단점을 시정하기 위하여 고안된 세율구조이다.

이를 간단한 예를 들어 설명하여 보기로 한다.

아래의 누진세율표에 의하여 과세표준이 1억 10원인 "갑"과 과세표준이 1억원인 "을"의 소득세액을 각각 산출하여 보자.

누 진 세 율 표

소득계급 구분	세　　　율
1,000만원 이하	10%
5,000만원 이하	20%
1억원 이하	30%
1억원 초과	40%

전액누진의 방법에 따라 세액을 산정하면 "갑"의 소득세는 40,000,004원이고, 그보다 과세표준이 불과 10원이 적은 "을"의 소득세는 30,000,000원이다. 매우 불합리한 결과이다. 즉 과세표준이 10원이 많은 "갑"의 소득세를 공제한 후의 가처분소득은 60,000,006원으로서 과세표준이 1억원인 "을"의 가처분소득 70,000,000원보다 오히려 9,999,994원이 줄어드는 모순이 발생하게 되는 것이다.

이에 대하여 초과누진의 방법에 따라 "갑"의 소득세를 산정하면 아래와 같이 24,000,004 원으로 된다.

$$
\begin{array}{rcrcr}
10,000,000 & \times & 10\% & = & 1,000,000 \\
40,000,000 & \times & 20\% & = & 8,000,000 \\
50,000,000 & \times & 30\% & = & 15,000,000 \\
10 & \times & 40\% & = & 4 \\
\hline
& \text{계} & & & 24,000,004
\end{array}
$$

다음으로 "을"의 소득세는 24,000,000원이 되며, 따라서 과세표준이 10원이 많은 "갑"은 가처분소득도 6원이 많게 되는 것이다.

제2절 누진도의 측정

소득세의 누진도(degree of progression)는 소득계급구분의 구분 정도와 세율구조에 의하여 결정된다. 누진도를 측정하는 방법으로서는 일정한 소득수준에 있어서의 누진도를 측정하는 방법과 일정한 소득분포 전체에 있어서의 누진도를 측정하는 방법으로 대별할 수 있다.

1 일정한 소득수준에 있어서의 누진도의 측정

일정한 소득수준에 있어서의 누진도를 측정하는 방법 중 대표적인 것으로서는 머스그레이브 등이 제시한 다음 세 가지 방법[110]을 들 수 있다.

가. 평균세율누진성(average-rate progression)

소득의 변화에 따른 실효세율의 변화비율을 나타내는데, 다음 산식과 같이 산정한다. 다만, T_1은 상대적으로 높은 소득수준인 Y_1에서의 소득세 부담을 의미하고, T_0는 비교적 낮은 소득수준인 Y_0에서의 소득세 부담을 가리킨다.

$$\frac{T_1 / Y_1 - T_0 / Y_0}{Y_1 - Y_0}$$

나. 세부담누진성(liability progression)

소득의 증가율에 대한 세액증가율의 비율, 즉 소득에 대한 세부담의 탄력성을 가리키는데, 다음 산식과 같이 산정한다.

---

110) R. A. Musgrave와 Tun Thin에 의하여 제시된 견해이다.
   R. A. Musgrave & Tun Thin, "Income Tax Progression, 1928~48", Journal of Political Economy, December 1948.

$$\frac{T_1 - T_0}{T_0} \times \frac{Y_0}{(Y_1 - Y_0)}$$

다. 잔액소득누진성(residual income progression)

과세 전 소득의 증가율에 대한 과세 후 소득의 증가율의 비율, 즉 소득에 대한 과세 후 소득의 탄력성을 가리키는데, 다음 산식과 같이 산정한다.

$$\frac{(Y_1 - T_1) - (Y_0 - T_0)}{(Y_0 - T_0)} \times \frac{Y_0}{(Y_1 - Y_0)}$$

2 일정한 소득분포 전체에 있어서의 누진도의 측정

머스그레이브(R. A. Musgrave)와 씬(Tun Thin)에 의하여 제시된 누진도의 측정방법은 일정한 소득수준에 있어서의 누진성을 파악하는 데는 유익하지만 전체적인 누진도를 판별하기에는 어려움이 있다. 따라서 일정한 소득분포의 전체에 걸치는 누진도를 측정하기 위한 방법들이 케탄-포다(Khetan-Poddar), 카콰니(Kakwani), 슈츠(Suits) 등에 의하여 제시되기에 이르렀다. 특히 케탄-포다는 케탄-포다지수를 제시하고 그 지수가 1보다 크면 누진적, 1과 같으면 비례적, 1보다 적으면 역진적이라고 주장하였다. 케탄-포다지수는 다음 산식에 의하여 산정된다. 다음의 계산식에서 G는 지니계수(Gini index), C_t는 조세집중지수를 가리킨다.

$$KP = \frac{1 - G}{1 - C_t}$$

1 최적 누진도의 기준

소득세의 세율구조가 어느 정도의 누진성을 지니는 것이 바람직한 것인가는 본질적으로 사회적 가치판단에 의하여 결정할 문제이다.[111] 다만, 소득세율의 누진도를 결정함에 있어서 고려하여야 할 기준으로서는 다음과 같은 것을 들 수 있다.

가. 수직적 공평의 달성

어느 정도의 수직적 공평을 달성할 것인지 또는 어느 정도로 소득재분배의 효과를 달성할 것인지에 따라서 세율의 누진도가 달라진다.

나. 높은 한계세율에 따른 문제점의 고려

① 높은 한계세율은 근로의욕을 떨어뜨리고 저축 및 투자에 대하여 저해적 효과를 갖는다. 즉 높은 한계세율에 의한 급격한 누진도는 생산활동의 위축과 경제성장의 둔화를 초래하는 것이다.

② 높은 한계세율은 불법적인 탈세 또는 조세회피행위를 유발한다. 즉 높은 소득세 부담으로 인하여 지하경제가 확대되고, 명의대여나 자산의 분할을 통한 소득의 분산과 분할·법의 맹점을 악용한 조세회피 등이 폭넓게 이루어진다.

③ 경사가 급격한 누진세율구조는 변동소득이나 임시소득에 대하여 과중한 소득세 부담을 지우는 경우가 일반적이다. 이를 시정하기 위하여 평균과세장치 또는 인플레이션 조정장치를 도입하는데, 이와 같은 평균과세 또는 인플레이션 조정장치는 필연적으로 소득세제를 복잡하게 한다.

2 누진도 완화의 동향

1980년대에 이르러 소득세의 한계세율을 낮추면서 소득계급구분을 단순화하는 비례세율화 추세가 두드러지게 나타나고 있다. 1984년의 미국 재무부 보고서에서는 각종 과세 제외와 공제를 폐지함으로써 과세 베이스를 넓히는 대신에 한계세율을 인하하고 소득계급구분

---

111) 吳然天, 「韓國租稅論」(博英社, 1992), p.58.

을 단순화할 것을 제안하였다. 특히 세율은 당시의 최저 11%에서 최고 50%까지의 15단계 초과누진세율을 15%, 25% 및 35%의 3단계 초과누진세율로 단순화할 것을 제안하면서, 이와 같이 단순화한 세율을 수정비례세율(Modified Flat Tax)이라고 불렀다.[112] 1986년의 세제개혁에서는 15%와 28%의 두 단계로 단순화되었고, 1993년부터는 15%, 28%, 31%, 36% 및 39.6%의 5단계로 다시 늘어나게 되었으며, 2018년부터는 10%, 12%, 22%, 24%, 32%, 35%, 37%의 7단계 초과누진세율이 적용된다.

이와 같이 소득세의 세율을 낮추면서 비례세율화 하자는 주장은 지나치게 높은 한계세율이 과세 베이스의 침식에서 비롯된 점과 경제성장에 저해적 요소로 작용한다는 인식을 바탕으로 하고 있다. 즉 비과세·소득공제·세액공제·세액감면·분리경감과세와 같은 각종의 조세우대조치의 남발에 의하여 과세 베이스의 침식을 초래하였고, 이로 인한 조세수입의 결함을 누진도의 강화나 높은 한계세율에 의하여 보전하여 왔던 것이다. 따라서 과세 베이스 침식의 원인이 되고 있는 각종의 조세우대조치를 폐지하면 세율을 낮추더라도 같은 규모의 조세수입의 확보가 가능하다. 높은 세율구조가 과세 베이스 침식의 원인이 되고 있다면 이와 같은 악순환을 제거하기 위해서도 누진세율구조를 대폭적으로 완화할 필요가 있는 것이다.[113] 아울러 지나치게 높은 한계세율은 노동의욕을 떨어뜨리고 저축 및 투자의욕을 저해함으로써 경제성장에 걸림돌이 되어 왔음도 부인하기 어려운 것이다.

이상과 같은 이유로 각국의 소득세제의 개혁에서는 한계세율, 특히 최고한계세율의 대폭적인 인하, 최고세율과 최저세율의 격차의 축소 및 소득계급구분의 축소를 내용으로 하는 세율구조의 비례세율화 또는 단순화 현상이 두드러지게 나타나고 있다.[114]

이하에서는 1985년의 세율과 최근의 세율을 비교하여 보기로 한다.

국 가 별	최고세율과 최저세율의 변화		소득계급구분 수의 변화	
	1985년의 세율	현재의 세율	1985년의 수	현재의 수
미 국	11%~50%	10%~37%	15	7
영 국	30%~60%	20%~45%	6	3
일 본	10.5%~70%	5%~45%	15	7
우리나라	6%~56%	6%~45%	16	8

---

112) Tax Reform for Fairness, Simplicity, and Economic Growth, The Treasury Department Report to the President, Volume 1, Office of the Secretary Department of the Treasury(November 1984), pp.37~39.
113) 村井正, 「租稅法」(株式會社 靑林書院, 1987), p.358.
114) 馬場義九, "包括的所得の展開," 「稅制改革の潮流」(有斐閣, 1990), pp.96~97.

한편, 근래에 이르러 에스토니아를 비롯한 동유럽에서는 단일세율체계를 도입하는 추세를 보이고 있다. 1994년 에스토니아가 26%의 단일세율을 도입한 이래 리투아니아 33%, 라트비아 25%, 러시아 13%, 세르비아 14%, 슬로바키아 19%, 우크라이나 13%, 루마니아 16%, 그루지아 12%와 같은 단일세율체계의 도입이 이어지고 있다.

제4절 평균과세에 의한 누진도의 완화

누진세율구조는 변동소득에 대하여 불리한 영향을 미친다. 특히 세율의 누진도가 클 경우에는 그 영향이 현저하게 나타난다. 이와 같은 모순을 시정하기 위하여 도입된 장치가 평균과세 또는 소득평준화(Income Averaging, Durchschnittsbesteuerung)이다.

이와 같은 평균과세는 과세소득을 여러 과세기간에 걸쳐 평준화하여 세액을 산정함으로써 과세표준이 특정연도에 편중됨에 따라 나타나는 세부담의 누진적인 증가현상을 완화하는 장치이다. 이월결손금의 소급공제 또는 이월공제, 특정소득에 대한 특별소득공제 또는 경감세율의 적용 등을 통해서도 평균과세 목적의 일부 또는 전부를 달성할 수 있다.

이하에서는 "평균과세의 입법례"에 관하여 간략하게 살펴보고자 한다.

가. 미 국

1986년 이전에는 평균과세제도를 채택하고 있었으나 1987년부터 세율을 비례세율화 또는 단순화하면서 폐지하였다.[115] 즉 1986년 이전에는 해당 연도의 소득금액이 전 3년간의 평균소득금액의 140%를 초과하고 그 초과하는 소득금액이 3,000달러 이상인 경우에는 납세의무자의 선택에 의하여 평균과세의 방법을 적용하였던 것이다. 평균과세의 방법은 당기의 소득금액과 과거 3년간의 소득금액을 평균화하여 세액을 산정하도록 하고 있었다.

나. 독 일

독일은 임시소득에 대하여 평균과세의 방법에 의하지 아니하고 경감세율을 적용함으로써 누진세율구조에 기인한 모순을 완화하고 있다. 즉 과세소득 중에 임시소득이 포함되어 있는 경우에는 납세의무자의 신청에 의하여 경감세율을 적용하는 것이다.

---

115) 소득세의 세율을 종전의 11%에서 50%까지의 15단계 누진세율구조에서 15%와 28%의 2단계의 누진세율구조로 개정하여 사실상 비례세율화하였으므로 평균과세의 필요성이 감소된 데에 기인한다[John K. McNulty, Federal Taxation of Individuals, 4th edtion(West Publishing Co., 1988), p.337].

임시소득(auβerordentliche Einkünfte)이란 농림업소득·사업소득·독립적 근로소득 등을 얻기 위하여 해당 사업에 제공하고 있던 자산의 양도이익과 손실보상금을 말한다. 그리고 경감세율은 이중과세방지조약에 의하여 소득세가 비과세되는 국외소득을 가산한 과세표준을 기초로 세액을 계산할 경우에 산출되는 평균세율의 1/2로 하고 있다(EStG 34).

다. 일 본

1) 평균과세의 요건

변동소득과 임시소득에 대하여 평균과세를 허용하고 있다. 즉 다음의 변동소득과 임시소득의 합계액이 그 소득금액의 20% 이상인 때에는 평균과세가 적용된다(소법 2 ①).

① 변동소득

어획 또는 김의 채취에 의한 소득, 어패류와 진주의 양식에 의한 소득, 원고료 또는 작곡료에 의한 소득과 저작권의 사용료에 관계되는 소득, 기타의 소득으로서 매년의 변동이 현저한 것

② 임시소득

3년 이상의 기간에 걸쳐서 일정한 역무를 제공하기로 약정하고 일시적으로 받는 전속계약금으로서 연간 보수의 2배 이상인 것, 3년 이상의 기간에 걸쳐서 부동산 및 공업소유권 등을 타인으로 하여금 사용하게 하는 계약을 체결하고, 일시적으로 받는 권리금 등으로서 연간 자산의 사용료의 2배 이상인 것, 휴업보상으로서 받는 보상금·재해보상금 등

2) 평균과세의 방법

평균과세의 방법은 임시소득과 변동소득의 합계액의 1/5만을 다른 소득과 합산하여 종합과세하고, 그 평균세율에 의하여 나머지 임시소득 등(임시소득과 변동소득의 합계액의 4/5에 상당하는 금액)에 대한 세액을 산정하도록 하고 있다.

① 그 해의 과세총소득금액에서 임시소득과 변동소득(전년 또는 전전년에 변동소득이 있는 경우로서 전년 및 전전년분의 변동소득의 합계액의 1/2 이하인 때에는 임시소득의 금액만을 의미한다)을 합계한 금액의 4/5를 공제하고 그 잔액(조정소득금액)을 그 연도의 과세총소득금액으로 보아 세액을 산정한다.

② 세액을 조정소득금액으로 나누어서 평균세율을 구한다.

③ 다음에 남은 금액(과세총소득금액 − 조정소득금액)에 평균세율을 곱하여 세액을 산정한다.

이와 같이 계산한 세액에 앞의 "①"의 세액을 더한 합계액이 소득세액으로 된다.

3) 산림소득 등에 대한 특례

산림소득 및 퇴직소득에 대하여는 총소득과는 별개로 과세하되, 특히 산림소득의 경우에는 5분5승법에 의하여 세액을 산정한다. 퇴직소득에 대하여는 소득금액의 1/2에 대해서만 과세한다. 그리고 장기양도소득을 비롯한 특정양도소득에 대하여는 저율로 분리과세함으로써 누진세율로 인한 모순을 해소하도록 하고 있다.

라. 우리나라

우리나라의 경우에는 직장공제회초과반환금 및 퇴직소득에 있어서 평균과세장치를 도입하고 있다.

1) 직장공제회초과반환금

직장공제회초과반환금은 당연분리과세이자소득이다. 직장공제회초과반환금에 대하여는 그 초과반환금에서 초과반환금의 40%에 해당하는 금액과 불입연수에 따른 일정한 공제액의 합계액을 차감한 금액에 대하여 연분연승법(年分年乘法)에 의하여 세액을 산출한다(소법 63). 즉 직장공제회초과반환금에서 그 초과반환금의 40%에 해당하는 금액과 불입연수에 따른 공제액의 합계액을 차감한 금액을 불입연수로 나눈 금액에 기본세율을 적용하여 세액을 계산하고, 그 세액에 다시 불입연수를 곱하여 직장공제회초과반환금에 대한 산출세액을 계산한다.

2) 퇴직소득의 경우

퇴직소득은 연분연승법을 12년 단위로 환산하여 세액을 산출한다. 즉 퇴직소득의 경우에는 해당 과세기간의 퇴직소득과세표준에 종합소득세율을 적용하고, 이와 같이 산출한 금액을 12로 나눈 금액에 근속연수를 곱한 금액의 퇴직소득 산출세액으로 한다.

3) 그 밖의 경우

양도소득에 대해서는 평균과세의 방법에 의하지 아니하고 장기보유특별공제 및 양도소득기본공제, 장기보유자산에 대한 상대적으로 낮은 세율의 적용 등에 의하여 누진과세로 인한 결집효과를 완화하고 있다.

제6장

자본이득

제1절 자본이득의 개념과 미실현이득에 대한 과세 여부

1 자본이득의 개념

　과세소득을 일정한 기간에 있어서의 순자산의 증가액 또는 특정한 기간에 있어서의 기초와 기말 사이의 축적된 재산권 가치의 증감액과 그 기간 중에 소비에 충당된 권리의 시장가치의 합계액과 같이 포괄적으로 정의하는 경우에 앞의 과세소득에는 실현되지 않은 자본이득도 포함된다.

　포괄적 소득개념에 따라 자본이득(capital gains)은 자본적 자산(capital assets)의 시가 또는 처분가액과 그 자산의 원가와의 차액이라고 정의할 수 있다. 이와 같은 자본이득의 정의는 실현이득(realized gains)은 물론이고 미실현이득(unrealized gains)을 포괄하는 광의의 개념이다. 그러나 대부분의 국가에서는 아직 실현되지 않은 자본이득은 과세상의 어려움 등을 내세워 과세이득에서 제외하고 있으며, 자산의 처분 등을 통하여 이득이 실현되었을 때에 비로소 과세하고 있는 것이다.

　그러므로 자본이득을 실현이득으로 한정할 때에는 "자본적 자산을 처분함으로써 발생한 이득"이라고 정의할 수 있다. 다시 부연한다면 자본이득이란 "자본적 자산"과 "실현이득"을 그 개념적 요소로 하는 것이다. 이에 관하여 구체적으로 살펴보기로 한다.

2 자본적 자산의 범위

가. 자본적 자산의 개념

　자본이득의 개념은 자본적 자산(capital assets)의 범위에 의하여 한정된다. 그러나 자본적 자산과 일반자산(ordinary assets)과의 구별기준이 명확하지 않기 때문에 자본적 자산의 범위를 정하는 데에는 어려움이 따른다. 왜냐하면 자본적 자산과 일반자산의 구별은 그 외형이나 특성에 따라 고정되어 있는 것이 아니고, 소유자와 해당 자산이 제공되고 있는 용도 및 소유자의 주관적인 의도 등에 의하여 영향을 받기 때문이다. 예를 들어 같은 토지라 하더라도 부동산매매업을 영위하는 사업자가 매매의 목적으로 소유하고 있는 토지는 재고자산에 해당하나, 개인이 단순히 가격상승을 기대하고 보유하고 있는 토지는 자본적 자산에 해당하는 것이다.

일반적으로 자본적 자산이란 매매의 목적으로 구입한 재고자산이나 소비목적으로 구입한 자산을 제외하고 소득을 획득할 목적으로 취득하여 보유하고 있는 자산이라고 정의할 수 있다. 어떤 자산을 자본이득의 발생원천이 되는 자본적 자산으로 규정할 것인가는 각국의 입법정책에 따라 상이하며, 일정하지 않다.

나. 각국의 입법례

1) 미 국

다음의 자산을 제외하고 개인이 소유하는 모든 자산을 대상으로 한다[116] (IRC 1221).

① 매매용 주식, 재고자산 및 통상의 영업과정에서 주로 고객에게 판매할 목적으로 보유하고 있는 자산

② 사업용으로 제공된 감가상각대상자산 및 부동산[117]

③ 자기가 제작하거나 제작자로부터 취득한 문학적·예술적 또는 음악적인 작품, 저작권 및 이와 유사한 자산 등

④ 통상의 영업과정을 통하여 취득한 매출채권 및 받을 어음

⑤ 할인발행된 미국연방정부의 채무증서(obligations)

2) 영 국

재고자산을 제외하고 거의 모든 형태의 자산(all forms of property)을 과세대상으로 하고 있다(TCGA 21⑴). 이와 같은 자산 안에는 옵션(options), 채무증서 및 무체재산권, 파운드화 이외의 통화, 양도자가 창설하거나 소유하게 된 특허권·저작권 및 영업권 등이 포함된다.[118]

---

116) Lawarence J. Culligan & Milorad Nikolic, Corpus Juris Secundum(a contemporary statement of American law), Volume 47A(West Publishing co., 1990), p.300.

117) 일반소득(ordinary income)에 포함된다.

118) Stephen W. Mayson & Susan Blake, Mayson on Revenue Law, 13th edition(Blackstone Press Limited, 1992), p.301.

3) 독 일

독일에서는 자본소득을 별도로 분리하지 아니하고 사업용 자산의 처분으로 인하여 얻은 이득은 그 자산이 제공되던 사업의 유형에 따라 농림업소득·사업소득 또는 독립적 근로소득으로 취급한다. 그리고 양도일 직전 5년 이내에 직접 또는 간접으로 물적회사의 자본의 1% 이상을 소유하던 자가 해당 지분을 양도함으로써 얻는 소득은 사업소득으로 한다(EStG 17).

다음으로 개인이 사적 자산의 양도(Private Veräußerungsgeschäfte)로 인하여 얻는 소득은 기타소득(sonstige Einkünfte)으로 한다. 이와 같은 사적 자산의 양도소득은 그 밖의 기타소득·농림업소득·사업소득·독립적 근로소득·비독립적 근로소득·자산소득 및 임대소득과 합산하여 종합과세한다. 즉 사업용이 아닌 사적인 토지 및 그에 관한 민법상의 권리의 양도, 유가증권을 비롯한 그 밖의 경제재의 양도, 선물양도 및 옵션거래 등과 같은 차액정산거래로 인하여 얻는 소득은 기타소득에 속하는 것이다. 그러나 사적 자산의 양도라 할지라도 그 자산을 취득한 후 일정한 기간(토지와 그에 관한 민법상의 권리의 경우에는 10년, 주식을 비롯한 유가증권과 차액정산거래에 있어서의 권리는 1년)이 경과한 후에 양도하거나 주거용으로 사용하던 주택을 양도하는 때에는 소득세를 과세하지 않는다(EStG 23).

사적 자산의 양도로 인하여 발생한 손실(Verlust)은 사적 자산의 양도로 인하여 얻는 소득과의 통산만이 허용될 뿐이며, 다른 소득과의 통산이나 다음 과세기간 이후의 이월공제는 허용되지 않는다. 그 통산의 결과 사적 자산의 양도소득이 1과세기간에 600Euro 미만인 때에는 소득세를 과세하지 않는다(EStG 23).

4) 일 본

재고자산과 이에 준하는 자산·산림·영리를 목적으로 계속적으로 양도하는 자산 및 금전채권[유가증권으로 표창(表彰)된 것을 제외한다]을 제외한 모든 자산을 과세대상으로 한다(소법 33). 즉 양도소득세의 과세대상이 되는 자산에는 토지·건물과 같은 부동산은 물론이고 주식(신주인수권을 포함한다), 출자지분, 사원의 지분, 전환사채, 특허권, 저작권, 채굴권 등이 모두 포함된다.[119]

---

119) 藤田良一, 「所得税法の重點詳解」(中央經濟社, 1992), pp.78~83.

5) 우리나라

토지·건물·부동산에 관한 권리(지상권·전세권·등기된 부동산임차권·부동산을 취득할 수 있는 권리), 주식 등, 기타자산(과점주주가 소유한 부동산과다보유법인의 주식, 체육시설업 등을 영위하는 부동산과다보유법인의 주식, 영업권, 특정시설물의 이용권 등), 파생상품을 과세대상으로 하고 있다.

현행 소득세법상 보석·귀금속·선박·항공기·자동차·건설기계 및 기계장치 등과 같은 동산, 소액주주가 양도하는 주권상장법인 및 코스닥상장법인의 주식 등을 제외한 그 밖의 유가증권(채권 등) 등은 양도소득세의 과세대상에서 제외되고 있는 실정이다.

이와 관련하여 양도소득세의 과세대상자산을 확대함으로써 과세의 형평성을 확보함과 아울러 자본적 자산의 투기이익을 조세로써 흡수하여야 한다는 주장이 제기되고 있다. 그 중에서도 특히 주권상장법인 및 코스닥상장법인의 소액주주가 양도하는 주식의 양도차익에 대하여도 양도소득세를 과세하여야 한다는 주장이 끊임없이 제기되고 있는 실정이다.

이하에서 주권상장법인 및 코스닥상장법인의 소액주주가 양도하는 주식(이하에서 '주권상장법인의 주식 등'이라 한다)의 양도차익에 대한 소득세 과세의 당위성에 관하여 간략하게 살펴보기로 한다.

주권상장법인의 주식 등의 양도차익에 대하여 소득세를 과세하여야 할 필요성 또는 당위성으로서는 다음과 같은 점을 지적할 수 있다.

첫째, 고액소득층의 소득 중에서 주식의 양도차익이 차지하는 비율이 높기 때문에 주식의 양도차익에 대한 비과세는 수직적 공평이라는 관점에서 문제가 된다. 특히 주식가격이 현저히 상승하는 경우에는 고액의 자본이득이 과세에서 제외되는 모순이 생기게 된다.

둘째, 주식의 양도차익에 대하여 비과세하게 되면 배당소득의 과세에 허점이 생기게 되어 불합리한 결과를 초래하게 된다. 예를 들어 주식을 보유하고 있는 개인이 배당금지급기준일 이전에 주식을 매각하였다가 배당금지급기준일 이후에 다시 해당 주식을 취득하게 되면 배당소득을 주식의 양도차익으로 변형시킴으로써 절세가 가능하게 된다.

셋째, 자산간 과세에 있어서의 불공평을 초래하고, 이에 따라 투자의 왜곡현상이 나타나게 된다.

넷째, 주권상장법인의 주식 등의 처분에 따라 발생한 이득에 대하여 그 소득자의 인격에 따라서 과세상 취급을 달리하게 되는 결과로 되어 불합리하다. 현행법상 개인의 경우에는 대부분의 주권상장법인의 주식 등의 양도차익에 대하여 소득세를 비과세하고 있으나, 법인이 주권상장법인의 주식 등을 처분함으로써 얻는 이득은 그 법인의 과세소득 계산에 있어서 익금에 산입하도록 하고 있다.

그리고 주식의 양도자가 소액주주인지 또는 대주주인지에 따라 양도소득세의 과세여부를 결정하기 때문에 이로 인한 형평성도 문제가 된다. 소액주주(총발행주식의 1% 또는 액면금액 3억원 중 적은 금액 미만의 주식을 소유하는 주주)의 주식의 양도차익이라고 하더라도 그 주식발행법인에 따라 다액의 양도차익을 실현하는 경우가 있을 수 있다. 그리고 극단적으로는 수십 또는 수백 회사의 주식을 소액주주의 기준에 맞게 매매하여 양도차익을 얻는 경우도 있을 수 있다.

이와 같이 동일한 이득에 대하여 해당 이득의 귀속자의 인격차이 또는 주식소유지분의 다과의 차이만을 이유로 과세상 차등을 두는 것은 합리적인 차별로 보기 어려운 것으로 타당하지 않다.

다섯째, 우리나라의 증권시장의 행태에서 보는 바와 같이 경기변동 등에 따른 투기과열로 주가가 급등하는 경우에는 현행의 주권상장법인의 주식 등의 양도차익에 대한 과세제외가 주가급등을 더욱 부추기는 역기능을 갖고 있다는 점을 지적할 수 있다. 반면에 주식의 양도차익에 대한 과세는 주가의 급등현상을 억제하는 제동장치로서의 기능을 기대할 수 있다.

3 실현이득

포괄적 소득개념에 의하면 자산의 처분에 따라 실현된 이득은 물론이고 자산의 가치상승으로 인하여 발생한 이득까지도 모두 과세소득의 범위 안에 포함하여야 한다. 즉 자본이득에는 실현이득(realized gains)과 미실현이득(unrealized gains)이 모두 포함되는 것이다.

그러나 미실현이득에 대한 과세는 다음과 같은 난점을 안고 있기 때문에 대부분의 국가에서는 해당 이득이 실현된 때에, 즉 실현이득에 한하여 과세하도록 하고 있다.[120] 특히 포괄적 소득세를 강조한 카터 보고서에서도 실현이득에 대해서만 과세할 것을 제안한 바 있다.

---

120) Joseph A. Pechman, Federal Tax Policy, 4th edition(The Brookings Institution, 1983), p.109 ; Richard A. Musgrave & Peggy B. Musgrave, Public Finance in the theory and practice, 5th edition(McGraw-Hill International Edition, 1989), p.338.

첫째, 여러 종류의 자산의 가치를 과세의 기준액으로 할 만큼 정확하게 평가하는 것이 불가능하다는 점이다. 즉 미실현이득에 대하여 과세하기 위하여는 모든 자산의 가치를 매년 평가하여야 하는 문제가 따르는데, 그 실현가능성은 매우 낮다.

둘째, 대부분의 사람들은 현실적으로 실현되지 않은 소득에 대하여 소득세를 부과하는 것은 불공정하다고 생각한다. 즉 미실현이득은 소비에 충당될 수 없기 때문에 과세대상이 될 수 없다고 생각하는 것이다.

셋째, 미실현이득에 대한 과세는 세액을 납부하기 위하여 자산의 유동화(liquidation of assets)를 강요하게 된다. 현금화되지 않은 지상이득(紙上利得 : paper gains)에 대하여 납세의무를 지우기 때문에 해당 세액의 납부를 위하여 자산의 처분이 불가피할 수밖에 없다.

우리나라의 경우에는 실현된 자본이득에 대하여만 양도소득세를 과세하고 있다.

한편, 실현은 자산의 매매·교환 또는 대물변제 등과 같은 처분(dispositions)에 의하여 달성된다. 이 경우에 특히 상속과 증여에 의한 재산권의 이전, 즉 재산권의 무상이전을 처분에 포함할 것인가에 관하여는 견해가 대립되어 있고, 각국의 입법례 또한 일정하지 않다.

이에 관하여는 다음 절에서 구체적으로 검토하기로 한다.

제2절 자본이득 및 자본이득세의 특성

1 의 의

실현기준에 따라 실현이득에 대하여 자본이득세를 과세하는 경우에는 그 자산의 보유기간 중에 발생된 자본이득을 그 자산을 처분하는 연도에 한꺼번에 인식하게 된다. 그런데 보유기간이 장기인 자본적 자산을 처분함에 있어서 그 처분연도에 한꺼번에 실현된 소득에 초과누진세율을 적용하여 자본이득세를 과세하게 되면 발생기준에 따라 매년 증가한 자본이득에 대하여 자본이득세를 과세하는 경우보다 엄청나게 세부담이 증가하게 된다. 이를 결집효과라고 부른다.

이에 따라 자산의 소유자는 가격이 상승된 자산의 실현을 단념하거나 가능한 한 연기하려고 시도하게 되고 이로 말미암아 자본적 자산의 유동화를 저해하는 결과를 초래하게 된다. 이를 봉쇄효과라고 부른다. 결집효과가 크면 클수록 봉쇄효과도 크게 나타나게 된다.

다음으로 자본이득에는 많든 적든 물가상승에 따른 명목이득이 포함되어 있다. 이와 같은 물가상승에 따른 명목이득은 가공이득(架空利得)이기 때문에 인플레이션 기간 중에 발생한 자본이득에 대하여 과중한 과세를 행하게 되면 그 자본이득세는 소득에 대한 과세를 뛰어 넘어 재산원본에 대한 과세를 초래함으로써 불합리한 결과를 초래하게 된다.

이하에서는 자본이득 및 자본이득세의 특성에 관하여 결집효과·봉쇄효과 및 인플레이션에 의한 명목이득성으로 나누어 간략하게 살펴보고자 한다.

2 봉쇄효과

가. 봉쇄효과의 개념

자본이득을 실현기준에 따라 과세하는 경우에는 가격이 상승된 자산의 실현을 단념하거나 가능한 한 연기함으로써 자본적 자산의 유동화를 저해한다. 이를 봉쇄효과[121](lock-in effect)라고 부른다.

이와 같은 봉쇄효과는 대체로 다음과 같은 사유로 발생하게 된다.[122]

① 실현기준에 따라 자본이득세를 과세하는 경우에는 그 자산의 보유기간 중에 집적된 자본이득이 처분연도에 일시에 실현되어 결집효과를 발생시킨다. 이와 같은 결집효과가 크면 클수록 봉쇄효과도 크게 나타난다.

② 실현이 연기될 때 투자자는 연기된 조세(deferred tax)를 이용하거나 이자 없는 대부를 받는 효과를 얻게 된다.

③ 생전에 자산을 처분하기보다는 상속을 통하여 상속인 등에게 자산을 이전하려는 경향이 현저하다. 대부분의 국가에서는 상속에 의한 소유권의 이전을 자산의 처분으로 의제하지 않을 뿐만 아니라 상속인이 그 상속받은 자산을 처분할 때에도 피상속인의 취득시의 취득가액에 의하여서가 아니고 상속개시당시의 시가를 그 취득가액으로 하여 양도차익을 계산하기 때문이다.

④ 장래에 자본이득에 대한 한계세율이 떨어질 것이라고 예상되는 경우에는 실현을 연기할 유인을 갖게 된다.

⑤ 자본이득에 대한 한계세율을 보유기간에 따라 인하하는 경우와 같이 장기보유자산에 대하여 과세상 우대하는 경우에는 자본이득의 실현을 연기할 추가적인 동기를 갖게 된다.

다음으로 봉쇄효과는 다음과 같은 사유로 국민경제에 비효율을 가져온다.

---

121) 동결효과(凍結效果)라고도 한다.

122) J. W. Wetzler, "capital gains and losses", Comprehensive Income Taxation, J. A. Pechman edtion(The Brookings Institution, 1977), p.135.

① 특정자산을 가장 유효하게 이용할 수 있는 경제주체로의 자산이전을 방해함으로써 경제의 효율을 저하시킨다.

② 최적자산구성의 선택(portfolio)에 대하여 교란적 영향을 미치며, 따라서 자본이득에 대한 과세가 없었을 경우에 선택하였을 자산 선택보다 바람직하지 않은 방향으로 자산 선택을 유도함으로써 가계의 복지를 감소시키게 된다.

③ 봉쇄효과에 의하여 가격이 상승한 자산의 처분이 억제되기 때문에 이로 인하여 자산거래량의 감소와 자산가격의 등귀현상이 나타나게 된다. 또한 이로 인하여 자산가격의 단기변동을 증폭시키며 투기적 거래를 조장하는 결과를 초래하기 쉽다.

나. 봉쇄효과에 대한 대책

봉쇄효과를 방지 또는 완화하는 방법으로서는 다음과 같은 방안들이 제시되고 있다.[123] 이와 같은 방안 이외에도 재산세 등과 같은 보유과세를 강화하여야 한다는 견해도 제시되고 있다.

① 봉쇄효과를 방지 또는 완화하기 위해서는 결집효과를 완화하여야 한다. 결집효과를 완화하기 위한 대책에는 일정액을 과세소득에서 제외하는 방법, 낮은 비례세율로 분리과세하는 방법 및 평균과세하는 방법 등을 들 수 있다. 뒤에서 다시 살펴보기로 한다.

② 자산을 언제 매각하더라도 양도소득세의 실효세율이 같게 되도록 명목세율을 자산보유기간이 길어짐에 따라 차츰 인상하는 방안도 주장되고 있다. 이와 같이 자산보유기간의 길이에 따라 세율을 인상하게 되면 토지의 효율적인 이용을 촉진함과 아울러 장기적인 토지 등의 공급을 촉진할 수 있기 때문에 지가를 억제하는 정책목표를 동시에 달성할 수 있다고 한다.[124]

③ 미실현 자본이득에 양도소득세율을 적용하여 산정한 금액에 일정한 이자율을 곱하여 산출한 미실현 자본이득세에 대한 이자세를 매년 과징하는 방안이 제시되고 있다.[125] 이를 산식으로 표시하면 다음과 같다.

123) 貝塚啓明ほか, 「稅制改革の潮流」(有斐閣, 1990), pp.239~241 ; 岩田規久男ほか, 都市と土地の理論 經濟學・都市工學・法制論による學際分析(きょうせい, 1992), pp.197~198.

124) 靑野勝廣, 「土地稅制の經濟分析」(勁草書房, 1991), pp.136~137.

125) 岩田規久男ほか, 앞의 논문, pp.199~205 ; 李鎭淳, "不動産投機에 대한 정확한 처방," 「月刊租稅」(租稅通覽社, 통권13호 1989.6.), p.23 ; 金明淑, "양도소득세의 供給凍結效果와 改善方向," 「韓國開發研究」 겨울, 제11권 제4호(韓國開發研究院, 1989), pp.16~18.

> 미실현 자본이득세에 대한 이자세 = 미실현 자본이득세 × 세공제 후 이자율
> 미실현 자본이득세 = (시가 − 취득가액) × 양도소득세율

④ 장기보유자산에 대한 우대조치는 자산의 봉쇄효과를 강화하는 요인이 되고 있다. 그러므로 봉쇄효과를 완화하기 위해서는 장기보유자산에 대한 우대조치를 폐지할 필요가 있다고 한다. 우리나라에서는 장기보유자산에 대하여 장기보유특별공제의 적용·낮은 세율의 적용 등과 같은 우대조치를 두고 있다.
⑤ 상속 및 증여에 의하여 재산권이 이전되는 경우에는 처분으로 의제하여 자본이득세를 과세함으로써 봉쇄효과를 완화할 수 있다. 카터 보고서에서 상속 및 증여를 처분으로 의제하도록 제안하였음은 이미 전술한 바 있다.

3 결집효과

실현기준에 따라 자본이득세를 과세하는 경우에는 그 자산의 보유기간 중에 발생·집적된 자본이득이 그 자산을 처분하는 연도에 한꺼번에 실현되어 인식된다. 자본적 자산은 재고자산과는 달라서 그 보유기간이 장기인 경우가 일반적이다. 이와 같이 보유기간이 장기인 자본적 자산을 처분함으로써 그 처분연도에 한꺼번에 실현된 소득에 초과누진세율을 적용하여 자본이득세를 과세하는 경우에는 발생기준에 따라 매년 증가한 자본이득에 대하여 자본이득세를 과세하는 경우보다 엄청나게 세부담이 증가하게 된다. 이를 결집효과(bunching effect)라고 한다. 이와 같은 결집효과는 자산의 보유기간·자본이득의 크기 및 세율의 누진도에 따라 상이하게 나타나는데, 결집효과가 클수록 봉쇄효과도 크게 나타난다.

이로 인하여 자본적 자산의 전체 보유기간에 걸쳐 매년마다 발생한 이익에 대하여 과세하였다면 낮은 세율이 적용되었을 것임에도 불구하고 이익이 실현된 특정한 과세연도에 자산의 보유기간 동안에 증가한 이익의 전액에 대하여 한꺼번에 과세함으로써 높은 한계세율이 적용되어 불합리하다는 비판이 제기되고 있다.

이와 같은 결집효과를 시정하기 위하여 자본이득의 일정액(예 : 자본이득의 50%에 상당하는 금액)을 자본이득에서 제외하여 과세하는 방법, 낮은 세율로 분리과세하는 방법 및 평균과세(income averaging)하는 방법 등이 주장되고 있다.

공평과 효율이라는 기준에 비추어 볼 때 자본이득의 일정액을 과세소득에서 제외하는 방법과 낮은 비례세율로 분리과세하는 방법보다는 평균과세의 방법이 합리적이라고 하겠다.

평균과세란 보유기간 1년당 평균 자본이득(실현된 자본이득을 자산의 보유기간으로 나눈 금액)과 자산처분연도의 다른 일반소득(예 : 근로소득 등)을 합산한 소득금액에 대하여 세액을 산정하고, 자본이득으로 인하여 증가된 세액에 자산의 보유기간을 곱하여 자본이득에 대한 소득세를 산출하는 방식이다.

다만, 평균과세가 타당하기 위해서는 자본이득에 대하여 종합누진과세가 행하여질 것, 자산가격의 상승폭과 자본이득 이외의 일반소득의 크기가 매년 동일할 것 및 소득세제가 자산의 보유기간 동안 불변일 것 등을 전제로 하고 있다. 그리고 자본이득에 대하여 분류과세를 채택하고 있는 경우라 할지라도 해당 세율이 누진세율인 한 여전히 평균과세의 필요성은 인정된다.

그러나 이와 같은 평균과세장치는 세제를 복잡하게 한다는 결함을 지니고 있다.

4 인플레이션에 의한 명목소득

가. 자본이득의 명목성

자본이득에는 물가상승에 따른 명목이득(nominal gains)이 포함되어 있다. 이와 같은 가격의 일반적 상승만에 기인하는 명목이득은 그 소득자에게 실질적으로 아무런 효익을 주지 못하는 가공이득(fictitious gains)에 지나지 않는 것이다.[126]

따라서 인플레이션 기간 중에 발생한 자본이득에 대하여 높은 초과누진세율에 의하여 과세를 행하게 되면 소득과세의 범위를 뛰어 넘어 재산원본에 대한 침식을 초래하게 되고,[127] 이로 말미암아 과잉과세라는 위헌적인 문제에 부딪치게 된다. 특히 자본이득세에 관한 세율구조가 초과누진세율인 경우로서 인플레이션이 장기적으로 지속되는 때에는 구매력의 증가가 수반되지 않는 단순한 명목소득만의 증가에 대하여도 소득금액의 증가에 따라 높은 세율구간으로 진입함으로써 납세의무자의 세부담이 가중되는 현상이 두드러지게 나타나게 된다.

생각건대 가격수준의 상승에 상응하는 자산가치의 증가는 환상적이고 명목적인 이득에 지나지 않기 때문에 소득으로 보아서는 아니되며, 따라서 인플레이션에 의한 가공이득이 포함되어 있는 자본이득은 적정한 방법에 의하여 이를 수정할 필요성이 있다. 이에 따라 자본이득에서의 인플레이션에 의한 명목이득의 조정문제가 대두되고 있다.

인플레이션에 의한 명목이득의 조정은 부동산 및 주식 등의 양도로 발생하는 자본이득의 산정에만 국한되는 것이 아니고, 재고자산의 평가·감가상각·이자소득의 산정·인적공제

---

126) Richard Goode, The Individual Income Tax, revised edition(The Brookings Institution, 1976), p.84.
127) Vito Tanzi, Inflation and the personal income tax(Cambridge University Press, 1980), p.41.

및 세율 등 소득세의 전반에 걸친 광범위한 문제이다. 인플레이션에 의한 명목이득의 조정 문제가 자본이득에서만 논의되고 있는 이유로서는 자본이득의 경우에는 물가상승에 따른 가공이익이 현저하여 그냥 간과하기 어렵기 때문이다.

나. 인플레이션의 조정방법

인플레이션에 기인한 명목적인 가공이익의 수정방법으로는 다음과 같은 것을 들 수 있다.[128]

1) 과세산입비율방법(inclusion ratio method)

자산보유기간에 따라 자본이득에 대한 과세소득의 크기를 일정한 비율로 조정하는 것이다. 일반적으로 자산의 보유기간이 길면 길수록 과세소득에 산입되는 비율은 낮아질 것이다. 극히 제한된 경우를 제외하고는 정확한 조정이 불가능하기 때문에 인플레이션의 수정방법으로는 불충분하다.

2) 역사적 원가의 임의증액법(arbitrary escalation of historical cost basis)

자산의 취득원가를 임의적인 비율에 따라 증액시켜 주는 방법이다. 따라서 자산의 보유기간이 길면 길수록 연도별로 주어진 증액율에 의하여 취득원가는 높아지게 된다. 인플레이션율이 안정적일 경우에는 취득원가를 정확하게 수정할 수 있으나, 인플레이션율이 불안정적인 경우에는 조정의 정확성을 기하기 어렵다.

3) 취득원가의 물가연동제(indexation of historical cost basis)

취득원가를 양도 당시의 물가지수에 따라 그만큼 상승시켜 주는 방법이다.

> 인플레이션 수정 후 이익 = 양도가액 − 역사적 원가 × 인플레이션 수정률

그러나 이 방법을 수용하는 경우에도 다음과 같은 사항을 고려해야 한다.

첫째, 인플레이션율로서 어떤 지수를 선택할 것인가의 문제인데, 주로 소비자물가지수와 도매물가지수 중 어느 것을 채택할 것인가로 집약된다.

머스그레이브(R. Musgrave)와 덴시온(Dension) 등은 국민소득 디플레이터(GNP deflator)를 사용하여야 한다고 주장한 바 있다.[129]

---

128) Vito Tanzi, ibid, p.43.

둘째, 자산의 역사적 원가의 기록·보존이나 기준연도의 가액의 결정에 있어서 행정적 어려움이 따른다.

셋째, 가장 중요한 것으로 차입자금으로 자산을 취득하는 경우에 자산에 대해서만 물가연동을 시키고 부채에 대해서는 연동을 하지 아니하면 불합리한 결과를 초래하게 된다. 따라서 자기자금으로 취득한 자산부분에 대해서만 물가연동을 하여야 한다고 주장하는 사람도 있다.[130)]

다. 각국의 인플레이션 조정제도

1) 영　국

1982년 3월 31일 이전에 취득한 자산에 대하여는 실제의 취득가액에 대신하여 1982년의 시장가격(market value)에 근거하여 취득가액을 계산할 수 있다. 다시 말하면 1982년 3월 31일 이전에 취득한 자산을 양도하는 경우에는 그 날 이후에 발생한 자본이득에 대해서만 자본이득세를 과세하는 결과가 되는 것이다.

그리고 1998년에는 종래부터 적용하여 오던 물가연동공제(indexation allowances)를 폐지하고 점진적 공제(Taper relief)로 바꾸었다.

점진적 공제율은 사업용 자산 또는 비사업용 자산의 구분에 따라 달리 정하고 있다. 사업용 자산(business assets)의 경우에는 보유기간이 1년 이상인 자산에 한하여 매년 자본이득의 7.5%씩을 공제한다. 다만, 자본이득의 75%를 그 한도로 한다. 그러므로 보유기간이 10년 이상이 되면 점진적 공제율은 그 보유기간의 장단에 관계없이 획일적으로 자본이득의 75%에 상당하는 금액으로 고정된다.

다음으로 비사업용 자산(non business assets)의 경우에는 보유기간이 3년 이상인 자산에 한하여 그 3년이 되는 연도부터 매년마다 자본이득의 5%씩을 공제한다. 다만, 자본이득의 40%를 그 한도로 한다. 그러므로 보유기간이 10년 이상인 자산의 점진적 공제율은 그 보유기간의 장단에 관계없이 획일적으로 자본이득의 40%에 상당하는 금액으로 고정된다.

2) 일　본

1952년 이전부터 계속하여 소유하던 자산의 취득비는 1953년 1월 1일의 상속세 평가액,

---

129) Henry J. Aaron, Inflation and the income tax(The Brookings institution, 1976), p.237, 248.
130) Vito Tanzi, op.cit., p.46.

1952년 12월 31일에 그 자산을 양도하였다고 가정한 경우의 취득비 또는 재평가액 중 많은 금액에 1953년 1월 1일 이후에 지출한 설비비 및 개량비를 합한 금액으로 한다.

한편, 장기보유자산의 양도에 대하여는 단기보유자산의 양도에 비하여 상당한 우대조치를 마련하고 있다. 즉 장기보유자산(보유기간이 5년을 초과하는 것) 중 토지 및 토지상에 있는 권리, 건물(부속설비 및 구축물을 포함한다)과 주식의 양도에 대하여는 저율(15%)로 분리과세하고(租特法 31 ①), 기타의 장기보유자산의 양도에 대하여는 그 양도소득금액의 1/2에 상당하는 금액만을 다른 종합소득과 합산하여 종합과세한다(소법 22 ②). 이에 대하여 단기보유자산(소유기간이 5년 이하인 것) 중 토지·건물 및 주식의 양도에 대하여는 원칙적으로 과세단기 양도소득금액에 30%의 세율을 적용한 금액과 종합과세하는 경우에 산출되는 과세단기 양도소득금액에 관한 소득세액의 110/100에 상당하는 금액 중 많은 것을 세액으로 하여 분리과세하고(租特法 32 ①), 기타의 단기보유자산의 양도에 대하여는 그 양도소득금액의 전액을 다른 종합소득과 합산하여 종합과세한다.

3) 미 국

1984년 11월에 미국 재무부가 발표한 "공평·간소 및 경제성장을 위한 세제개혁"에서 장기자본이득(long-term capital gains)의 40%에 상당하는 금액만을 총소득금액에 합산하여 과세하던 우대조치를 폐지하되, 자본이득의 산정과정에서 인플레이션을 조정할 것(inflation adjustment)을 제안하였다.[131] 이에 따라 1986년 세제개혁에서는 1922년부터 시행하여 오던 장기자본이득에 대한 우대조치를 폐지하고 다른 소득과 마찬가지로 그 전액을 총소득금액에 포함하여 과세하도록 개정이 이루어졌다. 그러나 자본이득의 산정과정에서 인플레이션을 조정하는 별도의 장치는 마련하지 못하였다. 다만, 표준공제액(standard deductions)·인적공제액(exemptions) 및 소득계급구분(rate brackets)에 관하여는 매년의 물가상승을 고려하여 조정하고 있고, 자산의 보유기간에 따라 세율에 차등을 두고 있다.

4) 우리나라

우리나라는 취득가액의 수정을 통하여 인플레이션 조정을 허용하고 있다. 즉 1984년 12월 31일(주식 등에 대하여는 1985년 12월 31일) 이전에 취득한 자산은 1985년 1월

---

131) Tax Reform for Fairness, Simplicity, and Economics Growth-The Treasury Department Report to the President-Volume 1 overview, Office of the Secretary Department of the treasury, (November 1984), pp.101~102.

1일(주식 등에 대하여는 1986년 1월 1일)에 취득한 것으로 보아 그 날(의제취득일) 현재의 시가(시가를 알 수 없는 경우에는 기준시가)에 의하여 취득가액을 계산한다. 다만, 의제취득일의 직전일 이전에 취득한 자산의 실지거래가액과 그 실지거래가액에 취득일로부터 의제취득일의 직전일까지의 생산자물가상승률을 곱하여 계산한 금액을 합산한 가액이 의제취득일 현재의 시가에 의하여 평가한 가액보다 많은 경우에는 그 많은 금액을 취득가액으로 한다.

그리고 토지와 건물로서 보유기간이 3년 이상인 것에 대하여는 자산의 종류(1세대 1주택과 그 밖의 토지 등) 또는 보유기간에 따라 양도차익의 6%부터 80%까지의 장기보유특별공제를 차감하여 양도소득금액을 계산하도록 하고 있다.

제3절 자산의 무상이전과 자본이득세와의 관계

1 자산의 무상이전과 자본이득세와의 관계

소득을 포괄적인 개념으로 파악할 경우에는 발생원천이나 실현 여부를 묻지 아니하고 모두 과세소득에 포함하여야 한다. 그러나 대부분의 국가에서는 실현된 자본이득에 대해서만 자본이득세를 과세하고 있는 실정이다.

그런데 자산의 소유자가 자산의 매각을 미루다가 사망하거나 해당 자산을 증여한 경우에는 미실현이득에 대한 과세연기가 과세면제로 바뀌게 된다. 왜냐하면 대부분의 입법례가 상속이나 증여와 같은 무상이전을 처분의 범위에서 제외하고 있고, 또한 상속인 또는 수증자가 무상으로 취득한 자산을 처분할 때에도 피상속인 또는 증여자로부터 승계한 취득가액이 아닌 상속개시일 또는 증여일의 시가를 취득가액으로 하여 자본이득을 산정하도록 하고 있기 때문이다.[132]

상속이나 증여에 따라 산정된 자본이득의 과세상 취급방법으로서는 크게 세 가지를 들수 있다.[133]

첫째, 자본이득세를 완전히 면제하는 방법

둘째, 상속인 또는 수증자가 해당 자산을 양도하여 이득을 실현하기까지 자본이득세의

---

132) 최명근, "부의 무상이전과 자본이득과세와의 관계 소고" 「세무학연구」, 제1호(한국세무학회, 1990), pp.82~85.
133) Alan A. Tait et al, KOREA Taxes in the 1980s(I.M.F., 1979), pp.126~127.

과세를 연기하는 방법[134]

셋째, 사망하여 상속이 개시되거나 증여하는 때에 실현된 것으로 의제하여 자본이득세를 과세하는 방법[135]

상속 또는 증여에 의하여 자산이 승계 또는 이전될 때에 자본이득세를 과세하지 않는 경우에는 자본이득세의 회피로 인한 세수의 손실을 가져올 뿐만 아니라 이와 같은 과세연기를 통하여 유산을 축적한 가족과 자본이득세를 납세한 후의 자산을 유산으로 받은 가족간에 조세부담의 차별을 초래하여 수평적 공평이 침해된다. 카터 보고서에서는 증여와 상속에 의한 이전을 모두 처분(dispositions)으로 보아 소득세를 과세할 것을 제안하고 있고,[136] 페크만(Pechman) 교수도 세대생략이전(世代省略移轉 : generation skipping)을 방지하기 위하여 자산의 상속시점에 자본이득이 실현된 것으로 보아야 한다고 주장한 바 있다.[137]

그러나 상속이 개시되거나 증여를 하는 때에 자본이득이 실현된 것으로 의제하고, 그 의제실현(constructive realization)에 따라 발생한 자본이득에 대하여 자본이득세를 과세하여야 한다는 견해에 관하여는 다음과 같은 점에서 비판이 가하여지고 있다.

① 사망시에 보유기간 중의 발생·누적된 자본이득에 대하여 상속세의 부담을 지우기 때문에 조세를 회피한 것이 아니며, 만일 사망시에 상속세와 자본이득세를 병과하면 이중과세가 된다.

② 사망시에 자산의 가치증가분을 측정하여 자본이득세를 과세하는 것은 장래에 그 자산의 가치가 하락할 수도 있기 때문에 불공정하다.

③ 무상이전한 자산에서 발생한 가치증가분은 통화가치의 하락을 반사한 거울에 불과하기 때문에 그 증가액에 대하여 자본이득세를 과세하는 것은 불공정하다.

---

134) 상속 또는 증여시점에 상속세 또는 증여세를 과세하면서 동시에 피상속인 또는 증여자의 취득가액을 승계하게 하는 경우와 상속 또는 증여받은 재산에 대하여 상속세 또는 증여세를 과세하지 않고 단지 그 상속재산 또는 수증재산을 처분할 때에 피상속인 또는 증여자의 취득가액을 승계하게 하는 경우(오스트레일리아)로 나눌 수 있다.

135) 캐나다에서는 1972년에 종전의 상속세(Capital Transfer Tax)를 폐지하고 상속과 증여(배우자 간의 상속과 증여는 제외한다)에 의한 재산권의 이전에 대하여 유상이전으로 의제하여 자본이득세를 과세하도록 하고 있다.

136) Kenneth Lem. Carter et al, Report of the Royal Commission on taxation(volume 3 taxation of income), part A taxation of individuals and families, 1966, p.354.

137) Joseph. A. Pechman, op.cit., p.172.

2　외국의 입법례

가. 미 국

① 1969년 미국 재무부 제안에서 자본적 자산의 무상이전에 대하여 자본이득세를 과세하도록 제안한 바 있다. 즉 사망으로 인하여 상속되는 재산의 가치상승분에 대하여는 사망시점에 소득세를 과세하도록 하여 해당 자산의 가치증가분을 사망자의 최종 소득세신고서에 자본이득으로 계상하도록 한다. 그리고 그 무상취득자가 해당 자산을 양도할 때에는 무상이전시에 평가된 금액을 취득가액으로 하여 자본이득을 산정한다. 자본적 자산에 대한 가치하락분은 자본손실로 다룬다. 그리고 자본적 자산의 가치증가분에 대하여 납부한 소득세액은 유산에 대한 채무로 하여 유산세의 과세가액을 계산할 때에 이를 공제하여야 한다고 주장하였다.

② 1976년 이전에는 증여에 의하여 재산을 증여받은 자는 증여자의 취득가액을 승계(carry-over basis)하도록 하고 있었으나, 상속에 의하여 재산을 취득한 상속인 및 유증(testamentary gift)의 수유자는 피상속인의 사망시점의 공정시장가격에 의하여 취득가액을 산정(step-up or fresh-start basis)하도록 하고 있었다.

③ 1976년 내국세법 개정에서 생전증여는 물론이고 상속(유증을 포함한다)으로 인하여 취득한 자산의 취득가액은 피상속인의 취득가액을 승계하는 승계취득가액기준을 채택하였다. 이는 비록 무상이전을 처분(dispositions)으로 의제하여 사망일 등에 자본이득에 대한 소득세를 과세하는 것은 아니지만, 적어도 미실현 자본이득에 대한 소득세의 과세를 계속 이연시킴으로써 완전히 자본이득세를 면탈하지 못하도록 하는 의미가 있었다. 그러나 자산가 계층의 반대와 사망자에 대한 실지취득가액의 확인 또는 입증상의 난점을 이유로 그 실시를 미루다가 1980년의 내국세법 개정에서 해당 조항(제1023조)을 삭제함으로써 상속인에 대한 취득가액의 승계제도를 폐지였다.[138]

④ 현재에는 증여재산에 대하여는 취득가액승계기준에 의하여[139], 그리고 상속재산에 대하여는 신규취득가액기준에 의하여 자본이득을 산정하고 있다.[140] 다만, 증여에 의하여 취득한 자산의 승계취득가액을 산정할 때 증여자가 납부한 증여세 상당액[141]을

---

138) Boris I. Bittker & Lawrence Lokken, Federal Taxation of Income, Estate and Gifts, Vol. 5, Warren, Gorham & Lamont, 1999, pp.41~48.

139) IRC §1015.

140) IRC §1014(a)(1).

141) 증여에 의하여 취득한 자산의 취득가액에 가산할 증여세액은 증여자가 부담한 증여세액에 증여총액 중 증여시점의 증여자산의 공정시장가액에서 증여자의 취득가액(basis)을 뺀 차액이 차지하는 비율을 곱한 금액으로 한다[IRC 1015(d)(6)].

가산하도록 하고 있다.[142]

나. 영 국

영국에서는 1965년부터 1971년까지 상속에 의한 무상이전에 대하여 자본이득세(capital gains tax)와 자본이전세(capital transfer tax)를 함께 과세하면서 자본이전세의 과세표준을 산정할 때 자본이득세를 채무로 보아 유산가액에서 공제하여 주었다. 1971년부터 자본이전세만 과세하다가 1986년부터 자본이전세를 상속세(inheritance tax)로 대치하였다.

따라서 현재에는 상속에 따른 자산이전에 대하여 상속세만을 과세하고 있다. 그리고 상속인이 그 자산을 양도할 때에도 신규취득가액기준을 적용한다.[143]이에 대하여 증여에 의하여 자산이 이전되는 경우에는 처분(disposals)으로 의제하여 자본이득세를 과세한다.[144]

다. 일 본

소득세를 과세하는 경우와 취득가액을 승계하는 경우로 나눌 수 있다.

① 소득세를 과세하는 경우

법인에 대한 증여·상속(한정승인의 경우에 한한다), 법인에 대한 유증 또는 개인에 대한 포괄유증 중 한정승인에 관계되는 유증에 의하여 자산이 이전되는 경우에는 그 당시의 시가에 상당하는 금액으로 자산을 양도한 것으로 간주한다(日本 所法 59). 이 경우에 증여·상속 또는 유증에 의하여 취득한 자산의 취득가액은 그 취득시(증여일 등)의 시가에 의하여 계산한다.

② 소득세를 과세하지 아니하고 취득가액의 승계를 하는 경우

위의 "①"의 증여·상속 또는 유증을 제외한 그 밖의 증여·상속 또는 유증에 의하여 자산이 이전되는 경우에는 자본이득세를 과세하지 아니한다. 다만, 수증자 또는 상속인이 해당 증여·상속 또는 유증 등으로 인하여 취득한 자산을 양도하는 경우에는 증여자·피상속인 또는 유증자의 취득가액을 승계하여 양도소득금액을 산정한다(日本 所法 60). 즉 수증자 또는 상속인이 증여 등으로 인하여 취득한 자산을 처분할 때까지 자본이득세의 납세를 연기하는 효과가 있는 것이다.

---

142) 2010년에는 유산세와 세대생략이전세를 폐지하도록 하고 있는데, 상속인이 상속재산의 처분에 따른 자본이득을 산정할 때의 기초가액은 피상속인의 조정기초가액과 상속인의 사망일 현재의 공정시장가격 중 적은 금액, 즉 수정승계취득가액기준(modified carry-over basis)에 의하도록 하고 있다.

143) Chris Whitehouse, Elizabeth Stuart-Buttle, Revenue Law-principle and practice, 10th edition(Butterworths, 1992), p.269.

144) Smailes, David & Kevin Walton, Tolley's Capital Gains Tax 1999-2000, Tolley Publishing, p.245 ; Arnold Homer & Rita Burrows, Tolley's Tax Guide 2004-5, Tolley, 2004, pp.81~82.

라. 우리나라

자본적 자산의 무상이전, 즉 상속이나 증여에 의하여 자본적 자산이 이전되는 경우에 양도로 보지 아니한다. 그리고 상속인 또는 수증자가 상속이나 증여로 취득한 자본적 자산을 양도하더라도 원칙적으로 신규취득가액기준(fresh-start basis)에 따라 과세함으로써 상속이나 증여로 인하여 이전하는 자본적 자산에 대하여는 양도소득세를 전액 면제하고 있다. 다만, 배우자 또는 직계존비속으로부터 토지·건물·부동산을 취득할 수 있는 권리(건물이 완성되는 때에 그 건물과 이에 딸린 토지를 취득할 수 있는 권리를 포함한다) 및 특정시설물의 이용권을 증여받은 자가 그 증여받은 날로부터 10년(주식등의 양도에 따른 자산의 경우에는 1년) 이내에 해당 자산을 양도함으로써 그 자산의 양도차익을 산정할 경우의 취득가액은 배우자 또는 직계존비속(증여자)의 취득당시의 금액을 적용하도록 함으로써 부분적으로 승계취득가액기준(donor's basis)을 채택하고 있다(소법 97의 2 ①). 그리고 배우자 또는 직계존비속 외의 특수관계인에게 자산을 증여한 경우(배우자 또는 직계존비속에게 토지·건물·부동산을 취득할 수 있는 권리 및 특정시설물의 이용권 외의 그 밖의 자산을 증여한 경우를 포함한다)로서 그 수증자가 자산을 증여받은 날부터 10년 이내에 타인에게 양도한 경우(양도소득이 해당 수증자에게 실질적으로 귀속된 경우를 제외한다)에는 증여자가 그 자산을 직접 양도한 것으로 보도록 하고 있다(소법 101 ②).

이와 같은 자본적 자산의 무상이전에 대한 사실상의 양도소득세 면제제도는 양도소득세의 과세대상이 되는 자본적 자산을 처분하여 양도소득세 공제(납부) 후의 현금 등을 상속 또는 증여한 경우와 그 자본적 자산을 직접 상속 또는 증여한 경우 간에 현저한 세부담의 차이를 초래한다. 뿐만 아니라 양도소득세의 부담이 과중할 경우에는 상속개시일까지 그 자본적 자산의 처분을 미룸으로써 자산의 유동화를 저해하는 문제점이 지적되고 있다.

제7장

부의 소득세

제1절 서 론

부(負)의 소득세(negative income tax, NIT : Negativsteuer)는 1960년대 이후에 소득이 전프로그램(income transfer program)의 하나로서 주장된 것으로서 개인소득세제와 공적 부조제도를 통합한 제도이다. 즉 부의 소득세는 과세최저한에 미달하는 저소득층에 대하여 일정한 기준소득액에 미달하는 금액에 세율을 곱하여 산정한 부의 소득세액을 환급하는 제도, 즉 부의 소득세액에 상당한 금액을 이전적 급부금으로 지급하는 제도이다. 따라서 부의 소득세는 정부가 국민에게 일정액(특정인의 실제 소득액과 기준소득액 또는 기준생계비보장액과의 차액에 일정한 세율을 곱하여 산정한 금액)을 지급할 의무를 지는 조세채무라고 할 수 있다.[145]

제2절 부의 소득세제도의 내용

1 부의 소득세의 기본구조

부의 소득세는 일반적인 소득세의 정(正), 즉 플러스(＋)의 세율구조를 과세최저한의 아래로 끌어내려서 종래 획일적으로 0의 세율을 적용하던 과세최저한에 미달하는 소득계층에 대하여 부(－)의 세율을 적용하는 것이다.[146]

이하에서는 부의 소득세의 기본구조를 프리드만(M. Friedman)의 제안내용에 따라 간략하게 살펴보고자 한다.

---

145) John. K. McNulty, Federal Income Taxation of Individuals, 4th edition(West Publishing Co., 1988), p.13.
146) R. A. Musgrave & P. B. Musgrave, Public Finance in the theory and practice, 5th edition(McGraw－Hill International Edition, 1989), p.193.

　　프리드만은 사회보장제도를 폐지하는 대신 일정한 기준소득액을 설정하고 그 이하의 소득계층에 대하여는 기준소득액과 실제 번 소득액(가계소득)과의 차액에 50%의 부의 세율을 곱하여 산정한 금액을 급부금으로 지급할 것을 제안하였다. 그리고 기준소득액을 초과하는 가계에 대하여는 방대한 소요재원을 조달하기 위하여 세부담을 높일 것을 주장하였다.

　　프리드만의 부의 소득세를 산식에 의하여 설명하면 다음과 같다.[147]

가계소득이 0인 때의 부의 소득세로서 수취하는 소득보상액 : Yg
마이너스세율 : tn
부의 소득세로서의 이전소득액 : T
가계소득 : Ye
기준소득액 : Yb
라고 할 때 기준소득액에 미달한 각 소득계층이 이전소득으로서 받는 금액은

$$T = Yg - tnYe \cdots ①$$

따라서 T = 0으로 되는 기준소득액(Yb)은

$$0 = Yg - tnYb \cdots\cdots ②$$
$$Yb = Yg / tn \cdots\cdots ③$$

　　Yg는 1,500달러인 경우 tn은 50%이므로 기준소득액은 3,000달러이다. 그리고 예컨대 소득액이 2,000달러인 가계는 "①"식에 의하여 500달러(1,500 − 0.5×2,000 = 500)의 이전소득을 수취하므로 과세 후 소득은 2,500달러로 된다.

　　프리드만 제안의 문제점은 소득이 기준소득액을 초과하는 단계에서 발생한다. 즉 기준소득액에 미달하는 소득계층은 소득의 증가액에 대하여 최고소득층보다 높은 세율(50%)이 적용되나, 기준소득액을 초과하게 되면 세율이 급격히 낮아지는 현상(미국의 해당 세율은 15%임)이 나타나기 때문이다.

　　이와 같은 프리드만 제안이 지니고 있는 문제점을 해소하기 위하여 토빈(J. Tobin,)·페크만(Joseph A. Pechman) 및 미츠코우스키(P. Mieszkowski) 등은 부(−)의 세율과 정(+)의 세율을 점차로 융합시키는 방안을 제안하였다. 그러나 이 방안은 부의 소득세를 적용받지 못하는 상당수의 가계에 대하여 감면의 혜택을 줌으로써 엄청난 소득세수입의 감소를 가져오는 문제점을 안고 있다.

---

147) 黃夏鉉, 「財政學講義 全訂增補版」(博英社, 1991), pp.311~312.

2 부의 소득세와 소득의 범위

　일반적인 소득세의 소득 범위와 부의 소득세의 소득 범위는 달리 구성할 필요가 있다. 일반적인 소득세제 아래에서는 소득의 성질 또는 공익상의 필요에 따라서 비과세하거나 세액을 면제하는 경우가 많으나, 부의 소득세제 아래에서는 공적부조를 필요로 하지 않는 자에게 급부의 혜택이 돌아가는 모순을 피하기 위하여 소득의 개념을 포괄적으로 정의할 필요가 있는 것이다.[148] 따라서 일반적인 소득세에서 비과세하거나 면제하는 소득도 부의 소득세에서는 소득, 즉 가계소득(Ye)의 범위 안에 포함하여야 한다. 아울러 귀속소득(imputed income)이나 자산수증이익도 과세최저한을 한도로 하여 소득의 범위 안에 포함시킴이 합리적이다.[149]

제**3**절 부의 소득세의 특징

1 부의 소득세의 특징

부의 소득세는 전통적인 공적부조에 대하여 다음과 같은 특색을 지니고 있다.[150]
① 일반적인 소득세제 아래에서는 과세최저한에 미달하면서 공적부조의 대상이 아닌 자에 대하여 아무런 배려를 하고 있지 않으나, 부의 소득세제 아래에서는 이와 같은 중간적 빈곤계층에게까지 객관적이고 공평하게 혜택이 돌아가게 된다.
② 공적부조의 현물급부와는 달리 현금급부에 의하게 되므로 개인의 소비선택이 존중된다.
③ 부의 소득세는 공적부조와 같이 신청한 사람에게만 적용하는 것이 아니고 모든 사람에게 보편적으로 적용하는 소득보장계획의 일종이다.
④ 부의 소득세제는 적용대상자에 대하여 공적부조와 같은 엄격한 가계조사를 거치지 않기 때문에 빈곤계층으로 하여금 별로 굴욕감을 느끼지 않고 급부금을 수령할 수 있게 한다.
⑤ 소득보장을 받는 절차가 복잡하지 않아 소득세제와 사회보장제도와의 통합이 가능하며, 또한 행정비용 절감의 효과도 기대할 수 있다.

---

148) J. Tobin, Joseph A. Pechman & M. Mieszkowski, "Is a Negative Income Tax practicable?" Yale Law Journal, November, 1967, pp.11~20.
149) 李泰魯, 「租稅法槪論」(조세통람사, 1995), p.123.
150) 柳漢晟, 「財政學 全訂版」(博英社, 1991), pp.529~530 : 金東建, 「現代財政學」(博英社, 1990), p.577.

⑥ 부의 소득세는 공적부조에 비하여 효율의 관점에서 상대적으로 우월한 측면이 있다. 즉 공적부조제도 아래에서는 소득이 최저한도에 미달하더라도 그 미달분을 정부가 보조해 주기 때문에 항상 최저한의 소득이 보장되어 근로의욕을 저해할 위험성이 있다. 그러나 부의 소득세제 아래에서는 과세최저한에 미달되는 금액이 일정금액이 아닌 일정비율(부의 세율)에 따라 급부되기 때문에 노동의 공급에 대한 저해적 요인이 감소된다.

2 부의 소득세의 난점

부의 소득세는 다음과 같은 난점 또는 문제점을 안고 있다.[151]

① 부의 소득세제를 효율적으로 집행하기 위해서는 소득보장액 또는 소득보상액, 한계세율 및 분기점소득의 크기를 결정하여야 하는데, 이와 같은 정책변수의 결정에 행정기술상의 어려움이 있다.

② 부의 소득세를 실시함에 있어서 과세최저한을 높게 되는 경우에는 막대한 재원이 소요되어 정의 소득세 징수액을 현저히 증대시키지 않으면 안된다.

③ 부의 소득세의 과세단위는 세대임에 비하여, 일반적인 소득세의 과세단위는 개인이라는 점에 문제가 있다. 이로 말미암아 세대의 분할이나 이혼 등과 같은 방법으로 부의 소득세를 적용받으려고 한다.

④ 현행 소득세법상의 소득개념으로는 부의 소득세 급부의 판정기준이 되는 소득을 모두 포괄하지 못하는 문제가 있다. 이에 관하여는 이미 전술하였다.

제4절 우리나라의 근로장려세제와 자녀장려세제

1 근로장려세제

우리나라는 2008년 1월 1일부터 부의 소득세의 변형된 형태로서 근로장려세제를 도입하여 시행하고 있다(조특법 부칙 1). 근로장려세제(Earned Income Tax Credit : EITC)는 차상위계층의 근로유인을 제고하고 실질소득을 지원함으로써 일을 통한 빈곤탈출을 유도하기 위한 세제상의 장치이다(조특법 100의 2).

---

151) 李載琳, 「財政學」(螢雪出版社, 1993), pp.543~544.

근로장려금은 소득세 과세기간 중에 사업소득이나 근로소득 또는 종교인소득이 있는 거주자로서 거주자(그 배우자를 포함한다)의 연간 총소득의 합계액이 일정금액(단독가구는 2천2백만원, 홑벌이 가구는 3천2백만원, 맞벌이 가구는 4천4백만원) 미만이며, 가구원이 소유하고 있는 토지·건물·자동차·예금 등 일정한 재산의 합계액(이하 가구원 재산의 합계액이라 한다)이 2억4,000만원 미만인 사업자[152] 또는 근로자[153] 가구를 대상으로 하여 적용하도록 하고 있다(조특법 100의 3 ①). 다만, 다음 중 어느 하나에 해당하는 거주자는 근로장려금을 신청할 수 없다(조특법 100의 3 ②).

① 해당 소득세 과세기간 종료일 현재 대한민국 국적을 보유하지 아니한 사람(대한민국 국적을 가진 사람과 혼인한 사람과 대한민국 국적의 제100조의 4 제1항에 따른 부양자녀가 있는 사람은 신청할 수 있다)

② 해당 소득세 과세기간 중 다른 거주자의 부양자녀인 자

근로장려금은 총급여액 등을 기준으로 다음의 구분에 따라 계산한 금액으로 한다(조특법 100의 5 ①).

첫째, 단독가구인 경우에는 총급여액 등이 400만원 미만인 경우에는 총급여액 등에 400분의 165를 곱한 금액을 근로장려금으로 하고, 총급여액 등이 400만원 이상 900만원 미만인 경우에는 165만원을 근로장려금으로 하며, 총급여액 등이 900만원 이상 2,200만원 미만인 경우에는 [165만원 − (총급여액 등 − 900만원) × 1,300분의 165]를 근로장려금으로 한다.

둘째, 홑벌이 가족가구인 경우에는 총급여액 등이 700만원 미만인 경우에는 총급여액 등에 700분의 285를 곱한 금액을 근로장려금으로 하고, 총급여액 등이 700만원 이상 1,400만원 미만인 경우에는 285만원을 근로장려금으로 하며, 총급여액 등이 1,400만원 이상 3,200만원 미만인 경우에는 [285만원 − (총급여액 등 − 1,400만원) × 1,800분의 285]를 근로장려금으로 한다.

셋째, 맞벌이 가족가구인 경우에는 총급여액 등이 800만원 미만인 경우에는 총급여액 등에 800분의 330을 곱한 금액을 근로장려금으로 하고, 총급여액 등이 800만원 이상 1,700만원 미만인 경우에는 330만원을 근로장려금으로 하며, 총급여액 등이 1,700만원 이상 4,400만원 미만인 경우에는 [330만원 − (총급여액 등 − 1,700만원) × 2,700분의 330]을 근로장려금으로 한다.

---

152) 사업자의 경우 비과세소득을 제외한 업종별 사업소득에 조정률을 곱한 금액을 기준으로 연간 총소득을 계산한다(조특령 100의 3 ①).
153) 전문직 사업자와 해당 소득세 과세기간 종료일 현재 상용근로자로서 월 평균 근로소득 500만원 이상인 자 제외(조특령 100의 2 ④ 1호, 2호)

위에서 단독가구란 배우자와 부양자녀가 없는 가구를 말하며, 홑벌이 가구란 배우자의 총급여액 등이 300만원 미만인 가구 또는 배우자 없이 부양자녀 또는 일정한 요건(직계존속 각각의 연간 소득금액의 합계액이 100만원 이하이고, 해당 소득세 과세기간 종료일 현재 주민등록표상의 동거가족으로서 해당 거주자의 주소나 거소에서 현실적으로 생계를 같이 하는 것을 말한다)을 갖춘 70세 이상의 직계존속(사망한 종전 배우자의 직계존속을 포함하고, 직계존속이 재혼한 경우에는 해당 직계존속의 배우자를 포함한다)이 있는 가구를 말하고, 맞벌이 가구란 배우자의 총급여액 등이 300만원 이상인 가구를 말한다(조특법 100의 3 ⑤).

2 자녀장려세제

2014년부터 도입된 자녀장려세제(CTC)는 저소득자의 자녀양육비를 지원하기 위한 세제상의 장치이다(조특법 100의 27).

자녀장려금은 소득세 과세기간 중에 사업소득이나 근로소득 또는 종교인소득이 있는 거주자로서, 부양자녀가 있어야 하고, 거주자(그 배우자를 포함한다)의 연간 총소득의 합계액이 7,000만원 미만이어야 하며, 가구원 재산의 합계액이 2억4,000만원 미만인 사업자 또는 근로자 가구를 대상으로 하여 적용하도록 하고 있다. 다만, 해당 소득세 과세기간 종료일 현재 대한민국 국적을 보유하지 아니한 거주자 또는 해당 소득세 과세기간 중 다른 거주자의 부양자녀인 거주자는 자녀장려금을 신청할 수 없다(조특법 100의 28).

자녀장려금은 총급여액 등을 기준으로 다음의 구분에 따라 계산한 금액으로 한다(조특법 100의 29).

첫째, 홑벌이 가구인 경우로서 총급여액 등이 2,100만원 미만인 경우에는 부양자녀의 수에 100만원을 곱한 금액을 자녀장려금으로 하며, 총급여액 등이 2,100만원 이상 7,000만원 미만인 경우에는 다음의 금액을 자녀장려금으로 한다.

자녀장려금 = 부양자녀의 수 × [100만원 − (총급여액 등 − 2,100만원) × 4,900분의 50]

둘째, 맞벌이 가구인 경우로서 총급여액 등이 2,500만원 미만인 경우에는 부양자녀의 수에 100만원을 곱한 금액을 자녀장려금으로 하며, 총급여액 등이 2,500만원 이상 7,000만원 미만인 경우에는 다음의 금액의 자녀장려금으로 한다.

자녀장려금 = 부양자녀의 수 × [100만원 − (총급여액 등 − 2,500만원) × 4,500분의 50]

이러한 자녀장려금을 받으려는 거주자는 종합소득과세표준 확정신고 기간에 자녀장려금 신청서에 자녀장려금 신청자격을 확인하기 위하여 필요한 대통령령으로 정하는 증거자료를 첨부하여 납세지 관할 세무서장에게 자녀장려금을 신청하여야 한다(조특법 100의 30 ①).

한편, 자녀장려금은 소득세법 제59조의 2에 따른 자녀세액공제와 중복하여 적용할 수 없다(조특법 100의 30 ②).

제2편

소득세법 총론

제1장

납세의무자

제1절 납세의무자의 의의

1 납세의무자의 의의

납세의무자(taxpayer, Steuerpflichtige)라 함은 세법에 따라 국세를 납부할 의무가 있는 자를 말한다. 납세의무가 성립하기 위해서는 납세의무자·과세물건·과세표준 및 세율 등과 같은 과세요건을 충족하여야 하는데, 납세의무자는 과세요건 중 인적 요건을 이룬다. 납세의무자는 자연인과 법인으로 구분할 수 있다. 이 밖에 법인 아닌 사단, 재단, 그 밖의 단체(이하에서 '법인 아닌 단체'라 한다)도 납세의무자가 될 수 있다.

소득세의 납세의무자는 자연인과 법인으로 보지 아니하는 법인 아닌 단체인데, 이를 개인이라고 부른다(소법 2). 소득세법은 소득세의 납세의무자인 개인을 다시 거주자와 비거주자로 구분하고 있다.

2 법인 아닌 단체와 소득세의 납세의무

조세법에서는 권리능력(또는 의무능력)이 없는 법인 아닌 단체에도 세부담의 공평성 등을 고려하여 납세의무를 지우고 있다. 법인 아닌 단체 중 법인 아닌 사단(nichtrechtsfähiger Verein)이란 그 실체가 사단임에도 불구하고 권리능력을 취득하지 못한 것을 의미한다. 즉 법인 아닌 사단이란 고유의 목적을 가지고 사단적 성격을 가지는 규약을 만들어 이에 근거하여 의사결정기관 및 집행기관인 대표자를 두는 등의 조직을 갖추고 있고, 기관의 의결이나 업무집행방법이 다수결의 원칙에 따라 행해지며, 구성원의 가입·탈퇴 등으로 인한 변경에 관계없이 단체 그 자체가 존속되고, 그 조직에 의하여 대표의 방법·총회나 이사회 등의 운영·자본의 구성·재산의 관리 그 밖에 단체로서의 주요사항이 확정되어 있는 단체를 말한다.[1] 그리고 법인 아닌 단체 중 법인 아닌 재단이란 재단법인의 실체가 되는 재단으로서의 실질을 갖추고 있으면서 권리능력을 취득하지 못한 것을 의미한다. 법인 아닌 사단이나 재단은 주로 비영리를 목적으로 하는 단체에서 찾아볼 수 있다.

이와 같은 법인 아닌 단체에 대해서는 단체성의 강약을 기준으로 하여 상대적으로 단체성이 짙은 법인 아닌 단체는 법인으로 의제하고, 그 밖의 법인 아닌 단체는 개인으로 취급한다.

가. 법인으로 보는 법인 아닌 단체

1) 당연의제법인

다음의 요건 중 어느 하나에 해당하는 것으로서 수익을 구성원에게 분배하지 아니하는 법인 아닌 단체는 법인으로 의제한다(기법 13 ①). 이를 당연의제법인이라고 부르기로 한다.

① 주무관청의 허가 또는 인가[2]를 받아 설립되거나 법령에 따라 주무관청에 등록한 사단, 재단, 그 밖의 단체로서 등기되지 아니한 것

법인 아닌 단체는 주로 비영리를 목적으로 하는 단체에서 흔하게 찾아볼 수 있는데, 비영리법인은 설립행위(사단법인은 정관의 작성, 재단법인은 재산의 출연과 정관의 작성)와 주무관청의 허가를 얻어 주된 사무소의 소재지에서 설립등기를 함으로써 비로소 성립하게 된다. 비영리를 목적으로 하는 사단 또는 재단의 경우에는 사단법인 또는 재단법인으로서의 설립행위를 거쳐야 함은 물론 주무관청의 허가(특별법에 의하여 인가를 받거나 법령에 의하여 주무관청에 등록하도록 되어 있는 때에는 그 인가 또는 등록을 필한 경우를 포함한다)를 얻어야만 당연의제법인으로 취급하는 것이다.

② 공익을 목적으로 출연된 기본재산이 있는 재단으로서 등기되지 아니한 것

공익을 목적으로 출연된 기본재산이 있는 재단의 경우에는 주무관청의 허가 등을 얻지 아니한 경우에도 법인으로 의제한다. 이 경우에는 설립행위만 있으면 당연히 법인으로 의제하게 되는 것이다. 앞에서 공익을 목적으로 하는 경우란 사회일반의 이익에 공여하기 위하여 학자금·장학금 또는 연구비의 보조나 지급, 학술이나 자선에 관한 사업을 목적으로 하는 경우를 가리킨다.

---

1) 대법원 1992.7.10. 선고, 92다2431 판결.
2) 대법원 2005.6.10. 선고, 2003두2656 판결.
   [판결요지] 구 주택건설촉진법에 의한 인가를 받아 설립된 주택조합은 이른바 비법인사단으로서 주택건설촉진법 제44조의 규정에 따라 관할구청장의 설립인가를 받아 설립되었고, 그 인가는 국세기본법 제13조 제1항 제1호 소정의 인가에 해당하므로 위 규정 소정의 '법인으로 보는 법인 아닌 단체'로서 비영리내국법인에 해당한다.

2) 승인의제법인

당연의제법인 외의 법인 아닌 단체라 하더라도 다음의 요건을 모두 갖추고 대표자 또는 관리인이 관할세무서장에게 법인으로 보는 단체로 신청하여 승인을 얻은 법인 아닌 단체도 법인으로 본다(기법 13 ②). 이를 승인의제법인이라고 부르기로 한다. 주로 단체로서의 실체를 갖춘 종교단체나 종중 등이 그 대상이 된다.

① 사단, 재단, 그 밖의 단체의 조직과 운영에 관한 규정을 가지고 대표자나 관리인을 선임하고 있을 것

② 사단, 재단, 그 밖의 단체 자신의 계산과 명의로 수익과 재산을 독립적으로 소유·관리할 것

③ 사단, 재단, 그 밖의 단체의 수익을 구성원에게 분배하지 아니할 것

관할세무서장으로부터 법인으로 보는 단체의 승인을 받은 경우에는 그 승인을 받은 날이 속하는 과세기간과 그 과세기간이 끝난 날부터 3년이 되는 날이 속하는 과세기간까지는 거주자 또는 비거주자로 변경할 수 없다. 다만, 승인요건을 갖추지 못하여 승인취소를 받은 경우에는 예외로 한다(기법 13 ③).

나. 거주자 등으로 보는 법인 아닌 사단 등

국세기본법 제13조 제1항에 따른 법인 아닌 단체 중 같은 조 제4항에 따른 법인으로 보는 단체(이하 '법인으로 보는 단체'라 한다) 외의 법인 아닌 단체는 국내에 주사무소 또는 사업의 실질적 관리장소를 둔 경우에는 1거주자로, 그 밖의 경우에는 1비거주자로 본다. 다만, 다음 중 어느 하나에 해당하는 경우에는 소득구분에 따라 해당 단체의 각 구성원별로 소득세법 또는 법인세법에 따라 소득에 대한 소득세 또는 법인세[해당 구성원이 법인세법에 따른 법인(법인으로 보는 단체를 포함한다)인 경우로 한정한다]를 납부할 의무를 진다(소법 2 ③).

① 구성원 간 이익의 분배비율이 정하여져 있고 해당 구성원별로 이익의 분배비율이 확인되는 경우

② 구성원 간 이익의 분배비율이 정하여져 있지 아니하나 사실상 구성원별로 이익이 분배되는 것으로 확인되는 경우

다만, 해당 단체의 전체 구성원 중 일부 구성원의 분배비율만 확인되거나 일부 구성원에게만 이익이 분배되는 것으로 확인되는 경우에는 확인되는 부분에 대하여는 해당 구성원별로 소득세 또는 법인세를 납부할 의무를 지고, 확인되지 아니하는 부분에 대하여는 해당

단체를 1거주자 또는 1비거주자로 보아 소득세를 납부할 의무를 진다(소법 2 ④).

한편, 법인으로 보는 단체 외의 법인 아닌 단체에 해당하는 국외투자기구(투자권유를 하여 모은 금전 등을 가지고 재산적 가치가 있는 투자대상자산을 취득, 처분하거나 그 밖의 방법으로 운용하고 그 결과를 투자자에게 배분하여 귀속시키는 투자행위를 하는 기구로서 국외에서 설립된 기구를 말한다)를 국내원천소득의 실질귀속자로 보는 경우 그 국외투자기구는 1비거주자로서 소득세를 납부할 의무를 진다(소법 2 ⑤).

위에서 1거주자 또는 1비거주에 해당하는 법인 아닌 단체는 살아 숨쉬는 자연인이 아니므로 의식주와 같은 생존을 위한 비용을 지출할 필요가 없다. 그러므로 그 소득세의 과세표준을 산정할 경우 종합소득공제의 적용을 배제하도록 하고 있다.

3 조합과 소득세의 납세의무

가. 조합의 개념

동일한 목적을 위하여 결합된 사람의 단체에는 사단과 조합의 두 유형이 있다. 사단과 조합은 그 구성원들이 동일한 목적을 갖고 공동의 사업을 경영한다는 점에서는 유사성을 갖는다.

조합(partnership, Gesellschaft)은 2인 이상의 특정인이 서로 출자하여 공동사업을 경영할 목적으로 결합한 단체를 가리킨다. 조합에 대하여는 법인격을 부여하고 있지 않다.

농업협동조합·수산업협동조합·임업협동조합·엽연초생산협동조합·중소기업협동조합·신용협동조합·대한염업조합 및 노동조합 등은 조합이라는 명칭을 사용하더라도 조합이 아니고 법인임에 유의하여야 한다.

조합의 성격을 살펴보면 다음과 같다.

① 공동사업의 종류나 성질에 제한이 없다. 영리적인 것이든 또는 비영리적인 것이든, 그 사업이 계속적인 것이든 또는 일시적인 것이든 상관이 없다.

② 조합원은 출자의무를 부담하는데, 출자의 종류나 성질에는 제한이 없다. 즉 출자는 반드시 금전으로만 하여야 하는 것은 아니며, 그 밖의 물건·물권·무체재산권·채권은 물론이고 노무·상호·신용 등도 출자의 목적물이 된다(민법 703 ②).

③ 각 조합원은 업무집행권을 갖는다. 그리고 조합이 외부의 제3자와 법률행위를 하는 때에는 조합 자신의 이름으로서가 아니고 언제나 조합원 전원의 이름으로 하여야 한다.

④ 조합은 그 자신의 고유의 재산, 즉 조합재산(Gesellschaftsvermögen)을 가질 수 있다. 조합재산의 소유관계는 합유(合有 : Eigentum zur gesamten Hand)로 한다(민법 704).

⑤ 조합의 사업으로 인하여 생기는 이익과 손실은 각 조합원에게 돌아가게 된다. 손익분배의 비율은 조합계약에서 정한 바에 의하되, 만일 해당 계약에서 손익분배의 비율을 약정하지 않은 경우에는 각 조합원의 출자가액에 비례하여 정하여진다(민법 711 ①).

⑥ 조합의 채무에 대하여는 각 조합원이 그의 개인재산으로 책임을 지는 외에 조합원 전원이 조합재산을 가지고 공동으로 책임을 진다.

나. 법인과의 구별

1) 법인의 개념

법인세법에서는 법인세의 납세의무자인 법인에 대하여 별도의 정의규정을 두고 있지 않다.

법인(juristische Person)이란 자연인이 아니면서 권리능력이 인정된 법적 주체이다. 현행법상으로는 일정한 목적과 조직하에 결합한 사람의 집단(사단)과 일정한 목적에 바쳐진 재산의 집단(재단)이라는 실체에 대하여 법인격을 부여할 수 있도록 하고 있다. 법인격이 부여된 사단을 사단법인(Verein)이라고 하고, 법인격이 부여된 재단을 재단법인(Stiftung)이라고 한다.

법인은 법률의 규정에 의하지 않고서는 성립할 수 없다(민법 31). 법인의 설립에 관한 근거법률로서는 민법 및 상법을 비롯하여 사립학교법·의료법·은행법·한국은행법·한국산업은행법 등이 있다.

어떤 단체가 법인세법상의 법인에 해당하는지는 그 단체의 성격이나 실체 등을 고려하여 판단하는 것이 아니고 그 단체의 설립에 준거가 된 법률에서 요구하고 있는 법인의 성립요건을 충족하는지의 여부에 따라서 판단한다. 우리나라는 법인설립에 관하여 준칙주의·허가주의·인가주의·특허주의 또는 강제주의를 채택하고 있는데, 어떤 입법주의를 취하든 그 준거가 되는 법률의 규정에 따라 법인격을 취득하여야만 법인세법상 법인으로 취급한다.

2) 법인과의 구별

법인과 조합과의 구별문제는 사단법인 또는 사단과 조합과의 구별문제이다. 이하에서 사단과 조합의 차이점에 관하여 살펴보기로 한다.[3]

---

3) 대법원 1992.7.10. 선고, 92다2431 판결.
   [판결요지] 민법상의 조합과 법인격은 없으나 사단성이 인정되는 비법인사단을 구별함에 있어서는 일반적으로 그 단체성의 강약을 기준으로 판단하여야 하는 바, 조합은 2인 이상이 상호간에 금전 기타 재산 또는 노무

① 사단이란 다수의 사람들이 공동목적의 사업을 영위하기 위해서 결성된 인적 단체로서 설립등기에 따라 법인격을 취득하면 사단법인이 되지만, 그렇지 않은 경우에는 법인격 없는 사단으로 남는다. 이에 반하여 조합은 다수의 조합원이 서로 출자하여 공동사업을 경영할 것을 약정함에 따라 생기는 조합원 사이의 법률관계로서 조합에게 법인격을 부여하고 있지 않다.

그러나 어떤 단체에게 법인격을 부여할 것인가는 입법정책상의 문제라고 하겠다.[4]

② 사단은 그 구성원과는 별개의 법적 주체로서 존재한다. 즉 사단은 통일적인 조직과 기관을 가지고 그 기관이 업무를 수행하게 된다. 그리고 그 기관의 행위는 사단 자신의 행위로 되기 때문에 그 기관의 행위의 효과는 모두 사단 자체에 귀속하게 되는 것이다. 그러나 조합은 단순한 조합원의 집합체로서 모든 행위는 전원이 참가하여 전원의 이름으로 행하게 된다. 그리고 그 법률효과는 각 조합원에게 귀속하는 것이다.

③ 사단의 구성원은 총회라는 단체의 의사결정기관을 통하여 다수결의 원리에 따라서 단체의 운영에 참가하게 된다. 그러나 조합에서는 조합원 각자가 직접 단체의 운영에 참여할 권한을 갖는다.

④ 사단의 재산은 사단 자체에 귀속한다. 그리고 구성원은 정관이 정하는 바에 따라 사단의 재산으로부터 이익을 얻으며, 사단의 채무에 대하여는 출자 등을 한도로 하여 유한책임을 진다. 이에 대하여 조합의 재산은 모두 각 조합원의 소유(단체적 구속을 받는 합유)이다. 그리고 조합의 부채는 각 조합원의 부채이기 때문에 조합원으로서 소유하는 조합재산 외에 각자의 개인재산으로 책임을 져야 한다. 즉 무한책임을 부담하는 것이다.

를 출자하여 공동사업을 경영할 것을 약정하는 계약관계에 의하여 성립하므로(민법 제703조) 어느 정도 단체성에서 오는 제약을 받게 되는 것이지만 구성원의 개인성이 강하게 드러나는 인적 결합체인 데 비하여 비법인사단은 구성원의 개인성과는 별개로 권리의무의 주체가 될 수 있는 독자적 존재로서의 단체적 조직을 가지는 특성이 있다 하겠는데 민법상 조합의 명칭을 가지고 있는 단체라 하더라도 고유의 목적을 가지고 사단적 성격을 가지는 규약을 만들어 이에 근거하여 의사결정기관 및 집행기관인 대표자를 두는 등의 조직을 갖추고 있고, 기관의 의결이나 업무집행방법이 다수결의 원칙에 의하여 행해지며, 구성원의 가입, 탈퇴 등으로 인한 변경에 관계없이 단체 그 자체가 존속되고, 그 조직에 의하여 대표의 방법, 총회나 이사회 등의 운영, 자본의 구성, 재산의 관리 기타 단체로서의 주요사항이 확정되어 있는 경우에는 비법인사단으로서의 실체를 가진다고 할 것이다.

4) 郭潤直, 「債權各論」(博英社), 1997, p.519.

다. 조합에 대한 소득세법상의 취급

소득세법은 조합을 조합원의 소득도관(所得導管 : income conduit)으로 이해한다. 따라서 조합이 소득을 얻은 경우에도 조합 자체는 소득세의 납세의무를 지지 않고 조합단위로 계산한 과세소득금액을 손익분배의 비율에 따라 각 조합원에게 배분하여 각자에게 소득세 납세의무를 지우는 것이다. 다만, 과세소득금액의 계산에 있어서의 편의를 고려하여 조합을 소득금액의 계산단위, 즉 과세소득 산정의 주체로 하고 있다. 조합단위로 과세소득금액을 계산할 때 그 조합의 사업장(공동사업장)을 1거주자로 의제하여 소득금액을 계산하도록 하고 있다(소법 43).

이와 같이 계산한 조합단위의 과세소득금액은 해당 이익을 조합원에게 실제로 분배하였는지의 여부와는 관계없이 조합원의 손익분배비율에 따라 각 조합원별로 배분하고, 이와 같이 배분된 과세소득금액과 그 밖의 다른 종합소득금액을 합산하여 각 조합원별 종합소득금액을 계산한다. 이에 관하여는 소득금액의 계산특례에서 자세히 서술하고자 한다.

한편, 조합이 조세특례제한법 제100조의 17에 따라 동업기업과세특례의 적용신청을 한 경우에는 해당 동업기업 및 그 동업자에 대하여는 소득세법의 규정에 우선하여 조세특례제한법 제10절의 3 동업기업에 대한 조세특례규정(제100조의 14부터 제100조의 26까지)을 적용한다.

제2절　납세의무자의 구별

1　거주자와 비거주자의 개념

소득세법은 납세의무자인 개인을 거주자와 비거주자로 구분하고, 이에 따라 과세소득의 범위와 과세방법 등에 차이를 두고 있다(소법 2 ①). 거주자(residents)란 국내에 주소를 두거나 183일 이상의 거소를 둔 개인(계속하여 183일 이상 거소를 둔 경우 포함)을 가리킨다(소법 1의 2 ①Ⅰ). 앞에서 국내란 대한민국의 영역을 가리키는데, 대륙붕[5]을 포함한다.

대한민국의 영토는 한반도와 그 부속도서(헌법 3)이므로 휴전선 북방지역도 당연히 국내

---

5) 소득세법 제120조 제2항 제6호에서 "⋯⋯국제법에 따라 우리나라가 영해 밖에서 주권을 행사하는 지역으로서 우리나라의 연안에 인접한 해저지역의 해상과 하층토에 있는 것을 포함한다"라고 규정하여 대륙붕이 국내에 포함됨을 명시하고 있다.

의 범위에 포함되는 것이지만, 이 지역(미수복지구)에서는 우리나라의 과세권이 실효적으로 행사되지 못하고 있을 뿐이다. 그리고 비거주자(non-residents)란 거주자가 아닌 개인을 말한다(소법 1의 2 ① Ⅱ).

2 거주자와 비거주자의 구별기준

거주자와 비거주자의 구별기준은 국가마다 다소 상이하다. 국적[6] · 본적 · 주소지 · 거주지 또는 체재지 등이 그 기준으로 제시되고 있다.

우리나라에서의 거주자와 비거주자의 구별은 주소지주의(Wohnsitzprinzip)에 따른다. 즉 납세의무자의 국적과는 관계없이 국내에 주소 또는 183일 이상 거소를 두고 있는지의 여부에 따라 거주자와 비거주자를 구별하는 것이다. 따라서 외국인이라고 하더라도 국내에 183일 이상 거소를 두고 있는 경우에는 거주자에 해당하는 것이다.

가. 주소와 거소의 개념

주소라 함은 생활의 근거가 되는 곳을 말하며(민법 18), 거소(居所)란 주소지 외의 장소 중 상당기간에 걸쳐 거주하는 장소로서 주소와 같이 밀접한 일반적 생활관계가 형성되지 아니한 장소로 한다(소령 2 ②). 이와 같은 주소 등은 국내에서 생계를 같이 하는 가족 및 국내에 소재하는 자산의 유무 등 생활관계의 객관적 사실에 따라 판정한다(소령 2 ①).[7] 즉 주소는 실질주의 및 객관주의에 따라 판정하는데, 국내에서 생계를 같이 하는 가족이나 국내에 소재하는 자산의 유무 등 생활관계의 객관적 사실에 따라 종합적으로 고려하여 판단한다. 그러나 실제에 있어서는 주민등록법에 따라 거주지로 등록한 장소(주민등록지)를 주소 등으로 보는 경우가 일반적이라고 하겠다.[8]

다음으로 국내에 거주하는 개인이 계속하여 183일 이상 국내에 거주할 것을 통상 필요로 하는 직업을 가진 때, 국내에 생계를 같이 하는 가족이 있고 그 직업 및 자산상태에 비추어 계속하여 183일 이상 국내에 거주할 것으로 인정되는 때에는 국내에 주소를 가진 것으로

---

6) 미국은 국적기준을 도입하여 미국국민과 거주외국인(resident alien)에게는 전세계소득에 대하여 무제한납세 의무를 지우며, 비거주외국인(nonresident alien)에 대하여는 국내원천소득에 대하여 제한적인 납세의무를 지우도록 하고 있다.

7) 원고가 미합중국으로 이민하여 그 나라의 영주권을 가지고 있기는 하나 연중 201일에서 330일까지 국내에 거주하면서 부동산거래를 하는 등의 행적을 볼 때 비거주자라고 할 수 없다(대법원 1991.9.10. 선고, 91누4799 판결).

8) 주민등록법은 제23조에서 "다른 법률에 특별한 규정이 없는 한 이 법에 의한 주민등록지를 공법관계에 있어서의 주소로 한다"라고 규정하고 있다.

본다(소령 2 ③).[9] 그리고 외국국적을 가졌거나 외국법령에 따라 그 외국의 영주권을 얻은 자가 국내에 생계를 같이 하는 가족이 없고 그 직업 및 자산상태에 비추어 다시 입국하여 주로 국내에 거주하리라고 인정할 수 없는 때에는 국내에 주소가 없는 것으로 보아야 한다 (소령 2 ④).

나. 공무원 등의 특례

1) 공무원 등의 특례

국외에서 근무하는 공무원 또는 거주자나 내국법인의 국외사업장 또는 해외현지법인 (내국법인이 발행주식총수 또는 출자지분의 100%를 직접 또는 간접 출자한 경우에 한정한다) 등에 파견된 임원 또는 직원은 계속하여 183일 이상 국외에 거주할 것을 통상 필요로 하는 직업을 가진 때에도 거주자로 본다(소령 3). 즉 내국법인의 국외사업 장이나 해외현지법인에 파견된 경우에 해당하여야 하기 때문에 고용계약상의 고용자 가 내국법인이어야 한다. 따라서, 내국법인에서 사직을 하고 해외현지법인에 다시 취 업한 경우에는 파견된 것이 아니기 때문에 거주자로 볼 수 없다고 할 것이다.[10]

이에 비하여 주한외교관과 그 외교관의 세대에 속하는 가족(대한민국 국민은 제외한 다), 한미행정협정(대한민국과 아메리카합중국간의 상호방위조약 제4조에 의한 시설 과 구역 및 대한민국에서 합중국 군대의 지위에 관한 협정) 제1조에 규정한 아메리카 합중국 군대의 구성원·군무원 및 그 가족(합중국의 소득세를 회피할 목적으로 국내 에 주소가 있다고 신고한 경우에는 예외)은 국내에 주소가 있는지의 여부 및 거주기 간의 장단에 관계없이 비거주자로 본다(소기통 1-0…3).

2) 외국항행선박 또는 항공기의 승무원의 특례

외국을 항행하는 선박 또는 항공기의 승무원의 경우에는 그 승무원과 생계를 같이 하 는 가족이 거주하는 장소 또는 그 승무원이 근무기간 외의 기간 중 통상 체재하는 장소 가 국내에 있는 때에는 해당 승무원의 주소는 국내에 있는 것으로 본다. 그러나 생계를 같이 하는 가족이 거주하는 장소 또는 그 승무원이 근무기간 외의 기간 중 통상 체재하 는 장소가 국외에 있는 때에는 그 국외에 주소가 있는 것으로 보아야 한다(소령 2 ⑤).

---

9) 국내에서 장기간 체류하면서 소득세를 납부한 사실, 4회에 걸쳐 부동산을 취득한 사실, 미국의 소득세를 신고 하면서 주지지를 서울로 기재한 사실 등으로 보아 원고는 내국법인의 대표이사로서 계속하여 1년 이상 국내 에 거주할 것을 필요로 하는 직업을 가진 때에 해당한다(대법원 20010.3.25. 선고, 2009두22645 판결).

10) 대법원 2011.4.28. 선고, 2010두15056 판결.

다. 거주기간의 계산

국내에 거소를 둔 기간은 입국한 날의 다음 날부터 출국하는 날까지로 한다. 국내에 거소를 둔 기간이 한 과세기간 동안 183일 이상이거나 2과세기간에 걸쳐 계속하여 183일 이상인 때에는 국내에 183일 이상 거소를 둔 것으로 본다. 한편, 국내에 거소를 두고 있던 개인이 출국한 후 다시 입국한 경우로서 생계를 같이하는 가족의 거주지나 자산소재지 등에 비추어 그 출국 목적이 관광, 질병의 치료 등으로서 명백하게 일시적인 것으로 인정되는 때에는 그 출국한 기간도 국내에 거소를 둔 기간으로 본다. 명백하게 일시적인 것으로 인정되는 때는 관광, 질병 치료, 친지방문 등 개인적인 사유, 출장, 연수 등 직업 · 사업과 관련된 사유, 그 밖에 이에 준하는 사유를 말한다. 다만, 재외동포의 원활한 국내방문과 비사업목적의 일시적인 체류와 관련된 민원을 해소하기 위하여 재외동포의 입국목적이 관광이나 질병치료 등 비사업목적으로서 명백하게 일시적인 경우에는 그 입국기간은 거주기간에서 제외한다(소령 4).

라. 거주자 또는 비거주자로 보는 시기

비거주자가 국내에 주소를 두거나 183일 이상 거소를 둔 경우에는 국내에 주소를 둔 날 또는 국내에 거소를 둔 기간이 183일이 되는 날부터 거주자로 본다. 한편, 거주자가 주소 또는 거소의 국외이전을 위하여 출국하는 경우에는 그 출국하는 날의 다음 날부터, 국내에 주소가 없거나 국외에 주소가 있는 것으로 보는 사유가 발생한 경우에는 사유발생일의 다음 날부터 비거주자가 된다(소령 2의 2).

3 거주자와 비거주자의 구별 필요성

가. 과세소득의 범위

거주자는 소득세법에서 정하고 있는 모든 소득에 대하여 무제한 납세의무(unlimited tax liability, unbeschränkter Steuerpflicht)를 진다. 즉 거주자는 종합소득(이자소득 · 배당소득 · 사업소득 · 근로소득 · 연금소득 · 기타소득) · 퇴직소득 및 양도소득에 대하여 그 소득 발생지에 관계없이 전세계소득(world-wide income, Welteinkommen)에 대하여 무제한 납세의무를 진다. 이와 같이 거주자에 대하여 무제한 납세의무를 지우는 것은 거주지국과 세원칙(residence principle)에 바탕을 둔 것이다.

이에 비하여 비거주자는 국내원천소득(inlandsradizierte Einkünfte), 즉 국내에 원천을 갖는 소득에 한정하여 제한납세의무(limited tax liability, beschränkter Steuerpflicht)를 진다. 즉 비거주자는 원천지국과세원칙(source principle, Ursprungsprinzip)에 따라 국내에서 발생하는 이자소득 · 배당소득 · 부동산임대소득 · 선박 등의 임대소득 · 사업소득 · 인적용역소득 · 근로소득 · 퇴직소득 · 양도소득 · 사용료소득 · 주식양도소득 및 기타소득에 한정하여 제한적인 납세의무를 지는 것이다. 그러므로 비거주자에 있어서는 그 소득발생의 원천지가 국외인 국외원천소득에 대해서는 소득세를 과세할 수 없다.

이와 같이 거주자와 비거주자의 구별에 따라 과세대상이 되는 소득의 범위에 차이가 있다.

나. 과세방법

거주자에 대해서는 원칙적으로 종합소득 · 퇴직소득 및 양도소득으로 구분하고, 해당 소득별로 종합하여 과세한다. 그러나 거주자라 하더라도 해당 과세기간 종료일 10년 전부터 국내에 주소나 거소를 둔 기간의 합계가 5년 이하인 외국인 거주자는 과세대상소득 중 국외원천소득의 경우 국내에서 지급되거나 국내로 송금된 소득에 대해서만 과세한다(소법 3 ①). 이는 우수한 외국인력의 국내 근무를 세제상 지원하기 위한 규정이다.

다음으로 비거주자는 국내사업장의 설치 여부 또는 국내원천소득 중 부동산임대소득의 발생 유무에 따라 종합과세하거나 분리과세한다. 즉 국내에 사업장이 있거나 국내원천소득 중 부동산임대소득이 있는 비거주자는 국내원천소득 중 퇴직소득 및 양도소득 외의 그 밖의 국내원천소득(국내사업장과 실질적으로 관련되지 아니하거나 그 국내사업장에 귀속되지 아니하는 소득금액에 해당하여 특례세율에 의하여 원천징수되는 소득을 제외한다)에 대해서는 종합과세한다. 그리고 퇴직소득 및 양도소득은 거주자와 같은 방법으로 과세한다.

그러나 국내에 사업장이 없을 뿐만 아니라 국내원천소득 중 부동산임대소득이 없는 비거주자는 국내원천소득 중 퇴직소득 및 양도소득 외의 그 밖의 국내원천소득에 대해서는 해당 소득별로 분리과세한다. 그리고 퇴직소득 및 양도소득은 거주자와 같은 방법으로 과세한다.

그리고 거주자와 비거주자 사이에는 소득금액의 계산 및 종합소득공제의 범위에 차이가 있다. 이에 관하여는 제5편의 "비거주자의 납세의무"에서 구체적으로 다루기로 한다.

이와 같이 거주자와 비거주자의 구별에 따라 소득세의 과세방법에 차이가 있는 것이다.

제3절 소득의 귀속

1 소득의 귀속과 실질소득자과세의 원칙

소득세의 납세의무자를 판정함에 있어서는 실질소득자과세의 원칙에 따라야 한다(기법 14 ①). 즉 소득의 귀속이 명의일 뿐이고 사실상의 귀속자가 따로 있는 경우에는 그 사실상의 귀속자를 납세의무자로 하여 소득세를 부과하여야 하는 것이다. 이와 같은 실질소득자과세의 원칙은 귀속에 관한 실질과세의 원칙의 소득과세에 있어서의 구체적인 표현이다.

2 신탁소득의 귀속

신탁소득에 대한 과세와 관련하여 소득세법은 신탁을 독립된 납세주체로 보지 않고 단순한 소득의 도관(conduit)으로 보아 실질적으로 해당 소득이 귀속하는 수익자 등에게 소득세를 과세하도록 규정하고 있다.

신탁재산에 귀속되는 소득은 그 신탁의 이익을 받을 수익자(수익자가 사망하는 경우에는 그 상속인)에게 귀속되는 것으로 본다(소법 2의 3 ①). 신탁이란 위탁자와 수탁자 간의 신임관계에 기하여 위탁자가 수탁자에게 특정의 재산(영업이나 저작재산권의 일부를 포함한다)을 이전하거나 담보권의 설정 또는 그 밖의 처분을 하고 수탁자로 하여금 수익자의 이익 또는 특정의 목적을 위하여 그 재산의 관리, 처분, 운용, 개발, 그 밖에 신탁 목적의 달성을 위하여 필요한 행위를 하게 하는 법률관계를 말한다(신탁법 2). 신탁재산의 소유권은 수탁자에게 이전되기 때문에 신탁재산으로부터 생기는 소득도 법률상의 외관으로는 엄연히 수탁자에게 귀속되는 것이다. 그러나 수탁자는 법적 외관과는 달리 단순히 신탁재산을 관리하는 지위에 있을 뿐이고 그 신탁재산에 속하는 이득을 실제로 향수하는 자는 신탁계약상의 수익자인 것이다. 따라서 신탁재산에 귀속하는 소득의 실질상의 귀속자인 수익자에게 해당 소득이 귀속되는 것으로 보는 것이다. 실질소득자과세의 원칙을 구체적으로 확인하고 있는 규정이라고 하겠다.

그러나 다음 중 어느 하나에 해당하는 요건을 충족하는 신탁의 경우에는 그 신탁재산에 귀속되는 소득은 위탁자에게 귀속되는 것으로 본다(소법 2의 3 ②, 소령 4의 2 ④). 이 경우 수익자의 특정 여부 또는 존재 여부의 판정은 신탁재산과 관련되는 수입 및 지출이 있는 때의 상황에 따른다(소령 4의 2 ②).

① 위탁자가 신탁을 해지할 수 있는 권리, 수익자를 지정하거나 변경할 수 있는 권리, 신

탁 종료 후 잔여재산을 귀속 받을 권리를 보유하는 등 신탁재산을 실질적으로 지배·통제할 것

② 신탁재산 원본을 받을 권리에 대한 수익자는 위탁자로, 수익을 받을 권리에 대한 수익자는 그 배우자 또는 같은 주소 또는 거소에서 생계를 같이 하는 직계존비속(배우자의 직계존비속을 포함한다)으로 설정했을 것

다음으로 신탁업을 경영하는 자는 각 과세기간의 소득금액을 계산할 때 신탁재산에 귀속되는 소득과 그 밖의 소득을 구분하여 경리하여야 한다(소령 4의 2 ①).

3 채권 등에서 발생한 이자 등의 귀속

거주자가 채권 등의 발행법인으로부터 해당 채권 등에서 발생하는 이자 또는 할인액을 지급[전환사채의 주식전환, 교환사채의 주식교환 및 신주인수권부사채의 신주인수권행사(신주 발행대금을 해당 신주인수권부 사채로 납입하는 경우만 해당한다)의 경우를 포함한다]받거나 해당 채권 등을 매도(증여·변제 및 출자 등으로 채권 등의 소유권 또는 이자소득의 수급권의 변동이 있는 경우와 매도를 위탁하거나 중개 또는 알선시키는 경우를 포함한다)하는 경우에는 거주자에게 그 보유기간별로 귀속되는 이자 등 상당액을 해당 거주자의 이자소득으로 보아 소득금액을 계산한다(소법 46 ①). 이 경우 해당 거주자가 해당 채권 등을 보유한 기간을 입증하지 못하면 원천징수기간의 이자 등 상당액이 해당 거주자에게 귀속되는 것으로 보아 소득금액을 계산한다(소법 46 ②).

제2장

납세의무의 범위

제1절 서 론

소득세의 납세의무자는 원칙적으로 과세소득이 귀속하는 자연인 또는 법인 아닌 사단 등 (이하 '개인'이라 한다)이다. 즉 과세소득이 귀속하는 개인은 자기에게 귀속하였거나 귀속 할 것이 확정된 소득금액에 대하여 소득세의 납세의무를 부담한다(소법 2 ①).

소득세법 제2조의 2에서는 소득세 납세의무의 범위와 관련하여 공동사업의 소득금액에 대한 거주자별 납세의무(제1항) 및 증여거래의 부인에 따른 수증자의 연대납세의무(제4 항)와 같은 특례사항을 정하고 있다. 그리고 피상속인의 소득금액에 대한 납세의무의 승 계와 관련하여 국세기본법 제24조의 내용을 확인함(제2항)과 아울러 분리과세소득에 대한 완납적 원천징수에 있어서의 소득세 납세의무자가 소득자임을 확인하는 규정(제5항)을 두 고 있다.

제2절 공동사업의 소득금액에 대한 납세의무

1 공동사업의 개념

공동사업에서 발생하는 소득금액에 대하여는 해당 공동사업자별로 납세의무를 진다. 다 만, 주된 공동사업자에게 합산과세되는 경우 그 합산과세되는 소득금액에 대해서는 주된 공동사업자의 특수관계인은 손익분배비율에 해당하는 그의 소득금액을 한도로 주된 공동 사업자와 연대하여 납세의무를 진다(소법 2의 2 ①).

위에서 공동사업이라 함은 사업소득이 발생하는 사업을 공동으로 경영하고 그 손익을 분 배하는 사업(경영에 참여하지 아니하고 출자만 하는 출자공동사업자가 있는 공동사업을 포함한다)을 말한다. 이와 같은 공동사업에는 민법상의 조합계약에 따라 영위하는 공동사업은 물론이고 개인간의 공동사업으로 보는 법인 아닌 단체가 영위하는 공동사업까지 포함한다. 그리고 공동사업에는 2인 이상이 공동으로 사업을 경영하여 이익을 분배하기로 약정하였으나 외부적으로는 그 중 1인의 이름으로 활동하는 비전형조합인 내적조합[11]과 당사자의 일방이 상대방의 영업을 위하여 출자하고 상대방은 그 영업으로 인한 이익을 분배하는 상법상의 익명조합을 포함한다.

2 공동사업의 소득금액에 대한 납세의무

거주자가 공동으로 사업을 경영하는 경우 그 공동사업의 경영에 따른 소득세는 그 손익분배비율에 따라 분배되었거나 분배될 소득금액에 따라 해당 공동사업자별로 납세의무를 부담한다(소법 2의 2 ①). 이 규정은 국세기본법 제25조(공유물 및 공동사업 등에 관한 연대납세의무)에 대한 특례규정이다. 즉 공유물·공동사업 또는 해당 공동사업에 속하는 재산에 관계되는 국세와 강제징수비는 그 공유자 또는 공동사업자가 연대납세의무를 지지만, 소득세의 경우에는 공동사업자별로 그에게 분배되었거나 분배될 소득금액에 따라 각각 소득세 납세의무를 진다. 그러므로 공동사업 등에서 발생한 소득에 대한 소득세에 있어서는 공유물·공동사업 또는 해당 공동사업에 속하는 재산에 관계되는 국세와 강제징수비의 연대납세의무에 관한 국세기본법 제25조의 적용이 없다.[12]

그러나 생계를 같이하는 가족간 공동사업의 소득금액을 그 소득분배비율이 큰 조합원(이하에서 '주된 공동사업자'라고 부르기로 한다)의 소득금액으로 보아 소득세를 과세하는 경우(소법 43 ③)에 그 합산과세되는 소득금액에 대하여는 주된 공동사업자의 특수관계인은 손익분배비율에 해당하는 그의 소득금액을 한도로 하여 주된 공동사업자와 연대하여 소득세 납세의무를 진다(소법 2의 2 ① 단서).

---

11) 대법원 1995.11.10. 선고, 94누8824 판결.
12) 대법원 1995.4.11. 선고, 94누13152 판결.

제**3**절 피상속인의 소득금액에 대한 납세의무

① 거주자가 과세기간 중에 사망함으로써 상속이 개시된 경우에 피상속인의 소득금액에 대해서 과세하는 경우 그 상속인이 납세의무를 진다(소법 2의 2 ②). 상속으로 인한 납세의무의 승계를 규율하고 있는 국세기본법 제24조를 구체화한 규정이다. 즉 상속이 개시된 때에 그 상속인(수유자를 포함한다) 또는 민법 제1053조에 규정하는 상속재산관리인은 피상속인에게 부과되거나 그 피상속인이 납부할 국세 및 강제징수비를 상속으로 인하여 얻은 재산을 한도로 하여 납부할 의무를 지는데(국기법 24 ①), 소득세법 제2조의 2 제2항은 이와 같은 상속으로 인한 납세의무의 승계 중 소득세의 승계에 관하여 확인하고 있는 규정인 것이다.

② 거주자가 과세기간 중에 사망한 때에는 해당 연도의 1월 1일부터 사망일까지가 과세기간이 된다. 앞의 과세기간 중에 발생한 피상속인의 소득금액에 대하여는 그 상속인이 납세의무를 지는 것이다. 이 경우 피상속인의 소득금액에 대한 소득세로서 상속인에게 과세할 것과 상속인의 소득금액에 대한 소득세는 구분하여 계산하여야 한다(소법 44 ①). 즉 상속인의 본래 자기의 소득금액과 피상속인의 소득금액을 합산하여 소득세를 산정하는 것이 아니고, 이를 구분하여 각각 소득세를 산정하여야 하는 것이다. 다만, 연금계좌의 가입자가 사망하였으나 그 배우자가 연금외수령 없이 해당 연금계좌를 상속으로 승계하는 경우에는 해당 연금계좌에 있는 피상속인의 소득금액은 상속인의 소득금액으로 보아 소득세를 계산한다(소법 44 ②).

한편, 피상속인의 소득금액에서 종합소득공제ㆍ퇴직소득공제 또는 양도소득기본공제를 빼서 과세표준을 계산하고 여기에 세율을 적용하여 산출세액을 계산한다. 특히 해당 연도의 중도에 사망한 거주자의 공제대상가족이면서 동시에 상속인 등 다른 거주자의 공제대상가족에 해당하는 자에 대하여는 피상속인의 공제대상가족으로 하여 종합소득공제를 적용하도록 하고 있다(소령 106 ③).

③ 상속인이 2인 이상인 경우에는 피상속인의 소득금액을 상속지분에 따라 상속인별로 배분하여 각 상속인별로 소득세를 계산하는 것이 아니고, 피상속인의 소득금액 전액에 대하여 소득세를 계산한 후에 해당 세액을 상속인별로 상속지분에 따라 안분하여야 한다.

④ 상속인은 위와 같이 계산한 소득세 등을 상속으로 인하여 얻은 재산을 한도로 하여 납부할 의무를 진다(기법 24 ①). 앞에서 "상속으로 인하여 얻은 재산"이라 함은 상속

으로 인하여 얻은 자산총액에서 부채총액과 그 상속으로 인하여 부과되거나 납부할 상속세를 뺀 가액을 말한다.

상속인이 2인 이상인 경우에는 각 상속인은 피상속인의 소득금액에 대한 소득세로서 각자의 상속지분에 따라 안분한 세액의 납세의무를 진다. 그러나 다른 상속인이 소득세를 납부하지 못할 때에는 상속으로 인하여 얻은 재산을 한도로 연대하여 납부할 의무를 진다고 하겠다.

제4절　수증자의 연대납세의무

1　증여거래의 부인에 관한 특례

거주자가 특수관계인(소득세법 제97조의 2 제1항을 적용받는 배우자 및 직계존비속의 경우는 제외한다)에게 자산을 증여한 후 그 자산을 증여받은 자가 그 증여일부터 10년 이내에 다시 타인에게 양도한 경우로서 증여받은 자의 증여세와 양도소득세를 합한 세액이 증여자가 직접 양도한 경우로 보아 계산한 양도소득세액 보다 적은 경우에는 증여자가 그 자산을 직접 양도한 것으로 본다(소법 101 ②). 즉 자산의 양도과정에 특수관계인에 대한 증여(양도소득이 수증자에게 실질적으로 귀속된 진정한 증여는 제외한다)를 개재시킴으로써 양도소득세의 부담을 부당하게 감소시킨 때에는 자산의 증여라는 우회거래를 부인하고 증여자가 직접 그 자산을 양도한 것으로 의제하여 양도소득세를 과세한다.

2　증여자에 대한 연대납세의무

증여자가 해당 자산을 직접 양도한 것으로 보는 경우 그 양도소득에 대해서는 증여자와 증여받은 자가 연대하여 납세의무를 진다(소법 2의 2 ③). 즉 특수관계인으로부터 증여받은 자산을 그 증여일로부터 10년 이내에 타인에게 양도하는 경우에는 증여자가 직접 그 자산을 양도한 것으로 보아 증여자에게 양도소득세를 과세하는 것이나 양도소득세의 징수를 확실하게 담보하기 위하여 수증자에게도 연대납세의무를 지우는 것이다.

제**5**절 사업양수인의 제2차 납세의무

1 사업양수인의 개념

사업양수인이란 사업장별로 그 사업에 관한 모든 권리(미수금에 관한 것은 제외한다)와 모든 의무(미지급금에 관한 것은 제외한다)를 포괄적으로 승계한 자를 말한다(기령 22).

포괄적 승계란 사업에 관하여 양도인과 동일시되는 정도로 법률상의 지위를 그대로 승계하는 것을 의미한다.[13] 사업의 포괄적 승계에 해당하는지의 여부는 사업장 단위로 판단한다.

한편, 사업양수인에 있어서 사업이란 사업소득을 얻는 사회적 활동으로 새겨야 할 것이다. 즉 사업양수인이란 사업소득이 발생되는 사업장을 포괄적으로 승계한 자를 가리키는 것이다.

2 사업양수인의 제2차 납세의무

사업이 양도·양수된 경우에 양도일 이전에 납세의무가 확정된 그 사업에 관한 국세와 강제징수비를 양도인의 재산으로 충당하여도 부족할 때에는 사업양수인이 그 부족한 금액에 대하여 양수한 재산의 가액을 한도로 하여 제2차 납세의무를 진다(기법 41).

"그 사업에 관한 국세"에 그 사업에 관한 소득세가 포함됨은 의문의 여지가 없다. 다만, 사업용 자산인 토지 등을 양도함에 따라 부과된 양도소득세는 제외된다. 그 사업에 관한 소득과 다른 소득(이자소득·배당소득 및 근로소득 등)이 합산되어 소득세가 과세된 경우에는 각 소득금액의 크기에 따라 그 사업에 관한 소득세를 안분계산하여야 할 것이다.

그리고 사업의 양도인에게 둘 이상의 사업장이 있는 경우에 하나의 사업장을 양수한 자는 양수한 사업장과 관계되는 국세와 강제징수비(둘 이상의 사업장에 공통되는 국세 등이 있는 경우에는 양수한 사업장에 배분되는 금액을 포함한다)에 대해서만 제2차 납세의무를 진다. 양수한 사업장과 관계되는 국세 등은 사업장별 소득금액의 크기에 따라 안분계산함이 마땅하다.[14]

한편, 양수한 재산의 가액이란 사업의 양수인이 양도인에게 지급하였거나 지급하여야 할 금액을 말한다. 그러나 양도인에게 지급하였거나 지급하여야 할 금액이 없거나 불분명한 경우에는 양수한 자산 및 부채를 「상속세 및 증여세법」 제60조부터 제66조까지의 규정을

---

13) 대법원 1984.4.24. 선고, 82누311 판결.
14) 崔明根, 「稅法學總論」(稅經社, 1995), p.249.

준용하여 평가한 후 그 자산총액에서 부채총액을 뺀 가액을 말한다(기령 23 ②). 그런데 양도인에게 지급하였거나 지급하여야 할 금액과 시가와의 차액이 3억원 이상이거나 시가의 30%에 상당하는 금액 이상인 경우에는 양도인에게 지급하였거나 지급하여야 할 금액과 양수한 자산 및 부채를 「상속세 및 증여세법」 제60조부터 제66조까지의 규정을 준용하여 평가한 후 그 자산총액에서 부채총액을 뺀 가액 중 큰 금액으로 한다(기령 23 ③).

제6절　분리과세소득에 대한 납세의무

완납적 원천징수의 대상이 되는 분리과세소득(분리과세이자소득, 분리과세배당소득, 분리과세연금소득, 분리과세기타소득 및 일용근로자의 근로소득)이 있는 자는 그 원천징수되는 소득에 대해서 소득세 납세의무를 부담한다(소법 2의 2 ④).

분리과세소득이 있는 자가 과세관청에 대하여 직접 해당 세액을 신고·납부할 의무가 있다는 의미가 아니고, 완납적 원천징수의 대상이 되는 소득의 경우에도 해당 소득이 귀속하는 자가 실체법상의 납세의무를 지고 있음을 확인하고 있는 규정이다. 당연한 사항을 확인하고 있는 규정이라고 하겠다.

제7절　공동으로 소유한 자산에 대한 양도소득금액을 계산하는 경우의 납세의무

공동으로 소유한 자산에 대한 양도소득금액을 계산하는 경우에는 해당 자산을 공동으로 소유하는 각 거주자가 납세의무를 진다(소법 2의 2 ⑤).

제3장

실질과세의 원칙

제1절 서 론

1 실질과세원칙의 의의

　실질과세의 원칙이라 함은 조세부담의 공평이 이루어지도록 경제적 의의 또는 실질을 기준으로 하여 조세법을 해석하고 과세요건사실을 인정하여야 한다는 원칙이다. 이와 같은 실질과세의 원칙은 조세법의 기본원칙인 조세평등주의를 실현하기 위한 실천적 원리이다.

　조세법의 규율대상인 경제거래는 형식 또는 외관과 실질 또는 실체가 부합하는 것이 원칙이나, 경제구조의 복잡화와 조세회피현상 등으로 말미암아 때로는 형식 또는 외관과 실질 또는 실체가 일치하지 않는 경우가 생기게 된다. 이 경우에 단순히 경제거래의 형식 또는 외관을 기준으로 과세를 행하게 되면 담세력이 없는 곳 또는 담세력이 아닌 것에 과세하게 되어 조세부담의 공평을 실현할 수 없게 되는 것이다. 따라서 경제거래의 형식 또는 외관과 실질 또는 실체가 다를 경우에는 형식 또는 외관에 관계없이 거래의 실질 또는 실체에 따라 과세가 행하여지지 않으면 안되는 것이다.

　한편, 실질과세의 원칙은 담세력을 나타내는 소득을 종합하여 누진세율에 따라 과세하는 소득과세의 영역에서 가장 활발하게 작동하게 된다.

2 법적 근거

　실질과세의 원칙은 조세법에 본원적으로 내재하고 있는 법원칙이라고 이해하는 것이 통설의 입장이다. 따라서 실정법에서 실질과세의 원칙에 관하여 명문의 규정을 둔 경우에도 해당 조항은 창설적 효력을 갖는 것이 아니라, 이미 조세법에 내재하고 있는 법원칙을 확인 또는 선언하고 있음에 지나지 않는다고 이해한다.

　실질과세의 원칙에 관하여는 국세기본법 제14조에 구체적인 규정을 두고 있다.

국세기본법 제14조 제1항에서 귀속에 관한 실질과세의 원칙을 규정하고 있고, 동조 제2항에서는 거래내용에 관한 실질과세의 원칙을 정하고 있으며, 동조 제3항에서는 우회거래 또는 단계거래 부인의 원칙에 대하여 규정하고 있다.

제2절　실질과세의 원칙의 내용

1　실질의 개념

실질과세의 원칙의 중심개념을 이루고 있는 것이 실질(substance)의 개념이다. 이와 같은 실질의 개념에 관하여는 법적 실질설과 경제적 실질설이 대립하여 왔다. 법적 실질설은 형식과 실질을 법형식(가장된 외형적인 형식)과 법실질(진실한 법률사실)의 문제로 파악한다. 이에 대하여 경제적 실질설은 형식과 실질을 법형식과 경제적 실질의 문제로 파악하려고 하는 것이다.[15] 생각건대 실질과세의 원칙은 담세력을 표상하는 사실상의 경제력을 포착함과 아울러 그와 같은 경제력이 귀속되어 사실상 지배·관리·향수하는 자를 파악하여 과세함으로써 과세의 공평을 실현하려는 법원칙이다. 따라서 실질을 경제적 실질의 의미로 이해하여야 한다고 생각한다.

대법원 판례도 "주식이나 지분의 귀속 명의자는 이를 지배·관리할 능력이 없고 명의자에 대한 지배권 등을 통하여 실질적으로 이를 지배·관리하는 자가 따로 있으며, 그와 같은 명의와 실질의 괴리가 위 규정의 적용을 회피할 목적에서 비롯된 경우에는, 당해 주식이나 지분은 실질적으로 이를 지배·관리하는 자에게 귀속된 것으로 보아 그를 납세의무자로 삼아야 할 것이다. 그리고 그 경우에 해당하는지는 당해 주식이나 지분의 취득 경위와 목적, 취득자금의 출처, 그 관리와 처분과정, 귀속명의자의 능력과 그에 대한 지배관계 등 제반 사정을 종합적으로 고려하여 판단하여야 한다"고 판시하여[16], 실질을 경제적 실질의 의미

---

15) 崔明根, 「稅法學總論」(稅經社, 1995) pp.106~108.
16) 대법원 2012.1.19. 선고, 2008두8499 전원합의체 판결.
　　[판결요지]
　　(가) 구 국세기본법(2007.12.31. 법률 제8830호로 개정되기 전의 것, 이하 같다) 제14조 제1항, 제2항이 천명하고 있는 실질과세의 원칙은 헌법상의 기본이념인 평등의 원칙을 조세법률관계에 구현하기 위한 실천적 원리로서, 조세의 부담을 회피할 목적으로 과세요건사실에 관하여 실질과 괴리되는 비합리적인 형식이나 외관을 취하는 경우에 그 형식이나 외관에 불구하고 실질에 따라 담세력이 있는 곳에 과세함으로써 부당한 조세회피행위를 규제하고 과세의 형평을 제고하여 조세정의를 실현하고자 하는 데 주된 목적이 있다. 이는 조세법의 기본원리인 조세법률주의와 대립관계에 있는 것이 아니라 조세법규를 다양하게 변화하는 경제생활관계에 적용함에 있어 예측 가능성과 법적 안정성이 훼손되지 않는 범위 내

로 이해하고 있다.

2 실질과세의 원칙의 구체적인 내용

가. 실질소득자과세의 원칙

국세기본법 제14조 제1항에서 "과세의 대상이 되는 소득의…… 귀속이 명의일 뿐이고 사실상 귀속되는 자가 따로 있을 때에는 사실상 귀속되는 자를 납세의무자로 하여 세법을 적용한다"고 하여 귀속에 관한 실질과세의 원칙을 확인하고 있다. 이와 같은 귀속에 관한 실질과세의 원칙을 소득과세에 적용할 때에 이를 실질소득자과세의 원칙이라고 한다.

일반적으로는 소득이 명목상 귀속하는 자와 사실상 귀속하는 자가 일치한다. 그러나 비록 예외적이기는 하나 소득의 명의자와 실질귀속자가 상이한 경우도 있을 수 있다. 이 경우에 명의자를 납세의무자로 할 것인가 또는 실질소득자를 납세의무자로 할 것인가가 문제이다. 명의자를 납세의무자로 하여야 한다는 견해가 명의자과세의 원칙이고, 실질소득자를 납세의무자로 하여야 한다는 견해가 실질소득자과세의 원칙이다. 현행 소득세법에서는 명의자과세를 허용하지 않는다. 즉 소득의 귀속이 명의일 뿐이고 사실상의 귀속자가 따로 있는 경우에는 실질소득자과세의 원칙에 의하여 그 사실상의 귀속자를 납세의무자로 하여 소득세를 부과하는 것이다.

이하에서 그 구체적인 사례에 관하여 살펴보기로 한다.

1) 실질사업자의 판정

사업자등록상의 명의자와 실질사업자가 다른 경우나 거래의 명의자와 실질거래자가 다른 경우에는 사업자등록상의 명의자나 거래의 명의자에 관계없이 실질적으로 해당 과세대

에서 합목적적이고 탄력적으로 해석함으로써 조세법률주의의 형해화를 막고 실효성을 확보한다는 점에서 조세법률주의와 상호보완적이고 불가분적인 관계에 있다고 할 것이다.   .

(나) 실질과세의 원칙 중 구 국세기본법 제14조 제1항이 규정하고 있는 실질귀속자 과세의 원칙은 소득이나 수익, 재산, 거래 등의 과세대상에 관하여 귀속 명의와 달리 실질적으로 귀속되는 자가 따로 있는 경우에는 형식이나 외관을 이유로 귀속 명의자를 납세의무자로 삼을 것이 아니라 실질적으로 귀속되는 자를 납세의무자로 삼겠다는 것이고, 이러한 원칙은 구 지방세법(2005.12.31. 법률 제7843호로 개정되기 전의 것. 이하 같다) 제82조에 의하여 지방세에 관한 법률관계에도 준용된다. 따라서 구 지방세법 제105조 제6항을 적용함에 있어서도, 당해 주식이나 지분의 귀속 명의자는 이를 지배·관리할 능력이 없고 명의자에 대한 지배권 등을 통하여 실질적으로 이를 지배·관리하는 자가 따로 있으며, 그와 같은 명의와 실질의 괴리가 위 규정의 적용을 회피할 목적에서 비롯된 경우에는, 당해 주식이나 지분은 실질적으로 이를 지배·관리하는 자에게 귀속된 것으로 보아 그를 납세의무자로 삼아야 할 것이다. 그리고 그 경우에 해당하는지는 당해 주식이나 지분의 취득 경위와 목적, 취득자금의 출처, 그 관리와 처분과정, 귀속명의자의 능력과 그에 대한 지배관계 등 제반 사정을 종합적으로 고려하여 판단하여야 한다.

상을 지배·관리하는 실질사업자나 실질거래자를 납세의무자로 하여야 한다.[17] 이 경우 명의자와 관계없이 실질적으로 해당 과세대상을 지배·관리하는 자가 따로 있는지의 여부는 명의사용의 경위와 당사자의 약정 내용, 명의자의 관여 정도와 범위, 내부적인 책임과 계산 관계, 과세대상에 대한 독립적인 관리·처분 권한의 소재 등 여러 사정을 종합적으로 고려하여 판단하여야 한다.

① 사업자에게 자금을 대여한 자가 그 채권 담보로 사업자가 임차한 사업장에 대한 임대차계약을 자신의 명의로 체결하게 하였고, 그에 따라 사업자등록도 자신의 명의로 하게 되었다면 자금대여자는 실제의 사업자가 아닌 명의상의 귀속자에 불과하므로 실제의 사업자임을 전제로 한 부가가치세 부과처분은 위법하다.[18]

② 원고는 건축허가명의만을 빌려주었던 것에 불과하고 사실상 위 아파트를 건축하고 분양하여 그 소득을 얻은 사람은 소외인인 사실이 인정되므로 명목상의 건축허가명의인에 불과한 원고에 대하여 그 소득세와 방위세를 부과한 피고의 과세처분은 실질과세의 원칙에 위반되어 위법하다.[19]

③ 건설업면허를 받은 법인이 단 1건의 건설공사도 직접 시공한 일이 없고, 건설업 면허가 없는 개인들이 법인의 명의로 건설공사를 도급받아 오면 그 개인들을 법인의 이사로 등기하여 법인 명의로 시공하도록 하고, 개인들로부터 도급금액의 7퍼센트부터 10퍼센트까지에 상당하는 면허대여료를 받는 방법으로 건설업면허를 대여하여 왔다면, 실질적으로 건설업을 경영하여 경제적 이익을 향수한 자는 어디까지나 법인으로부터

---

17) 조세의 회피 또는 강제집행의 면탈을 목적으로 타인의 성명을 사용하여 사업자등록을 하거나 타인 명의의 사업자등록을 이용하여 사업을 영위한 자는 2년 이하의 징역 또는 2천만원 이하의 벌금에 처하고, 자신의 성명을 사용하여 타인에게 사업자등록을 할 것을 허락하거나 자신 명의의 사업자등록을 타인이 이용하여 사업을 영위하도록 허락한 자는 1년 이하의 징역 또는 1천만원 이하의 벌금에 처한다(「조세범 처벌법」 제11조). 그리고 사업자가 타인의 명의로 사업자등록을 하거나 그 타인 명의의 사업자등록을 이용하여 사업을 하는 것으로 확인되는 경우 그 타인 명의의 사업 개시일부터 실제 사업을 하는 것으로 확인되는 날의 직전일까지의 공급가액 합계액의 1퍼센트의 가산세를 과징한다(「부가가치세법」 제60조 제1항 제2호). 이의신청, 심사청구, 심판청구, 감사원법에 따른 심사청구 또는 「행정소송법」에 따른 소송에 대한 결정이나 판결에서 명의대여 사실이 확인되거나 국내원천소득의 실질귀속자가 확인된 경우 : 국내원천소득의 실질귀속자된 경우에는 그 결정 또는 판결이 확정된 날부터 1년 이내에 실제로 사업을 경영한 자 또는 국내원천소득의 실질귀속자 등에게 경정결정이나 그 밖에 필요한 처분을 할 수 있다(기법 26의 2 ⑦).
한편, 타인명의로 사업자등록을 한 자가 발행한 세금계산서는 필요적 기재사항인 '공급하는 사업자의 성명'이 사실과 다르게 적힌 세금계산서에 해당하므로 그 매입세액은 매출세액에서 공제될 수 없다(대법원 2016.10.13. 선고, 2016두43077 판결). 그런데 사업자가 거래상대방의 사업자등록증을 확인하고 거래에 따른 세금계산서를 발급하거나 발급받은 경우, 거래상대방이 관계기관의 조사로 인하여 명의위장사업자로 판정되었다 하더라도 해당 사업자를 선의의 거래당사자로 볼 수 있는 때에는 경정 또는 「조세범 처벌법」에 따른 처벌 등 불이익한 처분을 받지 아니한다(「부가가치세법 기본통칙」, 57-103-1).
18) 대법원 1990.4.10. 선고, 89누992 판결.
19) 대법원 1983.7.12. 선고, 82누199 판결.

건설업면허를 대여받아 실제로 건설공사를 시공한 개인들이라고 할 것이다. 따라서 실질과세의 원칙상 단순한 법률상의 명의자에 불과한 법인에게는 건설업면허의 면허 대여료에 대하여 법인세와 방위세를 부과함은 별론으로 하고, 법인이 직접 건설업을 경영하여 소득을 얻은 것으로 보아 그 소득에 대한 법인세와 방위세를 부과할 수는 없다.[20]

④ 1인 명의로 사업자등록을 하고 2인 이상이 동업하여 그 수익을 분배하는 경우에는 외관상의 사업명의인이 누구이냐에 불구하고 실질과세의 원칙에 따라 국세를 부과한다.[21]

2) 명의신탁한 부동산 등의 소유자 등

① 명의신탁자가 자신의 의사에 의해 명의신탁재산을 양도하는 경우에는 그가 양도소득을 사실상 지배·관리·처분할 수 있는 지위에 있다고 할 것이어서 양도소득의 납세의무자가 된다고 하겠다.[22] 그런데 명의수탁자가 명의신탁자의 위임이나 승낙 없이 임의로 명의신탁재산을 양도하였다면 그 양도주체는 명의수탁자이지 명의신탁자가 아니고 양도소득이 명의신탁자에게 환원되지 않는 한 명의신탁자가 양도소득을 사실상 지배·관리·처분할 수 있는 지위에 있지 아니하므로 '사실상 소득을 얻은 자'로서 양도소득세의 납세의무자가 된다고 할 수 없다.[23]

② 「소득세법」 제104조 제1항 제2호의 3, 「소득세법 시행령」 제167조의 3 제1항에서 말하는 '1세대 3주택 이상에 해당하는 주택'인지 여부를 판단할 때, 3자간 등기명의신탁 관계에서 명의신탁한 주택은 명의신탁자가 소유하는 것으로 보아 주택수를 산정하여야 한다.[24]

③ 부동산 등의 공부상 등기·등록 등이 타인의 명의로 되어 있더라도 사실상 해당 사업자가 취득하여 소유하고 있거나 사업에 제공하고 있음이 확인되는 경우에는 이를 그 사업자의 자산으로 보거나 그 사업자의 사업용 자산으로 본다.[25]

④ 부동산경매절차에서 부동산을 매수하려는 사람이 다른 사람과의 사이에 자신이 매수대금을 부담하여 다른 사람 명의로 매각허가결정을 받고 나중에 그 부동산의 반환을 요구한 때에 이를 반환받기로 약정한 다음 그 다른 사람을 매수인으로 한 매각허가가

20) 대법원 1989.9.29. 선고, 89도1356 판결.
21) 「국세기본법 기본통칙」 14-0…2.
22) 대법원 1993.9.24. 선고, 93누517 판결 : 「국세기본법 기본통칙」 14-0…6.
23) 대법원 1999.11.26. 선고, 98두7084 판결 : 대법원 2014.9.4. 선고, 2012두10710 판결.
24) 대법원 2016.10.27. 선고, 2016두43091 판결.
25) 「국세기본법 기본통칙」 14-0…4.

이루어진 경우, 그 경매절차에서 매수인의 지위에 서게 되는 사람은 그 명의인이므로 그가 대내외적으로 경매목적 부동산의 소유권을 취득[26]하고, 위 부동산을 양도함에 따른 양도소득은 특별한 사정이 없는 한 그 소유자인 명의인에게 귀속되는 것이 원칙이다.

그런데 부동산 경매절차에서 매수대금을 부담한 사람이 다른 사람 명의로 매각허가결정을 받은 후에 자신의 의사에 따라 위 부동산을 제3자에게 양도하여 그 양도대금을 모두 수령하고 명의인은 매수대금을 부담한 사람에게 위 부동산을 반환하기로 한 약정의 이행으로서 직접 위 제3자에게 소유권이전등기를 경료해 준 경우라면 그 매수대금을 부담한 사람이 양도소득을 사실상 지배·관리·처분할 수 있는 지위에 있어 '사실상 소득을 얻은 자'라고 할 것이므로 실질과세의 원칙상 그 매수대금을 부담한 사람이 양도소득세 납세의무를 진다.[27]

3) 조세피난처에 설립한 외형뿐인 기지회사의 부인

실질과세 원칙은 거주자가 거주지국인 우리나라의 조세를 회피하기 위하여 소득세를 비과세하거나 낮은 세율로 과세하는 조세피난처에 사업활동을 수행할 능력이 없는 외형뿐인 이른바 '기지회사(base company)'를 설립하고 법인 형식만을 이용함으로써 실질적 지배·관리자(거주자)에게 귀속되어야 할 소득을 부당하게 유보해 두는 국제거래에도 마찬가지로 적용된다.

우리나라의 거주자가 외국법인으로부터 수수료 명목의 돈을 거주자 자신이 지배·관리하는 조세피난처에 설립한 외형뿐인 기지회사 명의 계좌로 송금받은 것은 소득세를 회피할 목적에서 비롯된 것임을 인정할 수 있다. 즉, 위와 같이 송금된 돈의 귀속 명의자인 기지회사는 이를 지배·관리할 능력이 없고 거주자가 기지회사에 대한 지배권을 통하여 그 송금된 돈을 실질적으로 지배·관리하고, 이와 같은 명의와 실질의 괴리는 국내에서 소득세를 회피하기 위하여 비롯된 것인 때에는, 위의 돈은 해당 거주자에게 실질적으로 귀속되었다고 보아야 한다.[28]

---

26) 이 경우 매수대금을 부담한 사람과 이름을 빌려 준 사람 사이에는 명의신탁관계가 성립한다.
27) 대법원 2010.11.25. 선고, 2009두19564 판결.
28) 대법원 2015.11.26. 선고, 2013두25399 판결 ; 대법원 2015.11.26. 선고, 2014두335 판결.

나. 실질소득과세의 원칙

국세기본법 제14조 제2항에서 "세법 중 과세표준의 계산에 관한 규정은 소득… 의 명칭이나 형식에 관계없이 그 실질내용에 따라 적용한다"고 규정하여 내용에 관한 실질과세의 원칙 또는 실질소득과세의 원칙을 확인하고 있다. 이와 같은 내용에 관한 실질과세의 원칙은 과세물건의 판정, 과세표준의 산정, 세율의 구분을 실질 또는 실체에 따르도록 요구하는 원칙이다. 그 대표적인 유형을 예시하여 보면 다음과 같다.

1) 과세물건의 판정

① 채권담보목적으로 부동산의 소유권을 채권자에게 이전하거나 해당 채권을 변제받은 후에 그 소유권을 채무자에게 반환하는 것은 양도로 보지 아니한다. 양도담보를 설정할 때에는 양도담보라는 뜻이 기재된 서면을 제출하여야 하지만, 그와 같은 서면을 제출함이 없이 매매를 원인으로 하는 이전등기만을 행하는 경우도 있을 수 있다. 그러나 그 실질은 부동산의 매매 등과 같이 그 소유권의 유상이전이 아니고 단순한 담보물권의 취득 또는 말소에 지나지 않기 때문에 등기부상의 등기원인에 불구하고 양도로 보지 않는 것이다. 그러므로 소득세법 시행령 제151조의 규정은 실질소득과세의 원칙을 구체적으로 확인하고 있는 규정인 것이다.

② 금전을 대여할 때에 채권자가 채무자로부터 받는 금전대여에 관한 수수료는 그 명칭에 관계없이 비영업대금의 이익으로서 이자소득에 포함된다.[29]

③ 양도소득세의 비과세대상이 되는 농지란 전·답으로서 지적공부상의 지목에 관계없이 실제로 경작에 사용되는 토지를 말한다(소법 88). 그리고 1세대 1주택에서의 주택이란 건물공부상의 용도구분에 관계없이 사실상 주거에 제공하는 건물을 의미한다.[30]

④ 주택의 신축양도가 사업소득세 및 부가가치세의 과세요건인 건설업에 해당하는지의 여부는 그 신축양도행위가 수익을 목적으로 하고 그 규모, 회수, 태양 등에 비추어 사업활동으로 볼 수 있을 정도의 계속성과 반복성이 있는지의 여부 등을 고려하여 사회통념에 따라 판단하여야 하는 것이고, 반드시 건설업법에 따른 면허를 받거나 지방자치단체로부터 허가 등을 받아 사업을 경영하였을 것을 요하는 것은 아니다.[31]

---

29) 대법원 1989.10.24. 선고, 98누2554 판결.
30) 대법원 1984.10.10. 선고, 84누255 판결 외.
31) 대법원 1994.12.9. 선고, 94누8969 판결.

2) 과세표준의 산정 등

① 업무추진비의 한도액을 계산함에 있어서 업무추진비계정에서 계상하고 있는 업무추진비는 물론이고 그 실질이 업무추진비에 해당하는 것은 실제로 계상하고 있는 계정과목(예 : 복리후생비, 광고선전비, 잡비 등)이나 명목 여하에 불구하고 모두 업무추진비에 포함하여 그 한도액을 계산하여야 한다. 기부금 및 감가상각비 등의 한도액 계산에 있어서도 마찬가지이다.

② 사업용 자산의 합계액이 부채의 합계액에 미달하여 그 차액 상당인 초과인출금이 생기는 것은 사업으로 인한 결손 등 사업과 관련하여 부채가 증가한 경우도 있고, 소득세법 제33조 제13호, 같은법 시행령 제78조 소정의 사업과 관련이 없는 경비로 인하여 부채가 증가한 경우도 있으며 실제로 가사와 관련하여 인출한 초과인출금이 생길 수도 있는 데도 그 초과인출금이 발생한 근거를 따져 보지도 않고 소득세법 기본통칙 3-10. 11(48) 소정의 산식에 의하여 산출된 금액을 모두 가사관련 경비로 의제하는 것은 실질과세의 원칙에 위반될 뿐만 아니라 합리성이나 타당성도 없으며 법령의 근거없이 가사경비의 존재와 범위에 관한 과세요건을 규정한 결과가 되므로 위 기본통칙은 효력이 없다.[32]

③ 배당금에 대한 배당 결의에 따라 미수령 배당금에 대한 권리가 확정적으로 발생하였다고 하더라도 그 후 미수령 배당금채권이 소외 회사들의 도산 등으로 인하여 회수불능이 되어 장래 그 소득이 실현될 가능성이 전혀 없게 된 것이 객관적으로 명백하다면 후발적 경정청구사유에 해당한다.[33]

④ 특수관계인인 임원의 급여와 퇴직금 채권이 확정적으로 발생하여 그 미지급 급여와 퇴직금에 대한 소득세를 원천징수하여 납부하고 지급조서를 제출하였다고 하더라도 그 후 급여 및 퇴직금 채권의 지급을 면제하는 내용의 회생계획이 인가됨으로 인하여 회수불능이 되어 장래 그 소득이 실현될 가능성이 전혀 없음이 객관적으로 명백한 경우라면 후발적 경정청구사유에 해당한다.[34]

⑤ 모텔과 주차장용 토지의 매매대금은 특별한 산정근거 없이 기재된 것으로서 거래의 실질을 제대로 반영한 것으로 볼 수 없고 양도소득세를 회피할 목적으로 작성된 형식적인 금액에 불과하고, 그 실질은 이 사건 모텔과 이 사건 토지를 일괄하여 160억원에 양도함으로써 각 양도가액을 구분할 수 없는 경우에 해당할 개연성이

---

32) 대법원 1990.11.27. 선고, 88누9749 판결.
33) 대법원 2014.1.29. 선고, 2013두18810 판결.
34) 대법원 2018.5.15. 선고, 2018두30471 판결.

높다. 그러므로 양도가액을 양도당시의 기준시가 비율로 안분하여 모텔과 이 사건 토지의 양도가액을 산정하여야 한다.[35]

다. 우회거래 부인의 원칙

국세기본법 제14조 제3항에서 "제3자를 통한 간접적인 방법이나 둘 이상의 행위 또는 거래를 거치는 방법으로 국세기본법 또는 세법의 혜택을 부당하게 받기 위한 것으로 인정되는 경우에는 그 경제적 실질 내용에 따라 당사자가 직접 거래를 한 것으로 보거나 연속된 하나의 행위 또는 거래를 한 것으로 보아 국세기본법 또는 세법을 적용한다."고 하여 우회거래 또는 단계거래 부인의 원칙을 확인하고 있다.

국세기본법에서 제14조 제3항을 둔 취지는 과세대상이 되는 행위 또는 거래를 우회하거나 변형하여 여러 단계의 거래를 거침으로써 부당하게 조세를 감소시키는 조세회피행위에 대처하기 위하여 그와 같은 여러 단계의 거래 형식을 부인하고 실질에 따라 과세대상인 하나의 행위 또는 거래로 보아 과세할 수 있도록 한 것으로서, 실질과세의 원칙의 적용 태양 중 하나를 규정하여 조세공평을 도모하고자 한 것이다.[36] 국세기본법 제14조 제3항은 같은 조 제1항 및 제2항에서의 귀속에 관한 실질과세의 원칙 및 거래내용에 관한 실질과세의 원칙의 적용범위에 포섭되는 조세회피행위 중 우회거래 및 다단계거래를 통한 조세회피행위의 부인을 구체화한 규정[37]이다. 즉, 실질과세의 원칙의 적용범위에 포섭되는 조세회피행위의 유형인 우회거래, 다단계거래를 그 경제적 실질에 따라 부인하기 위한 일반규정의 성격을 지닌다고 하겠다.

국세기본법 제14조 제3항의 적용요건은 "제3자를 통한 간접적인 방법이나 둘 이상의 행위 또는 거래를 거치는 방법으로 이 법 또는 세법의 혜택을 부당하게 받기 위한 것으로 인정되는 경우"로서 그 행위 또는 거래의 외관 또는 형식이 "경제적 실질"과 다른 경우이다.

---

35) 대법원 2013.2.14. 선고, 2012두22119 판결.
36) 대법원 2017.12.22. 선고, 2017두57516 판결.
　　[판결요지] 국세기본법에서 제14조 제3항을 둔 취지는 과세대상이 되는 행위 또는 거래를 우회하거나 변형하여 여러 단계의 거래를 거침으로써 부당하게 조세를 감소시키는 조세회피행위에 대처하기 위하여 그와 같은 여러 단계의 거래 형식을 부인하고 실질에 따라 과세대상인 하나의 행위 또는 거래로 보아 과세할 수 있도록 한 것으로서, 실질과세의 원칙의 적용 태양 중 하나를 규정하여 조세공평을 도모하고자 한 것이다. 그렇지만 한편 납세의무자는 경제활동을 할 때에 동일한 경제적 목적을 달성하기 위하여 여러 가지의 법률관계 중의 하나를 선택할 수 있고 과세관청으로서는 특별한 사정이 없는 한 당사자들이 선택한 법률관계를 존중하여야 하며, 또한 여러 단계의 거래를 거친 후의 결과에는 손실 등의 위험 부담에 대한 보상뿐 아니라 외부적인 요인이나 행위 등이 개입되어 있을 수 있으므로, 여러 단계의 거래를 거친 후의 결과만을 가지고 그 실질이 하나의 행위 또는 거래라고 쉽게 단정하여 과세대상으로 삼아서는 아니 된다.
37) 대법원 판례를 보면 우회거래, 다단계거래에 의한 조세회피행위임에도 「국세기본법」 제14조 제1항 또는 제2항을 적용하여 해당 조세회피행위를 부인하는 사례가 적지 않다.

즉, ① 그 방법이 제3자를 통한 간접적인 방법이나 둘 이상의 행위 또는 거래를 거치는 방법에 의한 것이어야 하고, ② 그 목적이 세법의 혜택을 부당하게 받기 위한 것으로 인정되어야 하고, ③ 그 내용 또는 효과로서 선택한 거래 또는 행위의 외관 또는 형식이 경제적 실질과 다른 경우이어야 한다. 위의 세 가지 요건을 모두 충족하여야만 「국세기본법」 제14조 제3항에 의하여 해당 우회거래 또는 다단계거래를 부인한다.

위의 요건을 충족하면 경제적 실질 내용에 따라 당사자가 직접 거래를 한 것으로 보거나 연속된 하나의 행위 또는 거래를 한 것으로 보아 세법을 적용한다. 이 경우에는 납세자가 선택한 행위 또는 거래의 형식에 불구하고 해당 행위 또는 거래를 그 실질적 내용에 맞게 재구성한 후 세법을 적용하는 것이다. 즉, 제3자를 통한 간접적인 방법에 의한 행위 또는 거래의 경우에는 제3자를 제외하고 당사자가 직접 거래한 것으로 재구성하여 세법을 적용하며, 둘 이상의 행위 또는 거래를 거치는 방법에 의한 행위 또는 거래의 경우에는 그 전체를 연속된 하나의 거래 또는 행위로 재구성하여 세법을 적용한다.

이 경우 거래 또는 행위를 재구성한다고 하여 그 거래 또는 행위의 사법상 효과까지 부인되거나 변경되는 것은 아니라고 하겠다.

국세기본법 제14조 제3항을 적용하여 해당 거래를 부인한 구체적 사례를 들면 아래와 같다.

① 개인이 토지를 농업회사법인에 현물출자하고 그 농업회사법인으로 하여금 해당 토지를 매수인들에게 매도한 것은 실질적으로 그 개인이 해당 토지를 매수인들에게 직접 매도하였음에도 조세특례제한법 제68조 제2항의 면제규정을 부당하게 적용받기 위하여 위와 같이 농업회사법인에 현물출자하는 방식을 거친 것으로 보아야 한다.[38]

② 개인이 토지와 건물을 일괄하여 양도하였을 경우에 발생되는 양도소득세 부담을 회피할 목적으로 경제적 실질이 연속된 하나의 거래를 두 단계로 나누어 토지와 건물을 각각 양도한 경우, 이는 조세부담을 부당하게 줄이기 위한 수단이라고 인정할 수 있으므로, 이 사건 토지와 건물을 일괄하여 양도한 것으로 보아 과세하여야 한다.[39]

③ 개인이 농지를 양도함에 있어서 과세기간을 달리하여 해당 농지를 지분으로 나누어 양도한 것은 양도소득세 감면(8년 이상 자경농지 양도) 한도를 회피하여 조세감면을 부당하게 받기 위한 목적에서 하나의 거래를 형식상 2개로 나눈 것에 불과하다고 봄이 상당하다.[40]

---

38) 대법원 2021.7.8. 선고, 2021두36653 판결(심리불속행 기각판결).
39) 서울행법 2019.1.25. 선고, 2017구합73495 판결 [양도소득세] 〈항소기각 확정〉.
40) 대전고법 2018.8.6. 선고, 2018누10819 판결 [양도소득세] 〈확정〉. 이와 유사한 사건으로 대법원 2022.3.11 선고, 2021두57780 판결(심리불속행 기각판결; 부산고등법원 2021.10.29. 선고, 2021누22272 판결판결); 대법원 2022.4.28. 선고, 2022두31600 판결(심리불속행 기각판결; 부산고등법원(창원) 2021.12.22. 선고, 2021

④ 주식양도, 합병 및 주식소각 등 단계적으로 이루어진 일련의 거래 내지 행위의 실질은 개인 주주들이 회사에 해당 주식을 직접 양도하여 주식소각을 통한 자본을 환원받은 것과 동일한 연속된 하나의 행위 또는 거래라고 평가할 수 있다. 따라서 주식양도 거래의 실질이 자본의 환원에 해당하므로 그 양도차익을 자본감소에 따른 의제배당소득으로 보아야 한다.[41]

3 위법소득 등에 대한 과세

가. 위법소득 등의 개념

위법소득 또는 무효인 법률행위 등으로부터 생긴 소득이 과세소득을 구성하는지의 여부가 문제된다. 위법소득이란 위법행위로 획득한 경제적 이익을 가리킨다. 그리고 무효인 법률행위 등으로부터 얻은 소득에는 반사회질서의 법률행위·불공정한 법률행위·진의아닌 의사표시 및 허위표시 등과 같이 무효인 법률행위로부터 얻은 소득, 무능력자와의 거래와 사기·강박에 따른 의사표시 등과 같이 취소할 수 있는 법률행위 등으로부터 얻은 소득이 포함된다. 이하에서는 위법소득과 무효인 법률행위 등으로부터 생긴 소득을 총칭하여 "위법소득"이라고 부르기로 한다.

나. 위법소득의 과세에 관한 입법례

1) 독 일

독일에서는 위법소득의 취급에 관하여 조세기본법(Abgabenordnung : AO) 제40조 및 제41조에서 명시적인 규정을 두고 있다. 즉 과세요건을 충족하고 있는 행위가 법률의 명령이나 금지 또는 양속에 위반하는가의 여부는 과세에 대하여 관계가 없으며, 무효인 법률행위라 할지라도 경제적 결과가 발생·존속하고 있는 범위와 기간 안에서는 과세에 대하여 영향을 미치지 아니한다. 그리고 가장법률행위 및 가장행위도 과세에 대하여 관계가 없으며, 가장법률행위에 따라 다른 법률행위를 숨긴 때에는 그 숨긴 행위를 기준으로 과세하여야 하는 것이다.[42]

누10630 판결)이 있다. 그리고 유사한 내용의 심판결정례로서 국심 2021전5626, 2022.5.24.; 국심 2022인 6502, 2022.9.29.; 조심 2022인1445(2022.8.19.); 조심 2022인3150(2022.8.18.)등이 있다.

41) 대법원 2021.8.26. 선고, 2021두38505 판결(심리불속행 기각판결: 서울고법 2021.4.8. 선고, 2020누41377 판결); 유사한 내용의 심판결정례로서 조심 2022서6228(2022.9.28.); 조심 2022서5968(2022.8.24.); 조심 2022인 6438(2022.9.15.) 등이 있다.

42) Hübschmann/Hepp/Spitaler, Kommentar zur Abgabenordnung und finanzgerichtordnung, 9. Aufl.(Verlag

2) 미 국

미국은 1913년의 연방소득세법(Income Tax Act of 1913)에서 적법한 거래(lawful business)로부터 얻은 소득에 한하여 소득세를 과세하도록 규정하였으므로 위법소득에 대하여는 소득세의 과세 여부가 아예 문제가 되지 않았다. 이와 같은 태도는 1916년에 이루어진 연방소득세법의 개정에서 "적법한 거래(lawful business)"라는 문언에서 "적법한(lawful)"이란 단어를 삭제한 후에도 견지되었다. 즉 횡령금의 과세소득 구성 여부를 다룬 Commissioner v. Wilkox사건[43]에서 대법원은 횡령자가 문제로 된 금액(횡령금)에 대한 법적인 권리(claim of right)를 갖지 않고 있음을 이유로 과세소득이 아니라고 판시[44]하였다. 그러나 대법원은 1952년에 Rutkin v. United States사건[45]에서 금품강요죄(extortion)를 범함으로써 취득한 금품은 피해자가 피해사실을 알지 못하는 횡령과는 달라서 원상회복의 개연성(蓋然性)이 낮기 때문에 과세소득을 구성한다는 판결을 내렸다. 이어서 1961년에 대법원은 횡령금의 과세 여부를 다툰 James v. United States사건[46]에서 반환의무에 관한 명시적 또는 묵시적인 합의가 없고 그 금액의 처분에 관하여 아무런 제한이 없는 한 적법한 수입이거나 위법한 수입이거나를 묻지 아니하고 모두 과세소득을 구성한다고 판시하여 횡령금에 대한 과세를 긍정하였다. 이후에는 위법소득에 대한 소득세의 과세가 일반화되기에 이르렀다.

3) 일 본

실정법상 명문의 규정은 없으나 위법소득에 대한 과세를 긍정하고 있다.[47] 소득세 기본통달은 수입금액의 인정에 있어서 그 수입원인의 여하를 묻지 않는다고 규정하여 위법소득도 과세소득을 구성함을 명확히 하고 있다. 판례도 위법소득에 대한 과세를 지지하고 있다. 즉 물가통제령을 위반한 거래에 따른 수입,[48] 암거래에 따른 수입,[49] 횡령에 따른 수입,[50] 폭력도박단의 도박개장수입[51] 등도 모두 과세소득에 포함된다고 판시하였다.

Dr. Otto Schmidt KG, 1989), S.40-4, 41-3.
43) 327 U.S.404(1946).
44) John K. McNulty, Federal Income Taxation of Individuals, 4th edition(West Publishing Co., 1988), p.42.
45) 343 U.S.130(1952).
46) 366 U.S.213(1961).
47) 吉良實, "違法所得と權利確定意義,"「稅法學」200號(稅法研究所, 1967), pp.130~131.
48) 東京高裁 昭和 27. 1. 31., 高刑集 2號 1輯 p.560.
49) 大阪高裁 昭和 43. 3. 13.
50) 東京地裁 昭和 40. 4. 27.,「稅務訴訟資料」46號 p.552.
51) 金子宏, "賭博開場收入と所得稅,"「ヅコリヌト」316號, p.31. 以下.

다. 위법소득에 대한 과세 여부

소득세법은 기타소득 안에 뇌물이나 알선수재 및 배임수재에 따라 받는 금품을 명시적으로 포함시켜 놓고 있다. 이 밖에도 소득세법은 위법소득 또는 적법소득임을 명시함이 없이 과세소득의 종류를 열거하고 있는데, 위법소득이라고 할지라도 소득세법상 과세소득으로 열거하고 있는 소득에 해당하는 경우에는 과세소득에 포함된다고 새겨야 할 것이다.

다음으로 법인의 과세표준을 신고 · 결정 또는 경정함에 있어서 익금에 산입한 금액(예 : 매출누락액 등)이 그 법인의 주주 또는 대표자 등과 같은 특정인에게 귀속된 것이 확인되는 경우[52]에는 그 귀속자에 대한 배당 또는 상여 등으로, 사외로 유출되었으나 귀속이 불분명한 경우에는 대표자에게 귀속된 것으로 의제하여 그 자에 대한 상여로 소득처분하여 소득세를 과세하도록 하고 있다(법법 67, 법령 106 ① Ⅰ 단서, 소법 17 ① 및 20 ①).[53] 앞의 규정에 따라 임원 등의 횡령금 등에 대하여 소득세를 과세하고 있다.

대법원은 범죄행위로 인한 위법소득이라 하더라도 경제적 측면에서 보아 현실로 지배 · 관리하면서 이를 향수하고 있어 담세력이 있는 것으로 판단되면 과세소득에 해당된다고 판시하여 위법소득에 대한 과세를 긍정하여 왔다.[54] 그리고 학설 또한 위법소득에 대한 과세를 지지하고 있다.[55]

생각건대 위법소득이라고 할지라도 담세력을 표상하는 경제적 이익이 사실상 존재하는 경우에는 마땅히 과세소득을 구성한다고 새겨야 할 것이다. 다만, 현행 소득세법은 소득세의 과세소득을 열거주의방식으로 규정하고 있기 때문에 과세소득으로 열거된 소득[56]에 한하여 과세소득을 구성한다고 새겨야 할 것이다.

---

52) 주로 횡령에 해당한다.
53) 불법정치자금에 대하여는 상속세 또는 증여세를 과세한다. 즉 「정치자금에 관한 법률」에 의하여 기부하는 정치자금에 대하여는 상속세 또는 증여세를 비과세하지만, 「정치자금에 관한 법률」에 의한 정치자금 외의 정치자금에 대하여는 그 기부받은 자가 상속 또는 증여받은 것으로 보아 상속세 또는 증여세를 부과하도록 하고 있다(조특법 76 ② 및 ③).
54) ① 회사의 부사장이 회사가 소유하는 부동산을 제3자에게 처분하여 처분대금을 횡령한 데 대하여 그 횡령금액을 법인의 익금에 산입하여 법인세를 과세함과 아울러 부사장에 대한 상여로 소득처분하여 소득세를 과세하였다. 이 사건은 부사장의 횡령금이 그 부사장의 과세소득을 구성하는가에 관한 다툼이었다(대법원 1983.10.25. 선고, 81누136 판결).
② 귀금속도매업을 영위하는 법인이 밀수금괴를 매입하여 판매한 행위는 영업활동에 해당하고, 따라서 해당 금괴의 판매로 인하여 얻은 소득은 법인의 과세소득을 구성한다(대법원 1994.12.27. 선고, 94누5823 판결).
55) 李種南, 「租稅法研究」(法曹文化社, 1975), pp.411~412 : 李泰魯 「租稅法槪論」(조세통람사, 1995), p.120 : 崔明根, 앞의 책, p.11.
56) 대법원 1999.1.15. 선고, 97누20304 판결.
[판결요지] 재단법인의 운영권을 넘겨주는 대가로 수수한 금원이 구 소득세법 시행령 제49조의 2 제1항 제2호 소정의 사례금에 해당한다.

그러므로 소득세법상 과세소득으로 열거하고 있지 않은 소득유형은 적법소득이든 아니면 위법소득이든 가리지 않고 과세소득에 해당하지 않는다. 예를 들면 절도범이 절도행위로 얻은 경제적 이익은 현행법상 열거하고 있는 과세소득 중 그 어떤 유형에도 해당하지 않기 때문에 소득세를 과세할 수 없다고 새겨야 한다.

한편, 위법소득이 해당 소득을 제공하였던 자에게 추후에 반환된 경우에는 경제적 측면에서 보아 현실로 이득을 지배·관리하면서 향유하는 담세력이 존재하지 않으므로 소득세를 과세하여서는 아니된다. 대법원은 "범죄행위로 인한 위법소득이더라도 귀속자에게 환원조치가 취해지지 않은 한 이는 과세소득에 해당된다"[57]고 판시하여 귀속자에게 환원조치가 취해졌다면 과세소득이 될 수 없음을 명시하여 왔다. 그리고 조세심판원은 종래부터 반환된 위법소득에 대한 과세처분은 위법하기 때문에 취소하여야 한다는 결정을 유지하여 오고 있다.[58]

다음으로 위법소득이 그 소득의 제공자에게 반환되지 않고 형사판결에 의하여 몰수되거나 추징됨으로써 국가에 환수되었다 하더라도 현실적으로 지배·관리하면서 향유할 수 있는 이득 자체가 존재하지 않으므로 해당 소득에 대해서는 과세할 수 없으며, 이미 과세처분이 이루어지고 난 후 추징이 이루어졌다면 후발적 경정청구의 사유를 이룬다고 하겠다. 그런데 몰수판결은 이미 압수된 것에 대하여 이루어지기 때문에 집행의 문제가 뒤따르지 아니하나, 추징판결의 경우에는 그 판결을 받은 자에게 재산이 없다면 집행이 이루어지지 않을 수도 있다. 그러므로 과세소득을 구성하지 않는 추징금은 판결에 의하여 확정된 추징금이 아니라 실제로 국가에 납부한 추징금을 의미한다.

대법원은 위법소득에 대하여 몰수나 추징이 이루어졌다면 이는 위법소득에 내재되어 있던 경제적 이익의 상실가능성이 현실화된 경우에 해당하여 과세소득이 존재하지 아니하므로 당초 성립하였던 납세의무가 전제를 잃는다고 판시한 바 있다. 즉, 형법상 뇌물, 알선수재, 배임수재 등의 범죄에서 몰수나 추징을 하는 것은 범죄행위로 인한 이득을 박탈하여 부정한 이익을 보유하지 못하게 하는 데 목적이 있으므로, 이러한 위법소득에 대하여 몰수나 추징이 이루어졌다면 이는 위법소득에 내재되어 있던 경제적 이익의 상실가능성이 현실화된 경우에 해당한다. 그러므로 위법소득의 지배·관리라는 과세요건이 충족됨으로써 일단 납세의무가 성립하였다고 하더라도 그 후 몰수나 추징과 같은 위법소득에 내재되어 있던 경제적 이익의 상실가능성이 현실화되는 후발적 사유가 발생하여 소득이 실현되지 아니하는 것으로 확정됨으로써 당초 성립하였던 납세의무가 전제를 잃게 되었다면, 특별한 사정이 없는 한 납세자는 국세기본법 제45조의 2 제2항 등이 규정한 후발적 경정청구를 하여

---

57) 대법원 1983.10.25. 선고, 81누136 판결.
58) 조심 2011서2662, 2011.11.4. 국세심판관 합동회의 결정.

납세의무의 부담에서 벗어날 수 있다고 판시하였다.[59)]

그리고 금융기관의 임·직원의 직무에 속하는 사항을 알선해 주고 알선수수료의 명목으로 받은 금원에 대하여 사업소득[60)]으로 보아 종합소득세를 과세한 사안에서도 알선수재로 인하여 받은 금액 중 형사판결에 의하여 몰수로 확정된 금액은 그 수령 당시에 일단 납세의무가 성립하였다고 하더라도 그 후 몰수와 같은 위법소득에 내재되어 있던 경제적 이익의 상실가능성이 현실화되는 후발적 사유가 발생하여 소득이 실현되지 아니하는 것으로 확정되었다면 그 과세처분은 위법하다고 판시하였다.[61)]

다만, 대법원은 입법자는 납세자의 권리구제를 확대하기 위하여 후발적 경정청구제도를 마련하면서도, 조세법률관계의 안정성을 확보하기 위하여 법령에서 열거한 일정한 후발적 사유로 말미암아 과세표준 및 세액의 산정기초에 변동이 생긴 경우로 후발적 경정청구사유를 제한하고 있는 점 등에 비추어 보면, 법인의 실질적 경영자와 공모하여 법인의 자금을 횡령한 경우, 과세관청이 횡령금 상당액이 사외에 유출되었다고 보아 소득처분을 하여 그 귀속자에게 소득세 납세의무가 성립한 이상, 사후에 그 귀속자가 형사재판에 이르러 해당 횡령금 상당액을 피해법인에 지급하였다고 하더라도, 이는 특별한 사정이 없는 한 구 국세기본법 제45조의 2 제2항 등의 후발적 경정청구사유에 해당하지 않는다고 봄이 상당하다고 판시하고 있다.[62)63)]

---

59) 대법원 2015.7.16. 선고, 2014두5514 전원합의체 판결.
60) 납세의무자가 유가증권 중개 및 알선을 목적으로 하는 금융 중개·알선업자였기 때문에 사업소득으로 보아 과세한 경우이다.
61) 대법원 2015.7.23. 선고, 2012두8885 판결.
62) 대법원 2024.6.17. 선고, 2021두35346 판결.
63) 대법원 2015.7.16. 선고, 2014두5514 전원합의체 판결 등은 사안을 달리하므로 이 사건에 원용하기에 적절하지 않다고 한다. 위 판결 등의 법리는, 수뢰·알선수재·배임수재 범행으로 얻은 뇌물 등 위법소득에 대하여 일단 납세의무가 성립하였다고 하더라도 그 후 위 뇌물 등에 대하여 몰수·추징을 당하였다면, 위법소득에 내재되어 있던 경제적 이익의 상실가능성이 현실화되어 그 소득이 종국적으로 실현되지 않은 것으로 평가할 수 있으므로, 납세자는 그 몰수·추징을 사유로 후발적 경정청구를 하여 납세의무의 부담에서 벗어날 수 있다는 취지이다. 뇌물 등은 필요적 몰수·추징의 대상(형법 제134조, 제357조 제3항, 「특정범죄 가중처벌 등에 관한 법률」제13조)으로서 수뢰자 등이 뇌물 등을 수수할 때부터 이미 그 소득에는 경제적 이익의 상실가능성이 내재되어 있음이 분명하다. 반면 횡령금의 경우에는 원칙적으로 국가에 의한 몰수·추징의 대상이 되지 않고, 그 반환 여부 또는 반환을 위한 구제절차의 진행 여부 등이 귀속자나 피해법인 등 당사자의 의사에 크게 좌우된다. 특히 법인의 실질적 경영자가 가담하여 사외유출한 횡령금의 경우, 피해법인이 자발적으로 그 반환을 구할 가능성을 상정하기 어려우므로, 그 소득에 경제적 이익의 상실가능성이 내재되어 있다고 단정할 수 없다. 나아가 위법소득을 현실로 지배·관리하면서 이익을 향수하고 있는 귀속자가 형사재판에서 피해법인에 횡령금 상당액을 지급하는 것은, 일반적으로 위법소득으로 인한 경제적 이익을 포기하는 대신 양형상의 이익이라는 무형의 이익을 얻기 위한 행위이므로, 이 점에서도 위법소득에 내재되어 있던 경제적 이익의 상실가능성이 현실화되어 그 소득이 종국적으로 실현되지 않은 경우에 해당한다고 보기 어렵다는 것이다.

과세기간

제**1**절 과세기간의 의의

과세기간이라 함은 세법에 따라 국세의 과세표준 계산의 기초가 되는 기간을 말한다(기법 2 XIII). 소득세는 과세의 편의 또는 기술상의 필요에 따라 기간과세의 원칙(Periodizitätsprinzip)을 채택하고, 인위적으로 획정한 기간을 단위로 하여 세액을 계산하도록 하고 있다. 즉 소득세는 자연인의 생애(生涯)소득을 대상으로 하는 것이 아니고 그 생애소득을 일정한 시간적인 크기, 원칙적으로 1역년 단위로 구획하여 소득세를 계산하는 것이다. 과세기간은 소득세의 과세표준을 계산함에 있어서 필요한 시간적 단위를 이룬다.

제**2**절 일반적인 과세기간

소득세의 과세기간은 1월 1일부터 12월 31일까지 1년으로 한다(소법 5 ①). 즉 소득세는 원칙적으로 역년주의(曆年主義 : Annuitätsprinzip)를 채택하고 있다. 과세기간의 중도에 취업 또는 퇴직하거나 사업을 개시 또는 폐업함으로써 소득이 발생한 기간이 1년에 미달하더라도 과세기간은 여전히 1월 1일부터 12월 31일까지이다.

제**3**절 과세기간의 특례

1 거주자가 사망한 경우

거주자가 과세기간 중에 사망한 경우의 과세기간은 1월 1일부터 사망한 날까지로 한다 (소법 5 ②). 물론 피상속인의 소득금액에 대해서는 그 상속인이 납세의무를 진다.

과세기간 중에 사망하여 과세기간이 1년에 미달한다고 하더라도 과세표준을 1역년의 금 액으로 환산하여 세액을 산정하거나 근로소득공제 또는 인적공제를 과세기간의 크기(월 수)에 따라 안분계산하지 않는다.

2 거주자가 출국하는 경우

거주자가 주소 또는 거소를 국외로 이전(이하 '출국'이라고 한다)하여 비거주자가 되는 경우의 과세기간은 1월 1일부터 출국한 날까지로 한다(소법 5 ③).

제**4**절 소득의 크기의 변동과 과세기간과의 관계

특정인의 가득(稼得)기간의 전체, 즉 생애를 통하여 얻은 전소득을 대상으로 하여 소득 세를 계산하지 아니하고 인위적으로 획정한 기간을 단위로 하여 소득세를 산정하기 때문에 기간단위의 소득 산정에 자의적이고 불합리한 요소가 개입될 수 있다. 이와 같은 불합리한 요소를 시정 또는 완화하기 위하여 결손금의 소급공제 또는 이월공제의 허용, 평균과세와 같은 장치를 두고 있다.

이에 관하여는 "제3장 소득세 과세표준의 계산"과 "제5장 세액의 계산" 등 관련되는 항 목에서 구체적으로 논급하고자 한다.

제5장

납 세 지

제1절 의 의

소득세의 납세지라 함은 납세의무자가 소득세에 관한 신고·신청 또는 납세 등의 행위를 하는 경우와 과세관청이 납세의무자에 대한 소득세의 결정 및 징수 등의 처분을 하는 경우에 관할관청(관할세무서장)을 결정하는 기준이 되는 장소를 말한다. 납세지를 과세처분의 권한을 갖는 과세관할을 결정하는 기준이 되는 장소라는 측면에서 과세지 또는 과세관할이라고 부르기도 한다(소법 11). 납세지는 조세법률관계의 발생·변경·소멸과 관련하여 중요한 의미가 있는데, 특히 과세관청이 관할을 위반하여 과세처분을 행하는 경우 그 과세처분은 무권한행위, 즉 지역적 무권한행위에 해당하여 위법한 것으로 된다.[64]

제2절 일반적인 납세지

1 거주자의 납세지

거주자의 소득세 납세지는 거주자의 주소지로 한다. 다만, 주소지가 없는 경우에는 그 거소지로 한다. 소득세는 소득의 종합이라는 과세기술상의 문제가 따르므로 편의상 주소지 또는 거소지를 납세지로 정하고 있는 것이다. 일반적으로 주소란 생활의 근거가 되는 곳을 의미하며, 거소란 주소 외의 장소 중 상당기간에 걸쳐 거주하는 장소로서 주소와 같이 밀접한 일반적인 생활관계가 형성되지 아니하는 장소를 가리킨다. 그런데 공법관계에 있어서는 다른 법률에 특별한 규정이 없는 한 주민등록법에 따른 주민등록지가 주소로 된다(주등법 23). 소득세법도 이를 명시하여 주소지가 2 이상인 때에는 주민등록법에 따라 등록된 곳을

---

64) 대법원 1983.9.27. 선고, 83누300 판결 : 대법원 1988.2.23. 선고, 87누131 판결 : 대법원 2000.10.27. 선고, 99두4433 판결.

납세지로 하도록 규정하고 있다(소령 5 ①Ⅰ).

한편, 거주자가 취학, 질병의 요양, 근무상 또는 사업상의 형편 등으로 본래의 주소지 또는 거소지를 일시퇴거한 경우에는 사실상의 주소지 또는 거소지에 불구하고 본래의 주소지 또는 거소지를 납세지로 본다(소칙 3).

2 비거주자의 납세지

가. 국내사업장 소재지 기준

비거주자의 소득세 납세지는 국내사업장의 소재지로 한다. 국내사업장이 둘 이상 있는 경우에는 주된 국내사업장의 소재지를 납세지로 한다(소법 6 ②). 국내에 둘 이상의 사업장을 둔 비거주자에 있어서 주된 사업장을 판단하기 곤란한 때에는 해당 비거주자가 신고한 장소를 납세지로 하되, 그 신고가 없는 경우에는 소득상황 및 세무관리의 적정성 등을 참작하여 국세청장 또는 관할 지방국세청장이 지정하는 장소를 납세지로 한다.

한편, 국내사업장이 없는 비거주자의 납세지는 국내원천소득이 발생하는 장소로 한다. 국내사업장이 없는 비거주자에게 둘 이상의 장소에서 부동산임대소득 또는 양도소득이 발생하는 경우에는 그 국내원천소득이 발생하는 장소 중에서 해당 비거주자가 신고하는 장소를 납세지로 하고, 그 신고가 없는 경우에는 소득상황 및 세무관리의 적정성 등을 고려하여 국세청장 또는 관할 지방국세청장이 지정한 장소를 납세지로 한다.

나. 국내사업장의 범위

비거주자가 국내에 사업의 전부 또는 일부를 수행하는 고정된 장소(fixed place of business), 즉 고정사업장(permanent establishment : PE)을 가지고 있는 경우에는 국내에 사업장(이하 '국내사업장'이라 한다)이 있는 것으로 한다.

국내사업장의 범위에 관하여는 "제5편 비거주자의 납세의무"에서 상세히 서술하고자 한다.

제**3**절　납세지의 특례

1　상속의 경우의 납세지

거주자 또는 비거주자가 사망하여 그 상속인이 피상속인에 대한 소득세의 납세의무자가 된 경우 그 소득세의 납세지는 그 피상속인·상속인 또는 납세관리인의 주소지나 거소지 중 상속인 또는 납세관리인이 그 관할 세무서장에게 납세지로서 신고하는 장소로 한다(소법 8 ①). 납세지의 신고가 없는 경우에는 일반적인 납세지에 관한 규정에 따른다.

2　비거주자가 납세관리인을 둔 경우의 납세지

비거주자가 납세관리인을 둔 경우 그 비거주자의 소득세 납세지는 그 국내사업장의 소재지 또는 그 납세관리인의 주소지나 거소지 중 납세관리인이 그 관할 세무서장에게 납세지로서 신고하는 장소로 한다(소법 8 ②). 납세지의 신고가 없는 경우에는 일반적인 납세지에 관한 규정에 따른다.

3　국내에 주소가 없는 공무원의 납세지

국내에 주소가 없는 공무원, 국외에서 근무하는 공무원 또는 거주자나 내국법인의 국외사업장 등에 파견된 임원 또는 직원으로서 거주자로 보는 사람의 소득세 납세지는 그 가족의 생활근거지 또는 소속기관의 소재지로 한다(소법 8 ⑤ 및 소령 5 ⑥).

4　원천징수 납세지

원천징수의무자가 거주자·비거주자 또는 법인이냐에 따라 상이하다(소법 7 ①).

가. 거주자

거주자의 주된 사업장의 소재지로 한다. 그러나 주된 사업장 외의 사업장에서 원천징수를 하는 경우에는 그 사업장의 소재지, 사업장이 없는 경우에는 그 거주자의 주소지 또는 거소지로 한다.

나. 비거주자

비거주자의 주된 국내사업장의 소재지로 한다. 그러나 주된 국내사업장 외의 국내사업장에서 원천징수를 하는 경우에는 그 국내사업장의 소재지, 국내사업장이 없는 경우에는 그 비거주자의 거류지(居留地) 또는 체류지(滯留地)로 한다.

다. 법 인

법인의 본점 또는 주사무소의 소재지로 한다. 그러나 법인의 지점, 영업소, 그 밖의 사업장이 독립채산제(獨立採算制)에 따라 독자적으로 회계사무를 처리하는 경우에는 그 사업장의 소재지(그 사업장의 소재지가 국외에 있는 경우는 제외한다)로 한다. 다만, 다음 중 어느 하나에 해당하는 경우에는 그 법인의 본점 또는 주사무소의 소재지를 소득세 원천징수세액의 납세지로 할 수 있다.

① 법인이 지점, 영업소 또는 그 밖의 사업장에서 지급하는 소득에 대한 원천징수세액을 본점 또는 주사무소에서 전자적 방법을 통해 일괄계산하는 경우로서 본점 또는 주사무소의 관할 세무서장에게 신고한 경우

② 부가가치세법 제8조 제3항 및 제4항에 따라 사업자단위로 등록한 경우

라. 그 밖의 경우

국내사업장 등이 없는 비거주자에게 소득금액 또는 수입금액을 지급하는 원천징수의무자가 앞의 "가" 내지 "다"의 납세지를 가지지 아니한 경우에는 다음의 장소로 한다(소령 5 ④).

① 소득세법 제119조 나목 및 소득세법 시행령 제179조 제11항 각 호의 어느 하나에 해당하는 소득이 있는 경우에는 해당 유가증권을 발행한 내국법인 또는 외국법인의 국내사업장의 소재지

② 앞의 "①" 외의 경우에는 국세청장이 지정하는 장소

마. 납세조합이 징수하는 소득세의 납세지

그 납세조합의 소재지로 한다(소법 7 ②).

제4절 납세지의 지정과 취소

1 지정요건

납세지의 지정요건은 다음과 같다(소법 9 ①).

가. 신청에 따른 지정의 경우

사업소득이 있는 거주자가 사업장 소재지를 납세지로 신청한 경우이다. 납세지 지정신청을 하고자 하는 자는 해당 연도 10월 1일부터 12월 31일까지 납세지 지정신청서를 사업장 관할 세무서장에게 제출(국세정보통신망에 따른 제출을 포함한다)하여야 한다.

나. 직권에 따른 지정의 경우

관할 지방국세청장 또는 국세청장은 신청에 따른 지정을 제외하고 거주자 또는 비거주자의 납세지가 그 납세의무자의 소득상황으로 보아 부적당하거나 납세의무를 이행하기에 불편하다고 인정되는 경우에는 직권으로 납세지를 지정할 수 있다(소법 9 ① Ⅱ).

또한, 관할 지방국세청장 또는 국세청장은 국내에 2 이상의 사업장이 있는 비거주자에 있어서 그 주된 사업장을 판단하기 곤란한 경우 또는 국내사업장이 없는 비거주자에게 국내의 2 이상의 장소에서 양도소득이 발생한 경우로서 그 비거주자가 납세지를 신고하지 아니한 때에도 소득상황 및 세무관리의 적정성 등을 참작하여 직권으로 납세지를 지정할 수 있다(소령 5 ① Ⅳ).

2 지정절차

가. 지정권자

납세지의 지정권자는 관할 지방국세청장이다. 다만, 새로 지정할 납세지와 종전의 납세지의 관할 지방국세청장이 다른 때에는 국세청장이 그 납세지를 지정한다(소법 9 ①, 소령 6 ②).

나. 지정통지

1) 신청에 따른 지정의 경우

납세지 지정신청을 받은 관할 지방국세청장 또는 국세청장은 세무관리상 부적절한 경우를 제외하고는 신청한 사업장을 납세지로 지정하여야 하며, 다음 연도 2월 말일까지 그 지정 여부를 서면으로 통지하여야 한다(소령 6 ②). 특히 납세의무자가 신청한 사업장을 납세지로 지정하는 것이 세무관리상 부적절하다고 인정하여 그 신청대로 납세지 지정을 하지 아니한 경우에는 그 뜻을 납세의무자 또는 그 상속인·납세관리인이나 납세조합에 서면으로 각각 통지하여야 한다. 만일 다음 연도 2월 말일까지 통지를 하지 아니한 경우에는 지정신청한 납세지를 납세지로 한다(소령 6 ④).

위에서 세무관리상 부적절한 경우란 사업장의 이동이 빈번하거나 기타의 사유로 사업장을 납세지로 지정하는 것이 적당하지 아니하다고 국세청장이 인정하는 경우를 의미한다(소법 9 ②, 소칙 5).

2) 직권에 따른 지정의 경우

관할 지방국세청장 또는 국세청장이 납세지를 지정한 때에는 해당 과세기간의 과세표준신고 또는 납부기간 개시일 전에 납세의무자 또는 그 상속인·납세관리인이나 납세조합에 서면으로 통지하여야 한다. 다만, 중간예납 또는 수시부과의 사유가 있는 때에는 그 납기 개시 15일 전에 하여야 한다(소법 9 ② 및 소령 6 ③).

3 지정취소

납세지의 지정사유가 소멸한 경우에 관할 지방국세청장 또는 국세청장은 납세지의 지정을 취소하여야 한다(소법 9 ③). 납세지의 지정취소는 일단 적법하게 성립한 납세지의 지정처분을 그 성립 후에 발생된 새로운 사정(지정사유의 소멸)에 따라 장래에 향하여 그 효력의 전부를 소멸시키는 독립된 처분이라는 점에서 강학상(講學上)의 철회에 해당한다. 납세지의 지정이 취소된 경우에도 그 취소 전에 행한 소득세에 관한 신고·신청·청구·납부나 그 밖의 행위의 효력에는 영향을 미치지 아니한다(소법 9 ④).

제**5**절 납세지의 변경신고

거주자나 비거주자는 납세지가 변경된 경우 변경된 날부터 15일 이내에 납세지 변경신고
서를 그 변경 후의 납세지 관할 세무서장에게 제출(국세정보통신망에 의한 제출을 포함한
다)하여야 한다. 납세자의 주소지가 변경됨에 따라 부가가치세법 시행령 제14조에 따른 사
업자등록정정을 한 경우에는 납세지의 변경신고를 한 것으로 본다(소법 10 및 소령 7).

제**6**절 과세관할

과세관할은 과세권의 관할을 의미하며, 과세관청이 과세관할을 갖는다. 소득세의 관할관
청은 소득세의 납세지를 관할하는 세무서장 또는 지방국세청장이다.

제3편

거주자의 종합소득 등에 대한 납세의무

제1장

소득의 구분과 종류

제1절 서 론

1 개 요

소득세는 소득(income, Einkommen)을 과세물건으로 하고 있다. 그러나 소득세의 과세물건이 소득이라고 하여 실정세법에서 모든 소득을 과세물건으로 망라하고 있는 것은 아니다. 과세소득을 규정하는 방식에는 포괄주의와 열거주의가 있는데, 우리나라에서는 열거주의(schedule system)를 채택함으로써 개인에게 귀속하는 모든 소득을 과세소득으로 포함시키지 않고 과세대상이 되는 소득을 제한적으로 열거하고 있다.[1] 따라서 개인에게 귀속하는 경제적 이익이라 할지라도 소득세법에서 과세소득으로 열거하지 아니한 소득[2]에 대하여는 소득세를 부과할 수 없게 되는 것이다. 왜냐하면 과세소득을 열거주의에 의하여 정하는 경우에 조세법률의 공백영역(Steuerrechtsfreien Raum)은 바로 과세제외를 의미하기 때문이다.

한편, 소득세법은 개인에게 귀속한 모든 소득에 대하여 그 소득의 발생원천(source of income)에 관계없이 획일적인 방법에 따라 종합과세하는 것이 아니라 소득의 구분에 따른 질적 담세력의 차이를 인정하여 차별과세하도록 규정하고 있다.[3] 소득세법에서는 소득세

---

1) 이자소득(소법 16 ① XII, XIII)·배당소득(소법 17 ① IX, X)·사업소득(소법 19 ① XXI) 및 연금소득(소법 20의 3 ① III)의 경우에는 해당 소득별로 포괄주의방식을 채택하고 있다. 종전에는 모든 소득에 대하여 열거주의 방식을 채택하였는데, 앞의 네 가지 소득의 경우에는 포괄주의 방식을 채택하고 있는 것인데, 조세평등주의 입장에서는 소득세도 법인세의 경우처럼 포괄주의 방식을 채택하는 것이 바람직하다.
2) 이를 예시하면 다음과 같다.
   ① 주권상장법인의 소액주주가 증권시장을 통하여 해당 법인의 주식 등을 양도함으로써 얻는 소득
   ② 상속으로 인하여 취득한 재산과 사업과 관련없이 증여로 취득한 재산
   ③ 신체·생명·자유 및 인격권이 침해당함으로써 받는 손해배상금
3) 이를 예시하면 아래와 같다.
   ① 종합소득·퇴직소득 및 양도소득의 구분과세
   ② 소득구분별 소득금액 계산에 있어서의 차별
   ③ 소득구분별 세액계산방법(금융소득종합과세)의 차이

의 과세대상이 되는 소득을 소득의 발생원천에 따라 이자소득·배당소득·사업소득·근로소득·연금소득·기타소득·퇴직소득 및 양도소득 등 8종으로 구별하고, 그 원천별 소득에 포함될 소득의 내용을 한정적으로 열거하고 있는 것이다.

소득의 구분과 종류를 정하고 있는 소득세법 제16조, 제17조, 제19조부터 제22조까지, 제94조(양도소득) 및 제119조(국내원천소득)는 다음과 같은 의미를 갖는다.

첫째, 현행 소득세법은 소득세의 과세대상이 되는 소득을 제한적으로 열거하는 열거주의의 방식을 취하고 있다. 그러므로 소득세법 제16조, 제17조, 제19조부터 제22조까지, 제94조 및 제119조는 소득세법에 의하여 과세할 수 있는 과세소득의 범위와 한계에 관한 근거규정을 이루고 있다.

둘째, 현행 소득세법은 과세소득을 그 소득의 발생원천에 따라 몇 개의 소득구분으로 유형화하고 그 유형화한 소득구분에 따라 차등적인 과세장치를 마련하고 있다.

특정한 소득이 어떤 소득구분에 속하는가는 소득세의 크기·납세절차 등에 있어서 차이가 크다. 따라서 소득세법 제16조, 제17조, 제19조부터 제22조까지, 제94조 및 제119조는 소득구분에 따른 차별적인 과세를 위하여 소득의 구분 또는 종류를 명확히 하는 의미를 지니고 있다.

소득세는 종합소득·퇴직소득 및 양도소득별로 별개의 과세처분을 이루므로 각 소득별로 과세처분 취소소송의 소송물을 달리한다.[4] 그러나 같은 종합소득 안에서의 소득구분(예 : 이자소득·사업소득 등)에 관하여는 동일한 과세처분으로 보는 판결[5]과 별개의 과

---

④ 중간예납·신고 및 납부 등에 있어서의 차이

4) 대법원 1987.11.10. 선고, 86누491 판결.
   [판결요지] 원고가 종합소득세부과처분의 위법을 들어 그 취소를 구하고 있다면 법원은 위 과세처분에 의하여 인정된 종합소득의 과세표준과 종합소득세의 객관적인 존부를 그 심리대상으로 삼아 그 부과처분의 위법여부만을 심리하여야 할 것임에도 원심이 위 과세처분의 위법을 인정하면서 과세관청의 납세고지통지가 없어 아직 유효한 과세처분이 있었다고도 볼 수 없고 또 당사자가 구하지도 아니하여 심리의 대상이 될 수 없는 양도소득의 과세표준과 양도소득세액을 산출하고 위 종합소득과세처분 중 위와 같이 산출한 양도소득세액의 범위내의 것은 적법하다고 판시한 것은 처분권주의에 위배된 것이다.

5) 대법원 2002.3.12. 선고, 2000두2181 판결.
   [판결요지] 과세처분취소소송에서의 소송물은 과세관청의 처분에 의하여 인정된 과세표준 및 세액의 객관적 존부이고, 과세관청으로서는 소송 도중이라도 사실심 변론종결시까지 그 처분에서 인정한 과세표준 또는 세액의 정당성을 뒷받침하기 위하여 처분의 동일성이 유지되는 범위 내에서 처분사유를 교환·변경할 수 있으며, 과세관청이 종합소득세부과처분의 정당성을 뒷받침하기 위하여 합산과세되는 종합소득의 범위 안에서 그 소득의 원천만을 달리 주장하는 것은 처분의 동일성이 유지되는 범위 내의 처분사유 변경에 해당하여 허용된다. 과세관청이 과세대상 소득에 대하여 이자소득이 아니라 대금업에 의한 사업소득에 해당한다고 처분사유를 변경한 것은 처분의 동일성이 유지되는 범위 내에서의 처분사유 변경에 해당하여 허용되며, 또 그 처분사유의 변경이 국세부과의 제척기간이 경과한 후에 이루어졌는지 여부에 관계없이 국세부과의 제척기간이 경과되었는지 여부는 당초의 처분시를 기준으로 판단하여야 한다.

세처분으로 보는 판결[6]이 엇갈리고 있다.

2 소득의 구분과 종류

소득세는 납세의무자가 거주자이냐 또는 비거주자이냐에 따라 과세소득의 범위와 과세방법에 차이를 두고 있다.

거주자에 대해서는 전세계소득을 종합소득·퇴직소득 및 양도소득으로 구분하여 각각 과세한다(소법 4 ①). 종합소득 안에는 이자소득·배당소득·사업소득·근로소득·연금소득 및 기타소득이 포함된다. 그리고 퇴직소득이란 공적연금 관련법에 따라 받는 일시금과 사용자 부담금을 기초로 하여 현실적인 퇴직을 원인으로 지급받는 소득 및 그 밖에 앞의 소득과 유사한 소득으로서 대통령령으로 정하는 소득을 말하고, 양도소득이란 특정한 자산의 양도로 발생하는 소득이다.

다음으로 비거주자에 대하여는 국내원천소득을 국내사업장의 소재 여부 등에 따라 종합과세하거나 해당 소득별로 분리과세한다(소법 4 ③, 119 및 121). 비거주자의 국내원천소득에는 국내에서 발생하는 이자소득·배당소득·부동산임대소득·선박 등의 임대소득·사업소득·인적용역소득·근로소득·퇴직소득·연금소득·양도소득·사용료소득·유가증권의 양도소득·기타소득이 포함된다.

거주자의 양도소득의 구분과 종류에 관하여는 제4편에서, 비거주자의 소득의 구분과 종

---

6) ① 대법원 1997.11.14. 선고, 96누8307 판결.
  [판결요지] 이자소득과 부동산임대소득이 소득세법상 합산과세되는 종합소득이라 하여도 과세요건과 소득금액의 산정방식 등을 달리하고 있으므로 납세의무자의 소득이 부동산임대소득이라 하여 과세되었으나 이자소득임이 인정되는 경우에는 처분사유를 변경하고 그에 따른 정당한 세액을 주장·입증하지 아니하는 한 해당 처분 전부를 취소하여야 하고, 법원이 정당한 이자소득세를 산출하여 이를 초과하는 범위 내에서만 부과처분을 취소하여야 하는 것은 아니다.
  ② 대법원 1989.11.14. 선고, 89누1520 판결.
  [판결요지] 이자소득과 사업소득이 소득세법상 합산과세 되는 종합소득세라고 하여도 사업소득은 손익통산이 인정되고 사업장별 총수입금액의 신고의무와 조사결정제도가 있으며 또한 소득계산에 있어서도 필요경비가 인정되는 등 이자소득과 다른 점이 있으므로 납세의무자의 소득이 이자소득이라고 하여 과세된 경우에 그것이 이자소득이 아니라 과세표준이 다른 사업소득이라 하여 해당 과세처분이 위법한 것으로 판단될 경우에는 해당 처분 전부를 취소해야 하는 것이지 재판대상이 아닌 다른 소득에 관하여 그 조사결정권도 없는 법원이 나서서 세액을 결정하여 그 초과부분을 취소할 수는 없다.
  ③ 대법원 1991.3.12. 선고, 90누7289 판결.
  [판결요지] 상여소득에 대한 갑종근로소득세와 배당소득에 대한 배당소득세는 과세요건과 과세율을 달리하여 어느 하나의 부과처분에 다른 하나의 부과처분이 포함되어 있다고 볼 수 없으므로 법인이 출자자인 임원의 인정상여소득에 대한 갑종근로소득세 부과처분의 취소를 구하고 있는 사건에 있어서 그 부과처분이 위법하면 이를 전부 취소하여야 할 것이고, 이와는 달리 그에게 귀속된 사외유출금액에 대하여 정당한 배당소득세를 산출하여 이를 초과하는 범위 내에서만 위 부과처분을 취소하여야 할 것은 아니다.

류에 관하여는 제5편에서 다루기로 하고, 이곳에서는 거주자의 종합소득 및 퇴직소득의 구분과 종류만으로 한정하여 살펴보기로 한다.

3 소득종류간의 경합

소득종류간의 경합(Konkurrenzen mehrerer Einkunftsarten)에 관하여는 법령의 해석에 따라 어떤 하나의 소득유형으로 특정하여야 한다.

어떤 소득이라고 할지라도 한 종류의 소득만으로 특정하여야 하고, 둘 또는 세 종류의 소득유형에 경합적으로 해당한다고 하여 이중 또는 삼중으로 과세소득에 포함시키는 것은 동일한 소득에 대한 중복과세를 가져오기 때문에 타당하지 않다.

구체적인 소득종류간의 경합사례는 각 소득구분에서 다루기로 한다.

제**2**절 이자소득

1 이자소득의 개념과 범위

가. 이자소득의 개념

이자(interest, Zins)란 금전을 대여하고 받는 대가를 말한다. 금전대여 등에 따른 대가를 이자라는 명칭 이외에 예금·할부금·수수료[7]·공제금·체당금(替當金)·소개료 기타의 명목으로 부른다고 할지라도 그 명칭 여하에 불구하고 모두 이자의 범위에 포함하여야 한다.

그런데 소득세의 과세대상이 되는 이자소득에는 이자부 소비대차에 있어서의 이자뿐만 아니라 사채(社債)의 이자·신용계 또는 신용부금으로 인한 이익·저축성 보험의 보험차익 및 금전의 사용에 따른 대가의 성격이 있는 일체의 경제적 이익이 포함된다. 일반적으로 이자의 크기는 원본채권액, 대차기간 및 이율에 따라 결정된다.

나. 다른 소득과의 구분

1) 사업용 자산인 예금의 이자 등

사업소득이 있는 거주자가 그 사업자금 또는 임대보증금의 일부를 은행에 예입하거나

---

7) 대법원 1989.10.24. 선고, 89누2554 판결.

타인에게 대여하고 받는 이자수입이 사업소득에 해당하는지, 아니면 이자소득에 해당하는지가 문제이다. 즉 앞의 이자수입은 사업과 관련된 수입금액이므로 사업소득을 구성한다는 견해와 은행예금의 이자 또는 비영업대금의 이익에 해당하기 때문에 이자소득을 구성한다는 견해로 갈리는 것이다.

위의 이자수입은 현행 소득세법의 구조 및 체계, 소득세법 제16조의 규정에 비추어 볼 때 이자소득에 해당한다고 새기고자 한다.[8]

2) 장기할부조건부 판매에 있어서의 이자상당액 등

① 장기할부조건부 판매에 있어서의 이자상당액에 대하여는 이자소득에 해당한다는 견해와 사업소득 또는 양도소득을 구성한다는 견해의 대립을 생각하여 볼 수 있다. 비영업대금의 이익이라 함은 금전의 대여를 사업으로 하지 않는 자가 일시적·우발적으로 금전을 대여함에 따라 지급받는 이자 또는 수수료 등을 말한다. 따라서 물품을 장기할부조건으로 판매함에 있어서 장기할부조건에 대한 반대급부로서 현금거래 또는 통상의 대금결제방법에 따른 거래의 경우보다 추가로 지급받는 금액이나 계약을 체결하는 과정에서 이자상당액을 더하여 매도가액을 확정하고 할부방법에 따라 이자를 포함한 가액을 매도대금으로 지급받는 경우에 있어서의 그 이자상당액은 비영업대금의 이익에 해당한다고 할 수 없다.[9] 소득세법 시행령 제48조 제10호의 2 및 제162조 제1항 제3호 등에 비추어 볼 때 장기할부조건부 판매에 있어서의 이자상당액은 해당 물품의 매도가액에 포함되고, 따라서 사업소득 또는 양도소득에 해당한다고 새겨야 한다.

② 다음으로 부동산 등의 매매대금을 약정한 기일까지 받지 못함으로써 지연기간에 대한 이자상당액을 추가로 받는 경우에 그 연체이자 또는 지연손해금이 이자소득을 구성하는지가 의문이다.

토지 등의 양도대가를 받을 때 양수인이 지급기일을 어긴 데 대하여 추가로 받는 연체이자는 소득세법 제21조 제1항 제10호의 "계약의 위약 …… 으로 인하여 받는 위약금과 배상금"에 해당하여 기타소득에 해당한다고 새긴다.[10] 다만 매매대금이

---

8) 독일에서는 농림업소득·사업소득·독립적 근로소득 또는 임대소득이 있는 자가 사업과 관련하여 취득한 자산(예금 등)으로부터 얻은 소득(예 : 이자 등)은 자산소득(Einkünfte aus Kapitalvermögen)으로 구분하지 않고, 농림업소득 등으로 보도록 하고 있다[EStG 20(3)]. 즉 농림업소득 등이 있는 자가 사업용 자산인 은행예금 또는 유가증권으로부터 얻는 이자수입 또는 배당금수입은 자산소득이 아니고 농림업소득 등으로 보는 것이다(Klaus Tipke / Joachim Lang, Steuerrecht, Ein systematischer Grundriβ, 13. Aufl.(Verlag Dr. Otto Schmidt, 1991), SS.374~375.

9) 대법원 1991.3.27. 선고, 90누9230 판결 : 대법원 1991.7.26 선고, 91누117 판결.

실질적인 소비대차의 목적물로 전환되어 이자가 발생하는 경우라면 이자소득(비영업대금의 이익)으로 보아야 한다.[11]

대법원은 부동산 등의 매매대금의 지급 지체에 따라 받는 연체이자 또는 지연손해금은 매매대금의 지급기일을 연장하여 준 데 대한 보상 내지 반대급부에 해당하는 것이므로 자산의 양도가액을 구성하지 않음은 물론이고[12] 비영업대금의 이익에도 해당하지 않는다고 판시한 바 있다.[13]

3) 대금업을 영위하는 자의 이자

원본채권으로부터 발생하는 이자라고 하더라도 해당 금전의 대여가 사업을 목적으로 행하여지는 경우에는 사업소득을 구성하게 된다. 이와 관련하여 특히 비영업대금의 이익과 대금업과의 구분이 문제된다.[14] 어떤 이자가 대금업에서 발생하는 소득, 즉 사업소득에 해당하기 위해서는 다음과 같은 요건을 갖추어야 한다.

첫째, 영리 또는 수익을 목적으로 금전을 대여하여야 한다. 금전을 대여하는 자가 「대부업 등의 등록 및 금융이용자 보호에 관한 법률」에 따라 시·도지사에게 등록을 하였거나 사업자등록을 마친 경우 등과 같이 대외적으로 대금업자임을 표방하고 있는 경우에는 문제가 없다. 그러나 이와 같은 「대부업 등의 등록 및 금융이용자 보호에 관한 법률」에 의하여 등록을 하지 않았거나 사업자등록을 이행하지 않았다고 하여 모두 사업자에 해당하지 않는 것은 아니다.[15]

둘째, 금전을 대여하는 자가 불특정다수인에게 해당 대여행위를 계속적·반복적으로 행할 것이 요구된다. 대법원은 법인의 대표이사가 그 법인에게 운영자금을 빌려주고 받은 이자는 비영업대금의 이자에 해당한다고 판시하고 있다.[16]

생각건대 대금업의 징표로서의 영리성 및 계속·반복성은 보다 구체적인 행위의 태양인 금전대여 행위의 규모, 상대방의 범위, 거래의 횟수, 거래기간의 장단, 이자액의 다과, 자금의 조달방법, 담보권설정의 유무, 금전대여를 위한 물적 시설 및 인적 조직의 상황, 광고선전의 상황 등 제반 사정을 고려하여 사회통념에 비추어 판단하여야 할 것이다.[17]

---

10) 대법원 1993.4.27. 선고, 92누9357 판결 : 대법원 1993.7.27 선고, 92누19613 판결 : 대법원 1997.3.28 선고, 95누7406 판결.
11) 대법원 2000.9.8. 선고, 98두16149 판결.
12) 대법원 1993.7.27. 선고, 92누19613 판결 : 대법원 1991.7.26. 선고, 91누117 판결.
13) 대법원 1991.10.8. 선고, 91누3475 판결 외.
14) 전정구, 「한국조세의 제문제」(조세통람사, 1989), pp.320~325.
15) 대법원 1987.3.10. 선고, 85누446 판결 : 대법원 1987.12.22. 선고, 87누784 판결.
16) 대법원 1984.3.17. 선고, 83누548 판결.

2 이자소득의 내용

이자소득의 내용은 다음과 같다(소법 16 ①). 다만, 비과세소득 및 분리과세이자소득은 제외한다.

① 국가나 지방자치단체가 발행한 채권 또는 증권의 이자와 할인액

국가나 지방자치단체가 발행한 채권 또는 증권의 이자와 할인액은 이자소득으로 한다. 그런데 국가가 국채의 원금·이자분리제도에 따라 원금과 이자가 분리되는 원금·이자분리채권을 발행한 경우에는 원금에 해당하는 채권(원금분리채권)의 할인액과 이자에 해당하는 채권(이자분리채권)의 할인액은 국가나 지방자치단체가 발행한 채권의 할인액으로 본다. 그리고 국가가 발행하는 채권으로서 그 원금이 물가에 연동되는 채권의 경우 해당 채권의 원금증가분은 이자 및 할인액에 포함된다(소령 22의 2 ③).

② 내국법인이 발행한 채권 또는 증권의 이자와 할인액

국채·산업금융채권·예금보험기금채권·예금보험기금채권상환기금채권 및 한국은행통화안정증권을 공개시장에서 통합발행(일정기간 동안 추가하여 발행할 채권의 표면금리와 만기 등 발행조건을 통일하여 발행하는 것을 말한다)하는 경우 해당 채권의 매각가액과 액면가액과의 차액은 채권의 이자 및 할인액에 포함되지 않는 것으로 한다(소령 22의 2 ②).

③ 국내 또는 국외에서 받는 파생결합사채로부터의 이익

국내 또는 국외에서 받는 대통령령으로 정하는 파생결합사채로부터의 이익은 이자소득으로 한다. 이 경우 대통령령으로 정하는 파생결합사채로부터의 이익이란 상법 제469조 제2항 제3호에 따른 사채로서 「자본시장과 금융투자업에 관한 법률」 제4조 제7항 제1호에 해당하는 증권으로부터 발생한 이익을 말한다(소령 23).

④ 국내에서 받는 예금(적금·부금·예탁금 및 우편대체를 포함한다)의 이자

⑤ 상호저축은행법에 따른 신용계 또는 신용부금으로 인한 이익

⑥ 외국법인의 국내지점 또는 국내영업소에서 발행한 채권 또는 증권의 이자와 할인액

⑦ 외국법인이 발행한 채권 또는 증권의 이자와 할인액

⑧ 국외에서 받는 예금의 이자

⑨ 채권 또는 증권의 환매조건부 매매차익

채권 또는 증권의 환매조건부 매매차익이란 금융회사 등이 환매기간에 따른 사전약정

---

17) 대법원 1987.5.26. 선고, 86누96 판결 : 대법원 1987.12.22. 선고, 87누784 판결 : 昭和 43. 7. 20, 名古屋地裁, 税資 61號 p.1392 : 昭和 47. 12. 13, 東京高裁, 税資 66號 p.1130.

이율을 적용하여 환매수 또는 환매도하는 것을 조건으로 매매하는 채권 또는 증권의 매매차익을 말한다(소령 24).

위에서 금융회사 등이란 「금융실명거래 및 비밀보장에 관한 법률」 제2조 제1호 각 목의 어느 하나에 해당하는 금융회사 등과 법인세법 시행령 제111조 제1항 각 호의 어느 하나에 해당하는 법인을 말한다. 그리고 "사전약정이율을 적용하여 환매수 또는 환매도하는 조건"이라 함은 거래의 형식 여하에 불구하고 환매수 또는 환매도하는 경우에 해당 채권 또는 증권의 시장가격이 아닌 사전에 정하여진 이율에 따라 결정된 가격으로 환매수 또는 환매도하는 조건을 말한다(소칙 12 ②).

⑩ 단기 저축성 보험의 보험차익

일정한 단기 저축성 보험의 보험차익은 이자소득으로 한다.

ⅰ) 보험차익이란 보험계약에 따라 만기 또는 보험의 계약기간 중에 받는 보험금·공제금 또는 계약기간 중도에 해당 보험계약이 해지됨에 따라 지급받는 환급금(이하 '보험금'이라 한다)에서 납입보험료 또는 납입공제료(이하 '보험료'라 한다)를 뺀 금액을 말한다(소령 25 ①). 보험료를 계산함에 있어서 보험계약기간 중에 보험계약에 따라 받은 배당금 기타 이와 유사한 금액(이하 '배당금 등'이라 한다)은 이를 납입보험료에서 빼되, 그 배당금 등으로 납입할 보험료를 상계한 경우에는 배당금 등을 받아 보험료를 납입한 것으로 본다(소령 25 ⑧).

ⅱ) 다음 중 어느 하나에 해당하는 보험계약이나 보험금의 보험차익은 제외한다. 즉 다음의 보험차익은 이자소득으로 보지 아니하는 것이다.

㉮ 계약자 1명당 납입할 보험료 합계액[계약자가 가입한 모든 저축성보험(㉯에 따른 저축성 보험 및 ㉰에 따른 종신형 연금보험은 제외한다)의 보험료 합계액을 말한다]이 1억원[18] 이하인 저축성보험계약으로서 최초로 보험료를 납입한 날(이하 '최초납입일'이라 한다)부터 만기일 또는 중도해지일까지의 기간이 10년 이상인 것(최초납입일부터 만기일 또는 중도해지일까지의 기간은 10년 이상이지만 최초납입일부터 10년이 경과하기 전에 확정된 기간 동안 연금형태로 분할하여 지급받는 경우를 제외한다)

㉯ 다음의 요건을 모두 충족하는 월적립식 저축성보험계약

ⓐ 최초납입일부터 만기일 또는 중도해지일까지의 기간이 10년 이상일 것

ⓑ 최초납입일부터 납입기간이 5년 이상인 월적립식 계약일 것

---

18) 2017년 3월 31일까지 체결하는 보험계약의 경우에는 2억원이다.

ⓒ 최초납입일부터 매월 납입하는 기본보험료가 균등(최초 계약한 기본보험료의 1배 이내로 기본보험료를 증액하는 경우를 포함한다)하고, 기본보험료의 선납기간이 6개월 이내일 것

ⓓ 계약자 1명당 매월 납입하는 보험료 합계액[계약자가 가입한 모든 월적립식 보험계약(만기에 환급되는 금액이 납입보험료를 초과하지 아니하는 보험계약으로서 기획재정부령으로 정하는 것은 제외한다)의 기본보험료, 추가로 납입하는 보험료 등 월별로 납입하는 보험료를 기획재정부령으로 정하는 방식에 따라 계산한 합계액을 말한다]이 150만원 이하일 것

㉰ 다음의 요건을 모두 충족하는 종신형 연금보험계약

ⓐ 계약자가 보험료 납입 계약기간 만료 후 55세 이후부터 사망시까지 보험금·수익 등을 연금으로 지급받는 계약일 것

ⓑ 연금 외의 형태로 보험금·수익 등을 지급하지 아니할 것

ⓒ 사망시[통계법 제18조에 따라 통계청장이 승인하여 고시하는 통계표에 따른 성별·연령별 기대여명 연수(소수점 이하는 버린다) 이내의 보증기간이 설정된 경우로서 계약자가 해당 보증기간 이내에 사망한 경우에는 해당 보증기간의 종료시] 보험계약 및 연금재원이 소멸할 것

ⓓ 계약자와 피보험자 및 수익자가 동일한 계약으로서 최초 연금개시 이후 사망일 전에 중도해지할 수 없을 것

ⓔ 매년 수령하는 연금액(연금수령개시 후에 금리변동에 따라 변동된 금액과 이연하여 수령하는 연금액은 포함하지 아니한다)이 일정한 금액을 초과하지 아니할 것. 이 경우 일정한 금액이란 연금수령 개시일 현재 연금계좌 평가액을 연금수령 개시일 현재 기대여명 연수로 나눈 금액에 3을 곱한 것을 말한다.

㉱ 피보험자의 사망·질병·부상 그 밖의 신체상의 상해로 인하여 받거나 자산의 멸실 또는 손괴로 인하여 받는 보험금

⑪ 직장공제회 초과반환금

직장공제회로부터 받은 초과반환금은 이자소득으로 한다. 직장공제회란 민법 제32조 또는 그 밖의 법률에 따라 설립된 공제회·공제조합(이와 유사한 단체를 포함한다)으로서 동일직장이나 직종에 종사하는 근로자들의 생활안정·복리증진 또는 상호부조 등을 목적으로 구성된 단체를 말한다. 이 경우 초과반환금은 근로자가 퇴직하거나 탈퇴하여 직장공제회로부터 받은 반환금에서 납입공제료를 뺀 금액(이하 '납입금 초과

이익'이라 한다)과 반환금을 분할하여 지급하는 경우 그 지급하는 기간 동안 추가로 발생하는 이익(이하 '반환금 추가이익'이라 한다)으로 한다(소령 26 ②).

⑫ 비영업대금의 이익

비영업대금(非營業貸金)의 이익이라 함은 금전의 대여를 사업목적으로 하지 아니하는 자가 일시적·우발적으로 금전을 대여함에 따라 지급받는 이자 또는 수수료 등을 말한다(소령 26 ③). 영업적이란 영리를 목적으로 동종의 행위를 계속·반복적으로 행하는 것을 의미하므로 비영업대금은 일시적·비반복적으로 금전을 대여한 경우를 가리킨다. 명칭 또는 명목이 어떠한지는 따지지 아니하며, 금전대여와 대가관계에 있는 이익(이자라는 명칭 외에 수수료·할부금·공제금·소개료 등 일체의 이익을 포함한다)은 모두 비영업대금의 이익을 구성한다.[19] 보통 사채이자(私債利子)라고 부른다.

⑬ 그 밖의 금전 사용에 따른 대가로서의 성격이 있는 것

앞의 "①"부터 "⑫"까지의 소득과 유사한 소득으로서 금전 사용에 따른 대가로서의 성격이 있는 것을 말한다. 즉 앞의 "①"부터 "⑫"까지에서 열거한 이자소득에 해당하지 않더라도 이와 유사한 소득으로서 금전사용에 따른 대가로서의 성격이 있는 것이라면 그 명칭이 어떠한지를 가리지 않고 모두 여기에 포함한다.[20] 소득세법 시행령 제26조 제4항에서는 채권대차거래보상액이 "그 밖의 금전 사용에 따른 대가로서의 성격이 있는 것"에 포함된다고 규정하고 있다. 즉 거주자가 일정기간 후에 같은 종류로서 같은 양의 채권을 반환받는 조건으로 채권을 대여하고 해당 채권의 차입자로부터 지급받는 해당 채권에서 발생하는 이자에 상당하는 금액은 이자소득 중 "그 밖의 금전 사용에 따른 대가로서의 성격이 있는 것"에 포함되는 것이다. 그러나 채권을 일시적으로 대여하고 그 사용료로 받는 금액은 기타소득에 해당한다(소법 21 ① Ⅷ).

본 호는 사회의 발전과 경제구조의 고도화에 따라 새롭게 발생 또는 출현하는 금전사용에 따른 대가를 이자소득에 포함시키기 위하여 소득세의 과세대상이 되는 이자소득의 규정방식을 종전의 열거주의방식에서 포괄주의방식(소득유형별 포괄주의방식)으

---

19) 금전을 대여할 때에 채권자가 채무자로부터 받는 금전대여에 관한 수수료는 비영업대금의 이익으로서 이자소득에 포함된다(대법원 1989.10.24. 선고, 89누2554 판결).

20) 대법원 2010.2.25. 선고, 2007두18284 판결.
[판결요지] 한국교직원공제회가 그 회원인 교원으로부터 받은 목돈급여, 퇴직생활급여등의 부담금에 대하여 지급하는 부가금은 소득세법 소정의 이자소득에 해당한다고 판단하였다. 즉 ① 비록 원고가 금융기관이 아니기는 하지만 원고의 운용방식이 금융기관과 다르지 않다는 점, ② 부담금 운용실적과 관계없이 사전약정에 따라 일정한 부가율에 의하여 산정한 금액을 부가금이라는 이름으로 지급하였다는 점을 고려하여 볼 때, 이 사건 부가금이 제3호 소정의 예금의 이자와 성격이 유사하다고 볼 수 있고, 그러한 이상, 제13호 소정의 "제1호부터 제12호까지의 소득과 유사한 소득"이라는 요건 및 "금전의 사용에 따른 대가"라는 요건을 모두 충족하여 이 사건 부가금을 이자소득으로 보아야 한다.

로 전환함에 따라 신설된 조항이다.

⑭ 파생상품의 거래 또는 행위로부터의 이익

개인이 이자소득이 발생하는 상품(이하 '이자부상품'이라 한다)과 「자본시장과 금융투자업에 관한 법률」 제5조에 따른 파생상품(이하 '파생상품'이라 한다)을 함께 거래하는 경우로서 다음 중 어느 하나에 해당하는 경우를 말한다.

ⅰ) 다음의 요건을 모두 갖추어 실질상 하나의 상품과 같이 운영되는 경우

㉮ 금융회사 등이 직접 개발·판매한 이자부상품의 거래와 해당 금융회사 등의 파생상품 계약이 해당 금융회사 등을 통하여 이루어질 것

㉯ 파생상품이 이자부상품의 원금 및 이자소득의 전부 또는 일부(이하 '이자소득 등'이라 한다)나 이자소득 등의 가격·이자율·지표·단위 또는 이를 기초로 하는 지수 등에 따라 산출된 금전이나 그 밖의 재산적 가치가 있는 것을 거래하는 계약일 것

㉰ "㉮"에 따른 금융회사 등이 이자부상품의 이자소득 등과 파생상품으로부터 이익을 지급할 것

ⅱ) 다음의 요건을 모두 갖추어 장래의 특정 시점에 금융회사 등이 지급하는 파생상품(「자본시장과 금융투자업에 관한 법률」 제166조의 2 제1항 제1호에 해당하는 경우에 한정한다)으로부터의 이익이 확정되는 경우

㉮ 금융회사 등이 취급한 이자부상품의 거래와 해당 금융회사 등의 파생상품의 계약이 해당 금융회사 등을 통하여 이루어질 것(이자부상품의 거래와 파생상품의 계약이 2 이상의 금융회사 등을 통하여 별도로 이루어지더라도 파생상품의 계약을 이행하기 위하여 이자부상품을 질권으로 설정하거나 「자본시장과 금융투자업에 관한 법률 시행령」 제103조에 따른 금전신탁을 통하여 이루어지는 경우를 포함한다)

㉯ 파생상품이 이자부상품의 이자소득 등이나 이자소득 등의 가격·이자율·지표·단위 또는 이를 기초로 하는 지수 등에 따라 산출된 금전이나 그 밖의 재산적 가치가 있는 것을 거래하는 계약일 것

㉰ 파생상품으로부터의 확정적인 이익이 이자부상품의 이자소득보다 클 것

본 호는 대법원이 유형별 포괄주의를 규정하고 있는 앞의 "⑬"의 규정에도 불구하고, 소득세법에 구체적인 규정이 없는 한 이자소득으로 볼 수 없다고 판시하여 입법적으로 해결한 것이다.[21]

제**3**절 배당소득

1 배당소득의 개념

배당(dividend, Gewinnverwendung)이라 함은 주주 또는 사원이 회사로부터 받는 이익 또는 잉여금의 분배액을 말한다. 주식회사·유한회사·합자회사 또는 합명회사와 같은 영리법인이 그 사업을 통하여 얻은 이익을 주주 또는 사원에게 분배하는 것은 너무나 당연하다. 주식회사가 주주에게 행하는 이익배당의 형태는 크게 현금배당과 주식배당으로 나눌 수 있다. 이와 같은 현금배당과 주식배당이 배당소득의 대종을 이루고 있다.

한편, 회사가 주주 등에게 이익배당의 형태로 금전 또는 주식을 지급 또는 교부하지는 아니하였지만 이익배당을 한 것과 같은 경제적 이익을 주는 경우(잉여금의 자본전입 등)에는 배당으로 의제한다. 그리고 법인세법에 따라 배당으로 소득처분한 금액도 배당소득에 포함한다.

2 배당소득의 내용

배당소득의 내용은 다음과 같다(소법 17 ①). 다만, 비과세소득 및 분리과세배당소득은 제외한다.

---

21) 대법원 2011.5.13. 선고, 2010두5004 판결.
　　[판결요지] 납세의무자가 경제활동을 함에 있어서는 동일한 경제적 목적을 달성하기 위하여서도 여러 가지의 법률관계 중 하나를 선택할 수 있으므로 그것이 가장행위에 해당한다고 볼 특별한 사정이 없는 한 과세관청으로서는 납세의무자가 선택한 법률관계를 존중하여야 하고, 납세의무자의 거래행위를 그 형식에도 불구하고 조세회피행위라고 하여 그 효력을 부인할 수 있으려면 법률에 개별적이고 구체적인 부인 규정이 있어야 한다.
　　엔화스왑예금거래를 구성하는 엔화현물환매도계약과 엔화정기예금계약 및 엔화선물환매수계약은 이들 계약이 비록 동시에 체결되었다고 하더라도 각기 그 목적과 효과를 달리하는 별개의 계약으로 체결되었음이 분명하고 위 계약이 모두 가장행위에 해당한다고 단정할 만한 사정은 없으므로, 다른 특별한 사정이 없는 이상 그 체결된 계약의 내용에 따른 효력이 인정되어야 할 것이다.
　　그렇다면 이 사건 엔화스왑예금거래는 엔화의 매매가 수반된다는 점에서 원화예금거래와 동일한 거래형태라고 볼 수 없으므로 이 사건 선물환차익이 구 소득세법 제16조 제1항 제3호의 '예금의 이자'와 유사한 소득이라고 볼 수 없고, 또한 같은 항 제9호는 그 적용대상을 '채권 또는 증권의 환매조건부 매매차익'으로 제한하고 있는 취지에 비추어 채권이나 증권이 아닌 엔화의 매매차익에 불과한 이 사건 선물환차익을 같은 항 제9호의 '채권 또는 증권의 환매조건부 매매차익' 소득과 유사한 소득이라고 보기도 어렵다고 할 것이다. 따라서, 구 소득세법 제16조 제1항 제13호 소정의 이자소득세의 과세대상에 해당하지 않는다.

가. 내국법인으로부터 받는 이익이나 잉여금의 배당 또는 분배금

1) 이익 등의 배당

배당소득의 주종을 이루고 있는 것은 내국법인의 사원 또는 주주가 해당 내국법인으로부터 받은 이익이나 잉여금의 배당 또는 분배금(이하 '이익 등의 배당'이라고 한다)이다. 이와 같은 이익 등의 배당에는 현금의 형태로 지급하는 현금배당(cash dividends)과 신주를 발행하여 교부하는 형태의 주식배당(stock or share dividends)을 모두 포함한다. 주식배당은 준비금의 자본전입, 즉 무상증자에 따른 주식의 교부와는 다르다. 준비금(주식발행액면초과액 등과 같은 일정한 자본잉여금은 제외한다)의 자본전입에 따른 주식의 교부는 의제배당으로 취급한다.

현행 상법은 중간배당제도를 허용하고 있는데(상법 462의 3),[22] 이와 같은 중간배당이 배당소득을 구성함은 의문의 여지가 없다.

2) 위법배당 등

이익배당이 의결된 후에 주주가 배당청구권을 포기하더라도 배당소득이 있는 것으로 새겨야 한다.[23] 그리고 위법배당이라 하더라도 해당 소득이 주주에게 귀속되고 있는 한 과세소득을 구성한다고 해석하여야 한다.[24] 실질과세의 원칙에 비추어 볼 때 당연한 귀결이다.

나. 법인으로 보는 단체로부터 받은 배당 또는 분배금

법인으로 보는 단체로부터 받는 배당 또는 분배금은 배당소득을 구성한다. 여기에서 법인으로 보는 단체란 국세기본법 제13조 제1항 및 제2항에 따라 법인으로 보는 법인 아닌 사단·재단을 가리킨다.

법인 아닌 사단·재단은 주로 비영리를 목적으로 하는 단체에서 흔하게 찾아볼 수 있으므로 법인세법은 비영리법인으로 취급하도록 하고 있다(법법 1 Ⅱ). 이와 같은 법인 아닌 사단·재단이 그 사원 등에게 배당 또는 분배를 하는 경우는 매우 이례적이라고 하겠다.

만일 그와 같은 법인 아닌 사단·재단이 그 사원 등에게 배당 또는 분배를 행한다면 해당

---

22) 상법 제462조의 3(중간배당) ① 연 1회의 결산기를 정한 회사는 영업연도 중 1회에 한하여 이사회의 결의로 일정한 날을 정하여 그 날의 주주에 대하여 금전으로 이익을 배당(이하 이 조에서 '중간배당'이라 한다)할 수 있음을 정관으로 정할 수 있다.
23) 대법원 1985.11.12. 선고, 85누489 판결.
24) 日本 東京地裁 昭和 45行ウ49號.

배당금 또는 분배금은 배당소득을 구성하는 것이다.

다. 의제배당

1) 의 의

회사가 주주 등에게 배당의 형태로 현금 또는 주식을 지급 또는 교부하지 않았지만, 배당을 한 것과 동일한 경제적 이익을 주는 경우가 있다. 예를 들면 회사가 주식을 소각하거나 법인이 해산 또는 합병하면서 해당 주주 등에게 경제적 이익을 주는 경우 등이 이에 해당한다.

이와 같은 경제적 이익에 대하여 소득세를 과세하지 아니한다면 배당 및 분배금 등과의 사이에 과세의 형평이 깨어지게 된다.[25] 따라서 주주 등이 회사로부터 얻는 경제적 이익으로서 현금배당 및 주식배당을 제외한 그 밖의 일정한 경제적 이익에 대하여는 이를 배당으로 의제하여 소득세를 과세하도록 하고 있는 것이다. 이를 의제배당(擬制配當)이라고 부른다.

의제배당은 그 발생의 원인에 따라 크게 주식의 소각 등으로 인한 의제배당·법인의 해산에 따른 의제배당·법인의 합병에 따른 의제배당·법인의 분할에 따른 의제배당 및 잉여금의 자본전입(자기주식보유법인의 주식발행액면초과액 등의 자본전입에 따른 지분비율의 증가를 포함한다)에 따른 의제배당으로 나눌 수 있다.

다음으로 의제배당은 금전 및 그 밖의 재산의 취득여부에 따라 금전 및 그 밖의 재산의 취득에 대하여 배당으로 의제하는 경우와 금전 및 그 밖의 재산의 취득 없이 배당으로 의제하는 경우로 대별할 수 있다. 금전 및 그 밖의 재산의 취득에 대하여 배당으로 의제하는 경우로서는 주식의 소각 등으로 인한 의제배당·법인의 해산에 따른 의제배당·법인의 합병에 따른 의제배당 및 법인의 분할에 따른 의제배당을 들 수 있다. 그리고 금전 및 그 밖의 재산의 취득 없이 배당으로 의제하는 경우로서는 잉여금의 자본전입(자기주식보유법인의 주식발행액면초과액 등의 자본전입에 따른 지분비율의 증가를 포함한다)에 따른 의제배당을 들 수 있다.

금전 및 그 밖의 재산의 취득에 대하여 배당으로 의제하는 경우에 해당 의제배당소득이 과세소득을 구성하는 것에 대하여는 다른 견해가 없다. 그러나 금전 및 그 밖의

---

25) 대법원 1991.9.10. 선고, 91다10565 판결도 "소득세법 제26조 제1항이 규정하는 의제배당은 기업경영의 성과인 잉여금 중 사외로 유출되지 않고 법정적립금·이익준비금 기타 임의적립금 등의 형식으로 사내에 유보된 이익이 위 법조 각 호 소정의 사유로 주주나 출자자에게 환원되어 귀속되는 경우에 이러한 이익은 실질적으로 현금배당과 유사한 경제적 이익이므로 과세형평의 원칙에 비추어 이를 배당으로 의제하여 과세하는 것이다"라고 같은 취지로 판결하고 있다.

재산의 취득 없이 배당으로 의제하는 잉여금의 자본전입에 따른 주식(무상주)의 취득이 과세소득을 구성하는지에 관하여는 상당한 논란이 있다. 이에 관하여는 뒤에서 다시 살펴보기로 한다.

2) 의제배당의 유형

가) 주식의 소각 등

(1) 주식의 소각 등의 경우의 의제배당액의 계산

주식의 소각이나 자본의 감소, 사원의 퇴사·탈퇴나 출자의 감소로 인하여 주주·사원이나 출자자(이하에서 '주주 등'이라 한다)가 취득하는 금전 그 밖의 재산의 가액이 주주 등이 해당 주식 또는 출자를 취득하기 위하여 사용한 금액을 초과하는 금액은 배당받은 것으로 본다.

> 의제배당액 = 주주 등이 취득하는 금전 그 밖의 재산의 가액 − 해당 주식 등의 취득가액

(가) 주식의 소각

주식의 소각(Amortisation)이란 자본감소의 한 방법인데, 회사의 존속 중에 특정한 주식을 절대적으로 소멸시키는 회사의 행위이다. 그런데 회사가 주식을 소각할 목적으로 주주로부터 주식을 매입한 경우에 그 주주의 주식의 매도로 인한 소득이 양도소득인지 아니면 주식의 소각에 따른 의제배당인지가 문제가 될 수 있다. 특히 주식의 임의·유상소각의 경우에 그와 같은 논란의 소지가 현저하다고 본다.

주식의 임의소각은 원칙적으로 자본감소의 규정에 따라야 하므로[26] 주주총회의 특별결의와 채권자보호절차를 거쳐 자기주식을 취득하여 주식실효의 절차를 밟은 후에 감자등기를 행하게 된다. 이와 같이 주식의 임의소각을 위한 매수가 자본감소의 절차에 따라 행하여진 것이라면 그 주주의 주식의 양도로 인한 소득은 양도소득이 아닌 주식의 소각에 따른 의제배당으로 보아야 할 것이다. 대법원도 주식의 매도가 자산거래인 주식의 양도에 해당하는가 또는 자본거래인 주식의 소각 내지 자본의 환급에 해당하는가는 계약의 해석문제로서 그 거래의 내용과 당사자의 의사를 기초로 하여 판단하여야 할 것이지만, 실질과세의 원칙상 단순히 해당 계약서의 내용이나 형식에만 의존할 것이 아니라 당사자의 의사와 계약

---

[26] 이사회의 결의에 의하여 회사가 보유하는 자기주식을 소각하는 경우에는 자본감소의 규정에 의하지 않을 수 있다(상법 343 ① 단서).

체결의 경위·대금의 결정방법·거래의 경과 등 거래의 전체과정을 실질적으로 파악하여 판단하여야 한다고 판시한 바 있다.[27]

(나) 주주 등이 취득하는 금전 그 밖의 재산가액의 합계액

주식의 소각 등에 따라 금전을 교부받은 때에는 그 교부받은 금액으로 한다. 그러나 금전 외의 재산(주식 등을 포함한다)을 취득하는 때에는 다음의 구분에 따라 계산한 금액으로 한다(소령 27 ①).

① 취득한 재산이 주식 등인 경우

㉮ 잉여금의 자본전입에 따라 취득한 무상주의 경우

잉여금의 자본전입에 따라 취득한 주식 또는 출자지분(이하에서 '무상주'라 한다)은 액면가액 또는 출자금액(무액면주식의 가액은 그 주식을 발행하는 법인의 자본금을 발행주식총수로 나누어 계산한 금액으로 한다)으로 한다.

---

27) 대법원 2010.10.28. 선고, 2008두19628 판결.
　　[판결요지] 주식의 매도가 자산거래인 주식의 양도에 해당하는가 또는 자본거래인 주식의 소각 내지 자본의 환급에 해당하는가는 법률행위 해석의 문제로서 그 거래의 내용과 당사자의 의사를 기초로 하여 판단하여야 할 것이지만, 실질과세의 원칙상 단순히 당해 계약서의 내용이나 형식에만 의존할 것이 아니라, 당사자의 의사와 계약체결의 경위, 대금의 결정방법, 거래의 경과 등 거래의 전체과정을 실질적으로 파악하여 판단하여야 한다(대법원 1992.11.24. 선고, 92누3786 판결 및 대법원 2002.12.26. 선고, 2001두6227 판결 등 참조). 갑이 2001.7.31. 원고 회사를 퇴직하고 약 11개월 정도 지난 후에야 원고 회사에게 이 사건 주식의 매수를 요청한 점 등에 비추어 원고 회사의 이 사건 주식의 취득은 상법 제341조의 2에 의한 자기주식의 양수에 해당한다고 할 수 없는 점, 갑이 원고 회사에서 퇴직하고 지병인 뇌질환을 앓고 있는 등 별다른 소득 없이 투병 중에 있으면서도 원고 회사에 대한 출자금을 회수하여 이를 소외 재단에 출연하기 위하여 2002년 6월경 원고 회사에게 총평가액이 130억원이 넘는 이 사건 주식의 매매 및 소외 재단에 대한 출연 등 관련 사항 일체를 위임하였고, 이 사건 주식에 대하여 원고 회사와 매매계약을 체결한 2002.10.8. 계약금조차 지급받지 않은 상태에서 원고 회사 앞으로 이 사건 주식에 관하여 명의개서절차를 이행하여 준 점, 이 사건 주식의 제3자 매각 시도는 모두 2002.10.8. 이 사건 주식에 대한 매매계약이 있기 이전의 일로서 그러한 제3자 매각 시도가 모두 실패로 끝나 장차 제3자 매각 전망이 더욱 사라진 상태에서 이 사건 주식에 대한 매매계약이 체결된 점에 비추어 원고 회사는 2002.10.8. 종국적으로 이 사건 주식을 임의소각의 방법으로 처리함으로써 원고 회사에 대한 출자금을 환급할 수 밖에 없다는 점을 알고도 이 사건 주식에 대한 매매계약을 체결한 것으로 보지 않을 수 없는 점, 실제로 원고 회사는 이 사건 주식에 대한 명의개서를 마친 2002.10.8. 이후 불과 1개월 만인 2002.11.14.과 같은 달 15일에 이사회와 임시주주총회를 각각 개최하여 이 사건 주식의 소각을 통한 자본감소를 결의하였고, 2002.12.3. 소외 재단의 설립을 위한 발기인 총회를 개최하여 2003.1.14. 설립허가를 받아 2003.2.4. 설립등기를 마치고 2003.2.14.자로 각 세금을 제외한 나머지 이 사건 주식의 소각대금을 전부 소외 재단에 출연하는 등 시간적으로 매우 근접하여 순차적으로 각각의 절차가 이행되었고 이는 주식의 처분으로 볼 수 없는 점, 이 사건 주식에 대한 감자결의가 있었던 2002.11.15. 이후인 2002.12.6.이 되어서야 갑 명의의 예금계좌로 이 사건 주식의 소각대금이 입금되었다가 2003.2.14. 위 계좌상의 금원이 갑을 거치지 않고 인출되어 소외 재단의 기금으로 출연되었는데, 이러한 일련의 과정에 갑이나 그의 상속인들이 전혀 관여하지 아니한 점, 그 밖에 이 사건 주식의 양도 당시 원고 회사의 주주 구성, 갑과 원고 회사의 관계 등 제반사정을 고려하여 보면, 원고 회사가 갑으로부터 이 사건 주식을 취득한 것은 자본감소절차의 일환으로서 상법 제341조 제1호에 따라 주식을 소각함으로써 원고 회사에 대한 출자금을 환급해 주기 위한 목적에서 이루어진 것으로 봄이 상당하므로, 이 사건 주식의 양도차익은 갑의 의제배당소득을 구성한다고 보아야 한다.

그런데 잉여금의 자본전입이 의제배당을 구성하지 않는 잉여금(예 : 주식발행액면초과액 등)을 자본전입함에 따라 무상주를 취득한 경우 신·구 주식 등의 1주 또는 1좌당 장부가액(이하에서 '1주당 장부가액'이라 한다)은 다음 계산식에 따라 계산한 가액으로 한다(소령 27 ②).

$$\text{1주당 장부가액} = \frac{\text{구주식 1주당 장부가액}}{1 + \text{구주식 1주당 신주배정수}}$$

주식수는 늘어나지만 전체 주식의 취득가액(장부가액)은 무상주를 받기 전과 동일하다. 즉 1주당 장부가액을 그만큼 낮출 뿐이다.

㉯ 법인의 합병 또는 분할에 따라 취득하는 주식 등의 경우

적격합병의 요건 중 사업목적 및 지분의 계속성 요건(주식 등의 보유와 관련된 부분은 제외한다)[28] 또는 적격분할의 요건 중 사업목적 및 지분의 계속성 요건(주식 등의 보유와 관련된 부분은 제외한다)[29]을 모두 갖춘 경우와 완전지배법인 또는 완전모자회사 간의 합병(법인세법 제44조 제3항에 해당하는 합병)의 경우에는 종전의 장부가액(합병대가 또는 분할대가 중 일부를 금전이나 그 밖의 재산으로 받은 경우로서 합병 또는 분할로 취득한 주식 등을 시가로 평가한 가액이 종전의 장부가액보다 작은 경우에는 시가를 말한다)으로 한다.

㉰ 주식배당에 따라 취득한 주식의 경우

주식 등의 발행금액으로 한다.

㉱ 그 밖의 경우

위의 경우를 제외하고 그 밖의 원인으로 취득한 주식의 경우에는 취득당시의 시가로 한다. 다만, 불공정합병·신주인수권의 포기 등·불균등감자와 같은 부당행위계산을 통하여 특수관계인으로부터 분여받은 이익이 있는 경우에는 그 금액을 뺀 금액[30]으로 한다.

---

28) 법인세법 제44조 제2항 제1호 및 제2호(주식 등의 보유와 관련된 부분은 제외한다)의 요건을 모두 갖춘 경우이다.
29) 법인세법 제46조 제2항 제1호 및 제2호(주식 등의 보유와 관련된 부분은 제외한다)의 요건을 모두 갖춘 경우이다.
30) 법인세법 시행령 제88조 제1항 제8호에 따라 익금에 산입하기 때문에 의제배당의 계산에 있어서는 이를 뺀다.

② 취득한 재산이 주식 등 외의 재산인 경우

그 재산의 취득당시의 시가로 한다.

(다) 해당 주식 등의 취득가액

소각한 주식 등을 취득하기 위하여 실제 사용한 금액을 말한다. 그러나 주주 등이 회사로부터 받은 주식배당 또는 잉여금의 자본전입에 따라 취득한 주식 및 주식매수선택권 행사로 취득한 벤처기업 주식의 취득가액은 다음과 같이 계산한다.

① 주식배당

회사가 주식배당을 함에 따라 취득한 주식은 그 발행금액으로 한다.

② 잉여금의 자본전입에 따른 무상주식

잉여금의 자본전입에 따라 취득한 주식은 해당 주식(무상주)이 의제배당으로 과세되는 것인지의 여부에 따라 그 취급을 달리 한다.[31]

㉮ 잉여금의 자본전입이 의제배당을 구성하는 잉여금

잉여금의 자본전입이 의제배당을 구성하는 잉여금(예 : 이익준비금 등)의 자본전입에 따라 취득하는 무상주의 경우에는 그 무상주의 액면가액이 의제배당에 해당하기 때문에 해당 무상주의 액면가액을 소멸한 법인의 주식을 취득하기 위하여 소요된 금액으로 보아야 한다.

㉯ 잉여금의 자본전입이 의제배당을 구성하지 않는 잉여금

잉여금의 자본전입이 의제배당을 구성하지 않는 잉여금(예 : 주식발행액면초과액 등)의 자본전입에 따라 취득한 무상주의 액면가액은 소멸한 법인의 주식을 취득하기 위하여 소요된 금액이라고 할 수 없으며, 따라서 다음의 금액을 그 취득가액으로 한다(소령 27 ②).

$$\text{1주당 취득가액} = \frac{\text{구주식 1주당 취득가액}}{1 + \text{구주식 1주당 신주배정수}}$$

주식수는 늘어나지만 전체 주식의 취득가액(장부가액)은 무상주를 받기 전과 동일하다. 즉 1주당 장부가액을 그만큼 낮출 뿐이다.

---

31) 자본준비금이나 재평가적립금의 자본전입에 따라 취득한 무상주의 액면가액은 "소멸한 법인의 주식을 취득하기 위하여 소요된 금액"이라고 할 수 없다(대법원 1992.11.10. 선고, 92누4116 판결 : 대법원 1992.2.28. 선고, 90누2154 판결 외). 그러나 이익준비금의 자본전입에 따라 취득하는 무상주의 경우에는 그 무상주의 액면금액이 의제배당에 해당하기 때문에 해당 무상주의 액면가액을 "소멸한 법인의 주식을 취득하기 위하여 소요된 금액"으로 보아야 한다(대법원 1992.11.10. 선고, 92누4116 판결).

그런데 주식의 소각 또는 자본의 감소(이하에서 '주식소각 등'이라 한다)에 따른 의제배당액을 계산할 때 주식의 소각 전 2년 이내에 자본준비금의 자본전입에 따라 취득한 주식 등으로서 의제배당으로 보지 아니하는 것(소법 17 ② Ⅱ 단서에 해당하는 금액을 자본전입함에 따라 취득한 주식 등을 말하되, 주식발행액면초과액의 자본전입에 따라 발행된 주식은 제외한다. 이하에서 '단기소각주식 등'이라 한다)이 있는 경우에는 단기소각주식 등이 먼저 소각 또는 감소된 것으로 보며, 그 단기소각주식 등의 취득가액은 이를 없는 것으로 본다(소령 27 ③). 즉 앞의 단기소각주식 등의 취득가액은 "0"으로 하는 것이다.

예를 들어 합병차익을 자본에 전입하여 무상주를 교부받은 후에 2년 이내에 해당 주식(무상주)을 소각하는 경우에 주식의 소각에 따른 의제배당액은 다음 계산식과 같이 산정한다.

> 의제배당액 = 주주 등이 취득하는 금전 기타 재산가액의 합계액

이 경우 단기소각주식 등을 취득한 후 의제배당일까지의 기간 중에 주식 등의 일부를 양도하는 경우에는 단기소각주식 등과 다른 주식 등을 각 주식 등의 수에 비례하여 양도되는 것으로 보며, 주식소각 등이 있은 이후의 1주당 장부가액은 다음의 산식에 의한다(소령 27 ③).

$$\text{1주당 장부가액} = \frac{\text{소각 후 장부가액의 합계액}}{\text{소각 후 주식 등의 총수}}$$

> **Q** 계산사례
>
> ⅰ) 2017.4.1. 김영월은 한길주식회사의 주식 10,000주를 1주당 6,000원씩에 취득하였다.
> ⅱ) 2018.2.8. 한길주식회사가 합병차익을 자본에 전입함에 따라 김영월은 무상주 5,000주를 교부받았다.
> ⅲ) 2018.10.5.에 한길주식회사는 자본금을 1/2로 줄일 목적으로 유상감자를 실시하면서 각 주주에게 1주당 5,000원씩을 반환하였다.
> 위의 사례에서 김영월의 자본감소에 따른 의제배당액을 계산하라.
>
> **풀이**
>
> 의제배당액의 계산
> ⅰ) 자본감소에 따라 취득하는 금전 등 : 37,500,000원(7,500주×5,000)
> ⅱ) 해당 주식을 취득하기 위하여 소요된 금액 : 15,000,000원
>   무상주   5,000주 :   0원
>   기존주식 2,500주 : 15,000,000원
> ⅲ) 자본감소에 따른 의제배당액 : 22,500,000원
> * 잔존주식의 장부가액 : 45,000,000원(7,500주×6,000)

③ 주식매수선택권 행사로 취득한 벤처기업 주식

주식매수선택권 행사로 취득한 벤처기업 주식은 행사 당시 시가로 한다.[32]

④ 주식 등의 취득가액이 불분명한 경우

주식의 소각 등·법인의 해산·법인의 합병 또는 법인의 분할에 따른 의제배당액을 계산할 때 주식 또는 출자를 취득하기 위하여 사용된 금액이 불분명한 경우 또는 주주가 소액주주에 해당하고, 해당 주식을 보유한 주주의 수가 다수이거나 해당 주식의 빈번한 거래 등에 따라 해당 주식을 취득하기 위하여 사용된 금액의 계산이 불분명한 경우에는 액면가액을 해당 주식의 취득에 소요된 금액으로 본다. 다만, 앞의 단기소각주식 등의 취득가액에 관한 규정(소령 27 ③)이 적용되는 경우 및 해당 주주가 액면가액이 아닌 다른 가액을 입증하는 경우에는 그러하지 아니하다(소법 17 ④, 소령 27 ⑦).

(2) 배당의제의 시기

주식의 소각 등에 따른 의제배당에 있어서는 그 주주총회·사원총회 또는 이사회에서 주식의 소각, 자본 또는 출자의 감소를 결의한 날 또는 사원이 퇴사·탈퇴한

---

32) 행사당시 시가 정보는 원천징수 의무자가 금융기관에 제출한다.

날에 배당한 것으로 의제한다(소령 46 Ⅳ).

나) 법인의 해산

해산한 법인(법인으로 보는 단체를 포함한다)의 주주·사원·출자자 또는 구성원이 그 법인의 해산으로 인한 잔여재산의 분배에 따라 취득하는 금전이나 그 밖의 재산의 가액이 해당 주식·출자 또는 자본을 취득하기 위하여 사용한 금액을 초과하는 금액은 배당받은 것으로 본다.

> 의제배당액 = 잔여재산의 분배액 − 주식 등의 취득에 소요된 금액

위의 산식에서 잔여재산의 분배액이란 해산한 법인의 주주 등이 그 법인의 해산으로 인한 잔여재산의 분배에 따라 취득하는 금전이나 그 밖의 재산의 가액을 말한다. 금전 외의 자산을 취득한 경우에 그 자산(주식 등을 포함한다)은 취득당시의 시가에 따라 계산한다.

그리고 내국법인이 조직변경하는 경우로서 다음 중 어느 하나에 해당하는 경우는 배당소득으로 보지 않는다.

① 상법에 따라 조직변경하는 경우

② 특별법에 따라 설립된 법인이 해당 특별법의 개정 또는 폐지에 따라 상법에 따른 회사로 조직변경하는 경우

③ 그 밖의 법률에 따라 내국법인이 조직변경하는 경우로서 대통령령으로 정하는 경우

위에서 "대통령령으로 정하는 경우"란 변호사법에 따라 법무법인이 법무법인(유한)으로 조직변경하는 경우, 관세사법에 따라 관세사법인이 관세법인으로 조직변경하는 경우, 변리사법에 따라 특허법인이 특허법인(유한)으로 조직변경하는 경우, 협동조합기본법 제60조의 2 제1항에 따라 법인 등이 협동조합으로 조직변경하는 경우 및 지방공기업법 제80조에 따라 지방공사가 지방공단으로 조직변경하거나 지방공단이 지방공사로 조직변경하는 경우를 말한다(소령 27의 2).

한편, 해산에 따른 의제배당에 있어서는 잔여재산의 가액이 확정된 날에 배당받은 것으로 의제하고, 해산한 법인의 주식·출자 또는 자본을 취득하기 위하여 소요된 금액은 주식의 소각 등의 경우에서 설명한 바와 같다.

다) 법인의 합병

합병으로 소멸한 법인의 주주·사원 또는 출자자가 합병 후 존속하는 법인 또는 합병으로 설립된 법인으로부터 그 합병으로 취득하는 주식 등의 가액과 금전, 그 밖의 재산가액의 합계액(이하에서 '합병대가'라 한다)이 그 합병으로 소멸한 법인의 주식 등을 취득하기 위하여 사용한 금액을 초과하는 금액은 그 합병등기일에 배당받은 것으로 본다.

$$의제배당액 = 합병대가의 합계액 - 소멸법인의 주식 등의 취득가액$$

위의 계산식에서 합병대가의 합계액이란 합병 후 존속하는 법인 또는 합병으로 설립된 법인으로부터 그 합병으로 취득하는 주식 등의 가액, 금전, 그 밖의 재산가액의 합계액을 말한다. 앞에서 합병으로 취득하는 주식 등의 가액은 합병교부주식의 가액을, 그리고 금전, 그 밖의 재산가액은 합병교부금을 말한다. 그리고 합병교부주식의 가액은 적격합병의 요건 중 사업목적 및 지분의 계속성 요건(주식 등의 보유와 관련된 부분은 제외한다)[33]을 모두 갖춘 경우와 완전지배법인 또는 완전모자회사 간의 합병(법인세법 제44조 제3항에 해당하는 합병)의 경우 합병교부주식의 가액은 종전의 장부가액(합병대가 중 일부를 금전이나 그 밖의 재산으로 받은 경우로서 합병으로 취득한 주식 등을 시가로 평가한 가액이 종전의 장부가액보다 작은 경우에는 시가를 말한다)으로 하고, 그 밖의 경우 합병교부주식의 가액은 시가로 한다. 주식이 무액면주식인 경우에는 그 주식을 발행한 법인의 자본금을 발행주식총수로 나누어 계산한 금액으로 한다.

다음으로 합병으로 소멸한 법인의 주주 등이 합병법인으로부터 그 합병으로 취득하는 금전 외의 재산가액은 앞의 "주식의 소각 등"에 따른 의제배당에서 설명한 바와 같이 계산한다.

한편, 앞의 계산식 중 소멸법인의 주식 등의 취득가액은 "주식의 소각 등"에 따른 의제배당에서 설명한 바와 같다.

라) 법인의 분할

법인이 분할하는 경우 분할되는 법인(분할법인) 또는 소멸한 분할합병의 상대방

---

33) 법인세법 제44조 제2항 제1호 및 제2호(주식 등의 보유와 관련된 부분은 제외한다)의 요건을 모두 갖춘 경우이다.

법인의 주주가 분할로 설립되는 법인(분할신설법인) 또는 분할합병의 상대방법인으로부터 분할로 취득하는 주식의 가액과 금전, 그 밖의 재산가액의 합계액(이하 '분할대가'라 한다)이 그 분할법인 또는 소멸한 분할합병의 상대방법인의 주식(분할법인이 존속하는 경우에는 소각 등으로 감소된 주식에 한정한다)을 취득하기 위하여 사용한 금액을 초과하는 금액은 그 분할등기 또는 분할합병등기를 한 날에 배당받은 것으로 본다.

의제배당액 = 분할대가의 합계액 − 분할법인 등의 주식의 취득가액 등

위의 계산식에서 분할대가의 합계액이란 분할법인 또는 소멸한 분할합병의 상대방법인의 주주가 분할신설법인 또는 분할합병의 상대방법인으로부터 그 분할로 취득하는 주식 등의 가액과 금전, 그 밖의 재산가액의 합계액을 말한다. 앞에서 분할로 인하여 취득하는 주식 등의 가액은 분할교부주식의 가액을, 그리고 금전, 그 밖의 재산가액의 합계액은 분할교부금을 말한다. 그리고 분할교부주식의 가액은 적격분할의 요건 중 사업목적 및 지분의 계속성 요건(주식 등의 보유와 관련된 부분은 제외한다)[34]을 모두 갖춘 경우에는 종전의 장부가액(분할대가 중 일부를 금전이나 그 밖의 재산으로 받은 경우로서 분할로 취득한 주식 등을 시가로 평가한 가액이 종전의 장부가액보다 작은 경우에는 시가를 말한다)으로 하고, 그 밖의 경우에는 시가로 한다. 주식이 무액면주식인 경우에는 그 주식을 발행한 법인의 자본금을 발행주식총수로 나누어 계산한 금액으로 한다.

다음으로 분할법인 또는 소멸한 분할합병의 상대방법인의 주주 등이 분할신설법인 또는 분할합병의 상대방법인으로부터 분할로 취득하는 금전 외의 재산가액은 앞의 "주식의 소각 등"에 따른 의제배당에서 설명한 바와 같이 계산한다.

한편, 앞의 계산식 중 분할법인 등의 주식의 취득가액 등은 "주식의 소각 등"에 따른 의제배당에서 설명한 바와 같다.

마) 잉여금의 자본전입

(1) 잉여금의 자본전입에 따른 의제배당의 과세소득성

법인의 잉여금의 전부 또는 일부를 자본 또는 출자에 전입함으로써 취득하는 주

---

34) 법인세법 제46조 제2항 제1호 및 제2호(주식 등의 보유와 관련된 부분은 제외한다)의 요건을 모두 갖춘 경우이다.

식 등의 가액은 배당받은 것으로 본다. 현행 상법은 현금배당뿐만 아니라 주식배당을 허용하고 있는데(상법 462의 2), 주식배당의 경우에는 의제배당으로서가 아니고 소득세법 제17조 제1항 제1호의 내국법인으로부터 받는 이익이나 잉여금의 배당 또는 분배금으로서 배당소득을 구성한다.

잉여금을 자본에 전입하게 되면 법인의 자본금은 증가하지만 법정준비금과 자본금 사이의 계수상의 이체가 있을 뿐이고 법인의 실제 재산에는 아무런 변동이 없다. 그리고 주주의 입장에서도 주식수는 늘어나지만 그가 가진 총주식의 가치가 증가하는 것도 아니고 그렇다고 하여 각 주주의 주식소유비율이 달라지는 것도 아니다.

따라서 잉여금의 자본전입에 따라 주주가 취득하는 주식이 해당 주주의 과세소득을 구성하는지에 관하여는 종래부터 긍정설과 부정설이 대립하여 왔다.[35]

긍정설은 잉여금, 특히 이익잉여금을 자본에 전입하게 되면 해당 주주의 보유주식의 가치가 자본금의 증가범위까지 증가하기 때문에 당연히 과세소득을 구성한다고 주장한다.[36]

이에 대하여 부정설은 잉여금의 자본전입에 따른 무상주의 교부를 주식분할 또는 그와 유사한 성질의 것으로 이해하여 해당 주주가 보유하는 총주식의 가치가 증가되는 것도 아니고 그렇다고 하여 각 주주의 주식소유비율이 달라지는 것도 아니기 때문에 과세소득을 구성하지 않는다고 주장한다. 생각건대 이익잉여금의 자본전입에 따른 무상주 교부는 그 본질이 주식분할(share split-up)이거나 또는 주식분할은 아니라 하더라도 그와 유사한 성질을 지니고 있음은 부정할 수 없다.

또한 잉여금의 자본전입에 따라 주주의 보유주식의 가치가 증가하였다고 가정하더라도 해당 주식의 가치증가분은 미실현이득에 불과하여 과세소득으로 보기에는 부적합한 측면이 없지 않다. 그러므로 미국 또는 독일 등에서는 잉여금의 자본전입에 따라 취득하는 주식 등을 과세소득의 범위에서 제외하고 있다.[37]

우리나라에서는 주권상장법인의 소액주주의 주식양도차익에 대하여 소득세를 과

---

35) 채수열, 의제배당과세론, 「세무학연구」 제14호, 사단법인 한국세무학회, 1999, pp.413~414 : 田中章介, 「判例と租税法律主義」((株)中央經濟社, 1994), pp.162~163.

36) 金子宏, 「所得槪念の研究」(有斐閣, 1995), pp.234~235.

37) 미국에서는 1920년 Eisner v. Macomber 판결에서 주식배당을 과세소득으로 정하고 있는 내국세법의 규정이 연방수정헌법 제16조에 위반한다고 판시한 이래 현재까지도 원칙적으로 주식배당에 대하여는 소득세를 과세하지 않고 있다(IRC 305(a)).
독일에서는 임의준비금 및 법정준비금의 자본전입에 의한 자본증가는 자본구성의 수정으로서 주식의 분할임을 명백히 하고 있고, 또한 회사재산에 의한 자본증가로 교부하는 주식은 소득세법 제2조 제1항이 정하는 수입에 해당하지 않는다고 규정하고 있다.

세하지 않고 있는 점과 배당가능이익을 이익준비금이나 그 밖의 법정적립금으로 적립한 후 해당 준비금을 자본에 전입함으로써 배당소득에 대한 과세를 회피할 수 있는 점 등을 고려하여 잉여금의 자본전입에 따라 취득하는 주식을 배당으로 의제하여 과세하도록 하고 있다.

(2) 잉여금의 자본전입에 따른 의제배당의 요건

법인이 의제배당의 대상이 되는 잉여금을 자본에 전입함에 따라 그 주주에게 주식 등을 교부하여야 한다. 자본전입의 대상이 되는 잉여금이란 법정준비금만을 지칭한다.[38] 이익잉여금의 경우 이익준비금·기업합리화적립금·기업발전적립금 등과 같은 법정준비금의 자본전입은 의제배당을 구성한다.

다음으로 자본잉여금은 자본준비금과 재평가적립금 모두 자본에 전입할 수 있다. 그런데 자본잉여금의 자본전입에 대해서는 배당으로 의제하지 않는 예외를 폭넓게 허용하고 있다. 주주 등이 실질적으로 납입한 자본 또는 그와 다를 바 없는 잉여금의 단순한 자본금으로의 대체에 지나지 않기 때문이다. 즉 다음의 자본잉여금을 자본에 전입함에 따라 취득하는 무상주의 가액에 대해서는 배당으로 의제하지 않는다.

(가) 상법 제459조 제1항에 따른 자본준비금[39]

① 주식발행액면초과액

액면금액 이상으로 주식을 발행한 경우 그 액면금액을 초과하는 금액(무액면주식의 경우에는 발행가액 중 자본금으로 계상한 금액을 초과하는 금액을 말한다)을 말한다.

② 주식의 포괄적 교환차익

상법 제360조의 2에 따른 주식의 포괄적 교환을 한 경우로서 같은 법 제360조의 7에 따른 자본금 증가의 한도액이 완전모회사의 증가한 자본금을 초과하는 경우의 그 초과액을 말한다.

③ 주식의 포괄적 이전차익(移轉差益)

주식의 포괄적 이전을 하는 경우 완전모회사의 자본금의 한도액이 설립된 완전모회사의 자본금을 초과하는 경우의 그 초과액을 말한다.

---

38) 최기원, 「신회사법론」(박영사, 1998), p.747 : 정동윤, 「회사법」 제5판(법문사, 1999), p.617 : 이태로·이철송, 「회사법강의」(제7판, 박영사), 1999, p.721.

39) 우리나라가 채택한 국제회계기준상 자본잉여금에는 주식발행초과금과 기타자본잉여금이 있다. 이 경우 기타자본잉여금에는 감자차익, 자기주식처분이익, 전환권대가 및 신주인수권대가 등이 있으며, 이들 항목의 경우에는 회사의 재량으로 재무상태표에 구분표시 여부를 결정할 수 있다.

④ 감자차익(減資差益)

자본감소의 경우에 그 감소액이 주식의 소각·주금의 반환에 든 금액과 결손
의 보전에 충당한 금액을 초과한 경우의 그 초과금액을 말한다. 이와 같은 감
자차익을 자본에 전입함에 따라 취득하는 무상주의 가액은 의제배당이 아니
다. 다만, 자기주식 또는 자기출자지분의 소각익(이하에서 '자기주식소각이익'
이라 한다)의 경우에는 소각 당시의 법인세법 제52조 제2항에 따른 시가가 취
득가액을 초과하지 아니하는 경우로서 소각일부터 2년이 지난 후 자본에 전입
하는 것에 한하여 의제배당으로 보지 않는다. 자기주식소각이익을 자본에 전
입함으로써 취득하는 무상주의 가액이라고 하더라도 주식의 소각일로부터 2
년 이내에 자본에 전입함에 따라 받는 무상주의 가액은 의제배당에 해당한다.

그리고 주식의 소각시의 법인세법 제52조 제2항에 따른 시가가 취득가액을
초과하는 경우의 자기주식소각이익을 자본에 전입함에 따라 취득하는 무상주
의 가액은 자본전입의 시기에 관계없이, 예를 들어 소각일부터 2년이 지난 후
에 그 자기주식소각이익을 자본에 전입하더라도 의제배당을 구성한다.

⑤ 합병차익

회사합병의 경우에 소멸된 회사로부터 승계한 재산의 가액이 그 회사로부터
승계한 채무액, 그 회사의 주주에게 지급한 금액과 합병 후 존속하는 회사의
자본금 증가액 또는 합병에 따라 설립된 회사의 자본금을 초과한 경우의 그
초과금액을 말한다.

⑥ 분할차익

회사의 분할 또는 분할합병으로 설립된 회사 또는 존속하는 회사에 출자된 재
산의 가액이 출자한 회사로부터 승계한 채무액, 출자한 회사의 주주에게 지급
한 금액과 설립된 회사의 자본금 또는 존속하는 회사의 자본금 증가액을 초과
한 경우에 그 초과금액을 말한다.

(나) 재평가적립금

자산재평가법에 따른 재평가적립금을 말한다. 다만, 1997년 12월 31일 이전에
취득한 토지(1983년 12월 31일 이전에 취득한 토지로서 1984년 1월 1일 이후에
재평가를 실시하지 아니한 토지를 최초로 재평가하는 경우 해당 토지[40])를 제외

---

40) 토지 외의 재평가자산의 재평가차액과 1983년 12월 31일 이전에 취득한 토지로서 1984년 1월 1일 이후에
재평가를 실시하지 아니한 토지를 최초로 재평가하는 경우의 해당 토지의 재평가차액에 대하여는 법인세법
상 익금불산입하며, 재평가세의 세율은 3%로 하고 있다. 그러나 1997년 12월 31일 이전에 취득한 토지(1983

한다)의 재평가차액에 상당하는 금액(이하에서 '재평가세의 세율이 1%인 토지의 재평가적립금'이라 한다)은 제외된다.

재평가적립금의 일부를 자본 또는 출자에 전입한 경우에는 재평가세의 세율이 1%인 토지의 재평가적립금과 그 밖의 재평가적립금의 비율에 따라 각각 전입한 것으로 한다. 그 계산식은 다음과 같다(소령 27 ⑤).

$$\text{재평가세의 세율이 1\%인 토지의 재평가적립금에 상당하는 금액} =$$
$$\text{당해 자본금 또는 출자금에 전입된 재평가적립금} \times \left(\frac{\text{재평가세의 세율이 1\%인 토지의 재평가차액}}{\text{자산재평가차액}} \right)$$

(3) 의제배당액의 계산 및 배당의제의 시기

잉여금을 자본 또는 출자에 전입함에 따라 배당으로 의제되는 금액은 잉여금의 자본전입으로 취득하는 주식 등의 액면금액 또는 출자금액으로 한다.

$$\text{의제배당액} = \text{주식 등의 액면금액 또는 출자금액}$$

잉여금을 자본 또는 출자에 전입함에 따른 의제배당은 주주총회 등에서 잉여금의 자본전입 또는 출자에의 전입을 결의한 날에 배당한 것으로 의제한다.

다음으로 의제배당을 구성하지 않는 주식발행액면초과액 등의 자본전입에 따라 취득한 주식 등의 가액에 대하여는 종국적으로 소득세의 과세를 배제하는 것이 아니고 그 과세를 해당 주식의 처분일 또는 소각일까지 이연할 뿐이다. 즉 자본준비금 등의 자본전입시에 일단 의제배당에서 제외되는 무상주는 뒤에 주식이 소각 또는 양도되거나 법인이 해산하는 시점에 의제배당 또는 양도소득으로 과세되기 때문에 실제로는 과세의 이연에 지나지 않는 것이다.[41]

왜냐하면 잉여금의 자본전입이 의제배당을 구성하지 않는 주식발행액면초과액 등의 자본전입에 따라 취득한 주식 등의 1주당 장부가액은 다음 산식에 의하여 계

년 12월 31일 이전에 취득한 토지로서 1984년 1월 1일 이후에 재평가를 실시하지 아니한 토지를 최초로 재평가하는 경우에 해당 토지는 제외한다)의 재평가차액에 대하여는 법인세법상 익금에 산입하되, 재평가세의 세율은 1%를 적용한다.

[41] 잉여금의 자본전입에 따라 취득한 무상주를 소각한 경우라면 주식소각의 대가에서 무상주의 취득에 따라 수정한 1주당 장부가액{구주식 1주당 장부가액/(1 + 구주식 1주당 신주배정수)} 등을 차감하여 의제배당액을 산정한다. 그러나 단기소각주식의 경우에는 주식소각의 대가가 그대로 의제배당액을 이루게 된다.

산한 금액(잉여금의 자본전입을 결의한 날부터 역산하여 2년 이내에 의제배당으로 보지 아니하는 주식발행액면초과액 외의 자본준비금의 자본전입에 따라 취득한 주식 등을 소각하는 경우에 해당 단기소각주식 등의 취득가액은 0으로 한다)으로 하여 의제배당 또는 양도차익을 산정하기 때문이다(소령 27 ② 및 ③).

$$1주당 장부가액 \; = \; \frac{구주식 \; 1주당 \; 장부가액}{1 + 구주식 \; 1주당 \; 신주배정수}$$

바) 자기주식보유법인의 주식발행액면초과액 등의 자본전입에 따른 의제배당

(1) 의제배당의 요건

회사가 소유하고 있는 자기주식은 공익권(共益權 : 의결권·소수주주권 및 소제기권)이 휴지(休止)한다. 그리고 이익배당청구권·준비금자본전입시의 신주배정청구권·잔여재산분배청구권 및 신주인수권과 같은 자익권은 이를 부인하고 있는 것이 통설이다.[42]

그러므로 법인이 잉여금을 자본전입함에 따라 신주를 무상교부하는 경우에 자기주식에 대하여는 신주(무상주)를 교부할 수 없다고 새긴다.

자기주식을 보유하는 법인이 자본준비금 등을 자본에 전입하는 경우에 자기주식 몫의 주식(무상주)은 주주의 준비금 자본전입시의 신주배정청구권에 따라 당연히 다른 주주에게 배정되는 것이다.

그런데 법인이 자기주식 또는 자기출자지분(이하에서 '자기주식'이라 한다)을 보유한 상태에서 의제배당을 구성하지 않는 자본잉여금을 자본전입함에 따라 그 법인 외의 다른 주주의 지분비율이 증가한 경우 증가한 지분비율에 상당하는 주식의 가액은 배당으로 의제하도록 하고 있다. 앞에서 의제배당을 구성하지 않는 자본잉여금이란 주식발행액면초과액·주식의 포괄적 교환차익·주식의 포괄적 이전차익·감자차익(자기주식소각익은 소각당시 시가가 취득가액을 초과하지 아니하는 경우로서 소각일부터 2년이 경과한 후 자본에 전입하는 것에 한한다)·합병차익·분할차익 및 재평가적립금(재평가세의 세율이 1%인 토지의 재평가적립금은 제외한다)을 말한다.

다음으로 다른 주주의 지분비율이 증가하는 경우에는 법인이 자기주식의 몫에 상

---

42) 이태로·이철송, 「회사법강의」 제7판(박영사, 1999), p.316 : 정동윤, 「회사법」 제5판(법문사, 1999), p.249.

당하는 무상주를 다른 주주에게 배정하는 경우는 물론이고 자기주식의 몫에 상당하는 무상주를 다른 주주에게 배정하지 않는 경우까지 포함한다고 새긴다.

그런데 자기주식 몫의 무상주가 과세소득을 구성하는지에 관하여는 상당한 논란이 있다. 자기주식 몫의 무상주의 배정 등에 대하여 의제배당으로 보도록 하고 있는 현행 소득세법 제17조 제2항 제5호는 다음과 같은 측면에서 비판의 여지가 있다.

첫째, 자본잉여금은 그 실질이 주주의 납입자본이므로 과세소득의 속성을 갖추고 있지 않다. 자본 또는 출자의 납입이 과세소득을 구성할 수 없기 때문이다. 또한 현행 상법은 자본잉여금이 배당의 재원이 될 수 없음을 분명히 하고 있다.

둘째, 자본잉여금의 자본전입은 단순히 회사의 자본잉여금계정상의 금액을 자본금계정으로 계정이체하는 데에 지나지 않는다. 이로 인하여 실질적으로 회사재산이 늘어나는 것도 아니고 그렇다고 하여 주주의 주식가액이 증가하는 것도 아니다. 그러므로 자본잉여금의 자본전입에 따라 취득하는 무상주의 가액은 주주의 과세소득을 구성하지 않는다.

셋째, 의제배당도 배당소득의 일종이기 때문에 그 재원은 법인의 이익잉여금이어야 한다. 그런데 자기주식 몫의 무상주는 주식발행액면초과액 등과 같은 자본준비금을 그 재원으로 하고 있기 때문에 과세의 대상이 되는 의제배당으로서의 타당성 및 합리성을 결여하고 있다고 하겠다.

넷째, 자기주식 몫의 무상주를 배당소득으로 의제하는 계기가 자기주식 몫의 주식을 추가로 배정받은 것이므로 추가적인 담세력이 있다고 새기는 것 같다. 그러나 자기주식을 소유하는 법인은 자기주식에 대한 무상주를 받을 권리가 처음부터 없으며, 다른 주주들은 자기의 본래의 권리로서 무상주를 배정받을 권리를 갖는 것이다. 즉 법인이 주식발행액면초과액 등을 자본에 전입함에 있어서 법인이 보유한 자기주식에 대한 무상주를 그 법인이 배정받지 못함에 따라 다른 주주가 배정받은 무상주는 자기주식을 소유하는 법인이 무상주를 받을 권리를 포기함으로써 은혜적으로 추가 배정받는 것이 아니고, 다른 주주가 자기의 준비금자본전입시의 신주배정청구권에 따라 취득한 것이다.

(2) 의제배당액의 계산 및 배당의제의 시기

법인이 자기주식 또는 자기출자지분을 보유한 상태에서 주식발행액면초과액 등을 자본에 전입함에 따라 그 법인 외의 주주 등의 지분비율이 증가한 경우에 증가한 지분비율에 상당하는 주식 또는 출자의 액면가액 또는 출자금액은 이를 배당받은 것으로 본다.

자기주식을 소유하고 있는 법인이 의제배당을 구성하지 않는 주식발행액면초과액 등의 자본전입에 따라 교부할 무상주를 다른 주주에게만 배정하게 되면 다른 주주의 자본전입 후의 지분비율은 종전의 지분비율을 초과하게 된다. 또한 자기주식을 소유하고 있는 법인이 의제배당을 구성하지 않는 주식발행액면초과액 등의 자본전입에 따라 교부할 무상주 중 그 법인의 자기주식의 몫에 상당하는 무상주를 배정함이 없이 다른 주주의 본래의 몫에 상당하는 무상주만을 배정하더라도 다른 주주의 자본전입 후의 지분비율은 종전의 지분비율을 초과하게 된다.[43]

이와 같이 자기주식을 보유하고 있는 법인이 주식발행액면초과액 등의 자본전입에 따라 무상주를 교부하는 경우에 그 법인 외의 다른 주주의 주식의 지분비율은 자기주식 몫의 무상주의 배정여부에 관계없이 증가하게 되는데, 자본전입 법인의 그 전입 후의 자본금 또는 출자금액에 특정주주의 증가한 지분비율을 곱하여 계산한 금액이 의제배당액이 된다.

이 경우의 의제배당액은 다음 산식과 같이 계산한다.

의제배당액 = 자본전입법인의 그 전입 후의 자본금 또는 출자가액
× 특정주주의 증가한 지분비율

특정주주의 증가한 지분비율 = 자본전입 후의 지분비율 − 자본전입 전의 지분비율

법인이 자기주식을 보유한 상태에서 주식발행액면초과액 등을 자본에 전입함에 따라 배당으로 의제하는 경우에는 주주총회 등에서 잉여금의 자본전입 또는 출자에의 전입을 결의한 날에 배당한 것으로 의제한다.

라. 법인세법에 따라 배당으로 처분된 금액

법인세의 과세표준과 세액을 신고·결정 또는 경정할 경우 익금에 산입한 금액이 출자자(출자자인 임원을 제외한다)에게 귀속된 경우에는 그 출자자에 대한 배당으로 처분한다. 이와 같이 법인세법 제67조 및 동법 시행령 제106조에 따라 배당으로 처분된 금액은 그 귀

---

43) 현행 상법상 법인의 자기주식의 몫에 상당하는 무상주를 배정하지 않는 것이 가능한 것인지에 관하여는 별개의 논의가 필요하다고 본다.

속자에 대한 배당소득에 포함하는 것이다. 실무상으로는 "인정배당"이라고 부른다.

마. 집합투자기구로부터의 이익

다음 중 어느 하나에 해당하는 신탁으로부터 발생하는 이익은 배당소득으로 한다(소법 4 ②).

① 법인세법 제5조 제2항에 따라 신탁재산에 귀속되는 소득에 대하여 그 신탁의 수탁자 가 법인세를 납부하는 신탁

② 「자본시장과 금융투자업에 관한 법률」 제9조 제18항 제1호에 따른 투자신탁. 다만, 제 17조 제1항 제5호에 따른 집합투자기구로 한정한다(소령 26의 2 ①).

③ 「자본시장과 금융투자업에 관한 법률」 제251조 제1항에 따른 집합투자업겸영보험회 사의 특별계정

위의 신탁을 제외한 신탁의 이익은 신탁법 제2조에 따라 수탁자에게 이전되거나 그 밖에 처분된 재산권에서 발생하는 소득의 내용별로 구분한다. 예를 들어, 채권이나 주식 또는 부 동산의 신탁이익은 그 재산에서 발생하는 소득의 내용에 따라 이자소득, 배당소득, 사업소 득 또는 양도소득 등으로 구분하는 것이다.

바. 국내 또는 국외에서 받는 파생결합증권 또는 파생결합사채로부터의 이익

국내 또는 국외에서 받는 파생결합증권 또는 파생결합사채로부터의 이익으로서, 다음 중 어느 하나에 해당하는 이익을 말한다(소령 26의 3 ①).

① 「자본시장과 금융투자업에 관한 법률」 제4조 제7항에 따른 파생결합증권(이하 '파생 결합증권'이라 한다)으로부터 발생한 이익. 다만, 당사자 일방의 의사표시에 따라 증 권시장 또는 이와 유사한 시장으로서 외국에 있는 시장에서 매매거래되는 특정 주권 의 가격이나 주가지수의 수치의 변동과 연계하여 미리 정하여진 방법에 따라 주권의 매매나 금전을 수수하는 거래를 성립시킬 수 있는 권리를 표시하는 증권 또는 증서로 부터 발생한 이익은 제외한다.

② 파생결합증권 중 「자본시장과 금융투자업에 관한 법률」 제4조 제10항에 따른 기초자 산의 가격·이자율·지표·단위 또는 이를 기초로 하는 지수 등의 변동과 연계하여 미리 정해진 방법에 따라 이익을 얻거나 손실을 회피하기 위한 계약상의 권리를 나타 내는 것으로서 증권시장에 상장되어 거래되는 증권 또는 증서(이하 '상장지수증권'이 라 한다)를 계좌 간 이체, 계좌의 명의변경, 상장지수증권의 실물양도의 방법으로 거래

하여 발생한 이익. 다만, 증권시장에서 거래되는 주식의 가격만을 기반으로 하는 지수의 변화를 그대로 추적하는 것을 목적으로 하는 상장지수증권을 계좌 간 이체, 계좌의 명의변경, 상장지수증권의 실물양도의 방법으로 거래하여 발생한 이익은 제외한다.

③ 유가증권이나 통화 또는 그 밖에 일정한 자산이나 지표 등의 변동과 연계하여 미리 정하여진 방법에 따라 상환 또는 지급금액이 결정되는 사채로부터 발생한 이익

사. 비금전신탁 수익증권으로부터의 이익

금전이 아닌 재산의 신탁계약에 의한 수익권이 표시된 수익증권으로서 다음의 요건을 모두 만족하는 수익증권으로부터의 이익을 말한다.

① 혁신금융사업자[44)]가 「자본시장법」 제110조[45)] 특례를 적용받아 발행한 수익증권일 것

② 신탁의 이익이 연 1회 이상 분배될 것. 단, 이익이 0보다 큰 경우에만 한정한다.

아. 투자계약증권으로부터의 이익

「자본시장과 금융투자업에 관한 법률」 제4조 제6항에 따른 투자계약증권으로서 다음의 요건을 모두 만족하는 투자계약증권으로부터의 이익을 말한다.

① 자본시장법에 따라 증권신고서가 제출·수리되어 모집(50인 이상)하는 투자계약증권 일 것

② 공동사업의 이익이 연 1회 이상 분배될 것. 단, 이익이 0보다 큰 경우에만 한정한다.

자. 「국제조세조정에 관한 법률」에 따른 의제배당

「국제조세조정에 관한 법률」 제27조에 따라 배당받은 것으로 간주된 금액을 말한다.[46)]

차. 익명조합원이 받는 이익분배금

공동사업에서 발생한 소득금액 중 출자공동사업자에 대한 손익분배비율에 해당하는 금액을 말한다. 즉 영업자의 영업에서 발생한 소득금액 중 출자공동사업자, 즉 익명조합원에

---

44) 「금융혁신법」에 따라 금융위원회가 혁신금융서비스로 지정한 금융서비스를 제공하는 회사.
45) 신탁업자는 금전 신탁의 경우에만 수익증권 발행 가능하다.
46) 법인의 부담세액이 실제 발생소득의 15% 이하인 국가 또는 지역에 본점 또는 주사무소를 둔 외국법인에 대하여 내국인이 출자한 경우에는 그 외국법인 중 내국인과 특수관계(「국제조세조정에 관한 법률」 제2조 제1항 제3호 가목의 관계에 해당하는지를 판단할 때에는 대통령령으로 정하는 특수관계인이 직접 또는 간접으로 보유하는 주식을 포함한다)가 있는 법인의 각 사업연도 말 현재 배당 가능한 유보소득 중 내국인에게 귀속될 금액은 내국인이 배당받은 것으로 본다(「국제조세조정에 관한 법률」 제27조 제1항).

대한 손익분배비율에 상당하는 금액은 그 익명조합원의 배당소득으로 하는 것이다. 다만, 공동사업의 경영에 참여하지 아니하고 출자만 한 자라 할지라도 공동사업에 성명 또는 상호를 사용하게 한 자와 공동사업에서 발생한 채무에 대하여 무한책임을 부담하기로 약정한 자는 출자공동사업자에 해당하지 아니하며, 따라서 그 자가 얻는 소득은 사업소득을 이루게 된다.[47]

1) 익명조합의 개념

가) 익명조합의 개념

익명조합(stille Gesellschaft)이란 당사자의 일방(익명조합원)이 상대방(영업자)의 영업을 위하여 출자하고 상대방은 그 영업으로 인한 이익을 분배할 것을 약정하는 계약을 말한다(상법 78). 익명조합의 당사자는 영업자와 익명조합원인데, 영업자는 상인이어야 한다. 그러나 익명조합원은 상인임을 요건으로 하지 아니하며, 그 인원수도 제한이 없다.

익명조합은 경제적으로는 익명조합원(출자자)과 영업자의 공동기업의 한 형태이지만 법률상으로는 영업자의 단독기업이라는 특색을 지니고 있다.

첫째, 익명조합은 법률상으로는 영업자의 단독사업이라는 점, 익명조합원이 출자한 금전 기타 재산이 영업자에게 귀속하는 점 및 제3자에 대한 권리의무가 영업자에게만 귀속되고 익명조합원에게는 속하지 않는 점 등에서 민법상의 조합과는 상이하다.

둘째, 익명조합은 익명조합원이 영업자에 대한 계약상의 채권자라는 점에서 소비대차와 유사한 점도 있으나, 익명조합원은 이자의 지급을 받는 것이 아니라 이익의 분배를 받는 점, 영업에 대한 감시권을 갖는 점 등에서 소비대차와 구별된다.

나) 익명조합계약의 효력

(1) 내부관계

내부관계란 익명조합원과 영업자와의 법률관계인데, 익명조합원의 의무와 권리로 나누어서 살펴볼 수 있다.

---

47) 상법에 따른 익명조합은 2009.1.1.부터 시행하는 동업기업에 대한 과세특례(Partnership 과세제도)의 적용대상이 된다. 즉 상법에 따른 익명조합은 현행과 같이 과세받거나 동업기업에 대한 과세특례(Partnership 과세제도)를 선택하여 과세받을 수 있다(조특법 100의 17). 경영에 참여하지 아니하고 출자만 하는 수동적 동업자(경영에 참여하지 아니하고 출자만 하는 동업자라 하더라도 동업기업에 성명 또는 상호를 사용하게 한 자, 동업기업의 사업에서 발생한 채무에 대하여 무한책임을 부담하기로 약정한 자와 임원 또는 이에 준하는 자는 제외한다)가 배분받은 소득금액은 배당소득으로 본다. 그리고 수동적 동업자에게는 동업기업에서 발생한 결손금을 배분하지 않는다.

(가) 익명조합원의 의무

익명조합원의 의무는 다음과 같다.

첫째, 익명조합원은 영업자에 대하여 계약에서 정한 출자를 이행할 의무를 진다. 출자의 종류로서는 금전 기타의 재산에 한정되며, 노무와 신용은 출자의 대상이 되지 않는다. 출자한 금전 기타의 재산은 영업자의 재산으로 본다(상법 79).

둘째, 익명조합원은 특약에 따라 손실을 부담하지 않을 수 있다. 그러나 이와 같은 특약이 없으면 손실을 분담하는 약정이 있은 것으로 추정한다. 손실분담의 비율은 약정이 있으면 그에 따르고 없으면 이익분배의 비율과 같은 것으로 추정한다(민법 711 ②).

(나) 익명조합원의 권리

첫째, 익명조합원은 영업자에 대하여 그 영업으로 인한 권리의 분배에 관한 청구권을 가진다. 이익분배의 비율은 계약에 따라 정하여져 있으면 그 비율로 하고, 특약이 없는 때에는 민법의 조합에 관한 규정을 유추하여 출자액의 비율로 하게 된다.

둘째, 익명조합원은 영업자에 대하여 영업집행청구권과 감시권을 갖는다.

(2) 외부관계

영업자의 영업행위로 인하여 생긴 모든 권리의무는 영업자에게만 귀속된다. 그리고 익명조합원은 영업자의 행위에 관하여 제3자에 대하여 권리와 의무가 없으며, 영업자를 대리할 권리도 없다.

2) 익명조합원이 영업자로부터 받는 이익분배금의 소득구분

영업자의 영업에서 발생한 소득금액 중 익명조합원에 대한 손익분배비율에 해당하는 금액은 배당소득으로 한다(소법 17 ① Ⅷ). 본 규정이 신설되기 전에는 익명조합원이 영업자로부터 받는 이익분배금의 성격에 관하여는 사업소득 등으로 보는 견해·이자소득으로 보는 견해 및 배당소득으로 보는 견해가 대립하고 있었다.[48]

---

48) 익명조합원이 영업자로부터 받는 이익분배금의 소득구분에 관하여는 다음과 같은 학설의 대립이 있었다[김완석, 소득세법론 제13판(2006), pp.200~201 : 註解所得税法研究會編, 「註解所得税法」, 財團法人大藏財務協會, 2001, p.48].

　1) 사업에서 발생하는 소득으로 보는 견해

　　영업자의 영업내용에 따라서 사업소득 또는 부동산임대소득으로 보아야 한다는 견해이다. 익명조합원이 영업자로부터 받는 이익분배금은 실질적으로는 공동사업체의 일원으로 참가하여 얻는 대가이므로 영업자의 영업내용을 기준으로 하여 사업에서 얻는 소득으로 보아야 한다고 주장한다.

익명조합원이 영업자로부터 이익을 현실적으로 분배받지 못한 경우에도 영업자의 영업에서 발생한 소득금액에 익명조합원의 손익분배비율을 곱하여 배분(allocation)한 소득금액을 그 익명조합원의 배당소득으로 하는 것이다. 통상적인 배당소득과는 달라서 이익의 현실적인 분배 또는 분배금의 확정 등을 소득 발생(확정)의 요건으로 하지 않는다.

그러나 공동사업의 경영에 참여하지 아니하고 출자만 하는 자라고 할지라도 공동사업에 성명 또는 상호를 사용하게 한 자와 공동사업에서 발생한 채무에 대하여 무한책임을 부담하기로 약정한 자는 앞의 출자공동사업자에서 제외시키고 있다(소령 100 ①). 공동사업의 경영에 참여하지 아니하고 출자만 하는 자로서 공동사업에 성명 또는 상호를 사용하게 한 자와 공동사업에서 발생한 채무에 대하여 무한책임을 부담하기로 약정한 자는 출자공동사업자가 아니고 공동사업자로 취급하는 것이다. 따라서 이와 같은 공동사업자가 그 공동사업에서 얻는 소득은 배당소득이 아니고 사업소득에 해당하는 것이다.

카. 그 밖에 수익분배의 성격이 있는 것

앞의 "가" 내지 "자"의 소득과 유사한 소득으로서 수익분배의 성격이 있는 것을 말한다. 즉 앞의 "가" 내지 "자"에서 열거한 배당소득에 해당하지 않더라도 이와 유사한 소득으로서 수익분배의 성격이 있는 것이라면 그 명칭이 어떠한지를 가리지 않고 모두 배당소득에 포함하는 것이다.

사회의 발전과 경제구조의 고도화에 따라 새롭게 발생 또는 출현하는 수익분배금을 배당소득에 포함시키기 위하여 소득세의 과세대상이 되는 배당소득의 규정방식을 종전의 열거주의방식에서 포괄주의방식(소득유형별 포괄주의방식)으로 전환함에 따라 신설된 조항이다.

소득세법 시행령 제26조의 3 제4항에서는 수익분배의 성격이 있는 배당소득의 예시로서, 거주자가 일정기간 후에 같은 종류로서 같은 양의 주식을 반환받는 조건으로 주식을 대여

---

2) 이자소득으로 보는 견해
　익명조합계약에서 이익의 유무를 불문하고 일정한 금액의 이익분배를 보증함과 아울러 손실의 분담을 배제하고 있는 경우에 그 출자의 실질은 소비대차와 다를 바 없고, 따라서 익명조합원이 받는 이익분배금은 이자소득에 해당한다고 주장한다.
3) 배당소득으로 보는 견해
　익명조합의 성격상 배당소득으로 보아야 한다는 견해이다. 익명조합원이 영업자로부터 받는 이익분배금은 영업자에 대한 출자의 대가로 받는 것으로서 소득세법 제17조 제1항 제7호의 "제1호 내지 제6호의 소득과 유사한 소득으로서 수익분배의 성격이 있는 것"에 해당한다.

하고 해당 주식의 차입자로부터 지급받는 해당 주식에서 발생하는 배당에 상당하는 금액을 들고 있다. 그러나 주식을 일시적으로 대여하고 그 사용료로 받는 금액은 기타소득을 구성한다(소법 21 ① Ⅷ).

타. 파생상품의 거래 또는 행위로부터의 이익

개인이 배당소득이 발생하는 상품(이하 '배당부상품'이라 한다)과 파생상품을 함께 거래하는 경우로서 다음 중 어느 하나에 해당하는 경우를 말한다.

① 다음의 요건을 모두 갖추어 실질상 하나의 상품과 같이 운영되는 경우

ⓐ 금융회사 등이 직접 개발·판매한 배당부상품의 거래와 해당 금융회사 등의 파생상품의 계약이 해당 금융회사 등을 통하여 이루어질 것

ⓑ 파생상품이 배당부상품의 원금 및 배당소득의 전부 또는 일부(이하 '배당소득 등'이라 한다)나 배당소득 등의 가격·이자율·지표·단위 또는 이를 기초로 하는 지수 등에 따라 산출된 금전이나 그 밖의 재산적 가치가 있는 것을 거래하는 계약일 것

ⓒ 위 "ⓐ"에 따른 금융회사 등이 배당부상품의 배당소득 등과 파생상품으로부터 이익을 지급할 것

② 다음의 요건을 모두 갖추어 장래의 특정 시점에 금융회사 등이 지급하는 파생상품(「자본시장과 금융투자업에 관한 법률」 제166조의 2 제1항 제1호에 해당하는 경우에 한정한다)으로부터의 이익이 확정되는 경우

ⓐ 금융회사 등이 취급한 배당부상품의 거래와 해당 금융회사 등의 파생상품의 계약이 해당 금융회사 등을 통하여 이루어질 것(배당부상품의 거래와 파생상품의 계약이 2 이상의 금융회사 등을 통하여 별도로 이루어지더라도 파생상품의 계약을 이행하기 위하여 배당부상품을 질권으로 설정하거나 「자본시장과 금융투자업에 관한 법률 시행령」 제103조에 따른 금전신탁을 통하여 이루어지는 경우를 포함한다)

ⓑ 파생상품이 배당부상품의 배당소득 등이나 배당소득 등의 가격·이자율·지표·단위 또는 이를 기초로 하는 지수 등에 따라 산출된 금전이나 그 밖의 재산적 가치가 있는 것을 거래하는 계약일 것

ⓒ 파생상품으로부터의 확정적인 이익이 배당부상품의 배당소득보다 클 것

제4절　사업소득

1　사업소득의 개념

　사업소득이란 일정한 사업에서 생긴 소득을 가리킨다. 사업(business, trade, Gewerbebetrieb)이란 영리를 목적으로 자기의 계산과 책임 아래 계속적·반복적으로 하는 활동이다(소법 19 ① XXI). 즉 사업이란 독립성·영리목적성 및 계속반복성을 기본적 징표로 한다고 하겠다. 이와 같은 세 가지의 기본적 징표 중의 어느 하나라도 갖추지 못한 경우에는 사업에 해당하지 않는 것이다. 다만, 이상과 같은 기본적 징표를 모두 갖춘 사업이라 할지라도 곡물재배업 등과 같은 사업은 소득세법상의 사업의 범위에서 제외된다.

　이와 같은 사업의 정의는 상법상의 상행위의 개념보다 훨씬 광범위한 개념이라고 하겠다.

가. 영리목적성

　사업은 영리목적, 즉 경제적 성과(wirtschaftlichen Erfolg)를 얻을 의도(Absicht)로 행할 것을 그 요건으로 한다. 현실적으로 경제적 성과(이득)를 얻었는지의 여부는 중요하지 않다. 그리고 영리목적을 종된 목적으로 하더라도 상관이 없다.[49] 이와 같은 영리목적의 충족 여부는 개개의 행위 단위로 판정할 것이 아니고 반복되는 일련의 행위로 판단하여야 한다.

　영리목적성을 판단함에 있어서는 거래자의 동기(motive) 또는 의도(intention)와 처분의 목적이 된 자산의 소유기간(period of ownership)이 판단의 중요한 기초를 제공한다고 하겠다. 예를 들면 거래자의 동기나 의도에서 보아 영리를 목적으로 하지 아니하고 단순히 거주 이전의 목적으로 주택을 취득·양도하는 행위는 사업에 해당하지 아니한다. 그리고 자산의 소유기간과 영리성과의 관계에 있어서 영리를 목적으로 하는 경우에는 일반적으로 자산을 취득한 후 단기간 안에 처분하는 경향이 짙다.[50]

　다음으로 영리목적성을 판단함에 있어서 고정된 사업장의 설치, 특정한 사업을 영위하기 위한 허가 등의 취득 또는 사업자등록의 이행 등과 같이 사업임을 외부적으로 표방하는 행위는 중요한 징표를 이룬다.

　이와 같은 사업의 외부적 표방은 소득활동주체의 이익획득의도(Gewinnerzielungsabsicht)를 추정할 소재가 되기 때문이다.

---

49) Klaus Tipke/Joachim Lang, a.a.o., S.333.
50) Stephen W Mayson & Susan Blake, ibid., pp.70~72.

나. 독립성

사업은 독립적으로 이루어지는 사회적 활동이다. 이와 같은 활동의 독립성(Selbständigkeit)은 사업소득의 개념적 징표를 이루고 있는데, 활동의 비종속성과 자기의 계산과 위험에 의거한 행위(Handeln auf eigene Rechnung und Gefahr)라는 의미를 포함한다. 즉 자기가 수행하는 사회적 활동의 내용과 모습을 본인이 스스로 결정하고, 그와 같은 활동의 성과를 본인이 누림과 아울러 그 위험부담도 스스로 진다는 의미이다. 이와 같은 독립성은 근로소득과의 구별에 있어서 결정적 징표를 이룬다.

첫째, 독립성은 종속성(Abhängigkeit)에 대비되는 개념으로서 자기가 수행할 사회적 활동의 내용과 모습을 스스로 결정한다는 의미이다. 이에 대하여 종속적 또는 비독립적이라는 의미는 자기가 수행할 사회적 활동의 내용과 모습을 스스로 결정할 수 있는 지위에 있지 않은 것을 말한다. 자연인이 하나의 기업 또는 단체에 소속되어 장소·방법 및 시간에 관하여 사업자 또는 단체의 장의 지시·감독에 따를 의무를 지고 있는 경우에는 비독립적인 것이다.[51]

둘째, 독립성이란 자기의 계산과 위험에 의거한 행위라는 의미이다. 사회적 활동이 타인의 계산과 위험 아래에서 행하여진다면 그 활동은 비독립적인 것이다. 독립성이란 자기의 결정에 의하여 수행한 활동의 성과를 본인이 누리되, 그 위험부담도 스스로 진다는 의미이다.

다. 계속반복성

사업은 동종의 행위를 계속적으로 반복하여야 한다. 활동의 계속성(Nachhaltigkeit)이란 같은 시기 또는 동일한 계속적 관계를 통하여 동종의 복수의 행위가 행하여지거나 하나의 계속적 관계가 형성되는 경우를 가리킨다.[52] 직업적 활동이거나 장기에 걸치는 활동이 계속성을 지니고 있음은 의문의 여지가 없다. 다만, 1회만의 행위라고 하더라도 반복의 의도를 갖고 행하여진 경우에는 계속성 또는 반복성을 충족한다고 보아야 한다.

앞의 영리목적성에서 설명한 고정된 사업장의 설치, 특정한 사업을 영위하기 위한 허가 등의 취득 또는 사업자등록의 이행 등과 같은 사업의 외부적 표방행위는 소득가득활동의 계속반복성을 판단함에 있어서도 중요한 준거가 된다. 이와 같은 사업의 외부적 표방행위는 직업적 활동 또는 장기에 걸치는 활동의 의도로 행하여지는 것이 일반적이기 때문이다.

이와 같은 계속반복성은 일반적으로 일시성 또는 일회성을 특질로 하는 이자소득·기타소득 및 양도소득과의 구별기준이 되고 있다.

---

51) Klaus Tipke/Joachim Lang, a.a.o., S.564.
52) BFH BStBl. 69, 282 : 79, 530.

2 사업소득의 내용

사업소득에는 다음과 같은 소득이 포함된다. 다만, 「전자상거래 등에서의 소비자보호에 관한 법률」에 따라 통신판매중개를 하는 자를 통하여 물품 또는 장소를 대여하고 사용료로서 500만원 이하를 받아 기타소득으로 원천징수하거나 과세표준확정신고를 한 경우에는 그러하지 아니하다(소법 19 ①).

① 농업(작물재배업 중 곡물 및 기타 식량작물 재배업은 제외한다. 이하 같다)·임업 및 어업에서 발생하는 소득

② 광업에서 발생하는 소득

③ 제조업에서 발생하는 소득

자기가 직접 제품을 제조하지 아니하고 제조업체에 의뢰하여 제조하는 경우로서 다음의 요건을 모두 갖춘 경우에는 제조업으로 본다(소령 31). 이를 위탁생산업이라고 한다.

ⅰ) 생산할 제품을 직접 기획(고안 및 디자인, 견본제작 등을 포함한다)할 것

ⅱ) 그 제품을 자기 명의로 제조할 것

ⅲ) 그 제품을 인수하여 자기 책임하에 직접 판매할 것

④ 전기, 가스, 증기 및 공기조절공급업에서 발생하는 소득

⑤ 수도, 하수 및 폐기물처리, 원료재생업에서 발생하는 소득

⑥ 건설업에서 발생하는 소득

⑦ 도매 및 소매업에서 발생하는 소득

⑧ 운수 및 창고업에서 발생하는 소득

⑨ 숙박 및 음식점업에서 발생하는 소득

⑩ 정보통신업에서 발생하는 소득

⑪ 금융 및 보험업에서 발생한 소득

⑫ 부동산업에서 발생한 소득

부동산업에서 발생하는 소득은 사업소득으로 한다. 다만, 「공익사업을 위한 토지 등의 취득 및 보상에 관한 법률」 제4조에 따른 공익사업과 관련하여 지역권·지상권(지하 또는 공중에 설정된 권리를 포함한다)을 설정하거나 대여함으로써 발생하는 소득은 기타소득으로 한다.

⑬ 전문, 과학 및 기술서비스업에서 발생하는 소득

연구 및 개발업(계약 등에 따라 그 대가를 받고 연구 또는 개발용역을 제공하는 사업은 제외한다)은 포함하지 아니하는 것으로 한다(소령 33). 이와 같이 전문, 과학 및 기

술서비스업에서 제외되는 연구 및 개발업에서 발생하는 소득은 과세소득을 구성하지 않기 때문에 소득세를 과세할 수 없다.

⑭ 사업시설관리, 사업 지원 및 임대 서비스업에서 발생하는 소득

⑮ 교육서비스업에서 발생하는 소득

교육서비스업에는 유아교육법에 따른 유치원, 초·중등교육법 및 고등교육법에 따른 학교와 이와 유사한 것으로서 기획재정부령으로 정하는 것은 제외한다(소령 35).

⑯ 보건 및 사회복지서비스업에서 발생하는 소득

보건 및 사회복지서비스업에는 사회복지사업과 장기요양사업은 포함하지 아니한다(소령 36).

⑰ 예술, 스포츠 및 여가 관련 서비스업에서 발생하는 소득

연예인 및 직업운동선수 등이 사업활동과 관련하여 받는 전속계약금은 사업소득으로 한다(소령 37 ①). 연예인 및 직업운동선수 등이 지급받는 전속계약금의 소득구분에 관하여는 사업소득에 해당한다는 견해와 기타소득에 해당한다는 견해가 대립하고 있었는데,[53] 이를 입법적으로 명확하게 하여 사업소득으로 규정한 것이다.

위에서 전속계약금이란 전속계약을 체결하고 그 대가로 받는 금품을 말한다. 전속계약과 관련이 있는 업종 또는 직업으로서는 주로 자영경기인(예 : 야구·축구·농구·권투·레슬링 및 씨름선수, 프로골퍼 등), 자영예술가(가수·탤런트·배우 등) 및 전문직업인 등을 들 수 있다.

이와 같은 자영경기인(예 : 야구·축구·권투·레슬링 및 씨름선수, 프로골퍼 등), 자영예술가(가수·탤런트·배우 등) 및 전문직업인 등이 사업활동과 관련하여 받는 전속계약금은 사업소득에 해당한다.

대법원은 탤런트 등 연예인이 독립된 자격에서 광고모델용역을 제공하고 받는 전속계약금의 소득구분과 관련된 다툼에서 "……기타소득으로 정한 '전속계약금'은 사업소득 이외의 일시적·우발적 소득에 해당하는 경우만을 의미하는 것으로서 취득한 소득의 명칭이 '전속계약금'이라고 하여도 그것에 사업성이 인정되는 한 이를 사업소득으로 보아야 하고, 탤런트 등 연예인이 독립된 자격에서 용역을 제공하고 받는 소득이 사업소득에 해당하는지 또는 일시소득인 기타소득에 해당하는지 여부는 당사자 사이

---

53) 소득세법 제21조 제1항 제18호에서 "전속계약금"을 기타소득으로 열거하고 있었는데, 해당 조항의 해석과 관련된 것이다. 이와 같은 해석상 다툼을 해소하기 위하여 2007.12.31. 법률 제8825호 소득세법 일부 개정법률에서 해당 조항을 삭제함과 동시에 소득세법시행령 제37조 제2항(현행 제37조 제1항)에 연예인 및 직업운동선수 등이 사업활동과 관련하여 받는 전속계약금이 사업소득에 해당한다는 규정을 두게 되었다.

에 맺은 거래의 형식·명칭 및 외관에 구애될 것이 아니라 그 실질에 따라 평가한 다음, 그 거래의 한쪽 당사자인 해당 납세자의 직업 활동의 내용, 그 활동 기간, 횟수, 태양, 상대방 등에 비추어 그 활동이 수익을 목적으로 하고 있는지 여부와 사업활동으로 볼 수 있을 정도의 계속성과 반복성이 있는지 여부 등을 고려하여 사회통념에 따라 판단하여야 하며, 그 판단을 함에 있어서도 소득을 올린 해당 활동에 대한 것뿐만 아니라 그 전후를 통한 모든 사정을 참작하여 결정하여야 할 것이라고 전제한 뒤, 원고의 직업 활동의 내용, 그 활동 기간 및 활동의 범위, 태양, 거래의 상대방, 주수입원, 수익을 얻어온 횟수 및 규모 등에 비추어 볼 때, 연기자 겸 광고모델로서의 원고의 활동 그 자체가 수익을 올릴 목적으로 이루어져 온 것인 데다가 사회통념상 하나의 독립적인 사업활동으로 볼 수 있을 정도의 계속성과 반복성도 갖추고 있다고 판단되므로 광고모델활동을 따로 분리할 것이 아니라 원고의 각종 연예계 관련활동 전체를 하나로 보아 그 직업 또는 경제활동을 평가하여야 할 것이어서 한국표준산업분류의 세세분류항목인 '92143. 자영예술가'에 해당된다고 할 것이므로, 그 실질에 비추어 원고의 이 사건 전속계약금 소득은 사업소득으로 보아야 한다……"고 판단한 바 있다.[54]

한편, 사업자인 자영경기인·자영예술가 및 전문직업인 등 외의 비사업자가 받는 전속계약금은 기타소득에 해당한다고 새겨야 한다. 즉 비사업자가 받는 전속계약금은 소득세법 제21조 제1항 제19호 라목(인적용역을 일시적으로 제공하고 지급받는 대가)에 해당하기 때문에 기타소득으로 구분하여야 한다.

⑱ 협회 및 단체, 수리 및 기타 개인서비스업에서 발생하는 소득

한국표준산업분류의 중분류에 따른 협회 및 단체는 앞의 협회 및 단체에서 제외한다. 다만, 해당 협회 및 단체가 특정사업을 경영하는 경우에는 그 사업의 내용에 따라 분류한다.

한편 수리 및 기타 개인서비스업에는 부가가치세법 시행령 제42조 제1호에 따른 인적용역을 포함한다.

⑲ 가구 내 고용활동에서 발생하는 소득

⑳ 복식부기의무자가 차량 및 운반구 등 사업용 유형자산을 양도함으로써 발생하는 소득

복식부기의무자가 건물(부속설비를 포함한다) 및 구축물, 차량 및 운반구, 공구, 기구 및 비품, 선박 및 항공기, 기계 및 장치, 동물과 식물, 이와 유사한 사업용 유형자산을

---

54) 대법원 2001.4.24. 선고, 2000두5203 판결.

양도함으로써 발생하는 소득. 다만, 토지(「공간정보의 구축 및 관리 등에 관한 법률」에 따라 지적공부에 등록하여야 할 지목에 해당하는 것을 말한다) 또는 건물(건물에 부속된 시설물과 구축물을 포함한다)의 양도소득에 해당하는 경우는 제외한다.

㉑ 그 밖의 소득

앞의 "①"부터 "⑳"까지의 규정에 따른 소득과 유사한 소득으로서 영리를 목적으로 자기의 계산과 책임 하에 계속적·반복적으로 행하는 활동을 통하여 얻는 소득을 말한다. 즉 앞의 "①"부터 "⑳"까지에서 열거한 사업소득에 해당하지 않더라도 이와 유사한 소득으로서 사업활동을 통하여 얻는 소득이라면 그 명칭이 어떠한지를 가리지 않고 모두 사업소득에 포함하는 것이다. 사회의 발전과 경제구조의 고도화에 따라 새롭게 발생 또는 출현하는 사업활동에서 얻는 소득을 사업소득에 포함시키기 위하여 소득세의 과세대상이 되는 사업소득의 규정방식을 종전의 열거주의방식에서 포괄주의방식(소득유형별 포괄주의방식)으로 전환함에 따라 신설된 조항이다.

제5절 근로소득

1 근로소득의 개념

근로소득이라 함은 근로자 등이 비독립적 지위에서 근로를 제공하고 받는 대가(對價)를 가리킨다. 이와 같은 근로제공의 법률관계는 근로계약이나 고용계약이 일반적이지만, 회사의 이사·감사와 같이 위임계약에 준하는 경우 또는 공무원과 같이 공법상의 근무관계인 경우도 있다. 근로소득은 비독립성을 그 개념적 특질로 한다고 할 수 있다. 앞에서 비독립적이라는 것은 타인의 계산과 위험 아래에서 활동을 한다는 것과 그와 같은 활동을 할 때 타인의 지시·감독을 받는다는 의미이다.

첫째, 비독립성은 자기의 계산과 위험 아래에 있지 않다는 의미이다. 즉 근로자는 타인의 계산과 위험 아래 일정한 활동을 하기 때문에 그 활동의 성과나 실패에 따른 위험부담과는 직접적인 관계가 없다고 할 수 있다. 이에 비하여 사업소득은 사업자의 자기의 계산과 위험에 의거한 활동으로 인하여 얻는 소득이다. 즉 사업자는 활동의 성과를 본인이 누림과 아울러 그 위험부담도 스스로 진다는 점에서 독립적이라고 할 수 있는 것이다.

둘째, 비독립성이란 자기가 수행할 사회적 활동의 내용과 모습을 스스로 결정할 수 있는 지위에 있지 않다는 것이다. 이를 근로자의 종속성(Abhängigkeit des Arbeitsnehmers)이라 한다. 자연인이 하나의 기업 또는 단체에 소속되어 장소·방법 및 시간에 관하여 사업자 또는 단체의 장의 지시·감독에 따를 의무를 지고 있는 경우에는 비독립적인 것이다. 이에 비하여 사업소득에 있어서의 사업자는 자기가 수행할 사회적 활동의 내용과 모습을 스스로 결정하는 것이다.

한편, 근로를 제공하고 받는 대가이면 어떠한 명칭 또는 형태로 받는 것이든 모두 근로소득을 구성한다.

근로자 등이 받는 대가에는 근로 자체의 대가는 물론이고 어떤 근로를 전제로 하여 그와 밀접하게 관련되어 근로조건의 내용을 이루고, 규칙적으로 지급되는 금전 등이 포함된다.[55][56] 즉, 근로소득은 지급형태나 명칭을 불문하고 성질상 근로의 제공과 대가관계에 있는 일체의 경제적 이익을 포함할 뿐만 아니라, 직접적인 근로의 대가 외에도 근로를 전제로 그와 밀접히 관련되어 근로조건의 내용을 이루고 있는 급여도 포함된다.[57]

2 근로소득의 범위

가. 근로소득의 범위

근로소득은 해당 과세기간에 발생한 다음의 소득으로 한다(소법 20 ①).

1) 근로를 제공함으로써 받는 봉급 등과 이와 유사한 성질의 급여

가) 근로의 대가

근로의 제공으로 인하여 받는 봉급·급료·보수·세비·임금·상여·수당과 이와 유사한 성질의 급여를 말한다. 통상적인 급여는 물론이고 변형급여(變形給與 : fringe benefits)를 포함한다. 즉 봉급 등을 계산하는 기간단위(시간·일·주·월 또는 년)의 장단이나 봉급 등의 지급에 있어서의 주기성(정기적인 급여와 부정기적인

---

55) 대법원 1972.4.26. 선고, 71누222 판결.
56) 대법원 2016.10.27. 선고, 2016두39726 판결.
   갑이 2007년 1월 경부터 A사의 대표이사로 근무하면서 2008년까지 상당한 경영성과를 달성하자, A사의 최대주주인 B사가 2008년 12월 이사회의 결의를 거쳐 갑에게 A사의 경영성과에 대한 보상으로 A사의 비상장주식 76,000주를 지급하였으며, 이후로도 갑은 2011년 11월까지 A사의 대표이사로 근무한 경우, 갑이 수령한 비상장주식을 어떠한 소득으로 볼 것인지가 문제인데, 대법원은 A사의 최대주주로서 A사의 경영과 업무수행에 직접 또는 간접적으로 영향을 미칠 수 있는 B사가 갑에게 A사의 경영성과에 대한 보상 명목으로 지급한 것으로서 갑이 A사에 제공한 근로와 일정한 대가관계가 있으므로 근로소득에 해당하고, 이와 달리 증여임을 전제로 한 과세관청의 부과처분은 위법하다고 판단하였다.
57) 대법원 2018.9.13. 선고, 2017두56575 판결.

상여)의 유무 또는 봉급 등의 지급수단이나 형태(현금급여와 현물급여) 등을 묻지 아니하고 근로의 제공과 대가관계에 있는 일체의 경제적 이익을 포함하는 것이다.

급여 등을 외화로 지급받은 때에는 해당 급여를 지급받은 날 현재 외국환거래법에 따른 기준환율 또는 재정환율에 따라 환산한 금액을 근로소득으로 한다. 이 경우 급여를 정기급여지급일 이후에 지급받은 때에는 정기급여일 현재 외국환거래법에 의한 기준환율 또는 재정환율에 의하여 환산한 금액을 당해 근로소득으로 본다(소칙 16 ①).

근로자가 부담할 소득세를 사용자가 부담하기로 약정한 경우에 그 사용자가 부담하여 주는 소득세도 근로자의 근로소득을 구성하게 된다. 즉 사용자가 부담한 소득세는 그 근로자의 근로소득에 포함되어 다시 소득세(tax on a tax)가 과세되는 것이다.[58]

① 봉급 등

근로의 제공으로 인하여 받는 봉급·급료·보수·세비·임금은 일·주·월·년 등의 단위로 지급되는 정기적인 급여이다.

② 수당

수당은 근로자의 특수한 근무조건·인적사정 또는 근로의 내용 등과 같은 일정한 기준에 따라 지급하는 근로의 대가로서 정기적인 급여의 성격을 갖는다.[59] 수당의 유형으로서는 근로수당·가족수당·전시수당·물가수당·출납수당·직무수당·급식수당·주택수당·피복수당·기술수당·보건수당·연구수당·시간외근무수당·통근수당·개근수당·벽지수당·해외근무수당 등을 들 수 있다.

영업사원으로 고용된 자가 영업실적에 따라 받는 수당은 근로소득에 해당한다. 또한 근로자가 본래의 직무 외에 신규채용시험이나 사내교육을 위한 출제·감독·채점 또는 강의교재 등을 작성하고 수당·강사료·원고료 명목으로 지급받는 금액은 근무의 연장 또는 특별근로에 대한 대가이기 때문에 근로소득에 해당한다.

---

58) Boris I. Bittker & Lawrence Lokken, Federal Taxation of Income, Estates and Gifts, Volume 1, 2nd edition(Warren, Gorham & Lamont, 1989), pp.5-73~5-77.

59) 대법원 1972.4.28. 선고, 71누222 판결.
지급된 돈이 과세의 대상인지의 여부는 그 돈의 명목이 아니라 성질에 따라 결정지어야할 것으로서, 그 돈의 지급이 근로의 대가가 될 때는 물론이지만, 어느 근로를 전제로 그와 밀접히 관련되어 근로조건의 내용을 이루고, 규칙적으로 지급되는 돈이라면 과세의 대상이 된다고 해석할 것이므로 위 금액이 숙련공에 대한 우대의 뜻이 있다면 특별사정이 없는 한 근로조건을 이룬다고 보이며 달마다 규칙적으로 지급된 것으로 못 볼 바 아니므로 과세대상이 된다.

③ 상여

상여란 임시적인 급여 중 퇴직급여 외의 것을 말한다. 퇴직으로 인하여 지급
받는 급여라 하더라도 퇴직과 직접 관계가 없는 퇴직위로금·퇴직공로금 기
타 이와 유사한 성질의 급여는 상여로 취급한다.

법인의 대표자가 그 지위에서 법인의 수익을 사외유출시켜 자신에게 귀속시킨
금액 중 법인의 사업을 위하여 사용된 것임이 분명하지 아니한 것은 특별한 사
정이 없는 한 대표자 자신에 대한 상여 내지 이와 유사한 임시적 급여에 해당
한다.[60] 그러나 사용인이 사용자(법인 또는 개인사업자)의 공금을 횡령한 경
우로서 사용자가 그 사용인과 보증인에 대하여 횡령금을 회수하기 위하여 조치
를 취하였음에도 불구하고 사용인 등의 무자력 등으로 인하여 회수할 수 없게
되어 대손금으로 손비처리한 경우에는 사용인에 대한 상여로 볼 수 없다.[61]

나) 현물급여

급여를 금전 외의 현물로 받는 경우에 그 현물급여는 근로소득에 포함된다.

다) 봉급 등과 유사한 성질의 급여

봉급 등과 유사한 성질의 급여에는 다음의 금액들이 포함된다(소령 38 ①). 소득세
법 시행령 제38조는 소득세법 제20조에서 정하고 있는 근로소득을 예시하고 있는
규정이다.

① 기밀비(판공비를 포함한다)[62]·교제비 기타 이와 유사한 명목으로 받는 것으

---

60) 대법원 2000.5.26. 선고, 98두5064 판결 : 대법원 1999.12.24. 선고, 98두7350 판결.
61) ① 대법원 1989.12.13. 선고, 87누880 판결.
[판결요지] 사용자가 피용자에 대하여 불법행위로 인한 손해배상청구채권을 취득한 경우 그 손해배상액 상
당을 곧바로 그 피용자에게 지급된 근로소득으로 볼 수 있는 법령상의 근거규정이 없고, 피용자가 부당유용
한 공금을 회수할 수 없는 경우에는 그 피용자의 근로소득으로 처리한다고 규정한 종전의 법인세법 기본통
칙 2-14-9. (20) 제12호 단서는 법령에 근거가 없는 것이어서 법규적 효력이 없다.
② 법기통 34-62…6.
사용인이 법인의 공금을 횡령한 경우로서 동 사용인과 그 보증인에 대하여 횡령액의 회수를 위하여 법에
의한 제반절차를 취하였음에도 무재산 등으로 회수할 수 없는 경우에는 동 횡령액을 대손처리할 수 있다.
이 경우 대손처리한 금액에 대하여는 사용인에 대한 근로소득으로 보지 아니한다.
62) 대법원 2005.4.15. 선고, 2003두4089 판결.
[판결요지] 과세대상이 되는 근로소득에 해당하는지 여부는 그 지급된 금원의 명목이 아니라 성질에 따라
결정되어야 할 것으로서 그 금원의 지급이 근로의 대가가 될 때는 물론이고 어느 근로를 전제로 그와 밀접히
관련되어 근로조건의 내용을 이루고 규칙적으로 지급되는 것이라면 과세의 대상이 되는 것이다. 임직원들에
게 지급된 이 사건 기밀비와 업무추진비는 그 직급에 따라 매월 정액으로 정기적으로 지급되었을 뿐만 아니
라 원고가 그 사용목적이나 사용방법 등에 관하여 아무런 기준을 제시한 바도 없고, 또 임직원들이 이 사건
기밀비와 업무추진비를 업무와 관련하여 지출하였다고 볼만한 아무런 자료도 없는 점 등에 비추어 보면, 이
사건 기밀비와 업무추진비는 실질적으로 근로 제공의 대가에 해당하거나 아니면 적어도 근로를 전제로 그와

로서 업무를 위하여 사용된 것이 분명하지 아니한 급여

② 종업원이 받는 공로금 등

종업원이 받는 공로금, 위로금, 개업축하금, 학자금, 장학금(종업원의 수학 중인 자녀가 사용자로부터 받는 학자금·장학금을 포함한다) 기타 이와 유사한 성질의 급여를 말한다. 다만, 종업원이 사업자로부터 받은 경조금 중 사회통념상 타당하다고 인정되는 범위 내의 금액은 근로소득으로 보지 아니하며, 경조금을 지급한 사업자는 해당 경조금을 필요경비에 산입한다(소칙 10 ①, 소칙 24 ②).

③ 근로수당·가족수당·전시수당·물가수당·출납수당·직무수당 기타 이와 유사한 성질의 급여

④ 보험회사, 「자본시장과 금융투자업에 관한 법률」에 따른 투자매매업자 또는 투자중개업자의 종업원이 받는 집금(集金)수당과 보험가입자의 모집, 증권매매의 권유 또는 저축을 권장하여 받는 대가, 그 밖에 이와 유사한 성질의 급여

⑤ 급식수당·주택수당·피복수당 기타 이와 유사한 성질의 급여

⑥ 주택을 제공받음으로써 얻는 이익

주택을 제공받음으로써 얻는 이익은 근로소득으로 한다. 다만, 주주나 출자자가 아닌 임원(소액주주인 임원을 포함한다)과 임원이 아닌 종업원(비영리법인 또는 개인의 종업원을 포함한다) 및 국가·지방자치단체로부터 근로소득을 지급받는 사람이 사택을 제공받는 경우는 복리후생적 급여로 보아 비과세한다.

㉮ 사택의 범위

사택이라 함은 사용자가 소유하고 있는 주택을 종업원 등에게 무상 또는 저가로 제공하거나, 사용자가 직접 임차하여 종업원 등에게 무상으로 제공하는 주택을 말한다. 사용자가 임차주택을 사택으로 제공하는 경우 임대차기간 중에 종업원 등이 전근·퇴직 또는 이사하는 때에는 다른 종업원 등이 해당 주택에 입주하는 경우에 한하여 이를 사택으로 본다. 그러나 입주한 종업원 등이 전근·퇴직 또는 이사한 후 해당 사업장의 종업원 등 중에서 입주희망자가 없거나 해당 임차주택의 계약잔여기간이 1년 이하인 경우로서 주택임대인이 주택임대차계약의 갱신을 거부하는 때에는 그러하지 아니하다(소칙 9의 2 ① 및 ②).

㉯ 소액주주의 범위

밀접히 관련되어 근로조건의 내용을 이루면서 규칙적으로 지급된 것으로서 과세대상인 근로소득에 해당한다.

소액주주는 사택을 제공하는 법인의 발행주식총수 또는 출자총액의 1%에 미달하는 주식등을 소유한 주주등(해당 법인의 국가, 지방자치단체가 아닌 지배주주등의 특수관계인인 자는 제외)을 말한다(소칙 9의 2 ③). 그러나 앞의 기준에 해당하는 소액주주라 하더라도 해당 법인의 지배주주[해당 법인의 발행주식총액 등의 1% 이상의 주식을 소유한 주주(국가 또는 지방자치단체인 주주는 제외한다)로서 그와 특수관계에 있는 주주와의 소유주식의 합계가 해당 법인의 주주 중 가장 많은 경우의 해당 주주를 말한다]와 특수관계에 있는 주주는 제외한다.

⑦ 종업원이 주택(주택에 부수된 토지를 포함한다)의 구입·임차에 소요되는 자금을 저리 또는 무상으로 대여받음으로써 얻는 이익

⑧ 기술수당·보건수당·연구수당, 그 밖에 이와 유사한 성질의 급여

⑨ 시간외근무수당·통근수당·개근수당·특별공로금 기타 이와 유사한 성질의 급여

⑩ 여비의 명목으로 받는 연액 또는 월액의 급여

⑪ 벽지수당·해외근무수당 기타 이와 유사한 성질의 급여

⑫ 종업원이 계약자이거나 종업원 또는 그 배우자 기타의 가족을 수익자로 하는 보험·신탁 또는 공제와 관련하여 사용자가 부담하는 보험료·신탁부금 또는 공제부금

⑬ 법인세법 시행령 제44조 제4항에 따라 손금에 산입되지 아니하고 지급받는 퇴직급여

⑭ 휴가비 기타 이와 유사한 급여

⑮ 계약기간 만료 전 또는 만기에 종업원에게 귀속되는 단체환급부보장성보험의 환급금

⑯ 법인의 임원 또는 종업원이 당해 법인 등으로부터 부여받은 주식매수선택권을 그 법인 등에서 근무하는 기간 중 행사함으로써 얻은 이익

법인의 임원 또는 종업원이 당해 법인 또는 당해 법인과 특수관계에 있는 법인[63](이하에서 '당해 법인 등'이라 한다)으로부터 부여받은 주식매수선택권

---

63) 대법원 2007.10.25. 선고, 2007두1934 판결.
　　[판결요지] 소득세법 제20조 제1항 소정의 근로소득은 지급형태나 명칭을 불문하고 성질상 근로의 제공과 대가관계에 있는 일체의 경제적 이익을 포함할 뿐만 아니라, 직접적인 근로의 대가 외에도 근로를 전제로 그와 밀접히 관련되어 근로조건의 내용을 이루고 있는 급여도 포함된다 할 것이다.
　　원심판결 이유에 의하면 원심은, 원고가 2001.5.17.까지 국내법인인 씨티은행 서울지점에서 근무하던 중 씨

(stock option)을 당해 법인 등에서 근무하는 기간 중 행사함으로써 얻은 이익 (주식매수선택권 행사 당시의 시가와 실제 매수가액과의 차액을 말하며, 주식 에는 신주인수권을 포함한다)은 근로소득에 포함된다.

⑰ 「공무원수당 등에 관한 규정」, 「지방공무원수당 등에 관한 규정」, 「검사의 보수에 관한 법률 시행령」, 대법원규칙, 헌법재판소규칙 등에 따라 공무원에게 지급되는 직급보조비

⑱ 공무원이 국가 또는 지방자치단체로부터 공무 수행과 관련하여 받는 상금과 부상

2) 법인의 의결기관의 결의에 따라 상여로 받는 소득

법인의 주주총회·사원총회 또는 이에 준하는 의결기관의 결의에 따라 상여로 받는 소득은 근로소득으로 한다.

3) 법인세법에 따라 상여로 처분된 금액

가) 상여로 처분된 금액

법인세의 과세표준을 신고하거나 결정 또는 경정함에 있어서 익금에 산입한 금액으로서 임원 또는 사용인(이하 '임원 등'이라 한다)에게 상여로 처분한 금액은 그 임원 등의 근로소득으로 한다(소법 20 ① Ⅲ). 법인세법에서는 익금에 산입한 금액이 임원 등에게 귀속된 경우에는 그 임원 등에 대한 상여로 처분하도록 하고 있다. 그리고 익금에 산입한 금액이 사외로 유출되었으나 귀속이 불분명한 경우에는 대표자에게 귀속된 것으로 보아 그 자에 대한 상여로, 추계방법에 의하여 과세표준을 결정 또는 경정하는 경우에는 결정 또는 경정된 과세표준과 법인의 재무상태표상의 당기순이익과의 차액(법인세 상당액을 빼지 아니한 금액을 말한다)을 대표자에 대한 상여로 처분한다(법령 106 ① 및 ②). 이와 같이 상여로 처분된 금액은 그 귀속자의 근로

티은행 서울지점의 주식을 모두 보유하고 있는 모회사로서 외국법인인 씨티코프로부터 1996.1.6.부터 1999.12.28.까지 5회에 걸쳐 주식매수선택권(Stock Option)을 부여받은 후 2001.4.18.부터 2001.5.16.까지 이를 행사하여 씨티코프 주식을 주식매수청구권 행사가액으로 취득함으로써 그 행사 당시 주식의 시가에서 행사가액을 공제한 차액에 상당하는 이익을 얻은 사실을 확정하였다. 사정이 그러하다면 이 사건 주식매수선택권 행사이익은 씨티은행 서울지점의 모회사로서 씨티은행 서울지점의 경영과 업무수행에 직접 또는 간접적으로 영향을 미치는 외국법인인 씨티코프가 원고에게 지급한 것으로서 원고가 씨티은행 서울지점에 제공한 근로와 일정한 상관관계 내지 경제적 합리성에 기한 대가관계가 있다고 봄이 상당하므로 이 사건 주식매수선택권의 행사이익은 소득세법 제20조 제1항 제2호 나목 소정의 을종근로소득에 해당된다고 할 것이다 (同旨: 대법원 2007.10.25. 선고, 2007두1941 판결).

소득을 구성하는 것이다. 실무상으로는 "인정상여"라고 부른다.

나) 채권자가 불분명한 사채이자 등

채권자가 불분명한 사채이자(私債利子) 등과 임원퇴직금한도초과액의 손금불산입액에 대한 소득구분과 원천징수의 범위를 둘러싸고 해석상 다툼이 제기되고 있다. 이하에서는 채권자 불분명 사채이자 등과 임원퇴직금한도초과액을 구분하여 살펴보기로 한다.

① 채권자 불분명 사채이자 등

채권자 불분명 사채이자 및 내국법인 등이 발행한 채권이나 증권의 이자·할인액 또는 차익(이하 '이자 등'이라 한다)을 그 채권 또는 증권의 발행법인이 직접 지급하는 경우로서 그 지급사실이 객관적으로 인정되지 아니하는 이자 등(이하에서 '채권자 불분명 사채이자 등'이라고 한다)에 대해서는 손금불산입하되, 그 손금불산입한 이자에 대한 원천징수세액에 상당하는 금액에 대해서는 기타사외유출로 처분하도록 하고 있다(법령 106 ① Ⅲ).

그런데 채권자가 불분명한 사채이자는 비록 채권자가 불분명하기는 하지만 이자소득에 해당하는 것임에는 틀림이 없다. 이 경우에 그 전액에 대하여 이자소득에 대한 소득세 등을 원천징수하면서 다시 그 사채이자에서 원천징수한 소득세 등을 뺀 잔액에 대하여 대표자의 상여(근로소득)로 처분할 것인지가 문제이다.

법인세법 시행령 제106조 제1항 제1호 단서 및 같은 항 제3호 라목은 이자소득에 대한 소득세 등과 근로소득에 대한 소득세를 이중적으로 원천징수하도록 하고 있다. 즉 채권자가 불분명한 사채이자에서 원천징수세액을 뺀 잔액은 사외에 유출된 것은 분명하지만 그 귀속자를 밝힐 수 없는 것이므로 대표자에게 귀속된 것으로 보아 그 자에 대한 상여로 처분하여야 한다고 새기는 것이다.[64]

그러나 법인세법 시행령 제106조 제1항 제1호 단서 및 같은 항 제3호 라목의 규정은 실제로 소득이 귀속하지도 않은 자(법인의 대표자)에게 소득이 귀속한 것으로 의제하여 소득세를 과세하도록 하고 있기 때문에 실질과세의 원칙에 위배될 소지를 안고 있다. 또한 채권자 불분명 사채이자 등에 대하여 이자소득에 대한 소득세를 징수하여 납부하고 그 나머지 금액에 대하여 다시 대표자 상여로 처분하여 근로소득에 대한 소득세를 징수하여 납부하도록 하는 것은 동일한 소득에 대한 중복적인 과세에 해당하여 그 정당성을 결여하고 있다고 하겠다. 사채이자

---

64) 대법원 1993.1.26. 선고, 92누1810 판결.

로 지급되었음은 분명하지만 채권자를 알 수 없는 경우에는 소득세 최고세율 (45%) 또는 그보다 다소 높은 세율로 이자소득세를 원천징수(분리과세)하도록 하되, 해당 금액(이자소득세를 뺀 금액)에 대해서는 이중적으로 그 법인의 대표 자에게 상여로 처분할 수 없도록 입법적으로 보완할 필요가 있다고 생각한다.

② 임원퇴직금한도초과액

임원퇴직금한도초과액이 퇴직소득인가 또는 근로소득인가에 관하여는 종래부 터 논의의 대상이 되었다. 임원퇴직금한도초과액이 임원의 현실적인 퇴직에 따라 지급되는 대가이기 때문에 퇴직소득에 해당한다는 견해가 있다. 이에 대하여 임 원퇴직금한도초과액은 주로 퇴직공로금·퇴직위로금과 같이 "퇴직으로 인하여 지급받는 소득으로서 퇴직소득에 해당하지 아니하는 소득"(소법 20 ① Ⅳ)에 속하 므로 퇴직소득이 아니고 근로소득을 구성한다는 견해도 있다.

생각건대 임원퇴직금한도초과액이 퇴직금의 형태로 지급되고 있기는 하나, 소 득세법 제20조 제1항 제3호 및 제4호에 비추어 볼 때 근로소득에 해당한다고 해 석하고자 한다. 그러므로 법인이 임원퇴직금의 전액에 대하여 퇴직소득에 대한 소득세를 원천징수하여 납부하였다면 임원퇴직금 중 그 한도초과액에 대하여는 이미 납부한 퇴직소득에 대한 소득세를 환급하여야 한다.

4) 퇴직함으로써 받는 소득으로서 퇴직소득에 속하지 아니하는 소득

법인세법 시행령 제44조 제4항에 따라 손금에 산입되지 아니하고 지급받는 퇴직급여 는 퇴직소득이 아니며, 근로소득에 해당한다(소령 38 ① ⅩⅢ).

5) 종업원 등 또는 대학의 교직원 또는 대학과 고용관계가 있는 학생이 지 급받는 직무발명보상금

종업원 등 또는 대학의 교직원 또는 대학과 고용관계가 있는 학생이 지급받는 직무발 명보상금은 근로소득에 해당한다.[65] 다만, 종업원 등 또는 대학의 교직원 또는 대학과

---

65) 이 사건 보상금은 원고 소속 종업원들이 원고의 내부규정인 지적재산권관리요령에 따라 원고에게 직무발명 에 대한 권리 등을 승계하여 주고 이를 원인으로 하여 원고로부터 지급받은 실시보상금인데, 원고가 그 내부 규정인 지적재산권관리요령과 인사규정 등에 따라 합리적으로 산정한 것으로 이 사건 보상금이 직무발명보 상금으로서 정당한 보상의 범위를 넘는 것이라고 보기 어렵고, 이 사건 보상금의 지급방법이 규칙적 또는 반복적이었다거나, 그 지급원인이 된 직무발명이 원고의 목적사업을 수행하는 과정에서 이루어졌다는 등의 사정만으로 이 사건 보상금이 근로소득에 해당한다고 할 수 없으며, 이 사건 보상금과 달리 원고가 소득세를 원천징수한 연구장려금의 경우 이 사건 보상금과 그 산정방법을 일부 공유하였으나 그 지급근거와 지급대 상 및 지급취지 등이 전혀 다른 점 등을 종합하여 보면, 이 사건 보상금은 근로소득이라고 볼 수 없고 기타소

고용관계가 있는 학생이 퇴직한 후에 지급받는 직무발명보상금은 근로소득이 아니며, 기타소득에 해당한다.

6) 종업원 등이 자사·계열사의 재화 또는 용역을 시가보다 할인하여 공급받은 경우 할인받은 금액

사업자나 법인이 생산·공급하는 재화 또는 용역을 그 사업자나 법인(「독점규제 및 공정거래에 관한 법률」에 따른 계열회사를 포함한다)의 사업장에 종사하는 임원등에게 다음 중 어느 하나에 해당하는 유형으로 시가[66]보다 낮은 가격으로 제공하거나 구입할 수 있도록 지원함으로써 해당 임원등이 얻는 이익은 근로소득에 해당한다.

① 자사가 생산·공급하는 재화·용역을 임원등에게 시가보다 낮은 가격으로 판매하는 경우

② 자사가 생산·공급하는 재화·용역의 구입을 지원하기 위해 임원등에게 지원금을 지급하는 경우

③ 계열사가 생산·공급하는 재화·용역의 구입을 지원하기 위해 자사가 자사의 임원등에게 지원금을 지급하는 경우

④ 계열사가 생산·공급하는 재화·용역을 자사 임원등에게 시가보다 낮은 가격으로 판매하고, 자사가 임원등이 할인받은 금액을 계열사에 지급하여 주는 경우

나. 변형급여

"제1편 제2장"에서 살펴본 바와 같이 변형급여(fringe benefits)가 과세소득을 구성함은 의문의 여지가 없다. 변형급여에는 근로자에 대한 자산의 증여·자산의 저가양도·채권의 포기 또는 면제·금전이나 기타의 자산 및 용역의 무상 또는 저렴한 이율이나 요율 또는 임대료에 의한 대부 또는 제공, 근로자로부터의 자산의 고가매입, 근로자가 부담할 비용의 부담 등과 같은 경제적 이익이 포함된다. 이와 같은 변형급여는 거의 대부분 근로소득의 범위 안에 포함되는 것이다. 그러나 변형급여는 평가상의 어려움과 근로조건의 개선 또는 근로자에 대한 복리후생의 확충이라는 이름 아래 과세에서 제외되는 폭이 넓어지고 있고, 과세상 유리한 취급을 받는 경우도 적지 않다. 이로 인하여 세부담의 불공평이 초래되고 있다.

득에 해당한다(대법원 2015.4.23. 선고, 2014두15559 판결).

[66] 법인세법 시행령 제89조 시가의 범위에 따른다. 다만, 일반소비자에게 판매가 불가능하거나 해당 종업원이 아니면 판매하기 어려운 경우 할인금액을 시가로 판단 가능하다.

3 　근로소득의 구분

가. 일반급여와 일용근로자의 급여

동일한 고용주에게 고용되어 있는 기간 또는 급여의 계산방법(예 : 월급과 시간급 또는 일급)에 따른 구분이다. 급여가 일반급여인지 또는 일용근로자의 급여인지에 따라서 과세 방법과 과세표준 및 세액의 계산 등에 현저한 차이가 인정되고 있다.

1) 일반급여

근로소득 중에서 일용근로자의 급여를 제외한 것을 말한다. 일반급여에 대한 근로소 득은 종합소득에 포함하여 합산과세한다.

2) 일용근로자의 급여

가) 일용근로자의 범위

① 일반적인 경우

일용근로자라 함은 근로를 제공한 날 또는 시간에 따라 근로대가를 계산하거나 근로를 제공한 날 또는 시간의 근로성과에 따라 급여를 계산하여 받는 사람으로 서 근로계약에 따라 일정한 고용주에게 3월 이상 계속하여 고용되어 있지 아니 한 사람을 말한다(소령 20). 즉 일용근로자는 급여의 일 또는 시간단위(일 또는 시간의 근로업적을 포함한다)의 계산과 고용기간의 단기성(3월 미만)을 모두 충 족하는 근로자를 말한다.

② 건설공사에 종사하는 자의 특례

근로를 제공한 날 또는 시간에 따라 근로대가를 계산하거나 근로를 제공한 날 또는 시간의 근로성과에 따라 급여를 계산하여 받는 자로서 다음의 자를 제외한 자는 일용근로자로 본다.

ⅰ) 동일한 고용주에게 계속하여 1년 이상 고용된 자

ⅱ) 다음의 업무에 종사하기 위하여 통상 동일한 고용주에게 계속하여 고용되는 자

㉮ 작업준비를 하고 노무에 종사하는 자를 직접 지휘·감독하는 업무

㉯ 작업현장에서 필요한 기술적인 업무·사무·타자·취사·경비 등의 업무

㉰ 건설기계의 운전 또는 정비업무

③ **하역작업에 종사하는 자(항만근로자 포함)의 특례**

근로를 제공한 날 또는 시간에 따라 근로대가를 계산하거나 근로를 제공한 날 또는 시간의 근로성과에 따라 급여를 계산하여 받는 자로서 다음의 자를 제외한 자는 일용근로자로 본다.

ⅰ) 다음의 업무에 종사하기 위하여 통상 동일한 고용주에게 계속하여 고용되는 자

㉮ 작업준비를 하고 업무에 종사하는 자를 직접 지휘·감독하는 업무

㉯ 주된 기계의 운전 또는 정비업무

ⅱ) 통상 근로를 제공한 날에 근로대가를 지급받지 아니하고 정기적으로 근로대가를 받는 자

나) 일용근로자의 근로소득에 대한 과세

일용근로자의 근로소득에 대해서는 종합소득에 포함하지 아니하고 분리과세한다. 즉 일용근로자의 경우에는 일급여액에서 근로소득공제(일 150,000원)를 한 금액을 과세표준으로 하여 원천징수세율(6%)을 적용하고, 이와 같이 계산된 산출세액에서 근로소득세액공제를 뺀 세액을 완납적으로 원천징수한다(소법 134 ③).

나. 원천징수의 대상이 되는 근로소득과 그 밖의 근로소득

거주자 또는 비거주자에게 근로소득을 지급하는 자는 소득세 원천징수의무를 진다. 다만, 외국기관이나 우리나라에 주둔하는 국제연합군(미국군을 제외한다), 국외에 있는 비거주자 또는 외국법인(국내지점 또는 국내영업소를 제외한다)이 지급하는 근로소득의 경우에는 소득세 원천징수의무가 없다. 그러나 국외에 있는 비거주자 또는 외국법인이 지급하는 급여라 할지라도 비거주자의 국내사업장 또는 외국법인의 국내사업장의 국내원천소득금액을 계산할 때 필요경비 또는 손금으로 계상한 것에 대해서는 소득세 원천징수의무를 진다.

1 연금소득의 개념

고령화사회의 진전과 사회보장제도의 확충에 따라 연금인구가 증가하고 연금소득의 비중도 지속적으로 증가하는 추세에 있다.

연금제도는 연금기금 등의 납입[67] · 연금기금의 운용 및 연금의 급부로 이루어져 있으므로 각 단계에 따른 조화 있는 과세제도가 마련될 필요성이 있다. 특히 납입 · 운용 및 급부의 어느 단계에서 소득세를 과세할 것인가는 연금소득과세에 있어서 매우 중요하다.

연금소득과세제도는 크게 납입 및 운용단계에서는 과세하고 급부단계에서는 비과세하는 유형(Meade 보고서[68]형)과 납입 및 운용단계에서는 비과세하고 급부단계에서는 과세하는 유형(Carter 보고서[69]형)의 두 유형으로 구분할 수 있다. 두 유형을 비교하면 [별표 1] 과 같다.

[별표 1] 연금소득과세제도의 비교[70]

구 분	Meade 보고서형	Carter 보고서형
사용자의 보험료 납입	과세(근로소득으로 봄)	비과세
근로자의 보험료 납입	과세(소득공제를 허용하지 않음)	비과세(소득공제의 허용)
연금기금의 운용수익	과세(소득에 산입함)	비과세
연금의 급부	비과세	과세

우리나라의 연금소득과세제도는 납입 및 운용단계에서는 비과세하고 급부단계에서는 과세하는 Carter 보고서형을 취하고 있다.

첫째, 사용자가 부담하는 부담금에 대해서는 근로소득세를 비과세한다. 즉 퇴직급여로 지급하기 위하여 적립(근로자가 적립금액 등을 선택할 수 없는 것으로서 일정한 방법[71]에

---

67) 보통 갹출(醵出)이라고 한다.
68) IFS, The Structure and Reform of Direct Taxation(Report of a Committee chaired by Professor J.E. Meade, George Allen & Unwin, 1978.
69) Carter et al, Report of the Royal Commission on Taxation(Volume 3 Taxation of Income), Queen's Printer and Controller of Stationery, 1966.
70) 김완석, 소득세제도 및 행정의 개선에 관한 연구 : 연구보고서 제16집, 한국조세연구소, 1996, p.51.
71) 일정한 방법이란 다음의 요건을 모두 충족하는 적립 방법을 말한다(소칙 15의 4).
　① 「근로자퇴직급여 보장법」 제4조 제1항에 따른 퇴직급여제도의 가입 대상이 되는 근로자(임원을 포함한

따라 적립되는 경우에 한정한다)되는 급여는 근로소득에 포함하지 아니하는 것이다(소령 38 ②).

둘째, 공적연금 관련법에 따른 기여금 또는 개인부담금은 전액 종합소득공제(연금보험료공제)로서 소득공제한다(소법 51의 3 ①). 그리고 종합소득금액이 있는 거주자가 연금계좌에 납입하는 금액(소득세법 제146조 제2항에 따라 소득세가 원천징수되지 아니한 퇴직소득 등 과세가 이연된 소득과 연금계좌에서 다른 연금계좌로 계약을 이전함으로써 납입되는 금액은 제외한다)에 대하여는 그 금액의 12%[해당 과세기간에 종합소득과세표준을 계산할 때 합산하는 종합소득금액이 4,500만원 이하(근로소득만 있는 경우에는 총급여액 5,500만원 이하)인 근로자에 대해서는 15%]를 해당 과세기간의 종합소득 산출세액에서 공제한다(소법 59의 3 ①). 다만, 연금계좌 중 연금저축계좌에 납입한 금액이 연 600만원을 초과하는 경우에는 그 초과하는 금액은 없는 것으로 한다. 연금저축계좌에 납입한 금액 중 600만원 이내의 금액과 퇴직연금계좌에 납입한 금액을 합한 금액이 연 900만원을 초과하는 경우에는 그 초과하는 금액은 없는 것으로 한다. 한편, 연금계좌세액공제의 합계액이 종합소득 산출세액을 초과하는 경우 그 초과하는 공제액은 없는 것으로 한다.

셋째, 연금계좌의 운용실적에 따라 증가된 금액은 연금소득에 포함하여 과세한다(소법 20의 3 ① II 다).

넷째, 거주자가 연금계좌에 납입하여 연금계좌세액공제를 받은 금액과 연금계좌의 운용실적에 따라 증가된 금액을 그 소득의 성격에도 불구하고 연금외수령한 소득은 기타소득으로 과세한다(소법 21 ①).

다섯째, 연금의 급부시에는 연금소득 등으로 과세한다. 즉 공적연금을 연금으로 수령할 때에는 연금소득으로, 연금외수령의 경우에는 퇴직소득으로 과세한다. 그리고 연금계좌에서 연금 형태로 인출하는 경우에는 연금소득으로 과세하되, 연금외수령의 경우에는 퇴직소득 또는 기타소득으로 과세한다.

다. 이하에서 같다) 전원이 적립할 것. 다만, 각 근로자가 다음 중 어느 하나에 해당하는 날에 향후 적립하지 아니할 것을 선택할 수 있는 것이어야 한다.
　　㉠ 사업장에 아래 ②에 따른 적립 방식이 최초로 설정되는 날(해당 사업장에 최초로 근무하게 된 날에 ②의 적립 방식이 이미 설정되어 있는 경우에는 「근로자퇴직급여 보장법」 제4조 제1항에 따라 최초로 퇴직급여제도의 가입 대상이 되는 날을 말한다)
　　㉡ ②의 적립 방식이 변경되는 날
② 적립할 때 근로자가 적립 금액을 임의로 변경할 수 없는 적립 방식을 설정하고 그에 따라 적립할 것
③ 위 ②의 적립 방식이 「근로자퇴직급여 보장법」 제6조 제2항에 따른 퇴직연금규약, 같은 법 제19조 제1항에 따른 확정기여형퇴직연금규약 또는 과학기술인공제회법 제16조의2에 따른 퇴직연금급여사업을 운영하기 위하여 과학기술인공제회와 사용자가 체결하는 계약에 명시되어 있을 것
④ 사용자가 소득세법 시행령 제40조의2 제1항 제2호 가목 및 다목의 퇴직연금계좌에 적립할 것

2 연금소득의 내용

가. 공적연금소득

공적연금소득이란 공적연금 관련법에 따라 받는 각종 연금소득을 말한다(소법 20의 3 ① I). 이 경우 공적연금 관련법이란 국민연금법·공무원연금법·군인연금법·사립학교교직원연금법·별정우체국법 또는 「국민연금과 직역연금의 연계에 관한 법률」을 말한다.

공적연금소득은 2002년 1월 1일 이후에 납입된 연금기여금 및 사용자부담금(국가 또는 지방자치단체의 부담금을 포함한다. 이하 같다)을 기초로 하거나 2002년 1월 1일 이후 근로의 제공을 기초로 하여 받는 연금소득으로 한다(소법 20의 3 ②).[72]

따라서 연금의 총수령액 중에서 다음의 계산식에 따라 계산한 금액만을 과세대상 연금소득으로 한다(소령 40 ①).

1) 국민연금법에 따른 연금소득과 「국민연금과 직역연금의 연계에 관한 법률」에 따른 연계노령연금

$$
\text{과세대상 연금소득} = \text{과세기간 연금수령액} \times \frac{\text{과세기준일 이후 납입기간의 환산소득 누계액}}{\text{총 납입기간의 환산소득 누계액}}
$$

위의 산식에서 "환산소득"이란 국민연금법 제51조 제1항 제2호에 따라 가입자의 가입기간 중 매년의 기준소득월액을 보건복지부장관이 고시하는 연도별 재평가율에 따라 연금수급 개시 전년도의 현재가치로 환산한 금액을 말한다(소령 40 ⑤).

2) 그 밖의 공적연금소득

$$
\text{과세대상 연금소득} = \text{과세기간 연금수령액} \times \frac{\text{과세기준일 이후 기여금 납입월수}}{\text{총 기여금 납입월수}}
$$

위의 산식을 적용함에 있어서 공무원·군인·사립학교교직원 또는 별정우체국 직원이 퇴직하고 과세기준일 이후 재임용되어 퇴직당시 수령한 퇴직급여액을 반납한 경우

---

72) 2001년 12월 31일 이전에 납입된 연금기여금에 대해서는 소득공제를 허용하지 않으면서 연금수령시 연금소득으로도 과세하지 않았다.

에는 재임용일 또는 재가입일을 과세기준일로 보아 계산한다(소령 40 ②).

한편, 과세기준일 이후에 연금보험료공제를 받지 않고 납입한 기여금 또는 개인부담금(과세제외금액 확인을 위한 소득공제확인서에 따라 확인되는 금액만 해당하며, 이하 '과세제외기여금 등'이라 한다)이 있는 경우에는 과세기준금액에서 과세제외기여금 등을 뺀 금액을 공적연금소득으로 한다. 이 경우 과세제외기여금 등이 해당 과세기간의 과세기준금액을 초과하는 경우 그 초과하는 금액은 그 다음 과세기간부터 과세기준금액에서 뺀다(소령 40 ③).

그리고 공적연금소득을 지급하는 자가 연금소득의 일부 또는 전부를 지연하여 지급하면서 지연지급에 따른 이자를 함께 지급하는 경우 해당 이자는 공적연금소득으로 본다(소령 40 ④).

나. 연금계좌에서 연금형태로 인출하는 연금소득

다음 중 어느 하나에 해당하는 금액을 그 소득의 성격에도 불구하고 연금계좌 또는 퇴직연금계좌에서 연금형태로 인출(이하 '연금수령'이라 하며, 연금수령 외의 인출은 '연금외수령'이라 한다)하는 경우의 그 연금은 연금소득으로 한다(소법 20의 3 ① Ⅱ).

① 원천징수되지 아니한 퇴직소득
② 거주자가 연금계좌에 납입하여 연금계좌세액공제를 받은 금액
③ 연금계좌의 운영실적에 따라 증가된 금액
④ 그 밖에 연금계좌에 이체 또는 입금되어 해당 금액에 대한 소득세가 이연(移延)된 소득으로서 대통령령으로 정하는 소득

이하에서는 이러한 내용을 보다 구체적으로 살펴보고자 한다.

1) 연금계좌 등

연금계좌란 다음 중 어느 하나에 해당하는 계좌를 말한다(소령 40의 2 ①).

① 다음 중 어느 하나에 해당하는 금융회사 등과 체결한 계약에 따라 연금저축이라는 명칭으로 설정하는 계좌(이하 '연금저축계좌'라 한다)

ⅰ) 「자본시장과 금융투자업에 관한 법률」 제12조에 따라 인가를 받은 신탁업자와 체결하는 신탁계약

ⅱ) 「자본시장과 금융투자업에 관한 법률」 제12조에 따라 인가를 받은 투자중개업자와 체결하는 집합투자증권 중개계약

ⅲ) 소득세법 시행령 제25조 제2항에 따른 보험계약을 취급하는 기관과 체결하는

보험계약

② 퇴직연금을 지급받기 위하여 가입하여 설정하는 다음 중 어느 하나에 해당하는 계
좌(이하 '퇴직연금계좌'라 한다)

ⅰ) 「근로자퇴직급여 보장법」 제2조 제9호의 확정기여형퇴직연금제도에 따라 설
정하는 계좌

ⅱ) 「근로자퇴직급여 보장법」 제2조 제10호의 개인형퇴직연금제도에 따라 설정하
는 계좌

ⅲ) 「근로자퇴직급여 보장법」에 따른 중소기업퇴직연금기금제도에 따라 설정하
는 계좌

ⅳ) 과학기술인공제회법 제16조 제1항에 따른 퇴직연금급여를 지급받기 위하여 설
정하는 계좌

연금계좌의 가입자가 다음의 요건을 모두 갖춘 경우 연금보험료로 볼 수 있다(소령
40의 2 ②).

① 다음의 금액(ⅲ, ⅳ에 따라 연금계좌로 납입하는 총 누적금액의 합계액은 1억원을
한도로 한다)을 합한 금액 이내(연금계좌가 2개 이상인 경우에는 그 합계액을 말
한다)의 금액을 납입할 것. 이 경우 해당 과세기간 이전의 연금보험료는 납입할 수
없으나, 보험계약의 경우에는 최종납입일이 속하는 달의 말일부터 3년 2개월이 경
과하기 전에는 그 동안의 연금보험료를 납입할 수 있다.

ⅰ) 연간 1,800만원

ⅱ) 소득세법 제59조의 3 제3항에 따른 전환금액(조세특례제한법 제91조의18에
따른 개인종합자산관리계좌의 계약기간 만료일 기준 잔액을 한도로 개인종합
자산관리계좌에서 연금계좌로 납입한 금액을 말한다. 다만, 직전 과세기간과
해당 과세기간에 걸쳐 납입한 경우에는 개인종합자산관리계좌의 계약기간 만
료일 기준 잔액에서 직전 과세기간에 납입한 금액을 차감한 금액을 한도로 개
인종합자산관리계좌에서 연금계좌로 납입한 금액을 말한다)

ⅲ) 국내에 소유한 주택(이하에서 '연금주택'이라 한다)을 양도하고 이를 대체하
여 다른 주택(이하에서 '축소주택'이라 한다)을 취득하거나 취득하지 않은 거
주자로서 다음의 요건을 모두 충족하는 거주자가 연금주택 양도가액에서 축
소주택 취득가액(취득하지 않은 경우에는 0으로 한다)을 뺀 금액(해당 금액
이 0보다 작은 경우에는 0으로 한다) 중 연금계좌로 납입하는 금액

　　　1) 연금주택 양도일 현재 거주자 또는 그 배우자가 60세 이상일 것

　　　2) 연금주택 양도일 현재 거주자 및 그 배우자가 국내에 소유한 주택을 합산
　　　　했을 때 연금주택 1주택만 소유하고 있을 것. 다만, 연금주택을 양도하기
　　　　전에 축소주택을 취득한 경우로서 축소주택을 취득한 날부터 6개월 이내에
　　　　연금주택을 양도한 경우에는 연금주택 양도일 현재 연금주택 1주택만 소유
　　　　하고 있는 것으로 본다.

　　　3) 연금주택 양도일 현재 연금주택의 법 제99조에 따른 기준시가가 12억원 이
　　　　하일 것

　　　4) 축소주택의 취득가액이 연금주택의 양도가액 미만일 것(축소주택을 취득
　　　　한 경우에만 해당한다)

　　　5) 연금주택 양도일부터 6개월 이내에 주택차액을 연금주택 소유자의 연금계
　　　　좌로 납입할 것

　iv) 국내에 소유한 토지 또는 건물(이하 "연금부동산"이라 한다)을 양도한 거주자
　　　로서 다음의 요건을 모두 충족하는 거주자가 연금부동산의 양도가액에서 연금
　　　부동산의 취득가액을 뺀 금액(해당 금액이 0보다 작은 경우에는 0으로 하며,
　　　이하 "연금부동산 양도차액"이라 한다) 중 연금계좌로 납입하는 금액

　　　1) 연금부동산 양도일 현재 거주자가 「기초연금법」 제2조 제3호에 따른 기초
　　　　연금 수급자일 것

　　　2) 연금부동산 양도일 현재 거주자 및 그 배우자가 1주택 또는 무주택 세대의
　　　　구성원일 것

　　　3) 연금부동산 양도일 현재 연금부동산을 보유한 기간이 10년 이상일 것

　　　4) 연금부동산 양도일부터 6개월 이내에 연금부동산 양도차액을 연금부동산
　　　　소유자의 연금계좌로 납입할 것

② 연금수령 개시를 신청한 날(연금수령 개시일을 사전에 약정한 경우에는 약정에 따
　른 개시일을 말한다) 이후에는 연금보험료를 납입하지 않을 것
　연금형태로의 인출이란 연금계좌에서 다음의 요건을 모두 갖추어 인출하거나 의
　료목적이나 천재지변, 가입자 사망, 해외이주, 가입자(부양가족) 3개월 이상 요양,
　가입자 파산, 개인회생, 연금계좌 취급자 영업정지, 사회재난지역에서 재난으로 15
　일 이상 입원치료 등 그 밖의 부득이한 사유로 인출(이하 '연금수령'이라 하며, 연
　금수령 외의 인출은 '연금외수령'이라 한다)하는 것을 말한다. 다만, 원천징수되지
　아니한 퇴직소득을 연금계좌 가입자의 해외이주로 인출하는 경우에는 해당 퇴직

소득을 연금계좌에 입금한 날부터 3년 이후 해외이주하는 경우에 한정하여 연금수령으로 보며, 의료목적이나 천재지변 또는 그 밖의 부득이한 사유로 인한 인출의 경우에는 iii)을 적용하지 아니한다(소령 40의 2 ③).

ⅰ) 가입자가 55세 이후 연금계좌취급자에게 연금수령 개시를 신청한 후 인출할 것

ⅱ) 연금계좌의 가입일부터 5년이 경과된 후에 인출할 것. 다만, 원천징수되지 아니한 퇴직소득(퇴직소득이 연금계좌에서 직접 인출되는 경우를 포함하며, 이하 '이연퇴직소득'이라 한다)이 연금계좌에 있는 경우에는 그러하지 아니한다.

ⅲ) 과세기간 개시일(연금수령 개시를 신청한 날이 속하는 과세기간에는 연금수령 개시신청일로 한다) 현재 다음의 계산식에 따라 계산된 금액(이하 '연금수령한도'라 한다) 이내에서 인출할 것. 다만, 의료목적이나 천재지변 또는 그 밖의 부득이한 사유로 인한 인출액은 인출한 금액에 포함하지 아니한다.

$$연금수령한도 = \frac{연금계좌의 \ 평가액}{(11 \ - \ 연금수령연차)} \times \frac{120}{100}$$

위의 계산식에서 연금수령연차란 최초로 연금수령할 수 있는 날이 속하는 과세기간을 기산연차로 하여 그 다음 과세기간을 누적 합산한 연차를 말하며, 연금수령연차가 11년 이상인 경우에는 그 계산식을 적용하지 아니한다. 다만, 다음 중 어느 하나에 해당하는 경우의 기산연차는 그에 따른다.

ⅰ) 2013년 3월 1일 전에 가입한 연금계좌(2013년 3월 1일 전에 확정급여형퇴직연금제도에 가입한 사람이 퇴직하여 퇴직소득 전액이 새로 설정된 연금계좌로 이체되는 경우를 포함한다)의 경우 : 6년차

ⅱ) 연금계좌의 가입자가 사망하였으나 그 배우자가 연금외수령 없이 해당 연금계좌를 상속으로 승계한 경우 : 사망일 당시 피상속인의 연금수령연차

한편, 연금계좌에서 연금수령한도를 초과하여 인출하는 금액은 연금외수령하는 것으로 본다. 즉 연금수령한도를 초과하여 인출할 경우에는 그 한도 내의 금액은 연금소득으로 보고, 한도초과액은 퇴직소득 또는 기타소득으로 보는 것이다.

③ 거주자는 주택차액을 연금계좌에 납입하려는 경우 기획재정부령으로 정하는 신청서에 연금주택 매매계약서와 축소주택 매매계약서(축소주택을 매입한 경우만 해당한다) 및 그 밖에 기획재정부령으로 정하는 서류를 첨부하여 연금계좌취급자에게 제출해야 한다(소령 40의 2 ⑦).

2) 연금계좌의 인출순서 등

연금계좌에서 일부 금액이 인출되는 경우에는 다음의 금액이 순서에 따라 인출되는 것으로 본다(소령 40의 3 ①). 이와 같이 인출순서를 규정하고 있는 이유는 연금계좌에서 일부의 금액을 인출할 경우 소득원천에 따라 차등세율이 적용될 수 있도록 하기 위함이다.

다만, 소득세법 제59조의 3 제1항에 따른 세액공제 한도액(이하 '세액공제 한도액'이라 한다) 이내의 연금보험료는 납입일이 속하는 과세기간의 다음 과세기간 개시일(납입일이 속하는 과세기간에 연금수령개시신청일이 속하는 경우에는 연금수령개시신청일)부터 소득세법 제20조의 3 제1항 제2호 나목에 따른 세액공제를 받은 금액으로 본다.

① 자기불입분 중에서 세액공제를 받지 못한 금액(이하 '과세제외금액'이라 한다)
② 이연퇴직소득
③ 세액공제를 받은 연금계좌 납입액, 연금계좌의 운용실적에 따라 증가된 금액, 그 밖에 연금계좌에 이체 또는 입금되어 해당 금액에 대한 소득세가 이연된 소득으로서 대통령령으로 정하는 소득

위에서 과세제외금액은 다음의 순서에 따라 인출되는 것으로 본다. 다만, 아래 "④"는 과세제외금액 확인을 위한 소득·세액공제확인서에 따라 확인되는 금액만 해당하며, 확인되는 날부터 과세제외금액으로 본다.

① 인출된 날이 속하는 과세기간에 해당 연금계좌에 납입한 연금보험료
② 개인자산종합관리계좌(ISA) 전환금액
③ 해당 연금계좌만 있다고 가정할 때 해당 연금계좌에 납입된 연금보험료로서 연금계좌세액공제 한도액을 초과하는 금액이 있는 경우 그 초과하는 금액
④ 위 "①", "②", "③" 외에 해당 연금계좌에 납입한 연금보험료 중 연금계좌세액공제를 받지 아니한 금액

한편, 인출된 금액이 연금수령한도를 초과하는 경우에는 연금수령분이 먼저 인출되고 그 다음으로 연금외수령분이 인출되는 것으로 본다.

그리고 원금손실이 발생한 경우에는 세액공제를 받은 금액, 이연퇴직소득 및 과세제외금액의 순서로 손실이 반영되고, 손실 회복시에는 과세제외금액, 이연퇴직소득 및 세액공제를 받은 금액의 순서로 회복하는 것으로 한다.

3) 연금계좌의 이체

연금계좌에 있는 금액이 연금수령이 개시되기 전의 다른 연금계좌(이하 '이체계좌'라한다)로 이체되는 경우에는 이를 인출로 보지 아니한다. 다만, 다음 중 어느 하나에 해당하는 경우에는 그러하지 아니하다(소령 40의 4 ①).

① 연금저축계좌와 퇴직연금계좌 상호간에 이체되는 경우

② 2013년 3월 1일 이후에 가입한 연금계좌에 있는 금액이 2013년 3월 1일 전에 가입한 연금계좌로 이체되는 경우

③ 퇴직연금계좌에 있는 일부 금액이 이체되는 경우

위의 내용을 적용할 때 일부 금액이 이체(위 '③'의 경우를 제외한다)되는 경우에는 과세 제외되는 금액·이연퇴직소득 및 그 밖에 연금계좌에 있는 금액의 순서대로 이체되는 것으로 보며, 연금계좌의 이체에 따라 연금계좌취급자가 변경되는 경우에는 이체하는 연금계좌취급자가 이체와 함께 기획재정부령으로 정하는 연금계좌이체명세서를 이체받는 연금계좌취급자에게 통보하여야 한다(소령 40의 4 ③ 및 ⑤).

4) 공제한도 초과납입금 등의 해당연도 납입금 전환 특례

연금계좌 가입자가 이전 과세기간에 연금계좌에 납입한 연금보험료 중 연금계좌세액공제를 받지 아니한 금액이 있는 경우로서 그 금액의 전부 또는 일부를 해당 과세기간에 연금계좌에 납입한 연금보험료로 전환하여 줄 것을 연금계좌취급자에게 신청한 경우에는 연금계좌세액공제를 적용할 때 그 전환을 신청한 금액을 연금계좌에서 가장먼저 인출하여 그 신청을 한 날에 다시 해당 연금계좌에 납입한 연금보험료로 본다(소령 118의 3).

다. 그 밖의 연금소득

앞의 "나"에 따른 소득과 유사하고 연금 형태로 지급받는 것으로서 대통령령이 정하는 것은 연금소득으로 한다(소법 20의 3 ① Ⅲ).

사회의 발전과 경제구조의 고도화에 따라 새롭게 발생 또는 출현하는 연금형태로 지급받는 소득을 대통령령에서 정함으로써 소득세의 과세대상이 되는 연금소득에 포함시킬 수 있는 길을 터놓고 있다.

1 기타소득의 개념

기타소득이란 이자소득·배당소득·사업소득·근로소득·연금소득·퇴직소득 및 양도소득 외의 소득으로서 소득세법 제21조에서 기타소득으로 열거하고 있는 소득만을 가리킨다.

위에서 기타소득이 "이자소득 …… 양도소득 외의 소득"이라는 것은 이자소득을 비롯한 7가지 유형에 속하지 아니하는 모든 소득이 기타소득에 해당한다는 의미가 아니고, 단지 소득을 구분함에 있어서 어떤 소득이 기타소득에도 해당하고 동시에 다른 소득(이자소득 등)에도 해당하는 경우에는 우선적으로 다른 소득(이자소득 등)으로 구분한다는 취지이다. 즉 기타소득과 다른 소득 간에 법조경합(法條競合)인 경우에는 다른 소득으로 우선적으로 구분한다는 의미인 것이다.

기타소득은 대체로 일시적·우발적으로 발생한 소득들로 이루어져 있다.

2 기타소득의 내용

기타소득은 이자소득·배당소득·사업소득·근로소득·연금소득·퇴직소득 및 양도소득(이하 '이자소득 등'이라 한다) 외의 소득으로서 다음의 것을 말한다. 이 조에 열거되지 아니한 소득은 설사 이자소득 등에 해당하지 않더라도 기타소득이 아니다. 조세법률의 공백영역(空白領域)에 속하는 소득이므로 사실상의 비과세소득을 이룬다.

① 상금·현상금·포상금·보로금 또는 이에 준하는 금품

② 복권, 경품권, 그 밖의 추첨권에 당첨되어 받는 금품

　저축의 장려를 위한 복권발행의 추첨현상금을 포함한다.

③ 「사행행위 등 규제 및 처벌특례법」에 규정하는 행위(적법 또는 불법 여부는 고려하지 아니한다)에 참가하여 얻은 재산상의 이익

④ 한국마사회법에 따른 승마투표권, 경륜·경정법에 따른 승자투표권, 「전통소싸움경기에 관한 법률」에 따른 소싸움경기투표권 및 국민체육진흥법에 따른 체육진흥투표권의 구매자가 받는 환급금(발생 원인이 되는 행위의 적법 또는 불법 여부는 고려하지 아니한다)

⑤ 저작자 또는 실연자(實演者)·음반제작자·방송사업자 외의 자가 저작권 또는 저작

인접권의 양도 또는 사용의 대가로 받는 금품

저작자 또는 실연자·음반제작자·방송사업자 외의 자가 저작권 또는 저작인접권의 양도 또는 사용의 대가로 받는 금품이라 함은 저작권법에 의한 저작권 또는 저작인접권을 상속·증여 또는 양도받은 자가 그 저작권 또는 저작인접권을 타인에게 양도하거나 사용하게 하고 받는 대가를 말한다.

⑥ 영화필름 등의 양도·대여 또는 사용의 대가로 받는 금품

영화필름, 라디오·텔레비전 방송용 테이프 또는 필름, 기타 대통령령으로 정하는 자산 또는 권리의 양도·대여 또는 사용의 대가로 받는 금품을 말한다.

⑦ 광업권 등을 양도하거나 대여하고 그 대가로 받는 금품

광업권·어업권·산업재산권 및 산업정보, 산업상 비밀, 상표권·영업권(일정한 점포임차권을 포함한다), 토사석(土砂石)의 채취허가에 따른 권리, 지하수의 개발·이용권, 그 밖에 이와 유사한 자산이나 권리를 양도하거나 대여하고 그 대가로 받는 금품을 말한다. 이하에서는 상표권, 영업권, 토사석의 채취허가에 따른 권리, 지하수의 개발·이용권에 관하여 간략하게 설명하기로 한다.

㉮ 상표권

상표권이란 상표법에 따른 상표, 서비스표, 단체표장, 지리적 표시, 동음이의어 지리적 표시, 지리적 표시 단체표장, 등록상표 및 업무표장에 관한 권리를 말한다(소령 41 ②).

㉯ 영업권

영업권에는 행정관청으로부터 인가·허가·면허 등을 받음으로써 얻는 경제적 이익을 포함하되, 사업용 고정자산(토지·건물 및 부동산에 관한 권리를 말한다)과 함께 양도되는 영업권은 포함되지 아니하는 것으로 한다. 사업용 고정자산(토지·건물 및 부동산에 관한 권리를 말한다)과 함께 양도하는 영업권은 양도소득세의 과세대상이 되는 자산(기타자산)에 해당하기 때문이다.

그리고 영업권에는 거주자가 사업소득(기획재정부령이 정하는 사업소득을 제외한다)이 발생하는 점포를 임차하여 점포임차인으로서의 지위를 양도함으로써 얻는 경제적 이익(점포임차권과 함께 양도하는 다른 영업권을 포함한다)을 포함한다.

㉰ 토사석의 채취허가에 따른 권리 등

토사석의 채취허가에 따른 권리와 지하수의 개발·이용권에는 토지 등과 함께 양도하는 토사석의 채취허가에 따른 권리와 지하수의 개발·이용권을 포함하는 것으로 한다(소령 41 ⑤ 및 ⑥).

토사석의 채취허가에 따른 권리 등과 토지 등을 함께 양도하는 경우에 토사석의

채취허가에 따른 권리 등의 양도로 인하여 발생하는 소득은 기타소득으로 구분하고, 토지 등의 양도로 인하여 발생하는 소득은 양도소득으로 구분하는 것이다. 토사석의 채취허가에 따른 권리 등과 토지 등을 함께 양도하는 경우로서 그 양도가액 또는 취득가액을 구분할 수 없을 때에는 먼저 지방세법상 시가표준액에 따라 토사석의 채취허가에 따른 권리 등의 양도가액 또는 취득가액을 계산한다. 다음에는 총양도가액 또는 총취득가액에서 토사석의 채취허가에 따른 권리 등의 양도가액 또는 취득가액을 빼서 토지 등의 양도가액 또는 취득가액을 계산한다. 이 경우 빼고 남은 금액이 없는 때에는 토지 등의 취득가액 또는 양도가액은 없는 것으로 본다(소령 162의 2).

⑧ 물품(유가증권을 포함한다) 또는 장소를 대여하고 사용료로서 받는 금품

물품(유가증권을 포함한다) 또는 장소를 일시적으로 대여하고 사용료로서 받는 금품으로서 다른 소득에 해당하지 않는 것은 기타소득에 포함한다. 그러나 물품의 대여 또는 장소의 대여를 사업으로 하는 경우에는 사업소득(기계장비 및 소비용품 임대업, 예식장업 등)에 해당한다.

한편, 채권대차거래 보상액은 이자소득으로 과세하고, 주식대차거래 보상액은 배당소득으로 과세한다.

⑨ 「전자상거래 등에서의 소비자보호에 관한 법률」에 따라 통신판매중개를 하는 자를 통하여 물품 또는 장소를 대여하고 연간 500만원 이하의 사용료로서 받은 금품(소령 41⑦)

⑩ 공익사업과 관련하여 지역권 등을 설정 또는 대여함으로써 발생하는 소득

「공익사업을 위한 토지 등의 취득 및 보상에 관한 법률」 제4조에 따른 공익사업과 관련하여 지역권·지상권(지하 또는 공중에 설정된 권리를 포함한다)을 설정하거나 대여함으로써 발생하는 소득을 말한다.

⑪ 계약의 위약 또는 해약으로 인하여 받는 위약금과 배상금 및 부당이득 반환시 지급받는 이자

계약의 위약 또는 해약으로 인하여 받는 위약금 또는 배상금은 재산권에 관한 계약의 위약 또는 해약으로 인하여 받는 손해배상(보험금을 지급할 사유가 발생하였음에도 불구하고 보험금 지급이 지체됨에 따라 받는 손해배상을 포함한다)으로서 그 명목 여하에 불구하고 본래의 계약의 내용이 되는 지급 자체에 대한 손해를 넘는 손해에 대하여 배상하는 금전 또는 그 밖의 물품의 가액으로 한다.

ⅰ) 재산권에 관한 계약의 위약 또는 해약으로 인하여 받는 금전 등의 가액이어야

한다.

㉮ 재산권에 관한 계약의 위약 또는 해약으로 인하여 받는 금전 등의 가액의 예로서는 지체상금(주택을 분양함에 있어서 사업주체가 승인기한 내에 입주를 시키지 못하여 입주자가 받는 지체상금을 포함한다), 금전채무의 불이행 또는 지급지연으로 인하여 일방당사자가 받는 지연손해금,[73] 매매계약의 불이행으로 인하여 일방당사자가 받는 위약금 또는 해약금, 상행위에서 발생한 클레임(claim)에 대한 배상금 등을 들 수 있다.[74]

㉯ 위약 또는 해약의 대상이 되는 계약 또는 재산권에 관한 계약이라 함은 엄격한 의미에서의 계약만을 가리킨다고 해석하여야 한다. 그러므로 합자회사 사원이 퇴사시 지급받은 지분환급금의 지연손해금은 계약의 위약으로 인하여

---

73) ① 대법원 1997.3.28. 선고, 95누7406 판결.
[판결요지] 금전채무의 이행지체로 인한 약정지연손해금은 "계약의 위약 또는 해약으로 인하여 받는 위약금과 배상금"으로서 기타소득에 해당하고, 따라서 부동산 매매계약의 당사자가 이행이 지체된 중도금 및 잔금을 이자부 소비대차의 목적으로 할 것을 약정하여 소비대차의 효력이 생긴 경우에도 그 소비대차의 변제기가 지난 다음에는 묵시적으로라도 변제기를 연장하였다는 등의 특별한 사정이 인정되지 않는 한, 그 이후 지급받는 약정이율에 의한 돈은 이자가 아니라 지연손해금이므로 이는 기타소득에 해당한다.
② 대법원 1997.9.5. 선고, 96누16315 판결.
[판결요지] 수탁보증인이 그 출재로 주채무를 소멸하게 한 다음, 주채무자를 상대로 제기한 구상금 청구소송에서 그 출재액과 이에 대한 면책일 이후 소장송달일까지의 연 5푼의 민사법정이율에 의한 법정이자와 그 다음 날부터 완제일까지의 소송촉진등에관한특례법 소정의 연 2할 5푼의 비율에 의한 지연손해금에 관한 승소판결을 받고 그 확정판결에 기하여 법정이자와 지연손해금을 수령한 경우, 그 지연손해금은 기타소득의 하나로 정하고 있는 "계약의 위약 또는 해약으로 인하여 받는 위약금과 배상금"에 해당하나, 법정이자는 이자의 일종으로서 채무불이행으로 인하여 발생하는 손해배상과는 그 성격을 달리하는 것이므로, "계약의 위약 또는 해약으로 인하여 받는 위약금과 배상금"에 해당하지 아니한다. 그리고 법정이자는 대여금으로 인한 것이 아니어서 '비영업대금의 이익'에도 해당하지 아니한다.
③ 대법원 1991.7.27. 선고, 92누19613 판결.
[판결요지] 부동산 등 자산의 매도인이 매매계약의 이행단계에서 중도금, 잔금 등의 지급기일을 어긴 매수인에게 대금지급기일을 연장함과 동시에 이에 대한 지연손해금을 지급받기로 약정하고 그 약정에 따라 추가로 지연손해금을 지급받았다면 이러한 지연손해금은 자산의 양도와 관련하여 발생하는 소득이기는 하지만 양도대금 그 자체이거나 자산의 양도와 대가관계에 있다고 보기도 어렵고 더욱이 소득세법 제25조 제1항 제9호가 "계약의 위약 또는 해약으로 인하여 지급받는 위약금과 배상금"을 기타소득으로 분류하고 있으므로 특별한 사정이 없는 한 여기서 말하는 실지양도가액에 포함될 수 없다고 풀이함이 상당하다.
④ 대법원 2006.1.12. 선고, 2004두3984 판결.
[판결요지] 퇴직금지급채무의 이행지체로 인한 지연손해금은 소득세법 제21조 제1항 제10호 및 구 소득세법 시행령 제41조 제3항 소정의 '재산권에 관한 계약의 위약 또는 해약으로 인하여 받는 손해배상'으로서 기타소득에 해당한다.
⑤ 대법원 2010.2.11. 선고, 2009두18271 판결.
[판결요지] 매수인의 요청에 따라 잔금지급기일을 연장하면서 약정 연체이자를 당초 매매대금에 가산하여 명목상 매매대금을 증액하였더라도 그 증가된 매매대금은 위약금이라 할 것이고, 채무의 이행지체로 인한 지연배상금 또는 손해금은 계약의 위약 또는 해약으로 인하여 받는 기타소득에 해당한다.
74) 同旨 : 소기통 21-1 ④.

받는 배상금이라 할 수 없고, 따라서 그 지연손해금은 기타소득에 해당하지 아니한다. 또한, 당초 재산권에 관한 계약과 관계가 없던 것으로서 소송상 화해로 비로소 발생하는 의무의 위반을 원인으로 한 배상금도 원칙적으로 기타소득에 해당하지 아니한다.[75]

㉔ 생명·신체·자유·명예·정조·성명·초상 등의 인격적 이익이나 가족권과 같은 비재산적인 이익의 침해로 손해를 입은 경우에 해당 손해에 대하여 받는 배상금 또는 위자료에 대하여는 소득세가 과세되지 아니한다.[76]

생각건대 생명·신체 등의 침해로 인하여 받는 손해배상금이라 하더라도 그 배상금은 일반적으로 일실이익, 치료비 및 장례비, 정신적 손해(위자료) 등으로 구성된다. 치료비 및 장례비·정신적 손해 등은 과세소득으로 볼 수 없겠지만 일실이익에 대하여는 소득세 또는 상속세(사망에 따른 손해배상금의 경우)를 과세하도록 입법적 보완을 할 필요가 있다. 해당 소득에 대하여 상당한 수준의 특별공제 등을 고려하는 것은 용인이 되겠지만 그 전액에 대하여 과세를 포기하는 것은 수긍하기 어렵다.

ⅱ) 본래의 계약의 내용이 되는 지급 자체에 대한 손해를 넘는 손해에 대하여 배상하는 금전 등의 가액이어야 한다.

위약금 또는 배상금이란 본래의 계약의 내용이 되는 지급 자체에 대한 손해를 넘는 손해에 대하여 배상하는 금전 기타 물품의 가액을 말한다. 그러므로 본래의 계약의 내용이 되는 지급 자체에 대하여 배상하는 금전 기타 물품의 가액은 위약금과 배상금에 해당하지 않는다.[77]

---

75) 대법원 1993.6.22. 선고, 91누8180 판결: 대법원 2014.1.23. 선고, 2012두3446 판결.
76) 소기통 21-1 ⑤.
　⑤ 법 제21조 제1항 제10호에 규정하는 계약의 위약 또는 해약으로 인하여 받는 위약금과 배상금에는 계약의 위약 또는 해약으로 인하여 타인의 신체의 자유 또는 명예를 해하거나 기타 정신상의 고통 등을 가한 것과 같이 재산권 외의 손해에 대한 배상 또는 위자료로서 받는 금액은 포함되지 아니한다.
77) 대법원 2004.4.9. 선고, 2002두3942 판결.
　[판결요지] 매도인이 매매계약 체결 후 약정 잔대금 지급기일까지 부동산의 명도를 완료하기 위하여 임차인들에게 임대차보증금 외에 이사비용 등을 지급한 다음에 임차부분을 명도받기도 하고 일부 임차인들과는 명도소송 등을 통하여 임차부분을 명도받기도 한 사실, 또 매수인의 요청으로 이 사건 부동산 지상에 있던 한옥 건물 2채를 원고들의 비용으로 철거하기도 하였는데, 이 사건 매매계약을 해제하기로 합의함에 있어서 매도인은 매수인측의 채무불이행으로 상당한 재산적·정신적 손해를 보았다고 주장하면서 그 손해배상금으로 합계 금 682,186,300원(위 손해배상금에는 가옥철거비용과 임대차 관련 손해액 등이 포함되어 있다)을 요구하였으나, 결국 쌍방의 입장을 고려하여 계약금 상당액인 3억원을 손해배상금으로 지급받기로 합의한 것으로 보인다(이 사건 매매계약의 이행 과정이나 합의해제에 이르게 된 경위, 원고들이 이 사건 매매계약의 이행과 관련하여 입게 된 재산상의 손해 내역 등에 비추어 보면 위 합의금 3억원이 특별히 부당하다고 보이지 아니한다). 사정이 이러하다면 원고들이 지급받은 위 3억원은 '본래 계약의 내용이 되는 지급 자체에

다음으로 계약의 위약 또는 해약으로 인하여 받는 금전 등의 가액이 계약에 따라 당초 지급한 총금액을 넘지 아니하는 경우에는 지급 자체에 대한 손해를 넘는 금전 등의 가액으로 보지 않는다.

iii) 매수자의 귀책에 따른 위약으로 인하여 매도자가 지급받은 부당이득 반환이자는 기타소득으로 한다.

판례는 민법 제548조 제2항은 계약해제로 인한 원상회복의무의 이행으로 반환하는 금전에는 그 받은 날로부터 이자를 가산하여야 한다고 하고 있는 바, 위 이자의 반환은 원상회복의무의 범위에 속하는 것으로 일종의 부당이득반환의 성질을 가지는 것이지 반환의무의 이행지체로 인한 손해배상은 아니라고 하여 기타소득에 해당하지 않는다고 하였다.[78] 이에 입법적으로 해결하였다.

⑫ 유실물의 습득 또는 매장물의 발견으로 인하여 받는 보상금 등

유실물의 습득 또는 매장물의 발견(이하 '유실물의 습득 등'이라고 한다)으로 인하여 받는 보상금이나 유실물의 습득 등으로 새로이 소유권을 취득하는 자산은 기타소득으로 한다. 유실물 등을 습득 또는 발견한 자가 물건을 반환받는 자로부터 받는 보상금(물건가액의 5% 내지 20%의 범위 내)이나 문화재인 매장물을 발견한 자 또는 매장물이 발견된 토지의 소유자가 국가로부터 받는 보상금(물건가액에 상당하는 금액)은 기타소득에 해당한다. 한편, 유실물이나 매장물을 공고한 후 6개월 또는 1년 내에 소유자가 권리를 주장하지 아니하는 경우에는 그 습득자·발견자 또는 매장물이 발견된 토지의 소유자가 소유권을 취득하게 된다. 이 경우에는 그 습득자 등이 취득한 자산을 기타소득에 포함하는 것이다(민법 253 내지 255, 유실물법 4 및 13).

⑬ 소유자가 없는 물건의 점유로 소유권을 취득하는 자산

소유자가 없는 동산을 소유의 의사로 점유한 자는 그 소유권을 취득한다(민법 252). 이와 같이 소유자가 없는 무주물을 선점함으로써 소유권을 취득한 자산은 기타소득을 이룬다.

⑭ 거주자 등으로부터 받는 경제적 이익

거주자·비거주자 또는 법인의 특수관계인(소득세법 시행령 제98조 제1항·「국제조세조정에 관한 법률 시행령」제2조 제2항 또는 법인세법 시행령 제2조 제5항에 따른 특수관계인을 말한다)이 그 특수관계로 인하여 해당 거주자·비거주자 또는 법인으

대한 손해를 넘는 손해에 대하여 배상하는 금전'으로 기타소득에 해당한다기보다는 원고들이 입은 현실적인 손해를 전보하기 위하여 지급된 손해배상금으로 보는 것이 상당하다.

78) 대법원 2003.7.22. 선고, 2001다76298 판결.

로부터 받는 경제적 이익으로서 급여·배당 또는 증여로 보지 아니하는 금품은 기타소득에 포함한다. 앞에서 경제적 이익이란 다음의 금액을 말한다(소령 41 ⑩).

㉮ 법인세법에 따라 법인의 소득금액을 법인이 신고하거나 세무서장이 결정·경정할 때 처분되는 배당·상여 외에 법인의 자산 또는 개인의 사업용으로 제공되어 소득 발생의 원천이 되는 자산(이하 '사업용 자산'이라 한다)을 무상 또는 저가로 이용함으로 인하여 개인이 받는 이익으로서 그 자산의 이용으로 인하여 통상 지급하여야 할 사용료 또는 그 밖에 이용의 대가(통상 지급하여야 할 금액보다 저가로 그 대가를 지급한 금액이 있는 경우에는 이를 공제한 금액)

㉯ 「노동조합 및 노동관계 조정법」 제24조 제2항 및 제4항을 위반하여 전임자가 지급받는 급여
노동조합의 업무에만 종사하는 노동조합 전임자(이하에서 '노조 전임자'라 한다)는 그 전임기간 동안 어떠한 급여도 지급받아서는 안 된다[「노동조합 및 노동관계 조정법」(이하에서 '노동법'이라 한다) 24 ②]. 다만, 단체협약으로 정하거나 사용자가 동의하는 경우에는 사업 또는 사업장별로 조합원 수 등을 고려하여 근로시간면제심의위원회가 결정한 근로시간 면제 한도 안에서 사용자와의 협의·교섭, 고충처리, 산업안전 활동 등 노동법 및 다른 법률에서 정하는 업무와 건전한 노사관계 발전을 위한 노동조합의 유지·관리업무에 종사하는 시간은 근무시간으로 인정하여 급여를 지급할 수 있는데, 이를 근로시간면제(time-off) 제도라 한다(노동법 24 ④). 위의 노동법 제24조 제2항 및 제4항에 위반하여 노조 전임자에게 급여를 지급하는 경우 그 급여는 기타소득에 해당한다(소령 41 ⑩Ⅱ). 노조 전임자가 노동법 제24조 제2항에 따라 하는 노동조합의 업무와 노동법 제24조 제4항의 근로시간면제(time-off) 한도를 넘어 하는 노동조합의 업무는 사용자에 대한 근로의 제공으로 볼 수 없기 때문에 소득세법 제20조 제1항 제1호의 "근로를 제공함으로써 받는 …… 급여"로 볼 수 없으며, 따라서 현행 소득세법상 근로소득에 포함되지 않는다.[79] 따라서 노동법 제24조 제2항 및 제4항에 위반하여 노조 전임자에게 급여를 지급하는 경우 그 급여에 대하여 소득세를 과세하기 위하여 기타소득의 범위에 추가한 것이다.

---

79) 노동조합 전임자는 사용자와의 사이에 기본적 노사관계는 유지되고 근로자로서의 신분도 그대로 가지지만, 노동조합 전임자의 근로제공의무와 사용자의 임금지급의무가 면제된다는 점에서 휴직상태에 있는 근로자와 유사하고, 따라서 사용자가 단체협약 등에 따라 노동조합 전임자에게 일정한 금원을 지급하였다고 하더라도 이를 근로의 대가인 임금이라고 할 수 없다.

그리고 노동법 제24조 제2항 및 제4항에 위반하여 노조 전임자에게 급여를 지급하는 경우 그 급여에 대해서는 소득세법상 필요경비 또는 법인세법상 손금에 산입하지 않는다(소령 78 Ⅳ의3, 법령 50 ① Ⅴ).

⑮ 슬롯머신 등의 당첨금품

슬롯머신(비디오게임을 포함한다) 및 투전기(投錢機), 그 밖에 이와 유사한 기구(이하 '슬롯머신 등'이라 한다)를 이용하는 행위에 참가하여 받는 당첨금품·배당금품 또는 이에 준하는 금품을 말한다.

⑯ 원고료 등

문예·학술·미술·음악 또는 사진에 속하는 창작품(「신문 등의 진흥에 관한 법률」에 따른 신문 및 「잡지 등 정기간행물의 진흥에 관한 법률」에 따른 정기간행물에 게재하는 삽화 및 만화와 우리나라의 창작품 또는 고전을 외국어로 번역하거나 국역하는 것을 포함한다)에 대한 원작자로서 받는 소득으로서 다음 중 어느 하나에 해당하는 것은 기타소득으로 한다. 다만, 저술가 등이 받는 원고료 등은 사업소득에 해당한다.

ⅰ) 원고료

ⅱ) 저작권사용료인 인세(印稅)

ⅲ) 미술·음악 또는 사진에 속하는 창작품에 대하여 받는 대가

⑰ 재산권에 관한 알선수수료

재산의 판매·교환·임대차계약 기타 이와 유사한 계약의 체결 등을 알선하고 받는 수수료를 말한다. 다만, 이와 같은 재산권에 관한 알선을 사업으로 영위하는 경우에는 부동산업 및 사업서비스업에 해당한다.

⑱ 사례금

사례금(謝禮金)은 사무처리 또는 역무의 제공 등과 관련하여 사례의 뜻으로 지급하는 금품을 의미하고, 사례금에 해당하는지의 여부는 당해 금품 수수의 동기와 목적, 상대방과의 관계, 금액 등을 종합적으로 고려하여 판단하여야 하고,[80][81] 그 금품이 외견상

---

80) 대법원 2017.4.26. 선고, 2017두30214 판결.

[판결요지] 소득세법 제21조 제1항 제17호, 제19호, 제2항, 제37조 제2항, 소득세법 시행령 제87조 제1호(나)목의 내용과 문언 및 규정 체계 등을 종합해 보면, 제19호 각 목의 기타소득은 어느 것이나 "인적용역의 제공에 대한 대가"에 해당하여야 하므로, 용역의 제공과 관련하여 얻은 소득이라도 용역에 대한 대가의 성격을 벗어난 경우에는 제19호의 소득으로 볼 수 없다. 제19호에서 제17호의 규정을 적용받는 용역 제공의 대가는 제외한다고 규정한 것도 같은 의미로 이해될 수 있고, 필요경비의 계산에서 제19호의 소득은 최소한 100분의 80을 정률로 산입할 수 있도록 한 반면 제17호의 사례금에 대해서는 일반원칙에 따르도록 한 것도 마찬가지 취지라고 할 것이다. 그러므로 일시적 인적용역을 제공하고 지급받은 금품이, 제공한 역무나 사무처리의 내용, 당해 금품 수수의 동기와 실질적인 목적, 금액의 규모 및 상대방과의 관계 등을 종합적으로 고려해 보았을 때, 용역제공에 대한 보수 등 대가의 성격뿐 아니라 사례금의 성격까지 함께 가지고 있어

사무처리 등에 대한 사례의 뜻으로 지급되는 것처럼 보일지라도 그 중 실질적으로 사례금으로 볼 수 없는 성질을 갖는 것이 포함되어 있다면 그 전부를 사례금으로 단정할 것은 아니다.[82]

사례금에는 사무관리에 있어서 관리자가 본인으로부터 받는 보수, 근로자가 자기의 직무와 관련하여 사용자의 거래선 등으로부터 지급받는 금품, 재산권의 알선 등과 관계가 없는 계약이나 혼인을 알선하고 받는 대가, 방송국 등이 그 모니터요원에게 지급하는 금액 및 재단법인의 운영권을 넘겨주는 대가로 받은 수수료금액[83] 등이 포함된다. 위법 또는 적법소득인지의 여부와는 관계가 없다고 새겨야 할 것이다. 알선을 사업으로서 영위하고 받는 대가는 사업소득을 구성한다.

⑲ 소기업·소상공인 공제부금의 해지일시금

조세특례제한법 제86조의 3 제4항에 따른 소기업·소상공인 공제부금의 해지일시금을 말한다.

⑳ 일정한 인적용역을 일시적으로 제공하고 받는 대가

다음의 인적용역(위의 '⑯' 내지 '⑱'의 규정을 적용받는 용역은 제외한다)을 일시적으로 제공하고 받는 대가는 기타소득으로 한다.

ⅰ) 고용관계 없이 다수인에게 강연을 하고 강연료 등 대가를 받는 용역

ⅱ) 라디오·텔레비전방송 등을 통하여 해설·계몽 또는 연기의 심사 등을 하고 보수 또는 이와 유사한 성질의 대가를 받는 용역

ⅲ) 전문적 지식 등을 가진 자가 해당 지식 등을 활용하여 보수 등을 받고 제공하는 용역 변호사·공인회계사·세무사·건축사·측량사·변리사 그 밖에 전문적 지식 또는 특별한 기능을 가진 자가 해당 지식 또는 기능을 활용하여 보수 또는 그 밖의

전체적으로 용역에 대한 대가의 범주를 벗어난 것으로 인정될 경우에는 제19호가 아니라 제17호의 소득으로 분류하는 것이 타당하다.
81) 대법원 2018.7.20. 선고, 2016다17729 판결.
갑이 을 주식회사에서 해고되자 부당해고를 주장하며 복직 및 해고기간 동안 임금 상당액의 지급 등을 구하는 구제신청을 하여 중앙노동위원회 구제재심신청 사건에서 '갑은 을 회사와의 고용관계가 유효하게 종료되었음을 확인하고, 을 회사는 갑에게 분쟁조정금으로 월 급여 기준 6개월분(세전 금액)을 지급하되, 양 당사자는 향후 일체의 민·형사 및 행정상 이의를 제기하지 않는다'라는 내용의 화해가 성립한 사안에서, 화해에서 갑과 을 회사의 고용관계가 유효하게 종료되었음을 확인하고 화해금의 성격을 분쟁조정금으로 명시하고 있으므로, 위 화해금은 해고가 유효하여 근로관계가 해소되었음을 전제로 수수된 금원일 뿐, 근로관계가 존속되고 있음을 전제로 지급된 근로소득이라고 할 수 없고, 을 회사는 갑이 복직 및 급여 청구 등을 포기하고 향후 일체의 이의를 제기하지 않기로 하는 등 부당해고 구제신청과 관련한 분쟁을 신속하고 원만히 해결할 수 있도록 협조하여 준 데 대한 사례의 뜻으로 화해금을 지급한 것으로 봄이 타당하므로, 위 화해금은 소득세법 제21조 제1항 제17호가 기타소득으로 정한 '사례금'에 해당한다.
82) 대법원 2015.1.15. 선고, 2013두3818 판결.
83) 대법원 1999.1.15. 선고, 97누20304 판결.

대가를 받고 제공하는 용역을 말한다. 그리고 앞의 용역에는 대학이 자체 연구관리비 규정에 따라 대학에서 연구비를 관리하는 경우에 대학교수가 제공하는 연구용역이 포함된다(소령 41 ⑬). 다만, 대학교수가 연구위탁자와 직접 연구용역계약을 맺고 수행하는 연구용역의 대가(연구비)는 사업소득에 해당한다.

    iv) 그 밖에 고용관계 없이 수당 또는 이와 유사한 성질의 대가를 받고 제공하는 용역

㉑ 법인세법에 따라 기타소득으로 처분된 소득

법인세의 과세표준을 신고·결정 또는 경정함에 있어서 익금에 산입한 금액이 출자자, 임원 또는 사용인, 법인 또는 사업을 영위하는 개인을 제외한 기타의 자에게 유출된 경우에는 그 자에 대한 기타소득으로 처분한다(법령 106 ① Ⅰ 라). 이와 같이 법인세법 제67조에 따라 기타소득으로 처분한 금액은 그 자의 기타소득을 구성하는 것이다.

㉒ 연금외수령한 소득

거주자가 연금계좌에 납입하는 금액으로서 연금계좌세액공제를 받은 금액과 연금계좌의 운영실적에 따라 증가된 금액을 그 소득의 성격에도 불구하고 연금외수령한 소득은 기타소득으로 한다.

㉓ 퇴직 후에 주식매수선택권을 행사함으로써 얻는 이익

퇴직 전에 부여받은 주식매수선택권을 퇴직 후에 행사하거나 고용관계 없이 주식매수선택권을 부여받아 이를 행사함으로써 얻는 이익은 기타소득으로 한다. 그러나 재직 중인 종업원 등이 주식매수선택권을 부여받아 이를 행사함으로써 얻는 이익은 근로소득으로 하고, 변호사 등이 그 직무수행의 대가로 주식매수선택권을 부여받아 이를 행사함으로써 얻은 이익은 사업소득으로 한다.

㉔ 종업원 등이나 대학의 교직원 또는 대학과 고용관계가 있는 학생이 퇴직한 후에 지급받는 직무발명보상금

종업원 등이나 대학의 교직원 또는 대학과 고용관계가 있는 학생이 지급받는 직무발명보상금은 근로소득에 해당하지만, 해당 종업원 등이 퇴직한 후에 지급받는 직무발명보상금은 기타소득으로 한다.

㉕ 뇌물과 알선수재 및 배임수재에 따라 받는 금품

뇌물·알선수재[84] 및 배임수재[85]에 따라 받는 금품은 기타소득으로 하여 소득세를 과세한다.

---

84) 공무원이 그 지위를 이용하여 다른 공무원의 직무에 관한 사항의 알선에 관하여 뇌물이나 금품 또는 이익을 수수·요구 또는 약속한 경우이다(형법 132, 「특정범죄가중처벌 등에 관한 법률」 3).
85) 타인의 사무를 처리하는 자가 그 임무에 관하여 부정한 청탁을 받고 재물 또는 재산상의 이익을 취득한 경우이다(형법 357 ①).

뇌물·알선수재 및 배임수재에 따라 받는 금품은 범죄행위로 인하여 얻은 불법소득이다. 뇌물·알선수재 및 배임수재에 따라 받은 금품이 과세에 이르는 경우는 수뢰자 등이 수뢰 등으로 인하여 형사소추되어 처벌이 확정되는 때이다. 수뢰자 등이 스스로 그 뇌물 등을 소득에 포함하여 소득세를 자진신고하는 사례는 사실상 기대하기 어렵기 때문이다.

뇌물에 관한 죄에 있어서 범인 또는 정(情)을 아는 제3자가 받은 뇌물, 배임수증죄의 범인이 받은 재물은 모두 필요적 몰수의 대상으로 규정하고 있다. 즉 뇌물·알선수재 및 배임수재에 따라 받은 금품은 모두 몰수 또는 추징으로 그 경제적 이익이 소멸하게 되어 있다.

뇌물 등이 몰수 또는 추징에 따라 그 경제적 이익이 소멸한 경우에 해당 뇌물 등에 대한 과세 여부와 관련하여 종래의 학설은 과세가능론과 과세불가론으로 양분되어 있다. 몰수는 범죄 반복의 방지나 범죄에 관한 이득의 금지를 목적으로 범죄행위와 관련된 재산을 박탈하는 것을 내용으로 하는 재산형이다. 즉 뇌물·알선수재 및 배임수재에 따라 받은 금품의 몰수 또는 그 가액에 대한 추징은 범죄행위로 인하여 발생하였거나 그로 인하여 취득한 물건의 몰수 또는 그 가액에 대한 추징인 것이다. 몰수는 벌금이나 과료와 같은 형법상의 형벌, 특히 재산형의 일종이지만 벌금이나 과료와는 그 성격이 전혀 다른 것이다. 뇌물·알선수재 및 배임수재에 따라 받은 금품이 몰수 또는 추징되었다면 과세대상이 되는 경제적 이익은 이미 존재하지 않음이 명백하다. 그러므로 뇌물·알선수재 및 배임수재에 따라 받은 금품에 대한 소득세의 과세는 존재하지도 않은 경제적 이익을 그 대상으로 하는 것이어서 이에 대한 과세의 정당성 여부가 문제된다.

이에 대하여 대법원은 위법소득이 추후에 몰수 또는 추징된 경우에는 그 위법소득에 내재되어 있던 경제적인 이익의 상실가능성이 현실화된 것으로 보아야 한다고 하여, 몰수 또는 추징된 위법소득에 대하여는 소득세를 과세할 수 없다고 한다.[86] [87]

한편, 「정치자금에 관한 법률」에 따른 정치자금 외의 정치자금, 즉 불법정치자금에 대하여는 그 기부받은 자가 상속 또는 증여받은 것으로 보아 상속세 또는 증여세를 부과하도록 규정하고 있다(조특법 76 ③).

---

86) 대법원 2015.7.16. 선고, 2014두5514 판결.
87) 과거에는 과세된 위법소득이 몰수 또는 추징되었다고 하더라도 원귀속자에게 환원조치 되지 않은 이상 소득이 실현되지 않았다고 할 수 없고, 몰수는 부가적인 형벌로서 소득의 실현과는 별개라는 점을 내세워 몰수 또는 추징된 위법소득에 대해서도 소득세를 과세하여야 한다고 하였다(대법원 2002두432 판결, 97누19816 판결).

㉖ 종교인소득

종교관련 종사자가 종교의식을 집행하는 등 종교관련 종사자로서의 활동과 관련하여 다음 중 어느 하나에 해당하는 자 중 종교의 보급이나 교화를 목적으로 설립된 단체(그 소속 단체를 포함한다)로서 해당 종교관련 종사자가 소속된 단체(이하 '종교단체'라 한다)로부터 받은 소득은 기타소득으로 한다(소법 21 ① ⅩⅩⅥ 및 소령 41 ⑮). 다만, 이러한 소득은 근로소득으로 소득세를 신고 및 납부할 수 있다. 즉, 종교인소득의 경우에는 다른 소득과는 달리 기타소득과 근로소득 중에서 선택해서 신고 및 납부할 수 있는데, 그 정당성은 의문이다.

ⅰ) 민법 제32조에 따라 설립된 비영리법인

ⅱ) 국세기본법 제13조에 따른 법인으로 보는 단체

ⅲ) 부동산등기법 제49조 제1항 제3호에 따라 부동산등기용등록번호를 부여받은 법인 아닌 사단·재단

이 경우 종교단체는 소속 종교관련 종사자에게 지급한 금액 및 물품(비과세되는 근로소득과 퇴직소득 및 비과세되는 종교인소득을 포함한다)과 그 밖에 종교 활동과 관련하여 지출한 비용을 구분하여 기록·관리한다.

한편, 종교인이 퇴직에 따라 지급받는 소득은 퇴직소득으로 하되, 종교관련 종사자가 그 활동과 관련하여 현실적인 퇴직 이후에 종교단체로부터 정기적 또는 부정기적으로 지급받는 소득으로서 현실적인 퇴직을 원인으로 종교단체로부터 지급받는 소득에 해당하지 아니하는 소득은 기타소득으로 한다(소령 41 ⑰).

㉗ 가상자산소득

가상자산을 양도하거나 대여함으로써 발생하는 소득(이하 '가상자산소득'이라 한다)은 기타소득으로 한다. 이 경우 가상자산이란 경제적 가치를 지닌 것으로서 전자적으로 거래 또는 이전될 수 있는 전자적 증표(그에 관한 일체의 권리를 포함한다)를 말한다. 다만, 다음 중 어느 하나에 해당하는 것은 제외한다(「가상자산 이용자 보호 등에 관한 법률」 2 Ⅲ).[88]

ⅰ) 화폐·재화·용역 등으로 교환될 수 없는 전자적 증표 또는 그 증표에 관한 정보로서 발행인이 사용처와 그 용도를 제한한 것

ⅱ) 「게임산업진흥에 관한 법률」 제32조 제1항 제7호에 따른 게임물의 이용을 통하여 획득한 유·무형의 결과물

---

88) 2027년 1월 1일 양도하거나 대여하는 분부터 과세한다.

iii) 「전자금융거래법」 제2조 제14호에 따른 선불전자지급수단 및 같은 조 제15호에 따른 전자화폐

iv) 「주식·사채 등의 전자등록에 관한 법률」 제2조 제4호에 따른 전자등록주식등

ⅴ) 「전자어음의 발행 및 유통에 관한 법률」 제2조 제2호에 따른 전자어음

ⅵ) 「상법」 제862조에 따른 전자선하증권

ⅶ) 거래의 형태와 특성을 고려하여 대통령령으로 정하는 것

㉘ 서화(書畵)·골동품의 양도로 발생하는 소득

다음 중 어느 하나에 해당하는 것으로서 개당·점당 또는 조(2개 이상이 함께 사용되는 물품으로서 통상 짝을 이루어 거래되는 것을 말한다)당 양도가액이 6,000만원 이상인 것으로 한다. 다만, 양도일 현재 생존해 있는 국내 원작자의 작품은 제외한다(소령 41 ⑭).

ⅰ) 서화·골동품으로서 다음 중 어느 하나에 해당하는 것

㉮ 회화, 데생, 파스텔(손으로 그린 것에 한정하며, 도안과 장식한 가공품은 제외한다) 및 콜라주와 이와 유사한 장식판

㉯ 오리지널 판화·인쇄화 및 석판화

㉰ 골동품(제작 후 100년을 넘은 것에 한정한다)

ⅱ) 위 ⅰ)의 서화·골동품 외에 역사상·예술상 가치가 있는 서화·골동품으로서 기획재정부장관이 문화체육관광부장관과 협의하여 기획재정부령으로 정하는 것

그러나 다음 중 어느 하나에 해당하는 경우에 발생하는 소득은 제외한다(소령 41 ⑱). 이러한 경우에는 사업소득으로 보아 소득세를 과세하는 것이다.

ⅰ) 서화·골동품의 거래를 위하여 사업장 등 물적시설(인터넷 등 정보통신망을 이용하여 서화·골동품을 거래할 수 있도록 설정된 가상의 사업장을 포함한다)을 갖춘 경우

ⅱ) 서화·골동품을 거래하기 위한 목적으로 사업자등록을 한 경우

제8절 퇴직소득

1 퇴직소득의 개념

퇴직소득이라 함은 근로소득이 있는 자가 근로관계 또는 이와 유사한 관계를 종료함에 따라 그 사용자 등으로부터 받는 일시적 급여이다. 퇴직소득은 장기간의 근무에 대한 근속 보상적 급여로서 급여의 일부의 후불적 성격을 갖고 있다.

이와 같이 퇴직소득은 장기간(재직기간)에 걸쳐서 조성·집적된 소득이 일시에 실현되는 특색을 지니고 있을 뿐만 아니라 퇴직 후의 생활자금이 되는 점을 고려하여 종합소득에서 제외하여 퇴직소득만을 별도로 과세한다. 퇴직소득공제의 허용 및 평균과세의 채택 등을 통하여 다른 소득보다 과세상 우대하고 있는 실정이다.

퇴직소득은 다음과 같은 특성을 지니고 있다.

가. 근로자성

퇴직소득은 "근로소득이 있는 자"가 퇴직에 따라 받는 급여이다. 따라서 근로소득이 아닌 다른 소득을 얻고 있는 자, 예를 들면 고문변호사, 보험가입 등의 권유를 하고 그 실적에 따라 모집수당 등을 받는 보험회사의 외무사원 등이 고문의 해촉 등에 따라 받는 해촉수당이나 위로금 등은 그 지급원인이나 명칭에 관계없이 퇴직소득이 아닌 사업소득을 이루는 것이다.

나. 현실적 퇴직성

퇴직소득은 "근로관계 등의 종료"로 인하여 지급받는 급여이다. 이 경우 근로관계 등의 종료란 근로자가 현실적으로 퇴직하는 것을 의미한다.

그리고 현실적 퇴직이란 임의퇴직·정년퇴직·해고·면직 등과 같은 사유로 근로관계나 공법상 근무관계 등이 사실상 종료됨에 따라 퇴직하는 것을 가리킨다.

거주자·비거주자 또는 법인의 임원 또는 종업원이 다음 중 어느 하나에 해당하는 사유로 퇴직금을 실지로 받는 경우에는 현실적으로 퇴직한 것으로 본다(소령 43). 즉 임원 또는 종업원이 다음 중 어느 하나의 사유에 해당하고 동시에 퇴직급여를 실제로 받은 경우에는 현실적인 퇴직으로 의제하는 것이며, 퇴직급여를 실제로 받지 않은 경우는 퇴직으로 보지 않을 수 있다.

① 종업원이 임원이 된 경우

② 법인의 합병·분할 등 조직변경, 사업양도, 직·간접으로 출자관계에 있는 법인으로의 전출 또는 동일한 사업자가 경영하는 다른 사업장으로의 전출이 이루어진 경우
③ 법인의 상근임원이 비상근임원이 된 경우
④ 비정규직 근로자(「기간제 및 단시간근로자 보호 등에 관한 법률」에 따른 기간제근로자 또는 단시간근로자를 말한다)가 정규직 근로자(근로기준법에 따라 근로계약을 체결한 근로자로서 비정규직 근로자가 아닌 근로자를 말한다)로 전환된 경우
⑤ 「근로자퇴직급여 보장법 시행령」 제3조 제1항 각 호의 어느 하나에 해당하는 경우
⑥ 「근로자퇴직급여 보장법」 제38조에 따라 퇴직연금제도가 폐지되는 경우

다. 일시성

퇴직소득은 현실적인 퇴직을 하는 때에 받는 "일시적 급여"이다. 퇴직소득이 일시적 급여라는 명문의 표현은 없지만, 퇴직소득의 수입시기를 퇴직한 날로 정하고 있는 점 등에 비추어 볼 때 일시적 급여임이 명백하다. 퇴직소득은 일시성 이외에 현실적 퇴직성과 결합하고 있기 때문에 단순히 일시성만을 갖추고 있는 상여와 구별된다.

라. 후불급여성

퇴직소득은 "후불적 성격의 급여"라는 특성을 지니고 있다.[89] 퇴직급여는 일반적으로 근속연수에 비례하여 지급되며, 재직기간의 계속적인 근로에 대한 보상 또는 그간의 급여의 후불적 성격을 갖고 있다고 하겠다.[90]

사용자가 근로자에게 30일 전에 예고를 하지 않고 해고함으로써 근로기준법 제26조의 규정에 따라 지급하는 해고예고수당(30일분 이상의 통상임금)은 재직기간의 급여의 후불적 성격을 갖는 것이 아니고 부조제도의 변형으로 보아야 할 것이다. 다만, 행정해석은 이를 퇴직소득으로 취급하도록 하고 있다(소기통 22-2).

이와는 달리 해고무효확인소송의 계속 중 사용자가 근로자에게 일정금액을 지급하되 근로자는 그 나머지 청구를 포기하기로 하는 내용의 소송상 화해가 이루어진 경우에 이와 같은 화해금은 근로자가 해고무효확인청구를 포기하는 대신 받기로 한 분쟁해결금이기 때문에 퇴직소득은 물론이고 근로소득이나 기타소득(계약의 위약 또는 해약으로 인하여 받는 위약금과 배상금)의 어디에도 해당하지 않는다는 판결이 있다.[91]

---

89) 퇴직금의 법적 성질에 관하여는 공로보상설·생활보장설 및 임금후불설이 대립하고 있는데, 우리나라의 학설(통설)과 판례는 임금후불설을 취하고 있다[하갑래, 「근로기준법」(중앙경제, 2020), p.1073].
90) 日本 最高裁 昭和 58. 9. 9.

2 근로소득과의 구별

① 퇴직소득의 범위와 관련하여 주로 근로소득과의 구별이 문제되고 있다. 퇴직함으로써 받은 소득이라 하더라도 퇴직소득에 속하지 아니하는 소득은 근로소득으로 한다(소법 20 ① Ⅳ).

② 그러나 퇴직으로 인하여 지급받는 소득이 근로소득에 해당하는지 또는 퇴직소득에 해당하는지의 구별은 명확하지 않다. 그 구별기준으로서는 일반적으로 다음과 같은 것을 들 수 있다.[92]

  ⅰ) 급여의 성질

    퇴직으로 인하여 지급받는 소득은 재직시의 근로제공에 따른 후불적인 성격의 급여와 재직시의 공로에 대한 보상적 내지 사용자의 은혜적인 성격의 급여로 구별할 수 있다. 이 중에서 후불적인 성격의 급여가 퇴직소득에 해당하며, 공로에 대한 보상적 또는 사용자의 은혜적인 성격의 급여는 근로소득인 상여에 해당한다.

  ⅱ) 급여채무의 규범성

    퇴직시에 지급하는 급여 중에는 법령(예 : 근로기준법)·규정(예 : 퇴직금지급규정 등)·근로계약 또는 단체협약 등에 따라 그 이행이 강제되는 것과 그렇지 않은 것으로 나눌 수 있다. 전자에 해당하는 급여는 퇴직소득이고, 후자에 해당하는 급여는 근로소득이다.

  ⅲ) 이익처분

    퇴직금은 사용자의 이익과는 관계가 없다. 그러므로 이익처분에 따른 급여는 원칙적으로 상여(근로소득)에 해당한다.

③ 종전에는 퇴직공로금과 퇴직위로금 등의 경우에는 불특정다수에게 지급할 경우에는 퇴직소득으로 하고, 그 이외의 경우에는 근로소득으로 보았다. 그러나 2013년 1월 1일 이후의 소득분부터는 근로대가의 명칭에 상관없이 현실적인 퇴직을 원인으로 지급받는 대가는 원칙적으로 퇴직소득으로 하도록 하고 있다. 다만, 임원의 퇴직소득금액(공적연금 관련법에 따라 받는 일시금은 제외하며, 2011년 12월 31일에 퇴직하였다고 가정할 때 지급받을 퇴직소득금액이 있는 경우에는 그 금액을 뺀 금액을 말한다)이 다음 계산식에 따라 계산한 금액을 초과하는 경우에는 그 초과하는 금액을 근로소득으로 본다(소법 22 ③ 단서).

---

91) 대법원 1991.6.14. 선고, 90다11813 판결.
92) 임영득, 「판례조세법연구」(서울출판문화사, 1986), p.291 : 同旨의 판례 대법원 1974.11.24. 선고, 74누79 판결.

$$\left[\begin{array}{c}\text{2019년 12월 31일부터 소급하여 3년(2012년}\\ \text{1월 1일부터 2019년 12월 31일까지의}\\ \text{근무기간이 3년 미만인 경우에는 해당}\\ \text{근무기간으로 한다) 동안 지급받은}\\ \text{총 급여의 연평균 환산액}\end{array}\right] \times \frac{1}{10} \times \frac{\text{2012년 1월 1일부터 2019년 12월 31일까지의 근무기간}}{12} \times 3$$

$$+ \left[\begin{array}{c}\text{퇴직한 날부터 소급하여 3년(2020년}\\ \text{1월 1일부터 퇴직한 날까지의}\\ \text{근무기간이 3년 미만인 경우에는 해당}\\ \text{근무기간으로 한다) 동안 지급받은}\\ \text{총 급여의 연평균 환산액}\end{array}\right] \times \frac{1}{10} \times \frac{\text{2020년 1월 1일 이후의 근무기간}}{12} \times 2$$

위의 계산식에서 근무기간은 개월 수로 계산하며, 1개월 미만의 기간이 있는 경우에는 이를 1개월로 본다(소법 22 ④).

3   퇴직소득의 범위

퇴직소득은 해당 과세기간에 발생한 다음의 소득으로 한다(소법 22 ①, 소령 42의 2 ④).
① 공적연금 관련법에 따라 받는 일시금
② 사용자 부담금을 기초로 하여 현실적인 퇴직을 원인으로 지급받는 소득
③ 그 밖에 "①" 및 "②"와 유사한 소득으로서 다음의 소득
　ⅰ) 공적연금 관련법에 따른 일시금을 지급하는 자가 퇴직소득의 일부 또는 전부를 지연하여 지급하면서 지연지급에 대한 이자를 함께 지급하는 경우 해당 이자
　ⅱ) 과학기술인공제회법 제16조 제1항 제3호에 따라 지급받는 과학기술발전장려금
　ⅲ) 「건설근로자의 고용개선 등에 관한 법률」 제14조에 따라 지급받는 퇴직공제금
　ⅳ) 종교관련 종사자가 현실적인 퇴직을 원인으로 종교단체로부터 지급받는 소득

앞에서 공적연금 관련법에 따라 받는 일시금은 다음의 금액으로 한다(소령 42의 2 ①).
① 국민연금법 또는 「국민연금과 직역연금의 연계에 관한 법률」에 따른 반환일시금의 경우에는 과세기준일 이후 납입한 기여금 또는 개인부담금(사용자부담분을 포함한다.

이하 같다)의 누계액과 이에 대한 이자 및 가산이자와 실제 지급받은 일시금에서 과세기준일 이전에 납입한 기여금 또는 개인부담금을 뺀 금액 중 적은 금액

② 위 "①" 외의 일시금은 다음 계산식에 따라 계산한 금액

$$\text{일시금 수령액} \times \frac{\text{과세기준일 이후 기여금 납입월수}}{\text{총 기여금 납일월수}}$$

공적연금 관련법에 따라 받는 일시금의 경우에는 2002년 1월 1일 이후에 납입된 연금 기여금 및 사용자 부담금을 기초로 하거나 2002년 1월 1일 이후 근로의 제공을 기초로 하여 받은 일시금으로 한다(소법 22 ②).

제2장

비과세소득

제1절 서 론

1 개 념

일반적으로 과세대상이 되는 소득을 그 소득의 성질이나 국가정책상의 필요 등에 따라 과세에서 제외시키는 경우가 있다. 이와 같이 과세소득에서 제외시킨 소득을 비과세소득이라고 하며, 과세제외소득이라고도 한다.

비과세소득은 규정형식에 따라 크게 두 가지 유형으로 대별할 수 있다.

첫째는, 소득에 해당하지만 소득세의 과세대상이 되는 소득으로 규정하지 않음으로써 과세에서 제외되고 있는 소득이다. 소득세법은 소득세의 과세대상이 되는 소득의 범위를 열거주의에 따라 제한적으로 규정하고 있기 때문에 조세법률의 공백영역에 속하는 소득에 대하여는 소득세를 부과할 수 없는 것이다.

둘째는, 소득세법 등에서 비과세소득으로 명시적으로 규정하고 있는 소득이다. 소득세법 제12조 · 제89조 및 조세특례제한법 제16조의 2 등에서 규정하고 있는 비과세소득이 이에 해당한다.

이하에서는 소득세법상의 비과세소득(양도소득에 대한 비과세소득을 제외한 것으로서 소득세법 제12조에 규정하고 있는 비과세소득)을 중심으로 하여 살펴보고자 한다.

2 법적 성질

비과세소득은 개인에게 귀속하는 소득이지만 과세권의 주체가 과세권을 포기한 소득이다. 즉 비과세소득은 소득세의 과세물건에서 제외되기 때문에 소득세의 납세의무가 성립될 여지가 없으며, 따라서 당연히 소득세 과세표준에도 산입되지 아니한다.

이와 같은 비과세소득은 원칙적으로 납세의무자의 신청 또는 신고가 없더라도 당연히 과세에서 제외되며, 아울러 과세관청도 비과세소득을 소득세의 과세물건에서 제외시키기 위하여 특별한 절차나 별개의 행정처분을 거칠 필요가 없다.

3 제도적 취지

비과세소득은 세제상의 우대조치에 해당한다. 즉 비과세소득은 저축 또는 일정한 투자의 장려, 이중과세의 회피, 담세력이 없는 명목상의 소득에 대한 과세제외(파산선고에 따른 처분으로 발생하는 소득), 근로자의 복지증진과 농·어민의 부업의 장려, 서민 또는 농민의 자산형성지원과 거주·이전의 자유의 보장 등과 같은 공익상의 목적을 위하여 설정된 세제상의 우대조치인 것이다.

제**2**절 비과세소득의 내용

1 이자소득 및 배당소득

공익신탁법에 따른 공익신탁의 이익에 대해서는 소득세를 과세하지 아니한다(소법 12 I). 공익신탁이란 공익사업을 목적으로 하는 신탁법에 따른 신탁으로서 공익신탁법 제3조에 따라 법무부장관의 인가를 받은 신탁을 말한다.

2 사업소득

가. 논·밭의 임대소득

논·밭을 작물생산에 이용하게 함으로써 발생하는 소득에 대해서는 소득세를 과세하지 아니한다(소법 12 Ⅱ). 논·밭의 임대소득에 대한 소득세가 경제적 약자인 농지임차인(경작자)에게 전가되는 것을 피하기 위하여 소득세를 비과세한다.

나. 1개의 주택임대소득

① 1개의 주택임대소득에 대한 비과세

1개의 주택을 소유하는 자가 해당 주택(주택부수토지를 포함한다)을 임대하고 받는 소득에 대해서는 소득세를 과세하지 아니한다. 그러나 1개의 주택을 소유하는 자의 주택임대소득이라 할지라도 그 임대하는 주택이 고가주택에 해당하거나 국외에 소재하는 주택에 해당하는 경우에는 소득세의 비과세에 관한 규정을 적용하지 아니한다. 고가주택이라 함은 과세기간 종료일 또는 해당 주택의 양도일 현재 기준시가가 12억원을 초과하는 주택을 말하는데, 그 소재지는 묻지 않는다. 그리고 국외에 소재하는 주택의 임대소득은 그 주택의 수와 관계없이 모두 과세한다(소법 12 Ⅱ, 소령 8의 2 ④).

② 비과세 되는 주택 등의 범위

㉮ 주택 및 주택부수토지의 범위

주택이란 상시 주거용(사업을 위한 주거용의 경우는 제외한다)으로 사용하는 건물을 말하고, 주택부수토지란 주택에 딸린 토지로서 다음 중 어느 하나에 해당하는 면적 중 넓은 면적 이내의 토지를 말한다(소령 8의 2 ②).

ⅰ) 건물의 연면적(지하층의 면적, 지상층의 주차용으로 사용되는 면적, 건축법 시행령 제34조 제3항에 따른 피난안전구역의 면적 및 「주택건설기준 등에 관한 규정」 제2조 제3호에 따른 주민공동시설의 면적은 제외한다)

ⅱ) 건물이 정착된 면적에 5배(「국토의 계획 및 이용에 관한 법률」 제6조 제1호에 따른 도시지역 밖의 토지의 경우에는 10배)를 곱하여 산정한 면적

㉯ 겸용주택에서의 주택 등의 범위

주택과 부가가치세가 과세되는 사업용 건물(이하에서 '사업용 건물'이라 한다)이 함께 설치되어 있는 경우 그 주택과 주택부수토지의 범위는 다음의 구분에 따른다. 이 경우 주택과 주택부수토지를 2인 이상의 임차인에게 임대한 경우에는 각 임차인의 주택 부분의 면적(사업을 위한 거주용은 제외한다)과 사업용 건물 부분의 면적을 계산하여 각각 적용한다(소령 8의 2 ④).

ⅰ) 주택 부분의 면적이 사업용 건물 부분의 면적보다 큰 때에는 그 전부를 주택으로 본다. 이 경우 해당 주택의 주택부수토지의 범위는 앞의 "㉮"와 같다.

ⅱ) 주택 부분의 면적이 사업용 건물 부분의 면적과 같거나 그 보다 작은 때에는 주택 부분 외의 사업용 건물 부분은 주택으로 보지 아니한다. 이 경우 해당 주택의 주택부수토지의 면적은 총토지면적에 주택 부분의 면적이 총건물면적에서 차지하는 비율을 곱하여 계산하며, 그 범위는 앞의 "㉮"와 같다.

③ 주택수의 계산

주택임대소득의 비과세 요건을 따질 때 주택수의 계산은 다음에 따른다(소령 8의 2 ③).

㉮ 다가구주택은 1개의 주택으로 보되, 구분 등기된 경우에는 각각을 1개의 주택으로 계산한다.

㉯ 공동소유하는 주택은 지분이 가장 큰 사람의 소유로 계산(지분이 가장 큰 사람이 2명 이상인 경우로서 그들이 합의하여 그들 중 1명을 해당 주택 임대수입의 귀속자로 정한 경우에는 그의 소유로 계산한다)하되, 해당 공동소유하는 주택을 임대하여 얻은 수입금액을 기획재정부령으로 정하는 방법에 따라 계산한 금액이 연간 6백만원 이상인 사람 또는 해당 공동소유하는 주택의 기준시가가 12억원을 초과하는 경우로서 그 주택의 지분을 30% 초과 보유하는 사람은 공동소유의 주택을 소유하는 것으로 계산되지 않는 경우라도 그의 소유로 계산한다.

㉰ 임차 또는 전세받은 주택을 전대하거나 전전세하는 경우에는 그 임차 또는 전세받은 주택을 임차인 또는 전세받은 자의 주택으로 계산한다.

㉱ 본인과 배우자가 각각 주택을 소유하는 경우에는 이를 합산하여 판정한다. 다만, 위의 ㉯에 따라 공동소유의 주택 하나에 대해 본인과 배우자가 각각 소유하는 주택으로 계산되는 경우에는 다음에 따라 본인과 배우자 중 1명이 소유하는 주택으로 보아 합산한다(소령 8의 2 ③ Ⅳ).

ⅰ) 본인과 배우자 중 지분이 더 큰 사람의 소유로 계산

ⅱ) 본인과 배우자의 지분이 같은 경우로서 그들 중 1명을 해당 주택 임대수입의 귀속자로 합의해 정하는 경우에는 그의 소유로 계산

그런데 주택임대소득의 비과세 여부를 판정하는 경우 부부단위로 주택수를 합산하도록 하고 있는 소득세법 시행령 제8조의 2 제3항 제4호의 규정은 합리적인 근거 없이 임대주택을 소유하고 있는 혼인한 부부를 소득세 부과에 있어서 차별 취급하는 것이라는 비판이 제기되고 있다.

다. 농어가부업소득

농·어민이 부업으로 경영하는 축산·고공품(藁工品)제조·민박·음식물판매·특산물제조·전통차제조 및 그 밖에 이와 유사한 활동에서 발생한 소득으로서 다음의 소득에 대하여는 소득세를 과세하지 아니한다(소법 12 Ⅱ, 소령 9).

1) 농가부업규모의 축산에서 발생하는 소득

농가부업규모의 축산에서 발생하는 소득에 대해서는 소득세를 부과하지 아니한다. 농가부업규모의 축산이란 다음의 마리수(성축을 기준으로 하되, 육성우는 2마리를 1마리로 본다) 또는 군수 이하로 사육하는 경우를 가리킨다. 사육두수는 매월 말 현황에 의한 평균두수로 산정한다.

① 젖소와 소는 각각 50마리

② 돼지는 700마리

③ 산양과 면양은 각각 300마리

④ 토끼는 5,000마리

⑤ 닭과 오리는 각각 15,000마리

⑥ 양봉은 100군

여러 종류의 가축을 사육하는 경우에는 각 가축별로 농가부업규모의 축산에 해당하는 지의 여부를 판정한다. 가축 종류별로 기준두수를 초과하는 경우에는 그 초과하는 사육두수에서 발생한 소득에 대해서만 소득세를 과세한다.

2) 그 밖의 부업소득으로서 소득금액의 합계액이 연 3,000만원 이하인 소득

농가부업규모의 축산에서 얻는 소득 외의 그 밖의 부업소득, 예를 들면 고공품제조 · 민박[93] · 음식물판매 · 특산물[94]제조 · 전통차[95]제조 및 그 밖에 이와 유사한 활동에서 얻은 소득으로서 그 소득금액의 합계액이 연간 3,000만원 이하인 소득에 대해서는 소득세를 과세하지 아니한다. 만일 그 밖의 부업소득의 합계액이 연 3,000만원을 초과하는 경우에는 그 초과하는 금액에 대해서만 소득세를 과세한다.

그리고 농가부업규모를 초과하는 축산을 영위하는 자의 농가부업규모를 초과하는 사육두수에서 발생한 소득이라 할지라도 그 농가부업규모를 초과하는 사육두수에서 발생한 소득과 그 밖의 부업소득을 합산한 금액이 연 3,000만원 이하인 경우에는 소득세를 과세하지 아니한다. 그리고 농가부업규모를 초과하는 사육두수에서 발생한 소득과 그 밖의 부업소득의 합계액이 연 3,000만원을 초과하는 경우에는 그 초과하는 금액에 대해서만 소득세를 과세한다(소칙 6).

라. 전통주의 제조에서 발생하는 소득

전통주(傳統酒)의 제조에서 발생하는 소득이라 함은 다음 중 어느 하나에 해당하는 주류를 수도권 밖의 읍 · 면지역에서 제조함으로써 발생하는 소득으로서 소득금액의 합계액이 연 1,200만원 이하인 것을 말한다.

① 주세법 제2조 제8호에 따른 전통주

---

93) 민박이라 함은 농어촌정비법에 따른 농어촌민박사업을 말한다.
94) 특산물이라 함은 전통식품과 수산전통식품 및 수산특산물을 말한다.
95) 전통차라 함은 식품산업진흥법 제22조에 따라 농림수산식품부장관이 인증한 차를 말한다.

② 관광진흥을 위하여 국토교통부장관이 추천하여 기획재정부령이 정하는 절차를 거친 주류(1991년 6월 30일 이전에 추천한 것에 한한다)

③ 종전의 제주도개발특별법에 따라 제주도지사가 국세청장과 협의하여 제조허가를 한 주류(1999년 2월 5일 이전에 허가한 것에 한한다)

마. 조림기간 5년 이상인 임업소득으로서 연 600만원 이하의 금액

사업소득 중 조림기간이 5년 이상인 임지(林地)의 임목(林木)의 벌채 또는 양도로 발생하는 소득으로서 연 600만원 이하의 금액을 말한다. 사업자의 조림기간이 5년 이상인 임업소득이 600만원 이상인 경우에는 600만원을, 600만원 미만인 경우에는 해당 금액에 대하여 소득세를 과세하지 않는다.

1) 조림기간의 계산

조림기간의 계산은 다음의 날부터 임목을 벌채 또는 양도한 날까지의 기간으로 한다. 이 경우에 식림을 완료한 날 또는 인도를 받은 날의 판정은 그 식림을 한 산림의 임분[林分 : 임상(林床)이 동일하고 주위의 것과 구분할 수 있는 산림경영상의 단위가 되는 임목의 집단] 단위로 적용한다(소령 9의 3).

① 자기가 조림한 임목 : 그 식림을 완료한 날

② 도급에 의하여 식림한 임목 : 그 임목을 인도받은 날

③ 타인이 조림한 임목을 매입한 경우 : 그 매입한 날

④ 증여받은 임목 : 증여를 받은 날

⑤ 상속받은 임목 : 피상속인의 "①" 내지 "④"에 따른 조림기간의 조림개시일

⑥ 분수계약에 따른 권리를 취득한 경우 : 그 권리의 취득일

2) 임목을 임지와 함께 양도 또는 취득한 경우의 소득금액의 계산

임목을 임지(임야)와 함께 양도하거나 취득하는 경우가 있을 수 있다. 이 경우에 임지의 양도로 인하여 발생하는 소득은 양도소득을 이루므로 사업소득의 총수입금액에 산입하지 아니한다. 그러므로 임목과 임지의 양도가액 또는 취득가액을 구분할 필요가 있는 것이다. 임목과 임지의 양도가액 또는 취득가액을 구분할 수 없을 때에는 다음과 같은 기준에 따라 임목의 양도가액 또는 취득가액을 산정한다.

먼저 지방세법 시행령 제4조 제1항 제5호에 따른 시가표준액으로 임목의 양도가액 또는 취득가액을 계산한다. 다음에는 임목과 임지의 총양도가액 또는 총취득가액에서 임목

의 양도가액 또는 취득가액을 빼서 임지의 양도가액 또는 취득가액을 계산한다. 만일 잔액이 없는 경우에는 임지의 양도가액 또는 취득가액은 없는 것으로 본다(소령 51 ⑧).

바. 작물재배업에서 발생하는 소득

작물재배업에서 발생하는 소득으로서 해당 과세기간의 수입금액의 합계액이 10억원 이하인 것에 대해서는 소득세를 과세하지 아니한다(소령 9의 4 ①). 이 경우 작물재배업 소득의 계산에 관하여 필요한 사항은 기획재정부령으로 정한다.

사. 어로어업 또는 양식어업에서 발생하는 소득

통계청장이 고시하는 한국표준산업분류에 따른 연근해어업과 내수면어업 또는 양식어업에서 발생하는 소득으로서 해당 과세기간의 소득금액의 합계액이 5천만원 이하인 소득에 대해서는 소득세를 과세하지 아니한다(소령 9의 5 ①). 이 경우 어로어업에서 발생하는 소득의 계산에 필요한 사항은 기획재정부령으로 정한다.

3 근로소득과 퇴직소득

다음 중 어느 하나에 해당하는 급여에 대하여는 소득세를 과세하지 아니한다.
① 복무중인 병(兵)이 받는 급여
   병역의무의 수행을 위하여 징집·소집 또는 지원하여 복무 중인 사람으로서 병장 이하의 현역병(지원하지 아니하고 임용된 하사를 포함한다), 의무경찰, 그 밖에 이에 준하는 사람이 받는 급여를 말한다(소령 10).
② 법률에 따라 동원된 사람이 동원 직장에서 받는 급여
③ 산업재해보상보험법에 따라 수급권자가 지급받는 요양급여·휴업급여·장해급여·간병급여·유족급여·유족특별급여·장해특별급여 및 장의비 또는 근로의 제공으로 인한 부상·질병 또는 사망과 관련하여 근로자나 그 유족이 받는 배상·보상 또는 위자(慰藉)의 성질이 있는 급여
④ 근로기준법 또는 선원법에 따라 근로자·선원 및 그 유족이 지급받는 요양보상금·휴업보상금·상병보상금(傷病補償金)·일시보상금·장해보상금·유족보상금·행방불명보상금·소지품 유실보상금·장의비 및 장제비
⑤ 고용보험법에 따라 받는 실업급여, 육아휴직급여, 육아기 근로시간 단축 급여, 출산전후휴가급여 등, 「제대군인 지원에 관한 법률」에 따른 전직지원금, 국가공무원법·지방공

무원법에 따른 공무원 또는「사립학교교직원 연금법」·별정우체국법을 적용받는 사람이 관련 법령에 따라 받는 육아휴직수당(사립학교법 제70조의 2에 따라 임명된 사무직원이 학교의 정관 또는 규칙에 따라 지급받는 육아휴직수당으로서 월 150만원 이하의 것을 포함한다)

⑥ 국민연금법에 따라 받는 반환일시금(사망으로 받는 것만 해당한다) 및 사망일시금

⑦ 공무원연금법,「공무원 재해보상법」, 군인연금법,「군인 재해보상법」,「사립학교교직원 연금법」또는 별정우체국법에 따라 받는 공무상요양비·요양급여·장해일시금·비공무상 장해일시금·비직무상 장해일시금·장애보상금·사망조위금·사망보상금·유족일시금·퇴직유족일시금·유족연금일시금·퇴직유족연금일시금·퇴역유족연금일시금·순직유족연금일시금·유족연금부가금·퇴직유족연금부가금·퇴역유족연금부가금·유족연금특별부가금·퇴직유족연금특별부가금·퇴역유족연금특별부가금·순직유족보상금·직무상유족보상금·위험직무순직유족보상금·재해부조금·재난부조금 또는 신체·정신상의 장해·질병으로 인한 휴직기간에 받는 급여

⑧ 학자금

초·중등교육법 및 고등교육법에 따른 학교(외국에 있는 이와 유사한 교육기관을 포함한다)와「국민 평생 직업능력 개발법」에 따른 직업능력개발훈련시설의 입학금·수업료·수강료, 그 밖의 공납금 중 다음의 요건을 모두 갖춘 금액으로서 해당 과세기간에 납입할 금액을 한도로 한다(소령 11). 그러나 사설학원에 어학 등의 수강을 지원하기 위한 교육훈련비는 비과세의 대상이 아니다.

ⅰ) 당해 근로자가 종사하는 사업체의 업무와 관련 있는 교육·훈련을 위하여 받는 것일 것

ⅱ) 당해 근로자가 종사하는 사업체의 규칙 등에 의하여 정하여진 지급기준에 따라 받는 것일 것

ⅲ) 교육·훈련기간이 6월 이상인 경우 교육·훈련 후 해당 교육기간을 초과하여 근무하지 아니하는 때에는 지급받은 금액을 반납할 것을 조건으로 하여 받는 것일 것

다음으로 회사의 규정 등에 따라 근로자의 자녀의 학자금으로 지원하는 금액은 해당 근로자의 근로소득에 포함한다. 즉 과세급여에 해당하는 것이다. 이 경우에 자녀의 학자금은 근로소득에 포함하되, 납입한 수업료 등은 교육비세액공제의 대상이 된다고 하겠다.

⑨ 실비변상적인 성질의 급여

ⅰ) 선원법에 의하여 받는 식료

ⅱ) 일직료·숙직료 또는 여비로서 실비변상 정도의 금액(종업원의 소유차량 또는 종업원이 본인 명의로 임차한 차량을 종업원이 직접 운전하여 사용자의 업무수행에 이용하고 시내출장 등에 소요된 실제 여비를 받는 대신에 그 소요경비를 해당 사업체의 규칙 등에 따라 정하여진 지급기준에 따라 받는 금액 중 월 20만원 이내의 금액을 포함한다)

ⅲ) 법령·조례에 의하여 제복을 착용하여야 하는 자가 받는 제복·제모 및 제화

ⅳ) 병원·시험실·금융회사 등·공장·광산에서 근무하는 사람 또는 특수한 작업이나 역무에 종사하는 사람이 받는 작업복이나 그 직장에서만 착용하는 피복(被服)

ⅴ) 특수분야에 종사하는 군인이 받는 낙하산강하위험수당·수중파괴작업위험수당·잠수부위험수당·고전압위험수당·폭발물위험수당·항공수당(기획재정부령으로 정하는 유지비행훈련수당을 포함한다)·비무장지대근무수당·전방초소근무수당·함정근무수당(기획재정부령으로 정하는 유지항해훈련수당을 포함한다) 및 수륙양용궤도차량승무수당, 특수분야에 종사하는 경찰공무원이 받는 경찰특수전술업무수당과 경호공무원이 받는 경호수당

ⅵ) 선원법의 규정에 의한 선장 및 해원이 받는 월 20만원 이내의 승선수당, 경찰공무원이 받는 함정근무수당·항공수당 및 소방공무원이 받는 함정근무수당·항공수당·화재진화수당

ⅶ) 광산근로자가 받는 입갱수당 및 발파수당

ⅷ) 다음 중 어느 하나에 해당하는 자가 받는 연구보조비 또는 연구활동비 중 월 20만원 이내의 금액

㉮ 유아교육법, 초·중등교육법, 고등교육법에 따른 학교 및 이에 준하는 학교(특별법에 따른 교육기관을 포함한다)의 교원

㉯ 특정연구기관육성법의 적용을 받는 연구기관, 특별법에 따라 설립된 정부출연연구기관, 「지방자치단체출연연구원의 설립 및 운영에 관한 법률」에 따라 설립된 지방자치단체출연연구원에서 연구활동에 직접 종사하는 자(대학교원에 준하는 자격을 가진 자에 한한다) 및 직접적으로 연구활동을 지원하는 자로서 기획재정부령으로 정하는 자

㉰ 「기초연구진흥 및 기술개발지원에 관한 법률 시행령」 제16조의 2 제1항 제1호 또는 제3호의 기준을 충족하여 「기초연구진흥 및 기술개발지원에 관한 법률」 제14조의 2 제1항에 따라 인정받은 중소기업 또는 벤처기업의 기업부설연구소와 같은 항에 따라 설치하는 연구개발전담부서(중소기업 또는 벤처기업에

설치하는 것에 한정한다)에서 연구활동에 직접 종사하는 자

ix) 국가 또는 지방자치단체가 지급하는 다음 중 어느 하나에 해당하는 것

㉮ 영유아보육법 시행령 제24조 제1항 제7호에 따른 비용 중 보육교사의 처우개선을 위하여 지급하는 근무환경개선비

㉯ 유아교육법 시행령 제32조 제1항 제2호에 따른 사립유치원 수석교사·교사의 인건비

㉰ 전문과목별 전문의의 수급 균형을 유도하기 위하여 전공의(專攻醫)에게 지급하는 수련보조수당

x) 방송법에 따른 방송, 「뉴스통신진흥에 관한 법률」에 따른 뉴스통신, 「신문 등의 진흥에 관한 법률」에 따른 신문(일반일간신문·특수일간신문 및 인터넷신문을 말하며, 해당 신문을 경영하는 기업이 직접 발행하는 정기간행물을 포함한다)을 경영하는 언론기업 및 방송법에 따른 방송채널 사용사업에 종사하는 기자(해당 언론기업 및 방송법에 따른 방송채널 사용사업에 상시 고용되어 취재활동을 하는 논설위원 및 만화가를 포함한다)가 취재활동과 관련하여 지급받는 취재수당 중 월 20만원 이내의 금액. 이 경우 취재수당을 급여에 포함하여 받는 경우에는 월 20만원에 상당하는 금액을 취재수당으로 본다.

xi) 근로자가 벽지에 근무함으로 인하여 받는 월 20만원 이내의 벽지수당

xii) 근로자가 천재·지변 기타 재해로 인하여 받는 급여

xiii) 수도권 외의 지역으로 이전하는 「지방자치분권 및 지역균형발전에 관한 특별법」 제2조 제10호에 따른 공공기관의 소속 공무원이나 직원에게 한시적으로 지급하는 월 20만원 이내의 이전지원금

xiv) 종교관련 종사자가 소속 종교단체의 규약 또는 소속 종교단체의 의결기구의 의결·승인 등을 통하여 결정된 지급 기준에 따라 종교 활동을 위하여 통상적으로 사용할 목적으로 지급받은 금액 및 물품

⑩ 외국정부(외국의 지방자치단체와 연방국가의 지방정부를 포함한다) 또는 국제기관에서 근무하는 외국정부의 공무원 등이 받는 급여

외국정부(외국의 지방자치단체 및 연방국가인 외국의 지방정부를 포함한다. 이하 같다) 또는 국제연합과 그 소속기구의 기관에 근무하는 사람 중 대한민국 국민이 아닌 사람이 그 직무수행의 대가로 받는 급여에 대하여는 소득세를 부과하지 아니한다. 다만, 그 외국정부가 그 나라에서 근무하는 우리나라 공무원의 급여에 대하여 소득세를 과세하지 아니하는 경우에 한한다. 즉 상호비과세주의를 채택하고 있는 것이다.

⑪ 「국가유공자 등 예우 및 지원에 관한 법률」 또는 「보훈보상대상자 지원에 관한 법률」 에 따라 받는 보훈급여금·학습보조비

⑫ 「전직대통령 예우에 관한 법률」에 따라 받는 연금

⑬ 작전임무를 수행하기 위하여 외국에 주둔 중인 군인·군무원이 받는 급여

　　군인·군무원이 받는 급여에는 미리 받은 급여(업무수행기간 후의 기간에 해당하는 급여를 포함한다)를 포함하는 것으로 한다. 다만, 외국에 주둔 중인 군인·군무원이 징계 등의 사유로 해당 외국에서의 업무수행에 부적합하다고 인정되어 소환된 경우 그 잔여기간에 해당하는 급여는 그러하지 아니하다.

⑭ 종군한 군인·군무원이 전사(전상으로 인한 사망을 포함한다. 이하 같다)한 경우의 그 전사한 날이 속하는 과세기간의 급여

⑮ 국외 또는 북한지역에서 근로를 제공하고 받는 다음의 급여

　ⅰ) 국외 또는 「남북교류협력에 관한 법률」에 따른 북한지역(이하에서 '국외 등'이 라 한다)에서 근로를 제공(원양어업 선박 또는 국외등을 항행하는 선박이나 항공 기에서 근로를 제공하는 것을 포함한다)하고 받는 보수 중 월 100만원[원양어업 선박, 국외 등을 항행하는 선박 또는 국외 등의 건설현장에서 근로(설계 및 감리 업무를 포함한다)를 제공하고 받는 보수의 경우에는 월 500만원] 이내의 금액

　　㉮ 국외 등에서 근로를 제공하고 받는 보수 중 월 100만원 이내의 금액에 대하여 는 소득세를 과세하지 아니한다. 국외 등에서 근로를 제공하고 받는 보수가 월 100만원을 초과하는 경우에는 월 100만원에 상당하는 금액에 대하여는 비 과세하고, 그 100만원을 초과하는 금액에 대해서만 소득세를 과세하는 것이다. 즉 월급여액에서 100만원씩을 소득공제하는 것과 다를 바 없다.

　　㉯ 국외 등에서 근로를 제공하는 경우에는 원양어업선박 또는 국외 등을 항행하 는 선박이나 항공기에서 근로를 제공하는 경우를 포함한다. 그리고 원양어업 선박 또는 국외 등을 항행하는 선박이나 항공기에서 근로를 제공하고 보수를 받는 자의 급여란 원양어업선박에 승선하는 승무원(해당 선박에 전속되어 있 는 의사 및 그 보조원, 해외기지조업을 하는 원양어업의 경우에는 현장에 주재 하는 선박수리공 및 그 사무원을 포함한다. 이하 같다)이 원양어업에 종사함 으로써 받는 급여와 국외 등을 항행하는 선박 또는 항공기의 승무원이 국외 등을 항행하는 기간의 근로에 대하여 받는 급여를 가리킨다. 그리고 국외 등을 항행하는 기간에는 해당 선박이나 항공기가 화물의 적재·하역 기타 사유로 국내에 일시적으로 체재하는 기간을 포함한다(소령 16 ③, 소칙 8 ③).

ⓒ 국외 등에서 근로를 제공하고 받는 보수란 근로제공지가 국외 등이어야 한다는 의미이며, 그 근로의 대가의 지급지까지 국외 등일 것을 요구하고 있는 것은 아니다. 따라서 근로의 대가를 국내에서 받더라도 비과세의 규정을 적용받을 수 있는 것이다(소령 16 ②).

ⅱ) 공무원(외무공무원법 제32조에 따른 재외공관 행정직원과 유사한 업무를 수행하는 자로서 기획재정부장관이 정하는 자를 포함한다), 대한무역투자진흥공사법에 따른 대한무역투자진흥공사, 한국관광공사법에 따른 한국관광공사, 한국국제협력단법에 따른 한국국제협력단, 한국국제보건의료재단법에 따른 한국국제보건의료재단 및 한국산업인력공단법에 따른 한국산업인력공단, 중소벤처기업진흥공단의 종사자가 국외등에서 근무하고 받는 수당 중 해당 근로자가 국내에서 근무할 경우에 지급받을 금액상당액을 초과하여 받는 금액 중 실비변상적 성격의 급여로서 외교부장관이 기획재정부장관과 협의하여 고시하는 금액

⑯ 국민건강보험법 등에 따라 사용자 등이 부담하는 부담금

국민건강보험법, 고용보험법 또는 노인장기요양보험법에 따라 국가·지방자치단체 또는 사용자가 부담하는 보험료에 대하여는 소득세를 과세하지 아니한다.

⑰ 생산직근로자 등이 받는 야간근로수당 등

생산직 근로자로서 월정액 급여가 210만원 이하로서 직전 과세기간의 총급여액이 3,000만원 이하인 근로자(일용근로자를 포함한다)가 연장근로·야간근로 또는 휴일근로를 하여 받는 급여에 대해서는 소득세를 비과세한다.

ⅰ) 생산직근로자 등의 의의

㉮ 월정액 급여가 210만원 이하로서 직전 과세기간의 총급여액이 3천만원 이하인 근로자(일용근로자를 포함한다)로서 다음 중 어느 하나에 해당하는 사람이 연장근로·야간근로 또는 휴일근로 등으로 인하여 받은 급여에 대하여는 소득세를 과세하지 아니한다(소령 17 ①).

ⓐ 공장 또는 광산에서 근로를 제공하는 자로서 통계청장이 고시하는 한국표준직업분류에 의한 생산 및 관련종사자 중 기획재정부령이 정하는 자

ⓑ 어업을 영위하는 자에게 고용되어 근로를 제공하는 자로서 기획재정부령이 정하는 자

ⓒ 통계청장이 고시하는 한국표준직업분류에 따른 운전 및 운송 관련직 종사자, 돌봄·미용·여가 및 관광·숙박시설·조리 및 음식 관련 서비스직 종사자, 매장 판매 종사자, 상품 대여 종사자, 통신 관련 판매직 종사자, 운송·청

소·경비·가사·음식·판매·농림·어업·계기·자판기·주차관리 및 기타 서비스 관련 단순 노무직 종사자 중 기획재정부령으로 정하는 자

㉯ 앞에서 월정액급여라 함은 매월 직급별로 받는 봉급·급료·보수·임금·수당 그 밖에 이와 유사한 성질의 급여(해당 과세기간 중에 받는 상여 등 부정기적인 급여와 소득세가 비과세되는 실비변상적 성질의 급여 및 복리후생적 성질의 급여를 제외한다)의 총액에서 근로기준법에 따른 연장근로·야간근로 또는 휴일근로를 하여 통상임금에 더하여 받는 급여 및 선원법에 따라 받는 생산수당(비율급으로 받는 경우에는 월 고정급을 초과하는 비율급)을 뺀 급여를 말한다(소령 17 ①).

ⅱ) 비과세되는 야간근로수당 등의 범위

소득세가 비과세되는 급여의 범위는 다음과 같다(소령 17 ②).

㉮ 근로기준법에 따른 연장근로·야간근로 또는 휴일근로를 하여 통상임금에 더하여 받는 급여 중 연 240만원 이하의 금액(광산근로자 및 일용근로자의 경우에는 해당 급여총액)

㉯ 어업을 영위하는 자에게 고용되어 어선에 승무하는 선원에 대하여는 선원법에 따라 받는 생산수당(비율급으로 받는 경우에는 월 고정급을 초과하는 비율급) 중 연 240만원 이내의 금액

⑱ 일정한 식사 또는 식사대

근로자가 사내급식이나 이와 유사한 방법으로 제공받는 식사 기타 음식물 또는 근로자(식사 기타 음식물을 제공받지 아니하는 자에 한정한다)가 받는 월 20만원 이내의 금액은 소득세를 과세하지 아니한다.

근로자가 받는 식사대가 월 20만원을 초과하는 때에는 그 전액에 대하여 비과세의 적용을 배제한다는 것이 아니고 20만원을 초과하는 금액에 대해서만 소득세를 과세한다는 의미이다.

⑲ 일정한 출산비와 자녀보육비

근로자 또는 그 배우자의 출산이나 자녀의 보육과 관련하여 사용자로부터 지급받는 다음에 해당하는 급여에 대해서는 소득세를 과세하지 아니한다.

ⅰ) 근로자(사용자와 대통령령으로 정하는 특수관계에 있는 자는 제외한다) 또는 그 배우자의 출산과 관련하여 자녀의 출생일 이후 2년 이내에 사용자로부터 대통령령으로 정하는 바에 따라 최대 두 차례에 걸쳐 지급받는 급여(2021년 1월 1일 이후 출생한 자녀에 대하여 2024년 1월 1일부터 2024년 12월 31일 사이에 지급받은

급여를 포함한다) 전액

ⅱ) 근로자 또는 그 배우자의 해당 과세기간 개시일을 기준으로 6세 이하(6세가 되는 날과 그 이전 기간을 말한다. 이하 이 조 및 제59조의 4에서 같다)인 자녀의 보육과 관련하여 사용자로부터 지급받는 급여로서 월 20만원 이내의 금액

다만, 다음에 해당하는 자에게 지급한 급여는 제외한다.

㉮ 개인사업자의 경우 해당 개인사업자 및 그 친족관계에 있는자

㉯ 법인의 경우 해당 법인의 지배주주등[96] 친족관계(국기법 2) 또는 경영지배관계에 있는 자를 포함한다.

또한, 기업출산지원금을 3차례 이상 지급받은 경우 최초 지급분과 그 다음 지급분까지 비과세금액으로 인정하며, 이직하여 출산지원금을 지급받은 경우에는 사용자별로 최대 2회 지급횟수를 적용한다.[97]

⑳ 국군포로가 받는 보수 및 퇴직일시금

「국군포로의 송환 및 대우 등에 관한 법률」에 따른 국군포로가 받는 보수 및 퇴직일시금에 대해서는 소득세를 과세하지 아니한다.

㉑ 대학생이 받는 근로장학금[98]

교육기본법 제28조 제1항에 따라 받는 장학금 중 대학생이 근로를 대가로 지급받는 장학금(고등교육법 제2조 제1호부터 제4호까지의 규정에 따른 대학에 재학하는 대학생에 한한다)에 대해서는 소득세를 과세하지 아니한다.

㉒ 직무발명으로 받는 보상금

발명진흥법 제2조 제2호에 따른 직무발명으로 받는 다음의 보상금(이하 '직무발명보상금'이라 한다)으로서 연 700만원 이하의 금액에 대해서는 소득세를 과세하지 아니한다(소령 17의 3).

ⅰ) 발명진흥법 제2조 제2호에 따른 종업원 등(이하 '종업원 등'이라 한다)이 같은 호에 따른 사용자 등으로부터 받는 보상금. 다만, 보상금을 지급한 사용자 등과 다음에 해당하는 종업원은 제외한다.

ⓐ 사용자가 개인사업자인 경우 해당 개인사업자 및 그와 친족관계에 있는 자

ⓑ 사용자가 법인인 경우 해당 법인의 법인세법 시행령 제43조 제7항에 따른 지

---

96) 법령 43 ⑦에 따른 지배주주등
97) 이직 시에는 이직 전에 지급받은 횟수를 합산하지 않는다.
98) 기초생활수급자인 대학생이 해당 대학으로부터 근로장학금을 받는 경우 국민기초생활보장법상 소득인정액이 증가하여 기초생활수급권자에서 제외되는 문제점을 해결하기 위하여 소득세의 비과세소득으로 추가한 것이다.

배주주 등 및 그와 친족관계 또는 경영지배관계인 특수관계에 있는 자

ⅱ) 대학의 교직원 또는 대학과 고용관계가 있는 학생이 소속 대학에 설치된 「산업교육진흥 및 산학연협력촉진에 관한 법률」 제25조에 따른 산학협력단으로부터 같은 법 제32조 제1항 제4호에 따라 받는 보상금

㉓ 복리후생적 성질의 급여

복리후생적 성질의 급여란 다음의 것을 말한다.

ⅰ) 다음 중 어느 하나에 해당하는 사람이 기획재정부령으로 정하는 사택을 제공받음으로써 얻는 이익

ⓐ 주주 또는 출자자가 아닌 임원

ⓑ 법인세법 시행령 제50조 제2항에 따른 소액주주인 임원

ⓒ 임원이 아닌 종업원(비영리법인 또는 개인의 종업원을 포함한다)

ⓓ 국가 또는 지방자치단체로부터 근로소득을 지급받는 사람

ⅱ) 조세특례제한법 시행령 제2조에 따른 중소기업의 종업원이 주택(주택에 부수된 토지를 포함한다)의 구입·임차에 소요되는 자금을 저리 또는 무상으로 대여 받음으로써 얻는 이익

다만, 다음에 해당하는 종업원은 제외한다.

ⓐ 중소기업이 개인사업자인 경우 해당 개인사업자 및 그와 친족관계에 있는 종업원

ⓑ 중소기업이 법인인 경우 해당 법인의 법인세법 시행령 제43조 제7항에 따른 지배주주 등(1% 이상 주식을 소유한 주주로서 특수관계에 있는 자가 소유한 지분의 합계가 가장 많은 주주 등)에 해당하는 종업원

ⅲ) 영유아보육법 제14조에 따라 직장어린이집을 설치·운영하거나 위탁보육을 하는 사업주가 같은 법 제37조 및 같은 법 시행령 제25조에 따라 그 비용을 부담함으로써 해당 사업장의 종업원이 얻는 이익

ⅳ) 종업원이 계약자이거나 종업원 또는 그 배우자 및 그 밖의 가족을 수익자로 하는 보험·신탁 또는 공제와 관련하여 사용자가 부담하는 보험료·신탁부금 또는 공제부금(이하 '보험료등'이라 한다) 중 다음의 보험료등

ⓐ 종업원의 사망·상해 또는 질병을 보험금의 지급사유로 하고 종업원을 피보험자와 수익자로 하는 보험으로서 만기에 납입보험료를 환급하지 않는 보험(이하 '단체순수보장성보험'이라 한다)과 만기에 납입보험료를 초과하지 않는 범위에서 환급하는 보험(이하 '단체환급부보장성보험'이라 한다)의 보험료 중

연 70만원 이하의 금액

ⓑ 임직원의 고의(중과실을 포함한다) 외의 업무상 행위로 인한 손해의 배상청구를 보험금의 지급사유로 하고 임직원을 피보험자로 하는 보험의 보험료

ⅴ) 공무원이 국가 또는 지방자치단체로부터 공무 수행과 관련하여 받는 상금과 부상 중 연 240만원 이내의 금액

㉔ 일정한 종업원 할인혜택

다음의 요건을 모두 충족하는 소득으로서 시가의 20%와 연 240만원 중 큰 금액 이하의 금액으로 연간 구입한 모든 재화·용역의 시가를 합산한 금액을 기준으로 한다.

ⅰ) 임원 또는 종업원(이하 이 조, 제20조 및 제164조의 5에서 "임원등"이라 한다) 본인이 소비하는 것을 목적으로 제공받거나 지원을 받아 구입한 재화 또는 용역으로서 다음의 기간 동안 재판매가 허용되지 아니할 것

ⓐ (자동차·대형가전·고가재화[99]등[100]) 2년

ⓑ (그 외 재화) 1년

ⅱ) 해당 재화 또는 용역의 제공과 관련하여 모든 임원등에게 공통으로 적용되는 기준이 있을 것

4 연금소득

① 공적연금 관련법에 따라 받는 유족연금·퇴직유족연금·퇴역유족연금·장해유족연금·상이유족연금·순직유족연금·직무상유족연금·위험직무순직유족연금, 장애연금, 장해연금·비공무상 장해연금·비직무상 장해연금, 상이연금(傷痍年金), 연계노령유족연금 또는 연계퇴직유족연금

② 산업재해보상보험법에 따라 받는 각종 연금

③ 「국군포로의 송환 및 대우 등에 관한 법률」에 따른 국군포로가 받는 연금

5 기타소득

① 「국가유공자 등 예우 및 지원에 관한 법률」 또는 「보훈대상자지원에 관한 법률」에 따라 받는 보훈급여금·학습보조비 및 「북한이탈주민의 보호 및 정착지원에 관한 법률」에 따라 받는 정착금·보로금(報勞金)과 그 밖의 금품

---

99) 개소법 1 ② (2)의 귀금속제품·고급시계·고급융단·고급가방
100) 소비자분쟁해결기준에 따른 품목별 내용연수가 5년을 초과하는 품목

② 국가보안법에 따라 받는 상금과 보로금

③ 상훈법에 따른 훈장과 관련하여 받는 부상(副賞)이나 그 밖에 다음의 상금과 부상(소령 18)

   ⅰ) 대한민국학술원법에 따른 학술원상 또는 대한민국예술원법에 따른 예술원상의 수상자가 받는 상금과 부상

   ⅱ) 노벨상 또는 외국정부·국제기관·국제단체와 그 밖의 외국의 단체나 기금으로부터 받는 상의 수상자가 받는 상금과 부상

   ⅲ) 문화예술진흥법에 따른 대한민국문화예술상과 같은 법에 따른 문화예술진흥기금으로 수여하는 상의 수상자가 받는 상금과 부상

   ⅳ) 대한민국미술대전의 수상작품에 대하여 수상자가 받는 상금과 부상

   ⅴ) 국민체육진흥법에 따른 체육상의 수상자가 받는 상금과 부상

   ⅵ) 과학기술정보통신부가 개최하는 과학전람회의 수상작품에 대하여 수상자가 받는 상금과 부상

   ⅶ) 특별법에 따라 설립된 법인이 관계중앙행정기관의 장의 승인을 얻어 수여하는 상의 수상자가 받는 상금과 부상

   ⅷ) 「품질경영 및 공산품안전관리법」에 따라 품질명장으로 선정된 자(분임을 포함한다)가 받는 상금과 부상

   ⅸ) 직장새마을운동·산업재해예방운동 등 정부시책의 추진실적에 따라 중앙행정기관장 이상의 표창을 받은 종업원이나 중앙행정기관의 장이 인정하는 국내외 기능경기대회에 입상한 종업원이 그 표창 또는 입상과 관련하여 사용자로부터 받는 상금 중 1인당 15만원 이내의 금액

   ⅹ) 「국민 제안 규정」 또는 「공무원 제안 규정」에 따라 채택된 제안의 제안자가 받는 부상

   ⅺ) 국세기본법 제84조의 2에 따른 포상금 등 법규의 준수 및 사회질서의 유지를 위하여 신고 또는 고발한 사람이 관련 법령이 정하는 바에 따라 국가 또는 지방자치단체로부터 받는 포상금 또는 보상금

   ⅻ) 경찰청장이 정하는 바에 따라 범죄신고자가 받는 보상금

   ⅹⅲ) 그 밖에 국가 또는 지방자치단체로부터 받는 상금과 부상(공무수행에 따른 상금과 부상은 제외)

④ 종업원 등 또는 대학의 교직원 또는 대학과 고용관계가 있는 학생이 퇴직한 후에 지급받는 직무발명보상금으로서 연 700만원(해당 과세기간에 소득세법에 따라 비과세되는

금액이 있는 경우에는 700만원에서 해당 금액을 차감한 금액으로 한다) 이하의 금액. 다만, 직무발명보상금을 지급한 사용자등 또는 산학협력단과 대통령령으로 정하는 특수관계에 있는 자가 받는 직무발명보상금은 제외한다.

⑤ 「국군포로의 송환 및 대우 등에 관한 법률」에 따라 국군포로가 받는 위로지원금과 그 밖의 금품

⑥ 문화재보호법에 따라 국가지정문화재로 지정된 서화·골동품의 양도로 발생하는 소득

⑦ 서화·골동품을 박물관 또는 미술관에 양도함으로써 발생하는 소득

⑧ 종교관련 종사자가 받는 다음의 소득

  ⅰ) 통계법 제22조에 따라 통계청장이 고시하는 한국표준직업분류에 따른 종교관련 종사자(이하 '종교관련종사자'라 한다)가 소속된 종교단체의 종교관련종사자로서의 활동과 관련 있는 교육·훈련을 위하여 받는 다음 중 어느 하나에 해당하는 학교 또는 시설의 입학금·수업료·수강료, 그 밖의 공납금(소령 19 ①)

    ⓐ 초·중등교육법 제2조에 따른 학교(외국에 있는 이와 유사한 교육기관을 포함한다)

    ⓑ 고등교육법 제2조에 따른 학교(외국에 있는 이와 유사한 교육기관을 포함한다)

    ⓒ 평생교육법 제5장에 따른 평생교육시설

  ⅱ) 종교관련종사자가 받는 다음의 식사 또는 식사대

    ⓐ 소속 종교단체가 종교관련종사자에게 제공하는 식사나 그 밖의 음식물

    ⓑ 위 "ⓐ"에 따른 식사나 그 밖의 음식물을 제공받지 아니하는 종교관련종사자가 소속 종교단체로부터 받는 월 20만원 이하의 식사대

  ⅲ) 종교관련종사자가 받는 다음의 실비변상적 성질의 지급액

    ⓐ 일직료·숙직료 및 그 밖에 이와 유사한 성격의 급여

    ⓑ 여비로서 실비변상 정도의 금액(종교관련종사자가 본인 소유의 차량 또는 종교관련 종사자가 본인 명의로 임차한 차량을 직접 운전하여 소속 종교단체의 종교관련종사자로서의 활동에 이용하고 소요된 실제 여비 대신에 해당 종교단체의 규칙 등에 정하여진 지급기준에 따라 받는 금액 중 월 20만원 이내의 금액을 포함한다)

    ⓒ 종교관련종사자가 소속 종교단체의 규약 또는 소속 종교단체의 의결기구의 의결·승인 등을 통하여 결정된 지급 기준에 따라 종교 활동을 위하여 통상적으로 사용할 목적으로 지급받은 금액 및 물품

ⓓ 종교관련종사자가 천재·지변이나 그 밖의 재해로 인하여 받는 지급액

ⅳ) 종교관련종사자 또는 그 배우자의 출산이나 6세 이하(해당 과세기간 개시일을 기준으로 판단한다) 자녀의 보육과 관련하여 종교단체로부터 받는 금액으로서 월 20만원 이내의 금액

ⅴ) 종교단체가 소유한 것으로서 종교관련종사자에게 무상 또는 저가로 제공하는 주택이나, 종교단체가 직접 임차한 것으로서 종교관련종사자에게 무상으로 제공하는 주택(소칙 10의 2)

⑨ 법령·조례에 따른 위원회 등의 보수를 받지 아니하는 위원(학술원 및 예술원의 회원을 포함한다) 등이 받는 수당

제3장

소득세 과세표준의 계산

제1절 소득세 과세표준의 계산구조

1 소득금액의 계산[101]

가. 개 요

현행 소득세법은 소득세를 종합소득·퇴직소득 및 양도소득에 대한 소득세로 크게 나누고 소득구분에 따라 과세표준을 각각 산정한 후 별도로 소득세율을 적용하여 소득세액을 산출하도록 하고 있다. 뿐만 아니라 종합소득을 구성하고 있는 소득 중에서도 상당한 부분을 소득의 성질, 경제정책상의 필요 또는 과세행정에 있어서의 편의 등의 이유로 분리과세를 행하고 있다. 다시 말하면 현행 소득세제는 불완전한 종합소득세제에 해당하는 것이다.

퇴직소득을 종합소득으로부터 제외하고 있는 이유는 해당 소득에 대한 결집효과를 완화하기 위해서이다. 퇴직소득은 장기간에 걸쳐서 생성·창출된 소득이 퇴직이라는 사실에 의하여 한꺼번에 실현되는 특성을 갖고 있기 때문에 이를 종합소득에 합산하여 초과누진세율로 과세하게 되면 세부담이 엄청나게 과중하게 된다. 따라서 이와 같은 과중한 세부담을 덜어주기 위하여 종합소득으로부터 분리하여 과세하는 것이다.

이에 대하여 양도소득에 있어서는 양도소득을 종합소득보다 중과세하기 위하여 종합소득에서 분리하였던 것이다. 양도소득이 불로소득이라는 점, 경제적이나 사회적으로 바람직하지 아니한 토지투기 등과 같은 행태로부터 얻어지는 소득이라는 점 및 다른 소득에 비하여 대체로 담세력이 높다는 소박한 공평관 등에서 비롯하여 양도소득에 대한 중과세를 유지하여 왔었다.

종합소득에서 제외되는 퇴직소득 및 양도소득은 해당 소득별, 즉 퇴직소득 및 양도소득별로 과세기간 중의 소득금액을 합산하여 과세표준을 산정하고, 소득별 과세표준에 누진세

---

101) 소득금액의 계산(총수입금액의 계산, 필요경비의 계산)에 관하여는 지면 사정으로 소득세법에서의 특유한 사항 또는 별도의 설명이 필요한 경우를 제외하고는 「법인세법론」에 그 서술을 미루기로 한다. 「법인세법론」의 소득금액의 계산(익금의 계산, 손금의 계산)을 참고하기 바란다.

율 또는 비례세율[102])을 적용하여 소득세액을 계산한다.

이와 같이 퇴직소득 및 양도소득에 대한 소득세를 종합소득에 대한 소득세와 구분하여 별도로 과세하는 것을 분류과세(分類課稅)라고 부르기로 한다. 그리고 종합소득을 구성하고 있는 소득에 해당하면서도 종합소득 과세표준에 합산하지 아니하고 소득원천별로 별개로 과세하는 것을 분리과세(分離課稅)라고 한다. 일용근로자의 근로소득, 분리과세이자소득, 분리과세배당소득, 분리과세연금소득 및 분리과세기타소득에 대한 과세가 이에 해당한다.

나. 종합소득금액의 계산

1) 종합소득금액의 계산

종합소득을 구성하는 이자소득·배당소득·사업소득·근로소득·연금소득 및 기타소득에 관한 소득금액은 아래의 계산식에 따라 산정한다. 이와 같이 계산한 이자소득금액·배당소득금액·사업소득금액·근로소득금액·연금소득금액 및 기타소득금액을 합계하여 종합소득금액을 산정한다.

한편, 사업소득금액을 계산할 때 발생한 결손금으로서 그 과세기간의 종합소득 과세표준을 계산할 때 공제하고 남은 결손금은 그 다음 과세기간에 이월하여 종합소득금액에서 공제한다. 이와 같은 이월결손금은 해당 이월결손금이 발생한 과세기간의 종료일로부터 15년간 이월하여 공제할 수 있다(소법 45 ③).

① 이자소득금액

이자소득금액은 해당 과세기간의 총수입금액으로 한다. 즉 필요경비의 공제를 허용하지 아니한다(소법 16 ②).

이자소득금액 = 총수입금액

---

② 배당소득금액

배당소득금액은 해당 과세기간의 총수입금액으로 한다. 이자소득과 마찬가지로 필요경비의 공제를 허용하지 아니한다(소법 17 ③).

배당소득금액 = 총수입금액

---

102) 양도소득 중 일부의 소득에 대하여는 비례세율(10%, 20%, 30%, 40%, 50%, 70%)을 적용한다.

그런데 그로스업(gross up) 대상이 되는 배당소득에 대해서는 실제로 받은 배당금을 그로스업한 금액, 즉 배당금에 귀속법인세를 더한 금액을 총수입금액으로 한다. 그리고 배당소득의 총수입금액에 더한 귀속법인세는 배당세액공제액으로서 산출세액에서 공제한다. 귀속법인세는 법인세율을 9%로 의제하여 산정하는데, 실제로 받은 배당금에 10%를 곱하여 계산하게 된다.

뒤의 "배당세액공제"에서 상세하게 다룬다.

③ 사업소득금액

사업소득금액은 해당 과세기간의 총수입금액에서 이에 사용된 필요경비를 뺀 금액으로 한다(소법 19 ②).

$$\text{사업소득금액} = \text{총수입금액} - \text{필요경비}$$

④ 근로소득금액

근로소득금액은 총급여액(급여 등의 합계액에서 비과세소득을 제외하며, 이하에서 '총급여액'이라 한다)에서 근로소득공제를 적용한 금액으로 한다(소법 20 ②).

$$\text{근로소득금액} = \text{총급여액} - \text{근로소득공제}$$

⑤ 연금소득금액

연금소득금액은 총연금액(공적연금의 총수령액 중 2001년 12월 31일 이전에 제공한 근로 또는 납입한 연금기여금 등을 기초로 하여 지급받는 연금소득과 비과세소득을 제외하며, 이하 '총연금액'이라 한다)에서 연금소득공제를 적용한 금액으로 한다(소법 20의 3 ③).

$$\text{연금소득금액} = \text{총연금액} - \text{연금소득공제}$$

⑥ 기타소득금액

기타소득금액은 해당 과세기간의 총수입금액에서 이에 사용된 필요경비를 뺀 금액으로 한다(소법 21 ③).

$$\text{기타소득금액} = \text{총수입금액} - \text{필요경비}$$

2) 이자소득금액 등과 필요경비의 공제

현행법상 이자소득과 배당소득에 대하여는 필요경비의 공제를 허용하지 아니하고 그 총수입금액을 이자소득금액 또는 배당소득금액(이하에서 '이자소득금액 등'이라 한다)으로 보도록 하고 있다(소법 16 ② 및 17 ③).

거주자가 타인으로부터 차용한 차입금을 투자재원으로 하여 다시 타인에게 자금을 대여하거나 주식 등을 취득하는 경우가 있을 수 있다. 거주자가 타인자본에 의존하여 타인에게 자금을 대여하거나 주식 등을 취득한 경우에 금전의 대여 등에 따라 얻는 이자소득금액 등은 그 자금의 대여 등으로 인하여 얻은 총수입금액에서 투자재원을 조달함에 따라 지급한 필요경비(이자비용)를 공제하여 산정함이 마땅하다.

이와 같이 총수입금액에 대응하는 필요경비(이자비용)가 지출되었음에도 불구하고 필요경비의 공제를 허용하지 않고 총수입금액을 바로 이자소득금액 등으로 보도록 하고 있는 앞의 규정은 다음과 같은 사유로 합리성을 결여하고 있다.

첫째, 순소득과세의 원칙(Nettoprinzip)에 위배된다는 점이다.[103] 이로 인하여 담세력(소득)이 아닌 것, 즉 허구의 소득에 과세하게 되어 재산원본의 침식을 가져오게 된다.

둘째, 금전을 대여하는 사업(대금업)은 물론이고 다른 종합소득 및 양도소득에 있어서는 필요경비의 공제를 허용하면서 유달리 이자소득 및 배당소득에서만 필요경비의 공제를 배제하는 것은 자의적인 차별에 해당한다고 하겠다.[104]

이에 대하여 헌법재판소는 조세법의 분야에 있어서 소득의 성질의 차이 등을 내세워 취급을 달리하는 것은 그 입법목적 등에 비추어 자의적이거나 임의적이 아닌 한 그 합리성을 부정할 수 없고 조세평등주의에 위반하는 것이 아니라고 하여 소득세법 제16조 제2항이 합헌이라고 판시한 바 있다.[105] 즉 자기자금으로서 얻는 저축의 과실이라는 이자소득의 본질상 그에 소요되는 필요경비는 거의 상정하기 어렵고 이자소득에 대하여 필요경비가 발생하는 경우는 대단히 예외적이라는 점, 이자소득과 관련하여 비용을 지출하는 경우에도 소득이 개별적·분리적으로 발생함에 따라 개별 건별로 자금의 원천이나 흐름을 명확히 밝혀서 소득과의 연관성을 입증하는 것이 매우 어렵다는 점 등 이자소득의 특성을 감안한 바탕 위에 이자소득에 있어서 그 소요되는 비용의 성질·그 비용을 공제할 필요성의 정도·조세관계의 간명성과 징세의 효율성이라는

---

103) 同旨 : 장재식, 「조세법」(서울대학교출판부, 1993), p.158.
104) 강인애, 「소득세법」(한국세정신보사, 1984), p.296.
105) 헌법재판소 2001.12.20., 2000헌바54.

조세정책적·기술적 필요성 등을 종합적으로 고려하여 입법된 것이므로 헌법에 위반되는 것은 아니라는 입장을 취하고 있다.[106]

다. 퇴직소득금액의 계산

퇴직소득금액은 퇴직급여액으로 한다(소법 22 ③).

$$\text{퇴직소득금액 = 퇴직급여액}$$

퇴직소득의 경우에는 필요경비의 공제를 허용하지 않는 것처럼 보이나, 퇴직소득 과세표준을 산정하는 과정에서 공제하게 되는 퇴직소득공제 안에 필요경비적 공제(필요경비의 표준공제)에 해당하는 항목(근속연수에 따라 차등을 둔 공제액)을 포함하고 있다.

2 과세표준의 계산

소득세의 과세표준은 종합소득·퇴직소득 및 양도소득[107]으로 구분하여 계산한다(소법 4 ① 및 14 ①).

거주자에 대한 소득세 과세표준의 계산구조를 도표로 표시하면 [별표 2]와 같다.

이하에서는 소득세 과세표준의 산정과정을 종합소득 및 퇴직소득별로 구분하여 구체적으로 살펴보기로 한다.

가. 종합소득 과세표준의 계산

1) 개 요

종합소득에 대한 과세표준(이하 '종합소득 과세표준'이라 한다)은 종합소득금액에서 종합소득공제와 조세특례제한법상의 소득공제를 뺀 금액으로 한다(소법 14 ②). 이를 계산식으로 나타내면 다음과 같다.

$$\text{종합소득과세표준 = 종합소득금액 − 종합소득공제 − 조세특례제한법상의 소득공제}$$

---

106) 소수의견을 소개하면 다음과 같다.
　　이 사건 법률조항은 원본의 침식을 가져오는 과세라는 점에서 재산권을 침해한다고 하지 않을 수 없고, 조세행정의 편의만을 위하여 이자소득자를 다른 소득자들과 합리적 이유 없이 차별하는 것이므로 위헌이다.
107) 양도소득에 관하여는 "제4편"에서 다룬다.

가) 종합소득금액

종합소득금액이란 이자소득금액·배당소득금액·사업소득금액·근로소득금액·
연금소득금액 및 기타소득금액의 합계액을 말한다.

나) 종합소득공제

종합소득공제란 인적공제(기본공제와 추가공제를 말한다)·연금보험료공제·주
택담보노후연금이자비용공제와 특별소득공제를 말한다.

이에 관하여는 뒤에서 상세하게 다룬다.

다) 조세특례제한법상의 소득공제

특정한 저축 및 투자의 장려, 신용카드 수수관행의 정착 등을 위하여 인정되고 있
는 세제상의 우대조치이다.

① 벤처투자조합 출자 등에 대한 소득공제(조특법 16)

② 고용유지중소기업 등에 대한 소득공제(조특법 30의 3)

③ 소기업·소상공인 공제부금에 대한 소득공제(조특법 86의 3)

④ 우리사주조합원에 대한 소득공제(조특법 88의 4)

⑤ 장기집합투자증권저축에 대한 소득공제(조특법 91의 16)

⑥ 신용카드 등 사용금액에 대한 소득공제(조특법 126의 2)

2) 종합소득 과세표준에 합산하지 아니하는 소득

가) 비과세소득

비과세소득은 소득세의 과세물건에서 제외되므로 소득세의 납세의무 자체가 성
립되지 아니한다. 따라서 비과세소득은 종합소득 과세표준에 포함하지 아니한다.

나) 기타소득의 과세최저한

기타소득이 다음 중 어느 하나에 해당하는 경우 그 소득에 대해서는 소득세를 과
세하지 아니한다(소법 84).

① 승마투표권·승사투표권·소싸움경기투표권 및 체육진흥투표권의 구매자가
받는 환급금으로서 건별로 승마투표권·승자투표권·소싸움경기투표권 및
체육진흥투표권의 권면에 표시된 금액의 합계액이 10만원 이하이고, 다음 중
어느 하나에 해당하는 경우

ⅰ) 적중한 개별투표당 환급금이 10만원 이하인 경우

ⅱ) 단위투표금액당 환급금이 단위투표금액의 100배 이하이면서 적중한 개별
투표당 환급금이 200만원 이하인 경우

[별표 2] 소득세 과세표준과 세액의 계산구조

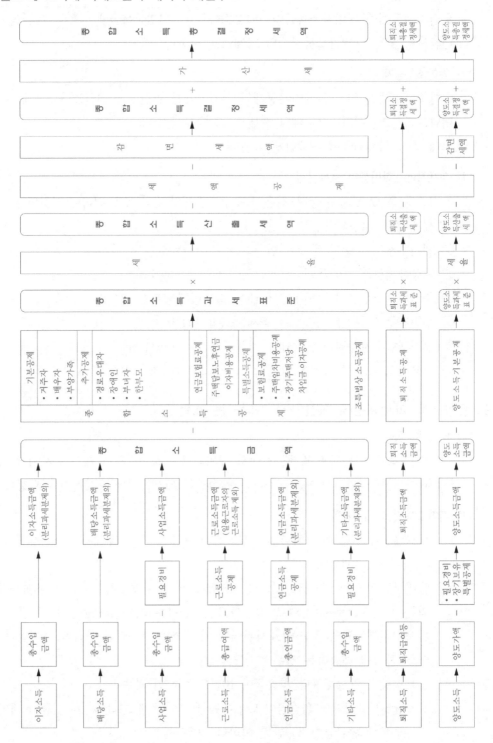

② 복권당첨금(복권당첨금을 복권 및 복권 기금법령에 따라 분할하여 지급받는 경우에는 분할하여 지급받는 금액의 합계액을 말한다) 또는 슬롯머신 및 투전기, 그 밖에 이와 유사한 기구를 이용하는 행위에 참가하여 받는 당첨금품 등이 건별로 200만원 이하인 경우

③ 해당 과세기간의 가상자산 소득금액이 250만원 이하인 경우

④ 그 밖의 기타소득금액(세액공제를 받은 연금계좌 납입액 또는 연금계좌의 운영실적에 따라 증가된 금액으로서 연금 외 수령한 소득은 제외한다)이 건별로 5만원 이하인 경우

다) 일용근로자의 근로소득

일용근로자의 근로소득에 대해서는 완납적인 원천징수(세율 : 6%)를 하며, 종합소득 과세표준에 합산하지 아니한다. 일용근로자의 범위에 관하여는 이미 전술한 바 있다.

라) 분리과세를 신청한 외국인근로자의 근로소득

외국인인 임원 또는 사용인(일용근로자를 제외하며, 이하에서 '외국인근로자'라 한다)이 2026년 12월 31일 이전에 국내에서 최초로 근로를 제공하기 시작하는 경우 국내에서 근무함으로써 받는 근로소득에서 국내에서 최초로 근로를 제공한 날부터 20년 이내에 끝나는 과세기간까지 받는 근로소득에 대한 소득세는 소득세법 제55조(세율) 제1항에도 불구하고 해당 근로소득에 19%를 곱한 금액을 세액으로 하여 분리과세를 받을 수 있다(조특법 18의 2). 외국인근로자란 해당 과세연도 종료일 현재 대한민국의 국적을 가지지 아니한 사람을 말한다. 즉 대한민국의 국적보유자(외국의 영주권자, 이중국적자를 포함한다)는 그 적용대상이 아니다.

해당 근로소득에 19%를 곱한 금액을 그 세액으로 하여 분리과세 받는 경우에는 소득세법 및 조세특례제한법에 따른 소득세와 관련한 비과세(소득세법 제12조 제3호 저목의 복리후생적 성질의 급여 중 대통령령으로 정하는 소득에 대한 비과세는 제외한다)·공제·감면 및 세액공제에 관한 규정은 적용하지 않는다.

분리과세의 특례를 적용받고자 하는 외국인근로자는 근로소득세액의 연말정산 또는 종합소득과세표준확정신고를 하는 때에 원천징수의무자·납세조합 또는 납세지 관할세무서장에게 외국인근로자단일세율적용신청서를 제출하여야 한다.

마) 분리과세이자소득 등

(1) 소득세법상의 분리과세이자소득 등

분리과세이자소득과 분리과세배당소득(이하에서 '분리과세이자소득 등'이라 한다)은 당연분리과세이자소득 등과 종합과세기준금액 이하의 분리과세이자소득 등으로 구분한다.

(가) 당연분리과세이자소득 등

① 비실명이자 및 배당소득

비실명이자 및 배당소득이란 「금융실명거래 및 비밀보장에 관한 법률」 제2조 제4호에 따른 실지명의가 확인되지 아니하는 금융자산에서 발생하는 이자소득 및 배당소득을 말한다. 이와 같은 비실명이자 및 배당소득에 대하여는 45%의 세율을 적용하여 소득세를 원천징수하도록 하고 있다(소법 129 ② Ⅱ). 그리고 「금융실명거래 및 비밀보장에 관한 법률」 제5조가 적용되는 비실명이자 및 배당소득에 대하여는 90%(특정채권에서 발생하는 이자소득의 경우에는 15%)의 세율을 적용하여 원천징수한다. 어느 경우이든 종합소득과세표준에 합산하지 아니한다.

② 법원에 납부한 보증금 등에서 발생하는 이자소득

민사집행법 제113조 및 제142조의 규정에 따라 법원에 납부한 보증금 및 경락대금에서 발생하는 이자소득을 말한다. 부동산 경매를 통하여 부동산을 경락받고자 하는 자가 법원에 납부하는 경매보증금 또는 경락대금(법원보관금)에서 발생하는 이자는 부동산 소유자에게 귀속하는 것이기는 하나, 현실적으로는 경매신청채권자와 배당요구채권자 등에게 배당되는 것이 일반적이다.

그러므로 법원에 납부한 보증금 및 경락대금에서 발생하는 이자소득에 대하여는 14%의 세율로 원천징수하되, 분리과세하도록 하고 있는 것이다.

③ 직장공제회 초과반환금

근로자가 퇴직이나 탈퇴로 인하여 규약에 따라 직장공제회로부터 받는 반환금에서 납입공제료를 뺀 금액을 말한다. 직장공제회 초과반환금에 대하여는 분리과세하되, 세액계산에 있어서의 특례를 인정하고 있다. "제5장 세액의 계산"에서 상론한다.

④ 법인 아닌 단체가 금융회사 등으로부터 받는 이자소득 등

법인으로 보는 법인 아닌 단체 외의 단체 중 수익을 구성원에게 배분하지 아니하는 단체로서 단체의 명칭을 표기하여 금융거래를 하는 단체가 금융회사 등으로부터 받는 이자소득 및 배당소득을 말한다.

법인 아닌 단체가 금융회사 등으로부터 받는 이자소득 등에 대해서는 14%의 세율로 원천징수하되, 분리과세하도록 하고 있다(소법 14 ③ Ⅳ).

분리과세의 요건은 다음과 같다.

㉮ 이자소득 등의 귀속자는 법인으로 보는 단체 외의 단체로서 그 수익을 구성원에게 배분하지 아니하는 단체이어야 한다.

법인 아닌 단체의 실질이 사단 또는 재단이기는 하나 법인으로 보는 법인 아닌 단체의 요건을 갖추지 못하였거나 법인으로 보는 단체의 승인신청을 하지 아니하였거나 승인을 받지 못한 단체와 같이 법인으로 보는 단체 외의 단체이어야 한다. 그리고 법인 아닌 단체는 그 수익을 구성원에게 분배하여서는 안 된다. 이와 같은 법인 아닌 단체의 전형적인 예로서는 아파트관리사무소를 들 수 있다.

㉯ 법인 아닌 단체가 그 단체의 이름으로 행한 금융거래이어야 한다.

법인 아닌 단체가 그 단체의 명의로 한 금융거래에서 발생한 이자소득 및 배당소득에 대하여 소득세를 분리과세한다.

㉰ 이자소득 및 배당소득의 지급자는 금융회사 등이어야 한다.

법인 아닌 단체가 금융회사 등으로부터 받는 이자소득 및 배당소득이어야 한다. 앞에서 금융회사 등이란 「금융실명거래 및 비밀보장에 관한 법률」 제2조 제1호 각 목의 어느 하나에 해당하는 금융회사 등을 말한다(소법 14 ③ Ⅳ).

(나) 종합과세기준금액 이하의 이자소득 등의 금액

당연분리과세이자소득 등(조세특례제한법상의 분리과세이자소득 등을 포함한다)과 익명조합원의 배당소득금액[108]을 제외한 이자소득 등의 합계액(그로스업 대상 배당소득의 경우에는 그로스업하지 않은 배당금을 기준으로 한다)이 2,000만원(이를 '이자소득 등의 종합과세기준금액'이라고 하는데, 이하에서는 단순히 '종합과세기준금액'이라고 줄여서 부르기로 한다) 이하이면서 소득세법 제127조

---

108) 공동사업에서 발생한 소득금액 중 출자공동사업자에 대한 손익분배비율에 상당하는 금액을 말한다.

(원천징수의무)에 따라 원천징수된 이자소득 등은 종합소득과세표준에 합산하지 아니한다(소법 14 ③ Ⅵ).

　이자소득 등의 종합과세기준금액을 판정함에 있어서는 당연분리과세이자소득 등(조세특례제한법상의 분리과세이자소득 등을 포함한다)과 익명조합원의 배당소득금액은 이자소득 등으로 보지 않는다(소법 14 ③). 즉 거주자에게 당연분리과세이자소득 등(조세특례제한법상의 분리과세이자소득 등을 포함한다)과 익명조합원의 배당소득금액이 있더라도 그 이자소득 등을 제외한 그 밖의 이자소득 등의 크기에 따라 이자소득 등의 종합과세기준금액의 초과 여부를 가리는 것이다.

다음은 이자소득 등에 대하여 종합과세하는 경우이다.

① 당연분리과세이자소득 등을 제외한 이자소득 등의 합계액이 2,000만원을 초과하는 경우

당연분리과세이자소득 등(조세특례제한법상의 분리과세이자소득 등을 포함한다. 이하에서 같다)과 익명조합원의 배당소득금액을 제외한 이자소득 등의 합계액이 2,000만원을 초과하는 경우에는 그 이자소득 등의 전액을 종합과세한다.

② 원천징수되지 않은 이자소득 등이 있는 경우

소득세법 제127조에 따라 소득세가 원천징수되지 않은 이자소득 등이 있는 경우에 그 이자소득 등에 대해서는 소득금액의 크기에 관계없이 그 전액에 대하여 종합과세한다. 즉 원천징수되지 않은 이자소득 등은 그 합계액이 2,000만원 이하인 경우에도 그 이자소득 등의 전액에 대하여 종합과세하는 것이다.

위에서 원천징수되지 않은 이자소득 등이란 국외에서 받는 이자소득 또는 배당소득(외국법인이 발행한 채권 또는 증권에서 발생하는 이자소득 또는 배당소득을 거주자에게 지급함에 있어서 국내에서 그 지급을 대리하거나 위임 또는 위탁받은 자가 있는 경우에 그 이자소득 등은 제외한다) 등과 같이 원천징수의무가 없는 소득은 물론이고 원천징수의무가 있는 이자소득 또는 배당소득으로서 원천징수가 누락된 소득을 포함한다.

③ 익명조합원의 배당소득금액

익명조합원의 배당소득금액은 그 소득금액의 크기에 관계없이 그 전액을 종합과세한다. 익명조합원의 배당소득금액은 이자소득 등에 대한 세액계산특례를 적용함에 있어서 이자소득 등으로 보지 아니하고 "이자소득 등을 제외한

다른 종합소득금액"으로 취급하여 당연 종합과세하되, 해당 배당소득금액에 대하여는 최소한 14%(소득세법 제129조 제1항 제1호 라목의 세율)에 상당하는 세액을 납부하도록 하고 있다(소법 62 Ⅱ 나 단서).

(2) 조세특례제한법상의 분리과세소득

조세특례제한법상의 분리과세소득으로서는 부동산집합투자기구 등 집합투자증권의 배당소득에 대한 과세특례(조특법 87의 6)·개인종합자산관리계좌에 대한 과세특례(조특법 91의 18) 등을 들 수 있다.

바) 분리과세 주택임대소득

해당 과세기간에 주거용 건물 임대업에서 발생하는 총수입금액의 합계액이 2,000만원 이하인 자의 주택임대소득에 대하여는 분리과세한다(소법 14 ③ Ⅶ 및 소령 20 ②).

이 경우 사업자가 공동사업자인 경우에는 공동사업장에서 발생한 주택임대수입금액의 합계액을 손익분배비율에 의해 공동사업자에게 분배한 금액을 각 사업자의 주택임대수입금액에 합산한다(소령 8의 2 ⑥).

사) 분리과세연금소득

연금소득(공적연금소득은 제외한다) 중 다음에 해당하는 연금소득('③'의 소득이 있는 거주자가 종합소득 과세표준을 계산할 때 이를 합산하려는 경우에는 제외한다)은 분리과세한다(소법 14 ③ Ⅸ).

① 소득세법 제146조 제2항에 따라 원천징수되지 아니한 퇴직소득을 연금수령하는 연금소득

② 거주자가 연금계좌에 납입하여 연금계좌세액공제를 받은 금액 및 연금계좌의 운용실적에 따라 증가된 금액을 의료목적, 천재지변이나 그 밖에 부득이한 사유 등 대통령령으로 정하는 요건을 갖추어 인출하는 연금소득

③ 위 "①" 및 "②" 외의 연금소득의 합계액이 연 1,500만원 이하인 경우 그 연금소득

아) 분리과세기타소득

기타소득(뇌물, 알선수재 및 배임수재에 따라 받은 금품은 제외한다. 이하 같다)으로서 총수입금액에서 필요경비를 공제한 소득금액이 연간 300만원 이하이면서 소득세가 원천징수된 소득에 대해서는 소득자의 임의적인 선택에 따라 분리과세를 받거나 종합과세를 받을 수 있다. 즉 앞의 요건을 갖춘 기타소득이 있는 거주자가 분리과세를 선택한 경우에 한하여 그 기타소득은 분리과세 기타소득에 해당하는 것이다.

소득자가 종합과세 또는 분리과세를 선택하는 것은 선택권의 행사에 해당한다.

　그리고 연금소득(공적연금소득 제외)을 그 소득의 성격에도 불구하고 연금외수령한 기타소득, 서화·골동품의 양도로 인하여 발생하는 소득, 복권당첨금 등, 승마투표권 등의 환급금, 슬롯머신 등을 이용하는 행위에 참가하여 받는 당첨금품 등에 대해서도 분리과세한다.

나. 퇴직소득 과세표준의 계산

퇴직소득 과세표준은 퇴직소득금액에서 퇴직소득공제를 적용한 금액으로 한다(소법 14 ⑥).

> 퇴직소득과세표준 = 퇴직소득금액 - 퇴직소득공제

제**2**절　소득금액의 계산과 기업회계의 존중

1 서 론

　세무공무원이 국세의 과세표준을 조사·결정할 때에는 해당 납세의무자가 계속하여 적용하고 있는 기업회계의 기준 또는 관행으로서 일반적으로 공정·타당하다고 인정되는 것은 존중하여야 한다. 다만, 세법에 특별한 규정을 둔 경우에는 그러하지 아니하다(기법 20). 이를 기업회계존중의 원칙이라고 하는데, 세법적용의 원칙의 하나를 이루고 있다.

　소득세법은 이와 같은 기업회계존중의 원칙을 확인하여 "거주자가 각 과세기간의 소득금액을 계산할 때 총수입금액 및 필요경비의 귀속연도와 자산·부채의 취득 및 평가에 대하여 일반적으로 공정·타당하다고 인정되는 기업회계의 기준을 적용하거나 관행을 계속 적용하여 온 경우에는 소득세법 및 조세특례제한법에서 달리 규정하고 있는 경우 외에는 그 기업회계의 기준 또는 관행에 따른다"고 규정하고 있다(소법 39 ⑤). 즉 총수입금액과 필요경비의 귀속연도와 자산·부채의 취득 및 평가에 관하여는 원칙적으로 소득세법 및 조세특례제한법의 규정을 우선적으로 적용하되, 소득세법 및 조세특례제한법에서 특별한 규정을 두고 있지 않은 범위 안에서 기업회계의 기준 또는 관행을 보충적으로 적용하는 것이다.

　위에서 일반적으로 공정·타당하다고 인정되는 기업회계기준 또는 관행이 무엇인지에 관하여는 해석상 다툼이 있을 수 있다.

소득세법 시행규칙에서는 기업회계기준 또는 관행을 다음의 회계처리기준이라고 정의하고 있다(소칙 50 ①).

① 「주식회사의 외부감사에 관한 법률」 제13조에 따른 회계처리기준

② 증권선물위원회가 정한 업종별 회계처리준칙

③ 「공기업·준정부기관 회계사무규칙」

④ 기타 법령의 규정에 따라 제정된 회계처리기준으로서 기획재정부장관의 승인을 얻은 것

그러나 앞의 소득세법 시행규칙 제50조 제1항은 기업회계기준 또는 관행들을 예시한 규정이라고 새겨야 할 것이다. 그러므로 관행이 구체적으로 무엇인지, 즉 그와 같은 관행의 범위에 어떤 회계관습이 포함될 것인지는 앞으로의 판례의 형성에 맡겨야 할 것이다.

2 총수입금액과 필요경비의 귀속연도

소득세법은 "거주자의 각 과세기간 총수입금액 및 필요경비의 귀속연도는 총수입금액과 필요경비가 확정된 날이 속하는 과세기간으로 한다"(소법 39 ①)라고 규정하여 원칙적으로 권리의무확정주의에 따라 총수입금액과 필요경비의 귀속연도를 판정하도록 하고 있다(소법 39 ①, 소령 45 내지 50의 2).

이에 관하여는 제6절의 "총수입금액과 필요경비의 귀속연도"에서 상세하게 다루기로 한다.

3 자산·부채의 취득 및 평가

가. 자산의 취득가액

거주자가 매입·제작 등으로 취득한 자산의 취득가액은 그 자산의 매입가액이나 제작원가에 부대비용을 더한 금액으로 한다(소법 39 ②). 자산의 취득가액에 관한 구체적인 내용은 다음과 같다(소령 89 ①·③). 다만, 특수관계인으로부터 자산을 시가보다 높은 가격으로 매입한 경우에 그 시가초과액은 취득가액에 포함하지 않는다.

① 타인으로부터 매입한 자산은 매입가액에 취득세·등록면허세 기타 부대비용을 더한 금액으로 한다.

② 자기가 제조 또는 생산하거나 건설한 자산은 원재료비·노무비·운임·하역비·보험료·수수료·공과금(취득세와 등록면허세를 포함한다)·설치비 기타 부대비용의 합

계액으로 한다.

③ 앞의 "①" 및 "②"의 자산으로서 그 취득가액이 불분명한 자산과 앞의 "①" 및 "②"의
   자산 외의 자산은 그 자산의 취득당시의 시가에 취득세·등록면허세 기타 부대비용을
   더한 금액으로 한다.

한편, 자본적 지출에 상당하는 금액이 있는 때에는 그 금액을 더한 금액을 취득가액으로
하도록 하고 있다(소령 89 ③). 그리고 부가가치세법에 따라 공제받은 의제매입세액과 조세
특례제한법에 따라 공제받은 재활용폐자원의 매입세액은 해당 원재료의 매입가액에서 이
를 뺀다.

앞에서 살펴본 바와 같이 소득세법은 자산을 평가함에 있어서 원칙적으로 역사적 원가주
의를 채택하고 있는 것이다.

나. 현재가치에 따른 평가의 허용

사업자가 자산을 장기할부조건으로 매입함에 따라 발생한 채무를 기업회계기준에 따라 현
재가치로 평가하여 현재가치할인차금으로 계상한 경우에 그 현재가치할인차금은 취득가액
에 포함하지 않는 것으로 한다. 다만, 현재가치할인차금의 상각액은 일반적인 지급이자와는
성격이 다르므로 이자소득에 대한 원천징수의무와 지급명세서제출의무를 지우지 않고 있다.

그러나 사업자가 자산을 장기할부조건으로 매입함에 따라 발생한 채무를 기업회계기준
에 따라 현재가치로 평가하지 않고 그 전액을 취득가액으로 계상한 경우에는 이를 소득세
법상의 취득가액으로 인정한다.

다. 연지급수입에 따라 부담하는 이자비용

사업자가 다음의 연지급수입에 따라 부담하는 이자비용을 취득가액과 구분하여 이자비
용으로 계상한 경우에는 해당 과세기간의 필요경비로 하되, 그 이자비용에 대해서는 이자
소득에 대한 원천징수의무 및 지급명세서 제출의무가 없다(소령 89 ② 및 소칙 49).

① 당해 수입물품의 수입대금 전액을 은행이 신용을 공여하는 기한부신용장방식(Banker's
   Usance Bill) 또는 공급자가 신용을 공여하는 수출자신용방식(Shipper's Usance Bill)
   에 따른 수입방법에 따라 그 선적서류나 물품의 영수일부터 일정기간이 경과한 후에
   지급하는 방법에 따른 수입

② 수출업자가 발행한 기한부 환어음에 대해 수입업자가 이를 지급하지 않고 인수하면
   그 선적서류나 물품이 수입업자에게 인도되고 일정기간이 경과한 후에 수입업자가
   해당 물품의 수입대금 전액을 지급하는 방법(인수도방식 : D/A Bill)에 따른 수입

③ 정유회사, 원유·액화천연가스 또는 액화석유가스 수입업자가 원유·액화천연가스 또는 액화석유가스의 일람불방식, 수출자신용방식 또는 사후송금방식에 의한 수입대금 결제를 위하여 외국환거래법상 연지급수입기간 이내에 단기외화자금을 차입하는 방법에 따른 수입

④ 기타 앞의 "①" 내지 "③"과 유사한 연지급수입

제**3**절　총수입금액의 계산[109]

1　총수입금액의 개념

총수입금액(gross income, Einnahmen oder Erträge)이라 함은 소득발생의 원천이 되는 경제활동, 소비대차, 주식 또는 출자지분, 근로의 제공, 부동산의 대여 등으로부터 유입되는 대가의 합계액을 말한다. 소득세는 순소득과세의 원칙에 따라 순소득에 대하여 과세한다. 순소득, 즉 소득금액은 총수입금액에서 필요경비를 공제하여 계산하는 것이므로 총수입금액은 필요경비와 함께 소득금액을 산출하는 기본요소를 이루고 있다.

실정세법에서는 총수입금액·총급여액·총연금액·퇴직급여·명예퇴직수당·단체퇴직보험금 등으로 혼용하고 있다.

2　총수입금액의 범위와 계산

가. 개 설

총수입금액이란 소득발생의 원천, 즉 사업활동 등으로부터 유입되는 대가의 합계액을 가리킨다. 소득세법에서는 총수입금액에 관한 정의규정을 두지 않고, 단지 소득구분별로 총수입금액의 내용 또는 범위에 관한 예시적 규정을 두고 있을 뿐이다.

이에 관하여는 각 소득구분별로 살펴보기로 한다.

한편 소득세법은 총수입금액에 관하여 "거주자의 각 소득에 대한 총수입금액(총급여액과 총연금액을 포함한다. 이하 같다)은 해당 과세기간에 수입하였거나 수입할 금액의 합계액으로 한다"고 하여 권리의무확정주의를 채택하고 있다(소법 24 ①).[110] 앞에서 수입한 금

---

109) 총수입금액의 계산에 관하여는 지면 사정으로 소득세법에서의 특유한 사항 또는 별도의 설명이 필요한 경우를 제외하고는 「법인세법론」에 미루기로 한다. 「법인세법론」의 익금의 계산을 참고하기 바란다.

액이란 받을 금액 중 현실적으로 받은 금액을 의미하고, 수입할 금액이란 받기로 확정되었으나 아직 받지 못한 금액을 의미한다. 그리고 확정이란 수입할 금액에 관한 권리가 그 실현의 가능성에 있어서 상당히 높은 정도로 성숙·확정된 것을 의미한다.[111] 그러므로 총수입금액은 해당 과세기간에 확정되어 받았거나 수입할 금액에 관한 권리가 그 실현의 가능성에 있어서 상당히 높은 정도로 성숙·확정되었으나 아직 받지 못한 수입금액의 합계액으로 계산하는 것이다.

다음으로 소득발생의 원천이 되는 사업활동, 근로의 제공 등에 대한 대가를 금전 외의 것으로 수입하는 때에는 그 거래 당시의 가액, 즉 시가로 총수입금액을 계산한다(소법 24 ②). 시가란 다음의 가격 또는 금액을 가리킨다(소령 51 ⑤).

① 제조업자·생산업자 또는 판매업자로부터 그 제조·생산 또는 판매하는 물품을 인도받은 때에는 그 제조업자·생산업자 또는 판매업자의 판매가격

② 제조업자·생산업자 또는 판매업자가 아닌 자로부터 물품을 인도받은 때에는 시가

③ 법인으로부터 이익배당으로 받은 주식은 그 액면가액

④ 주식의 발행법인으로부터 신주인수권을 받은 때(주주로서 받은 경우를 제외한다)에는 신주인수권에 의하여 납입한 날의 신주가액에서 해당 신주의 발행가액을 뺀 금액
위에서의 신주가액이 그 납입한 날의 다음 날 이후 1개월 내에 하락한 때에는 그 최저가액을 신주가액으로 한다.

⑤ 그 밖의 경우에는 기획재정부령이 정하는 시가
위에서 기획재정부령이 정하는 시가라 함은 법인세법 시행령 제89조를 준용하여 계산한 금액으로 한다.

나. 이자소득

이자소득의 원인이 되는 이자채권이 발생되었다고 하더라도 그 이자채권이 채무자의 도산 등으로 인하여 회수 불능이 되어 장래 그 소득이 실현될 가능성이 전혀 없게 된 것이 객관적으로 명백한 미수이자는 총수입금액에 산입하여서는 안 된다.[112] 다만, 금전대여계약을 체결하면서 담보물권을 설정하거나 가등기를 설정한 경우에는 담보물의 담보가치의 한도 내에서는 실현의 가능성이 상당히 높은 것이므로 변제기가 도래한 때에 이자채권이

---

110) 소득세법상 권리의무확정주의에 관한 규정으로서는 본조(本條) 외에도 제39조 제1항을 들 수 있다. 소득세법 제39조 제1항은 "거주자의 각 과세기간 총수입금액 및 필요경비의 귀속연도는 총수입금액과 필요경비가 확정된 날이 속하는 과세기간으로 한다"고 규정하고 있다.

111) 대법원 1993.6.22. 선고, 91누8180 판결.

112) 대법원 1984.3.13. 선고, 83누720 판결 : 대법원 1996.12.10. 선고, 96누11105 판결.

성숙·확정되었다고 보아 총수입금액에 산입하여야 한다.[113]

　다음으로 비영업대금의 이익의 총수입금액을 산정함에 있어서 과세표준확정신고 또는 과세표준과 세액의 결정·경정 전에 해당 비영업대금이 회수할 수 없는 채권에 해당하여 채무자 또는 제3자로부터 원금 및 이자의 일부를 회수할 수 없는 경우에 그 비영업대금의 이익에 관한 총수입금액의 계산이 문제가 된다.

　이에 관해서는 학설상 민법 제479조 제1항[114]을 근거로 하여 이자·원본의 순서로 변제에 충당한 것으로 보아야 하기 때문에 먼저 변제받은 금액이 비영업대금의 이자를 구성한다고 보는 견해와 변제받은 금액이 원금을 초과하지 않는 한 이자소득이 발생하지 않았다고 보는 견해[115]가 서로 대립하고 있었는데, 소득세법에서 명문의 규정을 두어 해결하고 있다. 즉 비영업대금의 이익의 총수입금액을 계산할 때 해당 과세기간에 발생한 비영업대금의 이익에 대하여 소득세 과세표준 확정신고 전에 해당 비영업대금이 채무자의 파산·강제집행·형의 집행·사업의 폐지·사망·실종·행방불명 등으로 회수할 수 없는 채권에 해당하여 채무자 또는 제3자로부터 원금 및 이자의 전부 또는 일부를 회수할 수 없는 경우에는 그 회수한 금액에서 원금을 먼저 차감하여 계산한다. 이 경우 회수한 금액이 원금에 미달하는 때에는 총수입금액은 없는 것으로 한다(소령 51 ⑦).[116]

　판례는 비영업대금의 이자소득에 대한 과세표준 확정신고 또는 과세표준과 세액의 결정·경정 전에 대여원리금 채권을 회수할 수 없는 일정한 사유가 발생하여 그때까지 회수한 금액이 원금에 미달하는 때에는 그와 같은 회수불능사유가 발생하기 전의 과세연도에 실제로 회수한 이자소득이 있다고 하더라도 이는 이자소득세의 과세대상이 될 수 없다고

---

113) 대법원 1984.4.24. 선고, 83누577 판결 : 대법원 1984.12.11. 선고, 84누303 판결 : 대법원 1985.7.23. 선고, 85누323 판결 : 대법원 1985.11.26. 선고, 85누374 판결 : 대법원 1993.12.14. 선고, 93누4649 판결 : 대법원 2000.9.8. 선고, 98두16149 판결.

114) 민법 제479조(비용, 이자, 원본에 대한 변제충당의 순서)
　① 채무자가 1개 또는 수개의 채무의 비용 및 이자를 지급할 경우에 변제자가 그 전부를 소멸하게 하지 못한 급여를 한 때에는 비용, 이자, 원본의 순서로 변제에 충당하여야 한다.

115) 대법원 1991.11.26. 선고, 91누3420 판결 : 대법원 1985.6.11. 선고, 85누26 판결 외.
　[판결요지] 소득세법상 이자소득의 발생 여부는 그 소득발생의 원천인 원금채권의 회수가능성 여부를 떠나서 논할 수 없다고 할 것이므로, 채권의 일부회수가 있는 경우 그 회수 당시를 기준으로 나머지 채권의 회수가 불가능함이 객관적으로 명백하게 된 경우에는 그 회수금원이 원금에 미달하는 한 해당 과세연도에 있어서 과세요건을 충족시키는 이자소득 자체의 실현은 없었다고 볼 수밖에 없고, 위와 같이 이자소득 자체의 실현이 없는 경우에는 민법 제479조 제1항의 변제충당에 관한 규정은 그 적용의 여지가 없다 할 것이다(당원1988.9.20. 선고, 86누118 판결 참조).

116) 대법원 2009.9.24. 선고, 2009두9536 판결.
　[판결요지] 대부업을 영위하는 사업자의 경우에는 채무자로부터 원금 및 이자의 전부 또는 일부를 회수하지 못하여 그 회수한 금액이 원금에 미달하더라도 본조를 적용할 수 없으며, 단지 그 대손이 확정된 과세기간의 대손금으로 처리할 수 있을 뿐이다.

하여,[117] 과세표준 확정신고 또는 과세표준과 세액의 결정·경정 전까지 회수불능사유가 발생하여 회수한 금액이 원금에 미달하는 때에는 총수입금액은 없는 것으로 보고 있는데, 소득세법 시행령에서는 과세표준 확정신고 전으로 제한하고 있다.

한편, 회수불능으로 인하여 총수입금액에 계상하지 않았던 비영업대금의 이익을 추후에 회수한 경우에는 그 이자회수일(이자지급일)을 수입시기로 한다(소령 45 Ⅸ의 2).

다. 사업소득

1) 선세금

부동산을 임대하거나 지역권·지상권을 설정 또는 대여하고 받은 선세금에 대한 총수입금액은 그 선세금을 계약기간의 월수로 나눈 금액의 각 연도의 합계액을 그 총수입금액으로 한다(소령 51 ③). 월수의 계산에 있어서 해당 계약기간의 개시일이 속하는 달이 1월 미만인 경우에는 1월로 하고 해당 계약기간의 종료일이 속하는 달이 1월 미만인 경우에는 이를 산입하지 아니한다(소칙 21).

2) 환입된 물품의 가액과 매출에누리

환입된 물품의 가액과 매출에누리는 해당 과세기간의 총수입금액에 산입하지 아니한다. 즉 매출에누리와 환입은 총수입금액을 구성하지 않는 것이다. 다만, 거래수량 또는 거래금액에 따라 상대편에 지급하는 장려금과 그 밖에 이와 유사한 성질의 금액과 대손금은 총수입금액의 계산에 있어서 빼지 아니한다. 장려금 및 대손금은 필요경비에 해당한다.

그리고 외상매출금을 결제하는 경우의 매출할인금액은 거래상대방과의 약정에 따른 지급기일(지급기일이 정하여져 있지 아니한 경우에는 지급한 날)이 속하는 과세기간의 총수입금액에서 빼야 한다.

기업회계기준은 기업의 주된 영업활동에서 발생한 제품이나 상품 또는 용역 등의 총

---

117) 대법원 2013.9.13. 선고, 2013두6718 판결 : 대법원 2012.6.28. 선고, 2010두9433 판결.
　　[판결요지] 비영업대금의 이자소득에 대한 과세표준 확정신고 또는 과세표준과 세액의 결정·경정 전에 대여원리금 채권을 회수할 수 없는 일정한 사유가 발생하여 그때까지 회수한 금액이 원금에 미달하는 때에는 그와 같은 회수불능사유가 발생하기 전의 과세연도에 실제로 회수한 이자소득이 있다고 하더라도 이는 이자소득세의 과세대상이 될 수 없고, 대여원리금 채권의 전부 또는 일부를 회수할 수 없는 사유가 발생하였는지를 이자를 수입한 때를 기준으로 판단할 것이 아니라 과세표준 확정신고 또는 과세표준과 세액의 결정·경정이 있은 때를 기준으로 판단하여야 하며, 그 회수불능사유의 발생 여부는 구체적인 거래내용, 그 후의 정황, 채무자의 자산상황, 지급능력 등을 종합적으로 고려하여 사회통념에 따라 객관적으로 판단하여야 한다.

매출액에서 매출할인과 매출환입 및 매출에누리 등을 차감한 금액으로 하도록 하고 있다(일반기업회계기준 2.46).

3) 매입장려금

거래상대방으로부터 받는 장려금 기타 이와 유사한 성질의 금액은 이를 총수입금액에 산입한다. 그러나 매입에누리 및 할인금액은 매입가격에서 빼도록 하고 있다(소령 55 ① I).

4) 지출된 필요경비의 환입

관세환급금 등 필요경비로서 지출된 세액이 환입되었거나 환입될 경우에는 총수입금액에 산입한다.

5) 자산수증이익과 채무면제이익

사업과 관련하여 무상으로 받은 자산의 가액과 채무의 면제 또는 소멸로 인하여 발생하는 부채의 감소액은 총수입금액에 산입한다. 다만, 이월결손금의 보전에 충당된 금액은 제외한다.

6) 보험차익 등

사업과 관련하여 해당 사업용 자산의 손실로 인하여 취득하는 보험차익은 총수입금액에 산입한다(소령 51 ③). 그리고 확정급여형퇴직연금제도의 보험차익과 신탁계약의 이익 또는 분배금도 총수입금액에 산입한다.

7) 임업의 총수입금액

임지의 임목을 벌채 또는 양도하는 사업의 수입금액을 계산함에 있어서 임목을 임지와 함께 양도한 경우에 그 임지의 양도로 인하여 발생하는 소득은 총수입금액에 산입하지 아니한다. 임지의 양도로 인하여 발생하는 소득은 양도소득을 구성하기 때문이다. 그런데 임목을 임지와 함께 양도한 경우에 임목과 임지의 취득가액 또는 양도가액을 구분할 수 없는 때에는 다음의 기준에 따라 취득가액 또는 양도가액을 계산한다(소령 51 ⑧).
① 임목에 대하여는 지방세법 시행령 제4조 제1항 제5호에 따른 시가표준액
② 임지에 대하여는 총취득가액 또는 총양도가액에서 앞의 "①"에 따라 계산한 임목의 취득가액 또는 양도가액을 뺀 금액. 이 경우 빼고 남은 금액이 없는 때에는 임지의 취득가액 또는 양도가액은 없는 것으로 본다.
다음으로 산림의 분수계약(산지의 소유자·비용부담자 및 조림을 하는 자가 당사자

가 되어 조림을 하고, 그 조림한 산림의 벌채 또는 양도에 의한 수익을 일정률에 따라 나누기로 하는 계약을 말한다)에 따른 권리를 양도함으로써 얻는 수입금액과 분수계약의 당사자가 해당 계약의 목적이 된 산림의 벌채 또는 양도에 따른 수입금액을 해당 계약에 따른 분수율에 따라 수입하는 금액은 임지의 임목을 벌채 또는 양도하는 사업의 총수입금액에 산입한다(소령 51 ⑨).

8) 그 밖의 총수입금액

위의 "1)" 내지 "7)" 외의 사업과 관련 있는 수입금액으로서 사업자에게 귀속되었거나 귀속될 금액은 총수입금액에 산입한다.

이와 관련하여 사업자가 사업장이 수용됨에 따라 기업자(起業者)로부터 받는 영업상의 손실보상금(토지수용법 51, 「공공용지의 취득 및 손실보상에 관한 특례법 시행규칙」 24 및 25)이나 사업용 고정자산의 이전보상금(토지수용법 49)이 총수입금액을 구성하는지가 문제가 된다. 영업상의 손실보상금 또는 사업용 고정자산의 이전료 등의 보상금은 모두 해당 사업과 관련한 수입금액에 해당하는 것이므로 소득세법 시행령 제51조 제3항 제5호의 "1호, 제1호의 2, 제1호의 3, 제2호부터 제4호까지 및 제4호의 2 외의 사업과 관련된 수입금액으로서 해당 사업자에게 귀속되었거나 귀속될 금액……"에 해당한다고 해석하여야 한다.[118]

---

118) ① 대법원 2000.6.9. 선고, 98두4313 판결.
[판결요지] 공장부지가 택지개발사업지구에 편입됨에 따라 사업자가 수용재결에 의하여 그 공장에 설치된 기계이전보상금을 수령한 경우 해당 보상금은 총수입금액에 산입하여야 한다. 왜냐하면 소득세법 시행령 제51조 제3항 제5호에서 "1호 내지 제4호의 2 외의 사업과 관련된 수입금액으로서 해당 사업자에게 귀속되었거나 귀속될 금액은 총수입금액에 산입한다"고 규정하고 있고, 기계이전보상금은 사업자가 구공장의 기계를 신공장으로 이전하여 그의 사업을 계속하기 위하여 사업자에게 지급된 것으로서 업무와 관련있는 수입금액이라 할 것이므로 사업자가 기계이전보상금을 기계를 이전하기 위하여 지출한 경우 이를 필요경비로 공제하는 것은 별론으로 하더라도 사업자의 총수입금액에 산입하여야 한다(同旨 : 昭和 54年10月12日 大板地民 7判·昭和 48年(行ウ) 83號, 稅務訴訟資料 109號 p.4).
② 대법원 1998.3.13. 선고, 97누1853 판결.
[판결요지] 원고는 공유수면관리법상의 허가를 받아 공유수면을 사용하여 선박건조 및 수리업을 영위하던 중 소외 주식회사 인천제철을 사업시행자로 하는 공유수면매립사업이 시행됨에 따라 위 사업을 폐업하게 되어 이에 따른 고정자산에 대한 보상금 531,139,000원, 향후 5년간 영업손실에 대한 보상금 328,000,000원, 근로자 해고수당 등에 대한 보상금 46,185,000원 등 합계 금 905,324,000원을 수령하였다는 것인 바, 향후 5년간의 영업손실에 대한 보상금에는 영업 폐지로 인한 손실의 보상뿐만 아니라 공유수면을 사용할 권리에 대한 보상도 포함되어 있다고 볼 여지가 있고, 그 부분 보상금은 사업소득을 산정하기 위한 총수입금액에 산입하여서는 안 될 것이다. 그리고 원고가 받은 근로자 해고수당 등에 대한 보상금 46,185,000원은 원고에게 사업과 관련하여 무상으로 지급된 금원인 이상, 원고의 근로자에게 지급할 의무가 확정된 경우 필요경비로서 이를 공제하여 소득을 산출하는 것은 별론으로 하더라도, 이를 원고의 총수입금액에 포함시키지 않을 수는 없다.

3 총수입금액의 계산특례

가. 보증금 등에 대한 간주임대료의 계산특례

1) 간주임대료 계산의 의의

거주자가 부동산 등을 대여하고 받은 보증금 등에 대해서는 그 보증금 등에 정상수익률을 곱하여 계산한 금액을 총수입금액으로 의제하도록 하고 있다. 이를 보증금 등에 대한 간주임대료라고 부르기로 한다.

이와 같은 보증금 등에 대한 간주임대료 계산제도는 보증금 등의 운용에 따른 이익을 과세소득에 산입함과 아울러 부동산 등을 대여하고 받은 보증금 등이 다시 다른 부동산의 취득자금으로 이용되는 것을 규제함으로써 자금을 생산적인 방향으로 유도하려는 법적 장치이다.

2) 간주임대료의 계산규정의 위헌성 여부

간주임대료의 계산규정(소법 25 ①)은 "현실적으로 가득한 실제의 소득"을 과세표준으로 하는 것이 아니라 "가득하였어야 할 소득 또는 가득할 수 있는 소득"을 과세표준으로 하기 때문에 위헌이라는 주장이 제기되어 왔다. 위헌론의 논거는 다음과 같다.

첫째, 간주임대료에 대한 과세는 담세력(소득)이 아닌 것 또는 실재하지 않은 허구의 소득에 과세하는 결과가 되어 헌법 제23조의 재산권의 보장에 위배된다. 소득세는 "있어야 할 소득(soll-Einkommen)"에 대한 조세가 아니고, "실제의 소득(Ist-Einkommen)"에 대한 조세이기 때문이다.

이 규정이 그나마 정당성을 갖기 위해서는 부동산임대업자가 그 보증금을 운용하여 종합소득금액(예 : 비영업대금의 이자 등)을 얻고 있고, 더욱이 그 얻은 소득금액이 종합소득금액에서 탈루되고 있는 경우이다. 그러나 부동산임대업자에게 설사 비영업대금의 이자와 같은 탈루소득금액이 있다고 하더라도 과세관청이 실제의 탈루소득금액을 적출하여 과세하는 것은 별문제로 하고 실재하지도 않는 일정금액을 획일적으로 과세표준에 가산하여 소득세를 과세하는 것은 소득세의 본질 또는 순소득과세의 원칙(Nettoprinzip)에 위배되는 것이다.

둘째, 보증금 등에 대한 간주임대료 계산규정이 설사 부동산투기를 억제하기 위한 필요불가피한 제도적 장치라고 긍정하더라도 보증금 등이 사업자금(사업소득을 얻기 위한 사업자금)이나 가계의 소비자금(예 : 부동산임대업자의 장기입원비용 등)으로 사용되는 것과 같이 다른 부동산의 취득자금으로 사용되지 않았음이 명백한 경우까지 간주임대료를 계산하도록 하고 있는 현행 규정은 합리적이지 못하다.

이에 대하여 헌법재판소는 해당 규정이 다음과 같은 이유로 합헌이라고 판결한 바 있다.[119]

첫째, 부동산 또는 부동산상의 권리 등을 대여하고 받는 보증금 등은 목적부동산의 사용대가인 차임 또는 지료의 특수한 지급방법으로서 지급받는 것이다. 따라서 부동산을 임대하고 보증금을 받는 경우에는 어떠한 형태로든 그 보증금을 운영하여 소득을 얻는다고 보는 것이 타당하고 사회통념에도 부합한다. 따라서 보증금에 대한 간주임대료 계산규정은 소득세의 본질에 반한다고 할 수 없다.

둘째, 부동산을 임대하고 그 대가로 보증금 등을 받은 경우에는 소득이 있었다고 보는 것이 상당하고 단지 소득의 크기를 구체적으로 측정하는 문제만 남아 있다고 보아야 할 것이다. 소득세법은 가장 보수적인 입장에서 누구든지 은행에 예금을 하면 틀림없이 얻을 수 있는 이자의 이율, 즉 정기예금의 이자율로써 그 소득의 크기를 측정하도록 한 것이다. 따라서 이 사건 법률조항은 부동산을 월세로 임대하는 경우와의 과세형평을 도모하고 보증금 등의 운용으로 인하여 얻을 수 있는 최소한의 소득의 포착 등 실질과세의 실현도 고려한 규정으로서 조세평등주의나 실질과세의 원칙에 반한다고 할 수 없다.

셋째, 본 규정의 취지는 부동산투기를 억제하고 자금을 생산적인 방향으로 흐르도록 유도하려는 것으로서 지금까지의 일관된 조세정책이라고 할 수 있는데, 이와 같은 조세정책이 합리적 이유 없는 차별이라고 볼 수 없는 이상 해당 조항을 과잉금지의 원칙에 위배된다고 할 수는 없다.

3) 간주임대료의 계산요건

거주자가 부동산 또는 그 부동산상의 권리 등을 대여하고 보증금·전세금 또는 이와 유사한 성질의 금액을 받은 경우이다. 다만, 주택을 대여하고 보증금 등을 받은 경우에는 다음 중 어느 하나에 해당하는 경우를 말한다(소법 25 ①).

① 3주택 이상을 소유하고 해당 주택의 보증금 등의 합계액이 3억원을 초과하는 경우
② 2주택(해당 과세기간의 기준시가가 12억원 이하인 주택은 주택 수에 포함하지 아니한다)을 소유하고 해당 주택의 보증금 등의 합계액이 3억원 이상의 금액으로서 전세보증금 합계액이 12억원을 초과하는 경우(2026년 1월 1일부터 적용)

---

119) 헌법재판소 1996.12.26., 94헌가10.

가) 부동산 등의 대여

(1) 부동산 등의 범위

(가) 부동산 등의 범위

간주임대료를 계산하는 임대목적물은 부동산 또는 그 부동산상의 권리이다. 그러므로 임대의 목적물 중 부동산 또는 부동산상의 권리가 아닌 것, 예를 들면 광업권자 등의 채굴에 관한 권리 등은 간주임대료의 계산대상이 아니다. 그리고 부동산상의 권리에는 지역권과 지상권(지하 또는 공중에 설정된 권리를 포함한다)도 포함되지만, 「공익사업을 위한 토지 등의 취득 및 보상에 관한 법률」 제4조에 따른 공익사업과 관련하여 지역권과 지상권(지하 또는 공중에 설정된 권리를 포함한다)을 설정하거나 대여함으로써 발생하는 소득은 제외한다(소법 19 ①).

(나) 주택의 범위와 주택수의 계산

① 주택 및 주택부수토지의 범위

주택이란 상시 주거용(사업을 위한 주거용의 경우는 제외한다)으로 사용하는 건물을 말하고, 주택부수토지란 주택에 딸린 토지로서 다음 중 어느 하나에 해당하는 면적 중 넓은 면적 이내의 토지를 말한다(소령 8의 2 ②).

ⅰ) 건물의 연면적(지하층의 면적, 지상층의 주차용으로 사용되는 면적, 피난안전구역의 면적 및 주민공동시설의 면적은 제외한다)

ⅱ) 건물이 정착된 면적에 5배(도시지역 밖의 토지의 경우에는 10배)를 곱하여 산정한 면적

② 겸용주택에서의 주택 등의 범위

주택과 부가가치세가 과세되는 사업용 건물(이하에서 '사업용 건물'이라 한다)이 함께 설치되어 있는 경우 그 주택과 주택부수토지의 범위는 다음의 구분에 따른다. 이 경우 주택과 주택 부수토지를 2인 이상의 임차인에게 임대한 경우에는 각 임차인의 주택 부분의 면적(사업을 위한 거주용은 제외한다)과 사업용 건물 부분의 면적을 계산하여 각각 적용한다.

ⅰ) 주택 부분의 면적이 사업용 건물 부분의 면적보다 큰 때에는 그 전부를 주택으로 본다. 이 경우 해당 주택의 주택부수토지의 범위는 앞의 "①"과 같다.

ⅱ) 주택 부분의 면적이 사업용 건물 부분의 면적과 같거나 그 보다 작은 때에는 주택 부분 외의 사업용 건물 부분은 주택으로 보지 아니한다. 이 경우 해당

주택의 주택부수토지의 면적은 총 토지면적에 주택 부분의 면적이 총 건물면적에서 차지하는 비율을 곱하여 계산하며, 그 범위는 앞의 "①"과 같다.

③ 주택수의 계산

주택수의 계산은 다음에 따른다(소령 8의 2 ③).

ⅰ) 다가구주택은 1개의 주택으로 보되, 구분 등기된 경우에는 각각 1개의 주택으로 계산한다.

ⅱ) 공동소유하는 주택은 지분이 가장 큰 사람의 소유로 계산(지분이 가장 큰 사람이 2명 이상인 경우로서 그들이 합의하여 그들 중 1명을 해당 주택 임대수입의 귀속자로 정한 경우에는 그의 소유로 계산)한다. 다만 다음 중 어느 하나에 해당하는 사람은 공동소유의 주택을 소유하는 것으로 계산되지 않는 경우라도 그의 소유로 계산한다.

㉮ 해당 공동소유하는 주택을 임대해 얻은 수입금액을 기획재정부령으로 정하는 방법에 따라 계산한 금액이 연간 6백만원 이상인 사람

㉯ 해당 공동소유하는 주택의 기준시가가 12억원을 초과하는 경우로서 그 주택의 지분 30%를 초과 보유하는 사람

ⅲ) 임차 또는 전세받은 주택을 전대하거나 전전세하는 경우에는 그 임차 또는 전세받은 주택을 임차인 또는 전세받은 자의 주택으로 계산한다.

ⅳ) 주택의 임대보증금 등에 대한 간주임대료의 계산요건 중 3주택 이상의 소유요건을 판정할 때 그 요건의 충족 여부는 각 개인단위로 따진다. 즉 개인이 그의 직계존속·직계비속 또는 형제자매와 생계를 같이 하는 경우로서 그 가족이 각각 다수의 주택을 소유하고 있는 때에는 각 개인별로 주택수를 따져서 주택의 임대보증금 등에 대한 간주임대료의 계산요건의 충족 여부를 가린다. 다만, 본인과 배우자가 각각 주택을 소유하는 경우에는 이를 합산하여 판정한다. 다만, ⅱ)에 따라 공동소유의 주택 하나에 대해 본인과 배우자가 각각 소유하는 주택으로 계산되는 경우에는 다음에 따라 본인과 배우자 중 1명이 소유하는 주택으로 보아 합산한다(소령 8의 2 ③ Ⅳ).

㉮ 본인과 배우자 중 지분이 더 큰 사람의 소유로 계산

㉯ 본인과 배우자의 지분이 같은 경우로서 그들 중 1명을 해당 주택 임대수입의 귀속자로 합의해 정하는 경우에는 그의 소유로 계산

예를 들어 1세대가 보유하는 주택이 할아버지가 1채, 할머니가 1채, 아

버지가 2채, 어머니가 2채, 장남 2채, 차남이 1채인 경우라면 주택의 임대보증금 등에 대한 간주임대료의 계산요건 중 주택수의 요건을 충족하는 사람은 아버지와 어머니뿐이다.

④ 주택수와 보증금 등에 따른 제한

주택[주거의 용도로만 쓰이는 면적이 1호(戶) 또는 1세대당 40제곱미터 이하인 주택으로서 해당 과세기간의 기준시가가 2억원 이하인 주택은 2026년 12월 31일까지는 주택 수에 포함하지 아니한다]을 대여하고 보증금 등을 받은 경우에는 다음 중 어느 하나에 해당하는 경우를 말하며, 주택 수의 계산 그밖에 필요한 사항은 대통령령으로 정한다(소법 25 ① 단서).

㉠ 3주택 이상을 소유하고 해당 주택의 보증금 등의 합계액이 3억원을 초과하는 경우

㉡ 2주택(해당 과세기간의 기준시가가 12억원 이하인 주택은 주택 수에 포함하지 아니한다)을 소유하고 해당 주택의 보증금 등의 합계액이 3억원 이상의 금액으로서 대통령령으로 정하는 금액을 초과하는 경우

　이 경우 3주택 이상 소유하는지의 판정은 개인단위로 따지지만, 결혼한 거주자의 경우에는 부부단위로 판정한다.

다음으로 보증금 등의 합계액이 3억원(최저 보증금)을 초과하는지의 여부는 각 개인단위로 따져서 그 보증금 등의 합계액이 3억원을 초과하는 거주자만 보증금 등에 대한 간주임대료를 계산한다. 부부라 할지라도 최저보증금 3억원의 충족 여부는 각 개인단위로 따진다. 앞의 예에서 주택의 임대보증금으로 아버지가 4억원, 어머니가 2억원을 각각 받았다면 아버지가 받은 4억원만이 주택의 임대보증금 등에 대한 간주임대료의 계산대상이 된다. 어머니가 받은 주택의 임대보증금은 3억원에 미달하기 때문에 주택의 임대보증금 등에 대한 간주임대료의 계산대상이 아니다.

(2) 대여의 정의

대여라 함은 전세권 기타 권리를 설정하고 그 대가를 받는 것과 임대차계약 기타 방법에 의하여 물건 또는 권리를 사용 또는 수익하게 하고 그 대가를 받는 것을 말한다.

나) 보증금 등의 수령

부동산 등을 대여하고 보증금·전세금 또는 이와 유사한 성질의 금액(이하 '보증금 등'이라 한다)을 받고 있어야 한다. 보증금이란 부동산임대차에 있어서 임차인의 채무를 담보하기 위하여 임차인 또는 제3자가 임대인에게 교부하는 금전 기타의 유가물을 말한다. 부동산을 차임 없이 보증금만을 받고 대여할 때에는 해당 보증금은 차임의 특수한 지급방법으로서 지급되는 것이라고 생각할 수 있다.

보증금의 성질에 관하여는 정지조건부반환채무를 수반하는 금전소유권의 이전이라고 이해한다.[120] 그러므로 임대차가 종료하면 임대인은 임차인에게 보증금을 반환하여야 하는 것이다. 그리고 전세금이란 전세권자가 전세권설정자에게 교부하는 금전으로서 전세권이 소멸하는 때에는 다시 반환받게 된다(민법 317 및 318). 이와 같은 전세금은 목적부동산 사용의 대가인 차임의 특수한 형태의 지급으로서 보증금의 성격도 아울러 지니고 있다.

보증금 또는 전세금은 어떤 경우에도 차임과 같이 임대인 또는 전세권 설정자에게 확정적으로 귀속하는 수입은 아니다.

4) 간주임대료의 계산방법

가) 일반적인 간주임대료의 계산방법

과세표준과 세액의 확정방법에 따라 간주임대료의 계산방법을 달리 정하고 있다.

(1) 추계방법에 의하는 경우

소득금액을 추계신고하거나 추계조사결정하는 경우에는 다음의 구분에 따라 계산한 금액을 총수입금액에 산입한다(소령 53 ④).

(가) 주택과 주택부수토지를 임대하는 경우(주택부수토지만 임대하는 경우는 제외한다)

주택과 주택부수토지를 임대하는 경우(주택부수토지만 임대하는 경우는 제외한다)의 보증금 등에 대한 간주임대료는 다음 계산식에 따라 계산한다.

---

120) 지원림, 「민법강의」(홍문당, 2020), p.1520.

> 총수입금액에 산입할 금액 = {해당 과세기간의 보증금 등 − 3억원(보증금 등을 받은 주택이
> 2주택 이상인 경우에는 보증금 등의 적수가 가장 큰 주택의 보
> 증금 등부터 순서대로 뺀다)}의 적수 × 60% × 1/365(윤년의 경
> 우에는 366) × 정기예금이자율

ⅰ) 해당 과세기간의 보증금 등은 주택을 임대하는 거주자 단위로 계산한다. 그러
므로 주택의 보증금 등의 합계액이 3억원을 초과하는지의 여부도 각 거주자
별로 따짐은 앞에서 설명한 바와 같다.

ⅱ) 해당 과세기간의 보증금 등에서 3억원을 뺀 금액에 대하여 간주임대료를 계
산한다. 이 경우 보증금 등을 받은 주택이 2주택 이상인 경우에는 3억원은 보
증금 등의 적수가 가장 큰 주택의 보증금 등에서부터 순서대로 뺀다. 이와 같
이 해당 과세기간의 보증금 등에서 3억원을 뺀 금액에 바로 정기예금이자율
등을 곱하여 간주임대료를 계산하지 않고, 해당 과세기간의 보증금 등에서 3
억원을 뺀 금액의 60%에 상당하는 금액에 대해서만 정기예금이자율을 곱하
여 간주임대료를 계산한다.

ⅲ) 보증금 등의 적수는 매일매일의 보증금 등의 잔액을 합계하여 계산하는 것이
원칙이지만 계산의 편의성을 고려하여 매월 말 현재의 보증금 등의 잔액에 경
과일수를 곱하여 적수를 산정하는 편법도 아울러 인정하고 있다(소령 53 ③).

ⅳ) 정기예금이자율은 금융회사 등의 정기예금이자율을 고려하여 기획재정부령
이 정하는 율로 한다(소령 53 ③). 이 경우 기획재정부령으로 정하는 이자율이
란 연간 3.5%를 말한다(소칙 23 ①).

(나) 그 밖의 경우

주택과 주택부수토지를 임대하는 경우 외에 그 밖의 부동산을 임대하는 경우
(주택부수토지만 임대하는 경우를 포함한다) 보증금 등에 대한 간주임대료는 다
음 계산식에 따라 계산한다.

> 간주임대료 = 해당 과세기간의 보증금 등의 적수 $\times \dfrac{1}{365(윤년의 경우에는 366)} \times$ 정기예금 이자율

(2) 실액방법에 의하는 경우

소득금액을 실액에 의하여 신고하거나 결정 또는 경정하는 경우에는 다음 계산식에 의하여 계산한 금액을 총수입금액에 산입한다. 총수입금액에 산입할 금액이 영(0)보다 적은 경우, 즉 부수(−)인 경우에는 이를 없는 것으로 본다(소령 53 ③).

(가) 주택과 주택부수토지를 임대하는 경우(주택부수토지만 임대하는 경우는 제외한다)

주택과 주택부수토지를 임대하는 경우(주택부수토지만 임대하는 경우)의 보증금 등에 대한 간주임대료는 다음 계산식에 따라 계산한다.

> 총수입금액에 산입할 금액 = {해당 과세기간의 보증금 등 − 3억원(보증금 등을 받은 주택이 2주택 이상인 경우에는 보증금 등의 적수가 가장 큰 주택의 보증금 등부터 순서대로 뺀다)}의 적수 × 60% × 1/365(윤년의 경우에는 366) × 정기예금이자율 − 해당 과세기간의 해당 임대사업부분에서 발생한 수입이자와 할인료 및 배당금의 합계액

(나) 그 밖의 경우

주택과 주택부수토지를 임대하는 경우 외에 그 밖의 부동산을 임대하는 경우(주택부수토지만 임대하는 경우를 포함한다)의 보증금 등에 대한 간주임대료는 다음 계산식에 따라 계산한다.

$$간주임대료 = \left(\begin{array}{c}해당\ 과세\\기간의\\보증금\ 등\\의\ 적수\end{array} - \begin{array}{c}임대용\\부동산의\\건설비\\상당액의\ 적수\end{array}\right) \times \frac{1}{365(윤년의\ 경우에는\ 366)} \times \begin{array}{c}정기예금\\이자율\end{array} - \left(\begin{array}{c}해당\ 과세기간의\ 해당\\임대사업부분에서\ 발생한\\수입이자와\ 할인료\ 및\\배당금의\ 합계액\end{array}\right)$$

위의 계산식 중에서 해당 과세기간의 보증금 등의 적수와 정기예금이자율은 "추계방법에 의하는 경우"에서 설명한 바와 같다.

이하에서는 임대용 부동산의 건설비상당액의 범위와 임대사업부분에서 발생한 수입이자 등의 범위에 관하여 살펴보고자 한다.

① 임대용 부동산의 건설비상당액의 범위

임대용 부동산의 건설비상당액이란 다음의 금액을 말한다(소령 53 ⑤). 이 경우

306

해당 건축물의 취득가액은 자본적 지출액을 포함하되, 재평가차액을 제외한 금액으로 한다(소칙 23 ② 후단).

i) 지하도를 건설하여 국유재산법 기타 법령에 의하여 국가 또는 지방자치단체에 기부채납하고 지하도로점용허가(1차 무상점용허가기간에 한한다)를 받아 이를 임대하는 경우에는 지하도 건설비상당액을 말한다. 지하도 건설비상당액은 다음 계산식에 의하여 계산한다.

$$건설비상당액 \ = 지하도의 \ 건설비 \times \frac{임대면적}{임대가능면적}$$

ii) 앞의 "i)" 외의 임대용 부동산의 경우에는 해당 임대용 부동산의 건설비상당액(토지가액을 제외한다)을 말한다.[121] 임대용 부동산의 건설비상당액은 다음 계산식과 같이 계산한다.

$$건설비상당액 \ = 임대용 \ 부동산의 \ 매입 \cdot 건설비 \times \frac{임대면적}{건축물의 \ 연면적}$$

② 임대사업부분에서 발생한 수입이자 등의 범위

i) 임대사업부분에서 발생한 수입이자와 할인료 및 배당금이란 비치·기장한 장부나 증빙서류에 의하여 당해 보증금 등으로 취득한 것이 확인되는 금융자산으로부터 발생한 것에 한한다(소령 53 ⑥). 즉 임대사업자가 장부를 비치·기장하여 실액방법에 의하여 과세표준과 세액을 신고하거나 결정 또는 경정받는 경우에만 수입이자 등을 공제하는 것이다. 따라서 추계방법에 의하여 과세표준과 세액을 결정 또는 경정받는 경우에는 설사 보증금 등으로 취득한 금융자산에서 발생한 수입이자 등이 있다고 하더라도 간주임대료를 산정함에 있어서는 고려의 대상으로 삼지 않는다.

---

121) 대법원 2002.4.26. 선고, 2000두10274 판결.
　　[판결요지] 부동산임대소득의 계산시 건물에 대한 간주임대료의 산정과 감가상각비의 계상에 있어서, 토지와 건물에 대한 취득가액의 총액은 알 수 있으나 토지와 건물의 취득가액의 구분이 되어 있지 않은 경우에 그 구분은 그 비율이 현저하게 불합리하다고 볼 특별한 사정이 없는 이상 토지와 건물의 기준시가에 의한 가액에 비례하여 안분계산하는 방식으로 하는 것이 합리적이다.

본 제도의 취지에서 볼 때 설사 추계방법에 의하여 과세표준과 세액을 산정하는 경우라 하더라도 수입이자 등이 해당 보증금 등의 운용에서 발생한 것이 명백하다면 이를 공제하도록 개선하는 것이 바람직하다.

ii) 임대사업부분에서 발생한 수입이자와 할인료 및 배당금의 합계액의 의미가 금융수익의 대표적인 유형을 예시한 규정인지, 아니면 금융수익 중 특히 공제의 대상이 되는 금융수익을 제한적으로 한정한 규정인지가 문제인 것이다. 법문상의 표현으로 미루어 보아 금융수익 중에서 특히 수입이자와 할인료 및 배당금으로 한정한 규정으로 새겨야 할 것이다. 따라서 신주인수권처분익이나 유가증권처분이익은 수입이자 등의 범위에서 제외된다고 하겠다. 다만, 법리적으로 볼 때에 타당한 입법이라고 보기는 어렵다.

iii) 임대사업부분에서 발생한 수입이자 등의 계상시기에 관한 해석을 둘러싸고 다툼의 소지가 있다.

ⓐ 보증금 등에서 발생한 수입이자 및 할인료의 경우에는 해당 수입이자 등의 계상시기와 관련하여 해석상 다툼이 있을 수 있다. 즉 수입이자를 해당 과세기간 중에 소득세법상의 수입시기가 도래한 금액으로 계산할 것인지, 아니면 해당 과세기간의 경과에 따라 발생한 계산상의 기간이자로 할 것인지가 문제인 것이다. 이에 관하여는 소득세법 시행령 제53조 제3항의 계산식에서 "해당 과세기간의 해당 임대사업부분에서 발생한 수입이자……"로 표현하고 있는 점, 예입일로부터 약정에 의한 이자 지급일 또는 신탁의 종료일까지의 기간이 장기(예 : 3년, 5년 또는 10년)인 경우가 있을 수 있는 점 등을 고려하여 볼 때 해당 과세기간의 경과에 따라 발생한 수입이자로 해석함이 타당할 것으로 생각한다.

ⓑ 보증금 등에서 발생한 수입배당금의 경우에는 해석이 쉽지 않다. 예를 들면 사업연도가 12월 말일인 법인의 주식을 2020년 3월 15일에 취득하여 보유하다가 2020년도의 이익처분안이 승인되어 배당금을 수령(예 : 2021년 4월 10일 수령)한 후에 처분한 경우에 이 수입배당금을 어느 과세기간의 수입금액으로 할 것인지가 문제인 것이다. 이에 관하여는 다음과 같은 견해의 대립이 있을 수 있다.

제1설은 수입배당금을 주식의 보유기간에 따라 안분하여 귀속시켜야 한다는 견해이다. 이 경우에는 수입배당금을 각 과세기간별로 주식의 보유기간의 크기에 따라 안분하게 된다. 해당 제도의 취지에는 부합하나 안분계산이 자의적일 소지를 안고 있다. 뿐만 아니라 기술적인 측면에서 실행상 어려움이 많다.

제2설은 이익처분안의 승인결의일이 속하는 과세기간에 귀속된다고 보는 견해이다. 수입배당금은 이익처분안(잉여금)의 승인에 따라 그 승인결의일이 속하는 과세기간에 발생한 것으로 보아야 한다는 주장이다. 보증금 등을 운용한 과세기간의 수입금액으로 계상되지 않는 불합리한 점이 있다.

실무상으로는 제2설을 따르고 있는 것으로 보인다.

나) 전전세의 경우의 특례

전세권자는 전세권을 임대하거나 전세권의 존속기간 내에서 전전세(轉傳貰)할 수 있다(민법 306). 그리고 부동산임차인은 임차한 부동산의 전부 또는 일부를 전대할 수 있다.

이와 같이 전세권자 또는 임차인(이하에서 '전세권자 등'이라 한다)이 전전세 또는 전대를 하는 경우 해당 부동산의 보증금 등에 산입할 금액은 다음 계산식에 따라 계산한 금액으로 한다(소령 53 ⑦).

보증금 등에 산입할 금액 = [전전세 또는 전대하고 받은 보증금 등의 적수 − {전세 또는 임차받기 위하여 지급한 보증금 등의 적수 × 전전세 또는 전대한 부분의 면적이 전세 또는 임차받은 부동산의 면적에서 차지하는 비율(사업시설을 포함하여 전전세 또는 전대한 경우 그 가액의 비율)}] × 1/365(윤년의 경우에는 366)

나. 재고자산의 가사소비 등에 대한 특례

거주자가 재고자산(在庫資産) 또는 임목을 가사용으로 소비하거나 종업원 또는 타인에게 지급한 경우에는 이를 소비하거나 지급하였을 때의 가액에 해당하는 금액은 그 소비하거나 지급한 날이 속하는 과세기간의 사업소득금액 또는 기타소득금액을 계산할 때 총수입금액에 산입한다(소법 25 ②).

1) 요 건

(1) 가사소비 등의 대상이 되는 자산은 재고자산과 임목이다.

재고자산에는 상품·제품·반제품·재공품·원재료·저장품 등이 포함된다. 상품·제품에는 건물 건설업과 부동산개발 및 공급업의 매매용 부동산 등이 포함된다. 그리고 임목이란 임업소득이 발생하는 사업을 영위하는 자가 판매의 목적으로 키우고 있는 입목(立木) 또는 벌채한 원목 등을 가리킨다.

(2) 거주자가 재고자산 등을 가사용으로 소비하거나 종업원 또는 타인에게 지급하여야 한다.

① 거주자가 재고자산 등을 가사용으로 소비하여야 한다.

재고자산 등을 가사용으로 소비한 경우에 그 재고자산 등의 가액을 총수입금액에 산입한다. 예를 들어 가구제조업을 영위하는 사업자가 제조한 가구를 가사용으로 사용하는 경우에 해당 제품의 판매가액에 상당하는 금액을 총수입금액에 산입하는 것이다.

② 거주자가 재고자산 등을 종업원 또는 타인에게 지급하여야 한다.

ⅰ) 거주자가 재고자산 등을 종업원 또는 타인에게 지급하는 경우란 재고자산 등을 종업원 또는 타인에게 무상으로 지급하는 경우, 즉 증여하는 경우를 가리킨다. 거주자가 재고자산 등을 시가보다 저가로 매도한 경우에는 본조가 적용되지 않는다고 새긴다. 법문에서의 "…… 지급 ……"이란 재고자산의 소유권을 증여계약 등에 의하여 무상으로 이전한 것으로 새겨야 하기 때문이다.

ⅱ) 재고자산 등을 종업원이나 사업자와 특수관계 있는 타인에게 지급하는 경우, 즉 증여하는 때에는 총수입금액에 산입하여야 한다.

이 경우에는 본조의 규정과 부당행위계산부인에 관한 규정(소법 41 ①)이 경합한다. 어느 조항을 적용하더라도 결과는 마찬가지이다.

다음으로 거주자가 재고자산 등을 종업원이나 사업자와 특수관계 있는 타인에게 시가보다 저가로 매도한 경우에는 본조의 규정이 적용되지 아니한다. 거주자가 재고자산 등을 종업원이나 사업자와 특수관계 있는 타인에게 시가보다 저가로 매도한 경우로서 시가와 대가와의 차액이 3억원 이상이거나 시가의 5%에 상당하는 금액 이상인 때에는 부당행위계산부인에 관한 규정(소법 41 ①)을 적용하여 시가와의 차액을 총수입금액에 산입한다.

ⅲ) 재고자산 등을 특수관계인(종업원을 포함한다) 외의 타인에게 무상으로 지

급하는 경우에는 그 무상으로 지급한 재고자산 등의 가액을 총수입금액에 산입한다.

그런데 재고자산 등을 특수관계인(종업원을 포함한다) 외의 타인에게 저가로 매도하는 때에는 그 차액을 기부금으로 보아 소득금액을 계산하는 경우가 있다(소령 79 ①). 즉 사업자가 특수관계인이 아닌 자에게 정당한 사유 없이 자산을 정상가액(시가에서 시가의 30%를 차감한 금액)보다 낮은 가액으로 양도한 경우에는 그 정상가액에서 매도가액을 차감한 금액을 기부금으로 의제하는 것이다. 그러나 사업자가 특수관계 없는 자에게 자산을 시가보다는 낮으면서 정상가액보다 높거나 정상가액과 같은 가액으로 양도하였다면 그 매도가액대로 소득금액을 산정하여야 한다. 앞의 경우에 있어서 시가와 매도가액과의 차액에 대하여는 소득세법상 간섭하지 않는다.

2) 총수입금액의 산입

가사용으로 소비하거나 종업원 또는 타인에게 지급한 재고자산 또는 임목에 대하여는 그 소비 또는 지급한 때의 가액에 상당하는 금액을 총수입금액에 산입한다.

소비 또는 지급한 때의 가액에 상당하는 금액이란 소비 또는 지급한 때의 시가에 의하여 계산한 금액을 말한다. 앞에서 시가란 해당 거래와 유사한 상황에서 해당 거주자가 특수관계인 외의 불특정다수인과 계속적으로 거래한 가격 또는 특수관계인이 아닌 제3자에게 거래한 가격을 가리킨다.

4 총수입금액의 수입시기

가. 수입시기의 의의

1) 수입시기의 의의

총수입금액의 수입시기라 함은 총수입금액의 귀속연도를 결정하는 기준이 되는 시기를 가리킨다. 현행 소득세의 총수입금액의 수입시기는 원칙적으로 권리의무확정주의를 채택하여 총수입금액이 확정된 날로 하도록 하고 있다.

이에 관하여는 제6절의 "총수입금액과 필요경비의 귀속연도"에서 상세하게 다루기로 한다.

2) 귀속연도와의 관계

총수입금액의 수입시기는 총수입금액의 귀속연도를 결정하는 기준이 되는 시기로서 귀속시기라고도 한다. 즉 소득세는 기간과세의 원칙에 따라 과세기간별로 과세표준을 산정하는 것이므로 수입시기는 특정한 과세기간에의 귀속, 즉 귀속연도를 결정하는 기준이 되는 날을 의미한다.

나. 수입시기의 구체적 형태

이에 관하여는 제6절의 "총수입금액과 필요경비의 귀속연도"에서 상세하게 논급하고자 한다.

5 총수입금액 불산입

각 과세기간에 수입하였거나 수입할 총수입금액에 해당하는 항목이라 할지라도 그 소득의 성질 등에 비추어 보아 과세가 부적당하다고 인정되는 금액 또는 이중과세가 명백한 이미 과세받은 소득 등에 대하여는 총수입금액에 산입하지 아니하도록 하고 있다. 이를 총수입금액 불산입이라고 한다(소법 26).

가. 소득세 등의 환급액

소득세와 개인지방소득세는 필요경비에 산입하지 아니한다. 소득세 등은 소득처분항목에 해당하기 때문이다. 소득세 등의 필요경비불산입에 따른 논리의 연장에서 이미 납부한 소득세 등을 환급받았거나 환급받을 금액 중 다른 세액에 충당한 금액도 총수입금액에 산입하지 않는 것이다(소법 26 ①).

나. 이월결손금의 보전에 충당된 자산수증이익과 채무면제이익

거주자가 무상으로 받은 자산의 가액(복식부기의무자가 소득세법 제32조에 따른 국고보조금 등 국가·지방자치단체 또는 공공기관으로부터 무상으로 지급받은 금액은 제외한다)과 채무의 면제 또는 소멸로 인한 부채의 감소액 중 이월결손금의 보전에 충당된 금액은 해당 과세기간의 소득금액을 계산할 때 총수입금액에 산입하지 아니한다. 이월결손금이란 결손금으로서 그 후 과세기간의 소득금액에서 공제하지 않았거나 자산수증이익 등으로 보전되지 않고 이월되어 온 결손금을 가리킨다. 다만, 자산수증이익 등으로 보전될 수 있는 이월결손금은 소득금액에서 공제하는 이월결손금과는 달라서 공제시한(15년)이 설정되어 있지 않다. 즉 이월결손금의 공제시한이 경과된 것도 포함하되, 발생연도를 달리하는 이월결손금이 서로 경합할 경우에는 먼저 발생한 과세기간의 결손금부터 순차로 공제한다(소기통 26-1).

다. 이월된 소득금액

거주자의 사업소득금액을 계산할 때 이전 과세기간으로부터 이월된 소득금액은 해당 과세기간의 소득금액을 계산할 때 총수입금액에 산입하지 아니한다. 동일한 소득에 대한 중복과세의 방지를 위하여 마련된 규정이다.

앞에서 "이전 과세기간으로부터 이월된 소득금액"이란 각 과세기간의 소득으로 이미 과세된 소득을 다시 해당 과세기간의 소득에 산입한 금액을 말한다(소령 54 ②).

라. 제품의 원재료로 사용한 농산물 등

농업 등을 경영하는 거주자가 자기가 채굴·포획·양식·수확·채취 또는 생산한 농산물 등을 자기가 생산하는 다른 제품의 원재료 또는 제조용 연료, 자기가 도급받은 건설공사의 자재, 자기가 경영하는 다른 사업의 동력·연료 또는 용수로 사용하는 경우 그 농산물 등은 그 농산물 등을 원재료 등으로 사용하여 제조한 제품 등을 매출하거나 건설용역을 제공하는 때 또는 전기·가스·수돗물을 사용하여 생산한 제품 등을 매출하는 때에 비로소 그 총수입금액이 실현된다. 따라서 거주자가 채굴한 농산물 등을 자기가 생산하는 제품의 원재료 등으로 사용하는 경우에는 그 때에 총수입금액에 산입하지 않고 그 농산물 등으로 생산된 제품 등을 타인에게 매출할 때에 비로소 총수입금액에 산입하도록 하고 있다.

그러므로 농산물 등을 제품 등의 원재료 등으로 사용하기 위하여 다른 사업장으로 반출하거나 동일한 사업장 내에서 제품 등의 원재료 등으로 사용하는 경우 그 금액은 총수입금액에 산입하지 않는 것이다. 다만, 거주자가 재고자산 또는 임목을 가정용으로 소비하는 경우에는 그 금액은 총수입금액에 산입하도록 하는 특례규정이 있다.

① 농업·임업·어업·광업 또는 제조업을 경영하는 거주자가 자기가 채굴·포획·양식·수확 또는 채취한 농산물·포획물·축산물·임산물·수산물·광산물·토사석이나 자기가 생산한 제품을 자기가 생산하는 다른 제품의 원재료 또는 제조용 연료로 사용한 경우 그 사용된 부분에 상당하는 금액은 총수입금액에 산입하지 아니한다(소법 26 ④).

② 건설업을 경영하는 거주자가 자기가 생산한 물품을 자기가 도급받은 건설공사의 자재로 사용한 경우 그 사용된 부분에 상당하는 금액은 총수입금액에 산입하지 아니한다(소법 26 ⑤).

③ 전기·가스·증기 및 수도사업을 경영하는 거주자가 자기가 생산한 전력·가스·증기 또는 수돗물을 자기가 경영하는 다른 사업의 동력·연료 또는 용수로 사용한 경우 그 사용한 부분에 상당하는 금액은 총수입금액에 산입하지 아니한다(소법 26 ⑥).

마. 개별소비세 등의 납부액

개별소비세 및 주세의 납세의무자인 거주자가 자기의 총수입금액으로 수입하였거나 수입할 금액에 따라 납부하였거나 납부할 개별소비세 및 주세는 해당 과세기간의 소득금액을 계산할 때 총수입금액에 산입하지 아니한다. 다만, 원재료·연료 그 밖의 물품을 매입·수입 또는 사용함에 따라 부담하는 세액은 그러하지 아니한다.

개별소비세 등은 간접세로서 그 납부액은 납세의무자가 거래상대방으로부터 징수하여 납부하는 금액, 즉 예수금의 성격을 갖는 항목이다. 그러므로 해당 금액은 총수입금액에 산입하지 않는 것이다.

위의 조항의 해석과 관련하여 단서(但書)의 의미 또는 존치 의의가 분명하지 않다. 문언대로 해석하면 원재료 등을 매입하면서 부담한 개별소비세 등은 총수입금액으로 산입하여야 한다는 것이다. 그러나 이와 같은 해석은 과세소득의 계산구조와는 전혀 동떨어진 결론을 도출하게 되어 타당하지 않다.

필자가 생각하기로는 원재료 등을 매입·수입·사용하면서 부담한 개별소비세 등은 제품 등의 원가를 구성하며, 해당 세액이 제품 등의 원가를 구성하게 되면 그 원가에 상당하는 부분은 매출가격의 상승을 통하여 결과적으로 총수입금액을 구성한다는 의미인 것 같다. 만일 단서의 의미를 위와 같이 해석하여야 하는 경우라면 존재의 의의가 전혀 없는 조항이라고 할 것이다.

바. 국세환급가산금 및 지방세환급가산금 등

국세기본법 제52조에 따른 국세환급가산금, 지방세기본법 제62조에 따른 지방세환급가산금, 그 밖의 과오납금의 환급금에 대한 이자는 손해보전적 성질이 있으므로 총수입금액에 산입하지 아니한다.

사. 부가가치세의 매출세액

부가가치세의 매출세액은 해당 과세기간의 소득금액을 계산할 때 총수입금액에 산입하지 아니한다. 부가가치세의 매출세액은 사업자가 재화 등을 공급할 때에 그 재화 등을 공급받는 자로부터 징수하여 국가에 납부할 예수금의 성질을 갖는 항목이므로 총수입금액에 산입하지 않는 것이다.

아. 석유판매업자가 환급받은 부가가치세 등의 환급세액

조세특례제한법 제106조의 2 제2항에 따라 석유판매업자가 환급받은 세액은 해당 과세기간의 소득금액을 계산할 때 총수입금액에 산입하지 아니한다.

자. 자산의 평가차익

사업용 고정자산을 임의로 재평가하여 장부가액을 증액함으로써 생긴 자산의 임의평가차익은 실현되지 않은 자산의 가치증가익이기 때문에 총수입금액에 산입하지 아니한다.[122]

이와 같은 자산의 임의평가차익은 총수입금액에 산입하지 않기 때문에 감가상각비의 시부인계산 등도 임의평가를 하기 전의 자산의 장부가액, 즉 임의평가차익을 계상하기 전의 자산의 장부가액을 기준으로 하여야 한다.

차. 고정자산의 처분에 따른 이익

사업소득이 발생하는 사업을 영위하는 거주자가 해당 사업에 사용하던 사업용 고정자산을 양도함으로써 발생하는 차익은 사업소득의 계산에 있어서 총수입금액에 산입하지 아니한다. 사업용 고정자산 중에서 토지 및 건물 등의 처분으로 인하여 발생하는 소득은 양도소득으로 구분하고 있기 때문에 해당 토지 등의 처분가액을 사업소득의 총수입금액에서 제외함은 당연한 법리이다. 그러나 양도소득세의 과세대상이 되지 않는 선박·기계장치 및 비품 등과 같은 사업용 고정자산의 처분가액까지 사업소득의 총수입금액에 산입하지 않는 것은 타당하지 않다고 생각한다.

다만, 복식부기의무자가 사업용 유형고정자산을 양도하는 경우에는 총수입금액에 산입한다.

카. 보험모집인의 수당환수액

보험모집인의 수당환수액은 반환일이 속하는 과세기간의 총수입금액에서 차감한다.

---

122) 대법원 1988.12.13. 선고, 86누331 판결 : 소통 24-8.

제**4**절 필요경비의 계산[123]

1 필요경비의 개념

가. 필요경비의 정의

필요경비(Aufwendungen[124])라 함은 총수입금액을 얻기 위하여 소비된 비용의 합계액을 말한다. 소득세법은 필요경비를 해당 과세기간의 총수입금액에 대응하는 비용으로서 일반적으로 용인되는 통상적인 것의 합계액이라고 정의하고 있다(소법 27 ①).

소득세는 순소득과세의 원칙(Nettoprinzip)에 따라 소득금액에 대하여 과세한다. 이와 같은 소득금액은 총수입금액에서 이에 대응하는 필요경비를 공제하여 계산하게 되므로 필요경비는 소득금액을 계산하기 위한 소극적 항목을 이룬다고 하겠다.

1) 수익 · 비용 대응의 원칙

필요경비는 해당 과세기간의 총수입금액에 대응하는 비용의 합계액으로 한다(소법 27 ①). 이는 수익 · 비용 대응의 원칙(Principle of matching costs with revenues)을 규정한 것이다. 따라서 특정한 총수입금액에 대응하는 필요경비는 그 총수입금액이 귀속하는 과세기간에 필요경비로 산입하여야 하는 것이다.

다만, 해당 과세기간 전의 총수입금액에 대응하는 비용으로서 그 과세기간에 확정된 것에 대해서는 그 과세기간 전에 필요경비로 계상하지 아니한 것만 그 과세기간의 필요경비로 한다(소법 27 ②). 계산의 편의를 고려하여 인정한 예외규정이다. 그러나 해당 과세기간 전에 이미 확정된 필요경비는 그 필요경비로서 확정된 과세기간의 필요경비로 산입하여야 하는 것이고, 그 확정된 과세기간의 필요경비로 산입하지 아니하였다는 이유만으로 필요경비로 확정된 과세기간 이후의 과세기간의 필요경비에 산입할 수는 없는 것이다.[125]

---

123) 필요경비의 계산에 관하여는 지면 사정으로 소득세법에서의 특유한 사항 또는 별도의 설명이 필요한 경우를 제외하고는 「법인세법론」에 미루기로 한다. 「법인세법론」의 손금의 계산을 참고하기 바란다.
124) 이에 대하여 비사업자(비독립적 근로소득 등)의 필요경비는 Werbungskosten이라고 부른다.
125) ① 은행에 대하여 전(前) 과세기간에 발생한 연체이자는 그 발생일이 속하는 전 과세기간에 이미 그 발생사실이 확정된 비용으로서 비록 그것이 해당 과세기간에 와서 지급되었다고 하더라도 해당 과세기간에 있은 수입금의 필요경비로 볼 수 없다(대법원 1992.7.14. 선고, 91누8814 판결).
② 전 과세기간에 소멸시효가 완성된 채권을 그 후의 과세기간에 회계상 대손처리하여 손금으로 산입할 수는 없다(대법원 1990.3.13. 선고, 88누3123 판결).

2) 통상적인 비용

필요경비란 일반적으로 용인되는 통상적인 것의 합계액을 말한다.[126] 즉 필요경비는 통상성(通常性)을 그 요건으로 하는 것이다. "일반적으로 용인되는 통상적인 것"에서 통상적인 비용이란 이상적(extraordinary)인 비용이 아니라는 의미이다.[127] 즉 통상적이란 정상적·일상적 또는 관례적(normal, usual or customary)이라는 의미를 함축하고 있다. 납세의무자의 일생에서 단지 한번만 발생한 비용이라고 하더라도 그 비용이 통상적일 수 있다. 그러나 그와 같은 비용을 발생시키는 거래는 동종의 사업에서 흔하게 또는 자주 일어나는 것이어야 한다.[128]

이에 관하여 몇 가지 사례를 들어 설명하여 보기로 한다.

① 사람에게는 일생에 한 번쯤은 사업의 운명을 좌우할 만큼 중대한 소송사건이 발생할 수 있다. 이때 변호사에게 해당 사건의 변호를 위탁하는 것은 공격에 대한 방어로써 가장 보편적인 방법이기 때문에 그 비용은 통상적(ordinary)인 것이다. 그와 같은 사건에 직면한 개인에 있어서는 난생 처음 경험하는 사건이지만 그가 속하는 집단이나 사회에서는 흔하게 일어나는 사건이기 때문이다.

② 납세의무자가 사업목적을 위하여 지출한 비용임에도 불구하고 그 비용이 유별나고 이상적이기 때문에 필요경비 공제를 부인한 사례가 있다. Goedel v. CIR에서 주식 딜러가 대통령이 죽으면 주식시장이 붕괴될 것을 염려하여 가입한 미국 대통령의 생명보험에 대한 보험료의 필요경비 공제를 부인한 경우가 이에 해당한다. 즉 같은 사업에 종사하는 다른 사람이 유사한 상황을 만났을 때 그와 같은 대응을 하리라고 기대하기 어려울 만큼 그 지출이 이례적인 것이라면 해당 지출은 사업비용으로서 공제받기 어렵다고 하겠다.[129]

---

126) 대법원 2009.11.12. 선고, 2007두12422 판결.
　　[판결요지] 일반적으로 용인되는 통상적인 비용이라 함은 납세의무자와 같은 종류의 사업을 영위하는 다른 법인도 동일한 상황 아래에서는 지출하였을 것으로 인정되는 비용을 의미하고, 그러한 비용에 해당하는지 여부는 지출의 경위와 목적, 형태, 액수, 효과 등을 종합적으로 고려하여 객관적으로 판단하여야 한다. 한편, 법인이 사업을 위하여 지출한 비용 가운데 상대방이 사업에 관련 있는 자들이고 지출의 목적이 접대 등의 행위에 의하여 사업관계자들과의 사이에 친목을 두텁게 하여 거래관계의 원활한 진행을 도모하는 데 있는 것이라면 그 비용은 접대비라고 할 것이나, 그 지출경위나 성질, 액수 등을 건전한 사회통념이나 상관행에 비추어 볼 때 상품 또는 제품의 판매에 직접 관련하여 정상적으로 소요되는 비용으로 인정되는 것이라면 이는 손비로 인정하는 판매부대비용에 해당한다.
127) 미국 내국세법 제162조 (a)에서의 "통상적이고 필요한(ordinary and necessary) 비용"에서의 "통상적(ordinary)"이란 용어와 대체로 같은 의미이다.
128) Deputy v. Dupont, 308 US 488, 495-96(1940).
129) Goedel v. CIR, 39 BTA 1.12(1939).

③ 부산과 대구를 비롯한 남부지역에서 원고가 수입·판매하는 담배에 대한 소비자들의 선호도가 취약하여 영업부진에 시달리던 기존 대리점들이 영업을 중지하므로, 원고가 서울과 인천지역의 대리점들인 소외 1, 2, 3 주식회사에게 남부지역의 영업도 추가로 맡아주도록 요청하면서 신규시장의 개척과 판매촉진을 위하여 영업직원 인건비와 차량구입비 및 유지비 등의 지원을 약속하여 1998년경부터 지원행위가 시작되었고, 1999년경 남부지역 이외의 다른 대리점들에 대해서도 지원을 확대한 것은 1997년 발생한 외환위기로 인한 경영악화 때문이었으며, 아르바이트 직원 및 진열사원 인건비도 소매점 개척과 판매활성화를 위하여 지급된 점, 원고가 1999 사업연도부터 2002 사업연도까지 지급한 이 사건 인건비 및 차량지원비가 총매출액에서 차지하는 비중이 그리 크지 않고, 모두 사전약정에 따라 제한적으로 현금으로 지급된 점, 담배사업법 제25조의 4 등의 입법 취지에 비추어 보더라도 이 사건 인건비 및 차량지원비의 지출이 법률상 허용되지 않거나 사회질서에 위반된다고 할 수는 없는 점 등을 종합하여 보면, 이 사건 인건비 및 차량지원비는 일반적으로 용인되는 통상적인 것으로서, 판매의 장려를 목적으로 거래처 영업지역의 특수사정 등을 감안하여 상대방 사업자에게 지급된 판매부대비용에 해당하므로, 이 사건 처분 중 이를 업무추진비로 보고 그 전부를 업무추진비 한도초과액으로서 손금불산입한 부분은 위법하다.[130]

나. 이자소득 등의 필요경비

어떤 소득유형에 속하든 일정한 소득을 얻기 위해서는 비용을 소비하지 않으면 안 된다. 이와 같이 일정한 수입을 얻기 위하여 소비된 비용은 소득금액의 계산과정에서 공제되어야 한다.

현행의 소득세법은 이자소득과 배당소득에 대해서는 필요경비의 공제를 허용하지 않고 있다.

이에 관하여는 "제1절 소득세 과세표준의 계산구조"에서 다루었다.

한편, 근로소득과 퇴직소득에 대해서는 필요경비를 개별적인 증빙에 근거하여 그 실액대로 빼는 것이 아니라 표준공제[131]만을 빼도록 하고 있다. 근로소득공제·퇴직소득공제 중 근속연수에 따른 차등공제액 부분(소법 48 ① I 부분)이 이에 해당한다.

그리고 연금소득에 있어서도 총수입금액(총연금액)에서 연금소득공제를 차감하여 연금소득금액을 계산하도록 하고 있다.

---

130) 대법원 2009.11.12. 선고, 2007두12422 판결.
131) 개산공제라고도 한다.

2 필요경비의 귀속연도

현행 소득세법상 필요경비의 귀속연도는 원칙적으로 권리의무확정주의를 채택하여 해당 필요경비가 확정된 날이 속하는 과세기간으로 한다(소법 39 ①). 즉 법률적인 측면에서 지급할 의무가 확정된 날이 속하는 과세기간을 그 필요경비의 귀속연도로 하고 있는 것이다.

위에서 지급할 의무가 확정된 경우라 함은 다음의 요건을 모두 갖춘 경우를 의미한다.

① 기말까지 해당 비용에 관한 채무가 성립되어 있을 것(채무의 성립)

② 기말까지 해당 채무에 근거하여 구체적인 급부를 하여야 할 원인이 되는 사실이 발생하고 있을 것(급부원인인 사실의 발생)

③ 기말까지 그 금액을 합리적으로 산정할 수 있을 것(금액의 명확성)

그러나 감가상각비의 계상 및 퇴직급여충당금의 설정 등은 내부거래에 해당하기 때문에 채무의 확정이라는 사실이 발생하지 않으며, 비용 배분에 의하여 해당 과세기간의 필요경비액이 결정되는 것이므로 권리의무확정주의를 적용할 여지가 없다.

이에 관하여는 "제6절 총수입금액과 필요경비의 귀속연도"에서 다루기로 한다.

3 필요경비의 범위

필요경비란 해당 과세기간의 총수입금액에 대응하는 비용으로서 일반적으로 용인되는 통상적인 것의 합계액을 말한다. 이하에서는 소득세법에서 예시하고 있는 필요경비를 중심으로 하여 그 범위에 관하여 살펴보고자 한다.

가. 사업소득

1) 매출원가

판매한 상품 또는 제품에 대한 원료의 매입가액(매입에누리 및 매입할인금액을 제외한다)과 그 부대비용은 필요경비에 산입한다. 매출원가와 관련하여 특히 다음과 같은 사항이 문제로 되고 있다.

가) 매매용 부동산 등의 매출원가

건물건설업과 부동산 개발 및 공급업을 경영하는 사업자가 판매한 부동산의 매출원가는 부동산의 양도 당시의 장부가액으로 한다. 이 경우 사업용 외의 목적으로 취득한 부동산을 사업용으로 사용한 것에 대해서는 해당 사업자가 당초에 취득한 때의 소득세법 시행령 제89조를 준용하여 계산한 취득가액을 그 장부가액으로 한다(소령 55 ① Ⅱ).

그런데 2인의 거주자가 건물건설업과 부동산 개발 및 공급업을 공동으로 영위하기 위하여 조합계약을 체결하면서 조합원 중 1인은 종래부터 소유하고 있던 토지를 그 공동사업체(조합)에 현물출자하고, 다른 1인은 그에 상당하는 금전을 출자한 경우에 그 토지의 매출원가의 산정이 문제이다. 이에 관해서는 다음과 같은 견해의 대립을 생각하여 볼 수 있다.

제1설은 조합원 중 1인이 당초에 매입 또는 취득한 때의 매입가액 등으로 하여야 한다는 견해이다.

제2설은 조합에 현물로 출자한 때의 출자가액으로 하여야 한다는 견해이다. 조합에 현물출자한 토지의 전부를 양도한 것으로 보아 양도소득세를 과세하여야 한다는 견해(전부양도설)가 취하는 입장이다.

제3설은 조합에 현물출자한 토지 중 자신의 지분에 대하여는 그가 당초에 매입 또는 취득한 때의 매입가액 등으로 하고, 자신의 지분을 제외한 나머지 지분에 대하여는 현물로 출자한 때의 출자가액에 의하여야 한다는 견해이다. 조합에 현물출자한 부동산에 대하여 그 부동산 중 자신의 지분을 제외한 나머지 지분만을 양도한 것으로 보아 양도소득세를 과세하여야 한다는 견해(일부 양도설)가 취하는 입장이다.

대법원은 조합원 중 1인이 조합에 현물출자한 당시의 가액을 기준으로 하여야 한다고 판시하여 제2설의 입장을 취하고 있는 것으로 보인다.[132]

행정해석[133]과 조세심판원의 심판례[134]도 제2설의 입장에 서 있다.

나) 판매목적으로 신축하여 분양하는 상가의 매출원가

거주자가 판매목적으로 상가를 신축하여 층별·용도별로 분양금액을 달리하여 분양하는 경우 분양되는 상가의 분양원가는 개별원가계산방법 또는 다음 계산식 중 거주자가 계속 적용하고 있는 방법에 의한다.[135]

---

132) 同旨 : 대법원 1984.7.24. 선고, 84누8 판결 : 대법원 1989.3.28. 선고, 88누8913 판결 : 대법원 1990.2.23. 선고, 89누7238 판결.
133) 국세청장 46011 - 289, 1999.11.2.
134) 조세심판원 1999.6.17., 국심 98서1762.
135) 소득세법 집행기준 27 - 55 - 7.

$$\text{분양되는 상가의 취득가액} = \text{총취득가액} \times \frac{\text{분양면적}}{\text{총건축연면적}}$$

　　그리고 동일필지에 상가 등을 신축하여 층별·용도별로 분양가액을 달리하여 분양함에 있어서 각층별·위치별 분양가액이 다르고 전체분양가액이 구체적으로 산정되었음이 사전공시방법 등에 의하여 명백히 확인되는 경우 매출원가는 총취득가액에 해당 사업연도에 분양된 건물의 분양가액이 총분양예정가액에서 차지하는 비율을 곱하여 계산한 금액으로 할 수 있다.[136]

　　이 경우에는 계속성의 원칙을 준수하여야 한다. 조세심판원도 연산품 원가계산방법에 따라 산정한 원가 또는 분양가액(분양예정가액)에 따른 원가배분액을 매출원가로 할 수 있다고 판시한 바 있다.[137]

다) 매출누락금액에 대응하는 매출원가

　　① 과세관청이 납세의무자의 소득세 과세표준과 세액을 결정 또는 경정하면서 적출한 매출누락금액을 총수입금액에 산입하는 경우에 그 매출누락금액에 상응한 매출원가도 장부상 누락된 것으로 보아야 할 것인지, 아니면 이미 장부상에 계상하고 있다고 추정하여야 할 것인지가 문제이다. 대법원은 매출누락금액을 발견하였다고 하더라도 이에 대응하는 매출원가가 별도로 지출되었음이 장부기타 증빙서류에 의하여 밝혀지는 등의 특단의 사정이 없는 한 이미 장부상에 계상하고 있는 필요경비 안에 포함되어 있는 것으로 보아야 한다고 판시하고 있다.[138] 즉 매출누락금액에 상응하는 매출원가 등이 이미 장부상에 계상되어 더 이상 필요경비에 산입할 매출원가 등이 없는 것으로 사실상 추정하는 입장을 견지하고 있는 것이다.[139] 그러므로 이와 같은 매출누락금액에 상응하는 매출원가의 누락사실은 이를 공제받고자 하는 자가 주장·입증하여야 한다.[140]

　　② 앞의 경우와는 다소 차이는 있으나 장부에 기재누락함으로써 신고시에 필요경비로서 공제하지 아니한 인건비 등의 지출을 그 후에, 예를 들면 과세관청이

---

136) 국세청장, 법인 46012-2012, 2000.9.29.
137) 조세심판원 1994.6.14., 국심 93중2746 ; 조세심판원 1997.5.6., 국심 97경249.
138) 대법원 1987.10.13. 선고, 85누1004 판결 외.
139) 임완규, "매출누락액의 대표자인정상여의 범위," 「조세법의 논점」(행솔 이태로교수화갑기념 논문집, 조세통람사, 1992), p.229.
140) 대법원 1990.12.11. 선고, 90누42 판결 ; 대법원 1991.11.22. 선고, 91누4935 판결.

과세표준과 세액을 경정하는 과정에서 납세의무자가 입증한다면 해당 인건비 등에 대하여 필요경비로서의 공제를 허용할 것인가가 문제이다. 이에 관해서는 필요경비로서 공제하여야 한다는 견해와 필요경비로서 공제할 수 없다는 상반된 견해의 대립을 생각하여 볼 수 있다.

결론적으로 설사 장부에 기재누락된 인건비 등이라고 할지라도 그 지출사실이 입증된다면 필요경비로서 공제함이 타당하다고 생각한다. 그 논거는 다음과 같다.

첫째, 인건비 등은 총수입금액에 대응하는 비용에 해당하는 것이므로 이미 지출되었거나 그 지출이 확정된 금액은 당연히 필요경비를 구성하는 것이다.

둘째, 인건비 등은 감가상각비·퇴직급여충당금 등과 같은 결산조정항목이 아니므로 기장의 이행 여부와는 관계없이 필요경비에 산입함이 마땅한 점이다.

셋째, 소득세는 순소득에 대하여 부과하는 조세이기 때문에 사업자의 소득금액을 산정함에 있어서 해당 사업과 관련하여 지출한 인건비 등을 필요경비로서 공제하는 것은 소득세의 본질 내지 순소득과세의 원칙에 부합한다는 점이다. 대법원도 필요경비로서의 공제를 긍정하는 견해를 취하고 있다. 즉 납세의무자가 필요경비에 산입할 비용으로 신고한 소모품비에 대하여 스스로 그 신고 내역대로의 비용지출이 아님을 시인하면서 같은 금액만큼의 인건비를 지출하였다고 주장하는 경우로서 그 인건비의 존재와 금액을 납세의무자측에서 입증한다면 이를 필요경비로 인정하여야 한다고 판시한 바 있다.[141]

2) 임업의 경비

종묘 및 비료의 매입비·식림비·관리비·벌채비·설비비·개량비 및 임목의 매도경비 등을 말한다(소령 55 ① Ⅲ). 이 중에서 산림의 취득비용과 식림 또는 육림에 소요되는 조림비는 임목의 취득가액으로 하고, 산림의 유지관리를 위한 비용은 각 과세기간의 필요경비로 한다(소기통 27 - 1).

3) 양잠업의 경비

매입비·사양비·관리비·설비비·개량비 및 매도경비 등을 말한다(소령 55 ① Ⅳ).

---

141) 대법원 1995.5.23. 선고, 94누9283 판결 법인세부과처분 취소.

4) 가축 및 가금비

종란비 · 출산비 · 사양비 · 설비비 · 개량비 및 매도경비 등을 말한다(소령 55 ① Ⅴ).

5) 종업원의 급여

사업자의 배우자 또는 부양가족[142]이 해당 사업자의 사업에 직접 종사하고 있는 경우에는 종업원에 포함한다(소칙 24 ①). 그러나 사업자 본인에 대한 급료는 필요경비에 산입하지 아니한다. 사업자 본인에 대하여 지출하는 급료는 사업소득금액의 처분으로 보아야 하기 때문이다. 마찬가지로 공동사업자에 대한 급여는 설사 그 공동사업자가 사업장에서 상근하기 때문에 받는 급여라 하더라도 그 급여는 필요경비에 산입할 수 없다.

6) 사업용 자산에 대한 비용

① 사업용 자산(그 사업에 속하는 일부 유휴시설 포함)의 현상유지를 위한 수선비
② 관리비와 유지비
③ 사업용 자산에 대한 임차료
④ 사업용 자산의 손해보험료

사업용 자산에 대한 손해보험료를 말한다. 사업자가 보험기간만료 후에 만기반환금을 지급하겠다는 뜻의 약정이 있는 장기손해보험에 대한 보험료를 지급한 경우에는 그 지급한 보험료 중 적립보험료에 상당하는 부분의 금액은 자산으로 처리하고 그 밖의 부분의 금액은 이를 기간의 경과에 따라 필요경비에 산입하여야 한다.

7) 사업용 유형자산의 장부가액

복식부기의무자가 사업용 유형자산의 양도가액을 총수입금액에 산입한 경우 해당 사업용 유형자산의 양도 당시 장부가액을 말한다. 다만, 업무용승용차 관련비용 등의 필요경비 불산입 특례(소법 33의 2 ①)에 따른 감가상각비 중 업무사용금액에 해당하지 않는 금액이 있는 경우에는 그 금액을 차감한 금액을 말한다.

8) 사업과 관련이 있는 제세공과금

사업과 관련이 있는 제세공과금은 필요경비에 산입한다(외국납부세액 중 필요경비 선택분 포함). 다만, 소득세법 및 소득세법 시행령에 따라 필요경비에 산입하지 않는

---

142) 원고가 슈퍼마켓을 경영하면서 그의 아버지를 직원으로 두고 급료를 지급한 경우에 슈퍼마켓의 경영형태와 규모, 아버지와의 신분관계 등만으로 바로 아버지가 위 슈퍼마켓의 직원이 아니라는 결론이 도출되는 것은 아니다(대법원 1986.11.11. 선고, 86누350 판결).

것은 제외한다.

이에 관하여는 "필요경비 불산입"에서 구체적으로 살펴보기로 한다.

9) 일정한 기금에 출연하는 금품

다음 중 어느 하나에 해당하는 기금에 출연하는 금품은 필요경비에 산입한다.

① 해당 사업자가 설립한 근로복지기본법 제50조에 따른 사내근로복지기금

② 해당 사업자와 다른 사업자 간에 공동으로 설립한 근로복지기본법 제86조의 2에 따른 공동근로복지기금

③ 해당 사업자의 조세특례제한법 제8조의 3 제1항 제1호에 따른 협력중소기업이 설립한 근로복지기본법 제50조에 따른 사내근로복지기금

④ 해당 사업자의 조세특례제한법 제8조의 3 제1항 제1호에 따른 협력중소기업 간에 공동으로 설립한 근로복지기본법 제86조의 2에 따른 공동근로복지기금

10) 「건설근로자의 고용개선 등에 관한 법률」에 따라 납부한 공제부금

「건설근로자의 고용개선 등에 관한 법률」에 따라 공제계약사업주가 건설근로자 퇴직공제회에 납부하는 공제부금은 필요경비에 산입한다.

11) 「근로자퇴직급여 보장법」에 따라 사용자가 부담하는 부담금

가) 필요경비 산입

「근로자퇴직급여 보장법」에 따라 사용자가 부담하는 부담금은 필요경비에 산입한다(소령 55 ① X의Ⅱ). 이 경우 필요경비에 산입할 부담금 중 사용자가 퇴직연금계좌에 납부한 부담금은 전액 필요경비에 산입하고, 확정급여형퇴직연금제도에 납부한 부담금은 소득세법 시행령 제57조 제2항에 따른 추계액에서 다음의 금액을 순서에 따라 공제한 금액을 한도로 하며, 둘 이상의 부담금이 있는 경우에는 먼저 계약이 체결된 퇴직연금의 부담금부터 필요경비에서 공제한다(소령 55 ③).

① 해당 과세기간 종료일 현재의 퇴직급여충당금

② 직전 과세기간 종료일까지 지급한 부담금

한편, 부담금을 필요경비에 산입한 사업자는 과세표준확정신고서에 기획재정부령으로 정하는 퇴직연금부담금조정명세서를 첨부하여 납세지 관할세무서장에게 제출하여야 한다(소령 55 ④).

나) 총수입금액 산입

부담금을 필요경비에 산입한 사업자가 다음 중 어느 하나에 해당하는 경우에는 해당 금액을 그 사유가 발생한 과세기간의 소득금액계산에 있어서 총수입금액에 산입한다(소령 55 ⑤).

① 보험계약 또는 신탁계약이 해지되는 경우 : 사업자에게 귀속되는 금액
② 「근로자퇴직급여 보장법」 시행령 제24조 각 호에 따라 적립금이 사용자에게 귀속되는 경우 : 당해 적립금

12) 중소기업이 부담하는 기여금

「중소기업 인력지원 특별법」 제35조의 3 제1호에 따른 중소기업이 부담하는 기여금은 필요경비에 산입한다.

13) 국민건강보험료 등

국민건강보험법·고용보험법 및 노인장기요양보험법에 따라 사용자로서 부담하는 보험료 또는 부담금은 필요경비에 산입한다. 그리고 사업자가 국민건강보험법 및 노인장기요양보험법에 따른 직장가입자로서 부담하는 사용자 본인의 보험료 또는 지역가입자로서 부담하는 보험료도 필요경비에 산입한다. 자영업자, 예술인 노무제공자 등 사용자 본인의 고용보험법 또는 산업재해보상보험법에 따라 부담하는 보험료도 필요경비에 산입한다.

다음으로 국민건강보험법·고용보험법 또는 노인장기요양보험법에 따라 국가·지방자치단체 또는 사용자가 부담하는 보험료에 대하여는 소득세를 과세하지 아니한다. 그리고 국민건강보험법·고용보험법 또는 노인장기요양보험법에 따라 근로자 자신이 부담하는 보험료는 특별소득공제(국민건강보험료·고용보험료 또는 노인장기요양보험료)의 대상이 된다.

14) 단체순수보장성보험 등의 보험료

단체순수보장성보험 및 단체환급부보장성보험의 보험료는 필요경비에 산입한다. 단체순수보장성보험이란 종업원의 사망·상해 또는 질병을 보험금의 지급사유로 하고 종업원을 피보험자와 수익자로 하는 보험으로서 만기에 납입보험료를 환급하지 아니하는 보험을 말하며, 단체환급부보장성보험이란 만기에 납입보험료를 초과하지 아니하는 범위 안에서 환급하는 보험을 가리킨다.

그리고 사업자가 부담하는 단체순수보장성보험 및 단체환급부보장성보험의 보험료 중 연 70만원 이하의 금액에 대해서는 종업원의 근로소득으로 보지 아니한다(소령 17의 4 Ⅲ 가).

15) 지급이자

총수입금액을 얻기 위하여 직접 사용된 부채에 대한 지급이자를 말한다.[143] 그러나 사업자의 사업용 자산의 합계액이 부채의 합계액에 미달하는 경우에 그 미달하는 금액에 상당하는 부채의 지급이자는 가사관련비 등으로 보아 필요경비에 산입하지 아니한다. 그리고 차입금 중 건설자금에 충당한 금액의 이자, 채권자가 불분명한 차입금의 이자 및 그 업무와 관련없는 자산을 취득하기 위하여 차입한 금액에 대한 지급이자도 필요경비에 산입하지 아니한다.

16) 사업용 유형자산과 무형자산의 감가상각비

각 연도에 계상한 감가상각자산의 감가상각비는 상각범위액 안에서 필요경비에 산입한다(소령 55 ① ⅩⅣ).

17) 자산의 평가차손

재고자산의 평가차손을 말한다. 유형자산의 경우에는 천재·지변 및 화재, 법령에 따른 수용, 채굴불능으로 인한 폐광으로 인하여 파손 또는 멸실(해당 고정자산이 그 고유의 목적에 사용할 수 없게 되는 경우를 포함한다)된 경우에 한하여 예외적으로 정상가액과 장부가액과의 평가차손을 필요경비에 산입한다(소법 39 ④ Ⅱ, 소령 96 ② 및 ③).

18) 대손금

대손금(부가가치세의 매출세액의 미수금으로서 회수할 수 없는 것 중 대손세액공제를 받지 아니한 것을 포함한다)은 필요경비에 산입하는데, 필요경비에 산입하는 대

---

143) 대법원 2002.1.11. 선고, 2000두1799 판결; 대법원 2010.1.14. 선고, 2009두11874 판결.
　　[판결요지] 거주자가 부동산임대업을 자기자본에 의하여 경영할 것인지 차입금에 의하여 경영할 것인지는 거주자 개인의 선택에 달린 문제이므로, 거주자의 부동산임대소득금액을 계산함에 있어서, 임대용 부동산의 취득비용으로 사용된 당초의 차입금을 그 후 다른 차입금으로 상환한 경우는 물론이고, 당초 자기자본으로 임대용 부동산을 취득하였다가 그 후 투하자본의 회수를 위하여 새로 차입한 금원을 자본인출금으로 사용한 경우에도, 초과인출금 상당의 부채에 해당한다는 등의 특별한 사정이 없는 한, 그 차입금채무는 부동산임대업을 영위하는 데 필요한 자산에 대응한 부채로서 사업에 직접 사용된 부채에 해당한다고 보아야 할 것이고, 따라서 그 차입금의 지급이자는 총수입금액을 얻기 위하여 직접 사용된 부채에 대한 지급이자로서 필요경비에 해당한다고 보아야 한다.

손금의 범위는 법인세법 시행령 제19조의 2 제1항 제1호부터 제5호까지, 제5호의 2, 제6호부터 제9호까지, 제9호의 2, 제10호 및 제11호의 어느 하나에 해당하는 것으로 한다. 그리고 대손금은 법인세법 시행령 제19조의 2 제3항 각 호의 어느 하나의 날이 속하는 과세기간의 필요경비로 한다(소령 55 ② 및 ⑦).

19) 판매장려금 등

거래수량 또는 거래금액에 따라 상대편에게 지급하는 장려금 기타 이와 유사한 성질의 금액은 필요경비에 산입한다(소령 55 ① XVII). 판매장려금 등을 지급할 때 모든 거래처에 대하여 동일한 기준을 적용함이 없이 지급하였거나 사전약정 없이 지급하였다고 하더라도 이를 업무추진비로 볼 것이 아니고 판매부대비용으로 보아 전액 필요경비에 산입하여야 한다.[144]

---

144) 대법원 2003.12.12. 선고, 2003두 6559 판결.
[판결요지] 원심판결 이유에 의하면, 원심은, 원고가 지류의 제조 및 판매 등을 목적으로 하는 회사로서 1993 사업연도에 대리점 등 거래처에 화장지 등 정품(正品) 8억여 원 상당을 무상으로 교부하고, 그 원가 상당액을 손금산입한 데 대하여, 피고는 정품의 시가상당액이 접대비에 해당한다고 보아 이를 손금불산입하여 법인세를 부과(이하 '이 사건 처분'이라 한다)한 사실을 인정한 다음, 원고가 판매촉진비 예산을 미리 편성한 후 경쟁이 치열한 지역에 위치한 대리점 등의 평균매출액, 판매목표량, 판매상 문제점 등을 분석하여 판매촉진을 목적으로 아르바이트생 지원, 추가 할인 및 리베이트 제공 등의 지원책과 더불어 견본품이나 정품을 제공함으로써 고객사은행사 등의 용도에 사용하게 하는 등 정품을 거래처에 지원하게 된 경위 등에 비추어, 정품지원에 소요된 가액 상당은 접대비가 아니라 판매부대비용의 일종인 판매장려금에 해당하여 손금산입되어야 하므로 이 사건 처분은 위법하고, 구 법인세법 시행규칙(1995.3.30. 총리령 제492호로 개정되기 전의 것, 이하 '시행규칙'이라 한다) 제4조 제1항에서 사전 약정이 있는 경우에 한하여 판매장려금으로 인정하도록 제한한 부분은 상위법령에 근거가 없거나 위임의 한계를 벗어나 무효라고 판단하였다. 2. 법인이 사업을 위하여 지출한 비용 가운데 상대방이 사업에 관련 있는 자들이고 지출의 목적이 접대 등의 행위에 의하여 사업관계자들과의 사이에 친목을 두텁게 하여 거래관계의 원활한 진행을 도모하는 데 있는 것이라면, 그 비용은 구 법인세법(1993.12.31. 법률 제4664호로 개정되기 전의 것, 이하 '법'이라 한다) 제18조의 2에서 말하는 접대비라고 할 것이나, 그 지출경위나 성질, 액수 등을 건전한 사회통념이나 상관행에 비추어 볼 때 상품 또는 제품의 판매에 직접 관련하여 정상적으로 소요되는 비용으로 인정되는 것이라면, 이는 법 제9조 제3항, 같은법 시행령(1998.12.31. 대통령령 제15970호로 전문 개정되기 전의 것, 이하 '시행령'이라 한다) 제12조 제2항 제2호에서 손비로 인정하는 판매부대비용에 해당한다 할 것이다. 그리고 시행규칙 제4조 제1항에서 판매부대비용에 포함되는 것으로 매출할인이나 판매장려금 등을 열거하면서 거래처와 사전약정이 있는 경우에 한하도록 규정하고 있다 하더라도, 그 규정상 '부대비용에는 다음 각 호의 금액을 포함하는 것으로 하되……'라고 하여 각 호에 열거된 것이 판매부대비용으로 볼 수 있는 예시적인 경우임이 해석상 명백하므로, 그러한 예시적인 경우에 대하여 거래처와 사전 약정이 있는 경우에 한하도록 제한하였다 하더라도 그에 열거된 것 이외의 판매부대비용을 허용하지 않는다는 취지의 규정으로 볼 것은 아니어서, 이를 상위법령의 근거 없이 국민의 권리의무에 관한 사항을 부당히 제한하거나 위임의 한계를 벗어나는 것으로서 무효라고 볼 수는 없다 할 것이다. 이러한 법리를 관계 법령과 기록에 비추어 살펴보면, 원심이 시행규칙 제4조 제1항의 규정을 무효로 본 것은 잘못이라 할 것이지만, 원고가 거래처에 정품을 지원한 경위 등에 비추어 보면 그 비용상당액은 접대비가 아니라 제품 등의 판매에 직접 관련하여 소요된 비용으로서 시행령 제12조 제2항 제2호 소정의 판매부대비용에 해당한다 할 것이므로, 같은 취지에서 이 사건 처분이 위법하다고 본 원심의 결론은 정당하고, 위와 같은 원심의 잘못은 판결 결과에 아무런 영향이 없다.

20) 재해손실

매입한 상품·제품·부동산 및 산림 중 재해로 인하여 멸실된 것의 원가를 그 재해가 발생한 과세기간의 소득금액을 계산할 때 필요경비에 산입한 경우의 그 원가를 말한다.

21) 직장체육비 등

종업원을 위하여 직장체육비, 직장문화비, 가족계획사업지원비, 직원회식비 등으로 지출한 금액을 말한다.

22) 무료진료의 가액

의료업을 영위하는 자가 보건복지부장관이 지정한 무료진료권에 따라 행한 무료진료의 가액을 말한다.

23) 해외시찰·훈련비

업무와 관련이 있는 해외시찰·훈련비로 한다.

24) 산업체부설 중·고등학교의 운영비 등

초·중등교육법에 따라 설치된 근로청소년을 위한 특별학급 또는 산업체 부설 중·고등학교의 운영비를 말한다.

25) 직장보육시설의 운영비

영유아보육법에 따라 설치된 직장어린이집의 운영비를 말한다.

26) 광물탐광을 위하여 지출한 비용 등

광물의 탐광을 위한 지질조사, 시추 또는 갱도의 굴진을 위하여 지출한 비용과 그 개발비를 말한다.

27) 견본비 등

광고·선전목적으로 견본품·달력·수첩·컵·부채 기타 이와 유사한 물품을 불특정 다수인에게 기증하기 위하여 지출한 비용은 필요경비에 산입한다. 특정인에게 기증하기 위하여 지출한 비용(개당 3만원 이하의 물품은 제외한다)의 경우에는 연간 5만원을 초과하지 아니한 경우의 해당 비용을 포함한다.

이와 같은 견본비 등은 업무추진비로 보지 않고 광고선전비로 취급하여 그 전액을 필요경비에 산입한다.

28) 종업원에게 지급한 경조비

거주자가 그 종업원에게 지급한 경조금 중 사회통념상 타당하다고 인정되는 범위 안의 금액에 대하여는 지급받은 종업원에 대한 복리후생비로 보아 필요경비에 산입한다(소칙 24 ②). 그리고 사업자가 그 종업원에게 지급한 경조금 중 사회통념상 타당하다고 인정되는 범위 내의 금액은 이를 지급받는 자의 근로소득으로 보지 아니한다(소칙 10 ①).

한편, 종업원의 사망 이후 유족에게 학자금 등 일시적으로 지급하는 금액으로서 종업원의 사망 전에 결정되어 종업원에게 공통적으로 적용되는 지급기준에 따라 지급되는 것도 필요경비에 산입한다(소령 55 ① XXⅦ).

29) 조합비 등

영업자가 조직한 단체로서 법인이거나 주무관청에 등록된 조합 또는 협회에 지급하는 회비는 필요경비에 산입한다. 그러나 앞의 조합 또는 협회 외에 임의로 조직한 조합 또는 협회에 지급하는 회비는 일반기부금으로 한다.

30) 무상기증한 잉여식품의 장부가액

「식품 등 기부활성화에 관한 법률」 제2조 제1호 및 제1호의 2에 따른 식품 및 생활용품(이하 '식품 등'이라 한다)의 제조업·도매업 또는 소매업을 경영하는 거주자가 해당 사업에서 발생한 잉여식품 등을 같은 법 제2조 제5호에 따른 사업자 또는 그 사업자가 지정하는 자에게 무상으로 기증하는 경우 그 기증한 식품 등의 장부가액을 필요경비에 산입한다. 이 경우 그 금액은 기부금에 포함하지 아니한다(소령 55 ⑥).

31) 대손충당금의 필요경비산입

사업자가 외상매출금, 미수금, 그 밖에 이에 준하는 채권에 대한 대손충당금을 필요경비로 계상한 경우에는 해당 과세기간 종료일 현재의 채권잔액의 1%에 상당하는 금액과 채권잔액에 대손실적률을 곱하여 계산한 금액 중 큰 금액을 필요경비에 산입한다(소법 28).

필요경비에 산입한 대손충당금으로서 대손금과 상계하고 남은 잔액은 다음 과세기간의 소득금액의 계산에 있어서 총수입금액에 산입한다.

32) 보험차익금 등으로 취득한 유형자산의 필요경비산입

보험차익금 또는 국고보조금은 총수입금액을 구성한다. 그런데 이와 같은 보험차익금이나 국고보조금을 일시에 총수입금액에 산입하여 소득세를 과세하게 되면 유형자산의 취득 또는 개량이 불가능하게 된다. 그러므로 사업자가 보험차익금으로 멸실 또는 파손된 유형자산에 대체하여 유형자산을 취득·개량하거나 국고보조금으로 유형자산을 취득·개량한 경우에는 그 유형자산의 취득·개량에 소요된 보험차익금 또는 국고보조금을 필요경비에 산입할 수 있도록 하고 있다. 이 경우에 필요경비에 산입하는 금액은 일시상각충당금(감가상각자산 외의 그 밖의 자산인 경우에는 압축기장충당금)으로 계상하여야 한다(소법 31 및 32).

보험차익금 등으로 취득한 사업용 자산에 대한 감가상각비는 일시상각충당금의 범위 안에서 일시상각충당금과 상계하여야 한다. 다만, 당해 자산을 처분하는 경우에는 상계하고 남은 잔액을 그 처분한 날이 속하는 과세기간의 총수입금액에 산입한다(소령 60 ②).

33) 근로자 출산·양육지원금

근로자에게 공통 적용되는 지급기준에 따른 근로자에게 지급하는 출산·양육지원금은 필요경비에 산입한다.

34) 그 밖의 필요경비

그 밖에 유사한 성질이 있는 것으로서 해당 총수입금액에 대응하는 경비는 필요경비에 산입한다(소령 55 ① XXⅧ).

나. 기타소득

1) 필요경비의 범위

다음의 기타소득을 제외한 그 밖의 기타소득의 필요경비는 해당 과세기간의 총수입금액에 대응하는 비용으로서 일반적으로 용인되는 통상적인 것의 합계액으로 한다(소법 37 ②, 소령 87). 다만, 해당 과세기간 전의 총수입금액에 대응하는 비용으로서 그 과세기간에 확정된 것에 대해서는 그 과세기간 전에 필요경비로 계상하지 아니한 것만 그 과세기간의 필요경비로 본다.

① 승마투표권 등의 구매자에게 지급하는 환급금

승마투표권·승자투표권·소싸움경기투표권 또는 체육진흥투표권의 구매자가 받

는 환급금에 대하여는 그 구매자가 구입한 적중된 투표권의 단위투표금액을 필요
경비로 한다.

② 슬롯머신 등의 당첨금품 등

슬롯머신 등을 이용하는 행위에 참가하여 받는 당첨금품 등에 대해서는 해당 당첨
금품 등의 당첨 당시에 슬롯머신 등에 투입한 금액을 필요경비로 한다.

③ 가상자산 등

가상자산소득에 대해서는 그 양도되는 가상자산의 실제 취득가액과 취득·양도
또는 대여를 위하여 소요된 부대비용을 필요경비로 한다. 필요경비를 계산할 때
2027년 1월 1일 전에 이미 보유하고 있던 가상자산의 취득가액은 2026년 12월 31
일 당시의 시가와 그 가상자산의 취득가액 중에서 큰 금액으로 한다.

다만, 다음의 사유로 2027년 1월 1일 이후 취득하는 가상자산의 실제 취득가액을
확인하기 곤란한 경우에는 해당 가상자산과 같은 종류의 가상자산 전체의 양도에
따른 필요경비를 그 가상자산 전체의 총양도가액에 100분의 50 이하의 범위에서
대통령령으로 정하는 비율을 곱한 금액으로 할 수 있다. 이 경우 부대비용은 필요
경비에 산입하지 아니한다.

㉮ 국내 거래소 외 거래로 취득 후 장부 등에 의한 실제 취득가액 확인이 불가한
   경우

㉯ 그 밖에 국세청장이 정하는 사유(2027년 1월 1일부터 적용)

④ 공익법인이 시상하는 상금 등

다음의 기타소득은 거주자가 받은 금액의 60%(㉮와 ㉰의 경우는 80%로 한다)에
상당하는 금액을 필요경비로 한다. 다만, 실제 소요된 필요경비가 받은 금액의
60%(㉮와 ㉰의 경우는 80%로 한다)에 상당하는 금액을 초과하는 경우에는 그 초
과하는 금액도 필요경비에 산입한다(소령 87 Ⅰ 및 Ⅰ의 2).

㉮ 공익법인이 주무관청의 승인을 받아 시상하는 상금 및 부상과 다수가 순위 경
   쟁하는 대회에서 입상자가 받는 상금 및 부상

㉯ 광업권 등의 양도 또는 대여로 인하여 발생하는 소득
   광업권, 어업권, 양식업권, 산업재산권, 산업정보, 산업상 비밀, 상표권, 영업권
   (점포임차권을 포함한다), 토사석의 채취허가에 따른 권리, 지하수의 개발·이용
   권 그 밖에 이와 유사한 자산이나 권리의 양도 또는 대여로 인하여 발생하는 소
   득을 말한다.

㉰ 「전자상거래 등에서의 소비자보호에 관한 법률」에 따라 통신판매중개를 하는

자를 통하여 물품 또는 장소를 대여하고 대통령령으로 정하는 규모 이하의 사용료로서 받은 금품

㉣ 「공익사업을 위한 토지 등의 취득 및 보상에 관한 법률」 제4조에 따른 공익사업과 관련하여 지역권 또는 지상권(지하 또는 공중에 설정된 권리를 포함한다)을 설정하거나 대여함으로써 발생하는 소득

㉤ 원고료 등

문예·학술·미술·음악 또는 사진에 속하는 창작품(정기간행물에 게재하는 삽화 및 만화와 우리나라의 창작품 또는 고전을 외국어로 번역하거나 국역하는 것을 포함한다)에 대한 원작자로서 받는 소득으로서 원고료, 저작권사용료인 인세, 미술·음악 또는 사진에 속하는 창작품에 대하여 받는 대가를 말한다.

㉥ 다음의 인적용역을 일시적으로 제공하고 지급받는 대가

ⓐ 고용관계가 없이 다수인에게 강연을 하고 받는 강연료 등의 대가

ⓑ 라디오·텔레비전 방송 등을 통하여 해설·계몽 또는 연기의 심사 등을 하고 받는 보수 기타 이와 유사한 성질의 대가

ⓒ 변호사·공인회계사·세무사·건축사·측량사·변리사 그 밖의 전문적 지식 또는 특별한 기능을 가진 자가 해당 지식 또는 기능을 활용하여 보수 또는 그 밖의 대가를 받고 제공하는 용역

위의 용역에는 대학이 자체 연구관리비 규정에 따라 대학에서 연구비를 관리하는 경우에 교수가 제공하는 연구용역이 포함된다.

ⓓ 그 밖의 인적용역(재산권에 관한 알선수수료와 사례금을 제외한다)으로서 고용관계 없이 수당 또는 이와 유사한 성질의 대가를 받고 제공하는 용역

㉦ 계약의 위약 또는 해약으로 인하여 받는 위약금과 배상금 중 주택입주 지체상금

계약의 위약 또는 해약으로 인하여 받는 위약금과 배상금 중 주택입주자가 주택건설업자로부터 받은 주택입주 지체상금에 한한다. 그러므로 주택입주 지체상금 외의 그 밖의 위약금과 배상금은 본조를 적용받을 수 없다.

⑤ 서화 또는 골동품의 양도로 인하여 발생하는 소득

서화 또는 골동품의 양도로 인하여 발생하는 소득에 대해서는 거주자가 받은 금액이 1억원 이하인 경우에는 받은 금액의 90%를 필요경비로 하고, 거주자가 받은 금액이 1억원을 초과하는 경우에는 [9,000만원 + 거주자가 받은 금액에서 1억원을 뺀 금액의 80%(서화·골동품의 보유기간이 10년 이상인 경우에는 90%)]를 필

요경비로 한다. 다만, 실제 소요된 필요경비가 위의 금액을 초과하면 그 초과하는
금액도 필요경비에 산입한다(소령 87 Ⅱ).

⑥ 종교인 소득

종교인 소득에 대해서는 종교관련 종사자가 해당 과세기간에 받은 금액에 따라서
차등적으로 필요경비를 산입한다. 즉 종교관련 종사자가 받은 금액이 2,000만원 이
하인 경우에는 그 받은 금액의 80%, 2,000만원 초과 4,000만원 이하인 경우에는
(1,600만원 + 2,000만원 초과분의 50%), 4,000만원 초과 6,000만원 이하인 경우에
는 (2,600만원 + 4,000만원 초과분의 30%), 6,000만원을 초과하는 경우에는 (3,200
만원 + 6,000만원 초과분의 20%)를 각각 필요경비에 산입한다. 다만, 실제 소요된
필요경비가 위의 금액을 초과하면 그 초과하는 금액도 필요경비에 산입한다(소령
87 Ⅲ).

2) 필요경비 불산입

기타소득금액을 계산할 때 필요경비에 산입하지 아니하는 금액에 관하여는 소득세법
제33조의 사업소득의 필요경비 불산입에 관한 규정을 준용한다(소법 37 ④).

4 필요경비 불산입

사업자가 지급하였거나 지급할 비용이지만, 소득세법에서 필요경비에 산입하지 않는 비
용이 있다. 이를 필요경비 불산입이라 한다(소법 33부터 35까지).

필요경비 불산입은 과세소득의 본질과 관련하여 필요경비에서 제외하는 항목, 총수입금
액에 대응하지 않기 때문에 공제를 허용하지 않는 항목, 이익처분적 또는 소득소비적 성질
이 있기 때문에 공제를 배제하는 항목, 국가정책상의 고려에 기인하여 공제를 허용하지 않
는 항목, 세무계산상의 획일성 또는 공평성의 요구 등에 따라 산입을 규제하고 있는 항목
등으로 구분할 수 있다.[145]

한편, 기타소득금액을 계산할 때 필요경비에 산입하지 아니하는 금액에 관하여는 사업소
득의 필요경비 불산입에 관한 규정을 준용함은 전술한 바와 같다.

가. 소득세와 개인지방소득세

소득세(외국납부세액공제액과 간접투자회사 등으로부터 지급받은 소득에 대한 외국납

---

145) 武田昌輔, 「立法趣旨 法人稅法の解釋」(財經詳報社, 1985), p.44.

부세액공제 포함) 및 개인지방소득세는 소득처분적인 성질이 있는 지출이므로 필요경비에 산입하지 아니한다.

나. 벌금 등

벌금·과료(통고처분에 따른 벌금 또는 과료에 해당하는 금액을 포함한다)와 과태료, 국세징수법이나 그 밖에 조세에 관한 법률에 따른 가산금과 강제징수비, 조세에 관한 법률에 따른 징수의무의 불이행으로 인하여 납부하였거나 납부할 세액(가산세액을 포함한다)은 필요경비불산입한다(소법 33 ① Ⅱ~Ⅳ). 법질서의 유지와 조세법상의 의무이행을 확보하기 위하여 필요경비에의 산입을 허용하지 아니한다.

다. 가사관련비 등

개인기업의 경우에는 기업과 가계의 구분이 명확하지 않다. 사업자가 가계와 관련하여 지출한 비용, 즉 개인적인 생계비 및 가족비용은 사업과 관련이 없는 것으로서 소득처분적 또는 소득소비적 성질을 갖기 때문에 필요경비에 산입하지 않는다.[146] 가사관련비란 다음 의 비용을 가리킨다(소령 61).

1) 사업자가 가사와 관련하여 지출하였음이 확인되는 경비

사업자가 가사와 관련하여 지출하였음이 확인되는 경비, 예를 들면 사업자와 그 가족 의 의식주와 관련된 지출 또는 오락을 위한 지출 등은 가사관련비에 해당한다.

이 밖에도 해외여비로서 사적인 관광에 소요된 금액, 승용차의 취득 및 유지비로서 가사용으로 이용함에 따라 소요된 금액 등도 가사관련비에 해당한다. 이와 같은 해외 여비 또는 승용차의 취득 및 유지비 등은 업무 수행상 소요된 금액과 사적인 용도로 사용함에 따라 소요된 금액과의 구별이 용이하지 않다. 그 구별이 명확하지 않은 금액 은 일정한 객관적인 기준에 따라 안분계산하여야 할 것이다.

다음으로 직계존비속에게 주택을 무상사용하게 하고 직계존비속이 해당 주택에 실제 거주한 경우에 그 주택에 관련된 경비도 가사와 관련하여 지출된 경비로 본다(소령 61 ① Ⅰ). 다만, 앞의 경우에는 소득세법상의 부당행위계산부인에 관한 규정은 적용하지

---

146) 개인적 재산인 승용차의 비용 또는 개인적으로 고용하고 있는 정원사의 급여와 같은 개인적 비용 (Privataufwendungen)에 대해서는 필요경비에 산입하지 아니한다. 그리고 사업자가 승용차를 운전하여 거래처에 다녀오던 중 술을 마시고 운전함으로써 사고를 낸 경우에 그 사고로 인하여 피해자에게 지급하는 손해배상금은 개인적 비용에 해당하여 필요경비에 산입할 수 없다(BStBl. 78, 105 : BStBl. 84, 434). 왜냐하면 사고의 중요한 원인인 음주가 개인적 욕구를 충족하기 위한 것이라는 데에 근거를 둔 판단이다.

는 않는다. 즉 주택의 임대료 상당액을 별도로 총수입금액에 산입하지는 않는다(소령 98 ② Ⅱ 단서).

2) 초과인출금에 상당하는 부채의 지급이자

① 초과인출금에 상당하는 부채의 지급이자는 필요경비에 산입하지 아니한다. 초과인 출금이란 사업용 자산의 합계액이 부채의 합계액에 미달하는 경우에 그 미달하는 금액을 가리킨다. 다만, 사업으로 인한 결손 등 사업과 관련하여 부채가 증가한 경 우에는 제외하여야 한다고 새긴다.[147]

㉮ 사업용 자산

사업용 자산에는 차입금과 연계되거나 자금운용상 은행과의 불가분의 관계로 인한 금융자산이 포함된다. 예를 들어 은행차입금과 연계된 장기성 예·적금 등이나 사업과 관련하여 보험회사로부터 대출받은 차입금 중 일부를 해당 보 험회사에 예치한 경우의 그 예치금이 이에 해당한다고 하겠다(해석편람 33-3-5 및 33-5-6).

㉯ 부채

부채에는 소득세법이나 조세특례제한법에 따라 필요경비에 산입한 충당금 및 준비금은 포함하지 아니한다(소칙 27 ③). 자금지출이 따르지 않기 때문이다.

② 필요경비에 불산입하는 초과인출금의 이자는 다음 계산식에 따라 계산한다(소칙 27 ①).

$$지급이자 \times \frac{당해\ 과세기간\ 중\ 초과인출금의\ 적수}{당해\ 과세기간\ 중\ 차입금의\ 적수}$$

위의 지급이자에는 상업어음의 할인료는 포함하지 않는다.[148] 그리고 앞의 계산

---

147) 대법원 1989.4.11. 선고, 88누6054 판결.
[판결요지] 사업용 자산의 합계액이 부채의 합계액에 미달하여 그 차액 상당인 초과인출금이 생긴 경우 그 초과인출금이 생기게 된 것은 사업으로 인한 결손 등 사업과 관련하여 부채가 증가한 경우도 있고 또 소득세법 제48조 제12호, 같은법 시행령 제101조의 규정에 정하여져 있는 가사관련 경비는 아니지만 사업 과 관련이 없는 경비로 인하여 부채가 증가한 경우도 있으며(이 경우는 물론 필요경비에 산입되지는 않는 다) 가사와 관련하여 인출하여 초과인출금이 생길 수도 있는데 초과인출금이 발생한 근거를 따져보지도 않고 위 산식에 의하여 산출된 금액을 모두 가사관련 경비로 의제하는 것은 실질과세의 원칙에 위반될 뿐만 아니라 합리성이나 타당성도 없으며 법령의 근거 없이 가사관련 경비의 존재와 범위에 관한 과세요건 을 규정한 결과가 되어 위 기본통칙은 효력이 없다 할 것이다.
148) 해석편람 33-3-3

식에서 적수는 매월 말 현재의 초과인출금 또는 차입금의 잔액에 경과일수를 곱하여 계산할 수 있다. 그리고 초과인출금의 적수가 차입금의 적수를 초과하는 경우에는 그 초과하는 부분은 없는 것으로 본다.

③ 사업자에게 초과인출금의 이자, 건설자금의 이자, 채권자 불분명 사채이자 및 업무무관자산의 취득자금이자가 서로 경합할 경우에는 다음의 순서에 따라 필요경비에 산입하지 아니한다(소령 78의 2).

　ⅰ) 채권자 불분명 사채이자

　ⅱ) 건설자금의 이자

　ⅲ) 초과인출금의 이자

　ⅳ) 업무무관자산의 취득자금이자

라. 감가상각비 한도초과액

감가상각비 한도초과액은 필요경비 불산입한다(소법 33 ① Ⅵ).[149]

마. 재고자산 외의 자산의 평가차손

재고자산의 평가차손은 필요경비에 산입한다. 재고자산이란 제품과 상품, 반제품과 재공품, 원재료, 저장품 등을 말한다. 재고자산 외의 자산의 평가차손은 필요경비에 산입하지 아니한다. 다만, 천재·지변 및 화재, 법령에 따른 수용, 채굴불능으로 인한 폐광으로 인하여 유형자산이 파손 또는 멸실된 경우(그 고유의 목적에 사용할 수 없게 되는 경우를 포함한다)에는 해당 유형자산의 정상가액과 장부가액과의 평가차손은 필요경비에 산입한다(소법 39 ④).

재고자산의 평가에 있어서는 소득세법의 규정이 기업회계기준 또는 관행보다 우선적으로 적용된다. 따라서 사업자가 일반적으로 공정타당하다고 인정되는 기업회계기준 또는 계속적으로 적용하여 온 관행에 따라 재고자산을 평가하였다고 하더라도 이에 구애됨이 없이 소득세법에서 정하고 있는 재고자산의 평가에 관한 규정에 따라 재고자산을 평가하여야 하는 것이다.

바. 개별소비세 등의 미납액

반출하였으나 판매하지 아니한 제품에 대한 개별소비세 또는 주세 등의 미납액은 필요경

---

149) 감가상각제도의 특징 및 감가상각시부인제도에 관하여는 「법인세법론」을 참고하기 바란다.

비에 산입하지 아니한다. 다만, 제품가액에 그 세액 상당액을 더한 경우에는 필요경비에 산입한다.

제품에 대한 개별소비세 또는 주세 등(이하에서 '개별소비세 등'이라 한다)의 회계처리 방법으로서는 해당 개별소비세 등을 매출액에 가산하여 매출액계정에서 처리하는 방법과 예수금계정에서 처리하는 방법의 두 가지로 구분하여 볼 수 있다. 후자의 방법이 일반적인 회계처리방법이다.

첫째, 사업자가 매출액에 개별소비세 등을 가산한 금액으로 매출액을 계상하는 방법을 선택한 경우에는 개별소비세 등을 필요경비에 산입하여야 한다. 그러나 특정한 제품을 반출할 때에 개별소비세 등의 납세의무는 성립하였지만 아직 매출이 이루어지지 않았으므로 개별소비세 등을 필요경비에 산입할 수는 없는 것이다.

따라서 만일 사업자가 특정한 제품을 반출하면서 개별소비세 등의 미납액을 손비로 계상하였다면 해당 개별소비세 등을 필요경비로 산입할 수는 없는 것이다. 즉 필요경비 불산입하는 것이다. 이와 같이 필요경비 불산입한 개별소비세 등은 그 제품을 매출한 과세기간, 즉 해당 개별소비세 등을 매출액에 포함하여 계상한 과세기간의 필요경비로 가산하는 것이다.

둘째, 사업자가 개별소비세 등을 매출액에 가산하지 않고 예수금으로 처리하는 방법을 선택한 경우에는 개별소비세 등을 필요경비에 산입할 여지가 없다. 이 경우에는 본 호를 적용할 필요가 없는 것이다.

사. 부가가치세의 매입세액

부가가치세의 매입세액은 필요경비에 산입하지 아니한다. 그런데 면세사업자의 매입세액·비영업용 소형승용자동차의 구입 및 유지에 관한 매입세액(자본적 지출에 해당하는 것은 제외한다)·업무추진비 등에 관련된 매입세액·부동산임차인이 부담한 전세금 및 임차보증금에 대한 매입세액·영수증을 교부받은 거래분에 포함된 매입세액 등과 같이 매출세액에서 공제받지 못하고 사업자가 부담한 매입세액은 필요경비에 산입한다. 또한, 부가가치세 간이과세자가 납부한 부가가치세액도 필요경비에 산입한다. 다만, 사업자가 실제로 부담한 매입세액이라 할지라도 사업과 관련 없는 매입세액, 사업자의 귀책사유로 인하여 공제받지 못한 사업자등록 전의 매입세액·세금계산서를 수취하지 않았거나 부실기재하여 교부받은 경우 또는 매입처별 세금계산서합계표를 제출하지 않았거나 부실기재하여 제출함으로써 공제받지 못한 매입세액은 필요경비에 산입하지 아니한다.

아. 차입금 중 건설자금에 충당한 금액의 이자

차입금 중 사업용 고정자산의 매입·제작 또는 건설에 소요되는 차입금(고정자산의 건설에 소요되었는지의 여부가 분명하지 아니한 차입금은 제외한다)에 대한 지급이자 또는 이와 유사한 성질의 지출금(건설자금이자라고 한다)은 필요경비에 산입하지 아니한다. 즉 건설자금이자는 해당 고정자산의 취득원가를 구성하며 감가상각을 통하여 필요경비에 산입하게 된다.

자. 채권자가 불분명한 차입금의 이자

채권자가 불분명한 차입금의 이자는 필요경비에 산입하지 아니한다. 앞에서 채권자가 불분명한 차입금이란 채권자의 소재 및 성명을 확인할 수 없는 차입금, 채권자의 능력 및 자산상태로 보아 금전을 대여한 것으로 인정할 수 없는 차입금, 채권자와의 금전거래사실 및 거래내용이 불분명한 차입금을 말한다. 다만, 지급일 현재 주민등록표등본에 따라 그 거주사실 등이 확인된 채권자가 차입금을 변제받은 후 소재불명이 된 경우에는 이에 포함하지 아니한다(소령 76).

차. 법령에 따라 의무적으로 납부하는 것이 아닌 공과금 등

법령에 따라 의무적으로 납부하는 것이 아닌 공과금이나 법령에 따른 의무의 불이행 또는 금지·제한 등의 위반에 대한 제재로서 부과되는 공과금은 필요경비에 산입하지 아니한다.

카. 업무와 관련 없는 지출

각 과세기간에 지출한 경비 중 직접 그 업무와 관련이 없다고 인정되는 금액은 필요경비에 산입하지 아니한다. 직접 그 업무와 관련이 없다고 인정하는 금액이란 다음 중 어느 하나에 해당하는 것을 말한다(소령 78).

① 사업자가 그 업무와 관련 없는 자산을 취득·관리함으로써 발생하는 취득비·유지비·수선비와 이와 관련되는 필요경비

② 사업자가 그 사업에 직접 사용하지 아니하고 타인(종업원을 제외한다)이 주로 사용하는 토지·건물 등의 유지비·수선비·사용료와 이와 관련되는 지출금

③ 사업자가 그 업무와 관련 없는 자산을 취득하기 위하여 차입한 금액에 대한 지급이자 차입금이 업무에 관련 없는 자산을 취득하기 위하여 소요되었는지의 여부가 분명하지 아니한 경우에는 다음 계산식에 따라 계산한 지급이자를 필요경비에 산입하지 아니한

다(소칙 41 ①).

$$\text{업무와 관련 없는} \atop \text{자산취득자금이자} = \text{지급이자} \times \frac{\text{업무와 관련 없는 자산의 적수}}{\text{차입금의 적수}}$$

위의 계산식에서 차입금은 업무와 관련 없는 자산을 취득하기 위하여 사용되었는지의 여부가 분명하지 아니한 차입금의 금액을, 지급이자는 해당 차입금에 대한 지급이자를 말한다. 그리고 업무와 관련 없는 자산의 적수가 차입금의 적수를 초과하는 경우에는 그 초과하는 부분은 없는 것으로 한다.

④ 사업자가 사업과 관련 없이 지출한 기업업무추진비

⑤ 사업자가 공여한 뇌물 등

사업자가 공여한 형법에 따른 뇌물 또는 「국제상거래에 있어서 외국공무원에 대한 뇌물방지법」상 뇌물에 해당하는 금전과 금전 외의 자산 및 경제적 이익의 합계액을 말한다.

⑥ 노조 전임자에게 「노동조합 및 노동관계 조정법」을 위반하여 지급하는 급여

노동조합의 업무에만 종사하는 노동조합 전임자(이하에서 '노조 전임자'라 한다)는 그 전임기간 동안 사용자로부터 어떠한 급여도 지급받아서는 안 된다[「노동조합 및 노동관계 조정법」(이하에서 '노동법'이라 한다) 24 ②]. 다만, 단체협약으로 정하거나 사용자가 동의하는 경우에는 사업 또는 사업장별로 조합원 수 등을 고려하여 근로시간면제심의위원회가 결정한 근로시간 면제 한도 안에서 사용자와의 협의·교섭, 고충처리, 산업안전 활동 등 노동법 및 다른 법률에서 정하는 업무와 건전한 노사관계 발전을 위한 노동조합의 유지·관리업무에 종사하는 시간은 근무시간으로 인정하여 급여를 지급할 수 있는데, 이를 근로시간면제(time-off) 제도라 한다(노동법 24 ④).

위의 노동법 제24조 제2항 및 제4항을 위반하여 노조 전임자에게 급여를 지급하는 경우 그 급여에 대해서는 필요경비에 산입하지 않는다. 그리고 노동법 제24조 제2항 및 제4항을 위반하여 노조 전임자에게 급여를 지급하는 경우 그 급여는 기타소득에 해당한다(소령 41 ⑩ Ⅱ).

⑦ 그 밖에 이에 준하는 지출금으로서 기획재정부령이 정하는 것

사업자가 업무와 관련없는 자산을 취득하기 위한 자금의 차입에 관련되는 비용을 말한다(소칙 41 ④).

타. 선급비용

선급비용(先給費用)은 시간의 경과에 따라 다음 과세기간 이후의 필요경비에 산입된다. 예를 들면 보험료, 지급이자 및 할인료, 임차료 등의 기간 미경과액이 이에 해당한다.

파. 손해배상금

업무와 관련하여 고의 또는 중대한 과실로 타인의 권리를 침해함으로써 지급되는 손해배상금은 필요경비에 산입하지 아니한다. 즉 불법행위로 인하여 지급하는 손해배상금 중 고의 또는 중과실에 기인한 것은 필요경비에 산입하지 아니한다. 앞에서 "고의"란 일정한 결과가 발생하리라는 것을 인식하면서 감히 이를 행하는 심리상태이고, "과실"은 일정한 결과가 발생한다는 것을 알고 있었어야 함에도 불구하고 부주의로 인하여 그것을 알지 못하고 어떤 행위를 하는 심리상태이다. 그리고 과실은 다시 부주의의 정도에 따라 경과실(輕過失)과 중과실(重過失)로 구분되는 바, 경과실은 다소간의 주의를 결여한 경우이고 중과실은 현저하게 주의를 결여한 경우이다.

어느 정도의 과실이 중대한 과실인지는 명확하지 않다. 타인의 권리를 침해한 자의 직업·지위·가해 당시의 상황·침해한 권리의 내용 및 단속법규의 유무 등의 구체적인 사정을 고려하여 그 자에게 요구되는 주의의무의 정도를 판정하고 부주의의 정도가 어느 정도인지를 가려야 할 것이다.

다음의 경우에는 특별한 사정이 없는 한 행위자에게 중대한 과실이 있었던 것으로 본다.[150]

① 자동차 등의 운전자가 무면허운전·과속운전·만취운전·신호무시 기타 도로교통법이 정하는 의무에 현저히 위반함으로써 타인의 권리를 침해한 경우

② 극약 또는 폭발물 등을 다른 약품 또는 물품으로 오인하여 판매함으로써 타인의 권리를 침해한 경우

따라서 업무와 관련하여 타인의 권리를 침해함으로써 지급되는 손해배상금 중에서 경과실에 기인한 손해배상금만이 필요경비에 산입되는 것이다. 손해배상금은 명목 여하에 관계없이 타인에게 끼친 손해를 보전하기 위하여 지출하는 일체의 비용을 말한다.

하. 기업업무추진비 한도초과액

기업업무추진비란 접대, 교제, 사례 또는 그 밖에 어떠한 명목이든 상관없이 이와 유사한 목적으로 지출한 비용으로서 사업자가 직접적 또는 간접적으로 업무와 관련이 있는 자와

---

150) 大山孝夫, 「所得税の計算と理論」(税務研究會出版局, 1993), p.339.

업무를 원활하게 진행하기 위하여 지출한 금액을 말한다(소법 35 ①). 사업자가 종업원이 조직한 조합 또는 단체에 지출한 복지시설비 중 법인인 조합 또는 단체에 지출한 것은 업무추진비로 본다. 그러나 법인이 아닌 조합 또는 단체에 지출한 복지시설비는 그 사업자의 소유자산에 대한 지출로 본다(소령 83 ①).

기업업무추진비는 일정한 한도액을 설정하고 그 범위 안에서 필요경비에 산입한다. 업무추진비의 한도액 및 그 한도초과액은 거주자 단위가 아니고 사업장 단위로 계산한다(소령 85 ①). 즉 2 이상의 사업장을 설치하고 사업을 영위하는 거주자의 각 사업장별로 지출한 기업업무추진비가 기업업무추진비한도액에 미달하는 경우와 초과하는 경우가 각각 발생하는 때에는 그 미달하는 금액과 초과하는 금액은 통산하지 않는다. 다시 말하면 기업업무추진비한도액에 미달하는 사업장의 한도미달액은 고려함이 없이 한도액을 초과하는 사업장의 한도초과액만을 필요경비 불산입한다는 것이다.

이에 대하여 법인에 있어서는 사업장 단위가 아닌 법인단위로 기업업무추진비의 한도액 및 그 한도초과액을 계산하도록 하고 있다.

1) 신용카드 등에 의하지 않은 기업업무추진비의 필요경비불산입

사업자가 한 차례의 접대에 지출한 기업업무추진비로서 다음의 금액을 초과하는 때에는 여신전문금융업법에 따른 신용카드(직불카드·외국에서 발행된 신용카드·기명식선불카드·직불전자지급수단·기명식선불전자지급수단 및 기명식전자화폐를 포함한다)를 사용하거나 현금영수증·계산서 또는 세금계산서를 발급받거나 매입자발행계산서·매입자발행세금계산서 또는 원천징수영수증을 발행하여야 한다(소령 83 ② 및 소령 83 ④).

① 경조금의 경우 : 20만원
② 그 밖의 경우 : 3만원

만일 사업자가 접대를 하고서도 위와 같은 적격영수증을 갖추지 않았다면 해당 기업업무추진비는 직접 필요경비 불산입한다. 다만, 지출사실이 객관적으로 명백한 경우로서 적격영수증을 갖추기 어려운 국외지역에서의 지출 및 농어민에 대한 지출로서 다음 중 어느 하나에 해당하는 경우에는 그러하지 아니하다(소법 35 ② 단서 및 소령 83 ③).

① 기업업무추진비가 지출된 국외지역의 장소(그 장소가 소재한 인근 지역 내의 유사한 장소를 포함한다)가 현금 외에 다른 지출수단을 취급하지 않아 적격영수증을 구비하기 어려운 경우의 해당 국외지역에서의 지출
② 농어민(한국표준산업분류에 따른 농업 중 작물재배업·축산업·복합농업, 임업 또는

어업에 종사하는 자를 말하며, 법인은 제외한다)으로부터 직접 재화를 공급받는 경우의 지출로서 그 대가를 「금융실명거래 및 비밀보장에 관한 법률」 제2조 제1호에 따른 금융회사등을 통해 지급한 지출(사업자가 종합소득과세표준 확정신고를 할 때 과세표준확정신고서에 송금사실을 적은 송금명세서를 첨부해 납세지 관할 세무서장에게 제출한 경우에 한정한다)

2) 기업업무추진비 한도초과액의 필요경비불산입

신용카드 등에 의하지 않음으로써 필요경비 불산입된 금액을 제외한 그 밖의 기업업무추진비는 다음의 계산식에 따라 계산한 한도액을 초과하는 금액은 필요경비 불산입한다.

가) 기업업무추진비 한도액의 계산식

$$\underset{(\text{중소기업}:3,600\text{만원})}{1,200\text{만원}} \times \left(\frac{\text{해당 과세기간의 개월수}}{12} \right) + \left(\begin{array}{c} \text{해당 사업에 대한} \\ \text{해당 과세기간의 수입} \\ \text{금액의 합계액} \end{array} \right) \times \text{일정률}$$

(1) 기본기준액

① 중소기업의 범위

㉮ 중소기업이라 함은 조세특례제한법 제6조 제1항에 규정된 기업을 말한다 (소법 35 ③). 즉 중소기업이란 매출액이 업종별로 중소기업기본법 시행령 별표 1에 따른 규모 기준(이하 '중소기업기준'이라 한다) 이내이고, 「독점규제 및 공정거래에 관한 법률」 제14조 제1항에 따른 공시대상기업집단에 속하는 회사 또는 같은 법 제14조의 3에 따라 공시대상기업집단의 소속회사로 편입·통지된 것으로 보는 회사에 해당하지 않으며, 실질적인 독립성이 중소기업기본법 시행령 제3조 제1항 제2호에 적합하고, 소비성서비스업을 주된 사업으로 영위하지 아니하여야 한다. 다만, 자산총액이 5천억원 이상인 경우에는 중소기업으로 보지 아니한다(조특령 2 ①).
한편, 중소기업기본법 시행령 제3조 제1항 제2호 나목의 주식 등의 간접소유 비율을 계산할 때 「자본시장과 금융투자업에 관한 법률」에 따른 집합투자기구를 통하여 간접소유한 경우는 제외하며, 중소기업기본법 시행령 제3조 제1항 제2호 다목을 적용할 때 평균매출액 등이 별표 1의 기준에 맞지

아니하는 기업은 매출액이 조세특례제한법 시행령 제2조 제1항 제1호에 따른 중소기업기준에 맞지 아니하는 기업으로 본다.

㉯ 소비성서비스업이란 호텔업 및 여관업(관광진흥법에 따른 관광숙박업은 제외한다), 주점업(일반유흥주점업, 무도유흥주점업 및 식품위생법 시행령 제21조에 따른 단란주점 영업만 해당하되, 관광진흥법에 따른 외국인전용유흥음식점업 및 관광유흥음식점업은 제외한다), 그 밖에 오락·유흥 등을 목적으로 하는 사업으로서 기획재정부령으로 정하는 사업을 말한다(조특령 29 ③).

㉰ 거주자가 2 이상의 사업장을 설치하고 사업을 영위하는 경우에는 사업장 단위가 아니고 거주자를 기준으로 하여 중소기업에 해당하는지의 여부를 판단한다. 그리고 2 이상의 다른 사업을 영위하는 경우에 주된 사업을 영위하는지의 여부는 사업별 수입금액의 크기에 따라 판단하며, 중소기업기준에 해당하는지의 여부는 거주자가 영위하는 사업전체의 종업원수·자본금·매출액 또는 자산총액을 기준으로 하여 판정한다.

㉱ 중소기업이 그 규모의 확대 등으로 중소기업에 해당하지 아니하게 된 때에는 최초로 그 사유가 발생한 날이 속하는 과세연도와 그 다음 3개 과세연도까지는 이를 중소기업으로 본다. 그리고 중소기업기본법 시행령 별표의 개정으로 인하여 새로이 중소기업에 해당하게 되는 때에는 그 사유가 발생한 날이 속하는 과세연도부터 중소기업으로 보고, 중소기업에 해당하지 아니하게 되는 때에는 그 사유가 발생한 날이 속하는 과세연도와 그 다음 3개 과세연도까지 중소기업으로 본다.

② 과세기간의 개월수

산식 중 해당 과세기간의 개월수에 있어서 과세기간이란 사업기간으로 새겨야 할 것이다. 예를 들어 해당 과세기간 중에 사업을 개시한 경우의 과세기간은 그 사업개시일부터 과세기간 종료일까지의 기간인 것이다. 그리고 월수는 역(曆)에 따라 계산하되, 1월 미만의 일수는 1월로 한다(소법 35 ③).

(2) 수입금액기준액

① 수입금액의 범위

수입금액이란 기업회계기준에 따라 계산한 매출액을 말한다. 이와 같은 매출액에는 반제품·부산물 및 작업폐물 매출액이 포함된다(소령 83 ⑧).

② 수입금액에 적용할 일정률

㉮ 일정률

수 입 금 액	적 용 률
100억원 이하	0.3%
100억원 초과 500억원 이하	3,000만원＋100억원을 초과하는 금액×0.2%
500억원 초과	11,000만원＋500억원을 초과하는 금액×0.03%

㉯ 특수관계인과의 거래에서 발생한 수입금액에 대한 특례
   ⅰ) 사업자와 특수관계인과의 거래에서 발생한 수입금액(이하에서 '특수관계관련수입금액'이라 한다)에 대하여는 그 수입금액에 일정률을 곱하여 산정한 금액의 10%에 상당하는 금액으로 한다(소법 35 ③ Ⅱ 단서).
   ⅱ) 사업자의 총수입금액에 특수관계관련수입금액이 포함되어 있는 경우의 수입금액기준액의 계산에 관하여는 법인세법 시행규칙 제20조 제1항의 규정을 준용한다(소칙 45). 즉 특수관계관련수입금액이 있는 경우의 수입금액기준액은 다음의 계산식에 따라 계산한다.

$$\left\{\ (\text{일반수입금액}\times\text{적용률}) + \left[\ (\text{총수입금액}\times\text{적용률}) - (\text{일반수입금액}\times\text{적용률})\ \right] \times \frac{10}{100}\ \right\}$$

위의 계산식은 사업자의 총수입금액이 특수관계관련수입금액 외의 총수입금액(일반수입금액), 특수관계관련수입금액의 순서로 이루어졌다고 보고, 일반수입금액에 대하여 높은 적용률을 적용하여 수입금액기준액을 계산하는 구조이다.

그러나 소득세법 시행령 제85조 제6항에서는 앞의 소득세법 시행규칙 제45조와는 상반된 규정을 두고 있다. 즉 사업자의 총수입금액에 특수관계관련수입금액이 포함되어 있는 경우의 수입금액기준액은 다음 계산식에 따라 계산하도록 하고 있다(소령 85 ⑥).

$$\left\{\ (\text{총수입금액} \times \text{적용률}) - (\text{특수관계관련수입금액}) \times \text{적용률}\ \right\} + \left\{\ (\text{특수관계관련수입금액} \times \text{적용률}) \times 10\%\ \right\}$$

위의 계산식은 사업자의 총수입금액이 특수관계관련수입금액, 특수관

계관련수입금액 외의 수입금액(일반수입금액)의 순서로 이루어졌다고 보고, 특수관계관련수입금액에 대하여 높은 적용률을 적용하여 수입금액기준액을 계산하는 구조이다. 이는 앞의 소득세법 시행규칙 제45조의 계산식, 즉 법인에 대한 기업업무추진비한도액의 계산식(법칙 20 ①)과는 상반된 방식이다.

결론적으로 소득세법 시행규칙 제45조는 소득세법 시행령 제85조 제6항에 위배된다. 이와 같은 상충된 규정으로 말미암아 해석상 혼란을 야기하고 있다.

입법론적으로는 소득세법 시행령 제85조 제6항을 삭제하여 법인세법 시행규칙 제20조 제1항의 계산식과 일치시키는 것이 바람직하다고 하겠다.

나) 복수의 사업장을 가진 사업자의 계산 특례

2 이상의 사업장이 있는 사업자가 사업장별 거래내용이 구분될 수 있도록 장부에 기록한 경우 당해 과세기간에 각 사업장별로 지출한 기업업무추진비로서 각 사업장별 소득금액 계산시 필요경비에 산입할 수 있는 금액은 다음 금액의 합계액(①+②)을 그 한도로 한다(소령 85 ①). 2 이상의 사업장에서 각 사업장별로 지출한 업무추진비가 기업업무추진비한도액에 미달하는 경우와 초과하는 경우가 각각 발생하더라도 그 미달하는 금액과 초과하는 금액은 서로 통산하지 아니한다(소령 85 ④).

① 기본기준액

먼저 거주자를 단위로 하여 기본기준액(1,200만원 또는 3,600만원에 과세기간의 월수를 곱하고 12로 나눈 금액)을 계산하고, 그 다음에 그 기본기준액을 각 사업장의 수입금액의 크기에 따라 사업장별로 배분하도록 하고 있다. 사업장별 기본기준액의 계산식은 다음과 같다.

$$\begin{matrix} 1,200만원 \\ (중소기업 : 3,600만원) \end{matrix} \times \frac{과세기간의\ 월수}{12} \times \frac{각\ 사업장의\ 해당\ 과세기간\ 수입금액}{각\ 사업장의\ 해당\ 과세기간\ 수입금액\ 합산액}$$

㉮ 2 이상의 사업장 중 해당 과세기간 중에 신규로 사업을 개시하거나 중도에 폐업하는 사업장이 있는 경우에는 해당 과세기간 중 사업월수가 가장 긴 사업장의 월수를 기준으로 하여 기본기준액을 계산한다. 예를 들면 A사업장은 2024.

3.4에 신규로 사업을 개시하였고, B사업장은 2024.4.7에 개업하였다면, A사업장의 사업월수(10월)와 B사업장의 사업월수(9월) 중에서 사업월수가 장기인 A사업장의 사업월수 10월에 의하여 기본기준액을 계산하는 것이다.

㉯ 중소기업에 해당하는지의 여부는 해당 사업장을 기준으로 하여 판단하는 것이 아니고 거주자를 기준으로 하여 판단한다. 이에 관하여는 앞에서 설명하였다.

㉰ 일부 사업장의 소득금액에 대하여 추계조사결정 또는 경정을 받는 경우에 추계조사결정 또는 경정을 받은 사업장은 수입금액이 없는 것으로 보고 기본기준액을 계산한다. 앞에서 "수입금액이 없는 것으로 본다"는 것은 산식 중 각 사업장의 해당 과세기간 수입금액(분자)과 각 사업장의 해당 과세기간 수입금액 합산액(분모)에 추계조사결정 또는 경정을 받은 사업장의 수입금액을 포함하지 않는다는 의미이다.

② **수입금액기준액**

각 사업장별로 그 사업장의 해당 과세기간 수입금액에 일정률을 곱하여 계산하는데, 계산식은 다음과 같다.

> 각 사업장의 해당 과세기간 수입금액 × 일정률

㉮ 일정률은 모든 사업장의 해당 과세기간의 수입금액의 합산액에 따라 결정하며, 각 사업장의 수입금액 합산액이 100억원을 초과하는 경우에는 사업자가 각 사업장별로 적용률의 우선순위를 임의로 선택할 수 있다.

㉯ 2 이상의 사업장 중 일부 사업장의 소득금액에 대하여 추계조사결정 또는 경정을 받는 경우에 추계조사결정 또는 경정을 받은 사업장은 수입금액이 없는 것으로 보고 수입금액기준액을 계산한다. 앞에서 "수입금액이 없는 것으로 본다"는 것은 추계조사결정 또는 경정을 받은 사업장의 수입금액기준액은 영(0)이라는 의미이다.

㉰ 수입금액에 특수관계관련수입금액이 포함되어 있는 경우에 수입금액기준액은 다음의 방법에 따라 계산한다(소령 85 ⑥).

$$\left\{ (총수입금액 \times 적용률) - (특수관계관련수입금액 \times 적용률) \right\} + \left\{ (특수관계관련수입금액 \times 적용률) \times 10\% \right\}$$

그러나 소득세법 시행규칙 제45조는 앞의 규정과는 달리 법인세법 시행규칙 제20조 제1항의 규정을 준용하도록 하고 있음은 앞에서 설명한 바와 같다.

다) 공동사업장의 계산 특례

공동사업장에 대한 기업업무추진비 한도액은 해당 공동사업장을 1거주자로 보아 계산한다(소법 43 ①). 그리고 거주자가 수개의 공동사업장을 경영하는 경우에는 개개의 공동사업장을 1거주자로 보아 기업업무추진비 한도액과 그 한도초과액을 각각 계산한다. 기업업무추진비 한도액을 산정함에 있어서 기본기준액(1,200만원 또는 3,600만원)은 1공동사업장마다 각각 1,200만원 또는 3,600만원을 적용하여야 한다.

3) 금전 외의 자산으로 제공한 경우의 평가

사업자가 기업업무추진비를 금전 외의 자산, 즉 현물의 형태로 제공한 경우에는 이를 제공한 때의 시가(시가가 장부가액보다 낮은 경우에는 장부가액)에 따라 기업업무추진비로 계상한다(소령 81 ③).

거. 기부금의 한도초과액

1) 기부금의 개념

기부금이란 사업자가 사업과 직접적인 관계없이 무상으로 지출하는 금액(특수관계인 외의 자에게 정당한 사유 없이 자산을 정상가액보다 낮은 가액으로 양도하거나 특수관계인 외의 자로부터 정상가액보다 높은 가액으로 매입하여 실질적으로 증여한 것으로 인정되는 금액을 포함한다)을 말한다(소법 34 ①, 소령 79 ①). 기업업무추진비와는 무상적 지출이라는 점에서는 공통점을 갖고 있으나, 사업과 직접 관계없는 지출이라는 점에서 차이가 있다.[151]

그리고 타인(특수관계인을 제외한다)에게 정당한 사유 없이 자산을 정상가액보다 낮은 가액으로 양도하거나 정상가액보다 높은 가액으로 매입함으로써 그 차액 중 실질적으로 증여한 것으로 인정되는 금액은 기부금으로 의제한다. 앞에서 정상가액이라 함은 시가에 시가의 30%를 더하거나 뺀 가액으로 한다(소령 79 ①).

2) 기부금의 종류와 필요경비 산입

사업자가 정치자금기부금·고향사랑기부금·특례기부금·우리사주조합기부금 및 일

---

151) 최명근, 앞의 책, p.302.

반기부금을 지출한 경우에는 정치자금기부금과 고향사랑기부금·특례기부금·우리
사주조합기부금 및 일반기부금의 순서대로 필요경비에 산입한다(소령 81 ④).

가) 정치자금기부금과 특례기부금

(1) 정치자금기부금과 특례기부금의 범위

(가) 정치자금기부금의 범위

거주자가 정치자금법에 따라 정당(같은 법에 따른 후원회 및 선거관리위원회
를 포함한다)에 기부한 정치자금은 이를 지출한 해당 과세연도의 소득금액에서
10만원까지는 그 기부금액의 110분의 100을, 10만원을 초과한 금액에 대해서는
해당 금액의 15%(해당 금액이 3,000만원을 초과하는 경우 그 초과분에 대해서는
25%)에 해당하는 금액을 종합소득산출세액에서 공제한다. 다만, 사업자인 거주
자가 정치자금을 기부한 경우 10만원을 초과한 금액에 대해서는 이월결손금을 뺀
후의 소득금액의 범위에서 필요경비에 산입한다(조특법 76 ①). 정치자금기부금의
경우에는 세액공제할 것인지, 아니면 필요경비로 산입한 것인지는 납세의무자의
선택에 맡기고 있다. 그런데 사업자가 아닌 개인은 세액공제방법만이 허용되고,
사업소득만 있는 개인의 경우에는 필요경비 산입만 인정된다고 하겠다.

개인이 정당 또는 후원회에 기부한 정치자금이라 하더라도 법정한도액을 초과
하는 금액은 정치자금법에 따른 정치자금에 해당하지 않기 때문에 직접 필요경비
불산입한다.

다음으로 정치자금법에 따른 정치자금을 받은 자에 대하여는 상속세 또는 증여
세를 부과하지 아니한다. 그러나 정치자금법에 따른 정치자금 외의 정치자금에
대해서는 그 기부받은 자가 상속 또는 증여받은 것으로 보아 상속세 또는 증여세
를 부과하도록 하고 있다(조특법 76 ② 및 ③).

(나) 특례기부금의 범위

법인세법 제24조 제2항 제1호에 따른 기부금과 특별재난지역의 복구를 위한 자
원봉사용역의 가액이다(소법 34 ②). 그 구체적인 범위는 다음과 같다.
① 법인세법 제24조 제2항 제1호에 따른 기부금
법인세법 제24조 제2항 제1호에 따른 기부금이란 다음의 기부금을 말한다.
㉮ 국가 등에 무상으로 기증하는 금품의 가액
국가나 지방자치단체에 무상으로 기증하는 금품의 가액을 말한다. 다만,
「기부금품의 모집 및 사용에 관한 법률」의 적용을 받는 기부금품은 같은

법 제5조 제2항에 따라 접수하는 것만 해당한다.

국가나 지방자치단체에 무상으로 기증하는 금품의 가액에는 개인이 법인 또는 다른 개인에게 자산을 기증하고 수증자가 이를 받은 후 지체없이 다시 국가 또는 지방자치단체에 기증한 금품의 가액을 포함한다.

㉯ 국방헌금과 국군장병 위문금품의 가액

㉰ 천재지변으로 생기는 이재민을 위한 구호금품의 가액

㉱ 사립학교법에 따른 사립학교 등에 시설비·교육비·장학금 또는 연구비로 지출하는 기부금

㉲ 「국립대학병원 설치법」에 따른 국립대학병원 등에 시설비·교육비 또는 연구비로 지출하는 기부금

㉳ 사회복지사업, 그 밖의 사회복지활동의 지원에 필요한 재원을 모집·배분하는 것을 주된 목적으로 하는 비영리법인에 지출하는 기부금

② 「재난 및 안전관리 기본법」에 따른 특별재난지역을 복구하기 위하여 자원봉사를 한 경우 그 용역의 가액

(2) 정치자금기부금과 특례기부금 및 고향사랑기부금의 필요경비산입 범위액

정치자금기부금(필요경비에 산입한 기부금을 말한다)과 특례기부금 및 고향사랑기부금은 해당 과세기간의 소득금액에서 이월결손금을 뺀 금액의 범위 안에서 필요경비에 산입한다(조특법 76 ① 및 소법 34 ③).

정치자금 및 특례기부금·고향사랑기부금의 범위액 = 해당 과세기간의 소득금액 – 이월결손금

위의 계산식에서 해당 과세기간의 소득금액이란 필요경비로 계상할 정치자금기부금·고향사랑기부금·특례기부금·우리사주조합기부금 및 일반기부금을 필요경비에 산입하지 아니한 소득금액을 말한다. 실무적으로는 결산서상 당기순이익에 총수입금액산입 및 필요경비불산입액을 더하고 필요경비산입 및 총수입금액불산입액을 공제하여 산정한 차가감소득[152]에 정치자금기부금·고향사랑기부금·특례기부금·우리사주조합기부금 및 일반기부금의 지출액을 더하여 계산한다.

---

152) 정치자금기부금·고향사랑기부금·특례기부금·우리사주조합기부금 및 일반기부금에 대한 한도초과액을 가산하지 않은 소득금액을 말한다. 이와 같은 차가감소득에 정치자금기부금·고향사랑기부금·특례기부금·우리사주조합기부금 및 일반기부금의 한도초과액을 가산하여 소득별 과세소득금액을 산정한다.

그리고 이월결손금이란 해당 과세기간 개시 전 15년 내에 개시된 과세기간에서 발생한 것으로서 아직 공제받지 아니한 것을 말한다.

(3) 기부금의 필요경비 산입 대상 인적범위

특례기부금 및 일반기부금의 필요경비산입 범위액을 산정하는 경우 다음의 사람 (나이의 제한을 받지 아니하며, 다른 거주자의 기본공제를 적용받은 사람은 제외한다)이 지급한 기부금은 해당 사업자의 기부금에 포함한다(소법 34 ⑥).

① 거주자의 배우자로서 해당 과세기간의 소득금액이 없거나 해당 과세기간의 소득금액의 합계액이 100만원 이하인 사람(총급여액 500만원 이하의 근로소득만 있는 배우자를 포함한다)

② 거주자(그 배우자를 포함한다. 이하 같다)와 생계를 같이 하는 직계존속(직계 존속이 재혼한 경우에는 그 배우자를 포함한다), 직계비속(거주자의 배우자가 재혼한 경우로서 그 배우자가 종전의 배우자와의 혼인 중에 출산한 자를 포함한다)과 동거입양자(이 경우 해당 직계비속 또는 입양자와 그 배우자가 모두 장애인에 해당하는 경우에는 그 배우자를 포함한다), 형제자매, 수급권자와 위탁아동으로서 해당 과세기간의 소득금액의 합계액이 100만원 이하인 사람(총급여액 500만원 이하의 근로소득만 있는 부양가족을 포함한다)

(4) 이월공제

필요경비 산입한도액을 초과함으로써 필요경비 불산입한 특례기부금(종합소득세 신고시 세액공제를 적용받은 기부금의 금액은 제외한다)은 해당 과세기간의 다음 과세기간의 개시일부터 10년 이내에 끝나는 과세기간에 이월하여 필요경비에 산입한다(소법 34 ⑤). 이 경우 이월된 특례기부금은 해당 과세기간의 특례기부금이 필요경비 산입한도액에 미달하는 경우에 한하여 그 미달하는 범위 안에서 필요경비에 산입한다.

한편, 정치자금기부금은 이월공제가 허용되지 않는다.

나) 우리사주조합기부금

우리사주조합에 지출하는 기부금(우리사주조합원이 지출하는 기부금을 제외한다)은 해당 연도의 소득금액에서 이월결손금과 필요경비에 산입하는 정치자금기부금 및 특례기부금을 뺀 후의 소득금액에 30%를 곱하여 산출한 금액을 한도로 하여 필요경비에 산입하거나 해당 과세연도의 종합소득산출세액에서 공제한다(조특법 88의 4 ⑬).

우리사주조합기부금의 범위액 = (해당 과세기간의 소득금액 − 이월결손금 − 필요경비에 산입하는 정치 자금기부금·고향사랑기부금·특례기부금) × 30%

다) 일반기부금

(1) 일반기부금의 범위

일반기부금이란 사회복지·문화·예술·교육·종교·자선 등을 위하여 지출한 금품의 가액으로서 공익성을 감안하여 일정한 범위액 안의 금액을 필요경비에 산입하여 주는 기부금이다.

일반기부금이란 다음의 기부금을 말한다(소령 80).

① 법인세법 시행령 제39조 제1항 각 호의 것

㉮ 사회복지법인 등과 같은 공익법인 등에 고유목적사업비로 지출하는 기부금

㉯ 교육비 등 특정용도 지출 기부금

㉰ 무료 또는 실비로 이용할 수 있는 사회복지시설에 지출하는 기부금

㉱ 일정한 요건을 갖춘 국제기구에 지출하는 기부금

② 노동조합에 가입한 사람이 납부한 회비 등

㉮ 「노동조합 및 노동관계 조정법」, 「교원의 노동조합설립 및 운영 등에 관한 법률」 또는 「공무원의 노동조합 설립 및 운영 등에 관한 법률」에 따라 설립된 단위노동조합 또는 해당 단위노동조합의 규약에서 정하고 있는 산하조직으로서 다음의 요건을 모두 갖춘 단위노동조합등에 가입한 사람이 해당 단위노동조합등에 납부한 조합비

㉠ 해당 과세기간에 단위노동조합등의 회계연도 결산결과가 「노동조합 및 노동관계조정법 시행령」 제11조의 9 제2항부터 제5항까지의 규정 또는 대통령령 제33758호 노동조합 및 노동관계조정법 시행령 일부개정령 부칙 제2조에 따라 공표되었을 것. 이 경우 단위노동조합등의 직전 과세기간 종료일 현재 조합원 수가 1천명 미만인 경우에는 전단의 요건을 갖춘 것으로 본다.

㉡ ㉠에 따른 단위노동조합등으로부터 해당 단위노동조합등의 조합비를 재원으로 하여 노동조합의 규약에 따라 일정 금액을 교부받은 연합단체인 노동조합이나 다른 단위노동조합등이 있는 경우에는 해당 과세기간

에 그 연합단체인 노동조합과 다른 단위노동조합등의 회계연도 결산결과도 「노동조합 및 노동관계조정법 시행령」 제11조의 9 제2항부터 제5항까지의 규정 또는 대통령령 제33758호 노동조합 및 노동관계조정법 시행령 일부개정령 부칙 제2조에 따라 공표되었을 것. 이 경우 그 교부받은 다른 단위노동조합등의 직전 과세기간 종료일 현재 조합원 수가 1천명 미만인 경우에는 전단의 요건을 갖춘 것으로 본다.

ⓒ 직전 연도 결산 결과 공표 전 퇴직자의 경우 전전 연도의 결산결과가 공표된 경우 포함한다.

㉯ 교육기본법 제15조에 따른 교원단체에 가입한 사람이 납부한 회비

㉰ 「공무원직장협의회의 설립·운영에 관한 법률」에 따라 설립된 공무원직장협의회에 가입한 사람이 납부한 회비와 「공무원의 노동조합설립 및 운영 등에 관한 법률」에 따라 설립된 노동조합에 가입한 사람이 납부한 회비

③ 위탁자의 신탁재산이 위탁자의 사망 또는 약정한 신탁계약기간의 종료로 인하여 공익법인 등에 기부될 것을 조건으로 거주자가 설정한 신탁으로서 다음의 요건을 모두 갖춘 신탁에 신탁한 금액

㉮ 위탁자가 사망하거나 약정한 신탁계약기간이 위탁자의 사망 전에 종료하는 경우 신탁재산이 공익법인 등에 기부될 것을 조건으로 거주자가 설정할 것

㉯ 신탁설정 후에는 계약을 해지하거나 원금 일부를 반환할 수 없음을 약관에 명시할 것

㉰ 위탁자와 국세기본법 시행령 제1조의 2 제1항에 따른 친족관계에 있는 자가(이하 "위탁자 등") 위 "㉮"의 공익법인 등의 이사의 과반수 이거나 그들 중 1명이 설립자가 아닐 것(위탁자 등이 공익법인 등의 지분의 20% 이상을 보유한 경우에 한정한다)

㉱ 금전으로 신탁할 것

④ 「비영리민간단체 지원법」에 따라 등록된 단체 중 다음의 요건을 모두 충족한 것으로서 행정안전부장관의 추천을 받아 기획재정부장관이 지정한 단체(이하 '공익단체'라 한다)에 지출하는 기부금. 다만, 공익단체에 지출하는 기부금은 지정일이 속하는 과세기간의 1월 1일부터 3년간(지정받은 기간이 끝난 후 2년 이내에 재지정되는 경우에는 재지정일이 속하는 과세기간의 1월 1일부터 6년간) 지출하는 기부금만 해당한다.

㉮ 해산시 잔여재산을 국가·지방자치단체 또는 유사한 목적을 가진 비영리단

체에 귀속하도록 한다는 내용이 정관에 포함되어 있을 것

㉯ 수입(국가 또는 지방자치단체로부터 받는 보조금과 「상속세 및 증여세법」 제16조 제1항에 따른 공익법인 등으로부터 지원받는 금액은 제외한다) 중 개인의 회비·후원금이 차지하는 비율이 기획재정부령이 정하는 비율을 초과할 것. 이 경우 다음의 수입은 그 비율을 계산할 때 수입에서 제외한다.

  ㉠ 국가 또는 지방자치단체로부터 받는 보조금

  ㉡ 공익법인 등으로부터 지원받는 금액

㉰ 정관의 내용상 수입을 친목 등 회원의 이익이 아닌 공익을 위하여 사용하고 사업의 직접 수혜자가 불특정 다수일 것

㉱ 지정을 받으려는 과세기간의 직전 과세기간 종료일부터 소급하여 1년 이상 비영리민간단체 명의의 통장으로 회비 및 후원금 등의 수입을 관리할 것

㉲ 행정안전부장관의 추천일 현재 인터넷 홈페이지가 개설되어 있고, 인터넷 홈페이지와 국세청의 인터넷 홈페이지를 통하여 연간 기부금 모금액 및 활용실적을 매년 4월 30일까지 공개한다는 내용이 정관에 포함되어 있을 것

㉳ 지정을 받으려는 과세기간 또는 그 직전 과세기간에 공익단체 또는 그 대표자의 명의로 특정 정당 또는 특정인에 대한 선거운동을 한 사실이 없을 것

(2) 필요경비 산입범위액

일반기부금은 종교단체에 기부한 기부금과 그 밖의 기부금으로 구분하여 필요경비 산입범위액을 달리 정하고 있다.

① 종교단체에 기부한 금액이 있는 경우

일반기부금의 범위액 =

$$\left[\begin{array}{l}\text{해당 과세기간의 소득금액} - \text{이월결손}\\ \text{금} - \text{필요경비에 산입하는 정치자금기}\\ \text{부금·고향사랑기부금·특례기부금}\\ \text{및 우리사주조합기부금(이하 '특례기}\\ \text{부금 등'이라 한다)}\end{array}\right] \times 10\% + \left[\begin{array}{l}\text{(해당 과세기간의 소득금액} - \text{이월결}\\ \text{손금} - \text{특례기부금 등)} \times 20\%\text{와 종교}\\ \text{단체 외에 지급한 금액 중 적은 금액}\end{array}\right]$$

위의 계산식에서 해당 과세기간의 소득금액과 이월결손금이란 "정치자금기부금과 특례기부금"에서 설명한 내용과 같다.

② 앞의 "①" 외의 경우

$$\text{일반기부금의 범위액} = \left[\begin{array}{c} \text{해당 과세기간의 소득금액} - \text{이월결손금} \\ - \text{특례기부금 등} \end{array} \right] \times 30\%$$

(3) 일반기부금의 이월공제

필요경비 산입한도액을 초과하여 필요경비에 산입하지 아니한 기부금의 금액(종합소득세 신고시 세액공제받은 금액은 제외한다)은 해당 과세기간의 다음 과세기간의 개시일부터 10년 이내에 끝나는 각 과세기간에 이월하여 이를 필요경비에 산입할 수 있다(소법 34 ⑤). 이 경우 이월된 일반기부금은 해당 과세기간의 일반기부금이 필요경비 산입한도액에 미달하는 경우에 한하여 그 미달하는 범위 안에서 필요경비에 산입한다.

라) 기타기부금[153]

기부금 중 정치자금기부금·고향사랑기부금·특례기부금·우리사주조합기부금 및 일반기부금을 제외한 것으로서 전액 필요경비 불산입한다.

3) 특별세액공제로서의 기부금세액공제

사업소득자는 기부금을 사업소득을 계산할 때 필요경비에 산입하는 방법(필요경비 산입방법)만 적용받을 수 있다. 다만, 사업소득 이외의 종합소득이 있는 거주자의 경우에는 사업소득 이외의 소득에 대하여는 납부세액을 산정함에 있어서 종합소득 산출세액에서 세액공제하는 방법(세액공제방법)을 적용받을 수 있다(소법 59의 4 ④).

4) 기부금의 필요경비산입시기 등

가) 기부금의 필요경비산입시기

기부금은 현금주의에 따라 필요경비에 산입한다. 따라서 기부금을 미지급금으로 계상한 경우에는 실제로 이를 지출할 때까지 필요경비에 산입하지 아니하며, 반대로 기부금을 가지급금으로 이연계상한 경우에는 이를 지출한 과세기간의 기부금으로 한다(소령 81 ① 및 ②).

---

153) 실무상 비지정기부금이라고도 부른다.

나) 금전 외의 기부자산의 평가

　개인이 기부금을 금전 외의 자산, 즉 현물의 형태로 제공한 경우에는 이를 제공한 때의 시가(시가가 장부가액보다 낮은 경우에는 장부가액)에 따라 기부자산의 가액을 계산한다. 다만, 「박물관 및 미술관진흥법」 제3조에 따른 국립 박물관 및 미술관에 제공하는 기부금에 대해서는 기증유물의 감정평가를 위하여 문화체육관광부에 두는 위원회에서 산정한 금액으로 할 수 있다(소령 81 ③).

　다음으로 "시가에 따라 계산한다"는 문언의 의미가 문제이다. 판례는 비록 기부를 행한 사업자가 기부자산의 시가와 장부가액과의 차액을 장부상에 손비로 계상하지 않았다고 하더라도 세법상으로는 그 차액 상당액의 수익이 실현됨과 동시에 그 수익을 상대방에게 제공함에 따른 손실이 발생한 것으로 관념하여 그 손실을 기부금으로 보는 것이라고 새긴다.[154] 즉 무상거래를 관념상 시가에 따른 자산의 처분행위와 그 처분을 통하여 수령한 대가의 상대방에의 증여라고 하는 2단계의 행위로 이해하는데, 이를 2단계설이라고도 한다.

　예를 들어 사업자가 일반기부금으로 제품(원가 : 7,000원, 시가 : 10,000원)을 제공하고 다음과 같이 회계처리하였다고 가정한다. 이 경우의 세무조정에 관하여 설명하기로 한다.

(차) 기부금	7,000	(대) 제 품	7,000

　위의 경우에 행할 세무조정의 방법에는 다음과 같은 두 가지가 있다.

① 제1법

　위의 경우에 제품의 시가와 원가와의 차액을 총수입금액에 산입함과 동시에 그 차액을 기부금으로서 필요경비에 산입한다. 즉 시가와의 차액 3,000원을 총수입금액에 산입하고 같은 금액을 필요경비에 산입한다. 그리고 장부에 기부금으로 계상하고 있는 7,000원과 세무조정을 통하여 필요경비에 산입한 3,000원을 가산한 10,000원을 일반기부금으로 하여 한도액 초과 여부를 검토하고 그 초과액을 필요경비 불산입한다.

② 제2법

　장부에 기부금으로 계상하고 있는 7,000원에 시가와의 차액 3,000원을 가산한

---

154) 대법원 1993.5.25. 선고, 92누18320 판결.

10,000원을 일반기부금으로 하여 한도액 초과 여부를 검토하고 그 초과액을 필요경비 불산입한다.

실무에서는 주로 제2법을 이용한다.

다) 자원봉사용역의 가액의 계산

자원봉사용역의 가액은 다음 금액의 합계액으로 한다. 이 경우 해당 자원봉사용역의 확인은 특별재해지역 또는 특별재난지역의 지방자치단체의 장 또는 해당 지방자치단체에 설치된 자원봉사센터의 장이 발급하는 기부금확인서에 따른다.

① 다음 계산식에 따라 계산한 봉사일수에 8만원을 곱한 금액(소수점 이하의 부분은 1일로 보아 계산한다). 이 경우 개인사업자의 경우에는 본인의 봉사분에 한한다.

$$봉사일수 = 총봉사시간 \div 8시간$$

② 해당 자원봉사용역에 부수되어 발생하는 유류비·재료비 등 직접비용. 이 경우 유류비 등은 제공할 당시의 시가 또는 장부가액에 따른다. 다만, 자원봉사용역 제공자소로의 이동을 위한 유류비는 제외한다.

너. 업무용 승용차 관련 비용 등의 필요경비 불산입

복식부기의무자가 해당 과세기간에 업무에 사용한 개별소비세법 제1조 제2항 제3호에 해당하는 승용자동차(운수업이나 자동차판매업 등에서 사업에 직접 사용하는 승용자동차 등은 제외하며, 이하 '업무용승용차'라 한다)를 취득하거나 임차하여 해당 과세기간에 필요경비로 계상하거나 지출한 감가상각비, 임차료, 유류비, 보험료, 수선비, 자동차세, 통행료 및 금융리스부채에 대한 이자비용 등 업무용승용차의 취득·유지를 위하여 지출한 비용(이하 '업무용승용차 관련비용'이라 한다. 사업자별로 1대는 제외하며, 공동사업장의 경우는 1사업자로 보아 1대를 제외한다) 중 업무용 사용금액(업무용승용차 관련비용에 업무사용비율을 곱한 금액을 말하는데, 업무사용비율은 운행기록 등에 따라 확인되는 총 주행거리 중 업무용 사용거리가 차지하는 비율로 한다. 이하 '업무사용금액'이라 한다)에 해당하지 아니하는 금액은 해당 과세기간의 사업소득금액을 계산할 때 필요경비에 산입하지 아니한다(소법 33의 2 ① 및 소령 78의 3 ①·②·④). 이 경우 업무사용금액을 적용받으려는 사업자는 업무용승용차별로 운행기록 등을 작성·비치하여야 하며, 납세지 관할 세무서장이 요구할 경우 이를 즉시 제출하여야 한다. 다만, 운행기록 등을 작성·비치하지 아니한 경우 해당 업무용승용차의 업무사용비율은 해당 과세기간의 업무용승용차 관련비용이 1,500만원 이하인 경우에는 100분의 100으로 하고, 해당 과세기간의 업무용승용차 관련비용이 1,500만원을 초과하는 경우에는 1,500만원을 업무용승용차 관련비용으로 나눈 비율로 한다(소령 78의 3 ⑤ · ⑥).

다만, 성실신고확인대상사업자, 의료업, 수의업, 약사업, 변호사업, 심판변론인업, 변리사업, 법무사업, 공인회계사업, 세무사업, 경영지도사업, 기술지도사업, 감정평가사업, 손해사정인업, 통관업, 기술사업, 건축사업, 도선사업, 측량사업, 공인노무사업, 의사업, 한의사업, 약사업, 한약사업, 수의사업 등을 영위하는 사람이 업무용승용차를 보유하거나 임차한 경우 해당 업무용승용차(사업자별로 1대는 제외하며, 공동사업장의 경우는 1사업자로 보아 1대를 제외)에 대해서는 다음의 구분에 따른 금액으로 한다(소령 78의 3).

① 해당 과세기간의 전체 기간(임차한 승용차의 경우 해당 과세기간 중에 임차한 기간을 말한다) 동안 해당 사업자, 그 직원 등 기획재정부령으로 정하는 사람이 운전하는 경우만 보상하는 자동차보험(이하 "업무전용자동차보험"이라 한다)에 가입한 경우 : 업무사용비율금액

② 업무전용자동차보험에 가입하지 않은 경우 : 업무사용비율금액의 50%

위의 업무사용금액 중 다음의 구분에 해당하는 비용이 해당 과세기간에 각각 800만원(해당 과세기간이 1년 미만이거나 과세기간 중 일부 기간 동안 보유하거나 임차한 경우에는 800만원에 해당 보유기간 또는 임차기간 월수를 곱하고 이를 12로 나누어 산출한 금액을 말한다)을 초과하는 경우 그 초과하는 금액(이하 '감가상각비 한도초과액'이라 한다)은 해당 과세기간의 필요경비에 산입하지 아니하고 이월하여 필요경비에 산입한다(소법 33의 2 ② 및 소령 78의 3 ⑧).

① 업무용승용차별 연간 감가상각비

② 업무용승용차별 연간 임차료 중 보험료와 자동차세 등을 제외한 금액으로서 기획재정부령으로 정하는 금액

그리고 복식부기의무자가 업무용승용차를 처분하여 발생하는 손실로서 업무용승용차별로 800만원을 초과하는 금액은 해당 과세기간의 다음 과세기간부터 800만원을 균등하게 필요경비에 산입하되, 남은 금액이 800만원 미만인 과세기간에는 해당 잔액을 모두 필요경비에 산입한다(소법 33의 2 ③ 및 소령 78의 3 ⑩).

한편, 복식부기의무자가 업무용승용차에 대하여 감가상각비를 계산할 때에는 정액법을 상각방법으로 하고, 내용연수는 5년으로 한다(소령 78의 3 ③).

더. 고정자산의 처분에 따른 차손

시설의 개체 또는 기술의 낙후로 생산설비의 일부를 폐기한 경우와 사업의 폐지 또는 사업장의 이전으로 임대차계약에 따라 임차한 사업장의 원상회복을 위하여 시설물을 철거하는 경우에는 그 자산의 장부가액과 처분가액의 차액을 해당 과세기간의 필요경비에 산입할 수 있다(소령 67 ⑥).

제**5**절 소득금액 계산의 특례

1 서 론

소득세는 거주자단위과세 및 기간과세를 원칙으로 하기 때문에 각 거주자단위 및 과세기간단위로 소득금액을 계산한다. 이에 대한 특례로서는 공동사업장에 대한 소득금액의 계산, 결손금의 이월 및 소급공제를 들 수 있다.

공동사업의 경우에는 소득금액 계산의 편의를 고려하여 그 공동사업장을 1거주자로 보아 소득금액을 산정하는 예외를 인정하고 있다. 그리고 생계를 같이하는 특수관계인 사이의 공동사업의 경우에는 소득금액의 분산과 이에 따른 높은 누진세율의 적용을 회피하기 위하여 실제는 공동사업이 아니면서 공동사업인 것처럼 가장하는 경우가 있다. 그러므로 일정한 요건을 충족하는 경우에는 특수관계인의 소득금액을 그 손익분배비율이 가장 큰 주된 공동사업자의 소득금액으로 의제하는 규정을 두고 있다.

소득세는 기간과세의 원칙을 채택하여 과세기간단위로 소득금액을 산정하는 것을 원칙으로 한다. 다만, 거주자의 생애소득을 인위적인 기간단위로 구획하여 과세함으로써 야기되는 불공평이나 불합리를 시정하기 위하여 결손금의 이월공제 및 소급공제를 허용하고 있다.

다음으로 소득세는 고율의 초과누진세율로 과세하기 때문에 조세회피의 유인이 매우 강하게 작용한다. 그러므로 납세의무자의 조세회피행위를 부인함으로써 응능부담의 원칙을 실현할 법적 장치가 필요하다. 이와 같은 요구에 응답하기 위하여 마련된 장치가 부당행위계산부인제도이다. 즉 납세의무자가 일정한 행위나 계산에 따라 소득세의 부담을 회피하려고 하는 경우에 그 납세의무자의 행위 또는 계산을 부인하고 과세관청이 해당 연도의 소득금액을 산정하도록 하고 있는 것이다.

이 밖에도 소득세법은 소득금액 계산의 특례로서 상속의 경우 소득금액의 구분결정, 채권 등에 대한 소득금액의 계산, 신탁소득 등에 대한 소득금액의 계산에 관한 규정들을 두고 있다.

2 부당행위계산의 부인

가. 조세회피행위와 그 부인

조세회피행위란 납세자가 일정한 경제활동을 함에 있어서 통상적인 거래형식을 선택하지 않고 우회행위, 다단계행위, 그 밖의 이상한 거래형식을 취함으로써 결과적으로는 의도한 경제적 목적이나 경제적 성과를 실현하면서 통상적인 거래형식을 선택하였을 경우에 생기는 조세부담을 경감하거나 배제하는 행위를 말한다. 조세회피행위는 사법상으로는 유효한 행위로 시인된다. 이와 같이 사법상 유효한 행위로 평가되는 조세회피행위를 조세법상으로도 그대로 용인하고 그에 따라 과세하여야 할 것인지 아니면 사법상 유효한 것을 전제로 하면서도 조세법상으로 그 행위를 무시하고 일반적으로 이용되는 법 형식에 대응하는 과세요건이 충족된 것으로 보아 과세하여야 할 것인지가 문제가 된다. 조세회피가 있는 경우 당사자가 이용한 법 형식을 조세법상으로 무시하고 일반적으로 이용되는 법 형식에 대응하는 과세요건이 충족된 것으로 취급하는 것을 조세회피행위의 부인이라 한다.

조세회피행위를 부인하기 위하여 실정법상의 근거가 필요한지에 관하여는 크게 긍정설과 부정설이 대립하고 있다. 이는 실정법에서 조세회피행위를 부인하는 규정을 두고 있는 경우에 그 규정이 창설적 규정인지 또는 확인적 규정인지에 관한 논의와 직결된다.

조세회피행위를 부인하기 위해서는 실정법상의 부인규정이 필요하다는 긍정설이 과거 우리나라의 통설이었다.[155] 조세법률주의 아래에서 법률의 근거 없이 당사자가 선택한 법 형식을 부인하고 통상적이라고 여겨지는 법형식으로 고쳐 인정하여 과세하는 것은 국민의 법적 안정성 및 예측가능성을 현저히 침해하기 때문이라고 한다. 판례도 긍정설을 취하여 "납세자의 해당 거래에 대하여 이를 조세회피행위라고 하여 그 법형식에도 불구하고 경제적 관찰방법 또는 실질과세의 원칙에 따라 그 행위계산의 효력을 부인할 수 있으려면 조세

---

155) 강인애, 조세법 Ⅱ(조세통람사, 1989), p.86 : 김두형, 조세법의 해석론에 관한 연구, 경희대학교박사학위논문, 1996, p.196 : 김현채, 현대세법의 기본문제(1), 사법행정학회, 1986, p.433 : 전정구, 한국조세법의 제문제(조세통람사, 1989), p.224 : 한경국, 부당행위계산의 부인에 관하여, 사법론집 제11집(법원행정처, 1980), p.250 : 김정범, 조세회피행위 규제법률의 적용범위, 판례연구 제15집(하), 서울지방변호사회, p.16 : 임승순, 조세법(박영사, 2005), p.51 : 사법연수원, 조세법총론, 2005, p.58 : 김백영, 조세회피행위와 가장행위, 조세판례연구 Ⅲ(법률정보센타, 1997), pp. 155~156 : 윤병각, 실질과세의 원칙과 조세회피행위의 부인, 법과 정의(이회창선생화갑기념), 1992, p.378 : 장석조, 조세법상 실질과세원칙의 적용한계 – 실질의 의미에 관한 판례이론의 분석과 재해석 –, 사법론집 제33집, 법원도서관, p.597 : 이호원, 조세회피행위의 부인과 조세법률주의, 법조 40권 10호(통권 421호), 법조협회, 1991, p.129 : 이강국, 실질과세의 원칙, 사법론집 제13집, 법원행정처, p.473.

법률주의의 원칙상 법률에 개별적이고 구체적인 부인규정이 마련되어 있어야 한다"[156]는 입장을 견지하였다.

그러나 앞의 제2편 제3장에서 본 바와 같이 대법원 2012.1.19. 선고, 2008두8499 전원합의체 판결 이후의 판례는 개별적이고, 구체적인 부인규정 없이 국세기본법 제14조인 일반규정으로서의 실질과세원칙에 의하여 조세회피행위를 부인하는 경향이 두드러지고 있다.[157)158)]

---

156) 대법원 1996.5.10. 선고, 95누5301 판결 : 대법원 1999.11.9. 선고, 98두14082 판결 : 대법원 1992.9.22. 선고, 91누13571 판결.
157) 대법원 2017.2.15. 선고, 2015두46963 판결.
   [판결요지]
   (가) 구 「상속세 및 증여세법」(2013.1.1. 법률 제11609호로 개정되기 전의 것) 제2조 제4항, 제3항에 의하여 당사자가 거친 여러 단계의 거래 등 법적 형식이나 법률관계를 재구성하여 직접적인 하나의 거래에 의한 증여로 보고 증여세 과세대상에 해당한다고 하려면, 납세의무자가 선택한 거래의 법적 형식이나 과정이 처음부터 조세 회피의 목적을 이루기 위한 수단에 불과하여 재산 이전의 실질이 직접적인 증여를 한 것과 동일하게 평가될 수 있어야 하고, 이는 당사자가 그와 같은 거래 형식을 취한 목적, 제3자를 개입시키거나 단계별 거래 과정을 거친 경위, 그와 같은 거래 방식을 취한 데에 조세부담의 경감 외에 사업상의 필요 등 다른 합리적 이유가 있는지 여부, 각각의 거래 또는 행위 사이의 시간적 간격, 그러한 거래 형식을 취한 데 따른 손실 및 위험부담의 가능성 등 관련 사정을 종합하여 판단하여야 한다.
   (나) 갑 주식회사의 주주들이며 남매 사이인 을과 병 및 병의 배우자가 각자 소유 중인 갑 회사 주식을 을은 병 부부의 직계비속들에게 병 부부는 을의 직계비속들에게 교차증여하자 과세관청이 실질은 각자가 자신의 직계비속들에게 직접 증여한 것으로 보아 을 및 병 부부의 직계비속들에게 증여세 부과처분을 한 사안에서, 을과 병 부부는 각자의 직계비속들에게 갑 회사 주식을 증여하면서도 증여세 부담을 줄이려는 목적 아래 그 자체로는 합당한 이유를 찾을 수 없는 교차증여를 의도적인 수단으로 이용한 점 등을 고려하여, 그러한 교차증여를 구 「상속세 및 증여세법」(2013.1.1. 법률 제11609호로 개정되기 전의 것) 제2조 제4항에 따라 실질에 맞게 재구성하여 을과 병 부부가 각자의 직계비속들에게 직접 추가로 증여한 것으로 보아 증여세를 과세할 수 있다고 한 사례.
   (다) 종전 증여가 있은 후 10년 이내에 동일인으로부터 재차 증여가 이루어질 경우에 수증자는 증여세 과세표준으로 재차 증여의 증여재산가액에 종전 증여의 증여재산가액을 합친 금액을 신고하여야 한다[구 「상속세 및 증여세법」(2013.1.1. 법률 제11609호로 개정되기 전의 것) 제68조, 제47조 등]. 그런데 종전 증여에 관하여 무신고나 과소신고 등으로 신고불성실가산세를 부과하고 다시 재차 증여에 관하여 종전 증여의 증여재산가액을 합산하여 신고하지 아니하였다고 하여 그 부분에 대하여 추가로 신고불성실가산세를 부과하는 것은 납세의무자에게 이중의 부담을 지우는 결과가 될 수 있다. 이러한 이중 부담의 소지를 제거하면서도 적정한 범위 내에서 과소신고가산세를 부과하기 위하여 구 국세기본법(2011.12.31. 법률 제11124호로 개정되기 전의 것. 이하 '구 국세기본법'이라고 한다) 제47조의 3 제3항에 의하여 준용되는 제47조의 2 제8항은 재차 증여에 관한 과소신고가산세를 부과할 때 산정기준이 되는 '산출세액'에서 '종전 증여재산가액에 관한 산출세액'을 차감하도록 규정하였다. 이와 같은 규정 문언과 체계, 입법 취지 등을 고려하여, 재차 증여일 전 10년 이내에 동일인으로부터 받은 종전 증여재산가액을 합친 금액이 1천만원 이상인 경우에 재차 증여에 관한 과소신고가산세는 구 국세기본법 제47조의 3 제1항의 산식이 아니라 제3항에 따라 준용되는 제47조의 2 제8항에 의하여 수정된 산식 [=(산출세액－종전 증여 산출세액)×(과소신고분 과세표준÷과세표준)]에 따라 계산하고, 이때 '과소신고분 과세표준'에는 재차 증여에 관한 과소신고분뿐만 아니라 합산신고를 하지 아니한 종전 증여 부분도 포함하여 산정한다.
158) 대법원 2017.1.25. 선고, 2015두3270 판결.

　　위의 전원합의체 판결과 그 이후의 판례에 따르면 국세기본법 제14조는 조세회피행위를 부인하기 위한 일반규정으로서의 성격을 가지는데, 조세회피행위를 부인하기 위하여 일반규정을 두는 것이 과세요건명확주의에 위반되는 것이 아닌가에 관하여는 견해가 갈린다. 조세회피행위를 부인하기 위한 일반규정은 조세회피행위를 부인하기 위한 개별적이고 구체적인 개별규정(예를 들면 현행 소득세법 제41조 및 제101조, 법인세법 제52조, 「상속세 및 증여세법」 제44조부터 제45조의 5까지 등이 이에 해당한다)보다 그 법문의 구체성·명확성이 떨어지고, 따라서 그 규정의 의미나 내용이 명확하지 않은 경우가 있을 수 있기 때문이다.

　　생각건대 조세회피행위를 부인하기 위한 일반규정이라고 하더라도 법관의 법 보충작용으로서의 해석을 통하여 그 의미·내용이 구체화·명확화 될 수 있다면 이를 두고 과세요건명확주의에 위반된다고 비난할 수는 없다고 하겠다.[159] 따라서 개별규정이 없는 소득세회피행위에 대하여는 국세기본법 제14조 제1항, 제2항 또는 제3항에 따라 해당 소득세회피행위를 부인하여야 한다.

[판결요지]

(가) 구 「상속세 및 증여세법」(2010.1.1. 법률 제9916호로 개정되기 전의 것) 제2조 제4항에서 2 이상의 행위 또는 거래를 거치는 방법에 의하여 증여세를 부당하게 감소시킨 것으로 인정되는 경우에 경제적인 실질에 따라 연속된 하나의 행위 또는 거래로 보아 과세하도록 규정한 것은, 증여세의 과세대상이 되는 행위 또는 거래를 우회하거나 변형하여 여러 단계의 거래를 거침으로써 증여의 효과를 달성하면서도 부당하게 증여세를 감소시키는 조세회피행위에 대처하기 위하여 여러 단계의 거래 형식을 부인하고 실질에 따라 증여세의 과세대상인 하나의 행위 또는 거래로 보아 과세할 수 있도록 한 것으로서, 실질과세 원칙의 적용 태양 중 하나를 증여세 차원에서 규정하여 조세공평을 도모하고자 한 것이다. 그렇지만 한편 납세의무자는 경제활동을 할 때 동일한 경제적 목적을 달성하기 위하여 여러 가지의 법률관계 중의 하나를 선택할 수 있고 과세관청으로서는 특별한 사정이 없는 한 당사자들이 선택한 법률관계를 존중하여야 하며, 또한 여러 단계의 거래를 거친 후의 결과에는 손실 등의 위험 부담에 대한 보상뿐 아니라 외부적인 요인이나 행위 등이 개입되어 있을 수 있으므로, 여러 단계의 거래를 거친 후의 결과만을 가지고 실질이 증여 행위라고 쉽게 단정하여 증여세의 과세대상으로 삼아서는 아니 된다.

(나) 갑 주식회사의 최대주주이자 대표이사인 을이 갑 회사가 다른 회사에 발행한 전환사채를 약정에 따른 조기상환권을 행사하여 양수한 후 전환권을 행사하여 수령한 우선주를 보통주로 전환·취득하자, 과세관청이 을이 보통주 중 을의 소유주식비율을 초과하여 인수·취득한 부분에 대하여 당시 주가와 전환가액의 차액 상당을 증여받았다는 이유로 증여세 부과처분을 한 사안에서, 전환사채의 발행부터 을의 조기상환권 및 전환권 행사에 따른 갑 회사 신주취득까지 시간적 간격이 있는 일련의 행위들이 별다른 사업상 목적이 없이 증여세를 부당하게 회피하거나 감소시키기 위하여 비정상적으로 이루어진 행위로서 실질이 을에게 소유주식비율을 초과하여 신주를 저가로 인수하도록 하여 시가와 전환가액의 차액 상당을 증여한 것과 동일한 연속된 하나의 행위 또는 거래라고 단정하기는 어려우므로, 구 「상속세 및 증여세법」(2010.1.1. 법률 제9916호로 개정되기 전의 것) 제2조 제4항을 적용하여 증여세를 과세할 수는 없는데도 이와 달리 본 원심판결에 잘못이 있다고 한 사례.

159) 헌법재판소 1995.2.23. 선고, 93헌바24 등 결정: 헌법재판소 1995.11.30. 선고, 94헌바40 등 결정: 헌법재판소 1996.8.29. 선고, 95헌바41 결정: 헌법재판소 2002.12.18. 선고, 2002헌바27 결정 외.

현재 독일을 비롯하여 오스트리아·스웨덴·프랑스·스페인·네덜란드·벨기에·캐나다·이탈리아·오스트레일리아·뉴질랜드·이스라엘 등 대부분의 국가들이 조세회피행위를 부인하기 위한 일반규정을 두고 있다. 그리고 미국이나 영국에서는 판례법의 형성을 통하여 조세회피행위를 부인하고 있다. 미국에서는 판례법상 확립된 실질우위의 원칙(Form versus Substance), 사업목적의 원칙(Business Purpose), 단계거래의 원칙(Step Transactions) 등에 따라 조세회피행위를 부인하고 있다.

그런데 이와 같은 조세회피행위를 부인하기 위한 일반규정의 성격을 갖는 국세기본법 제14조와 소득세의 회피행위를 부인하기 위한 개별규정의 성격을 갖는 소득세법 제41조(부당행위계산) 또는 제101조(양도소득의 부당행위계산) 등과의 관계가 문제가 된다. 일반규정 및 개별규정의 성격과 그 관계, 국세기본법과 개별세법과의 관계를 정하고 있는 국세기본법 제3조 제1항의 규정 등에 비추어 볼 때 하나의 소득세 회피행위가 일반규정의 성격을 갖는 국세기본법 제14조에 따른 부인요건과 소득세 회피행위를 부인하기 위한 개별규정인 소득세법 제41조 또는 제101조 등에 따른 부인요건을 동시에 충족하는 경우에는 개별규정에 해당하는 소득세법 제41조 또는 제101조에 따라 그 소득세 회피행위를 부인하여야 한다. 조세회피행위를 부인하기 위한 일반규정의 성격을 갖는 국세기본법 제14조는 조세회피행위를 부인하기 위한 개별규정이 없는 경우에만 적용하여야 한다.

나. 소득세법상 부당행위계산 부인의 의의

1) 개 념

배당소득(익명조합원의 배당소득[160]만 해당한다)·사업소득 또는 기타소득이 있는 거주자의 행위 또는 계산이 그 거주자와 특수관계인과의 거래로 인하여 해당 소득에 대한 조세의 부담을 부당하게 감소시킨 것으로 인정되는 경우에는 그 거주자의 행위 또는 계산이 부당행위 또는 계산(이하 '부당행위계산'이라고 한다)에 해당한다. 즉, 부당행위계산이라 함은 납세자가 정상적인 경제인의 합리적 거래형식에 의하지 아니하고 우회행위, 다단계행위 그 밖의 이상한 거래형식을 취함으로써 통상의 합리적인 거래형식을 취할 때 생기는 조세의 부담을 경감 내지 배제시키는 행위계산을 말한다.[161] 이와 같은 부당행위계산에 대하여는 해당 거주자의 행위 또는 계산과 관계없이 납세지 관할세무서장 또는 지방국세청장이 해당 과세기간의 소득금액을 계산하게 된다.

---

160) 공동사업에서 발생한 소득금액 중 출자공동사업자에 대한 손익분배비율에 상당하는 금액을 말한다.
161) 대법원 1997.5.28. 선고, 95누18697 판결.

이것이 부당행위계산의 부인인 것이다. 즉 부당행위계산의 부인이라 함은 법률상 적법·유효한 행위 또는 기업회계기준이나 회계관행에 적합한 계산이라 할지라도 그 행위 또는 계산이 조세를 부당하게 감소시키는 경우에는 이를 부인하여 합리적인 경제인의 행위 또는 계산으로 바꾸어 과세소득을 산정하는 특례규정인 것이다. 부당행위계산의 부인에 관한 소득세법 제41조는 특정한 소득세의 회피행위를 부인하기 위한 개별규정의 성격을 갖는다.

2) 제도적 취지

부당행위계산의 부인에 관한 규정은 조세의 회피를 방지하여 조세부담의 공평을 실현하기 위한 제도이다.[162] 즉 납세의무자가 이상성(異常性 : Ungewönlichkeit)이 있는 행위 또는 형식을 선택함으로써 통상적인 행위·형식을 선택한 경우와 동일하거나 거의 유사한 경제적 효과를 달성하면서 조세부담이 경감되거나 배제되는 효과를 얻는 경우에 해당 조세회피행위를 부인함으로써 조세부담의 공평을 실현하기 위한 장치인 것이다.[163]

그런데 소득세 부당행위계산의 부인에 관한 소득세법 제41조 및 제101조는 일정한 소득세의 회피행위를 부인하기 위한 개별규정의 성격을 갖고 있다. 다만, 소득세 부당행위계산의 부인에 관한 소득세법 제41조 및 제101조는 소득세법상 조세회피행위의 부인에 관한 다른 개별규정(예 : 공동사업합산과세에 관한 소득세법 제43조 제3항, 가사관련경비의 필요경비불산입에 관한 소득세법 제33조 제1항 제5호 등)보다는 그 적용범위가 매우 광범위한 특성을 지니고 있다.

다. 소득세법상 부당행위계산 부인의 적용요건

배당소득(익명조합원의 배당소득에 한한다)·사업소득 또는 기타소득이 있는 거주자의 행위 또는 계산이 그와 특수관계인과의 거래로 인하여 해당 소득에 대한 조세의 부담을 부당하게 감소시킨 것으로 인정되는 때이다. 이를 나누어서 설명하면 다음과 같다.

1) 일정한 소득자

"배당소득(익명조합원의 배당소득만 해당한다)·사업소득 또는 기타소득이 있는 거주자"의 행위 또는 계산이어야 한다. 따라서 이자소득·배당소득(익명조합원의 배당

---

162) 최명근, 앞의 책, p.446.
163) 대법원 1997.5.28. 선고, 95누18697 판결.

소득은 제외한다)·근로소득·연금소득 및 퇴직소득이 있는 자에 대하여는 부당행위계산의 부인에 관한 규정이 적용되지 아니한다. 예를 들면 거주자가 특수관계인에게 무이자부로 금전을 대여한 경우에도 해당 금전의 대여가 사업활동으로서 행하여진 것이 아니라면 부당행위계산부인의 규정을 적용하지 아니한다.

2) 행위 등의 이상성

가) 행위 또는 계산의 존재

이상성(異常性)을 띤 행위 또는 계산이 존재하여야 한다. 즉 행위 또는 소득금액의 계산이 부당하여야 한다. '행위'라 함은 법인의 대외적 관계에 있어서 법률효과를 발생하는 법률행위(Rechtsgeschäft)를 가리킨다. 그리고 소득금액의 '계산'이란 대내적 관계에서의 회계처리를 의미한다.

행위의 부인은 소득금액의 계산의 부인을 수반하는 것이 일반적이므로 행위의 부인과 소득금액의 계산의 부인을 따로 보는 것은 무의미하다. 왜냐하면 행위의 부인이라고 하더라도 결국은 소득금액의 계산의 부인이라는 과정을 통하여 각 사업연도의 소득금액을 조정하는 것이므로 행위 또는 소득금액의 계산의 부인은 모두 소득금액의 계산의 부인으로 귀착되기 때문이다. 다만, 부인할 행위가 존재하지 않기 때문에 소득금액의 계산만을 부인하여야 할 경우가 있다.

행위에는 작위뿐만 아니라 부작위를 포함한다. 예를 들면 대금업을 영위하는 사업자가 그 채권 및 이자 추심이 가능함에도 불구하고 무상대여와 같은 상태로 방치함으로써 그 대여금으로부터 발생할 이자수익을 소극적으로 포기한 때에는 부작위에 의한 부당행위계산에 해당한다.[164]

다음으로 부당행위계산부인의 대상이 되는 기초적 사실행위는 실제로 존재하는 것이어야 한다.[165] 또한 부당행위계산부인의 대상이 되는 행위 또는 소득금액의 계산은 법률상으로 적법·유효한 행위이어야 한다. 그리고 기업회계기준이나 회계관행에 적합한 계산에 해당하더라도 부인의 대상이 될 수 있다. 실재하지 않는 행위나 무효인 행위 등은 부당행위계산의 부인에 의해서가 아니고 사실인정의 과정을 통하여, 또는 실질과세의 원칙의 적용을 통하여 진실한 사실관계 또는 실질내용에 따라 소득금액을 산정하면 된다. 부연한다면 실재하지 않거나 사실관계에 부합하지 않는 행위의 부인이나, 무효인 법률행위 등의 세법적 평가는 부당행위계산부인의 대상이 아니

---

164) 대법원 1989.1.17. 선고, 87누901 판결.
165) 대법원 1985.4.23. 선고, 84누622 판결; 대법원 1982.11.23. 선고, 80누466 판결.

다.[166]

나) 행위 등의 이상성

납세의무자가 통상적이라고 생각되는 행위 또는 형식을 선택하지 아니하고 이상성(異常性)을 띤 행위 또는 형식을 선택하여야 한다.

독일에서는 이상성(Ungewönlichkeit)을 적합하지 않은 방법(unangemessene Weg)의 법적 형성으로 이해한다. 부적합한 법적 형성이란 납세자가 선택한 법적 형성이 합리적인 경제적 기초(vernunftiger wirtschaftlicher Grund)를 결여하여 통상적으로 그 법적 형성이 어떤 경제적 목적에 기여하는 바도 없고, 그 법적 형성을 통하여 경제적으로 얻어지는 바도 별로 없음을 뜻한다. 즉 어떤 경제적 목적을 달성함에 있어 정상적인 사람이라면 그러한 법적 형성을 선택하지 않았으리라고 인정될 정도로 이상한 경우의 법적 형성이 부적합한 법적 형성에 해당하는 것이다.[167]

미국에서는 어떤 거래행위의 주된 목적이 통상적인 사업목적이 아닌 경우만을 이상성을 띤 거래행위로 파악하는 사업목적원칙(business purpose doctrine)이 판례로 확립되어 있다. 이와 같은 사업목적원칙에 따라 조세회피행위를 부인한 최초의 판례는 그레고리사건이다.[168]

이 사건은 납세의무자가 조세회피만을 목적으로 조직변경(reorganization)을 이용한 거래에 대하여 사업목적이 없는 부당행위라는 이유로 조직변경에 관한 비과세규정의 적용을 배제한 것이다.

사업목적원칙이란 어떤 거래행위가 사업상 또는 산업상의 목적으로서가 아니고 조세부담의 회피를 주된 목적으로 하여 행하여진 경우에는 그 거래행위를 부인하여야 하나, 조세부담의 회피를 주된 목적으로 하지 않고 사업상 또는 산업상의 목적으로 이루어진 경우에는 해당 거래행위를 부인하여서는 안된다는 원칙이다.[169]

우리나라에서는 어떤 행위가 주위의 경제적 사정 및 경제적 합리성에 비추어 적합한 것인지 또는 자연스러운 것인지의 여부를 해당 행위의 이상성을 판정하는 잣대로 하고 있는 것으로 보인다.[170] 실정세법에서는 이상성을 "부당"이라고 표현하고 있는

166) 서울행정법원 2014.3.21. 선고, 2013구합57266 판결.
167) 이태로·이철송, "세법상 실질과세에 관한 연구-조세회피의 규율방안을 중심으로-," 「한국경제연구원 연구총서 22-85-03」(1985.7.), p.28.
168) Gregory v. Helvering, 293 US465, 469(1935).
169) Boris I. Bittker & Lawrence Lokken, Federal Taxation of Income, Estates and Gifts, Volume 1(Warren, Gorham & Lamont, 1989), pp.4-43~4-45.
170) 최명근, 앞의 책, p.447 : 이태로, 앞의 책, p.303.

데, 이와 같은 부당이라는 용어는 경제적 개념으로 쓰여진 것이다.[171] 대법원은 부당의 개념을 경제적 개념으로 이해하여 "경제적 합리성을 결여한 거래"라고 지칭하면서,[172][173] 경제적 합리성을 판단할 때에는 경제인이 통상적으로 선택하리라고 기대되는 거래가 판단기준이 된다고 한다. 이 경우 경제적 합리성의 유무를 판단하는 기준으로 사회통념, 상관행, 특수관계인 아닌 자간의 거래가격, 거래 당시의 특별한 사정 등을 고려한다.[174]

소득세법은 부당을 시가초과 · 시가미달 · 무상 기타 낮은 이율 · 높은 이율 등에 의한 거래나 이상한 거래 등을 예시하고 있다. 이 경우 시가초과 · 시가미달 · 무상 기타 낮은 이율 · 높은 이율 등이라 하더라도 시가와 대가(실제의 거래가액)의 차액이 3억원 이상이거나 시가의 5%에 상당하는 금액 이상인 경우에 한하여 그 행위 또는 계산에 이상성이 존재하는 것으로 하여 부당행위계산 부인규정의 적용범위를 제한한다. 자산의 시가를 확인 · 산정하는 것이 용이하지 않고, 산정한 시가의 객관성 및 정확성에 있어서도 의문이 존재하기 때문에 안전대(安全帶 : safe harbor)로서 3억원 또는 시가의 5%에 상당하는 금액기준을 설정한 것이다.

이에 따라 특수관계인에게 자산을 고가매입하거나 저가양도하는 경우 또는 그 밖의 거래를 함에 있어서 시가와 대가와의 차액이 3억원 이상이거나 시가의 5%에 상당하는 금액 이상인 경우에만 부당행위계산부인에 관한 규정을 적용하는 것이다. 아래에서 간단한 사례를 들어 설명하기로 한다.

〈사례 1〉 시가가 10억원인 자산을 8억원에 양도한 경우에는 시가와 대가와의 차액은 3억원에 미달하지만 시가와 대가와의 차액이 시가의 5%에 상당하는 금액(5,000만원) 이상이기 때문에 부당행위계산부인의 요건을 충족한다.

---

171) 최명근, 앞의 책, p.447.
172) 대법원 2010.10.25. 선고, 2008두15541 판결 : 대법원 1992.11.24. 선고, 91부13 판결 등.
173) 대법원 2017.1.25. 선고, 2016두50686 판결.
   소득세법 제101조 제1항에 정한 부당행위계산부인이란 거주자가 특수관계인과의 거래에서 정상적인 경제인의 합리적인 방법에 의하지 아니하고 소득세법 시행령 제167조 제3항 각 호에 열거된 거래형태를 빙자하여 남용함으로써 조세부담을 부당하게 회피하거나 경감시켰다고 하는 경우에 과세권자가 이를 부인하고 법령에 정한 방법에 의하여 객관적으로 타당해 보이는 양도소득이 있는 것으로 의제하는 제도로서, 경제인의 처지에서 볼 때 부자연스럽고 불합리한 행위계산을 함으로 인하여 경제적 합리성을 무시하였다고 인정되는 경우에 한하여 적용된다. 그리고 경제적 합리성의 유무를 판단할 때에는 해당 거래행위의 대가관계만을 따로 떼어 내어 단순히 특수관계인이 아닌 자와의 거래형태에서는 통상 행하여지지 아니하는 것이라 하여 바로 경제적 합리성이 없다고 보아서는 아니 되며, 거래행위의 제반 사정을 구체적으로 고려하여 과연 그 거래행위가 건전한 사회통념이나 상관행에 비추어 경제적 합리성이 없는 비정상적인 것인지의 여부에 따라 판단하여야 한다.
174) 대법원 2018.10.25. 선고, 2016두39573 판결 : 대법원 2004.2.13. 선고, 2002두11479 판결 외.

〈사례 2〉 시가가 100억원인 자산을 96억원에 양도한 경우에는 시가와 대가와의 차액(4억원)은 시가의 5%에 상당하는 금액(5억원)에 미달하지만 3억원 이상에 해당하기 때문에 부당행위계산부인의 요건을 충족한다.

〈사례 3〉 시가가 100억원인 자산을 98억원에 양도한 경우에는 시가와 대가와의 차액도 3억원에 미달할 뿐만 아니라 시가와 대가와의 차액이 시가에서 차지하는 비율도 5%에 상당하는 금액(5억원)에 미달하기 때문에 부당행위계산부인의 요건을 충족하지 못한다.

다) 시가의 개념과 그 산정방법[175]

① 일반적인 경우의 시가

㉮ 시가

시가란 건전한 사회통념과 상관행과 특수관계인이 아닌 자간의 정상적인 거래에서 적용되거나 적용될 것으로 판단되는 가격을 말한다. 특히 어떤 거래와 유사한 상황에서 해당 거주자가 특수관계인 외의 불특정다수인과 계속적으로 거래한 가격 또는 특수관계인이 아닌 제3자간에 일반적으로 거래된 가격이 있는 경우에는 그 가격에 의하여야 한다(소령 98 ③).

주권상장법인이 발행한 주식을 증권시장 내에서 장내거래한 경우 그 거래가격이 시가에 해당한다. 그러나 증권시장 외에서 장외거래하거나(자본시장법 8의 2 ④ I) 대량매매 등의 방법으로 거래한 경우에는 그 거래일의 거래소(자본시장법 8의 2 ②)의 최종시세가액을 해당 주식의 시가로 한다. 위의 경우 사실상 경영권의 이전이 수반[176]된다면 최대주주의 주식 할증평가에 관한 규정(상증법 63 ③)을 준용하여 그 가액의 20퍼센트를 가산한다(법령 89 ①).

㉯ 시가가 불분명한 경우

시가가 불분명한 경우에는 다음의 순서에 따라 계산한 금액으로 한다. 이 경우 시가를 산정하기 어려워 보충적인 평가방법을 택할 수밖에 없었다는 점에 관한 입증책임은 과세관청에게 있다.[177]

ⅰ)「감정평가 및 감정평가사에 관한 법률」에 따른 감정평가법인 등이 감정한

---

175) 시가의 산정에 관하여는 법인세법 시행령 제89조의 규정을 준용한다(소령 98 ③ 및 ④).

176) 사실상 경영권의 이전이 수반되는 경우란 ① 상증법 제63조 제3항에 따른 최대주주 또는 최대출자자가 변경되는 경우 또는 ② 상증법 제63조 제3항에 따른 최대주주등 간의 거래에서 주식등의 보유비율이 1퍼센트 이상 변동되는 경우를 말한다(법칙 42의 6 ①). 다만, 회생계획, 기업개선계획 또는 경영정상화계획 등을 이행 중인 법인이 해당 계획을 이행하기 위하여 주식을 거래하는 경우는 제외한다.

177) 대법원 2001.9.14. 선고, 2000두406 판결 : 대법원 1995.6.13. 선고, 95누23 판결.

가액이 있는 경우 그 가액(감정한 가액이 2 이상인 경우에는 그 감정한 가액의 평균액). 주식 등 및 가상자산은 제외한다. 감정가액에 관하여 행정해석[178] 및 심판결정례[179]는 사후에 평가기준일을 소급하여 시가를 평가하는 소급감정을 인정하지 않으나, 대법원은 소급감정도 허용된다고 판시하고 있다.[180]

ⅱ)「상속세 및 증여세법」제38조·제39조·제39조의 2·제39조의 3, 제61조부터 제66조까지의 규정을 준용하여 평가한 가액. 이 경우「상속세 및 증여세법」제63조 제1항 제1호 나목 및 같은 법 시행령 제54조에 따라 비상장주식을 평가함에 있어 해당 비상장주식을 발행한 법인이 보유한 주식(주권상장법인이 발행한 주식으로 한정한다)의 평가금액은 평가기준일의 한국거래소 최종시세가액으로 하며,「상속세 및 증여세법」제63조 제2항 제1호·제2호 및 같은 법 시행령 제57조 제1항·제2항을 준용할 때 "직전 6개월(증여세가 부과되는 주식 등의 경우에는 3개월로 한다)"은 각각 "직전 6개월"로 본다.

② 금전의 대여 또는 차용에 있어서의 시가

금전의 대여 또는 차용에 있어서는 가중평균차입이자율을 시가로 한다(법령 89 ③). 가중평균차입이자율이란 자금을 대여한 법인의 대여시점 현재 각각의 차입금 잔액(특수관계인으로부터의 차입금은 제외한다)에 차입 당시의 각각의 이자율을 곱한 금액의 합계액을 해당 차입금 잔액의 총액으로 나눈 비율을 말한다. 다만, 가중평균차입이자율의 적용이 불가능한 경우 등으로서 기획재정부령이 정하는 경우에는 당좌대출이자율을 시가로 한다(법령 89 ③ 단서, 법칙 43).

③ 자산 또는 용역의 제공에 따른 시가

자산(금전을 제외한다) 또는 용역의 제공에 있어서 일반적인 경우의 시가에 관한 규정을 적용할 수 없는 때에는 다음의 규정에 의하여 계산한 금액을 시가로 한다.

ⅰ) 유형 또는 무형의 자산을 제공하거나 제공받는 경우

해당 자산의 시가의 50%에 상당하는 금액에서 그 자산의 제공과 관련하여 받은 전세금 또는 보증금을 차감한 금액에 정기예금이자율을 곱하여 산출한 금액

ⅱ) 건설 기타 용역을 제공하거나 제공받는 경우

---

178) 법인 22601-2511, 1992.11.24.
179) 조심 2022구6055, 2022.8.2.
180) 대법원 1999.4.27. 선고, 99두1595 판결 : 대법원 2004.3.12. 선고, 2002두10377 판결 : 대법원 2015.3.12. 선고, 2014두44205 판결.

해당 용역의 제공에 소요된 금액(직접비 및 간접비를 포함하며, 이하에서
'원가'라 한다)과 원가에 해당 과세기간 중 특수관계인 외의 자에게 제공한
유사한 용역제공거래에 있어서의 수익률(기업회계기준에 의하여 계산한 매
출액에서 원가를 차감한 금액을 원가로 나눈 율을 말한다)을 곱하여 계산한
금액을 합한 금액

라) 행위 등의 이상성의 판단시기

행위 또는 계산의 이상성을 판단하는 시점은 거래 당시 또는 행위 당시이다. 즉
행위 또는 계산의 이상성은 거래 당시를 기준으로 판단하여야 하는 것이다.[181] 부당
행위계산 판단의 기준시점인 '행위 당시'란 주요 거래조건을 확정하고, 이에 대해 거
래당사자 간 구속력 있는 합의가 있는 시점이다. 다만, 거래당사자간 합의가 구속력
이 있는지 여부는 해당 합의의 목적 및 내용, 그러한 내용이 기재된 경위와 당사자
의 진정한 의사 등을 종합적으로 고려하여 판단할 사항이다.[182]

저가양도의 경우 그 판단은 거래 당시를 기준으로 하므로, 만약 거래계약 체결시
기와 양도시기가 다르다면 그것이 부당행위계산에 해당하는지 여부는 그 대금을 확
정짓는 거래 당시를 기준으로 판단하여야 한다. 다만, 다만 총수입금액에 산입할 금
액은 특별한 사정이 없는 한 양도시기를 기준으로 산정하여야 한다.[183]

3) 특수관계인과의 거래

거주자와 특수관계인과의 거래에 해당하여야 한다. 소득세의 부담을 회피하기 위한
이상성을 띤 거래는 주로 특수관계인과의 사이에서만 이루어지기 때문이다. 특수관계
인지의 여부는 거래 당시를 기준으로 판단하여야 할 것이다. 따라서 특수관계가 성립
되기 전이나 특수관계가 소멸된 후에 이루어진 거래에 대하여는 부당행위계산으로 보
지 않는다.

특수관계인이란 해당 거주자의 친족 또는 임원 등 국세기본법 시행령 제1조의 2 제1
항, 제2항 및 제3항 제1호에 규정되어 있는 자를 말한다(소령 98 ①). 특수관계인에 해
당하는지의 여부를 판단할 때에는 해당 거주자를 기준으로 하여 특수관계인에 해당하
는지의 여부를 판정하여야 한다는 일방관계설과 해당 거주자 및 거래상대방 모두를
기준으로 하여 특수관계인에 해당하는지의 여부를 판정하여야 한다는 쌍방관계설이

---

181) 대법원 1992.11.24. 선고, 91누6856 판결 : 대법원 1989.6.13. 선고, 88누5273 판결.
182) 기획재정부 법인세제과-48(2016.1.18.) : 법인세제과-350, 2022.8.31.
183) 대법원 2010.5.27. 선고, 2010두1484 판결 : 대법원 1999.1.29. 선고, 97누15821 판결.

대립한 바 있었다. 이에 관하여 대법원은 전원합의체 판결을 통하여 문언 해석상 쌍방관계설은 허용될 수 없다는 입장을 취함으로써 일방관계설을 지지하였다.[184]

그러나 위 전원합의체 판결 직후 개정된 국세기본법 제2조 제20호 후단이 쌍방관계설을 명문화함에 따라 이 문제는 입법적으로 해결되었다.[185] 즉 특수관계인에 해당하는지의 여부는 해당 거주자의 거래상대방이 해당 거주자와 특수관계에 있는 경우는 물론이고 해당 거주자가 거래상대방과 특수관계에 있는 경우까지 포함하여 판단하는 것이다.

4) 소득세 부담의 감소

해당 소득에 대한 조세의 부담을 감소시킨 것으로 인정되어야 한다. 해당 소득에 대한 조세란 소득세를 가리킨다. 소득세 부담의 감소 여부는 통상적인 행위 등으로 환원하여 산정한 소득세, 즉 행위계산을 부인하여 산정한 소득세와 납세의무자가 선택한 이상성을 띤 행위 등을 기준으로 하여 산정한 소득세를 비교하여 판정한다.

따라서 납세의무자가 선택한 행위·형식이 비록 이상성이 있다고 하더라도 이와 같은 행위·형식에 의하여 소득세의 회피, 즉 소득세의 배제나 경감을 초래하지 않았거나 오히려 소득세 부담의 증가를 초래한 경우에는 부당행위계산에 해당하지 아니한다. 다음으로 소득에 대한 조세의 부담을 감소시킨 것으로 인정되면 충분하고 당사자에게 조세회피의 의사 또는 목적이 있어야 하는 것은 아니다.[186] 즉 납세의무자의 주관적인 조세회피의사는 행위계산부인의 요건이 아닌 것이다.

그러나 독일에 있어서 조세회피가 성립하기 위해서는 부적합한 법적 형성만으로는 부족하고 법적 형성가능성의 남용(Mißbrauchen)이라는 주관적인 의사가 필요하다고 한다. 그러므로 납세의무자의 무지·무경험 또는 착오 등으로 인하여 부적합한 법적 형성을 한 경우에는 조세회피행위로 보지 않는 것이다.[187] 물론 이 경우에 조세회피의 의사에 관한 입증책임은 과세관청이 부담한다.

---

184) 대법원 2011.7.21. 선고, 2008두150 전원합의체 판결.
185) 기법 2 ⅩⅩ 후단 및 법법 2 Ⅻ 후단.
186) 대법원 2006.11.10. 선고, 2006두125 판결 : 대법원 1996.7.12. 선고, 95누7260 판결 : 1992.11.24. 선고, 91누 6856 판결 등.
187) Klaus Tipke und Heinrich W. Kruse, Abgabenordnung Finanzgerichtsordnung Kommentar zur AO 1977 und FGO, 13. Aufl.(Verlag Dr. Otto Schmidt KG, 1988), S.42 Tz.17.

라. 소득세법상 부당행위계산의 유형

소득세법 시행령 제98조 제2항에서 부당행위계산의 유형에 관하여 규정하고 있다. 이와 같은 규정은 소득세법 제41조 제1항의 요건을 갖춘 부당행위계산의 전형적인 유형을 예시한 예시적 규정이며, 부당행위계산의 유형을 제한적으로 한정하는 열거적 규정은 아니다. 그런데 소득세법 시행령 제98조 제2항이 소득세 부당행위계산의 유형을 예시한 규정이라고 하여 모든 유형의 소득세 회피행위가 소득세법 시행령 제98조 제2항의 부당행위계산의 유형에 포용될 수 있다는 의미는 아니다. 소득세 회피행위로서 소득세법 제41조 제1항의 소득세 부당행위계산의 요건(일정한 소득자, 행위 등의 이상성, 특수관계인과의 거래, 소득세 부담의 감소)을 모두 갖춘 행위 및 계산만이 그 대상이 될 뿐이다.

다음으로 자산의 고가매입, 자산의 저가양도, 자산 또는 용역의 무상 또는 저율제공, 자산 또는 용역의 고율이용, 그 밖의 거래로서 자산의 고가매입·자산의 저가양도·자산 또는 용역의 무상 또는 저율제공·자산 또는 용역의 고율이용에 준하는 행위에 있어서 시가와 대가와의 차액이 발생하더라도 그 차액이 3억원 또는 시가의 5%에 상당하는 금액 중 적은 금액에 미달하는 경우에는 부당행위계산의 요건을 충족하지 않음은 이미 앞에서 설명한 바와 같다.

1) 자산의 고가매입과 저가양도

① 자산의 고가매입

특수관계인으로부터 시가를 초과하여 자산을 매입한 경우이다. 여러 자산을 포괄적으로 매입한 것으로 인정되는 경우에는 원칙적으로 개개의 자산별로 그 거래가격과 시가를 비교하는 것이 아니라 그 자산들의 전체 거래가격과 시가를 비교하여 포괄적 거래 전체로서 고가매입에 해당하는지 여부를 판단하여야 한다.[188]

고가매입의 경우에 시가를 초과하는 부분은 취득가액 또는 매입가액에서 제외한다. 즉 시가를 기준으로 하여 감가상각비의 범위액을 계산한다. 그리고 시가에 따라 자산의 취득가액을 계산하고, 이를 기준으로 하여 매출원가 등을 산정하는 것이다.

② 자산의 저가양도

저가양도의 경우에는 실지 매출 또는 양도한 가액에 관계없이 시가로 매출액 또는 양도가액을 계산한다.

---

188) 대법원 2013.9.27. 선고, 2013두10335 판결.

2) 자산 또는 용역의 무상 또는 저율 제공

특수관계인에게 금전이나 그 밖의 자산 또는 용역을 무상 또는 낮은 이율 등으로 대부하거나 제공한 경우이다. 다만, 직계존비속에게 주택을 무상으로 사용하게 하고 직계존비속이 그 주택에 실제 거주하는 경우는 제외한다.

무상 또는 저율대부 등에 대해서는 정상이율 또는 적정요율에 따라 산정한 이자ㆍ요금ㆍ적정임대료 및 그 밖의 대가와의 차액은 총수입금액에 산입한다.

3) 자산 또는 용역의 고율 이용

특수관계인으로부터 금전이나 그 밖의 자산 또는 용역을 높은 이율 등으로 차용하거나 제공받는 경우이다. 실제 지급한 이자 등과 정상이율 등에 따라 산정한 이자 등과의 차액을 필요경비에 산입하지 아니한다.

4) 무수익자산의 비용부담

특수관계인으로부터 무수익자산을 매입하여 그 자산에 대한 비용을 부담하는 경우이다. 이와 같은 비용은 필요경비에 산입하지 아니한다. 앞에서 무수익자산이란 사업자의 수익파생에 공헌하지 못하거나 사업자의 수익과 관련이 없는 자산으로서 장래에도 그 자산의 운용으로 수익을 얻을 가망성이 희박한 자산을 말한다.[189]

5) 그 밖의 부당행위계산

그 밖에 특수관계인과의 거래로 인하여 해당 과세기간의 총수입금액 또는 필요경비를 계산할 때 소득세의 부담을 부당하게 감소시킨 것으로 인정되는 경우이다.

마. 소득세법상 부당행위계산부인의 효과

1) 소득금액의 계산

부당행위계산부인의 요건에 해당하게 되면 소득자의 행위 또는 계산과 관계없이 납세지 관할세무서장 또는 지방국세청장이 해당 과세기간의 소득금액을 계산한다. 납세지 관할세무서장 또는 지방국세청장이 해당 과세기간의 소득금액을 계산할 때 경제인의 합리적인 행위 또는 계산이 그 기준이 된다. 예를 들면 시가, 정상이율에 따른 이자, 적정요율에 따른 요금 또는 대가, 적정임대료 등(이하에서 '시가'라 한다)이 그 기준

---

189) 대법원 2006.1.13. 선고, 2003두13267 판결.

이 되는 것이다. 그런데 부당행위계산을 부인하여 소득금액을 계산할 경우 시가를 기준으로 하여 소득금액을 계산할 것인지 아니면 시가에서 3억원 또는 시가의 5%에 상당하는 금액 중 적은 금액을 뺀 금액을 기준으로 하여 소득금액을 계산할 것인지가 문제이다.

부당행위계산부인 요건의 충족 여부는 시가에서 3억원 또는 시가의 5%에 상당하는 금액 중 적은 금액을 뺀 금액을 기준으로 하여 판정하지만, 일단 부당행위계산부인의 요건을 충족한 경우에는 시가를 기준으로 하여 부당행위계산을 부인하여 소득금액을 산정하여야 한다. 즉 납세지 관할세무서장 등은 부당행위계산부인의 요건이 충족된 경우에는 시가를 기준으로 하여 시가와 대가와의 차액을 총수입금액에 산입하거나 필요경비에 불산입하여야 한다. 시가의 개념은 앞에서 설명한 바와 같다.

2) 대응조정의 불인정

거주자간의 거래에 관하여 행위 또는 계산을 부인하는 경우에는 대응조정을 허용하지 않는다.

예를 들어 제조업을 영위하는 "갑"이 판매업을 영위하는 그의 아들인 "을"에게 시가 1,000원인 제품을 600원에 판매한다고 가정하자. 이 경우에 과세관청은 "갑"에게 부당행위계산부인의 규정을 적용하여 매출액을 1,000원으로 산정할 것이다. 그러나 그의 아들인 "을"에 대하여는 대응조정을 허용하지 않고 그대로 600원을 매입가액으로 인정할 뿐이다.

그러나 이전가격과세에 따라 야기되는 이중과세를 시정하기 위하여 국외의 특수관계인과의 거래에 관하여는 대응조정(corresponding adjustment)장치가 마련되고 있다.

3) 기존행위의 효력의 무영향

부당행위계산부인규정은 당사자간에 약정한 법률행위의 효과를 부인하거나 새로운 법률행위의 창설이나 기존 법률행위의 변경·소멸을 가져오게 할 수는 없다. 부인의 효과는 단지 과세소득 계산상의 범위 내에만 국한될 뿐이다. 예를 들어 설명하여 보기로 하자.

"갑"은 그가 대주주로 있는 "을주식회사"에게 부동산을 임대하고 적정임대료에 미달하게 임대료를 받았다. 과세관청이 부당행위계산부인규정을 적용하여 적정임대료에 미달하는 임대료 5,000만원을 "갑"의 총수입금액에 산입한 경우에 "갑"이 부당행위계산부인규정을 근거로 "을주식회사"에 대하여 임대료 5,000만원의 추가지급을 청구할 권리가 발생하는 것은 아니다. 즉 부당행위계산부인규정이 적용되었다고 하여 그 적용의 효과로서 "갑"과 "을주식회사"간의 임대차계약의 내용까지 부인의 내용과 같이 변경되는 것은 아닌 것이다.

4) 조세포탈범의 구성요건과의 관계

부당행위계산부인에 따라 총수입금액에 산입하거나 필요경비 불산입하는 금액은 사기나 그 밖의 부정한 행위로 보지 아니한다.[190] 즉 부당행위계산과 같은 조세회피행위는 조세포탈범의 구성요건인 사기나 그 밖의 부정한 행위에서 제외된다고 새겨야 한다.

바. 국제거래에 대한 부인의 특례

국제거래에 대하여는 소득세법 제41조의 규정을 적용하지 아니한다(국조법 4 ②). 국제거래라 함은 거래당사자의 일방 또는 쌍방이 비거주자 또는 외국법인인 거래로서 유형자산 또는 무형자산의 매매·임대차, 용역의 제공, 금전의 대부·차용 기타 거래자의 손익 및 자산에 관련된 모든 거래를 말한다.

이와 같은 국제거래에 대하여는 이전가격과세제도(정상가격에 의한 과세조정)에 따라 소득금액을 조정하는 것이다.

다만, 다음의 자산의 증여 등에 대하여는 소득세법 제41조의 규정을 적용하여 소득금액을 조정한다(국조법 4 ② 및 국조령 4). 즉 거래당사자의 일방 또는 쌍방이 비거주자 또는 외국법인인 거래라 할지라도 자산의 증여나 채무면제 등과 같은 일부 국제거래에 대하여는 이전가격과세제도의 적용을 배제하고 국내거래와 마찬가지로 소득세법상의 조세회피행위의 부인규정, 즉 소득세법 제41조의 규정을 적용하도록 하고 있는 것이다.

① 자산을 무상으로 이전(현저히 저렴한 대가를 받고 이전하는 경우는 제외한다)하거나 채무를 면제하는 경우
② 수익이 없는 자산을 매입하였거나 현물출자를 받았거나 그 자산에 대한 비용을 부담한 경우
③ 출연금을 대신 부담한 경우
④ 그 밖의 자본거래로서 법인세법 시행령 제88조 제1항 제8호 각 목의 어느 하나 또는 같은 항 제8호의 2에 해당하는 경우

---

190) 대법원 2013.12.12. 선고, 2013두7667 판결.

3 비거주자 등과의 거래에 대한 소득금액계산의 특례

우리나라가 조세의 이중과세 방지를 위하여 체결한 조약(이하 '조세조약'이라 한다)의 상대국과 그 조세조약의 상호합의규정에 따라 거주자가 국외에 있는 비거주자 또는 외국법인과 거래한 그 금액에 대하여 권한 있는 당국 간에 합의를 하는 경우에는 그 합의에 따라 납세지 관할세무서장 또는 지방국세청장은 그 거주자의 각 과세기간의 소득금액을 조정하여 계산할 수 있다(소법 42).

소득금액조정의 신청절차 등은 「국제조세조정에 관한 법률 시행령」 제21조를 준용한다(소령 99).

4 결손금의 통산과 공제

가. 결손금 공제제도의 의의

1) 결손금 공제의 제도적 취지

소득세는 자연인의 가득기간 전체에 걸친 소득, 즉 생애소득(Lebenseinkommen)을 기준으로 과세하는 것이 타당하지만, 이와 같은 과세방법은 기술적으로 사실상 불가능에 가까운 것이다. 그러므로 생애소득을 각각 1역년(과세기간) 단위로 구획하여 소득세를 산정하고 있는 것이다. 그러나 기간과세의 원칙에 따라 생애소득을 과세기간 단위로 배분하여 과세할 경우 그 배분으로 인하여 세부담에 왜곡을 가져오는 경우를 자주 보게 된다. 소득세는 누진세율구조를 채택하고 있기 때문에 생애소득이 동일할지라도 과세기간마다 소득금액이 평균적으로 발생하는 납세의무자와 과세기간마다 소득금액의 변동이 심한 납세의무자, 특히 부(-)의 소득금액(결손금)과 정(+)의 소득금액이 반복하여 발생하거나 과세기간별로 소득금액의 크기에 현저한 변동이 생기는 임시소득 및 변동소득 등이 있는 납세의무자와의 사이에는 부담의 불공평을 초래하게 되므로 불합리하다. 과세의 편의상 개인의 소득금액을 과세기간 단위로 구분하여 과세하고 있기는 하지만, 그 자연인의 생애소득은 과세기간 단위의 소득금액 또는 결손금의 차가감액이므로 어떤 과세기간에 발생한 결손금은 그 이전 또는 이후의 과세기간의 소득금액에서 공제하는 것이 마땅한 것이다. 다만, 결손금의 발생시기에 관계없이 제한 없이 공제하기는 어려우므로 결손금의 발생 전 또는 발생 후의 일정기간 안에서만 공제를 허용하도록 하고 있다. 결손금공제(Verlustabzug)에는 이월공제(carry-over, Verlustvortrag)와 소급공제(carry-back, Verlustrücktrag)가 있다.

현행 소득세법은 결손금에 대하여 15년간 이월공제를 허용하고 있다. 즉 사업소득이 있는 거주자의 결손금은 그 결손금이 발생한 과세기간의 종료일로부터 15년 이내에 종료하는 과세기간의 소득금액을 계산할 때 공제하도록 하고 있다.

다음으로 중소기업에 대하여는 결손금을 1년간 소급공제하여 전년도 납부세액을 환급해 주는 결손금 소급공제제도를 채택하고 있다.

결손금의 이월공제제도나 소급공제제도는 모두 기간과세제도가 안고 있는 모순을 시정 또는 완화하기 위한 법적장치에 지나지 않으며, 결코 조세우대조치(Steuervergünstigung)가 아니다. 현행의 결손금공제제도에 관하여는 여러 측면에서 비판이 가하여지고 있다. 그 중요한 것으로서는 사업소득에서 발생한 결손금의 소급공제 적용요건의 엄격성과 소급공제기간의 단기성, 부동산임대업에서 발생한 결손금의 통산과 이월결손금 공제의 제한, 양도소득에 발생한 결손금 통산의 제한과 이월결손금 공제의 배제 등을 들 수 있다.

이하에서는 부동산임대업에서 발생한 결손금의 통산과 이월결손금 공제를 엄격히 제한하고 있는 현행 소득세법 제45조 제2항 및 제3항에 대하여 그 문제점을 지적하고자 한다.

첫째, 부동산임대업에서 발생한 결손금의 통산 및 이월결손금 공제에 있어서의 소득구분별 제한에 관한 규정은 순소득과세의 원칙에 위배된다. 이로 인하여 과잉과세와 원본잠식을 초래하고 국민의 재산권을 침해하게 된다.

예를 들어 부동산임대업에서는 5억원의 결손금이 발생하고, 그 밖의 사업소득 또는 근로소득에서는 5,000만원의 소득금액이 발생한 경우에 부동산임대업에서 발생한 결손금 5억원은 제쳐두고 그 밖의 사업소득 또는 근로소득에서의 소득금액 5,000만원에 대해서만 소득세를 과세하는 것이다. 타당한 입법으로 보기는 어렵다.

둘째, 부동산임대업에서 발생한 결손금의 통산 및 이월결손금 공제에 있어서의 소득구분별 통산 및 공제규정은 국고주의적이며 행정편의적인 발상의 산물이라고 하지 않을 수 없다. 앞의 규정은 결손금공제제도가 기간과세제도의 모순점을 시정 또는 완화하기 위한 법적 장치라는 제도적 취지를 벗어난 것이다.

셋째, 결손금의 통산 및 이월결손금 공제에 있어서의 소득구분별 울타리는 매우 이례적인 제도이다. 자본이득(capital gains)에서의 결손금을 일반소득(ordinary income)에서의 소득금액과 통산하는 것을 제한하는 입법례는 있으나, 같은 일반소득 안에서 다시 통산 및 이월공제를 제한하는 울타리를 치는 입법례는 찾아보기 힘들다.

넷째, 결손금의 통산 및 이월결손금 공제에 있어서의 소득구분별 제한에 관한 규정으로 말미암아 소득세 과세표준의 계산구조를 복잡하고 어렵게 만들고 있다.

2) 결손금 및 이월결손금의 개념

가) 결손금의 개념

결손금(Verlust)이라 함은 사업자의 소득별 소득금액을 계산할 때 해당 과세기간에 속하는 필요경비가 그 과세기간에 속하는 총수입금액을 초과하는 경우 그 초과금액을 가리킨다. 이와 같은 결손금은 사업자가 장부를 비치·기장하여 실액방법에 따라 소득금액을 산정하는 경우에 발생하게 된다.

현행 소득금액의 계산구조상 이자소득·배당소득·근로소득·연금소득 및 퇴직소득에 있어서는 결손금이 발생할 수 없다. 기타소득은 이론상으로는 결손금이 발생할 수 있지만, 실제에 있어서는 그 사례를 찾아보기 어렵다. 그러므로 사업소득과 양도소득에 한하여 결손금이 발생할 수 있을 뿐이다.

양도소득에 있어서는 결손금(양도차손)의 다른 소득과의 통산을 허용하지 않고 양도소득 안에서만, 그것도 동일한 자산구분단위(주식 등과 그 밖의 자산) 안에서만 결손금의 통산을 허용하고 있다. 그러나 결손금의 이월공제는 허용하지 않고 있다.

나) 이월결손금의 개념

이월결손금이란 사업소득이 있는 거주자의 해당 과세기간의 사업소득금액을 계산할 때 발생한 결손금 중 그 과세기간의 종합소득 과세표준을 산정하면서 다른 종합소득금액에서 공제하고 남은 금액으로서 다음 과세기간 이후로 이월하는 금액을 가리킨다(소법 45 ③). 앞에서 사업소득의 결손금으로서 다른 종합소득금액에서 공제하고 남은 금액이란 외부적 통산을 모두 거친 후의 남은 결손금이란 의미이다.

다음으로 사업을 포괄양수한 경우의 사업양도자의 이월결손금, 사업을 상속받은 경우의 피상속인의 이월결손금이 사업양수인이나 상속인에게 승계되는지의 여부에 관하여는 논란의 여지가 있으나, 행정해석은 이를 부정한다. 즉 사업을 포괄적으로 양수하거나 사업을 상속받은 경우에는 이월결손금의 승계가 허용되지 않는다고 새기고 있다.[191]

나. 결손금의 통산

1) 내부적 통산

사업자가 비치·기록한 장부에 따라 해당 과세기간의 사업소득금액을 계산할 때 발생

---

[191] 해석편람 45-3-3 및 45-3-4.

한 결손금(주거용 건물임대업이 아닌 부동산임대업의 결손금을 제외한 그 밖의 사업소득에서 생긴 결손금을 말한다)은 먼저 같은 사업소득 안에서 통산한다. 즉 복수의 사업장을 갖고 있는 사업자는 각 사업장별 소득금액과 결손금을 서로 통산하여야 한다. 공동사업장에서 발생한 사업소득금액과 결손금은 먼저 공동사업자별로 각자의 손익분배비율에 따라 분배하며,[192] 각 공동사업자는 그 분배된 사업소득금액 또는 결손금을 다른 사업장의 사업소득금액 또는 결손금과 서로 통산하여야 한다.

그러나 사업소득에서 생긴 결손금이라고 하더라도 다음 중 어느 하나에 해당하는 사업(이하 '부동산임대업'이라 한다)에서 발생한 결손금(이하에서 '부동산임대업의 결손금'이라 부르기로 한다)은 종합소득 과세표준을 계산할 때 다른 사업소득에서는 공제하지 않는다. 즉 부동산임대업의 결손금은 다른 사업소득의 소득금액과의 통산이 허용되지 않는다. 다만, 주거용 건물 임대업의 경우에는 그러하지 아니하다.

① 부동산 또는 부동산상의 권리를 대여하는 사업
② 공장재단 또는 광업재단을 대여하는 사업
③ 채굴에 관한 권리를 대여하는 사업

광업권자·조광권자 또는 덕대(이하 '광업권자 등'이라 한다)가 채굴 시설과 함께 광산을 대여하는 사업을 말한다. 다만, 광업권자 등이 자본적 지출이나 수익적 지출의 일부 또는 전부를 제공하는 것을 조건으로 광업권·조광권 또는 채굴에 관한 권리를 대여하고 덕대 또는 분덕대로부터 분철료를 받는 것은 제외한다.

사업소득에서 발생한 결손금(부동산임대업의 결손금을 제외한 그 밖의 사업소득에서 생긴 결손금을 말한다)은 같은 사업소득에서 발생한 소득금액과 서로 통산하기 때문에 이를 내부적 소득통산(interner Verlustausgleich)이라고 부르기로 한다.

2) 외부적 통산

사업자의 사업소득에서 생긴 결손금(주거용 건물임대업이 아닌 부동산임대업의 결손금을 제외한 그 밖의 사업소득에서 생긴 결손금을 말한다. 이하에서 '사업소득의 결손금'이라 한다)의 통산 결과가 여전히 결손금인 경우 그 사업소득에서 생긴 결손금은 다른 종합소득금액과 통산한다.

이 경우 사업소득의 결손금은 근로소득금액·연금소득금액·기타소득금액·이자소득금액·배당소득금액에서 순서대로 공제한다(소법 45 ①).

---

192) 여기에서의 분배는 실제 금전 등으로 분배하는 것을 지칭하는 것이 아니고, 단지 각자의 소득으로 계산상 배분한다는 의미이다.

이와 같이 사업소득의 결손금을 다른 종합소득금액에서 공제하는 것을 외부적 소득통산(externer Verlustausgleich)이라고 부르기로 한다. 외부적 통산의 결과가 결손금인 때에는 이월결손금으로서 다음 과세기간 이후의 종합소득금액에서 공제하거나 일정한 요건을 갖춘 경우에는 소급공제를 받을 수 있다.

그러나 주거용 건물 임대업을 제외한 부동산임대업의 결손금은 외부적 통산(부동산임대업에서 발생한 소득금액 외의 다른 사업소득이나 다른 종합소득, 예를 들면 근로소득·연금소득·기타소득·이자소득 또는 배당소득과의 통산을 말한다)을 허용하지 아니한다. 부동산임대업의 결손금은 이월결손금으로서 다음 과세기간 이후의 부동산임대업의 소득금액에서만 공제가 가능할 뿐이다.

한편, 결손금 및 이월결손금을 공제할 때 종합과세되는 배당소득 또는 이자소득이 있으면 그 배당소득 또는 이자소득 중 원천징수세율을 적용받는 부분은 결손금 또는 이월결손금의 공제대상에서 제외한다. 그리고 종합과세되는 배당소득 또는 이자소득 중 기본세율(초과누진세율)을 적용받는 부분에 대해서는 사업자가 그 소득금액의 범위에서 결손금 및 이월결손금의 공제 여부 및 공제금액을 결정할 수 있다(소법 45 ⑤). 이는 종합과세되는 이자소득 등이 있는 자가 사업소득에서 결손금이 발생한 경우 세액계산에 있어서 비교과세제도로 인하여 결손금의 통산 또는 이월결손금의 공제로 인한 세액의 경감혜택은 받지 못하면서 종합소득과세표준의 산정과정에서 결손금 또는 이월결손금만 소멸(통산 또는 이월공제로 인한 소멸)하게 되는 불합리점을 시정하기 위한 장치이다.

예를 들면 사업소득에서 결손금이 4,000만원이 발생한 자에게 이자소득(은행예금이자)이 5,000만원 발생하였다면 외부적 통산의 결과 종합소득금액이 1,000만원임에도 불구하고 이자소득 등에 대한 세액계산특례규정에 따라 이자소득 등(5,000만원)에 원천징수세율(14%)을 곱한 700만원의 소득세를 부담하여야 하는 것이다.

위의 경우에는 사업소득에서의 결손금 4,000만원과 이자소득 등을 통산하더라도 세액의 경감효과는 전혀 누리지 못하면서 사업소득에서의 결손금만 소진되는 결과를 가져온다. 따라서 이를 시정하기 위하여 앞의 이자소득 등이 있는 경우 통산의 특례규정을 마련한 것이다.

다. 결손금의 소급공제

1) 의 의

중소기업을 경영하는 거주자가 그 중소기업의 사업소득금액을 계산할 때 결손금이 발생한 경우 직전 과세기간에 그 중소기업의 사업소득에 부과된 종합소득 결정세액을 한도로 하여 결손금 소급공제세액을 환급한다(소법 85의 2 ①). 이를 결손금의 소급공제라고 한다. 현행의 결손금의 소급공제제도는 중소기업에 해당하는 사업에서 발생하는 사업소득에 국한하여, 그리고 소급공제기간을 1년으로 한정하여 인정되고 있는 매우 제한적인 제도이다. 소급공제기간에 관한 외국의 입법례를 살펴보면 미국·영국·캐나다 및 프랑스가 3년, 독일이 2년, 일본이 1년이다.

2) 요 건

중소기업을 경영하는 거주자가 그 중소기업의 사업소득금액을 계산할 때 해당 과세기간의 이월결손금(부동산임대업에서 발생한 이월결손금은 제외한다)이 발생한 경우로서 결손금 소급공제세액의 환급을 신청한 경우에 한한다.

가) 중소기업을 경영하는 거주자가 그 중소기업의 사업소득금액을 계산할 때 결손금이 발생하여야 한다.

① 중소기업이란 조세특례제한법 제6조 제1항에 규정된 기업을 말한다.

② 소급공제의 대상이 되는 결손금이란 중소기업의 사업소득금액을 계산할 때 발생한 해당 과세기간의 결손금을 말한다. 이 결손금에는 부동산임대업에서 발생한 결손금은 제외한다.

③ 소급공제의 대상이 되는 결손금의 범위에 관해서는 통산 전의 결손금으로 이해하는 견해, 내부적 통산(사업소득 안에서의 통산) 후의 결손금으로 이해하는 견해와 내부적 통산 및 외부적 통산을 모두 거친 후의 결손금으로 파악하는 견해로 나누어 볼 수 있다.

생각건대 법문이 "…… 중소기업의 사업소득금액을 계산할 때 제45조 제3항에서 규정하는 해당 과세기간의 이월결손금……이 발생한 경우 ……"(소법 85의 2 ①)로 표현하고 있으므로 내부적 통산과 외부적 통산을 모두 거친 후의 결손금으로 새겨야 할 것이다.

나) 직전 과세기간에 그 중소기업의 사업소득에 부과된 소득세액이 있어야 한다.

결손금의 소급공제는 직전 과세기간에 중소기업에 해당하는 사업에서 소득금액이 발생하여 소득세가 부과된 경우에 한하여 적용한다. 그러므로 직전 과세기간에 중소기업인 사업에서 결손금이 발생한 경우, 직전 과세기간에 중소기업인 사업에서 소득금액이 발생하였으나 그 과세기간 전에 발생한 이월결손금의 공제로 인하여 그 중소기업의 사업소득에 부과된 소득세액이 없는 경우에는 결손금의 소급공제를 적용할 여지가 없는 것이다.

다) 결손금이 발생한 과세기간 및 직전 과세기간의 소득세 과세표준 및 세액을 법정신고기한 내에 신고한 경우이어야 한다.

결손금의 소급공제세액의 환급은 결손금이 발생한 과세기간·직전 과세기간의 소득에 대한 소득세 과세표준 및 세액을 법정신고기한까지 각각 신고한 경우에 한하여 적용한다.

직전 과세기간의 소득에 대한 소득세 과세표준 및 세액을 실액방법에 따라 신고하거나 결정·경정받은 경우에만 적용할 것인지, 아니면 추계방법에 따라 신고하거나 결정·경정받은 경우까지도 적용할 것인지가 문제이다. 어느 경우이든 모두 적용된다고 새기고자 한다.

라) 과세표준확정신고기한까지 결손금소급공제신청서를 제출하여야 한다.

결손금 소급공제세액을 환급받으려는 자는 과세표준확정신고기한까지 납세지 관할세무서장에게 결손금소급공제신청서를 제출하여야 한다.

① 결손금 소급공제세액 환급신청은 결손금 소급공제세액을 환급받기 위한 필요적 요건으로 새겨야 한다. 만일 환급신청을 하지 않은 경우에는 결손금의 이월공제를 선택한 것으로 보아 다음 과세기간 이후의 소득금액에서 결손금을 공제하게 된다. 즉 중소기업의 사업소득금액을 계산함에 있어서 결손금이 발생한 거주자는 결손금 소급공제세액의 환급신청을 하여 결손금의 소급공제를 적용받든지, 아니면 다음 과세기간 이후에 이월하여 이월결손금으로 공제를 받는 방법 중에서 택일하여야 한다.

다음으로 과세표준신고기한까지 소급공제환급신청서를 제출하지 아니하고 국세기본법 제45조의 2에 따라 경정청구를 하더라도 소급공제에 관한 규정은 적용되지 않는다.[193)]

---

193) 대법원 2003.7.25. 선고, 2001두10721 판결.
　　[판결요지] 구 법인세법(1998.12.2. 법률 제5581호로 전문 개정되기 전의 것) 제38조의 2 소정의 결손금
　　소급공제에 의한 환급은 중소기업을 대상으로 특별히 조세정책적 목적에서 인정된 제도이므로, 위 규정에
　　따라 환급을 받기 위하여는 이월결손금의 발생 등 실체적 요건과 과세표준확정신고기한 내에 환급신청을
　　해야 하는 등 절차적 요건이 충족되어야 할 것이고, 또한 국세의 과세표준 및 세액의 결정 또는 경정을
　　구하는 것을 내용으로 하는 구 국세기본법(2000.12.29. 법률 제6303호로 개정되기 전의 것) 제45조의 2 소
　　정의 경정 청구는 결손금이 발생한 경우 그 결손금에 대하여 직전 사업연도에 부과된 법인세액을 한도로
　　환급을 구할 수 있는 것을 내용으로 하는 위 구 법인세법 제38조의 2 소정의 결손금 소급공제에 의한 환급

② 소급공제를 받을 결손금의 크기에 관해서는 아무런 제한이 없다. 직전 과세기간의 종합소득과세표준의 크기를 한도로 하여 해당 과세기간 중에 발생한 결손금의 전부 또는 일부를 공제받을 수 있는 것이다. 그 금액의 다과는 거주자가 임의로 선택할 수 있다. 결손금 중 소급공제하고 남은 금액은 이월공제의 대상이 된다.

3) 환급세액의 범위와 환급절차

가) 결손금 소급공제세액의 범위

① 결손금 소급공제세액의 계산

환급세액(결손금 소급공제세액)은 직전 과세기간의 중소기업에 대한 종합소득산출세액에서 직전 과세기간의 종합소득과세표준에서 소급공제를 받고자 하는 결손금(직전 과세기간의 종합소득과세표준을 한도로 한다)을 뺀 금액에 직전 과세기간의 세율을 적용하여 계산한 해당 중소기업에 대한 종합소득산출세액을 공제하여 산정한다.

결손금 소급공제세액의 계산식을 표시하면 아래와 같다.

> 결손금 소급공제세액 = 전기 종합소득 산출세액 - (전기 종합소득 과세표준 - 결손금)
> × 전기의 세율

② 결손금 소급공제세액의 한도

결손금 소급공제세액은 직전 과세기간의 중소기업의 사업소득에 부과된 소득세액을 한도로 한다. 중소기업의 사업소득에 부과된 소득세액이란 중소기업의 사업소득에 대한 종합소득결정세액을 말한다(소법 85의 2 ①).

한편, 직전 과세기간에 거주자에게 중소기업에 해당하는 사업에서 발생한 소득 외에 다른 소득이 있는 경우, 예를 들면 이자소득·배당소득·근로소득 등과 같은 다른 종합소득이나 사업소득 중 중소기업에 해당하지 않는 사업에서 발생한 소득이 있는 경우에 중소기업에 해당하는 사업에서 발생한 소득에 대한 종합소득결정세액의 산정이 문제이다. 만일 감면세액 및 세액공제액의 구분이 명확하다면 중소기업인 사업에서 발생한 소득에 대한 산출세액(종합소득산출세액을 그 소득금액의 크기에 따라 안분한 금액)에서 해당 소득과 관련된 감면세액 및

에는 적용되지 아니한다.

세액공제액을 차감하여 산정하여야 할 것이다.

그러나 감면세액 및 세액공제액의 구분이 불명확하다면 종합소득결정세액을 그 소득금액의 크기에 따라 안분계산할 수밖에 없다고 하겠다.

나) 소급공제한 결손금의 취급

소급공제한 결손금에 대해서는 결손금의 이월공제에 관한 규정(소법 45 ②)을 적용할 경우 이미 공제받은 결손금으로 본다. 즉 결손금으로서 소급공제받은 금액에 대해서는 중복적으로 이월공제를 허용하지 않는다.

다) 결손금 소급공제세액의 환급

납세지 관할세무서장이 소득세의 환급신청을 받은 때에는 지체 없이 환급세액을 결정하여 국세기본법 제51조 및 제52조에 따라 환급하여야 한다.

4) 증감세액의 징수와 환급

가) 환급취소세액 등의 징수

납세지 관할세무서장은 결손금소급공제에 따라 소득세를 환급한 후 그 결손금이 발생한 과세기간에 대한 소득세의 과세표준과 세액을 경정함으로써 해당 과세기간의 결손금이 감소된 경우·결손금이 발생한 과세기간의 직전 과세기간에 대한 종합소득 과세표준과 세액을 경정함으로써 환급세액이 감소된 경우 및 중소기업 요건을 갖추지 아니하고 환급을 받은 경우에는 환급세액 중 그 감소된 결손금에 상당하는 세액(환급취소세액)과 그 환급취소세액에 대하여 결손금소급공제세액 환급세액의 통지일 다음 날부터 징수하는 소득세액의 고지일까지의 기간에 1일 22/100,000의 율을 곱하여 계산한 이자상당액의 합계액을 그 결손금이 발생한 과세기간의 소득세로서 징수한다. 다만, 이월결손금 중 일부 금액에 대하여 소급공제를 받는 경우에는 소급공제 받지 아니한 결손금이 먼저 감소된 것으로 본다.

환급취소세액은 다음 계산식과 같이 계산한다.

$$\text{환급취소세액} = \text{환급세액} \times \frac{\text{감소된 결손금액으로서 소급공제 받지 아니한 결손금을 초과하는 금액}}{\text{소급공제한 결손금액}}$$

나) 직전과세기간의 세액 등의 경정에 따른 증감세액의 징수와 환급

납세지 관할세무서장은 결손금 소급공제세액 계산의 기초가 된 직전 과세기간의 종합소득 과세표준과 세액이 경정 등에 따라 변경되는 경우에는 즉시 당초 환급세액을 재결정하여 결손금 소급공제세액으로 환급한 세액과 재결정한 환급세액의 차액을 환급하거나 징수하여야 하며, 환급한 세액이 재결정한 환급세액을 초과하여 그 차액을 징수하는 때에는 이자상당액을 가산하여 징수하여야 한다.

라. 결손금의 이월공제

1) 의 의

사업소득이 있는 사업자의 결손금은 그 결손금이 발생한 과세기간의 종료일부터 15년 이내에 종료하는 과세기간의 소득금액을 계산할 때 공제할 수 있다. 다만, 국세기본법 제26조의 2에 따른 국세부과의 제척기간이 지난 후에 그 제척기간 이전 과세기간의 이월결손금이 확인된 경우 그 이월결손금은 공제하지 아니한다(소법 45 ③). 이를 결손금의 이월공제라고 한다.

결손금의 이월공제는 15년간에 한하여 인정되고 있다. 결손금의 이월공제기간에 관한 외국의 입법례를 살펴보면 영국 및 독일은 무기한, 미국은 15년, 캐나다가 7년, 프랑스 및 일본이 5년이다.

한편, 자산수증이익 또는 채무면제이익으로 충당된 이월결손금은 소득금액에서 공제할 이월결손금의 범위에서 제외된다. 즉 소득금액을 산정할 때 이중적으로 공제해서는 안 된다. 만일 소득금액에서 다시 공제를 허용하게 되면 소득금액에서의 이월결손금공제와 그 이월결손금의 보전에 충당된 자산수증이익 또는 채무면제이익의 총수입금액불산입에 따라 이중적인 공제혜택을 입기 때문이다.

2) 이월결손금의 공제

사업소득(주거용 건물 임대업 포함)에서 발생한 이월결손금은 사업소득금액·근로소득금액·연금소득금액·기타소득금액·이자소득금액 및 배당소득금액에서 순서대로 공제한다(소법 45 ③ I). 그런데 같은 사업소득에 속하지만 부동산임대업에서 발생한 이월결손금은 부동산임대업에서 발생한 소득금액이 있는 경우 그 부동산임대업에서 발생한 소득금액에서만 공제가 가능하다.

즉 부동산임대업에서 발생한 이월결손금은 부동산임대업에서 발생한 소득 외의 다른 사업소득이나 근로소득·연금소득·기타소득·이자소득 및 배당소득과 같은 다른 종합소득의 소득금액에서는 공제가 허용되지 않는다(소법 45 ③ II). 따라서 부동산임대업에서 발생한 결손금을 그 다음 과세기간 이후의 부동산임대업에서 발생한 소득금액에서 미처 공제하지 못한 채 부동산임대업을 폐업하여 더 이상 부동산임대업에서 소득금액이 발생하지 않는다면 그 이월결손금은 영구히 공제받지 못하게 되는 것이다. 한편, 국세기본법 제26조의 2에 따른 국세부과의 제척기간이 지난 후에 그 제척기간 이전 과세기간의 이월결손금이 확인된 경우 그 이월결손금은 공제하지 아니한다. 즉 부과권의 제척기간이 만료된 과세기간의 결손금이 사후에 확인되더라도 그 추가 확인된 결손금에 대해서는 이월공제를 허용하지 않는다는 의미이다.

이월결손금의 공제와 관련하여 다음과 같은 해석상의 다툼이 있을 수 있다.

가) 사업소득 또는 부동산임대업의 이월결손금의 공제 순서

사업소득(부동산임대업을 제외한 그 밖의 사업소득을 말한다)의 이월결손금과 부동산임대업의 이월결손금이 있는 거주자에게 부동산임대업에서 소득금액이 발생하였다면 그 부동산임대업에서의 소득금액에서 사업소득의 이월결손금 또는 부동산임대업의 이월결손금 중 어느 이월결손금부터 먼저 공제할 것인지가 문제가 된다. 이에 관하여는 다음과 같은 두 가지 견해의 대립이 있을 수 있다.

① 제1설

부동산임대업의 이월결손금부터 먼저 공제하여야 한다고 새기는 견해이다. 즉 소득별 이월공제에 관한 규정(소법 45 ②)에 비추어 볼 때 부동산임대업의 소득금액에서 부동산임대업의 이월결손금부터 먼저 공제하여야 한다고 주장한다.

부동산임대업의 소득금액으로 부동산임대업의 이월결손금을 공제하더라도 여전히 그 소득금액이 남는 경우에는 그 남은 소득금액으로 사업소득의 이월결손금을 공제한다.

② 제2설

사업소득의 이월결손금부터 먼저 공제하여야 한다고 새기는 견해이다.

③ 결어

현행 소득세법이 부동산임대업의 결손금 및 이월결손금에 있어서 업종 및 소득구분별 소득의 통산 및 이월공제의 배제에 관한 규정(소법 45 ②)을 두어 다른 업종 및 소득구분간의 통산 또는 이월공제를 허용하고 있지 않는 점, 결손금의 이월공제 연한을 15년간으로 제한하고 있는 점 등에 비추어 볼 때 제1설의 견해를 지지한다.

나) 결손금의 통산과 이월결손금의 공제의 경합

이월결손금이 있는 거주자에게 해당 과세기간에 결손금이 발생한 경우 결손금의 외부적 통산과 이월결손금의 공제순서와 관련하여 먼저 결손금과 통산할 것인지 아니면 이월결손금을 공제할 것인지가 문제가 된다. 이 경우에는 해당 과세기간의 결손금과 먼저 통산하여야 한다고 새기고자 한다(소법 45 ⑥). 즉 결손금의 통산과 이월결손금의 공제가 경합할 때에는 결손금의 통산이 우선한다고 새겨야 한다. 현행 소득세법이 소득금액 및 과세표준의 산정에 있어서 기간과세의 원칙을 채택하여 과세기간 단위로 소득금액 및 과세표준을 산정하되, 그 예외로서 일정한 시한을 정하여 결손금의 이월공제 또는 소급공제를 허용하고 있기 때문이다.

예를 들어 사업소득에서의 이월결손금이 20,000원인 자에게 해당 연도 중에 사업소득에서 10,000원의 결손금이 발생하면서 근로소득금액 12,000원이 발생한 경우에 그 근로소득금액 12,000원을 해당 연도의 사업소득에서의 결손금(10,000원)과 먼저 통산할 것인지, 아니면 사업소득에서의 이월결손금(20,000원)에서 먼저 공제할 것인지가 문제인 것이다. 이 경우에는 해당 과세기간의 근로소득금액 12,000원으로 먼저 그 과세기간의 사업소득에서의 결손금(10,000원)과 통산하고, 그래도 남는 근로소득금액 2,000원에서 사업소득에서의 이월결손금 2,000원을 공제한다.

3) 먼저 발생한 이월결손금의 우선공제

이월결손금이 누적되어 있는 경우에는 먼저 발생한 과세기간의 이월결손금부터 순서대로 공제하도록 하고 있다. 이월결손금의 공제기한을 15년으로 제한하고 있기 때문에 먼저 발생한 과세기간의 이월결손금부터 우선적으로 공제하는 것이 납세의무자의 이익과도 부합한다.

4) 추계방법에 따른 확정과 이월결손금 공제

소득세의 과세표준과 세액을 추계방법에 따라 확정하는 경우, 즉 추계신고(장부와 증명서류로 하지 아니한 신고를 말한다)를 하거나 추계조사결정하는 경우에는 공제기한 안의 이월결손금이 있더라도 공제를 허용하지 않는다. 다만, 천재지변이나 그 밖의 불가항력으로 장부나 그 밖의 증명서류가 멸실되어 추계방법으로 확정하는 경우에는 이월결손금의 공제가 허용된다(소법 45 ④). 그러나 추계방법으로 확정을 받는 기간 중에 공제받지 못한 이월결손금이라고 하더라도 공제기한이 경과하지 않는 한 그 후 과세기간의 실액방법에 따라 확정된 소득금액에서 공제를 받을 수 있다.

5) 자산수증이익 등으로 보전하는 이월결손금

자산수증이익 또는 채무면제이익 중 이월결손금의 보전에 충당된 금액은 총수입금액에 산입하지 아니한다. 이 경우 이월결손금에는 공제시한이 경과된 이월결손금이 포함된다. 그리고 자산수증이익 등에 따라 보전되는 이월결손금은 먼저 발생한 결손금이 먼저 보전된 것으로 본다.

5 공동사업에 대한 소득금액의 계산특례

가. 의 의

거주자가 사업소득이 발생하는 사업을 공동으로 경영하고 그 손익을 분배하는 공동사업(경영에 참여하지 아니하고 출자만 하는 출자공동사업자가 있는 공동사업을 포함한다)을 영위하는 경우에는 그 손익분배비율(약정된 손익분배비율이 없는 경우에는 지분비율을 말한다)에 의하여 분배되었거나 분배될 소득금액에 따라 각 거주자별로 소득금액을 계산한다(소법 43 ②).

소득세법은 공동사업체(조합)를 공동사업자(조합원)의 소득도관(income conduit)으로 이해한다. 따라서 조합이 소득을 얻은 경우에도 조합 자체는 소득세의 납세의무를 지지 않고 조합단위로 산정한 과세소득금액을 그 손익분배비율에 따라 각 조합원에게 배분하여 각자에게 소득세 납세의무를 지우도록 하고 있다. 즉 공동사업에 있어서는 공동사업장 단위로 소득금액을 산정한 후에 그 소득금액을 각 공동사업자의 손익분배비율에 따라 배분하여 공동사업자 각자에게 귀속시키고, 그 공동사업자들은 각자에게 배분된 소득금액과 그 공동사업자의 다른 소득금액을 합산하여 각자의 소득세 과세표준을 산정하게 된다.

이 경우에 소득금액 산정에 있어서의 편의를 고려하여 공동사업체를 소득금액의 계산단위로 한다. 즉 공동사업체를 과세소득 산정의 주체로 하고 있는 것이다. 공동사업체단위로 과세소득금액을 산정할 때 그 공동사업체를 1거주자로 의제한다(소법 43 ①).

거주자 1인과 그와 일정한 특수관계인이 공동사업자 중에 포함되어 있는 경우로서 손익분배비율을 거짓으로 정하는 등의 사유가 있는 때에는 그 특수관계인의 소득금액은 그 손익분배비율이 큰 주된 공동사업자의 소득금액으로 보아 소득금액을 산정하는 특례규정을 두고 있다(소법 43 ③).

한편 민법에 따른 조합·상법에 따른 익명조합·변호사법에 따른 법무조합과 같은 공동사업체가 조세특례제한법 제100조의 17에 따라 동업기업과세특례의 적용신청을 한 경

우에는 해당 동업기업 및 그 동업자에 대하여는 소득세법의 규정에 우선하여 조세특례제
한법 제10절의 3 동업기업에 대한 조세특례규정(제100조의 14부터 제100조의 26까지)을
적용한다.

나. 공동사업장 등의 소득금액의 계산 특례

1) 공동사업장 등의 소득금액에 대한 납세의무

공유물·공동사업 또는 그 공동사업에 속하는 재산과 관계되는 국세 및 강제징수비는
공유자 또는 공동사업자가 연대납세의무를 진다(기법 25 ①). 그러나 사업자가 사업소
득이 발생하는 사업을 공동으로 경영하고 그 손익을 분배하는 공동사업(경영에 참여
하지 아니하고 출자만 하는 출자공동사업자가 있는 공동사업을 포함한다)과 관련된
소득금액에 대한 소득세에 있어서는 각자의 손익분배비율(약정된 손익분배비율이 없
는 경우에는 지분비율을 말한다)에 의하여 분배되었거나 분배될 소득금액에 따라 각
거주자별로 소득세 납세의무를 진다(소법 2의 2 ①, 43 ②). 그러므로 앞의 소득세법 제2
조의 2 제1항 본문 및 제43조 제2항은 국세기본법 제25조 제1항(공유물 및 공동사업
등에 대한 연대납세의무)에 대한 특례규정에 해당한다. 즉 각자의 손익분배비율에 의
하여 분배되었거나 분배될 소득금액에 따라 각 거주자가 부담하는 그 거주자의 몫의
소득세에 대해서는 국세기본법 제25조가 적용되지 않으며, 공동사업합산과세에 관한
규정이 적용되는 특수관계인에 해당하는 경우를 제외하고는 다른 공동사업자의 소득
세에 대하여 연대납세의무를 지지 않는다.[194]

2) 공동사업의 개념

공동사업이란 2인 이상의 사람이 서로 출자하여 사업소득이 발생하는 사업을 공동으
로 경영하는 것을 말한다. 공동사업을 영위하는 주체는 크게 법인(상법상의 회사·특
별법상의 법인 및 민법상의 법인), 법인 아닌 사단 또는 재단, 민법상의 조합(민법 70
3~724), 비전형조합으로서의 지분적 조합 및 내적조합, 상법상의 익명조합 및 합자조
합 등으로 구분할 수 있다. 이와 같은 공동사업을 영위하는 주체 중 법인과 일정 요건
을 갖춘 법인 아닌 사단 및 재단(당연의제법인 및 승인의제법인)에 대해서는 법인세
가 과세된다. 그러므로 소득세가 과세되는 공동사업의 유형으로서는 조합원이 개인인
민법상의 조합·비전형조합으로서의 지분적 조합 및 내적조합, 조합원이 개인인 상법

---

194) 同旨 : 대법원 1995.4.11. 선고, 94누13152 판결.

상의 익명조합과 합자조합, 법인으로 보지 않는 법인 아닌 단체 중 1거주자 또는 1비
거주자로 보지 않는 법인 아닌 단체(소법 2)를 들 수 있다.

가) 조합

조합(Gesellschaft)이란 두 사람 이상이 상호 출자하여 공동사업을 경영할 목적
으로 결합한 단체이다. 조합에 대하여는 법인격을 부여하고 있지 않다.[195] 그런데
명칭은 조합이라고 부르고 있지만 법률에 따라 법인격을 부여하고 있는 단체가 있
다. 이와 같은 단체는 법인세법상의 법인에 해당하기 때문에 본조의 적용대상이 되
는 조합이 아니다. 건설공제조합·해운조합·자동차운수사업조합·노동조합·정
비사업조합 및 농업협동조합을 비롯한 각종의 특별법에 따른 협동조합 등이 이에
해당한다고 하겠다.

소득세법이 적용되는 조합이란 사업소득이 발생하는 사업을 영위하는 조합으로
서 그 조합원이 개인으로 이루어진 조합을 가리킨다고 하겠다. 그러므로 민법상의
조합이라 할지라도 그 조합원이 법인으로 이루어진 조합의 경우에는 소득세법 제43
조의 규정이 적용되지 않는다. 조합원이 법인으로 이루어진 조합에 대하여는 법인
세법을 적용하여 각 조합원의 소득금액을 계산하여야 한다.

이하에서는 조합의 개념에 관하여 간략하게 설명하기로 한다.
① 공동사업에서의 사업에는 그 종류나 성질에 제한이 없다. 영리적인 것이든 또는 비
  영리적인 것이든, 그 사업이 계속적인 것이든 또는 일시적인 것이든 상관이 없
  다.[196]
② 조합원은 출자의무를 부담하는데, 출자의 종류나 성질에는 제한이 없다. 즉 출자는
  반드시 금전으로만 하여야 하는 것은 아니며, 그 밖의 물건·물권·무체재산권·
  채권은 물론이고 노무·상호·신용 등도 출자의 목적물이 된다(민법 703 ②).
③ 각 조합원은 업무집행권을 갖는다. 그리고 조합이 외부의 제3자와 법률행위를 하
  는 때에는 조합 자신의 이름으로서가 아니고 언제나 조합원 전원의 이름으로 하여
  야 한다.
④ 조합은 그 자신의 고유의 재산, 즉 조합재산(Gesellschaftsvermögen)을 가질 수 있
  다. 그러나 조합 자신의 고유의 재산인 조합재산이라는 관념을 인정한다고 하더라도
  법이론상으로는 그 재산이 법률상 권리의무의 주체가 되지 못하는 조합 자체에 귀속

---

195) 조합과 사단법인과의 차이점에 관하여는 제2편 제1장을 참고하기 바란다.
196) 곽윤직, 채권각론(박영사, 2003), p.299.

한다고는 할 수 없기 때문에 그 재산 전체가 조합원 전원에게 공동으로, 즉 합수적(合手的)으로(zur gesamten Hand) 귀속한다고 새긴다. 민법은 조합재산의 소유관계를 합유(合有 : Eigentum - zur gesamten Hand)로 한다고 정하고 있다(민법 704).

⑤ 조합의 사업으로 인하여 생기는 이익과 손실은 각 조합원에게 돌아가게 된다. 손익분배비율은 조합계약에서 정한 바에 의하되, 만일 해당 계약에서 손익분배비율을 약정하지 않은 경우에는 각 조합원의 출자가액에 비례하여 정하여진다(민법 711 ①). 소득세법도 공동사업에서 발생한 소득금액은 공동사업을 경영하는 각 거주자 간에 약정된 손익분배비율(약정된 손익분배비율이 없는 경우에는 지분비율을 말한다)에 의하여 분배되었거나 분배될 소득금액에 따라 각 공동사업자별로 분배하여 소득세 납세의무를 지우도록 하고 있다(소법 43 ②).

⑥ 조합의 채무에 대하여는 각 조합원이 그의 개인재산으로 책임을 지는 외에 조합원 전원이 조합재산을 가지고 공동으로 책임을 진다.

⑦ 소득세법을 적용받는 조합이란 조합원이 개인으로 이루어진 조합을 가리킨다고 하겠다. 소득세법 제2조의 2 제1항에서 "제43조에 따라 공동사업에 관한 소득금액을 계산하는 경우에는 해당 거주자별로 납세의무를 진다. ……"고 규정함과 동시에 제43조 제2항에서도 "…… 공동사업에서 발생한 소득금액은 해당 공동사업을 경영하는 각 거주자 …… 간에 약정된 손익분배비율 …… 에 의하여 분배되었거나 분배될 소득금액에 따라 각 공동사업자별로 분배한다."고 규정하여 조합원이 모두 개인(거주자)으로 구성되어 있는 조합을 전제로 하고 있음을 분명히 하고 있다.

조합원이 법인으로만 이루어진 조합은 법인세법의 규정(법인세법 시행령 제48조 제1항 등)을 적용하여 소득금액을 산정한다.[197] 다음으로 조합원이 법인과 개인으로 구성된 경우에는 법인세법을 적용하여야 한다는 견해, 소득세법을 적용하여야 한다는 견해, 개인조합원에 대하여는 소득세법·법인구성원에 대하여는 법인세법을 적용하여야 한다는 견해의 대립이 있다. 행정해석은 개인조합원에 대하여는 소득세법, 법인구성원에 대하여는 법인세법을 적용하여야 한다는 입장을 취하고 있다.[198]

나) 지분적 조합

민법상의 전형적인 조합에서는 조합원 전원이 조합재산을 합유한다. 그러나 조합

---

197) 김완석, 황남석, 법인세법론(삼일인포마인, 2017), pp.412~417.
198) 국세청 법인 46012-636, 98.3.14. : 법인 46012-300, 98.2.5. : 법인 46012-2371, 96.8.26. 이에 대하여 소득세법 제87조의 규정에 의하여 해당 공동사업장을 1거주자로 보고 계산하여야 한다는 해석도 있다(서일 46011-10555, 2001.11.30. 및 소득 46011-21039, 2000.7.26. 참조).

　　재산은 반드시 조합원 전원이 합유하여야 하는 것은 아니며, 조합계약에서 각 조합원이 조합재산을 지분에 따라 각자에게 귀속시키는 것, 즉 조합재산을 각 조합원이 공유할 것을 합의할 수 있다. 이와 같은 경우에는 합유재산이 없는 조합이 유효하게 생겨날 수 있는데, 이를 지분적 조합(Bruchtteilsgesellschaft)이라고 부른다.[199] 이와 같은 지분적 조합도 사업소득이 발생하는 사업을 영위하면서 그 조합원이 개인으로 이루어져 있다면 소득세법 제43조가 적용된다고 하겠다.

다) 내적조합

　　내적조합(Innengesellschaft)이란 당사자간의 내부관계에서는 공동사업을 영위하기 위한 조합관계에 있지만 대외적 행위는 조합원 1인의 명의로 하기 때문에 대외적으로는 조합관계가 나타나지 않는 특징을 지닌 조합형태이다. 예를 들면 2인 이상이 공동으로 사업을 경영하여 이익을 분배하기로 약정하였으나 외부적으로는 그 중 1인의 이름으로 활동하는 경우가 이에 해당한다. 2인 이상이 공동으로 사업을 경영하여 그 이익을 분배하기로 약정한 경우에는 외부적으로는 편의상 그 중 1인의 이름으로 활동을 하였다고 하더라도 그 공동사업으로 인한 소득은 공동사업자가 그 손익분배비율에 의하여 분배되었거나 분배될 소득금액에 따라 각각 소득세 납세의무를 진다고 새겨야 한다.[200]

---

199) 박준서(편집대표), 주석민법[채권각칙(5)](한국사법행정학회, 1999), p.54 : 곽윤직, 채권각론(박영사, 1997), p.566.

200) 대법원 1995.11.10. 선고 94누8884 판결.
　　[판결요지] 2인 이상이 공동으로 사업을 경영하여 그 이익을 분배하기로 약정한 경우에는 편의상 외부적으로는 그 중 1인의 이름으로 활동을 하더라도 실질과세원칙과 소득세법 제56조 제2항에 따라 그 공동사업으로 인한 소득은 각 그 지분 또는 손익분배비율에 의하여 분배되었거나 분배될 소득금액에 따라 각 그 소득금액을 계산하여야 하고(대법원 1967.2.7. 선고, 65누91 판결 ; 1983.7.26. 선고, 82누33 판결 등 참조), 한편 "법 중 과세표준에 관한 규정은 소득·수익·재산·행위 또는 거래의 명칭이나 형식에도 불구하고 그 실질내용에 따라 적용한다"는 국세기본법 제14조 제2항에 비추어 보면, 행위 또는 거래의 명칭이나 형식이 사업양도라고 하더라도 조합의 대표자가 타 조합원에게 자기의 공동사업의 지분만을 양도한 것이라면 그 실질내용에 따라 이를 조합 대표자의 조합에서의 탈퇴 또는 대표자의 변경이라고 볼 수 있는 것이다. 그런데 원심이 들고 있는 동업계약서의 기재와 증인 강성태의 증언 및 갑 제5호증의 2(동업계약서), 갑 제5호증의 3(사업양도양수계약서), 갑 제17호증(법인등기부 등본)의 각 기재, 증인 유나현, 홍승영, 한강희의 각 증언 등에 의하면, 원고와 소외 이대직, 강성태, 송기택 등 4인은 1989.3.4. 오피스텔 신축 분양사업을 공동으로 경영하기로 하고, 그 출자 및 이익분배비율을 원고 30%, 소외 이대직, 강성태 각 25%, 송기택 20%로 정하고, 최대 출자자인 원고가 대표로서 총괄 및 기획, 위 이대직과 강성태가 자금, 송기택이 분양업무를 각 담당하되, 편의상 사업자등록은 대표인 원고 단독 명의로 하기로 하는 동업계약을 체결하고 오피스텔 건물 신축 및 분양사업을 공동으로 경영하다가 동업자 간에 의견이 맞지 않자 1990.5.1. 원고가 출자 지분의 대가로 건물 완공 후 오피스텔 2세대를 받는 조건으로 새로이 공동사업의 대표가 된 위 이대직에게 위 사업을 양도하는 형식으로 공동사업에서 탈퇴한 사실을 인정할 수 있다.
　　사실관계가 이러하다면, 위 오피스텔 신축 분양 사업은 원고와 소외 이대직 등의 공동사업이라 할 것이고,

라) 익명조합

익명조합(stille Gesellschaft)이란 당사자의 일방(익명조합원)이 상대방(영업자)의 영업을 위하여 출자하고 상대방은 이에 대하여 그 영업으로 인한 이익을 분배할 것을 약정하는 계약이다(상법 78). 소득세법은 공동사업의 경영에 참여하지 아니하고 출자만 하는 출자공동사업자가 있는 공동사업도 본조의 적용대상이 되는 공동사업에 포함된다고 하고 있다(소법 43 ①). 앞에서 "경영에 참여하지 아니하고 출자만 하는 출자공동사업자"가 익명조합원이고, "경영에 참여하지 아니하고 출자만 하는 출자공동사업자가 있는 공동사업"의 형태가 익명조합에 의한 공동사업의 형태인 것이다.

익명조합의 당사자는 영업자(업무집행공동사업자)와 익명조합원(출자공동사업자)인데, 영업자는 상인이어야 한다. 그러나 익명조합원은 상인임을 요건으로 하지 아니하며, 그 인원수도 제한이 없다. 익명조합은 경제적으로는 익명조합원(출자자)과 영업자의 공동기업의 한 형태이지만 법률상으로는 영업자의 단독기업이라는 특색을 지니고 있다.[201]

첫째, 익명조합은 법률상으로는 영업자의 단독사업이라는 점, 익명조합원이 출자한 금전 기타 재산이 영업자에게 귀속하는 점 및 제3자에 대한 권리의무가 영업자에게만 귀속되고 익명조합원에게는 속하지 않는 점 등에서 민법상의 조합과는 상이하다.

둘째, 익명조합은 익명조합원이 영업자에 대한 계약상의 채권자라는 점에서 소비대차와 유사한 점도 있으나, 익명조합원은 이자의 지급을 받는 것이 아니라 이익의 분배를 받는 점, 영업에 대한 감시권을 갖는 점 등에서 소비대차와 구별된다. 이익 분배의 비율은 익명조합계약에 의하여 정하여져 있으면 그 비율에 의하고, 특약이 없는 때에는 민법의 조합에 관한 규정을 유추하여 출자액의 비율에 의하게 된다.

셋째, 익명조합원은 영업자에 대하여 계약에서 정한 출자를 이행할 의무를 진다. 출자한 금전 기타의 재산은 영업자의 재산으로 본다(상법 79). 그리고 익명조합원은 특약에 의하여 손실을 부담하지 않을 수 있다. 그러나 이와 같은 특약이 없으면 손

한편 원고가 소외 이대직에게 위 사업을 양도한 것은 그 실질에 있어서 원고의 공동사업에서의 탈퇴에 지나지 않는다 할 것이므로, 이러한 경우에는 위 국세기본법 제14조 제2항에 비추어 원고가 탈퇴시 취득하는 금전 기타 재산의 가액 중 출자금을 초과하는 금액만이 과세의 대상이 된다 할 것이다. 원심의 취지는 분명하지 않으나 내부적 동업관계가 인정된다고 하면서도 그 동업관계의 내용, 원고가 출자한 금액, 원고가 탈퇴시 받은 금전 기타 재산이 무엇인지도 심리 확정하지 않은 채 대외적 법률효과가 원고 개인에게 귀속된다는 이유만으로 이 사건 과세처분이 적법하다고 한 것은 실질과세원칙과 공동사업에 관한 법리를 오해하고 심리를 다하지 아니하여 판결에 영향을 미친 위법을 저지른 것이라 할 것이다.

201) 주석상법 : 이철송, 상법총칙상행위(박영사, 2006), pp.350~355.

실을 분담하는 약정이 있은 것으로 추정한다.

그런데 소득세법은 공동사업의 경영에 참여하지 아니하고 출자만 하는 자라고 할지라도 공동사업에 성명 또는 상호를 사용하게 한 자와 공동사업에서 발생한 채무에 대하여 무한책임을 부담하기로 약정한 자는 앞의 출자공동사업자에서 제외하여 일반적인 공동사업자로 보도록 하고 있다. 다시 말하면 공동사업의 경영에 참여하지 아니하고 출자만 하는 자로서 공동사업에 성명 또는 상호를 사용하게 한 자와 공동사업에서 발생한 채무에 대하여 무한책임을 부담하기로 약정한 자가 영위하는 공동사업은 출자공동사업자가 있는 공동사업이 아니고 일반적인 공동사업에 해당한다는 의미이다. 그러므로 공동사업의 경영에 참여하지 아니하고 출자만 하는 자로서 공동사업에 성명 또는 상호를 사용하게 한 자와 공동사업에서 발생한 채무에 대하여 무한책임을 부담하기로 약정한 자가 그 공동사업에서 얻는 소득은 배당소득(소법 17 ① Ⅷ)이 아니고, 사업소득에 해당하는 것이다.

마) 합자조합

합자조합은 조합의 업무집행자로서 조합의 채무에 대하여 무한책임을 지는 조합원과 출자가액을 한도로 하여 유한책임을 지는 조합원이 상호출자하여 공동사업을 경영할 것을 약정함으로써 그 효력이 생긴다(상법 86의 2). 즉 일반적으로 조합에 있어서 조합원은 무한책임을 지나 합자조합의 경우에는 무한책임을 지는 조합원과 유한책임을 지는 조합원이 동시에 있다는 것이 다른 조합과는 다른 점이다.

업무집행조합원은 조합계약에 다른 규정이 없으면 각자가 합자조합의 업무를 집행하고 대리할 권리와 의무가 있다. 그리고 둘 이상의 업무집행조합원이 있는 경우에 조합계약에 다른 정함이 없으면 그 각 업무집행조합원의 업무집행에 관한 행위에 대하여 다른 업무집행조합원의 이의가 있는 경우에는 그 행위를 중지하고 업무집행조합원 과반수의 결의에 따라야 한다(상법 86의 5).

위의 업무집행조합원은 다른 조합원 전원의 동의를 받지 아니하면 그 지분의 전부 또는 일부를 타인에게 양도(讓渡)하지 못한다. 그리고 유한책임조합원의 지분은 조합계약에서 정하는 바에 따라 양도할 수 있으며, 유한책임조합원의 지분을 양수(讓受)한 자는 양도인의 조합에 대한 권리·의무를 승계한다(상법 86의 7).

한편, 유한책임조합원은 조합계약에서 정한 출자가액에서 이미 이행한 부분을 뺀 가액을 한도로 하여 조합채무를 변제할 책임이 있으며, 합자조합에 이익이 없음에도 불구하고 배당을 받은 금액은 변제책임을 정할 때에 변제책임의 한도액에 더한다(상법 86의 6).

3) 소득금액의 배분

① 사업소득이 발생하는 사업을 공동으로 경영하고 그 손익을 분배하는 공동사업(경영에 참여하지 아니하고 출자만 하는 출자공동사업자가 있는 공동사업을 포함한다)과 관련된 소득금액에 대한 소득세에 있어서는 각자의 손익분배비율(약정된 손익분배비율이 없는 경우에는 지분비율을 말한다. 이하 '손익분배비율'이라 한다)에 따라 분배되었거나 분배될 소득금액에 따라 각 거주자별로 소득금액을 계산한다(소법 43 ②). 사업소득이 발생하는 사업을 공동으로 경영하고 그 손익을 분배하는 공동사업에서 분배되었거나 분배될 소득금액은 각 공동사업자의 사업소득으로 한다. 경영에 참여하지 아니하고 출자만 하는 출자공동사업자가 있는 공동사업(익명조합에 의한 공동사업)에 있어서 경영에 참여하지 아니하고 출자만 하는 출자공동사업자, 즉 익명조합원에게 분배되었거나 분배될 소득금액은 배당소득으로, 그리고 영업자(업무집행공동사업자)에게 분배되었거나 분배될 소득금액은 그 영업자의 사업소득으로 한다(소법 17 ①).

② 다음으로 앞에서 "분배되었거나 분배될 소득금액"이란 그 손익분배비율에 따라 이미 현실적으로 분배(distribution)받은 소득금액은 물론이고 아직 분배받지 못하였으나 그 손익분배비율에 따라 분배받을 수 있는 소득금액을 일컫는다. 배분(allocation)된 소득금액과 같은 의미이다. 배당소득과는 달라서 공동사업장 등에서의 각 조합원에 대한 소득금액의 현실적인 분배나 분배금의 확정 등은 그 사업소득이 발생하기 위한 요건을 이루지 않는다. 공동사업장 등에서 사업소득 등이 발생한 것만으로 각 조합원은 각자의 손익분배비율에 상당하는 사업소득금액을 얻게 되는 것이다. 따라서 설사 공동사업장 등에서 발생한 소득을 전혀 조합원 등에게 분배하지 아니하고 그 공동사업장 등에서 유보하기로 조합원 등이 의결하였다고 하더라도 그 공동사업장 등에서 발생한 소득금액에 각자의 손익분배비율을 곱하여 산정한 소득금액을 계산상 각자에게 배분·귀속시키는 것이다.[202]

이와 같이 공동사업장 등으로부터 배분된 소득금액에 다른 소득금액들을 합산하여 종합소득금액을 산정한다.

③ 공동사업에서 발생한 사업소득은 각자의 손익분배비율에 의하여 각 거주자별로 소득금액을 배분한다. 다만, 약정된 손익분배비율이 없는 경우에 한하여 2차적으로

---

202) 同旨 : 대법원 1990.9.28. 선고, 89누7306 판결.

지분비율에 의하여 각 거주자별로 소득금액을 배분하도록 하고 있다(소법 43 ②). 이와 관련하여 특수관계인간에 소득세 부담의 회피를 목적으로 지분비율과는 달리 손익분배비율을 약정하거나 약정하고 있는 손익분배비율이 불합리한 경우의 취급이 문제가 된다고 하겠다. 현행 소득세법은 이와 같은 조세회피행위를 막기 위하여 공동사업합산과세에 관한 규정(소법 43 ③)과 공동사업장등록불성실가산세(소법 81의 4)에 관한 규정을 두고 있다.

그러나 공동사업자간에 손익분배비율을 허위로 약정하였다는 사실의 입증이 쉽지 않고, 그 입증과정에서 많은 분쟁이 따를 것으로 예상된다. 특히 공동사업합산과세에 관한 규정(소법 43 ③)은 뒤에서 지적하는 바와 같은 한계점을 지니고 있다. 참고로 미국 연방세법 시행령상에서는 파트너십에 있어서 파트너간의 약정된 손익분배비율이 경제적 합리성이 결여되어 있다고 인정되는 경우에는 예외적으로 파트너간 지분율에 따라 배분할 수 있도록 규정하고 있다[Regulation 1.704-1(b)]. 이 경우에 경제적 합리성을 판단하는 기준은 다음과 같다.

㉮ 경제적 이득이나 손실이 발생하였을 경우 각 파트너의 손익분배비율에 따라 그와 같은 손익이 각 파트너에게 실제로 귀속되어야 한다.

㉯ 약정에 따른 손익분배비율이 소득세를 줄이기 위한 목적에서 정하여진 것이 아니어야 한다.

㉰ 모든 상황을 고려하여 볼 때 약정된 손익분배비율이 파트너십에 대한 상대적 기여도 등과 부합하여야 한다.

4) 공동사업장에 대한 소득금액의 계산특례

사업자가 사업소득이 발생하는 사업을 공동으로 경영하고 그 손익을 분배하는 공동사업(경영에 참여하지 아니하고 출자만 하는 출자공동사업자가 있는 공동사업을 포함한다)의 경우에는 해당 사업을 경영하는 장소(이하에서 '공동사업장'이라 한다)를 1거주자로 보아 공동사업장별로 그 소득금액을 계산한다(소법 43 ①). 따라서 거주자 단위로 계산하도록 하고 있는 업무추진비 및 기부금의 한도액을 공동사업 등의 경우에는 공동사업장을 1거주자로 의제하여 그 공동사업장 단위로 계산하게 된다. 예를 들면 업무추진비 범위액을 계산하는 계산식에서의 기본기준액 1,200만원 또는 3,600만원은 하나의 공동사업장마다 각각 적용한다. 그리고 감가상각비의 범위액 계산과 시부인계산도 공동사업장마다 각각 하여야 한다.

소득금액의 거주자별 산정원칙에 대한 예외인데, 소득금액의 산정과정에서의 편의를 고려하여 인정하고 있는 규정이다. 즉 공동사업장에서 발생하는 소득금액은 원칙적으로 대표공동사업자의 주소지 관할세무서장이 행하기 때문에 공동사업장을 하나의 소득금액 산정단위로 의제한 것이다. 공동사업장에 대한 소득금액이 확정되면 해당 금액을 각 조합원에게 배분한다.

한편, 공동사업장에서 발생한 결손금은 각 공동사업자별로 배분되어 그들의 다른 소득금액과 통산하여 과세표준을 산정하며, 그 과세기간에 미처 공제하지 못한 결손금은 각 공동사업자별로 이월되어 다음 과세기간 이후의 소득금액에서 이월결손금으로서 공제받게 된다. 따라서 이월결손금이 공동사업장 단위로 이월되는 경우는 없다.

다. 공동사업합산과세

1) 제도적 취지

가족간의 가장(假裝) 공동사업에서 얻는 소득에 대해서는 손익분배의 비율이 큰 주된 공동사업자의 소득금액으로 본다. 즉 거주자 1인과 그와 특수관계인이 사업소득이 발생하는 사업을 공동으로 경영하는 사업자, 즉 공동사업자 중에 포함되어 있는 경우로서 손익분배비율을 거짓으로 정하는 등 일정한 사유가 있는 때에는 그 특수관계인의 소득금액은 그 손익분배비율이 큰 주된 공동사업자의 소득금액으로 보도록 하고 있다(소법 43 ③).

현행 소득세의 세율구조가 초과누진세율에 해당하기 때문에 고소득을 얻는 납세의무자는 소득금액을 분산함으로써 높은 초과누진세율의 적용을 회피하려는 경향이 있다. 특히 소비생활을 함께하는 가족 사이에 공동사업을 하는 것처럼 가장하여 소득분산을 기도하는 경우가 적지 않다. 공동사업합산과세제도는 소비생활을 함께 하는 가족 사이에 공동사업을 하는 것처럼 가장하여 소득을 분산시킴으로써 소득세의 부담을 면탈 또는 회피하는 경우에 이를 부인하기 위한 법적 장치이다.

그러나 사업자가 공동사업을 가장하거나 그 손익분배비율을 조작함으로써 소득금액을 분산시킨 경우에는 본조의 규정이 없더라도 실질과세의 원칙에 따라 당연히 실소득자에게 소득세를 과세할 수 있다. 그렇다면 본조는 실질과세의 원칙을 확인하고 있는 규정에 지나지 않는다고 새겨야 할 것이다.

2) 공동사업합산과세의 적용요건

가) 일정한 특수관계인 간의 공동사업

거주자 1인과 그와 생계를 같이하는 동거가족으로서 일정한 특수관계인이 사업을 공동으로 경영하는 사업자 중에 포함되어 있어야 한다.

(1) 공동사업

2인 이상의 거주자가 사업소득이 발생하는 사업을 공동으로 경영하고 그 손익을 분배하는 공동사업(경영에 참여하지 아니하고 출자만 하는 출자공동사업자가 있는 공동사업을 포함한다)을 말한다. 이에 관하여는 앞에서 설명하였다.

(2) 일정한 특수관계인 간의 공동사업

일정한 특수관계인 간의 공동사업이란 거주자 1인과 국세기본법 시행령 제1조의 2 제1항부터 제3항까지의 규정에 따른 관계에 있는 자로서 생계를 같이 하는 자가 공동으로 경영하는 사업을 말한다(소령 100 ②). 이 경우 특수관계인에 해당하는지 여부의 판정은 해당 과세기간 종료일 현재의 상황에 의한다(소령 100 ③).

나) 소득분산을 위한 공동사업의 가장

거주자 1인과 그와 일정한 특수관계인이 공동사업자 중에 포함되어 있는 경우로서 손익분배비율을 거짓으로 정하는 등 대통령령이 정하는 사유에 해당하여야 한다. 대통령령에서 정하고 있는 사유는 다음과 같다(소령 100 ④).

(1) 사업의 종류 등이 사실과 현저하게 다른 경우

공동사업자가 제출한 종합소득 과세표준확정신고서와 첨부서류에 기재한 사업의 종류·소득금액내역·지분비율·약정된 손익분배비율 및 공동사업자간의 관계 등이 사실과 현저하게 다른 경우에는 공동사업합산과세의 규정을 적용한다.

위의 조항의 해석과 관련하여 다음과 같은 문제점이 제기되고 있다.

첫째, 공동사업자가 제출한 신고서와 첨부서류에 기재한 사업의 종류·소득금액내역 및 공동사업자간의 관계 등이 사실과 현저하게 다른 경우까지 공동사업합산과세의 적용요건에 포함한 것은 해당 제도의 취지에서 벗어날 뿐만 아니라 응능부담의 원칙 및 실질과세의 원칙에도 위배되기 때문에 불합리하다고 하겠다. 공동사업자가 제출한 신고서와 첨부서류상에 기재한 사업의 종류 및 소득금액내역 등이 사실과 다른 경우에는 사업의 종류 및 소득금액내역 등을 그 실질에 따라 바로 잡으면 되는 것이지, 특수관계인의 소득금액의 전액을 그 손익분배비율이 큰 공동사업자의 소득금액으로 볼 근거가 될 수는 없는 것이다. 공동사업자간의 관계 등이 사실과 현저하게 다른 경우 또한 마찬가지이다.

둘째, 공동사업자가 제출한 신고서와 첨부서류에 기재한 손익분배비율이 사실과 현저하게 다른 경우에는 사실에 바탕을 둔 손익분배비율에 따라 각 공동사업자의 소득금액을 바로 잡으면 되는 것이지, 특수관계인의 소득금액 전액을 그 손익분배비율이 큰 공동사업자의 소득금액으로 볼 근거가 될 수는 없다. 즉 거주자 1인과 그와 일정한 특수관계인이 공동사업자 중에 포함되어 있는 경우로서 손익분배비율을 사실과 다르게 조작함으로써 소득금액을 분산하고 소득세의 부담을 면탈 또는 회피하는 경우에는 특수관계인의 소득금액 전액을 그 손익분배비율이 큰 공동사업자의 소득금액으로 볼 것이 아니고 그 실제의 손익분배비율에 따라 소득금액을 계산하고 이에 근거하여 각각 소득세를 과세한다고 새겨야 한다.

셋째, 공동사업합산과세의 적용요건과 같은 과세요건을 규정함에 있어서 "사실과 현저하게 다른 경우"와 같은 불확정개념을 쓰는 것은 바람직하지 않다. 어느 정도 사실과 다른 경우에 사실과 현저하게 다른 경우에 해당하는지의 여부가 명확하지 않기 때문이다.

그리고 "사실과 현저하게 다른 경우"에 해당하지 않고 "사실과 다른 경우"만으로도 실질과세의 원칙의 적용요건을 이룬다. 사실과 다른 경우 또는 사실과 현저하게 다른 경우에 해당하여 실질과세의 원칙을 적용하는 경우의 실질과세의 원칙의 적용범위는 사실대로 과세요건사실을 인정하는 데에 그쳐야 한다.

(2) 조세를 회피하기 위하여 공동으로 사업을 경영하는 것이 확인되는 경우

공동사업자의 경영참가·거래관계·손익분배비율·자산 및 부채 등의 재무상태 등을 보아 조세를 회피하기 위하여 공동으로 사업을 경영하는 것이 확인되는 경우에는 공동사업합산과세의 규정을 적용한다.

위의 조항의 해석에 있어서 조세를 회피하기 위하여 공동으로 사업을 경영하는 것으로 확인되는 경우의 의미가 명확하지 않다. "조세를 회피하기 위하여 공동으로 사업을 경영하는 것"에 관하여는 조세를 회피하기 위하여 실제는 단독사업이지만 공동사업인 것처럼 가장한 경우만으로 한정하여 해석하여야 한다는 견해, 조세를 회피하기 위하여 단독사업을 공동사업으로 가장한 경우는 물론이고 실제로는 공동사업을 영위하지만 그 공동사업의 목적이 조세부담의 경감 또는 회피에 있는 경우까지 포함하여야 한다는 견해의 대립이 있을 수 있다.

　　본조의 제정취지와 법문에 비추어 볼 때 조세를 회피하기 위하여 실제로 단독사업이면서 공동사업인 것처럼 가장한 경우만으로 한정하여 해석하는 것이 타당하다고 본다. 결론적으로 사업자가 공동사업으로 가장함으로써 소득금액을 분산하고 종국적으로는 소득세의 부담을 면탈 또는 회피하는 경우에 공동사업합산과세규정이 적용된다고 하겠다.

3) 공동사업합산과세의 특례

　　공동사업합산과세의 적용요건을 충족한 경우에 해당 특수관계인의 소득금액은 그 손익분배비율이 큰 공동사업자('주된 공동사업자'라 한다)의 소득금액으로 본다(소법 43 ③). 즉 거주자 1인과 그와 생계를 같이하는 특수관계인이 공동사업자 중에 포함되어 있는 경우로서 해당 사업이 가장 공동사업에 해당하는 때에는 해당 특수관계인의 소득금액은 그 손익분배비율이 큰 주된 공동사업자의 소득금액으로 보는 것이다.

　　본조에서의 "본다"는 문언은 의제의 의미로서가 아니고 추정의 의미로 새겨야 한다.[203] 이와 같이 해석하는 것이 응능부담의 원칙 및 실질과세의 원칙에 적합할 뿐만 아니라 헌법합치적 해석에도 부합하기 때문이다.

　　다음으로 특수관계인의 손익분배비율이 동일한 경우에는 주된 공동사업자는 다음의 순서에 따라 결정한다(소령 100 ⑤).

① 공동사업소득 외의 종합소득금액이 많은 자

② 공동사업소득 외의 종합소득금액이 같은 경우에는 직전 과세기간의 종합소득금액

---

[203] 헌법재판소는 구상속세법 제32조의 2(권리의 이전이나 그 행사에 …… 등기 등 …… 을 요하는 재산에 있어서 실질소유자와 명의자가 다른 경우에는 …… 실질소유자가 그 명의자에게 증여한 것으로 본다)의 위헌여부에 관한 결정에서 법문에서의 "본다"는 문언을 추정규정으로 해석함으로써 한정합헌결정을 한 바 있다(헌법재판소 1989.7.21. 선고, 89헌마38 결정). 그 판결요지는 다음과 같다.
위에 설시한 바와 같이 이 사건 심판의 대상이 된 위 법률조항은 조세법률주의 및 조세평등주의의 이념에 비추어 헌법위반의 소지가 있다. 더구나 실질소유자와 명의자의 불일치라는 결과만을 중시하여 모든 경우를 막론하고 무차별적으로 증여의제하는 것은 재산권보장의 원리와 평등의 원칙에 위배될 소지가 있다. 그러나 명의신탁이 증여의 은폐수단으로 악용되는 조세현실을 방치할 수도 없고 실질과세의 원칙에 대한 예외규정의 설정이 전혀 금지되는 것도 아니다. …… 그렇다면 위 법률조항은 원칙적으로 권리의 이전이나 행사에 등기 등을 요하는 재산에 있어서, 실질소유자와 명의자를 다르게 한 경우에는 그 등기 등을 한 날에 실질소유자가 명의자에게 그 재산을 증여한 것으로 해석하되, 예외적으로 조세회피의 목적이 없이 실정법상의 제약이나 제3자의 협력거부 기타 사정으로 인하여 실질소유자와 명의자를 다르게 한 것이 명백한 경우에는 이를 증여로 보지 않는다고 해석하여야 할 것이다. 물론 이 경우에 그와 같은 사정은 납세의무자가 적극적으로 주장·입증할 책임을 부담한다고 새겨야 할 것이다. 위 법률조항을 위와 같이 합헌적으로 해석하게 되면, 명의신탁을 이용한 조세회피 행위를 효과적으로 방지함으로써 조세정의를 실현하려는 입법목적도 달성할 수 있을 뿐만 아니라, 명의신탁 등으로 인한 실질소유자와 명의자의 불일치에 대하여 증여의제제도를 무차별적으로 적용함으로써 생길 수 있는 헌법위반의 소지도 말끔히 해소할 수 있을 것으로 판단된다.

이 많은 자

③ 직전 과세기간의 종합소득금액이 같은 경우에는 해당 사업에 대한 종합소득 과세표준을 신고한 자. 다만, 공동사업자 모두가 해당 사업에 대한 종합소득 과세표준을 신고하였거나 신고하지 아니한 경우에는 납세지 관할세무서장이 정하는 자로 한다.

4) 공동사업합산과세와 연대납세의무

공동사업합산과세의 적용요건을 충족한 경우에는 그 공동사업에서 얻는 소득금액 중 특수관계인의 소득금액은 소득분배비율이 큰 주된 공동사업자의 소득금액으로 보아 그 자의 소득금액에 합산하여 과세한다. 이 경우에도 주된 공동사업자 외의 특수관계인은 합산과세되는 소득세에 대하여 각자의 손익분배비율에 해당하는 소득금액을 한도로 하여 주된 공동사업자와 연대납세의무를 진다(소법 2의 2 ① 단서).

라. 공동사업장등록 · 신고불성실가산세

공동사업을 영위하지 않는 자가 소득세의 부담을 줄이기 위하여 공동사업을 영위하는 것처럼 가장하여 등록 또는 신고를 하거나 손익분배비율을 허위로 신고한 경우에는 가산세를 부과한다. 이를 공동사업장등록 · 신고불성실가산세라 한다. 즉 공동사업장에 관한 사업자등록 및 신고와 관련하여 다음 중 어느 하나에 해당하는 때에는 다음의 금액을 해당 과세기간의 결정세액에 가산한다(소법 81의 4 ①).

1) 공동사업자가 사업자등록을 하지 아니하거나 공동사업자가 아닌 자가 공동사업자로 거짓으로 등록하는 때

공동사업자가 사업자등록을 하지 아니하거나 공동사업자가 아닌 자가 공동사업자로 거짓으로 등록한 경우에는 등록하지 않거나 거짓 등록에 해당하는 각 과세기간 총수입금액의 0.5%로 한다.

2) 공동사업자가 공동사업자 등의 신고 또는 변경신고를 하지 아니하거나 거짓으로 신고한 때

공동사업자가 공동사업자(출자공동사업자 해당 여부에 관한 사항을 포함한다), 약정한 손익분배비율, 대표공동사업자, 지분 · 출자명세, 그 밖에 필요한 사항과 그 변동내용을 신고하지 아니하거나 거짓으로 신고한 경우로서 다음 중 어느 하나에 해당하는 경우에는 신고하지 아니하거나 거짓 신고에 해당하는 각 과세기간의 총수입금액의

0.1%로 한다.

① 공동사업자가 아닌 자를 공동사업자로 신고하는 경우

② 출자공동사업자에 해당하는 자를 신고하지 아니하거나 출자공동사업자가 아닌 자를 출자공동사업자로 신고하는 경우

③ 손익분배비율을 공동사업자 간에 약정된 내용과 다르게 신고하는 경우

④ 공동사업자·출자공동사업자 또는 약정된 손익분배비율이 변동되었음에도 변동신고를 하지 아니한 경우

공동사업장등록불성실가산세는 산출세액이 없는 경우에도 이를 적용한다(소법 81의 4 ②).

마. 동업기업에 대한 조세특례

민법에 따른 조합·상법에 따른 익명조합·변호사법에 따른 법무조합과 같은 동업기업이 조세특례제한법 제100조의 17에 따라 동업기업과세특례의 적용신청을 한 경우에는 해당 동업기업 및 그 동업자에 대하여 동업기업에 대한 조세특례규정(조세특례제한법 제10절의 3 : 제100조의 14부터 제100조의 26까지의 규정)을 적용한다.[204]

6 상속의 경우의 소득금액의 구분결정

가. 원칙

피상속인의 소득금액에 대하여는 상속인이 소득세 납세의무를 진다(소법 2의 2 ②). 그런데 피상속인의 소득금액에 대한 소득세를 상속인에게 부과하는 경우에는 상속인의 소득금액에 대한 소득세와 구분하여 각각 소득세를 산정하여야 한다(소법 44 ①). 그러므로 피상속인의 소득금액과 상속인의 소득금액을 합산하여 상속인에게 일괄하여 소득세를 부과할 수는 없는 것이다.

상속인이 2인 이상인 경우에 피상속인의 소득금액에 대한 소득세를 어떻게 산정할 것인지가 문제이다.

제1설은 피상속인의 소득금액을 각 상속인별로 상속지분에 따라 배분하고, 그 배분된 각 상속인별 소득금액에 대하여 각각 소득세액을 산정하여야 한다는 견해이다.

제2설은 피상속인의 소득금액을 상속인별로 배분하지 아니하고 그 전액에 대하여 세액을 산정한 후 해당 세액을 각 상속인별로 상속지분에 따라 안분하여야 한다는 견해이다.

---

204) 동업기업에 대한 조세특례에 관하여는 「법인세법론」에서 다루기로 한다.

생각건대, 제2설이 타당하다고 생각한다. 왜냐하면 피상속인의 사망일이 속하는 연도의 개시일부터 사망일까지의 과세기간 동안에 피상속인이 가득한 소득에 대하여 추상적으로 성립한 소득세의 납세의무를 그 상속인이 승계한 것이기 때문이다.

피상속인의 소득금액에 대하여 세액을 산정함에 있어서는 피상속인의 소득금액에서 종합소득공제를 차감하여 과세표준을 산정하고 여기에 세율을 적용하여 산출세액을 계산한다. 특히 해당 연도의 중도에 사망한 거주자의 공제대상가족이면서 동시에 상속인 등 다른 거주자의 공제대상가족에 해당하는 자에 대하여는 피상속인의 공제대상가족으로 하여 종합소득공제를 적용하도록 하고 있다(소령 106 ③).

이에 관하여는 제2편의 "제2장 납세의무의 범위"에서 이미 설명하였다.

나. 연금계좌의 승계에 대한 특례

연금계좌의 가입자가 사망하였으나 그 배우자가 연금외수령 없이 해당 연금계좌를 상속으로 승계하는 경우에는 해당 연금계좌에 있는 피상속인의 소득금액은 상속인의 소득금액으로 보아 소득세를 계산한다(소법 44 ②).

과거에는 연금계좌가 상속될 경우 연금계좌의 잔액을 일시에 인출하여 피상속인의 소득세를 정산하고, 그 정산한 후의 가액을 상속하여 상속세를 과세하였기 때문에 배우자의 사망시에 안정적인 노후소득의 보장이 어려웠다. 이러한 문제점을 해결하기 위하여, 즉 배우자의 사망시 안정적인 노후소득을 보장하기 위하여 2013년 1월 1일 이후에 상속되는 연금계좌분부터는 피상속인의 연금수령 지위를 상속인인 배우자가 승계하는 경우에는 일시금의 수령에 따른 소득세의 정산 없이 납세의무가 이행될 수 있도록 한 것이다. 따라서, 연금계좌를 승계받는 배우자는 그 승계받은 연금계좌를 본인의 것으로 보아 나중에 연금수령시에는 연금소득으로, 연금외수령시에는 퇴직소득 또는 기타소득으로 보아 과세하게 되는 것이다.

7 채권 등에 대한 소득금액의 계산특례

가. 의 의

일정한 채권 및 증권(이하에서 '채권 등'이라 한다)에서 발생하는 이자와 할인액(이하에서 '이자 등'이라 한다)은 그 채권 등의 상환기간 중에 보유한 거주자에게 그 보유기간이자 등 상당액을 귀속시킴으로써 금융소득에 대한 종합과세의 실효성을 확보하도록 하고 있다. 즉 일정한 채권 등에서 발생하는 이자와 할인액은 그 채권 등의 상환기간 중에 보유한 거주자에게 그 보유기간이자 등 상당액이 각각 귀속되는 것으로 본다. 그리고 거주자가 채권 등의 발행법인 등으로부터 이자 등을 지급받거나 해당 채권 등을 매도하는 경우에는 그 발행법인 등이 원천징수기간의 이자 등 상당액에 대하여 소득세 등을 원천징수하여 납부하도록 하고 있다. 거주자의 채권 등의 보유기간이자 등 상당액을 포함한 금융소득금액이 종합과세기준금액을 초과하는 경우에는 그 금융소득금액을 종합소득과세표준에 합산하여 종합과세한다.

채권 등의 이자는 금융소득종합과세가 실시되기 이전에는 해당 채권 등의 보유기간에 관계없이 발행법인으로부터 실제로 이자를 지급받는 자의 소득으로 보아 소득세를 과세하여 왔다. 그러나 금융소득종합과세가 실시되면서 종합과세를 회피하기 위한 금융상품[205]이 개발되어 판매되고, 오로지 종합과세를 회피할 목적으로 채권 등의 만기일 직전에 채권 등을 매도하는 사례[206]가 늘어나게 되었다. 따라서 채권 등의 보유자가 채권 등을 만기일 전에 매도하는 때에는 실제로 이자를 지급받았는지의 여부와 관계없이 채권 등의 보유기간이자 등 상당액을 계산하여 이를 채권 등 보유자의 이자소득으로 보도록 개선하게 된 것이다. 즉 채권 등의 보유기간이자 등 상당액의 계산과 채권 등의 보유기간이자 등 상당액에 대한 원천징수는 금융소득에 대한 종합과세의 회피를 방지함으로써 해당 제도의 실효성을 확보하기 위한 법적 장치라고 하겠다.

나. 채권 등의 범위

본조의 적용대상이 되는 채권 등이라 함은 다음의 채권 또는 증권을 말한다. 이자와 할인액을 발생시키는 모든 유가증권이 포함된다.

가) 국가나 지방자치단체가 발행한 채권 또는 증권
나) 내국법인이 발행한 채권 또는 증권
다) 국내 또는 국외에서 받는 파생결합사채로부터의 이익
라) 외국법인의 국내지점 또는 국내 영업소에서 발행한 채권 또는 증권
마) 외국법인이 발행한 채권 또는 증권
바) 다른 사람에게 양도가 가능한 증권

이자 또는 할인액을 발생시키는 증권을 말한다. 이에는 다음의 증권을 포함하는 것으로 하되, 법률에 따라 소득세가 면제된 채권 등은 제외한다.

① 금융회사 등이 발행한 예금증서 및 이와 유사한 증서. 다만, 금융회사 등이 해당 증서

---

205) 금융기관이 채권 등의 만기 직전에 해당 채권 등을 매입하는 방식의 금융상품 등이 이에 해당한다.
206) 채권 등을 보유하던 자가 채권 등의 만기일 전에 해당 채권 등을 매도하는 경우에는 채권 등의 매매차익의 형태로 보유기간 동안에 발생한 이자를 실현하면서 소득세를 부담하지 않았다.

의 발행일부터 만기까지 계속하여 보유하는 예금증서(양도성 예금증서는 제외한다)
는 제외한다.

② 어음(금융기관 등이 발행·매출 또는 중개하는 어음을 포함하며, 상업어음은 제외한다)

다. 채권 등에 대한 소득금액의 계산특례

채권 등에서 발생하는 이자와 할인액은 그 채권 등의 상환기간 중에 보유한 거주자에게
그 보유기간별 이자 등 상당액이 각각 귀속되는 것으로 보아 소득금액을 계산한다(소법 46
①). 채권 등의 보유기간이자 등 상당액은 채권 등의 보유기간에 이자율을 적용하여 계산한
다(소령 102 ③). 즉 채권 등의 보유기간이자 등 상당액은 실제로 받은 이자나 채권 등의 매
매차익[207]의 크기와는 관계없이 다음 계산식에 따라 계산한 금액으로 한다.

> 채권 등의 보유기간이자 등 상당액 = 채권 등의 액면가액 × 보유기간 × 이자율

1) 채권 등의 보유기간

가) 채권 등의 보유기간의 계산

채권 등의 보유기간이란 채권 등의 발행일 또는 직전 원천징수일(이하에서 '매수
일'이라 한다)의 다음 날부터 매도일(증여·변제 및 출자 등으로 채권 등의 소유권
또는 이자소득의 수급권의 변동이 있는 경우에는 그 변동일, 거래법인에게 매도를
위탁·중개·알선시킨 경우에는 실제로 매도된 날) 또는 이자 등의 지급일(이하에
서 '매도일'이라 한다)까지의 일수를 말한다(소령 193의 2 ②). 그런데 해당 채권 등이
상속되거나 증여되는 경우에는 상속개시일과 증여일을 매도일로 본다.

나) 채권 등의 보유기간의 입증

거주자가 해당 채권 등을 보유한 기간을 입증하지 못하는 경우에는 원천징수기간의
이자등상당액이 해당 거주자에게 귀속된 것으로 보아 소득금액을 계산한다(소법 46 ②).
채권 등의 보유기간의 입증은 다음의 방법으로 한다(소령 102 ⑧).

① 채권 등을 금융회사 등에 개설된 계좌로 거래하는 경우
    해당 금융회사 등의 전산처리체계 또는 통장원장으로 확인하는 방법
② 그 밖의 경우

---

207) 매도가액에서 매입가액을 공제한 차액이다.

법인으로부터 채권 등을 매수한 때에는 해당 법인이 발급하는 채권 등 매출확인서, 개인으로부터 채권 등을 매수한 경우에는 공증인이 작성한 공정증서(거래당사자의 성명·주소·주민등록번호·매매일자·채권 등의 종류와 발행번호·액면금액을 기재한 것에 한한다)로 확인하는 방법

2) 이자율

채권 등의 보유기간이자 등 상당액은 해당 채권 등의 보유기간에 대하여 이자계산기간에 약정된 이자계산방식에 따라 다음 중 어느 하나에 해당하는 율(이하에서 '채권 등의 이자율'이라 한다)을 적용하여 계산한다.

① 국가가 발행한 원금과 이자가 분리되는 원금이자분리채권, 국채·산업금융채권·예금보험기금채권·예금보험기금채권상환기금과 한국은행통화안정증권을 공개시장에서 발행하는 경우

표면이자율로 한다.

② 그 밖의 채권 등의 경우

해당 채권 등의 표면이자율에 발행시의 할인율을 더하고 할증률을 뺀 율로 한다.

③ 전환사채 등의 경우

전환사채·교환사채 또는 신주인수권부사채의 경우에는 표면이자율은 낮은 율로 정하면서 만기상환일에 표면이자율에 추가하여 상환할증률을 지급하는 약정을 하는 것이 일반적이다. 이와 같이 만기보장수익률을 별도로 약정하고 있는 경우에는 그 만기보장수익률을 이자율로 한다. 그리고 조건부이자율이 있는 경우에는 그 조건이 성취된 날부터는 그 조건부이자율을 이자율로 한다.

그러나 전환사채 또는 교환사채를 발행한 법인의 부도가 발생한 이후 주식으로 전환 또는 교환하는 경우로서 전환 또는 교환을 청구한 날의 전환 또는 교환가액보다 주식의 시가가 낮은 경우에는 전환 또는 교환하는 자의 보유기간이자등상당액은 없는 것으로 하며, 주식으로 전환청구 또는 교환청구를 한 후에도 이자를 지급하는 약정이 있는 경우에는 전환청구일 또는 교환청구일부터는 해당 약정이자율을 적용한다.

라. 채권 등의 보유기간이자 상당액에 대한 원천징수의 특례

거주자 등이 발행법인 등으로부터 채권 등의 이자 등을 지급받거나 해당 채권 등을 매도(증여·변제 및 출자 등 채권 등의 소유권 또는 이자소득의 수급권의 변동이 있는 경우와

매도를 위탁·중개·알선시키는 경우를 포함하되, 환매조건부채권매매거래 등은 제외한다)하는 경우에는 원천징수기간의 이자등상당액을 이자소득으로 보고, 그 발행법인 또는 법인을 원천징수의무자로 하며, 이자 등의 지급일 등 또는 채권 등의 매도일 등을 원천징수시기로 하여 소득세를 원천징수하여 납부하도록 하고 있다(소법 133의 2 ①).

1) 원천징수의무자

다음의 경우에는 채권 등의 발행법인 또는 법인세법 제2조에 따른 법인(국가·지방자치단체 및 외국법인의 국내사업장을 포함한다. 이하에서 '법인'이라 한다)이 소득세의 원천징수의무를 진다.

① 거주자가 발행법인 또는 법인으로부터 채권 등의 이자를 지급(전환사채의 주식전환 및 교환사채의 주식교환의 경우를 포함한다. 이하에서 같다) 받는 경우에는 그 거주자에게 이자 등을 지급하는 발행법인 또는 법인

② 채권 등의 이자 등을 지급받기 전에 발행법인 또는 법인에게 채권 등을 매도(증여·변제 및 출자 등 채권 등의 소유권 또는 이자소득의 수급권의 변동이 있는 경우와 매도를 위탁·중개·알선시키는 경우를 포함하되, 환매조건부채권매매거래 등은 제외한다. 이하 같다)하는 경우에는 그 거주자로부터 채권 등을 매수한 발행법인 또는 법인

채권 등의 중도매매에 있어서는 발행법인 또는 법인이 거주자로부터 채권 등을 매입하는 경우에 한하여 그 거주자의 채권 등의 보유기간에 따른 이자 등에 대한 소득세의 원천징수의무를 진다. 그러므로 거주자 등이 다른 거주자로부터 채권 등을 매수하는 경우에는 그 채권 등을 매수한 거주자 등은 소득세의 원천징수의무가 없다.

그리고 법인이 법인 또는 거주자에게 채권 등을 매도하는 경우에는 그 채권 등을 매도하는 법인이 스스로 자신의 채권 등의 보유기간에 따른 이자 등에 대한 법인세를 원천징수하여 납부하여야 한다(법법 73의 2 ①).[208] 따라서 법인이 법인으로부터 채권 등을 매수하는 경우에는 그 채권 등을 매수한 법인은 채권 등을 매도한 법인의 채권 등의 보유기간에 따른 이자 등에 대한 법인세의 원천징수의무를 지지 않는다.

---

208) 내국법인이 채권 등을 타인에게 매도하는 경우에는 채권 등의 보유기간에 따른 이자 등에 대하여 해당 법인이 원천징수의무자를 대리하여 법인세를 원천징수하여야 한다. 이 경우에는 해당 법인을 원천징수의무자로 보아 법인세법을 적용한다(법법 73의 2 ①).

2) 이자상당액의 계산과 소득구분

원천징수기간의 채권 등의 보유기간이자 상당액은 원천징수기간에 대하여 이자계산기간에 약정된 이자계산방식에 따라 채권 등의 이자율을 적용하여 계산한다(소령 193의 2 ③). 즉 원천징수기간의 채권 등의 보유기간이자 상당액은 실제로 받은 이자금액의 크기나 채권 등의 매매차익의 크기와는 관계없이 채권 등의 액면가액에 보유기간과 이자율을 곱하여 계산한다. 이와 같이 계산한 원천징수기간의 채권 등의 이자상당액은 그 보유자의 이자소득으로 한다.

3) 원천징수기간 및 원천징수시기

원천징수기간이란 채권 등의 발행일 또는 직전 원천징수일(이하에서 '매수일'이라 한다)을 시기(始期)로 하고, 채권 등의 매도일(법인에게 매도를 위탁·중개·알선시킨 경우에는 실제로 매도된 날을 매도일로 본다) 또는 이자 등의 지급일(이하에서 '매도일'이라 한다)을 종기(終期)로 한 기간인데, 매수일과 매도일 중 한쪽만을 산입하는 방법으로 계산한다. 그런데 거주자 등이 원천징수기간 중 해당 채권 등을 보유한 기간을 입증하지 못하는 경우에는 원천징수기간의 이자상당액이 전액 해당 거주자 등에게 귀속되는 것으로 보아 소득금액을 계산한다(소법 46 ②). 채권 등의 보유기간의 입증방법에 관하여는 앞의 채권 등의 보유기간이자 상당액의 계산에서 설명하였다.

그리고 이자 등의 지급일 등 또는 채권 등의 매도일 등을 원천징수시기로 한다.

4) 지급명세서의 제출

발행법인 또는 법인은 이자 등의 지급일 등 또는 채권 등의 매도일 등을 원천징수시기로 하여 원천징수기간의 이자 상당액에 대한 소득세를 원천징수함과 동시에 거주자 등에게 원천징수영수증을 교부하고, 그 지급일 등이 속하는 연도의 다음 연도 2월 말일(휴업 또는 폐업한 경우에는 휴업일 또는 폐업일이 속하는 달의 다음다음 달 말일)까지 원천징수 관할세무서장에게 지급명세서를 제출하여야 한다.

8 중도해지로 인한 이자소득금액계산의 특례

종합소득 과세표준 확정신고 후 예금 또는 신탁계약의 중도해지로 이미 지난 과세기간에 속하는 이자소득금액이 감액된 경우에는 그 중도해지일이 속하는 과세기간의 종합소득금액에 포함된 이자소득금액에서 그 감액된 이자소득금액을 차감하여 그 과세기간의 이자소득금액을 계산할 수 있다. 예금 등의 중도해지로 감액된 각 과세기간의 이자소득금액에서 그 감액된 이자소득금액을 차감하여 각 과세기간의 과세표준과 세액을 경정하는 것이 마땅하지만 납세의무자가 국세기본법 제45조의 2에 따라 과세표준 및 세액의 경정을 청구하지 않는 경우에는 중도해지일이 속하는 과세기간의 종합소득금액에 포함된 이자소득금액에서 그 감액된 이자소득금액을 일괄적으로 차감할 수 있도록 한 것이다(소법 46의 2). 과세표준 및 세액의 경정 또는 세액의 환급에 따른 번거로움을 덜기 위하여 인정된 예외조치다.

납세의무자가 국세기본법 제45조의 2에 따라 과세표준 및 세액의 경정을 청구하지 않는 한 과세관청은 직권으로 그 감액된 각 과세기간의 이자소득금액에서 감액된 이자소득금액을 차감하여 과세표준과 세액을 경정할 수는 없다고 새긴다.

제6절 총수입금액과 필요경비의 귀속연도

1 서 론

가. 의 의

소득세는 기간과세의 원칙(Periodizitätsprinzip)을 채택하여 인위적으로 획정한 과세기간을 단위로 하여 과세소득을 산정한다. 따라서 거주자에게 귀속하는 모든 총수입금액과 필요경비는 어떤 일정한 원칙 또는 기준에 따라 특정한 과세기간에 귀속시킬 필요가 있는 것이다. 어떠한 총수입금액도 일순간에 획득되는 것은 아니고 상당한 노력의 투입과 복잡한 활동 및 과정을 거쳐 얻게 되는 것이다.[209] 예를 들면 상품의 판매활동의 경우에는 주문의 인수, 재화 및 용역의 인도, 대금청구기한의 도래 및 대금의 회수 등과 같은 수익획득과정(earning process)을 거치게 된다.[210] 이와 같이 세분된 판매활동의 과정 중에서 어떤 사실(events)이 나타날 때에 이를 총수입금액으로 인식할 것인가 하는 문제가 바로 총수입금액의 귀속연도 또는 총수입금액과 필요경비의 귀속연도(이하 '손익의 귀속연도'라고 한다)에 관한 논의인 것이다. 이와 같은 판매활동을 포함한 수익창출활동이 동일한 과세기간의 어떤 시점에서 시작되고 그 과세기간 중의 한 시점에서 종료한 때에는 문제가 될 여지가 없다. 문제는 수익창출활동이 2 이상의 과세기간에 걸쳐지는 경우인 것이다.

---

209) 이태로, 앞의 책, p.267.
210) 이정호, 「현대회계이론」, 제3전정판(경문사, 1993), p.348.

총수입금액 및 필요경비의 과세기간별 귀속, 즉 특정한 총수입금액 또는 필요경비가 어떤 과세기간에 귀속하느냐 하는 문제는 다음과 같이 소득세의 크기 등에 중대한 영향을 미치게 된다.

첫째, 소득세는 초과누진세율구조를 채택하고 있기 때문에 어떤 과세소득이 어느 과세기간에 귀속되는가에 따라서 소득세의 크기가 달라진다.

둘째, 소득세를 비롯한 조세법령은 매년 개정이 이루어지고 있는데, 총수입금액 등을 어느 연도로 귀속시키느냐에 따라서 적용법령이 달라진다는 점이다. 이로 인하여 소득세의 크기가 상당한 영향을 받게 된다.

셋째, 총수입금액 등의 귀속연도를 언제로 보느냐에 따라서 세액납부의 시기를 비롯한 신고기한, 조세포탈범의 기수시기 등이 달라진다.

나. 회계학상의 수익 및 비용의 인식기준

회계학상 손익의 인식기준에 관하여는 현금주의 · 발생주의 및 실현주의가 주장되고 있다. 현금주의(cash basis)란 현금의 수입 또는 지출이라는 사실이 있을 때에 수익 또는 비용으로 계상하는 방법이다. 현금의 수수사실을 기준으로 하고 있기 때문에 확실 · 명료 · 간편하다는 이점이 있다.

그러나 현금의 수수시점을 임의로 조정함으로써 소득의 조작이 가능하다는 점, 손익의 기간배분이 불합리하여 경영성과의 측정이 정확하지 못하다는 점 및 오늘날의 신용사회에 부적합하다는 점과 같은 문제점을 안고 있다.

이에 대하여 발생주의(accrual basis)란 수익을 인식할 만한 경제적 사실이 발생할 때 및 수익창출과 관련된 가치의 희생이 있을 때에 수익 및 비용을 인식하여야 한다는 견해이다. 즉 현금을 받지 못한 경우라도 수익을 획득하였다고 볼 수 있는 경제적 사실이 있으면 수익으로 인식하며, 현금이 지출되었더라도 비용이 발생되지 않은 경우에는 비용으로 계상하지 아니하는 것이다. 현금의 수지사실을 기준으로 하는 것이 아니고 수익 및 비용으로 인식할 만한 경제적 사실의 유무를 기준으로 하기 때문에 현금주의보다는 기간손익의 계산에 정확성을 기할 수 있는 장점이 있다.

실현주의(realization basis)란 수익은 실현(realization)되었을 때에 인식하여야 한다는 기준이다. 발생주의에 근거하여 어떤 경제적 사실이 발생한 때에 수익을 인식한다고 하더라도 수익의 계산이 복잡할 뿐만 아니라 그 가치의 발생을 객관적으로 평가할 수 있는 합리적인 근거가 있는 것도 아니다.[211] 그러므로 수익에 대하여는 가치가 발생하였다고 단정할 수 있을 정도로 명확하고 객관적인 시점에서 인식하여야 한다는 실현주의가 등장하기에 이르렀다. 즉 실현주의는 발생주의를 수익에 적용시키기 위하여 수정한 형태인 것이다. 수익의 실현이란 교환 또는 분리현상(severance)이 나타났을 때에 수익을 보고하는 것을 가리킨다.[212]

수익실현기준 중 가장 대표적인 것은 판매기준이다. 판매기준(sales basis)이란 수익을 판매시점, 즉 재화 등의 인도시점에서 인식하여야 한다는 기준으로 인도기준(delivery basis)이라고도 한다. 그러나 이와 같은 판매기준은 수익실현의 절대적 기준은 아니다. 수익이 가득되고, 수익이 비록 견적에 의해서지만 측정가능하며, 그 측정이 시장거래를 기준으로 하여 입증 가능하고, 이와 관련된 비용을 비교적 정확하게 추산할 수 있는 경우에는 반드시 판매기준에 의존할 필요는 없는 것이다. 따라서 생산기준·회수기준 등을 기준으로 하여 수익을 인식하는 경우도 있는 것이다.[213]

다. 소득세법상의 손익의 귀속연도

소득세법은 권리의무확정주의에 따라 손익의 귀속연도를 결정하도록 하고 있다. 즉 소득세법은 제39조 제1항에서 "거주자의 각 과세기간 총수입금액 및 필요경비의 귀속연도는 총수입금액과 필요경비가 확정된 날이 속하는 과세기간으로 한다"라고 하여 권리의무확정주의를 선언하고 있다.[214]

다음으로 소득세법은 제24조 제1항에서 "거주자의 각 소득에 대한 총수입금액 …… 은 해당 과세기간에 수입하였거나 수입할 금액의 합계액으로 한다"고 규정하고 있다. 즉 소득세법 제24조 제1항에서 권리의무확정주의에 따라 총수입금액의 수입시기를 정하되, 그 제3항에서 "총수입금액을 계산할 때 수입하였거나 수입할 금액의 범위와 계산에 관하여 필요한 사항"은 대통령령으로 정하도록 하고 있다. 이에 따라 같은법 시행령 제45조 내지 제50조의 2에서 "총수입금액의 수입시기"에 관한 규정을 두게 된 것이다.

소득세법 제39조 제1항과 소득세법 제24조 제1항 및 제3항, 같은법 시행령 제45조 내지

211) 이정호, 앞의 책, p.347.
212) 이정호, 앞의 책, p.347 : 남상오, 「현대재무회계」(다산출판사, 1993), p.410.
213) 이정호, 앞의 책, p.349.
214) 이에 대하여 권리의무확정주의라는 표현 대신에 손익확정주의라는 표현을 사용하여야 한다는 주장이 있다. 즉 소득세법 제39조 제1항에 의하면 확정의 대상은 권리가 아니라 총수입금액과 필요경비이며, 구체적인 수입시기를 규정하고 있는 소득세법 시행령 규정을 권리확정주의와 현금주의 등 여러 기준이 혼재되어 있어 권리확정주의라는 단일한 기준에 의하여 설명할 수 없기 때문에 손익확정주의라고 표현하여야 한다고 한다(이중교, "소득세법상 권리확정주의의 위상에 대한 재정립", 「저스티스」, 통권 제142호(한국법학원, 2014.6), pp.160~187). 부연하면, 손익확정주의는 권리확정주의와 현금주의를 모두 아우르기 때문에 대금을 수령하지 않은 경우에는 권리확정주의를 적용하지만, 대금을 수령하여 현실적으로 지배하면서 경제적 이익을 얻는 경우에는 현금주의를 적용한다고 한다.

제50조의 2와의 관계가 문제가 되고 있다. 총수입금액의 수입시기는 총수입금액의 귀속연도를 결정하는 기준이 되는 시기로서 귀속시기라고도 부른다. 즉 수입시기는 총수입금액의 특정한 과세기간에의 귀속, 즉 귀속연도를 결정하는 기준이 되는 날을 의미하는 것이다. 그렇다면 총수입금액의 귀속연도에 관한 소득세법 제39조 제1항과 총수입금액의 수입시기에 관한 소득세법 제24조 제1항 및 제3항, 같은법 시행령 제45조 내지 제50조의 2는 사실상 동일한 내용을 규율하고 있는 규정들이다.

결론적으로 소득세법 시행령 제45조 내지 제50조의 2에서의 "수입시기"에 관한 규정은 소득세법 제39조 제1항, 제24조 제1항 및 제3항에서 정하고 있는 권리의무확정주의의 원칙을 그 거래유형별로 구체화한 규정으로 해석하고자 한다. 그러므로 소득세법 시행령 제45조 내지 제50조의 2에서는 소득세법 제39조 제1항, 제24조 제1항 및 제3항에서 정하고 있는 권리의무확정주의의 원칙에 위배되는 내용을 담을 수는 없다.

입법론적으로는 이들 규정을 여러 곳에 산발적으로 규정할 것이 아니고 "귀속연도"에서 통합하여 규율하는 것이 바람직하다고 할 것이다.

2 권리의무확정주의의 의의와 그 적용범위

가. 권리의무확정주의의 의의

소득세법은 "거주자의 각 과세기간의 총수입금액 및 필요경비의 귀속연도는 총수입금액과 필요경비가 확정된 날이 속하는 과세기간으로 한다"(소법 39 ①)라고 규정하여 권리의무확정주의에 따라 총수입금액과 필요경비의 귀속연도를 판정하도록 하고 있다. 이와 같은 권리의무확정주의는 법률적인 측면에서 수입할 권리 또는 지급할 의무의 확정이라는 확실한 증거에 따라 총수입금액 및 필요경비의 귀속연도를 결정하려는 입장이다. 즉 총수입금액 또는 필요경비를 권리 또는 의무의 득실변경이라는 법적기준(legal test)에 따라 인식하려는 원칙인 것이다. 권리와 의무를 각각 분리하여 권리확정주의 또는 의무(채무)확정주의라고 부르기도 한다.[215]

나. 권리의무확정주의에 있어서의 확정의 개념

권리의무확정주의에 있어서의 중심적 개념은 확정이다. 그런데 이와 같은 확정의 개념은 매우 애매하여 혼란을 초래하고 있다.[216] 즉 확정이라는 개념은 가장 확정되지 아니한 불확

---

215) 이태로, 앞의 책, p.273 및 p.280 : 최명근, 앞의 책, p.470.
216) 植松守雄, "收入金額(收益)の計上時期に關する問題," 「租稅法研究」, 第8號(有斐閣, 1980), p.103.

정개념(unbestimmter Begriff)인 것이다. 다만, 확정은 권리의 발생시점과 권리의 실현시점 사이에 존재하는 것만은 틀림이 없다.[217]

　소득세는 경제적인 이득을 과세대상으로 하는 것이므로 종국적으로는 현실적으로 수입된 소득에 대하여 과세하는 것이 원칙이라고 하겠으나, 소득세법은 소득이 현실적으로 수입되지 않은 경우에도 그 원인이 되는 권리가 확정적으로 발생한 때에는 그 소득의 실현이 있는 것으로 보고 과세소득을 계산하도록 하고 있다. 소득세법에서 이러한 권리확정주의를 채택한 것은 납세의무자의 자의로 과세연도의 소득이 좌우되는 것을 방지함으로써 과세의 공평을 기함과 함께 징세기술상 소득을 획일적으로 파악하여 징수를 확보하려는 요청에 따른 것이다. 즉 권리확정주의는 소득의 원인이 되는 권리의 확정시기와 소득의 실현시기와 사이에 시간적 간격이 있을 때 과세상 소득이 실현된 때가 아닌 권리가 발생된 때를 기준으로 하여 그 때 소득이 있는 것으로 보고 해당 과세연도의 소득을 산정하는 방식으로서 실질적으로는 불확실한 소득에 대하여 장래 그것이 실현될 것을 전제로 하여 미리 과세하는 것을 허용한 것이라 할 것이다.[218]

　대법원은 확정이란 총수입금액 또는 필요경비가 현실적으로 실현될 것까지는 필요 없다 하더라도 적어도 해당 총수입금액 또는 필요경비가 발생할 권리 또는 의무가 그 실현의 가능성에 있어서 상당히 높은 정도로 성숙·확정되어야 한다고 할 것이고, 따라서 권리가 이런 정도에 이르지 아니하고 단지 성립된 것에 불과한 단계로서는 아직 소득세의 과세대상으로서의 소득발생이 있다고 볼 수 없다고 판시[219]하고 있다. 그러면 어떤 경우에 총수입금액 또는 필요경비가 발생할 권리 또는 의무가 그 실현의 가능성에 있어서 성숙·확정되었다고 볼 것인가?

　일의적으로 정의하기는 어려우나 수익의 발생원인이 되는 권리의 이행가능성이 법이 보장하는 바에 따라 객관적으로 인식할 수 있는 상태에 도달하는 시점으로 이해하고자 한다.[220]

　그러므로 권리의 확정시기는 거래의 유형마다 개별적으로 검토하고 각각의 유형에 따른 타당한 결론을 추출하여야 할 것이다.[221] 판례도 구체적으로 어떤 사실을 가지고 소득이 발생할 권리가 성숙·확정되었다고 할 것인가는 반드시 일률적으로 정할 수는 없고 개개의 구체적인 권리의 성질이나 내용, 법률상·사실상의 여러 조건들[222]을 종합적으로 고려하여

217) 이태로, 앞의 책, p.275 : 대법원 1993.6.22 선고, 91누8180 판결.
218) 대법원 1984.3.13. 선고, 83누720 판결.
219) 대법원 1977.12.27. 선고, 76누25 판결 외.
220) 이태로, "손익의 귀속시기," 「월간조세」(조세통람사, 1991.3.), p.13.
221) 金子宏, "所得の年度歸屬 總論,"「日稅硏論集」財團法人日本稅務硏究センター, Vol. 22(Dec. 19 92), p.20.

결정함이 상당하다고 하여 확정의 개념을 탄력적으로 구성할 것을 제시한 바 있다.[223]

　이하에서는 소득이 발생할 권리가 성숙·확정되었는지의 여부와 관련한 판례를 개관하여 보기로 한다. 대체적인 경향은 확정의 개념을 엄격하게 해석하여 개연성의 문제가 아닌 절대성에 가까운 수준의 문제로 파악하고 있다.[224]

① 변호사가 사건을 수임함에 있어서 승소로 확정종결되었을 때에 승소액의 일정비율을 받기로 약정하였다면 소송의 진행 중에 보수금의 일부를 미리 수령하였더라도 해당 금액은 상급심에 의한 파기를 해제조건으로 하는 보수이기 때문에 일종의 가수금으로 봄이 상당하다고 판시하였다.[225]

② 이자지급일이 도래하여 이자채권이 발생하였다고 하더라도 채무자의 도산 등으로 회수불능이 객관적으로 명백한 때에는 이자소득이 실현되었다고 보지 않는다.[226]

③ 권리확정주의란 소득의 원인이 되는 권리의 확정시기와 소득의 실현시기와의 사이에 시간적 간격이 있는 경우에는 과세상 소득이 실현된 때가 아닌 권리가 확정적으로 발생한 때를 기준으로 하여 그때 소득이 있는 것으로 보고 당해 연도의 소득을 산정하는 방식으로, 실질적으로 불확실한 소득에 대하여 장래 그것이 실현될 것을 전제로 하여 미리 과세하는 것을 허용하는 것이다. 따라서 소득의 원인이 되는 권리가 확정적으로 발생하여 과세요건이 충족됨으로써 일단 납세의무가 성립하였다 하더라도 일정한 후발적 사유의 발생으로 말미암아 소득이 실현되지 아니하는 것으로 확정되었다면, 당초 성립하였던 납세의무는 그 전제를 상실하여 원칙적으로 그에 따른 소득세를 부과할 수 없다고 보아야 한다.[227]

이와 같은 대법원의 태도는 이자소득에서는 원금채권 및 이자채권이 대손이 되더라도 그 대손금의 필요경비로서의 산입을 허용하지 않기 때문에 그 회수불능이 된 이자채권 자체를 총수입금액에서 제외하여 소득세의 과세를 배제하기 위한 것으로 보여진다.[228]

그러나 금전대차계약을 체결하면서 담보물권을 설정하거나 가등기를 경료하여 차용금을 변제하지 않으면 가등기에 기한 본등기를 할 수 있는 제소전 화해까지 한 경우의 이자채권은 담보물의 담보가치의 한도 내에서는 변제기가 도래하면 확정되었다고

222) 예를 들면 소득세에 대한 관리·지배와 발생소득의 객관화 정도, 납세자금의 확보시기 등을 들 수 있다(대법원 1993.6.22. 선고, 91누8180 판결).
223) 대법원 1984.4.24. 선고, 83누577 판결 : 대법원 1984.12.11. 선고, 84누303 판결.
224) 이태로, 앞의 논문, p.15.
225) 대법원 1980.4.22., 79누296 : 대법원 2002.7.9. 선고, 2001두809 판결.
226) 대법원 1984.3.13. 선고, 83누720 판결 : 대법원 1986.7.8. 선고, 85누518 판결 : 대법원 1987.5.26. 선고, 87누26.
227) 대법원 2013.12.26. 선고, 2011두1245 판결.
228) 이태로, 앞의 논문, p.17.

보아야 한다.[229]

④ 세무사가 납세자로부터 위임을 받아 상속세 등의 신고납부와 관련된 모든 사무를 처리·종결시켜 주기로 하되, 부과된 세금이 그 지급액에 미치지 못하는 때에는 그 차액을 보수로 하고 그 지급액을 초과하는 때에는 그 지급액에서 자진신고납부한 세액을 공제한 잔액을 반환하고 별도의 수수료를 받지 아니하기로 약정하여 납부세액과 보수액을 분리·확정하지 아니한 채 일정액을 지급받은 경우의 귀속연도가 문제이다. 세무사가 사건을 수임하거나 세무서장에게 과세표준과 세액 등을 신고할 때에는 해당 세무사의 수입금액의 발생 여부 또는 수입금액의 크기가 미확정의 상태에 있기 때문에 적어도 위임인에 대한 과세처분이 있거나, 이와 별도로 세무사와 그 위임인들 사이에 일정액을 보수로 지급하기로 새로운 약정이 있는 때에 비로소 그 소득이 발생한다고 볼 것이다.[230]

⑤ 합자회사의 사원이 퇴사함에 따라 자기 몫으로 분배받을 재산가액에 관하여 다툼이 있어 해당 채권의 존부 및 범위가 판결에 의하여 확정된 경우에 그 분쟁의 경위·성질 등에 비추어 사안의 성질상 부당한 분쟁이라고 보이지 아니하므로 채권의 확정은 판결이 확정된 때로 봄이 상당하다. 그러므로 해당 의제배당의 귀속연도는 그 퇴사한 날이 속하는 연도가 아니고 판결확정일이 속하는 연도로 보아야 한다.[231]

⑥ 소득의 지급자와 수급자 사이에 채권의 존부 및 범위에 관하여 다툼이 있어 소송으로 나아간 경우에 그와 같은 분쟁이 경위 및 사안의 성질 등에 비추어 명백히 부당하다고 할 수 없는 경우라면 소득이 발생할 권리가 확정되었다고 할 수 없고, 판결이 확정된 때 권리가 확정된다고 보아야 한다.[232]

다. 권리의무확정주의의 적용한계

무효인 법률행위 등으로부터 생긴 소득에 대하여 권리의무확정주의를 적용할 수 있을지가 문제이다. 무효인 법률행위 등으로부터 생긴 소득의 경우에는 받을 권리 자체가 존재하지 않기 때문에 권리의 확정이란 있을 수 없다. 이와 같은 소득의 경우에는 현실적인 지배·향유·관리만을 기준으로 하여 귀속연도를 결정하여야 할 것이다. 즉 무효인 법률행위 등으로부터 얻는 소득의 경우에는 해당 소득을 현실적으로 수령하는 때가 귀속연도를 결정

---

229) 대법원 1984.4.24. 선고, 83누577 판결 : 대법원 1984.12.11. 선고, 84누303 판결 : 대법원 1993.12.14. 선고, 93누4649 판결.
230) 대법원 1990.1.23. 선고, 89도739 판결.
231) 대법원 1993.6.22. 선고, 91누8180 판결.
232) 대법원 2018.9.3. 선고, 2017두56575 판결.

하는 기준이 되는 시기인 것이다. 이를 관리지배기준이라고 부르기도 한다.[233]

대법원은 이자제한법에서 정하는 제한이율을 초과하는 부분의 이자·손해금에 대한 약정은 무효이므로 그 약정에 따라 이자·손해금은 발생할 여지가 없고, 따라서 아직 수령하지 못한 제한초과의 이자와 손해금은 약정한 이행기가 도래하였다고 하여도 그 권리가 확정된 것이라 할 수 없으므로 이를 "수입할 권리"로 볼 수는 없는 것이라고 판시한 바 있다.[234] 이와 같은 판결은 무효인 법률행위 등으로부터 생긴 소득에 대해서는 권리의무확정주의를 적용할 수 없음을 분명히 한 사례라고 하겠다.

라. 확정된 권리의 포기와 손익의 산정

소득세의 과세대상이 되는 소득이 발생하였다고 하기 위해서는 소득이 현실적으로 실현되었을 것까지는 필요하지 않고 소득이 발생할 권리가 그 실현의 가능성에 있어서 상당히 높은 정도로 성숙·확정되면 충분하다고 하겠다. 그런데 소득이 발생할 권리가 확정된 경우에는 설사 그 후에 납세의무자가 그 권리를 포기한다고 하더라도 확정된 청구권의 포기에 지나지 않으므로 총수입금액의 계산에 영향을 미치지 아니한다.[235] 즉 소득이 발생한 권리가 확정된 후에는 설령 납세의무자가 그 권리를 포기한 경우에도 총수입금액에 산입하는 것이다.

3　이자소득의 수입시기

이자소득의 수입시기는 다음의 날로 한다(소령 45).
① 소득세법 제16조 제1항 제12호 및 제13호에 따른 이자와 할인액
　약정에 따른 상환일. 다만, 기일 전에 상환하는 때에는 그 상환일
② 소득세법 제46조 제1항의 규정에 의한 채권 등으로서 무기명인 것의 이자와 할인액
　그 지급을 받은 날
③ 소득세법 제46조 제1항의 규정에 의한 채권 등으로서 기명인 것의 이자와 할인액
　약정에 따른 지급일
④ 보통예금·정기예금·적금 또는 부금의 이자
　ⅰ) 실제로 이자를 지급받은 날
　ⅱ) 원본에 전입하는 뜻의 특약이 있는 이자에 대하여는 그 특약에 따라 원본에 전입

233) 金子宏, 앞의 논문, pp.19~20.
234) 대법원 1984.3.13. 선고, 83누720 판결.
235) 대법원 1984.4.24. 선고, 83누577 판결 : 대법원 1985.11.26. 선고, 85누374 판결 : 대법원 1990.6.26. 선고, 90누1298 판결.

된 날

iii) 해약으로 인하여 지급되는 이자는 그 해약일

iv) 계약기간을 연장하는 경우에는 그 연장하는 날

v) 정기예금연결정기적금의 경우 정기예금의 이자는 정기예금 또는 정기적금이 해약되거나 정기적금의 저축기간이 만료되는 날

⑤ 통지예금의 이자

인출일

⑥ 채권 또는 증권의 환매조건부 매매차익

약정에 따른 해당 채권 또는 증권의 환매수일 또는 환매도일. 다만, 기일 전에 환매수 또는 환매도하는 경우에는 그 환매수일 또는 환매도일로 한다.

⑦ 저축성보험의 보험차익

보험금 또는 환급금의 지급일. 다만, 기일 전에 해지하는 경우에는 그 해지일로 한다.

⑧ 직장공제회 초과반환금

약정에 따른 납입금 초과이익 및 반환금 초과이익의 지급일. 다만, 반환금을 분할하여 지급하는 경우 원본에 전입하는 뜻의 특약이 있는 납입금 초과이익은 특약에 따라 원본에 전입된 날로 한다.

⑨ 비영업대금의 이익

약정에 따른 이자지급일로 하되, 이자지급일의 약정이 없거나 약정에 따른 이자지급일 전에 이자를 지급받은 경우에는 그 이자를 받은 날로 한다. 그런데 약정에 따른 이자지급일이 도래하여 이자채권이 발생하였다고 하더라도 채무자의 도산 등으로 인하여 이자채권의 회수불능이 객관적으로 명백한 때에는 약정에 의한 이자지급일을 수입시기로 보지 않는다. 이에 관하여는 이미 전술하였다.

그러나 회수불능의 사유가 발생하기 이전의 사업연도에 이미 수령한 이자소득은 비록 그 이후의 사업연도에 채권원리금 전부를 회수할 가능성이 없게 되었다고 하더라도 이미 구체적으로 실현된 이자소득의 납세의무에 대하여 아무런 영향도 미치지 않는다.[236] 그리고 채무자로부터 회수한 금액이 원금에 미달하여 총수입금액 계산에서 제외하였던 미수이자를 실제로 받은 경우에는 그 미수이자를 받은 날을 수입시기로 한다.

⑩ 채권 등의 보유기간이자상당액

해당 채권 등의 매도일 또는 이자 등의 지급일

---

236) 대법원 2005.10.28. 선고, 2005두5437 판결.

⑪ 앞의 "①" 내지 "⑩"의 이자소득이 발생하는 재산이 상속되거나 증여되는 경우

　　이자소득의 발생원천이 되는 재산에 대하여 상속이 개시되거나 해당 재산을 증여하는 경우에는 상속개시일 또는 증여일을 그 수입시기로 한다. 즉 상속개시일 또는 증여일까지 발생한 이자를 구분계산하여 해당 이자를 피상속인 또는 증여자에게 귀속시킬 필요가 있기 때문이다. 피상속인의 이자소득에 대하여는 그 상속인이 소득세의 납세의무를 진다(소법 2 ②).

　　그러나 상속개시일 또는 증여일에 현실적으로 이자를 지급하는 것은 아니므로 해당 이자소득에 대한 소득세를 원천징수하는 것은 아니다.

　　예를 들어 2년 만기(2023.1.10~2025.1.9)로 20억원을 정기예금(이자율 : 연 10%)한 거주자가 2024년 1월 9일에 사망한 경우에 피상속인이 예금일부터 상속개시일까지의 기간에 대한 이자를 지급받은 사실이 없다고 하더라도 그 기간 동안의 이자 2억원은 피상속인의 이자소득으로 귀속되는 것이다.

4 배당소득의 수입시기

배당소득의 수입시기는 다음의 날로 한다(소령 46).

① 무기명주식의 이익이나 배당

　　그 지급을 받은 날

② 잉여금의 처분에 따른 배당

　　당해 법인의 잉여금처분결의일. 당해 법인의 잉여금처분결의일이란 당해 법인의 정기 주주총회·사원총회 또는 이에 준하는 의결기관(이하에서 '주주총회 등'이라 한다)에서 재무제표(재무상태표·손익계산서·이익잉여금처분계산서 또는 결손금처리계산서)를 승인한 날을 가리킨다. 즉 주주총회 등에서 재무제표를 승인하게 되면 당해 재무제표가 확정되고, 따라서 재무제표에 포함된 이익잉여금처분계산서에서의 이익처분안도 효력을 발생하게 된다. 사업연도가 매년 1월 1일부터 12월 말일까지인 법인의 경우에는 보통 그 익년도 2월 내지 3월 사이에 주주총회 등에서 재무제표를 승인하게 된다. 그리고 연 1회의 결산기를 정한 법인은 정관의 정하는 바에 따라 사업연도 중 1회에 한하여 이사회의 결의로써 중간배당을 할 수 있다(상법 462의 3). 이와 같은 중간배당에 대하여는 이사회의 중간배당결의일이 속하는 연도를 귀속연도로 한다.

③ 소득세법 제17조 제1항 제8호에 따른 출자공동사업자의 배당

　　과세기간 종료일

④ 소득세법 제17조 제1항 제9호 및 제10호에 따른 배당 또는 분배금

　　그 지급을 받은 날

⑤ 소득세법 제17조 제2항 제1호·제2호 및 제5호의 의제배당

　　주식의 소각, 자본의 감소 또는 자본에의 전입을 결정한 날(이사회의 결의에 따른 경우에는 상법 제461조 제3항의 규정에 따라 정한 날)이나 퇴사 또는 탈퇴한 날

⑥ 소득세법 제17조 제2항 제3호·제4호 및 제6호의 의제배당

　ⅰ) 법인이 해산으로 인하여 소멸한 경우에는 잔여재산의 가액이 확정된 날

　ⅱ) 법인이 합병으로 인하여 소멸한 경우에는 그 합병등기를 한 날

　ⅲ) 법인이 분할 또는 분할합병으로 인하여 소멸 또는 존속하는 경우에는 그 분할등기 또는 분할합병등기를 한 날

⑦ 법인세법에 따라 배당으로 처분된 것

　　당해 법인의 당해 사업연도의 결산확정일. 앞에서 당해 사업연도의 결산확정일이란 정기주주총회에서 재무제표를 승인한 날을 가리킨다. 사업연도가 매년 1월 1일부터 12월 말일까지인 법인의 경우에는 보통 그 익년도 2월 내지 3월 사이에 정기주주총회에서 재무제표를 승인하게 되므로 2024년도의 법인세 과세표준과 세액을 신고·결정 또는 경정하면서 배당으로 처분하는 금액의 귀속연도는 2025년이 된다.

⑧ 집합투자기구로부터의 이익

　　집합투자기구로부터의 이익(집합투자증권의 환매등으로 발생한 이익은 제외)을 지급받은 날. 다만, 원본에 전입하는 뜻의 특약이 있는 분배금은 그 특약에 따라 원본에 전입되는 날로 한다.

⑨ 파생결합증권 또는 파생결합사채로부터의 이익

　　그 이익을 지급받은 날. 다만, 원본에 전입하는 뜻의 특약이 있는 분배금은 그 특약에 따라 원본에 전입되는 날로 한다.

⑩ 조각투자상품으로부터의 이익

　　조각투자상품으로부터의 이익을 지급받은 날

5　사업소득의 수입시기

사업소득의 수입시기는 다음의 날로 한다(소령 48).

가. 상품 등의 판매

그 상품 등을 인도한 날로 한다. 상품 등이란 상품(건물건설업과 부동산개발 및 공급업의 부동산을 제외한다)·제품 또는 그 밖의 생산품(이하 '상품 등'이라 한다)을 말한다. 앞에서 인도(Eintragung)란 물건에 대한 사실상의 지배를 이전시키는 것을 의미하며, 간이인도·점유개정 및 목적물 반환청구권의 양도가 모두 포함된다고 해석하여야 할 것이다.

상품의 납품 등의 경우에 상품 등을 인도한 날이란 다음의 날을 말한다(소칙 18 ①).

① 납품계약 또는 수탁가공계약에 따라 물품을 납품하거나 가공하는 경우에는 해당 물품을 계약상 인도하여야 할 장소에 보관한 날. 다만, 계약에 따라 검사를 거쳐 인수 및 인도가 확정되는 물품은 해당 검사가 완료된 날

② 물품을 수출하는 경우에는 해당 수출물품을 계약상 인도하여야 할 장소에 보관한 날

나. 상품 등의 시용판매

상대방이 구입의 의사를 표시한 날로 한다. 다만, 적송된 상품에 대하여 상대방이 일정기간 내에 반송하거나 거절의 의사를 표시하지 아니하는 한 특약 또는 관습에 따라 그 판매가 확정되는 경우에는 그 기간의 만료일로 한다.

다. 상품 등의 위탁판매

수탁자가 그 위탁품을 판매한 날로 한다.

라. 장기할부조건에 따른 상품 등의 판매

1) 장기할부조건부 판매 등의 범위

장기할부조건부 판매 등이라 함은 상품 등의 판매 또는 양도(국외거래에 있어서는 소유권이전조건부 약정에 따른 자산의 임대를 포함한다)로서 판매금액 또는 수입금액을 월부·연부 그 밖의 지급방법에 따라 2회 이상으로 분할하여 수입하는 것 중 해당 목적물의 인도일의 다음 날부터 최종의 할부금의 지급기일까지의 기간이 1년 이상인 것을 말한다(소칙 19).

① 장기할부조건부 판매 등의 목적물에 해당하는 상품 등이란 상품·제품 기타 생산품을

가리킨다.

② 장기할부조건부 판매 등에 있어서 판매금액 또는 수입금액은 2회 이상으로 분할하여 수입하면 충분하고 주·월·격월·반년 또는 연단위 등에 관계가 없다. 또한 그 회수약정일이 반드시 주기적이거나 정기적일 필요도 없다.[237]

③ 장기할부조건부 판매 등은 목적물의 인도일[238]의 다음 날부터 최종의 할부금의 지급기일까지의 기간이 1년 이상인 것으로 한다.

2) 장기할부조건에 따른 판매손익

가) 원 칙

장기할부조건 등에 따라 상품 등을 판매하거나 양도한 경우에는 상품 등의 판매손익의 귀속연도에 관한 규정을 적용함을 원칙으로 한다. 상품 등의 판매손익의 귀속연도란 상품 등을 인도한 날이 속하는 연도를 말한다.

나) 특 례

① 현재가치할인차금의 환입액에 대한 특례

사업자가 장기할부조건 등으로 자산을 판매하거나 양도함으로써 발생한 채권에 대하여 기업회계기준이 정하는 바에 따라 현재가치로 평가하여 현재가치할인차금을 계상한 경우 해당 현재가치할인차금상당액은 그 계상한 과세기간의 총수입금액에 산입하지 아니하며, 해당 채권의 회수기간 동안 기업회계기준이 정하는 바에 따라 환입하였거나 환입할 금액은 이를 각 과세기간의 총수입금액에 산입한다(소령 48 X의 2).

이 경우에 현재가치할인차금 상당액을 차감한 매출액(할부매출)은 상품 등의 판매 또는 기타의 자산의 양도(예 : 부동산매매업에 있어서의 매매용 부동산)에 관한 귀속연도의 총수입금액에 산입하여야 한다.

② 회수기일도래기준의 허용

사업자가 인도기준을 적용하지 않고, 장기할부조건에 따라 수입하였거나 수입하기로 약정한 날이 속하는 과세기간에 해당 수입금액과 이에 대응하는 필요경비를 계상한 경우에는 그 장기할부조건에 따라 수입하였거나 수입하기로 약

---

237) 대법원 1989.8.8. 선고, 88누4386 판결.
238) 기간의 기산점이 되는 목적물의 인도일은 인도가 현실적으로 이루어진 날은 물론이고 매매계약 내용 중 인도 또는 사용수익에 관한 특약으로 정한 인도가 가능한 날을 포함한다(대법원 1997.6.13. 선고, 95누 15070 판결).

정된 날을 수입시기로 한다. 앞에서 "수입하였거나"란 해당 연도에 회수기일이 도래된 것으로서 해당 연도에 회수한 부불금을, 그리고 "수입하기로 약정된"이란 해당 연도에 회수하지는 못하였지만 회수기일이 도래된 부불금의 의미로 새기고자 한다.

그런데 아직 회수기일이 도래하지 아니한 부불금을 미리 앞당겨 받는 경우가 있을 수 있다. 이 경우에 미리 회수한 금액은 "각 연도에 수입"한 금액으로는 볼 수 없고, 선수금으로 보아 총수입금액 불산입하여야 할 것이다. 다음으로 인도일 이전에 수입하였거나 수입할 금액은 인도일에 수입한 것으로 보며, 장기할부기간 중에 폐업한 경우 그 폐업일 현재 총수입금액에 산입하지 아니한 금액과 이에 상응하는 비용은 폐업일이 속하는 과세기간의 총수입금액과 필요경비에 이를 산입한다.

마. 건설 등의 제공

1) 원　칙

건설·제조 기타 용역(도급공사 및 예약매출을 포함하며, 이하에서 '건설 등'이라 한다)의 제공에 있어서는 그 용역의 제공을 완료한 날(목적물을 인도하는 경우에는 목적물을 인도한 날)로 한다(소령 48 Ⅴ). 즉 완성기준으로 하는 것이다.

2) 장기건설 등의 특례

건설 등의 계약기간(그 목적물의 건설 등의 착수일부터 인도일까지의 기간을 말한다. 이하에서 같다)이 1년 이상인 건설 등으로서 비치·기장된 장부에 따라 해당 과세기간 종료일까지 실제로 발생한 건설 등의 필요경비 총누적액을 확인할 수 있는 경우에는 그 목적물의 건설 등을 완료한 정도(이하에서 '작업진행률'이라 한다)를 기준으로 하여 계산한 수익과 비용을 해당 과세기간의 총수입금액과 필요경비로 한다. 즉 진행기준을 채택하고 있는 것이다. 그러나 사업자가 비치기장한 장부가 없거나 비치기장한 장부의 내용이 충분하지 아니하여 해당 과세기간 종료일까지 실제로 발생한 건설 등의 필요경비 총누적액을 확인할 수 없는 경우에는 그 목적물의 인도일이 속하는 과세기간의 총수입금액과 필요경비로 한다.

장기건설 등에 있어서 각 과세기간의 총수입금액에 산입할 금액은 건설 등의 계약금액에 작업진행률을 곱하여 계산한 금액에서 직전과세기간까지 총수입금액으로 계상한 금액을 차감하여 산정한다.

> 총수입금액에 산입할 금액 = 계약금액(도급금액) × 작업진행률 - 직전과세기간까지 총수입
> 금액으로 계상한 금액

작업진행률은 다음 산식에 따라 계산한 비율(건설 외의 경우에는 이를 준용하여 계산한 비율을 말한다)을 말한다. 다만, 건설 등의 수익실현이 건설 등의 작업시간·작업일수 또는 기성공사의 면적이나 물량 등(이하에서 '작업시간 등'이라 한다)과 비례관계가 있고, 전체 작업시간 등에서 이미 투입되었거나 완성된 부분이 차지하는 비율을 객관적으로 산정할 수 있는 건설 등의 경우에는 그 비율로 할 수 있다.

$$\text{작업진행률} = \frac{\text{해당 과세기간말까지 발생한 건설 등의 필요경비 총누적액}}{\text{건설 등의 필요경비 총예정액}}$$

위의 산식에서 건설 등의 필요경비 총예정액은 건설업회계처리기준을 적용 또는 준용하여 건설 등의 도급계약 당시 추정한 공사원가에 해당 과세기간말까지의 변동상황을 반영하여 합리적으로 추정한 공사원가로 한다.

3) 단기건설 등에 있어서의 특례

계약기간이 1년 미만인 경우로서 사업자가 그 목적물의 착수일이 속하는 과세기간의 결산을 확정함에 있어서 작업진행률을 기준으로 총수입금액과 필요경비를 계상한 경우에는 작업진행률을 기준으로 할 수 있다. 즉 단기건설 등에 있어서도 해당 사업자가 진행기준을 선택한 경우에는 진행기준에 따라 계산한 금액을 해당 연도의 총수입금액으로 하는 것이다.

바. 무인판매기에 의한 판매

사업자가 무인판매기로 상품 등을 판매하는 경우에는 해당 사업자가 무인판매기에서 현금을 인출하는 날로 한다. 현금을 인출하기 전에는 판매액을 파악할 수 없기 때문에 부득이 인정하고 있는 방법이다.

사. 인적용역의 제공

용역대가를 지급받기로 한 날 또는 용역의 제공을 완료한 날 중 빠른 날로 한다. 다만,

연예인 및 직업운동선수 등이 계약기간이 1년을 초과하는 일신전속계약에 대한 대가, 즉 전속계약금을 일시에 받는 경우에는 계약기간에 따라 해당 대가를 균등하게 안분한 금액을 각 과세기간 종료일에 수입한 것으로 한다. 이 경우에 월수의 계산은 해당 계약기간의 개시일이 속하는 달이 1개월 미만인 경우에는 1개월로 하고, 해당 계약기간의 종료일이 속하는 달이 1개월 미만인 경우에는 이를 산입하지 아니한다.

아. 어음의 할인

그 어음의 만기일로 한다. 다만, 만기 전에 그 어음을 양도하는 때에는 그 양도일로 한다.

자. 금융보험업에서 발생하는 이자 및 할인액

한국표준산업분류상의 금융보험업에서 발생하는 이자 및 할인액은 실제로 수입된 날로 한다.

차. 자산을 임대하거나 지역권·지상권을 설정하여 발생하는 소득

① 계약 또는 관습에 따라 지급일이 정하여진 것

그 정하여진 날

② 계약 또는 관습에 따라 그 지급일이 정하여지지 아니한 것

그 지급을 받은 날

③ 임대차계약 및 지역권·지상권 설정에 관한 쟁송(미지급임대료 및 미지급 지역권·지상권의 설정대가의 청구에 관한 쟁송을 제외한다)에 대한 판결·화해 등으로 인하여 소유자 등이 받게 되어 있는 이미 지난 기간에 대응하는 임대료상당액(지연이자 그 밖의 손해배상금을 포함한다)

판결·화해 등이 있은 날. 다만, 임대료에 관한 쟁송의 경우에 그 임대료를 변제하기 위하여 공탁된 금액에 대하여는 계약 또는 관습에 따라 지급일로 정한 날

카. 그 밖의 자산의 매매

위의 "가" 내지 "차"에 해당하지 아니하는 그 밖의 자산(건물건설업과 부동산개발 및 공급업의 판매용 부동산을 포함한다)의 매매에 대하여는 그 대금을 청산한 날로 한다. 다만, 대금을 청산하기 전에 소유권 등의 이전에 관한 등기 또는 등록을 하거나 해당 자산을 사용수익하는 경우에는 그 등기·등록일 또는 사용수익일로 한다.

타. 금전등록기를 설치 · 사용하는 사업자의 특례

금전등록기를 설치 · 사용하는 사업자에 대한 총수입금액은 그 수입한 날로 할 수 있다 (소법 162 ①). 즉 현금주의를 허용하고 있는 것이다. 물론 이와 같은 현금주의의 적용은 사업자의 임의적인 선택에 맡겨져 있다.

6 근로소득의 수입시기

근로소득의 수입시기는 다음의 날로 한다(소령 49).

① 급 여

근로를 제공한 날. 근로의 제공에 따라 급여청구권이 발생하기 때문이다.

② 잉여금처분에 따른 상여

당해 법인의 잉여금처분결의일. 당해 법인의 잉여금처분결의일이란 당해 법인의 주주총회 · 사원총회 또는 이에 준하는 의결기관에서 재무제표를 승인한 날을 말한다.

③ 당해 사업연도의 소득금액을 법인이 신고하거나 세무서장이 결정 · 경정함에 따라 발생한 그 법인의 임원 또는 주주 · 사원, 그 밖의 출자자에 대한 상여

당해 사업연도 중 근로를 제공한 날. 이 경우 월평균금액을 계산한 것이 2년도에 걸친 때에는 각각 당해 사업연도 중 근로를 제공한 날로 한다(소령 49 ① Ⅲ).

㉮ 앞에서 "······ 그 법인의 임원 또는 주주 · 사원, 그 밖의 출자자에 대한 상여"에서 "주주 · 사원, 그 밖의 출자자에 대한 상여"가 무슨 의미인지 명확하지 않다. 법인세법 시행령 제106조 제1항 제1호에 따르면 익금에 산입한 금액이 주주 등(임원 또는 사용인인 주주 등을 제외한다)에게 귀속한 경우에는 그 자에 대한 배당, 임원 또는 사용인에게 귀속한 경우에는 그 자에 대한 상여로 처분하도록 되어 있다. 따라서 "······ 그 법인의 임원 또는 주주 · 사원, 그 밖의 출자자에 대한 상여"는 "······ 그 법인의 임원 또는 사용인에 대한 상여"로 표현할 것을 잘못 표현한 것으로 이해하여야 할 것이다. 입법적으로 보완하여야 할 것이다.

㉯ 앞에서 "당해 사업연도 중 근로를 제공한 날"이란 상여로 처분된 소득금액이 실제로 그 귀속자에게 귀속된 날을 의미한다.

그런데 상여로 처분된 소득금액의 구체적인 귀속시기가 불분명한 경우가 있을 수 있다. 이 경우에도 법인의 결산사업연도와 소득세의 과세기간이 일치한다면, 다시 말하면 법인의 사업연도가 매년 1월 1일부터 12월 31일까지라면 문제가 되지 않는다. 그러나 법인의 결산사업연도와 소득세의 과세기간이 일치하지 않을 때에는 상여로

처분된 소득금액을 당해 법인의 결산사업연도 중 근로를 제공한 기간의 길이(일수 또는 월수)를 기준으로 하여 안분계산하고, 그에 따라 각 과세기간별로 소득금액을 귀속시켜야 한다(소기통 39-17).

④ 임원의 퇴직소득금액 한도초과액

지급받거나 지급받기로 한 날

⑤ 도급 기타 이와 유사한 계약에 따라 받는 급여

근로소득으로서 도급 기타 이와 유사한 계약에 의하여 받는 급여, 예를 들면 이익배당부급여[239](Tantieme)로서 당해 과세기간의 과세표준 확정신고기간 개시일 전에 당해 급여가 확정되지 아니한 때에는 근로를 제공한 날에 불구하고 그 확정된 날에 수입한 것으로 본다. 그러나 그 확정된 날 전에 실지로 받은 금액은 그 받은 날로 한다(소령 49 ②).

7　연금소득의 수입시기

연금소득의 수입시기는 다음의 날로 한다(소령 50 ⑤).

① 공적연금소득

공적연금 관련법에 따라 연금을 지급받기로 한 날

② 연금계좌에서 연금수령하는 경우의 그 연금

연금수령한 날

③ 그 밖의 연금소득

해당 연금을 지급받은 날

8　기타소득의 수입시기

기타소득의 수입시기는 다음의 날로 한다(소령 50 ①).

① 광업권 등을 양도하고 그 대가로 받는 금품

광업권·어업권·산업재산권 및 산업정보, 산업상 비밀, 상표권·영업권(일정한 점포 임차권을 포함한다), 토사석의 채취허가에 따른 권리, 지하수의 개발·이용권 그 밖에 이와 유사한 자산이나 권리를 양도하고 그 대가로 받는 금품은 그 대금을 청산한 날, 자산을 인도한 날 또는 사용·수익일 중 빠른 날로 한다. 다만, 대금을 청산하기 전에 자산을 인도 또는 사용·수익하였으나 대금이 확정되지 아니한 경우에는 그 대금 지

---

239) 보합제급여(步合制給與)라고도 한다.

급일로 한다.

② 계약의 위약 또는 해약으로 인하여 받는 위약금과 배상금 중 계약금이 위약금·배상금으로 대체되는 경우

　계약의 위약 또는 해약이 확정된 날

③ 법인세법에 따라 처분된 기타소득

　법인의 당해 사업연도의 결산확정일

④ 연금계좌에서 연금외수령한 소득 중에서 소득세법 제59조의 3 제1항에 따라 세액공제를 받은 연금계좌 납입액과 연금계좌의 운영실적에 따라 증가된 금액

　연금외수령한 날

⑤ 그 밖의 기타소득

　그 지급을 받은 날

9 퇴직소득의 수입시기

퇴직소득의 수입시기는 퇴직을 한 날이다. 다만, 공적연금 관련법에 따라 받는 일시금 중에서 국민연금법에 따른 일시금과 퇴직공제금의 경우에는 소득을 지급받은 날로 한다(소령 50 ②). 한편, 퇴직소득이 분할 지급되는 경우 최초로 지급받는 날에 모두 지급받은 것으로 하여 세액을 재계산하고 부족분을 추가 징수한다.

제7절 근로소득공제

1 개 요

소득별 소득금액은 해당 소득별로 총수입금액에서 필요경비 또는 필요경비적 공제를 차감하여 계산한다. 근로자가 근로소득이나 퇴직소득을 얻기 위하여는 일정한 필요경비의 지출을 필요로 한다. 그러나 근로소득 또는 퇴직소득에 대한 필요경비는 사업소득 등의 필요경비와 같이 개별적인 증빙서류를 갖추기가 곤란하고, 설사 개별적인 증빙서류를 갖춘 경우라 하더라도 증빙서류의 확인에 엄청난 행정력이 소요된다. 그러므로 근로소득이나 퇴직소득에 대하여는 실액공제를 허용하지 않고 해당 근로소득 또는 퇴직소득을 얻기 위하여 통상 소요되리라고 예상되는 표준적인 금액을 필요경비로서 공제하도록 하고 있다. 즉 근

로소득과 퇴직소득의 경우에는 필요경비의 표준공제만을 허용하고 있는 것이다. 근로소득 공제와 퇴직소득공제 중의 근속연수에 따른 공제액이 이에 해당한다. 그러므로 근로소득공 제와 퇴직소득공제 중의 근속연수에 따른 공제액을 필요경비적 공제라고 부른다. 이익과 관련된 공제액(profit-related deductions)이라고 부르기도 한다.[240]

한편, 현행의 퇴직소득공제는 순수한 필요경비적 공제항목만으로 이루어져 있는 것은 아니며, 장기간의 근속기간에 걸쳐서 조성·집적된 소득이 일시에 실현됨으로써 늘어나는 소득세 부담을 완화하기 위하여 일정액을 소득금액에서 공제하여 주는 특별공제의 항목도 포함하고 있다.

퇴직소득공제는 "제4장"에서 별도로 다루기로 한다.

2　근로소득공제의 적용요건

근로소득이 있는 거주자는 누구든지 필요경비적 공제인 근로소득공제를 적용받을 수 있다. 그리고 근로소득공제는 공제신청 등을 공제의 요건으로 하고 있지 않으므로 근로소득이 있는 자는 당연히 근로소득공제를 적용받을 수 있다.

3　근로소득공제의 범위액

① 미국·일본 등이 근로소득금액을 산정함에 있어서 필요경비의 항목별공제(itemized deductions)와 표준공제(standard deductions) 중에서 선택할 수 있도록 하고 있음에 대하여 우리나라는 표준공제만을 인정하고 있을 뿐이다.
② 근로소득공제액은 다음의 금액으로 한다. 다만, 공제액이 2,000만원을 초과하는 경우에는 2,000만원을 공제한다(소법 47 ①). 아래에서 총급여액이란 급여 등의 합계액에서 비과세소득을 공제한 금액을 말한다.

<총급여액>	<공제액>
500만원 이하	총급여액×70%
500만원 초과 1,500만원 이하	350만원＋500만원을 초과하는 금액×40%
1,500만원 초과 4,500만원 이하	750만원＋1,500만원을 초과하는 금액×15%
4,500만원 초과 1억원 이하	1,200만원＋4,500만원을 초과하는 금액×5%
1억원 초과	1,475만원＋1억원을 초과하는 금액×2%

240) John McNulty, Federal Income Taxation of Individuals, 4th edition(West Publishing Co., 1989), p.106.

그러나 일용근로자의 근로소득공제액은 일 150,000원이다(소법 47 ②). 일용근로자에 대한 근로소득공제액은 그 일용근로자가 근로를 제공한 날의 일급여액에서 공제하여야 한다.

일용근로자의 근로소득공제를 함에 있어서 "일(日)"의 계산은 당일 오전 영시로부터 오후 12시까지를 1일로 한다(소통 47 - 104…1).

한편, 근로소득이 있는 거주자의 해당 연도(일용근로자의 경우에는 근로를 제공한 날)의 급여액의 합계액이 앞의 공제액에 미달하는 경우에는 그 급여액의 합계액을 그 공제액으로 한다.

③ 2인 이상으로부터 근로소득을 받는 사람(일용근로자는 제외한다)은 그 근로소득의 합계액을 총급여액으로 하여 근로소득공제액을 총급여액에서 공제한다(소법 47 ⑤).

제**8**절 연금소득공제

1 개 요

연금소득금액은 총연금액에서 연금소득공제를 빼서 계산한다. 연금소득을 얻기 위하여 필요경비가 소요되는 것은 아니다.

그러나 연금소득자가 수령하는 연금급여의 수준은 통상적인 소득활동을 하는 자보다 낮을 수밖에 없다. 또한 연금소득자는 다른 소득활동을 하기 어려운 노령층이므로 연금소득이 그들의 주된 소득원을 이룬다.

따라서 이와 같은 영세한 연금소득자의 세부담을 완화하기 위하여 총연금액의 일정액을 총연금액에서 공제하여 연금소득금액을 산정하도록 하고 있는 것이다.

연금소득공제는 소득의 성질을 고려한 특별공제의 성격과 조세우대조치로서의 소득공제의 성격을 아울러 지니고 있다고 하겠다.

2 적용요건

연금소득이 있는 거주자는 누구든지 연금소득공제를 적용받을 수 있다. 그리고 연금소득공제는 공제신청 등을 그 요건으로 하고 있지 않다. 따라서 연금소득이 있는 자는 당연히 연금소득공제를 적용받을 수 있다.

3　연금소득공제의 범위액

연금소득이 있는 거주자에 대하여는 해당 연도에 받은 총연금액에서 다음의 금액을 공제한다. 다만, 공제액이 900만원을 초과하는 경우에는 900만원을 공제한다. 이를 연금소득공제라고 부른다(소법 47의 2).

<총연금액>	<공제액>
350만원 이하	총연금액
350만원 초과 700만원 이하	350만원＋350만원을 초과하는 금액×40%
700만원 초과 1,400만원 이하	490만원＋700만원을 초과하는 금액×20%
1,400만원 초과	630만원＋1,400만원을 초과하는 금액×10%

위에서 총연금액이란 연금의 총수령액 중 비과세소득과 분리과세연금소득 및 2001년 12월 31일 이전에 제공한 근로 또는 불입한 연금기여금 등을 기초로 하여 지급받는 연금소득을 제외한 금액을 말한다.

제4장

종합소득공제 및 퇴직소득공제

제1절 서 론

　종합소득 과세표준은 종합소득금액에서 종합소득공제와 조세특례제한법상의 소득공제를 빼서 계산한다. 그리고 퇴직소득 과세표준은 퇴직소득금액에서 퇴직소득공제를 빼서 계산한다.

　이를 계산식으로 나타내면 아래와 같다.

> 종합소득 과세표준 = 종합소득금액 − 종합소득공제 − 조세특례제한법상의 소득공제
> 퇴직소득 과세표준 = 퇴직소득금액 − 퇴직소득공제

　종합소득공제에는 인적공제(기본공제와 추가공제)·연금보험료공제·주택담보노후연금이자비용공제와 특별소득공제가 포함된다. 특별소득공제는 강학상의 개인적 지출에 관한 공제의 성격을 띠고 있다.

　조세특례제한법상의 소득공제에는 벤처투자조합 출자 등에 대한 소득공제(조특법 16), 소기업·소상공인 공제부금에 대한 소득공제(조특법 86의 3), 우리사주조합원에 대한 소득공제(조특법 88의 4) 및 신용카드 등 사용금액에 대한 소득공제(조특법 126의 2)가 포함된다. 이와 같은 소득공제는 세제상의 우대조치에 해당한다.

　퇴직소득공제로서 근속연수에 따른 공제액을 제외한 부분은 강학상의 특별공제에 해당한다. 즉 퇴직소득은 장기간(근속기간)에 걸쳐서 조성·집적된 소득이 퇴직에 따라 일시에 실현되는 속성을 갖고 있다.

　그러므로 퇴직소득에 대하여 그 소득이 실현되는 연도에 한꺼번에 소득세를 과세하게 되면 높은 누진세율의 적용으로 말미암아 소득이 발생 또는 증가하는 매 연도마다 소득세를 과세하는 경우보다 세부담이 현저하게 증가하게 된다.[241] 따라서 퇴직소득에 대한 과세표

준을 산정함에 있어서 일정액을 해당 소득금액에서 공제하도록 함으로써 소득세의 결집효과를 완화하면서 영세한 소득군을 과세에서 제외하도록 하고 있다. 이를 위하여 퇴직소득공제를 마련하고 있는 것이다.

제2절   종합소득공제

1 인적공제

가. 인적공제의 의의

인적공제(personal exemptions)라 함은 납세의무자의 최저생계비에 해당하는 소득을 과세에서 제외시키기 위하여 과세소득에서 공제하는 금액이다. 인적공제는 소득세의 과세원칙인 최저생활비 면세의 원칙을 실현하는 수단이다. 소득자와 그 가족의 최저생활비(Familienexistenzminimum)에 대한 과세는 인간으로서의 존엄과 가치의 보장과 인간다운 생활을 할 권리를 침해하는 결과를 초래하므로 최저생활비에 대하여 소득세를 면제하도록 하고 있다.

다음으로 인적공제제도는 초과누진세율구조와 함께 소득세제도의 근간을 이루고 있다. 즉 인적공제제도는 초과누진세율구조와 함께 응능부담의 원칙을 실현할 뿐만 아니라 소득세의 소득재분배기능을 강화하는 주요한 수단이 되고 있다.

인적공제제도의 기능으로서는 최저생활비의 면세 · 실효세율의 누진도 강화 · 인적 구성의 차이에 따른 세부담의 차등 · 업무량의 축소와 세무행정비용의 절감을 들 수 있다.

이에 관하여는 제1편의 "제4장 인적공제제도"에서 상술하였다.

나. 인적공제의 내용

1) 인적공제의 유형

현행 소득세법에서는 인적공제를 기본공제와 추가공제로 구분하고 있다. 기본공제는 소득자 본인 · 배우자 및 부양가족에 대한 일반적인 공제액을 가리킨다. 이에 대하여 추가공제란 소득자 본인이나 그 가족의 특수사정, 예를 들면 장애인 · 연로자 · 부녀자

---

241) 이를 소득세의 결집효과(bunching effect)라 한다.

세대주 또는 취업주부 등에 해당하는 경우에 추가적으로 허용하는 공제를 가리킨다.

2) 기본공제

가) 기본공제의 요건

종합소득이 있는 거주자(자연인)에 대해서는 일정한 요건을 충족하는 가족의 수에 1명당 연 150만원을 곱하여 계산한 금액을 기본공제로서 공제한다(소법 50 ①).

① 종합소득이 있는 거주자이어야 한다.

기본공제는 종합소득이 있는 거주자에 한하여 적용한다. 따라서 퇴직소득금액 또는 양도소득금액에서는 기본공제를 차감할 수 없다.

그리고 종합소득이 있는 거주자라 하더라도 자연인인 거주자에 한하여 기본공제에 관한 규정을 적용한다. 그러므로 1거주자 또는 1비거주자로 보는 법인 아닌 단체에 대해서는 기본공제를 적용하지 아니한다.

② 다음의 가족이 있어야 한다.

ⅰ) 해당 거주자

소득자 본인은 아무런 제한 없이 기본공제의 대상이 된다. 즉 소득금액의 크기나 나이에 관계없이 기본공제를 적용받을 수 있다.

ⅱ) 거주자의 배우자

거주자의 배우자로서 해당 과세기간의 소득금액이 없거나 해당 과세기간의 소득금액의 합계액이 100만원 이하인 사람(총급여액 500만원 이하의 근로소득만 있는 배우자를 포함한다)을 말한다. 배우자에는 사실혼관계(내연관계)에 있는 사람은 제외된다.

해당 과세기간의 소득금액의 합계액의 해석과 관련하여 다음과 같은 견해의 대립을 생각할 수 있다.

제1설은 종합소득금액의 합계액으로 새기는 견해이다. 종합소득공제인 기본공제의 적용요건을 판정하는 것이므로 종합소득금액만을 기준으로 하는 것이 타당하다고 주장하는 것이다.

이에 대하여 제2설은 종합소득금액, 퇴직소득금액 및 양도소득금액의 합계액을 총칭한다고 해석한다.

생각건대 소득세법상 소득세를 종합소득세·퇴직소득세 및 양도소득세로 구분하여 각각 과세하고 있는 점, 인적공제를 포함한 종합소득공제는 오로지 종합소득금액에서만 공제하도록 하면서 인적공제의 합계액이 종합소득금액을 초과하는 때에는 그 초과하는 공제액은 없는 것으로 하고 있는 점 등에 비추어 볼 때 제1설이 타당하다고 하겠다.

그러나 유권해석은 해당 과세기간의 소득금액을 제2설에 따라 종합소득금액·퇴직소득금액 및 양도소득금액의 합계액이라고 해석하고 있다.[242]

그리고 해당 과세기간의 소득금액이란 각 소득별로 산정한 소득금액(예를 들면 사업소득의 경우에는 총수입금액에서 필요경비를 공제한 금액)의 합계액을 기준으로 판단하여야 한다.

다음으로 해당 과세기간의 소득금액 안에는 소득세 과세표준에 합산하지 않는 비과세소득이나 분리과세소득은 제외된다고 해석한다.

iii) 거주자의 부양가족

거주자(그 배우자를 포함한다. 이하 같다)와 생계를 같이 하는 다음의 부양가족으로서 해당 과세기간의 소득금액의 합계액이 100만원 이하인 사람(총급여액 500만원 이하의 근로소득만 있는 부양가족을 포함한다)을 말한다. 앞에서 해당 과세기간의 소득금액이란 종합소득금액의 합계액으로 새긴다. 다음으로 부양가족이 장애인인 경우에는 나이의 제한이 없다.

㉮ 거주자의 직계존속으로서 60세 이상인 사람

거주자의 직계존속에는 거주자 자신의 직계존속뿐만 아니라 그 배우자의 직계존속, 예를 들면 장인 및 장모, 시부모 또는 시조부모 등을 포함한다. 그리고 거주자의 직계존속이 재혼한 경우에는 그 직계존속과 혼인(사실혼을 제외한다) 중인 배우자, 즉 계부 또는 계모 등을 포함한다.

㉯ 거주자의 직계비속과 입양자로서 20세 이하인 사람

거주자의 직계비속과 입양자로서 20세 이하(20세가 되는 날과 그 이전 기간을 말한다)인 사람을 말하는데, 해당 직계비속 또는 입양자와 그 배우자가 모두 장애인에 해당하는 경우에는 그 배우자를 포함한다.

그리고 거주자가 재혼한 경우로서 그 재혼한 배우자가 종전의 배우자와의 혼인(사실혼을 제외한다) 중에 출산한 자가 있는 때에는 그 자(거주자와 재혼한 배우자의 직계비속)를 거주자의 공제대상가족인 거주자의 직계비속으로 본다. 거주자의 직계비속으로 보는 거주자와 재혼한 배우자의 직계비속은 그 배우자가 종전의 배우자와의 혼인(사실혼을 제외한

242) 국세청장, 법인46013-371, 2001.2.16.

다) 중에 출산한 자만으로 한정하고 있다.

그리고 입양자란 민법 또는 입양특례법에 따라 입양한 양자 및 사실상 입양상태에 있는 사람으로서 거주자와 생계를 같이하는 사람을 말한다.

㉲ 거주자의 형제자매로서 20세 이하 또는 60세 이상인 사람

거주자의 형제자매에는 거주자 자신의 형제자매뿐만 아니라 그 배우자 의 형제자매, 예를 들면 처남 및 처제·시동생 등을 포함한다.

㉳ 국민기초생활보장법에 따른 수급권자 중 일정한 사람

국민기초생활보장법에 따른 수급권자 중 일정한 자란 같은 법에 따른 급 여[243]를 받는 자(수급자)를 말한다. 국민기초생활보장법에 따라 급여를 받을 수 있는 수급권자는 부양의무자가 없거나 부양의무자가 있어도 부 양능력이 없거나 부양을 받을 수 없는 자로서 소득인정액이 최저생계비 이하인 자로 한다.

㉴ 아동복지법에 따른 가정위탁을 받아 양육하는 아동

해당 과세기간에 6개월 이상 직접 양육한 위탁아동[244]을 말한다. 다만, 직전 과세기간에 소득공제를 받지 못한 경우에는 해당 위탁아동에 대한 직전 과세기간의 위탁기간을 포함하여 계산한다.

③ 종합소득 과세표준 확정신고를 함에 있어서 종합소득공제대상임을 증명하는 서류를 첨부하여 주소지 관할세무서장에게 제출하여야 한다.

종합소득 과세표준 확정신고를 하여야 할 거주자가 종합소득공제대상임을 증 명하는 서류를 첨부하지 아니한 경우에는 기본공제 중 거주자 본인에 대한 분 과 표준세액공제만을 공제한다. 그러나 추후에 해당 서류를 제출하면 그에 따 라 소득공제를 한다.

나) 기본공제의 내용

기본공제의 적용대상이 되는 가족 1명에 대하여 연 150만원씩 공제한다.

3) 추가공제

가) 추가공제의 요건

① 종합소득이 있는 거주자이어야 한다.

---

243) 국민기초생활보장법상의 급여에는 생계급여·주거급여·의료급여·교육급여·해산급여·장제급여 및 자 활급여가 있다(동법 7).
244) 「아동복지법」 제16조 제4항에 따라 보호기간이 연장된 경우로서 20세 이하인 위탁아동 포함(소령 §106 ⑨)

추가공제는 종합소득이 있는 거주자로서 자연인에 한하여 적용한다. 이에 관하여는 "기본공제"에서 설명하였다.

② 기본공제를 받는 사람(이하에서 '기본공제대상자'라고 한다)로서 다음의 사유 중 어느 하나에 해당하여야 한다.

ⅰ) 경로우대자

연령이 70세 이상인 사람을 말한다.

ⅱ) 장애인

장애인이라 함은 다음 중 어느 하나에 해당하는 사람으로 한다(소령 107 ①).

㉮ 장애인복지법에 따른 장애인 및 「장애아동 복지지원법」에 따른 장애아동 중 기획재정부령으로 정하는 사람

㉯ 「국가유공자 등 예우 및 지원에 관한 법률」에 따른 상이자 및 이와 유사한 사람으로서 근로능력이 없는 사람

㉰ 위의 "㉮" 내지 "㉯" 외에 항시 치료를 요하는 중증환자

위에서 항시 치료를 요하는 중증환자라 함은 지병에 의해 평상시 치료를 요하고 취학·취업이 곤란한 상태에 있는 사람을 말한다. 만성신부전증환자·암환자·고엽제후유증환자 등은 항시 치료를 요하는 중증환자에 포함된다.[245]

ⅲ) 부녀자세대주

거주자(해당 과세기간에 종합소득과세표준을 계산할 때 합산하는 종합소득금액이 3,000만원 이하인 거주자로 한정한다)가 배우자가 없는 여성으로서 부양가족이 있는 세대주이어야 한다. 배우자의 유무 또는 부양가족이 있는 세대주인지의 여부는 당해 과세기간 종료일 현재의 주민등록표등본 또는 가족관계등록부 증명서에 의한다(소령 108).

㉮ 배우자가 없는 부녀자이어야 한다.

배우자가 없는 부녀자는 과거에 혼인관계를 가졌었는지의 여부를 묻지 아니한다. 즉 혼인하였던 여자가 혼인의 무효 또는 취소·이혼·배우자의 사망으로 인하여 배우자가 없는 사람으로 된 경우뿐만 아니라 아예 혼인을 하지 않음으로써 배우자가 없는 사람인 경우까지 모두 포함된다.

㉯ 부녀자는 부양가족이 있는 세대주이어야 한다.

---

245) 해석편람 51-1-2부터 51-1-4까지.

　　　　　　배우자가 없는 부녀자는 반드시 부양가족이 있는 세대주이어야 한다. 앞에
　　　　　　서 부양가족이라 함은 기본공제를 적용받는 공제대상 부양가족을 가리킨다.
　iv) 취업주부
　　　　　　종합소득이 있는 거주자(해당 과세기간에 종합소득과세표준을 계산할 때
　　　　　　합산하는 종합소득금액이 3,000만원 이하인 거주자로 한정한다)가 배우
　　　　　　자가 있는 여성이어야 한다. 종합소득이 있는 거주자가 남편이 있는 부인
　　　　　　이기만 하면 충분하며, 부부가 모두 맞벌이를 하는지의 여부, 즉 그의 남
　　　　　　편이 직업활동에 종사하는지의 여부 또는 소득을 가득하고 있는지의 여부
　　　　　　는 공제요건과는 관계가 없다. 주부의 취업에 따라서 추가적으로 발생하
　　　　　　는 가사비용(housekeeping expenses) 등을 보전하여 주기 위한 공제이다.
　　　　　　한편, 배우자가 있는 여성에 해당되는지의 여부에 관한 판정은 해당 과세
　　　　　　기간 종료일 현재의 주민등록표등본 또는 가족관계등록부 증명서에 의한
　　　　　　다(소령 108).
　v) 한부모 가정
　　　　　　해당 거주자가 배우자가 없는 사람으로서 기본공제대상자인 직계비속 또
　　　　　　는 입양자가 있어야 한다. 다만, 부녀자세대주 또는 취업주부와의 중복적
　　　　　　용을 배제한다. 즉 부녀자세대주 또는 취업주부와 한부모 가정에 모두 해
　　　　　　당되는 경우에는 한부모 가정 관련 추가공제를 적용한다.
③ 종합소득 과세표준 확정신고를 하여야 할 거주자가 추가공제대상임을 증명하
　는 서류를 첨부하여 주소지 관할세무서장에게 제출하여야 한다.
　종합소득 과세표준 확정신고를 함에 있어서 인적공제대상임을 증명하는 서류
　를 첨부하지 아니한 경우에는 추가공제를 적용하지 아니한다. 그러나 나중에
　해당 서류를 제출하면 그에 따라 추가공제를 적용 받을 수 있다.

나) 추가공제의 내용

　추가공제의 대상이 되는 가족 1명에 대하여 다음의 금액을 추가로 공제한다(소법
51 ①).
　① 경로우대자인 경우에는 연 100만원
　② 장애인인 경우에는 연 200만원
　③ 부녀자세대주 또는 취업주부인 경우에는 연 50만원
　④ 한부모 가정의 경우에는 연 100만원

4) 인적공제의 한도

인적공제의 합계액이 종합소득금액을 초과하는 경우에 그 초과하는 공제액은 없는 것으로 한다(소법 51 ④).

다. 공제대상가족의 경합

1) 둘 이상의 공제대상가족에 해당하는 경우

① 거주자의 인적공제대상자(이하 '공제대상가족'이라 한다)가 동시에 다른 거주자의 공제대상가족에 해당하는 경우에는 해당 과세기간의 과세표준확정신고서, 근로소득자 소득·세액공제신고서, 사업소득세의 연말정산을 받는 자가 제출한 소득·세액공제신고서 또는 연금소득자소득·세액공제신고서(이하에서는 '신고서'라고 한다)에 기재된 바에 따라 그 중 1명의 공제대상가족으로 한다(소령 106 ①).

② 둘 이상의 거주자가 공제대상가족을 서로 자기의 공제대상가족으로 하여 신고서에 적거나 누구의 공제대상가족으로 할 것인가를 알 수 없는 경우에는 다음의 방법으로 한다(소령 106 ②).

 ⅰ) 거주자의 공제대상 배우자가 다른 거주자의 공제대상 부양가족에 해당하는 때에는 공제대상 배우자로 한다.

 ⅱ) 거주자의 공제대상 부양가족이 다른 거주자의 공제대상 부양가족에 해당하는 때에는 직전 과세기간에 부양가족으로 인적공제를 받은 거주자의 공제대상 부양가족으로 한다. 다만, 직전 과세기간에 부양가족으로 인적공제를 받은 사실이 없는 때에는 해당 과세기간의 종합소득금액이 가장 많은 거주자의 공제대상 부양가족으로 한다.

 ⅲ) 거주자의 추가공제 대상자가 다른 거주자의 추가공제 대상자에 해당하는 때에는 앞의 "ⅰ)" 및 "ⅱ)"에 따라 기본공제를 하는 거주자의 추가공제 대상자로 한다.

2) 피상속인 등의 공제대상가족에 대한 특례

해당 과세기간의 중도에 사망하였거나 외국에서 영주하기 위하여 출국을 한 거주자의 공제대상가족으로서 상속인 등 다른 거주자의 공제대상가족에 해당하는 사람에 대해서는 피상속인 또는 출국한 거주자의 공제대상가족으로 한다. 다만, 피상속인 또는 출국한 거주자에 대한 인적공제액이 소득금액을 초과하는 경우에는 그 초과하는 부분은 상속인 또는 다른 거주자의 해당 과세기간의 소득금액에서 공제할 수 있다(소령 106 ③·④).

라. 공제대상가족의 범위와 그 판정시기

1) 공제대상가족의 범위

가) 생계를 같이하는 부양가족의 범위

기본공제 및 추가공제는 해당 거주자·거주자의 배우자 및 거주자(그 배우자를 포함한다)와 생계를 같이 하는 부양가족을 그 대상으로 한다. 그러므로 "생계를 같이하는 부양가족"의 범위를 명확히 정의하여 둘 필요가 있다.

"생계를 같이 하는 부양가족"이란 주민등록표의 동거가족으로서 해당 거주자의 주소 또는 거소에서 현실적으로 생계를 같이 하는 사람으로 한다(소법 53 ①). 즉 형식적으로는 주민등록표상 동거가족으로 등재되어 있어야 하고, 실질적으로는 생계를 같이하고 있어야 하는 것이다. 이와 같은 형식적 요건 및 실질적 요건을 모두 충족한 경우에 한하여 생계를 같이 하는 자로 새겨야 한다. 따라서 형식적 요건은 갖추고 있으면서 실질적 요건을 결여하고 있다거나, 실질적 요건은 갖추고 있으면서 형식적 요건을 결여한 경우에는 원칙적으로 생계를 같이 하는 부양가족으로 보아서는 안 된다.

나) 직계비속 등에 대한 특례

① 직계비속·입양자에 대한 특례

직계비속·입양자의 경우에는 거주자와 별거하고 있더라도 생계를 같이 하는 부양가족으로 한다(소법 53 ① 단서).

② 일시퇴거의 경우의 특례

거주자 또는 그 동거가족(직계비속·입양자는 제외한다)이 취학·질병의 요양·근무상 또는 사업상의 형편 등으로 본래의 주소 또는 거소에서 일시 퇴거한 경우에도 생계를 같이 하는 자로 한다. 이 경우에는 일시퇴거자동거가족상황표에 다음의 서류를 첨부하여 원천징수의무자 또는 납세지 관할세무서장에게 제출(국세정보통신망에 의한 제출을 포함한다)하여야 한다(소법 53 ② 및 소령 114 ②).

ⅰ) 취학을 위하여 일시퇴거한 경우에는 해당 학교(학원 등을 포함한다)의 장이 발행하는 재학증명서

ⅱ) 질병의 요양을 위하여 일시 퇴거한 경우에는 해당 의료기관의 장이 발행하는 요양증명서

ⅲ) 근무를 위하여 일시 퇴거한 경우에는 해당 근무처의 장이 발행하는 재직증명서

다) 별거하고 있는 직계존속에 대한 특례

거주자의 부양가족 중 거주자(그 배우자를 포함한다)의 직계존속이 주거 형편에 따라 별거하고 있는 경우에는 생계를 같이 하는 사람으로 한다(소법 53 ③). 거주자의 직계존속이 거주자와 별거하고 있더라도 독립적인 생활능력이 없어 거주자가 실제로 부양하고 있는 때에는 소득공제를 허용하는 것이다.

2) 공제대상자의 판정시기

공제대상 배우자·공제대상 부양가족·공제대상 장애인·공제대상 경로우대자(이하에서는 '공제대상 배우자 등'이라고 한다)에 해당하는지 여부의 판정은 원칙적으로 해당 과세기간의 과세기간 종료일 현재의 상황에 따른다(소법 53 ④). 예를 들어 부양가족이나 경로우대자의 적용기준인 60세 또는 70세 이상에 해당하는지 여부는 해당 과세기간의 과세기간 종료일 현재를 기준으로 하여 판정하면 된다.

과세기간 종료일 기준에 대한 특례로서는 다음의 두 경우를 들 수 있다.

① 과세기간 중에 사망한 자 등의 특례

과세기간 종료일 전에 사망한 사람 또는 장애가 치유된 사람에 대해서는 사망일 전일 또는 치유일 전일의 상황에 따른다(소법 53 ④). 즉 사망자 또는 장애인은 과세기간 종료일 현재의 상황에 따르면 이미 사망하였거나 장애가 치유되어 공제대상 배우자 등에 해당하지 않게 된다. 그렇지만 사망하기까지 또는 장애를 치유하기까지 생활비 및 장애치료를 위한 비용이 지출된 것이다. 따라서 사망일 전일 또는 치유일 전일의 상황에 따라 해당 과세기간 중에는 배우자공제 등의 혜택을 부여하도록 하고 있는 것이다. 공제액은 전액이며 월할 계산을 하지 않는다.

② 20세 이하의 부양가족 등에 대한 특례

부양가족공제의 20세 이하인 사람의 직계비속의 나이는 만 20세를 의미한다. 나이의 계산에 있어서는 출생일을 산입한다(민법 158, 기법 4). 다만, 20세 이하에 해당하는지 여부는 해당 과세기간의 과세기간 종료일을 기준으로 하는 것이 아니고 해당 과세기간의 과세기간 중에 해당 나이에 해당하는 날이 있는지의 여부에 따라서 판정한다(소법 53 ⑤). 예를 들면 해당 과세기간의 과세기간 종료일에는 만 20세를 초과하더라도 그 과세기간 중에 20세 이하인 날이 있는 경우, 예를 들면 출생일이 5월 3일이라면 그 과세기간의 1월 1일부터 5월 2일까지는 만 20세 이하이므로 그 과세기간 중에는 공제대상부양가족으로 본다는 것이다. 공제액은 전액이며 월할 계산을 하지 않는다.

2 연금보험료공제

가. 의 의

연금제도는 연금기금 등의 납부·연금기금의 운용 및 연금의 지급으로 이루어져 있는데, 특히 납부·운용 및 지급의 어느 단계에서 소득세를 과세할 것인가는 연금소득과세에 있어서 초점을 이루고 있다.

우리나라의 연금소득과세제도는 원칙적으로 납부 및 운용단계에서는 비과세하고, 지급단계에서는 과세하는 유형을 취하고 있다.

이에 따라 공적연금 관련법에 따른 기여금 또는 개인부담금에 대하여는 그 기여금 등의 전액을 종합소득공제로서 공제하도록 하고 있는데, 이를 연금보험료공제라 한다. 다만, 연금저축계좌에 납입한 금액은 연금계좌 납입액의 12%[해당 과세기간에 종합소득과세표준을 계산할 때 합산하는 종합소득금액이 4,500만원 이하(근로소득만 있는 경우에는 총급여액 5,500만원 이하)인 거주자에 대해서는 15%]를 세액공제하도록 하고 있는데, 이는 불완전한 공제로서 연금의 수령시에 그 수령액 전액에 대하여 과세하면 이중과세의 문제가 발생하게 된다.

나. 연금보험료공제의 내용

1) 요 건

종합소득이 있는 거주자가 공적연금 관련법에 따른 기여금 또는 개인부담금을 납부하여야 한다.

① 종합소득이 있는 거주자이어야 한다.

　종합소득이 있는 거주자이어야 한다. 종합소득이 있는 거주자를 그 대상자로 하고 있으므로 이자소득·배당소득·사업소득·근로소득·연금소득 또는 기타소득이 있는 자는 연금보험료공제를 받을 수 있다.

② 공적연금 관련법에 따른 기여금 또는 개인부담금을 납입하여야 한다.

2) 공제범위액

공적연금 관련법에 따른 기여금 또는 개인부담금에 대하여는 그 기여금 등의 전액을 공제한다.

한편, 연금보험료공제 또는 조세특례제한법에 따른 소득공제를 적용하거나 연금계좌 세액공제를 적용하는 경우 특수관계인간의 공동사업으로 인하여 특수관계인의 소득금

액이 주된 공동사업자의 소득금액에 합산과세되는 경우로서 그 특수관계인이 지출·
납입·투자·출자 등을 한 연금보험료 등이 있으면 주된 공동사업자의 소득에 합산과
세되는 소득금액의 한도 안에서 주된 공동사업자가 지출·납입·투자·출자 등을 한
연금보험료 등으로 보아 주된 공동사업자의 합산과세되는 종합소득금액 또는 종합소
득산출세액을 계산할 때에 소득공제 또는 세액공제를 받을 수 있다(소법 54의 2).

3 주택담보노후연금이자비용공제

가. 의 의

주택담보노후연금이란 고령자의 주거안정과 노후소득 보장을 통한 노후생활 안정을 지
원하기 위하여 65세 이상인 고령자가 보유하고 있는 1세대 1주택을 담보로 제공하고 노후
생활자금을 매월 연금형식으로 지급받는 제도이다. 이와 같은 주택담보노후연금을 지급받
는 경우에 그 지급받은 연금에 대하여 해당 연도에 발생한 이자상당액을 해당 연도 연금소
득금액에서 공제하는데, 이를 주택담보노후연금이자비용공제라 한다.

위에서 주택담보노후연금대출을 역(逆)모기지론(reverse mortgage loan)이라고도 부른
다. 역모기지론이란 고령층 인구가 많은 미국·캐나다·영국·프랑스 등 선진국에서 노인
들의 생활비 마련을 위해 보편화되어 있는데, 고령자가 보유한 주택을 담보로 하여 연금의
형식으로 노후생활자금을 차입하는 제도이다. 그리고 차입자가 사망하면 금융기관이 담보
로 제공된 주택을 처분하여 그 동안의 대출금과 이자를 상환받게 된다. 부동산을 담보로
주택저당증권(MBS)을 발행하여 장기주택자금을 대출받는 모기지론과 자금 흐름이 반대
이기 때문에 역모기지론이란 이름으로 부르고 있다.

나. 주택담보노후연금이자비용공제의 내용

1) 요 건

연금소득이 있는 거주자가 다음의 요건에 해당하는 주택담보노후연금을 받아야 한다
(소령 108의 3).

① 한국주택금융공사법 제2조 제8호의 2에 따른 주택담보노후연금보증을 받아 지급
받거나 같은 법 제2조 제11호에 따른 금융기관의 주택담보노후연금일 것
위에서 한국주택금융공사법 제2조 제8호의 2에 따른 "주택담보노후연금보증"이라
함은 주택소유자가 주택에 저당권 설정 또는 주택소유자와 한국주택금융공사가
체결하는 신탁계약(주택소유자 또는 주택소유자의 배우자를 수익자로 하되, 한국

주택금융공사를 공동수익자로 하는 계약을 말한다)에 따른 신탁을 등기하고 금융기관으로부터 대통령령으로 정하는 연금 방식으로 노후생활자금을 대출받음으로써 부담하는 금전채무를 공사가 계정의 부담으로 보증하는 행위를 말한다. 이 경우 주택소유자 또는 주택소유자의 배우자가 대통령령으로 정하는 연령 이상이어야 하며, 그 연령은 공사의 보증을 받기 위하여 최초로 주택에 저당권 설정 등기 또는 신탁 등기를 하는 시점을 기준으로 한다.

② 주택담보노후연금 가입 당시 담보권의 설정대상이 되는 주택(연금소득이 있는 거주자의 배우자 명의의 주택을 포함한다)의 기준시가가 12억원 이하인 주택을 담보로 하여 지급받은 주택담보노후연금일 것

다음으로 주택담보노후연금이자비용공제는 해당 거주자가 신청한 경우에 적용한다(소법 51의 4 ②). 주택담보노후연금이자비용공제를 적용받고자 하는 거주자는 과세표준확정신고서에 주택담보노후연금이자비용증명서를 첨부하여 납세지 관할세무서장에게 제출하여야 한다. 그러나 주택담보노후연금이자비용증명서의 제출은 주택담보노후연금이자비용공제를 받기 위한 필요적 요건은 아니라고 새긴다. 주택담보노후연금이자비용증명서의 제출이 없더라도 주택담보노후연금이자비용의 지출이 입증된다면 주택담보노후연금이자비용공제를 적용받을 수 있다고 해석하여야 한다.

2) 공제범위액

연금소득이 있는 거주자가 앞의 공제요건을 충족하는 주택담보노후연금을 받은 경우에는 그 받은 연금에 대하여 해당 과세기간에 발생한 이자상당액을 해당 과세기간의 연금소득금액에서 공제한다. 이를 주택담보노후연금이자비용공제라 한다. 이 경우 공제할 이자상당액이 200만원을 초과하는 경우에는 200만원을 공제하고, 연금소득금액을 초과하는 경우에는 그 초과금액은 없는 것으로 한다.

4 특별소득공제

가. 의 의

특별소득공제는 소득을 창출하기 위한 비용으로 보기는 어려우나 해당 지출로 말미암아 담세력의 감손을 초래하는 지출항목이다. 강학상의 개인적 지출(privater Aufwendungen)에 해당하는 항목이다. 이와 같은 공제항목을 과세소득에서 제외하는 것은 소득과세의 원

리 및 담세력에 따른 과세를 실현하기 위한 필요적 조치이며, 조세우대조치로 보기는 어렵
다.[246] 이하에서는 특별소득공제를 근로소득자와 근로소득 외의 종합소득이 있는 자로 구
분하여 살펴보기로 한다.

나. 근로소득자에 대한 공제

1) 공제신청을 한 경우

가) 특별소득공제의 내용

근로소득이 있는 거주자(일용근로자를 제외한다)가 해당 과세기간에 지급한 국민
건강보험료 등에 대해서는 일정액을 그 과세기간의 근로소득금액에서 공제한다(소법
52 ①). 국민건강보험료 등에 대한 특별소득공제를 적용받고자 하는 근로소득자는 원
천징수의무자 등에게 공제신청을 하여야 한다.[247] 이 경우에는 실제 지급한 국민건
강보험료 등을 실액대로 공제받을 수 있다. 이를 실액공제라고 부르기로 한다.

그러나 공제신청(보험료세액공제·의료비세액공제·교육비세액공제·기부금세
액공제·국민건강보험료공제 등·주택임차비용공제 및 장기주택저당차입금 이자
상환액공제신청을 말한다)을 하지 아니한 근로소득자에 대하여는 획일적으로 연
13만원을 종합소득산출세액에서 공제한다. 이를 표준세액공제라고 한다. 다만, 해당
과세기간의 합산과세되는 종합소득산출세액이 공제액에 미달하는 경우에는 그 종
합소득산출세액을 공제액으로 한다.

(1) 국민건강보험료공제 등

근로소득이 있는 거주자(일용근로자는 제외한다)가 해당 과세기간에 국민건강보
험법·고용보험법 또는 노인장기요양보험법에 따라 근로자가 부담하는 보험료를
지급한 경우 그 금액을 해당 과세기간의 근로소득금액에서 공제한다.

(2) 주택임차비용공제

(가) 공제요건

과세기간 종료일 현재 주택을 소유하지 아니한 세대의 세대주(일정한 외국인
을 포함한다)로서 근로소득이 있는 거주자가 주택법에 따른 국민주택규모의 주
택(주거에 사용하는 오피스텔과 주택 및 오피스텔에 딸린 토지를 포함하며, 그

---

246) Klaus Tipke, Steuerrechts, 11. Aufl.(Verlag Dr. Otto Schmidt KG, 1987), S.302.
247) 국민건강보험료·고용보험료·노인장기요양보험료 및 원천징수의무자가 급여액에서 일괄하여 공제한 기
　　부금에 대하여는 공제신청을 할 필요가 없다(소령 113 ①).

딸린 토지가 건물이 정착된 면적에 5배 또는 10배를 곱하여 산정한 면적을 초과 하는 경우 해당 주택 및 오피스텔은 제외한다)을 임차하기 위하여 주택임차자금 차입금의 원리금 상환액을 지급하여야 한다(소법 52 ④).

이 경우 주택임차자금 차입금이란 다음 중 어느 하나에 해당하는 차입금을 말 한다. 다만, "②"의 차입금의 경우 해당 과세기간의 총급여액이 5,000만원 이하인 사람만 해당한다(소령 112 ④).

① 소득세법 시행령 [별표 1의 2]에 따른 대출기관으로부터 차입한 자금으로서 다음의 요건을 모두 갖춘 것

    ⅰ) 주택임대차보호법 제3조의 2 제2항에 따른 임대차계약증서의 입주일과 주민등록표 등본의 전입일 중 빠른 날부터 전후 3개월 이내에 차입한 자 금일 것. 이 경우 임대차계약을 연장하거나 갱신하면서 차입하는 경우에 는 임대차계약 연장일 또는 갱신일부터 전후 3개월 이내에 차입한 자금 을 포함하며, 주택임차자금 차입금의 원리금 상환액에 대한 소득공제를 받고 있던 사람이 다른 주택으로 이주하는 경우에는 이주하기 전 주택의 입주일과 주민등록표 등본의 전입일 중 빠른 날부터 전후 3개월 이내에 차입한 자금을 포함한다. 대출기관을 통한 대환대출의 경우, 대환 전 차 입금의 차입일을 기준으로 판단한다.

    ⅱ) 차입금이 대출기관에서 임대인의 계좌로 직접 입금될 것. 다만, 대환대출 의 경우 대출기관간 정산되어 임대인 계좌에 입금 절차가 불필요하므로 예외를 인정한다.

② 「대부업 등의 등록 및 금융이용자 보호에 관한 법률」 제2조에 따른 대부업 등을 경영하지 아니하는 거주자로부터 차입한 자금으로서 다음의 요건을 모두 갖춘 것

    ⅰ) 임대차계약증서의 입주일과 주민등록표 등본의 전입일 중 빠른 날부터 전후 1개월 이내에 차입한 자금일 것. 이 경우 임대차계약을 연장하거나 갱신하면서 차입하는 경우에는 임대차계약 연장일 또는 갱신일부터 전 후 1개월 이내에 차입한 자금을 포함하며, 주택임차자금 차입금의 원리 금 상환액에 대한 소득공제를 받고 있던 사람이 다른 주택으로 이주하는 경우에는 이주하기 전 주택의 입주일과 주민등록표 등본의 전입일 중 빠 른 날부터 전후 1개월 이내에 차입한 자금을 포함한다.

    ⅱ) 기획재정부령으로 정하는 이자율보다 낮은 이자율로 차입한 자금이 아

널 것. 이 경우 기획재정부령이 정하는 이자율이란 연 1.35%를 말한다.

(나) 공제범위액

주택임차자금 차입금의 원리금 상환액의 40%에 해당하는 금액을 해당 과세기간의 근로소득금액에서 공제한다. 다만, 그 공제하는 금액과 조세특례제한법 제87조 제2항(주택청약종합저축 등에 대한 소득공제)에 따른 금액의 합계액이 연 400만원을 초과하는 경우 그 초과하는 금액(이하 '한도초과금액'이라 한다)은 없는 것으로 한다.

(3) 장기주택저당차입금 이자상환액 공제

(가) 적용요건

근로소득이 있는 거주자로서 주택을 소유하지 아니하거나 1주택을 보유한 세대의 세대주가 취득당시 주택의 기준시가가 6억원 이하인 주택을 취득하기 위하여 그 주택에 저당권을 설정하고 금융회사 등 또는 주택도시기금법에 따른 주택도시기금으로부터 차입한 장기주택저당차입금의 이자를 지급하여야 한다(소법 52 ⑤).

① 근로소득이 있는 거주자로서 주택을 소유하지 아니하거나 1주택을 보유한 세대의 세대주이어야 한다.

이 경우 세대주 여부의 판정은 과세기간 종료일 현재의 상황에 따른다. 다음으로 세대주가 앞의 "(2)"의 주택임차비용공제, 조세특례제한법 제87조 제2항에 따른 주택청약종합저축 등에 대한 소득공제, 이 조항에 따른 장기주택저당차입금 이자상환액 공제를 적용받지 않는 경우에는 세대의 구성원 중 근로소득이 있는 자와 일정한 외국인도 그 적용을 받을 수 있다. 그리고 세대 구성원이 보유한 주택을 포함하여 과세기간 종료일 현재 2주택 이상을 보유한 경우에는 그 보유기간이 속하는 과세기간에 지급한 이자상환액은 근로소득금액에서 공제하지 아니한다.

② 주택의 취득당시 그 기준시가(주택에 대한 「부동산 가격공시에 관한 법률」에 따른 개별주택가격 및 공동주택가격이 공시되기 전에 차입한 경우에는 차입일 이후 같은 법에 따라 최초로 공시된 가격을 해당 주택의 기준시가로 본다)가 6억원 이하인 주택이어야 한다. 그리고 무주택자인 세대주가 주택법에 따른 사업계획의 승인을 받아 건설되는 주택(주택법에 따른 주택조합 및 「도시 및 주거환경정비법」에 따른 정비사업조합의 조합원이 취득하는 주택 또는 그 조

합을 통하여 취득하는 주택을 포함한다)을 취득할 수 있는 권리(주택분양권)로서 그 가격이 6억원 이하인 권리를 취득하고 그 주택을 취득하기 위하여 그 주택의 완공 시 장기주택저당차입금으로 전환할 것을 조건으로 금융회사 등 또는 주택도시기금법에 따른 주택도시기금으로부터 차입(그 주택의 완공 전에 해당 차입금의 차입조건을 그 주택 완공된 때 장기주택저당차입금으로 전환할 것을 조건으로 변경하는 경우를 포함한다)한 경우에는 그 차입일(차입조건을 새로 변경한 경우에는 그 변경일을 말한다)부터 그 주택의 소유권보존등기일까지 그 차입금을 장기주택저당차입금으로 본다.

③ 세대주에 대해서는 해당 주택에 실제 거주하는지 여부와 관계없이 적용하지만, 세대주가 아닌 거주자에 대해서는 그 주택에서 실제 거주하는 경우만 적용한다.

④ 장기주택저당차입금이란 다음의 요건을 모두 갖춘 차입금을 말한다(소령 112 ⑧).

　ⅰ) 주택소유권이전등기 또는 보존등기일부터 3월 이내에 차입한 장기주택저당차입금일 것

　ⅱ) 장기주택저당차입금의 채무자가 해당 저당권이 설정된 주택의 소유자일 것

　한편, 주택을 취득함으로써 장기주택저당차입금을 승계받은 경우에도 앞의 요건을 모두 갖추었다면 특별소득공제의 대상이 되는 장기주택저당차입금으로 본다.

(나) 공제범위액

해당 과세기간의 근로소득금액에서 장기주택저당차입금 이자 상환액을 공제한다. 다만, 앞의 "(2)"의 주택임차비용공제, 조세특례제한법 제87조 제2항에 따른 주택청약종합저축 등에 대한 소득공제와 장기주택저당차입금 이자상환액 공제의 합계액이 연 800만원(차입금의 상환기간이 15년 이상인 장기주택저당차입금의 이자를 고정금리 방식으로 지급하고, 그 차입금을 비거치식 분할상환 방식으로 상환하는 경우에는 2,000만원, 차입금의 상환기간이 15년 이상인 장기주택저당차입금의 이자를 고정금리로 지급하거나 그 차입금을 비거치식 분할상환으로 상환하는 경우에는 1,800만원, 차입금의 상환기간이 10년 이상인 장기주택저당차입금의 이자를 고정금리로 지급하거나 그 차입금을 비거치식 분할상환으로 상환하는 경우에는 600만원)을 초과하는 경우 그 초과하는 금액은 없는 것으로 한다.

위에서 고정금리 방식이란 차입금의 70% 이상의 금액에 상당하는 분에 대한 이자를 상환기간 동안 고정금리(5년 이상의 기간 단위로 금리를 변경하는 경우를 포함한다)로 지급하는 경우를 말하며, 비거치식 분할상환 방식이란 1년 이내의 거치기간을 두고 차입일이 속하는 과세기간의 다음 과세기간부터 차입금 상환기간의 말일이 속하는 과세기간까지 매년 일정 금액[(차입금의 70%/상환기간 연수) × (해당 과세기간의 차입금 상환월수/12)를 말한다] 이상의 차입금을 상환하는 경우를 말한다. 이 경우 상환기간 연수 중 1년 미만의 기간은 1년으로 본다(소령 112 ⑨).

나) 특별소득공제의 범위

근로소득자가 특별소득공제를 신청한 경우에는 실제 지급한 실액대로 공제를 받을 수 있다. 다만, 항목별로 한도액을 설정하고 있음은 이미 앞에서 살펴본 바와 같다.

다음으로 특별소득공제의 합계액이 해당 거주자의 해당 과세기간의 합산과세되는 종합소득금액을 초과하는 경우에는 그 초과하는 금액은 이를 없는 것으로 한다.

다) 특별소득공제의 신청

특별소득공제는 해당 거주자가 신청한 경우에 한하여 실액대로 공제한다(소법 52 ⑩ 및 ⑪). 다만, 국민건강보험료·고용보험료·노인장기요양보험료 및 원천징수의무자가 급여액에서 일괄공제하는 기부금에 대하여는 거주자의 신청이 없는 경우에도 공제한다(소령 113 ① 단서).

특별소득공제를 적용받고자 하는 자는 일정한 서류를 다음의 날까지 원천징수의무자·납세조합 또는 납세지 관할세무서장에게 제출하여야 한다.

① 근로소득이 있는 사람(외국기관 등으로부터 받는 근로소득이 있는 사람[248] 중 납세조합에 가입하지 아니한 사람은 제외한다)은 해당 과세기간의 다음 연도 2월분의 급여를 받는 날(퇴직한 경우에는 퇴직한 날이 속하는 달의 급여를 받는 날)

② 외국기관 등으로부터 받는 근로소득이 있는 사람 중 납세조합에 가입하지 아니한 사람은 종합소득 과세표준 확정신고기한

라) 소득공제 및 세액공제 증명서류의 제출 및 행정지도

소득공제 및 세액공제 증명서류를 발급하는 자는 국세청장이 정하는 바에 따라 자료집중기관에 소득공제 및 세액공제 증명자료를 제출하여야 한다. 그리고 자료집중기

---

248) 소득세법 제127조 제1항 제4호 단서에 해당하는 근로소득이다.

관은 국세청장이 정하는 바에 따라 국세청장에게 소득공제 및 세액공제 증명자료를 제출하여야 한다. 다만, 소득공제 및 세액공제 증명서류를 발급받는 자가 본인의 의료비내역과 관련된 자료의 제출을 자료집중기관이 국세청장에게 소득공제 및 세액공제 증명서류를 제출하기 전까지 거부하는 경우에는 그러하지 아니하다(소법 165).

그리고 국세청장은 소득공제 및 세액공제 증명서류를 발급하는 자에 대하여 소득공제 및 세액공제 증명서류를 국세청장에게 제출하도록 지도할 수 있다.

2) 공제신청을 하지 아니한 경우

공제신청을 하지 아니한 근로소득자에 대하여는 획일적으로 연 13만원을 종합소득산출세액에서 공제한다. 이를 표준세액공제라고 한다. 다만, 해당 과세기간의 합산과세되는 종합소득산출세액이 공제액에 미달하는 경우에는 그 종합소득산출세액을 공제액으로 한다(소법 59의 4 ⑨).

다. 근로소득이 없는 거주자로서 종합소득이 있는 자에 대한 공제

근로소득이 없는 거주자로서 종합소득이 있는 자에 대해서는 표준세액공제로서 연 7만원(성실사업자는 12만원)을 종합소득산출세액에서 공제한다. 다만, 해당 과세기간의 합산과세되는 종합소득산출세액이 공제액에 미달하는 경우에는 그 종합소득산출세액을 공제액으로 한다(소법 59의 4 ⑨). 성실사업자의 범위에 관해서는 소득세법 제160조의 5 제3항 및 소득세법 시행령 제118조의 8에서 정하고 있다.

5 종합소득공제의 종합한도와 배제 및 특례

가. 소득공제 등의 종합한도

거주자의 종합소득에 대한 소득세를 계산할 때 다음 중 어느 하나에 해당하는 공제금액 및 필요경비의 합계액이 2,500만원을 초과하는 경우에는 그 초과하는 금액은 없는 것으로 한다(조특법 132의 2 ①). 이를 소득공제 등의 종합한도라 한다.

① 소득세법 제52조에 따른 특별소득공제. 다만, 소득세법 제52조 제1항에 따른 보험료 소득공제는 포함하지 아니한다.
② 조세특례제한법 제16조 제1항에 따른 벤처투자조합 출자 등에 대한 소득공제(조세특례제한법 제16조 제1항 제3호, 제4호 또는 제6호에 따른 출자 또는 투자를 제외한다)
③ 조세특례제한법 제86조의 3에 따른 공제부금에 대한 소득공제

④ 조세특례제한법 제87조 제2항에 따른 청약저축 등에 대한 소득공제

⑤ 조세특례제한법 제88조의 4 제1항에 따른 우리사주조합 출자에 대한 소득공제

⑥ 조세특례제한법 제91조의 16에 따른 장기집합투자증권저축 소득공제

⑦ 조세특례제한법 제126조의 2에 따른 신용카드 등 사용금액에 대한 소득공제

나. 종합소득공제의 배제

1) 분리과세소득만이 있는 경우

분리과세이자소득·분리과세배당소득·분리과세연금소득과 분리과세기타소득만이 있는 자에 대해서는 인적공제 및 특별소득공제를 적용하지 아니한다(소법 54 ①). 일용근로자의 근로소득에 대해서도 마찬가지이다.

2) 공제대상임을 증명하는 서류를 제출하지 아니한 경우

소득세 과세표준 확정신고를 하여야 할 거주자가 인적공제·주택담보노후연금이자비용공제 및 특별소득공제대상임을 증명하는 서류를 제출하지 아니한 경우에는 기본공제 중 거주자 본인에 대한 분(分)과 표준세액공제만을 공제한다. 다만, 과세표준확정신고 여부와 관계없이 그 서류를 나중에 제출한 경우에는 그러하지 아니하다(소법 54 ②).

① 인적공제·주택담보노후연금이자비용공제 및 특별소득공제대상임을 증명하는 서류란 다음의 서류를 말한다(소법 70 ④ I, 소령 130 ②).

  ⅰ) 해당 과세기간 종료일 현재의 주민등록표등본 또는 가족관계증명서

  ⅱ) 입양자·수급자 또는 위탁아동임을 증명하는 서류

  ⅲ) 장애인증명서

  「국가유공자 등 예우 및 지원에 관한 법률」에 따른 상이자의 증명을 받은 사람 또는 장애인복지법에 따른 장애인등록증을 발급받은 사람에 대해서는 해당 증명서·장애인등록증의 사본이나 그 밖의 장애사실을 증명하는 서류를 제출하여야 하며, 이 경우 장애인증명서는 제출하지 않을 수 있다. 그리고 장애상태가 1년 이상 지속될 것으로 예상되는 장애인이 그 장애기간이 기재된 장애증명서를 제출한 때에는 그 장애기간 동안은 다시 제출할 필요가 없다. 다만, 장애기간 중 납세지 관할세무서 또는 사용자를 달리하게 된 때에는 장애인증명서를 제출하여야 한다. 이 경우에는 전 납세지 관할세무서장 또는 전 원천징수의무자로부터 이미 제출한 장애인증명서를 반환받아 제출할 수 있다(소령 107 ② 내지 ④).

  ⅳ) 주택담보노후연금이자비용증명서

ⅴ) 특별소득공제대상임을 증명하는 서류

ⅵ) 일시퇴거자 동거가족상황표

　일시퇴거자 동거가족상황표와 본래의 주소지 및 일시퇴거지의 주민등록표등본, 재학증명서·요양증명서 또는 재직증명서를 말한다(소령 114 ②).

② 공제대상임을 증명하는 서류는 납세지 관할세무서장 또는 원천징수의무자에게 제출하여야 한다.

ⅰ) 거주자가 종합소득 과세표준확정신고를 하는 때에는 인적공제·주택담보노후연금이자비용공제 및 특별소득공제의 대상임을 증명하는 서류를 납세지 관할세무서장에게 제출하여야 한다. 다만, 과세표준확정신고를 하여야 할 자가 원천징수의무자에게 근로소득자소득·세액공제신고서를 제출하여 근로소득세 연말정산을 받은 경우에는 소득·세액공제신고서를 제출한 것으로 본다(소칙 65 ①).

ⅱ) 근로소득이 있는 사람과 외국기관 등으로부터 받는 근로소득이 있는 사람으로서　납세조합에 가입한 사람은 해당 과세기간의 다음 연도 2월분의 급여를 받는 날(퇴직한 경우에는 퇴직한 날이 속하는 달의 급여를 받는 날)까지 인적공제·주택담보노후연금이자비용공제 및 특별소득공제의 대상임을 증명하는 서류를 원천징수의무자에게 제출하여야 한다. 외국기관 등으로부터 받는 근로소득이 있는 사람으로서 납세조합에 가입하지 아니하여 소득세 과세표준확정신고를 하는 사람은 납세지 관할세무서장에게 제출하면 된다.

ⅲ) 보험모집인으로서 사업소득세액의 연말정산을 받는 자는 해당 연도의 다음 연도 2월분 사업소득을 지급받는 날(중도에 거래계약을 해지하는 경우에는 그 해지하는 달의 사업소득을 지급받는 날)까지 원천징수의무자에게 소득·세액공제신고서에 주민등록표등본을 첨부하여 제출하여야 한다.

③ 공제대상임을 증명하는 서류는 해당 과세기간의 다음 연도 2월분의 급여 또는 사업소득을 받는 날(퇴직 또는 거래계약을 해지한 경우에는 퇴직 또는 해지한 날이 속하는 달의 급여 또는 사업소득을 받는 날)이나 소득세 과세표준확정신고기한까지 제출하여야 하지만, 그 서류를 나중에 제출하더라도 인적공제·주택담보노후연금이자비용공제 또는 특별소득공제를 적용한다(소법 54 ② 단서). 설사 과세표준확정신고서를 제출하지 아니한 자라 하더라도 나중에 공제대상임을 증명하는 서류만을 제출하는 경우에는 인적공제·주택담보노후연금이자비용공제 및 특별소득공제를 적용받을 수 있는 것이다.

위에서의 "나중"이 어느 시기까지인지가 문제이다. 위 법문에서의 "나중"이 소득세 과세표준확정신고기한이 도과한 후의 어느 시점인 것은 분명하다. 그렇다면 그 종기(終期)를 어느 시기로 획정할 것인가가 문제이다. 앞에서의 "나중"이란 과세관청이 납세의무자의 과세표준과 세액을 결정 또는 경정할 때까지는 물론이고 해당 소득세의 과세처분에 대한 취소소송에서의 변론종결시까지로 해석하여야 할 것이다.

다. 종합소득공제의 특례

1) 비거주자에 대한 특례

국내사업장이 있거나 부동산임대소득(소득세법 제119조 제3호에 규정하는 소득)이 있는 비거주자로서 국내원천소득을 종합하여 과세하는 경우 또는 국내사업장이 없는 비거주자의 근로소득에 대한 과세표준을 산정하는 경우에는 인적공제 중 비거주자 본인 외의 다른 사람에 대한 공제와 특별소득공제, 자녀세액공제 및 특별세액공제는 하지 아니한다(소법 122 단서). 즉 본인에 대한 기본공제(150만원)와 본인에 대한 추가공제(경로우대자 · 장애인 등)만을 적용할 뿐이다.

한편, 국내사업장이 없는 비거주자(근로소득이 있는 사람은 제외한다)에 대해서는 국내원천소득별로 분리과세를 하게 되므로 종합소득공제에 관한 규정이 적용될 여지가 없다.

2) 수시부과결정시의 특례

수시부과결정의 경우에는 기본공제 중 거주자 본인에 대한 분(分 : 150만원)만을 공제한다(소법 54 ③). 그 후에 소득세 과세표준과 세액을 확정신고하거나 결정 또는 경정할 때 종합소득공제의 전액을 공제한다.

제3절 퇴직소득공제

1) 퇴직소득공제의 의의

퇴직소득과세표준은 퇴직소득금액에서 퇴직소득공제를 한 금액으로 한다(소법 14 ⑥). 퇴직소득이 있는 거주자에 대해서는 해당 과세기간의 퇴직소득금액에서 다음의 금액을 순서대로 공제한다. 다만, 해당 과세기간의 퇴직소득금액이 근속연수에 따른 공제액에 미달하는 경우에는 그 퇴직소득금액을 공제액으로 한다. 이를 퇴직소득공제라 한다(소법 48).

퇴직소득공제는 퇴직소득의 필요경비적 공제와 결집효과를 완화하기 위한 특별공제의 성격을 동시에 지니고 있다.

2) 퇴직소득공제의 공제범위액

퇴직소득공제는 근속연수에 따른 공제액과 환산급여에 따른 공제액을 합계한 금액이다. 즉 퇴직소득이 있는 거주자에 대해서는 해당 과세기간의 퇴직소득금액에서 아래의 "①"에 따라 계산한 금액을 공제하고, 그 금액을 근속연수(1년 미만의 기간이 있는 경우에는 이를 1년으로 본다)로 나누고 12를 곱한 후의 금액(이하 '환산급여'라 한다)에서 "②"에 따른 금액을 공제한다.

① 근속연수에 따른 공제액

근속연수에 따른 공제액은 근속연수가 늘어남에 따라 공제액이 점차적으로 늘어나는데, 필요경비적 성격이 강한 공제항목[249]이다.

㉮ 근속연수에 따른 공제액

ⅰ) 근속연수 5년 이하 : 100만원 × 근속연수

ⅱ) 근속연수 5년 초과 10년 이하 : 500만원 + 200만원 × (근속연수 - 5년)

ⅲ) 근속연수 10년 초과 20년 이하 : 1,500만원 + 250만원 × (근속연수 - 10년)

ⅳ) 근속연수 20년 초과 : 4,000만원 + 300만원 × (근속연수 - 20년)

㉯ 근속연수의 계산

근속연수는 근로를 제공하기 시작한 날 또는 퇴직소득중간지급일의 다음 날부터 퇴직한 날까지로 한다. 다만, 퇴직급여를 산정할 때 근로기간에 포함되지 아

---

[249] 근속연수가 늘어남에 따라 공제액이 점차적으로 늘어나도록 하고 있는 것은 장기근속자에 대한 우대금의 성격도 일부 지니고 있다고 하겠다.

니한 기간은 근속연수에서 제외한다(소령 105 ①).

② 환산급여에 따른 공제액

 ⅰ) 환산급여 800만원 이하 : 환산급여 × 100%

 ⅱ) 환산급여 800만원 초과 7,000만원 이하 : 800만원 + 800만원 초과금액 × 60%

 ⅲ) 환산급여 7,000만원 초과 1억원 이하 : 4,520만원 + 7,000만원 초과금액 × 55%

 ⅳ) 환산급여 1억원 초과 3억원 이하 : 6,170만원 + 1억원 초과금액 × 45%

 ⅴ) 환산급여 3억원 초과 : 1억5,170만원 + 3억원 초과금액 × 35%

제5장

세액의 계산

1 세율과 산출세액의 계산

소득세는 종합소득·퇴직소득 및 양도소득으로 구분하여 세액을 계산한다(소법 15). 그리고 소득세는 세액의 산출과정에 따라 산출세액·결정세액 및 총결정세액으로 구분할 수 있다. 먼저 소득별 과세표준에 기본세율을 적용하여 종합소득산출세액·퇴직소득산출세액 및 양도소득산출세액을 계산한다. 세율은 종합소득 및 퇴직소득에 관한 것과 양도소득에 관한 것으로 구분된다. 양도소득에 관한 세율에 대해서는 "제4편"에서 다룬다.

종합소득 등에 대한 소득세의 기본세율은 최저 6%에서 최고 45%의 8단계 초과누진세율이다. 따라서 해당 소득별 과세표준에 [별표 5]의 초과누진세율을 곱하여 산출세액을 계산하게 된다.

[별표 5] 종합소득세율

종합소득과세표준	세　율
1,400만원 이하	과세표준 × 6%
1,400만원 초과 5,000만원 이하	84만원 + 1,400만원을 초과하는 금액 × 15%
5,000만원 초과 8,800만원 이하	624만원 + 5,000만원을 초과하는 금액 × 24%
8,800만원 초과 1억5,000만원 이하	1,536만원 + 8,800만원을 초과하는 금액 × 35%
1억5,000만원 초과 3억원 이하	3,706만원 + 1억5,000만원을 초과하는 금액 × 38%
3억원 초과 5억원 이하	9,406만원 + 3억원을 초과하는 금액 × 40%

종합소득과세표준	세　율
5억원 초과 10억원 이하	1억7,406만원 + 5억원을 초과하는 금액 × 42%
10억원 초과	3억8,406만원 + 10억원을 초과하는 금액 × 45%

그러나 퇴직소득에 대한 소득세의 산출세액은 평균과세(Income averaging, Durchschnittsbest-euerung)의 방법을 채택하여 다음 계산식과 같이 계산한다(소법 55 ②).

> 퇴직소득산출세액 ＝ 해당 과세기간의 퇴직소득 과세표준 × 기본세율 ÷ 12 × 근속연수

2 결정세액의 계산

소득별 산출세액에서 세액공제와 면제 또는 감면세액을 공제하여 종합소득결정세액 및 퇴직소득결정세액을 계산하게 된다(소법 15 Ⅱ).

이 경우 배당세액공제가 있는 때의 종합소득결정세액은 종합소득산출세액에서 배당세액공제를 한 금액과 소득세법 제62조 제2호의 규정에 따른 금액을 비교하여 큰 금액에서 배당세액공제 외의 그 밖의 세액공제와 감면세액을 공제하여 계산한다.

이는 배당세액공제가 적용되는 거주자의 종합소득산출세액에서 배당세액공제액을 뺀 후의 세액이 이자소득 등에 대한 원천징수세액과 이자소득 등 외의 다른 종합소득금액에 대한 산출세액과의 합계액보다 크거나 같아야 한다는 취지에서 마련된 규정이다. 즉 앞의 규정은 이자소득 등에 대하여 종합과세 받을 경우에 부담하는 배당세액공제 후의 소득세액이 이자소득 등에 대하여 분리과세 받을 경우에 부담하는 원천징수세액보다 적어서는 안 된다는 의미를 담고 있다.

위에서 소득세법 제62조 제2호의 규정에 따른 금액이란 다음의 세액을 합산한 금액을 말한다.

① 이자소득 등에 대하여 소득세법 제129조 제1항 제1호 및 제2호의 세율을 적용하여 계산한 세액. 다만, 소득세법 제127조에 따라 원천징수되지 아니하는 이자소득 등 중 비영업대금의 이익에 대하여는 25%로 하며, 소득세법 제127조에 따라 원천징수되지 아니하는 이자소득 중 비영업대금의 이익을 제외한 이자소득 등은 14%로 한다.

위에서 이자소득 등이란 거주자의 종합소득과세표준에 포함된 이자소득과 배당소득을 말한다.

② 이자소득 등을 제외한 다른 종합소득금액에 대한 산출세액

이자소득 등을 제외한 다른 종합소득금액에 대한 산출세액은 다음 계산식과 같이 계산한다.

> (다른 종합소득금액 − 종합소득공제) × 기본세율

3 총결정세액의 계산

소득별 결정세액에 가산세를 가산하여 종합소득 총결정세액 및 퇴직소득 총결정세액을 계산하게 된다(소법 15 Ⅲ). 가산세에는 무신고가산세, 과소신고·초과환급신고가산세, 납부지연가산세, 영수증 수취명세서 제출·작성 불성실 가산세, 성실신고확인서 제출 불성실 가산세, 사업장 현황신고 불성실 가산세, 공동사업장 등록·신고 불성실 가산세, 장부의 기록·보관 불성실 가산세, 증명서류 수취 불성실 가산세, 기부금영수증 발급·작성·보관 불성실 가산세, 사업용계좌 신고·사용 불성실 가산세, 신용카드 및 현금영수증 발급 불성실 가산세, 계산서 등 제출 불성실 가산세, 지급명세서 제출 불성실 가산세, 주택임대사업자 미등록 가산세, 특정유보법인의 유보소득 계산 명세서 제출 불성실 가산세, 업무용승용차 관련비용 명세서 제출 불성실 가산세가 있다.

제**2**절 세액계산의 특례

1 서 론

가. 세액계산의 기본구조

소득세는 종합소득과세표준·퇴직소득과세표준 및 양도소득과세표준에 기본세율을 곱하여 소득별 산출세액을 계산하게 된다.

현행 소득세의 기본세율은 크게 종합소득 및 퇴직소득에 대한 기본세율과 양도소득에 대한 기본세율로 대별할 수 있다.

종합소득과세표준 및 퇴직소득과세표준에 적용할 기본세율은 최저 6%에서 최고 45%의

8단계 초과누진세율이다. 따라서 종합소득과세표준 등에 최저 6%에서 최고 45%의 기본세율을 곱하여 종합소득 산출세액 등을 산정한다.

나. 세액계산의 특례

소득세법은 금융소득에 대한 종합과세·직장공제회 초과반환금에 대한 과세·부동산매매업자에 대한 과세에 있어서 세액계산의 특례 및 주택임대소득에 대한 세액계산의 특례를 규정하고 있다.

금융소득에 대한 종합과세 및 부동산매매업자에 대한 과세에 있어서의 세액계산은 비교과세제도를 채택하고 있기 때문에 종합소득 과세표준에 기본세율을 적용하여 종합소득 산출세액을 산정하는 원칙적인 세액계산의 기본구조에 대한 특례를 이룬다.

다음으로 직장공제회 초과반환금은 분리과세하되, 공제회 불입연수를 기준으로 하여 연분연승법에 따라 산출세액을 계산한다. 이는 종합과세 및 종합소득과세표준에 기본세율을 적용하여 종합소득 산출세액을 계산하는 원칙적인 세액계산의 기본구조에 대한 특례규정이라고 할 수 있다.

2 금융소득에 대한 종합과세에 있어서의 세액계산의 특례

가. 의 의

금융·외환위기(IMF사태)로 인하여 일시적으로 유보하여 왔던 금융소득종합과세를 2001년 1월 1일부터 부활하여 재실시하기에 이르렀다. 과세의 형평을 도모하기 위해서는 모든 금융소득을 종합소득에 합산하여 종합소득과세표준을 산정하고, 여기에 세율을 적용하여 세액을 산정하는 것이 바람직하다고 하겠다. 그러나 금융소득에 대한 종합과세는 자금의 흐름과 실물경제에 엄청난 영향을 미친다.

그러므로 금융소득금액이 일정한 금액을 초과하는 경우에 한하여 그 기준초과금액에 대해서만 초과누진세율을 적용하여 세액을 산정하도록 하고 있는 것이다.[250] 즉 연간 금융소득금액이 2,000만원을 초과하는 경우에 종합과세기준금액(2,000만원)에 대하여는 원천징수세율(14%)을 곱하고, 종합과세기준금액을 초과하는 금액과 금융소득 외의 다른 종합소득금액의 합계액에 대하여는 초과누진세율을 곱하여 세액을 산출한 후 이들을 합산한 것을 산출세액으로 하도록 하고 있다.

---

250) 종합과세기준금액에 대하여는 원천징수세율(14%)을 적용하여 세액을 산출한다.

그리고 종합과세기준금액에 미달하는 이자소득 등과 당연분리과세이자소득 등에 대하여는 원천징수세율에 따라 소득세를 완납적으로 원천징수한다. 그런데 이자소득 등에 대하여 종합과세를 하는 경우에도 분리과세하는 경우보다 오히려 세부담이 적은 경우가 있을 수 있다.

만일 종합과세를 하는 이자소득 등에 대한 산출세액이 분리과세하는 이자소득 등에 대한 세액보다 적다면 금융소득종합과세의 취지에 어긋날 뿐만 아니라 분리과세하는 이자소득 등과의 사이에 조세부담의 형평성이 깨어져 불합리하다고 하지 않을 수 없다.

그러므로 이자소득 등에 대하여 종합과세를 함에 있어서는 세액계산의 특례를 인정하여 이자소득 등을 종합소득에 합산하여 세액을 산정하는 통상적인 방법(종합과세방법)과 이자소득 등에 대하여는 원천징수세율을 곱하여 세액을 산정하는 방법(분리과세방법) 중 그 세액이 많은 방법에 따라 종합소득산출세액을 계산하도록 하고 있는 것이다.

다음으로 종합과세기준금액에 미달하지만 원천징수에 관한 규정이 적용되지 않는 이자소득 등이 있는 경우에는 이자소득 등에 원천징수세율을 곱하여 계산한 세액과 다른 종합소득과세표준에 기본세율을 곱하여 계산한 세액과의 합계액을 종합소득산출세액으로 하도록 하고 있다.

나. 이자소득 등의 금액이 종합과세기준금액을 초과하는 경우

거주자의 종합소득과세표준에 포함된 이자소득과 배당소득(이하에서 '이자소득 등'이라 한다)이 이자소득 등의 종합과세기준금액[251](이하에서 '종합과세기준금액'이라 한다)을 초과하는 경우에는 해당 거주자의 종합소득산출세액은 다음의 "①" 또는 "②" 중에서 큰 금액으로 한다. 이 경우 공동사업에서 발생한 소득금액 중 출자공동사업자에 대한 손익분배비율에 상당하는 금액(소득세법 제17조 제1항 제8호의 배당소득인데, 이하에서 '익명조합원의 배당소득'이라 약칭한다)이 있는 경우에 해당 배당소득금액은 이자소득 등으로 보지 아니한다.

> ① (종합과세기준금액 초과금액＋다른 종합소득금액－종합소득공제)×기본세율＋종합과세
>   기준금액(2,000만원)×원천징수세율(14%)
> ② 이자소득 등의 금액×원천징수세율＋(다른 종합소득금액－종합소득공제)×기본세율

---

251) 당연분리과세이자소득 등과 익명조합원의 배당소득 외의 원천징수의 대상이 되는 이자소득 등의 합계액이 2,000만원을 초과하는 경우에는 이자소득 등의 합계액에 대하여 종합과세한다. 이 경우에 이자소득 등의 합계액 중 2,000만원을 종합과세기준금액이라 부른다(소법 14 ③).

첫째, 산식 "①"은 금융소득의 종합과세에 따른 세부담의 급격한 증가를 완화하기 위한 법적 장치이다. 이자소득 등의 금액이 종합과세기준금액을 초과하는 경우에 그 이자소득 등의 금액의 전액을 종합소득과세표준에 합산하여 초과누진세율을 적용하여 세액을 산정하게 되면 소득세의 부담이 급격하게 증가하게 된다. 그리고 이자소득 등의 금액이 종합과세기준금액에 미달하는 자와의 세부담 사이에 불균형을 초래하게 된다. 그러므로 이를 완화 또는 시정하기 위하여 종합과세기준금액에 대하여 원천징수세율(14%)에 따라 세액을 계산하도록 하고 있는 것이다.

둘째, 산식 "①"의 종합과세기준금액 초과금액이란 그로스업한 이자소득 등의 금액을 말한다. 즉 거주자의 그로스업하지 않은 이자소득 등의 금액이 종합과세기준금액(2,000만원)을 초과하는 경우로서 종합과세기준금액 초과금액에 그로스업대상 배당소득이 포함되어 있는 경우에 그 초과금액에 포함되어 있는 그로스업대상 배당소득에 대하여는 이를 그로스업하여 그 초과금액을 산정하여야 한다.

셋째, 산식 "②"는 금융소득에 대하여 종합과세를 받는 납세의무자의 세액이 분리과세를 받는 납세의무자의 세액보다 하회할 수 없도록 억제하는 장치이다. 산식 "②"는 이자소득 등의 금액에 대하여 분리과세방법으로 소득세의 산출세액을 계산하도록 함으로써 분리과세를 적용받는 종합과세기준금액 미달자와의 세부담의 균형을 도모함과 아울러 조세수입의 확보에 그 취지가 있다.

그러므로 그로스업대상 배당소득이 있는 거주자에 대하여 산식 "②"의 이자소득 등의 금액을 산정할 때에는 그로스업하지 않은 이자소득 등의 금액에 따라야 한다.

한편, 산식 "②"에서 원천징수세율은 소득세법 제127조에 따라 원천징수되지 아니하는 이자소득 등 중 비영업대금의 이익에 대하여는 25%로 하며, 소득세법 제127조에 따라 원천징수되지 아니하는 이자소득 중 비영업대금의 이익을 제외한 이자소득 등은 14%로 한다.

넷째, 산식 "②"에서의 원천징수세율이란 소득세법 제129조 제1항 제1호 및 제2호의 세율을 말한다. 다만, 소득세법 제127조에 따라 원천징수되지 아니하는 이자소득 등 중 비영업대금의 이익에 대하여는 25%의 세율을 적용하며, 소득세법 제127조에 따라 원천징수되지 아니하는 이자소득 중 비영업대금의 이익을 제외한 이자소득 등은 14%의 세율을 적용한다. 앞에서 소득세법 제127조에 따라 원천징수되지 않은 소득이란 원천징수의무가 없기 때문에 소득세가 원천징수되지 않은 소득[252]은 물론이고 원천징수의무가 있음에도 소득세의 원천

---

252) 그 예로서는 국외에서 받는 이자소득 또는 배당소득(외국법인이 발행한 채권 또는 증권에서 발생하는 이자소득 또는 배당소득을 지급함에 있어서 국내에서 그 지급을 대리하거나 위임 또는 위탁받은 자가 있는 경우에 그 이자소득 또는 배당소득은 제외한다)을 들 수 있다.

징수가 누락된 소득까지 포함된다고 새겨야 한다.

다섯째, 익명조합원의 배당소득(소법 17 ① Ⅷ)은 그 금액의 크기에 관계없이 "이자소득 등을 제외한 다른 종합소득금액"으로 보아 산출세액을 계산한다. 즉 소득세법 제62조의 규정을 적용함에 있어서 익명조합원의 배당소득은 산식 "①" 및 산식 "②"의 "다른 종합소득금액"에 포함한다는 의미이다.

여섯째, 산식 "②"의 뒷부분, 즉 다른 종합소득금액에 대한 산출세액(위의 산식 '②' 뒷부분에 따라 계산한 세액)이 종합소득 비교세액(익명조합원의 배당소득에 14%의 세율[253]을 적용하여 계산한 세액과 익명조합원의 배당소득을 제외한 다른 종합소득금액에 대한 산출세액을 합산한 금액)에 미달하는 경우의 산식 "②" 뒷부분의 다른 종합소득금액에 대한 산출세액은 종합소득 비교세액으로 한다.

다. 이자소득 등의 금액이 종합과세기준금액 이하인 경우

거주자의 종합소득과세표준에 포함된 이자소득 등의 금액이 종합과세기준금액 이하인 경우에는 다음의 산식 "①" 및 "②"의 세액을 합산한 것을 그 산출세액으로 한다. 앞에서 거주자의 종합소득과세표준에 포함된 이자소득 등의 금액이 종합과세기준금액 이하인 경우란 거주자의 종합소득과세표준에 소득세법 제127조에 따라 원천징수되지 않은 이자소득 등이 포함되어 있는 경우를 말한다. 앞에서 소득세법 제127조에 따라 원천징수되지 않은 소득이란 원천징수의무가 없기 때문에 소득세가 원천징수되지 않은 소득은 물론이고 원천징수의무가 있음에도 소득세의 원천징수가 누락된 소득까지 포함한다.

> ① 이자소득 등의 금액×원천징수세율
> ② (다른 종합소득금액 – 종합소득공제)×기본세율

익명조합원의 배당소득은 그 금액의 크기에 관계없이 "이자소득 등을 제외한 다른 종합소득금액"으로 보아 산출세액을 계산한다. 즉 익명조합원의 배당소득은 앞의 산식 "②"의 "다른 종합소득금액"에 포함하여 세액을 산정한다는 의미이다.

그리고 산식 "②"의 다른 종합소득금액에 대한 산출세액(위의 산식 "②"에 따라 계산한 세액)이 종합소득비교세액(익명조합원의 배당소득에 14%의 세율[254]을 적용하여 계산한 세액과 익명조합원의 배당소득을 제외한 다른 종합소득금액에 대한 산출세액을 합산한 금

---

253) 소득세법 제129조 제1항 제1호 라목의 세율을 말한다.
254) 소득세법 제129조 제1항 제1호 라목의 세율을 말한다.

액)에 미달하는 경우의 산식 "②"의 다른 종합소득금액에 대한 산출세액은 종합소득 비교세액으로 한다.

3 직장공제회 초과반환금에 대한 세액계산의 특례

직장공제회 초과반환금은 당연분리과세이자소득이다. 직장공제회 초과반환금에 대해서는 그 납입금 초과반환금에서 그 납입금 초과이익의 40%에 상당하는 금액과 납입연수(근속연수)에 따른 일정한 공제액을 뺀 금액에 대하여 평균과세의 방법인 연분연승법에 따라 세액을 산출한다(소법 63).

직장공제회 초과반환금에 대한 세액계산의 방법은 다음과 같다.

① 납입금 초과이익(직장공제회 반환금에서 납입원금을 공제한 금액)에서 다음의 금액을 순서대로 공제한다.

ⅰ) 납입금 초과이익의 40%에 상당하는 금액

ⅱ) 납입연수에 따라 정한 다음의 금액

납입연수	공 제 액
5년 이하	30만원 × 납입연수
5년 초과 10년 이하	150만원 + 50만원 × (납입연수 − 5년)
10년 초과 20년 이하	400만원 + 80만원 × (납입연수 − 10년)
20년 초과	1,200만원 + 120만원 × (납입연수 − 20년)

② 납입금 초과이익에서 그 납입금 초과이익의 40%에 상당하는 금액과 납입연수에 따른 공제액을 뺀 금액을 납입연수(1년 미만인 경우에는 1년으로 한다)로 나눈 금액에 기본세율을 적용하여 세액을 계산하고 그 세액에 다시 납입연수를 곱하여 직장공제회 초과반환금에 대한 산출세액을 계산한다.

③ 앞의 세액을 계산할 때 직장공제회 초과반환금을 분할하여 지급받는 경우 납입금 초과이익에 대한 산출세액은 납입금 초과이익에 대하여 소득세법 제63조 제1항에 따라 계산한 금액(이하 '납입금 초과이익 산출세액'이라 한다)으로 한다. 그리고 분할하여 지급받을 때마다의 반환금 추가이익에 대한 산출세액은 다음 ⅰ)의 금액에 ⅱ)의 금액의 비율을 곱한 금액으로 한다(소령 120).

ⅰ) 분할하여 지급받을 때마다 그 기간 동안 발생하는 반환금 추가이익

ⅱ) 납입금 초과이익 산출세액을 납입금 초과이익으로 나눈 비율

4 부동산매매업자에 대한 세액계산의 특례

가. 의 의

부동산매매업자에 대한 세액계산의 특례규정은 주택 등의 양도에 대한 양도소득세의 중과세제도에 대한 보완장치이다. 즉 주택 등을 소유한 거주자가 양도소득세의 중과세를 회피하기 위하여 부동산매매업자로서 주택 등을 양도하고 소득세 부담이 낮은 종합소득세로 과세받는 것을 방지하기 위한 것이다.

부동산매매업자의 종합소득금액에 주택 등의 매매차익이 있는 자의 종합소득세산출세액의 계산은 그 주택 등의 매매에 따른 소득금액을 합산한 종합소득과세표준에 종합소득세의 기본세율을 곱하여 산정하는 통상적인 방법(종합소득세 과세방법)과 주택 등 매매차익에 양도소득세의 세율을 곱하여 산정하는 방법(양도소득세 과세방법) 중에서 그 세액이 많은 방법으로 하도록 하고 있다.

나. 적용요건

부동산매매업을 경영하는 거주자(이하에서 '부동산매매업자'라 한다)로서 종합소득금액에 주택 등 매매차익이 포함되어 있는 경우이다.

1) 부동산매매업자

부동산매매업을 영위하는 거주자이어야 한다. 부동산매매업이란 한국표준산업분류에 따른 비주거용 건물건설업(건물을 자영건설하여 판매하는 경우만 해당한다)과 부동산개발 및 공급업을 말한다. 다만, 한국표준산업분류에 따른 주거용 건물 개발 및 공급업(구입한 주거용 건물을 재판매하는 경우는 제외한다. 이하에서 '주거용 건물 개발 및 공급업'이라 한다)은 제외한다(소령 122 ①).

그런데 주거용 건물에 딸린 부수토지의 범위, 주거용 건물과 다른 목적의 건물이 같이 있는 겸용주택에 있어서의 주거용 건물의 범위는 다음의 구분에 따른다.

가) 주거용 건물에 딸린 부수토지의 범위

주거용 건물에는 이에 딸린 토지로서 다음의 면적 중 넓은 면적 이내의 토지를 포함하는 것으로 한다.

① 건물의 연면적(지하층의 면적, 지상층의 주차용으로 사용되는 면적, 건축법 시행령 제34조 제3항에 따른 피난안전구역의 면적 및 「주택건설기준 등에 관한

규정」 제2조 제3호에 따른 주민공동시설의 면적은 제외한다)

② 건물이 정착된 면적에 5배(도시지역 밖의 토지의 경우에는 10배)를 곱하여 산정한 면적

나) 겸용주택에 있어서의 주거용 건물의 범위

주거용 건물의 일부에 설치된 점포 등 다른 목적의 건물 또는 같은 지번(주거여건이 같은 단지 내의 다른 지번을 포함한다)에 설치된 다른 목적의 건물(이하에서 '다른 목적의 건물'이라 한다)이 해당 건물과 같이 있는 경우에는 다른 목적의 건물 및 그에 딸린 토지는 주거용 건물에서 제외하는 것으로 하고, 다음 중 어느 하나에 해당하는 경우에는 그 전체를 주거용 건물로 본다(소령 122 ④). 이 경우 건물에 딸린 토지의 면적은 전체 토지면적에 주택의 연면적이 건물의 연면적에서 차지하는 비율을 곱하여 계산한다.

① 주거용 건물과 다른 목적의 건물이 각각의 매매단위로 매매되는 경우로서 다른 목적의 건물면적이 주거용 건물면적의 10% 이하인 경우

② 주거용 건물에 딸린 다른 목적의 건물과 주거용 건물을 하나의 매매단위로 매매하는 경우로서 다른 목적의 건물면적이 주거용 건물면적보다 작은 경우

2) 주택 등 매매차익

거주자의 종합소득금액에 다음의 자산의 매매차익(이하에서는 '주택 등 매매차익'이라 한다)이 포함되어 있어야 한다(소법 64 ①).

① 분양권

② 소득세법 제104조의 3에 따른 비사업용 토지

③ 미등기양도자산

④ 다음 중 어느 하나에 해당하는 주택

　ⅰ) 조정대상지역에 있는 주택으로서 1세대 2주택에 해당하는 주택

　ⅱ) 조정대상지역에 있는 주택으로서 1세대가 주택과 조합원입주권을 각각 1개씩 보유한 경우의 해당 주택. 다만, 일정한 장기임대주택 등은 제외한다.

　ⅲ) 조정대상지역에 있는 주택으로서 1세대 3주택 이상에 해당하는 주택

　ⅳ) 조정대상지역에 있는 주택으로서 1세대가 주택과 조합원입주권을 보유한 경우로서 그 수의 합이 3 이상인 경우 해당 주택. 다만, 일정한 장기임대주택 등은 제외한다.

다. 세액계산의 특례

부동산매매업을 영위하는 거주자로서 종합소득금액에 주택 등 매매차익이 포함되어 있는 경우에 종합소득산출세액은 다음 "①" 또는 "②"의 세액 중 많은 것으로 한다(소법 64 ①).

① 종합소득산출세액

종합소득과세표준에 종합소득세율을 적용하여 산출한 금액을 말한다. 이 경우에 주택 등의 매매에 따른 종합소득과세표준의 계산방법과 관련하여 사업소득금액에 대한 종합소득과세표준의 계산례(소법 19 ②)에 따른다는 견해와 주택 등 매매차익의 계산례(소령 122 ②)에 따른다는 견해의 대립이 있을 수 있다. 법문이 단순히 "종합소득산출세액"이라고 표현하고 있는 점에 비추어 볼 때 사업소득금액에 대한 종합소득과세표준의 계산례(소법 19 ②)에 따라야 한다고 새겨야 한다.

② 다음의 "㉮" 및 "㉯"의 합계액

㉮ 주택 등 매매차익에 양도소득세의 세율을 적용하여 산출한 세액의 합계액

주택 등 매매차익은 해당 주택 등의 매매가액에서 양도자산의 필요경비(취득가액·자본적 지출액 및 양도비)와 양도소득기본공제금액 및 장기보유 특별공제액의 합계액을 뺀 금액으로 한다(소령 122 ②).

㉯ 종합소득과세표준에서 주택 등 매매차익의 해당 과세기간 합계액을 뺀 금액을 과세표준으로 하고 이에 종합소득세율을 적용하여 산출한 세액

5 주택임대소득에 대한 세액계산의 특례

분리과세 주택임대소득이 있는 거주자의 종합소득 결정세액은 다음의 세액 중 하나를 선택하여 적용한다(소법 64의 2 ①).

① 소득세법 제14조 제3항 제7호(분리과세 주택임대소득)를 적용하기 전의 종합소득 결정세액

② 다음의 세액을 더한 금액

ⅰ) 분리과세 주택임대소득에 대한 사업소득금액에 14%를 곱하여 산출한 금액. 다만, 조세특례제한법 제96조 제1항에 해당하는 거주자가 같은 항에 따른 임대주택을 임대하는 경우에는 해당 임대사업에서 발생한 분리과세 주택임대소득에 대한 사업소득금액에 14%를 곱하여 산출한 금액에서 같은 항에 따라 감면받는 세액을 차감한 금액으로 한다.

ⅱ) 위 ⅰ) 외의 종합소득 결정세액

위에서 분리과세 주택임대소득에 대한 사업소득금액은 총수입금액에서 필요경비(총수입금액의 50%로 한다)를 차감한 금액으로 하되, 분리과세 주택임대소득을 제외한 해당 과세기간의 종합소득금액이 2천만원 이하인 경우에는 추가로 200만원을 차감한 금액으로 한다. 다만, 일정한 임대주택을 임대하는 경우에는 해당 임대사업에서 발생한 사업소득금액은 총수입금액에서 필요경비(총수입금액의 60%로 한다)를 차감한 금액으로 하되, 분리과세 주택임대소득을 제외한 해당 과세기간의 종합소득금액이 2천만원 이하인 경우에는 추가로 400만원을 차감한 금액으로 한다(소법 64의 2 ②).

한편, 다음 중 어느 하나에 해당하는 경우에는 그 사유가 발생한 날이 속하는 과세연도의 과세표준신고를 할 때 다음의 구분에 따른 금액을 소득세로 납부하여야 한다. 다만, 「민간임대주택에 관한 특별법」 제6조 제1항 제11호에 해당하여 등록이 말소되는 경우 등 일정한 경우에는 그러하지 아니하다(소법 64의 2 ③).

① 조세특례제한법 제96조 제1항에 따라 세액을 감면받은 사업자가 해당 임대주택을 4년 (「민간임대주택에 관한 특별법」 제2조 제4호에 따른 공공지원민간임대주택 또는 같은 법 제2조 제5호에 따른 장기일반민간임대주택의 경우에는 10년) 이상 임대하지 아니하는 경우 : 감면받은 세액

② 소득세법 제64조의 2 제2항 단서를 적용하여 세액을 계산한 사업자가 해당 임대주택을 10년 이상 임대하지 아니하는 경우 : 소득세법 제64조의 2 제2항 단서를 적용하지 아니하고 계산한 세액과 당초 신고한 세액과의 차액

6 분리과세기타소득에 대한 세액계산의 특례

종합소득과세표준을 계산할 때 계약의 위약 또는 해약으로 인하여 받는 위약금·배상금 및 부당이득 반환시 지급받는 이자를 합산하지 아니하는 경우 그 합산하지 아니하는 기타소득에 대한 결정세액은 해당 기타소득금액에 20%의 세율을 적용하여 계산한 금액으로 한다(소법 64의 3 ①).

그리고 가상자산소득에 대한 결정세액은 해당 기타소득금액(이하 '가상자산소득금액'이라 한다)에서 250만원을 뺀 금액에 20%를 곱하여 계산한 금액으로 한다(소법 64의 3 ②).

7 연금소득에 대한 세액계산의 특례

다음의 연금 중 분리과세 연금소득 외에 연금소득이 있는 거주자의 종합소득 결정세액 계산시 연금소득 포함한 종합소득 결정세액 방식과 분리과세연금소득 외 연금소득을 구분하여 종합소득 결정세액 합산하는 방식 중 선택하여 적용한다(소법 64의 4).

① 소득세법 제146조 제2항에 따라 원천징수되지 아니한 퇴직소득

② 소득세법 제59조의 3 제1항에 따라 세액공제를 받은 연금계좌 납입액

③ 연금계좌의 운용실적에 따라 증가된 금액

④ 그 밖에 연금계좌에 이체 또는 입금되어 해당 금액에 대한 소득세가 이연(移延)된 소 득으로서 일정한 소득

⑤ 위의 "①" 및 "④"의 소득과 유사하고 연금 형태로 받는 것으로서 일정한 소득

분리과세연금소득 외 연금소득 구분하여 종합소득 결정세액 합산하는 경우 연금소득 중 분리과세 연금소득 외 연금소득에 15%를 곱하여 산출한 금액과 그 외 종합소득 결정세액 을 합산한 결정세액으로 한다.

제**3**절 세액공제

1 서 론

가. 세액공제의 법적 성질

세액공제(tax credits)라 함은 과세관청이 특정한 요건을 충족한 납세의무자에 대하여 일정한 금액을 산출세액에서 공제함으로써 해당 세액의 납부를 면제하는 행정행위이다. 조세 우대조치의 하나이다.

세액공제의 법적 성질에 관하여는 다툼이 있을 수 있으나, 조세의 면제행위로 이해하고자 한다. 그리고 조세의 면제행위는 준법률행위적 행정행위인 확인행위로 새긴다. 그러므로 세액공제는 일종의 확인행위로서 급부의무의 소멸이라는 법적 효과를 결부시키고 있는점이 특이한 것이다.

이론적으로 보면 세액공제는 과세처분과는 별개의 행정행위이다. 그러나 일반적으로는 과세처분을 행할 때에 동시에 세액공제행위도 행하게 된다. 왜냐하면 실무적으로는 과세처

분과 세액공제행위가 과세표준과 세액결정결의서라는 하나의 서식에 따라 동시에 행하여 지기 때문이다. 따라서 과세처분에 따라 확정된 납세의무가 세액공제행위에 따라 소멸하게 되는 것이다.

앞에서 논급한 바와 같이 세액공제와 세액면제는 다같이 조세의 면제행위에 해당하므로 성질상 차이가 있는 것은 아니다. 뿐만 아니라 실정법상으로도 본원적으로 어떤 차이를 두고 있는 것도 아니다. 어떤 소득에 대한 우대조치를 설정함에 있어서 세액공제의 혜택을 부여할 것인가 또는 세액면제의 혜택을 부여할 것인가는 전적으로 입법정책상의 문제이다.

단지 현행의 실정세법상 일부의 세액공제에 대하여는 세액면제와는 달리 5년에 걸쳐 이월공제를 허용하는 경우가 있다.

나. 세액공제의 제도적 취지

세액공제는 조세우대조치의 하나이다. 세액공제제도가 인정되고 있는 제도적 취지는 대체로 다음과 같다.

① 일정한 투자의 유도 등과 같은 공익목적의 실현
② 동일소득에 대한 국가 간 또는 세목 간의 이중과세의 방지
③ 담세력을 상실한 자 또는 담세력이 미약한 소득에 대한 세부담의 경감

소득세의 세액공제에는 소득세법상의 세액공제 외에도 조세특례제한법에서 광범위하게 인정되고 있다.

이하에서는 소득세의 세액공제 중 소득세법상의 세액공제를 중심으로 살펴보고자 한다.

2 세액공제의 내용

가. 배당세액공제

1) 의 의

우리나라는 배당소득에 대한 이중과세조정장치로서 법인세주주귀속법[255](imputation method)을 채택하고 있다. 따라서 거주자가 내국법인으로부터 받는 배당금에 대하여는 그 배당금에 대한 귀속법인세를 더하여 배당소득금액을 계산함과 동시에 그 더한 귀속법인세를 종합소득산출세액에서 세액공제하여 소득세 결정세액을 계산하는 것이다. 앞의 세액공제를 배당세액공제라고 한다.[256]

---

255) 배당금 그로스업법이라고 한다.
256) 배당소득에 대한 이중과세논쟁과 이중과세 조정장치에 관한 이론적인 고찰은 「법인세법론」을 참고하기

이를 산식으로 표시하면 다음과 같다.

> 배당소득의 총수입금액[257] = 배당금 + 귀속법인세
> 종합소득결정세액 = 종합소득산출세액 − 귀속법인세(배당세액공제)

2) 요 건

가) 거주자 등의 특정 배당소득

거주자 등의 종합소득금액에 특정한 배당소득이 포함되어 있어야 한다(소법 56 ①).

(1) 거주자 등의 범위

거주자와 국내사업장 등이 있는 비거주자가 그 적용대상이 된다.

(2) 특정한 배당소득의 범위

배당세액공제의 적용대상이 되는 특정한 배당소득이란 내국법인으로부터 법인세가 과세된 소득을 재원으로 하여 지급받는 배당소득으로서 종합소득과세표준에 포함되는 종합과세기준금액 초과액을 가리킨다. 내국법인으로부터 받는 이익이나 잉여금의 배당 또는 분배금과 법인으로 보는 단체로부터 받는 배당 또는 분배금·의제배당·법인세법에 따라 배당으로 처분된 금액 중 법인세가 과세된 소득에서 지급되는 배당소득으로서 종합소득과세표준에 포함되는 종합과세기준금액 초과액이 그 대상이 된다. 그러므로 외국법인으로부터 받는 이익이나 잉여금의 배당 또는 분배금과 집합투자기구로부터의 이익·공동사업에서 발생한 소득금액 중 출자공동사업자에 대한 손익분배비율에 상당하는 금액·법인세가 과세되지 않은 소득을 재원으로 한 배당소득 등은 배당세액공제의 적용대상이 되는 특정한 배당소득에 해당하지 않는 것이다(소법 17 ③).

배당세액공제의 적용대상이 되는 특정한 배당소득이란 다음의 요건을 모두 충족한 배당소득을 가리키는데, 이를 배당세액공제대상 배당소득 또는 그로스업(gross−up)대상 배당소득(이하에서 '그로스업대상 배당소득'이라 한다)이라고 부른다.

① 내국법인으로부터 법인세가 과세된 소득을 재원으로 하여 지급받는 배당소득일 것

바란다.
257) 배당소득금액과 같은 금액이다.

ⅰ) 내국법인으로부터 받는 배당소득

내국법인으로부터 받는 배당소득에 한하여 배당세액공제를 적용한다. 따라서 외국법인으로부터 받는 이익이나 잉여금의 배당 또는 분배금과 이와 유사한 성질의 배당에 대하여는 배당세액공제를 하지 아니한다.

ⅱ) 법인세가 과세된 소득에서 지급되는 배당소득

내국법인이 지급하는 배당금은 법인세가 과세된 소득에서 지급되는 것이어야 한다. 법인세가 과세된 소득이란 법인세의 과세대상이 되는 소득이라는 의미이고 실제로 법인세를 과세하였는지의 여부와는 관계가 없다. 법인세가 과세되지 않는 소득을 재원으로 하여 지급되는 배당소득의 경우에는 해당 소득에 대하여 소득세만이 과세되는 것이므로 이중과세의 문제가 발생하지 않기 때문이다.

따라서 다음과 같이 법인세가 과세되지 아니한 소득을 배당재원으로 하여 실제로 지급하였거나 지급한 것으로 의제하는 배당소득에 대하여는 배당세액공제를 하지 않는 것이다.

㉮ 자기주식소각이익의 자본전입에 따른 의제배당

소각일로부터 2년 이내에 자기주식소각이익을 자본에 전입하거나 소각 당시의 시가가 취득가액을 초과하는 경우의 자기주식소각이익을 자본에 전입함으로써 무상으로 받은 주식의 가액을 말한다. 자기주식소각이익 (감자차익)은 익금불산입 항목이므로 이중과세의 문제가 생기지 않는다.

㉯ 토지의 재평가적립금의 자본전입으로 인한 의제배당

재평가세의 세율이 1%인 토지의 재평가적립금의 자본전입으로 인한 의제배당을 말한다. 재평가세의 세율이 1%인 토지의 재평가적립금의 경우에는 법인세가 과세되기는 하나 대부분 압축기장충당금을 설정하여 손금산입함으로써 해당 토지의 처분시까지는 과세가 이연되는 경우가 일반적일 것이므로 배당세액공제의 적용을 배제하도록 하고 있다. 그러나 앞의 재평가적립금에 대하여는 단순히 과세시기가 토지의 재평가일이 속하는 사업연도인가 또는 그 토지의 처분일이 속하는 사업연도인가라는 차이만 있을 뿐이지 어느 경우이든 법인세가 과세되는 점에는 다름이 없고, 따라서 이중과세의 조정 필요성은 여전히 존재하는 것이다.

그렇다면 앞의 재평가적립금에 대하여도 배당세액공제를 허용하도록 입법적인 개선이 이루어지는 것이 마땅하다고 하겠다.

㉰ 자기주식보유법인의 주식발행액면초과액 등의 자본전입에 따른 의제배당

법인이 자기주식 또는 자기출자지분을 보유한 상태에서 의제배당을 구성하지 않는 자본잉여금을 자본전입함에 따라 해당 법인 외의 주주 등의 지분비율이 증가한 경우 증가한 지분비율에 상당하는 주식 등의 가액(의제배당액)은 배당세액공제의 대상이 되지 아니한다. 앞에서 의제배당을 구성하지 않는 자본잉여금이란 주식발행액면초과액(채무의 출자전환으로 주식 등을 발행하는 경우로서 해당 주식 등의 시가를 초과하여 발행한 금액은 제외한다) · 주식교환차익 · 주식이전차익 · 감자차익(자기주식소각이익은 소각 당시 시가가 취득가액을 초과하지 아니하는 경우로서 소각일부터 2년이 경과한 후 자본에 전입하는 것에 한한다) · 합병차익 · 분할차익 및 재평가적립금(재평가세의 세율이 1%인 토지의 재평가적립금은 제외한다)을 말한다.

주식발행액면초과액 등은 익금불산입하기 때문에 이중과세의 문제가 발생하지 않는다.

㉱ 법인세의 비과세 등을 받은 법인으로부터 받은 배당소득 중 일정액

조세특례제한법에 따른 최저한세가 적용되지 아니하는 법인세의 비과세 · 면제 · 감면 또는 소득공제(조세특례제한법 외의 법률에 따른 비과세 · 면제 · 감면 또는 소득공제를 포함한다)를 받은 법인 중 다음의 법인으로부터 받은 배당소득이 있는 경우에는 해당 배당소득금액에 일정비율을 곱하여 산출한 금액에 대하여는 배당세액공제를 적용하지 아니한다.

ⓐ 유동화전문회사 등에 대한 소득공제

「자산유동화에 관한 법률」에 따른 유동화전문회사, 「자본시장과 금융투자업에 관한 법률」에 따른 투자회사 · 투자목적회사 · 투자유한회사 · 투자합자회사(같은 법 제9조 제19항 제1호의 경영참여형 사모집합투자기구는 제외한다) 및 투자유한책임회사, 기업구조조정투자회사법에 따른 기업구조조정투자회사, 부동산투자회사법에 따른 기업구조조정 부동산투자회사 및 위탁관리 부동산투자회사, 선박투자회사법에 따른 선박투자회사, 「민간임대주택에 관한 특별법」 또는 「공공주택 특별법」에 따른 특수 목적 법인, 「문화산업진흥 기본법」에 따른 문화산업전문회사, 「해외자원개발 사업법」에 따른 해외자원개발투자회사, 일정한 요건을 갖춘 투자회사와 같은 도관회사가 배

당가능이익의 90% 이상을 배당한 경우에 그 배당금액은 도관회사의 해당 사업연도의 소득금액에서 공제한다(법법 51의 2). 이와 같이 소득공제를 적용받은 유동화전문회사 등으로부터 받은 배당소득에 대하여는 배당세액공제를 적용하지 아니한다.

ⓑ 동업기업과세특례(조세특례제한법 제100조의 16)를 적용받는 법인

조세특례제한법 제100조의 16(동업기업 및 동업자의 납세의무)에 따라 동업기업과세특례를 적용받는 법인으로부터 받은 배당소득에 대해서는 배당세액공제를 적용하지 아니한다. 조세특례제한법 제100조의 16에 따라 동업기업과세특례를 적용받는 법인에 대해서는 법인세를 과세하지 않고 동업자에게 배분받은 소득에 대하여 소득세 또는 법인세를 과세하기 때문에 법인세와 소득세의 이중과세 문제가 생기지 않기 때문이다.

ⓒ 법인의 공장 및 본사의 수도권생활지역 외의 지역으로의 이전에 대한 임시특별세액감면 등

법인의 공장 및 본사를 수도권 밖으로 이전하는 경우 법인세의 감면·외국인투자에 대한 법인세의 감면 및 외국인투자기업의 증자에 따른 조세감면·제주첨단과학기술단지 입주기업에 대한 법인세의 감면·제주투자진흥지구 및 제주자유무역지역 입주기업에 대한 법인세의 감면(조특법 63의 2·121의 2·121의 4·121의 8 및 121의 9)을 적용받는 법인으로부터 배당금을 받는 경우에는 그 배당소득금액에 다음의 산식에 의한 비율(감면규정을 적용받는 사업연도가 1개 사업연도인 경우에는 해당 사업연도의 소득금액을 기준으로 계산하며, 그 비율이 100%를 초과하는 경우에는 100%로 한다)을 곱한 금액에 대하여 배당세액공제를 적용하지 아니한다.

$$\frac{\text{직전 2개 사업연도 감면대상 소득금액의 합계액} \times \text{감면비율}}{\text{직전 2개 사업연도 총소득금액의 합계액}}$$

② 종합소득과세표준에 포함되는 종합과세기준금액의 초과액일 것

㉮ 종합소득과세표준에 포함되는 배당소득에 한하여 배당세액공제에 관한 규정을 적용한다. 따라서 비실명배당소득과 같은 당연분리과세배당소득에

대하여는 배당세액공제에 관한 규정이 적용될 여지가 없는 것이다.

㉯ 종합소득과세표준에 산입된 배당소득이라 하더라도 그 배당소득 중 종합과세기준금액의 초과액에 대하여만 배당세액공제에 관한 규정을 적용한다. 종합소득과세표준에 산입된 배당소득 중 종합과세기준금액의 초과액이란 당연분리과세이자소득 등[258] 외의 이자소득 등의 합계액[259]이 2,000만원(이를 '종합과세기준금액'이라고 한다)을 초과하는 경우의 그 초과금액을 말한다. 따라서 종합과세기준금액에 상당하는 금액(2,000만원)과 종합과세기준금액에 미달하여 분리과세하는 배당소득에 대하여는 배당세액공제를 하지 아니한다.

종합과세기준금액에 상당하는 배당소득이나 종합과세기준금액에 미달하여 분리과세하는 배당소득도 종합소득과세표준에 산입된 배당소득 중 종합과세기준금액의 초과액과 마찬가지로 법인세와 소득세와의 이중과세의 문제가 생긴다. 그럼에도 불구하고 종합과세기준금액에 상당하는 배당소득이나 종합과세기준금액에 미달하여 분리과세하는 배당소득에 대하여는 배당세액공제에 관한 규정의 적용을 배제하고 있다.

㉰ 당연분리과세이자소득 등 외의 이자소득 등의 합계액이 2,000만원을 초과하면서 그 이자소득 등의 합계액이 모두 배당세액공제대상이 되는 배당소득만으로 이루어져 있는 경우에는 종합과세기준금액의 초과액이 모두 배당세액공제의 대상이 된다.

그런데 종합소득과세표준에 합산하는 이자소득 등에는 이자소득·그로스업대상이 아닌 배당소득(외국법인으로부터 받는 배당금, 소각일로부터 2년 이내에 자기주식소각이익을 자본에 전입하거나 소각 당시의 시가가 취득가액을 초과하는 경우의 자기주식소각이익을 자본에 전입함에 따라 취득한 무상주의 가액 등을 말하며, 이하에서 '기타의 배당소득'이라 한다) 및 그로스업대상 배당소득이 혼재하고 있는 경우가 일반적이다. 이 경우에는 종합과세기준금액의 초과액에 포함되어 있는 그로스업대상 배당소득의 크기가 문제가 된다. 당연분리과세이자소득 등 외의 이자소득 등의 합계액이 종합과세기준금액을 초과하면서 그 이자소득 등이 이자소득·그로스업대상 배당소득 및 기타의

---

258) 당연분리과세이자소득 등이란 비실명이자 및 배당소득·법원에 납부한 보증금 등에서 발생하는 이자소득·직장공제회 초과반환금·법인 아닌 단체가 금융기관으로부터 받는 이자소득 등과 조세특례제한법상의 분리과세소득을 말한다.

259) 그로스업대상 배당소득의 경우에는 그로스업하지 않은 배당금 등을 기준으로 하여 종합과세기준금액의 초과 여부를 판단한다.

배당소득(그로스업대상이 아닌 배당소득)이 혼재하고 있는 경우에 그 종합소득과세표준에 포함되는 이자소득 등의 금액(종합과세기준금액을 포함한다)은 다음의 순서에 따라 순차적으로 합산한 것으로 한다(소령 116의 2).

첫째, 이자소득과 배당소득이 함께 있는 경우에는 이자소득부터 먼저 합산한다.

둘째, 그로스업대상 배당소득과 기타의 배당소득이 함께 있는 경우에는 기타의 배당소득부터 먼저 합산한다.

위의 내용을 구체적으로 부연한다면 종합소득과세표준에 산입하는 이자소득 등(종합과세기준금액을 포함한다)은 다음의 순서에 따라 순차적으로 구성된 것으로 보는 것이다.

ⓐ 이자소득

ⓑ 그로스업대상이 아닌 배당소득

ⓒ 그로스업대상 배당소득

예를 들어 이자소득 등이 은행으로부터 받은 정기예금의 이자 1,000만원, 주권상장법인으로부터 받은 현금배당금 3,000만원 및 주권상장법인으로부터 받은 무상주(소각일로부터 1년이 된 자기주식소각익을 자본전입함에 따라 교부한 주식)의 가액 2,000만원으로 이루어진 경우에 그로스업대상 배당소득금액을 산정하여 보기로 하자.

이자소득 등의 합계액이 6,000만원이므로 종합과세기준금액을 초과하고 있다.

이 중에서 종합과세기준금액은 다음의 소득으로 이루어진 것으로 본다.

ⓐ 이자소득 1,000만원

ⓑ 기타(그로스업대상이 아닌)의 배당소득인 무상주의 가액 2,000만원 중 1,000만원

그리고 종합과세기준금액의 초과액은 다음의 이자소득 등으로 이루어진 것으로 본다.

ⓐ 기타(그로스업대상이 아닌)의 배당소득인 무상주의 가액 2,000만원 중 1,000만원

ⓑ 주권상장법인으로부터 받은 현금배당금 3,000만원

그러므로 주권상장법인으로부터 받은 현금배당금 3,000만원은 모두 종합과

세기준금액의 초과액에 해당하여 배당세액공제의 대상이 된다.

나) 배당세액공제 후 세액의 분리과세시 부담하는 세액 상회

통상적인 방법에 따라 계산한 종합소득산출세액[260]에서 배당세액공제를 한 금액이 소득세법 제62조 제2호의 규정에 따라 계산한 세액[261]과 같거나 그 세액을 초과하여야 한다. 즉 배당세액공제액은 통상적인 방법에 따라 계산한 종합소득산출세액에서 소득세법 제62조 제2호의 규정에 따라 계산한 세액을 공제한 차액을 그 한도로 하는 것이다. 배당세액공제가 있는 때의 종합소득결정세액은 통상적인 방법에 따라 계산한 종합소득산출세액에서 배당세액공제를 한 금액과 소득세법 제62조 제2호의 규정에 따른 금액을 비교하여 큰 금액에서 배당세액공제 외의 그 밖의 세액공제와 감면세액을 공제하여 계산하기 때문이다(소법 15 Ⅱ).

위의 규정은 통상적인 방법에 따라 계산한 종합소득산출세액에서 배당세액공제액을 차감한 후의 세액이 최소한 원천징수세율을 적용하여 산출한 세액보다 많거나 같도록 함으로써 분리과세를 적용받는 거주자와의 과세형평을 도모하기 위한 장치이다.

3) 공제범위액

그로스업대상 배당소득에 있어서는 해당 배당소득에 대한 귀속법인세를 총수입금액, 즉 배당소득금액에 더함과 아울러 배당세액공제액으로서 종합소득산출세액에서 공제하여 소득세 결정세액을 산정하게 된다. 그러므로 귀속법인세는 배당소득금액에 더할 항목이면서 동시에 세액공제항목을 이루고 있는 것이다.

가) 총수입금액의 계산특례

그로스업대상이 되는 배당소득에 대하여는 실제로 받았거나 받을 배당금 및 의제배당액(이하에서 '배당금 등'이라 한다)을 그로스업(gross-up)한 금액, 즉 배당금 등에 그 배당금 등에 대한 귀속법인세를 더한 금액을 총수입금액으로 한다. 현행 소득세는 법인세율을 9%로 의제한 불완전한 법인세주주귀속법을 채택하여 실제로 받았거나 받을 배당금 등에 10%를 곱하여 산정한 금액을 배당소득에 대한 총수입금액에 더하도록 하고 있다.

---

[260] 통상적인 방법에 의하여 계산한 종합소득산출세액=(종합과세기준금액 초과금액+다른 종합소득금액-종합소득공제)×기본세율+종합과세기준금액(2,000만원)×14%
[261] 소득세법 제62조 제2호에 의한 세액=이자소득 등의 금액×원천징수세율+(다른 종합소득금액 -종합소득공제)×기본세율

$$\text{총수입금액} = \text{배당금 등} + \text{귀속법인세}$$

법인세율(r)이 9%인 경우에 배당금 등을 그로스업하기 위한 계산식은 다음과 같다.

$$\text{그로스업한 배당소득의 총수입금액} = \text{배당금 등} + \left(\text{배당금 등} \times \frac{r}{1-r} \right)$$
$$= \text{배당금 등} \times \frac{100}{91} = \text{배당금 등} \times \frac{111}{100}$$

나) 공제액의 계산

배당세액공제액은 배당소득의 총수입금액에 가산한 귀속법인세이다. 배당금 및 의제배당액에 대한 귀속법인세는 그 배당금 및 의제배당금액에 10%를 곱하여 계산한다.

법인세율(r)이 9%인 경우에 귀속법인세를 산정하기 위한 계산식을 표시하여 보면 다음과 같다.

$$\text{귀속법인세(가산금액)} = \text{배당금 등} \times \frac{r}{1-r} = \text{배당금 등} \times \frac{10}{91}$$
$$= \text{배당금 등} \times \frac{10}{100}$$

배당세액공제액은 통상적인 방법에 따라 계산한 종합소득산출세액에서 소득세법 제62조 제2호의 규정에 따라 계산한 세액을 공제한 차액을 그 한도로 하는 것이다(소법 15 Ⅱ).

그리고 배당세액공제액을 포함한 소득세법 또는 조세특례제한법에 따른 감면액 및 세액공제액의 합계액이 해당 과세기간의 합산과세되는 종합소득산출세액을 초과하는 경우 그 초과하는 금액은 없는 것으로 보고, 그 초과하는 금액을 한도로 연금계좌세액공제를 받지 아니한 것으로 본다. 다만, 재해손실세액공제액이 종합소득산출세액에서 다른 세액감면액 및 세액공제액을 뺀 후 가산세를 더한 금액을 초과하는 경우 그 초과하는 금액은 없는 것으로 본다(소법 61 ③).

4) 배당세액공제제도의 평가

우리나라에 있어서의 배당소득에 대한 이중과세조정제도는 법인세율을 9%로 의제하여 산정한 귀속법인세를 배당세액공제액으로서 공제하는 불완전한 법인세주주귀속법을 채택하고 있다. 그리고 해당 과세기간의 소득에 대한 소득세의 감면액과 배당세액공제를 포함한 세액공제액(이월공제가 허용되지 않는 세액공제액을 말한다)의 합계액이 해당 과세기간의 합산과세되는 종합소득산출세액을 초과하는 경우 그 초과하는 금액은 없는 것으로 하여 그 초과액의 환급을 배제하고 있다(소법 61 ③). 이와 같은 배당세액공제제도는 법인세주주귀속법에도 해당하지 않고, 그렇다고 하여 수입배당세액공제법도 아닌 혼합형의 형태를 띠고 있는 불완전한 이중과세조정방법이라고 하겠다.

나. 기장세액공제

1) 요 건

가) 비치·기장한 장부에 따른 소득금액의 계산

간편장부대상자가 종합소득에 대한 소득세 과세표준확정신고를 할 때 복식부기에 따라 기장하여 소득금액을 계산하고 기업회계기준을 준용하여 작성한 재무상태표·손익계산서와 그 부속서류·합계잔액시산표 및 조정계산서를 제출한 경우에는 기장세액공제를 적용한다. 그러나 다음의 사유 중의 어느 하나에 해당하는 경우에는 기장세액공제를 적용하지 아니한다(소법 56의 2).

① 비치·기록한 장부에 따라 신고하여야 할 소득금액의 20% 이상을 누락하여 신고한 경우

② 기장세액공제와 관련된 장부 및 증명서류를 해당 과세표준 확정신고기간 종료일부터 5년간 보관하지 아니한 경우. 다만, 천재·지변·화재·전쟁의 재해를 입거나 도난을 당한 경우 또는 이에 준하는 사유가 발생한 경우에는 그러하지 아니하다.

나) 기장세액공제신청서의 제출

기장세액공제를 받고자 하는 자는 과세표준확정신고서에 기장세액공제신청서를 첨부하여 납세지 관할세무서장에게 신청하여야 한다. 기장세액공제신청서의 제출은 기장세액공제의 필요적 요건은 아니다.

2) 공제범위액

종합소득산출세액에 해당 장부에 따라 계산한 사업소득금액이 종합소득금액에서 차지하는 비율을 곱하여 계산한 금액의 20%에 해당하는 금액으로 한다. 다만, 공제세액이 100만원을 초과하는 경우에는 100만원을 공제한다(소법 56의 2 ①).

이를 계산식으로 표시하면 다음과 같다.

$$\text{기장세액공제액} = \left(\text{종합소득금액} - \frac{\text{소득}}{\text{공제액}}\right) \times \frac{\text{기본}}{\text{세율}} \times \left(\frac{\text{기장된 종합소득금액}}{\text{종합소득금액}}\right) \times 20\%$$

위의 계산식에서 소득공제액이란 조세특례제한법상의 소득공제와 종합소득공제의 합계액을 말한다고 하겠다.

다. 외국납부세액공제

1) 서 론

가) 국제적 이중과세의 의의

특정한 납세의무자에게 귀속되는 과세물건에 대하여 둘 이상의 국가에서 유사한 종목의 조세가 부과되는 현상을 국제적 이중과세(international double taxation)라고 한다.

이와 같은 국제적 이중과세가 발생하는 원인으로서는 거주지국과세와 원천지국과세가 경합하는 경우, 거주지국과세가 경합하는 경우 및 원천지국과세가 경합하는 경우를 들 수 있다.[262] 이 중에서 가장 전형적인 이중과세의 형태가 거주지국과세와 원천지국과세가 경합하는 경우이다. 이는 거주자에 대하여 거주지국과세원칙을 적용하고 비거주자에 대하여 원천지국과세원칙을 적용하는 국가간에 거래가 이루어지는 경우에 발생하는 이중과세형태이다.

이와 같은 국제적 이중과세를 방지하기 위한 방법으로서는 국내법에서 일방적으로 조정장치를 설정하는 방법과 당사국간에 이중과세방지조약을 체결하는 방법이 있다.

아래에서는 국내법에 따른 조정장치에 관해서만 살펴보기로 한다.

---

262) 이용섭, 「국제조세의 이론과 실무」(세경사, 1994), pp.40~42 : 村井正, 「國際租税法の研究」(法研出版, 1990), p.179.

나) 국내법에 의한 이중과세의 조정장치

국내법에 따른 이중과세의 방지는 거주지국이 이미 외국정부가 과세한 자국 거주자의 국외원천소득에 대하여 국내법에서 자국의 과세권을 포기 또는 제한하는 조정장치를 마련함으로써 수행한다. 이와 같은 조정장치로서는 외국세액소득공제방법(tax deduction method), 외국세액공제방법(tax credit method) 및 외국소득면제방법(tax exemption method) 등이 채택되고 있다.[263]

(1) 외국세액소득공제방법

거주지국이 국외원천소득을 과세소득에 포함시키되, 해당 국외원천소득에 대한 외국소득세액(이하 '외국세액'이라 한다)을 필요경비로 공제하는 방법이다. 따라서 거주지국의 과세소득에 합산되는 소득금액은 외국세액을 공제한 후의 국외원천소득인 것이다.

(2) 외국세액공제방법

거주지국이 국외원천소득을 과세소득에 포함시키되, 거주지국의 소득세액에서 외국세액을 공제하여 주는 제도이다. 이와 같은 외국세액공제방법은 다시 세액공제의 한도액을 설정하는지의 여부에 따라 완전세액공제방법(full tax credit method)과 일반세액공제방법(ordinary tax credit method)으로 나눈다.

① 완전세액공제방법

거주지국의 소득세액에서 외국세액의 전액을 공제하여 주는 방법이다. 원천지국의 소득세율이 거주지국의 소득세율보다 높은 경우에는 그 공제되는 세액이 과다해지는 문제가 있다.

② 일반세액공제방법

거주지국의 소득세액에서 외국세액을 공제하여 주되, 국외원천소득에 자국의 소득세 실효세율을 곱하여 산정되는 금액을 한도로 외국세액을 공제하여 주는 방법이다. 공제한도액을 설정하는 방법에 따라 국별한도액 방법(per country limitation method), 일괄한도액 방법(overall country limitation method) 및 분리한도액 방법(separate limitation method)이 있다.

　ⅰ) 국별한도액방법

　　국외원천소득이 발생한 장소가 2개국 이상인 경우에는 원천지국마다 각각

---

263) 최명근, 앞의 책, p.532 : 村井正, 앞의 책, p.180 이하.

세액공제액의 한도액을 계산하는 방법이다. 독일 및 프랑스 등에서 채택하고 있는 방법이다.

　　ⅱ) 일괄한도액방법

국외원천소득이 2개국 이상에서 발생한 경우에도 모든 국외원천소득을 합산하여 일괄적으로 한도액을 계산하는 방법이다.

　　ⅲ) 분리한도액방법

국외원천소득을 소득종류별로 구분하여 공제한도액을 산정하는 방법이다. 소득종류별 한도액방법이라고도 한다.[264] 현재 미국이 이 방법을 채택하고 있는데, 국외원천소득을 9종류로 구분하고 그 소득 종류별로 공제한도액을 계산하도록 하고 있다(IRC Sec. 904).

(3) 외국소득면제방법

거주지국에서 국외원천소득에 대한 과세권을 포기하는 방법이다. 즉 거주지국이 거주자의 국외원천소득의 전부 또는 일부에 대하여 소득세를 비과세하는 방법이다.

2) 우리나라에 있어서의 외국납부세액 공제

가) 개 요

우리나라는 외국세액공제방법과 외국세액소득공제방법 중에서 납세의무자가 선택하는 어느 한 방법으로 국제적 이중과세를 조정하고 있었으나, 2021년 귀속분부터는 외국세액공제방법만 적용하고 있다(소령 117 ①). 그리고 외국세액공제방법 중에서 일반세액공제방법으로 조정하되, 그 공제한도액을 계산함에 있어서 국외사업장이 둘 이상의 국가에 있는 경우에는 사업자가 국가별로 구분하여 계산한다. 즉 국별한도액방법을 적용하는 것이다(소령 117 ⑦).

나) 외국세액공제방법

(1) 요 건

거주자 등의 종합소득금액 또는 퇴직소득금액에 "국외원천소득"이 합산되어 있는 경우로서 그 국외원천소득에 대하여 "외국납부세액"을 납부하였거나 납부할 것이 있는 경우이다.

이하에서 이를 구체적으로 검토하고자 한다.

---

264) Richard L. Doenberg, International Taxation, West Group, 1999, p.205.

(가) 거주자

외국납부세액공제는 전세계소득에 대하여 소득세의 납세의무를 지는 거주자에게 적용한다.

(나) 종합소득금액 등

외국납부세액공제는 종합소득금액 또는 퇴직소득금액에 포함된 국외원천소득에 대한 외국납부세액을 그 대상으로 한다.[265]

(다) 국외원천소득

거주자의 종합소득금액 또는 퇴직소득금액에 국외원천소득이 합산되어 있어야 한다. 국외원천소득이라 함은 소득의 발생 원천이 국외인 과세소득을 가리킨다.

(라) 외국소득세액

① 외국소득세액

거주자의 소득금액에 합산된 국외원천소득에 대하여 외국에서 납부하였거나 납부할 외국소득세액이 있어야 한다. 외국소득세액이라 함은 외국정부에 납부했거나 납부할 다음의 세액(가산세는 제외한다)을 말한다. 다만, 해당 세액이 조세조약에 따른 비과세·면제·제한세율에 관한 규정에 따라 계산한 세액을 초과하는 경우에는 그 초과하는 세액은 제외하되, 러시아연방 정부가 비우호국과의 조세조약 이행중단을 내용으로 하는 자국 법령에 근거하여 조세조약에 따른 비과세·면제·제한세율에 관한 규정에 따라 계산한 세액을 초과하여 과세한 세액은 포함한다(소령 117 ①).

㉮ 개인의 소득금액을 과세표준으로 하여 과세된 세액과 그 부가세액

㉯ 위와 유사한 세목에 해당하는 것으로서 소득 외의 수입금액 또는 기타 이에 준하는 것을 과세표준으로 하여 과세된 세액

그런데 국외원천소득이 종합소득·퇴직소득 또는 양도소득으로 구분하여 과세되지 아니한 외국납부세액에 대한 세액공제액은 종합소득금액·퇴직소득금액 또는 양도소득금액에 따라 안분계산한다(소칙 60 ①).

② 의제외국소득세액

㉮ 면제외국소득세액

국외원천소득이 있는 거주자가 조세조약의 상대국에서 그 국외원천소득에

---

[265] 국외자산의 양도소득에 대한 외국납부세액은 외국세액공제방법 또는 외국세액소득공제방법 중에서 하나를 선택하여 적용받을 수 있다(소법 118의 6).

대하여 소득세를 감면받은 세액의 상당액은 그 조세조약에서 정하는 범위에서 세액공제의 대상이 되는 외국소득세액으로 본다(소법 57 ③). 이를 면제외국납부세액이라고 부른다.

　④ 외국 Hybrid 사업체의 소득에 대한 외국소득세액

거주자의 종합소득금액 또는 퇴직소득금액에 외국 Hybrid 사업체로부터 받는 이익의 배당이나 잉여금의 분배액(이하에서 '수입배당금액'이라 한다)이 포함되어 있는 경우에는 그 외국법인의 소득에 대하여 출자자인 거주자에게 부과된 외국소득세액 중 해당 수입배당금액에 대응하는 것으로서 다음의 계산식에 따라 계산한 금액은 세액공제의 대상이 되는 외국소득세액으로 본다.

ⅰ) 외국 Hybrid 사업체의 요건

외국 Hybrid 사업체란 법인세법상 외국법인으로서 외국세법상 도관(conduit)에 해당하여야 한다. 외국세법상 도관이란 다음 중 어느 하나에 해당하여야 한다(소령 117 ⑧).

ⓐ 외국법인의 소득이 그 본점 또는 주사무소가 있는 국가(이하에서 '거주지국'이라 한다)에서 발생한 경우

거주지국의 세법에 따라 그 외국법인의 소득에 대하여 해당 외국법인이 아닌 그 주주 또는 출자자인 거주자가 직접 납세의무를 부담하여야 한다.

ⓑ 외국법인의 소득이 거주지국 이외의 국가(이하에서 '원천지국'이라 한다)에서 발생한 경우

거주지국의 세법에 따라 그 외국법인의 소득에 대하여 해당 외국법인이 아닌 그 주주 또는 출자자인 거주자가 직접 납세의무를 부담하여야 할 뿐만 아니라 원천지국의 세법에 따라 그 외국법인의 소득에 대하여 해당 외국법인이 아닌 그 주주 또는 출자자인 거주자가 직접 납세의무를 부담하여야 한다.

ⅱ) 의제 외국납부세액의 계산

외국법인의 소득에 대하여 출자자인 거주자에게 부과된 외국소득세액 중 해당 수입배당금액에 대응하는 것으로서 다음의 계산식에 따라 계산한 금액은 세액공제 또는 필요경비산입의 대상이 되는 외국소득세액으로 본다(소령 117 ⑨).

$$\text{거주자가 부담한 외국법인의 해당 사업연도} \times \frac{\text{수입배당금액}}{\left(\text{외국법인의 해당 사업연도 소득금액} \times \text{거주자의 해당 사업연도 손익배분비율}\right) - \text{거주자가 부담한 외국법인의 해당 사업연도 소득에 대한 소득세액}}$$

③ 세액공제 등의 신청

㉮ 국외원천소득이 산입된 과세기간의 과세표준확정신고 또는 연말정산과 함께 외국납부세액공제신청서를 납세지 관할세무서장 또는 원천징수의무자에게 제출하여야 한다. 다만, 거주자는 외국정부의 국외원천소득에 대한 소득세의 결정통지의 지연·과세기간의 상이(相異) 등의 사유로 그 신청서를 과세표준확정신고와 함께 제출할 수 없는 경우 또는 외국정부가 국외원천소득에 대한 소득세를 경정함으로써 외국납부세액에 변동이 생긴 경우에는 그 결정 또는 경정통지를 받은 날부터 3월 이내에 제출하여야 한다(소령 117 ③ 및 ④).

㉯ 외국납부세액공제신청서의 제출은 외국납부세액의 공제를 받기 위한 필요적 요건은 아니라고 해석한다.[266] 그러나 거주자의 외국납부세액공제신청은 거주자가 외국세액공제를 적용받기 위한 사인의 공법상의 의사표시로서의 성격도 지니고 있기 때문에 가급적 그 신청서를 제출하는 것이 바람직하다고 생각한다.

만일 외국납부세액이 있는 거주자가 국외원천소득이 산입된 연도의 과세표준확정신고 등을 하면서 외국납부세액공제신청서를 제출하지 않았을 경우에는 그 과세표준과 세액의 결정 또는 경정 전에 거주자로 하여금 외국납부세액공제신청서를 제출하게 하고 그 제출한 외국납부세액공제신청서에서 선택한 방법에 따라 이중과세를 조정하여야 할 것이다.

(2) 공제범위액과 공제시기

① 종합소득산출세액 또는 퇴직소득산출세액에 국외원천소득이 그 과세기간의 종합소득금액 또는 퇴직소득금액에서 차지하는 비율을 곱하여 산출한 금액을 한도(이하 '공제한도'라 한다)로 하여 외국소득세액을 해당 과세기간의 종합소득산출세액 또는 퇴직소득산출세액에서 공제한다(소법 57 ①).

---

266) 최명근, 앞의 책, p.544.

$$\text{공제한도액} = \frac{\text{종합소득산출세액}}{\text{(퇴직소득산출세액)}} \times \frac{\text{국외원천소득금액}}{\text{종합소득금액(퇴직소득금액)}}$$

위에서 조세특례제한법이나 그 밖의 법률에 따라 세액감면 또는 면제를 적용받는 경우에는 세액감면 또는 면제 대상 국외원천소득에 세액감면 또는 면제 비율을 곱한 금액은 외국원천소득에서 제외한다.

② 둘 이상의 국가에서 국외원천소득이 발생한 경우에는 국별한도액방법만 적용받을 수 있다(소령 117 ⑦).

③ 외국납부세액은 국외원천소득이 종합소득과세표준 또는 퇴직소득과세표준에 산입된 연도의 소득세액에서 공제하여야 한다.

종합소득금액에 대하여 외국정부에 납부하였거나 납부할 외국납부세액이 공제한도를 초과하는 경우 그 초과하는 금액은 해당 과세기간의 다음 과세기간 개시일부터 10년 이내에 끝나는 과세기간으로 이월하여 그 이월된 과세기간의 공제한도 범위에서 공제받을 수 있다. 다만, 외국정부에 납부하였거나 납부할 외국소득세액을 이월공제기간 내에 공제받지 못한 경우 그 공제받지 못한 외국소득세액은 이월공제기간의 종료일 다음 날이 속하는 과세기간의 소득금액을 계산할 때 필요경비에 산입할 수 있다(소법 57 ②).

3) 간접투자회사 등으로부터 지급받은 소득에 대한 외국납부세액공제특례

거주자의 종합소득금액에 다음의 요건을 갖춘 소득이 합산되어 있는 경우에는 종합소득산출세액에서 공제하는 금액(간접투자외국법인세액을 세후기준가격을 고려하여 대통령령으로 정하는 바에 따라 계산한 금액)을 해당 과세기간의 종합소득산출세액에서 공제할 수 있다(소법 57의 2 ①).

① 다음 중 어느 하나에 해당하는 것(이하에서 '간접투자회사등'이라 한다)으로부터 지급받은 소득일 것

㉮ 「자본시장과 금융투자업에 관한 법률」에 따른 투자회사, 투자목적회사, 투자유한회사, 투자합자회사(같은 법 제9조 제19항 제1호의 기관전용 사모집합투자기구는 제외한다), 투자유한책임회사, 투자신탁, 투자합자조합 및 투자익명조합

㉯ 부동산투자회사법에 따른 기업구조조정 부동산투자회사 및 위탁관리 부동산투

자회사

㉓ 법인세법 제5조 제2항에 따라 내국법인으로 보는 신탁재산

② 간접투자회사등이 거주자에게 지급한 소득에 대하여 법인세법 제57조 제1항 및 제 6항에 따른 외국법인세액(간접투자회사등이 다른 간접투자회사등이 발행하는 증 권을 취득하는 구조로 투자한 경우로서 그 다른 간접투자회사등이 납부한 같은 규 정에 따른 외국법인세액이 있는 경우 해당 세액을 포함하며, 이하에서 '간접투자외 국법인세액'이라 한다)을 납부하였을 것

위에서 종합소득산출세액에서 공제할 수 있는 금액은 다음 계산식에 따른 금액(이하 이 항에서 '공제한도금액'이라 한다)을 한도로 한다. 이 경우 종합소득산출세액에서 공제하는 금액(간접투자외국법인세액을 세후기준가격을 고려하여 대통령령으로 정 하는 바에 따라 계산한 금액)이 해당 과세기간의 공제한도금액을 초과하는 경우 그 초과하는 금액은 해당 과세기간의 다음 과세기간 개시일부터 10년 이내에 끝나는 과 세기간으로 이월하여 그 이월된 과세기간의 공제한도금액 내에서 공제할 수 있다(소 법 57의 2 ③).

$$
공제한도액 = A \times \frac{B}{C}
$$

A : 소득세법 제55조에 따라 계산한 해당 과세기간의 종합소득산출세액

B : 간접투자회사등으로부터 지급받은 소득(해당 소득에 대하여 간접투자외국법인세액이 납 부된 경우로 한정한다)의 합계액

C : 해당 과세기간의 종합소득금액

한편, 위의 규정을 적용할 때 거주자가 간접투자회사등으로부터 지급받은 소득과 종 합소득산출세액에서 공제되는 금액은 다음의 금액으로 한다(소법 57의 2 ②).

① 간접투자회사등으로부터 지급받은 소득 : 「자본시장과 금융투자업에 관한 법률」 제238조 제6항에 따른 기준가격(간접투자외국법인세액이 차감된 가격을 말하며, 이하에서 '세후기준가격'이라 한다)을 기준으로 계산된 금액. 다만, 증권시장에 상 장된 간접투자회사등의 증권의 매도에 따라 간접투자회사등으로부터 지급받은 소 득은 대통령령으로 정하는 바에 따라 계산한 금액으로 한다.

② 종합소득산출세액에서 공제하는 금액: 간접투자외국법인세액을 세후기준가격을 고려하여 대통령령으로 정하는 바에 따라 계산한 금액

위의 간접투자회사등으로부터 지급받은 소득의 계산방법과 그 밖에 세액공제에 필요한 사항은 대통령령으로 정한다(소법 57의 2 ④).

라. 재해손실세액공제

1) 요 건

가) 재해로 인한 자산의 상실

사업자가 해당 과세기간에 천재지변이나 그 밖의 재해(이하에서 '재해'라 한다)로 인하여 자산총액의 20% 이상에 해당하는 자산을 상실하여 납세가 곤란하다고 인정되는 경우이어야 한다(소법 58 ①).

① 재해손실세액공제는 사업자에 한하여 적용한다. 사업자란 사업소득이 발생하는 사업을 경영하는 자이다.

② 재해에는 천재지변, 화재, 전화, 화약류·가스류 등의 폭발사고, 건물의 도괴 등이 포함된다고 하겠다.

③ 자산총액 및 재해로 인하여 상실한 자산의 가액은 다음과 같이 산정한다.

㉮ 자산총액이란 다음의 자산의 가액을 말한다(소령 118 ①).

　ⅰ) 사업용 자산

사업용 자산이란 사업에 제공된 일체의 자산을 가리킨다. 기업회계상의 유동자산(당좌자산과 재고자산)과 고정자산(투자자산·유형자산 및 무형자산)이 모두 포함된다.

그러나 사업용 자산에는 재해가 발생한 경우에도 멸실되지 않는 토지는 제외된다.

　ⅱ) 상실한 타인 소유의 자산으로서 그 상실로 인한 변상책임이 사업자에게 있는 것

위탁판매업을 영위하는 자가 수탁받은 자산을 상실한 경우 또는 염색임가공업을 경영하는 자가 임가공하기 위하여 보관하고 있던 타인 소유의 자산을 상실한 경우로서 그 자산의 상실에 따른 손실에 대하여 위탁자 등에게 변상책임을 지는 경우가 그 예라고 하겠다.

　ⅲ) 소득금액에 관련되는 예금 등

재해손실세액공제를 하는 소득세의 과세표준금액에 이자소득금액 또는 배당소득금액이 포함되어 있는 경우에는 그 소득금액에 관련되는 예금·주식 기타의 자산을 말한다.

㉯ 재해로 인하여 상실한 자산의 가액이란 재해로 인하여 절대적으로 멸실되거나 경제적 가치가 없을 정도로 손상된 자산의 가액을 가리킨다. 그러나 예금·받을어음·외상매출금 등은 해당 채권추심에 관한 증서를 소실한 경우에도 이를 재해상실가액에 포함하지 아니한다. 그리고 보험에 가입된 자산이 재해로 인하여 멸실되어 보험금을 수령하였다고 하더라도 상실된 자산의 가액을 산정함에 있어서 해당 보험금을 상실된 자산의 가액에서 공제하지 아니한다(소기통 58-1).

④ 사업자가 둘 이상의 사업장을 둔 경우에 자산총액의 계산 및 재해발생의 비율이 20% 이상에 해당하는지의 여부의 판단은 사업자를 단위로 한다. 즉 재해가 발생한 사업장만을 단위로 하여 재해발생의 비율 등을 판단하지 않는다.

나) 세액공제신청

세액공제신청은 재해손실세액공제의 필요적 요건은 아니다. 소득세법은 재해로 인하여 자산을 상실한 사업자가 재해손실세액공제신청을 하지 않더라도 세액공제를 한다는 규정을 두어 그 공제신청이 공제의 필요적 요건이 아님을 명백히 하고 있다(소법 58 ⑥). 한편, 세액공제신청이 재해손실세액공제의 필요적 요건은 아니지만 사업자는 임의로 다음의 기간 안에 재해손실세액공제신청서를 제출할 수 있다. 만일 거주자가 세액공제신청을 한 경우에는 관할세무서장은 그 공제할 세액을 결정하여 신청인에게 알려야 한다(소법 58 ④·⑤).

① 재해발생일 현재 과세표준 확정신고기한이 경과되지 않은 소득세의 경우는 그 신고기한. 다만, 재해발생일로부터 신고기한까지의 기간이 3개월 미만인 경우는 재해 발생일부터 3개월

② 앞의 "①" 외의 재해발생일 현재 미납부된 소득세와 납부해야 할 소득세의 경우는 재해 발생일부터 3개월

2) 공제범위액

소득세액에 자산상실비율을 곱하여 계산한 금액을 그 세액에서 공제하되, 상실된 자산의 가액을 한도로 한다(소법 58 ①).

$$\text{재해손실세액공제액} = \text{소득세액} \times \text{자산상실비율}$$

① 소득세액

　㉮ 소득세액이란 다음의 소득세액(사업소득에 대한 소득세액을 말한다. 이하 같다)을 가리킨다.

　　ⅰ) 재해발생일 현재 부과되지 아니한 소득세와 부과된 소득세로서 미납된 소득세액

　　　과세처분에 따라 납세의무가 확정된 세액은 물론이고 납세의무만 성립되고 아직 확정되지 아니한 세액까지 포함한다.

　　ⅱ) 재해발생일이 속하는 과세기간의 소득에 대한 소득세액

　㉯ 소득세액은 배당세액공제액·기장세액공제액 및 외국납부세액공제액, 간접투자외국납부세액공제액을 공제하고 가산세액을 가산한 후의 세액을 말한다.

　㉰ 사업자에게 사업소득 외의 다른 종합소득이 있는 경우에는 종합소득세액에 사업소득금액이 종합소득금액에서 차지하는 비율을 곱하여 계산한 금액을 사업소득에 대한 소득세액으로 한다(소칙 61).

② 자산상실비율

　㉮ 자산상실비율이란 상실자산가액이 상실 전의 총자산가액에서 차지하는 비율을 말한다. 자산상실비율은 재해발생일 현재 그 거주자의 장부가액을 기준으로 하되, 재해로 인하여 장부가 소실 또는 분실되어 장부가액을 알 수 없는 경우에는 납세지 관할 세무서장이 조사확인한 재해발생일 현재의 가액으로 한다. 다만, 집단적으로 재해가 발생한 경우에는 재해발생지역의 관할 세무서장이 조사하여 관할 지방국세청장의 승인을 얻어 결정한 자산상실비율에 따라 이를 계산한다(소법 58 ⑦ 및 소령 118 ④).

　㉯ 1과세기간 중에 2회 이상 재해를 입은 경우 재해상실비율의 계산은 다음 산식에 따라 계산한다.

$$\text{재해상실비율} = \frac{\text{재해로 인하여 상실된 자산가액의 합계액}}{\text{최초 재해 전 자산총액} + \text{최종 재해 전까지의 증가된 자산총액}}$$

마. 근로소득세액공제

1) 요 건

근로소득이 있는 거주자(일용근로자를 포함한다)이어야 한다. 근로소득이 있는 거주자는 총급여액의 크기와 관계없이 근로소득세액공제를 적용받을 수 있다. 근로소득의 경우에는 사업소득에 비하여 과세포착률이 높고,[267] 또한 원천징수제도에 따라 해당 소득의 수령시에 소득세액을 조기납부하게 되기 때문에 이에 대한 보상적인 성격의 세액공제제도를 두고 있다. 이를 근로소득세액공제라고 한다.

2) 공제범위액

근로소득에 대한 종합소득산출세액에서 다음의 금액을 공제한다(소법 59 ①).

<근로소득에 대한 종합소득 산출세액>	<공 제 액>
130만원 이하	산출세액 × 55%
130만원 초과	71만5천원 + 130만원 초과금액 × 30%

다만, 공제세액이 다음의 금액을 초과하는 경우에는 그 초과하는 금액은 없는 것으로 한다(소법 59 ②).

㉮ 총급여액이 3,300만원 이하인 경우 : 74만원

㉯ 총급여액이 3,300만원 초과 7,000만원 이하인 경우 : 74만원 - [(총급여액 - 3,300만원) × 0.8%]. 다만, 위 금액이 66만원보다 적은 경우에는 66만원으로 한다.

㉰ 총급여액이 7,000만원 초과 1억2천만원 이하인 경우 : 66만원 - [(총급여액 - 7,000만원) × 50%]. 다만, 위 금액이 50만원보다 적은 경우에는 50만원으로 한다.

㉱ 총급여액이 1억2천만원을 초과하는 경우 : 50만원 - [(총급여액 - 1억2천만원) × 50%]. 다만, 위 금액이 20만원보다 적은 경우에는 20만원으로 한다.

근로소득이 있는 자에게 사업소득이나 이자소득과 같은 다른 종합소득금액이 있는 경우에 근로소득에 대한 종합소득 산출세액은 다음과 같이 계산하여야 한다(소령 119의 3 ①).

---

[267] 일본에서는 소득포착률이 근로소득자가 90%, 일반사업소득자가 60%, 농업소득자가 40%라고 하여 이를 "クロヨン問題"라고 부르고 있다[北野弘九, 「稅法學の實踐論的展開」(株式會社 勁草書房, 1993), pp.222~223].

$$근로소득에 \ 대한 \ 종합소득산출세액 \ = 종합소득산출세액 \times \frac{근로소득금액}{종합소득금액}$$

한편, 일용근로자의 근로소득에 대하여 원천징수를 하는 경우에는 해당 근로소득에 대한 산출세액의 55%에 해당하는 금액을 그 산출세액에서 공제한다(소법 59 ③).

바. 자녀세액공제

종합소득이 있는 거주자의 기본공제대상자에 해당하는 자녀(입양자 및 위탁아동을 포함하며, 이하 '공제대상자녀'라 한다) 및 손자녀로서 8세 이상의 사람에 대해서는 다음의 구분에 따른 금액을 종합소득산출세액에서 공제한다(소법 59의 2 ①).

① 1명인 경우 : 연 25만원

② 2명인 경우 : 연 55만원

③ 3명 이상인 경우 : 연 55만원과 2명을 초과하는 1명당 연 40만원을 합한 금액

그리고 해당 과세기간에 출산하거나 입양 신고한 공제대상자녀가 있는 경우로서 출산하거나 입양 신고한 공제대상자녀가 첫째인 경우에는 연 30만원, 둘째인 경우에는 연 50만원, 셋째 이상인 경우에는 연 70만원을 종합소득산출세액에서 공제한다(소법 59의 2 ③).

사. 연금계좌세액공제

1) 공제범위액

종합소득이 있는 거주자가 연금계좌에 납입한 금액 중 다음에 해당하는 금액을 제외한 금액(이하 '연금계좌 납입액'이라 한다)의 12%[해당 과세기간에 종합소득과세표준을 계산할 때 합산하는 종합소득금액이 4,500만원 이하(근로소득만 있는 경우에는 총급여액 5,500만원 이하)인 거주자에 대해서는 15%]에 해당하는 금액을 해당 과세기간의 종합소득산출세액에서 공제(이하 '연금계좌세액공제'라 한다)한다. 다만, 연금계좌 중 연금저축계좌에 납입한 금액이 연 600만원을 초과하는 경우에는 그 초과하는 금액은 없는 것으로 하고, 연금저축계좌에 납입한 금액 중 600만원 이내의 금액과 퇴직연금계좌에 납입한 금액을 합한 금액이 연 900만원을 초과하는 경우에는 그 초과하는 금액은 없는 것으로 한다(소법 59의 3 ①).

① 소득세법 제146조 제2항에 따라 소득세가 원천징수되지 아니한 퇴직소득 등 과세가 이연된 소득

② 연금계좌에서 다른 연금계좌로 계약을 이전함으로써 납입되는 금액

이 경우 조세특례제한법 제91조의18에 따른 개인종합자산관리계좌의 계약기간이 만료되고 해당 계좌 잔액의 전부 또는 일부를 연금계좌로 납입한 경우 그 납입한 금액(이하 '전환금액'이라 한다)을 납입한 날이 속하는 과세기간의 연금계좌 납입액에 포함한다(소법 59의 3 ③).

한편, 전환금액이 있는 경우에는 전환금액의 10% 또는 300만원(직전 과세기간과 해당 과세기간에 걸쳐 납입한 경우에는 300만원에서 직전 과세기간에 적용된 금액을 차감한 금액으로 한다) 중 적은 금액과 연금계좌에 납입한 금액으로 하는 금액을 합한 금액을 초과하는 금액은 없는 것으로 한다(소법 59의 3 ④).

2) 한도액 초과납입금 등의 해당 연도 납입금으로의 전환특례

연금계좌 가입자가 이전 과세기간에 연금계좌에 납입한 연금보험료 중 연금계좌세액공제를 받지 아니한 금액이 있는 경우로서 그 금액의 전부 또는 일부를 해당 과세기간에 연금계좌에 납입한 연금보험료로 전환하여 줄 것을 연금계좌 취급자에게 신청한 경우에는 연금계좌세액공제를 적용할 때 그 전환을 신청한 금액을 연금계좌에서 가장 먼저 인출하여 그 신청을 한 날에 다시 해당 연금계좌에 납입한 연금보험료로 본다. 이 경우 전환을 신청한 금액은 그 신청한 날에 연금계좌에 납입한 연금보험료로 보아 다음의 요건을 충족하여야 한다(소령 118의 3).

① 연간 1,800만원 이내(연금계좌가 2개 이상인 경우에는 그 합계액을 말한다)의 금액을 납입할 것. 이 경우 해당 과세기간 이전의 연금보험료는 납입할 수 없으나, 보험계약의 경우에는 최종납입일이 속하는 달의 말일부터 3년 2개월이 경과하기 전에는 그 동안의 연금보험료를 납입할 수 있다.

② 연금수령 개시를 신청한 날(연금수령 개시일을 사전에 약정한 경우에는 약정에 따른 개시일을 말한다) 이후에는 연금보험료를 납입하지 않을 것

아. 특별세액공제

1) 보험료세액공제

가) 일반적인 보장성보험의 보험료

① 공제요건

근로소득이 있는 거주자(일용근로자는 제외한다. 이하 같다)가 해당 과세기간

에 기본공제대상자를 피보험자로 하는 보험 중 만기환급금이 납입보험료를 초과하지 아니하는 보험(보장성보험)으로서 다음과 같은 보험계약에 따라 지급하는 보험료이어야 한다(소법 59의 4 ① 및 소령 118의 4 ②).

ⅰ) 생명보험

ⅱ) 상해보험

ⅲ) 화재·도난이나 그 밖의 손해를 담보하는 가계에 관한 손해보험

ⅳ) 수산업협동조합법·신용협동조합법 또는 새마을금고법에 따른 공제

ⅴ) 군인공제회법·한국교직원공제회법·대한지방행정공제회법·경찰공제회법 및 대한소방공제회법에 따른 공제

ⅵ) 주택 임차보증금의 반환을 보증하는 것을 목적으로 하는 보험·보증. 다만, 보증대상 임차보증금이 3억원을 초과하는 경우는 제외한다.

② 공제범위액

보험료의 12%를 해당 과세기간의 종합소득산출세액에서 공제한다(소법 59의 4 ①). 다만, 보험료의 합계액이 연 100만원을 초과하는 경우에 그 초과하는 금액은 없는 것으로 한다. 즉 연 100만원을 한도로 하여 실제 지급한 보험료의 12%를 공제하는 것이다.

나) 장애인전용보장성보험의 보험료

① 공제요건

근로소득이 있는 거주자가 해당 과세기간에 기본공제대상자인 장애인을 피보험자 또는 수익자로 하는 생명보험 등으로서 만기에 환급되는 금액이 납입보험료를 초과하지 아니하는 장애인전용보장성보험(보험·공제 계약 또는 보험료·공제료 납입영수증에 장애인전용 보험료·공제로 표시된 보험·공제의 보험료·공제료를 말한다)의 보험계약에 따라 보험자에게 지급하는 보험료이어야 한다(소법 59의 4 ① Ⅰ 및 소령 118의 4 ①).

생명보험 등의 범위는 일반적인 보장성보험의 보험료에서 설명한 것과 같다. 다음으로 장애인전용보장성보험의 계약자에 대하여 일반적인 보장성보험의 보험료공제에 관한 규정과 장애인 전용보장성보험의 보험료공제에 관한 규정이 동시에 적용되는 경우에는 그 중 하나만을 선택하여 적용하여야 한다.

② 공제범위액

보험료의 15%를 해당 과세기간의 종합소득산출세액에서 공제한다. 이 경우 보험료의 합계액이 연 100만원을 초과하는 경우에는 그 초과하는 금액은 이를 없는 것으로 한다.

위의 일반적인 보장성보험의 보험료에 대한 세액공제와 장애인전용보장성보험의 보험료에 대한 세액공제를 적용할 때 과세기간 종료일 이전에 혼인·이혼·별거·취업 등의 사유로 기본공제대상자에 해당되지 아니하게 되는 종전의 배우자·부양가족·장애인을 위하여 이미 보험료로 지급한 금액이 있는 경우에는 그 사유가 발생한 날까지 지급한 금액에 대하여 보험료세액공제액을 해당 과세기간의 종합소득산출세액에서 공제한다(소법 59의 4 ⑤).

2) 의료비세액공제

가) 공제요건

근로소득이 있는 거주자가 기본공제대상자를 위하여 해당 과세기간에 직접 지급한 의료비여야 한다. 이를 나누어 설명하고자 한다.

① 의료비세액공제의 대상이 되는 기본공제대상자란 나이 및 소득금액의 크기와 관계없이 기본공제대상자로 열거된 자를 모두 가리킨다(소법 59의 4 ②). 즉 거주자, 거주자의 배우자, 거주자와 생계를 같이하는 직계존속·직계비속과 입양자, 형제자매 및 국민기초생활보장법에 따른 수급자는 나이나 소득금액의 유무 또는 크기와 관계없이 의료비세액공제의 혜택을 받을 수 있는 대상자에 해당한다. 예를 들면 거주자의 배우자로서 사업소득금액이 연 2,000만원인 자 또는 생계를 같이 하는 거주자의 형제자매로서 그 연령이 40세인 자를 위하여 지급한 의료비라 하더라도 모두 세액공제의 대상이 되는 것이다.

② 의료비란 다음의 의료비(실손의료보험금을 지급받은 경우 그 실손의료보험금은 제외한다)를 말한다. 다만, 미용·성형수술을 위한 비용 및 건강증진을 위한 의약품구입비용은 포함하지 아니한다(소령 118의 5 ① 및 ②).

㉠ 진찰·치료·질병예방을 위하여 의료법 제3조에 따른 의료기관에 지급하는 비용[268]

진찰 등을 위하여 의료기관에 지급하는 비용에는 의료기관에서 받는 정밀건

---

[268] 의료기관에서 틀니 등 보철을 하고 지급하는 비용(보철료)은 의료비에 포함된다(소득 22601-78, 1985.1.22., 국세청장).

강진단을 위한 비용이 포함된다.

㉯ 치료·요양을 위하여 약사법 제2조에 따른 의약품(한약을 포함한다. 이하 같다)을 구입하고 지급하는 비용

㉰ 장애인 보장구(조세특례제한법 시행령 제105조에 따른 보장구를 말한다) 및 의사·치과의사·한의사 등의 처방에 따라 의료기기(의료기기법 제2조 제1항에 따른 의료기기를 말한다)를 직접 구입하거나 임차하기 위하여 지출한 비용

㉱ 시력보정용 안경 또는 콘택트렌즈를 구입하기 위하여 지출한 비용으로서 기본공제대상자(연령 및 소득금액의 제한을 받지 아니한다) 1명당 연 50만원 이내의 금액

㉲ 보청기를 구입하기 위하여 지출한 비용

㉳ 노인장기요양보험법 제40조 제1항 및 같은 조 제3항 제3호에 따른 장기요양급여에 대한 비용으로서 실제 지출한 본인일부부담금

㉴ 「장애인활동 지원에 관한 법률」 제33조 제1항 및 같은 조 제2항 제2호에 따른 활동지원급여에 대한 비용으로서 실제 지출한 본인부담금

㉵ 모자보건법 제2조 제10호에 따른 산후조리원에 산후조리 및 요양의 대가로 지급하는 비용으로서 출산 1회당 200만원 이내의 금액

③ 원천징수의무자가 근로소득세액 연말정산을 할 때 특별세액공제 대상이 되는 의료비가 있는 근로자에 대해서는 근로소득지급명세서를 제출할 때에 해당 근로자의 의료비지급명세서가 전산처리된 테이프 또는 디스켓을 관할세무서장에게 제출하여야 한다(소령 118의 5 ③).

나) 공제범위액

근로소득이 있는 거주자가 기본공제대상자를 위하여 해당 과세기간에 의료비를 지급한 경우 다음의 금액의 15%(미숙아 및 선천성이상아를 위하여 지급한 의료비는 20%, 난임시술비의 경우에는 30%)에 해당하는 금액을 해당 과세기간의 종합소득산출세액에서 공제한다(소법 59의 4 ②). 이 경우 의료비세액공제를 적용할 때 과세기간 종료일 이전에 혼인·이혼·별거·취업 등의 사유로 기본공제대상자에 해당되지 아니하게 되는 종전의 배우자·부양가족·장애인 또는 과세기간 종료일 현재 65세 이상인 사람을 위하여 이미 의료비로 지급한 금액이 있는 경우에는 그 사유가 발생한 날까지 의료비로 지급한 금액에 대한 의료비세액공제액을 해당 과세기간의

종합소득산출세액에서 공제한다(소법 59의 4 ⑤).

① 거주자 등의 의료비

해당 거주자·과세기간 개시일 현재 6세 이하인 사람·과세기간 종료일 현재 65세 이상인 사람·장애인·대통령령으로 정하는 중증질환자·희귀난치성질환자 또는 결핵환자를 위하여 지급한 의료비(아래 "②", 미숙아 및 선천성이상아를 위하여 지급한 의료비, 난임시술비 제외). 다만, 아래 "②"의 대상자의 의료비가 총급여액에 3%를 곱하여 계산한 금액에 미달하는 경우에는 그 미달하는 금액을 뺀다.

위에서 대통령령으로 정하는 중증환자·희귀난치성질환자 또는 결핵환자란 국민건강보험법 시행령 제19조 제1항에 따라 보건복지부장관이 정하여 고시하는 기준에 따라 중증질환자, 희귀난치성질환자 또는 결핵환자 산정특례 대상자로 등록되거나 재등록된 자를 말한다(소칙 61의 4).

② 그 밖의 자의 의료비

위의 "①"에 해당하는 대상자를 제외한 그 밖의 기본공제대상자를 위하여 지급한 의료비('③','④' 의료비는 제외한다)로서 총급여액에 3%를 곱하여 계산한 금액을 초과하는 금액. 다만, 그 금액이 연 700만원을 초과하는 경우에는 연 700만원으로 한다.

③ 난임시술비

난임시술비란 모자보건법에 따른 보조생식술에 소요된 비용을 말하며(소령 118의 5 ⑥), 난임시술비에는 난임시술과 관련하여 처방을 받은 약사법 제2조에 따른 의약품 구입비용을 포함한다(소법 59의 4 ② Ⅳ).

④ 미숙아 및 선천성 이상아 의료비

미숙아의 경우에는 보건소장 또는 의료기관의 장이 미숙아 출생을 원인으로 미숙아가 아닌 영유아와는 다른 특별한 의료적 관리와 보호가 필요하다고 인정하는 치료를 위하여 지급한 의료비를 말하고, 선천성 이상아의 경우에는 해당 선천성 이상 질환을 치료하기 위하여 지급한 의료비를 말한다(소령 118의5 ⑤).

한편, 위의 "①" 및 "②"의 의료비 합계액이 총급여액에 3%를 곱하여 계산한 금액에 미달하는 경우에는 그 미달하는 금액을 뺀다.

3) 교육비세액공제

가) 공제요건

근로소득이 있는 거주자가 그 거주자와 기본공제대상자(나이의 제한을 받지 아니하되, 장애인의 기능향상과 행동발달을 위한 발달재활서비스를 제공하는 대통령령으로 정하는 기관에 대해서는 과세기간 종료일 현재 18세 미만인 사람만 해당한다)의 교육을 위하여 다음의 교육비를 지급하여야 한다(소법 59의 4 ③).

① 기본공제대상자인 배우자·직계비속·형제자매·입양자 및 위탁아동(이하 '직계비속 등'이라 한다)을 위하여 지급한 다음의 교육비

기본공제대상자인 직계비속 등은 나이와 관계없이 교육비세액공제를 적용받을 수 있다. 예를 들어 대학생인 직계비속의 연령이 20세를 초과한다면 인적공제 중 기본공제는 적용받을 수 없지만, 그 교육비에 대하여는 교육비세액공제를 적용받을 수 있다. 다만, 거주자 본인에 대한 교육비세액공제와 달라서 직계비속 등이 대학원생인 경우와 직계비속 등이 학자금 대출의 원리금 상환에 지출한 교육비(다만, 대출금의 상환 연체로 인하여 추가로 지급하는 금액 등 일정한 금액을 제외한다)는 교육비세액공제를 적용하지 않는다.

㉮ 유아교육법, 초·중등교육법, 고등교육법 또는 특별법에 따른 학교에 지급하거나 고등교육법 제34조 제3항의 시험응시를 위하여 지급한 교육비

㉯ 평생교육법에 따라 고등학교졸업 이하의 학력이 인정되는 학교형태의 평생교육시설과 전공대학의 명칭을 사용할 수 있는 평생교육시설(이하 '전공대학'이라 한다) 및 원격대학형태의 평생교육시설(이하 '원격대학'이라 한다), 「학점인정 등에 관한 법률」 및 「독학에 의한 학위취득에 관한 법률」에 따른 교육과정(이하에서 '학위취득과정'이라 한다)을 위하여 지급한 교육비

㉰ 국외교육기관에 지급한 교육비

국외교육기관이란 국외에 소재하는 교육기관으로서 우리나라의 유아교육법에 따른 유치원, 초·중등교육법 또는 고등교육법에 따른 학교에 해당하는 것을 말한다. 그리고 국외교육기관의 학생을 위하여 교육비를 지급하는 거주자가 국내에서 근무하는 경우에는 해당 과세기간 종료일 현재 대한민국 국적을 가진 거주자가 교육비를 지급한 학생(초등학교 취학 전 아동과 초등학생·중학생의 경우에는 다음 중 어느 하나에 해당하는 사람으로 한정한다)에 대하여만 교육비세액공제를 한다(소법 59의 4 ③ Ⅰ 다, 소령 118의 6 ⑤).

ⅰ)「국외유학에 관한 규정」제5조에 따른 자비유학의 자격이 있는 사람

ⅱ)「국외유학에 관한 규정」제15조에 따라서 유학을 하는 자로서 부양의무자와 국외에서 동거한 기간이 1년 이상인 사람

㉕ 초등학교 취학전 아동을 위하여 영유아보육법에 따른 어린이집,「학원의 설립·운영 및 과외교습에 관한 법률」에 따른 학원 또는 체육시설에 지급한 교육비(학원 및 체육시설에 지급하는 비용의 경우에는 대통령령으로 정하는 금액에 한한다)

위에서 체육시설이란 「체육시설의 설치·이용에 관한 법률」에 따른 체육시설업자가 운영하는 체육시설과 국가, 지방자치단체 또는 청소년활동진흥법에 따른 청소년수련시설로 허가·등록된 시설을 운영하는 자가 운영(위탁운영을 포함한다)하는 체육시설을 말한다.

② 해당 거주자를 위하여 지급한 다음의 교육비

㉮ 앞의 "①"의 "㉮", "㉯", "㉰"에 따른 교육비

㉯ 대학(전공대학, 원격대학 및 학위취득과정을 포함한다) 또는 대학원의 1학기 이상에 해당하는 교육과정과 고등교육법 제36조에 따른 시간제 과정에 지급하는 교육비

㉰ 「국민 평생 직업능력 개발법」제2조에 따른 직업능력개발훈련시설에서 실시하는 직업능력개발훈련을 위하여 지급한 수강료. 다만, 대통령령으로 정하는 지원금 등을 받는 경우에는 이를 뺀 금액으로 한다.

㉱ 학자금 대출의 원리금 상환에 지출한 교육비. 다만, 대출금의 상환 연체로 인하여 추가로 지급하는 금액 등 대통령령으로 정하는 지급액은 제외한다.

③ 기본공제대상인 장애인을 위하여 다음의 자에게 지급한 특수교육비(장애인의 재활교육을 위하여 지급하는 비용)

기본공제대상자인 장애인은 연령 및 소득금액의 크기에 제한이 없이 교육비세액공제를 적용받을 수 있다.

㉮ 사회복지사업법에 따른 사회복지시설과 민법에 따라 설립된 비영리법인으로서 보건복지부장관이 장애인재활교육을 실시하는 기관으로 인정한 법인

㉯ 장애아동복지지원법 제21조 제3항에 따라 지방자치단체가 지정한 발달재활 서비스 제공기관

㉰ "㉮"의 시설 또는 법인과 유사한 것으로서 외국에 있는 시설 또는 법인

나) 공제범위액

① 공제대상이 되는 교육비의 범위

해당 거주자 및 기본공제대상자인 직계비속 등을 위하여 지급한 교육비의 일정률을 세액공제한다. 교육비란 수업료·입학금·보육비용·수강료 및 그 밖의 공납금을 말한다. 이 밖에 학교급식법·유아교육법·영유아보육법 등에 따라 급식을 실시하는 학교·유치원·어린이집·학원 및 체육시설(초등학교 취학 전 아동의 경우만 해당한다)에 지급한 급식비, 학교에서 구입한 교과서대금(초·중·고등학교의 학생만 해당한다), 교복구입비용(중·고등학교의 학생만 해당하며, 학생 1명당 연 50만원을 한도로 한다)과 초·중등교육법·유아교육법·영유아보육법에 따른 학교·유치원·어린이집·학원 및 체육시설(초등학교 취학 전 아동의 경우만 해당한다)에서 실시하는 방과후 학교·방과후 과정 등의 수업료 및 특별활동비(학교 등에서 구입한 교재구입비를 포함한다)와 교육과정으로 실시하는 현장체험학습에 지출한 비용(학생 1명당 연 30만원을 한도로 한다), 시험의 응시수수료 및 입학전형료를 포함한다.

그러나 교육을 위하여 지급한 교육비라 할지라도 소득세 또는 증여세가 비과세되는 교육비가 있는 경우에는 이를 뺀 금액으로 한다. 소득세 또는 증여세가 비과세되는 교육비란 해당 과세기간에 사내근로복지기금법에 따른 사내근로복지기금으로부터 받은 장학금 또는 학자금(이하에서 '장학금'이라고 한다), 재학 중인 학교로부터 받은 장학금 등, 근로자인 학생이 직장으로부터 받은 장학금 등, 국외근무공무원에게 지급되는 자녀 등에 대한 장학금 등, 그 밖에 각종 단체로부터 받은 장학금 등을 말한다.

② 교육비세액공제액

교육비에 15%를 곱한 금액을 해당 과세기간의 종합소득산출세액에서 공제한다. 다만, 소득세 또는 증여세가 비과세되는 교육비는 공제하지 아니한다. 이 경우 기본공제대상자인 직계비속 등이 대학생인 경우 세액공제의 대상이 되는 교육비는 1명당 연 900만원을 한도로 하며, 직계비속 등이 대학원생인 경우와 학자금 대출의 원리금 상환에 지출한 교육비(대출금의 상환 연체로 인하여 추가로 지급하는 금액 등 일정한 지급액은 제외한다)는 교육비세액공제의 대상이 되지 않는다. 그리고 기본공제대상자인 직계비속 등이 취학전아동과 초·중·고등학생인 경우에는 1명당 연 300만원을 한도로 한다.

한편, 거주자 본인에 대한 교육비는 그 금액의 크기와 관계없이 전액 교육비세액
공제 대상 교육비로 한다. 다만, 고용보험법 시행령 제43조에 따른 근로자의 직무
능력 향상을 위한 지원을 받은 경우에는 직업능력개발훈련을 위하여 지급한 수강
료에서 그 지원금을 뺀 나머지 금액만을 교육비세액공제 대상 교육비로 한다.
그리고 교육비세액공제를 적용할 때 과세기간 종료일 이전에 혼인·이혼·별거·취
업 등의 사유로 기본공제대상자에 해당되지 아니하게 되는 종전의 배우자·부양가
족·장애인 또는 과세기간 종료일 현재 65세 이상인 사람을 위하여 이미 교육비로
지급한 금액이 있는 경우에는 그 사유가 발생한 날까지 지급한 금액에 대하여 교육
비세액공제액을 해당 과세기간의 종합소득산출세액에서 공제한다(소법 59의 4 ⑤).

4) 기부금세액공제

가) 공제요건

거주자(사업소득만 있는 자는 제외하되, 원천징수되는 사업소득으로서 대통령령
으로 정하는 사업소득만 있는 자는 포함한다)가 해당 과세기간에 일정한 기부금을
지급하여야 한다.

① 거주자의 범위

해당 과세기간에 종합소득금액을 얻은 모든 거주자는 기부금공제를 적용받을
수 있다. 즉 근로소득이 있는 자, 근로소득과 다른 종합소득이 함께 있는 자는
물론이고 근로소득은 없으면서 다른 종합소득만 있는 자, 예를 들면 이자소득
및 배당소득만 있는 거주자도 기부금공제의 적용을 받을 수 있는 것이다. 다만,
사업소득만 있는 자의 경우에는 사업소득금액을 계산할 때에 필요경비에 산입
할 수 있지만, 기부금세액공제는 적용받을 수 없다.

한편, 특수관계인간의 공동사업으로 인하여 특수관계인의 소득금액이 주된 공동
사업자의 소득금액에 합산과세되는 경우에 그 특수관계인이 지출한 기부금은
주된 공동사업자의 소득에 합산과세되는 소득금액의 한도 안에서 주된 공동사
업자가 지출한 기부금으로 보아 주된 공동사업자의 합산과세되는 종합소득금액
또는 종합소득산출세액을 계산할 때에 소득공제 또는 세액공제를 받을 수 있다
(소법 54의 2). 그리고 다음의 사람(나이의 제한을 받지 아니하며, 다른 거주자의
기본공제를 적용받은 사람은 제외한다)이 지급한 기부금은 해당 거주자의 기부
금에 포함한다(소법 34 ⑥).

ⅰ) 거주자의 배우자로서 해당 과세기간의 소득금액의 합계액이 100만원 이하인 사람(총급여액 500만원 이하의 근로소득만 있는 배우자를 포함한다)

ⅱ) 거주자와 생계를 같이 하는 직계존속(직계존속이 재혼한 경우에는 그 배우자를 포함한다), 직계비속(거주자의 배우자가 재혼한 경우로서 그 배우자가 종전의 배우자와의 혼인 중에 출산한 자를 포함한다)과 동거입양자, 형제자매, 수급권자와 위탁아동으로서 해당 과세기간의 소득금액의 합계액이 100만원 이하인 사람(총급여액 500만원 이하의 근로소득만 있는 부양가족을 포함한다)

② 일정한 기부금의 범위

정치자금기부금과 고향사랑기부금, 특례기부금 및 일반기부금을 말한다. 정치자금기부금과 특례기부금 및 일반기부금 등의 범위에 관하여는 앞의 제3장 제4절의 "거. 기부금의 한도초과액"을 참고하기 바란다.

③ 사업소득자의 경우

사업소득만 있는 거주자의 경우에는 특별세액공제를 적용받을 수 없고, 사업소득금액을 계산함에 있어서 필요경비에 산입하도록 하고 있다. 즉 사업소득만 있는 자는 기부금을 사업소득금액을 계산할 때 필요경비에 산입하는 방법(필요경비산입방법)만 적용받을 수 있고, 종합소득산출세액에서 세액공제하는 방법(세액공제방법)은 적용받을 수 없는 것이다. 다만, 간편장부대상자에 해당하는 보험모집인과 방문판매원 및 음료품배달원 등 추계신고하는 연말정산 대상 사업소득자의 경우에는 세액공제방법을 적용받을 수 있다. 이와는 달리 사업소득 외의 그 밖의 소득이 있는 사람, 즉 비사업자의 경우에는 세액공제방법만이 허용된다고 하겠다.

한편, 사업소득과 그 이외의 소득(이자소득, 배당소득, 근로소득 등)이 함께 있는 거주자의 경우에는 사업소득에 대하여는 필요경비산입방법을 적용받고, 그 이외의 소득에 대하여는 세액공제방법을 적용받는다고 할 것이다.

나) 공제범위액

거주자가 해당 과세기간에 지급한 정치자금기부금[269] · 고향사랑기부금 · 특례기부금 및 일반기부금을 합한 금액에서 사업소득금액을 계산할 때 필요경비에 산입한 기부금을 뺀 금액의 15%(해당 금액이 1,000만원을 초과하는 경우 그 초과분에 대해

---

269) 「정치자금에 관한 법률」에 따라 정당(후원회 및 선거관리위원회를 포함한다)에 기부한 정치자금으로서 10만원을 초과하는 금액을 말한다.

서는 30%)에 해당하는 금액(이하 '기부금 세액공제'라 한다)을 해당 과세기간의 합산과세되는 종합소득산출세액(사업소득 또는 소득세법 제62조에 따라 원천징수세율을 적용받는 이자소득 및 배당소득에 대한 산출세액은 제외한다)에서 공제한다. 이 경우 특례기부금과 일반기부금이 함께 있으면 특례기부금을 먼저 공제하며, 일반기부금의 경우에는 다음의 구분에 따른 금액을 한도로 한다(소법 59의 4 ④).

① 종교단체에 기부한 금액이 있는 경우

$$한도액 = \left[\begin{matrix} 종합소득금액 - 원천징수세율\ 적용\ 이자소득\ 및 \\ 배당소득 - 특례기부금(이하\ '소득금액'이라\ 한다) \end{matrix}\right] \times 10\% + \left[\begin{matrix} 소득금액 \times 20\%와\ 종교단체\ 외에 \\ 지급한\ 금액\ 중\ 적은\ 금액 \end{matrix}\right]$$

② 앞의 "①" 외의 경우

$$한도액\ =\ 소득금액\ \times\ 30\%$$

5) 보험료세액공제 등의 한도 및 이월공제

보험료세액공제, 의료비세액공제, 교육비세액공제 및 월세액에 대한 세액공제액의 합계액이 그 거주자의 해당 과세기간의 근로소득에 대한 종합소득산출세액을 초과하는 경우 그 초과하는 금액은 없는 것으로 한다. 그리고 자녀세액공제액, 연금계좌세액공제액, 특별세액공제액, 정치자금법에 따라 정당에 기부하는 정치자금 및 우리사주조합원 등에 대한 과세특례에 따른 우리사주조합에 지출하는 기부금 세액공제액, 고향사랑기부금 세액공제의 합계액이 그 거주자의 해당 과세기간의 합산과세되는 종합소득산출세액(소득세법 제62조에 따라 원천징수세율을 적용받는 이자소득 및 배당소득에 대한 산출세액은 제외하며, 이하에서 '공제기준산출세액'이라 한다)을 초과하는 경우 그 초과하는 금액은 없는 것으로 한다. 다만, 그 초과한 금액에 기부금 세액공제액이 포함되어 있는 경우 해당 기부금과 한도액을 초과하여 공제받지 못한 일반기부금은 해당 과세기간의 다음 과세기간의 개시일부터 10년 이내에 끝나는 각 과세기간에 이월하여 세액공제율(15% 또는 30%)을 적용한 기부금 세액공제액을 계산하여 그 금액을 공제기준산출세액에서 공제한다(소법 61 ① 및 ②).

6) 표준세액공제

근로소득이 있는 거주자로서 특별소득공제의 신청 또는 특별세액공제의 신청을 하지 아니한 사람에 대하여는 연 13만원을 종합소득산출세액에서 공제하고, 성실사업자로서 조세특례제한법 제122조의 3에 따른 세액공제 신청을 하지 아니한 사업자에 대해서는 연 12만원을 종합소득산출세액에서 공제하며, 근로소득이 없는 거주자로서 종합소득이 있는 사람(성실사업자는 제외한다)에 대해서는 연 7만원을 종합소득산출세액에서 공제(이하 '표준세액공제'라 한다)한다. 다만, 해당 과세기간의 합산과세되는 종합소득산출세액이 공제액에 미달하는 경우에는 그 종합소득산출세액을 공제액으로 한다(소법 59의 4 ⑨).

위에서 성실사업자란 다음의 요건을 모두 갖춘 사업자를 말한다(소령 118의 8).
① 다음 중 어느 하나에 해당하는 사업자일 것
ⅰ) 신용카드가맹점 및 현금영수증가맹점으로 모두 가입한 사업자. 다만, 신용카드가맹점 가입·발급의무 등 또는 현금영수증가맹점 가입·발급의무 등을 위반하여 관할 세무서장으로부터 해당 사실을 통보받은 사업자는 제외한다.
ⅱ) 전사적(全社的) 기업자원 관리설비 또는 유통산업발전법에 따라 판매시점정보관리시스템설비를 도입한 사업자 등 기획재정부령으로 정하는 사업자
② 장부를 비치·기록하고, 그에 따라 소득금액을 계산하여 신고할 것(추계조사결정이 있는 경우 해당 과세기간은 제외한다)
③ 사업용계좌를 신고하고, 해당 과세기간에 사업용계좌를 사용하여야 할 금액의 3분의 2 이상을 사용할 것

3 세액감면 및 세액공제시의 적용순위

조세에 관한 법률을 적용할 때 소득세의 감면에 관한 규정과 세액공제에 관한 규정이 동시에 적용되는 경우에 그 적용순위는 다음의 순서로 한다(소법 60 ①).
① 해당 과세기간의 소득에 대한 소득세의 감면
② 이월공제가 인정되지 아니하는 세액공제
③ 이월공제가 인정되는 세액공제. 이 경우 해당 과세기간 중에 발생한 세액공제액과 이전 과세기간에서 이월된 미공제액이 함께 있을 때에는 이월된 미공제액을 먼저 공제한다.

한편, 소득세법 또는 조세특례제한법에 따른 감면액 및 세액공제액의 합계액이 해당 과

세기간의 합산과세되는 종합소득산출세액을 초과하는 경우 그 초과하는 금액은 없는 것으로 보고, 그 초과하는 금액을 한도로 연금계좌세액공제를 받지 아니한 것으로 본다. 다만, 재해손실세액공제액이 종합소득산출세액에서 다른 세액감면액 및 세액공제액을 뺀 후 가산세를 더한 금액을 초과하는 경우 그 초과하는 금액은 없는 것으로 본다(소법 61 ③).

제4절 세액의 감면

1 서 론

가. 세액감면의 의의와 법적 성질

과세관청이 과세처분에 따라 확정한 소득세의 납세의무를 별개의 행정행위에 의하여 소멸시키는 경우에 그 납세의무를 소멸시키는 행정행위를 세액감면이라고 한다. 조세우대조치의 일종이다.

실정법상으로는 세액의 감면이라는 용어 외에도 세액의 면제[270] 등으로 혼용하고 있다.

세액감면의 법적 성질에 관하여는 확정된 급부의무(납부세액)의 전부 또는 일부를 해제하는 것이므로 면제로 이해하는 것이 통설의 견해[271]이다. 즉 세액감면은 법률적 행정행위 중 명령적 행위에 해당한다고 한다. 과세처분을 명령적 행위 중 하명(下命)으로 이해하는 학설의 논리적 연장선상에 선 견해이다.

그러나 필자는 세액감면을 과세처분과 마찬가지로 준법률행위적 행정행위인 확인행위로 이해하고자 한다. 즉 세액감면이란 특정한 사실이 소득세법에서 정하고 있는 세액감면요건을 충족한 경우에 이를 공적으로 확인하는 행위인 것이다. 이와 같은 세액감면이라는 확인행위에 대하여는 일반적인 확인행위의 법적 효과 외에 급부의무의 면제, 즉 납세의무의 소멸이라는 공법적 효과를 부여하고 있다.

이론적으로 보면 세액감면은 과세처분과는 별개의 행정행위이다. 그러나 일반적으로는 과세처분과 동시에 세액감면행위도 행하여진다. 왜냐하면 실무적으로는 과세처분과 세액감면처분이 과세표준과 세액결정결의서라는 하나의 서식에 의하여 동시에 행하여지기 때

---

270) 일반적으로 세액의 전부를 소멸시키는 경우에는 법문상 "… 소득세를 면제한다"라고 표현한다. 이에 대하여 세액의 일부를 소멸시키는 경우에는 "… 소득세를 경감한다. 또는 감면한다"는 등으로 표현한다.
271) 석종현, 「일반행정법(상)」(삼영사, 1993), p.268 : 김남진, 「행정법 I」, 제4판(법문사, 1992), p.262.

문이다. 따라서 과세처분에 의하여 확정된 납세의무가 세액감면처분에 의하여 확정과 동시에 소멸하게 되는 것이다.

한편, 세액감면은 비과세[272]와는 구별하지 않으면 안된다.

비과세는 일반적으로 과세대상이 되는 소득을 특별한 이유에 의하여 과세소득에서 제외한 것이므로 해당 소득은 소득세의 과세물건을 구성하지 않는다. 그러므로 비과세하는 소득(비과세소득이라고 부른다)에 대하여는 아예 소득세의 납세의무 자체가 성립하지 않으므로 총수입금액 또는 과세표준에 산입하지 않는 것이다. 일반적으로 법문상 "……소득세를 과세하지 아니한다"라고 규정한다. 비과세소득을 과세소득으로 오인하여 과세한 처분의 법적 효력에 관하여는 견해의 대립이 있을 수 있으나, 해당 소득이 비과세소득인지 또는 과세소득인지가 명백하지 못하므로 대체로 취소할 수 있는 행정행위로 이해하여야 할 것이다.

이에 대하여 세액감면의 대상이 되는 소득은 소득세의 과세물건을 구성하므로 총수입금액에 산입하며, 그 결과로 과세표준을 이루게 되는 것이다. 즉 과세표준에 산입하여 일단 세액을 확정하고 이와 같이 확정한 세액에서 그 확정행위와는 별개의 행정행위에 의하여 해당 세액의 전부 또는 일부의 급부의무를 소멸시키게 되는 것이다.

나. 제도적 취지

전술한 바와 같이 세액감면은 세제상의 우대조치의 일종이다. 이와 같은 세액감면은 기술개발의 지원, 산업구조조정의 장려, 인구의 지방분산의 촉진, 중소기업의 보호육성, 산림개발사업의 육성, 자경농민의 보호, 특정한 공공사업의 지원 등을 위하여 설정된 세제상 장치이다.

특정한 소득에 대하여 어떤 세제상의 우대조치를 선택할 것인가, 즉 비과세·세액감면·세액공제·과세이연·이월과세 또는 분리과세 등과 같은 세제상의 우대수단 중 어떤 수단을 선택할 것인가는 순전히 입법정책상의 문제이다.

다. 세액의 감면과 감면신청과의 관계

감면소득에 대하여는 납세의무자의 감면신청을 그 감면의 필요적 요건으로 하는 경우가 있다. 감면신청을 감면의 필요적 요건으로 하고 있음에도 불구하고 감면신청을 하지 않은 경우에는 감면의 실체적 요건을 모두 갖추었다고 하더라도 감면이 배제되는 것이다.

감면신청과 관련하여 특히 문제가 되고 있는 것은 감면신청을 요구하는 법문이 감면의

---

272) 과세제외라고도 한다.

필요적 요건으로서 규정한 것인지, 아니면 단순한 주의적 규정으로 규정한 것인지의 해석에 관한 것이다.

현행법상 감면신청을 요구하고 있는 법문상의 표현은 크게 세 가지 유형으로 나누어 볼 수 있다.

첫째의 유형은 "…… 감면을 받고자 하는 자는 …… 그 사유를 정부에 신청할 수 있다"(기법 48 ③)라고 규정하는 형식이다.

둘째의 유형은 "…… 적용받으려는 내국인은…… 그 감면신청을 하여야 한다"(소법 75, 조특법 6 ⑧·7 ④·12 ④·18 ④ 외)라고 규정하는 형식이다.

셋째의 유형은 "……의 규정은 세액감면신청을 하는 경우에 한하여 이를 적용한다"[종전의 조특법 79(국가 등에 양도하는 토지 등에 대한 양도소득세 등의 감면) ③·80 (국민주택건설용지 등에 대한 양도소득세 등의 감면) ④ 외]라고 규정하는 형식이다.

위의 유형 중 첫째의 유형은 감면신청 등이 임의적이어서 감면의 필요적 요건이 아님이 명백하고, 셋째의 유형은 법문의 표현으로 보아 감면신청이 감면의 필요적 요건임을 쉽게 알 수 있다.[273] 그러나 둘째의 유형에서는 해당 감면신청 등이 감면의 필요적 요건인지의 여부가 명백하지 않고, 따라서 해당 감면신청 등이 감면의 필요적 요건이라는 견해와 필요적 요건이 아니라는 견해가 서로 엇갈리고 있다.

대법원은 둘째의 유형에 있어서의 감면신청 등은 감면의 필요적 요건이 아니라고 새기고 있다.[274]

2   감면세액의 계산 등

가. 감면세액의 계산산식

종합소득금액에 세액감면의 대상이 되는 소득이 포함되어 있는 때에는 종합소득과세표준에 기본세율을 적용하여 계산한 소득세 산출세액에 세액감면의 대상이 되는 소득금액(이하 '감면소득금액'이라 한다)이 종합소득금액에서 차지하는 비율을 곱하여 계산한 금액을 감면한다(소법 59의 5 ①). 그리고 소득세법 외의 다른 법률, 예를 들면 조세특례제한법 등에 따라 소득세가 감면되는 경우에도 그 법률에 특별한 규정이 있는 경우를 제외하고는 앞에서 설명한 감면세액의 계산방법에 따라 산정한 소득세를 감면한다(소법 59의 5 ②).

---

273) 대법원 1989.1.17. 선고, 87누681 판결 : 대법원 1989.3.28. 선고, 87누838 판결 : 대법원 1994.9.30. 선고, 94누1654 판결 : 대법원 1995.12.22. 선고, 95누10860 판결.
274) 대법원 1997.10.24. 선고, 97누10628 판결 외.

감면세액의 계산식을 일반화하면 다음과 같다. 감면세액의 계산을 아래의 계산식에 의하도록 하는 것은 누진세율의 효과를 보존하기 위해서이다.

$$감면세액 = 소득별\ 산출세액 \times \frac{감면소득금액}{소득별\ 소득금액} \times 감면율$$

위의 계산식에서 소득별 산출세액 또는 소득별 소득금액이라 함은 종합소득 또는 퇴직소득별 구분을 의미한다.

나. 구분기장과 공통손익의 계산

1) 구분기장

소득세를 감면받으려는 자는 그 감면소득과 그 밖의 소득을 구분하여 기장하여야 한다(소법 161). 구분기장은 소득세법 및 조세특례제한법의 각 규정에 따라 구분하여야 할 사업 또는 수입별로 총수입금액과 필요경비를 장부상 각각 독립된 계정과목에 따라 구분기장하는 것으로 한다. 다만, 각 사업 또는 수입에 공통되는 총수입금액과 필요경비는 그러하지 아니하다(소칙 62).

2) 공통손익의 계산

소득세가 감면되는 사업(이하 '감면사업'이라 한다)과 그 밖의 사업을 겸영하는 경우에 감면사업과 그 밖의 사업의 공통수입금액과 공통필요경비는 다음과 같이 구분계산한다. 다만, 공통수입금액 또는 필요경비의 구분계산에 있어서 개별필요경비(공통필요경비 외의 필요경비의 합계액을 말한다)가 없는 경우 또는 그 밖의 사유로 다음의 규정을 적용할 수 없거나 적용하는 것이 불합리한 경우에는 그 공통필요경비의 비용항목에 따라 국세청장이 정하는 작업시간·사용시간·사용면적 등의 기준에 따라 안분계산한다(소령 119·209 ①, 소칙 62).
① 감면사업과 그 밖의 사업의 공통수입금액은 해당 사업의 총수입금액에 비례하여 안분계산한다.
② 감면사업과 그 밖의 사업의 업종이 같은 경우의 공통필요경비는 해당 사업의 총수입금액에 비례하여 안분계산한다.

③ 감면사업과 그 밖의 사업의 업종이 같지 아니한 경우의 공통필요경비는 감면사업
과 그 밖의 사업의 개별필요경비에 비례하여 안분계산한다.

3　감면소득의 내용

소득세의 감면에 관하여는 소득세법과 조세특례제한법 등에서 정하고 있다. 특히 조세특
례제한법이 그 주류를 이루고 있다. 다만, 본서에서는 소득세법상의 감면소득만으로 한정
하여 살펴보고자 한다.

조세특례제한법상의 감면소득에 대하여는 실무서를 참고하기 바란다.

가. 근로소득

정부간의 협약에 따라 우리나라에 파견된 외국인이 그 양쪽 또는 한쪽 당사국의 정부로
부터 받는 급여에 대하여는 소득세의 전액을 면제한다(소법 59의 5 ① Ⅰ).

근로소득에 대한 세액을 감면받고자 하는 자는 국내에서 근로소득금액을 지급하는 자를
거쳐 그 감면을 받고자 하는 달의 다음 달 10일까지 원천징수 관할세무서장에게 세액감면
신청서를 제출하여야 한다(소법 75 ② 및 소령 138 ②). 감면신청은 감면의 필요적 요건은 아니
라고 새긴다.

나. 사업소득

거주자 중 대한민국의 국적을 가지지 아니한 자의 선박과 항공기의 외국항행사업에서 발
생하는 소득에 대해서는 소득세의 전액을 면제한다(소법 59의 5 ① Ⅱ). 면제요건은 아래와
같다.

① 거주자 중 대한민국의 국적을 가지지 아니한 자가 선박과 항공기의 외국항행사업으로
부터 얻는 소득이어야 한다. 다만, 그 거주자의 국적지국(國籍地國)에서 대한민국 국
민이 운용하는 선박과 항공기에 대해서도 동일한 면제를 하는 경우만 해당한다. 즉
상호면세주의를 채택하고 있는 것이다.

선박과 항공기의 외국항행사업으로부터 얻는 소득이란 다음의 소득을 말한다(소령 119
의 2).

㉮ 외국항행만을 목적으로 하는 정상적인 업무에서 발생하는 소득

㉯ 사업자가 소유하는 선박 또는 항공기가 정기용선계약 또는 정기용기계약(나용
선계약 또는 나용기계약은 제외한다)에 의하여 외국을 항행함으로써 발생하는

소득

② 소득세 과세표준 확정신고와 함께 세액감면신청서를 납세지 관할세무서장에게 제출하여야 한다(소법 75 ①, 소령 138 ①). 감면신청은 감면의 필요적 요건은 아니라고 새긴다.

③ 외국항행사업에서 발생하는 소득에 대하여 소득세의 감면을 받고자 하는 자는 감면소득과 기타의 소득을 구분하여 기장하여야 한다. 이에 관하여는 이미 살펴보았다.

4 최저한세

가. 최저한세의 의의

현행 세법은 국가정책상의 필요 등에 따라 여러 가지 세제상의 우대조치(tax preferences)를 두고 있다. 특히 소득세에 관한 세제상의 우대조치에는 총수입금액불산입, 비과세소득, 소득공제, 세액의 면제 또는 감면, 세액공제, 낮은 세율의 적용, 이월과세 및 납부기한의 연장 등과 같은 다양한 수단들이 채택되고 있다. 뿐만 아니라 현행의 소득세는 특정한 사업 또는 산업을 중심으로 하여 우대조치를 마련하고 있기 때문에 동일한 납세의무자에게 우대조치가 중복적으로 적용되는 경우가 많다.

그런데 세제상의 우대조치는 필연적으로 조세수입의 감소를 초래하고 아울러 세제상 우대조치를 적용받는 납세의무자와 그렇지 않은 납세의무자간에 조세부담의 형평을 침해하는 결과를 초래하게 된다. 더욱이 한 납세의무자에게 세제상의 우대조치가 이중·삼중으로 중복 적용되는 경우 그와 같은 현상은 더욱 두드러지게 나타난다.

따라서 납세의무자가 소득세의 우대조치를 적용받는 경우에도 최소한 일정수준의 소득세를 부담하도록 함으로써 조세수입의 일실과 과세형평의 침해를 극소화하게끔 마련하고 있는 장치가 최저한세제(minimum tax system)인 것이다.

나. 소득세에 있어서의 최저한세

1) 제도의 개요

거주자의 사업소득과 비거주자의 국내사업장에서 발생한 사업소득에 대하여 세제상의 우대조치를 적용하더라도 최소한 세제상의 우대조치를 적용하지 않은 소득세액의 45%(산출세액이 3,000만원 이하인 부분은 35%)에 상당하는 세액만큼은 부담하여야 한다는 것이 최저한세제의 골격이다. 즉 거주자의 사업소득과 비거주자의 국내사업장에서 발생한 사업소득에 대한 소득세를 계산할 때 세제상의 우대조치를 적용한 후의 세액이 세제상의 우대조치를 전혀 적용하지 아니한 사업소득에 대한 소득세 산출세액의 45%(산출세액이 3,000만원 이하인 부분은 35%)에 미달하는 경우 그 미달하는 세액에 상당하는 부분에 대해서는 감면 등의 적용을 배제함으로써 최소한 최저한세만큼은 세액을 납부하도록 하는 제도이다.

2) 최저한세의 적용요건

거주자의 사업소득[조세특례제한법 제16조(벤처투자조합 출자 등에 대한 소득공제)를 적용받는 경우에만 해당 부동산임대업에서 발생하는 소득을 포함한다]과 비거주자의 국내사업장에서 발생한 사업소득에 대한 소득세를 계산할 때 다음 중 어느 하나에 해당하는 감면 등을 적용받은 후의 세액(감면 후 세액)이 최저한세에 미달하는 경우이다.

① 조세특례제한법에 따라 각 과세기간의 소득금액을 계산할 때 필요경비로 산입하는 연구·인력개발준비금
② 조세특례제한법에 따른 필요경비산입금액 및 소득공제금액
③ 조세특례제한법에 따른 세액공제금액
④ 조세특례제한법에 따른 소득세의 면제 및 감면

3) 최저한세의 계산

거주자의 사업소득과 비거주자의 국내사업장에서 발생한 사업소득(이하에서 '거주자의 사업소득'이라 한다)에 대한 소득세를 계산할 때 감면 후 세액이 최저한세에 미달하는 경우 그 미달세액에 상당하는 부분에 대해서는 조세우대조치를 적용하지 아니한다(조특법 132 ②).

가) 최저한세의 적용대상이 되는 금액

최저한세의 적용대상이 되는 금액은 최저한세에서 감면 후 세액을 공제하여 계산한다. 감면 후 세액이 최저한세보다 큰 경우에는 최저한세가 적용되지 않는 것이다.

> 최저한세의 적용대상이 되는 금액 = 최저한세 − 감면 후 세액

감면 후 세액이란 최저한세의 적용대상이 되는 세제상의 우대조치(소득공제, 세액공제, 세액면제 및 감면)를 적용한 후의 소득세액을 말한다. 그런데 최저한세와 비

교대상이 되는 감면 후 세액을 산정할 때 가산세 및 추징세액을 포함하지 않으며, 최저한세의 적용대상으로 열거하고 있지 않은 세액공제액[275]과 세액의 면제 및 감면액(이하에서 '외국납부세액공제 등'이라 한다)은 공제하지 않은 금액으로 한다.

감면 후 세액의 계산식을 나타내면 다음과 같다.

> 감면 후 세액 = 사업소득에 대한 소득세 산출세액 − 세액공제 등

위의 산식에서 세액공제 등이란 최저한세의 적용대상이 되는 세액공제·세액면제 및 감면의 합계액을 가리킨다. 외국납부세액공제 등은 앞의 산식에서의 세액공제 등에 포함되지 않는다.

이에 대하여 최저한세는 소득공제를 하지 아니한 사업소득에 대한 소득세 산출세액에 45%(산출세액이 3,000만원 이하인 부분은 35%)를 곱하여 계산한 금액을 말한다. 최저한세의 계산식을 나타내면 다음과 같다.

> 최저한세 = (사업소득에 대한 소득세 과세표준 + 연구·인력개발준비금 + 소득공제) × 기본세율 × 45%(산출세액이 3,000만원 이하인 부분은 35%)

나) 최저한세에 미달하는 조세우대조치의 부인

거주자의 사업소득에 대한 소득세를 계산할 때 감면 후 세액이 최저한세에 미달하는 경우 그 미달세액에 상당하는 부분에 대해서는 조세우대조치를 적용하지 아니한다. 이 경우 미달세액에 상당하는 부분에 대한 조세우대조치의 적용을 배제할 때 어떤 조세우대조치를 적용 배제할 것인가가 문제된다. 어떤 조세우대조치의 적용을 배제할 것인지에 따라서 다음 과세기간 이후의 소득세의 납세의무의 크기에 영향을 미치기 때문이다.

납세의무자가 신고하는 경우와 과세관청이 경정하는 경우로 구분하여 그 규율을 달리하고 있다.

① 납세의무자가 신고하는 경우

납세의무자가 소득세의 과세표준과 세액을 신고(국세기본법에 따른 수정신

---

275) 예를 들면 외국납부세액공제·기장세액공제 및 재해손실세액공제 등이 이에 해당한다.

고 및 경정 등의 청구를 포함한다)하는 때에는 해당 납세의무자가 최저한세의 적용에 따라 그 적용을 배제할 조세우대조치를 임의로 선택할 수 있도록 하고 있다.

이 경우에 납세의무자는 자신의 소득세부담을 최소화할 수 있도록 그 적용을 배제할 조세우대조치를 선택하게 될 것이다.

② 과세관청이 경정하는 경우

납세의무자가 신고(국세기본법에 따른 수정신고 및 경정 등의 청구를 포함한다)한 소득세액이 최저한세액에 미달하여 소득세를 경정하는 경우에는 다음의 순서(동일한 조세우대조치 안에서 그 일부를 적용 배제하여야 할 경우에는 조세특례제한법 제132조 제2항 각 호에 열거된 조문순서에 의한다)에 따라 조세우대조치를 배제하여 세액을 계산한다. 일반적으로 납세의무자의 다음 과세기간 이후의 소득세 부담이 경감될 수 있도록 적용배제순서를 정하여 놓고 있다.

ⅰ) 연구·인력개발준비금의 필요경비산입금액

ⅱ) 필요경비산입액

ⅲ) 세액공제. 이 경우 동일 조문에 의한 세액공제 중 이월된 세액공제가 있는 경우에는 나중에 발생한 것부터 적용 배제한다.

ⅳ) 소득세의 면제 및 감면

ⅴ) 소득공제금액

제6장

중간예납 · 예정신고납부 · 수시부과 결정

소득세는 과세기간을 시간적 단위로 하여 해당 과세기간의 소득금액에 대하여 과세한다. 따라서 소득세 과세기간이 끝나지 않으면 해당 과세기간의 과세표준이 특정되지 않으므로 소득세를 확정할 수 없는 것이다. 그러므로 소득세에 있어서는 과세기간이 끝난 후에 납세의무자가 자기의 과세표준과 세액을 스스로 확정하여 신고함과 아울러 세액을 자진납부하도록 하고 있는 것이다. 만일 과세표준확정신고를 하여야 할 납세의무자가 그 신고를 이행하지 않거나 납세의무자가 제출한 과세표준확정신고의 내용에 오류 또는 탈루가 있는 경우에는 과세관청이 그 과세표준과 세액을 결정 또는 경정하고 세액을 징수한다.

그러나 이와 같은 소득세의 확정 및 징수과정은 소득의 발생시점과 납세의무의 확정시점 간에 상당한 시차가 발생함으로 인하여 적시에 조세채권을 확보할 수 없고, 세액의 일시납부에 따른 자금부담의 압박과 심리적 중압감의 유발과 같은 문제점들을 야기한다.

따라서 과세기간이 끝나기 전, 즉 과세기간의 진행 중에 납부하여야 할 소득세의 일부를 예납적으로 조기징수하는 제도가 채택되고 있는데, 이와 같은 예납제도에는 중간예납을 비롯하여 예정신고납부 및 결정 · 원천징수와 수시부과결정 등이 있다.

제2절 중간예납

1 중간예납의 의의

종합소득이 있는 거주자에 대해서는 매년 1월 1일부터 6월 30일까지를 중간예납기간으로 하여 중간예납세액을 예납적으로 결정하여 징수하고, 그 후에 과세기간을 단위로 확정한 소득세액에서 이미 납부한 중간예납세액 등을 공제하여 정산하는 절차를 마련하고 있다. 즉 중간예납기간 중의 소득세 추산액, 다시 말하면 확정되지 아니한 소득금액에 대한 소득세의 예상액을 미리 납부하게 하고 과세기간이 종료되어 소득금액이 확정된 후에 이를 정산하는 제도를 두고 있는 것이다. 이때에 미리 납부하는 중간예납기간 중의 소득세 추산액이 소득세의 중간예납에 해당하는 것이다.

이와 같은 중간예납제도는 다음과 같은 이유에서 채택되고 있다.

① 세액의 납부를 시간적으로 분산함으로써 한꺼번에 거액의 소득세를 부담하는 것을 피할 수 있다. 아울러 거액의 일시부담에 따른 납세의무자의 심리적 중압감 및 소득세에 대한 저항감을 완화할 수 있다.

② 조세의 조기징수에 따라 세액의 면탈을 방지할 수 있다.

③ 조세수입의 평준화를 기할 수 있다.

2 중간예납의무자

종합소득이 있는 거주자(해당 과세기간의 개시일 현재 사업자가 아닌 자로서 그 과세기간 중에 신규로 사업을 시작한 자는 제외한다)만이 중간예납세액을 납부할 의무가 있다. 그러므로 퇴직소득 및 양도소득이 있는 거주자는 중간예납세액의 납부의무가 없다. 왜냐하면 퇴직소득 등은 매년 계속적으로 반복하여 발생하는 소득이 아니기 때문이다.

그리고 종합소득이 있는 거주자라고 하더라도 다음의 소득만이 있는 자와 해당 과세기간의 개시일 현재 사업자가 아닌 자로서 그 과세기간 중 신규로 사업을 시작하는 자는 중간예납세액의 납부의무가 없다(소법 65 ① 및 소령 123). 주로 원천징수나 수시부과에 따라 소득세가 예납적으로 납부되었거나 납부될 소득, 반복성이 없는 임시소득 및 사업규모가 영세한 업종에서 발생하는 소득이다.

① 이자소득 · 배당소득 · 근로소득 · 연금소득 또는 기타소득

② 사업소득 중 속기 · 타자 등 한국표준산업분류에 따른 사무지원 서비스업에서 발생하

　　는 소득

③ 사업소득 중 소득세를 수시부과하는 소득

④ 분리과세 주택임대소득

⑤ 사회 및 개인서비스업 중 저술가 · 화가 · 배우 · 가수 · 영화감독 · 연출가 · 촬영사 등 자영예술가와 직업선수 · 코치 · 심판 등 기타 스포츠 서비스업

⑥ 독립된 자격으로 보험가입자의 모집 · 증권매매의 권유 · 저축의 권장 또는 집금 등을 행하거나 이와 유사한 용역을 제공하고 그 실적에 따라 모집수당 · 권장수당 · 집금수당 등을 받는 업

⑦ 「방문판매 등에 관한 법률」에 따라 방문판매업자 또는 후원방문판매업자를 대신하여 방문판매업무 또는 후원방문판매업무를 수행하고 그 실적에 따라 판매수당 등을 받는 업. 다만, 원천징수의무자가 직전 과세기간에 대한 사업소득세액의 연말정산을 한 것에 한한다.

⑧ 조세특례제한법 제104조의 7 제1항에 따라 소득세법이 적용되는 전환정비사업조합의 조합원이 영위하는 공동사업

⑨ 소득세법이 적용되는 주택법 제2조 제11호의 주택조합의 조합원이 영위하는 공동사업

3　중간예납기간

소득세의 중간예납기간은 1월 1일부터 6월 30일까지로 한다(소법 65 ①).

4　중간예납세액의 계산

가. 직전 과세기간의 실적으로 하는 경우

직전 과세기간의 종합소득에 대한 소득세로서 납부하였거나 납부할 세액(이하 '중간예납기준액'이라 한다)의 50%에 상당하는 금액을 중간예납세액으로 한다(소법 65 ①). 다만, 중간예납세액에 1천원 미만의 단수가 있을 때에는 그 단수금액은 버린다.

따라서 직전 과세기간의 종합소득에 대하여 납부하였거나 납부할 소득세가 있고 중간예납추계액신고를 하지 않은 경우에는 당연히 직전 과세기간의 실적으로 중간예납을 하게 된다. 해당 과세기간의 종합소득금액이 적어도 직전 과세기간의 종합소득금액과 같거나 그 금액보다 클 것이라는 전제 아래 직전 과세기간의 종합소득에 대한 소득세액의 절반에 해당하는 금액[276)]을 미리 예납하게 하는 제도인 것이다.

부동산매매업자가 중간예납기간 중에 매도한 토지 또는 건물에 대하여 토지 등 매매차익 예정신고·납부를 한 경우 그 신고·납부한 금액을 중간예납기준액의 50%에 상당한 금액에서 그 신고·납부한 금액을 뺀 금액을 중간예납세액으로 한다. 이 경우 토지 등 매매차익 예정신고·납부세액이 중간예납기준액의 50%에 상당하는 금액을 초과하는 경우에는 중간예납세액이 없는 것으로 한다(소법 65 ⑩).

중간예납기준액이라 함은 다음 세액의 합계액에서 환급세액(경정청구에 따른 결정이 있는 경우에는 그 내용이 반영된 금액을 포함한다)을 뺀 금액으로 한다(소법 65 ⑦).

① 직전 과세기간의 중간예납세액

② 확정신고납부세액

③ 추가납부세액(가산세액을 포함한다)

④ 기한후신고납부세액(가산세액을 포함한다) 및 과세표준수정신고에 따른 추가자진납부세액(가산세액을 포함한다)

나. 중간예납기간의 실적으로 하는 경우

납세의무자가 중간예납기간의 실적에 따라 중간예납추계액신고를 하는 때에는 신고와 함께 그 중간예납세액을 11월 30일까지 납세지 관할세무서·한국은행(그 대리점을 포함한다) 또는 체신관서에 납부하여야 한다(소법 65 ⑥).

1) 중간예납추계액의 신고

가) 신고대상자

① 중간예납기간의 종료일 현재 그 중간예납기간의 종료일까지의 종합소득금액에 대한 소득세액(이하에서 '중간예납추계액'이라 한다)이 중간예납기준액의 30%에 미달하는 자

이 경우의 중간예납추계액의 신고 여부는 납세의무자의 임의적 선택에 맡겨져 있다. 중간예납추계액이 중간예납기준액의 30%에 미달하는 자가 중간예납추계액신고를 하지 않은 경우에는 직전 과세기간의 실적에 의하여 고지한 중간예납세액을 납부하여야 한다.

② 중간예납기준액이 없는 거주자 중 복식부기의무자가 해당 과세기간의 중간예

---

276) 중간예납세액은 전년도의 종합소득에 대한 소득세로서 납부하였거나 납부할 세액(중간예납기준액)에 중간예납기간의 월수가 과세기간의 월수 중에서 차지하는 비율, 즉 1/2를 곱하여 산정한 것이므로 전년도의 종합소득에 대한 소득세의 반액과 같은 금액인 것이다.

납기간 중 사업소득이 있는 자

중간예납기준액이 없는 자란 직전 과세기간에 결손금이 발생하였거나 이월결손금을 공제받음으로써 납부하였거나 납부할 세액이 없는 자를 가리킨다. 중간예납기준액이 없는 자에는 해당 과세기간 중에 신규로 사업을 시작함으로써 직전 과세기간에 납부하였거나 납부할 세액이 없는 자는 제외된다. 해당 과세기간 중에 신규로 사업을 시작한 자에 대하여는 중간예납의무 자체를 배제하고 있기 때문이다.

나) 신고기간

해당 과세기간 11월 1일부터 11월 30일까지 중간예납추계액을 신고하여야 한다.

다) 신고방법

중간예납추계액을 신고하고자 하는 자는 중간예납추계액신고서를 납세지 관할세무서장에게 제출하여야 한다(소령 125 ①).

라) 중간예납추계액의 계산

중간예납추계액은 중간예납기간의 종합소득금액을 1년으로 환산한 금액에서 이월결손금과 종합소득공제를 한 금액을 종합소득과세표준으로 하여 종합소득산출세액을 계산하고, 그 산출세액의 반액에서 중간예납기간 종료일까지의 종합소득에 대한 감면세액·세액공제액·토지 등 매매차익예정신고산출세액·수시부과세액 및 원천징수세액을 뺀 금액으로 한다(소법 65 ⑧).

이를 산식으로 나타내면 다음과 같다.

종합소득과세표준 = (중간예납기간의 종합소득금액×2) − 이월결손금 − 종합소득공제

종합소득산출세액 = 종합소득과세표준×기본세율

중간예납추계액 = [(종합소득산출세액 × $\frac{1}{2}$ − (중간예납기간 종료일까지의 종합소득에 대한 감면세액·세액공제액·토지 등 매매차익예정신고산출세액·수시부과세액 및 원천징수세액)]

마) 중간예납추계액신고의 효력

중간예납기간의 종료일 현재 중간예납추계액이 중간예납기준액의 30%에 미달하는 자가 신고기한 안에 중간예납추계액신고를 하게 되면 납세지 관할세무서장의 중간예납세액의 결정은 없었던 것으로 본다. 즉 적법한 중간예납추계액신고가 있

게 되면 납세지 관할세무서장이 행한 중간예납세액의 결정처분은 그 효력을 상실
하게 되는 것이다.

2) 중간예납세액의 경정 또는 결정

납세지 관할세무서장은 중간예납추계액의 신고를 한 자의 신고내용에 탈루 또는 오류
가 있거나 직전 과세기간에 납부하였거나 납부하여야 할 세액이 없는 자로서 해당 과
세기간의 중간예납기간 중 종합소득이 있는 자가 신고를 하지 아니한 때에는 중간예
납세액을 경정하거나 결정할 수 있다. 이 경우에는 중간예납추계액의 계산방법을 준
용하여 중간예납세액을 결정 또는 경정한다(소법 65 ⑨).

5 중간예납세액의 통지 · 징수와 납부

가. 중간예납세액의 통지 및 징수

① 납세지 관할세무서장은 납부하여야 할 중간예납세액(중간예납기준액의 50%에 상당
하는 금액)을 결정하여 11월 30일(분할납부하는 경우 그 분할납부세액은 다음 연도
1월 31일)까지 징수하여야 한다. 이 경우 납세지 관할세무서장은 중간예납세액을 납
부하여야 할 거주자에게 11월 1일부터 11월 15일까지의 기간 내에 중간예납세액의 납
세고지서를 발급하여야 한다(소법 65 ①). 다만, 중간예납세액이 50만원 미만인 때에는
이를 징수하지 아니한다(소법 86 IV).

② 중간예납세액이 50만원 미만인 때에는 그 납세고지서를 일반우편으로 송달할 수 있다
(기법 10 ② 단서).

③ 납부할 중간예납세액이 1,000만원을 초과하는 자는 다음의 방법에 따라 그 납부할 세
액의 일부를 다음 연도 1월 31일까지 분납할 수 있다(소법 65 ① 및 77).

ⅰ) 납부할 세액이 2,000만원 이하인 때에는 1,000만원을 초과하는 금액

ⅱ) 납부할 세액이 2,000만원을 초과하는 때에는 그 세액의 50% 이하의 금액
고지된 중간예납세액을 납부하여야 할 거주자가 11월 30일까지 그 세액의 전부
또는 일부를 납부하지 아니한 경우에는 납부하지 아니한 세액 중 분할납부할
수 있는 세액에 대하여는 납세의 고지가 없었던 것으로 보며, 납세지 관할세무
서장은 해당 과세기간의 다음 연도 1월 1일부터 1월 15일까지의 기간에 그 분할
납부할 수 있는 세액을 납부할 세액으로 하는 납세고지서를 발급하여야 한다(소
법 65 ②).

나. 중간예납세액의 납부

① 중간예납기간의 실적에 따라 중간예납추계액신고를 하는 자는 신고와 함께 그 중간예납세액을 11월 30일까지 납세지 관할세무서 · 한국은행(그 대리점을 포함한다) 또는 체신관서에 납부하여야 한다(소법 65 ⑥). 납부할 중간예납세액이 1,000만원을 초과하는 자는 그 납부할 세액의 일부를 다음 연도 1월 31일까지 분납할 수 있다.

② 납세지 관할세무서장은 중간예납세액을 신고 · 납부하여야 할 자가 그 세액의 전부 또는 일부를 납부하지 않은 때에는 그 미납된 부분의 소득세액을 국세징수법에 따라 징수한다(소법 85 ①).

6 납세조합원의 중간예납특례

납세조합이 중간예납기간 중 조합원의 해당 소득에 대한 소득세를 매월 징수하여 납부한 경우에는 그 소득에 대한 중간예납을 하지 아니한다(소법 68).

7 중간예납제도의 탄력적 운용

납세지 관할세무서장은 내우외환 등의 사유로 긴급한 재정상의 수요가 있다고 국세청장이 인정할 때에는 대통령령으로 정하는 바에 따라 다음의 금액을 초과하지 아니하는 범위에서 해당 과세기간의 중간예납세액을 결정할 수 있다(소법 65 ⑪).

① 직전 과세기간의 실적으로 하는 경우 : 중간예납기준액

② 중간예납기간의 실적으로 하는 경우 : 중간예납추계액에 2를 곱한 금액

내우외환 등의 사유로 긴급한 재정상의 수요를 충당하기 위하여 마련된 제도적인 장치이다. 다만, 이와 같은 중간예납세액의 조기징수는 납세의무자의 기한의 이익을 박탈하는 것이기 때문에 정부가 그 필요성을 인정함에 있어서는 합리성과 상당성이 확보되지 않으면 안 된다고 본다. 현재에는 대통령령에 아무런 규정을 두고 있지 않다.

제3절 토지 등 매매차익예정신고와 납부

1 토지 등 매매차익예정신고의 의의

부동산매매업자가 부동산을 매도한 경우에는 그 부동산을 매도한 날이 속하는 달의 말일부터 2개월이 되는 날까지 토지 등 매매차익예정신고와 함께 세액을 자진납부하도록 하고 있다.

위와 같은 토지 등 매매차익예정신고납부는 조세채권의 조기확보와 세부담의 누적에 따른 조세체납 등을 방지하기 위하여 마련된 것이다.

2 토지 등 매매차익예정신고와 납부

가. 신고의무자

매매의 목적으로 보유하던 토지 또는 건물(이하 '토지 등'이라 한다)을 매도한 부동산매매업자는 토지 등 매매차익예정신고를 하여야 한다. 토지 등의 매매차익이 없거나 매매차손이 발생하였을 때에도 신고의무를 진다(소법 69 ①).

나. 신고기한

토지 등의 매매일이 속하는 달의 말일부터 2개월이 되는 날까지이다(소법 69 ①). 토지 등의 매매일이란 매도한 토지 등에 대한 대금을 청산받은 날로 하되, 그 대금을 청산받기 전에 소유권의 이전에 관한 등기를 하거나 해당 자산을 사용수익하게 하는 경우에는 그 등기일 또는 사용수익일로 한다(소령 48 XI).

다. 신고방법

토지 등 매매차익예정신고를 하고자 하는 자는 토지 등 매매차익예정신고서를 납세지 관할세무서장에게 제출하여야 한다(소령 127 ①).

라. 토지 등 매매차익의 계산과 세액의 납부

부동산매매업자가 토지 등 매매차익예정신고와 함께 자진납부를 하고자 하는 때에는 토지 등 매매차익에 대한 산출세액을 납세지 관할세무서·한국은행(그 대리점을 포함한다)

또는 체신관서에 납부하여야 한다(소법 69 ④, 소령 127 ②).

1) 토지 등 매매차익의 계산

가) 실액방법으로 하는 경우

토지 등 매매차익은 매매가액에서 필요경비 등을 빼서 계산한다. 이와 같은 토지 등 매매차익은 부동산매매업자가 토지 등 매매차익예정신고시에 제출한 증거서류 또는 비치·기장한 장부와 이에 관련되는 증거서류에 따라 계산한다.

토지 등 매매차익은 다음 산식과 같이 계산한다.

$$\text{토지 등 매매차익} = \text{매매가액} - \left[\text{취득가액} + \text{자본적 지출액} + \text{양도비} + \left(\begin{array}{c}\text{건설자금에}\\\text{충당한}\\\text{금액의 이자}\end{array}\right) + \left(\begin{array}{c}\text{토지 등의}\\\text{매도로 법률에}\\\text{따라 지급하는}\\\text{공과금}\end{array}\right) + \left(\begin{array}{c}\text{장기보유}\\\text{특별공제액}\end{array}\right) \right]$$

① 매매가액

매도한 토지 등의 실지거래가액을 확인할 수 있는 경우에는 그 실지거래가액을 매매가액, 즉 총수입금액으로 한다. 그러나 토지 등의 실지거래가액을 확인할 수 없는 경우에는 매매사례가액과 감정가액의 평균액, 환산가액 및 기준시가를 순차적으로 적용하여 산정한 가액을 매매가액으로 한다. 이 경우 매매사례가액 또는 감정가액이 특수관계인과의 거래에 따른 가액 등으로서 객관적으로 부당하다고 인정되는 경우에는 해당 가액을 적용하지 아니한다(소령 129 ②).

② 필요경비 등

부동산매매업에서 발생하는 소득금액을 산정함에 있어서 총수입금액에서 공제하는 필요경비에는 토지 등의 매출원가뿐만 아니라 판매비와 관리비·영업외비용 및 특별손실 등이 모두 포함된다. 토지 등 매매차익예정신고납부제도는 소득세의 예납제도이므로 토지 등 매매차익예정신고에 있어서의 과세표준의 산정구조는 과세표준확정신고에 있어서의 과세표준의 산정구조와 가능한 한 같은 것이 바람직하다. 그러나 토지 등의 매매차익을 산정할 때 매매가액에서 공제하는 필요경비 등의 범위는 주로 매출원가에 상당하는 것, 즉 양도소득에 있어서의 필요경비에 관한 규정을 준용하여 계산한 금액을 공제하도록 하고 있다.

매매가액에서 공제하는 필요경비의 범위는 다음과 같다.

ⅰ) 양도자산의 필요경비에 상당하는 금액

매도한 토지 등의 취득가액·자본적 지출액 및 양도비를 말한다. 토지 등을 평가증하여 장부가액을 수정한 때에는 그 평가증을 하지 아니한 장부가액을 기준으로 하여 매매차익을 계산한다.

ⅱ) 토지 등의 건설자금에 충당한 금액의 이자

건설자금에 충당한 금액의 이자란 토지 및 건물의 매입·제작·건설 등에 소요된 차입금의 지급이자 또는 이와 유사한 성질의 지출금을 말한다(소령 75 ①). 부동산매매업을 영위하는 자가 보유하는 토지 및 건물은 사업용 고정자산에 해당하지 않고 재고자산을 구성한다. 그럼에도 불구하고 건설자금에 충당한 금액의 이자를 별도로 구분계산하여 그 토지 등의 취득가액에 가산하도록 하고 있다.

ⅲ) 토지 등의 매도로 인하여 법률에 따라 지급하는 공과금

ⅳ) 장기보유특별공제액에 상당하는 금액

장기보유특별공제액은 토지 및 건물로서 보유기간이 3년 이상인 것에 한하여 적용한다. 장기보유특별공제액은 자산의 종류 및 보유기간에 따라 양도차익의 6%부터 30%에 해당하는 금액으로 하고 있다.

토지 등의 매매차익을 산정함에 있어서 매매가액에서 공제할 필요경비 등에 장기보유특별공제액에 상당하는 금액을 포함한 이유를 설명하기 어렵다. 장기보유특별공제액에 상당하는 금액은 필요경비가 아니며, 더욱이 부동산매매업에 대한 사업소득금액을 산정함에 있어서 필요경비에 산입하는 항목도 아니기 때문이다. 그러므로 장기보유특별공제액에 상당하는 금액은 필요경비의 범위에서 제외하여야 할 것이다.

나) 추계방법으로 하는 경우

추계결정의 사유에 해당하는 때에는 매매가액에서 매입비용·사업용 고정자산에 대한 임차료·종업원의 인건비 및 매매가액에 기준경비율을 곱하여 계산한 금액의 합계액을 공제한 금액(단순경비율 적용대상자는 매매가액에서 매매가액에 단순경비율을 곱한 금액을 공제한 금액으로 한다)을 소득금액으로 한다(소령 129 ①).

위에서 매매가액이란 매도한 토지 등의 실지거래가액을 말하되, 그 실지거래가액을 확인할 수 없는 경우에는 매매사례가액과 감정가액의 평균액, 환산가액 및 기준시가를 순차적으로 적용하여 산정한 가액을 말한다(소령 129 ②).

2) 토지 등 매매차익에 대한 산출세액의 계산

토지 등 매매차익에 대한 산출세액은 토지 등 매매차익에 양도소득에 대한 기본세율 [보유기간이 2년 미만인 토지 등의 경우에는 보유기간이 2년 이상인 토지 등의 기본세율(최저 6%부터 최고 45%까지의 8단계 초과누진세율)[277]로 한다]을 곱하여 계산한 금액으로 한다(소법 69 ③).

> 토지 등 매매차익에 대한 산출세액 = 토지 등 매매차익 × 양도소득에 대한 기본세율

3 토지 등 매매차익의 결정과 세액의 징수

토지 등 매매차익에 대한 산출세액의 계산 및 결정 · 경정에 관하여는 소득세법 제107조 (예정신고 산출세액의 계산) 제2항 및 소득세법 제114조(양도소득과세표준과 세액의 결정 · 경정 및 통지)의 규정을 준용하도록 하고 있다(소법 69 ⑤). 즉 토지 등 매매차익에 대한 결정 · 경정에 관하여는 예정신고 산출세액의 계산에 관한 소득세법 제107조 제2항과 양도소득 과세표준과 세액의 결정 · 경정에 관한 소득세법 제114조를 준용하도록 하고 있는 것이다.

이에 대하여 소득세법 시행령 제129조(토지 등 매매차익과 세액의 결정 · 경정 및 통지)에서는 토지 등 매매차익은 부동산매매업자가 토지 등 매매차익예정신고시에 제출한 증명서류 또는 비치 · 기장한 장부와 이에 관계되는 증거서류로 하거나, 추계결정의 사유에 해당하는 경우에는 기준경비율 또는 단순경비율로 계산하도록 하고 있다. 이 경우에 매도한 토지 등의 실지거래가액을 확인할 수 있는 경우에는 실지거래가액을 매매가액으로 하고, 실지거래가액을 확인할 수 없는 경우에는 매매사례가액과 감정가액의 평균액 및 기준시가를 순차적으로 적용하여 산정한 가액을 매매가액으로 한다.

위의 소득세법 시행령 제129조의 규정은 소득세법 제107조 제2항 및 소득세법 제114조와 모순된다고 하겠다. 입법적으로 보완할 필요가 있다고 하겠다.

다음으로 납세지 관할세무서장은 토지 등 매매차익예정신고 또는 토지 등 매매차익예정신고 자진납부를 한 자에 대하여는 그 신고 또는 자진신고납부를 한 날부터 1개월 내에, 매매차익예정신고를 하지 아니한 자에 대하여는 즉시 그 매매차익과 세액을 결정하고 해당 부동산매매업자에게 이를 통지하여야 한다(소령 129 ③).

---

277) 토지 등 매매차익의 예정신고를 할 때에 높은 세율을 적용받은 후 과세표준확정신고를 할 때에 거액의 세액을 환급받는 것과 같은 번거로움을 피하기 위한 것이다.

제**4**절 수시부과결정

1 수시부과결정의 개념

소득세는 과세기간 단위로 소득금액을 파악하여 과세하는 것이므로 그 과세기간이 종료되지 않으면 과세표준이 특정될 수 없고, 따라서 소득세의 납세의무를 확정할 수도 없는 것이다. 그러므로 소득세와 같이 기간과세를 채택하고 있는 세목에 있어서는 과세기간이 종료된 후에 납세의무를 확정하는 것이 마땅한 것이다. 그러나 확정신고기한까지 기다려서는 조세채권을 일실할 긴급한 사유가 있는 경우에는 과세기간이 진행 중이든 또는 신고기한이 도래하기 전이든 가리지 아니하고 납세의무자의 기한의 이익을 박탈하여 미리 과세권을 행사하게 된다. 이를 수시부과결정이라고 한다.

2 수시부과사유

수시부과결정은 과세관청이 조사결정권을 조기에 행사하는 예외조치이다. 따라서 그 사유는 엄격하게 제한적으로 해석되어야 하며, 납세의무자가 수시부과결정으로 인하여 의외의 불이익을 입지 않도록 그 적용에 신중을 기하여야 한다. 수시부과사유, 즉 수시부과의 필요성이 충족되지 않았음에도 불구하고 수시부과를 행한 경우에 해당 수시부과결정은 위법한 처분인 것이다.

수시부과의 사유는 다음과 같다(소법 82 ①).

1) 조세포탈의 우려가 있는 경우

① 사업부진 그 밖의 사유로 장기간 휴업 또는 폐업상태에 있는 때로서 소득세를 포탈할 우려가 있다고 인정되는 경우

② 그 밖에 조세를 포탈할 우려가 있다고 인정되는 상당한 이유가 있는 경우

2) 수시부과지역의 경우

주소·거소 또는 사업장의 이동이 빈번하다고 인정되는 지역(이하 '수시부과지역'이라 한다)의 납세의무 있는 자에 관하여도 수시부과를 할 수 있다(소법 82 ④). 수시부과를 하고자 하는 세무서장은 관할 지방국세청장의 승인을 받아 수시부과지역을 지정하고 지체 없이 그 지정사실을 해당 거주자에게 통지하여야 한다(소령 148 ②).

주로 해수욕장 등에서 특정한 계절이나 짧은 기간 동안 사업을 영위한 후 휴업 또는 폐업하는 경우에 그 해수욕장 등의 지역이 지정대상이 된다고 하겠다.

3) 주한국제연합군 등으로부터 수입금액을 외환증서 등으로 영수하는 경우

사업자가 주한국제연합군 또는 외국기관으로부터 수입금액을 외국환은행을 통하여 외환증서 또는 원화로 영수할 때에는 그 영수할 금액에 대한 과세표준을 수시로 결정할 수 있다(소령 148 ③).

3 수시부과결정기관

수시부과결정기관, 즉 수시부과결정에 관한 관할관청은 일반적인 소득세의 관할관청과는 달리 사업장 관할세무서장이다. 다만, 사업자 외의 자에 대하여는 납세지 관할세무서장으로 한다(소령 148 ①).

4 수시부과결정의 경우 과세표준과 세액의 계산

1) 조세포탈 등의 우려가 있는 자 등

조세포탈의 우려가 있는 자 및 수시부과지역의 납세의무자에 대하여는 해당 과세기간의 사업개시일로부터 그 사유가 발생한 날까지를 수시부과기간(소득세 과세표준 확정신고기한 이전에 그 사유가 발생한 경우로서 납세자가 직전 과세기간에 대하여 과세표준확정신고를 하지 아니한 경우에는 직전 과세기간을 수시부과기간에 포함한다)으로 하여 실지조사결정방법 또는 추계결정방법에 따라 소득금액을 결정한다. 이와 같이 결정한 종합소득금액에서 종합소득공제 중 거주자 본인에 대한 기본공제를 해서 과세표준을 산정하고 그 과세표준에 기본세율을 적용하여 산출세액을 계산한다(소령 148 ① · ⑥, 소칙 69). 수시부과기간이 1년에 미달하는 경우에도 수시부과기간의 종합소득금액을 1년으로 환산하지 않는다.

수시부과세액을 산정하는 계산식은 다음과 같다.

> 수시부과세액 = (종합소득금액 − 거주자 본인에 대한 기본공제) × 기본세율

위의 산식에서 거주자 본인에 대한 기본공제는 150만원이다.

2) 주한국제연합군 또는 외국기관으로부터 외환증서 등으로 영수하는 자

총수입금액에 1에서 단순경비율을 뺀 율을 곱하여 계산한 소득금액에 기본세율을 적용하여 산출세액을 계산한다(소령 148 ③). 이를 계산식으로 나타내면 다음과 같다.

수시부과세액 = 총수입금액 × (1 − 단순경비율) × 기본세율

위의 산식에서 총수입금액이란 사업자가 주한국제연합군 또는 외국기관으로부터 외국환은행을 통하여 외환증서 또는 원화로 영수하는 수입금액을 말한다.

5 수시부과결정의 효력

수시부과결정은 세액의 정산, 즉 확정결정을 전제로 하는 잠정적인 결정의 성격을 지니고 있다. 즉 수시부과결정은 과세기간 또는 과세표준 신고기한이 경과하기 전에 그 수시부과할 사유가 발생한 때까지의 소득에 대하여 미리 부과하는 것으로서 수시부과에 따라 결정된 과세표준이라 하더라도 다시 종합소득과세표준에 통산하게 된다.[278]

따라서 납세의무자는 수시부과결정을 받은 경우에도 확정신고의무를 진다. 다만, 수시부과를 받은 후에 추가로 발생한 소득이 없는 경우에는 종합소득과세표준 확정신고를 하지 아니할 수 있다(소법 73 ⑤).

그리고 과세관청도 수시부과결정을 한 소득금액을 포함하여 소득세 과세표준과 세액을 결정 또는 경정하여야 한다. 납세의무자가 확정신고하거나 과세관청이 결정 또는 경정을 함에 있어서 수시부과세액은 기납부세액으로서 산출세액에서 공제하게 된다.

한편, 사업소득 중 수시부과하는 소득이 있는 때에 그 수시부과하는 소득에 대하여는 중간예납의무가 배제된다(소령 123).

---

278) 대법원 1994.12.13. 선고, 93누10330 판결.

[판결요지] 소득세의 납세의무는 거주자가 사망한 경우 등을 제외하고는 매년 1.1.부터 12.31.까지를 과세연도로 하여서 그 과세연도 종료일(12.31)에 성립하고 납세의무자의 신고 및 정부의 결정에 의해 구체적 납세의무가 확정되는 것이며, 수시부과처분은 위와 같이 하여서 납세의무가 성립하기 전에 미리 그 수시부과할 사유가 발생한 때까지의 소득에 대해 부과하는 것으로서 수시부과에 의해 결정된 과세표준은 과세연도 종료 후의 신고와 결정에 의한 과세표준에 통산되는 것이므로, 수시부과처분이 있었거나 그 수시부과할 사유가 있은 경우라고 하여서 납세의무자의 확정신고의무가 면제되거나 정부가 부과권을 행사할 수 없게 되는 것이 아니다.

원고가 폐업신고를 하였다고 하더라도, 그때까지의 소득에 대하여 수시부과를 할 수 있음은 별론으로 하고, 그 폐업일이 속하는 과세연도의 종료일에 성립하는 소득세 등 납세의무에 대하여 과세관청인 피고가 그에 대한 납세의무자의 확정신고기한이 도과하기 전에 부과권을 행사할 수는 없으며 그 신고기한 다음 날인 1986.6.1부터 비로소 부과권을 행사할 수가 있는 것이므로, 그 날을 제척기간의 기산일로 보아야 한다.

제 7 장

과세표준확정신고와 자진납부

제1절 과세표준확정신고

1 의의와 법적 성질

가. 소득세의 확정방법과 확정신고와의 관계

소득세의 납세의무가 있는 자는 자기의 소득세 과세표준과 세액을 스스로 과세관청에게 신고하여야 한다. 즉 종합소득금액 또는 퇴직소득금액이 있는 거주자는 그 종합소득과세표준 또는 퇴직소득과세표준을 해당 과세기간의 다음 연도 5월 1일부터 5월 31일까지 납세지 관할세무서장에게 신고하여야 한다(소법 70 ① 및 71 ①). 이를 종합소득 등 과세표준확정신고라고 한다.

과세기간의 종료에 따라 자동적으로 성립한 소득세의 추상적 납세의무는 납세의무자의 과세표준확정신고 또는 과세관청의 과세처분과 같은 확정절차를 거침으로써 비로소 구체적 납세의무로 바뀌게 된다. 그러므로 소득세 과세표준확정신고가 소득세의 확정과 어떤 관계에 있는지가 문제이다.

종합소득세 및 퇴직소득세(이하에서 '종합소득세 등'이라 한다)는 신고납세제도를 채택하고 있기 때문에 확정신고에 따라 종합소득세 등의 납세의무가 구체적으로 확정된다.[279] 즉 종합소득세 등의 경우에는 확정신고가 종합소득세 등의 납세의무를 확정짓는 원칙적인 수단인 것이다.

---

[279] 신고납세제도를 채택하고 있는 세목에 있어서의 납세신고의 효력에 관하여는 김완석["납세신고의 법적 성질에 관한 연구," 『월간조세』(조세통람사, 1993.9.~10. 통권 제64호 및 제65호)]를 참조하기 바란다.

나. 납세신고의 법적 성질

신고납세제도 아래에서의 확정신고, 즉 납세신고(Tax returns, Steueranmeldung)는 특정한 세목에 대하여 그 세법에서 정하고 있는 과세요건을 충족한 납세의무자가 자기의 과세표준과 세액을 스스로 확인·산정하여 과세관청에게 알리는 행위이다. 납세의무자가 자기의 과세표준과 세액을 과세관청에 신고하는 경우에는 그 신고하는 내용대로 납세의무가 구체적으로 확정되는 법적 효과가 부여되고 있다.

특정한 납세의무자가 부담하여야 할 납세의무의 크기는 그 납세의무자 자신이 가장 정확하게 알고 있기 때문에[280] 일차적으로 본인으로 하여금 스스로 자신이 부담하여야 할 납세의무의 크기를 측정하여 신고하도록 하고 있는 것이다.

원래 신고납세제도는 미국에서 채택되어 온 조세확정방법으로서 납세의무자가 스스로 자기의 과세표준과 세액을 확정하기 때문에 자기부과방식(self-assessment system)[281]이라고도 불린다. 민주적 납세사상에 적합하고 조세의 능률적 징수의 요청에도 부합하는 제도이기는 하나, 국민의 높은 납세의식과 자발적인 납세협력(voluntary compliance)을 해당 제도의 존립기반으로 하고 있다.

납세신고는 사인인 납세의무자가 공법관계에서 하는 행위로서 그 행위에 의하여 납세의무의 확정이라는 공법적 효과가 발생하는 사인의 공법행위이다. 즉 납세신고는 과세관청의 과세처분과 마찬가지로 납세의무자가 추상적으로 성립하고 있는 그 자신의 납세의무를 스스로 확정하는 조세확정행위인 것이다.

그러나 납세신고행위를 사인의 공법행위로 파악하면서도 그 행위의 성질을 둘러싸고 의사표시설·통지행위설 및 확인행위설이 서로 대립하고 있다.

생각건대 납세신고는 법령에서 정하고 있는 과세요건을 충족함으로써 이미 객관적으로 성립하고 있는 납세의무의 내용(과세표준과 세액 등)을 납세의무자가 구체적으로 판단·확정하는 행위이기 때문에 확인행위의 성질을 갖는다고 이해하고자 한다. 즉 확인행위설에 찬성한다. 이와 같은 납세신고는 수령을 필요로 하는 공법행위이므로 상대방에게 고지함으로써 효력이 발생한다. 즉 과세관청에 납세신고서를 제출함으로써 비로소 납세신고행위가 효력을 발생하는 것이다.

---

280) Tipke/Lang, Steuerrecht, 13. Aufl(Verlag Dr. Schmidt KG, 1991), S.688.

281) N. A. Barr et al, Self-Assessment for Income Tax, Heinemann Educational Books, 1977, p.3 : Boris I. Bittker, "Federal Taxation of Income," Estates and Gifts, Volume 4(Warren, Gorham & Lamont, 1981), 111-2.

2 신고의무자

가. 신고의무자의 범위

해당 과세기간의 종합소득금액 또는 퇴직소득금액이 있는 거주자는 과세표준확정신고의 무를 진다. 설사 해당 과세기간의 과세표준이 없거나 결손금이 있는 경우에도 과세표준확 정신고를 하여야 한다(소법 70 ① 및 71 ①). 그리고 해당 과세기간에 분리과세 주택임대소득 및 가상자산소득, 위약금·배상금(계약금이 위약금·배상금으로 대체되는 경우만 해당한 다)만 있는 경우에도 과세표준확정신고를 하여야 한다(소법 70 ②).

나. 과세표준확정신고의 예외

1) 완납적 원천징수 등에 의하여 납세의무가 정산된 경우

다음의 거주자는 해당 소득에 대한 과세표준확정신고를 하지 아니하여도 된다(소법 73 ①). 즉 완납적 원천징수 및 연말정산 등에 따라 납세의무가 확정·정산된 경우에는 납세의무자의 편의를 고려하여 과세표준확정신고의무를 배제시키고 있다.

① 근로소득만 있는 자

근로소득만 있는 자는 과세표준확정신고의무를 지지 않는다. 그러나 다음의 자에 대해서는 그러하지 아니하다.

　ⅰ) 일용근로자 외의 자로서 2인 이상으로부터 받는 근로소득·공적연금소득·퇴 직소득·종교인소득 또는 원천징수되는 사업소득으로서 대통령령이 정하는 사업소득이 있는 자

　　그러나 2인 이상으로부터 받는 근로소득 등이 있는 경우에도 연말정산 및 퇴 직소득에 대한 세액정산에 따라 소득세를 납부함으로써 확정신고납부할 세액 이 없는 자는 과세표준확정신고의무가 배제된다(소법 73 ②).

　ⅱ) 외국기관 등으로부터 받는 근로소득 또는 퇴직소득이 있는 자

　　외국기관 등으로부터 받는 근로소득 또는 퇴직소득이 있는 자를 말한다. 그러 나 납세조합이 연말정산의 예에 따른 원천징수에 따라 소득세를 납부한 자는 과세표준확정신고의무를 지지 않는다.

　ⅲ) 근로소득(일용근로소득을 제외한다)·공적연금소득·퇴직소득·종교인소득 또는 원천징수되는 사업소득으로서 대통령령이 정하는 사업소득이 있는 자에 대하여 원천징수의무를 지는 자가 연말정산에 따라 소득세를 납부하지 아니

한 경우의 그 소득자
② 퇴직소득만 있는 자
③ 공적연금소득만 있는 자
④ 원천징수되는 사업소득으로서 대통령령이 정하는 사업소득만 있는 자
위에서 대통령령이 정하는 사업소득이란 다음 중 어느 하나에 해당하는 사업자로서 간편장부대상자가 받는 해당 사업소득을 말한다. 다만, ⅱ) 및 ⅲ)의 사업자가 받는 사업소득은 해당 사업소득의 원천징수의무자가 사업소득세액의 연말정산을 한 것만 해당한다.

ⅰ) 독립된 자격으로 보험가입자의 모집 및 이에 부수되는 용역을 제공하고 그 실적에 따라 모집수당 등을 받는 자

ⅱ) 「방문판매 등에 관한 법률」에 따라 방문판매업자를 대신하여 방문판매업무를 수행하고 그 실적에 따라 판매수당 등을 받거나 후원방문판매조직에 판매원으로 가입하여 후원방문판매업을 수행하고 후원수당 등을 받는 자

ⅲ) 독립된 자격으로 일반 소비자를 대상으로 사업장을 개설하지 않고 음료품을 배달하는 계약배달 판매용역을 제공하고 판매실적에 따라 판매수당 등을 받는 자

⑤ 소득세법 제127조 제1항 제6호에 따라 원천징수되는 기타소득으로서 종교인소득만 있는 자
⑥ 근로소득 및 퇴직소득만 있는 자
⑦ 퇴직소득 및 공적연금소득만 있는 자
⑧ 퇴직소득 및 원천징수되는 사업소득으로서 대통령령이 정하는 사업소득만 있는 자
⑨ 퇴직소득 및 소득세법 제127조 제1항 제6호에 따라 원천징수되는 기타소득으로서 종교인소득만 있는 자
⑩ 분리과세이자소득·분리과세배당소득·분리과세연금소득 및 분리과세기타소득(소득세법 제127조에 따라 원천징수되지 아니하는 소득은 제외한다. 이하 같다)만 있는 자
⑪ 앞의 "①"부터 "⑨"까지에 해당하는 사람으로서 분리과세이자소득·분리과세배당소득·분리과세연금소득 및 분리과세기타소득이 있는 자

2) 수시부과 후 추가로 발생한 소득이 없을 경우

수시부과를 받은 후에 추가로 발생한 소득이 없는 경우에는 종합소득 과세표준확정신

고를 하지 아니할 수 있다(소법 73 ⑤). 그러나 종합소득금액에 대하여 수시부과결정을 받는 경우에는 종합소득공제 중 본인에 대한 기본공제만을 빼서 종합소득과세표준을 산정하기 때문에 설사 수시부과를 받은 후에 추가로 발생한 소득이 없는 납세의무자라고 하더라도 종합소득 과세표준확정신고를 할 실익이 있다. 종합소득과세표준확정신고를 함으로써 그 밖의 인적공제와 주택담보노후연금이자비용공제 및 특별소득공제 등을 적용받을 수 있기 때문이다.

3 신고기한

가. 원 칙

해당 과세기간의 다음 연도 5월 1일부터 5월 31일까지 과세표준확정신고를 하여야 한다(소법 70 ① 및 71 ①).

나. 신고기한의 특례

1) 거주자가 사망한 경우

① 거주자가 사망한 경우에 그 상속인은 그 상속개시일이 속하는 달의 말일부터 6개월이 되는 날(이 기간 중 상속인이 출국하는 경우에는 그 출국일 전날)까지 사망일이 속하는 과세기간에 대한 그 거주자의 과세표준을 신고하여야 한다. 다만, 상속인이 승계한 연금계좌의 소득금액에 대하여는 그러하지 아니하다(소법 74 ①). 그리고 1월 1일과 5월 31일 사이에 사망한 거주자가 사망일이 속하는 과세기간의 직전 과세기간에 대한 과세표준확정신고를 하지 아니한 경우에도 그 상속인은 그 상속개시일이 속하는 달의 말일부터 6개월이 되는 날(이 기간 중 상속인이 출국하는 경우에는 그 출국일 전날)까지 그 거주자의 사망일이 속하는 과세기간의 직전 과세기간에 대한 과세표준을 신고하여야 한다. 다만, 상속인이 승계한 연금계좌의 소득금액에 대하여는 그러하지 아니하다.

상속인들의 신고편의를 고려하여 상속세신고서의 제출기한과 일치시킨 것이다.

② 앞에서의 상속인(이하에서 '1차상속인'이라고 한다)이 피상속인의 소득세 과세표준확정신고를 이행하지 못하고 그 신고기한이 경과하기 전에 사망한 경우에 1차상속인의 상속인(이하에서 '2차상속인'이라고 부른다)은 2차상속의 개시일이 속하는 달의 말일부터 6개월이 되는 날(이 기간 중 2차상속인이 출국하는 경우에는 그 출

국일 전날)까지 피상속인의 사망일이 속하는 과세기간 및 그 직전 과세기간에 대한 소득세 과세표준을 신고하여야 한다. 뿐만 아니라 2차상속인은 1차상속인의 사망일이 속하는 과세기간 및 그 직전 과세기간에 대한 소득세 과세표준도 신고하여야 할 의무를 지게 된다.

2) 거주자가 출국한 경우

과세표준확정신고를 하여야 할 거주자가 출국하는 경우에는 출국일이 속하는 과세기간의 과세표준을 출국일 전날까지 신고하여야 한다(소법 74 ④). 그리고 거주자가 1월 1일과 5월 31일 사이에 출국하는 경우에는 그 출국일이 속하는 과세기간의 직전 과세기간에 대한 과세표준도 그 출국일 전날까지 신고하여야 한다.

3) 국세정보통신망이 가동정지된 경우

신고서 등의 신고기한일에 국세정보통신망이 정전, 통신망의 장애, 프로그램의 오류 및 그 밖의 부득이한 사유로 가동이 정지되어 전자신고를 할 수 없는 경우에는 그 장애가 복구되어 신고할 수 있게 된 날의 다음 날을 신고기한으로 한다(기법 5 ③).

다. 신고기한의 연장

거주자가 천재지변이나 다음의 사유에 해당하여 납세지 관할세무서장의 승인을 얻으면 그 신고기한이 연장된다. 이 경우에는 그 신고기한 만료일 3일 전까지(부득이한 경우에는 만료일까지) 납세지 관할세무서장에게 신고기한의 연장을 신청하여야 한다(기법 6 및 기령 2 ①).

① 납세자가 화재·전화 그 밖의 재해를 입거나 도난을 당한 경우
② 납세자 또는 그 동거가족이 질병이나 중상해로 6개월 이상의 치료가 필요하거나 사망하여 상중인 경우
③ 정전, 프로그램의 오류 그 밖의 부득이한 사유로 한국은행(그 대리점을 포함한다) 및 체신관서의 정보통신망의 정상적인 가동이 불가능한 경우
④ 금융회사 등(한국은행 국고대리점 및 국고수납대리점인 금융회사 등만 해당한다) 또는 체신관서의 휴무 그 밖에 부득이한 사유로 인하여 정상적인 세금납부가 곤란하다고 국세청장이 인정하는 경우
⑤ 권한 있는 기관에 장부·서류가 압수 또는 영치된 경우
⑥ 세무사법 제2조 제3호에 따라 납세자의 장부 작성을 대행하는 세무사(같은 법 제16조의 4에 따라 등록한 세무법인을 포함한다) 또는 같은 법 제20조의 2에 따른 공인회계

사(공인회계사법 제24조에 따라 등록한 회계법인을 포함한다)가 화재·전화 그 밖의
재해를 입거나 도난을 당한 경우

⑦ 위의 "①"·"②" 또는 "⑤"에 준하는 사유가 있는 경우

라. 추가신고

① 종합소득 과세표준확정신고기한이 지난 후에 법인세법에 따라 법인이 법인세 과세표
준을 신고하거나 세무서장이 법인세 과세표준을 결정 또는 경정할 때 익금에 산입한
금액이 배당·상여 또는 기타소득으로 처분됨으로써 소득금액에 변동이 발생하여 종
합소득 과세표준확정신고의무가 없었던 자, 세법에 따라 과세표준확정신고를 하지 않
아도 되는 자 및 과세표준확정신고를 한 자가 소득세를 추가 납부하여야 하는 경우
그 법인(거주자가 그 통지를 받은 경우에는 그 거주자)이 소득금액변동통지서를 받은
날(법인세법에 따라 법인이 신고함으로써 소득금액에 변동이 있는 경우에는 그 법인
의 법인세 신고기일)이 속하는 달의 다음다음 달 말일까지(예 : 소득금액변동통지서
를 받은 날이 2018년 4월 3일인 경우에는 2018년 6월 30일까지) 추가신고납부한 때에
는 신고기한 내에 신고납부한 것으로 본다(소령 134 ①).

그런데 소득금액변동통지에 따라 소득세를 추가신고·납부하여야 할 자가 그 신고기
한 내에 추가신고·납부를 이행하지 못한 경우에 납부불성실가산세의 기산일이 문제
가 된다. 대법원은 소득세법 시행령 제134조 제1항이 종합소득 과세표준 확정신고기
한 경과 후에 소득처분에 의하여 변동이 생긴 소득금액에 대한 과세표준 및 세액의
추가 신고·납부기한을 소득금액변동통지서를 받은 날이 속하는 달의 다음다음 달 말
일까지 유예하여 주고 있는 취지와 납부불성실가산세는 납세의무자가 법정납부기한
까지 그 납부를 게을리한 데 대한 행정상의 제재로서 부과되는 것인 점 등에 비추어
보아 종합소득과세표준 확정신고기한 경과 후에 소득처분에 의하여 변동이 생긴 소득
금액에 대한 세액의 추가 납부불이행에 대한 제재로서 부과되는 납부불성실가산세는
그 법정 추가 납부기한인 소득금액변동통지서를 받은 날이 속하는 달의 다음다음 달
말일의 다음 날부터 기산하여 계산하여야 한다고 판시한 바 있다.[282]

② 종합소득 과세표준확정신고를 한 자가 그 신고기한 내에 신고한 사항 중 정부의 허
가·인가·승인 등에 따라 물품가격이 인상됨으로써 신고기한이 지난 뒤에 그 소득
의 총수입금액이 변동되어 추가로 신고한 경우에는 신고기한 내에 신고한 것으로 본

---

282) 대법원 2006.7.27. 선고, 2004두9944 판결.

다(소령 134 ②).

③ 국세청장이 제공한 기타소득지급명세서에 따라 종합소득과세표준확정신고를 한 자가 그 제공받은 내용에 오류 등이 있어서 소득세를 추가신고자진납부(국세청장의 정정통지를 받고 그 받은 날이 속하는 달의 다음다음 달 말일까지 추가신고자진납부하는 경우를 포함한다)한 때에는 신고기한 내에 신고납부한 것으로 본다(소령 134 ③).

④ 종합소득 과세표준 확정신고를 한 자가 그 신고기한이 지난 후에 법원의 판결·화해 등에 의하여 부당해고기간의 급여를 일시에 지급받음으로써 소득금액에 변동이 발생함에 따라 소득세를 추가로 납부하여야 하는 경우로서 법원의 판결 등에 따른 근로소득 원천징수영수증을 교부받은 날이 속하는 달의 다음다음 달 말일까지 추가신고납부한 경우에는 신고기한 내에 신고납부한 것으로 본다(소령 134 ④).

⑤ 앞의 "①" 내지 "④"의 규정에 따라 추가신고 자진납부를 함에 있어서 세액감면을 신청한 때에는 신고기한 내에 세액감면을 신청한 것으로 본다.

4 신고방법

가. 종합소득 과세표준확정신고

① 종합소득 과세표준확정신고는 종합소득 과세표준확정신고 및 자진납부계산서에 다음의 서류를 첨부하여 납세지 관할세무서장에게 제출하여야 한다(소법 70 ④, 75).

ⅰ) 소득·세액공제신고서와 다음의 인적공제·연금보험료공제·주택담보노후연금이자비용공제·특별소득공제·자녀세액공제·연금계좌세액공제 및 특별세액공제 대상임을 증명하는 서류

㉮ 입양자임을 증명할 수 있는 서류

㉯ 수급자임을 증명할 수 있는 서류

㉰ 위탁아동임을 증명할 수 있는 서류

㉱ 가족관계증명서 또는 주민등록표등본

㉲ 장애인증명서

㉳ 주택담보노후연금이자비용증명서

㉴ 특별소득공제에 관한 서류

㉵ 일시퇴거자 동거가족상황표

㉶ 연금저축납입증명서

한편, 과세표준확정신고를 하여야 할 자가 원천징수의무자에게 근로소득자

소득·세액공제신고서를 제출하거나 연말정산사업소득의 소득·세액공제신
고서에 주민등록표등본 등을 첨부하여 원천징수의무자에게 제출한 경우에는
소득·세액공제 신고서를 제출한 것으로 본다(소칙 65 ①).

ⅱ) 다음의 소득금액계산명세서

㉮ 농어가부업소득이 있는 경우에는 비과세사업소득(농어가부업소득·어로어업
소득)계산명세서

㉯ 작물재배업에서 발생하는 소득이 있는 경우에는 비과세사업소득(작물재배업
소득)계산명세서

㉰ 소득세를 감면받은 때에는 소득세가 감면되는 소득과 그 밖의 소득을 구분한
계산서

㉱ 소득세법 또는 다른 법률의 규정에 따라 충당금·준비금 등을 필요경비 또는
총수입금액에 산입한 경우에는 그 명세서

㉲ 공동사업에 대한 소득금액을 계산하는 경우에는 공동사업자별 소득금액 등
분배명세서

㉳ 이월결손금을 처리한 경우에는 이월결손금명세서

㉴ 그 밖에 총수입금액과 필요경비 계산에 필요한 참고서류

ⅲ) 사업소득금액을 비치·기록된 장부와 증명서류에 따라 계산한 경우에는 재무상
태표 등과 조정계산서. 다만, 간편장부대상자의 경우에는 간편장부소득금액계
산서

㉮ 앞에서 재무상태표 등이란 기업회계기준을 준용하여 작성한 재무상태표·손
익계산서와 그 부속서류 및 합계잔액시산표를 가리킨다.
특히 복식부기의무자가 과세표준확정신고서에 재무상태표·손익계산서·합
계잔액시산표와 조정계산서를 첨부하지 아니한 때에는 무신고로 본다(소법 70
④). 전자신고를 하는 경우에는 표준재무상태표·표준손익계산서·표준원가
명세서·표준합계잔액시산표 및 조정계산서를 제출하는 것으로써 앞의 기업
회계기준을 준용하여 작성한 재무상태표·손익계산서와 그 부속서류·합계
잔액시산표 및 조정계산서의 제출에 갈음할 수 있다(소령 130 ④).

㉯ 조정계산서는 사업자가 작성·비치한 장부 또는 증빙서류에 의하여 작성하되,
소득금액의 계산을 위한 세무조정을 정확히 하기 위하여 필요하다고 인정하
여 복식부기의무자로서 일정한 사업자의 경우에는 세무사법에 따른 세무사등
록부에 등록한 세무사(세무사법에 따른 세무사등록부 또는 세무대리업무등록

부에 등록한 공인회계사와 세무사법에 따른 세무사등록부에 등록한 변호사를 포함한다)로서 대통령령으로 정하는 조정반에 소속된 자가 작성하여야 한다(소법 70 ⑥). 세무사가 작성하여야 할 세무조정계산서를 세무사가 작성하지 않고 해당 개인이 자기조정하여 제출한 경우에 과세표준확정신고의 효력이 문제가 된다. 행정해석은 과세표준확정신고를 하지 않은 것으로 보고 신고불성실가산세를 적용하여야 한다고 해석하고 있다.[283]

조정계산서에서는 기획재정부령이 정하는 서류를 첨부하여야 한다. 그러나 세무사가 작성한 조정계산서를 첨부하는 사업자로서 전자계산조직에 의하여 세무조정을 하고 마이크로필름 등에 수록·보관하여 항시 출력이 가능한 상태에 둔 사업자는 조정계산서에 첨부하여야 할 서류 중 국세청장이 정하는 서류를 첨부하지 아니할 수 있다.

ⅳ) 대손충당금·퇴직급여충당금·고정자산의 취득에 소요된 보험차익금 및 사업용자산의 취득에 소요된 국고보조금을 필요경비에 계상한 때에는 그 명세서

ⅴ) 영수증수취명세서

사업자(소규모사업자를 제외한다)가 사업과 관련하여 다른 사업자(법인을 포함한다)로부터 거래건당 3만원을 초과하는 재화 또는 용역을 공급받고 계산서·세금계산서·신용카드매출전표(직불카드·선불카드 및 현금영수증을 사용하여 거래하는 경우 그 증빙서류를 포함한다) 외의 증빙을 수취한 경우에는 영수증수취명세서를 제출하여야 한다. 앞에서 소규모사업자란 해당 과세기간에 신규로 사업을 개시한 자, 직전 과세기간의 사업소득의 수입금액의 합계액이 4,800만원에 미달하는 사업자, 원천징수되는 사업소득 중 대통령령이 정하는 사업소득만 있는 자를 말한다.

ⅵ) 사업소득금액을 비치·기장한 장부와 증명서류에 의하여 계산하지 아니한 경우에는 추계소득금액계산서

ⅶ) 세액의 감면신청서

② 피상속인의 과세표준을 신고하고자 하는 자는 과세표준확정신고서와 함께 상속인의 성명과 주소·피상속인과의 관계·상속인이 2인 이상 있는 경우에는 상속지분에 따라 안분계산한 세액을 기재한 서류를 납세지 관할세무서장에게 제출하여야 한다. 그

---

283) 소득 46011-1294, 1997.5.9.
　　이에 대하여 법인세에 관하여는 과세표준신고로서의 효력은 인정하고 있다(법인 1264.21-84, 1982.1.12., 同旨 : 법인 46012-924, 1997.4.3.).

리고 상속인이 2인 이상 있는 경우에 종합소득과세표준확정신고서에 각 상속인이 연
서하여 하나의 신고서를 제출하거나 상속인별로 다른 상속인의 성명을 부기하여 각
각 신고서를 제출할 수 있다(소령 137의 2).

나. 퇴직소득 과세표준확정신고

퇴직소득 과세표준확정신고를 하고자 하는 자는 퇴직소득과세표준확정신고 및 납부계산
서를 납세지 관할세무서장에게 제출하여야 한다(소법 71, 소령 135).

제2절　세액의 자진납부

거주자는 해당 과세기간의 과세표준에 대한 종합소득산출세액 또는 퇴직소득산출세액에
서 감면세액·세액공제액 및 기납부세액을 뺀 금액을 과세표준확정신고기한까지 납세지
관할세무서·한국은행 또는 체신관서에 납부하여야 한다(소법 76). 이를 확정신고자진납부
라고 한다.

종합소득산출세액 또는 퇴직소득산출세액에서 뺄 기납부세액이란 다음의 세액을 가리
킨다.

① 중간예납세액
② 토지 등 매매차익예정신고산출세액 또는 그 결정·경정한 세액
③ 수시부과세액
④ 원천징수세액
⑤ 납세조합의 징수세액과 그 공제액

확정신고자진납부세액이 1,000만원을 초과할 때에는 다음의 방법에 따라 그 납부할 세액
의 일부를 납부기한이 지난 후 2개월 이내에 분할납부할 수 있다(소법 77, 소령 140).

① 납부할 세액이 2,000만원 이하인 때에는 1,000만원을 초과하는 금액
② 납부할 세액이 2,000만원을 초과하는 때에는 그 세액의 50% 이하의 금액

제3절 보정요구와 수정신고 등

1 보정요구

납세지 관할세무서장은 제출된 종합소득과세표준확정신고서와 그 밖의 서류에 미비한 사항 또는 오류가 있을 때에는 그 보정을 요구할 수 있다(소법 70 ⑤).

2 수정신고

종합소득 과세표준확정신고 또는 퇴직소득 과세표준확정신고를 한 후 그 과세표준신고 서에 기재된 과세표준 및 세액이 세법에 따라 신고하여야 할 과세표준 및 세액에 미치지 못하거나 그 과세표준신고서에 기재된 결손금액 또는 환급세액이 세법에 따라 신고하여야 할 결손금액 또는 환급세액을 초과할 때 또는 원천징수의무자의 정산과정에서의 누락·세무조정과정에서의 누락 등 불완전한 신고를 한 때에 거주자는 관할세무서장이 과세표준과 세액을 결정 또는 경정하여 통지를 하기 전까지는 언제든지 과세표준수정신고서를 제출할 수 있다(기법 45).

종합소득세 등의 수정신고의 법적 성질도 당초신고의 법적 성질과 전혀 다를 바 없다. 즉 종합소득세 등에 대하여 수정신고(amended tax returns)를 행하게 되면 그 수정신고한 내용대로 소득세의 납세의무가 다시 확정되는 것이다.

한편, 소득세의 법정신고기한 경과 후 1개월 이내에 수정신고한 경우에는 90%, 법정신고기한 경과 후 1개월 초과 3개월 이내에 수정신고한 경우에는 75%, 법정신고기한 경과 후 3개월 초과 6개월 이내에 수정신고한 경우에는 50%, 법정신고기한 경과 후 6개월 초과 1년 이내에 수정신고한 경우에는 30%, 법정신고기한 경과 후 1년 초과 1년 6개월 이내에 수정신고한 경우에는 20%, 법정신고기한 경과 후 1년 6개월 초과 2년 이내에 수정신고한 경우에는 10%에 상당하는 세액을 감면한다. 다만, 과세표준과 세액에 관한 경정이 있을 것을 미리 알고 제출한 경우에는 가산세를 경감하지 않는다(기법 48 ② Ⅰ).

3 기한후신고

법정신고기한까지 과세표준확정신고서를 제출하지 아니한 자는 관할세무서장이 세법에 따라 소득세의 과세표준과 세액을 결정하여 통지하기 전까지 기한후과세표준신고서를 제출할 수 있다. 기한후과세표준신고서를 제출한 자로서 세법에 따라 납부하여야 할 세액이 있는 거주자는 기한후과세표준신고서의 제출과 동시에 그 세액을 납부하여야 한다. 법정신고기한이 지난 후 1개월 이내에 기한후신고를 한 경우에는 무신고가산세의 50%에 상당하는 금액을, 1개월 초과 3개월 이내에 기한후신고를 한 경우에는 무신고가산세의 30%에 상당하는 금액을, 3개월 초과 6개월 이내에 기한후신고를 한 경우에는 무신고가산세의 20%에 상당하는 금액을 경감한다.

다음으로 관할세무서장은 기한후과세표준신고서를 제출하고 해당 세액을 납부한 납세의무자의 과세표준과 세액을 그 신고일부터 3개월 이내에 결정하여야 한다(기법 45의 3).

4 경정청구

가. 일반적 경정청구

과세표준확정신고서를 법정신고기한까지 제출한 자 및 기한후과세표준신고서를 제출한 자가 다음의 사유에 해당하는 때에는 그 법정신고기한이 지난 후 5년 이내에 관할세무서장에게 최초신고 및 수정신고한 과세표준과 세액의 경정을 청구할 수 있다. 다만, 결정 또는 경정으로 인하여 증가된 과세표준 및 세액에 대해서는 해당 처분이 있음을 안 날(처분의 통지를 받은 때에는 그 받은 날)부터 90일 이내(법정신고기한이 지난 후 5년 이내에 한한다)에 경정을 청구할 수 있다(기법 45의 2 ①). 이를 일반적 경정청구라고 부른다.

① 과세표준신고서에 기재된 과세표준 및 세액이 세법에 따라 신고하여야 할 과세표준 및 세액을 초과할 때
② 과세표준신고서에 기재된 결손금액 또는 환급세액이 세법에 따라 신고하여야 할 결손금액 및 환급세액에 미치지 못할 때

나. 후발적 사유에 따른 경정청구

과세표준확정신고서를 법정신고기한 내에 제출한 자 또는 소득세의 과세표준 및 세액의 결정을 받은 자에게 다음에 해당하는 사유(이하에서 '후발적 사유'라고 한다)가 발생한 때에는 그 사유가 발생한 것을 안 날로부터 3개월 이내에 경정을 청구할 수 있다(기법 45의 2 ②, 기령 25의 2).[284] 이를 후발적 사유에 따른 경정청구라고 부른다.

---

284) 대법원 2006.1.26. 선고, 2005두7006 판결.
　　[판결요지] 국세기본법 제45조의 2 제2항 제1호에 의하면, 최초에 신고하거나 결정 또는 경정한 과세표준 및 세액의 계산근거가 된 거래 또는 행위 등이 그에 관한 소송에 대한 판결에 의하여 다른 것으로 확정된 때에는

① 최초의 신고·결정 또는 경정에서 과세표준 및 세액의 계산근거가 된 거래 또는 행위 등이 그에 관한 소송에 대한 판결(판결과 같은 효력을 가지는 화해나 그 밖의 행위를 포함한다)에 의하여 다른 것으로 확정되었을 때

② 소득이나 그 밖의 과세물건의 귀속을 제3자에게로 변경시키는 결정 또는 경정이 있을 때

③ 조세조약에 따른 상호합의가 최초의 신고·결정 또는 경정의 내용과 다르게 이루어졌을 때

④ 결정 또는 경정으로 인하여 그 결정 또는 경정의 대상이 되는 과세기간 외의 과세기간에 대하여 최초에 신고한 국세의 과세표준 및 세액이 세법에 따라 신고하여야 할 과세표준 및 세액을 초과할 때

⑤ 그 밖에 위와 유사한 사유로서 다음의 사유가 소득세의 법정신고기한이 지난 후에 발생하였을 때

　㉮ 최초의 신고·결정 또는 경정을 할 때 과세표준 및 세액의 계산근거가 된 거래 또는 행위 등의 효력과 관계되는 관청의 허가나 그 밖의 처분이 취소된 경우

　㉯ 최초의 신고·결정 또는 경정을 할 때 과세표준 및 세액의 계산근거가 된 거래 또는 행위 등의 효력과 관계되는 계약이 해제권의 행사에 의하여 해제되거나 해당 계약의 성립 후 발생한 부득이한 사유로 해제되거나 취소된 경우

　㉰ 최초의 신고·결정 또는 경정을 할 때 장부 및 증거서류의 압수, 그 밖의 부득이한 사유로 과세표준 및 세액을 계산할 수 없었으나 그 후 해당 사유가 소멸한 경우

　㉱ 소득세법 제118조의 10 제1항에 따른 국외전출자 국내주식 등을 실제로 양도하는 경우로서 실제 양도가액과 출국일 당시의 양도가액 간 차액이 발생한 경우

　㉲ 그 밖에 위의 "㉮" 내지 "㉱"와 유사한 사유에 해당하는 경우

다. 경정청구의 효력

　경정의 청구를 받은 세무서장은 그 청구를 받은 날로부터 2개월 이내에 과세표준 및 세액을 결정 또는 경정하거나 결정 또는 경정할 이유가 없다는 뜻을 청구자에게 통지하여야 한다(기법 45의 2 ③). 만일 2개월이 되는 날까지 경정 등을 행함이 없이 거부의 통지도 하지 않은 경우에는 부작위를 구성하며, 경정 등을 할 이유가 없다는 뜻을 통지한 경우에는 거부처분에 해당한다. 부작위와 거부처분은 모두 독립하여 불복의 대상이 된다.

제1항에서 규정하는 기간에 불구하고 그 사유가 발생한 것을 안 날부터 2월 이내에 경정을 청구할 수 있도록 규정하고 있는 바, 최초에 신고하거나 결정 또는 경정한 과세표준 및 세액의 계산근거가 된 거래 또는 행위 등에 대하여 분쟁이 생겨 그에 관한 판결에 의하여 다른 것으로 확정된 때에는, 납세의무자는 국세부과권의 제척기간이 경과한 후라도 국세기본법 제45조의 2 제2항 제1호의 규정에 따른 경정청구를 할 수 있다.

제**4**절　성실신고확인서의 제출

1 의 의

　　성실신고확인대상사업자는 종합소득과세표준 확정신고를 할 때에 그 첨부서류에 더하여 비치·기록된 장부와 증명서류에 의하여 계산한 사업소득금액의 적정성을 세무사(세무사법 제20조의 2에 따라 등록한 공인회계사를 포함한다. 이하 같다)·세무법인 또는 회계법인(이하 '세무사 등'이라 한다)이 확인하고 작성한 확인서(이하 '성실신고확인서'라 한다)를 납세지 관할 세무서장에게 제출하여야 한다(소법 70의 2 ①). 이를 성실신고확인서의 제출이라 한다. 즉 성실신고확인제도는 성실신고확인대상사업자의 과세표준과 세액에 대한 신고가 성실하게 이루어졌는지를 납세자의 의뢰에 따라서 세무사 등 성실신고확인자가 확인하는 제도인 것이다.

　　한편, 세무사가 성실신고확인대상사업자에 해당하는 경우에는 자신의 사업소득금액의 적정성에 대하여 해당 세무사가 성실신고확인서를 작성·제출해서는 아니 된다(소령 133 ④).

2 성실신고확인서 제출의무자

　　성실신고확인서 제출의무자는 성실신고확인대상사업자인데, 성실신고확인대상사업자란 해당 과세기간의 수입금액(사업용 유형자산을 양도함으로써 발생한 수입금액은 제외한다)의 합계액이 다음의 구분에 따른 금액 이상인 사업자를 말한다. 다만, "①" 또는 "②"에 해당하는 업종을 영위하는 사업자 중에서 사업서비스업을 영위하는 사업자의 경우에는 "③"에 따른 금액 이상인 사업자를 말한다(소령 133 ①).

① 농업·임업 및 어업, 광업, 도매 및 소매업(상품중개업을 제외한다), 부동산매매업, 그 밖에 아래의 "②" 및 "③"에 해당하지 아니하는 사업 : 15억원

② 제조업, 숙박 및 음식점업, 전기·가스·증기 및 공기조절 공급업, 수도·하수·폐기물 처리·원료재생업, 건설업(비주거용 건물 건설업은 제외하고, 주거용 건물 개발 및 공급업을 포함한다), 운수업 및 창고업, 정보통신업, 금융 및 보험업, 상품중개 : 7.5억원

③ 부동산 임대업, 부동산업(부동산매매업은 제외한다), 전문·과학 및 기술 서비스업, 사업시설관리·사업지원 및 임대서비스업, 교육 서비스업, 보건업 및 사회복지 서비스업, 예술·스포츠 및 여가관련 서비스업, 협회 및 단체, 수리 및 기타 개인 서비스업, 가구내 고용활동 : 5억원

3 신고기한

성실신고확인대상사업자가 성실신고확인서를 제출하는 경우에는 종합소득 과세표준 확정신고를 그 과세기간의 다음 연도 5월 1일부터 6월 30일까지 하여야 한다(소법 70의 2 ②).

4 세액공제 및 가산세

성실신고대상사업자 및 성실신고확인대상 내국법인(이하에서 '성실신고확인대상자'라 한다)이 성실신고확인서를 제출(둘 이상의 업종을 영위하는 성실신고확인대상사업자가 일부 업종에 대해서만 성실신고확인서를 제출한 경우를 포함한다)하는 경우에는 성실신고 확인에 직접 사용한 비용의 60%에 해당하는 금액을 해당 과세연도의 소득세[사업소득(부동산임대업에서 발생하는 소득을 포함한다)에 대한 소득세만 해당한다] 또는 법인세에서 공제한다. 다만, 공제세액의 한도는 120만원(성실신고확인대상 내국법인의 경우에는 150만원)으로 한다(조특법 126의 6 ①).

앞의 세액공제를 적용받은 성실신고확인대상자가 해당 과세연도의 사업소득금액(법인의 경우에는 법인세법 제13조에 따른 과세표준을 말한다. 이하에서 '사업소득금액 등'이라 한다)을 과소신고한 경우로서 그 과소신고한 사업소득금액 등이 경정(수정신고로 인한 경우를 포함한다)된 사업소득금액 등의 10% 이상인 경우에는 공제받은 금액에 상당하는 세액을 전액 추징하며, 세액이 추징된 성실신고확인대상자에 대해서는 추징일이 속하는 과세연도의 다음 과세연도부터 3개 과세연도 동안 성실신고 확인비용에 대한 세액공제를 하지 아니한다(조특법 126의 6 ② 및 ③).

한편, 성실신고확인대상사업자가 그 과세기간의 다음 연도 6월 30일까지 성실신고확인서를 납세지 관할세무서장에게 제출하지 아니한 경우에는 사업소득금액이 종합소득금액에서 차지하는 비율(해당 비율이 1보다 큰 경우에는 1로, 0보다 작은 경우에는 0으로 한다)을 종합소득 산출세액에 곱하여 계산한 금액의 5%와 해당 과세기간 사업소득의 총수입금액에 0.02%를 곱한 금액 중 큰 금액에 해당하는 금액을 결정세액에 더한다(소법 81의 2 ①).

5 보정요구

납세지 관할세무서장은 제출된 성실신고확인서에 미비한 사항 또는 오류가 있을 때에는 그 보정을 요구할 수 있다(소법 70의 2 ③).

제8장

사업장 현황신고와 확인

제1절 사업장 현황신고와 확인의 의의

종합소득금액 등은 총수입금액에서 이에 대응하는 필요경비 등을 빼서 계산하기 때문에 종합소득세 등의 과세표준과 세액을 확정하기 위해서는 먼저 총수입금액부터 확정할 필요가 있다.

그러므로 현행 소득세법은 부가가치세 면세사업자에게 종합소득 과세표준확정신고와는 별개로 사업장현황신고서를 제출하도록 함과 아울러 사업장 소재지 관할세무서장에게 사업장별로 사업장의 현황을 조사·확인할 수 있도록 하고 있다. 이와 같은 사업장 현황신고와 사업장 현황조사·확인은 사업자의 총수입금액을 파악하기 위한 장치인 것이다.

제2절 사업장 현황신고

사업소득이 있는 사업자(해당 과세기간 중 사업을 폐업 또는 휴업한 사업자를 포함한다)는 해당 사업장의 현황을 해당 과세기간의 다음 연도 2월 10일까지 사업장 소재지 관할세무서장에게 신고하여야 한다. 다만, 다음 중의 어느 하나에 해당하는 때에는 예외로 한다(소법 78).

① 사업자가 사망하거나 출국함에 따라 과세표준확정신고의 특례규정이 적용되는 경우
② 부가가치세의 과세사업자가 예정신고 또는 확정신고한 경우. 다만, 사업자가 부가가치세법상 과세사업과 면세사업 등을 겸영(兼營)하여 면세사업 수입금액 등을 신고하는 경우에는 그 면세사업 등에 대하여 사업장 현황신고를 한 것으로 본다.

위에서와 같이 사업장현황신고의무를 지는 자는 결국 부가가치세 면세사업자에 국한되는 것이다.

사업장 현황신고는 사업장 현황신고서로 하되, 국세청장이 업종의 특성 및 세원관리를 위하여 필요하다고 인정하는 사업장의 경우에는 수입금액명세서 및 관련자료를 첨부하여야 한다. 사업장현황신고서에는 사업자 인적사항, 업종별 수입금액 명세, 수입금액의 결제수단별 내역, 계산서·세금계산서·신용카드매출전표 및 현금영수증 수취내역, 그 밖에 사업장의 현황과 관련된 사항 등이 포함된다.

다만, 다음의 사업자는 사업장 현황신고를 하지 아니할 수 있다(소법 78 ③, 소령 141 ④).

① 납세조합에 가입해 수입금액을 신고한 자

② 독립된 자격으로 보험가입자의 모집 및 이에 부수되는 용역을 제공하고 그 실적에 따라 모집수당 등을 받는 자

③ 독립된 자격으로 일반 소비자를 대상으로 사업장을 개설하지 않고 음료품을 배달하는 계약배달 판매 용역을 제공하고 판매실적에 따라 판매수당 등을 받는 자

④ 그 밖에 위 ①부터 ③에 해당하는 자와 유사한 자로서 기획재정부령으로 정하는 자

다음으로 2 이상의 사업장이 있는 사업자는 각 사업장별로 사업장 현황신고를 하여야 한다(소령 141 ③).

한편, 사업자가 그 사업을 폐업 또는 휴업한 때에는 휴업(폐업)신고서와 함께 사업장현황신고서를 사업장 소재지 관할세무서장에게 제출하여야 한다.

사업장 현황신고의 법적 성질은 과세관청이 해당 납세의무자의 총수입금액을 확인함에 있어서 필요한 근거자료 또는 증명서류를 제출하는 협력의무의 이행이라는 성격을 지니고 있다.

제3절　사업장 현황의 조사·확인

1　사업장 현황의 조사·확인의 사유

사업장 관할세무서장이나 지방국세청장은 사업자에게 다음에 해당하는 사유가 있는 때에는 사업장의 현황을 조사·확인하거나 이에 관한 장부·서류·물건 등의 제출 또는 그밖에 필요한 사항을 명할 수 있다(소법 79 및 소령 141 ⑤).

① 사업장 현황신고를 하지 아니한 경우
② 사업장현황신고서 내용 중 수입금액 등 기본사항의 중요부분이 미비하거나 허위라고 인정되는 경우
③ 매출·매입에 관한 계산서 수수내역이 사실과 현저하게 다르다고 인정되는 경우
④ 사업자가 그 사업을 휴업 또는 폐업한 경우

2　사업장별 수입금액의 조사·확인방법

사업자의 수입금액은 그 사업자가 비치하고 있는 장부 기타 증명서류로 산정함을 원칙으로 한다. 다만, 사업자의 수입금액을 장부와 이에 관계되는 증거서류로 계산할 수 없는 경우에는 동업자권형 등 일정한 방법에 따라 계산한 금액으로 한다(소령 144 ①).

사업장별 수입금액의 추계방법은 "제9장 과세표준과 세액의 결정 등과 징수"에서 다루기로 한다.

3　사업장별 수입금액의 조사·확인의 법적 효력

사업장 관할세무서장이 사업자의 수입금액을 조사·확인한 경우에도 그 상대방인 납세의무자에게 통지하지 않고 내부적으로 납세지 관할세무서장에게 통보만을 행할 뿐이다. 이 단계에서의 수입금액의 확인은 아직 내부적 결정의 단계에 있는 행위에 불과한 것이고, 따라서 이와 같은 수입금액의 조사·확인이 납세의무자의 권리의무에 영향을 미치는 행정처분에 해당한다고 할 수는 없다. 그러므로 수입금액의 조사·확인은 이의신청 등과 같은 조세행정심판 또는 행정소송의 대상이 될 수 없다고 해석하여야 한다. 설사 그와 같은 조사·확인에 대하여 법적 효과성을 인정할 수 있다고 하더라도 분쟁의 성숙성을 충족하지 못하였기 때문에 조세행정심판 등의 제기가 허용되지 않는다고 새겨야 한다.[285]

결론적으로 수입금액의 조사·확인 등에 대해서는 그 수입금액의 조사·확인 등의 단계에서는 다툴 수 없고 소득세 과세표준과 세액의 결정 또는 경정 등의 단계에서 불복하여 다투어야 하는 것이다.

사업장 소재지 관할세무서장이 사업자의 수입금액을 조사·확인하여 확정하였다고 하더라도 해당 사업자는 그 확인한 수입금액의 크기와 관계없이 진실한 수입금액에 따라 소득세 과세표준과 세액을 신고할 수 있다. 그리고 사업자가 사업장 관할세무서장에게 제출한 사업장현황신고서에 오류가 있는 경우에는 이미 신고한 사업장 현황신고에 구속됨이 없이 자기의 진실한 수입금액에 따라 소득세 과세표준과 세액을 신고할 수 있다고 새겨야 한다.

한편, 사업자(주로 사업자가 아닌 소비자에게 재화 또는 용역을 공급하는 사업자로서 대통령령으로 정하는 사업자만 해당한다)가 사업장 현황신고를 하지 아니하거나 신고하여야 할 수입금액에 미달하게 신고한 경우에는 그 신고하지 아니한 수입금액 또는 미달하게 신고한 수입금액의 0.5%에 해당하는 금액을 해당 과세기간의 결정세액에 더한다(소법 81의 3).

---

285) 대법원 1989.7.25. 선고, 87누902 판결 : 대법원 1977.9.28. 선고, 77누70 판결 외.

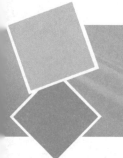

제9장

과세표준과 세액의 결정 등과 징수

제1절 과세표준과 세액의 결정 등

1 서 론

가. 개 념

소득세의 납세의무는 과세기간의 종료일에 성립한다(기법 21 ①). 그러나 이와 같은 추상적인 납세의무의 성립만으로는 구체적으로 과세관청의 징수권이나 납세의무자의 납부의무가 확정되는 것은 아니다.

소득세의 납세의무는 납세의무자의 소득세 과세표준확정신고로 비로소 확정되는 것이다. 즉 소득세는 신고납세제도를 채택함으로써 납세의무자가 스스로 자기의 소득세 과세표준과 세액을 신고하여야만 비로소 납세의무가 구체적으로 확정되도록 하고 있는 것이다. 다만, 소득세 납세의무자가 소득세의 과세표준과 세액을 신고하지 않았거나 신고한 내용에 오류 또는 탈루가 있는 때에는 보충적으로 과세관청이 확정권을 행사하여 그 과세표준과 세액을 확정하거나 고쳐서 확정하는 것이다. 과세표준확정신고를 이행하지 아니한 거주자의 과세표준과 세액을 확정하는 절차를 결정이라고 하고, 과세표준확정신고는 하였으나 그 신고내용에 오류 또는 탈루가 있는 거주자의 과세표준과 세액을 고쳐서 확정하는 절차를 경정이라고 한다. 이와 같은 결정 및 경정은 소득세의 예외적인 확정수단인 것이다.

그런데 소득세의 보충적인 확정수단인 결정 등은 소득세의 과세기간이 종료되고 납세의무자의 과세표준확정신고가 끝난 후에 행하는 것이 원칙이다. 이에 대하여 소득세의 과세기간이 끝나기 전 또는 확정신고기한이 지나기 전에 미리 일정한 소득에 대한 세액 또는 해당 과세기간에 관한 소득세액의 일부를 결정하여 징수하는 경우가 있다. 중간예납세액의 결정 및 수시부과결정 등이 이에 해당한다.

주로 조세채권의 적기확보와 조세면탈의 방지 등을 위하여 예납적으로 결정하여 징수하는 제도로서 확정신고 등을 통한 정산이 예정되어 있다.

이에 관하여는 이미 앞에서 살펴본 바와 같다.

나. 법적 성질

과세관청이 행하는 과세표준과 세액의 결정(경정을 포함한다. 이하 같다), 즉 과세처분의 법적 성질에 관하여는 하명행위라는 설과 확인행위라는 설이 대립되고 있다. 과세관청이 과세표준과 세액을 결정하는 처분은 이미 성립되어 있는 조세채무의 내용을 구체적으로 확정하는 행위이기 때문에 확인행위에 해당한다고 새긴다.[286]

다음으로 납세의 고지는 통지행위 중 의사의 통지(이행의 청구)에 해당한다. 징수실무상으로는 과세표준과 세액의 결정통지를 납세고지서에 의하여 행하게 되는데, 이 경우의 납세고지는 확인행위의 성질(과세표준과 세액의 통지)과 통지행위의 성질(납세의 고지)을 아울러 갖는 복합적인 행위로 이해하여야 한다.[287]

다. 근거과세의 원칙

과세는 장부와 이에 관계되는 증거에 근거하여 객관성 있게 이루어져야 한다. 따라서 납세의무자가 장부를 갖추어 기록하고 있는 경우에는 소득세 과세표준과 세액의 결정 또는 경정은 그 장부와 이에 관계되는 증거자료와 같은 직접증거에 의하여야 하고, 장부의 내용이 사실과 다르거나 장부의 기록에 누락된 것이 있을 때에는 그 부분에 대해서만 정부가 조사한 사실에 따라 결정 또는 경정할 수 있도록 하고 있는 것이다. 다만, 이 경우에도 정부는 조사한 사실과 결정의 근거를 결정서에 적어야 한다(기법 16).

다음으로 추계과세는 엄격한 요건, 즉 추계과세의 필요성을 충족하는 때에만 허용하여야 한다. 대법원이 "납세의무자가 신고·납부시에 제시한 제반 증빙서류 등의 부당성을 지적하고 새로운 과세자료를 제시받아 실지조사를 하여 보았으나 해당 과세자료에 의해서도 도저히 과세표준과 세액을 결정할 수 없을 때에 한하여 비로소 추계결정을 할 수 있다"고 판시[288]한 것은 이를 단적으로 나타낸 것이라고 하겠다.

---

286) 同旨 : 최명근, 「세법학총론」,(세경사, 1995), p.311 : 田中二郎, 「租稅法」(有斐閣, 1985), p.196 : 金子宏, 「租稅法」(弘文堂, 1992), p.502 : 淸永敬次, 「新版稅法」(ミネルウア書房, 1984), pp.178~180 : 新井隆一, 「租稅法の基礎理論」(日本評論社, 1986), pp.125~126 : 中川一郎編, 「稅法學體系總論」(三晃社, 1974), p.202.

287) 대법원도 납세고지를 부과결정을 고지하는 과세처분의 성질과 확정된 세액의 납부를 명(命)하는 징수처분의 성질을 아울러 갖는다고 판시하고 있다(대법원 1985.1.29 선고, 84누111 판결).

288) 대법원 1980.3.11. 선고, 79누408 판결 외.

2　결정시기

과세표준확정신고를 하여야 할 자가 신고를 하지 아니하여 해당 과세기간의 과세표준과 세액을 결정하여야 하는 경우에는 해당 과세표준과 세액은 과세표준확정신고기일로부터 1년 이내에 하여야 한다. 다만, 국세청장이 조사기간을 따로 정하거나 부득이한 사유로 인하여 국세청장의 승인을 얻은 경우에는 예외로 한다(소령 142 ②). 그러나 앞의 결정기간은 훈시규정에 불과하며, 설사 이 기간을 경과하여 과세표준과 세액을 결정하였다고 하더라도 소득세 부과권의 제척기간 내에 한 것이라면 적법하다.

납세지 관할세무서장 또는 지방국세청장이 과세표준확정신고·과세표준과 세액의 결정 또는 경정의 내용에 탈루 또는 오류가 있음을 발견한 경우에는 소득세 부과권의 제척기간이 지나지 않는 한 언제든지 그 과세표준과 세액을 경정한다.

3　결정기관

가. 원 칙

소득세 과세표준과 세액의 결정 또는 경정은 납세지 관할세무서장 또는 지방국세청장이 행한다(소법 80 ①).

나. 공동사업장에 대한 특례

공동사업장에 대해서는 해당 소득이 발생한 공동사업장별로 그 소득금액을 계산한다. 이 경우에는 해당 공동사업자 중 대표공동사업자의 주소지 관할세무서장이 그 소득금액을 결정 또는 경정한다. 다만, 국세청장이 특히 중요하다고 인정하는 것에 대하여는 사업장 관할세무서장 또는 주소지 관할 지방국세청장이 결정 또는 경정한다(소령 150 ②).

4　결정방법

가. 결정방법의 유형

과세표준을 인정하는 방법은 그 인정의 근거로 삼은 증거자료가 직접적인 것인지, 아니면 간접적인 것인지에 따라서 실액방법과 추계방법으로 구별할 수 있다. 실액방법이란 장부와 이에 관련되는 증거서류와 같은 직접증거를 바탕으로 하여 과세표준을 산정하는 방법이다. 조세법상의 응능부담의 원칙과 근거과세의 원칙은 원칙적으로 실액방법에 따라 과세표준을 산정할 것을 요구하고 있다. 실액방법은 과세표준과 세액을 납세의무자가 스스로 신고함으로써 해당 과세표준과 세액이 확정되는 구조를 취하고 있는 신고납세제도와 친숙한 제도라고 할 수 있다.

그런데 납세의무자가 직접증거를 갖추고 있지 않거나 납세의무자가 제시하는 직접증거가 거짓인 경우에 그 납세의무자에 대한 과세표준의 산정이 문제이다. 이 경우에는 간접적인 증거에 바탕을 둔 추계방법에 따라 과세하지 않을 수 없는 것이다.[289]

납세의무자가 과세표준을 산정할 수 있는 직접증거를 갖추고 있지 않거나 납세의무자가 직접증거라고 제시하는 자료가 거짓임이 명백한 경우와 같이 직접증거에 의존할 수 없는 명백한 사유가 있는 경우에는 부득이 간접증거에 따라 과세표준을 추정하여 산정할 수밖에 없다. 다시 말하면 실액방법에 의한 과세가 불가능할 경우에 한하여 허용되는 예외적인 과세표준의 산정방법인 것이다.

그런데 소득세의 과세표준과 세액을 결정할 때 거주자단위로 같은 결정방법을 적용하여야 하는 것은 아니며, 소득별·사업장별[290]로 서로 다른 결정방법을 적용할 수 있다. 예를 들면 2개의 사업장이 있는 거주자의 경우 한 개의 사업장에 대해서만 실액방법을 적용하고, 나머지 한 개의 사업장에 대해서는 추계방법을 적용하더라도 무방한 것이다.

나. 실액방법에 의한 결정

1) 요 건

거주자가 장부를 갖추어 기록하고 있는 경우로서 그 비치·기장된 장부와 증빙서류를 근거로 하여 소득금액을 계산할 수 있는 때에는 그 장부와 이에 관계되는 증거서류에 의하여 과세표준을 산정한다(소법 80 ③).[291] 납세의무자가 비치·기장하고 있는 장부와 증거서류는 진실한 증거자료로 추정한다(기법 81의 3). 따라서 과세관청이 납세의무자가 제시하는 장부와 이에 관계있는 증거자료의 중요한 부분이 거짓임을 이유로 추계과세를 하기 위해서는 그 추계과세의 요건을 이루는 근거사실에 관하여 증명책임을 지는 것이다.

---

289) 南博方, 「租稅爭訟の理論と實際」(弘文堂, 1980), p.103 : 金子宏, 앞의 책, p.507 : 岸田貞夫, "推計課稅," 「租稅判例百選」(第三版) 別冊 「ジュリスト」 No.120,(1992. 12), p.162.

290) 대법원 1989.4.25. 선고, 87누272 판결.

291) 부동산매매업을 영위하는 납세의무자가 소득세법이 정하는 장부를 비치·기장하지 않았다 해도 토지구입 대금, 제세공과금, 도급공사비, 분양수수료 등과 같은 필요경비가 공사도급계약서, 취·등록세 과세표준신 고서, 원고의 금융거래내역, 분양대행업자의 진술 등 객관적인 증빙자료를 근거로 밝혀지고 있으므로 그 과세표준 및 세액은 실지조사의 방법에 의해 결정하는 것이 상당하다(대법원 2010.7.15. 선고, 2010두6632 판결).

2) 결정방법

거주자가 비치·기장한 장부와 이에 관계되는 증거서류 등과 같은 직접증거를 근거로
하여 과세표준과 세액을 확정한다. 이와 같은 실액방법은 과세표준확정신고서 및 그
첨부서류를 중심으로 하거나 실지조사를 통하여 한다(소령 142 ①).

실액방법 중에서 과세표준확정신고서 및 그 첨부서류를 중심으로 하여 확정하는 방법
을 서면조사결정이라고 부르기로 한다. 이는 주로 내부조사(office audit)의 한 형태로
이루어진다. 이에 대하여 실지조사결정은 주로 거주자의 사업장 또는 주소에서 해당
거주자가 비치·기장하고 있는 장부와 이에 관계되는 증거서류 등과 증거자료의 확인
을 통하여 이루어진다. 즉 실지조사는 주로 현장조사(field audit)의 형태로 이루어지
는 것이 일반적이다.

다. 추계방법에 의한 결정

1) 추계과세의 요건

① 과세관청이 직접자료에 의하지 아니하고 여러 가지 간접적인 자료를 근거로 하여
소득금액을 추정계산하는 방법이 추계방법이다. 소득세의 이상이 직접자료를 근거
로 하여 소득의 실액을 파악하는 데에 있으므로 실액방법이 원칙적인 확정방법이
라고 하겠다.

따라서 추계방법에 의한 결정은 직접증거를 입수할 수 없거나 입수한 직접증거가
현저히 부정확하거나 신뢰성이 결여되어 "추계과세의 필요성"[292]이 인정되는 경우
에만 허용된다. 즉 추계방법에 의한 결정요건은 다음과 같은 명백한 객관적인 사유
로 인하여 실액방법에 의한 결정을 할 수 없는 경우이다(소법 80 ③ 단서, 소령 143 ①).

㉮ 과세표준을 계산할 때 필요한 장부와 증빙서류가 없거나[293] 중요한 부분이 미
비 또는 거짓임이 명백한 경우

㉯ 기장의 내용이 시설규모·종업원수·원자재·상품 또는 제품의 시가·각종 요
금 등에 비추어 거짓임이 명백한 경우

㉰ 기장의 내용이 원자재사용량·전력사용량 기타 조업상황에 비추어 거짓임이
명백한 경우

---

292) 金子宏, 앞의 책, p.507.
293) 장부 및 증빙서류가 과세표준확정신고 후에 멸실된 경우에 그 멸실의 원인이 천재·지변 등 불가항력에
해당하지 않는 한 추계사유인 "장부와 증빙서류가 없는 때"에 해당한다(대법원 1995.12.8. 선고, 95누2777
판결).

앞에서의 추계과세의 요건은 크게 과세표준을 계산함에 있어서 필요한 장부와 증빙서류가 없는 경우와 과세표준을 계산할 때 필요한 장부와 증거서류의 중요한 부분이 미비 또는 거짓인 경우로 대별할 수 있다. 기장의 내용이 시설규모·종업원수·원자재·상품 또는 제품의 시가·각종 요금 등에 비추어 거짓임이 명백한 경우와 기장의 내용이 원자재사용량·전력사용량 기타 조업상황에 비추어 거짓임이 명백한 경우란 결국 과세표준을 계산함에 있어서 필요한 장부와 증빙서류의 중요한 부분이 미비 또는 거짓인 경우의 예시에 지나지 않는 것이다.[294]

② 추계방법에 의한 결정은 납세의무자에게 불이익을 주게 되는 것이므로 그 요건의 해석은 엄격히 하여야 한다. 추계과세의 필요성에 관한 증명책임은 과세관청에게 있다.[295]

③ 추계과세의 요건에 관한 위법성이 다투어지고 있는 경우에 처분시와 판결시 중 어떤 시점의 사실 및 법 상태를 기준으로 하여 위법성을 판단할 것인가가 문제이다. 추계의 필요성은 추계과세의 절차적 요건을 이루는 것이므로 처분시를 기준으로 하여 추계과세의 위법성을 판단하여야 한다.[296] 다만, 처분시의 사실에 관련된 장부와 증거서류 및 그 이후에 거래상대방으로부터 받은 진정한 내용의 서류로서 처분당시의 사정을 제대로 반영하고 있는 것은 취소심판의 심리과정 또는 취소소송의 변론종결시까지 제출할 수 있다고 하겠다.

2) 결정방법

추계방법에 의한 결정의 요건이 충족되어 추계방법에 의한 결정을 하는 경우에도 소득이 실액에 근접할 수 있는 합리적인 추계방법이 선택되지 않으면 안 된다. 추계방법의 합리성을 확보하기 위해서는 추계방법이 객관성을 가져야 하고, 추계의 기초가 된 사실이 정확하여야 하며, 선정된 추계방법이 특정 납세의무자에게 적용됨에 있어서 구체적·개별적 타당성을 갖추어야 하는 것이다.[297]

---

294) 김완석, "추계과세방법과 그 합리성에 관한 연구," 「한국조세연구」 제9권(사단법인 한국조세학회, 1995), p.176.
295) 대법원 1983.11.22. 선고, 83누444 판결.
296) 대법원 1988.6.7. 선고, 87누1079 판결.
[판결요지] 행정처분의 적법여부는 처분당시의 사유와 사정을 기준으로 판단하여야 하고 처분청이 처분 이후에 추가한 새로운 사유를 보태어서 당초 처분의 흠을 치유시킬 수 없다고 할 것이지만, 이는 과세처분의 사유의 추가와 과세처분사유를 뒷받침 할 수 있는 과세원인과 과세표준액 등에 관한 자료의 추가제출과는 구별되는 개념이므로 과세처분 취소소송에 있어 소송 당사자는 사실심 변론종결시까지 과세원인과 과세표준액 등에 관한 모든 자료를 제출할 수 있고 그 자료에 의하여 과세처분의 적법여부를 주장할 수 있다.
297) 이태로, 「조세법개론」(조세통람사, 1995), p.200 : 金子宏, 앞의 책, p.510.

합리성·타당성이 결여된 추계방법에 의하여 행하여진 과세처분은 위법이다. 추계방법의 합리성과 타당성에 관한 증명책임은 과세관청에게 있다.[298]

가) 소득금액의 추계방법

(1) 소득금액의 추계방법

① 추계방법에 따른 종합소득 과세표준은 다음의 추계방법에 따라 산정한 소득금액에서 인적공제와 특별소득공제를 하여 계산한다(소령 143 ②).

㉮ 기준경비율에 따른 추계방법

수입금액에서 매입비용 등과 수입금액에 기준경비율을 곱하여 계산한 금액의 합계액을 공제한 금액을 그 소득금액(기준소득금액)으로 결정 또는 경정하는 방법이다. 이 경우에 공제할 금액이 수입금액을 초과하는 경우에는 그 초과금액은 없는 것으로 본다. 다만, 기준소득금액이 단순경비율에 따른 추계소득금액에 기획재정부령이 정하는 배율을 곱하여 계산한 금액 이상인 경우 2027년 12월 31일이 속하는 과세기간의 소득금액을 결정 또는 경정할 때까지는 그 배율을 곱하여 계산한 금액을 소득금액으로 결정할 수 있다(소령 143 ③). 기획재정부령이 정하는 배율은 3.4(간편장부대상자의 경우에는 2.8)이다.

기준경비율에 의한 추계방법을 계산식으로 표시하면 다음과 같다.

소득금액 = 수입금액 − {매입비용 등 + (수입금액 × 기준경비율)}

ⅰ) 매입비용 등의 범위

매입비용(사업용 유형자산 및 무형자산의 매입비용을 제외한다. 이하에서 같다)과 사업용 유형자산 및 무형자산에 대한 임차료로서 증빙서류에 의하여 지출하였거나 지출할 금액, 종업원의 급여와 임금 및 퇴직급여로서 증빙서류에 의하여 지급하였거나 지급할 금액을 말한다. 매입비용과 사업용 고정자산에 대한 임차료 등의 증빙서류를 제출하지 못하는 경우에는 기획재정부령으로 정하는 주요경비지출명세서를 제출하여야 한다(소령 143 ⑨).

위의 경우에 매입비용 등에 관한 증거서류의 제출기한과 관련하여 신고기한시설·처분시설 및 재판시설 등의 대립을 상정하여 볼 수 있다.

---

298) 대법원 1984.4.10. 선고, 81누48 판결.

생각건대 매입비용 등에 관한 증거서류의 제출기한을 정하고 있지 않은 점, 조세법의 기본원칙을 이루고 있는 실질과세의 원칙 및 근거과세의 원칙에 비추어 볼 때 재판시설이 타당하다고 생각한다. 즉 매입비용·사업용 고정자산에 대한 임차료 및 종업원의 인건비(급여·임금 및 퇴직급여)에 관한 증거서류를 신고 또는 처분시에 제출하지 못하였다고 하더라도 사실심의 변론종결시까지 제출한다면 이에 따라 소득금액을 경정하여야 할 것이다.

ⅱ) 수입금액에 기준경비율을 곱하여 계산한 금액

수입금액에 국세청장이 결정·고시한 기준경비율을 곱하여 계산한 금액으로 한다. 다만, 복식부기의무자의 경우에는 수입금액에 기준경비율의 50%를 곱하여 계산한 금액으로 한다.

㉯ 단순경비율에 따른 추계방법

수입금액(「고용정책 기본법」 제29조에 따라 고용노동부장관이 기업의 고용유지에 필요한 비용의 일부를 지원하기 위해 지급하는 금액으로 기획재정부령으로 정하는 것을 제외한다.)에서 수입금액에 단순경비율을 곱한 금액을 공제한 금액을 그 소득금액으로 결정 또는 경정하는 방법이다.

이를 계산식으로 표시하면 다음과 같다.

$$\text{소득금액} = \text{수입금액} - \text{수입금액} \times \text{단순경비율}$$

이 추계결정 또는 경정방법은 다음과 같은 단순경비율 적용대상자에 한하여 적용한다(소령 143 ③ 단서 및 ④).

ⅰ) 해당 과세기간에 신규로 사업을 시작한 사업자

ⅱ) 직전 과세기간의 수입금액(결정 또는 경정으로 증가된 수입금액을 포함한다)의 합계액이 다음의 금액에 미달하는 사업자

이 경우에 ⓐ 내지 ⓒ의 업종을 겸영하거나 사업장이 2 이상인 경우에는 다음의 계산식에 의하여 계산한 수입금액에 의한다.

$$\text{주업종의 수입금액} + \text{주업종 외의 업종의 수입금액} \times \frac{\text{주업종에 대한 기준금액}}{\text{주업종 외의 업종에 대한 기준금액}}$$

ⓐ 농업·임업 및 어업, 광업, 도매 및 소매업(상품중개업을 제외한다), 부동산매매업, 그 밖에 ⓑ 및 ⓒ에 해당하지 아니하는 사업 : 6,000만원

ⓑ 제조업, 숙박 및 음식점업, 전기·가스·증기 및 공기조절 공급업, 수도·하수·폐기물처리·원료재생업, 건설업(비주거용 건물 건설업은 제외하고, 주거용 건물 개발 및 공급업을 포함한다), 운수업 및 창고업, 정보통신업, 금융 및 보험업, 상품중개업, 수리 및 기타 개인서비스업(부가가치세법 시행령 제42조 제1호에 따른 인적용역만 해당한다) : 3,600만원

ⓒ 부동산 임대업, 부동산업(부동산매매업은 제외한다), 전문·과학 및 기술 서비스업, 사업시설관리·사업지원 및 임대서비스업, 교육 서비스업, 보건업 및 사회복지 서비스업, 예술·스포츠 및 여가관련 서비스업, 협회 및 단체, 수리 및 기타 개인 서비스업(부가가치세법 시행령 제42조 제1호에 따른 인적용역은 제외한다), 가구내 고용활동 : 2,400만원(퀵서비스배달원 등 인적용역의 경우에는 3,600만원)

그러나 앞의 규정에 불구하고 다음 중 어느 하나에 해당하는 사업을 영위하는 자는 단순경비율 적용대상자에 포함되지 않는다(소령 143 ⑦).

ⅰ) 의료업·수의업 및 약국을 개설하여 약사에 관한 업을 행하는 사업자

ⅱ) 변호사업·심판변론인업·변리사업·법무사업·공인회계사업·세무사업·경영지도사업·기술지도사업·감정평가사업·손해사정인업·통관업·기술사업·건축사업·도선사업·측량사업·공인노무사업·의사업·한의사업·약사업·한약사업·수의사업과 그 밖에 이와 유사한 사업서비스업

ⅲ) 현금영수증가맹점에 가입하여야 하는 사업자 중 현금영수증가맹점으로 가입하지 아니한 사업자(가입하지 아니한 해당 과세기간에 한한다)

ⅳ) 신용카드가맹점 또는 현금영수증가맹점으로 가입한 사업자 중 신용카드에 의한 거래를 거부하거나 신용카드매출전표를 사실과 다르게 발급한 사업자 또는 현금영수증의 발급을 거부하거나 사실과 다르게 발급한 사업자로서 관할세무서장으로부터 해당 과세기간에 3회 이상 통보받고 그 금액의 합계액이 100만원 이상이거나 5회 이상 통보받은 자(통보받은 내용이 발생한 날이 속하는 해당 과세기간에 한정한다)

㉰ 동업자 권형에 의하여 소득금액을 결정 또는 경정하는 방법

기준경비율 또는 단순경비율이 결정되지 아니하였거나 천재지변이나 불가항력으로 장부와 증거서류가 멸실된 때에는 기장이 가장 정확하다고 인정되는 동일 업종의 다른 사업자의 소득금액을 고려하여 그 소득금액을 결정 또는 경정하는 방법이다. 다만, 동일 업종의 다른 사업자가 없는 경우로서 과세표준확정신고 후에 장부 등이 멸실된 때에는 과세표준확정신고서 및 그 첨부서류에 의하고, 과세표준확정신고 전에 장부 등이 멸실된 때에는 직전 과세기간의 소득률에 의하여 소득금액을 결정 또는 경정한다.

㉱ 기타 국세청장이 합리적이라고 인정하는 방법에 의하여 소득금액을 결정 또는 경정하는 방법

② 앞의 추계방법을 정하고 있는 소득세법 시행령 제143조 제3항이 추계방법을 예시한 규정인지, 아니면 추계방법을 제한적으로 열거한 규정인지를 둘러싸고 예시설과 제한설[299]이 대립하고 있다.

추계방법도 추계요건과 마찬가지로 엄격해석을 요구한다고 보아야 하기 때문에 제한설에 찬성하고자 한다. 대법원도 제한설의 입장에서 법령에서 규정하고 있는 추계방법에 근거하지 않은 것은 자의적인 추계에 해당하여 위법이라고 판시한 바 있다.[300]

(2) 추계방법에 의한 결정시의 소득금액 계산특례

① 이월결손금 공제의 배제

추계방법에 의하여 결정을 하는 경우에는 이월결손금의 공제를 허용하지 아니한다. 다만, 천재지변이나 그 밖에 불가항력으로 장부나 그 밖의 증명서류가 멸실되어 추계결정하는 경우에는 이월결손금을 공제한다(소법 45 ④).

추계결정을 함에 따라 공제받지 못한 이월결손금이라 하더라도 그 후의 과세기간의 과세표준과 세액을 실액방법에 의하여 확정하는 때에는 그 이월결손금(공제연한이 경과하지 않은 이월결손금을 말한다)을 공제할 수 있다.

② 환입할 충당금 등의 가산

추계방법에 의하여 결정 또는 경정을 하는 경우에 총수입금액에 산입할 충당

---

299) 김형선, "추계과세소송에 있어서의 입증문제," 「사법논집」 9(법원행정처, 1983), p.711 : 김진우, 「조세법체계」(육법사, 1984), p.157.

300) 대법원 1985.10.8. 선고, 85누426 판결 외.

금・준비금 등이 있는 자에 대한 소득금액은 추계방법에 의하여 계산한 소득금액에 해당 과세기간의 총수입금액에 산입할 충당금・준비금 등을 가산한 금액으로 한다(소령 143 ⑧).

나) 수입금액의 추계방법

(1) 사업자의 수입금액

① 수입금액의 추계방법

다음의 방법에 따라 계산한 금액으로 한다(소령 144 ①).

㉮ 기장이 정당하다고 인정되어 기장에 의하여 조사결정한 동일 업황의 다른 사업자의 수입금액을 고려하여 계산하는 방법

㉯ 국세청장이 사업의 종류・지역 등을 고려하여 사업과 관련된 인적・물적시설(종업원・객실・사업장・차량・수도・전기 등)의 수량 또는 가액과 매출액의 관계를 정한 영업효율이 있는 때에는 이를 적용하여 계산하는 방법

㉰ 국세청장이 업종별로 투입원재료에 대하여 조사한 생산수율을 적용하여 계산한 생산량에 해당 과세기간 중에 매출한 수량의 시가를 적용하여 계산하는 방법

㉱ 국세청장이 사업의 종류별・지역별로 정한 다음의 기준에 의하여 계산하는 방법

　ⅰ) 생산에 투입되는 원・부재료 중에서 일부 또는 전체의 수량과 생산량과의 관계를 정한 원단위투입량

　ⅱ) 인건비・임차료・재료비・수도광열비 기타 영업비용 중에서 일부 또는 전체의 비용과 매출액의 관계를 정한 비용관계비율

　ⅲ) 일정기간 동안의 평균재고금액과 매출액 또는 매출원가와의 관계를 정한 상품회전율

　ⅳ) 일정기간 동안의 매출액과 매출총이익의 비율을 정한 매매총이익률

　ⅴ) 일정기간 동안의 매출액과 부가가치액의 비율을 정한 부가가치율

㉲ 추계결정・경정대상사업자에 대하여 앞의 "㉯"부터 "㉱"까지의 비율을 산정할 수 있는 경우에는 이를 적용하여 계산하는 방법

㉳ 주로 최종소비자를 대상으로 거래하는 업종에 대하여는 국세청장이 정하는 입회조사기준에 의하여 계산하는 방법

② 수입금액의 가산 특례

사업자의 수입금액을 추계함에 있어서는 앞의 "①"의 방법(수입금액의 추계
방법)에 따라 계산한 수입금액에 다음의 금액을 더하여 산정한다(소령 144 ③).

㉮ 해당 사업과 관련하여 국가ㆍ지방자치단체로부터 지급받은 보조금 또는
장려금

㉯ 해당 사업과 관련하여 동업자단체 또는 거래처로부터 지급받은 보조금 또
는 장려금

㉰ 신용카드매출전표를 교부함으로써 공제받은 부가가치세액

㉱ 복식부기의무자의 사업용 유형고정자산 양도가액

(2) 광업권 등을 양도하거나 대여하고 그 대가로 받는 금품

① 영업권

「상속세 및 증여세법 시행령」 제59조 제2항의 규정에 의하여 평가한 금액으로 한다.

② 점포임차권

다음의 " ⅰ)"에 의하여 계산한 금액에서 "ⅱ)"에 의하여 계산한 금액을 차감한
가액으로 한다.

ⅰ) 양도시의 임대보증금상당액 + 해당 자산을 양도하는 사업자의 영업권 평
가액

ⅱ) 취득시의 임대보증금상당액 + (" ⅰ)"에 의하여 계산한 금액 − 취득시의
임대보증금 상당액) × 1/2

③ 광업권 등

광업권ㆍ어업권 및 산업재산권 등(영업권 및 점포임차권을 제외한다)은 「상속
세 및 증여세법 시행령」 제59조 제4항 내지 제6항의 규정에 의하여 평가한 금액
으로 한다.

5 과세표준과 세액의 경정

종합소득세 등은 신고납세제도를 채택하고 있으므로 납세신고에 의하여 납세의무가 확
정된다. 다만, 과세표준확정신고를 하여야 할 자가 그 신고를 이행하지 아니한 때에는 납세
의무가 구체적으로 확정되지 못하고 단지 추상적으로만 존재하게 된다. 이 경우에는 과세
관청이 거주자의 과세표준과 세액을 확정하는 절차를 밟게 되는데, 이를 결정이라고 한다.

이와 같은 결정에 의하여 과세표준확정신고를 이행하지 아니한 거주자의 납세의무가 비로소 구체적으로 확정되게 되는 것이다.

　거주자가 과세표준확정신고를 하였으나 그 신고내용에 탈루 또는 오류가 있는 경우와 과세관청이 과세표준과 세액을 결정하였으나 그 결정에 탈루 또는 오류가 있는 경우에는 과세관청이 해당 거주자의 과세표준과 세액을 다시 고쳐서 확정한다. 이와 같은 확정절차를 경정[301]이라고 한다. 경정은 납세신고 또는 결정에 의하여 구체적으로 확정된 납세의무의 크기를 다시 고쳐서 확정하는 처분이다.

　경정의 사유는 다음과 같다(소법 80 ② · ④).

① 신고내용에 탈루 또는 오류가 있는 경우

② 연말정산 내용에 탈루 또는 오류가 있는 경우로서 원천징수의무자의 폐업 · 행방불명 등으로 원천징수의무자로부터 징수하기 어렵거나 근로소득자의 퇴사로 인하여 원천징수의무자의 원천징수이행이 어렵다고 인정되는 경우

③ 근로소득자소득 · 세액공제신고서를 제출한 자가 사실과 다르게 기재된 영수증을 받는 등 대통령령으로 정하는 부당한 방법으로 종합소득공제 및 세액공제를 받은 경우로서 원천징수의무자가 부당공제 여부를 확인하기 어렵다고 인정되는 경우

　위에서 "대통령령으로 정하는 부당한 방법"이란 다음 중 어느 하나에 해당하는 경우를 말한다.

㉮ 허위증거자료 또는 허위문서의 작성 및 제출

㉯ 허위증거자료 또는 허위문서의 수취(허위임을 알고 수취하는 경우에 한한다) 및 제출

④ 매출 · 매입처별계산서합계표 및 지급명세서의 전부 또는 일부를 제출하지 아니한 경우

⑤ 다음 중 어느 하나에 해당하는 경우로서 시설규모나 영업상황으로 보아 신고내용이 불성실하다고 판단되는 경우

㉮ 사업용계좌를 이용하여야 할 사업자가 이를 이행하지 아니한 경우

㉯ 사업용계좌를 신고하여야 할 사업자가 이를 이행하지 아니한 경우

㉰ 신용카드가맹점 가입대상요건에 해당하는 사업자가 정당한 사유 없이 신용카드가맹점으로 가입하지 아니한 경우

---

301) 독일에서의 변경(Änderung)과 거의 같은 개념이다. Tipke 교수는 변경을 감액변경(Änderung durch Einschränkung)과 증액변경(Änderung durch Erweiterung)으로 구분하고, 감액변경에는 부분 취소, 부분 철회 및 행정행위의 축소적 변경을 포함시키고 있다[Klaus Tipke/Joachim Lang, Steuerrecht, ein systematischer Grundriβ, 13. Aufl.(Verlag Dr. otto Schmidt, 1991), S.713].

  ㉫ 신용카드가맹점 가입요건에 해당하여 가맹한 신용카드가맹점이 정당한 사유 없이 신용카드매출전표의 발급을 거부하거나 사실과 다르게 발급한 경우

  ㉮ 현금영수증가맹점으로 가입하여야 하는 사업자 및 현금영수증가맹점가입대상자로 지정받은 사업자가 정당한 사유 없이 현금영수증가맹점으로 가입하지 아니한 경우

  ㉯ 현금영수증가맹점이 정당한 사유 없이 현금영수증의 발급을 거부하거나 사실과 다르게 발급한 경우

 ⑥ 과세표준과 세액을 결정한 후 그 결정에 탈루 또는 오류가 있는 것이 발견된 경우

다음으로 과세표준과 세액을 경정한 후 그 경정에 탈루 또는 오류가 있는 것을 발견한 때에는 즉시 이를 다시 경정하게 된다. 이를 재경정이라고 부르기도 한다. 강학상(講學上)으로는 경정과 재경정 등을 총칭하여 경정이라고 부른다.

6   과세표준과 세액의 통지

 과세관청이 납세의무자의 과세표준과 세액을 결정 또는 경정한 경우에는 납세의무자에게 알려야 한다(소법 83). 과세표준과 세액의 통지는 과세표준과 세율·세액과 그 밖에 필요한 사항을 적은 서면으로 하여야 한다. 납부할 세액이 없더라도 마찬가지이다. 과세관청이 내부적으로는 과세표준과 세액을 결정하였다고 하더라도 납부할 세액 등이 없음을 이유로 과세표준과 세액의 통지를 하지 아니한 경우에는 과세처분으로서의 효력이 발생되지 아니한다.[302]

 과세표준과 세액의 통지는 납세고지서에 의하여 행하고 있다. 납세고지서에 의한 고지행위의 성질은 그 고지의 대상이 되는 세액이 이미 납세신고에 의하여 확정되어 있는 세액을 고지하는 것인지, 아니면 결정 또는 경정에 따라 추가징수할 세액을 고지하는 것인지에 따라서 서로 다르다. 전자는 조세채권에 대한 이행의 청구(의사의 통지)에 지나지 않지만, 후자의 경우에는 과세처분(확인행위)의 성격과 조세채권에 대한 이행의 청구(의사의 통지)의 성격을 아울러 지니고 있는 복합적인 행정행위이다.

 한편, 납세고지서에는 과세연도, 세목, 세액 및 그 산출근거, 납부기한과 납부장소 등을 기재하여야 하는데, 이와 같은 기재사항 중 일부의 기재를 누락시킨 하자가 있는 경우에는 그 과세처분 자체가 위법하여 취소대상이 된다.[303]

---

302) 대법원 1989.10.27. 선고, 88누9077 판결.
303) 대법원 1984.3.13. 선고, 83누686 판결 외.

제2절　기준경비율 등

1　개념

기준경비율과 단순경비율이라 함은 국세청장이 규모와 업황에 있어서 평균적인 기업에 대하여 업종과 기업의 특성에 따라 조사한 평균적인 경비비율을 참작하여 기획재정부령으로 정하는 절차를 거쳐 결정한 경비율을 말한다(소령 145 ①).

과세는 장부와 이에 관계되는 증거서류에 근거하여 객관성 있게 이루어져야 한다(기법 16). 따라서 소득세의 과세표준과 세액은 원칙적으로 장부 등과 같은 직접증거를 토대로 하여 산정함이 마땅하다고 하겠다. 그러나 납세의무자가 과세표준을 계산함에 있어서 필요한 장부와 증빙서류를 비치하지 아니하였거나 중요한 부분이 미비 또는 허위인 때 등과 같은 사유로 인하여 직접증거인 장부나 증빙서류를 근거로 소득금액을 계산할 수 없는 경우에는 부득이 과세관청이 해당 납세의무자의 과세표준을 추정하여 결정할 수밖에 없다고 하겠다. 이를 추계방법에 의한 결정이라고 하는데, 원칙적으로 수입금액에서 매입비용 등과 수입금액에 기준경비율을 곱하여 산정한 금액의 합계액 또는 수입금액에 단순경비율을 곱하여 산정한 금액을 차감하여 종합소득금액을 계산한다(소령 143 ③). 이와 같은 종합소득금액에서 종합소득공제를 빼면 종합소득과세표준이 산정된다.

이와 같이 기준경비율 또는 단순경비율은 추계방법에 의하여 과세표준을 결정 또는 경정하는 경우에 수입금액에서 공제할 필요경비를 계산하는 비율로서 과세표준의 크기를 좌우하는 중요한 요인이 되고 있다.

2　기준경비율 등의 법적 성격

기준경비율 등은 소득세의 과세표준을 추계방법에 의하여 결정 또는 경정함에 있어서 소득금액을 산정하기 위하여 국세청장이 제정한 표준적인 경비율이다. 즉 국세청장이 소득세 과세표준과 세액의 추계방법의 하나로 정한 기준율인 것이다. 이와 같은 기준경비율 등은 행정규칙(행정명령)의 형식으로 발하여지고 있다.

소득세의 과세표준과 세액의 결정은 고도의 전문성이 요구될 뿐만 아니라 대량성·반복성을 지니고 있기 때문에 그 결정방법(추계방법)을 정하여 그 취급을 전국적으로 통일할 필요성이 있는 것이다. 이와 같은 필요성에 의하여 제정한 기준경비율 등은 비록 행정규칙의 형식으로 발하여지지만 그 규율내용은 소득세의 부담액을 결정하는 "제2의 세율"로서 기능하고 있다. 즉 기준경비율 등은 비록 행정규칙의 형식을 취하고 있지만 실질은 법규명령인 것이다.

이와 같이 행정규칙의 형식을 취하는 법규명령의 법적 성질에 관하여 대국민적 효력을 갖는 법규명령에 해당한다는 견해, 행정규칙에 지나지 않는다는 견해 및 원칙으로 위법·무효가 된다는 견해가 대립하고 있다.

결론적으로 기준경비율 등은 소득세법 시행령 제145조의 위임에 따라 제정된 것으로서 소득세법 시행령 제145조와 결합하여 과세표준의 산정기준을 이루고 있는 것이므로 대국민적 효력을 갖는 법규명령으로 이해하고자 한다. 대법원도 행정규칙의 형식을 취하는 법규명령에 관하여 "…… 국세청 훈령인 재산제세조사사무처리규정은 소득세법 시행령의 위임에 따라 그 규정의 내용을 보충하는 기능을 가지면서 그와 결합하여 대외적인 구속력이 있는 법규명령으로서의 효력을 가지는 것이다. ……"[304]라고 판시하여 법규명령으로 보고 있다.

3　결정권자와 결정절차

기준경비율 등은 국세청장이 결정한다(소령 145 ①). 국세청장은 기준경비율 등을 결정하기 이전에 기준경비율심의회의 심의를 거쳐야 하나, 그 심의 결과에 구속되는 것은 아니다. 즉 국세청장은 기준경비율심의회의 심의를 거쳐 기준경비율 등을 결정하는 것이다.

한편, 기준경비율 등의 제정을 전적으로 국세청장에게 백지위임하고 있는 것과 관련하여 조세법률주의의 측면에서 비판의 여지가 있다고 보인다.

그러나 현실적인 측면에서 살펴볼 때 기준경비율 등의 결정은 그 업무가 방대하고 기준경비율 등의 제정에 고도의 전문성·기술성과 사정변경에 따른 구체적 적응성을 필요로 하기 때문에 이를 법령에서 수용하거나 법령에서 기준경비율 등의 내용에 관한 구체적 기준을 제시하는 것은 거의 기대하기 어렵다고 본다.

4　기준경비율심의회

가. 기준경비율심의회의 법적 지위

1) 의결기관으로 보는 견해

기준경비율심의회를 의결기관으로 보아 해당 심의회의 의결은 국세청장을 구속한다고 주장하는 견해이다.

---

304) 대법원 1987.9.29. 선고, 86누484 판결 : 대법원 1992.1.21. 선고, 91누5334 판결.

2) 자문기관으로 보는 견해

기준경비율심의회를 자문기관으로 이해하여 해당 심의회의 의결은 국세청장을 구속할 수 없으며 단순한 참고자료에 불과하다고 주장하는 견해이다.

3) 결　어

기준경비율심의회를 자문기관으로 이해함이 타당하다고 생각한다. 따라서 국세청장이 기준경비율 등을 결정하기 위하여는 기준경비율심의회의 심의를 거쳐야 하나, 그 심의결과에 기속되는 것은 아니다. 다만, 기준경비율심의회의 심의를 거치지 아니하고 국세청장이 결정한 기준경비율 등은 제정절차상 흠 있는 행정규칙에 해당한다고 하겠다.

나. 기준경비율심의회의 구성

기준경비율심의회의 위원장은 국세청 차장으로 한다. 그리고 기준경비율심의회의 위원은 경상계대학 · 학술연구단체 · 경제단체 및 금융회사 등으로부터 추천을 받아 국세청장이 위촉하는 사람 11명과 기획재정부에서 소득세제 업무를 담당하는 공무원 중에서 국세청장이 위촉하는 사람 1명, 국세청 소속 공무원 중에서 국세청장이 임명하는 사람 3명으로 구성한다(소령 145 ①, 소칙 68 ②).

다. 기준경비율심의회의 기능

기준경비율심의회는 다음 사항을 심의한다(소령 145 ① · ③).
① 경비율의 심의
② 추계방법의 심의

제**3**절　가산세

1　서　론

가. 개　념

조세법은 본래의 납세의무 외에도 과세권의 행사와 조세채권의 확보를 용이하게 하기 위하여 장부의 비치·기장, 과세표준과 세액의 신고, 지급명세서 또는 근로소득간이지급명세서 및 계산서의 제출, 원천징수세액의 납부 등과 같은 작위 또는 급부를 내용으로 하는 협력의무를 납세의무자에게 지우고 있다.

이와 같은 세법상의 각종 의무를 이행하지 않을 경우에 그에 대한 제재로서 조세의 형태로 가산세를 과징하도록 하고 있는 것이다.

소득세법상의 가산세에는 무신고가산세, 과소신고가산세, 초과환급신고가산세, 납부·환급불성실가산세, 보고불성실가산세, 증빙불비가산세, 영수증수취명세서미제출가산세, 사업장현황신고불성실가산세, 공동사업자등록불성실가산세, 무기장가산세, 사업용계좌미사용가산세, 신용카드매출전표미발급가산세, 현금영수증미발급가산세, 기부금영수증불성실가산세, 성실신고확인서미제출가산세 및 원천징수납부불성실가산세 등이 있다.

나. 가산세의 법적 성질

가산세는 조세법상의 질서위반행위에 대한 제재로서 과하는 일종의 금전벌이다. 즉 가산세란 세법상의 의무 이행을 확보하기 위하여 이들 의무를 태만히 하였을 때 과하여지는 일종의 행정벌, 특히 행정질서벌의 성질을 지닌 제재로 이해하는 것이 통설[305]이며 판례[306]의 입장이다. 즉 가산세를 과태료의 일종으로 파악하는 것이다.[307] 이에 대하여 가산세를 세법상의 의무이행을 확보하기 위한 경제적 부담으로 보는 견해(경제적 부담설)[308]와 납세의무를 정당하게 이행한 자와의 공평부담을 도모하기 위한 행정상의 조치임과 아울러 침해된 국고이익의 회복수단으로서 손해배상적 성격을 지니고 있음을 강조하는 견해(손해배상설)[309]도 있다.

---

305) 최명근, 앞의 책, p.611 : 이철송, "현행 가산세제의 합리화," 「조세법의 논점」, 이태로교수화갑 논문집(조세통람사, 1992), p.187.
306) 대법원 1977.6.7. 선고, 74누212 판결.
307) 木村弘之亮, 「租稅過料法」(弘文堂, 1991), pp.1~23.
308) 이태로, 「조세법개론」(조세통람사, 1995), p.84 : 金子宏, 앞의 책, p.462.

한편, 가산세는 과태료의 성질을 지니지만 과세관청이 세법이 정하는 바에 따라 조세의 형식으로 과징한다.

다. 조세벌과의 관계

조세법의 실효성 내지 납세의무자에 대한 의무이행을 확보하기 위하여 가하여지는 제재 중 가장 중추적인 위치를 차지하고 있는 것으로서는 조세벌과 가산세의 두 가지 유형을 들 수 있다. 가산세는 세법상의 의무불이행 또는 의무위반에 대하여 조세의 형식으로 과징하지만, 조세벌은 세법상의 의무위반에 대하여 형벌의 형식으로 과하는 제재이다. 하나의 세법상의 의무위반 또는 의무불이행이 조세범의 구성요건과 가산세의 과징요건을 경합적으로 충족하기 때문에 조세벌과 가산세를 병과하는 경우가 있을 수 있다.

이 경우에 조세벌과 가산세의 병과가 헌법 제13조 제1항의 일사부재리(一事不再理)의 원칙(Ne bis in idem), 즉 이중처벌의 금지원칙에 위배되는 것이 아닌가 하는 논의가 제기되고 있다. 가산세는 과세관청이 과세절차에 따라 조세의 형식으로 과징하는 것이고, 조세벌은 사법절차 또는 과벌적 행정절차에 따라 형벌의 형식으로 과하는 것이기 때문에 이중처벌이 아니라고 하는 것이 통설[310]이며 판례[311]의 입장이다. 그러므로 가산세는 행정질서벌이기는 하나 조세의 형식으로 부과되는 부가세적 성격을 지니고 있기 때문에 형법총칙의 규정을 적용하지 아니하며 행위자의 책임능력·책임조건 등을 고려하지 아니하고 가산세 과세요건의 충족 여부만을 확인하여 조세의 부과절차에 따라 과징한다. 미국에서도 사기에 의한 과소신고행위에 대하여 형벌(조세포탈범)과 민사벌(가산세)을 병과하는 것이 수정헌법 제5조의 이중처벌의 금지원칙(doctrine of double jeopardy)에 위반하는 것이 아닌가 하는 다툼이 있었다. 과소신고행위에 대한 민사벌(civil penalty)은 형사적인 제재가 아닌 민사적인 제재에 해당하고, 기본적으로 세입을 확보하려는 안전장치로서 납세의무자의 과소신고로 인하여 증가한 조사비용과 국고손실의 변상을 위하여 마련된 제도이기 때문에 해당 행위에 대하여 형벌과 민사벌을 병과하더라도 이중처벌이 아니라고 판시한 바 있다.[312]

---

309) 池木正男, "加算税制度に關する若干の考察,"「税大論叢」第14號, p.167.
310) 최명근, 앞의 책, p.612 : 이태로, 앞의 책, p.88.
311) 거주지를 이전하고 전입신고를 하지 아니 하였다는 이유로 과태료를 과징하고 다시 그 후에 형사처벌을 하더라도 일사부재리의 원칙에 어긋나는 것이라고 할 수 없다(대법원 1989.6.13. 선고, 88도1983 판결).
312) Helvering v. Mitchell, 303 U. S. 391(1938).

2 가산세의 과징요건

가산세는 행정질서벌로서 과세관청에 의하여 조세의 형식으로 과징되기 때문에 형법총칙의 규정을 적용하지 아니하며, 따라서 행위자의 책임능력·책임조건[313] 등을 고려하지 아니하고 가산세의 과징요건을 충족하였는지의 여부만을 확인하여 조세의 부과절차에 따라 과징하게 된다. 그러나 가산세는 세법상의 의무위반 또는 의무불이행에 대한 제재이기 때문에 납세자에게 귀책사유가 없는 경우까지 획일적으로 제재를 가하는 것은 타당하지 않다. 납세자가 의무에 위반하거나 의무를 불이행한 것이 정당한 사유에 기인한 경우에는 가산세의 책임이 조각(阻却)된다(기법 48 ①).[314]

3 가산세의 내용

소득세 가산세에는 무신고가산세, 과소신고가산세, 초과환급신고가산세, 납부·환급불성실가산세, 보고불성실가산세, 증빙불비가산세, 영수증수취명세서미제출가산세, 사업장현황신고불성실가산세, 공동사업자등록불성실가산세, 무기장가산세, 사업용계좌미사용가산세, 신용카드매출전표미발급가산세, 현금영수증미발급가산세, 기부금영수증불성실가산세, 원천징수납부불성실가산세, 성실신고확인서미제출가산세, 특정외국법인의유보소득계산명세서미제출가산세 및 업무용승용차관련비용명세서제출불성실가산세가 있다. 이 중에서 원천징수납부불성실가산세는 "제6편 원천징수"에서 다루기로 한다.

신고불성실가산세(무신고가산세, 과소신고가산세 및 초과환급신고가산세를 말한다. 이하 같다)와 무기장가산세가 동시에 해당하는 경우에는 그 중 큰 금액에 해당하는 가산세만을 적용하고, 신고불성실가산세와 무기장가산세의 가산세액이 같은 경우에는 신고불성실가산세만을 적용한다(기법 47의 2 ⑥).

가. 무신고가산세

납세자가 법정신고기한 내에 소득세 과세표준확정신고서를 제출하지 아니한 경우에 부과하는 가산세인데, 그 무신고가 납세자의 부당한 방법에 의하여 이루어졌는지의 여부에 따라 부당무신고가산세와 일반무신고가산세로 구분한다. 법문은 "법정신고기한까지 세법

---

313) 세법상 가산세는 과세권의 행사 및 조세채권의 실현을 용이하게 하기 위하여 납세자가 정당한 이유없이 법에 규정된 신고·납부 등 각종 의무를 위반한 경우에 개별세법이 정하는 바에 따라 부과되는 행정상의 제재로서 납세자의 고의·과실은 고려되지 않는다(대법원 1993.6.8. 선고, 93누6744 판결 : 대법원 1989.10.27. 선고, 88누2830 판결 : 대법원 1991.9.13. 선고, 91누773 판결).
314) 이철송, 앞의 논문, p.192 : 木村弘之亮, 앞의 책, pp.164~166.

에 따른 과세표준신고를 하지 아니한 경우"라고 표현하고 있는데, 소득세에 있어서의 세법에 따른 과세표준신고에는 소득세 과세표준확정신고는 물론이고 부동산매매업자의 토지등 매매차익예정신고나 양도소득과세표준예정신고도 포함된다고 새겨야 한다.

무신고가산세와 무기장가산세(양도소득세의 기장불성실가산세를 포함한다)가 동시에 적용되는 경우에는 각각 그 중 큰 금액에 해당하는 가산세만을 적용하고, 가산세액이 같은 경우에는 무신고가산세만을 적용한다(기법 47의 2). 그리고 토지등매매차익예정신고와 관련하여 가산세가 부과되는 경우(예정신고와 관련하여 가산세가 부과되는 부분에 한정한다)에는 확정신고와 관련한 가산세(무신고가산세, 과소신고가산세, 초과환급신고가산세)를 부과하지 아니한다.

한편, 무신고가산세를 적용함에 있어서 복식부기의무자가 기업회계기준을 준용하여 작성한 재무상태표·손익계산서와 그 부속서류 및 합계잔액시산표와 조정계산서를 제출하지 아니한 경우에는 소득세 과세표준확정신고를 하지 아니한 것으로 본다(소법 70 ④ 후단). 사업자가 소득세 과세표준과 세액의 결정·경정 또는 수정신고로 인하여 수입금액이 증가함으로써 간편장부대상자에 해당되지 아니하게 되는 경우에 재무상태표 등의 미제출에 따른 무신고가산세의 규정을 적용함에 있어서는 그 결정·경정 또는 수정신고하는 날이 속하는 과세기간까지는 간편장부대상자로 본다. 다만, 결정·경정 또는 수정신고한 날이 속하는 과세기간 이전에 복식부기의무자로 전환된 경우에는 복식부기의무자로 전환된 과세기간의 직전 과세기간까지는 간편장부대상자로 본다(소령 147의 5 ①).

1) 일반무신고가산세

가) 적용요건

납세자가 법정신고기한까지 소득세 과세표준확정신고를 하지 아니한 경우이다.

나) 가산세액의 계산

무신고세액의 20%에 상당하는 금액(일반무신고가산세액)을 납부할 세액에 가산하거나 환급받을 세액에서 공제한다. 다만, 복식부기의무자가 소득세 과세표준확정신고를 하지 아니한 때에는 무신고세액의 20%에 상당하는 금액과 수입금액에 0.07%를 곱하여 계산한 금액 중 큰 금액을 납부할 소득세액에 가산하거나 환급받을 세액에서 공제한다. 앞에서 수입금액이란 소득세법 제24조부터 제26조[315]까지 및

---

315) 소득세법 제24조(총수입금액의 계산), 제25조(총수입금액계산의 특례), 제26조(총수입금액불산입)에 따라 계산한 총수입금액으로서 소득세법에 따른 세무계산상의 총수입금액을 가리킨다.

제122조의 규정에 따라 계산한 사업소득의 총수입금액을 말한다(기법 47의2 ②).

2) 부당무신고가산세

가) 적용요건

납세자가 부정행위로 법정신고기한까지 과세표준확정신고를 하지 않은 경우이다.

나) 가산세액의 계산

부정행위로 신고하지 아니한 무신고세액의 40%(역외거래에서 발생한 부정행위로 종합소득과세표준확정신고를 하지 아니한 경우에는 60%)에 상당하는 금액으로 한다. 다만, 복식부기의무자가 부정행위로 종합소득과세표준확정신고를 하지 아니한 경우에는 무신고납부세액의 40%(역외거래에서 발생한 부정행위로 종합소득과세표준확정신고를 하지 아니한 경우에는 60%)에 상당하는 금액과 부정행위로 무신고한 과세표준과 관련된 수입금액(부정무신고수입금액)에 0.14%를 곱하여 계산한 금액 중 큰 금액으로 한다.

나. 과소신고가산세

납세자가 법정신고기한까지 소득세 과세표준확정신고를 한 경우로서 신고한 소득세액이 소득세법에 따라 신고하여야 할 소득세액에 미달한 경우에 부과하는 가산세인데, 그 과소신고가 납세자의 부정행위에 이루어졌는지의 여부에 따라 부당과소신고가산세와 일반과소신고가산세로 구분한다.

다음으로 과소신고가산세와 기장불성실가산세(양도소득세의 기장불성실가산세를 포함한다)가 동시에 적용되는 경우에는 각각 그 중 큰 금액에 해당하는 가산세만을 적용하고, 가산세액이 같은 경우에는 과소신고가산세만을 적용한다. 그리고 토지등매매차익예정신고와 관련하여 가산세가 부과되는 경우(예정신고와 관련하여 가산세가 부과되는 부분에 한정한다)에는 확정신고와 관련한 가산세(무신고가산세, 과소신고가산세, 초과환급신고가산세)를 부과하지 아니한다.

1) 일반과소신고가산세

가) 적용요건

납세자가 법정신고기한까지 소득세 과세표준확정신고를 한 경우로서 신고한 소득세액이 소득세법에 따라 신고하여야 할 소득세액에 미달한 경우이다.

나) 가산세액의 계산

과소신고한 세액(세법에 따른 가산세와 세법에 따라 가산하여 납부하여야 할 이자상당가산액이 있는 경우 그 금액은 제외한다)의 10%에 상당하는 금액(일반과소신고가산세액)을 납부할 세액에 가산하거나 환급받을 세액에서 공제한다.

2) 부당과소신고가산세

납세자가 부정행위로 과소신고한 경우에는 다음의 금액을 합한 금액을 납부할 세액에 가산하거나 환급받을 세액에서 공제한다.

가) 부정행위로 인한 과소신고납부세액에 대한 가산세액

부정행위로 인한 과소신고세액의 40%(역외거래에서 발생한 부정행위로 과소신고한 경우에는 60%)에 상당하는 금액(부당과소신고가산세액)으로 한다. 다만, 부정행위로 과소신고(종합소득과세표준확정신고에 한한다)한 자가 복식부기의무자인 경우에는 그 금액과 부정행위로 인하여 과소신고된 과세표준 관련 수입금액에 0.14%를 곱하여 계산한 금액 중 큰 금액으로 한다.

나) 부정행위로 인한 과소신고납부세액 외의 부분에 대한 가산세액

과소신고세액에서 부정행위로 인한 과소신고세액을 뺀 금액의 10%에 상당하는 금액으로 한다.

다. 초과환급신고가산세

납세자가 법정신고기한 내에 소득세 과세표준확정신고를 한 경우로서 신고납부하여야 할 세액을 납세자가 환급받을 세액으로 신고하거나 납세자가 신고한 환급세액이 신고하여야 할 환급세액을 초과하는 경우이다. 환급신고 또는 초과환급신고가 납세자의 부당한 방법에 의하여 이루어졌는지의 여부에 따라 부당초과환급가산세와 일반초과환급가산세로 구분한다.

초과환급신고가산세와 기장불성실가산세(양도소득세의 기장불성실가산세를 포함한다)가 동시에 적용되는 경우에는 각각 그 중 큰 금액에 해당하는 가산세만을 적용하고, 가산세액이 같은 경우에는 초과환급신고가산세만을 적용한다(국기법 47의 3). 그리고 토지등매매차익예정신고와 관련하여 가산세가 부과되는 경우(예정신고와 관련하여 가산세가 부과되는 부분에 한정한다)에는 확정신고와 관련한 가산세(무신고가산세, 과소신고가산세, 초과환급신고가산세)를 부과하지 아니한다.

1) 일반초과환급가산세

가) 적용요건

납세자가 법정신고기한까지 소득세 과세표준확정신고를 한 경우로서 소득세법에 따라 신고납부하여야 할 세액을 납세자가 환급받을 세액으로 신고하거나 납세자가 신고한 환급세액이 소득세법에 따라 신고하여야 할 환급세액을 초과하는 경우이다.

나) 가산세액의 계산

환급신고한 세액 또는 초과환급신고한 세액의 10%에 상당하는 금액을 납부할 세액에 가산하거나 환급받을 세액에서 공제한다. 이 경우 납세자가 환급신고를 하였으나 납부하여야 할 세액이 있는 경우에는 납부하여야 할 세액을 과소신고한 것으로 보아 제47조의 3(과소신고가산세)을 적용한다.

위에서 초과환급신고한 세액은 납세자가 신고한 환급세액과 세법에 따라 신고하여야 할 환급세액과의 차액을 한도로 한다.

2) 부당초과환급가산세

납세자가 부정행위로 초과환급신고한 경우에는 다음의 금액을 합한 금액을 납부할 세액에 가산하거나 환급받을 세액에서 공제한다.

가) 부정행위로 인한 초과환급신고세액에 대한 가산세액

부정행위로 인한 초과환급신고납부세액의 40%(역외거래에서 발생한 부정행위로 초과신고한 경우에는 60%)에 상당하는 금액으로 한다. 다만, 부정행위로 초과환급신고(종합소득과세표준확정신고에 한한다)한 자가 복식부기의무자인 경우에는 그 금액과 부정행위로 인하여 초과환급신고된 과세표준 관련 수입금액에 0.14%를 곱하여 계산한 금액 중 큰 금액으로 한다.

나) 부정행위로 인한 초과환급신고납부세액 외의 부분에 대한 가산세액

초과환급신고납부세액에서 부정행위로 인한 초과환급신고납부세액을 뺀 금액의 10%에 상당하는 금액으로 한다.

라. 납부지연가산세

납세자가 법정납부기한까지 소득세를 납부하지 아니하거나 납부하여야 할 세액보다 적게 납부하거나 환급받아야 할 세액보다 많이 환급받은 경우에는 다음의 금액을 합한 금액을 가산세로 한다(기법 47의 4 ①, 기령 27의 4).

① 납부하지 아니한 세액 또는 과소납부분 세액(세법에 따라 가산하여 납부하여야 할 이자 상당 가산액이 있는 경우에는 그 금액을 더한다) × 법정납부기한의 다음 날부터 납부일까지의 기간(납세고지일부터 납세고지서에 따른 납부기한까지의 기간은 제외한다) × 22/100,000

② 초과환급받은 세액(세법에 따라 가산하여 납부하여야 할 이자상당가산액이 있는 경우에는 그 금액을 더한다) × 환급받은 날의 다음 날부터 납부일까지의 기간(납세고지일부터 납세고지서에 따른 납부기한까지의 기간은 제외한다) × 22/100,000

③ 법정납부기한까지 납부하여야 할 세액(세법에 따라 가산하여 납부하여야 할 이자 상당 가산액이 있는 경우에는 그 금액을 더한다) 중 납세고지서에 따른 납부기한까지 납부하지 아니한 세액 또는 과소납부분 세액 × 3/100(국세를 납세고지서에 따른 납부기한까지 완납하지 아니한 경우에 한정한다)

마. 영수증 수취명세서 제출·작성 불성실 가산세

사업자(원천징수되는 사업소득으로서 일정한 사업소득만 있는 자·간편장부대상자로서 직전 과세기간의 사업소득의 수입금액이 4,800만원에 미달하는 사업자 및 해당 과세기간에 신규로 사업을 개시한 사업자는 제외한다)가 다음 중 어느 하나에 해당하는 경우에는 그 제출하지 아니한 분의 지급금액 또는 불분명한 분의 지급금액의 1%를 가산세로 해당 과세기간의 종합소득 결정세액에 더하여 납부하여야 한다(소법 81 ①, 소령 147 ②).

① 영수증 수취명세서를 과세표준확정신고기한까지 제출하지 아니한 경우

② 제출된 영수증수취명세서에 거래상대방의 상호, 성명, 사업자등록번호(주민등록번호로 갈음하는 경우에는 주민등록번호), 거래일 및 지급금액을 기재하지 않았거나 사실과 다르게 적어 거래사실을 확인할 수 없는 경우

영수증 수취명세서 제출·작성 불성실 가산세는 종합소득산출세액이 없는 경우에도 이를 적용한다(소법 81 ②).

바. 성실신고확인서 제출 불성실 가산세

성실신고확인대상사업자가 그 과세기간의 다음 연도 6월 30일까지 성실신고확인서를 납세지 관할세무서장에게 제출하지 아니한 경우에는 사업소득금액이 종합소득금액에서 차지하는 비율(해당 비율이 1보다 큰 경우에는 1로, 0보다 작은 경우에는 0으로 한다)을 종합소

득 산출세액에 곱하여 계산한 금액의 5%에 해당하는 금액(이하 '성실신고확인서 제출 불성실 가산세'라 한다)을 종합소득 결정세액에 더하여 납부하여야 한다(소법 81의 2 ①). 이 경우 종합소득산출세액이 경정으로 영(0)보다 크게 된 경우에는 경정된 종합소득산출세액을 기준으로 가산세를 계산한다(소법 81의 2 ②).

사. 사업장 현황신고 불성실 가산세

주로 사업자가 아닌 소비자에게 재화 또는 용역을 공급하는 다음의 사업자가 사업장 현황신고를 하지 아니하거나 신고하여야 할 수입금액에 미달하게 신고한 때에는 그 신고하지 아니한 수입금액 또는 미달하게 신고한 수입금액의 0.5%에 해당하는 금액을 해당 과세기간의 종합소득 결정세액에 더하여 납부하여야 한다(소법 81의 3 ①, 소령 147의 2).

① 의료법에 따른 의료업
② 수의사법에 따른 수의사업
③ 약사법에 따라 약국을 개설하여 약사에 관한 업을 행하는 사업자

사업장 현황신고 불성실 가산세는 종합소득산출세액이 없는 경우에도 이를 적용한다(소법 81의 4 ②).

아. 공동사업장 등록·신고 불성실 가산세

공동사업장에 관한 사업자등록 및 신고와 관련하여 다음 중 어느 하나에 해당하는 때에는 다음의 금액을 해당 과세기간의 결정세액에 더하여 납부하여야 한다(소법 81의 4 ①, 소령 147의 3).

① 공동사업자가 사업자등록을 하지 아니하거나 공동사업자가 아닌 자가 공동사업자로 거짓으로 등록한 경우에는 등록하지 아니하거나 거짓 등록에 해당하는 각 과세기간 총수입금액의 0.5%로 한다.

② 공동사업자가 공동사업자 등의 신고 또는 변경신고를 하지 아니하거나 거짓으로 신고한 경우에는 공동사업자가 공동사업자(출자공동사업자 해당 여부에 관한 사항을 포함한다), 약정한 손익분배비율, 대표공동사업자, 지분·출자내역 그 밖에 필요한 사항과 그 변동내용을 신고하지 아니하거나 거짓으로 신고한 경우로서 다음 중 어느 하나에 해당하는 때에는 신고하지 아니하거나 거짓 신고에 해당하는 각 과세기간의 총수입금액의 0.1%로 한다.

㉮ 공동사업자가 아닌 자를 공동사업자로 신고하는 경우

㉯ 출자공동사업자에 해당하는 자를 신고하지 아니하거나 출자공동사업자가 아닌 자를 출자공동사업자로 신고하는 경우

㉰ 손익분배비율을 공동사업자 간에 약정된 내용과 다르게 신고하는 경우

㉱ 공동사업자·출자공동사업자 또는 약정된 손익분배비율이 변동되었음에도 변동신고를 하지 않은 경우

공동사업장 등록·신고 불성실 가산세는 종합소득산출세액이 없는 경우에도 이를 적용한다(소법 81의 4 ②).

자. 장부의 기록·보관 불성실 가산세

사업자(소규모사업자를 제외한다)가 장부를 비치·기록하지 아니하였거나 비치·기록한 장부에 따른 소득금액이 기장하여야 할 금액에 미달한 경우에는 종합소득금액에 대하여 그 기장하지 아니한 해당 소득금액 또는 기장하여야 할 금액에 미달한 해당 소득금액이 차지하는 비율(해당 비율이 1보다 큰 경우에는 1로, 0보다 작은 경우에는 0으로 한다)을 산출세액에 곱하여 계산한 금액의 20%에 해당하는 금액을 결정세액에 더하여 납부하여야 한다(소법 81의 5).

차. 증명서류 수취 불성실 가산세

사업자(소규모사업자와 소득금액이 추계되는 자는 제외한다)가 사업과 관련하여 다른 사업자(법인을 포함한다)로부터 재화 또는 용역을 공급받고 계산서·세금계산서·신용카드매출전표(직불카드·외국에서 발행된 신용카드·선불카드를 사용하여 거래하는 경우 그 증명서류를 포함한다. 이하 같다) 또는 현금영수증과 같은 증명서류를 받지 아니하거나 사실과 다른 증명서를 받은 경우에는 그 받지 아니하거나 사실과 다르게 받은 금액으로 필요경비에 산입하는 것이 인정되는 금액(건별로 받아야 할 금액과의 차액을 말한다)의 2%를 가산세로 해당 과세기간의 종합소득 결정세액에 더하여 납부하여야 한다. 다만, 경비 등의 지출증명 수취 및 보관의무가 배제되는 경우에는 그러하지 아니하다(소법 81의 6, 소법 160의 2 ② 단서 및 소령 208의 2 ①).

위에서 증빙불비가산세의 적용대상에 제외되는 소규모사업자란 다음 중 어느 하나에 해당하는 사업자를 말한다(소령 147 ①).

① 해당 과세기간에 신규로 사업을 개시한 사업자

② 직전 과세기간의 사업소득의 수입금액(결정 또는 경정에 의하여 증가된 수입금액을 포

　함한다)이 4,800만원에 미달하는 사업자

③ 원천징수되는 사업소득만이 있기 때문에 소득세 과세표준확정신고의무가 배제되는 사업자(소법 73 ① Ⅳ에 해당하는 자)

　다음으로 증명서류 수취 불성실 가산세를 적용하지 않는 소득금액이 추계되는 사업자란 단순경비율 또는 기준경비율에 의하여 소득금액이 추계되는 사업자를 가리키되, 다만 기준경비율에 의하여 소득금액이 추계되는 사업자의 경우에는 매입비용·사업용 고정자산에 대한 임차료 및 종업원의 인건비를 제외한 지출, 즉 수입금액에 기준경비율을 곱하여 계산한 금액에 한하여 증빙불비가산세를 적용하지 아니한다(소령 147 ②).

　증명서류 수취 불성실 가산세는 산출세액이 없는 경우에도 이를 적용한다(소법 81의 6 ②).

카. 기부금영수증 발급·작성·보관 불성실 가산세

　기부금을 필요경비 또는 손금에 산입하거나, 기부금세액공제를 받기 위하여 필요한 기부금영수증(이하 '기부금영수증'이라 한다)을 발급하는 거주자 또는 비거주자가 다음 중 어느 하나에 해당하는 경우에는 다음의 구분에 따른 금액을 가산세로 해당 과세기간의 종합소득 결정세액에 더하여 납부하여야 한다(소법 81의 7 ①).

① 기부금영수증을 사실과 다르게 적어 발급(기부금액 또는 기부자의 인적사항 등 주요 사항을 적지 아니하고 발급하는 경우를 포함한다. 이하 같다)한 경우

　㉮ 기부금액을 사실과 다르게 적어 발급한 경우 : 사실과 다르게 발급한 금액[기부금영수증에 실제 적힌 금액(기부금영수증에 금액이 적혀 있지 아니한 경우에는 기부금영수증을 발급받은 자가 기부금을 필요경비에 산입하거나 기부금세액공제를 받은 해당 금액으로 한다)과 건별로 발급하여야 할 금액과의 차액을 말한다]의 5%

　㉯ 기부자의 인적사항 등을 사실과 다르게 적어 발급하는 등 가목 외의 경우 : 기부금영수증에 적힌 금액의 5%

② 기부자별 발급명세를 제160조의 3 제1항에 따라 작성·보관하지 아니한 경우: 그 작성·보관하지 아니한 금액의 0.2%

　기부금영수증 발급·작성·보관 불성실 가산세는 종합소득산출세액이 없는 경우에도 적용한다(소법 81의 7 ②).

타. 사업용계좌 신고 · 사용 불성실 가산세

사업자가 다음 중 어느 하나에 해당하는 때에는 해당금액을 해당 과세기간의 종합소득 결정세액에 더하여 납부하여야 한다(소법 81의 8 ①).

① 거래대금을 금융기관을 통하여 결제하거나 결제받은 때 또는 인건비 및 임차료를 지급하거나 지급받는 경우로서 사업용계좌를 사용하지 아니한 경우 : 사업용계좌를 사용하지 아니한 금액의 0.2%

② 사업용계좌를 신고하지 아니한 경우 : 과세기간 중 사업용계좌를 신고하지 아니한 미신고기간의 수입금액의 0.2%에 해당하는 금액 또는 사업용계좌의 사용대상이 되는 거래금액의 합계액의 0.2%에 해당하는 금액 중 큰 금액

위에서 미신고기간의 수입금액은 다음의 계산식에 따라 산출한 금액으로 한다.

> 수입금액 ＝ 해당 과세기간의 수입금액 × 미신고기간 / 365(윤년에는 366)

사업용계좌 신고 · 사용 불성실 가산세는 종합소득산출세액이 없는 경우에도 이를 적용한다(소법 81의 8 ②).

파. 신용카드 및 현금영수증 발급 불성실 가산세

1) 신용카드 발급 불성실 가산세

신용카드가맹점이 신용카드에 의한 거래를 거부하거나 신용카드매출전표를 사실과 다르게 발급한 경우에는 관할세무서장으로부터 통보받은 건별 거부금액 또는 신용카드매출전표를 사실과 다르게 발급한 금액(건별로 발급하여야 할 금액과의 차액을 말한다)의 5%(건별로 계산한 금액이 5천원에 미달하는 경우는 5천원으로 한다)를 해당 과세기간의 종합소득 결정세액에 더하여 납부하여야 한다(소법 81의 9 ①).

신용카드 발급 불성실 가산세는 산출세액이 없는 경우에도 이를 적용한다(소법 81의 9 ③).

2) 현금영수증 발급 불성실 가산세

사업자가 다음 중 어느 하나에 해당하는 경우에는 다음의 구분에 따른 금액을 해당 과세기간의 종합소득 결정세액에 더하여 납부하여야 한다(소법 81의 9 ②). 현금영수증 발급 불성실 가산세은 산출세액이 없는 경우에도 이를 적용한다(소법 81의 9 ③).

① 현금영수증가맹점으로 가입하지 아니하거나 그 가입기한이 지나서 가입한 경우 : 가

입하지 아니한 기간(가입기한의 다음 날부터 가입일 전날까지의 일수를 말하며, 이하
이 '미가입기간'이라 한다. 이 경우 미가입기간이 2개 이상의 과세기간에 걸쳐 있으면
각 과세기간별로 미가입기간을 적용한다)의 수입금액(현금영수증가맹점 가입대상인
업종의 수입금액만 해당하며, 계산서 및 부가가치세법 제32조에 따른 세금계산서 발
급분 등 대통령령으로 정하는 수입금액은 제외한다. 이하 같다)의 1%. 이 경우 미가
입기간의 수입금액은 다음 계산식에 따라 산출한다.

미가입기간의 수입금액 = 해당 과세기간의 수입금액 × 미가입기간/365(윤년에는 366)

② 현금영수증 발급을 거부하거나 사실과 다르게 발급하여 관할 세무서장으로부터 통보
받은 경우(현금영수증의 발급대상 금액이 건당 5천원 이상인 경우만 해당하며, ③에
해당하는 경우는 제외한다) : 통보받은 건별 발급거부 금액 또는 사실과 다르게 발급
한 금액(건별로 발급하여야 할 금액과의 차액을 말한다)의 5%(건별로 계산한 금액이
5천원에 미달하는 경우에는 5천원으로 한다)

③ 현금영수증을 발급하지 아니한 경우(국민건강보험법에 따른 보험급여의 대상인 경우
등 대통령령으로 정하는 경우는 제외한다) : 미발급금액의 20%(착오나 누락으로 인
하여 거래대금을 받은 날부터 10일 이내에 관할 세무서에 자진 신고하거나 현금영수
증을 자진 발급한 경우에는 10%로 한다)

하. 계산서 등 제출 불성실 가산세

사업자(소규모사업자는 제외한다)가 다음 중 어느 하나에 해당하는 경우에는 다음의 구
분에 따른 금액을 가산세로 해당 과세기간의 종합소득 결정세액에 더하여 납부하여야 한다
(81의 10 ①).

① 발급한 계산서(전자계산서를 포함한다. 이하 같다)에 필요적 기재 사항(소득세법 시행
령 제211조 제1항 제1호부터 제4호까지에 해당하는 기재사항)의 전부 또는 일부가 기
재되지 아니하거나 사실과 다르게 기재된 경우('②' 적용되는 분은 제외한다) : 공급가
액의 1%

② 매출·매입처별 계산서합계표(이하 '계산서합계표'라 한다)의 제출과 관련하여 다음
중 어느 하나에 해당하는 경우('④'가 적용되는 분의 매출가액 또는 매입가액은 제외
한다) : 다음의 구분에 따른 금액

㉮ 계산서합계표를 기한 안에 제출하지 아니한 경우 : 공급가액의 0.5%(제출기한이
지난 후 1개월 이내에 제출하는 경우에는 공급가액의 0.3%로 한다)

㉯ 제출한 계산서합계표에 기재하여야 할 사항(거래처별 등록번호 및 공급가액을 말

한다)의 전부 또는 일부가 기재되지 아니하거나 사실과 다르게 기재된 경우(계산서합계표의 기재 사항이 착오로 기재된 경우로서 교부하였거나 교부받은 계산서에 의하여 거래사실이 확인되는 분의 매출가액 또는 매입가액은 제외한다) : 공급가액의 0.5%

③ 매입처별 세금계산서합계표의 제출과 관련하여 다음 중 어느 하나에 해당하는 경우('④' 적용되는 분의 매입가액은 제외한다) : 다음의 구분에 따른 금액

  ㉮ 매입처별 세금계산서합계표를 기한 내에 제출하지 아니한 경우: 공급가액의 0.5%(제출기한이 지난 후 1개월 이내에 제출하는 경우에는 공급가액의 0.3%로 한다)

  ㉯ 매입처별 세금계산서합계표를 제출한 경우로서 그 매입처별 세금계산서합계표에 기재하여야 할 사항의 전부 또는 일부가 기재되지 아니하거나 사실과 다르게 기재된 경우(매입처별 세금계산서합계표의 기재사항이 착오로 기재된 경우로서 교부받은 세금계산서에 따라 거래사실이 확인되는 분의 매입가액은 제외한다) : 공급가액의 0.5%

④ 다음 중 어느 하나에 해당하는 경우 : 공급가액의 2%('㉮'를 적용할 때 전자계산서를 발급하여야 하는 자가 전자계산서 외의 계산서를 발급한 경우와 계산서의 발급시기가 지난 후 해당 재화 또는 용역의 공급시기가 속하는 과세기간의 다음 연도 1월 25일까지 계산서를 발급한 경우에는 1%로 한다)

  ㉮ 계산서를 발급시기에 발급하지 아니한 경우

  ㉯ 재화 또는 용역을 공급하지 아니하고 계산서, 신용카드매출전표 또는 현금영수증(이하 '계산서 등'이라 한다)을 발급한 경우

  ㉰ 재화 또는 용역을 공급받지 아니하고 계산서 등을 발급받은 경우

  ㉱ 재화 또는 용역을 공급하고 실제로 재화 또는 용역을 공급하는 자가 아닌 자의 명의로 계산서 등을 발급한 경우

  ㉲ 재화 또는 용역을 공급받고 실제로 재화 또는 용역을 공급하는 자가 아닌 자의 명의로 계산서 등을 발급받은 경우

⑤ 소득세법 제163조 제8항에 따른 기한(전자계산서 발급일의 다음 날을 말한다)이 지난 후 재화 또는 용역의 공급시기가 속하는 과세기간 말의 다음 달 25일까지 국세청장에게 전자계산서 발급명세를 전송하는 경우('④'가 적용되는 분은 제외한다) : 공급가액의 0.3%

⑥ 소득세법 제163조 제8항에 따른 기한(전자계산서 발급일의 다음 날을 말한다)이 지난 후 재화 또는 용역의 공급시기가 속하는 과세기간 말의 다음 달 25일까지 국세청장에게 전자계산서 발급명세를 전송하지 아니한 경우('④'가 적용되는 분은 제외한다) :

공급가액의 0.5%

사업자가 아닌 자가 재화 또는 용역을 공급하지 아니하고 계산서를 발급하거나 재화 또는 용역을 공급받지 아니하고 계산서를 발급받은 경우 그 계산서를 발급하거나 발급받은 자를 사업자로 보고 그 계산서에 적힌 공급가액의 2%를 그 계산서를 발급하거나 발급받은 자에게 사업자등록증을 발급한 세무서장이 가산세로 징수한다. 이 경우 그 계산서를 발급하거나 발급받은 자의 사업소득에 대한 종합소득산출세액은 0으로 본다(81의 10 ②).

계산서 등 제출 불성실 가산세는 종합소득산출세액이 없는 경우에도 이를 적용한다(81의 10 ③).

한편, 계산서 등 제출 불성실 가산세는 소득세법 제81조의 6 또는 부가가치세법 제60조 제2항·제3항·제5항·제6항에 따라 가산세가 부과되는 부분 또는 부가가치세법 제60조 제4항에 따라 가산세가 부과되는 부분에 대해서는 적용하지 아니한다(소법 81의 10 ④).

거. 지급명세서 제출 불성실 가산세

지급명세서 또는 간이지급명세서를 제출하여야 할 자가 다음 중 어느 하나에 해당하는 경우에는 다음의 구분에 따른 금액을 가산세로 해당 과세기간의 종합소득 결정세액에 더하여 납부하여야 한다. 다만, 조세특례제한법 제90조의 2에 따라 가산세가 부과되는 분에 대해서는 그러하지 아니하다(소법 81의 11 ①).

① 지급명세서 또는 간이지급명세서(이하 '지급명세서등'이라 한다)를 기한까지 제출하지 아니한 경우
   ㉮ 지급명세서의 경우 : 제출하지 아니한 분의 지급금액의 1%(제출기한이 지난 후 3개월 이내에 제출하는 경우에는 지급금액의 0.5%로 한다). 다만, 일용근로자의 근로소득에 대한 지급명세서의 경우에는 제출하지 아니한 분의 지급금액의 0.25%(제출기한이 지난 후 1개월 이내에 제출하는 경우에는 지급금액의 0.125%)로 한다.
   ㉯ 간이지급명세서의 경우 : 제출하지 아니한 분의 지급금액의 0.25%(제출기한이 지난 후 1개월 이내에 제출하는 경우에는 지급금액의 0.125%로 한다)

② 제출된 지급명세서등이 불분명한 경우에 해당하거나 제출된 지급명세서등에 기재된 지급금액이 사실과 다른 경우
   ㉮ 지급명세서의 경우 : 불분명하거나 사실과 다른 분의 지급금액의 1%
   ㉯ 간이지급명세서의 경우 : 불분명하거나 사실과 다른 분의 지급금액의 0.25%

다만, 2026년 1월 1일부터 2026년 12월 31일(반기별 원천징수의무자는 2027년 12월 31일)까지 일용근로자 아닌 근로자의 근로소득 지급하는 경우로서 해당 소득에 대한 간이지

급명세서를 그 소득 지급일(근로소득 원천징수시기 특례 적용시 해당 소득에 대한 과세연도 종료일)이 속하는 반기의 마지막 달의 다음 달 말일(휴업, 폐업 또는 해산한 경우에는 휴업일, 폐업일 또는 해산일이 속하는 반기의 마지막 달의 다음 달 말일)까지 제출하는 경우와 2024년 1월 1일부터 2024년 12월 31일까지 일시적 인적용역에 대한 기타소득을 지급하는 경우로서 해당 소득에 대한 지급명세서를 그 소득 지급일이 속하는 과세연도의 다음 연도의 2월 말일(휴업, 폐업 또는 해산한 경우에는 휴업일, 폐업일 또는 해산일이 속하는 달의 다음다음 달 말일)까지 제출하는 경우에는 위 ①, ②의 가산세를 부과하지 않는다(소법 81의 11 ③).

지급명세서 제출 불성실 가산세는 산출세액이 없는 경우에도 이를 적용한다(소법 81의 11 ②). 그럼에도 불구하고 원천징수세액을 반기별로 납부하는 원천징수의무자가 2021년 7월 1일부터 2022년 6월 30일까지 일용근로소득 또는 원천징수대상 사업소득, 일시적 인적용역에 대한 기타소득을 지급하는 경우로서 다음의 어느 하나에 해당하는 경우에는 위 ①의 ㉮ 가산세는 부과하지 아니한다.

ⅰ) 일용근로소득에 대한 지급명세서를 그 소득 지급일(근로소득 원천징수시기에 대한 특례를 적용받는 소득에 대해서는 해당 소득에 대한 과세기간 종료일)이 속하는 분기의 마지막 달의 다음 달 말일(휴업, 폐업 또는 해산한 경우에는 휴업일, 폐업일 또는 해산일이 속하는 분기의 마지막 달의 다음 달 말일)까지 제출하는 경우

ⅱ) 원천징수대상 사업소득에 대한 간이지급명세서를 그 소득 지급일(연말정산 사업 소득의 원천징수시기에 대한 특례를 적용받는 소득에 대해서는 해당 소득에 대한 과세기간 종료)이 속하는 반기의 마지막 달의 다음 달 말일(휴업, 폐업 또는 해산한 경우에는 휴업일, 폐업일 또는 해산일이 속하는 반기의 마지막 달의 다음 달 말일)까지 제출하는 경우

위의 ②에도 불구하고 일용근로소득 또는 원천징수대상 사업소득, 일시적인 인적용역에 대한 기타소득에 대하여 제출된 지급명세서 등이 지급금액이 불분명한 경우로서 지급명세서 등에 기재된 각각의 총 지급금액에서 불분명한 지급금액이 차지하는 비율이 지급금액의 5% 이하인 경우에는 지급명세서 제출불성실 가산세는 부과하지 아니한다(소법 81의 11 ④). 또한 원천징수 대상 사업소득과 일시적인 인적용역에 대한 기타소득에 대한 지급명세서 불성실 가산세 적용시 지급명세서 미제출, 불성실 가산세를 적용하면 간이지급명세서에 대한 미제출, 불성실 가산세를 적용하지 않는다(소법 81의 11 ⑤).

너. 주택임대사업자 미등록 가산세

주택임대소득이 있는 사업자가 사업 개시일부터 20일 이내에 사업장 관할 세무서장에게 사업자등록을 신청하지 아니한 경우에는 사업 개시일부터 등록을 신청한 날의 직전일까지의 주택임대수입금액의 0.2%에 해당하는 금액을 해당 과세기간의 종합소득 결정세액에 더하여 납부하여야 한다(소법 81의 12 ①). 주택임대사업자 미등록 가산세는 산출세액이 없는 경우에도 이를 적용한다(소법 81의 12 ②).

더. 특정외국법인의 유보소득 계산 명세서 제출 불성실 가산세

「국제조세조정에 관한 법률」 제34조에 따른 특정외국법인의 유보소득 계산 명세서(이하 '명세서'라 한다)를 같은 조에 따라 제출하여야 하는 거주자가 그 제출기한까지 제출하지 아니하거나 배당 가능한 유보소득금액을 산출할 때 적어야 하는 금액의 전부 또는 일부를 적지 아니하거나 잘못 적어 배당 가능한 유보소득금액을 잘못 계산한 경우에 해당할 때에는 해당 특정외국법인의 배당 가능한 유보소득금액의 0.5%에 해당하는 금액을 해당 과세기간의 결정세액에 더한다(소법 81의 13 ①). 특정외국법인의 유보소득 계산 명세서 제출 불성실 가산세는 산출세액이 없는 경우에도 적용한다(소법 81의 13 ②).

러. 업무용승용차 관련 비용 명세서 제출 불성실 가산세

업무용승용차 관련 비용 등을 필요경비에 산입한 복식부기의무자가 업무용승용차 관련 비용 등에 관한 명세서를 제출하지 아니하거나 사실과 다르게 제출한 경우에는 다음의 구분에 따른 금액을 가산세로 해당 과세기간의 종합소득 결정세액에 더하여 납부하여야 한다(소법 81의 14 ①).

① 명세서를 제출하지 아니한 경우 : 해당 복식부기의무자가 종합소득세 확정신고 또는 성실신고확인서 제출에 따른 신고를 할 때 업무용승용차 관련 비용 등으로 필요경비에 산입한 금액의 1%

② 명세서를 사실과 다르게 제출한 경우 : 해당 복식부기의무자가 종합소득세 확정신고 또는 성실신고확인서 제출에 따른 신고를 할 때 업무용승용차 관련 비용 등으로 필요경비에 산입한 금액 중 해당 명세서에 사실과 다르게 적은 금액의 1%

4 가산세의 감면

가. 천재ㆍ지변 등에 의한 가산세의 감면

가산세의 부과원인이 되는 사유가 천재ㆍ지변 등 기한연장사유(기법 6 ①)에 해당하거나 납세자가 의무를 불이행한 것에 대하여 정당한 사유가 있는 때에는 해당 가산세를 감면한다(기법 48 ①, 기령 28).

1) 감면의 요건

가) 천재ㆍ지변 등 기한연장사유에 해당하는 경우

가산세의 부과원인이 되는 사유가 다음에 기인하는 것이어야 한다.

① 납세자가 화재, 전화, 그 밖의 재해를 입거나 도난을 당한 경우

② 납세자 또는 그 동거가족이 질병이나 중상해로 6개월 이상의 치료가 필요하거나 사망하여 상중(喪中)인 경우

③ 납세자가 그 사업에서 심각한 손해를 입거나, 그 사업이 중대한 위기에 처한 경우(납부의 경우만 해당한다)

④ 정전, 프로그램의 오류, 그 밖의 부득이한 사유로 한국은행(그 대리점을 포함한다) 및 체신관서의 정보통신망의 정상적인 가동이 불가능한 경우

⑤ 금융회사 등(한국은행 국고대리점 및 국고수납대리점인 금융회사 등만 해당한다) 또는 체신관서의 휴무, 그 밖에 부득이한 사유로 정상적인 세금납부가 곤란하다고 국세청장이 인정하는 경우

⑥ 권한 있는 기관에 장부ㆍ서류가 압수 또는 영치된 경우

⑦ 납세자의 형편, 경제적 사정 등을 고려하여 기한의 연장이 필요하다고 인정되는 경우로서 국세청장이 정하는 기준에 해당하는 경우(납부의 경우만 해당한다)

⑧ 세무사법 제2조 제3호에 따라 납세자의 장부 작성을 대행하는 세무사(같은 법 제16조의 4에 따라 등록한 세무법인을 포함한다) 또는 같은 법 제20조의 2에 따른 공인회계사(공인회계사법 제24조에 따라 등록한 회계법인을 포함한다)가 화재, 전화, 그 밖의 재해를 입거나 도난을 당한 경우

⑨ 앞의 "①"ㆍ"②" 및 "⑥"에 준하는 사유가 있는 경우

나) 정당한 사유가 있는 경우

납세자가 의무를 위반하거나 불이행한 것에 대하여 정당한 사유가 있어야 한다.

가산세는 세법상의 의무위반 또는 의무불이행에 대한 제재이기 때문에 납세자에게 귀책사유가 없는 경우까지 획일적으로 제재를 가하는 것은 타당하지 않다. 납세자가 의무에 위반하거나 의무를 불이행한 것이 정당한 사유에 기인한 경우에는 가산세의 책임이 조각(阻却)된다(기법 48 ①).[316] 가산세의 책임이 조각되는 정당한 사유란 사회통념상 의무의 이행을 기대하기 어려운 경우를 가리킨다고 하겠다.[317] 판례는 주로 신뢰보호의 원칙의 입장에서 과세관청이 납세지도 또는 예규 등을 통하여 특정한 납세자에게 어떤 의무가 없거나 또는 의무를 이행할 필요가 없다고 공적인 의사표시를 한 경우에는 그 의사표시의 범위 안에서 정당한 사유를 이룬다고 판시하고 있다.[318] 그러나 법령의 부지(不知)는 가산세의 책임이 조각되는 정당한 사유로 보지 않는다.[319]

다) 감면의 절차

가산세의 감면 등을 받으려는 자는 가산세감면신청서에 그 사유를 증명할 수 있는 물건을 첨부하여 소관세무서장에게 제출할 수 있다. 소관세무서장이 가산세를 감면한 때에는 문서로 지체없이 그 뜻을 해당 납세의무자에게 통지하여야 하며, 가산세감면신청이 있는 것에 대하여는 그 승인 여부를 통지하여야 한다(기법 48 ③, 기령 28).

나. 수정신고 등에 따른 가산세의 감면

가) 감면의 요건

정부는 다음 중 어느 하나에 해당하는 경우에는 해당 가산세액의 일정비율에 상당하는 금액을 감면한다.

① 법정신고기한이 지난 후 2년 이내에 수정신고를 한 경우

법정신고기한이 지난 후 1개월 이내에 수정신고한 경우에는 과소신고가산세의 90%에 상당하는 금액을 감면한다. 다만, 법정신고기한이 지난 후 1개월 초과 3개월 이내에 수정신고한 경우에는 과소신고가산세의 75%에 상당하는 금액, 법정신고기한이 지난 후 3개월 초과 6개월 이내에 수정신고한 경우에는 과소신고가산세의 50%에 상당하는 금액, 법정신고기한이 지난 후 6개월 초과 1년 이내에 수정신고한 경우에는 과소신고가산세의 30%에 상당하는 금액, 법정신고기

---

316) 李哲松, 앞의 논문, p.192 : 木村弘之亮, 앞의 책, pp.164~166.
317) 李哲松, 앞의 논문, p.192.
318) 대법원 1989.10.27. 선고, 80누2830 판결 : 대법원 1988.4.12. 선고, 87누1019 판결 : 대법원 1977.6.7. 선고, 74누212 판결 : 대법원 1995.11.14. 선고, 95누10181 판결.
319) 대법원 1994.8.26. 선고, 93누20467 판결.

한이 지난 후 1년 초과 1년 6개월 이내에 수정신고한 경우에는 과소신고가산세의 20%에 상당하는 금액, 법정신고기한이 지난 후 1년 6개월 초과 2년 이내에 수정신고한 경우에는 과소신고가산세액의 10%에 상당하는 금액을 감면한다. 그러나 과세표준수정신고서를 제출한 과세표준과 세액에 관하여 경정이 있을 것을 미리 알고 제출한 경우를 제외한다. 앞에서 경정이 있을 것을 미리 알고 제출한 경우라 함은 해당 국세에 관하여 세무공무원이 조사에 착수한 것을 알고 과세표준수정신고서 또는 기한후과세표준신고서를 제출하거나 해당 국세에 관하여 관할세무서장으로부터 과세자료 해명통지를 받고 과세표준수정신고서를 제출한 경우를 말한다(기령 29).

② 법정신고기한이 지난 후 기한 후 신고·납부를 한 경우

법정신고기한이 지난 후 1개월 이내에 기한 후 신고를 한 경우에는 무신고가산세의 50%에 상당하는 금액을, 법정신고기한이 지난 후 1개월 초과 3개월 이내에 기한 후 신고를 한 경우에는 무신고가산세의 30%에 상당하는 금액을, 법정신고기한이 지난 후 3개월 초과 6개월 이내에 기한 후 신고를 한 경우에는 무신고가산세의 20%에 상당하는 금액을 감면한다. 다만, 해당 국세에 관하여 세무공무원이 조사에 착수한 것을 알고 기한후과세표준신고서를 제출한 경우에는 그러하지 아니하다.

③ 과세전 적부심사 결정·통지기간 내에 그 결과를 통지하지 아니한 경우

과세전 적부심사 결정·통지기간 내에 그 결과를 통지하지 아니한 경우 그 결정·통지가 지연됨으로써 해당 기간에 부과되는 납부·환급불성실가산세에 한하여 해당 가산세의 50%에 상당하는 금액을 감면한다.

④ 세법에 따른 제출기한이 지난 후 1개월 이내에 제출의무를 이행한 경우

세법에 따른 제출·신고·가입·등록·개설(이하에서 '제출 등'이라 한다)의 기한이 지난 후 1개월 이내에 해당 세법에 따른 제출 등의 의무를 이행하는 경우에는 제출 등의 의무위반에 대하여 세법에 따라 부과되는 가산세에 한하여 해당 가산세의 50%에 상당하는 금액을 감면한다.

⑤ "①"에도 불구하고 세법에 따른 예정신고기한 및 중간신고기한까지 예정신고 및 중간신고를 하였으나 과소신고하거나 초과신고한 경우로서 확정신고기한까지 과세표준을 수정하여 신고한 경우(해당 기간에 부과되는 과소신고·초과환급신고가산세에 따른 가산세만 해당하며, 과세표준과 세액을 경정할 것을 미리 알고 과세표준신고를 하는 경우는 제외한다) 해당 가산세의 50%에 상당하는 금액을 감

면한다.

⑥ "②"에도 불구하고 세법에 따른 예정신고기한 및 중간신고기한까지 예정신고 및 중간신고를 하지 아니하였으나 확정신고기한까지 과세표준신고를 한 경우(해당 기간에 부과되는 무신고가산세에 따른 가산세만 해당하며, 과세표준과 세액을 경정할 것을 미리 알고 과세표준신고를 하는 경우는 제외한다) 해당 가산세의 50%에 상당하는 금액을 감면한다.

나) 감면의 절차

가산세의 감면을 받고자 하는 자는 가산세감면신청서에 그 사유를 증명할 수 있는 물건을 첨부하여 소관세무서장에게 제출할 수 있다. 소관세무서장이 가산세를 감면한 때에는 문서로 지체 없이 그 뜻을 해당 납세의무자에게 통지하여야 하며, 가산세감면신청이 있는 것에 대하여는 그 승인 여부를 통지하여야 한다(기법 48 ③, 기령 28).

5 가산세의 한도

지급명세서제출불성실가산세, 계산서제출불성실가산세, 증빙불비가산세, 영수증수취명세서미제출가산세, 사업장현황신고불성실가산세, 기부금영수증불성실가산세 및 특정외국법인의 유보소득계산명세서미제출가산세와 같이 납세자의 납세협력의무 위반에 대하여 부과하는 가산세는 그 의무위반의 종류별로 한도액을 설정하여 과세기간 단위로 각각 5,000만원(중소기업이 아닌 기업은 1억원)을 한도로 한다. 다만, 해당 의무를 고의적으로 위반한 경우에는 가산세의 한도액에 관한 규정을 적용하지 아니한다(기법 49).

1   세액의 징수

가. 확정신고세액 등의 징수

납세지 관할세무서장은 거주자가 확정신고 또는 중간예납추계신고와 함께 납부하여야
할 세액의 전부 또는 일부를 납부하지 아니한 경우에는 그 미납한 부분의 소득세액을 확정
신고납부기한 또는 그 납부기한이 지난 날부터 3개월 이내에 징수한다. 앞에서의 징수시기
에 관한 규정은 주의적 규정에 지나지 않는다.

나. 결정 또는 경정에 따른 추가징수세액의 징수

납세지 관할세무서장은 납세의무자로부터 징수하였거나 납세의무자가 납부한 소득세액
이 납세지 관할세무서장 또는 지방국세청장이 결정 또는 경정한 소득세액에 미달할 때에는
그 미달하는 세액, 즉 추가징수세액을 징수한다.

그리고 납세지 관할세무서장은 납세의무자로부터 중간예납세액을 징수한다.

다. 원천징수세액의 징수

납세지 관할세무서장은 원천징수의무자가 징수하였거나 징수하여야 할 세액을 그 기한
까지 납부하지 아니하였거나 미달하게 납부한 경우에는 그 징수하여야 할 세액에 원천징수
납부불성실가산세를 더한 금액을 그 세액으로 하여 그 원천징수의무자로부터 징수하여야
한다. 다만, 원천징수의무자가 원천징수를 하지 아니하였으나 납세의무자가 신고·납부한
과세표준금액에 그 원천징수하지 아니한 원천징수대상금액이 이미 산입된 경우 또는 원천
징수하지 아니한 원천징수대상금액에 대하여 납세의무자의 관할세무서장이 직접 그 납세
의무자에게 소득세(양도소득세를 포함한다)를 부과·징수하는 경우에는 원천징수납부불
성실가산세만을 징수한다(소법 85 ③).

2   소액부징수

다음의 경우에는 해당 소득세를 징수하지 아니한다(소법 86). 징수하는 세액보다 징세비
가 과다한 경우 등을 고려하여 마련한 규정이다.

① 소득세법 제127조의 규정에 따른 원천징수세액[이자소득에 대한 원천징수세액[320]과 대통령령으로 정하는 사업소득(계속적·반복적으로 행하는 활동을 통하여 얻는 인적용역 사업소득)에 대한 원천징수세액은 제외한다]이나 소득세법 제150조에 따른 납세조합의 징수세액이 1천원 미만인 경우

② 중간예납세액이 50만원 미만인 경우

3 세액의 환급

납세지 관할세무서장은 중간예납·토지 등 매매차익예정신고납부·수시부과세액 및 원천징수세액과 같은 기납부세액이 해당 과세기간의 종합소득총결정세액과 퇴직소득총결정세액의 합계액을 각각 초과하는 때에는 그 초과하는 세액, 즉 환급세액을 환급하거나 다른 국세 및 강제징수비에 충당하여야 한다(소법 85 ④).

세액의 환급절차는 국세기본법 제51조 내지 제54조에서 정하고 있다.

다음으로 원천징수세액의 환급에 관하여는 특례를 인정하고 있다. 이에 관하여는 "제6편 원천징수"에서 논급하고자 한다.

그리고 중소기업을 경영하는 거주자가 그 중소기업의 사업소득금액을 계산할 때 해당 과세기간의 결손금(부동산임대업에서 발생한 이월결손금은 제외한다)이 발생한 경우에는 직전 과세기간의 그 중소기업의 사업소득에 부과된 소득세액을 한도로 하여 결손금 소급공제세액의 환급을 신청할 수 있다. 앞의 소득세의 환급신청을 받은 납세지 관할세무서장은 지체 없이 환급세액을 결정하고 국세기본법 제51조 및 제52조의 규정에 의하여 환급하여야 한다.

이에 관하여는 제3장 제5절의 "4. 결손금의 통산과 배제"에서 상세하게 다루었다.

---

320) 거액의 예금을 소액으로 분산하여 매일 이자지급식예금에 가입함으로써 이자소득세 및 금융소득종합과세를 회피하는 사례를 방지하려는 조치이다. 예를 들어 10억원을 4,000만원 정기예금(연이자율 : 6%) 25계좌로 나누어 예금하면 1계좌당 하루의 이자는 6,875원, 소득세는 985원이 되어서 과세에서 제외된다.

제10장

공동사업장 등에 대한 조사 등의 특례

제1절 제도적 취지

공동사업에서 발생한 소득금액에 대해서는 해당 거주자별로 소득세의 납세의무를 진다. 즉 공동사업을 경영하는 경우에는 그 손익분배비율에 따라 분배되었거나 분배될 소득금액에 따라 각 거주자별로 그 소득금액에 대한 소득세의 납세의무를 부담하는 것이다.

위에서 공동사업이란 두 사람 이상이 서로 출자하여 사업소득이 발생하는 사업을 공동으로 경영하고 그 손익을 분배하는 공동사업(경영에 참여하지 아니하고 출자만 하는 출자공동사업자가 있는 공동사업을 포함한다)을 말한다(소법 43 ①).

이와 같은 공동사업을 경영하는 장소인 공동사업장에 대하여는 기장의무·사업자등록·소득금액의 계산·과세표준과 세액의 결정 등에 대한 특례를 인정하고 있다(소법 87). 행정력의 낭비를 방지함으로써 징세비를 절감하고 국가의사의 통일 및 납세자의 편의를 도모하기 위하여 마련된 장치이다.[321]

---

321) 2009년 1월 1일 이후 개시하는 사업연도부터 동업기업과세특례(Partnership 과세제도)를 도입하여 공동사업에 대하여는 현행의 공동사업에 대한 소득금액의 계산특례제도(소득세법 제2조 제1항, 제43조 및 제87조)와 동업기업과세특례제도(조세특례제한법 제100조의 14부터 제100조의 26까지)를 선택적으로 적용받을 수 있도록 하고 있다.

제2절 조사 등의 특례

1 공동사업장에 대한 소득금액의 계산

가. 소득금액의 계산에 있어서의 특례

공동사업장의 경우에는 그 공동사업장을 소득금액의 계산단위로 의제한다. 즉 공동사업장에 대한 소득금액을 계산할 때 그 공동사업장을 1거주자로 보아 공동사업장단위로 소득금액을 산정한다(소법 43 ①). 따라서 업무추진비 및 기부금(정치자금기부금·특례기부금·우리사주조합기부금 및 일반기부금) 등의 범위액 등은 공동사업장을 1거주자로 취급하여 계산한다. 그리고 감가상각비의 범위액 및 그 시부인계산도 공동사업장단위로 각각 행한다. 소득금액의 결정에 있어서의 편의를 고려하여 둔 예외규정이다.

또한, 공동사업장의 소득금액을 계산할 때 부당행위계산을 적용하는 경우에는 공동사업자를 거주자로 본다.

나. 결손금의 통산과 이월공제

공동사업장에서 발생한 결손금은 손익분배비율에 따라 각 공동사업자별로 배분되어 각 공동사업자의 다른 사업장의 동일소득과 통산한다.

① 공동사업장에서 발생한 사업소득에 있어서의 결손금은 먼저 다른 사업소득금액과 통산하고 그 통산 결과가 여전히 결손금인 때에는 해당 과세기간의 종합소득 과세표준을 계산할 때 근로소득금액·연금소득금액·기타소득금액·이자소득금액·배당소득금액에서 순서대로 공제한다(소법 45 ①).

사업소득에 있어서의 결손금으로서 해당 과세기간의 종합소득 과세표준을 계산할 때 공제하고 남은 결손금은 다음 과세기간으로 이월하여 사업소득금액·근로소득금액·연금소득금액·기타소득금액·이자소득금액·배당소득금액에서 순서대로 공제한다.

② 부동산임대업(주거용 건물 임대업은 제외)을 영위하는 공동사업장에서 발생한 결손금은 다른 사업장의 부동산임대업에서 발생한 소득금액과 통산한다(소법 45 ②). 부동산임대업에서 발생한 결손금은 다음 과세기간 이후의 부동산임대업에서 발생한 소금금액에서만 공제가 가능할 뿐이다.

2 공동사업장에 대한 소득금액의 조사결정

공동사업장의 소득금액을 공동사업자의 납세지 관할세무서장마다 제각기 결정 또는 경정하게 되면 행정력의 낭비를 초래할 뿐만 아니라 공동사업장에 대한 중복적인 세무조사로 말미암아 납세의무자에게 많은 번거로움과 부담을 지우게 된다. 또한 하나의 공동사업장에 대하여 여러 과세관청이 중복적으로 소득금액 조사를 하는 경우에는 각각 다른 크기의 소득금액이 결정되어 국가의사의 통일을 기할 수 없는 문제점이 발생할 수도 있다.

그러므로 공동사업장에 대한 소득금액의 조사결정청에 관해서는 일반적인 소득금액의 조사결정청과는 달리 특례를 인정하고 있다.

공동사업장에 대해서는 그 소득이 발생한 공동사업장별로 소득금액을 계산하되(소법 87 ①), 공동사업장에 대한 소득금액의 결정 또는 경정은 대표공동사업자의 주소지 관할세무서장이 행하도록 하고 있다. 다만, 국세청장이 특히 중요하다고 인정하는 경우에는 해당 사업장의 관할세무서장 또는 주소지 관할 지방국세청장이 행한다(소령 150 ②). 앞에서 대표공동사업자란 출자공동사업자 외의 자로서 공동사업자들 중에서 선임된 자를 말한다. 다만, 대표공동사업자가 선임되어 있지 않은 경우에는 손익분배비율이 가장 큰 사업자로 하되, 그 손익분배비율이 같은 경우에는 사업장 소재지 관할세무서장이 결정하는 자를 대표공동사업자로 한다(소령 150 ①).

이와 같은 조사결정청의 권한은 공동사업장의 소득금액ㆍ가산세액(보고불성실가산세ㆍ증빙불비가산세ㆍ영수증수취명세서미제출가산세ㆍ사업장현황신고불성실가산세ㆍ공동사업자등록불성실가산세ㆍ사업용계좌미사용가산세ㆍ신용카드매출전표미발급가산세ㆍ현금영수증미발급가산세 및 원천징수납부불성실가산세를 말한다) 및 원천징수된 세액 등의 결정 또는 확인과 배분에 그친다.

그러므로 각 공동사업자별 소득세의 과세표준과 세액은 그 사업자의 납세지 관할세무서장이 각각 결정 또는 경정하는 것이다. 공동사업장의 소득금액을 결정 또는 경정하는 대표공동사업자의 주소지 관할세무서장ㆍ사업장 관할세무서장 또는 주소지 관할 지방국세청장은 각 공동사업자의 납세지 관할세무서장에게 그 결정 또는 경정한 각 공동사업자별 소득금액ㆍ그 공동사업장에 관련된 가산세액 및 원천징수된 세액 및 그 밖에 공동사업자의 과세표준금액의 결정 또는 경정에 필요한 사항을 통보하여야 한다.

공동사업장의 소득금액ㆍ공동사업장에 관련되는 가산세액 및 공동사업장에서 발생한 소득금액에 대하여 원천징수된 세액은 각 공동사업자의 손익분배비율에 따라 배분한다(소법 87 ① 및 ②).

제**3**절 기장 및 사업자등록 등에 관한 특례

1 기장의 특례

공동사업을 경영하는 자가 그 공동사업장에 비치·기장하여야 할 장부에 관해서는 그 공동사업장을 1사업자로 보아 장부의 비치·기장에 관한 규정을 적용한다(소법 87 ③).

사업자가 복식부기의무자 또는 간편장부대상자에 해당하는지의 여부는 사업자단위로 직전 과세기간의 수입금액의 합계액을 기준으로 하여 판정한다. 그러나 공동사업장에 대해서는 그 공동사업장을 1사업자로 취급하는 것이므로 1개의 공동사업장마다 직전 과세기간의 수입금액의 크기에 따라 복식부기의무자 또는 간편장부대상자에 해당하는지의 여부를 판정한다.

예를 들어 거주자가 1개의 공동사업장과 2개의 단독사업장을 두고 있는 경우에 공동사업장이 간편장부대상자 또는 복식부기의무자에 해당하는지의 여부는 그 공동사업장의 직전 과세기간의 수입금액만을 기준으로 하여 판정한다. 그리고 단독사업장에 대해서는 2개의 단독사업장의 직전 과세기간의 수입금액을 합산한 금액을 기준으로 하여 간편장부대상자 또는 복식부기의무자에 해당하는지의 여부를 판단하는 것이다.

2 사업자등록에 관한 특례

공동사업을 경영하는 자가 그 공동사업장에 관한 사업자등록을 하는 때에는 공동사업자(출자공동사업자 해당 여부에 관한 사항을 포함한다), 약정한 손익분배비율·대표공동사업자, 지분·출자명세 그 밖에 필요한 사항을 그 사업장 소재지 관할세무서장에게 신고하여야 한다(소법 87 ④). 그리고 앞의 신고내용에 변동이 발생한 경우 대표공동사업자는 그 사유가 발생한 날이 속하는 과세기간의 종료일부터 15일 이내에 공동사업장 등 이동신고서에 의하여 해당 사업장 소재지 관할세무서장에게 그 변동내용을 신고하여야 한다. 이 경우 소득세법 제168조 제1항 및 제2항에 따른 사업자등록을 할 때 공동사업자 명세를 신고한 경우 또는 소득세법 제168조 제3항에 따라 사업자등록 정정신고를 할 때 변동내용을 신고한 경우에는 공동사업장등이동신고서를 제출한 것으로 본다.

3 **감가상각방법의 신고 등에 관한 특례**

공동사업장에 대한 감가상각방법의 신고와 그 변경신고, 재고자산평가방법의 신고와 그 변경신고는 대표공동사업자의 주소지 관할세무서장에게 하여야 한다(소령 150 ⑤).

제**4**절　과세표준확정신고 등의 특례

공동사업자가 과세표준확정신고를 하는 경우에는 과세표준확정신고서와 함께 공동사업장에서 발생한 소득과 그 이외의 소득을 구분한 계산서를 제출하여야 한다. 이 경우에 대표공동사업자는 그 공동사업장에서 발생한 소득금액과 가산세액 및 원천징수된 세액의 각 공동사업자별 분배명세서를 제출하여야 한다(소령 150 ⑥).

제**5**절　공동사업장에서 발생한 소득에 대한 납세의무의 범위

1 **공동사업장 등에서 발생한 소득에 대한 소득세의 납세의무**

사업소득이 있는 거주자가 공동사업을 경영하는 경우에는 손익분배비율에 의하여 분배되었거나 분배될 소득금액에 따라 각 거주자별로 그 소득금액을 계산한다(소법 43 ②).

그러나 거주자 1인과 그와 특수관계인이 공동사업자 중에 포함되어 있는 경우로서 공동사업자가 제출한 과세표준확정신고서와 첨부서류에 적은 사업의 종류·소득금액내역·지분율·손익분배비율의 약정 및 공동사업자간의 관계 등이 사실과 현저하게 다른 경우, 공동사업자의 경영참가·거래관계·손익분배비율·자산 및 부채 등의 재무상태 등을 보아 조세를 회피하기 위하여 공동으로 사업을 경영하는 것이 확인되는 경우 그 특수관계인의 소득금액은 그 소득분배비율이 큰 주된 공동사업자의 소득금액으로 본다(소법 43 ③). 앞에서 특수관계인이란 거주자 1인과 국세기본법 시행령 제1조의 2 제1항 내지 제3항에 따른 관계에 있는 자로서 생계를 같이 하는 자를 말한다(소령 100 ②).

이에 관하여는 "제3장 제5절 소득금액 계산의 특례"에서 상론하였다.

2 공동사업장 등에서 발생한 소득에 대한 소득세의 연대납세의무

공유물·공동사업 또는 그 공동사업에 속하는 재산에 관계되는 국세 및 강제징수비는 그 공유자 또는 공동사업자가 연대하여 납부할 의무를 진다(기법 25). 즉 공유물·합유물 또는 공동사업에 관련되는 국세 등에 대해서는 그 공유자 및 공동사업자가 연대납세의무를 지는 것이다.

그러나 이와 같은 공유자 및 공동사업자의 연대납세의무에 관한 규정의 예외로서 소득세법은 사업소득이 있는 거주자가 공동으로 사업을 경영하는 경우에는 그 손익분배비율에 의하여 분배되었거나 분배될 소득금액에 따라 각 거주자별로 소득세 납세의무를 지우도록 규정하고 있다(소법 2 ①, 43 ②).

따라서 공동사업장에서 발생하는 소득에 대한 소득세의 경우에는 국세기본법 제25조 제1항의 연대납세의무에 관한 규정이 적용되지 않는 것이다.

그러나 특수관계인의 소득금액을 주된 공동사업자의 소득금액으로 보아 소득세를 과세하는 경우에 그 합산과세되는 소득금액에 대해서는 주된 공동사업자 외의 특수관계인이 그의 손익분배비율에 해당하는 소득금액을 한도로 하여 주된 공동사업자와 연대하여 소득세 납세의무를 지도록 하고 있다.

제**4**편

거주자의 양도소득에 대한
납세의무

제1장

양도소득의 범위

제1절 양도소득의 개념

자본이득(capital gains)이란 재고자산이나 이에 준하는 자산 외의 자산의 가치의 증가익을 의미한다. 우리나라에서는 자본이득 중 특히 실현된 이득(realized gains)에 대하여만 소득세를 과세하고 있는데, 이를 양도소득이라고 부르고 있다.

양도소득은 자산의 양도에 따라 실현된 소득을 말한다. 양도소득세의 과세대상이 되는 자산에는 토지·건물·부동산에 관한 권리·주식 등과 기타자산과 같은 특정한 자산이 포함되고 있다.

그리고 양도소득세의 과세대상이 되는 자산(예:토지 또는 건물)을 양도한다고 하더라도 해당 자산의 양도가 사업으로서 행하여지는 때에는 그 자산의 양도로 인하여 발생하는 소득은 사업소득(예:비주거용 건물건설업과 부동산개발 및 공급업, 주거용 건물 개발 및 공급업)을 구성한다.

양도소득은 장기간에 걸쳐서 조성·집적된 소득이 매매 등과 같은 행위에 따라 일시에 실현되는 속성을 갖는다. 따라서 보유기간 동안에 발생한 소득을 해당 소득이 실현된 연도에 일시에 과세하기 때문에 매년 단위로 발생 또는 증가한 이득에 대하여 소득세를 과세하는 경우보다 필연적으로 세부담이 가중되는 현상이 나타나게 된다. 양도소득세가 초과누진 세율구조를 채택하고 있기 때문이다. 이를 결집효과(bunching effect)[1]라고 부른다.

---

1) 묶음효과 또는 다발효과로 부르기도 한다.

양도소득이란 특정자산의 양도로 인하여 발생하는 소득이다(소법 88 및 94). 이하에서는
양도소득의 범위를 "특정자산"과 "양도"로 나누어서 구체적으로 살펴보고자 한다.

1 특정자산의 범위

가. 토지 · 건물

1) 토 지

토지라 함은 「공간정보의 구축 및 관리 등에 관한 법률」에 따라 지적공부에 등록하여
야 할 지목에 해당하는 것을 말한다(소법 94 ①). 이에는 전 · 답 · 과수원 · 목장용지 ·
임야 · 광천지 · 염전 · 대(垈) · 공장용지 · 학교용지 · 잡종지 등이 모두 포함된다(「공
간정보의 구축 및 관리 등에 관한 법률」 67 ①).

2) 건 물

건물에는 건물에 부속된 시설물과 구축물을 포함한다(소법 94 ①). 그러나 건물 · 건물
에 부속된 시설물과 구축물에 관하여는 아무런 정의규정을 두고 있지 않다.

건물에 관하여는 건축법상 건물의 정의규정을 준용하여야 할 것으로 생각한다. 건축
법상 건물이란 토지에 정착하는 공작물 중 지붕과 기둥 또는 벽이 있는 것과 이에 부
수되는 시설물, 지하 또는 고가(高架)의 공작물에 설치하는 사무소 · 공연장 · 점포 ·
차고 · 창고 등을 말한다(건축법 2 ① Ⅱ).

그런데 건축 중에 있는 미완성상태인 건물이 독립된 부동산으로서의 건물의 요건을
갖추기 위하여는 어느 정도의 공정이 이루어져야 할 것인가?

대법원은 독립된 부동산으로서의 건물이라고 하기 위하여는 최소한의 기둥과 지붕 그
리고 주벽이 이루어지면 된다고 판시하면서 원래 지상 7층 건물로 설계된 건물에 있
어서 지하 1 · 2층 및 지상 1층까지의 콘크리트골조 및 기둥 · 천장(슬라브)공사가 완
료되어 있고, 지상 1층의 전면(남쪽)에서 보아 좌측 벽 · 뒷면 벽 및 엘리베이터 벽체
가 완성된 사실을 들어 미완성상태의 독립된 건물(지상 1층만으로도 구분소유권의 대
상이 될 수 있는 구조임이 분명하다)로서의 요건을 갖추고 있다고 판단한 바 있다.[2]

---

2) 대법원 2001.1.16. 선고, 2000다51872 판결 : 대법원 1996.6.14. 선고, 94다53006 판결.

다음으로 건축 중인 건물로서 아직 사회관념상 건물이라고 볼 수 있는 단계에 이르지 않은 시설물 상태로 양도하는 경우에 해당 시설물의 자산구분이 문제가 된다.

이에 관하여는 건물로 보아야 한다는 견해·토지로 보아야 한다는 견해 및 양도소득세의 과세대상자산이 아니라는 견해로 갈린다.

대법원은 "······ 건설가계정은 신축 중이던 건물의 가액 상당으로 그 공정이 사회관념상 건물이라고 볼 수 있는 단계에 미치지 못하여 토지의 일부를 이루는 것"이라고 하여 토지로 보아야 한다는 입장을 취하고 있다.[3]

나. 부동산에 관한 권리

1) 지상권 · 전세권과 등기된 부동산임차권

가) 지상권

타인의 토지에서 건물 또는 기타의 공작물이나 수목을 소유하기 위하여 그 토지를 사용할 수 있는 용익물권(用益物權)이다(민법 279).

나) 전세권

전세금을 지급하고 타인의 부동산을 점유하여 그의 용도에 좇아 사용·수익하는 용익물권으로서 전세권이 소멸하면 목적부동산으로부터 전세금의 우선변제를 받을 수 있는 효력이 부여되어 있다(민법 303 ①). 즉 전세권은 용익물권이면서 아울러 담보물권으로서의 특질도 갖고 있는 특수한 물권이다.

다) 등기된 부동산임차권

부동산임차권으로서 등기된 것에 한한다(부동산등기법 3). 등기되지 아니한 부동산임차권은 양도소득세의 과세대상자산이 아니다. 등기되지 아니한 부동산임차권 중 사업소득이 발생하는 점포를 임차하여 점포임차인으로서의 지위를 양도함에 따라 발생하는 경제적 이익은 기타소득을 구성한다.

---

3) 대법원 2000.1.21. 선고, 98두20018 판결.
　　[판결요지] 위와 같이 양도가액과 취득가액 산정의 기초가 되는 인수채무액을 산정하기 위하여서는 양도소득세 과세대상 자산의 범위 및 가액의 결정은 양도소득세 과세대상이 아닌 자산과의 관계에서 양자에 동일한 기준을 적용할 수 있는 합리적인 방법에 의하여야 할 것인 바, 기록과 이와 같은 법리에 비추어 살펴보면, 앞에서 본 건물 부속설비는 건물의 일부를 이루는 것이고, 건설가계정은 신축 중이던 건물의 가액 상당으로 그 공정이 사회관념상 건물이라고 볼 수 있는 단계에 미치지 못하여 토지의 일부를 이루는 것이므로, 모두 양도소득세 과세대상 자산가액에 포함되고 양도소득세 과세대상이 아닌 자산의 경우와 같은 기준을 적용하여 그 가액을 평가한 원심의 인정 및 판단 또한 수긍할 수 있고, 거기에 상고이유에서 지적하는 바와 같은 양도소득세 과세대상에 관한 법리오해 또는 채증법칙 위반으로 인한 사실오인의 위법이 있다고 할 수 없다.

2) 부동산을 취득할 수 있는 권리

부동산을 취득할 수 있는 권리라 함은 특정한 부동산을 취득할 수 있는 지위 또는 기회이익을 가리키는데, 건물이 완성되는 때에 그 건물과 이에 딸린 토지를 취득할 수 있는 권리를 포함한다. 부동산을 취득할 수 있는 권리의 예로서는 지방자치단체가 발행하는 토지상환채권·대한주택공사가 발행하는 주택상환채권·부동산에 관하여 매매계약을 체결한 후 계약금 또는 계약금 이외의 대가의 일부를 지급한 상태에서 매수계약자가 해당 부동산에 대하여 갖는 권리[4]·아파트입주권·재개발 또는 재건축주택입주권(조합원입주권)[5]·주택청약예금증서[6]와 이주자 택지분양권[7] 등을 들 수 있다.

---

4) 대법원 1992.4.14. 선고, 91도2439 판결.
[판결요지] 계약금과 중도금의 전부 또는 일부를 지급한 상태에서 양도하는 것은 소득세법 시행령 제44조 제4항 제2호 소정의 부동산을 취득할 수 있는 권리의 양도에 해당한다 할 것인데 이처럼 계약금과 중도금 일부를 준 상태에서 양도를 하는 경우에는 매매 당사자 간에 대금 완급 전이라도 소유권이전등기를 먼저 넘겨주기로 특약을 하는 등 특별한 사정이 없는 한 그 자산의 취득에 관한 등기 자체가 원칙적으로는 불가능한 것이므로 이를 양도하였다고 하여 소득세법 제70조 제7항 소정의 그 취득에 관한 등기를 하지 아니하고 양도한 경우에 해당한다고는 볼 수 없다.
5) ① 대법원 1996.8.23. 선고, 95누6618 판결.
[판결요지] 재개발조합의 조합원이 재개발조합에 종전의 토지 및 건축물을 제공함으로써 그 관리처분계획에 따라 소유권을 취득하게 되는 분양예정의 대지 또는 건축시설을 분양받을 권리는 관리처분계획의 인가·고시가 있는 때부터 그 분양받을 대지 또는 건축시설에 대한 소유권을 취득할 때까지는 '부동산을 취득할 수 있는 권리'에 해당한다.
대법원 2007.6.15. 선고, 2005두5369 판결.
[판결요지] (1) 구 주택건설촉진법(2003.5.29. 법률 제6916호 주택법으로 전문 개정되기 전의 것)에 의한 재건축조합의 조합원이 해당 조합에 기존의 주택이나 대지를 제공하고 그 사업계획에 따라 취득하게 되는 주택 및 부대·복리시설을 분양받을 권리(입주자로 선정된 지위)는, 장차 그 주택 등에 대한 소유권을 취득할 때까지는 구 소득세법(2002.12.18. 법률 제6781호로 개정되기 전의 것) 제94조 제1항 제2호 (가)목 소정의 '부동산을 취득할 수 있는 권리'에 해당하며, 이 경우 그 입주자로 선정된 지위의 취득시기는 구 주택건설촉진법 제33조의 규정에 의한 사업계획승인이 있은 때라고 할 것이고, 이는 기존주택이 철거되기 전이거나 재건축조합원총회에서 관리처분계획이 의결되기 전에도 마찬가지이다.
(2) 재건축조합원이 구 주택건설촉진법(2003.5.29. 법률 제6916호 주택법으로 전문 개정되기 전의 것)상 사업계획승인이 있은 후 관리처분계획이 의결되지 않는 상태에서 아직 철거되지 않은 기존 주택을 양도한 경우, 구 소득세법(2002.12.18. 법률 제6781호로 개정되기 전의 것)상 '부동산'의 양도가 아니라 '부동산을 취득할 수 있는 권리'의 양도에 해당한다.
② 재개발사업, 재건축사업 또는 소규모재건축사업을 시행하는 정비사업조합의 조합원이 입주자로 선정된 지위를 양도하는 경우에는 그 입주자로 선정된 지위를 주택으로 의제하여 1세대 1주택에 대한 비과세규정을 적용하는 경우가 있다(소법 89 ②).
6) 대법원 1991.1.25. 선고, 90누6156 판결 : 대법원 1988.12.27. 선고, 88누4669 판결.
7) 대법원 1996.9.6. 선고, 95누17007 판결.
[판결요지] 택지개발지구 용지조성사업시행자에게 주택 및 그 대지권을 매도하고 부여받은 이주자 택지분양권은 부동산을 취득할 수 있는 권리에 해당한다.

다. 주식 등

주식 등이란 지분증권(주권, 신주인수권이 표시된 것, 법률에 의하여 직접 설립된 법인이 발행한 출자증권, 상법에 따른 합자회사·유한책임회사·유한회사·합자조합·익명조합의 출자지분, 그 밖에 이와 유사한 것으로서 출자지분 또는 출자지분을 취득할 권리가 표시된 것으로 집합투자증권은 포함하되 투자계약증권 및 특정 지분증권 제외)과 증권예탁증권 중 지분증권과 관련된 권리가 표시된 것 및 출자지분[신주인수권과 증권예탁증권[8)](Depositary Receipts: DR)을 포함한다. 이하에서 '주식 등'이라 한다]을 말한다.

그러나 기타자산에 해당하는 특정주식(과점주주가 소유하는 부동산과다보유법인의 주식 등과 체육시설업 등을 영위하는 부동산과다보유법인의 주식 등)과 특정시설물의 이용권이 부여된 주식 등은 아래의 주식 등에서 제외한다.

1) 주권상장법인의 주식 등

주권상장법인의 주식 등으로서 대주주가 양도하는 것과 증권시장에서의 거래에 의하지 아니하고 장외에서 양도하는 것을 말한다. 다만, 주식의 포괄적 교환·이전 또는 주식의 포괄적 교환·이전에 대한 주식매수청구권 행사로 양도하는 주식 등은 제외한다. 따라서 소액주주(대주주가 아닌 자)가 증권시장을 통하여 양도한 주권상장법인의 주식 등의 양도차익에 대하여는 양도소득세를 과세하지 않는다.

대주주라 함은 다음의 어느 하나에 해당하는 자를 말한다(소령 157 ① 및 ②).

① 주식 등을 소유하고 있는 주주 또는 출자자 1인(이하에서 '주주 1인'이라 한다)이 주식 등의 양도일이 속하는 사업연도의 직전 사업연도 종료일(주식 등의 양도일이 속하는 사업연도에 새로 설립된 법인의 경우에는 해당 법인의 설립등기일) 현재 소유한 주식 등의 합계액이 해당 법인의 주식 등의 합계액에서 차지하는 비율(이하에서 '소유주식의 비율'이라 한다)이 1% 이상인 경우(코스닥시장상장법인의 주식 등의 경우에는 소유주식의 비율이 2% 이상이거나 시가총액이 50억원 이상인 경우를 말하고, 코넥스시장상장법인의 주식 등의 경우에는 소유주식의 비율이 4% 이상이거나 시가총액이 50억원 이상인 경우를 말한다. 이하 같다)의 해당 주주 1인. 다만, 주식등의 양도일이 속하는 사업연도의 직전 사업연도 종료일 현재 주주 1인 및 그와 법인세법 시행령 제43조 제8항 제1호에 따른 특수관계에 있는 자(이하 "주주 1인등"이라 한다)의 소유주식의 비율 합계가 해당 법인의 주주 1인등 중

---

8) 「자본시장과 금융투자업에 관한 법률」 제4조 제2항 제2호의 지분증권을 예탁받은 자가 그 증권이 발행된 국가 외의 국가에서 발행한 것으로서 그 예탁받은 증권에 관련된 권리가 표시된 것을 말한다.

에서 최대인 경우로서 주식등의 양도일이 속하는 사업연도의 직전 사업연도 종료
일 현재 주주 1인 및 주식등의 양도일이 속하는 사업연도의 직전 사업연도 종료일
현재 그와 다음 중 어느 하나에 해당하는 관계에 있는 자(이하 "주권상장법인 기
타주주"라 한다)의 소유주식의 비율 합계가 1% 이상인 경우에는 해당 주주 1인
및 주권상장법인 기타주주를 말한다.

ㄱ 국세기본법 시행령 제1조의2 제1항 각 호의 어느 하나에 해당하는 사람

ㄴ 국세기본법 시행령 제1조의2 제3항 제1호에 해당하는 자

② 주식 등의 양도일이 속하는 사업연도의 직전 사업연도 종료일(주식 등의 양도일이
속하는 사업연도에 새로 설립된 법인의 경우에는 해당법인의 설립등기일) 현재 주
주 1인이 소유하고 있는 해당 법인의 주식 등의 시가총액이 50억원 이상인 경우
(코스닥시장상장법인의 주식 등의 경우에는 소유주식의 비율이 2% 이상이거나
시가총액이 50억원 이상인 경우를 말하고, 코넥스시장상장법인의 주식 등의 경우
에는 소유주식의 비율이 4% 이상이거나 시가총액이 50억원 이상인 경우를 말한
다. 이하 같다)의 해당 주주 1인. 다만, 주식등의 양도일이 속하는 사업연도의 직전
사업연도종료일 현재 주주 1인등의 소유주식의 비율 합계가 해당법인의 주주 1인등
중에서 최대인 경우로서 주식등의 양도일이 속하는 사업연도의 직전 사업연도 종료
일 현재 주주 1인 및 주권상장법인 기타주주가 소유하고 있는 주식등의 시가총액이
50억원 이상인 경우에는 해당 주주 1인 및 주권상장법인 기타주주를 말한다.

위에서 시가총액은 주식 등의 양도일이 속하는 사업연도의 직전사업연도 종료일
현재의 최종시세가액으로 한다. 다만, 직전사업연도 종료일 현재의 최종시세가액
이 없는 경우에는 직전거래일의 최종시세가액에 따른다(소령 157 ④).

③ 피합병법인의 주주가 합병에 따라 합병법인의 신주를 교부받아 그 주식을 합병등
기일이 속하는 사업연도에 양도하는 경우 대주주의 범위 등에 관하여는 해당 피합
병법인의 합병등기일 현재 주식보유 현황에 따른다(소령 157 ⑤).

④ 분할법인의 주주가 분할에 따라 분할신설법인의 신주를 교부받아 그 주식을 설립
등기일이 속하는 사업연도에 양도하거나 분할법인의 주식을 분할등기일이 속하는
사업연도에 분할등기일 이후 양도하는 경우 대주주의 범위 등에 관하여는 해당 분
할 전 법인의 분할등기일 현재의 주식보유 현황에 따른다(소령 157 ⑥).

⑤ 주주가 일정기간 후에 같은 종류로서 같은 양의 주식 등을 반환받는 조건으로 주
식 등을 대여하는 경우 주식 등을 대여한 날부터 반환받은 날까지의 기간 동안 그
주식 등은 대여자의 주식 등으로 보고 대주주 범위와 시가총액 요건을 적용한다

(소령 157 ⑦).

⑥ 거주자가 「자본시장과 금융투자업에 관한 법률」에 따른 사모집합투자기구를 통하여 법인의 주식 등을 취득하는 경우 그 주식 등은 해당 거주자의 소유로 보아 대주주 범위과 시가총액 요건을 적용한다(소령 157 ⑧).

2) 주권비상장법인의 주식 등

주권상장법인이나 코스닥상장법인 또는 코넥스상장법인이 아닌 법인의 주식 등(이하에서 '주권비상장법인의 주식 등'이라 한다)을 말한다. 주권비상장법인의 주식 등을 양도하는 경우에는 대주주 또는 소액주주로 구분하지 않고 모든 주주가 양도하는 주식 등에 대하여 양도소득세를 과세한다. 다만 주권비상장법인의 대주주에 해당하지 아니하는 자가 「자본시장과 금융투자업에 관한 법률」 제283조에 따라 설립된 한국금융투자협회가 행하는 같은 법 제286조 제1항 제5호에 따른 장외매매거래에 의하여 양도하는 중소기업 및 중견기업의 주식 등은 제외한다.

위에서 대주주란 주식 등의 양도일이 속하는 사업연도의 직전 사업연도 종료일 현재 주주 1인 및 기타주주의 소유주식의 비율이 4% 이상이거나 시가총액이 50억원 이상인 경우 해당 주주 1인 및 기타주주를 말한다.

라. 기타자산

1) 특정주식

법령상의 용어는 아니나, 과점주주가 소유하는 부동산과다보유법인의 주식 등과 체육시설업 등을 영위하는 부동산과다보유법인의 주식 등을 포괄하는 개념으로 사용하고자 한다.

가) 과점주주가 소유하는 부동산과다보유법인의 주식 등

① 법인의 자산총액 중 토지 등과 해당 법인이 보유한 다른 부동산과다보유법인 주식가액의 합계액이 50% 이상을 차지하고 있는 법인의 과점주주가 그 법인의 주식 등의 합계액의 50% 이상을 해당 과점주주 외의 자에게 양도하는 경우(과점주주가 다른 과점주주에게 양도한 후 양수한 과점주주가 과점주주 외의 자에게 다시 양도하는 경우로서 대통령령으로 정하는 경우를 포함한다)의 해당 주식 등을 말한다. 즉 다음의 "㉮" 및 "㉯"의 요건을 동시에 충족하는 법인의 주주 또는 출자자 1인(이하에서 '주주 1인'이라 한다) 및 기타주주가 그 법인의

주식 또는 출자지분(신주인수권 및 증권예탁증권을 포함하며, 이하에서 '주식 등'이라 한다)의 합계액의 50% 이상을 주주 1인 및 기타주주 외의 자에게 양도하는 경우의 해당 주식 등을 말한다(소법 94 ① Ⅳ 다).

다음의 "㉯"의 요건을 충족하는 주주 1인 및 기타주주를 과점주주, 그리고 다음의 "㉮" 및 "㉯"의 요건을 동시에 충족하는 법인의 주식 등을 과점주주가 소유하는 부동산과다보유법인의 주식 등이라고 부르기로 한다.

㉮ 해당 법인의 자산총액 중 토지·건물 및 부동산에 관한 권리와 해당 법인이 보유한 다른 부동산과다보유법인 주식가액의 합계액이 차지하는 비율이 50% 이상인 법인

위에서 자산총액이란 부채 및 자본을 합한 총자산의 가액을 가리킨다. 그리고 자산총액 및 자산가액은 해당 법인의 장부가액에 의하여 산정하되, 토지 및 건물의 경우 그 기준시가가 장부가액보다 큰 경우에는 기준시가에 의하여 평가한다.

자산총액 중에서 동일인에 대한 가지급금과 가수금이 함께 있는 경우에는 상계한다. 다만, 가지급금과 가수금이 동일인에게 발생하였다고 하더라도 서로 상환기간과 이자율 등에 관하여 상이한 내용으로 약정되어 있는 경우에는 이를 상계하지 아니한다. 이는 부동산 과다보유법인 주식 판정시에 동일인에 대한 가지급금과 가수금이 함께 있는 경우 부동산 비율이 과소평가 되는 것을 방지하기 위한 법적 장치이다.

그러나 다음의 금액은 자산총액에 포함하지 아니한다(소령 158 ④).

ⅰ) 무형고정자산 중 개발비 및 사용수익기부자산가액의 금액

ⅱ) 양도일부터 소급하여 1년이 되는 날부터 양도일까지의 기간 중에 차입금 또는 증자 등에 의하여 증가한 현금·대여금 및 기획재정부령으로 정하는 금융재산의 합계액

자산총액 중 토지 등의 점유비율을 차입금의 기채(起債)나 증자를 통하여 인위적으로 낮춤으로써 특정주식 요건의 충족을 회피하는 것을 방지하기 위한 법적 장치이다.[9]

---

9) 대법원 1999.11.9. 판결, 98두14082 판결.
[판결요지] 주주가 주식의 양도에 앞서 회사에게 금원을 대여함으로 인하여 주식양도일 현재 회사의 총자산가액 중 토지 및 건물가액이 차지하는 비율이 낮아짐으로써 그 회사가 부동산과다보유법인의 지위에서 벗어나게 되어 결과적으로 주주의 주식양도에 대한 양도소득세를 부과할 수 없게 되었다고 하더라도 위 금원대여행위는 소득세법 소정의 부당행위계산 부인의 대상이라고 할 수 없다.

위에서 금융재산이란 「금융실명거래 및 비밀보장에 관한 법률」 제2조 제2호에 따른 금융자산을 말한다(소칙 76 ②).

한편, 부동산과다보유법인이란 부동산 등의 비율이 50% 이상인 법인 및 부동산 등의 보유비율이 80% 이상인 법인을 말한다. 그리고 부동산 등의 보유비율은 다른 법인의 자산총액에서 토지와 건물, 부동산에 관한 권리 및 다른 법인이 보유하고 있는 국세기본법 시행령 제1조의 2 제3항 및 같은 조 제4항에 따른 경영지배관계에 있는 법인이 발행한 주식가액에 그 경영지배관계에 있는 법인의 부동산 등 보유비율을 곱하여 산출한 가액이 차지하는 비율로 한다(소령 158 ⑥ 및 ⑦).

㉯ 해당 법인의 주식 등의 합계액 중 주주 1인과 기타주주가 소유하고 있는 주식 등의 합계액이 차지하는 비율이 50%를 초과하는 법인

해당 법인의 주식 등의 합계액 중 주주 1인과 기타주주가 소유하고 있는 주식 등의 합계액이 차지하는 비율이 50%를 초과하는 법인이어야 한다. 즉 과점주주가 지배하고 있는 법인이어야 한다.

② 과점주주가 주식 등을 과점주주 외의 자에게 여러 번에 걸쳐 양도하는 경우로서 과점주주 중 1인이 주식 등을 양도하는 날부터 소급해 3년 내에 과점주주가 양도한 주식 등을 합산해 해당 법인의 주식 등의 50% 이상을 양도하는 경우에도 적용한다. 주식 등의 분산양도를 통하여 부동산과다보유법인의 주식 등의 적용에서 벗어나는 것을 막기 위한 장치이다.

다음으로 어떤 주식 등의 양도가 과점주주가 소유하는 부동산과다보유법인의 주식 등의 양도에 해당하는지의 여부(위의 '㉮' 및 '㉯'의 요건을 충족하는지의 여부)와 법인의 주식 등의 합계액의 50% 이상을 양도한 것인지의 여부에 관한 판정은 과점주주 중 1인이 주식 등을 양도하는 날로부터 소급하여 그 합산하는 기간 중 최초로 양도하는 날 현재의 해당 법인의 주식등의 합계액 또는 자산총액을 기준으로 한다(소령 158 ②).

나) 체육시설업 등을 영위하는 부동산과다보유법인의 주식 등

체육시설업 등과 같은 특정사업을 영위하는 법인으로서 해당 법인의 자산총액 중 토지 등과 해당 법인이 보유한 다른 부동산과다보유법인 주식가액의 합계액이 80% 이상인 법인의 주식 등을 가리킨다(소법 94 ① Ⅳ 라).

즉 다음의 "①" 및 "②"의 요건을 동시에 충족하는 법인의 주식 등을 말한다.[10]

따라서 자산총액 중 토지 등과 해당 법인이 보유한 다른 부동산과다보유법인 주식가액의 합계액이 차지하는 비율이 80% 이상에 해당하면서도 체육시설업 등을 영위하지 않는 법인의 주식 등이나 체육시설업 등을 영위하면서도 자산총액 중 토지 등과 해당 법인이 보유한 다른 부동산과다보유법인 주식가액의 합계액이 차지하는 비율이 80%에 미달하는 법인의 주식 등은 체육시설업 등을 영위하는 부동산과다보유법인의 주식 등에 해당하지 않는 것이다.

체육시설업 등을 영위하는 부동산과다보유법인의 주식 등의 경우에는 단 한 주만 양도하더라도 기타자산을 구성하게 된다. 그러나 앞에서 다룬 과점주주가 소유하는 부동산과다보유법인의 주식 등은 해당 법인의 주식 등의 합계액의 50% 이상을 양도하여야만 기타자산에 해당하게 된다.

① 해당 법인의 자산총액 중 토지·건물 및 부동산에 관한 권리와 해당 법인이 보유한 다른 부동산과다보유법인 주식가액의 합계액이 차지하는 비율이 80% 이상인 법인

이에 해당하는지의 여부는 양도일 현재의 해당 법인의 자산총액을 기준으로 하여 판정하되, 다만 양도일 현재의 자산총액을 알 수 없는 경우에는 양도일이 속하는 해의 직전 과세연도말의 자산총액을 기준으로 한다. 그리고 자산총액 및 자산가액은 해당 법인의 장부가액에 의하여 산정하되, 토지 및 건물의 경우 그 기준시가가 장부가액보다 큰 경우에는 기준시가에 의하여 평가한다. 그러나 다음의 금액은 자산총액에 포함하지 아니한다(소령 158 ④).

ⅰ) 무형고정자산 중 개발비 및 사용수익기부자산가액의 금액

ⅱ) 양도일부터 소급하여 1년이 되는 날부터 양도일까지의 기간 중에 차입금 또는 증자 등에 의하여 증가한 현금·대여금 및 기획재정부령으로 정하는 금융재산의 합계액

② 「체육시설의 설치·이용에 관한 법률」에 따른 골프장업·스키장업 등 체육시설업, 관광진흥법에 따른 관광사업 중 휴양시설관련업 및 부동산업·부동산개발업으로서 골프장·스키장·휴양콘도미니엄 또는 전문휴양시설을 건설 또는 취득하여 직접 경영하거나 분양 또는 임대하는 사업을 영위하는 법인(소령 158 ⑧ 및 소칙 76 ③)

---

10) 대법원 1994.2.8. 선고, 93누19238 판결.

2) 특정시설물의 이용권 등

이용권·회원권 그 밖에 명칭과 관계없이 해당 시설물을 배타적으로 이용하거나 일반 이용자보다 유리한 조건으로 이용할 수 있도록 약정한 단체의 구성원이 된 자에게 부여되는 시설물이용권은 기타자산에 포함된다(소법 94 ① Ⅳ). 특정시설물의 이용권에는 법인의 주식 등을 소유하는 것만으로 시설물을 배타적으로 이용하거나 일반이용자보다 유리한 조건으로 시설물이용권을 부여받게 되는 경우의 그 주식 등을 포함한다. 특정시설물의 이용권 등의 예로서는 골프회원권·헬스클럽회원권·콘도미니엄이용권·스키장회원권·고급사교장회원권 및 사우나회원권 등을 들 수 있다.

3) 영업권

사업용 고정자산(토지·건물 및 부동산에 관한 권리를 말한다)과 함께 양도하는 영업권은 기타자산에 포함된다. 영업권을 별도로 평가하지 아니하였으나 사회통념상 사업용 고정자산에 포함되어 양도된 것으로 인정되는 영업권과 행정관청으로부터 인가·허가·면허 등을 받음으로써 얻는 경제적 이익을 포함한다.

그런데 양도소득세의 과세대상이 되는 영업권이란 반드시 사업용 고정자산과 함께 양도하는 영업권을 의미한다. 사업용 고정자산과 함께 양도하지 않고 영업권(행정관청으로부터 인가·허가·면허 등을 받음으로써 얻는 경제적 이익을 포함한다)만을 양도하거나 점포임차권과 함께 영업권을 양도함으로써 얻는 소득은 기타소득에 해당한다.

4) 이축권

토지 또는 건물과 함께 양도하는 「개발제한구역의 지정 및 관리에 관한 특별조치법」 제12조 제1항 제2호 및 제3호의 2에 따른 이축을 할 수 있는 권리(이하 '이축권'이라 한다). 다만, 「감정평가 및 감정평가사에 관한 법률」에 따른 감정평가법인등이 감정한 가액이 있는 경우 그 가액(감정한 가액이 둘 이상인 경우에는 그 감정한 가액의 평균액)을 구분하여 신고하는 경우는 제외한다(소법 94 ① Ⅳ 마, 소령 158의 2).

마. 파생상품

파생상품 등의 거래 또는 행위로 발생하는 소득(이자소득이나 배당소득으로 보는 파생상품의 거래 또는 행위로부터의 이익은 제외한다)을 말한다(소법 94 ① Ⅴ). 이 경우 파생상품 등이란 파생결합증권, 「자본시장과 금융투자업에 관한 법률」 제5조 제2항 제1호부터 제3호까지의 규정에 따른 장내파생상품 또는 같은 조 제3항에 따른 장외파생상품 중 다음의 어느 하나에 해당하는 것을 말한다(소령 159의 2).[11]

① 「자본시장과 금융투자업에 관한 법률」 제5조 제2항 제1호에 따른 장내파생상품으로서 증권시장 또는 이와 유사한 시장으로서 외국에 있는 시장을 대표하는 종목을 기준으로 산출된 지수(해당 지수의 변동성을 기준으로 산출된 지수를 포함한다)를 기초자산으로 하는 상품

② 「자본시장과 금융투자업에 관한 법률」 제5조 제3항에 따른 파생상품으로서 다음의 요건을 모두 갖춘 파생상품(경제적 실질이 동일한 상품을 포함한다)

  ⅰ) 계약 체결 당시 약정가격과 계약에 따른 약정을 소멸시키는 반대거래 약정가격 간의 차액을 현금으로 결제하고 계약 종료시점을 미리 정하지 않고 거래 일방의 의사표시로 계약이 종료되는 상품일 것

  ⅱ) 다음의 어느 하나 이상에 해당하는 기초자산의 가격과 연계하는 상품일 것

    ⓐ 주식등(외국법인이 발행한 주식을 포함한다)

    ⓑ 상장지수집합투자기구(상장지수집합투자기구와 유사한 것으로서 외국 상장지수집합투자기구를 포함한다)로서 증권시장 또는 이와 유사한 시장으로서 외국에 있는 시장을 대표하는 종목을 기준으로 산출된 지수(해당 지수의 변

---

11) 「자본시장과 금융투자업에 관한 법률」 제5조

  ① 이 법에서 "파생상품"이란 다음 각 호의 어느 하나에 해당하는 계약상의 권리를 말한다. 다만, 해당 금융투자상품의 유통 가능성, 계약당사자, 발행사유 등을 고려하여 증권으로 규제하는 것이 타당한 것으로서 대통령령으로 정하는 금융투자상품은 그러하지 아니하다.

    1. 기초자산이나 기초자산의 가격·이자율·지표·단위 또는 이를 기초로 하는 지수 등에 의하여 산출된 금전등을 장래의 특정 시점에 인도할 것을 약정하는 계약

    2. 당사자 어느 한쪽의 의사표시에 의하여 기초자산이나 기초자산의 가격·이자율·지표·단위 또는 이를 기초로 하는 지수 등에 의하여 산출된 금전등을 수수하는 거래를 성립시킬 수 있는 권리를 부여하는 것을 약정하는 계약

    3. 장래의 일정기간 동안 미리 정한 가격으로 기초자산이나 기초자산의 가격·이자율·지표·단위 또는 이를 기초로 하는 지수 등에 의하여 산출된 금전 등을 교환할 것을 약정하는 계약

    4. 제1호부터 제3호까지의 규정에 따른 계약과 유사한 것으로서 대통령령으로 정하는 계약

  ② 이 법에서 "장내파생상품"이란 다음 각 호의 어느 하나에 해당하는 것을 말한다.

    1. 파생상품시장에서 거래되는 파생상품

    2. 해외 파생상품시장(파생상품시장과 유사한 시장으로서 해외에 있는 시장과 대통령령으로 정하는 해외 파생상품거래가 이루어지는 시장을 말한다)에서 거래되는 파생상품

    3. 그 밖에 금융투자상품시장을 개설하여 운영하는 자가 정하는 기준과 방법에 따라 금융투자상품시장에서 거래되는 파생상품

  ③ 이 법에서 "장외파생상품"이란 파생상품으로서 장내파생상품이 아닌 것을 말한다.

  ④ 제1항 각 호의 어느 하나에 해당하는 계약 중 매매계약이 아닌 계약의 체결은 이 법을 적용함에 있어서 매매계약의 체결로 본다.

동성을 기준으로 산출된 지수를 포함한다)를 추적하는 것을 목적으로 하는
집합투자기구의 집합투자증권

ⓒ 상장지수증권(상장지수증권과 유사한 것으로서 외국 상장지수증권을 포함한
다)으로서 증권시장 또는 이와 유사한 시장으로서 외국에 있는 시장을 대표
하는 종목을 기준으로 산출된 지수(해당 지수의 변동성을 기준으로 산출된
지수를 포함한다)를 추적하는 것을 목적으로 하는 상장지수증권

③ 당사자 일방의 의사표시에 따라 위 "①"에 따른 지수의 수치의 변동과 연계하여 미리
정하여진 방법에 따라 주권의 매매나 금전을 수수하는 거래를 성립시킬 수 있는 권리
를 표시하는 증권 또는 증서

④ 「자본시장과 금융투자업에 관한 법률」 제5조 제2항 제2호에 따른 해외 파생상품시장
에서 거래되는 파생상품

⑤ 「자본시장과 금융투자업에 관한 법률」 제5조 제3항에 따른 장외파생상품으로서 경제
적 실질이 위 "①"에 따른 장내파생상품과 동일한 상품

바. 신탁의 이익을 받을 권리

신탁의 이익을 받을 권리(아래의 수익권 또는 수익증권은 제외하며, 이하 '신탁 수익권'
이라 한다)의 양도로 발생하는 소득을 말한다. 다만, 신탁 수익권의 양도를 통하여 신탁재
산에 대한 지배·통제권이 사실상 이전되는 경우는 신탁재산 자체의 양도로 본다(소법 94
① Ⅵ, 소령 159의 3).

① 「자본시장과 금융투자업에 관한 법률」 제110조에 따른 수익권 또는 수익증권

② 「자본시장과 금융투자업에 관한 법률」 제189조에 따른 투자신탁의 수익권 또는 수익
증권으로서 해당 수익권 또는 수익증권의 양도로 발생하는 소득이 소득세법 제17조
제1항에 따른 배당소득으로 과세되는 수익권 또는 수익증권

③ 신탁의 이익을 받을 권리에 대한 양도로 발생하는 소득이 소득세법 제17조 제1항에
따른 배당소득으로 과세되는 수익권 또는 수익증권

④ 위탁자의 채권자가 채권담보를 위하여 채권 원리금의 범위 내에서 선순위 수익자로서
참여하고 있는 경우 해당 수익권. 이 경우 신탁 수익자명부 변동상황명세서를 제출해
야 한다.

2 양도의 개념

가. 사실상의 유상이전

양도소득세는 토지 등의 양도로 인하여 실현된 소득에 대하여 과세한다. 양도는 토지 등에 대한 등기 또는 등록과 관계없이 매도·교환·법인에 대한 현물출자 등으로 인하여 그 토지 등이 유상으로 사실상 이전되는 것을 의미한다. 부담부증여에 있어서 증여자의 채무를 수증자가 인수하는 경우에는 증여가액 중 그 채무액에 상당하는 부분과 채권등의 상환, 주식등 중 「자본시장과 금융투자업에 관한 법률」 제4조 제4항에 따른 신주인수권이 표시된 지분증권의 소멸분은 그 자산이 유상으로 사실상 이전되는 것으로 본다(소법 88 Ⅰ, 소법 87의 2 Ⅲ).

1) 자산의 유상이전

양도는 자산의 이전적 승계 중 교환조건적 또는 대가적 관계가 수반되는 유상이전만을 가리킨다. 따라서 자산의 소유권이 증여나 상속과 같은 무상이전에 의하여 이전되는 경우에는 양도소득세를 과세할 수 없다. 해당 자산을 취득하는 수증자 또는 상속인에게 증여세 또는 상속세를 과세할 뿐이다.

소득세법은 유상이전의 대표적인 유형으로서 매도·교환 및 법인에 대한 현물출자를 예시하고 있다. 법문상에 예시하지 않은 유형이라 할지라도 대가적 관계가 수반되는 이전의 경우에는 양도에 해당한다.

가) 매 도

매도는 매매를 매매계약의 당사자 중 매도인의 측면에서 본 개념이다. 매매란 당사자의 일방(매도인)이 어떤 재산권을 상대방(매수인)에게 이전할 것을 약정하고, 상대방은 이에 대하여 그 대금을 지급할 것을 약정함으로써 성립하는 유상계약이다(민법 563). 매매는 유상이전 중 가장 대표적이고 전형적인 형태에 해당한다.

나) 교 환

교환이란 당사자 쌍방이 금전 이외의 재산권을 서로 이전할 것을 약정함으로써 성립하는 계약이다(민법 596). 교환은 쌍방 당사자가 모두 금전 이외의 재산권을 서로 이전하기로 약정한다는 점에서 당사자의 일방이 금전을 지급하기로 약정하는 매매와 다르다.[12]

---

12) 토지의 합필을 위한 교환은 유상이전인 양도에 해당한다(대법원 1985.12.24. 선고, 85누756 판결). 다만, 공유물의 분할은 뒤에서 보는 바와 같이 양도로 보지 않는다.

다) 법인에 대한 현물출자

(1) 법인에 대한 현물출자

현물출자라 함은 금전 이외의 재산으로 하는 출자를 의미한다. 현물출자를 하는 자는 토지 등과 같은 재산을 현물로 출자하고 그 대가로 주식 등을 교부받게 된다. 즉 현물출자는 재산의 급여와 주식의 취득이 서로 대가관계에 있기 때문에 유상이 전에 해당하는 것이다. 이와 같은 현물출자는 회사의 설립시뿐만 아니라 신주발행시에도 허용되고 있다(상법 290, 416).

(2) 조합에 대한 현물출자

조합계약에 의하여 조합에 토지 등을 현물출자한 경우에도 자산의 유상이전으로 볼 것인지에 관하여는 견해의 대립이 있다.

조합에 대한 토지 등의 현물출자는 양도에 해당하지 않는다는 견해와 양도에 해당한다는 견해로 갈라지고, 양도에 해당하는 경우에도 현물출자하는 토지의 전부가 양도에 해당한다는 견해와 현물출자한 토지 등에서 자신의 지분을 제외한 나머지 부분만이 양도에 해당한다는 견해로 나누어진다.

① 양도에 해당하지 않는다는 견해

조합계약에 의하여 조합에 토지 등을 현물출자한 경우에는 양도에 해당하지 않는다고 한다. 그 논거는 다음과 같다.[13]

첫째, 민법상 조합은 단체가 아니기 때문에 조합에 대한 토지 등의 현물출자는 양도에 해당하지 않는다는 점이다.

둘째, 조합에 대한 토지 등의 현물출자는 출자자인 토지의 소유자가 그 자산을 자기를 포함한 공동사업자들의 조합재산인 합유재산으로 이전하는 것인데, 토지소유자가 자기 자신에게도 권리를 이전하는 것이 되어 불합리하다.

② 양도에 해당한다는 견해

조합에 대한 토지 등의 현물출자가 양도에 해당한다고 새기는 견해이다. 양도에 해당한다는 견해는 다시 현물출자하는 토지의 전부가 양도에 해당한다는 견해(전부양도설)와 현물출자한 토지 등에서 자신의 지분을 제외한 나머지 부분만이 양도에 해당한다는 견해(일부양도설)로 갈린다.

예를 들면 "甲"과 "乙"이 공동으로 주택신축판매업을 영위하기 위하여 "甲"은

---

13) 강인애, 「신소득세법」(한일조세연구소, 1998), p.823.

종래부터 소유하고 있던 토지 300평(시가 10억원)을 현물출자하고, "乙"은 현금 10억원을 출자하기로 조합계약을 체결하였다. "甲"은 계약내용대로 토지 300평을 현물출자하여 "乙"과 공유하는 형태로 소유권이전등기를 경료하였다. 이 경우에 현물출자의 목적이 된 해당 토지의 전부(300평)를 양도한 것으로 볼 것인지, 아니면 현물출자의 목적이 된 토지 중 자기의 지분(해당 토지의 1/2에 상당한 부분인 150평)을 제외한 나머지 부분(150평)만을 양도한 것으로 볼 것인지가 문제로 되는 것이다.

전부양도설은 조합원의 손익분배비율 또는 지분율에 불구하고 현물출자한 자산의 전부가 양도된 것으로 보아야 한다는 견해이다. 현물출자한 자산에 대하여 합유등기를 한 경우는 물론이고 공유의 형태로 소유권이전등기를 이행한 경우에도 현물출자의 목적물의 전부가 조합으로 이전된 것으로 보아야 한다는 견해이다. 조합은 공동의 목적을 가지는 단순한 다수자가 아닌 단체의 일종으로서 그 자신의 고유의 재산, 즉 조합재산(Gesellschaftsvermögen)을 갖는다는 데에 논거를 두고 있다.

일부양도설은 현물출자한 자산 중 자신의 지분을 제외한 나머지 지분 부분만 양도되었다고 보는 견해이다.[14] 개인의 조합에 대한 자산의 현물출자가 양도에 해당하는지의 여부를 살핌에 있어서는 조합의 특성 자체도 함께 고려하지 않으면 안된다. 즉 조합은 그 구성원(조합원)의 개성을 초월하여 존재하는 독립적이고 객관적인 실체로 보기는 어려우며, 또한 독립된 과세단위로도 볼 수 없다. 조합의 성격을 위와 같이 규정짓는 경우에 개인이 조합에 대하여 현물출자한 자산 중 그 조합원의 지분에 상당하는 자산은 실질적으로는 그 개인이 개인 자신에게 양도한 자산에 지나지 않는다. 그러므로 개인이 조합에 대하여 토지 등과 같은 자산을 현물출자한 경우에는 현물출자한 자산 중 조합원 자신의 지분을 제외한 나머지 부분의 자산만이 양도되었다고 해석하는 것이다.

③ 판례

대법원은 조합에 출자한 자산은 출자자의 개인자산과는 별개의 조합재산을 이루어 조합원의 합유가 되고 출자자는 그 출자의 대가로 조합원의 지위를 취득하는 것이므로 양도소득세의 과세원인인 양도에 해당하다고 하여 전부양도설의 입장을 취하고 있다.[15] 행정해석 및 심판결정례도 같은 견해를 취하고 있다.[16]

14) 이태로, 「조세법개론」(조세통람사, 1995), p.155.
15) 대법원 대법원 2002.4.23. 선고, 2000두5852 판결.

라) 대물변제 등

대물변제라 함은 채무자가 부담하고 있는 본래의 급부에 갈음하여 다른 급부를 현실적으로 함으로써 채무를 소멸시키는 채권자·변제자 사이의 계약인데, 변제와 같은 효력을 갖는다(민법 466). 대물변제는 본래의 급부에 갈음하는 다른 급부를 함으로써 본래의 급부를 소멸케 하는 것이므로 그 다른 급부는 소멸하는 본래의 급부의 대가라는 의미를 갖는다. 따라서 대물변제는 일종의 유상계약에 속하는 것이다. 예를 들면 "甲"으로부터 3억원을 차용한 "乙"이 "甲"의 승낙을 얻어서 그 본래의 금전급부에 갈음하여 1필지의 토지로 급부하는 경우가 이에 해당한다.

당사자가 대물변제의 의사표시를 하는 것만으로는 부족하고 현실적으로 대물급부를 이행하여야 한다. 특히 대물급부로서 부동산의 소유권을 이전하는 경우에는 소유권이전등기까지 완료하여야만 대물변제가 성립하게 된다.[17]

그리고 손해배상금이나 위자료를 금전으로 지급하지 않고 토지 등의 소유권을 이전함으로써 이행하는 경우에는 해당 토지 등의 소유권의 이전에 따라 손해배상금채무 또는 위자료채무가 소멸하는 것이므로 양도에 해당한다고 새겨야 할 것이다.[18]

다음으로 상속세 또는 증여세를 토지 등으로 물납하는 경우에 그 토지 등의 물납도 양도에 포함되는 것으로 해석하여야 한다.[19] 다만, 상속세 또는 증여세로 물납하는 토지 등의 경우에는 상속세 또는 증여세의 과세가액(물납재산의 취득가액)과 물

[판결요지] 1. 원심이, 원고 등 구 백련연립주택의 소유자 16인은 1991.3.9. 주택재건축을 위하여 공사업자인 방성국과의 사이에, 원고 등 소유자들은 위 연립주택의 부지를 제공하고 방성국은 그의 책임으로 공사비 등을 투자하여 연립주택 33세대를 신축하되 위 16인의 소유자들은 각 신축 주택 1세대씩을 소유하고 나머지는 방성국이 처분하기로 하는 내용의 계약을 체결하였고, 이 계약은 원고 등 16인과 방성국 사이의 동업계약이라고 판단한 것은 정당하고, 거기에 상고이유의 주장과 같은 심리미진이나 채증법칙 위배 또는 법리오해의 위법이 없다. 따라서 이 부분 상고이유는 받아들이지 아니한다.
2. 조합에 출자된 자산은 출자자의 개인재산과 구별되는 별개의 조합재산을 이루어 조합원의 합유로 되고 출자자는 그 출자의 대가로 조합원의 지위를 취득하는 것이므로, 조합에 대한 자산의 현물출자는 자산의 유상이전으로서 양도소득세의 과세원인인 양도에 해당하고, 그 양도시기는 조합에 현물출자를 이행한 때이다(대법원 1985.11.12. 선고, 85누339 판결 및 1987.4.28. 선고, 86누771 판결 등 참조). 같은 취지로 원심이, 원고가 방성국과 동업계약을 체결하여 원고 소유인 이 사건 대지지분을 출자한 것으로 인정하고 그 양도시기를 동업계약 체결일로 보아 이 사건 양도소득세부과의 제척기간이 경과하였다고 판단한 것은 정당하고, 거기에 상고이유의 주장과 같은 법리오해 등의 위법이 없다.

16) 재정경제부장관, 재경원 재산 46014－328, 1996.10.8. : 국세청장, 재일 46014－2657, 1997.11.22. : 국심 98서 1762, 1999.6.17.
17) 대법원 1963.10.22. 선고, 63다168 판결 : 대법원 1965.7.20. 선고, 65다1029 판결.
18) 대법원 1989.6.27. 선고, 88누10183 판결 : 대법원 1984.6.26. 선고, 84누153 판결 : 대법원 1995.11.24. 선고, 95누4599 판결.
19) 市川深, 「所得稅重要判例 コンメンタール」(稅務經理協會, 1991), p.83 : 東京國稅局 國稅訟務官室編, 「判例からみた法人稅・所得稅・資産稅」(日本稅經硏究會, 1992), p.374.

납의 수납가액(물납재산의 양도가액)이 원칙적으로 일치하므로 양도차익이 발생할 여지가 없는 것이 일반적이다.[20]

마) 공용수용 등

공용수용(公用收用)이라 함은 공익사업 기타 복리행정상의 목적을 위하여 타인의 특정한 재산권을 법률의 힘에 의하여 강제적으로 취득하는 것을 말하며, 공용징수(公用徵收)라고도 한다. 수용자(起業者)는 피수용자에게 공용수용으로 인하여 입은 손실을 보상하기 때문에 유상이전에 해당한다. 공용수용의 근거법률로서는 「공익사업을 위한 토지 등의 취득 및 보상에 관한 법률」·측량법·초지법·산림법 등이 있다.

한편, 국세징수법에 의한 공매, 민사집행법에 의한 강제경매 및 담보권 등의 실행을 위한 경매에 의하여 소유권이 이전되는 경우에도 양도로 본다.[21] 경매에 의하여 물상보증인이 소유하는 부동산의 소유권이 이전된 경우에도 마찬가지이다. 물상보증인에게 돌아갈 경락대금잔액이 전혀 없거나 채무자에 대한 구상권 행사가 사실상 불가능하다고 하더라도 그 취급을 달리할 것은 아니다.

이와는 달리 일본에 있어서는 보증채무를 이행하기 위하여 자산의 소유권을 이전하고 구상권의 행사가 불능인 경우에는 해당 거래에 대하여 수입금액이 없는 것으로 의제하여 양도소득세를 과세하지 않는다는 명문의 규정을 두고 있다(日本 所法 64).

바) 부담부증여

부담부증여란 수증자가 증여를 받는 동시에 일정한 부담을 질 것을 부관으로 하는 증여이다. 상대부담 있는 증여라고도 한다. 부담부증여에 있어서는 부담의 한도 내에서 수증자의 부담과 증여자의 급부가 실질적으로는 대가관계에 있다고 하겠다. 따라서 부담부증여에 있어서 증여자의 채무를 수증자가 인수하는 경우에는 증여가액 중 그 채무액에 상당하는 부분은 그 자산이 유상으로 사실상 이전되는 것으로 본다.

그러나 배우자간 또는 직계존비속간의 부담부증여에 대하여는 수증자가 증여자의 채무를 인수한 경우에도 해당 채무액은 수증자에게 인계되지 않은 것으로 추정하며(상증법 47 ③), 따라서 그 범위 안에서는 양도로 볼 여지가 없는 것이다. 다만, 해당 채무액이 국가 및 지방자치단체에 대한 채무 등 객관적으로 인정되는 경우에 해당하여 수증자가 인수한 것으로 보는 때에는 양도로 보아야 한다.

---

20) 물납에 충당할 부동산 및 유가증권의 수납가액은 특정한 경우를 제외하고는 상속재산 또는 증여재산의 가액으로 한다(상증령 75).
21) 대법원 1986.6.23. 선고, 86누60 판결.

2) 자산의 사실상 이전

양도라 함은 토지 등과 같은 과세대상자산이 그 자산에 대한 등기 또는 등록에 관계없이 사실상 이전되는 것을 의미한다. 민법은 "부동산에 관한 법률행위로 인한 물권의 득실변경은 등기하여야 그 효력이 생긴다"(민법 186)고 하여 등기를 물권변동의 성립요건으로 규정하고 있다. 그리고 상법상 기명주식의 이전은 명의개서를 회사에 대한 대항요건으로 정하고 있다(상법 337 ①).

이에 대하여 소득세법은 자산의 양도에 있어서 민법 또는 상법에서의 효력요건 또는 대항요건으로서의 등기 또는 명의개서를 그 요건으로 하지 아니하고 자산이 사실상 이전되는 경우에 양도가 있는 것으로 하고 있다. 앞에서 자산이 사실상 이전되는 경우란 매매에 있어서는 자산의 대가의 급부가 사회통념상 거의 전부 이행되었다고 볼 만한 정도에 이른 것을 뜻한다.[22] 자산의 양도차익을 계산함에 있어서 자산의 양도시기를 그 자산에 대한 매매대금을 청산한 날로 정하고 있는 것도 같은 취지이다(소법 98). 다음으로 토지 등의 매매대금이 전부 이행되었지만 「부동산 거래신고 등에 관한 법률」의 토지거래허가를 받지 못한 경우에도 토지 등이 사실상 이전되는 것으로 볼 것인지가 문제이다.

대법원은 토지거래허가구역 내의 토지를 매도하고 그 대금을 수수하였으면서도 토지거래허가를 배제하거나 잠탈할 목적으로 매매가 아닌 증여가 이루어진 것처럼 가장하여 매수인 앞으로 증여를 원인으로 한 이전등기까지 마친 경우 또는 토지거래허가구역 내의 토지를 매수하였으나 그에 따른 토지거래허가를 받지 아니하고 이전등기를 마치지도 아니한 채 그 토지를 제3자에게 전매하여 그 매매대금을 수수하고서도 최초의 매도인이 제3자에게 직접 매도한 것처럼 매매계약서를 작성하고 그에 따른 토지거래허가를 받아 이전등기까지 마친 경우에, 그 이전등기가 말소되지 아니한 채 남아 있고 매도인 또는 중간의 매도인이 수수한 매매 대금도 매수인 또는 제3자에게 반환하지 아니한 채 그대로 보유하고 있는 때에는 예외적으로, 매도인 등에게 자산의 양도로 인한 소득이 있다고 보아 양도소득세 과세대상이 된다고 봄이 상당하다고 판시하고 있다.[23]

---

22) 대법원 1993.4.27. 선고, 92누8934 판결.
　　[판결요지] 양도소득세의 과세대상인 양도소득이란 토지소유권 등 자산의 양도로 인하여 발생하는 소득을 의미하고 여기에서 토지소유권이란 등기를 마친 소유권뿐만 아니라 토지를 유상으로 취득할 경우에는 그 대가적 급부가 사회통념상 거의 전부 이행되었다고 볼 만한 정도에 이른 사실상의 소유권도 포함하는 개념이라고 풀이함이 타당하다 할 것이다(대법원 1974.10.25. 선고, 73누201 판결 : 대법원 1983.5.10. 선고, 83누48 판결 : 대법원 1983.6.14. 선고, 81누206 판결 : 대법원 1984.2.14. 선고, 82누286 판결 등 참조).
23) 대법원 2011.7.21. 선고, 2010두23644 판결.
　　(반대의견) ① 구 소득세법상 양도는 엄연히 권리이전의 원인행위가 유효하게 이루어진 것을 전제로 하는

나. 양도에서 제외되는 소유권의 이전

1) 도시개발법 등에 따른 환지처분

도시개발법이나 그 밖의 법률에 따른 환지처분으로 지목 또는 지번이 변경되거나 보류지(保留地)로 충당되는 경우에는 양도로 보지 아니한다(소법 88 Ⅰ).

공용환지의 경우에는 토지의 교환·분합이 이루어지고 보류지로 충당되는 것과 같은 자산의 유상이전이 수반되는 것이 필수적이나, 공익사업의 원활한 수행을 지원하기 위하여 양도의 범위에서 제외하고 있는 것이다.

위에서 환지처분이라 함은 도시개발법에 따른 도시개발사업, 농어촌정비법에 따른 농업생산기반정비사업, 그 밖의 법률에 따라 사업시행자가 사업완료 후에 사업구역 내의 토지소유자 또는 관계인에게 종전의 토지 또는 건축물 대신에 그 구역 내의 다른 토지 또는 사업시행자에게 처분할 권한이 있는 건축물의 일부와 그 건축물이 있는 토지의 공유지분으로 바꾸어 주는 것(사업시행에 따라 분할·합병 또는 교환하는 것을 포함한다)을 말한다.

그리고 보류지라 함은 사업시행자가 해당 법률에 따라 일정한 토지를 환지로 정하지 아니하고 다음의 토지로 사용하기 위하여 보류한 토지를 말한다(소령 152 ②).

① 해당 법률에 따른 공공용지

② 해당 법률에 따라 사업구역 내의 토지소유자 또는 관계인에게 그 구역 내의 토지로 사업비용을 부담하게 하는 경우의 해당 토지인 체비지

한편, 다음의 요건을 모두 충족하는 토지 교환의 경우에도 양도로 보지 아니한다(소법 88 Ⅰ, 소령 152 ③).

① 토지 이용상 불합리한 지상(地上) 경계(境界)를 합리적으로 바꾸기 위하여 「공간정보의 구축 및 관리 등에 관한 법률」이나 그 밖의 법률에 따라 토지를 분할하여 교환할 것

② 위 "①"에 따라 분할된 토지의 전체 면적이 분할 전 토지의 전체 면적의 20%를

것으로서 원인행위인 매매계약이 무효여서 매도인이 양도로 인한 소득을 보유할 적법한 권원이 없는 경우에는 자산의 양도가 있다거나 자산의 양도로 인한 소득이 있다고 볼 수 없다. 따라서 위와 같은 한도 내에서는 사법상 양도 개념과 세법상 양도 개념은 별개로 구분될 수 없는 것이고, 이와 달리 구 소득세법상 양도를 원인인 계약의 유·무효와 관계없이 사실상 이전이라고만 해석하는 것은 사법상 양도 개념과 세법상 양도 개념의 통일적 해석에 장애가 되는 것이어서 받아들이기 어렵다.

② 토지거래허가구역 내 토지에 관한 매매계약이 처음부터 허가를 배제하거나 잠탈할 목적으로 이루어진 경우에는 확정적으로 무효이고, 이와 같이 매매계약이 무효인 이상 매매대금이 양도인에게 지급되었다고 하더라도 이것이 양도소득세 과세대상인 자산의 양도에 해당한다거나 매도인 등에게 자산의 양도로 인한 소득이 있었다고 할 수는 없다.

초과하지 아니할 것

2) 양도담보

가) 양도담보의 개념과 유형

양도담보(Sicherungsbereignung)라 함은 채권담보의 목적으로 물건의 소유권을 채권자에게 이전하고 채무자가 이행을 하지 않는 경우에는 채권자가 그 목적물로부터 우선변제를 받게 되나, 채무자가 이행을 하는 경우에는 목적물을 그 소유자에게 반환하는 방법에 따른 비전형담보를 의미한다. 이와 같은 광의의 양도담보에는 매도담보와 협의의 양도담보가 포함된다.[24)]

매도담보(Sicherungskauf)는 신용의 수수를 소비대차가 아닌 매매의 형식으로 행하는 것으로서 융자를 받고자 하는 자는 융자를 해주는 자에게 담보의 목적물을 매각하고 일정한 기간 안에 융자를 해주는 자에게 매매대금을 반환하면 그 목적물을 다시 회복할 수 있도록 약정하는 것이다. 매도담보에는 환매권유보부매매(민법 590 내지 594), 재매매예약부매매(민법 564) 등이 포함된다. 이에 대하여 협의의 양도담보는 단순히 채권담보를 목적으로 목적물의 소유권을 이전하는 것이다. 즉 소비대차계약을 함에 있어서 채무를 담보하기 위하여 물건의 소유권을 채권자에게 이전하고, 채무자가 일정한 기간 안에 그 채무를 변제하면 해당 물건의 소유권을 채무자에게 다시 이전시키는 형태를 취하는 것이다. 협의의 양도담보는 다시 목적물의 점유를 담보권자(채권자)에게 이전하는 양도질과 담보권설정자(채무자)에게 남겨 두는 양도저당으로 구분할 수 있는데, 이 중에서 양도저당이 압도적으로 많이 이용되고 있는 실정이다.

그런데 종래의 학설과 판례는 협의의 양도담보를 대외적 이전형(약한 양도담보)과 대내외적 이전형(강한 양도담보)으로 구별하여 왔다. 대외적 이전형 또는 약한 양도담보와 대내외적 이전형 또는 강한 양도담보와의 주된 차이는 목적물로서 변제에 충당할 때에 과부족액을 정산하느냐의 여부에 있다.[25)] 현행 민법은 유담보형(流擔保型)의 양도담보를 허용하고 있지 않으며, 정산형만을 인정하고 있다.[26)] 더욱이 「가등기담보 등에 관한 법률」은 모든 양도담보의 담보권자에게 정산의무가 있으므로 약한 양도담보와 강한 양도담보를 구별하여야 할 실익은 거의 없게 되어

24) 곽윤직, 「물권법」(박영사, 1999), p.533.
25) 임정평, "양도담보에 관한 재고," 「고시계」(1985. 3.), p.117 : 김용한, "양도담보의 법적 재구성," 「고시계」(1985. 7.), p.133.
26) 대법원 1966.4.6. 선고, 66다218 판결.

버렸다(가담법 2 I , 3 ①, 4).

나) 양도담보와 양도

양도담보계약에 의하여 채무자가 양도담보권자에게 토지 등의 소유권을 이전하거나 양도담보권자가 채권을 변제받고 채무자에게 토지 등의 소유권을 반환하는 경우에는 모두 양도로 보지 아니한다.[27] 이에 관하여는 소득세법 시행령 제151조 제1항에서 구체적인 규정을 두고 있다. 즉 채무자가 채무의 변제를 담보하기 위하여 자산을 양도한 경우로서 당사자간에 채무의 변제를 담보하기 위하여 양도한다는 의사표시, 해당 자산을 채무자가 원래대로 사용·수익한다는 의사표시 및 원금·이율·변제기한·변제방법 등에 관한 약정을 담고 있는 계약서의 사본을 양도소득세 과세표준확정신고서에 첨부한 때에는 양도로 보지 않도록 규정하고 있다.

(1) 소득세법 시행령 제151조 제1항의 해석과 관련한 문제

소득세법 시행령 제151조 제1항의 해석과 관련하여 특히 다음과 같은 사항이 문제된다.

첫째, 앞의 규정이 양도담보를 양도에서 제외하기 위한 창설적인 규정인가, 아니면 법리상 양도에서 당연히 제외되는 양도담보를 단지 확인하고 있는 규정인가에 관한 사항이다. 양도담보가 교환조건적 또는 대가적 관계가 수반되는 유상이전이 아니기 때문에 양도에 포함되지 않음은 법리상 당연하다. 그렇다면 소득세법 시행령 제151조 제1항은 양도에서 제외되는 양도담보를 확인하고 있는 규정인 것이다.

둘째, 일정한 요건을 갖춘 계약서의 사본을 양도소득세 과세표준확정신고서에 첨부하여 제출하는 것이 양도에서 제외되기 위한 필요적 요건인가 하는 점이 문제된다. 양도담보계약서의 사본을 양도소득세 과세표준확정신고서에 첨부하여 제출하도록 하는 것은 과세행정의 편의를 위하여 납세의무자에게 협력을 요청한 것에 지나지 않으며, 해당 계약서의 사본을 제출하지 아니하였다고 하여 양도담보에 의한 소유권의 이전임을 인정하는 데에 장애가 있는 것은 아니다. 따라서 양도소득세 과세표준확정신고서에 양도담보계약서를 첨부하여 제출하지 아니한 경우에도 소유권의 이전이 양도담보에 기인한 것인 때에는 양도에서 제외함이 마땅하다고 본다.[28]

셋째, 양도담보계약서에 기재하도록 요구하고 있는 요건들은 양도에서 제외될 양도담보의 유형을 제한하는 규정인가 하는 점이다. 다시 말하면 앞의 요건 중의 어느

---

27) 대법원 1986.9.9. 선고, 85누452 판결.
28) 同旨 : 대법원 1983.10.25. 선고, 83누205 판결.

하나에 위배되면 비록 사법상으로는 양도담보에 해당하더라도 양도에서 제외되는 양도담보로는 볼 수 없다는 의미인지, 즉 양도소득세의 과세대상이 되는 양도로 보아야 할 것인지에 관한 문제이다.

① 양도로 보지 아니하는 양도담보를 양도저당만으로 한정한 것인가에 관하여 검토하여 보기로 한다. 앞의 요건에서 "해당 자산을 채무자가 원래대로 사용수익한다는 의사표시가 있을 것"이라고 하여 양도저당은 양도에서 제외되지만, 양도질은 양도로 보아야 하는 것처럼 규정하여 놓고 있다. 생각건대 양도담보는 외형적으로는 비록 권리이전의 형식을 취하기는 하나 실질적으로는 채권자가 일종의 담보권을 취득하는 데에 그치기 때문에 유상이전에 해당하지 않는 것이다. 그렇다면 앞에서 살펴본 양도담보의 요건은 양도담보임을 판단하는 하나의 기준을 예시한 것에 불과하고, 비록 앞의 요건에 해당하지 않더라도 사법상의 양도담보에 해당하면 유상이전에서 제외함이 마땅하다고 본다.[29]

② 양도로 보지 아니하는 양도담보에는 협의의 양도담보만이 포함되고 매도담보는 제외되는 것인가에 관한 문제이다. 매도담보에 의한 소유권의 이전은 양도에 해당한다는 견해[30]와 양도에 해당하지 않는다는 견해[31]의 대립이 있다. 생각건대 매도담보와 협의의 양도담보는 개념적 명확성에도 불구하고 실무에 있어서는 그 구별이 매우 어려운 실정인데, 이와 같은 현상은 단순한 개념적 혼란에서 기인하는 것이 아니고 오히려 소유권의 이전에 의한 담보라는 것 자체에 내재하는 유동적·발전적 성격에서 연유하고 있는 것이다.[32]

결론적으로 매도담보도 채권담보를 목적으로 하는 소유권의 이전이라는 점과 매도담보의 채권자에게 정산의무를 지워 놓고 있는 「가등기담보 등에 관한 법률」 제3조의 규정 등에 비추어 보아 매도담보에 의한 소유권의 이전도 양도에서 제외하는 것이 타당하다고 생각한다. 다만, 택지개발촉진법에서 수용한 토지 등의 전부 또는 일부가 필요 없게 된 때의 수용 당시 소유자에 의한 환매(택지개발촉진법 13) 또는 택지 등을 공급받은 자가 계약조건에 위반한 때의 한국토지공사에 의한 환매(택지개발촉진법 19) 등과 같이 해당 환매권의 유보가 채권담보와는 전혀 관계없이 이루어지는 경우에는 그 실질에 따라 양도담보에서 제외하여야 한다.

---

29) 최명근, "세법연습 세법Ⅱ", 「월간조세」(조세통람사, 1989.2.), p.168.
30) 최명근, 앞의 논문, p.169.
31) 金子宏, 「租稅法」, 第四版(弘文館, 1992), p.192.
32) 김증한 외, 「민법사례연구(상)」(동아학습사, 1982), pp.622~623.

(2) 부동산실명법과의 관계

부동산실명법에서 채무의 변제를 담보하기 위하여 채권자가 부동산에 관한 물권을 이전받는 경우에는 채무자·채권금액 및 채무변제를 위한 담보라는 뜻이 기재된 서면을 등기신청서와 함께 등기공무원에게 제출하도록 규정하고 있다(부동산실명법 3 ②). 그리고 같은 법 제3조 제2항의 규정을 위반한 채권자 및 제3조 제2항의 규정에 의한 서면에 채무자를 거짓으로 적어 제출하게 한 실채무자에 대하여는 5년 이하의 징역 또는 2억원 이하의 벌금에 처함과 아울러 해당 부동산가액의 30%에 해당하는 금액의 범위에서 과징금을 부과하도록 하고 있다(부동산실명법 5 ① 및 7 ①).

부동산실명법에 의하여 채무자·채권금액 및 채무변제를 위한 담보라는 뜻이 기재된 서면을 제출하지 아니한 경우에도 소득세법상 양도의 범위에서 제외되는 양도담보로 볼 것인가에 관하여는 견해의 대립이 있을 수 있다고 생각한다. 생각건대 해당 자산의 소유권의 이전이 양도담보에 기인한 것이 확인되는 경우라면 설사 부동산실명법에 의하여 채무자·채권금액 및 채무변제를 위한 담보라는 뜻이 기재된 서면을 제출하지 않았다 하더라도 양도의 범위에서 제외함이 마땅한 것이다. 물론 부동산실명법에 의한 형벌 및 과징금의 제재는 또 다른 별개의 문제이다.

다) 담보목적물의 변제충당과 양도

양도담보에 관한 계약을 체결한 후 소득세법 시행령 제151조 제1항의 요건에 위배되거나 채무불이행으로 인하여 변제에 충당한 때에는 그때에 채무자가 양도담보재산을 양도한 것으로 본다(소령 151 ②). 그러나 양도담보의 요건에 관한 규정(소령 151 ①)이 양도담보임을 판단하는 하나의 기준을 예시한 것에 불과하다고 이해하는 입장에서는 양도담보계약의 체결 후에 양도담보의 요건에 관한 규정(소령 151 ①)에 위배되더라도 양도로 볼 수는 없다고 하겠다. 다만, 양도담보의 목적물을 변제에 충당한 때에는 그때에 비로소 양도한 것으로 본다. 앞에서 "변제에 충당한 때"라 함은 양도담보권자가 청산기간 경과 후 청산금을 채무자 등에게 지급함으로써 담보목적부동산의 소유권을 취득한 경우(취득정산)를 의미한다고 새긴다(가담법 3 ①, 12).

3) 배우자간 또는 직계존비속간의 양도

가) 배우자간 또는 직계존비속간의 양도의 증여추정

배우자 또는 직계존비속간의 증여는 증여세의 부담을 회피하기 위하여 유상이전으로 가장하는 경우가 많다. 그러므로 배우자 또는 직계존비속에게 양도한 재산은 양도 자가 해당 재산을 양도한 때에 그 재산의 가액을 배우자 등이 증여받은 것으로 추정하 여 배우자 등에게 증여세를 과세한다(상증법 44 ①). 그리고 특수관계인에게 양도한 재산을 그 특수관계인('양수자'라 한다)이 양수일부터 3년 이내에 당초 양도자의 배우 자 등에게 다시 양도한 경우에는 양수자가 해당 재산을 양도한 당시의 재산가액을 해당 배우자 등이 증여받은 것으로 추정하여 배우자 등에게 증여세를 과세한다. 다만, 당초 양도자 및 양수자가 부담한 소득세법에 따른 결정세액을 합친 금액이 양수자가 그 재산을 양도한 당시의 재산가액을 당초 그 배우자 등이 증여받은 것으로 추정할 경우의 증여세액보다 큰 경우에는 예외로 한다(상증법 44 ②).

한편, 다음의 사유에 해당하는 경우에는 앞의 증여추정에 관한 규정을 적용하지 아니한다(상증법 44 ③).

① 법원의 결정으로 경매절차에 따라 처분된 경우

② 파산선고로 인하여 처분된 경우

③ 국세징수법에 따라 공매된 경우

④ 「자본시장과 금융투자업에 관한 법률」 제8조의2 제4항 제1호에 따른 증권시장 을 통하여 유가증권이 처분된 경우. 다만, 불특정다수인간의 거래에 의하여 처분 된 것으로 볼 수 없는 경우로서 시간외대량매매방법으로 매매된 것(당일 종가로 매매된 것을 제외한다)은 제외한다.

⑤ 배우자 등에게 대가를 지급받고 양도한 사실이 명백히 인정되는 경우

㉮ 권리의 이전이나 행사에 등기 또는 등록을 요하는 재산을 서로 교환한 경우

㉯ 해당 재산의 취득을 위하여 이미 과세(비과세 또는 감면받은 경우를 포함한 다) 받았거나 신고한 소득금액 또는 상속 및 수증재산의 가액으로 그 대가를 지급한 사실이 입증되는 경우

㉰ 해당 재산의 취득을 위하여 소유재산을 처분한 금액으로 그 대가를 지급한 사실이 입증되는 경우

나) 양도의 증여추정과 양도소득세와의 관계

배우자 등에게 양도한 재산에 대하여 증여로 추정하여 해당 배우자 등에게 증여 세를 부과한 경우에는 소득세법의 규정에 불구하고 당초 양도자 및 양수자에게 그 재산의 양도에 따른 소득세를 부과하지 아니한다(상증법 44 ④). 즉 「상속세 및 증여 세법」 제44조에 따라 증여로 추정하여 증여세를 부과한 양도에 대하여는 소득세법

에서 양도로 보지 않는 것이다.

4) 명의신탁에 의한 소유권의 이전

명의신탁이란 대내적 관계에서는 신탁자가 재산의 소유권을 보유하여 이를 관리·수익하면서 공부상의 소유명의만을 수탁자로 하여 두는 것을 말한다. 신탁법상의 신탁과 마찬가지로 자산의 유상이전이 아니므로 양도로 볼 수는 없다고 본다.[33] 다만, 부동산실명법은 명의신탁약정과 그에 의거한 명의신탁등기의 사법상 효력을 부정하고 있다.[34]

다음으로 명의신탁했던 재산을 명의신탁의 해지를 이유로 명의수탁자로부터 명의신탁자 앞으로 소유권이전등기를 환원하는 경우에도 양도로 보지 아니한다.[35]

한편, 명의신탁자가 자신의 의사에 의해 명의신탁재산을 양도하는 경우에는 그가 양도소득을 사실상 지배, 관리, 처분할 수 있는 지위에 있다고 할 것이어서 양도소득의 납세의무자가 된다고 할 것이지만, 명의수탁자가 명의신탁자의 위임이나 승낙 없이 임의로 명의신탁재산을 양도하였다면 양도주체는 명의수탁자이지 명의신탁자가 아니고 양도소득이 명의신탁자에게 환원되지 않는 한 명의신탁자가 양도소득을 사실상 지배, 관리, 처분할 수 있는 지위에 있지 아니하므로 "사실상 소득을 얻은 자"로서 양도소득세의 납세의무자가 된다고 할 수 없다.[36]

---

33) 2자 간 등기명의신탁과 3자 간 등기명의신탁 및 계약명의신탁 등 명의신탁의 유형에 따른 양도소득세 과세 여부에 관한 자세한 논의는 (노유경, "부동산 명의신탁과 양도소득세에 관한 소고", 「재판자료」 제132집, 법원도서관, 2016, pp.161-197)을 참조하기 바란다.

34) 부동산실명법은 명의신탁약정과 그에 기초한 명의신탁등기의 사법상 효력을 부정하고 있다. 즉 부동산실명법은 명의신탁약정을 금지함과 아울러 이에 위반하여 행한 명의신탁약정을 무효화하도록 규정하고 있다. 그리고 명의신탁약정에 따라 행하여진 등기에 기초한 부동산에 관한 물권변동도 무효로 하도록 하고 있다(3 ① 및 4). 이외에도 명의신탁자와 채권자 및 같은 항에 따른 서면에 채무자를 거짓으로 적어 제출하게 한 실채무자에 대하여는 5년 이하의 징역 또는 2억원 이하의 벌금, 명의수탁자 등에 대하여는 3년 이하의 징역 또는 1억원 이하의 벌금에 처하도록 하고 있다(7 ① 및 ②). 그리고 명의신탁자에게는 부동산가액의 30%에 해당하는 금액의 범위 안에서 과징금을 과징함과 동시에 자신의 명의로 등기를 환원하지 아니한 기간 동안 다시 이행강제금을 과징하도록 하고 있다(5 ① 및 6).

35) 대법원 1989.11.14. 선고, 89누5270 판결 : 대법원 1984.2.14. 선고, 83누575 판결 : 대법원 1985.7.9. 선고, 85누144 판결 : 대법원 1984.10.10. 선고, 84누552 판결 : 대법원 1991.5.14. 선고, 90누9872 판결.

36) 대법원 2014.9.4. 선고, 2012두10710 판결.
명의수탁자가 명의신탁자의 위임이나 승낙 없이 임의로 처분한 명의신탁재산으로부터 얻은 양도소득을 명의신탁자에게 환원하였다고 하기 위하여는, 명의수탁자가 양도대가를 수령하는 즉시 전액을 자발적으로 명의신탁자에게 이전하는 등 사실상 위임사무를 처리한 것과 같이 명의신탁자가 양도소득을 실질적으로 지배, 관리, 처분할 수 있는 지위에 있어 명의신탁자를 양도의 주체로 볼 수 있는 경우라야 하고, 특별한 사정이 없는 한 단지 명의신탁자가 명의수탁자에 대한 소송을 통해 상당한 시간이 경과한 후에 양도대가 상당액을 회수하였다고 하여 양도소득의 환원이 있다고 할 수는 없다.

5) 그 밖의 사유에 의한 소유권의 이전

가) 매매원인무효에 따른 소유권의 환원

매매원인무효확인의 소(訴)에 의하여 그 매매사실이 원인무효인 것으로 밝혀져 소유권이 환원되는 경우에는 양도로 볼 여지가 없다. 그리고 원인무효인 등기를 말소한 경우에 그 원인무효로 밝혀진 매매 등도 양도로 보지 아니한다. 이미 과세가 행하여진 후에 판결이 행하여진 때에는 후발적 사유에 의한 경정청구가 가능하다고 해석한다(기법 45의 2 ② I).

원인무효인 등기를 말소하는 대신에 실체적 권리자에게 등기를 환원하는 방법으로 소유권이전등기를 경료한 경우에는 원인무효로 밝혀진 매매와 해당 매매가 원인무효임을 이유로 행하는 소유권의 환원이 모두 양도에 해당하지 않는다고 새겨야 할 것이다.

나) 공유물의 분할

공유물의 분할이 유상이전에 해당하는지의 여부가 문제이다. 공유물의 분할은 법률상으로는 지분의 교환에 해당하여 유상이전에 포함된다고 하여야 할 것이다.

그러나 실질적으로 보면 공유물에 대하여 관념적으로 그 지분에 상당한 비율에 따라 제한적으로 행사하던 지분권을 분할로 인하여 취득하는 특정부분에 집중시켜 그 특정부분에만 존속시키는 것으로서 소유형태만 변경된 것에 지나지 않는 측면도 갖고 있다.

대법원은 공유물의 분할이 양도에 해당하지 않는다고 판시하고 있다. 즉 공유물의 분할을 실질적으로 이해하여 공유자가 공유물 분할의 방법으로 각기 아무런 대가없이 소유권이전등기를 마쳐 각 단독소유로 한 경우로서 그 위치·사용가치·평수 등에 비추어 공평하게 분할되었다면 자산의 유상이전으로 보아서는 안 된다고 한다.

공유물의 분할은 공유물에 대하여 관념적으로 그 지분에 상당하는 비율에 따라 제한적으로 행사되던 권리, 즉 지분권을 분할로 인하여 취득하는 특정부분에 집중시켜 그 특정부분에만 존속시키는 것으로서 단순히 그 소유형태가 변경될 뿐이라는 데 논거를 두고 있다.

양도로 보지 않는 공유물의 분할에는 지분교환의 형식으로 한 개의 공유물을 분할하여 그 중 특정부분에 대한 단독소유권을 취득하는 경우는 물론이고, 여러 개의 공유물 또는 공유자산을 일괄하여 분할함에 있어서 각 공유물을 그 지분비율에 따라 하나 하나 분할하는 대신 지분비율과 각 공유물의 가액을 함께 고려하여 그 중 한 개 이상씩의 특정 공유물 전체에 대한 단독소유권을 취득하는 경우에도 이로 인한 상호 지분이전 시에 시가차액에 대한 정산을 하였다는 특별한 사정이 없는 한 마찬가지로 적용된다 하겠다.[37]

다) 매매계약의 해제와 합의해제에 따른 소유권의 환원

부동산에 관한 매매계약은 성립하였으나 일방당사자의 채무불이행으로 인하여 다른 일방당사자가 해제권을 행사한 경우에는 비록 소유권이전등기가 경료되었다 하더라도 해당 해제권의 행사로 인하여 그 매매계약은 처음부터 존재하지 아니하는 것으로 되고, 따라서 자산의 양도가 없었던 것으로 보아야 한다.[38]

그리고 토지 등의 매매계약이 합의해제된 경우에는 매매계약의 효력이 상실되어 자산의 양도가 이루어지지 않은 것이 되므로 양도소득세의 과세요건인 자산의 양도가 있었다고 볼 수 없다.[39] 또한 부동산에 대한 매매계약이 합의해제되면 매매계약의 효력은 상실되어 양도가 이루어지지 않는 것이 되므로 양도소득세의 과세요건인 자산의 양도가 있다고 볼 수 없으며, 그 부동산에 대한 제3취득자가 있어 양도인 앞으로의 원상회복이 이행불능이 됨으로써 양도인이 이로 인한 손해배상청구권을 취득하더라도 이를 그 부동산의 양도로 인한 소득이라고 볼 수는 없다.[40]

다음으로 과세표준신고서를 법정신고기한 내에 제출하였거나 과세표준 및 세액의 결정을 받은 후에 해제권의 행사에 의하여 매매계약이 해제되거나 부득이한 사유로 인하여 합의해제된 경우에는 후발적 사유에 의한 경정청구가 가능하다고 해석한다(기법 45의 2 ② Ⅴ 및 기령 25의 2 Ⅱ).

라) 재산분할청구권에 의한 재산의 분할

이혼을 한 당사자의 일방이 민법 제839조의 2의 규정에 따라 다른 일방에 대하여

---

37) 대법원 1995.9.5. 선고, 95누5653 판결.
  [판결요지] 원래 공유물의 분할은 법률상으로는 공유자 상호간의 지분의 교환 또는 매매라고 볼 것이나 실질적으로는 공유물에 대하여 관념적으로 그 지분에 상당하는 비율에 따라 제한적으로 행사되던 권리, 즉 지분권을 분할로 인하여 취득하는 특정부분에 집중시켜 그 특정부분에만 존속시키는 것으로 그 소유형태가 변경될 뿐이라고 할 것이어서 이를 자산의 유상양도라고 할 수 없으며 이러한 법리는 위와 같은 지분교환의 형식으로 한 개의 공유물을 분할하여 그 중 특정부분에 대한 단독소유권을 취득하는 경우는 물론 여러 개의 공유물 또는 공유자산을 일괄하여 분할함에 있어 각 공유물을 그 지분비율에 따라 하나하나 분할하는 대신 지분비율과 각 공유물의 가액을 함께 고려하여 그 중 한 개 이상씩의 특정 공유물 전체에 대한 단독소유권을 취득하는 경우에도 이로 인한 상호 지분이전 시에 시가차액에 대한 정산을 하였다는 특별한 사정이 없는 한 마찬가지로 적용된다 할 것이다.
38) 대법원 1985.3.12. 선고, 83누243 판결.
39) 대법원 1992.12.22. 선고, 92누9944 판결 : 대법원 1984.2.14. 선고, 82누286 판결 : 대법원 1990.7.13. 선고, 90누1991 판결 : 대법원 1987.5.12. 선고, 86누916 판결 : 대법원 1989.7.11. 선고, 86누8609 판결 : 대법원 1993.5.11. 선고, 92누17884 판결.
40) 대법원 1989.7.11. 선고, 88누8609 판결.

재산분할을 청구함에 따라 부동산의 이전 등 재산분할이 이루어진 경우에 이를 양도로 볼 수 있을 것인지에 관하여는 다툼이 있다.

이에 관하여는 양도에 해당한다는 견해와 양도에 해당하지 않는다는 견해가 대립하고 있다.

① 양도에 해당한다는 견해

재산분할에 관하여 당사자간의 협의가 성립되어 그 내용이 확정되고, 그에 따라서 금전의 지급 또는 부동산의 양도 등과 같은 분할이 완료되면 재산분할의무는 소멸하게 된다. 이와 같은 재산분할의무의 소멸은 그 자체가 일종의 경제적 이익이라고 할 수 있다. 따라서 재산분할로서 부동산 등과 같은 자산을 양도한 경우에 분할의무자는 재산분할의무의 소멸이라고 하는 경제적 이익을 향유한다고 하여야 할 것이다. 그렇다면 재산분할청구에 따라 부동산 등의 소유권을 이전한 경우에는 양도로 보지 않을 수 없는 것이다.[41]

② 양도에 해당하지 않는다는 견해

혼인 중에 축적한 재산은 부부 중 누구의 명의로 되어 있다고 하더라도 실질적으로는 부부의 공유로 보아야 할 것이다. 그러므로 부부 중 어느 일방의 명의로 되어 있는 재산이라 할지라도 그 상대방은 해당 재산에 대하여 잠재적인 지분을 갖고 있는 것이다. 부부공유재산의 청산이라는 의미를 갖는 재산분할은 공유재산을 그 잠재적 지분에 따라서 분할하는 절차에 지나지 않다고 보아야 할 것이다. 그렇다면 재산분할청구권에 의한 재산분할은 양도에 해당하지 않는다고 새겨야 하는 것이다.[42]

③ 결 어

민법 제839조의 2에 규정된 재산분할제도는 혼인 중에 부부 쌍방의 협력으로 이룩한 실질적인 공동재산을 청산하는 것을 주된 목적으로 하는 것이므로 그 실질은 공유물 분할에 지나지 않는 것이다. 따라서 재산분할청구권의 행사에 의하여 이루어지는 재산분할은 양도에 해당할 수 없는 것이다. 즉 재산분할청구권의 행사에 따라 이루어지는 부동산의 이전 등에 대하여는 양도소득세를 과세할 수 없다고 새기는 것이다.[43] 다만, 재산분할 산정에 있어서 이혼 후의 자녀의 부양 및 이혼에 따른

---

41) 日本最高裁 昭和 50年5月27日 判決, 民集 29卷5號, p.641.
42) 金子宏, 「課税所得及び讓渡所得の研究」(有斐閣, 1996), p.103 : 대법원 1998.2.13. 선고, 96누19550 판결.
43) 대법원 2003.11.14. 선고, 2002두6422 판결.

손해배상(위자료)이 고려되었다면 해당 금액에 대하여는 양도로 새겨야 할 것이다.[44)]

한편, 재산분할청구권의 행사에 따라 이루어지는 재산분할을 양도로 보지 않을 경우 그 재산분할로 취득한 자산의 취득시기는 전 배우자의 해당 자산의 취득시기가 된다고 새겨야 한다.[45)]

마) 환매조건부 양도

양도계약을 체결할 당시에 환매조건을 약정하였다가 나중에 환매조건이 성취되어 양도의 목적물이 다시 원상회복된 경우 양도로 볼 수 있는지의 여부가 문제인데, 판례는 유효한 매매계약을 토대로 자산의 양도가 이루어진 후 환매약정에 따른 환매가 이루어지더라도 이는 원칙적으로 새로운 매매에 해당하므로 양도소득세의 과세요건을 이미 충족한 당초 매매계약에 따른 자산의 양도에 영향을 미칠 수는 없기 때문에 양도에 해당한다고 판시하고 있다.[46)47)]

[판결요지] 이혼시 재산분할의 방법으로 부부 일방의 소유명의로 되어 있던 부동산을 상대방에게 이전한 경우에도 마찬가지이다. 다만, 재산분할로 인하여 이전받은 부동산을 그 후에 양도하는 경우 양도차익을 산정함에 있어서 취득가액은 최초의 취득시를 기준으로 하여야 하고, 재산분할을 원인으로 한 소유권이전시를 기준으로 할 것은 아니다.

44) 대법원 2002.6.14. 선고, 2001두4573 판결.
[판결요지] 과세처분의 위법을 이유로 그 취소를 구하는 행정소송에서 과세요건의 존재에 대한 입증책임이 처분청에 있는 것과 마찬가지로, 협의이혼 또는 재판상 화해나 조정에 의한 이혼을 하면서 위자료와 재산분할, 자녀양육비 등의 각각의 액수를 구체적으로 정하지 아니한 채 자산을 이전한 경우 그 자산 중 양도소득세의 과세대상이 되는 유상양도에 해당하는 위자료 및 자녀양육비의 입증책임도 원칙적으로는 처분청에 있고, 다만 이 때 처분청이 위자료나 자녀양육비의 액수까지 구체적으로 주장·입증할 필요는 없고, 단지 그 액수를 정할 수 있는 자료를 법원에 제출하는 것으로 충분하며, 이에 대하여 법원은 이와 같은 자료를 토대로 혼인기간, 파탄의 원인 및 당사자의 귀책사유, 재산정도 및 직업, 해당 양도자산의 가액 등 여러 사정을 참작하여 직권으로 위자료나 자녀양육비의 액수를 정하여야 한다.

45) 대법원 2009.8.20. 선고, 2009두7615 판결.
[판결요지] 이혼에 따른 재산분할을 원인으로 소유권을 이전받았으나 실지로는 수령하여야 할 재산분할청구금 상계 및 일부 현금을 지급하고 취득한 것이므로 그 취득시기는 전 배우자의 취득일이 아닌 재산분할로 인한 소유권이전등기일이다.

46) 대법원 2015.8.27. 선고, 2013두12652 판결.
[판결요지] 양도소득세는 자산의 양도와 그에 따른 소득이 있음을 전제로 하여 과세하는 것으로서, 매매계약이 해제되었다면 매매계약의 효력은 상실되어 자산의 양도가 이루어지지 아니한 것이 되므로 양도소득세의 과세요건인 자산의 양도가 있다고 할 수 없으나, 유효한 매매계약을 토대로 자산의 양도가 이루어진 후 환매약정에 따른 환매가 이루어지더라도 이는 원칙적으로 새로운 매매에 해당하므로 양도소득세의 과세요건을 이미 충족한 당초 매매계약에 따른 자산의 양도에 영향을 미칠 수는 없다. 따라서 주식 양도인이 투자자인 양수인에게 주식을 양도하면서 투자금 회수 및 투자수익 보장을 약정하였다가 양도 이후 주식 발행법인의 수익 감소 내지 주식의 가치 하락 등의 사유가 발생함에 따라 당초의 양도대금에 약정된 수익금을 가산한 금액을 매매대금으로 하여 주식을 환매하는 방법으로 투자금 및 투자수익금 지급의무를 이행한 경우라면, 이러한 환매는 당초 매매계약의 해제 또는 해제조건의 성취 등에 따른 원상회복의무의 이행으로

볼 수 없고 약정된 투자수익금 등의 지급을 위한 별개의 매매에 해당하므로, 양도소득세의 과세요건인 당초 매매계약이 소멸된다거나 그에 따른 주식의 양도가 없어졌다고 할 수 없다.

47) 이에 대하여 환매조건의 실질을 보면 해제조건과 별 다를 바가 없기 때문에 양도에 해당하지 않는다는 의견이 있다. 즉 해제조건이 성취되면 원상회복이 이루어지는 것이고 환매조건이 성취되면 환매가 이루어지는 것인데, 원상회복이나 환매가 다를 바가 없기 때문에 환매조건의 성취로 환매된 경우에는 양도가 없는 것으로 보는 것이 합리적이라고 한다. 부연하면, 환매조건은 양도계약 체결당시부터 붙어 있었던 것이므로 아무런 조건 없는 양도계약이 이루어진 후에 새로운 합의에 의하여 해제되는 경우도 양도가 없었던 것으로 보는 것과의 균형을 유지하기 위해서도 양도가 없는 것으로 보는 것이 타당하다고 한다[강석규, 「조세법 쟁론」, (삼일인포마인, 2018), p.864].

제2장

비과세소득

제1절 비과세소득의 내용

1 파산선고에 의한 처분으로 인하여 발생하는 소득

파산선고에 의한 처분으로 발생하는 소득에 대하여는 소득세를 과세하지 아니한다(소법 89 ① Ⅰ).

그러나 민사집행법에 의한 강제경매, 국세징수법에 의한 공매로 인하여 발생하는 소득에 대하여는 소득세를 과세한다.

2 농지의 교환 또는 분합으로 인하여 발생하는 소득

일정한 농지의 교환 또는 분합으로 인하여 발생하는 소득에 대하여는 소득세를 과세하지 아니한다(소법 89 ① Ⅱ 및 소령 153).

가. 농지의 범위

농지란 논밭이나 과수원으로서 지적공부(地籍公簿)의 지목과 관계없이 실제로 경작에 사용되는 토지[48]를 말한다. 이 경우 농지의 경영에 직접 필요한 농막, 퇴비사, 양수장, 지소(池沼), 농도(農道) 및 수로(水路) 등에 사용되는 토지를 포함한다(소법 88 Ⅷ).

그러나 다음의 농지는 양도소득세의 비과세대상이 되는 농지에 포함하지 아니한다(소령 153 ④).

---

[48] ① 농지란 양도일 현재 실제로 경작에 사용한 토지를 말하는 것이고 실제로 경작하지는 않더라도 토지의 형상이 농경에 사용할 수 있는 상태에 있는 토지를 말하는 것은 아니다(대법원 1989.2.14. 선고, 88누6252 판결 : 대법원 1991.11.12. 선고, 91누7422 판결).
　② 양도일 현재 실제로 경작에 사용되지 않는 토지는 농경지로 사용되지 않고 있는 것이 토지소유자의 자의에 의한 것이든 또는 타의에 의한 것이든 일시적으로 휴경상태에 있는 것이 아닌 한 양도일 현재 농지라고 볼 수 없다(대법원 1990.2.13. 선고, 89누664 판결).

① 양도일 현재 특별시 등에 있는 주거지역·상업지역 또는 공업지역 안의 농지로서 이들 지역에 편입된 날로부터 3년이 지난 농지

양도일 현재 특별시·광역시(광역시에 있는 군은 제외한다)·특별자치시(특별자치시에 있는 읍·면지역은 제외한다)·특별자치도(「제주특별자치도 설치 및 국제자유도시 조성을 위한 특별법」 제10조 제2항에 따라 설치된 행정시의 읍·면지역은 제외한다) 또는 시지역(지방자치법 제3조 제4항의 규정에 의한 도·농복합형태의 시의 읍·면지역을 제외한다)에 있는 농지 중 「국토의 계획 및 이용에 관한 법률」에 의한 주거지역·상업지역 또는 공업지역 안의 농지로서 이들 지역에 편입된 날로부터 3년이 지난 농지를 말한다. 그러나 다음 중 어느 하나에 해당하는 경우는 제외한다.

ⅰ) 사업지역 내의 토지소유자가 1천명 이상이거나 사업시행면적이 기획재정부령이 정하는 규모 이상인 개발사업지역(사업인정고시일이 같은 하나의 사업시행지역을 말한다) 안에서 개발사업의 시행으로 인하여 「국토의 계획 및 이용에 관한 법률」에 의한 주거지역·상업지역 또는 공업지역에 편입된 농지로서 사업시행자의 단계적 사업시행 또는 보상지연으로 이들 지역에 편입된 날부터 3년이 지난 경우

위에서 기획재정부령이 정하는 규모란 사업시행면적이 100만m^2 또는 택지개발촉진법에 의한 택지개발사업 또는 주택법에 의한 대지조성사업의 경우로서 해당 개발사업시행면적이 10만m^2를 말한다.

ⅱ) 사업시행자가 국가, 지방자치단체, 그 밖에 기획재정부령으로 정하는 공공기관인 개발사업지역 안에서 개발사업의 시행으로 인하여 「국토의 계획 및 이용에 관한 법률」에 따른 주거지역·상업지역 또는 공업지역에 편입된 농지로서 기획재정부령으로 정하는 부득이한 사유에 해당하는 경우

② 환지예정지 지정일부터 3년이 지난 농지

당해 농지에 대하여 환지처분 이전에 농지 외의 토지로 환지예정지의 지정이 있는 경우로서 그 환지예정지 지정일부터 3년이 지난 농지를 말한다.

나. 일정한 농지의 교환 등

1) 교환 등의 개념

교환이란 당사자 쌍방이 금전 이외의 재산권을 상호 이전할 것을 약정하는 계약을 말한다. 그리고 분합이란 토지 등에 관한 권리의 분할과 합병을 말하는데, 여기에서의 분합은 토지의 분할과 합병의 의미로 사용한 것이다. 토지의 분할은 지적공부에 등록된 1필지를

2필지 이상으로 나누어 등록하는 것이고, 합병은 지적공부에 등록된 2필지 이상의 토지를 1필지로 합하여 등록하는 것을 말한다(「공간정보의 구축 및 관리 등에 관한 법률」 제2조).

2) 일정한 농지의 교환 등의 범위

일정한 농지의 교환 또는 분합에 해당하면서 동시에 교환 등에 있어서 동가성(同價性)이 확보되어야 한다(소법 89 ①Ⅱ 및 소령 153 ①).

가) 일정한 농지의 교환 등

다음 중 어느 하나에 해당하는 농지의 교환 또는 분합에 해당하여야 한다.

① 국가 또는 지방자치단체가 시행하는 사업으로 인하여 교환 또는 분합하는 농지

② 국가 또는 지방자치단체가 소유하는 토지와 교환 또는 분합하는 농지

③ 경작상 필요에 의하여 교환하는 농지

경작상 필요에 의하여 농지를 교환하는 경우에는 교환에 의하여 새로이 취득하는 농지를 3년(새로운 농지 취득 후 3년 이내에 농지소유자가 사망한 경우로서 상속인이 농지소재지에 거주하면서 계속 경작한 때에는 피상속인의 경작기간[49]과 상속인의 경작기간을 통산한 기간에 의한다) 이상 농지소재지에 거주하면서 경작하는 경우에 한하여 비과세의 요건을 충족한 것으로 본다. 그러나 새로운 농지의 취득 후 3년 이내에 「공익사업을 위한 토지 등의 취득 및 보상에 관한 법률」에 의한 협의매수·수용 및 그 밖의 법률에 의하여 수용되는 경우에는 3년 이상 농지소재지에 거주하면서 경작한 것으로 본다(소령 153 ⑤).

위에서 농지소재지라 함은 다음 중 어느 하나에 해당하는 지역(경작개시 당시에는 당해 지역에 해당하였으나 행정구역의 개편 등으로 이에 해당하지 아니하게 된 지역을 포함한다)을 말한다(소령 153 ③).

ⅰ) 농지가 소재하는 시(특별자치시와 「제주도특별자치도 설치 및 국제자유도시 조성을 위한 특별법」 제10조 제2항에 따라 설치된 행정시를 포함한다. 이하 같다)·군·구(자치구인 구를 말한다. 이하 같다) 안의 지역

ⅱ) 위 "ⅰ)"의 지역과 연접한 시·군·구 안의 지역

ⅲ) 농지로부터 직선거리 30km[50] 이내에 있는 지역

---

49) 대법원 2010.3.25. 선고, 2009두22218 판결.
　　[판결요지] 피상속인의 경작기간에서 피상속인에는 직전 피상속인과 전전 피상속인이 포함된다.
50) 대법원 2010.6.24. 선고, 2010두3794 판결.
　　[판결요지] 직선거리 30km 이내 지역은 해당 농지로부터 소유자가 거주하는 시군구의 경계선까지의 거리가 아닌 소유자가 거주하는 주소까지의 거리가 20km 이내 지역임을 의미하는 것이다.

④ 농어촌정비법·농지법·「한국농촌공사 및 농지관리기금법」또는 농업협동조합법에 의하여 교환 또는 분합하는 농지

나) 교환농지의 동가성

교환 또는 분합하는 쌍방 토지가액의 차액이 가액이 큰 편의 1/4 이하인 농지의 교환 또는 분합이어야 한다. 이 경우에 토지가액은 교환에 의하여 양도하는 토지와 취득하는 토지 모두 기준시가에 의하여야 할 것이다. 다만, 교환하는 농지의 쌍방 실지교환가액이 확인되는 농지교환의 경우에는 그 실지교환가액에 의하여 토지가액을 계산하여야 할 것이다. 어떤 경우에도 동일기준의 원칙이 적용되어야 할 것이다.

3 경계의 확정으로 지적공부상의 면적이 감소되어 지급받는 조정금

「지적재조사에 관한 특별법」제18조에 따른 경계의 확정으로 지적공부상의 면적이 감소되어 같은 법 제20조에 따라 지급받는 조정금에 대하여는 양도소득세를 비과세한다(소법 89 ① Ⅴ).

4 1세대 1주택의 양도로 인하여 발생하는 소득

1세대 1주택(고가주택은 제외한다)과 일정한 주택부수토지의 양도로 발생하는 소득에 대하여는 소득세를 과세하지 아니한다(소법 89 ① Ⅲ). 1세대 1주택의 양도로 발생하는 소득에 대한 소득세의 비과세제도는 국민의 주거생활의 안정과 거주·이전의 자유를 보장하기 위하여 인정되고 있다.[51]

가. 1세대 1주택에 대한 비과세요건

"1세대"가 양도일(주택의 매매계약을 체결한 후 해당 계약에 따라 주택을 주택 외의 용도로 용도변경하여 양도하는 경우에는 해당 주택의 매매계약일을 말한다) 현재 "국내에 1주택을 보유"하고 있는 경우로서 "해당 주택의 보유기간이 2년 이상인 것(비거주자가 해당 주택을 3년 이상 계속 보유하고 그 주택에서 거주한 상태로 거주자로 전환된 경우에 해당하는 주택은 3년)"이어야 한다(소령 154 ①). 이와 같은 요건을 갖춘 주택을 1세대 1주택이라 한다(조정대상지역에 있는 주택의 경우에는 해당 주택의 보유기간이 2년 이상이고, 그 보유기간 중 거주기간이 2년 이상인 것).

---

51) 대법원 1993.1.19. 선고, 92누12988 판결.

1) "1세대"가 소유하는 1주택

1세대란 거주자 및 그 배우자(법률상 이혼을 하였으나 생계를 같이 하는 등 사실상 이혼한 것으로 보기 어려운 관계에 있는 사람을 포함한다. 이하 같다)가 그들과 같은 주소 또는 거소에서 생계를 같이 하는 자[거주자 및 그 배우자의 직계존비속(그 배우자를 포함한다) 및 형제자매를 말하며, 취학, 질병의 요양, 근무상 또는 사업상의 형편으로 본래의 주소 또는 거소에서 일시 퇴거한 사람을 포함한다]와 함께 구성하는 가족단위를 말한다(소법 88 Ⅵ). 즉 1세대의 구성에는 배우자의 존재를 그 요건으로 한다.[52] 그러나 다음의 경우에는 예외적으로 배우자가 없더라도 1세대로 본다(소령 152의 3). 즉 다음의 사유 중 어느 하나에 해당하는 경우에는 배우자가 없는 거주자(단독세대), 배우자 없는 거주자 및 그와 생계를 같이하는 가족이 구성하는 집단을 1세대로 취급하는 것이다.

① 해당 거주자의 나이가 30세 이상인 경우

배우자가 없더라도 거주자의 나이가 30세 이상인 경우[53]에는 1세대가 될 수 있다.

② 배우자가 사망하거나 이혼한 경우

③ 일정 수준 이상의 과세소득이 있는 경우

거주자에게 종합소득·퇴직소득 또는 양도소득이 있는 경우로서 12개월간 경상적·반복적 소득[사업소득, 근로소득, 기타소득(저작권수입, 강연료 등 인적용역의 대가만 포함)]이 국민기초생활보장법 제2조 제11호에 따른 기준 중위소득을 12개월로 환산한 금액의 40% 수준 이상으로서 소유하고 있는 주택 또는 토지를

---

52) 대법원 2017.9.7. 선고, 2016두35083 판결.
[판결요지] 양도소득세의 비과세요건인 "1세대 1주택"에 해당하는지를 판단할 때 거주자와 함께 1세대를 구성하는 배우자는 법률상 배우자만을 의미한다고 해석되므로, 거주자가 주택의 양도 당시 이미 이혼하여 법률상 배우자가 없다면, 그 이혼을 무효로 볼 수 있는 사정이 없는 한 종전 배우자와는 분리되어 따로 1세대를 구성하는 것으로 보아야 한다.

53) ① 대법원 2010.3.11. 선고, 2009두21529 판결.
[판결요지] 가족이 거주자와 1세대를 구성하기 위하여서는 거주자 또는 그 배우자와 동일한 주소 또는 거소에서 생계를 같이할 것을 요구하는 것과는 달리 거주자의 배우자가 거주자와 1세대를 구성하는 데에는 배우자라는 것 외에 아무런 제한을 두지 아니하고 있고, 거주자의 배우자는 배우자라는 사실만으로 거주자와 1세대를 구성한다고 보아야 한다(불가피한 사정으로 부부가 10년 이상 독립세대를 이루어 주거와 생계를 달리하면서 사실상 이혼 상태로 별거중인 경우).
② 대법원 2010.5.27. 선고, 2010두3664 판결.
[판결요지] 거주자가 30세 이상인 경우 배우자가 없어도 1세대로 본다고 규정하고 있을 뿐 생계를 같이하는 가족을 포함하여 1세대로 본다는 규정이 없는 점, 주소가 동일하다 하여 독립된 세대를 구성할 수 없다고 보기 어려운 점, 독립된 1세대의 구성요소가 생계를 같이 하느냐 여부지 주소가 동일한 점이 아닌 점으로 보아 형이 동생과 주소를 같이하고 있는 경우에도 1세대 1주택 비과세에 해당한다.

관리·유지하면서 독립된 생계를 유지할 수 있는 경우이어야 한다. 그런데 앞의 양도소득에는 해당 주택의 양도로 인한 소득은 제외되는 것으로 해석하여야 할 것이다.

미성년자는 국민기초생활보장법 제2조 제11호에 따른 기준 중위소득의 40% 수준 이상으로서 소유하고 있는 주택 또는 토지를 관리·유지하면서 독립된 생계를 유지할 수 있을 정도의 종합소득 등을 얻고 있는 경우에도 1세대가 될 수 없다. 다만, 미성년자라 할지라도 결혼한 경우, 가족의 사망이나 그 밖에 기획재정부령이 정하는 사유로 1세대의 구성이 불가피한 경우에는 그러하지 아니한다.

2) 1세대가 소유하는 "주택"

가) 주택의 범위

"주택"이라 함은 주거용으로 사용하는 건물과 일정한 주택부수토지를 말한다.

주택은 단독주택과 공동주택으로 구분할 수 있는데, 단독주택에는 단독주택·다중주택 및 다가구주택이 포함되며, 공동주택에는 아파트·연립주택 및 다세대주택이 포함된다(건축법 시행령 [별표 1] 용도별 건축물의 종류 참조).

주택에 해당하는지의 여부는 공부상의 용도에 관계없이 세대의 구성원이 독립된 주거생활을 할 수 있는 구조로서 세대별로 구분된 각각의 공간마다 별도의 출입문, 화장실, 취사시설이 설치되어 있는 구조를 갖추어 사실상 주거용으로 사용하고 있는 건물인지 사실상의 용도에 따라 판정하되, 실제의 용도가 불분명한 경우에 한하여 공부상의 용도에 따라 판정한다.[54]

---

54) ① 대법원 1983.11.22. 선고, 81누322 판결.
[판결요지] 주택의 일부에 점포가 설치되어 있는 겸용주택을 소유하고 있는 거주자가 주택 이외의 건물인 점포를 용도변경하여 주택으로 사용함으로써 주택의 면적이 주택 이외의 면적보다 커지는 경우에는 소득세법 시행령 제15조 제3항 본문의 규정에 의거 1세대 1주택으로 비과세된다 할 것이다.
② 대법원 2005.4.28. 선고, 2004두14960 판결.
[판결요지] '주택'에 해당하는지 여부는 건물공부상의 용도구분에 관계없이 실제 용도가 사실상 주거에 공하는 건물인가에 의하여 판단하여야 하고, 일시적으로 주거가 아닌 다른 용도로 사용되고 있다고 하더라도 그 구조·기능이나 시설 등이 본래 주거용으로서 주거용에 적합한 상태에 있고 주거기능이 그대로 유지·관리되고 있어 언제든지 본인이나 제3자가 주택으로 사용할 수 있는 건물의 경우에는 이를 주택으로 보아야 한다. 그러므로 가정보육시설인 놀이방으로 사용되고 있는 아파트는 1세대 1주택을 판정함에 있어서 '주택'에 해당한다.
③ 대법원 2006.10.26. 선고, 2005두4304 판결.
[판결요지] 아파트가 사업용 고정자산으로 등재되고, 사업장 종업원과 그 가족들의 숙소로 제공·이용되었다 하더라도 여러 사정에 비추어 종업원의 거주만을 위한 사업용 건물이라기보다는 일반 주거용으로 사용되는 '주택'으로 보는 것이 타당하다.

주택에 한정하여 비과세의 혜택을 부여하고 있기 때문에 1세대가 국내에서 소유하는 유일한 부동산이 주택 외의 건물(예 : 점포)이거나 나대지인 경우에는 그 자산 (주택 외의 건물 또는 나대지)을 2년 이상 보유한 후 양도하더라도 1세대 1주택에 대한 비과세의 적용을 받을 수는 없는 것이다.

나) 주택의 의제

① 계약을 체결한 후에 철거한 주택

1세대 1주택과 그 부수토지에 대한 양도계약을 체결한 후 매수인의 요청에 의하여 주택을 철거하고 토지의 소유권만을 이전한 경우에도 해당 토지는 1세대 1주택의 부수토지에 해당하므로 해당 토지의 양도에 대하여 소득세를 비과세한다.[55]

② 조합원입주권

조합원입주권을 1개 보유한 1세대[관리처분계획의 인가일 및 사업시행계획인가일(인가일 전에 기존주택이 철거되는 때에는 기존주택의 철거일) 현재 1세대 1주택의 요건을 충족하는 기존주택을 소유하는 세대]가 다음 중 어느 하나의 요건을 충족하여 양도하는 경우 해당 조합원입주권을 양도하여 발생하는 소득은 1세대 1주택으로 본다. 다만, 해당 조합원입주권의 양도 당시의 실지거래가액의 합계액이 12억원을 초과하는 경우에는 양도소득세를 과세한다(소법 89 ① Ⅳ, 소령 155 ⑱).

ⅰ) 양도일 현재 다른 주택 또는 분양권을 보유하지 아니한 경우

ⅱ) 양도일 현재 1조합원입주권 외에 1주택을 보유한 경우로서(분양권을 보유하지 아니하는 경우로 한정) 해당 1주택을 취득한 날부터 3년 이내에 해당 조합원입주권을 양도하는 경우(다른 주택을 취득한 날부터 3년이 되는 날 현재 한국자산관리공사에 매각을 의뢰한 경우, 법원에 경매를 신청한 경우, 공매가 진행 중인 경우, 재개발사업·재건축사업 또는 소규모재건축사업등의 시행으로 현금으로 청산을 받아야 하는 토지 등 소유자가 사업시행자를 상대로 제기한 현금청산금 지급을 구하는 소송절차가 진행 중인 경우 또는 소송절차는 종료되었으나 해당 청산금을 지급받지 못한 경우를 포함한다)

③ 분양권

분양권이란 「건축물의 분양에 관한 법률」, 「공공주택 특별법」, 도시개발법, 「도시 및 주거환경정비법」, 「빈집 및 소규모주택 정비에 관한 특례법」, 「산업입지 및 개발

---

55) 대법원 1994.9.13. 선고, 94누125 판결.

에 관한 법률」, 주택법, 택지개발촉진법에 따른 주택에 대한 공급계약을 통하여 주택을 공급받는 자로 선정된 지위(해당 지위를 매매 또는 증여 등의 방법으로 취득한 것을 포함)를 말한다(소법 88 x, 소령 152의 4). 종전에는 분양권을 주택으로 간주하지 않았으나, 주택으로 의제하여 일시적 1세대 1주택 비과세 특례, 동거봉양에 의한 합가, 상속으로 인한 1주택 비과세 적용여부 및 보유기간 기산일 등을 고려한다.

3) "국내에 1주택" 소유

가) 1주택의 소유

① 양도의 목적이 된 주택은 해당 1세대가 국내에서 소유하는 유일한 주택이어야 한다. 1주택에 해당하는지의 여부는 그 주택의 양도당시를 기준으로 하여 판정하는데, 그 주택의 취득일 이후에 다른 주택을 취득한 사실이 전혀 없거나 그 주택을 보유한 기간 동안 다른 주택을 보유한 사실이 전혀 없어야 하는 것은 아니다.[56]

그러므로 2주택을 보유하던 1세대가 그 중 1주택을 먼저 양도하고 그 뒤에 다른 1주택을 양도한 경우에 뒤에 양도하는 다른 1주택이 그 밖의 1세대 1주택의 비과세요건을 충족하고 있다면 해당 주택의 양도에 대하여는 소득세를 비과세하는 것이다. 이 경우에 2개 이상의 주택을 같은 날에 양도하는 경우에는 해당 거주자가 선택하는 순서에 따라 주택을 양도한 것으로 보고 1세대 1주택의 비과세 여부를 판정한다(소령 154 ⑨).

② 1주택을 판정함에 있어서 다가구주택은 한 가구가 독립하여 거주할 수 있도록 구획된 부분을 각각 하나의 주택으로 본다. 그러나 다가구주택을 구획된 부분별로 양도하지 아니하고 해당 다가구주택을 하나의 매매단위로 하여 양도하는 경우에는 그 전체를 하나의 주택으로 본다(소령 155 ⑮). 다가구주택을 하나의 매매단위로 하여 양도하였다면 그 다가구주택의 취득자 또는 양도자가 1인인지의 여부에 관계없이 이를 단독주택으로 의제하여 1세대 1주택의 비과세 여부를 판정한다는 의미이다.[57]

③ 1주택을 여러 사람이 공동으로 소유한 경우 소득세법 시행령에 특별한 규정이 있는 것 외에는 주택 수를 계산할 때 공동 소유자 각자가 그 주택을 소유한

---

56) 대법원 1993.1.19. 선고, 92누12988 판결.
57) 조세심판원 국심 2005서2857, 2005.10.17. : 국심 2004중1252, 2004.6.30.
　　[결정요지] 다가구주택을 동일세대원인 부부에게 공유로 양도하는 경우에는 사실상 분할양도가 아닌 1인과의 거래로 보아 1세대 1주택의 양도에 따른 비과세규정을 적용한다.

것으로 본다(소령 154의 2).

나) 상속으로 인하여 2주택이 된 경우 등의 특례

상속으로 인하여 2주택이 된 경우, 부동산 매매의 특성상 일시적으로 2주택이 된 경우, 부모의 봉양·혼인으로 인하여 2주택이 된 경우, 지정문화재·등록문화재·이농 또는 영농에 따른 농어촌주택으로 인하여 2주택이 된 경우에는 일정한 요건 아래에서 1세대 1주택으로 취급하도록 하고 있다.

(1) 상속으로 인한 2주택의 경우

① 상속받은 주택{조합원입주권 또는 분양권을 상속받아 사업시행 완료 후 취득한 신축주택을 포함하며, 피상속인이 상속개시 당시 2 이상의 주택[상속받은 1주택이 재개발사업, 재건축사업 또는 소규모재건축사업, 소규모재개발사업, 가로주택정비사업, 자율주택정비사업(이하 '소규모재건축사업등')의 시행으로 2 이상의 주택이 된 경우를 포함한다]을 소유한 경우에는 뒤의 '③'에서 열거한 순위에 따른 1주택을 말한다. 이하에서 '상속주택'이라 한다}과 그 밖의 주택(상속개시 당시 보유한 주택 또는 상속개시 당시 보유한 조합원입주권 또는 분양권에 의하여 사업시행 완료 후 취득한 신축주택만 해당하며, 상속개시일부터 소급하여 2년 이내에 피상속인으로부터 증여받은 주택 또는 증여받은 조합원입주권 또는 분양권에 의하여 사업시행 완료 후 취득한 신축주택을 제외한다. 이하에서 '일반주택'이라 한다)을 국내에 각각 1개씩 소유하고 있는 1세대가 일반주택을 양도하는 경우에는 국내에 1개의 주택을 소유하고 있는 것으로 보아 1세대 1주택의 양도에 대한 비과세 규정을 적용한다(소령 155 ②). 이는 본인의 의사나 선택과는 관계없이 상속이라는 사유로 1세대 2주택을 보유하게 됨으로써 기존 1세대 1주택의 양도에 대한 소득세의 비과세혜택이 박탈되는 불이익을 구제하려는 데에 그 취지가 있다.[58]

위에서 국내에 1개의 주택을 소유하고 있는 것으로 본다는 것은 상속주택과 일반주택을 국내에 각각 1개씩 소유하고 있는 1세대가 일반주택을 먼저 양도하는 경우에 그 세대가 상속주택을 소유하지 않는 것으로 보고, 즉 일반주택만을 소유하는 것으로 보고 그 일반주택이 1세대 1주택의 비과세요건에 해당하는지의 여부를 판단한다는 의미이다. 그러나 상속주택을 먼저 양도하는 경우에는 상속인이 그 상속주택에 대하여 2년 이상 보유요건을 충족하였다고 하더

---

58) 동지 : 대법원 1993.2.9. 선고, 92누15680 판결.

라도 해당 주택의 양도에 대하여는 소득세를 과세한다.

다음으로 일반주택을 먼저 양도하고 그 후에 상속주택을 양도하는 경우로서 그 상속주택이 1세대 1주택의 비과세요건을 갖추고 있다면 해당 상속주택의 양도소득에 대하여는 소득세를 비과세한다.

② 각각 1주택을 소유하는 피상속인과 상속인이 동일세대를 구성하고 있었는데, 피상속인의 사망으로 상속이 개시되어 상속인이 피상속인의 주택을 상속받음으로써 2주택을 소유하는 경우에는 양도소득세를 과세한다.[59] 상속 이전부터 1세대 2주택에 해당하기 때문이다.

그런데 주택 상속인과 피상속인이 상속개시 당시 1세대인 경우에는 1주택을 보유하고 1세대를 구성하는 자가 직계존속(배우자의 직계존속을 포함하며, 세대를 합친 날 현재 직계존속 중 어느 한 사람 또는 모두가 60세 이상으로서 1주택을 보유하고 있는 경우만 해당한다)을 동거봉양하기 위하여 세대를 합침에 따라 2주택을 보유하게 되는 경우로서 합치기 이전부터 보유하고 있었던 주택만 상속받은 주택으로 본다(소령 155 ② 후단). 앞에서 상속인과 피상속인이 상속개시 당시 1세대인 경우란 상속인과 피상속인이 상속개시 당시 동일세대의 구성원이라는 의미이다.

상속에 따른 2주택에 대한 특례규정은 피상속인과 별도 세대를 구성하는 상속인이 상속받은 주택에 한정하여 적용하는 것이 원칙이지만, 예외적으로 동거봉양 등으로 동일세대를 구성하고 있는 세대원으로부터 주택을 상속받는 경우에도 앞의 특례규정을 적용한다는 것이다.

③ 피상속인이 상속개시 당시 2 이상의 주택을 소유한 경우에는 다음에서 열거한 순위에 따른 1주택만을 상속주택으로 한다.
  ⅰ) 피상속인이 소유한 기간이 가장 긴 1주택
  ⅱ) 피상속인이 소유한 기간이 같은 주택이 2 이상일 경우에는 피상속인이 거주한 기간이 가장 긴 1주택
  ⅲ) 피상속인이 소유한 기간 및 거주한 기간이 모두 같은 주택이 2 이상일 경우에는 피상속인이 상속개시 당시 거주한 1주택
  ⅳ) 피상속인이 거주한 사실이 없는 주택으로서 소유한 기간이 같은 주택이 2 이상일 경우에는 기준시가가 가장 높은 1주택(기준시가가 같은 경우에

59) 대법원 2009.9.10. 선고, 2009두9772 판결.

는 상속인이 선택하는 1주택)

④ 공동상속주택[상속으로 여러 사람이 공동으로 소유하는 1주택을 말하며, 피상
속인이 상속개시 당시 2 이상의 주택(상속받은 1주택이 재개발사업, 재건축사
업 또는 소규모재건축사업등의 시행으로 2 이상의 주택이 된 경우를 포함한
다)을 소유한 경우에는 앞의 '③'에 열거한 순위에 따른 1주택을 말한다] 외의
다른 주택을 양도하는 때에는 당해 공동상속주택은 당해 거주자의 주택으로
보지 아니한다. 다만, 상속지분이 가장 큰 상속인의 경우에는 그러하지 아니하
며, 이 경우 상속지분이 가장 큰 상속인이 2명 이상인 때에는 그 2명 이상의
사람 중 다음의 순서에 따라 그 해당하는 사람이 공동상속주택을 소유한 것으
로 본다(소령 155 ③).

ⅰ) 해당 주택에 거주하는 자

ⅱ) 최연장자

주택을 다수인이 공동으로 상속하는 경우에 지분별 양도가 어렵고 거주할 수 없는
일부 지분에 대하여 1주택으로 되는 것은 불합리하다. 따라서 공동상속주택의 소유
자로 보지 아니하는 다른 상속인의 경우에는 또 다른 주택을 취득하더라도 그 다른
주택은 보유기간의 요건을 충족한다면 1세대 1주택에 해당하게 되는 것이다.

(2) 일시적 2주택의 경우

국내에 1주택을 소유한 1세대가 그 주택(이하 '종전의 주택'이라 한다)을 양도하
기 전에 다른 주택(이하 '신규 주택'이라 한다)을 취득(자기가 건설하여 취득한 경
우를 포함한다)함으로써 일시적으로 2주택이 된 경우 종전의 주택을 취득한 날부터
1년 이상이 지난 후 신규 주택을 취득하고 신규 주택을 취득한 날부터 3년 이내에
종전의 주택을 양도하는 경우[60]에 이를 1세대 1주택으로 본다(소령 155 ①). 부동산
의 매매가 용이하지 않을 뿐만 아니라 그 매매에 상당한 기간이 소요되는 점을 고려
하여 3년의 유예기간을 설정한 것이다.

이 경우 민간건설임대주택이나 공공건설임대주택 또는 공공매입임대주택을 취득

---

60) 주택을 취득한 날부터 3년이 되는 날 현재 한국자산관리공사에 매각을 의뢰한 경우, 법원에 매각을 신청한
경우, 국세징수법에 따라 공매가 진행 중인 경우, 재개발사업·재건축사업 또는 소규모재건축사업등의 시행
으로 현금으로 청산을 받아야 하는 토지등 소유자가 사업시행자를 상대로 제기한 현금청산금 지급을 구하
는 소송절차가 진행 중인 경우 또는 소송절차는 종료되었으나 해당 청산금을 지급받지 못한 경우, 재개발사
업·재건축사업 또는 소규모재건축사업등의 시행으로 사업시행자가 토지등 소유자를 상대로 제기한 매도
청구소송 절차가 진행 중인 경우 또는 소송절차는 종료되었으나 토지등 소유자가 해당 매도대금을 지급받
지 못한 경우를 포함한다.

하여 양도하는 경우로서 해당 임대주택의 임차일부터 양도일까지의 기간 중 세대 전원이 거주(기획재정부령으로 정하는 취학, 근무상의 형편, 질병의 요양, 그 밖에 부득이한 사유로 세대의 구성원 중 일부가 거주하지 못하는 경우를 포함한다)한 기간이 5년 이상인 경우)하는 경우, 주택 및 그 부수토지(사업인정 고시일 전에 취득한 주택 및 그 부수토지에 한한다)의 전부 또는 일부가 「공익사업을 위한 토지 등의 취득 및 보상에 관한 법률」에 의한 협의매수 · 수용 및 그 밖의 법률에 의하여 수용되는 경우 및 1년 이상 거주한 주택을 기획재정부령으로 정하는 취학, 근무상의 형편, 질병의 요양, 그 밖에 부득이한 사유로 양도하는 경우에는 종전의 주택을 취득한 날부터 1년 이상이 지난 후 다른 주택을 취득하는 요건을 적용하지 않으며, 종전의 주택 및 그 부수토지의 일부가 협의매수되거나 수용되는 경우로서 해당 잔존하는 주택 및 그 부수 토지를 그 양도일 또는 수용일부터 5년 이내에 양도하는 때에는 해당 잔존하는 주택 및 그 부수토지의 양도는 종전의 주택 및 그 부수토지의 양도 또는 수용에 포함되는 것으로 본다(소령 155 ① 후단).

(3) 부모봉양 등에 따른 2주택의 경우

1주택을 보유하고 1세대를 구성하는 자가 1주택을 보유하고 있는 60세 이상의 직계존속(배우자의 직계존속으로서 60세 이상인 사람을 포함하고, 직계존속(배우자의 직계존속을 포함한다) 중 어느 한 사람이 60세 미만인 경우를 포함하며, 요양급여를 받는 60세 미만의 직계존속(배우자의 직계존속을 포함한다)으로서 기획재정부령으로 정하는 사람을 포함한다)을 동거봉양하기 위하여 세대를 합침으로써 1세대가 2주택을 보유하게 되는 경우에는 합친 날부터 10년 이내에 먼저 양도하는 주택은 이를 1세대 1주택으로 보며, 1주택을 보유하는 자가 1주택을 보유하는 자와 혼인함으로써 1세대가 2주택을 보유하게 되는 경우 또는 1주택을 보유하고 있는 60세 이상의 직계존속을 동거봉양하는 무주택자가 1주택을 보유하는 자와 혼인함으로써 1세대가 2주택을 보유하게 되는 경우에는 혼인한 날부터 5년 이내에 먼저 양도하는 주택은 이를 1세대 1주택으로 본다(소령 155 ④ 및 ⑤).[61]

위의 경우에 먼저 양도하는 주택은 2년 이상의 보유요건을 충족하지 못한 경우에도 1세대 1주택에 대한 비과세요건을 충족한 것으로 보아 소득세를 비과세하여야

---

[61] 대법원 2010.1.14. 선고, 2007두26544 판결.
  [판결요지] 1주택을 소유하다가 그 주택을 양도하기 전에 다른 1주택을 취득함으로써 일시적으로 2주택을 보유하게 된 자가 다른 2주택을 보유하는 자와 혼인함으로써 1세대가 4주택을 보유한 상태에서 그 중 1주택을 양도하는 경우는 양도소득세 비과세 대상에 해당하지 않는다.

한다고 새기고자 한다.

(4) 지정문화재 등에 해당하는 주택을 포함한 2주택의 경우

국내에 지정문화재 및 국가등록문화재에 해당하는 주택과 그 밖의 주택(이하 '일반주택'이라 한다)을 각각 1개씩 소유하고 있는 1세대가 일반주택을 양도한 경우로서 그 일반주택이 다른 비과세요건(2년 이상 보유)을 충족한 때에는 이를 1세대 1주택의 양도로 보아 소득세를 과세하지 아니한다(소령 155 ⑥).

(5) 농어촌주택을 포함한 2주택의 경우

① 다음의 주택으로서 수도권 밖의 지역 중 읍지역(도시지역 안의 지역을 제외한다)과 면지역에 소재하는 주택(이하 '농어촌주택'이라고 한다)과 그 밖의 주택(이하 '일반주택'이라고 한다)을 국내에 각각 1개씩 소유하고 있는 1세대가 일반주택을 양도한 경우로서 그 일반주택이 다른 비과세요건(2년 이상 보유)을 충족한 때에는 이를 1세대 1주택의 양도로 보아 소득세를 과세하지 아니한다(소령 155 ⑦).

ⅰ) 상속받은 주택(피상속인이 취득한 후 5년 이상 거주한 사실이 있는 경우에 한한다)

ⅱ) 이농인(어업에서 떠난 자를 포함한다. 이하 같다)이 취득일 후 5년 이상 거주한 사실이 있는 이농주택

이농주택이란 영농 또는 영어에 종사하던 자가 전업으로 인하여 다른 시(특별자치시와 「제주특별자치도 설치 및 국제자유도시 조성을 위한 특별법」 제10조 제2항에 따라 설치된 행정시를 포함한다)·구(특별시 및 광역시의 구를 말한다)·읍·면으로 전출함으로써 세대원의 전부 또는 일부가 거주하지 못하게 되는 주택으로서 이농인이 소유하고 있는 주택을 말한다(소령 155 ⑨).

ⅲ) 영농 또는 영어의 목적으로 취득한 귀농주택

㉮ 영농 또는 영어에 종사하고자 하는 자가 취득(귀농 이전에 취득한 것을 포함한다)하여 거주하고 있는 주택으로서 다음의 요건을 갖춘 것을 말한다(소령 155 ⑩).

ⓐ 취득 당시에 고가주택에 해당하지 아니할 것

ⓑ 대지면적이 660m² 이내일 것

ⓒ 영농 또는 영어의 목적으로 취득하는 것으로서 1,000m² 이상의 농

지를 소유하는 자 또는 그 배우자가 해당 농지소재지에 있는 주택
을 취득하거나 1,000m² 이상의 농지를 소유하는 자 또는 그 배우자
가 해당 농지를 소유하기 전 1년 이내에 해당 농지소재지에 있는
주택을 취득하는 것일 것 또는 어업인이 취득하는 것일 것

ⓓ 세대전원이 이사(취학, 근무상의 형편, 질병의 요양, 그 밖의 부득
이한 사유로 세대의 구성원 중 일부가 이사하지 못하는 경우를 포
함한다)하여 거주할 것

㉯ 귀농으로 인하여 세대 전원이 농어촌주택으로 이사하는 경우에는 귀농
후 최초로 양도하는 1개의 일반주택에 한하여 1세대 1주택으로 취급한
다(소령 155 ⑪).

㉰ 영농 또는 영어를 목적으로 취득한 귀농주택의 경우에는 그 주택을 취
득한 날부터 5년 이내에 일반주택을 양도하는 경우에 한하여 1세대 1
주택에 대한 비과세 규정을 적용한다(소령 155 ⑦ 단서).

② 일반주택의 양도에 대하여 소득세의 비과세에 관한 규정을 적용받고자 하는
자는 양도소득과세표준예정신고 또는 양도소득과세표준확정신고기한 내에 1
세대 1주택 특례적용신고서를 제출하여야 한다(소령 155 ⑬). 1세대 1주택 특례
적용신고서의 제출이 비과세의 절차적 요건을 이루는지에 관하여는 해석상
다툼이 있을 수 있다고 본다. 법문이 "…… 규정을 적용받고자 하는 자는 ……
1세대 1주택 특례적용신고서를 …… 제출하여야 한다"라고 표현하고 있는 점
에 비추어 비과세의 필요적 요건이 아니라고 새긴다.

③ 일반주택에 대하여 비과세의 규정을 적용받은 귀농주택 소유자가 귀농일(귀
농주택에 주민등록을 이전하여 거주를 개시한 날을 말하며, 주택을 취득한 후
해당 농지를 취득하는 경우에는 귀농주택에 주민등록을 이전하여 거주를 개
시한 후 농지를 취득한 날을 말한다)부터 계속하여 3년 이상 영농 또는 영어에
종사하지 아니하거나 그 기간 동안 해당 주택에 거주하지 아니한 경우에는 그
양도한 일반주택은 1세대 1주택으로 보지 아니하며, 해당 귀농주택 소유자는
3년 이상 영농 또는 영어에 종사하지 아니하거나 그 기간 동안 해당 주택에 거
주하지 아니하는 사유가 발생한 날이 속하는 달의 말일부터 2개월 이내에 다음
계산식에 따라 계산한 금액을 양도소득세로 신고·납부하여야 한다(소령 155
⑫). 즉 이미 비과세한 일반주택의 양도에 따른 양도소득세를 추징하는 것이다.

$$납부할\ 양도소득세 = \begin{matrix} 일반주택\ 양도\ 당시\ 1세대\ 1주택 \\ 비과세\ 특례규정을\ 적용하지 \\ 않았을\ 경우에\ 납부하였을\ 세액 \end{matrix} - \begin{matrix} 일반주택\ 양도\ 당시\ 1세대 \\ 1주택\ 비과세\ 특례\ 규정을 \\ 적용받아\ 납부한\ 세액 \end{matrix}$$

(6) 근무상의 형편 등에 따른 2주택의 경우

취학, 근무상의 형편, 질병의 요양, 그 밖에 부득이한 사유(이하 '부득이한 사유'라한다)로 취득한 수도권 밖에 소재하는 주택과 그 밖의 주택(이하 '일반주택'이라 한다)을 국내에 각각 1개씩 소유하고 있는 1세대가 부득이한 사유가 해소된 날부터 3년 이내에 일반주택을 양도하는 경우에는 1세대 1주택으로 보아 양도소득세를 비과세한다(소령 155 ⑧).

(7) 장기임대주택의 임대 또는 장기어린이집의 운영에 따른 2주택의 경우

장기임대주택 또는 장기어린이집과 그 밖의 1주택을 국내에 소유하고 있는 1세대가 각각 "①"과 "②" 또는 "①"과 "③"의 요건을 충족하고 해당 주택(이하에서는 '거주주택'이라 한다)을 양도하는 경우에는 국내에 1개의 주택을 소유하고 있는 것으로 보아 1세대 1주택 양도소득세 비과세 규정을 적용한다. 이 경우 해당 거주주택을「민간임대주택에 관한 특별법」제5조에 따라 민간임대주택으로 등록하였거나 영유아보육법 제12조 또는 제13조에 따른 어린이집(가정어린이집 이외에도 국공립, 직장, 협동 어린이집, 위탁어린이집 등도 포함)으로 설치·운영된 사실이 있고, 그 보유기간 중에 양도한 다른 거주주택(양도한 다른 거주주택이 둘 이상인 경우에는 가장 나중에 양도한 거주주택을 말한다. 이하 '직전거주주택'이라 한다)이 있는 거주주택(이하에서 '직전거주주택보유주택'이라 한다)인 경우에는 직전거주주택의 양도일 후의 기간분에 대해서만 국내에 1개의 주택을 소유하고 있는 것으로 본다(소령 155 ⑳).

① 거주주택 : 보유기간 중 거주기간(직전거주주택보유주택의 경우에는 사업자등록과 임대사업자 등록을 한 날 또는 영유아보육법 제13조 제1항에 따른 인가를 받은 날 또는 같은 법 제24조 제2항에 따른 위탁의 계약서상 운영개시일 이후의 거주기간을 말한다)이 2년 이상일 것

② 장기임대주택 : 양도일 현재 사업자등록을 하고, 장기임대주택을 민간임대주택으로 등록하여 임대하고 있으며, 임대보증금 또는 임대료의 연 증가율이 5%를 초과하지 않을 것. 이 경우 임대료 등의 증액 청구는 임대차계약의 체결 또는 약정한 임대료 등의 증액이 있은 후 1년 이내에는 하지 못하고, 임대사업자가 임대

료 등의 증액을 청구하면서 임대보증금과 월임대료를 상호 간에 전환하는 경우에는 「민간임대주택에 관한 특별법」 제44조 제4항의 전환 규정을 준용한다.

③ 단기민간임대주택 : 「민간임대주택법」에 따라 아파트를 제외한 단기민간임대주택

④ 장기어린이집 : 양도일 현재 고유번호를 부여받고, 장기가정어린이집을 운영하고 있을 것

(8) 일시적 1주택과 1분양권을 소유한 경우

국내에 1주택을 소유한 1세대가 그 주택(이하에서 '종전주택'이라 한다)을 양도하기 전에 분양권을 취득함으로써 일시적으로 1주택과 1분양권을 소유하게 된 경우 종전주택을 취득한 날부터 1년 이상이 지난 후에 분양권을 취득하고 그 분양권을 취득한 날부터 3년 이내에 종전주택을 양도하는 경우에는 이를 1세대 1주택으로 본다. 민간건설임대주택, 공공건설임대주택의 취득후 양도하거나, 「공익사업을 위한 토지 등의 취득 및 보상에 관한 법률」에 의한 협의매수·수용 및 그 밖의 법률에 의하여 수용에 해당하는 경우에는 종전주택을 취득한 날부터 1년 이상이 지난 후 분양권을 취득하는 요건을 적용하지 않는다. 또한, 다음의 요건을 모두 충족하고 국내에 1주택을 소유한 1세대가 그 주택을 양도하기 전에 분양권을 취득함으로써 일시적으로 1주택과 1분양권을 소유하게 된 경우로서 분양권을 취득한 날부터 3년이 지나 종전주택을 양도하는 경우에도 1세대 1주택의 양도로 본다. 이 경우 민간건설임대주택, 공공건설임대주택, 공공매입임대주택을 취득하여 양도하거나, 공익사업에 의한 협의매수·수용되는 경우로서 종전주택을 취득한 날부터 1년이 지난 후 분양권을 취득하는 요건을 적용하지 않는다(소령 156의 3).

① 분양권에 따라 취득하는 주택이 완성된 후 3년 이내에 그 주택으로 세대 전원이 이사(취학, 근무상의 형편, 질병의 요양 그 밖의 부득이한 사유로 세대의 구성원 중 일부가 이사하지 못하는 경우를 포함한다)하여 1년 이상 계속하여 거주할 것

② 분양권에 따라 취득하는 주택이 완성되기 전 또는 완성된 후 3년 이내에 종전의 주택을 양도할 것

4) 주택의 2년 이상 보유

가) 2년 이상 보유

1세대가 보유하는 1주택은 2년(비거주자가 해당 주택을 3년 이상 보유하고 그 주택에서 거주한 상태로 거주자로 전환된 경우에는 3년) 이상 보유한 것이어야 한다. 다만, 취득 당시에 주택법 제63조의 2 제1항 제1호에 따른 조정대상지역(이하에서 '조정대상지역'이라 한다)에 있는 주택의 경우에는 해당 주택의 보유기간이 2년(비거주자가 해당 주택을 3년 이상 보유하고 그 주택에서 거주한 상태로 거주자로 전환된 경우에는 3년) 이상이고, 그 보유기간 중 거주기간이 2년 이상이어야 한다. 조정대상지역 이외의 경우에는 해당 주택을 보유하는 것만으로 비과세요건을 충족하는 것이며, 해당 주택에서의 거주 여부는 비과세요건을 이루지 않는다. 보유란 소유권을 취득하여 소유하는 상태를 가리킨다.

주택의 보유기간은 그 주택의 취득일부터 양도일까지로 한다.[62] 그런데 주택의 거주기간 또는 보유기간을 계산하는 경우 거주하거나 보유하는 중에 소실·무너짐·노후 등으로 인하여 멸실되어 재건축한 주택인 경우에는 그 멸실된 주택과 재건축한 주택에 대한 거주기간 및 보유기간을 통산한다. 그리고 비거주자가 해당 주택을 3년 이상 계속 보유하고 그 주택에서 거주한 상태로 거주자로 전환된 경우에는 해당 주택에 대한 거주기간 및 보유기간을 통산하여 그 거주기간 및 보유기간을 계산한다(소령 154 ⑤·⑧). 다음으로 상속받은 주택으로서 상속인과 피상속인이 상속개시 당시 동일세대인 경우에는 상속개시 전에 상속인과 피상속인이 동일세대로서 거주하고 보유한 기간을 통산하여 그 거주기간 및 보유기간을 계산한다(소령 154 ⑧). 취득 당시 조정대상지역에 있는 주택으로서 공동상속주택인 경우 거주기간은 공동상속주택에 거주한 공동상속인의 거주기간 중 가장 긴 기간으로 판단한다.

한편, 주택의 보유요건은 1세대 단위로 판정하는 것이므로 1세대를 구성하는 세대원간에 증여 등에 의하여 소유권이 이전된 경우에는 그 양도 전후의 보유기간을 통산하여 2년 이상 보유 여부를 판정하여야 할 것이다.[63] 그러나 이혼위자료에 갈

---

62) 대법원 1997.5.16. 선고, 95누10150 판결.
   [판결요지] 양도소득세가 비과세되는 1세대 1주택은 원칙적으로 거주자 및 그 배우자가 그들과 동일한 주소 또는 거소에서 생계를 같이 하는 가족과 함께 구성하는 1세대가 국내에 1개의 주택을 소유하고 취득일 이후 3년 이상 거주한 것임을 요함 할 것이고, 한편 위 취득일의 결정에 관하여는 달리 특별한 규정을 두고 있지 아니하므로 자산의 양도차익을 계산함에 있어서 취득시기 및 양도시기를 규정한 구 소득세법 (1994.12.22. 법률 제4803호로 전문 개정되기 전의 것) 제27조, 같은법 시행령(1993.12.31. 대통령령 제14083호로 개정되기 전의 것) 제53조가 그대로 적용된다.
63) 대법원 1995.7.14. 선고, 94누15530 판결.

음하여 배우자로부터 주택을 양도받은 다른 배우자가 그 주택을 제3자에게 양도하는 때에는 해당 주택의 보유기간은 배우자로부터 이혼위자료에 갈음하여 주택을 취득한 날부터 기산하여야 한다.[64]

나) 보유기간 및 거주기간의 특례

1세대가 양도일 현재 국내에 1주택을 보유하고 있는 경우로서 "①"부터 "③"까지의 어느 하나에 해당하는 경우에는 그 보유기간과 거주기간의 제한을 받지 아니하며, "④"부터 "⑥"까지의 어느 하나에 해당하는 경우에는 거주기간의 제한을 받지 아니한다(소령 154 ①).

① 건설임대주택을 취득하여 양도하는 경우

민간건설임대주택, 공공건설임대주택 또는 공공매입임대주택을 취득하여 양도하는 경우로서 해당 건설임대주택의 임차일부터 해당 주택의 양도일까지의 기간 중 세대전원이 거주(기획재정부령으로 정하는 취학, 근무상의 형편, 질병의 요양, 그 밖에 부득이한 사유로 세대의 구성원 중 일부가 거주하지 못하는 경우를 포함한다)한 기간이 5년 이상인 때에는 보유기간 및 거주기간의 제한을 받지 아니한다. 건설임대주택의 거주기간(5년)은 주민등록표상의 전입일자로부터 전출일자까지의 기간에 따라 계산한다(소령 154 ⑥).

그러나 앞의 규정은 일종의 입증의 편의를 위한 규정이고 거주사실의 인정을 오직 그 방법에만 의하려는 취지는 아니다.[65] 따라서 주민등록표상 등재되어 있지 않다고 하더라도 실제로 해당 주택에서 5년 이상 거주한 사실이 객관적으로 판명되면 비과세대상에 해당한다.[66]

② 공익사업용으로 협의매수된 경우 등

㉮ 공익사업용으로 협의매수된 경우

주택 및 그 부수토지(사업인정 고시일 전에 취득한 주택 및 그 부수토지에 한한다)의 전부 또는 일부가 「공익사업을 위한 토지 등의 취득 및 보상에 관한 법률」에 따른 협의매수·수용 및 그 밖의 법률에 따라 수용되는 경우(양도일 또는 수용일부터 5년 이내에 양도하는 잔존주택 및 그 부수토지의 양도를 포함한다)에는 보유기간 및 거주기간의 제한을 받지 아니한다.

---

64) 대법원 1995.11.24. 선고, 95누4599 판결.
65) 대법원 1984.9.11. 선고, 84누194 판결.
66) 대법원 1983.7.12. 선고, 82누218 판결.

⒂ 해외이주 등의 경우

다음의 경우에는 보유기간 및 거주기간의 제한을 받지 아니한다. 다만, 출국일 현재 1주택을 보유하고 있는 경우로서 출국일부터 2년 이내에 양도하는 경우에 한한다.

ⅰ) 해외이주법에 따른 해외이주로 세대 전원이 출국하는 경우

ⅱ) 1년 이상 계속하여 국외거주를 필요로 하는 취학 또는 근무상의 형편으로 세대전원이 출국하는 경우

③ 1년 이상 거주한 주택을 취학 등의 사유로 양도하는 경우

다음과 같은 사유로 세대의 구성원 중 일부 또는 세대 전원이 다른 시(특별시, 광역시, 특별자치시 및 「제주특별자치도 설치 및 국제자유도시 조성을 위한 특별법」 제15조 제2항에 따라 설치된 행정시를 포함한다)·군으로 주거를 이전하는 경우(광역시지역 안에서 구지역과 읍·면지역 간에 주거를 이전하는 경우와 특별자치시, 도농복합형태의 시지역 및 「제주특별자치도 설치 및 국제자유도시 조성을 위한 특별법」 제15조 제2항에 따라 설치된 행정시 안에서 동지역과 읍·면지역 간에 주거를 이전하는 경우를 포함한다)로서 1년 이상 거주한 주택을 양도하는 경우에는 보유기간 및 거주기간의 제한을 받지 아니한다(소칙 71 ③).

이 경우에 사유가 발생한 당사자 외의 세대원 중 일부가 취학·근무 또는 사업상의 형편 등으로 당사자와 함께 주거를 이전하지 못하는 경우에도 세대 전원이 주거를 이전한 것으로 본다.

ⅰ) 초·중등교육법에 따른 학교(초등학교 및 중학교를 제외한다) 및 고등교육법에 따른 학교에의 취학

ⅱ) 직장의 변경이나 전근 등 근무상의 형편

ⅲ) 1년 이상의 치료나 요양을 필요로 하는 질병의 치료 또는 요양

ⅳ) 「학교폭력 예방 및 대책에 관한 법률」에 따른 학교폭력으로 인한 전학(같은 법에 따른 학교폭력대책자치위원회가 피해학생에게 전학이 필요하다고 인정하는 경우에 한한다)

④ 조정대상지역의 공고가 있은 날 이전에 매매계약을 체결하고 계약금을 지급한 사실이 증빙서류에 의하여 확인되는 경우

거주자가 조정대상지역의 공고가 있은 날 이전에 매매계약을 체결하고, 계약금을 지급한 사실이 증빙서류에 의하여 확인되는 경우로서 해당 거주자가 속한 1세대가 계약금 지급일 현재 주택을 보유하지 아니하는 경우에는 거주기간의 제한을 받지 아니한다(소령 154 ① Ⅴ).

⑤ 장기저당담보주택을 양도하는 경우

국내에 하나의 장기저당담보주택을 소유한 1세대가 해당 장기저당담보주택을 양도하는 경우 또는 1주택을 소유하고 1세대를 구성하는 자가 장기저당담보주택을 소유하고 있는 직계존속을 동거봉양하기 위하여 세대를 합침에 따라 2주택을 소유하게 된 경우로서 장기저당담보주택을 먼저 양도하는 경우에 당해 장기저당담보주택은 거주기간의 제한을 받지 아니한다(소령 155의 2).

㉮ 장기저당담보주택의 범위

장기저당담보주택이란 장기주택저당담보대출에 있어서 담보로 제공된 주택을 말한다. 장기주택저당담보대출이란 역(逆)모기지론(reverse mortgage loan)[67]이라고도 하는데, 주택을 담보로 일정 기간 동안 일정금액을 연금식(annuity)으로 대출받아 사용한 뒤 만기에 원금과 이자를 한꺼번에 갚는 방식의 주택금융서비스이다.

거주기간의 특례가 인정되고 있는 장기저당담보주택이란 국내에 1주택을 소유한 1세대가 다음의 요건을 갖춘 장기저당담보대출계약을 체결하고 장기저당담보로 제공한 주택을 말한다.

ⅰ) 계약체결일 현재 주택을 담보로 제공한 가입자가 60세 이상일 것
ⅱ) 장기저당담보 계약기간이 10년 이상으로서 대출금을 만기시까지 매월·매분기별 또는 그 밖에 기획재정부령이 정하는 방법으로 수령하는 조건일 것
ⅲ) 만기에 해당 주택을 처분하여 일시 상환하는 계약조건일 것

---

67) 고령층 인구가 많은 미국·캐나다·영국·프랑스 등 선진국에서 노인들의 생활비 마련을 위해 보편화되어 있는데, 주택을 취득할 때에는 모기지론(주택저당대출)에 의존하고 은퇴한 후에는 그 집을 담보로 다시 역모기지론을 받아 노후자금으로 사용한다. 그리고 차입자가 사망하면 금융기관이 담보로 제공된 주택을 처분하여 그 동안의 대출금과 이자를 상환받게 된다. 부동산을 담보로 주택저당증권(MBS)을 발행하여 장기주택자금을 대출받는 모기지론과 자금 흐름이 반대이기 때문에 역모기지론이란 이름으로 부르고 있다.

⑭ 거주요건 등의 적용 배제

ⅰ) 국내에 1주택을 소유하고 있는 자로서 당해 주택이 조정대상지역 내에 소재하고 앞의 장기저당담보주택의 요건을 갖춘 경우로서 해당 장기저당담보주택을 양도하는 때에는 1세대 1주택에 대한 비과세요건을 판정함에 있어서 2년 이상 거주기간의 제한을 받지 아니한다.

1주택을 소유한 60세 이상인 자가 해당 주택을 장기저당담보로 제공하고 양로시설 등에 입주하는 경우에는 그 주택에서 거주할 수 없게 되는데, 이와 같은 사정을 고려하여 거주요건의 적용을 배제한 것이다.

ⅱ) 1주택을 소유하고 1세대를 구성하는 자가 장기저당담보주택을 소유하고 있는 직계존속(배우자의 직계존속을 포함한다. 이하에서 같다)을 동거봉양하기 위하여 세대를 합침으로써 1세대 2주택에 해당하게 되는 경우에 먼저 양도하는 주택에 대하여는 국내에 1개의 주택을 소유하고 있는 것으로 보아 1세대 1주택의 비과세규정을 적용한다. 그리고 2주택 중 장기저당담보주택을 먼저 양도하는 경우에는 해당 장기저당담보주택에 대하여는 거주기간의 제한에 관한 규정을 적용하지 아니한다. 즉 1주택을 소유하고 1세대를 구성하는 자가 장기저당담보주택을 소유하고 있는 직계존속을 동거봉양하기 위하여 세대를 합침으로써 1세대 2주택에 해당하게 되는 경우에 먼저 양도하는 주택에 대하여는 보유주택 수의 계산에 있어서 특례를 인정하고 있을 뿐만 아니라 거주요건의 적용을 배제하고 있는 것이다.

장기저당담보주택을 먼저 양도하는 경우에는 거주요건을 충족하지 못한 경우에도 1세대 1주택의 양도로 보아 소득세를 비과세한다. 부모봉양에 따른 합가의 경우에는 그 세대를 합친 날부터 10년 이내에 양도하는 주택에 한하여 소득세를 비과세하지만(소령 155 ④), 장기저당담보주택의 경우에는 세대를 합친 날부터 10년이 경과된 후에 양도하더라도 소득세를 비과세하는 것이다.

다음으로 직계비속이 소유하던 주택을 먼저 양도하는 경우에는 동거봉양을 위하여 합친 1세대가 장기저당담보주택을 소유하지 않은 것으로 보고, 즉 직계비속이 소유하던 주택만을 소유한 것으로 보아 1세대 1주택의 비과세요건의 충족 여부를 따지는 것이다.

위의 규정을 적용받고자 하는 자는 양도소득세 과세표준신고기한 이내에 장기저당담보주택에 대한 특례적용신고서에 일반주택의 토지 및 건축물대장 등본·장기저당담보주택의 토지 및 건축물대장 등본·장기담보주택에 대한 연금대출계약서를 첨부하여 제출하여야 한다.

ⓓ 비과세의 적용 배제

1세대가 장기저당담보주택을 연금대출계약기간 만료 이전에 양도하는 경우에는 비과세요건의 특례에 관한 규정을 적용하지 아니한다.

⑥ 상생임대주택에 대한 양도소득세 거주기간 특례

아래 ⅰ), ⅱ)의 요건을 모두 충족하는 주택을 양도하는 경우 1세대 1주택 비과세 판단(소령 155), 1세대 1주택 특례 중 장기임대주택 보유 거주주택 비과세(소령 155 ⑳), 장기보유특별공제(소령 159의 4) 적용시 거주기간의 제한을 받지 않는다(소령 155 의 3).

ⅰ) 1세대가 주택을 취득한 후 해당 주택에 대하여 임차인과 체결한 직전 임대차 계약(해당 주택의 취득으로 임대인의 지위가 승계된 경우의 임대차계약은 제 외하며, 이하 "직전임대차계약"이라 한다) 대비 임대보증금 또는 임대료의 증 가율이 5%를 초과하지 않는 임대차계약(이하 "상생임대차계약")을 2021년 12월 20일부터 2026년 12월 31일까지의 기간 중에 체결(계약금을 지급 받은 사실이 증빙서류에 의해 확인되는 경우로 한정한다)하고 임대를 개시할 것

ⅱ) 직전 임대차계약이 존재하고, 직전 임대차계약에 따라 임대한 기간이 1년 6 개월 이상인 주택(임대기간은 월력에 따라 계산하며, 1개월 미만인 경우에는 1개월로 본다)

ⅲ) 상생임대차계약에 따라 임대한 기간이 2년 이상인 주택(임대기간은 월력에 따라 계산하며, 1개월 미만인 경우에는 1개월로 본다)

나. 주택부수토지의 범위

1세대 1주택(고가주택은 제외한다)과 이에 딸린 토지로서 건물이 정착된 면적에 다음의 배율을 곱하여 산정한 면적 이내의 토지의 양도로 인하여 발생하는 소득에 대하여는 소득 세를 비과세한다(소령 154 ⑦).

① 「국토의 계획 및 이용에 관한 법률」 제6조 제1호에 따른 도시지역 내의 토지

ㄱ 수도권정비계획법 제2조 제1호에 따른 수도권(이하 '수도권'이라 한다) 내의 토지 중 주거지역·상업지역 및 공업지역 내의 토지 : 3배

ㄴ 수도권 내 토지 중 녹지지역 내의 토지 : 5배

ⓒ 수도권 밖의 토지 : 5배

② 그 밖의 토지 : 10배

주택에 부수되는 토지란 양도한 주택과 경제적 일체를 이루고 있는 토지로서 사회통념상 주거생활공간으로 인정되는 토지를 의미한다.[68]

다. 비과세에서 제외되는 주택 등의 범위

1) 주택 등의 분할양도

주택에 부수되는 토지를 분할하여 양도(지분으로 양도하는 경우를 포함하되, 1세대 1주택과 그에 딸린 토지를 함께 지분으로 양도하는 경우를 제외한다)하는 경우에 그 양도하는 부분의 토지는 1세대 1주택에 부수되는 토지로 보지 아니한다. 그리고 1주택을 2 이상의 주택으로 분할하여 양도(1세대 1주택을 지분으로 양도하는 경우를 제외한다)한 경우에는 먼저 양도하는 부분의 주택은 1세대 1주택으로 보지 아니한다(소칙 72 ②). 1세대 1주택 중 일부를 지분으로 양도하는 경우에 그 지분에 해당하는 주택을 독립된 주거공간(1개의 주택)으로 보기는 어려우며, 따라서 과세대상에서 제외시킨 것이다.[69]

다음으로 1세대 1주택 및 그 부수토지의 일부가 「공익사업을 위한 토지 등의 취득 및 보상에 관한 법률」에 따른 협의매수·수용 및 그 밖의 법률에 따라 수용되는 경우로서 잔존하는 주택 및 그 부수토지를 그 양도일 또는 수용일로부터 5년 이내에 양도하는 때에는 해당 잔존하는 주택 및 그 부수토지의 양도는 종전의 주택 및 그 부수토지의 양도 또는 수용에 포함되는 것으로 하여 소득세를 과세하지 않는다(소령 155 ①).

2) 고가주택과 이에 부수되는 토지

① 1세대가 소유하는 1주택인 고가주택에 대해서는 1세대 1주택의 비과세요건을 충족하더라도 양도소득세의 비과세에 관한 규정을 적용하지 아니한다. 다만, 1세대가 소유하는 1주택인 고가주택에 대해서는 소득세가 비과세되는 1세대 1주택(고가주택 외의 그 밖의 주택)과의 과세형평을 고려하여 고가주택의 기준금액(12억원)을 초과하는 부분에 해당하는 양도차익에 대해서만 양도소득세를 과세하도록 양도차익의 계산에 있어서 특례를 인정하고 있다. 그리고 1세대가 소유하는 1주택인 고가주택의 양도에 대하여는 장기보유특별공제액을 늘려주도록 하고 있다.

---

68) 대법원 1995.8.12. 선고, 95누7383 판결.
69) 대법원 1993.8.24. 선고, 93누3202 판결.

② 고가주택이란 주택 및 이에 딸린 토지의 양도 당시의 실지거래가액의 합계액[1주택 및 이에 딸린 토지의 일부를 양도하거나 일부가 타인 소유인 경우에는 실지거래가액 합계액에 양도하는 부분(타인 소유 부분을 포함한다)의 면적이 전체 주택 면적에서 차지하는 비율을 나누어 계산한 금액을 말한다]이 12억원을 초과하는 주택을 말한다(소령 156). 즉 주택의 일부를 양도하더라도 전체의 주택가격이 12억원을 초과하는 경우에는 고가주택에 해당하며, 주택과 부수토지의 소유자가 서로 다르더라도 주택과 부수토지의 실지거래가액을 합산하여 고가주택 해당여부를 판단하는 것이다.[70]

겸용주택에 있어서 주택의 연면적이 주택 외의 부분의 연면적보다 큰 경우에는 그 전부를 주택으로 보는데, 이 경우에는 주택으로 보는 주택 외의 부분(이에 딸린 토지를 포함한다)의 실지거래가액을 포함하여 12억원을 초과하는지의 여부를 판단한다.[71] 그리고 단독주택으로 보는 다가구주택[72]의 경우에는 그 전체를 하나의 주택으로 보아 고가주택에 해당하는지의 여부를 판단하도록 하고 있다.

3) 1세대 1주택에 딸린 토지로서 건물이 정착된 면적에 일정한 배율을 곱하여 산정한 면적을 초과하는 토지

1세대 1주택에 딸린 토지라 하더라도 건물이 정착된 면적에 지역별로 다음의 배율을 곱하여 산정한 면적을 초과하는 토지의 양도로 발생하는 소득에 대하여는 소득세를 과세한다(소령 154 ⑦).

가)「국토의 계획 및 이용에 관한 법률」제6조 제1호에 따른 도시지역 내의 토지

① 「수도권정비계획법」제2조 제1호에 따른 수도권(이하 이 호에서 "수도권"이라 한다) 내의 토지 중 주거지역·상업지역 및 공업지역 내의 토지 : 3배

② 수도권 내의 토지 중 녹지지역 내의 토지 : 5배

③ 수도권 밖의 토지 : 5배

나) 그 밖의 토지 : 10배

---

70) 대법원 2010.10.4. 선고, 2010두15407 판결; 대법원 2009.10.29. 선고, 2009두10611 판결.
71) 대법원 2016.1.28. 선고, 2015두37235 판결.
72) 다가구주택을 구획된 부분별로 양도하지 아니하고 하나의 매매단위로 하여 양도하는 경우에는 그 전체를 하나의 주택으로 본다(소령 155 ⑮).

4) 겸용주택

① 하나의 건물이 주택과 주택 외의 건물로 복합되어 있는 경우와 주택에 딸린 토지에 주택 외의 건물이 있는 경우로서 주택의 연면적이 주택 외의 부분의 연면적보다 큰 때에는 그 전부를 주택으로 본다. 앞에서 그 전부를 주택으로 본다는 것은 겸용주택에서의 주택 외의 부분(그에 딸린 토지를 포함한다)을 주택으로 의제하여 해당 겸용주택의 양도가 그 밖의 1세대 1주택의 비과세요건을 충족한 경우에는 그 겸용주택의 양도소득 전체에 대하여 양도소득세를 비과세한다는 의미이다.

② 주택의 연면적이 주택 외의 부분의 연면적보다 적거나 같은 때에는 주택 외의 부분은 주택으로 보지 아니한다. 이 경우에 주택에 딸린 토지는 전체 토지면적에 주택의 연면적이 건물의 연면적에서 차지하는 비율을 곱하여 계산한다. 앞에서 주택 외의 부분은 주택으로 보지 않는다는 것은 겸용주택이 그 밖의 1세대 1주택의 비과세요건을 충족하더라도 주택 외의 부분(그에 딸린 토지를 포함한다)의 양도로 발생하는 소득에 대하여는 양도소득세를 과세한다는 의미이다.

③ 주택의 연면적과 주택 외의 부분의 연면적을 비교함에 있어서 겸용주택의 지하실은 실지 사용하는 용도에 따라 주택 또는 주택 외의 건물로 판단하여야 한다. 다만, 그 사용용도가 명확하지 않을 때에는 주택의 연면적과 주택 외의 건물의 연면적의 비율로 안분계산하여야 할 것이다.

라. 조합원입주권을 보유하는 세대에 대한 비과세의 배제

양도소득세가 비과세되는 1세대 1주택의 요건에 해당하더라도 그 주택의 양도당시 조합원입주권 또는 분양권을 소유하고 있는 경우에는 1세대 1주택에 대한 양도소득세 비과세에 관한 규정을 적용하지 아니한다. 즉 1세대가 1주택(주택부수토지를 포함한다)과 조합원입주권 또는 분양권을 보유하다가 그 주택을 양도하는 경우에는 1세대 1주택의 양도에 대한 소득세의 비과세에 관한 규정을 적용하지 않는다. 다만, 재건축사업 또는 재개발사업, 자율주택정비사업, 가로주택정비사업, 소규모재건축사업 또는 소규모개발사업의 시행기간 중 거주를 위하여 주택을 취득하는 경우나 그 밖의 부득이한 사유로서 대통령령이 정하는 경우에는 예외를 인정하여 1세대 1주택에 대한 양도소득세 비과세에 관한 규정을 적용하도록 하고 있다(소법 89 ②).

2주택 또는 3주택 이상을 보유하고 있던 1세대가 주택재개발 또는 주택재건축사업등으로 인하여 주택의 일부가 입주권으로 전환되는 경우에는 그 입주권은 1세대 1주택의 비과세요건과 1세대 2주택 또는 3주택 이상의 중과세요건을 판정함에 있어서 주택으로 보지 않기 때문에 실질적으로는 1세대 2주택 또는 3주택 이상을 소유하고 있는 것과 다를 바 없으면서도 1세대 1주택의 비과세혜택을 적용받거나 1세대 2주택 또는 3주택 이상의 중과세의 적용대상에서 제외되는 불합리한 결과를 가져왔다. 즉 동일한 1세대 2주택 또는 3주택 이상의 주택을 소유하고 있으면서도 주택이 입주권으로 전환된 세대와 그대로 주택만을 소유하고 있는 세대 간에 양도소득세의 과세에 있어서 수평적 형평성이 침해되고, 비과세 및 중과세의 제도적 취지에 배치되는 결과를 초래하여 왔던 것이다. 이를 시정하기 위한 제도적 장치로서 조합원입주권을 보유하는 세대에 대한 1세대 1주택에 대한 비과세의 배제규정을 마련한 것이다.

1) 비과세의 배제

1세대 1주택의 양도에 대한 소득세 비과세에 관한 규정은 1세대가 주택(주택부수토지를 포함한다)과 조합원입주권 또는 분양권을 보유하다가 그 주택을 양도하는 경우에는 적용하지 아니한다. 앞에서 조합원입주권 또는 분양권이란 관리처분계획의 인가 및 사업시행계획인가로 인하여 취득한 입주자로 선정된 지위를 말하는데, 재건축사업이나 재개발사업 또는 자율주택정비사업, 가로주택정비사업, 그리고 소규모재건축사업등을 시행하는 정비사업조합의 조합원으로서 취득한 것(그 조합원으로부터 취득한 것을 포함한다)에 한정한다. 그리고 조합원입주권 또는 분양권에는 조합원입주권 또는 분양권에 딸린 토지를 포함한다(소법 89 ②).

주택재개발 및 주택재건축과 관련된 입주권은 정비사업조합의 조합원이 기존 건물과 토지 대신에 취득하는 입주권(조합원입주권)과 정비사업조합의 조합원이 아닌 자가 일반분양절차를 통하여 취득하는 입주권(일반분양권)으로 구분할 수 있다. 따라서 입주권 중 정비사업조합의 조합원이 관리처분계획의 인가로 인하여 취득한 조합원입주권과 제3자가 조합원 또는 다른 제3자로부터 취득하는 조합원입주권에 한정하여 앞의 비과세의 배제에 관한 규정을 적용하는 것이다.

그리고 재개발사업이나 재건축사업 또는 소규모재건축사업등 외의 주택건설사업에 따라 신축한 주택의 입주자를 주택법 제54조 및 주택공급에관한규칙에 따른 입주자모집절차에 따라 선정하는 경우에 그 입주자로 선정된 자(그 입주자로 선정된 자로부터 승계취득한 자를 포함한다)의 신축주택을 분양받을 수 있는 일반주택분양권은 본조의 조합원입주권 해당하지 아니한다.

2) 비과세의 배제에 관한 특례

1세대가 주택(주택부수토지를 포함한다)과 조합원입주권을 보유하다가 그 주택을 양도하더라도 재개발사업이나 재건축사업 또는 소규모재건축사업등의 시행기간 중 거주를 위하여 주택을 취득하는 경우나 그 밖의 부득이한 사유로서 대통령령이 정하는 경우에는 비과세의 배제에 관한 규정을 적용하지 아니한다. 즉 이 경우에는 주택의 양도로 인하여 발생하는 소득에 대하여 1세대 1주택에 대한 소득세의 비과세 규정을 적용하는 것이다(소법 89 ② 단서, 소령 156의 2 ②).

가) 종전의 주택을 취득한 날부터 1년 이상이 지난 후 조합원입주권을 취득하고 취득한 날부터 3년 이내에 종전의 주택을 양도하는 경우

국내에 1주택을 소유한 1세대가 그 주택(이하 '종전의 주택'이라 한다)을 양도하기 전에 조합원입주권을 취득함으로써 일시적으로 1주택과 1조합원입주권을 소유하게 된 경우 종전의 주택을 취득한 날부터 1년 이상이 지난 후에 조합원입주권을 취득하고 그 조합원입주권을 취득한 날부터 3년 이내에 종전의 주택을 양도하는 경우에는 이를 1세대 1주택으로 보아 소득세의 비과세에 관한 규정을 적용한다. 다만 다음의 경우에는 종전의 주택을 취득한 날부터 1년 이상이 지난 후 조합원입주권을 취득하는 요건을 적용하지 아니한다(소령 156의 2 ③).

① 임대주택법에 따른 건설임대주택을 취득하여 양도하는 경우로서 당해 건설임대주택의 임차일부터 당해 주택의 양도일까지의 거주기간이 5년 이상인 경우

② 주택 및 그 부수토지(사업인정 고시일 전에 취득한 주택 및 그 부수토지에 한한다)의 전부 또는 일부가 「공익사업을 위한 토지 등의 취득 및 보상에 관한 법률」에 따른 협의매수·수용 및 그 밖의 법률에 따라 수용되는 경우

③ 1년 이상 거주한 주택을 취학, 근무상의 형편, 질병의 요양 기타 부득이한 사유로 양도하는 경우

다음으로 국내에 1주택을 소유한 1세대가 그 주택을 양도하기 전에 조합원입주권을 취득함으로써 일시적으로 1주택과 1조합원입주권을 소유하게 된 경우 조합원입주권을 취득한 날부터 3년이 지나 종전의 주택을 양도하는 경우에도 다음의 요건을 모두 갖춘 때에는 이를 1세대 1주택으로 보아 소득세의 비과세에 관한 규정을 적용한다. 이 경우 민간건설임대주택, 공공건설임대주택, 공공매입임대주택을 취득하여 양도하거나, 공익사업에 의한 협의매수·수용되는 경우로서 종전주택을 취득한 날부터 1년이 지난후 조합원입주권을 취득하는 요건을 적용하지 않는다(소령 156의 2 ④).

① 종전주택 취득 후 1년 이상이 지난 후에 조합원입주권 취득

② 재개발사업이나 재건축사업 또는 소규모재건축사업등의 관리처분계획에 따라 취득하는 주택이 완성된 후 3년 이내에 그 주택으로 세대전원이 이사하여 1년 이상 계속하여 거주할 것

세대의 구성원 중 일부가 초·중등교육법에 따른 학교(초등학교 및 중학교를 제외한다) 및 고등교육법에 따른 학교에의 취학, 직장의 변경이나 전근 등 근무상의 형편, 1년 이상의 치료나 요양을 필요로 하는 질병의 치료 또는 요양과 같은 사유로 다른 시(특별시, 광역시, 특별자치시 및 「제주특별자치도 설치 및 국제자유도시 조성을 위한 특별법」 제10조 제2항에 따라 설치된 행정시를 포함한다)·군으로 주거를 이전하는 경우(광역시지역 안에서 구지역과 읍·면지역 간에 주거를 이전하는 경우와 특별자치시, 지방자치법 제7조 제2항에 따라 설치된 도농복합형태의 시지역 및 「제주특별자치도 설치 및 국제자유도시 조성을 위한 특별법」 제10조 제2항에 따라 설치된 행정시 안에서 동지역과 읍·면지역 간에 주거를 이전하는 경우를 포함한다)에도 세대전원이 그 주택으로 이사한 것으로 보아 소득세 비과세요건의 충족 여부를 따진다(소칙 75의 2).

③ 재개발사업이나 재건축사업 또는 소규모재건축사업등의 관리처분계획에 따라 취득하는 주택이 완성되기 전 또는 완성된 후 3년 이내에 종전의 주택을 양도할 것

나) 대체주택을 양도하는 경우

국내에 1주택을 소유한 1세대가 그 주택에 대한 재개발사업이나 재건축사업 또는 소규모재건축사업등의 시행기간 동안 거주하기 위하여 다른 주택(이하에서 '대체주택'이라 한다)을 취득한 경우로서 다음의 요건을 모두 갖추어 대체주택을 양도하는 때에는 이를 1세대 1주택으로 보아 소득세의 비과세에 관한 규정을 적용한다. 이 경우에는 보유기간 및 거주기간의 제한을 받지 아니한다(소령 156의 2 ⑤).

① 재개발사업이나 재건축사업 또는 소규모재건축사업등의 사업시행인가일 이후 대체주택을 취득하여 1년 이상 거주할 것

② 재개발사업이나 재건축사업 또는 소규모재건축사업등의 관리처분계획에 따라 취득하는 주택이 완성된 후 3년 이내에 그 주택으로 세대전원이 이사하여 1년 이상 계속하여 거주할 것

세대의 구성원 중 일부가 학교에의 취학, 직장의 변경이나 전근 등 근무상의

형편, 1년 이상의 치료나 요양을 필요로 하는 질병의 치료 또는 요양과 같은 사유로 다른 시·군으로 주거를 이전하는 경우에도 세대전원이 그 주택으로 이사한 것으로 보아 소득세 비과세요건의 충족 여부를 따진다. 한편, 주택이 완성된 후 2년 이내에 취학 또는 근무상의 형편으로 1년 이상 계속하여 국외에 거주할 필요가 있어 세대전원이 출국하는 경우에는 출국사유가 해소(출국한 후 3년 이내에 해소되는 경우만 해당한다)되어 입국한 후 1년 이상 계속하여 거주해야 한다.

③ 재개발사업이나 재건축사업 또는 소규모재건축사업등의 관리처분계획에 따라 취득하는 주택이 완성되기 전 또는 완성된 후 3년 이내에 대체주택을 양도할 것

다) 조합원입주권을 상속받은 경우

상속받은 조합원입주권과 그 밖의 주택(상속개시 당시 보유한 주택 또는 상속개시 당시 보유한 조합원입주권이나 분양권에 의하여 사업시행 완료 후 취득한 신축주택만 해당하며, 상속개시일부터 소급하여 2년 이내에 피상속인으로부터 증여받은 주택 또는 조합원입주권이나 분양권에 의하여 사업시행 완료 후 취득한 신축주택은 제외한다. 이하에서 '일반주택'이라 한다)을 국내에 각각 1개씩 소유하고 있는 1세대가 일반주택을 양도하는 경우에는 국내에 1개의 주택을 소유하고 있는 것으로 보아 소득세의 비과세에 관한 규정을 적용한다. 다만, 상속인과 피상속인이 상속개시 당시 1세대인 경우에는 1주택을 보유하고 1세대를 구성하는 자가 직계존속(배우자의 직계존속을 포함하며, 세대를 합친 날 현재 직계존속 중 어느 한 사람 또는 모두가 60세 이상으로서 1주택을 보유하고 있는 경우만 해당한다)을 동거봉양하기 위하여 세대를 합침에 따라 2주택을 보유하게 되는 경우로써 합치기 이전부터 보유하고 있었던 주택이 조합원입주권으로 전환된 경우에만 상속받은 조합원입주권으로 본다. 앞의 상속받은 조합원입주권은 피상속인이 상속개시 당시 주택 또는 분양권을 소유하지 않은 경우의 상속받은 조합원입주권만 해당하며, 피상속인이 상속개시 당시 2 이상의 조합원입주권을 소유한 경우에는 다음의 순위에 따른 1조합원입주권만 해당하고, 공동상속조합원입주권(상속으로 여러 사람이 공동으로 소유하는 1조합원입주권을 말한다)의 경우에는 상속지분이 가장 큰 상속인 등을 그 공동상속조합원입주권을 소유한 것으로 본다(소령 156의 2 ⑥).

① 피상속인이 소유한 기간(주택소유기간과 조합원입주권 소유기간을 합한 기간을 말한다)이 가장 긴 1조합원입주권

② 피상속인이 소유한 기간이 같은 조합원입주권이 2 이상일 경우에는 피상속인이 거주한 기간(주택에 거주한 기간을 말한다)이 가장 긴 1조합원입주권

③ 피상속인이 소유한 기간 및 피상속인이 거주한 기간이 모두 같은 조합원입주권이 2 이상일 경우에는 상속인이 선택하는 1조합원입주권

한편, 상속인과 피상속인이 상속개시 당시 1세대인 경우에는 1주택을 보유하고 1세대를 구성하는 자가 직계존속(배우자의 직계존속을 포함하며, 세대를 합친 날 현재 직계존속 중 어느 한 사람 또는 모두가 60세 이상으로서 1주택을 보유하고 있는 경우만 해당한다)을 동거봉양하기 위하여 세대를 합침에 따라 2주택을 보유하게 되는 경우로써 합치기 이전부터 보유하고 있었던 주택이 조합원입주권으로 전환된 경우에만 상속받은 조합원입주권으로 본다.

라) 부모봉양을 위하여 세대를 합친 경우

1주택, 1조합원입주권(1분양권) 또는 1주택과 1조합원입주권(1분양권) 중 어느 하나를 소유하고 1세대를 구성하는 자가 1주택, 1조합원입주권(1분양권) 또는 1주택과 1조합원입주권(1분양권) 중 어느 하나를 소유하고 있는 60세 이상의 직계존속(배우자의 직계존속을 포함하며, 직계존속 중 어느 한 사람이 60세 미만인 경우를 포함한다)을 동거봉양하기 위하여 세대를 합침으로써 1세대가 1주택과 1조합원입주권, 1주택과 2조합원입주권, 2주택과 1조합원입주권 또는 2주택과 2조합원입주권 등을 소유하게 되는 경우 합친 날부터 10년 이내에 먼저 양도하는 주택(이하 '최초양도주택'이라 한다)이 다음 중 어느 하나에 해당하는 경우에는 이를 1세대 1주택으로 보아 소득세의 비과세에 관한 규정을 적용한다(소령 156의 2 ⑧).

① 합친 날 이전에 1주택을 소유하고 1세대를 구성하는 자 또는 1주택을 소유하고 있는 60세 이상의 직계존속(배우자의 직계존속을 포함하며, 직계존속 중 어느 한 사람이 60세 미만인 경우를 포함한다)이 소유하던 주택

② 합친 날 이전에 1주택과 1조합원입주권(1분양권)을 소유하고 1세대를 구성하는 자 또는 1주택과 1조합원입주권(1분양권)을 소유하고 있는 60세 이상의 직계존속(배우자의 직계존속을 포함하며, 직계존속 중 어느 한 사람이 60세 미만인 경우를 포함한다)이 소유하던 주택. 다만, 다음 중 어느 하나의 요건을 갖춘 경우로 한정한다.

ⅰ) 합친 날 이전에 소유하던 조합원입주권(합친 날 이전에 최초양도주택을 소유하던 자가 소유하던 조합원입주권을 말한다. 이하에서 '합가전 조합

원입주권'이라 한다)이 관리처분계획등의 인가로 인하여 최초 취득된 것 (이하에서 '최초 조합원입주권'이라 한다)인 경우에는 최초양도주택이 그 재개발사업, 재건축사업 또는 소규모재건축사업등의 시행기간 중 거주하기 위하여 사업시행계획 인가일 이후 취득된 것으로서 취득 후 1년 이상 거주하였을 것

ⅱ) 합가전 조합원입주권이 매매 등으로 승계취득된 것인 경우에는 최초양도주택이 합가전 조합원입주권을 취득하기 전부터 소유하던 것일 것

ⅲ) 합친 날 이전 취득한 분양권으로서 최초양도주택이 합친 날 이전 분양권을 취득하기 전부터 소유하던 것일 것

③ 합친 날 이전에 1조합원입주권(1분양권)을 소유하고 1세대를 구성하는 자 또는 1조합원입주권(1분양권)을 소유하고 있는 60세 이상의 직계존속(배우자의 직계존속을 포함하며, 직계존속 중 어느 한 사람이 60세 미만인 경우를 포함한다)이 소유하던 1조합원입주권(1분양권)에 의하여 재개발사업, 재건축사업 또는 소규모재건축사업등의 관리처분계획등 또는 사업시행 완료에 따라 합친 날 이후에 취득하는 주택

마) 혼인의 경우

1주택, 1조합원입주권(1분양권) 또는 1주택과 1조합원입주권(1분양권) 중 어느 하나를 소유하고 1세대를 구성하는 자가 1주택, 1조합원입주권(1분양권) 또는 1주택과 1조합원입주권(1분양권) 중 어느 하나를 소유하고 1세대를 구성하는 다른 자와 혼인함으로써 1세대가 1주택과 1조합원입주권, 1주택과 2조합원입주권, 2주택과 1조합원입주권 또는 2주택과 2조합원입주권 등을 소유하게 되는 경우 혼인한 날부터 5년 이내에 먼저 양도하는 주택(이하에서 '최초양도주택'이라 한다)이 다음 중 어느 하나에 해당하는 경우에는 이를 1세대 1주택으로 보아 양도소득세의 비과세에 관한 규정을 적용한다(소령 156의 2 ⑨).

① 혼인한 날 이전에 1주택을 소유하는 자가 소유하던 주택

② 혼인한 날 이전에 1주택과 1조합원입주권(1분양권)을 소유하는 자가 소유하던 주택. 다만, 다음 중 어느 하나의 요건을 갖춘 경우로 한정한다.

ⅰ) 혼인한 날 이전에 소유하던 조합원입주권(혼인한 날 이전에 최초양도주택을 소유하던 자가 소유하던 조합원입주권을 말한다. 이하에서 '혼인전 조합원입주권'이라 한다)이 최초 조합원입주권인 경우에는 최초양도주택

이 그 재개발사업, 재건축사업 또는 소규모재건축사업등의 시행기간 중 거주하기 위하여 사업시행계획 인가일 이후 취득된 것으로서 취득 후 1년 이상 거주하였을 것

ii) 혼인전 조합원입주권이 매매 등으로 승계취득된 것인 경우에는 최초양도 주택이 혼인전 조합원입주권을 취득하기 전부터 소유하던 것일 것

iii) 혼인한 날 이전에 취득한 분양권으로서 최초양도주택이 혼인한 날 이전에 분양권을 취득하기 전부터 소유하던 것일 것

③ 혼인한 날 이전에 1조합원입주권(1분양권)을 소유하는 자가 소유하던 1조합 원입주권(1분양권)에 의하여 재개발사업, 재건축사업 또는 소규모재건축사 업등의 관리처분계획등 또는 사업시행 완료에 따라 혼인한 날 이후에 취득하 는 주택

제**2**절 비과세의 배제

미등기양도자산 및 자산을 매매하는 거래당사자가 매매계약서의 거래가액을 실지거래가 액과 다르게 적은 경우에 해당 자산에 대해서는 양도소득에 대한 소득세의 비과세에 관한 규정을 적용하지 아니한다(소법 91).

1) 미등기양도자산

미등기양도자산에 대해서는 양도소득에 대한 소득세의 비과세에 관한 규정을 적용하 지 아니한다(소법 91). 이와 같이 미등기양도자산에 대하여 소득세의 비과세를 배제하 는 것은 토지투기를 억제하고 세원의 근원적인 탈루를 방지하기 위함이다.

미등기양도라 함은 토지·건물 및 부동산에 관한 권리를 취득한 자가 그 자산의 취득 에 관한 등기를 하지 아니하고 양도하는 것을 말한다(소법 104 ③). 중간생략등기에 의 하여 양도하는 경우가 이에 해당한다. 다만, 아래와 같이 소유권이전등기가 법률상 또 는 사실상 불가능한 자산이나 소유권 개념이 희박하여 관습상 미등기 상태로 매매하 는 농지에 대하여는 자산의 취득에 관한 등기를 하지 아니하고 양도하는 경우에도 미 등기양도자산으로 보지 아니한다(소령 168).

① 장기할부조건으로 취득한 자산으로서 그 계약조건에 의하여 양도 당시 그 자산의

취득에 관한 등기가 불가능한 자산

② 법률의 규정 또는 법원의 결정에 의하여 양도 당시 그 자산의 취득에 관한 등기가 불가능한 자산

③ 다음의 농지

ⅰ) 양도소득에 대한 소득세가 비과세되는 교환 또는 분합하는 농지

ⅱ) 양도소득에 대한 소득세가 면제되는 8년 이상 직접 경작한 농지(조특법 69 ①)

ⅲ) 양도소득에 대한 소득세가 면제되는 대토하는 농지(조특법 70 ①)

④ 1세대 1주택으로서 건축법에 따른 건축허가를 받지 아니하여 등기가 불가능한 자산

⑤ 도시개발법에 따른 도시개발사업이 종료되지 아니하여 토지 취득등기를 하지 아니하고 양도하는 토지

⑥ 건설사업자가 도시개발법에 따라 공사용역 대가로 취득한 체비지를 토지구획환지 처분공고 전에 양도하는 토지

2) 매매계약서의 거래가액을 실지거래가액과 다르게 적은 경우의 해당 자산

토지 등을 매매하는 거래당사자가 매매계약서의 거래가액을 실지거래가액과 다르게 적은 경우 해당 자산에 대해서는 양도소득세의 비과세에 관한 규정을 적용하지 아니한다. 토지 등 거래의 투명성을 확보함으로써 토지 등의 실지거래가액방법에 따른 과세제도를 정착시키는 데에 그 취지가 있다.

토지·건물 및 부동산에 관한 권리(부동산을 취득할 수 있는 권리·지상권·전세권과 등기된 부동산임차권)를 매매하는 거래당사자가 매매계약서의 거래가액을 실지거래가액과 다르게 적은 경우 해당 자산에 대하여 소득세법 또는 그 밖의 법률에 따른 양도소득세의 비과세 또는 감면에 관한 규정을 적용할 때 비과세 또는 감면받았거나 받을 세액에서 다음의 구분에 따른 금액을 뺀다(소법 91 ②).

① 소득세법 또는 그 밖의 법률에 따라 양도소득세의 비과세에 관한 규정을 적용받을 경우 : 비과세에 관한 규정을 적용하지 아니하였을 경우의 양도소득 산출세액과 매매계약서의 거래가액과 실지거래가액과의 차액 중 적은 금액

② 소득세법 또는 그 밖의 법률에 따라 양도소득세의 감면에 관한 규정을 적용받았거나 받을 경우 : 감면에 관한 규정을 적용받았거나 받을 경우의 해당 감면세액과 매매계약서의 거래가액과 실지거래가액과의 차액 중 적은 금액

제3장

양도소득과세표준의 계산

양도소득과세표준의 계산구조

거주자의 양도소득에 대한 과세표준(이하 '양도소득과세표준'이라 한다)은 종합소득 및 퇴직소득에 대한 과세표준과 구분하여 계산한다. 거주자의 양도소득과세표준은 토지 등(토지·건물·부동산에 관한 권리 및 기타자산)과 주식 등(일정한 주권상장법인과 코스닥상장법인 및 코넥스상장법인의 주식·주권비상장법인의 주식), 파생상품 및 신탁수익권 등으로 구분하여 각각의 양도소득금액에서 각각 양도소득기본공제(연 250만원)를 빼서 계산하는 구조를 취하고 있다(소법 103 ①). 다만, 토지 등의 양도소득 과세표준을 산정함에 있어서 미등기양도자산에 대하여는 양도소득기본공제를 적용하지 아니한다.

그리고 양도소득금액은 양도소득의 총수입금액(이하 '양도가액'이라 한다)에서 필요경비를 뺀 금액(이하 '양도차익'이라 한다)에서 다시 장기보유특별공제액을 빼서 계산한다. 그러나 부동산에 관한 권리, 주식 등 기타자산, 토지 또는 건물로서 보유기간이 3년 미만인 자산·1세대 3주택 이상에 해당하는 주택·1세대 3주택 및 조합원입주권 이상에 해당하는 주택·1세대 2주택에 해당하는 주택·1세대 2주택 및 조합원입주권에 해당하는 주택 및 미등기양도자산 등에 대하여는 장기보유특별공제를 적용하지 아니한다.

토지 등과 주식 등의 양도소득과세표준 및 양도소득금액의 계산과정을 산식으로 표시하면 아래와 같다.

> 양도차익 = 양도가액 − 필요경비
> 양도소득금액 = 양도차익 − 장기보유특별공제
> 양도소득과세표준 = 양도소득금액 − 양도소득기본공제

제2절 양도차익의 계산

1 양도차익의 산정방법

가. 양도차익의 산정방법

양도차익은 양도가액에서 취득가액 등과 같은 필요경비를 빼서 계산한다. 양도차익의 계산방법은 크게 실지거래가액방법과 추계방법으로 나눌 수 있다.

1) 실지거래가액방법

자산의 양도차익은 실지거래가액방법에 따라 계산한다. 실지거래가액방법은 매매계약서·도급계약서 등과 같은 취득 또는 양도 등과 관련한 직접적인 증거자료를 바탕으로 하여 양도자가 해당 자산을 양도함으로써 실제로 얻은 양도차익을 확인·산정하는 방법으로서 실액방법이라고도 한다. 실지거래가액방법에 따른 양도차익은 양도 당시의 실지거래가액에서 취득당시의 실지거래가액(사업소득금액의 계산에 있어서 필요경비에 산입하였거나 산입할 감가상각비 및 현재가치할인차금상각액을 차감한 금액으로 한다)·자본적 지출액 및 양도비를 빼서 계산한다(소법 97 ①). 앞에서 실지거래가액이란 양도자와 양수자간에 실제로 거래한 가액을 말한다.

2) 추계방법

추계방법이란 실제 발생한 소득금액에 의해서가 아니고 매매사례가액·감정가액·환산취득가액 또는 기준시가 등과 같은 간접적인 증거자료에 따라 양도차익을 산정하는 방법이다. 자산의 양도당시 및 취득당시의 실지거래가액을 인정 또는 확인할 수 없는 때에 한하여 허용되는 예외적·보충적인 방법이다.

자산의 양도당시 및 취득당시의 실지거래가액을 인정 또는 확인할 수 없는 때에는 다음과 같이 양도차익을 산정한다.

첫째, 자산의 양도당시의 실지거래가액을 인정 또는 확인할 수 없는 때에는 양도당시의 매매사례가액(주권상장법인의 주식 등은 제외한다. 이하 같다) 또는 감정가액(주식 등을 제외한다. 이하 같다)에서 취득당시의 실지거래가액(사업소득금액의 계산에 있어서 필요경비에 산입하였거나 산입할 감가상각비 및 현재가치할인차금상각액을 뺀 금액으로 한다. 이하에서 같다)·자본적 지출액 및 양도비를 빼서 양도차익을 산정한다. 자산의 양도 당시의 실지거래가액을 인정 또는 확인할 수 없는 때의 양도가액의 적용은 양도 당시의 매매사례가액 또는 감정가액의 순서로 한다.

둘째, 자산의 양도 당시의 실지거래가액은 확인할 수 있으나 취득당시의 실지거래가액을 인정 또는 확인할 수 없는 때에는 양도 당시의 실지거래가액에서 취득당시의 매매사례가액·감정가액 또는 환산취득가액(사업소득금액을 계산할 때 필요경비에 산입하였거나 산입할 감가상각비가 있는 경우에는 매매사례가액·감정가액 또는 환산취득가액에서 그 감가상각비를 뺀 금액으로 한다. 이하에서 같다)과 기타의 필요경비의 개산공제액의 합계액을 빼서 양도차익을 산정한다. 다만, 취득가액을 환산취득가액으로 하여 양도차익을 산정하는 경우 그 환산취득가액과 그 밖의 필요경비의 개산공제액(취득당시의 기준시가 등에 일정한 비율을 곱하여 계산한 금액)의 합계액이 자본적 지출액과 양도비의 합계액보다 적은 경우에는 그 자본적 지출액과 양도비의 합계액을 필요경비로 할 수 있다. 이 경우에는 양도 당시의 실지거래가액에서 자본적 지출액과 양도비를 빼서 양도차익을 산정한다.

취득당시의 실지거래가액을 인정 또는 확인할 수 없는 때의 취득가액의 적용은 취득당시의 매매사례가액·감정가액 또는 환산취득가액의 순서로 한다.

셋째, 자산의 양도 당시 및 취득당시의 실지거래가액을 모두 인정 또는 확인할 수 없는 때에는 양도 당시의 매매사례가액 또는 감정가액에서 취득당시의 매매사례가액·감정가액 또는 환산취득가액과 기타의 필요경비의 개산공제액의 합계액을 빼서 양도차익을 산정한다. 다만, 취득가액을 환산취득가액으로 하여 양도차익을 산정하는 경우 그 환산취득가액과 그 밖의 필요경비의 개산공제액(취득당시의 기준시가 등에 일정한 비율을 곱하여 계산한 금액)의 합계액이 자본적 지출액과 양도비의 합계액보다 적은 경우에는 그 자본적 지출액과 양도비의 합계액을 필요경비로 할 수 있다. 이 경우에는 양도 당시의 매매사례가액 또는 감정가액에서 자본적 지출액과 양도비를 빼서 양도차익을 산정한다.

넷째, 자산의 양도 당시의 실지거래가액을 인정 또는 확인할 수 없을 뿐만 아니라 양도 당시의 매매사례가액 또는 감정가액도 없는 때에는 양도 당시의 기준시가에서 취득당시의 기준시가와 기타의 필요경비의 개산공제액의 합계액을 차감하여 양도차익을 산정한다.

양도차익의 산정방법을 요약하여 보면 [별표 6]과 같다.

[별표 6] 양도차익의 산정방법

양도가액	취득가액	기타의 필요경비
실지거래가액	실지거래가액	자본적 지출액, 양도비
실지거래가액	① 매매사례가액 ② 감정가액 ③ 환산취득가액	개산공제
① 매매사례가액 ② 감정가액	실지거래가액	자본적 지출액, 양도비
① 매매사례가액 ② 감정가액	① 매매사례가액 ② 감정가액 ③ 환산취득가액	개산공제
기준시가	기준시가	개산공제

※ 양도 당시의 실지거래가액을 인정 또는 확인할 수 없는 경우에는 ① 매매사례가액 ② 감정가액 ③ 기준시가의 순서로, 취득당시의 실지거래가액을 인정·확인할 수 없는 때에는 ① 매매사례가액 ② 감정가액 ③ 환산취득가액 ④ 기준시가의 순서로 적용한다.

나. 동일기준의 원칙의 적용

양도차익을 계산할 때에는 동일기준의 원칙이 적용된다. 즉 양도차익을 계산할 때 양도가액을 실지거래가액(양도 당시의 매매사례가액과 감정가액을 포함한다)에 따를 때에는 취득가액도 실지거래가액(취득당시의 의제실지거래가액, 취득당시의 매매사례가액·감정가액 및 환산취득가액을 포함한다)에 따른다. 그리고 양도차익을 산정할 때 양도가액을 기준시가에 따를 때에는 취득가액도 기준시가에 따른다(소법 100 ①).

2 양도가액의 계산

가. 실지거래가액기준에 따른 양도가액의 산정

1) 실지거래가액기준에 따른 산정

양도소득에 있어서의 총수입금액, 즉 양도가액이란 토지 등의 양도로 인하여 수입하였거나 수입할 대가의 합계액을 말한다. 자산의 양도가액은 해당 자산의 양도당시의 양도자와 양수자간에 실지거래가액에 따른다(소법 96 ①). 즉 양도가액은 실지거래가액기준에 따름을 원칙으로 한다. 다만, 양도당시의 실지거래가액을 인정 또는 확인할 수 없는 경우에는 부득이 매매사례가액·감정가액 또는 기준시가에 따라 추계조사결정 또는 경정한다(소법 114 ⑦).

실지거래가액이란 양도자와 양수자간에 실제로 거래한 가액으로서 명칭 여하에 불구하고 해당 자산의 양도와 대가관계에 있는 금전이나 그 밖의 물건 등의 가액을 모두 포함한다.[73] 그리고 실지거래가액에는 자산의 매매대금을 일정기간 동안에 분할하여 지급하도록 특약하는 대금분할지급매매, 특히 장기할부조건부 양도에 있어서 그 양도가액 안에 가산되어 있는 대금의 분할지급부분에 대한 이자상당액이 포함된다. 그러나 자산을 매도한 자가 매수인의 도산 등으로 인하여 매매대금채권의 일부가 회수불능이 되고, 장래에도 그 소득의 실현가능성이 전혀 없게 된 것이 객관적으로 명백한 경우에는 그 금액은 양도자산의 실지거래가액에서 제외하여야 한다.[74] 양도소득의 계산에 있어서 매매대금채권의 대손금을 필요경비에 산입하는 규정을 두고 있지 않기 때문에 매수인의 도산 등으로 인하여 회수불능이 된 매매대금채권을 양도가액에서 제외하도록 해석하는 것이다.[75]

---

73) ① 대법원 2010.12.9. 선고, 2010두15452 판결.
[판결요지] 수용 또는 협의 등에 의하여 사업시행자가 지장물(건물 등) 소유자에게 그 지장물 가격 상당의 손실보상금을 지급하면 공익사업 수행에 필요한 지장물을 철거할 수 있게 되고, 지장물 소유자는 지장물 철거를 수인하는 대가로 손실보상금을 지급받게 되는 셈이므로 자산이 유상으로 사업시행자에게 사실상 이전된 것이다. 이 사건 건물의 사실상 이전이 있었음을 전제로, 유보금을 포함한 총 보상금(단, 영업이익에 대한 보상금 제외)은 원고들 소유의 위 건물이 철거됨에 따라 그 반대급부로서 지급하는 '대금'으로 보아야 하고, 원고들이 이 사건 유보금을 수령함으로써 총 보상금을 모두 수령한 날 '대금' 청산이 이루어진 것으로 보아야 한다.
② 대법원 2010.10.28. 선고, 2010두14671 판결.
[판결요지] 매수자가 소유권을 이전하기 위하여 매도자의 협력이 필요한 상황에서 추가적인 대가의 지급을 요청받고 이를 지급하였는 바, 이와 같은 소유권이전 협력비용으로 추가로 지급한 금액은 양도자의 양도가액을 이룬다.
74) 대법원 2002.10.11. 선고, 2002두1953 판결.
[판결요지] 소득세법은 현실적으로 소득이 없더라도 그 원인이 되는 권리가 확정적으로 발생한 때에는 그 소득의 실현이 있는 것으로 보고 과세소득을 계산하는 이른바 권리확정주의를 채택하고 있고, 다만 소득의 원인이 되는 채권이 발생된 때라 하더라도 그 과세대상이 되는 채권이 채무자의 도산으로 인하여 회수불능이 되어 장래 그 소득이 실현될 가능성이 전혀 없게 된 것이 객관적으로 명백한 때에는 그 소득을 과세소득으로 하여 소득세를 부과할 수 없다. 부동산 매도인의 매매대금채권 중 매수인의 도산으로 인하여 회수불능이 되어 장래 그 소득이 실현가능성이 전혀 없게 된 것이 객관적으로 명백한 부분은 부동산 양도가액에 포함시킬 수 없다(같은 취지: 대법원 2010.5.13. 선고, 2009두23785 판결).
75) 대법원 2018.6.15. 선고, 2015두36003 판결.
[판결요지] 구 소득세법(2012.1.1. 법률 제11146호로 개정되기 전의 것) 제95조 제1항은 "양도소득금액은 제94조에 따른 양도소득의 총수입금액(이하 '양도가액'이라 한다)에서 제97조에 따른 필요경비를 공제하고, 그 금액에서 장기보유 특별공제액을 공제한 금액으로 한다."라고 정하고 있다. 여기서 양도소득금액의 계산을 위한 양도가액은 양도재산의 객관적인 가액을 가리키는 것이 아니고, 구체적인 경우에 현실의 수입금액을 가리키는 것이다. 따라서, 주식을 매매계약에 의하여 양도한 경우 당초 약정된 매매대금을 어떤 사정으로 일부 감액하기로 하였다면, 양도재산인 주식의 양도로 발생하는 양도소득의 총수입금액, 즉 양도가액은 당초의 약정대금이 아니라 감액된 대금으로 보아야 한다.
양도인이 주식을 양도하면서 약정된 매매대금에 기초하여 양도소득세를 법정신고기한까지 신고하였더라도 사후에 매매대금이 감액되어 주식의 양도가액이 줄어들게 되면, 당초의 신고는 정당한 과세표준 및 세액을

이하에서는 실지거래가액과 관련하여 특히 다툼이 되고 있는 매매대금의 이행지체에 따른 연체이자 및 매수인이 부담하기로 약정한 양도소득세의 양도가액에의 산입, 교환에 있어서의 실지거래가액의 산정, 고가양도에 있어서의 시가초과액의 양도가액에의 산입에 관하여 검토하기로 한다.

가) 매매대금의 이행지체에 따른 연체이자의 취급

매매대금을 계약서상에서 약정한 기일까지 지급하지 못함으로써 지연기간에 대한 이자상당액을 추가로 지급하는 경우에 해당 연체이자가 양도가액에 포함되는지의 여부가 문제이다. 이에 관하여는 다음과 같은 견해의 대립이 있다.

제1설은 연체이자가 토지 등의 양도가액에 포함된다는 견해이다. 토지 등의 양도가액이란 명칭 여하에 불구하고 해당 토지 등의 양도와 대가관계에 있는 금전 기타 물건 등의 가액이 모두 포함되기 때문에 연체이자도 양도가액을 구성한다는 견해인 것이다.

제2설은 매매대금의 지급지연에 따른 연체이자는 토지 등의 양도대금이 아닐 뿐만 아니라 토지 등의 양도와 대가적 관계에 있는 것이 아닌 것이 명백하므로 양도가액에 포함되지 않는다고 주장한다.

결론적으로 매도인이 매매계약의 이행단계에서 매수인에게 대금의 지급기일을 어긴 데 대하여 그 반대급부로서 매수인으로부터 추가로 받는 연체이자는 토지 등의 양도와 관련하여 발생한 소득이기는 하나 양도대금 그 자체가 아닌 것은 명백하다. 또한 연체이자는 토지 등의 이전과 대가적인 관계에 있다고도 할 수 없다. 따라서 연체이자는 토지 등의 양도가액에는 포함할 수 없다고 해석하여야 한다.

그렇다면 매매대금의 이행지체에 따라 받는 연체이자는 어떤 소득에 해당하는가? 이에 관하여도 이자소득으로 보아야 한다는 견해 · 기타소득으로 보아야 한다는 견해 및 과세소득이 아니라는 견해로 나누어진다.

생각건대 토지 등의 양도대가를 수령함에 있어 양수인이 지급기일을 어긴 데 대하여 추가로 받는 연체이자는 소득세법 제21조 제1항 제10호의 "계약의 위약……으로 인하여 받는 위약금과 배상금"에 해당하여 기타소득에 해당한다고 새기고자 한다.[76] 다만, 매매대금이 실질적인 소비대차의 목적물로 전환되어 이자가 발생하는

초과한 것이므로, 특별한 사정이 없는 한 양도인은 대금감액을 이유로 구 국세기본법(2013.1.1. 법률 제11604호로 개정되기 전의 것) 제45조의 2 제1항 제1호에 따른 경정청구를 하여 당초의 신고를 바로잡을 수 있다. 이러한 법리는 주권 등의 양도를 과세대상으로 하는 증권거래세의 경우에도 마찬가지로 적용된다.

76) 대법원 1993.4.27. 선고, 92누9357 판결 : 대법원 1993.7.27. 선고, 92누19613 판결 : 대법원 1997.3.28. 선고, 95

경우라면 이자소득(비영업대금의 이익)으로 보아야 할 것이다.[77]

나) 매수인이 부담하기로 약정한 양도소득세의 취급

매매계약의 내용에 매매의 목적물의 양도로 인하여 매도인이 부담하여야 할 양도소득세 등을 매수인이 부담하기로 특약하고 그대로 이행되었다면 해당 세액 상당액은 부동산의 양도와 대가관계에 있으며, 따라서 양도가액에 포함하여야 한다.[78] 다만, 자산의 양도시기인 대금의 청산일을 판정함에 있어서는 양수자가 부담하기로 한 양도소득세 등을 제외한 나머지 대금의 청산일을 기준으로 하여야 한다(소법 98).

다) 교환의 경우 실지거래가액의 산정

거래가 교환인 경우라 하더라도 목적물의 금전가치를 표준으로 하는 가치적 교환으로서 각 물건에 대한 시가감정을 하여 감정가액상의 차액에 대한 금전의 보충지급 등 정산절차를 수반한 때에는 실지거래가액이 확인된 경우로 보아야 할 것이다.[79] 즉 이와 같은 경우에는 양도한 자산의 감정가액이 실지거래가액에 해당하는 것이다.

이와 같은 감정가액 등이 없는 경우에는 교환에 따라 취득하는 자산이 아니라 양도하는 자산의 기준시가에 따라 양도가액을 산정하여야 한다.[80]

라) 고가양도의 경우 양도가액의 산정

(1) 특수관계법인에게 고가양도한 경우

거주자가 양도소득세 과세대상이 되는 자산을 특수관계인에 해당하는 법인(외국법인을 포함하며, 이하 '특수관계법인'이라 한다)에게 양도한 경우로서 법인세법에 따라 해당 거주자의 상여·배당 등으로 처분된 금액이 있는 때에는 법인세법상 부당행위계산부인의 기준이 되는 시가(법법 52)[81]를 해당 자산의 양도 당시의 실지거래가액으로 본다(소법 96 ③Ⅰ).

즉 거주자가 양도자산을 특수관계법인에게 시가보다 고가로 양도하여 법인세법

누7406 판결.

77) 대법원 2000.9.8. 선고, 98두16149 판결.

78) 대법원 1992.7.14. 선고, 92누2967 판결.

79) 대법원 1993.2.12. 선고, 92누14472 판결 ; 대법원 1997.2.11. 선고, 96누860 판결; 대법원 2010.2.11. 선고, 2009두17902 판결.

80) 대법원 1994.6.10. 선고, 94누4127 판결 ; 대법원 1997.2.11. 선고, 96누860 판결.

81) 주식 등의 시가란 특수관계인이 아닌 자간의 정상적인 거래에서 적용되거나 적용될 것으로 판단되는 가격을 말한다. 그러나 시가가 불분명한 경우에는 「상속세 및 증여세법」에 의하여 평가한 가액으로 한다.

에 따라 그 거주자의 상여·배당 등으로 처분된 금액이 있는 때에는 시가에 상당하는 금액까지만 양도가액으로 보아 양도차익을 계산하고, 시가를 초과하는 금액은 소득처분의 유형에 따라 그 거주자의 배당소득 또는 근로소득 등에 포함하여 종합소득금액을 산정하는 것이다.

예를 들어 주권비상장법인('A주식회사'라 한다)의 주주인 거주자 "갑"이 그가 대표이사로 재직하고 있는 B주식회사에게 시가 3억원의 A주식회사의 주식을 7억원에 양도하였다고 가정하자. 과세관청은 B주식회사의 법인세 과세표준과 세액을 결정 또는 경정함에 있어서 "갑"으로부터 취득한 A주식회사의 주식의 취득가액과 시가와의 차액 4억원에 대하여는 손금불산입하고 "갑"에 대한 상여로 소득처분[82]하게 된다.

위의 경우에 "갑"의 A주식회사의 주식의 양도차익을 산정함에 있어서 그 양도가액은 실제의 양도가액(7억원)에 불구하고 그 시가인 3억원으로 한다는 의미이다. 실제의 양도가액과 시가와의 차액 4억원은 "갑"의 근로소득(상여)으로서 종합소득세가 과세되기 때문이다.

위의 조항(소법 96 ③) 중 "거주자의 상여·배당 등으로 처분된 금액이 있는 경우"의 해석과 관련하여 다음과 같은 견해의 대립을 상정하여 볼 수 있다.

제1설은 거주자가 특수관계법인에게 자산을 고가양도함으로써 법인의 고가양수행위가 법인세법 제52조의 부당행위계산의 요건을 충족한 경우에는 실제로 거주자에게 상여·배당 등으로 처분하였는지의 여부와 관계없이 시가를 해당 자산의 양도가액으로 보아야 한다는 견해이다.

제2설은 거주자가 특수관계법인에게 자산을 고가양도함으로써 법인의 고가양수행위가 법인세법 제52조의 부당행위계산의 요건을 충족한 경우로서 과세관청 또는 해당 법인이 앞의 양수행위를 부인함에 따라 거주자에게 상여·배당 등으로 처분한 때에 한하여 시가를 해당 자산의 양도가액으로 보아야 한다는 견해이다.

생각건대 "거주자가 …… 자산을 …… 특수관계법인…… 에게 양도한 경우로서 …… 거주자의 상여·배당 등으로 처분된 금액이 있는 경우"라는 법문에 비추어 볼 때 제2설을 지지하고자 한다. 실제로 거래한 양도가액에 따라 양도소득세를 신고·결정 또는 경정한 후에 양수법인의 고가양수행위를 부인하여 거주자에 대한 상여

---

82) 이때의 세무조정례는 다음과 같다.
　　〈손금산입〉　　주식의 시가초과액　　4억원 (△유보)
　　〈손금불산입〉 주식의 시가초과액　　4억원 (상여)

등으로 처분하였다면 국세기본법 제45조의 2 제2항의 후발적 사유에 의한 경정청구의 사유를 이룬다고 해석한다.[83]

다음으로 거주자가 양도자산을 특수관계법인에게 시가보다 고가로 양도하여 법인세법에 따라 해당 거주자의 상여·배당 등으로 처분된 금액이 있는 때에 그 시가를 초과하는 금액(상여·배당 등으로 처분된 금액)을 양도소득으로 보지 않고 배당소득 또는 근로소득 등으로 보도록 하고 있는 앞의 조항이 법리적으로 보아 타당성이 있는 것인가 하는 문제이다.

형식논리적으로 본다면 시가를 초과하는 양도가액도 자산의 양도대가임에 틀림이 없고, 따라서 시가와의 차액은 양도소득을 구성한다는 주장이 제기될 수 있는 것이다. 그러나 고가양도에 있어서 시가를 초과하는 양도가액의 실질은 자산의 양도대가라고 하기보다는 특수관계법인으로부터의 급여 또는 배당의 변형적인 지급에 지나지 않는 것이다. 즉 근로제공의 대가 또는 출자의 대가를 자산의 매수대가로 변형시킨 것에 다름 아닌 것이다. 그렇다면 시가를 초과하는 양도가액은 그 거주자의 양도소득으로 하기보다는 근로소득 또는 배당소득 등을 이룬다고 보는 것이 훨씬 소득의 실질에 가깝고 타당성이 있는 논리구성이라고 하겠다.

(2) 특수관계법인 외의 자에게 고가양도한 경우

특수관계법인 외의 자에게 토지 등을 시가보다 높은 가액으로 양도한 경우로서 「상속세 및 증여세법」 제35조에 따라 해당 거주자의 증여재산가액으로 하는 금액이 있는 경우에는 그 양도가액에서 증여재산가액을 뺀 금액을 해당 자산의 양도당시의 실지거래가액으로 한다(소법 96 ③ Ⅱ).

① 앞에서 특수관계법인 외의 자에는 특수관계법인 외의 법인, 특수관계에 있는 개인과 특수관계가 없는 개인이 포함된다.

② 자산을 시가보다 높은 가격으로 양도한 경우로서 「상속세 및 증여세법」 제35조에 따라 해당 거주자의 증여재산가액으로 하는 금액이 있는 경우에는 그 양도가액에서 증여재산가액을 뺀 금액을 해당 자산의 양도당시의 실지거래가액으로 본다. 개인이 특수관계에 있는 개인에게 시가보다 높은 가액으로 자산을 양도한 경우에는 그 양도가액(대가)과 시가와의 차액에서 시가의 30%에 해당하는 금액 또는 3억원 중 적은 금액을 차감한 금액을 그 양도자의 증여재산가액으로 한다(상증법

---

83) 확정신고기한 경과 후에 법인세 과세표준과 세액을 신고·결정 또는 경정함에 있어서 익금에 산입한 금액이 배당·상여 또는 기타소득으로 처분됨으로써 종합소득금액에 변동이 생긴 때에는 추가신고의 대상이 된다.

35 ①, 상증령 26 ②). 그리고 개인이 다른 개인이나 특수관계법인 외의 법인[84]에게 시가보다 높은 가액으로 자산을 양도한 경우에는 그 양도가액(대가)과 시가와의 차액에서 3억원을 차감한 금액을 그 양도자의 증여재산가액으로 하도록 하고 있다(상증법 35 ②, 상증령 26 ④). 이와 같이 자산을 시가보다 높은 가격으로 양도한 경우로서 「상속세 및 증여세법」 제35조에 따라 해당 거주자의 증여재산가액으로 하는 금액이 있는 경우에는 그 양도가액에서 증여재산가액을 뺀 금액을 해당 자산의 양도당시의 실지거래가액으로 하는 것이다.

다만, 개인이 타인에게 자산을 시가보다 고가로 양도한 경우 그 시가를 초과하는 양도가액(이하에서 '시가초과액'이라 한다)에 대하여 증여세를 과세할 수 있는지에 관하여는 현행 「상속세 및 증여세법」 제4조의 2의 해석과 관련하여 논란이 있다.[85]

2) 실지거래가액의 추정

① 자산을 양도하고 양도소득과세표준 확정신고를 하여야 할 확정신고의무자가 그 신고를 하지 아니한 경우에는 납세지 관할세무서장 또는 지방국세청장은 그 무신고자의 양도당시 및 취득당시의 실지거래가액을 조사·확인하여 양도소득과세표준과 세액을 결정하여야 한다.

② 그런데 부동산거래에 있어서 매매당사자들이 작성하여 시장·군수 등의 검인을 받은 검인계약서는 특별한 사정이 없는 한 당사자 사이의 매매계약 내용대로 작성되었다고 추정할 수 있다고 하겠다.[86] 현행 부동산등기법상 매매에 관한 거래계약서

---

84) 저가양수인이 영리법인인 경우에는 그 영리법인이 납부할 증여세를 면제하고, 그 후에 그 영리법인이 저가양수한 자산을 처분할 때에 그 처분이익에 대하여 법인세로서 과세한다. 한편 영리법인이 특수관계인인 개인으로부터 유가증권을 저가양수한 경우에는 그 저가양수한 날에 시가와 매입가액과의 차액을 익금으로 의제하여 법인세를 과세한다(법법 15 ②Ⅰ).

85) 「상속세 및 증여세법」 제4조의 2에서 "제1항에 규정된 증여재산에 대하여 소득세법에 의한 소득세, 법인세법에 의한 법인세 및 지방세법의 규정에 의한 농업소득세가 수증자에게 부과되는 때에는 증여세를 부과하지 아니한다. 이 경우 소득세·법인세 및 농업소득세가 소득세법·법인세법·지방세법 또는 다른 법률의 규정에 의하여 비과세 또는 감면되는 경우에도 또한 같다"고 규정하여 소득세·법인세 또는 농업소득세의 과세대상이 되는 증여재산에 대하여는 증여세를 부과하지 않고 소득세·법인세 또는 농업소득세를 과세하도록 하고 있는 것이다. 앞에서 "……소득세법에 의한 소득세, 법인세법에 의한 법인세 및 지방세법의 규정에 의한 농업소득세가 수증자에게 부과되는 때에는 증여세를 부과하지 아니한다"는 것은 증여재산이 소득세 등의 과세대상이 되는 경우에는 증여세를 중복하여 부과할 수 없다는 의미이다(대법원 1992.11.10. 선고, 92누3441 판결 : 대법원 1995.5.23. 선고, 94누15189 판결). 수증자가 증여받은 재산이 소득세·법인세나 농업소득세의 과세대상이 되는 것만으로 충분하고, 현실적으로 소득세·법인세나 농업소득세가 과세되었는지의 여부는 문제가 되지 않는다고 새겨야 한다. 그렇다면 양도가액 안에 포함되어 있는 시가초과액은 소득세법상의 과세소득금액을 구성하기 때문에 그 시가초과액을 포함한 양도가액 전액에 대하여는 양도소득세를 과세하여야 하며, 증여세를 과세할 수는 없다고 새겨야 하는 것이다(보다 상세한 논의는 김완석, 자산의 고가양도에 대한 과세상의 논점, 조세법연구[13-3], 사단법인한국세법학회, 2007, pp.100~128을 참조하기 바란다).

를 등기원인을 증명하는 서면으로 하여 소유권 이전등기를 하는 경우에는 「부동산 거래신고 등에 관한 법률」 제3조에 따라 신고한 거래가액을 등기부에 기재하도록 하고 있는데(부동산등기법 68, 부동산등기규칙 124), 이와 같이 부동산등기법 제68조에 따라 등기부에 기재된 거래가액의 경우에도 해당 부동산의 실지거래가액으로 추정된다고 해석하여야 할 것이다. 등기부에 거래가격을 기재하기 위하여 등기신청인이 등기를 신청할 때에는 신청서에 주택법 제80조의 2 또는 「부동산 거래신고 등에 관한 법률」 제3조[87]에 의한 거래신고필증에 기재된 거래가액을 기재하고 그 거래신고필증과 매매목록을 함께 제출하도록 하고 있다.

③ 자산의 양도로 양도소득과세표준 예정신고 또는 확정신고를 하여야 할 자가 그 신고를 하지 아니한 경우로서 양도소득과세표준과 세액 또는 신고의무자의 실지거래가액 소명 여부 등을 고려하여 다음의 경우에 해당하는 때에는 납세지 관할세무서장 또는 지방국세청장은 부동산등기법 제68조[88]에 따라 등기부에 기재된 거래가액

---

86) 대법원 1993.4.9. 선고, 93누2353 판결 : 대법원 1991.9.10. 선고, 91누5938 판결.
87) 「부동산 거래신고 등에 관한 법률」 제3조 (부동산 거래의 신고) ① 거래당사자는 다음 각 호의 어느 하나에 해당하는 계약을 체결한 경우 그 실제 거래가격 등 대통령령으로 정하는 사항을 거래계약의 체결일부터 60일 이내에 그 권리의 대상인 부동산등(권리에 관한 계약의 경우에는 그 권리의 대상인 부동산을 말한다)의 소재지를 관할하는 시장(구가 설치되지 아니한 시의 시장 및 특별자치시장과 특별자치도 행정시의 시장을 말한다)·군수 또는 구청장(이하 '신고관청'이라 한다)에게 공동으로 신고하여야 한다. 다만, 거래당사자 중 일방이 국가, 지방자치단체, 대통령령으로 정하는 자의 경우(이하 '국가등'이라 한다)에는 국가등이 신고를 하여야 한다.
1. 부동산의 매매계약
2. 택지개발촉진법, 주택법 등 대통령령으로 정하는 법률에 따른 부동산에 대한 공급계약
3. 다음 각 목의 어느 하나에 해당하는 지위의 매매계약
  가. 제2호에 따른 계약을 통하여 부동산을 공급받는 자로 선정된 지위
  나. 「도시 및 주거환경정비법」 제74조에 따른 관리처분계획의 인가 및 「빈집 및 소규모주택 정비에 관한 특례법」 제29조에 따른 사업시행계획인가로 취득한 입주자로 선정된 지위
② 제1항에도 불구하고 거래당사자 중 일방이 신고를 거부하는 경우에는 국토교통부령으로 정하는 바에 따라 단독으로 신고할 수 있다.
③ 「공인중개사법」 제2조 제4호에 따른 개업공인중개사(이하 '개업공인중개사'라 한다)가 같은 법 제26조 제1항에 따라 거래계약서를 작성·교부한 경우에는 제1항에도 불구하고 해당 개업공인중개사가 같은 항에 따른 신고를 하여야 한다. 이 경우 공동으로 중개를 한 경우에는 해당 개업공인중개사가 공동으로 신고하여야 한다.
④ 제1항부터 제3항까지에 따라 신고를 받은 신고관청은 그 신고 내용을 확인한 후 신고인에게 신고필증을 지체 없이 발급하여야 한다.
⑤ 부동산등의 매수인은 신고인이 제4항에 따른 신고필증을 발급받은 때에 「부동산등기 특별조치법」 제3조 제1항에 따른 검인을 받은 것으로 본다.
⑥ 제1항부터 제5항까지에 따른 신고의 절차와 그 밖에 필요한 사항은 국토교통부령으로 정한다.
88) 부동산등기법 제68조(거래가액의 등기) 등기관이 부동산 거래신고 등에 관한 법률 제3조 제1항에서 정하는 계약을 등기원인으로 한 소유권이전등기를 하는 경우에는 대법원규칙으로 정하는 바에 따라 거래가액을 기록한다.

(이하에서 '등기부기재가액'이라 한다)을 실지거래가액으로 추정하여 양도소득과세표준과 세액을 결정할 수 있다. 다만, 납세지 관할세무서장 또는 지방국세청장이 등기부기재가액이 실지거래가액과 차이가 있음을 확인한 경우에는 그 확인한 실지거래가액에 따라 양도소득과세표준과 세액을 결정한다(소법 114 ⑤). 세무행정의 효율성을 제고함과 동시에 납세자와의 마찰을 줄이기 위하여 인정하고 있는 장치이다.

㉮ 양도소득세액이 300만원 미만인 경우

등기부기재가액을 실지거래가액으로 추정하여 계산한 납부할 양도소득세액이 300만원 미만인 경우에는 사전안내 없이 등기부기재가액을 실지거래가액으로 추정하여 양도소득과세표준과 세액을 결정한다. 신고의무자가 과세처분이 행하여지고 난 후에 실지거래가액에 관한 증빙서류를 제시하여 입증하는 경우에는 그 실지거래가액에 따라 과세표준과 세액을 경정하여야 한다.

㉯ 양도소득세액이 300만원 이상인 경우

등기부기재가액을 실지거래가액으로 추정하여 계산한 납부할 양도소득세액이 300만원 이상인 경우로서 다음의 요건을 충족하는 경우에는 등기부기재가액을 실지거래가액으로 추정하여 양도소득과세표준과 세액을 결정한다.

ⓐ 납세지 관할세무서장 또는 지방국세청장이 신고의무자가 통보(사전안내)를 받은 날부터 30일 이내에 기한후신고를 하지 않을 경우에 등기부기재가액을 실지거래가액으로 추정하여 양도소득과세표준과 세액을 결정한다는 내용을 신고의무자에게 통보(사전안내)할 것

ⓑ 신고의무자가 앞의 통보(사전안내)를 받은 날부터 30일 이내에 기한후신고를 하지 아니하였을 것

한편, 신고의무자가 납세지 관할세무서장 또는 지방국세청장의 통보를 받고 그 통보를 받은 날로부터 30일 이내에 기한후신고를 이행하지 않은 경우에는 설사 그 이후에 실지거래가액에 관한 증빙서류를 제시하더라도 양도소득과세표준과 세액의 경정이 허용되지 않는 것인가가 문제가 된다. 신고의무자가 기한후신고를 이행하지 않은 경우에도 사실심의 변론종결시까지 실지거래가액에 관한 증빙서류를 제출하여 입증하는 경우에는 그 실지거래가액에 의하여 양도소득과세표준과 세액을 경정하여야 한다고 새기고자 한다. 그 논거는 다음과 같다.

첫째, 법문이 양도소득과세표준 예정신고 또는 확정신고를 하여야 할 자가 그 신고를 하지 아니한 경우로서 사전안내를 받고 그 안내를 받은 날부터

30일 이내에 기한후신고를 하지 않은 때에는 등기부기재가액을 실지거래가액으로 "추정"하여 양도소득과세표준과 세액을 결정하도록 하고 있는 점이다. 즉 사전안내일로부터 30일 이내에 기한후신고를 하지 않은 때에는 등기부기재가액을 실지거래가액으로 "의제"하는 것이 아니고 "추정"하는 것이다.

둘째, 조세법의 기본원칙을 이루고 있는 실질과세의 원칙 및 근거과세의 원칙에 비추어 볼 때 추후에 실지거래가액에 관한 증빙서류를 제시한다고 하더라도 그 제시한 실지거래가액이 진정한 거래가액임이 밝혀진다면 그 실지거래가액에 따라 양도소득과세표준과 세액을 경정하여야 한다.

셋째, 양도자가 일정한 기간 안에 실액에 관한 증빙서류의 제출을 게을리하였다고 하여 증명된 실액에 의한 양도차익을 무시하고 실재하지도 않는 가공소득에 대하여 세부담을 지워야 한다고 해석하는 것은 순소득과세의 원칙(Nettoprinzip)에 위배되어 불합리하다.

3) 실지거래가액에 따른 경정

양도가액 및 취득가액을 실지거래가액에 따라 양도소득과세표준 예정신고 또는 확정신고를 한 경우로서 납세지 관할세무서장 또는 지방국세청장의 그 신고한 실지거래가액의 조사·확인과정에서 그 신고한 실지거래가액이 거짓임이 밝혀진 경우에는 다음과 같이 그 과세표준과 세액을 경정한다.

첫째, 납세지 관할세무서장 또는 지방국세청장이 거짓으로 신고한 양도 또는 취득당시의 실지거래가액을 확인한 경우에는 그 확인된 실지거래가액을 양도가액 또는 취득가액으로 하여 양도소득과세표준과 세액을 경정하여야 한다(소법 114 ⑥).

둘째, 납세지 관할세무서장 또는 지방국세청장이 거짓으로 신고한 양도 또는 취득당시의 실지거래가액을 확인할 수 없는 경우에는 그 과세표준과 세액을 추계방법에 따라 경정하여야 한다. 이 경우에 양도가액은 양도 당시의 매매사례가액·감정가액 또는 기준시가의 순서에 따라 적용한다.

나. 추계과세의 특례

납세지 관할세무서장 등이 양도소득과세표준과 세액을 결정 또는 경정함에 있어서 양도당시의 실지거래가액의 확인을 위하여 필요한 장부·매매계약서·영수증 기타 증빙서류가 없거나 그 중요한 부분이 미비된 경우 또는 장부·매매계약서·영수증 기타 증빙서류의 내용이 매매사례가액 또는 감정가액 등에 비추어 거짓임이 명백한 경우 등에 의하여 해당 자산의 양도 당시의 실지거래가액을 인정 또는 확인할 수 없기 때문에 추계결정 또는 경정하는 경우에는 양도 당시의 매매사례가액·감정가액 또는 기준시가로 한다(소법 114 ⑦). 이 경우에는 매매사례가액·감정가액 및 기준시가의 순서로 적용한다. 즉 자산의 양도 당시의 실지거래가액을 인정 또는 확인할 수 없을 뿐만 아니라 양도 당시의 매매사례가액 또는 감정가액이 없는 때에 한하여 양도 당시의 기준시가에 따라 계산한 금액을 그 양도가액으로 한다.

추계방법에 의한 양도소득과세표준의 결정·경정과 매매사례가액·감정가액 또는 기준시가에 관하여는 "제7장의 과세표준과 세액의 결정·경정과 징수"에서 다루고자 한다.

3 필요경비의 계산

가. 개 설

취득가액을 실지거래가액으로 하는 경우의 필요경비는 해당 실지거래가액(해당 자산에 대한 감가상각비와 현재가치할인차금상각액을 뺀 금액)·자본적 지출액 및 양도비를 더한 금액이다(소법 97 ①). 그러나 취득가액을 실지거래가액 외의 가액(취득당시의 매매사례가액·감정가액·환산취득가액 또는 기준시가)으로 하는 경우에는 해당 가액(취득당시의 매매사례가액·감정가액·환산취득가액 또는 기준시가)에 그 밖의 필요경비의 개산공제액(취득당시의 기준시가 등에 일정한 비율을 곱하여 계산한 금액)을 더한 것으로 한다. 다만, 취득가액을 환산취득가액으로 하여 양도차익을 산정하는 경우 그 환산취득가액과 그 밖의 필요경비의 개산공제액(취득당시의 기준시가 등에 일정한 비율을 곱하여 계산한 금액)의 합계액이 자본적 지출액과 양도비의 합계액보다 적은 경우에는 그 자본적 지출액과 양도비의 합계액을 필요경비로 할 수 있다(소법 97 ②).

나. 취득가액을 실지거래가액으로 하는 경우

1) 취득가액

가) 취득당시의 실지거래가액

자산의 취득가액(「지적재조사에 관한 특별법」 제18조에 따른 경계의 확정으로 지적공부상의 면적이 증가되어 같은 법 제20조에 따라 징수한 조정금은 제외한다)은 자산의 취득에 든 실지거래가액에 따른다(소법 97 ① I). 실지거래가액이란 자산의 양도 또는 취득 당시에 양도자와 양수자가 실제로 거래한 가액으로서 해당 자산의 양도 또는 취득과 대가관계에 있는 금전과 그 밖의 재산가액을 말한다.

이하에서 취득의 유형에 따른 실지거래가액의 범위에 관하여 살펴보기로 한다.

(1) 취득의 유형에 따른 실지거래가액의 범위

　㉮ 타인으로부터 매입한 자산의 경우

　　타인으로부터 매입한 자산의 취득에 소요된 실지거래가액이란 매입가액[89]에 취득세·등록세면허세·기타 부대비용[90]을 더한 금액을 말한다(소령 89 ① Ⅰ). 이 경우에 현재가치할인차금과 사업자가 매입시 공제받은 후 자기의 면세사업을 위하여 직접 사용하거나 소비하는 경우 및 폐업으로 인하여 다시 납부한 잔존재화에 대한 부가가치세는 포함하며, 부당행위계산에 따른 시가초과액은 제외한다.

　　이와 관련하여 특히 장기할부조건부로 토지 등을 취득한 경우의 취득가액의 계산과 매매대금의 이행지체에 따른 연체이자의 취득가액 구성 여부가 문제된다.

　① 장기할부조건부로 토지 등을 취득한 경우의 취득가액의 계산

　　자산의 매매대금을 일정기간 동안에 분할하여 지급하도록 특약하는 대금분할지급매매에 있어서는 통상적인 매매가액 이외에 대금의 분할지급부분에 대한 이자상당액을 더하여 거래가액으로 약정하는 것이 일반적이다. 이 경우에 통상적인 토지 등의 거래가액에 더하기로 약정한 이자상당액이 해당 토지 등의 취득가액을 구성하는지가 문제인 것이다.

　　당사자간의 약정에 따른 대금의 분할지급조건에 따라 통상적인 토지 등의 대가(매매가액)에 이자상당액을 더하여 거래가액을 확정하였다면 해당 이자상당액은 토지의 취득가액을 구성한다(소령 163 ① Ⅲ). 그리고 사업자가 자산을 장기할부조건으로 매입함으로써 발생한 채무를 기업회계기준에 따라 현재가치로 평가하여 현재가치할인차금으로 계상한 경우에 해당 현재가치할인차금은 취득가액에 포함한다(소령 163 ① Ⅰ 및 Ⅲ).

　　그러나 현재가치할인차금을 계상한 자가 양도자산의 보유기간 중에 현재가치할인차금의 상각액을 각 과세기간의 사업소득금액 계산시 필요경비로 산입하였거나 산입할 금액이 있는 때에는 그 금액은 취득가액에서 **빼야 한다**

---

89) 국가 등으로부터 자산을 불하받고 불하대금을 일시불로 지불하여 일정액을 할인받은 경우에는 실지로 지불한 금액(할인한 후의 금액)을 취득가액으로 한다.

90) ① 취득세 및 등록면허세 등은 납부영수증이 없더라도 공제하며(소기통 97-3 ①), 취득세 등에는 이에 대한 농어촌특별세 또는 교육세를 포함한다.
　② 아파트를 분양받은 자가 부담한 부가가치세(일반과세사업자가 사업용으로 분양받은 아파트에 대한 부가가치세를 제외한다)는 취득가액에 포함한다(소기통 97-7).

(소령 163 ②).

② 매매대금의 이행지체에 따른 연체이자의 취급

매매대금을 계약서상에 약정한 기일까지 지급하지 못함으로써 지연기간에 대한 이자상당액을 추가로 지급한 경우에 해당 연체이자 또는 지연손해금이 취득가액을 구성하는지의 여부가 문제이다. 당초 약정에 의한 거래가액의 지연지급에 따라 추가로 부담하는 연체이자 또는 이자상당액은 자산의 취득가액에 포함하지 아니한다(소령 163 ① Ⅲ 단서).

㉯ 자기가 건설한 자산 등의 경우

자기가 행한 제조·생산 또는 건설 등에 의하여 취득한 자산은 원재료비·노무비·운임·하역비·보험료·수수료·공과금(취득세와 등록면허세를 포함한다)·설치비 기타 부대비용의 합계액으로 한다(소령 163 ① Ⅰ 및 89 ① Ⅱ).

이하에서는 철거한 기존건물의 가액과 철거비용의 취급, 건설자금의 이자의 취득가액 구성 여부에 관하여 살펴보기로 한다.

① 철거한 기존건물의 가액과 철거비용

기존건물을 철거하고 새 건물을 신축하여 양도하거나 토지와 지상건물을 함께 취득한 후 건물을 철거하여 나대지 상태로 양도한 경우에 철거된 기존건물의 취득가액과 철거비용을 새 건물 또는 토지의 취득가액(경우에 따라서는 자본적 지출액)에 산입할 수 있을 것인가가 문제이다.

대법원은 기존건물을 매수하여 단시일 내에 새 건물을 지어 양도한 경우와 같이 당초부터 건물을 철거하고 새로운 건물을 신축할 목적이었음이 명백한 때에는 철거된 기존건물의 취득가액과 철거비용 등을 새 건물의 취득가액에 산입하고, 또한 토지와 그 지상건물을 함께 취득한 후 단시일 내에 건물의 철거에 착수하는 등 토지와 건물의 취득이 당초부터 건물을 철거하여 토지만을 이용할 목적이었음이 명백한 때에는 철거된 건물의 취득가액과 철거비용을 토지의 취득가액에 포함한다고 판시하고 있다.[91]

② 건설자금의 이자

양도한 자산의 매입·제작·건설에 소요된 차입금의 이자, 즉 건설자금의 이자가 해당 자산의 취득가액에 포함됨은 의문의 여지가 없다. 건설자금의 이자 계산은 소득세법 시행령 제75조에 따른다.

---

91) 대법원 1992.9.8. 선고, 92누7339 판결 : 대법원 1992.10.27. 선고, 92누8781 판결.

㈐ 교환에 의하여 취득하는 경우

토지 등을 교환으로 인하여 취득한 경우에 해당 토지 등의 취득가액은 교환 당시 그 취득자산의 실지거래가액 또는 기준시가로 한다(소기통 97-1 Ⅱ).

토지 등의 거래가 목적물의 금전가치를 표준으로 하는 가치적 교환으로서 각 물건에 대한 시가감정을 하여 감정가액상의 차액에 대한 금전의 보충지급 등 정산절차를 수반한 때에는 실지거래가액이 확인된 경우로 보아야 할 것이다.[92] 이와 같은 경우에는 취득한 자산의 감정가액이 실지거래가액에 해당한다고 새겨야 한다.

㈑ 주식매수선택권을 행사하여 취득한 주식의 취득가액

주식매수선택권을 행사하여 취득한 주식을 양도하는 때에는 주식매수선택권을 행사하는 당시의 시가를 취득가액으로 한다(소령 163 ⑬).

조세특례제한법 제16조의 2 제1항에 따라 소득세가 과세되지 않은 주식매수선택권의 행사에 따라 취득한 주식에 해당하는지의 여부를 묻지 않는다.

조세특례제한법 제16조의 2 제1항에 의하여 소득세가 과세되지 않은 주식매수선택권의 행사에 따라 취득한 주식[93]의 경우에도 마찬가지로 주식매수선택권을 행사하는 당시의 시가를 그 취득가액으로 하여 양도차익을 산정한다. 그리고 특례적용요건을 충족하지 못한 주식매수선택권의 행사에 따라 취득한 주식에 있어서도 해당 주식의 취득가액은 주식매수선택권의 행사 당시의 시가로 한다. 왜냐하면 주식매수선택권을 행사하는 당시의 시가와 주식매수선택권의 행사가액과의 차액은 종업원 등의 근로소득·사업소득 또는 기타소득을 구성하여 이미 소득세가 과세되었기 때문이다.

나) 취득가액의 증감

(1) 부당행위계산에 따른 시가초과액

거주자가 토지 등을 그 거주자의 특수관계인으로부터 시가보다 고가로 구입하여 부당행위계산부인의 요건을 충족하는 경우에는 그 구입한 거래가액에 관계없이 그 취득당시의 시가를 취득가액으로 한다. 즉 부당행위계산에 따른 시가초과액은 취득

---

92) 대법원 1993.2.12. 선고, 92누14472 판결 ; 대법원 1997.2.11. 선고, 96누860 판결.
93) 벤처기업의 임원 또는 종업원이 해당 벤처기업으로부터 2020년 12월 31일 이전에 「벤처기업육성에 관한 특별조치법」 제16조의 3에 따라 부여받은 주식매수선택권을 행사(벤처기업의 임원 또는 종업원으로서 부여받은 주식매수선택권을 퇴직 후 행사하는 경우를 포함한다)함으로써 얻은 이익(주식매수선택권 행사 당시의 시가와 실제 매수가액과의 차액을 말하며, 주식에는 신주인수권을 포함한다) 중 연간 2천만원 이내의 금액에 대해서는 소득세를 과세하지 아니한다(조특법 16의 2 ①).

가액에서 제외하는 것이다.

(2) 양도자산에 대한 감가상각비 등

양도자산의 보유기간 중에 그 자산에 대한 감가상각비로서 각 과세기간의 사업소득금액을 계산할 때 필요경비로 산입하였거나 산입할 금액이 있는 경우에는 그 금액을 뺀 것을 취득가액으로 한다(소법 97 ③). 그리고 취득가액에 현재가치할인차금을 포함한 경우로서 양도자산의 보유기간 중에 그 현재가치할인차금의 상각액을 각 과세기간의 사업소득금액의 계산시 필요경비로 산입하였거나 산입할 금액이 있는 경우에는 그 금액을 취득가액에서 뺀 것을 취득가액으로 한다. 사업소득금액 등의 계산과 양도소득금액의 계산에서 감가상각비를 이중적으로 필요경비에 산입하는 것을 방지하기 위해서 마련된 규정이다.

(3) 소유권 등을 확보하기 위하여 소요된 소송비용 등

취득에 관한 쟁송이 있는 자산에 대하여 그 소유권 등을 확보하기 위하여 직접 소요된 소송비용·화해비용 등의 금액으로서 그 지출된 연도의 각 소득금액의 계산에 있어서 필요경비에 산입한 것을 제외한 금액은 취득에 소요된 실지거래가액에 포함된다. 직접 소요된 소송비용 등에는 민사소송법이 정하는 소송비용과 변호사의 보수 등과 같은 자산의 소유권을 확보하기 위하여 소요된 일체의 경비가 포함된다고 해석하여야 할 것이다. 다만, 양도자산 취득의 효력 등에 관한 다툼이 없이 그 취득행위와 별도로 성립한 계약의 이행과 관련한 다툼으로 인하여 생긴 소유권 상실의 위험을 방지하기 위하여 지출한 소송비용이나 화해비용 등은 포함되지 아니한다.[94]

(4) 저가 양수 등에 따라 증여세 또는 소득세가 과세된 자산의 취득가액

① 저가 양수 등에 따라 증여세가 과세된 자산의 취득가액

「상속세 및 증여세법」 제3조의 2 제2항, 제33조부터 제39조까지, 제39조의 2, 제39조의 3, 제40조, 제41조의 2부터 제41조의 5까지, 제42조, 제42조의 2, 제42조의 3, 제45조의 3부터 제45조의 5까지의 규정에 따라 상속세나 증여세를 과세받은 경우에는 해당 상속재산가액이나 증여재산가액(「상속세 및 증여세법」 제45조의 3부터 제45조의 5까지의 규정에 따라 증여세를 과세받은 경우에는 증여의제이익을 말한다) 또는 그 증·감액을 취득가액에 더하거나 뺀다(소령 163 ⑩). 즉 「상속세 및 증여세법」 제3조의 2 제2항 등의 규정에 따라 상속세

---

94) 대법원 1993.2.12. 선고, 92누14472 판결.

나 증여세를 과세받은 자산의 취득당시의 실지거래가액은 실제의 취득가액에 「상속세 및 증여세법」 제3조의 2 제2항 단서 등의 규정에 따른 상속재산가액이나 증여재산가액 또는 그 증가액을 더하고 그 감소액을 뺀 금액으로 하는 것이다.

예를 들어 특수관계인으로부터 시가 10억원인 토지 500m²를 6억원에 양수함으로써 그 양수자에 대하여 저가양수로 인한 이익 1억원[95]에 대한 증여세가 과세되었다면 해당 토지에 대한 양도소득금액을 계산함에 있어서 공제하는 취득가액은 7억원[96]이 된다.

이는 동일한 경제적 이익에 대하여 증여세와 소득세를 중복적으로 과세하는 것을 배제하기 위한 법적 장치이다.

② 자산의 저가양수 등에 따라 소득세가 과세된 자산의 취득가액

양도소득세의 과세대상이 되는 자산을 법인세법 제2조 제12호에 따른 특수관계인(외국법인을 포함한다)으로부터 취득한 경우로서 법인세법 제67조에 따라 거주자의 상여·배당 등으로 처분된 금액이 있으면 그 상여·배당 등으로 처분된 금액을 취득가액에 더한다(소령 163 ⑩ Ⅱ). 동일한 소득에 대한 이중적인 소득세의 과세를 막기 위한 장치이다.

개인이 특수관계인으로부터 자산을 시가보다 낮은 가액으로 취득한 경우에 그 시가와의 차액에 대하여 상여·배당 등으로 소득처분하여 종합소득세를 과세하고, 그 토지를 양도할 때에 실제의 취득가액에 따라 양도소득금액을 산정하여 양도소득세를 과세하게 되면 그 저가양수로 인하여 얻은 이익에 대하여는 이중적으로 소득세가 과세되는 것이다. 그러므로 동일한 소득에 대한 이중과세를 막기 위하여, 그 자산을 취득하기 위하여 실제로 소요된 금액(취득대가)에 이미 상여·배당 등으로 처분되어 소득세가 과세된 소득금액(저가양수로 인한 차액)을 더하여 해당 자산의 취득가액을 산정하는 것이다. 예를 들어 "A주식회사"가 그와 특수관계에 있는 그 회사의 대표이사인 거주자 "갑"에게 시가 10억원인 토지 500m²를 6억원에 양도함으로써 그 양수자인 "갑"에게 저가양수로 인한 이익 4억원이 상여로 처분되었다고 가정한다. "갑"이 앞의 토지를 양도하여 양도소득금액을 계산할 때 "갑"이 취득한 토지의 취득가액은 그 취

---

95) 앞의 사례에서 시가와 대가와의 차액(4억원)에서 시가의 30%에 상당하는 가액(3억원) 또는 3억원 중 적은 금액을 차감한 금액(1억원)을 증여재산가액으로 한다(상증법 35 ①Ⅰ 및 상증령 26 ③).
96) 실제의 취득가액 6억원에 저가양수로 인한 증여재산가액 1억원을 합산한 금액이다.

득대가 6억원에 상여로 처분된 금액(저가양수로 인한 이익) 4억원을 더한 10억원이 된다.

(5) 가업상속공제가 적용되는 자산의 양도차익 계산시 취득가액

「상속세 및 증여세법」 제18조 제2항 제1호에 따른 공제(이하 '가업상속공제'라한다)가 적용된 자산의 양도차익을 계산할 때 취득가액은 다음의 금액을 합한 금액으로 한다(소법 97의 2 ④).

① 피상속인의 취득가액 × 해당 자산가액 중 가업상속공제가 적용된 비율(이하 '가업상속공제적용률'이라 한다)

② 상속개시일 현재 해당 자산가액 × (1 - 가업상속공제적용률)

위에서 가업상속공제적용률이란 「상속세 및 증여세법」 제18조의 2 제1항에 따라 상속세 과세가액에서 공제한 금액을 가업상속 재산가액으로 나눈 비율로 하고, 가업상속공제가 적용된 자산별 가업상속공제금액은 가업상속공제금액을 상속 개시 당시의 해당 자산별 평가액을 기준으로 안분하여 계산한다(소령 163의 2 ③).

그리고 자산별 가업상속공제금액은 상속개시 당시 가업상속공제 자산별 평가액을 기준으로 안분계산한다. 이는 양도소득세의 과세대상이 아닌 자산을 포함하여 가업상속공제를 받은 후, 자산의 양도시에 양도소득세의 과세대상이 아닌 자산에 공제액을 임의배분하는 방식의 조세회피를 방지하기 위한 장치이다.

2) 취득당시의 실지거래가액으로 의제하는 경우

가) 상속 또는 증여에 의하여 취득한 자산의 경우

상속 또는 증여받은 자산을 양도하는 경우에 해당 상속 또는 증여로 인하여 취득한 자산의 취득가액의 산정이 문제이다. 법리상으로 본다면 상속 또는 증여로 인하여 취득한 자산의 취득가액은 영(0)이다.[97] 왜냐하면 상속이나 증여에 따른 자산의 취득은 대가관계가 수반되지 않는 무상취득이기 때문이다.

그러나 상속인 또는 수증자는 해당 자산을 취득할 때에 상속세 또는 증여세를 부담하기 때문에 양도차익의 산정시에 취득당시(상속개시일 또는 증여일)의 현황에 따라 평가한 가액을 취득당시의 실지거래가액으로 인정하도록 하고 있다(소령 163 ⑨).

---

97) 취득부대비용을 고려하지 않은 경우이다.

① **상속재산 등의 실지거래가액 의제**

상속 또는 증여(부담부증여의 채무액에 해당하는 부분도 포함하되, 「상속세 및 증여세법」 제34조부터 제39조까지, 제39조의 2, 제39조의 3, 제40조, 제41조의 2부터 제41조의 5까지, 제42조, 제42조의 2 및 제42조의 3에 따른 증여는 제외한다)로 취득한 자산의 양도차익을 실지거래가액방법에 따라 산정할 때에는 상속개시일 또는 증여일의 현황에 따라 평가한 가액을 취득당시의 실지거래가액으로 본다.[98] 앞에서 상속개시일 또는 증여일의 현황에 따라 평가한 가액이란 상속개시일 또는 증여일의 시가[평가기준일 전후 6개월(증여재산의 경우에는 평가기준일 전 6개월부터 평가기준일 후 3개월까지로 한다) 이내의 기간 중 매매·감정·수용·경매 또는 공매에 의하여 그 가액이 확인되어 시가로 인정되는 것을 포함한다] 또는 보충적 방법에 따라 평가한 가액을 말한다(상증법 60 내지 66).[99]

그러나 다음의 경우에는 각각의 금액을 그 취득가액으로 한다.

ⅰ) 토지의 개별공시지가가 고시되기 전에 상속 또는 증여받은 건물의 경우

「부동산 가격공시에 관한 법률」에 따라 1990년 8월 30일 개별공시지가가 고시되기 전에 상속 또는 증여받은 토지의 경우에는 상속개시일 또는 증여일의 현

---

98) 대법원 2007.9.20. 선고, 2005두15380 판결.

　[판결요지] 양도자산이 상속 또는 증여받은 자산 이외의 일반 자산으로서 고가주택 등에 해당하여 구 소득세법 제97조 제1항 제1호 (가)목 단서에 따라 그 양도로 인한 양도차익을 실지거래가액에 의하여 산정하여할 경우에 그 취득에 소요된 실지거래가액을 확인할 수 없을 때에는 대통령령이 정하는 매매사례가액, 감정가액 또는 환산가액에 의하여 산정할 수 있다고 할 것이나, 상속 또는 증여받은 자산이 고가주택 등에 해당되어 구 소득세법 제97조 제1항 제1호 (가)목 단서에 따라 양도차익을 실지거래가액에 의하여 산정하여야 하는 경우에는 취득당시의 실지거래가액이 존재하지 아니하므로 취득당시 실지거래가액에 관하여 별도의 규정을 둘 필요가 있는 바, 그 필요에 따라 이 사건 조항에서 상속 또는 증여받은 자산의 경우 상속개시일 또는 증여일 현재 「상속세 및 증여세법」 제60조 내지 제66조의 규정에 의하여 평가한 가액을 취득에 소요된 실지거래가액으로 본다고 규정하고 있다고 할 것이다.

　따라서 이 사건 조항은 '취득에 소요된 실지거래가액의 범위' 등 필요경비 계산에 관하여 필요한 사항은 대통령령으로 정할 수 있도록 위임하고 있는 구 소득세법 제97조 제5항에 근거를 둔 규정으로서 모법의 위임이 없는 무효의 규정이라고 볼 수 없고, 또한 상속 또는 증여받은 자산을 양도한 경우 상속세 또는 증여세 과세표준에 해당하는 가액(상속개시일 또는 증여일 현재 「상속세 및 증여세법」 제60조 내지 제66조의 규정에 의하여 평가한 가액)은 양도차익 산정시 해당 자산의 필요경비로 인정해주고, 양도가액이 위 가액을 초과하여 양도소득이 있는 경우에만 양도소득세를 부과하는 것이 조세누락이나 이중과세를 방지할 수 있다는 점에 비추어 볼 때, 이 사건 조항이 모법의 위임범위를 벗어나 과세요건을 부당하게 확장한 무효의 규정이라고 볼 수도 없다.

99) 대법원 2010.10.28. 선고, 2010두14442 판결.

　[판결요지] 행정소송의 계속 중에 원고의 신청에 따라 상속받은 부동산의 상속 당시의 시가를 소급감정하였고 그 감정가액을 기준으로 한 가액을 부동산의 시가로 봄에 따라 양도부동산의 취득가액은 기준시가에 우선하여 시가가 적용됨으로 인하여 사후적으로 처분청의 처분은 위법하게 된 것이다(같은 취지: 대법원 2010.9.30. 선고, 2010두8751 판결).

황에 따라 평가한 가액과 다음 산식에 따라 산정한 가액 중 많은 금액을 취득 당시의 실지거래가액으로 본다(소령 163 ⑨ Ⅰ).

> 1990.1.1을 기준으로 한 개별공시지가 × $\dfrac{\text{취득당시의 시가표준액}}{\text{1990.8.30 현재의 시가표준액과 그 직전의 시가표준액의 단순평균액}}$

ⅱ) 건물의 기준시가가 고시되기 전에 상속 또는 증여받은 건물의 경우

「상속세 및 증여세법」 제61조 제1항 제2호 내지 제4호의 규정에 따른 건물의 기준시가가 고시되기 전에 상속 또는 증여받은 건물의 경우에는 상속개시일 또는 증여일 현재 「상속세 및 증여세법」 제60조 내지 제66조의 규정에 따라 평가한 가액과 다음 산식에 따라 산정한 가액 중 많은 금액을 취득당시의 실지거래가액으로 본다(소령 163 ⑨ Ⅱ).

> 국세청장이 최초로 고시한 기준시가 × 국세청장이 건물의 취득연도·신축연도·구조·내용연수 등을 감안하여 고시한 기준율

② 상속세 등의 취득가액에의 산입 여부

상속 또는 증여에 의하여 취득한 자산에 있어서 그 상속 또는 수증재산(이하에서 '상속재산 등'이라 한다)에 대하여 납부하였거나 납부할 상속세 또는 증여세가 상속재산 등의 취득가액에 포함되는지의 여부가 문제이다. 이에 관하여는 상반된 견해의 대립을 생각하여 볼 수 있다.

ⅰ) 제1설

상속세 등이 상속재산 등의 취득가액을 구성한다는 견해이다. 상속세 등은 상속재산 등의 취득을 과세원인으로 하여 부과되는 조세로서 상속재산 등의 취득에 있어서 피할 수 없는 부대비용을 이루기 때문이다.

ⅱ) 제2설

상속세 등은 상속재산 등의 취득가액을 구성하지 않는다는 견해이다. 상속세 또는 증여세를 취득부대비용으로 볼 수 없기 때문이다.

ⅲ) 결 어

상속세 등은 상속재산 등의 취득가액을 구성하지 않는다고 새기고자 한다. 상속

또는 증여에 의하여 취득한 자산은 취득당시의 시가를 그 취득가액으로 하도록 규정하고 있는데(소령 163 ① Ⅰ 및 소령 89 ① Ⅲ), 상속세 또는 증여세를 상속 또는 수증재산의 취득당시의 시가에 포함할 수는 없는 것이다. 대법원도 제2설의 입장을 취하고 있다.[100]

다만, 배우자 또는 직계존비속으로부터 수증한 자산으로서 승계취득가액기준을 적용하는 자산의 경우에는 그 증여세를 취득가액에 포함한다. 이에 관하여는 뒤에서 다루기로 한다.

나) 양도자가 취득당시의 실지거래가액을 확인한 경우 등

토지·건물 및 부동산에 관한 권리(이하에서 '토지 등'이라 한다)를 양도한 거주자가 일정한 방법으로 해당 자산의 취득당시의 실지거래가액을 확인한 사실이 있는 경우에는 이를 해당 거주자의 취득당시의 실지거래가액으로 본다(소법 97 ⑦ 및 소령 163 ⑪). 이를 취득당시의 의제실지거래가액이라고 부르기로 한다. 다만, 해당 자산에 대한 전 소유자의 양도가액이 소득세법 제114조에 따라 경정되는 경우, 전 소유자의 해당 자산에 대한 양도소득세가 비과세되는 경우로서 실지거래가액보다 높은 가액으로 거래한 것으로 확인한 경우에는 그러하지 아니하다.

위에서 일정한 방법이란 「부동산 거래신고 등에 관한 법률」에 따른 부동산의 실제거래가격을 기획재정부령이 정하는 방법에 의하여 확인하는 방법을 말한다. 즉 거주자가 부동산 취득시 「부동산 거래신고 등에 관한 법률」 제3조 제1항[101]에 따른

---

100) 대법원 1984.2.14. 선고, 83누106 판결.
　[판결요지] 양도차익을 산정함에 있어 양도가액에서 공제할 필요경비로서 …… 동법 시행령 제94조 제1항은 '취득에 소요된 실지거래가액'을 동법시행령 제86조 제1항의 규정을 준용하여 계산한 취득원가에 상당하는 가액 …… 으로 규정하고 있으며, 동법 시행령 제86조 제1항은 ……(3) 그 이외의 자산은 취득당시의 정상가액으로 한다고 규정하고 있는 바, 이와 같이 자산의 취득경위가 매입 또는 건설·제작 이외의 경우(예컨대 상속·증여)에는 취득당시의 정상거래가액을 취득가액으로 보도록 규정하고 있는 것은 그 취득에 실지 소요된 비용이 없거나 상속세·증여세 또는 부담부상속이나 증여에 있어 그 부담액 등과 같이 실지 소요된 비용이 있다고 하더라도 그 비용이 해당 자산의 객관적 거래가치를 나타내지 못하고 매입비용이나 건설 또는 제작비용보다 훨씬 적은 것이 보통일 것이므로 (따라서 이를 취득가액으로 보면 양도소득세의 과세표준인 양도차익이 터무니없이 높게 산출되게 될 것이다) 이러한 경우에는 설사 그 취득에 실지비용이 소요되었다고 하더라도 이를 해당 자산의 취득가액으로 보지 아니하고 그 자산의 정상거래가액을 취득가액으로 보도록 규정하고 있는 것이므로 위와 같은 정상거래가액(정상거래가액이 불분명한 경우에는 기준시가) 이외에 매입·건설 또는 제작에 의한 취득의 경우에는 소요되지 아니하는 상속세 또는 증여세나 특수한 부담액 등을 취득에 소요된 경비라 하여 다시 양도가액에서 공제할 필요경비로 계상할 수는 없는 법리라 할 것이다.
101) 「부동산 거래신고 등에 관한 법률」 제3조 (부동산 거래의 신고) ① 거래당사자는 다음 각 호의 어느 하나에 해당하는 계약을 체결한 경우 그 실제 거래가격 등 대통령령으로 정하는 사항을 거래계약의 체결일부터 60일 이내에 그 권리의 대상인 부동산등(권리에 관한 계약의 경우에는 그 권리의 대상인 부동산을 말한다)

부동산의 실제거래가격(주택법 제80조의 2에 따른 주택 거래신고를 포함한다. 이하 '실제거래가격'이라 한다)을 기획재정부령이 정하는 방법에 의하여 확인한 사실이 있는 경우에는 이를 취득당시의 실지거래가액으로 본다. 다만, 실제거래가격이 전 소유자의 부동산양도소득과세표준 예정신고 또는 확정신고시의 양도가액과 동일한 경우에 한한다.

다만, 자산의 양도차익을 산정함에 있어서 부동산 취득시 「부동산 거래신고 등에 관한 법률」 제3조 제1항에 따른 부동산의 실제거래가격을 기획재정부령이 정하는 방법에 따라 확인함으로써 취득당시의 실지거래가액으로 보는 취득가액(취득당시의 의제실지거래가액)은 소득세법 제97조 제1항 제1호 가목 본문의 취득당시의 실지거래가액은 아니다. 그렇기 때문에 취득당시의 의제실지거래가액을 취득가액으로 하여 토지 등의 양도차익을 계산하는 때에는 그 의제실지거래가액에 취득당시 기준시가의 3%(미등기양도자산의 경우에는 0.3%)에 상당하는 금액(기타의 필요경비의 개산공제)을 가산한 합계액을 필요경비로 하도록 하고 있다(소법 97 ②). 그러므로 자본적 지출액이나 양도비와 같은 필요경비를 지출한 경우로서 장부·계약서·영수증 그 밖의 증빙서류에 의하여 그 지출액이 입증된다고 하더라도 그 자본적 지출액이나 양도비는 필요경비로서 공제할 수 없는 불합리한 점이 있다.

다) 의제취득일 이전에 자산을 취득한 경우

1984년 12월 31일 이전에 취득(상속 또는 증여받은 자산을 포함한다. 이하 같다)한 토지·건물·부동산에 관한 권리 및 기타자산과 1985년 12월 31일 이전에 취득한 주식 등에 대하여 매매사례가액·감정가액 또는 환산취득가액을 계산함에 있어서 의제취득일(토지 등의 경우에는 1985년 1월 1일, 주식 등의 경우에는 1986년 1월 1일) 현재의 취득가액은 다음의 가액 중 많은 것으로 한다(소령 176의 2 ④).

① 의제취득일 현재의 매매사례가액·감정가액 또는 환산취득가액

의 소재지를 관할하는 시장(구가 설치되지 아니한 시의 시장 및 특별자치시장과 특별자치도 행정시의 시장을 말한다)·군수 또는 구청장(이하 '신고관청'이라 한다)에게 공동으로 신고하여야 한다. 다만, 거래당사자 중 일방이 국가, 지방자치단체, 대통령령으로 정하는 자의 경우(이하 '국가등'이라 한다)에는 국가등이 신고를 하여야 한다.
1. 부동산의 매매계약
2. 택지개발촉진법, 주택법 등 대통령령으로 정하는 법률에 따른 부동산에 대한 공급계약
3. 다음 각 목의 어느 하나에 해당하는 지위의 매매계약
  가. 제2호에 따른 계약을 통하여 부동산을 공급받는 자로 선정된 지위
  나. 「도시 및 주거환경정비법」 제74조에 따른 관리처분계획의 인가 및 「빈집 및 소규모주택 정비에 관한 특례법」 제29조에 따른 사업시행계획인가로 취득한 입주자로 선정된 지위

② 취득당시 실지거래가액·매매사례가액 또는 감정가액이 확인되는 경우로서 해당 자산(상속 또는 증여받은 자산을 제외한다)의 실지거래가액·매매사례가액 또는 감정가액과 그 가액에 취득일부터 의제취득일의 직전일까지의 보유기간 동안의 생산자물가상승률을 곱하여 계산한 금액을 합산한 가액

3) 배우자 등으로부터 수증한 자산의 취득가액의 승계

거주자가 양도일부터 소급하여 10년(소득세법 제94조 제1항 제3호에 따른 주식의 경우 1년) 이내에 그 배우자(양도 당시 혼인관계가 소멸된 경우를 포함하되, 사망으로 혼인관계가 소멸된 경우를 제외한다) 또는 직계존비속으로부터 증여받은 토지·건물·부동산을 취득할 수 있는 권리(건물이 완성되는 때에 그 건물과 이에 딸린 토지를 취득할 수 있는 권리를 포함한다) 및 특정시설물의 이용권 등의 양도차익을 계산함에 있어서 양도가액에서 공제할 취득가액은 그 배우자 또는 직계존비속(증여자)의 취득가액으로 한다(소법 97의 2 ①). 즉 배우자 또는 직계존비속으로부터 일정기간 안에 증여받은 자산을 양도하는 경우에 해당 자산의 취득가액은 승계취득가액기준(donor's basis)을 적용하는 것이다. 이를 배우자 또는 직계존비속으로부터 수증한 자산에 대한 "이월과세"라고 부르기도 한다.

이 경우 거주자가 증여받은 자산에 대하여 납부하였거나 납부할 증여세 상당액이 있는 경우에는 이를 필요경비에 산입한다.

가) 요 건

배우자 또는 직계존비속이 양도일부터 소급하여 10년(소득세법 제94조 제1항 제3호에 따른 주식의 경우 1년) 이내에 그 배우자(양도 당시 혼인관계가 소멸된 경우를 포함하되, 사망으로 혼인관계가 소멸된 경우를 제외한다) 또는 직계존비속으로부터 증여받은 토지·건물·부동산을 취득할 수 있는 권리(건물이 완성되는 때에 그 건물과 이에 딸린 토지를 취득할 수 있는 권리를 포함한다) 및 특정시설물의 이용권 등을 양도하여야 한다.

① 배우자 또는 직계존비속으로부터 증여받은 토지 등을 양도하여야 한다. 앞에서 배우자란 혼인의 성립, 즉 「가족관계의 등록 등에 관한 법률」이 정하는 바에 따라 신고한 배우자(민법 812)를 말한다. 사실혼의 부부나 첩은 앞의 배우자에 포함되지 않는다. 앞의 규정은 이혼으로 혼인관계가 소멸된 이후에 증여받은 토지·건물·부동산을 취득할 수 있는 권리(건물이 완성되는 때에 그 건물

과 이에 딸린 토지를 취득할 수 있는 권리를 포함한다) 및 특정시설물의 이용권 등을 양도하는 경우에도 적용된다. 다만, 사망으로 혼인관계가 소멸된 이후에 증여받은 토지·건물·부동산을 취득할 수 있는 권리(건물이 완성되는 때에 그 건물과 이에 딸린 토지를 취득할 수 있는 권리를 포함한다) 및 특정시설물의 이용권 등을 양도하는 경우에는 그 적용이 없다.

② 배우자 또는 직계존비속으로부터 증여받은 토지·건물·부동산을 취득할 수 있는 권리(건물이 완성되는 때에 그 건물과 이에 딸린 토지를 취득할 수 있는 권리를 포함한다) 및 특정시설물의 이용권 등을 양도하여야 한다. 배우자 또는 직계존비속으로부터 수증한 자산 중 토지·건물·부동산을 취득할 수 있는 권리(건물이 완성되는 때에 그 건물과 이에 딸린 토지를 취득할 수 있는 권리를 포함한다) 및 특정시설물의 이용권 등에 한정하여 앞의 규정을 적용한다. 그러므로 배우자 또는 직계존비속으로부터 수증한 부동산에 관한 권리, 주식 등, 파생상품 등과 기타자산 중 특정주식 및 영업권은 그 수증일로부터 10년 이내에 양도하더라도 승계취득가액기준을 적용하지 않는 것이다. 앞에서 특정시설물의 이용권 등이란 특정시설물의 이용권·회원권 기타 명칭 여하를 불문하고 해당 시설물을 배타적으로 이용하거나 일반이용자에 비하여 유리한 조건으로 이용할 수 있도록 약정한 단체의 일원이 된 자에게 부여되는 시설물이용권(특정법인의 주식 등을 소유하는 것만으로 특정시설물을 배타적으로 이용하거나 일반이용자에 비하여 유리한 조건으로 시설물이용권을 부여받게 되는 경우 해당 주식 등을 포함한다)을 말한다.

양도소득에 대한 소득세를 부당하게 감소시키기 위하여 배우자 또는 직계존비속으로부터 수증한 부동산에 관한 권리·주식 등·기타자산 중 특정주식 및 영업권을 그 수증일로부터 10년 이내에 타인에게 양도하는 경우와 배우자 또는 직계존비속 외의 특수관계인으로부터 수증한 자산[토지·건물·부동산을 취득할 수 있는 권리(건물이 완성되는 때에 그 건물과 이에 딸린 토지를 취득할 수 있는 권리를 포함한다) 및 특정시설물의 이용권 등을 포함한다]을 그 수증일로부터 10년 이내에 타인에게 양도하는 경우에는 본조가 아니고 양도소득의 부당행위계산의 부인에 관한 규정(소법 101 ②)을 적용한다. 앞의 경우에는 증여자가 그 자산을 직접 양도한 것으로 본다. 이에 관하여는 뒤의 양도차익의 계산에 있어서의 특례에서 다룬다.

③ 양도일부터 소급하여 10년(소득세법 제94조 제1항 제3호에 따른 주식의 경우 1년) 이내에 증여받은 토지 등을 양도하여야 한다. 다시 말하면 배우자 또는 직계존비속이 증여받은 토지 등을 그 수증일로부터 10년(소득세법 제94조 제1항 제3호에 따른 주식의 경우 1년) 이내에 양도하여야 하는 것이다. 앞에서 증여일이란 부동산의 소유권이전등기신청서 접수일을 의미한다(상증령 24 ①). 그리고 양도일은 해당 부동산의 소유권이전등기접수일로 새겨야 한다. 왜냐하면 자산의 보유연수는 등기부에 기재된 소유기간에 따라 계산하여야 하기 때문이다(소법 97의 2 ③).

④ 사업인정고시일로부터 2년 이전에 배우자 또는 직계존비속으로부터 증여받은 토지 등으로서 「공익사업을 위한 토지 등의 취득 및 보상에 관한 법률」이나 그 밖의 법률에 따라 협의매수 또는 수용된 경우가 아니어야 한다. 해당 토지 등을 사업인정고시일로부터 2년 이전에 증여받아 「공익사업을 위한 토지 등의 취득 및 보상에 관한 법률」이나 그 밖의 법률에 따라 협의매수 또는 수용된 경우에는 본조를 적용할 수 없다.

⑤ 양도소득세가 비과세되는 1세대 1주택[양도소득의 비과세대상에 제외되는 고가주택(이에 딸린 토지를 포함한다)을 포함한다]의 양도가 아니어야 한다.

⑥ 승계취득가액기준을 적용하여 계산한 양도소득 결정세액이 승계취득가액기준을 적용하지 아니하고 계산한 양도소득 결정세액보다 적은 경우에는 본조를 적용할 수 없다.

나) 취득가액의 승계의 효과

(1) 취득가액의 승계

거주자의 수증자산의 양도가 취득가액의 승계요건을 충족한 때에 그 자산의 양도차익을 계산함에 있어서 양도가액에서 공제할 취득가액은 해당 배우자 또는 직계존비속(증여자)의 취득가액으로 한다(소법 97의 2 ①).

(2) 자산의 취득시기의 승계

거주자가 배우자 또는 직계존비속으로부터 증여받은 자산을 양도한 경우로서 장기보유특별공제의 적용요건의 충족 여부 및 공제율의 판정, 세율의 적용구분의 판정과 관련하여 보유기간을 계산할 때에는 증여한 배우자 또는 직계존비속이 해당 자산을 취득한 날부터 기산한다(소법 95 ④ 및 104 ② Ⅱ).

(3) 증여세 상당액의 필요경비 산입

거주자가 증여받은 자산에 대하여 납부하였거나 납부할 증여세 상당액이 있는 경우에는 이를 필요경비에 산입한다. 앞에서 증여세 상당액이란 거주자가 그 배우자 또는 직계존비속으로부터 증여받은 자산에 대한 증여세 산출세액에 양도한 자산의 증여세 과세가액이 전체 증여세 과세가액에서 차지하는 비율을 곱하여 계산한 금액으로 한다. 다만, 필요경비로 산입되는 증여세 상당액은 양도가액에서 취득가액(감가상각비를 뺀 금액을 말한다)·자본적 지출액 및 양도비를 뺀 금액을 한도로 한다 (소령 163의 2 ②).

4) 자본적 지출액 등

자본적 지출액 등이란 다음의 지출 또는 비용으로서, 그 지출에 관한 증빙서류를 수취·보관하거나 실제 지출사실이 금융거래 증명서류에 의하여 확인되는 경우를 말한다(소령 163 ③).

가) 자본적 지출액

자본적 지출액이라 함은 해당 양도자산의 내용연수를 연장시키거나 그 가치를 현실적으로 증가시키는 수선비를 말한다. 양도자산의 내용연수를 연장시키거나 그 가치를 현실적으로 증가시키는 수선비를 예시하면 다음과 같다.

① 본래의 용도를 변경하기 위한 개조비용

② 엘리베이터 또는 냉난방장치의 설치

③ 빌딩 등의 피난시설 등의 설치

④ 재해 등으로 인하여 건물 등이 멸실 또는 훼손되어 본래의 용도에 이용할 가치가 없는 것의 복구

⑤ 기타 개량·확장·증설 등 앞의 "①" 내지 "④"와 유사한 성질의 것

나) 쟁송비용

양도자산을 취득한 후 쟁송이 있는 경우에 그 소유권을 확보하기 위하여 직접 소요된 소송비용·화해비용 등의 금액으로서 그 지출한 연도의 각 소득금액의 계산에 있어서 필요경비에 산입된 것을 제외한 금액을 말한다.[102]

---

102) 대법원 2010.8.19. 선고, 2010두7598 판결.
　[판결요지] 사해행위취소로 인한 원상회복의무를 면하기 위하여 지급한 비용은 부동산을 확보하기 위하여 직접 소요된 화해비용으로서 필요경비에 해당한다.

「공익사업을 위한 토지 등의 취득 및 보상에 관한 법률」이나 그 밖의 법률에 따라 토지 등이 협의 매수 또는 수용되는 경우로서 그 보상금의 증액과 관련하여 직접 소요된 소송비용·화해비용 등의 금액으로서 그 지출한 연도의 각 소득금액의 계산에 있어서 필요경비에 산입된 것을 제외한 금액도 포함한다. 이 경우 증액보상금을 한도로 한다.

다) 용도변경 및 개량비 등

양도자산의 용도변경·개량 또는 이용편의를 위하여 지출한 비용(재해·노후화 등 부득이한 사유로 인하여 건물을 재건축한 경우 그 철거비용을 포함한다)을 말한다.[103]

라) 기타 이에 준하는 비용

① 「개발이익 환수에 관한 법률」에 따른 개발부담금(개발부담금의 납부의무자와 양도자가 서로 다른 경우에는 양도자에게 사실상 배분될 개발부담금상당액을 말한다)

② 「재건축초과이익 환수에 관한 법률」에 따른 재건축부담금(재건축부담금의 납부의무자와 양도자가 서로 다른 경우에는 양도자에게 사실상 배분될 재건축부담금상당액을 말한다)

③ 하천법·「댐건설 및 주변지역지원 등에 관한 법률」 그 밖의 법률에 따라 시행하는 사업으로 인하여 해당사업구역 내의 토지소유자가 부담한 수익자부담금 등의 사업비용

④ 토지이용의 편의를 위하여 지출한 장애철거비용

⑤ 토지이용의 편의를 위하여 해당 토지 또는 해당 토지에 인접한 타인 소유의 토지에 도로를 신설한 경우의 그 시설비

⑥ 토지이용의 편의를 위하여 해당 토지에 도로를 신설하여 국가 또는 지방자치단체에 이를 무상으로 공여한 경우의 그 도로로 된 토지의 취득당시 가액

⑦ 사방사업에 소요된 비용

⑧ 위의 "③" 내지 "⑦"의 비용과 유사한 비용

---

103) ① 주택을 취득한 후 지출한 용도변경 및 대수선공사비를 포함한다(대법원 1987.3.10. 선고, 86누582 판결).
② 경사가 심한 대지를 평지(平地)로 성토하여 택지를 처분하기 위하여 성토작업과 철근콘크리트조 옹벽설치공사를 한 경우 이와 같은 택지조성에 소요된 비용은 개량비에 해당한다(대법원 1985.7.23. 선고, 84누590 판결).

5) 양도비

양도비란 자산을 양도하기 위하여 직접 지출한 비용 또는 토지 및 건물을 취득함에 있어서 법령 등의 규정에 따라 매입한 국민주택채권 및 토지개발채권을 만기 전에 양도함으로써 발생하는 매각차손으로서, 그 지출에 관한 계산서, 세금계산서, 신용카드매출전표, 현금영수증에 따른 증명서류를 수취·보관하거나 실제 지출사실이 금융거래 증명서류에 의하여 확인되는 경우를 말한다. 자산을 양도하기 위하여 직접 지출한 비용이란 증권거래세법에 따라 납부한 증권거래세, 양도소득세과세표준신고서 작성비용 및 계약서 작성비용, 공증비용, 인지대, 매매계약에 따른 인도의무를 이행하기 위해 양도자가 지출하는 명도비용 및 이와 유사한 비용으로서 기획재정부령으로 정하는 비용을 말한다.[104]

다음으로 국민주택채권 및 토지개발채권의 매각차손으로서 금융기관에 국민주택채권 및 토지개발채권을 양도함으로써 발생하는 매각차손은 그 전액을 필요경비에 산입한다. 그런데 국민주택채권 및 토지개발채권을 금융기관 외의 자, 예를 들면 채권매매업자나 사채업자 등에게 양도한 경우에는 매매가격의 진정성을 확인하기 어렵기 때문에 동일한 날에 금융기관에 해당 채권을 양도하였다면 발생하는 매각차손(채권매각일의 금융기관의 채권할인율에 따라 산정한 매각차손)을 한도로 하여 그 매각차손을 필요경비에 산입한다(소령 163 ⑤, 소칙 79 ②).[105]

양도비의 범위에 관한 해석을 둘러싸고 특히 소개비와 양도계약해제로 인한 위약금이 문제가 되고 있다.

가) 보수규정을 초과하여 지급한 소개비

소개비가 지방자치단체의 조례에서 정하여진 중개수수료에 비하여 고액이라 하더라도 실지 지급한 사실이 확인된다면 그 지급한 금액의 전액을 양도비로서 공제함이 마땅하다.[106]

---

104) 대법원 1994.3.11. 선고, 92누15871 판결.
    [판결요지] 토지소유자가 토지를 양도하면서 인도의무를 이행하기 위하여 그 토지상에 자신의 의사와는 아무런 관계없이 불법 건축되어 있던 무허가건물을 매수, 철거하는 데 부득이 비용을 지출하였다면, 그 철거책임을 매수인이 부담하기로 약정하고 매매가격을 정하였다는 등의 특별한 사정이 없는 한 그 비용은 소득세법 제45조 제1항 제4호, 같은법 시행령 제94조 제4항 소정의 양도비에 해당한다.
105) 대법원 2005.11.25. 선고 2005두8467 판결.
    [판결요지] 법령 등의 규정에 따라 매입한 국민주택채권의 양도대상 기관을 증권회사로 한정하고 있는 것은 예시적 규정에 불과하다고 할 것이므로, 증권회사가 아닌 채권매매업자 등 개인에게 국민주택채권을 매각한 경우에도 그 사실이 입증되는 한 그 매각차손은 양도비에 해당한다. 다만, 필요경비에 산입될 수 있는 매각차손은 같은 날 이를 증권회사에 매각하였을 경우에 생기는 매각차손의 범위 내로 한정된다.

나) 양도계약해제로 인한 위약금

부동산에 관한 양도계약을 체결한 자가 그보다 훨씬 유리한 가격으로 해당 부동산을 양도하기 위하여 위약금을 지급하고 종전의 매매계약을 해제함과 동시에 새로운 매매계약을 체결한 경우에 해당 위약금을 양도비의 범위에 포함할 것인가에 관한 문제이다. 예를 들면 어떤 부동산을 "甲"에게 1억원에 매도하기로 매매계약을 체결한 자가 위약금 1,000만원을 지급하면서 해당 계약을 해제함과 동시에 그 부동산을 "乙"에게 1억5,000만원에 양도하기로 계약을 체결한 경우에 위약금 1,000만원을 양도비에 포함할 것인가 하는 문제이다. 대법원은 위약금은 뒤에 이루어진 양도행위와는 별도의 계약 때문에 지출된 것으로서 해당 양도와 직접적인 관련이 없다는 이유로 양도비로서의 공제를 부정하고 있다.[107]

다. 취득가액을 매매사례가액 등으로 하는 경우

양도차익을 계산함에 있어서 취득가액을 실지거래가액 외의 가액(매매사례가액·감정가액·환산취득가액 또는 기준시가를 말한다)으로 하는 경우에는 그 가액에 그 밖의 필요경비의 개산공제액(취득당시의 기준시가 등에 일정한 비율을 곱하여 계산한 금액)을 더한 금액을 필요경비로 한다(소법 97 ② Ⅱ). 다만, 취득가액을 환산취득가액으로 하여 양도차익을 산정하는 경우 그 환산취득가액과 그 밖의 필요경비의 개산공제액(취득당시의 기준시가 등에 일정한 비율을 곱하여 계산한 금액)의 합계액이 자본적 지출액과 양도비의 합계액보다 적은 경우에는 그 자본적 지출액과 양도비의 합계액을 필요경비로 할 수 있다.

1) 취득가액

자산의 취득당시의 실지거래가액을 확인할 수 없는 경우에는 매매사례가액·감정가액·환산취득가액 또는 기준시가를 그 취득가액으로 한다(소법 97 ① Ⅰ 나). 즉 납세지 관할세무서장 등이 양도소득과세표준과 세액을 결정 또는 경정할 때 취득당시 실지거래가액의 확인을 위하여 필요한 장부·매매계약서·영수증 기타 증빙서류가 없거나 그 중요한 부분이 미비된 경우 또는 장부·매매계약서·영수증 기타 증빙서류의 내용이 매매사례가액 또는 감정가액 등에 비추어 거짓임이 명백한 경우 등에 의하여 해당 자산의 취득당시 실지거래가액을 인정 또는 확인할 수 없는 경우에는 취득당시의 매

---

106) 대법원 1991.4.26. 선고, 91누1059 판결 : 대법원 1991.1.25. 선고, 90누6439 판결: 대법원 2010.6.10. 선고, 2010두4933 판결.
107) 대법원 1980.7.8. 선고, 79누374 판결 : 대법원 2007.9.20. 선고, 2005두15380 판결.

매사례가액·감정가액·환산취득가액 또는 기준시가에 따라 그 양도차익을 추계결정 또는 경정한다(소법 114 ⑦). 이 경우에는 매매사례가액·감정가액·환산취득가액·기준시가의 순서로 적용한다. 이에 관하여는 "제7장의 과세표준과 세액의 결정·경정과 징수"에서 상세하게 다루고자 한다.

한편, 양도자산 보유기간 중에 그 자산에 대한 감가상각비로서 각 과세기간의 사업소득금액을 계산할 때 필요경비로 산입하였거나 산입할 금액이 있는 경우에는 그 금액을 취득당시의 매매사례가액·감정가액 또는 환산취득가액에서 뺀 것을 취득가액으로 한다(소법 97 ③). 사업소득금액 등의 계산과 양도소득금액의 계산에서 감가상각비를 이중적으로 필요경비에 산입하는 것을 방지하기 위해서 마련된 규정이다.

2) 그 밖의 필요경비의 개산공제

양도차익을 계산함에 있어서 취득가액을 실지거래가액 외의 가액(매매사례가액·감정가액·환산취득가액 또는 기준시가를 말한다)으로 하는 경우에는 취득당시의 기준시가에 일정한 비율을 곱하여 계산한 금액을 가산한 금액을 필요경비로 한다(소법 97 ②). 즉 취득가액을 실지거래가액 외의 가액으로 계산하는 경우에는 실제 지출하였거나 지출할 자본적 지출액 및 양도비의 존부나 그 크기에 구애됨이 없이 취득당시의 기준시가에 일정비율을 곱하여 계산한 금액만을 취득가액 외의 기타의 필요경비(이하에서 '기타의 필요경비'라고 부른다)로서 공제하는 것이다. 이를 기타의 필요경비의 개산공제라고 부르기로 한다.

가) 개산공제의 요건

① 양도차익을 산정함에 있어서 취득가액을 실지거래가액 외의 가액으로 계산하는 경우이다. 앞에서 취득가액을 실지거래가액 외의 가액으로 계산하는 경우란 취득가액을 취득당시의 매매사례가액·감정가액·환산취득가액 또는 기준시가로 계산하는 경우를 가리킨다.

② 취득가액을 취득당시의 매매사례가액·감정가액·환산취득가액 또는 기준시가로 계산할 때에 기타의 필요경비는 개산공제의 방법으로만 공제할 뿐이다. 즉 양도차익을 산정함에 있어서 취득가액을 취득당시의 매매사례가액·감정가액·환산가액 또는 기준시가로 하면서 기타의 필요경비를 실액으로 공제할 수는 없는 것이다.[108]

---

108) 대법원 1993.3.23. 선고, 92누7887 판결 : 대법원 1995.11.24. 선고, 95누4599 판결.

나) 개산공제액의 산정

① 토 지

> 기타의 필요경비 = 취득당시의 개별공시지가 × 3%(미등기양도자산 : 0.3%)

② 건 물

ⅰ) 국세청장이 지정하는 지역에 소재하는 공동주택·오피스텔 및 상업용 건물(이에 부수되는 토지를 포함한다)과 주택

> 기타의 필요경비 = 취득당시의 국세청장이 산정·고시한 가액 또는 「부동산가격공시 및 감정평가에 관한 법률」에 의한 개별주택가격 및 공동주택가격 × 3%(미등기양도자산의 경우에는 : 0.3%)

ⅱ) 기타의 건물

> 기타의 필요경비 = 취득당시의 국세청장이 산정·고시한 가액 × 3%(미등기양도자산의 경우에는 : 0.3%)

③ 지상권·전세권과 등기된 부동산임차권(미등기양도자산을 제외한다)

> 기타의 필요경비 = 취득당시의 기준시가 × 7%

④ 기타의 자산(위의 '①' 내지 '③' 외의 자산)

> 기타의 필요경비 = 취득당시의 기준시가 × 1%

4 양도차익의 구분 계산 및 결손금의 통산

가. 양도차익의 구분 계산

거주자의 양도차익은 다음과 같이 구분하여 계산하도록 하고 있다(소법 102 ①).

① 토지·건물·부동산에 관한 권리 및 기타자산의 양도차익

② 주식 등(일정한 주권상장법인이나 코스닥상장법인 또는 코넥스상장법인의 주식·주권비상장법인의 주식)의 양도차익

③ 일정한 파생금융상품의 양도차익

④ 신탁수익권의 양도차익

경영상태가 불량한 주권비상장법인의 주식이나 주가가 하락한 주권상장법인 또는 코스닥상장법인의 주식 등을 다른 자산(예 : 토지 등)에 대한 양도차익이 발생하는 연도에 의도적으로 대량 양도[109]함으로써 양도차손을 실현하여 다른 자산에 대한 양도소득세의 부담을 회피 내지 경감하는 것을 방지하기 위하여 마련된 법적 장치이다.

나. 토지와 건물 등의 가액의 안분계산

양도가액 또는 취득가액을 실지거래가액에 따라 산정하는 경우로서 토지와 건물 등을 함께 취득하거나 양도한 경우에는 이를 각각 구분하여 기장하되, 토지와 건물 등의 가액 구분이 불분명할 때에는 취득 또는 양도 당시의 기준시가 등을 고려하여 다음과 같이 안분계산한다.[110] 이 경우 공통되는 취득가액과 양도비용은 해당 자산의 가액에 비례하여 안분계산한다(소법 100 ② 및 소령 166 ⑥).

한편, 토지와 건물 등을 함께 취득하거나 양도한 경우로서 그 토지와 건물 등을 구분 기장한 가액이 기준시가 등에 따라 안분계산한 가액과 30% 이상 차이가 있는 경우에는 토지와 건물 등의 가액구분이 불분명한 때로 본다(소법 100 ③).

① 토지와 건물 등에 대한 기준시가가 모두 있는 경우에는 양도계약일 현재의 기준시가에 따라 계산한 가액에 비례하여 안분계산한다. 다만, 감정평가가액(「감정평가 및 감정평가사에 관한 법률」에 따른 감정평가법인등이 평가한 가액을 말한다. 이하 같다)이 있는 경우에는 그 가액에 비례하여 안분계산한다.

---

109) 소득조작의 필요성이 있는 경우에는 주권상장법인 또는 코스닥상장법인의 주식 등을 양도하여 양도차손을 실현한 후 다시 이를 매수하여 소유하는 사례가 있을 수 있다.

110) ① 대법원 2010.12.9. 선고, 2010두14503 판결.
[판결요지] 부동산의 전체 양도가액은 확인되나, 토지 및 건물의 경우 아무런 합의없이 매매계약서에 기재된 것으로 보이는 점, 건물의 가액이 건물기준시가 보다 6배나 높은 점 등으로 보아 양도가액 구분이 불분명하므로 기준시가로 안분계산하여 과세한 처분은 정당하다.
② 대법원 2010.12.9. 선고, 2010두17809 판결.
[판결요지] 건물이 30년 이상된 노후화된 건물로 매수인이 매수 후 바로 철거한 점에 비추어 건물의 가치는 없었을 것으로 보이고, 따라서 양도소득세 부담을 줄이기 위해 토지와 건물의 가액을 구분하여 매매계약서를 작성한 것으로 보인다.

② 토지와 건물 등 중 어느 하나 또는 모두의 기준시가가 없는 경우로서 감정평가가액이 있는 경우에는 그 가액에 비례하여 안분계산한다. 다만, 감정평가가액이 없는 경우에는 장부가액(장부가액이 없는 경우에는 취득가액)에 비례하여 안분계산한 후 기준시가가 있는 자산에 대하여는 그 합계액을 다시 기준시가에 따라 안분계산한다.

③ 앞의 "①" 및 "②"를 적용할 수 없거나 적용하기 곤란한 경우, 예를 들면 토지와 건물을 일괄 산정·고시하는 아파트 등 공동주택을 공급하거나 건물의 신축 중에 토지와 건물을 함께 공급하는 경우에는 국세청장이 정하는 바에 따라 안분계산한다.

④ 유형자산(기계장치 등)과 토지 또는 건물 등을 일괄양도하는 경우에는 「상속세 및 증여세법」상 유형자산 평가가액을 기준으로 하여 안분계산한다. 이는 기계장치가 양도소득세의 과세대상이 아님을 이용하여 토지 또는 건물과 일괄 양도하면서 가액을 임의로 배분하여 조세를 회피하는 것을 방지하기 위한 장치이다.

⑤ 다른 법령에서 정하는 바에 따라 토지와 건물 등의 가액을 구분한 경우 또는 토지와 건물 등을 함께 취득한 후 건물 등을 철거하고 토지만 사용하는 경우 안분계산을 적용하지 않고 구분된 토지·건물의 가액을 인정한다.

다. 결손금의 통산

1) 결손금의 통산

① 양도소득에서 발생한 결손금(이하에서는 '양도차손'으로 부르기로 한다)은 양도소득 중에서도 같은 소득구분 안에서만 통산하며, 종합소득 또는 퇴직소득과는 통산하지 아니한다. 즉 양도소득이 있는 자가 1과세기간에 토지·건물·부동산에 관한 권리·주식 등·기타자산·파생금융상품 및 신탁수익권을 양도함으로써 양도소득금액과 양도차손이 각각 발생한 경우에는 토지·건물·부동산에 관한 권리 및 기타자산의 양도로 인하여 발생하는 소득(이하에서 '토지 등의 양도로 인하여 발생하는 소득'이라 한다), 주식 등의 양도로 인하여 발생하는 소득, 파생금융상품의 양도로 인하여 발생하는 소득 및 신탁수익권의 양도로 인하여 발생하는 소득별로 구분하여 양도소득금액을 계산한다. 따라서 어느 한 소득구분별 양도소득금액을 계산함에 있어서 발생하는 양도차손은 이를 다른 소득구분별 양도소득금액과 합산하지 아니한다(소법 102 ①).

이는 토지 등과 같은 자산을 양도함으로써 일시에 거액의 양도차익이 생기는 과세기간에 그 동안 주가가 하락하여 손실이 발생하고 있는 주식 등 또는 파생금융상품을 의도적으로 대량 양도하여 양도차손을 실현함으로써 양도소득세의 부담을 회피 내지 경감하는 것을 막기 위한 법적 장치인 것이다.

생각건대 소득세의 산정기준이 되는 담세력은 소득구분별 양도소득금액의 크기가 아니고 각 개인단위의 전체 소득금액의 크기, 즉 순소득인 것이다. 그럼에도 불구하고 현행 소득세법이 양도소득과 일반소득(종합소득 및 퇴직소득)과의 결손금의 통산은 물론이고 같은 양도소득 안에서의 결손금의 통산조차 봉쇄하고 있는 것은 결손금공제제도의 취지에 배치될 뿐만 아니라 순소득과세의 원칙 및 응능부담의 원칙에 위배된다고 하겠다.

② 다음으로 동일한 소득구분(토지 등의 양도로 발생하는 소득·주식 등의 양도로 발생하는 소득·파생금융상품의 양도로 발생하는 소득 또는 신탁수익권의 양도로 발생하는 소득) 안에서의 양도소득금액과 양도차손의 통산방법이 문제이다.

동일한 소득구분(토지 등, 주식 등, 파생금융상품·신탁수익권)별로 양도소득금액을 계산할 때 양도차손이 발생한 자산이 있는 경우에 그 양도차손은 다음 자산의 양도소득금액에서 순차로 공제한다(소법 102 ②, 소령 167의 2 ①).

㉮ 양도차손이 발생한 자산과 같은 세율을 적용받는 자산의 양도소득금액

㉯ 양도차손이 발생한 자산과 다른 세율을 적용받는 자산의 양도소득금액

이 경우 다른 세율을 적용받는 자산의 양도소득금액이 2 이상인 경우에는 양도소득금액의 합계액에서 각 세율별 양도소득금액이 차지하는 비율로 안분하여 공제한다. 앞에서 양도소득금액이란 양도차익에서 장기보유특별공제를 뺀 금액을 가리킨다.

아래의 [별표 7]에서 양도차손의 통산사례를 예시하여 보기로 한다.

[별표 7] 양도차손의 공제사례

구 분	양도소득금액	양도차손	세율구분별 양도소득금액	세율구분별 공제 후 양도소득금액
2년 이상인 자산	100	0	100	50 [100 − (200×100/400)]
1년 미만인 자산	200	−400	−200	0
미등기양도자산	300	0	300	150 [300 − (200×300/400)]
합 계	600	−400	200	

③ 감면소득금액을 계산할 때 양도소득금액에 감면소득금액이 포함되어 있는 경우에는 순양도소득금액(감면소득금액을 제외한 부분을 말한다)과 감면소득금액이 차지하는 비율로 안분하여 해당 양도차손을 공제한 것으로 보아 감면소득금액에서 해당 양도차손 해당분을 공제한 금액을 감면소득금액으로 본다(소령 167의 2 ②).

2) 결손금의 이월공제의 배제

양도소득의 경우에는 결손금의 이월공제가 허용되지 아니한다. 즉 양도차손이 발생한 연도에 다른 자산(양도한 자산이 토지 등인 경우에는 주식 등을 제외한다. 그 반대인 경우도 또한 같다)의 양도소득금액과 통산할 수 있을 뿐이며, 통산의 결과가 양도차손인 경우에는 그대로 소멸되며 다음 과세기간으로 이월되지 아니한다.

5 기준시가

가. 기준시가의 개념과 법적 성질

1) 기준시가의 개념

토지 등의 양도차익을 산정할 때에 양도가액과 취득가액은 원칙적으로 실지거래가액으로 한다. 다만, 양도한 자산의 양도당시의 실지거래가액(매매사례가액 및 감정가액을 포함한다)을 확인할 수 없는 경우에 그 양도한 자산의 양도가액과 취득가액은 기준시가로 하여 계산한다.

기준시가라 함은 토지·건물 등과 같은 자산의 양도가액과 취득가액을 계산하기 위한 기준이 되는 가액으로서 국세청장 및 납세지 관할세무서장이 결정한 것, 시장·군수·구청장이 결정한 것 또는 법정의 방법에 따라 평가한 것을 의미한다(소법 99).

기준시가의 유형으로서는 「부동산 가격공시에 관한 법률」의 규정에 따른 개별공시지가·납세지 관할세무서장이 평가한 금액 또는 국세청장이 고시한 배율방법에 따라 평가한 가액(토지), 국세청장이 산정·고시한 가액(건물), 법정산식에 따라 산정하는 가액(지상권 등·영업권 및 주권비상장법인의 주식 등)으로 대별할 수 있다.

이와 같은 기준시가는 양도소득세뿐만 아니라 상속세·증여세 및 부가가치세 등의 과세표준을 산정하는 기준이 된다.

2) 기준시가의 법적 성질

기준시가 중 개별공시지가의 법적 성질에 관하여는 행정계획설[111]·입법행위설[112] 및 행정행위설[113]이 대립하고 있다. 개별공시지가의 결정은 양도소득세 등의 산정기준이 되는 가액을 결정하는 행위로서 행정처분의 개념적 요소인 개별성과 구체성을 결여하고 있다. 따라서 개별공시지가의 결정을 입법행위로 이해하고자 한다.

다만, 「부동산 가격공시에 관한 법률」에서 표준지공시지가 및 개별공시지가의 결정에 대하여 이의신청을 허용하고 있다(7 및 11). 이는 표준지공시지가 및 개별공시지가의 결정이 행정행위에 해당하기 때문이 아니고 쟁송의 편의와 국민의 권익을 보호하기 위하여 마련된 예외적인 규정이라고 이해하여야 할 것이다.

다음으로 국세청장이 결정하는 기준시가(토지배율의 결정과 건물의 가액 결정)의 법적 성질에 관하여도 일반처분(Allgemeinverfügung)으로 보는 행정행위설과 행정규칙(Vorschriften)으로 보는 입법행위설의 대립을 상정할 수 있다. 생각건대 국세청장의 기준시가의 결정은 과세표준을 산정하기 위한 일반적이고 추상적인 기준을 설정하는 행위로서 기준시가는 행정규칙인 간소화지령(Vereinfachungsanweisung)에 해당한다고 새긴다. 즉 기준시가의 결정을 입법행위로 이해하고자 한다. 그리고 이에 관한 불복은 해당 기준시가를 적용하여 행한 과세처분의 쟁송과정에서 다투어야 할 것이다.

나. 기준시가의 내용

1) 토지와 건물

가) 토 지

(1) 일반적인 경우의 기준시가

① 국세청장이 정하는 지정지역

배율방법에 따라 평가한 가액으로 한다(소법 99 ①). 배율방법이란 국세청장이 양도·취득당시의 개별공시지가에 지역마다 그 지역에 있는 가격사정이 유사한 토지의 매매사례가액을 고려하여 고시하는 배율을 곱하여 계산한 금액으로 평가하는 방법을 말한다(소법 99 ②, 소령 164 ⑫).

한편, 지정지역이란 각종 개발사업 등으로 지가가 급등하거나 급등 우려가 있는 지역으로서 국세청장이 지정한 지역을 가리킨다(소령 164 ②).

지정지역과 기타의 지역간에는 실제의 지가의 차이보다 평가액에서 현저한

---

111) 강교식, 임호정, 「지가공시 및 감정평가」(경영문화원, 1990), p.62.
112) 김남진, "개별공시지가의 법적 성질," 「부동산감정평가」(1993.4.), p.23 이하 ; 석종현, "공시지가의 공시절차 및 법적 성질" 「월간고시」(1993.8.), p.54.
113) 김철용, "개별공시지가공시처분의 법적 성질" 「감정평가논문집」, 제3집, 1993, p.52.

차이가 생길 개연성이 있기 때문에 지정지역의 지정사유가 합리성과 객관성을 갖추어야 하며, 배율 또한 객관성을 충족하여야 한다.

② 그 밖의 지역

「부동산 가격공시에 관한 법률」에 따른 개별공시지가로 한다(소법 99 ①). 다만, 다음 중 어느 하나에 해당하는 개별공시지가가 없는 토지와 지목·이용상황 등 지가형성요인이 유사한 인근토지를 표준지로 보고 「부동산 가격공시에 관한 법률」 제3조 제7항에 따른 비교표에 따라 납세지 관할세무서장(납세지 관할 세무서장과 해당 토지의 소재지를 관할하는 세무서장이 서로 다른 경우로서 납세지 관할세무서장의 요청이 있는 경우에는 그 토지의 소재지를 관할하는 세무서장)이 평가한 가액을 말한다. 이 경우 납세지 관할세무서장은 지방세법 제4조 제1항 단서에 따라 시장·군수가 산정한 가액을 평가한 가액으로 하거나 둘 이상의 감정평가법인등에 의뢰하여 그 토지에 대한 감정평가법인등의 감정가액을 고려하여 평가할 수 있다(소령 164 ①).

ⅰ) 「공간정보의 구축 및 관리 등에 관한 법률」에 따른 신규등록 토지

ⅱ) 「공간정보의 구축 및 관리 등에 관한 법률」에 따라 분할 또는 합병된 토지

ⅲ) 토지의 형질변경 또는 용도변경으로 인하여 「공간정보의 구축 및 관리 등에 관한 법률」상의 지목이 변경된 토지

ⅳ) 개별공시지가의 결정·고시가 누락된 토지(국·공유지를 포함한다)

(2) 새로운 기준시가가 고시되기 전의 기준시가

새로운 기준시가가 고시되기 전에 취득 또는 양도하는 경우에는 직전의 기준시가에 따른다(소령 164 ③). 예를 들면 2020년 3월 10일에 토지를 양도하였다고 하더라도 아직 2020년 1월 1일 기준 개별공시지가가 고시되지 않았다면 직전의 기준시가, 즉 2019년 1월 1일 기준 개별공시지가를 적용한다는 것이다.

(3) 개별공시지가가 고시되기 전에 취득한 토지의 기준시가

「부동산 가격공시에 관한 법률」에 따라 1990년 8월 30일 개별공시지가가 고시되기 전에 취득한 토지의 취득당시의 기준시가는 다음 산식에 의하여 계산한 가액으로 한다. 이 경우 다음 계산식 중 시가표준액은 법률 제4995호(1995년 12월 6일)로 개정되기 전의 지방세법상 시가표준액[114]을 말한다(소령 164 ④).

---

114) 토지등급가액을 말한다. 현행의 토지에 대한 시가표준액은 개별공시지가에 그 지방자치단체의 장이 결정·고시한 과세표준액 적용비율을 곱하여 산정한 가액으로 한다.

$$취득당시의 기준시가 =$$

$$1990.1.1 기준 개별공시지가 \times \left(\frac{취득당시의\ 시가표준액}{1990.8.30\ 현재의\ 시가표준액과\ 직전에\ 결정된\ 시가표준액의\ 합계액을\ 2로\ 나누어\ 계산한\ 가액} \right)$$

(4) 협의매수 등에 의하여 양도하는 토지 등의 기준시가

다음의 가액이 토지의 양도당시의 기준시가(개별공시지가 또는 특정지역에 있어서의 배율방법에 따라 평가한 가액)·건물 및 공동주택의 기준시가(국세청장이 산정·고시하는 가액)보다 낮은 경우에는 그 차액을 토지 등의 양도당시의 기준시가에서 빼서 해당 토지 등의 양도당시의 기준시가를 계산한다(소령 164 ⑨).

　ⅰ) 「공익사업을 위한 토지 등의 취득 및 보상에 관한 법률」에 따른 협의매수·수용 및 그 밖의 법률에 따라 수용되는 경우의 그 보상액과 보상액 산정의 기초가 되는 기준시가 중 적은 금액

　ⅱ) 국세징수법에 따른 공매와 민사집행법에 따른 강제경매 또는 저당권 실행을 위하여 경매되는 경우의 그 공매 또는 경락가액

나) 건 물

　① 건물[다음의 '다)' 및 '라)'에 해당하는 건물은 제외한다]의 신축가격·구조·용도·위치·신축연도 등을 고려하여 매년 1회 이상 국세청장이 산정·고시하는 가격으로 한다(소법 99 ① Ⅰ 나).

　② 국세청장이 산정·고시한 기준시가가 고시되기 전에 취득한 건물의 취득당시의 기준시가는 다음 산식에 의하여 계산한 가액으로 한다(소령 164 ⑤).

취득당시의 기준시가 = 국세청장이 해당 자산에 대하여 최초로 고시한 기준시가 × 해당 건물의 취득연도·신축연도·구조·내용연수 등을 감안하여 국세청장이 고시한 기준율

다) 오피스텔 및 상업용 건물

　① 건물에 딸린 토지를 공유로 하고 건물을 구분소유하는 것으로서 국세청장이 지정하는 지역에 소재하는 오피스텔 및 상업용 건물(이에 딸린 토지를 포함한

다)에 대하여는 건물의 종류·규모·거래상황·위치 등을 고려하여 매년 1회 이상 국세청장이 토지와 건물의 가액을 일괄하여 산정·고시하는 가액으로 한다(소법 99 ① I 다).

② 국세청장이 오피스텔 및 상업용 건물에 대한 기준시가를 산정한 때에는 이를 고시하기 전에 국세청 인터넷 홈페이지를 통한 게시방법에 따라 이를 공고하여 20일 이상 소유자 그 밖의 이해관계인의 의견을 들어야 한다. 국세청장은 소유자 그 밖의 이해관계인으로부터 의견을 제출받은 때에는 의견제출기간이 끝난 날부터 30일 이내에 그 처리결과를 알려야 한다(소법 99 ④ 내지 ⑤).

③ 국세청장이 산정·고시한 기준시가가 고시되기 전에 취득한 오피스텔 및 상업용 건물(이에 딸린 토지를 포함한다) 또는 공동주택의 취득당시의 기준시가는 다음 산식에 따라 계산한 가액으로 한다. 이 경우 해당 자산에 대하여 국세청장이 최초로 고시한 기준시가 고시당시 또는 취득당시의 건물의 기준시가가 없는 경우에는 앞의 "나) ②"의 건물의 가액(국세청장이 산정·고시한 기준시가가 고시되기 전에 취득한 건물의 취득당시의 기준시가)으로 한다(소령 164 ⑥).

$$
\text{취득당시의 기준시가} = \begin{array}{c} \text{국세청장이 당해 자산에} \\ \text{대하여 최초로 고시한} \\ \text{기준시가} \end{array} \times \frac{\text{취득당시의 토지의 기준시가와 건물의 기준시가의 합계액}}{\begin{array}{c}\text{해당 자산에 대하여 국세청장이 최초로 고시한 기준시가} \\ \text{고시당시의 토지의 기준시가와 건물의 기준시가의 합계액} \\ \text{(취득당시의 가액과 최초로 고시한 기준시가 고시당시의} \\ \text{가액이 동일한 경우에는 다음의 '마)'에 의한다)}\end{array}}
$$

라) 주 택

① 「부동산 가격공시에 관한 법률」에 따른 개별주택가격 및 공동주택가격으로 한다. 그런데 공동주택가격의 경우에 같은 법 제18조 제1항 단서에 따라 국세청장이 결정·고시한 공동주택가격이 있을 때에는 그 가격에 따른다. 그리고 개별주택가격 및 공동주택가격이 없는 주택의 가격은 납세지 관할세무서장이 인근 유사주택의 개별주택가격 및 공동주택가격을 고려하여 대통령령으로 정하는 방법에 따라 평가한 금액으로 한다(소법 99 ① I 라).

② 「부동산 가격공시에 관한 법률」에 따른 개별주택가격 및 공동주택가격(이들에 딸린 토지를 포함한다)이 공시되기 전에 취득한 주택의 취득당시의 기준시

가는 다음 산식에 의하여 계산한 가액으로 한다. 이 경우 해당 주택에 대하여 국토교통부장관이 최초로 공시한 주택가격 공시당시 또는 취득당시의 법 제99조 제1항 제1호 나목의 가액이 없는 경우에는 제5항의 규정을 준용하여 계산한 가액에 의한다(소령 164 ⑦).

$$
\text{취득당시의 기준시가} = \text{국토교통부장관이 해당 주택에 대하여 최초로 공시한 주택가격} \times \left(\frac{\text{취득당시의 소득세법 제99조 제1항 제1호 가목의 가액과 나목의 가액의 합계액}}{\text{해당 주택에 대하여 국토교통부장관이 최초로 공시한 주택가격 공시당시의 소득세법 제99조 제1항 제1호 가목의 가액과 나목의 가액의 합계액(취득당시의 가액과 최초로 공시한 주택가격 공시 당시의 가액이 동일한 경우에는 '마)'를 준용한다)}} \right)
$$

마) 양도당시 및 취득당시의 기준시가가 동일한 경우의 특례

보유기간 중 새로운 기준시가가 고시되지 아니함으로써 양도당시의 기준시가와 취득당시의 기준시가가 동일한 경우에는 다음 산식으로 계산한 가액을 양도 당시의 기준시가로 한다(소령 164 ⑧ 및 소칙 80).

(1) 취득일이 속하는 연도의 다음 연도 말일 이전에 양도하는 경우

다음의 구분에 따른 산식에 의하여 계산한 가액으로 하되, 다음의 산식에 따라 계산한 양도당시의 기준시가가 취득당시의 기준시가보다 적은 경우에는 취득당시의 기준시가를 양도당시의 기준시가로 한다(소칙 80 ① Ⅰ).

① 양도일까지 새로운 기준시가가 고시되지 아니한 경우

$$
\text{양도당시의 기준시가} = \text{취득당시의 기준시가} + \left(\begin{array}{c} \text{취득당시의 기준시가} \\ - \text{전기의 기준시가} \end{array} \right) \times \left(\frac{\text{양도자산 보유기간의 월수}}{\text{기준시가 조정월수}} \right)
$$

ⅰ) 전기의 기준시가라 함은 취득당시의 기준시가결정일 전일의 해당 양도자산의 기준시가를 말한다.

ⅱ) 기준시가조정월수란 전기의 기준시가결정일부터 취득당시의 기준시가결

정일 전일까지의 월수를 말한다. 기준시가의 조정월수 및 양도자산 보유기간의 월수를 계산함에 있어서 1개월 미만의 일수는 1개월로 한다.

    iii) 양도자산 보유기간의 월수/기준시가 조정월수가 100/100을 초과할 때에는 100/100을 한도로 한다.

② 양도일부터 2월이 되는 날이 속하는 월의 말일까지 새로운 기준시가가 고시된 경우로서 납세의무자가 다음 산식을 적용하여 과세표준 확정신고를 하는 경우

$$\text{양도당시의 기준시가} = \left(\begin{array}{c}\text{취득당시의}\\\text{기준시가}\end{array}\right) + \left[\left(\begin{array}{c}\text{새로운}\\\text{기준시가}\end{array}\right) - \left(\begin{array}{c}\text{취득당시의}\\\text{기준시가}\end{array}\right)\right] \times \frac{\text{양도자산 보유기간의 월수}}{\text{기준시가 조정월수}}$$

기준시가조정월수란 취득당시의 기준시가결정일부터 새로운 기준시가결정일 전일까지의 월수를 말한다.

(2) 그 밖의 경우

그 양도자산의 취득당시의 기준시가로 한다. 그 밖의 경우란 취득일이 속하는 연도의 다음 연도 말일을 지나서 양도하는 경우를 가리킨다.

예를 들어 토지를 2020년 2월 10일에 취득하여 2022년 10월 7일에 양도하는 경우로서 취득당시의 개별공시지가와 양도당시의 개별공시지가가 같은 경우에는 해당 양도자산의 취득당시의 기준시가를 양도당시의 기준시가로 한다. 따라서 이 경우에는 취득당시의 기준시가와 양도당시의 기준시가가 같게 된다.

2) 부동산에 관한 권리

① 부동산을 취득할 수 있는 권리

취득일 또는 양도일까지 불입한 금액과 취득일 또는 양도일 현재의 프리미엄에 상당하는 금액을 합한 금액에 따라 평가한 가액으로 한다.

② 지상권·전세권과 등기된 부동산임차권

「상속세 및 증여세법」 시행령 제51조 제1항을 준용하여 평가한 가액으로 한다.

3) 주식 등

① 주권상장법인·코스닥상장법인 및 코넥스상장법인

「상속세 및 증여세법」 제63조 제1항 제1호 가목을 준용하여 평가한 가액으로 하되, 이 경우 가목 중 "평가기준일 이전·이후 각 2월"은 각각 "양도일·취득일 이전 1개월"로 본다. 코스닥상장법인의 주식이라 하더라도 양도일·취득일 이전 1개월 이내에 거래소가 정하는 기준에 따라 매매거래가 정지되거나 관리종목으로 지정고시된 것은 제외한다.

② 그 밖의 코스닥상장법인의 주식과 주권비상장법인의 주식

코스닥상장법인의 주식으로서 양도일·취득일 이전 1개월 이내에 거래소가 정하는 기준에 따라 매매거래가 정지되거나 관리종목으로 지정고시된 것과 주권비상장법인의 주식은 「상속세 및 증여세법」 제63조 제1항 제1호 나목을 준용하여 평가한 가액으로 한다. 이 경우에 평가기준시기 및 평가액은 다음에 따른다. 그러나 장부분실 등으로 인하여 취득당시의 기준시가를 확인할 수 없는 경우에는 그 액면가액을 취득당시의 기준시가로 한다.[115]

㉮ 1주당 가액의 평가는 순손익가치법에 의한 평가액과 순자산가치법에 의한 평가액을 각각 3과 2의 비율로 가중평균한 가액으로 한다. 다만, 자산총액 중 토지, 건물 및 부동산에 관한 권리의 합계액이 차지하는 비율이 50% 이상인 법인의 경우에는 순손익가치법에 따른 평가액과 순자산가치법에 따른 평가액을 각각 2와 3의 비율로 가중평균한 가액으로 한다. 다만, 그 가중평균한 가액이 1주당 순자산가치에 80%를 곱한 금액보다 적은 경우에는 1주당 순자산가치에 80%를 곱한 금액을 평가액으로 한다(소령 165 ④ Ⅰ).

위의 경우에 순손익가치법에 따른 가액은 양도일 또는 취득일이 속하는 사업연도의 직전사업연도의 1주당 순손익액을 국세청장이 정하여 고시하는 이자율(금융회사 등이 보증한 3년 만기 회사채의 유통수익률을 고려하여 기획재정부장관이 정하여 고시하는 것)로 나누어 산정한다. 그리고 순자산가치법에 따른 가액은 양도일 또는 취득일이 속하는 사업연도의 직전사업연도 종료일 현

---

115) 「상속세 및 증여세법 시행령」 제54조 제1항에서는 1주당 순손익가치와 1주당 순자산가치를 각각 3과 2의 비율로 가중평균한 가액에 의하여 평가하되, 다만 부동산과다보유법인(소득세법 제94조 제1항 제4호 다목에 해당하는 법인을 말한다)의 경우에는 1주당 순손익가치와 순자산가치의 비율을 각각 2와 3으로 평가한다. 다만, 그 가중평균한 가액이 1주당 순자산가치에 80%를 곱한 금액보다 적은 경우에는 1주당 순자산가치에 80%를 곱한 금액을 평가액으로 한다. 한편, 소득세법 시행령 제165조 제4항에서는 1주당 가액의 평가는 순손익가치와 순자산가치를 각각 3과 2의 비율로 가중평균한 가액으로 하되, 부동산과다보유법인(소득세법 제94조 제1항 제4호 다목에 해당하는 법인)의 경우에는 순손익가치와 순자산가치의 비율을 각각 2와 3으로 한다. 다만, 그 가중평균한 가액이 1주당 순자산가치에 80%를 곱한 금액보다 적은 경우에는 1주당 순자산가치에 80%를 곱한 금액을 평가액으로 한다.

재 해당 법인의 장부가액(토지의 경우에는 기준시가)을 발행주식총수(양도일 또는 취득일이 속하는 사업연도의 직전사업연도 종료일 현재의 발행주식총수를 말한다)로 나누어 산정한다.

㉯ 주권비상장법인의 주식 등을 발행한 법인이 다른 주권비상장주식 등을 발행한 법인의 발행주식총액의 10% 이하의 주식을 소유하고 있는 경우에는 그 다른 주권비상장주식 등의 평가는 이동평균법에 따른 취득가액으로 할 수 있다.

㉰ 다음 중 어느 하나에 해당하는 주식 등의 경우에는 순자산가치법에 따라 평가한 가액으로 한다(소령 165 ④ Ⅲ).

　ⅰ) 양도소득과세표준 확정신고기한 이내에 청산절차가 진행 중인 법인과 사업자의 사망 등으로 인하여 사업의 계속이 곤란하다고 인정되는 법인의 주식 등

　ⅱ) 사업개시 전의 법인, 사업개시 후 1년 미만의 법인과 휴·폐업 중에 있는 법인의 주식 등

　ⅲ) 법인의 자산총액 중 주식 등 가액의 합계액이 차지하는 비율이 100분의 80 이상인 법인의 주식 등

　ⅳ) 양도일 또는 취득일이 속하는 사업연도 전 3년 이내의 사업연도부터 계속하여 법인세법상 결손금이 있는 법인의 주식 등

③ 신주인수권

「상속세 및 증여세법」 시행령 제58조의 2 제2항을 준용하여 평가한 가액으로 한다.

4) 기타자산

다음의 방법에 따라 평가한 가액으로 한다.

① 특정주식 및 특정시설물의 이용권이 부여된 주식

주식 등의 평가방법에 따라 산정한 가액으로 한다.

② 영업권

「상속세 및 증여세법」 시행령 제59조 제2항을 준용하여 평가한 가액으로 한다.

③ 특정시설물의 이용권(주식 등은 제외한다)

지방세법에 따라 고시한 시가표준액으로 한다. 다만, 취득 또는 양도당시의 시가표준액을 확인할 수 없는 경우에는 기획재정부령이 정하는 방법에 따라 계산한 가액으로 한다.

5) 파생상품 등

파생상품 등의 종류와 규모 및 거래상황 등을 고려하여 대통령령으로 정하는 방법에 따라 평가한 가액으로 한다.

6) 신탁수익권

「상속세 및 증여세법」 제65조 제1항을 준용하여 평가한 가액으로 한다. 이 경우 「상속세 및 증여세법 시행령」 제61조의 "평가기준일"은 "양도일·취득일"로 본다(소법 99 ① Ⅷ 및 소령 165 ⑫).

다. 기준시가의 재산정·고시신청

국세청장이 고시한 오피스텔 및 상업용 건물에 대한 기준시가에 이의가 있는 소유자나 그 밖의 이해관계인은 기준시가 고시일부터 30일 이내에 서면으로 국세청장에게 재산정 및 고시를 신청할 수 있다. 국세청장은 신청기간이 끝난 날부터 30일 이내에 그 처리결과를 신청인에게 서면으로 알려야 한다. 이 경우 국세청장은 신청 내용이 타당하다고 인정될 때에는 기준시가를 다시 산정하여 고시하여야 한다(소법 99의 2).

다음으로 국세청장은 기준시가 산정·고시가 잘못 되었거나 오기 또는 그 밖에 대통령령으로 정하는 명백한 오류를 발견한 때에는 지체 없이 다시 산정하여 고시하여야 한다.

6 양도차익의 계산특례

가. 부당행위계산의 부인

1) 일반적인 부당행위계산의 부인

가) 부당행위계산부인의 의의

양도소득이 있는 거주자의 행위 또는 계산이 그 거주자와 특수관계인과의 거래로 인하여 그 소득에 대한 조세 부담을 부당하게 감소시킨 것으로 인정되는 경우의 그 행위 또는 계산이 부당행위계산이다. 이와 같은 부당행위 또는 계산에 관하여는 그 소득자의 행위 또는 계산과 관계없이 납세지 관할세무서장 또는 지방국세청장이 소득금액을 계산한다(소법 101 ①). 이것이 부당행위계산의 부인인 것이다. 그 의의에 관하여는 "거주자의 종합소득 등에 대한 납세의무"에서 살펴보았다.

나) 적용요건

양도소득이 있는 거주자의 행위 또는 계산이 그와 특수관계인과의 거래로 인하여 그 소득에 대한 조세의 부담을 부당하게 감소시킨 것으로 인정되는 경우이다.

이를 나누어서 설명하고자 한다.

① 양도소득이 있는 거주자

양도소득이 있는 거주자의 행위 또는 계산이어야 한다.

② 행위 등의 이상성

㉮ 행위 또는 계산에 이상성이 존재하여야 한다. 행위 등의 이상성이란 거주자의 행위 또는 계산이 경제적 합리성을 결여한 경우를 가리키는데, 소득세법에서는 시가초과 또는 시가미달 등으로 표현하고 있다. 그러나 시가초과 또는 시가미달 등이라 하더라도 시가와 대가(실제의 거래가액)의 차액이 3억원 이상이거나 시가의 5%에 상당하는 금액 이상인 경우에 한하여 그 행위 또는 계산에 이상성이 존재하는 것으로 한다. 자산의 시가를 확인·산정하는 것이 용이하지 않고, 그리고 산정한 시가의 객관성 및 정확성에 있어서도 의문이 존재하기 때문에 안전대(安全帶 : safe harbor)로서 3억원 또는 시가의 5%에 상당하는 금액기준을 설정한 것이다.

이에 따라 특수관계인에게 자산을 고가매입하거나 저가양도하는 경우 또는 그 밖의 거래를 함에 있어서 시가와 대가와의 차액이 3억원 이상이거나 시가의 5%에 상당하는 금액 이상인 경우에만 부당행위계산부인에 관한 규정을 적용하는 것이다. 아래에서 간단한 사례를 들어 설명하기로 한다.

〈사례 1〉 시가가 10억원인 자산을 8억원에 양도한 경우에는 시가와 대가와의 차액은 3억원에 미달하지만 시가와 대가와의 차액이 시가의 5%에 상당하는 금액(5,000만원) 이상이기 때문에 부당행위계산부인의 요건을 충족한다.

〈사례 2〉 시가가 100억원인 자산을 96억원에 양도한 경우에는 시가와 대가와의 차액이 시가에서 차지하는 비율은 5%에 상당하는 금액(5억원)에 미달하지만 시가와 대가와의 차액은 3억원 이상에 해당하기 때문에 부당행위계산부인의 요건을 충족한다.

〈사례 3〉 시가가 100억원인 자산을 98억원에 양도한 경우에는 시가와 대가와의 차액도 3억원에 미달할 뿐만 아니라 시가와 대가와의 차액이 시가에서 차지하는 비율도 5%에 상당하는 금액(5억원)에 미달하기 때문에 부당행위계산부인의 요건을 충족하지 못한다.

㉯ 시가초과 또는 시가미달, 즉 자산의 고가매입 또는 저가양도에 있어서 시가란 「상속세 및 증여세법」 제60조부터 제66조까지와 같은 법 시행령 제49조, 제50 조부터 제52조까지, 제52조의 2, 제53조부터 제58조까지, 제58조의 2부터 제58 조의 4까지, 제59조부터 제63조까지의 규정을 준용하여 평가한 가액을 말한다 (소령 167 ⑤).

종합소득 등에서의 부당행위계산부인에서의 시가(법인세법 시행령 제89조 제 1항 및 제2항의 규정을 준용한다)와는 차이가 있다.

㉰ 개인과 법인 간에 재산을 양수 또는 양도하는 경우로서 그 대가가 법인세법 시행령 제89조의 규정에 따른 시가에 해당되어 해당 법인의 거래에 대하여 법 인세법 제52조(부당행위계산의 부인)의 규정이 적용되지 아니하는 경우에는 소득세의 부당행위계산부인에 관한 규정(소법 101 ①)을 적용하지 아니한다(소 령 167 ⑥).

특수관계 있는 개인과 법인 간의 거래에 있어서 개인과 법인의 시가의 산정방 법[116]이 다르기 때문에 법인세법상 시가에 해당함에도 개인의 경우에는 시가 에 미달하거나 시가를 초과하는 경우가 있을 수 있다. 이 경우에는 양도소득세 에 있어서도 부당행위계산부인규정을 적용하지 않는 것이다.

그러나 거짓이나 그 밖의 부정한 방법으로 양도소득세를 감소시킨 것으로 인 정되는 경우에는 그러하지 아니하다. 즉 앞의 경우에는 양도소득세에 있어서 부당행위계산부인규정을 적용하여 시가에 따라 소득금액을 계산하는 것이다.

㉱ 행위 또는 계산의 이상성은 거래 당시를 기준으로 하여 판단한다. 앞에서 거래 당시란 매매계약체결일을 의미한다고 새긴다.[117] 저가양도의 경우 이상성 여 부의 판단은 거래 당시를 기준으로 하므로, 만약 거래계약 체결시기와 양도시 기가 다르다면 부당행위계산에 해당하는지 여부는 그 대금을 확정짓는 거래 당시를 기준으로 판단하여야 하고, 다만 양도가액에 산입할 금액은 특별한 사 정이 없는 한 양도시기를 기준으로 산정하여야 한다.[118]

㉲ 자산을 양도함에 있어서 여러 종류의 자산 또는 여러 필지의 토지 등을 일괄적 으로 양도한 것으로 인정되는 때에는 개개의 자산별로 행위의 이상성을 판단

---

116) 시가의 산정에 있어서 법인세는 법인세법 시행령 제89조에 의하지만, 양도소득세에 있어서는 「상속세 및 증여세법」 제60조 내지 제64조와 동법 시행령 제49조 내지 제59조의 규정을 준용하도록 하고 있다.
117) 대법원 2001.6.15. 선고, 99두1731 판결.
118) 대법원 2010.5.27. 선고, 2010두1484 판결 : 대법원 1999.1.29. 선고, 97누15821 판결.

할 것이 아니라 그 거래의 목적이 된 자산 전체를 단위로 하여 이상성을 판단하여야 한다.[119]

③ 특수관계인과의 거래

소득자와 특수관계인과의 거래에 해당하여야 한다. 소득세의 부담을 회피하기 위한 이상성을 띤 거래는 주로 특수관계인과의 사이에서만 이루어지기 때문이다. 특수관계에 있는지의 여부는 거래 당시를 기준으로 판단하여야 한다. 특수관계인의 범위는 "거주자의 종합소득 등에 대한 납세의무"에서 설명한 바와 같다.

④ 양도소득에 대한 소득세 부담의 감소

양도소득에 대한 조세의 부담을 감소시킨 것으로 인정되어야 한다. 양도소득에 대한 조세란 양도소득세를 가리킨다. 양도소득세 부담의 감소 여부는 통상적인 행위 등으로 환원하여 산정한 양도소득세, 즉 행위계산을 부인하여 산정한 양도소득세와 납세의무자가 선택한 이상성을 띤 행위 등을 기준으로 하여 산정한 양도소득세를 비교하여 판정한다.

그런데 부당행위계산에 해당하기 위하여는 양도소득에 대한 조세의 부담을 감소시킨 것으로 인정되면 충분하고 당사자에게 조세회피의 의사 또는 목적이 있어야 하는 것은 아니다.[120] 즉 납세의무자의 주관적인 조세회피 의사는 행위계산부인의 요건이 아닌 것이다.

다) 부당행위계산의 유형

양도소득에 있어서의 부당행위 또는 계산의 유형으로서는 자산의 고가매입, 자산의 저가양도 및 그 밖의 부당행위계산을 들 수 있다. 그런데 자산의 고가매입이나 자산의 저가양도 또는 그 밖의 거래에 있어서 시가와 대가와의 사이에 차액이 발생하더라도 그 차액이 3억원 또는 시가의 5%에 상당하는 금액 중 적은 금액에 미달하는 경우에는 부당행위계산에 해당하지 않는다.

① 자산의 고가매입

특수관계인으로부터 시가를 초과하여 자산을 매입하는 경우이다. 이와 같은 고가매입의 경우에 시가를 초과하는 부분은 취득가액에서 제외한다. 즉 실제의 취득가액에 관계없이 시가에 따라 자산의 취득가액을 계산하고, 이를 기준으로 하여 양도차익을 산정하는 것이다. 여러 자산을 포괄적으로 매입한 것으

---

119) 대법원 1997.2.14. 선고, 95두13296 판결.
120) 대법원 1992.11.24. 선고, 91누6856 판결 ; 대법원 1989.6.13 선고, 88누5273 판결.

로 인정되는 경우에는 원칙적으로 개개의 자산별로 그 거래가격과 시가를 비교하는 것이 아니라 그 자산들의 전체 거래가격과 시가를 비교하여 포괄적 거래 전체로서 고가매입에 해당하는지 여부를 판단하여야 한다.[121]

② 자산의 저가양도

저가양도의 경우에는 실제 양도한 가액에 불구하고 시가에 따라 양도가액을 계산한다. 그리고 저가로 취득한 자는 실제로 구입한 실지거래가액이 취득가액이 된다.

그런데 특수관계인으로부터 시가보다 낮은 가액으로 자산을 취득한 경우로서 양수한 자산의 시가에서 그 대가를 뺀 가액이 시가의 30% 이상 차이가 나거나 그 차액이 3억원 이상인 경우에는 그 저가매입에 상당하는 금액에서 양수한 자산의 시가의 30%에 상당하는 가액과 3억원 중에서 적은 금액을 뺀 금액을 증여재산가액으로 하여 증여세를 납부하여야 한다(상증법 35).[122] 그러므로 저가양수자가 그 자산을 양도할 경우에 해당 자산의 취득당시의 실지거래가액은 그 자산의 취득가액에 증여재산가액을 합산한 금액으로 한다(소령 163 ⑩).

③ 그 밖의 부당행위계산

특수관계인과의 "①" 내지 "②" 이외의 거래로 인하여 해당 과세기간의 양도가액 또는 필요경비의 계산에 있어서 소득세의 부담을 부당하게 감소시킨 것으로 인정되는 경우이다.

라) 부인의 효과

① 부당행위계산부인의 요건에 해당하면 거주자의 행위 또는 계산과 관계없이 납세지 관할세무서장 등이 해당 과세기간의 소득금액을 계산한다. 부당행위계산을 부인하여 소득금액을 계산할 때에 시가를 기준으로 하여 소득금액을 계산할 것인지 아니면 시가에서 3억원 또는 시가의 5%에 상당하는 금액 중 적은 금액을 뺀 금액을 기준으로 하여 소득금액을 계산할 것인지가 문제이다. 부당행위계산부인 요건의 충족 여부는 시가에서 3억원 또는 시가의 5%에 상당하는 금액 중 적은 금액을 뺀 금액을 기준으로 하여 판정하지만, 일단 부당행위계산부인의 요건을 충족하면 시가를 기준으로 하여 부당행위계산을 부인하여 소득금액을 산정한다. 납세지 관할세무서장 등은 부당행위계산부인의 요건이

---

121) 대법원 2013.9.27. 선고, 2013두10335 판결.
122) 대법원 1999.9.21. 선고, 98두11830 판결.

충족된 경우에는 취득가액, 양도가액이나 그 밖의 거래가액을 거주자가 행한 실제의 거래가액과 관계없이 시가를 기준으로 하여 재계산하여 소득금액을 산정하는 것이다.

② 부당행위계산부인에 관한 규정은 당사자간에 약정한 법률효과를 부인하여 새로운 법률행위를 창설하거나 기존 법률행위의 변경이나 소멸을 가져오게 할수는 없다. 부인의 효과는 단지 과세소득 계산상의 범위 안에만 국한될 뿐이다. 예를 들어 설명하여 보기로 하자.

"갑'"은 그 동생인 "을"에게 시가 1억원인 부동산을 3천만원에 양도하였다. 과세관청이 부당행위계산부인규정을 적용하여 해당 부동산의 양도가액을 1억원으로 인정하고 차액 7,000만원을 "갑"의 양도가액에 산입한 경우에 "갑"이 부당행위계산부인에 관한 규정을 근거로 "을"에 대하여 매매대가로서 7,000만원의 추가지급을 청구할 권리가 발생하는 것은 아니다. 즉 부당행위계산부인에 관한 규정을 적용하였다고 하여 그 적용의 효과로서 "갑"과 "을" 간의 매매계약의 내용이 부당행위계산부인의 내용과 같이 변경되는 것은 아닌 것이다.

2) 증여거래의 부인에 관한 특례

거주자가 특수관계인에게 자산을 증여한 후 그 자산을 증여받은 자가 그 증여일부터 10년 이내에 다시 타인에게 양도한 경우로서 양도소득세의 부담을 줄인 경우에는 증여자가 그 자산을 직접 양도한 것으로 본다(소법 101 ②). 즉 자산의 양도과정에 특수관계인에 대한 증여를 개재시킴으로써 양도소득세의 부담을 감소시킨 때에는 자산의 증여라는 우회거래를 부인하고 증여자가 직접 그 자산을 양도한 것으로 의제하여 증여자에게 양도소득세를 과세한다.

그러나 배우자 또는 직계존비속으로부터 증여받은 토지·건물·부동산을 취득할 수 있는 권리(건물이 완성되는 때에 그 건물과 이에 딸린 토지를 취득할 수 있는 권리를 포함한다) 및 특정시설물의 이용권 등을 그 수증일로부터 10년 내에 양도하는 경우에는 증여거래의 부인에 관한 특례를 적용하지 않고 취득가액의 승계에 관한 특례 규정(승계취득가액기준 : 소법 97의 2)을 적용한다.

가) 적용요건

거주자가 특수관계인(제97조의 2 제1항의 규정을 적용받는 배우자 또는 직계존비속의 경우를 제외한다)에게 자산을 증여한 후 그 자산을 증여받은 자가 그 증여

일부터 10년 이내에 다시 타인에게 양도한 경우로서 양도소득세의 부담이 줄어들어야 한다(소법 101 ②). 다만, 양도소득이 해당 수증자에게 실질적으로 귀속된 경우에는 증여거래에 관한 특례규정을 적용할 수 없다.

(1) 특수관계인에게 자산을 증여한 경우

① 특수관계인의 범위

특수관계인의 범위는 "종합소득 등에 대한 부당행위계산의 부인"에서 설명한 바와 같다. 다만, 소득세법 제97조의 2 제1항(취득가액의 승계)의 규정이 적용되는 배우자 또는 직계존비속은 본조의 특수관계인의 범위에 포함하지 아니한다.

② 자산의 범위

양도소득세의 과세대상이 되는 모든 자산이 포함된다. 즉 토지·건물·부동산에 관한 권리·주식 등·기타자산·파생금융상품 및 신탁수익권이 모두 포함되는 것이다. 다만, 배우자 또는 직계존비속으로부터 증여받은 자산을 타인에게 양도하는 경우에는 부동산에 관한 권리·주식 등·기타자산 중 특정주식 및 사업용 고정자산과 함께 양도하는 영업권만이 본조의 적용대상이 된다. 배우자 또는 직계존비속으로부터 토지·건물·부동산을 취득할 수 있는 권리(건물이 완성되는 때에 그 건물과 이에 딸린 토지를 취득할 수 있는 권리를 포함한다) 및 특정시설물의 이용권 등을 증여받은 후 10년 이내에 타인에게 양도한 경우에는 소득세법 제97조의 2 제1항에 따라 증여한 토지 등을 증여한 배우자 또는 직계존비속의 취득당시의 취득가액을 승계하는 것이다.

③ 증여의 개념

㉮ 학설

소득세법 제101조 제2항(이하에서 '이 조항'이라 한다)에서의 증여의 해석을 둘러싸고 실제는 증여가 아니면서 증여로 가장한 가장증여만을 가리키는지, 아니면 가장증여는 물론이고 진실한 실제의 증여까지 포함되는지의 여부가 문제로 되고 있다.

ⅰ) 제1설

제1설은 증여를 증여자가 외관상으로 수증자의 명의를 빌려서 자산을 양도함으로써 양도소득세를 회피하는 경우, 즉 가장증여로 이해한다. 그러므로 실제의 증여인 경우에는 양도소득세 등의 부담이 감소하더라도 이 규정을 적용할 수 없다고 새긴다. 그 논거는 다음과 같다.

첫째, 이 조항 단서에서 "다만, 양도소득이 해당 수증자에게 실질적으로 귀속된 경우에는 그러하지 아니하다"고 규정하고 있는 점이다. 양도소득이 해당 수증자에게 실질적으로 귀속된 경우란 진정한 증여를 가리키기 때문이다.

둘째, 이 조항에서 "증여자가 그 자산을 직접 양도한 것으로 본다"고 하여 증여자에게 양도소득세를 과세하도록 하고 있다. 그런데 자산의 양도소득이 실질적으로 수증자에게 귀속되는 진정한 증여의 경우까지 증여자에게 양도소득세를 과세하는 것은 실질과세의 원칙 및 소득과세의 법리에 어긋나는 것이다. 그러므로 증여자가 그 자산을 직접 양도한 것으로 의제하기 위해서는 증여자에게 해당 자산의 양도소득이 실질적으로 귀속하는 경우, 즉 해당 증여가 가장증여에 해당하여야 한다.

셋째, 이 조항의 해석에 있어서 양도소득세 부담의 회피목적으로 하지 않은 증여행위까지 제한없이 부인할 수 있다고 새기는 경우에는 위헌의 소지가 있다.[123] 즉 이 조항에서의 증여를 가장증여의 의미로 한정하여 새기는 것이 헌법합치적 해석에 부합한다.

ⅱ) 제2설

제2설은 증여를 가장증여는 물론이고 실제의 증여까지 포함하는 개념으로 해석하여야 한다는 견해이다. 그 논거는 다음과 같다.

첫째, 이 조항은 특수관계인간의 증여를 통하여 증여자의 보유기간 동안의 양도소득에 대한 소득세를 회피하는 것을 방지하기 위한 법적 장치로서 양도과정에 개재된 증여행위를 부인하려는 데에 그 제도적 취지가 있다. 그런데 부인의 대상이 되는 증여의 개념을 가장증여로 축소하여 해석하게 되면 이 조항은 그 본래의 제도적 취지와는 달리 사실상 사문화하게 된다.

둘째, 이 조항에서의 증여를 가장증여의 의미로 해석하여야 한다면 구태여 이 조항을 별도로 둘 이유가 없다. 가장증여에 대하여는 이 조항에 의하지 않더라도 실질과세의 원칙(국세기본법 제14조)에 따라 당연히 그 소득의 실질귀속자(가장증여에 있어서의 증여자)에게 양도소득세를 과세할 수 있기 때문이다.

㉯ 판례

---

123) 헌법재판소 1989.7.21. 선고, 89헌마38.

대법원은 제1설의 입장을 지지하여 증여행위가 양도소득세 부담의 회피를 목적으로 행하여지고 아울러 자산의 양도대금이 증여자에게 귀속되는 경우, 즉 가장증여에 한하여 해당 증여행위를 부인할 수 있다는 입장을 취하고 있다.[124]

헌법재판소는 대법원의 판결을 지지하여 "대법원은 '증여행위의 부당성' 유무에 관한 판단 기준으로, …… 증여가 양도소득세를 부당하게 감소시키기 위한 경우로서 양도소득이 실질적으로 증여자에게 귀속되었을 것을 요한다고 판시하고 있다(대법원 1997.11.25. 선고, 97누13979 판결 ; 대법원 2003.1.10. 선고, 2001두4146 판결 참조). 그렇다면, 과세관청의 여하한 자의적 적용은 위와 같은 적용기준에 따른 사법심사에 의해 걸러질 수 있고, 또한 법원의 판례가 더 집적됨에 따라 이 사건 법률조항이 적용되어야 할 상황에 대한 예견가능성이 더 확보될 수 있을 것으로 보인다"고 판시하고 있다. 나아가서 "이 사건 법률조항은, 앞서 본 바와 같이, 납세자가 자산의 장기간의 보유로 인하여 상승된 자본 이익을 소멸시키기 위한 방편으로 합리적인 거래형식을 취하지 않고 중간에 증여행위를 끼워 넣는 우회행위 내지 다단계행위 등 이상한 거래형식을 취함으로써 고율의 누진세율에 의한 양도소득세 부담을 회피 내지 감소시키려는 부당한 조세회피행위를 규제 …… 함으로써 납세자가 선택한 거래의 형식에 따라 발생할 수 있는 조세부담의 불공평을 시정하여 궁극적으로 과세의 평등을 실현하고자 하는 것으로, 그 입법목적이 정당함은 명백하 …… "고, "과세요건사실의 의제의 요건으로서, …… 이러한 객관적 요건 이외에 '행위의 부당성'을 그 요건으로 삼아, '증여자의 진정한 양도행위'로 평가될 개연성이 상당히 높은 사실 관계, 특히 법원은 이 사건 법률조항의 해석을 통하여 증여자에게 양도소득이 실질적으로 귀속된 것으로 인정되는 사실관계에서만 이 사건 법률조항이 적용될 수 있도록 하는 한편 역으로 납세자로 하여금 '행위의 부당성'의 유무에 대한 주장, 입증을 통하여 이 사건 법률조항의 적용을 다툴 길도 열어 놓았다는 점에서 그 입법수단의 적정성과 최소침해성이 갖춰진 것으로 판단된다"고 판시하고 있다.[125]

---

124) 대법원 2003.1.10. 선고, 2001두4146 판결 ; 대법원 1989.5.9. 선고, 88누5228 판결 ; 대법원 1997.11.25. 선고, 97누13979 판결.
125) 헌법재판소 2003.7.24. 선고, 2000헌바28 판결.

(2) 증여일부터 10년 이내 타인에게 양도한 경우

수증자가 그 증여받은 날부터 10년 이내에 타인에게 양도하여야 한다. 이 경우 보유연수는 등기부에 기재된 소유기간에 따라 계산한다(소법 101 ④ 및 97의 2 ③). 그리고 증여일과 양도일은 부동산의 소유권이전등기신청서 접수일로 새겨야 한다.

(3) 양도소득세의 부담을 줄인 경우

소득세법 제101조 제2항에서 양도소득세의 부담을 줄인 경우에 관하여 "제1호에 따른 세액이 제2호에 따른 세액보다 적은 경우"로 규정하고 있다. 앞에서 제1호에 따른 세액이란 "증여받은 자의 증여세(「상속세 및 증여세법」에 따른 산출세액에서 공제·감면세액을 뺀 세액을 말한다. 이하에서 같다)와 양도소득세(산출세액에서 공제·감면세액을 뺀 결정세액을 말한다. 이하에서 같다)를 합한 세액"을 말하고 제2호에 따른 세액이란 "증여자가 직접 양도하는 경우로 보아 계산한 양도소득세(산출세액에서 공제·감면세액을 뺀 결정세액을 말한다. 이하에서 같다)"를 말한다. 즉 양도소득세의 부담을 줄인 경우란 수증자의 증여세와 양도소득세를 합한 세액이 증여자가 직접 양도하는 경우로 보아 계산한 양도소득세보다 적은 경우이다.

나) 부인의 효과

(1) 증여자 직접양도 의제

① 증여자가 그 자산을 직접 양도한 것으로 본다. 그런데 "직접 양도한 것으로 본다"는 법문상의 표현에 관한 해석을 둘러싸고 학설의 대립이 있을 수 있다. 제1설은 해당 자산을 증여자가 타인에게 직접 양도한 것으로 의제한다는 의미로 해석하는 견해이다. 따라서 해당 자산의 양도에 따른 소득세의 납세의무자는 증여자인 것이다.

제2설은 해당 자산은 수증자가 양도한 것으로 보되, 증여자의 취득가액 또는 취득시기가 수증자에게 승계된다고 이해하는 견해이다. 즉 취득가액을 승계취득가액기준(donor's basis)으로 하여야 한다는 견해인 것이다.

생각건대 법문상의 표현으로 보아 제1설과 같이 해석하는 것이 타당한 것으로 생각된다. 즉 증여자와 수증자간의 증여를 부인하여 증여자가 직접 타인에게 해당 자산을 양도한 것으로 보고, 해당 자산의 양도자인 증여자에게 양도소득세를 과세한다는 의미인 것이다.

② 증여자가 자산을 직접 양도한 것으로 보는 것이므로, 즉 증여자와 수증자간의

증여를 부인하여 증여자가 직접 타인에게 자산을 양도한 것으로 보는 것이므로 증여자가 자산을 취득한 날을 그 자산의 취득시기로 한다. 그리고 장기보유특별공제의 적용요건의 충족 여부 및 공제율의 판정, 세율의 적용구분의 판정에 있어서의 보유기간도 증여자가 해당 자산을 취득한 날부터 기산한다.

(2) 증여세 납세의무와의 관계

수증자산의 양도에 있어서의 증여의 부인에 관한 소득세법 제101조 제2항의 규정이 수증자의 증여세 납세의무에도 영향을 미치는가가 문제가 되고 있다.

소득세법 제101조 제2항에서의 증여를 실제는 증여가 아니면서 증여로 가장한 가장증여만을 가리키기 때문에 당초 증여받은 자산에 대해서는 「상속세 및 증여세법」의 규정에 불구하고 증여세를 부과하지 못하도록 명문의 규정을 두어 해결하고 있다(소법 101 ③).[126]

위의 규정은 헌법재판소의 구 소득세법(2003.12 개정하기 전의 것) 제101조 제2항에 대한 헌법불합치 결정에 따라 헌법에 합치하도록 개정한 것이다.[127]

---

126) 소득세법 제101조 제3항
③ 제2항에 따라 증여자에게 양도소득세가 과세되는 경우에는 당초 증여받은 자산에 대해서는 「상속세 및 증여세법」의 규정에도 불구하고 증여세를 부과하지 아니한다.
127) 헌법재판소 2003.7.24. 선고, 2000헌바28 결정, 구 소득세법 제101조 제2항 위헌소원
[판결요지] 1) 이 사건 법률조항의 적용 요건이 갖춰지면, 과세관청은 증여자가 선택한 부당한 법적 형성, 즉 증여행위를 부인함으로써 이를 과세의 기준으로 삼지 아니하고, 증여자의 양수자에 대한 양도행위의 존재를 의제하여 이를 기초로 증여자에게 양도소득세를 부과할 수 있게 된다. 이를 수증자의 입장에서 보게 되면, 자신에 대한 과세근거가 된 증여자의 증여행위가 부당한 법적 형성이라는 이유로 과세관청에 의하여 부인되어 조세법적으로는 소급적으로 무효화됨으로써 재산권의 무상 취득이란 애초부터 존재하지 않게 된 것에 다름 아니어서, 이에 대하여 증여세를 부과하거나 기왕의 증여세 부과를 유지한다는 것은 결국 증여받지 않는 재산에 대하여 증여세를 부과한 것이 되어, 조세법적으로 과세요건에 해당되지 아니함에도 불구하고 수증자에게 증여세를 부과·징수하는 것으로 수증자의 재산권을 침해하는 것이다.
2) 무엇보다도 이 사건 법률조항에 의하여 조세법적으로는 부인된 증여세액 등을 환급 등을 하지 않고 과세관청이 그대로 보유될 수 있다면, 납세자가 어떤 내용의 거래 형식을 선택하느냐에 따라 발생할 수 있는 조세부담의 부당한 감소에 따른 불공평을 시정한다는 입법목적을 달성하는 것 이상으로, 언제나 수증자에게 부과된 증여세액 등만큼을 이중으로 징수하는 결과에 이른다.
3) 국세청의 과세실무는 수증자의 증여세를 증여자에 대한 양도소득세액 산출시 그 필요경비로 산입하고 있으나, 이 경우도 수증자가 납부한 증여세의 일부만이 공제되는 결과가 되므로 정도의 차이는 있을지라도 공제받지 못하는 세액만큼은 여전히 이중과세의 문제점을 갖게 되는 것이고, 수증자의 입장에서는 여전히 자신이 납부한 세액 전부를 환급받지 못한다는 점에서는 사정이 근본적으로 달라지지도 않는다.
4) 결국 이 사건 법률조항은, 그 적용요건이 충족되는 경우 증여자의 증여행위나 수증자의 양도행위를 과세요건사실로 삼지 아니하고 오로지 '의제된 양도행위'에 따른 과세만을 함으로써도 그 입법목적을 달성할 수 있음에도 불구하고, 세수증대와 과세편의만을 도모한 나머지 '부인된 증여행위에 기초한 과세'와 '의제된 양도행위에 기초한 과세'를 서로 양립하게 함으로써 입법목적의 달성에 필요한 정도를 과도하게 넘은 이중과세를 하는 것이므로 그 내용이 재산권을 과도하게 침해하는 것이므로 헌법에 위반된

다) 수증자의 연대납세의무

특수관계인으로부터 증여받은 자산을 그 증여일부터 10년 이내에 타인에게 양도하는 경우에는 증여자가 직접 그 자산을 양도한 것으로 보아 증여자에게 양도소득세를 과세한다. 다만, 양도소득세의 징수를 확실하게 담보하기 위하여 수증자에게도 연대납세의무를 지우고 있다(소법 2의 2 ③).

나. 고가주택에 대한 양도차익의 계산특례

양도소득세가 비과세되는 1세대 1주택의 범위에서 제외되는 고가주택(하나의 건물이 주택과 주택 외의 부분으로 복합되어 있는 경우와 주택에 딸린 토지에 주택 외의 건물이 있는 경우에는 주택 외의 부분은 주택으로 보지 않는다)의 양도에 따른 양도차익은 소득세가 비과세되는 1세대 1주택과의 과세형평을 고려하여 아래의 산식과 같이 계산한다. 그러나 주택 또는 이에 부수되는 토지가 그 보유기간이 다르거나 미등기양도자산에 해당하거나 일부만 양도하는 때에는 12억원에 해당 주택 또는 이에 부수되는 토지의 양도가액이 그 주택과 이에 부수되는 토지의 양도가액의 합계액에서 차지하는 비율을 곱하여 안분계산한다(소법 95 ③, 소령 160 ①).

$$\text{고가주택에 대한 양도차익} = \text{양도차익} \times \left(\frac{\text{양도가액} - 12\text{억원}}{\text{양도가액}} \right)$$

예를 들어 양도가액이 15억원이고 취득가액을 비롯한 필요경비의 합계액이 8억원인 고가주택의 양도차익을 산정하여 보기로 한다.

$$(1{,}500{,}000{,}000 - 800{,}000{,}000) \times \left(\frac{1{,}500{,}000{,}000 - 1{,}200{,}000{,}000}{1{,}500{,}000{,}000} \right) = 140{,}000{,}000$$

위의 계산례에서 일반적인 양도차익은 7억원이나, 고가주택에 대한 양도차익을 산정하면 1억 4천만원으로 된다.

다음으로 고가주택에 대하여는 양도차익을 경감할 뿐만 아니라 이에 비례하여 장기보유특별공제액의 특례를 마련하고 있다. 이에 관하여는 후술한다.

다고 보지 않을 수 없다.

다. 환지예정지 등에 대한 양도차익의 계산특례

기준시가에 따라 양도 또는 취득가액을 산정하는 경우에 도시개발법 또는 농어촌정비법 등에 따른 환지지구 내의 토지의 양도 또는 취득가액의 계산이 문제이다. 단순히 환지예정지 등을 양도하는 경우와 환지청산금을 수령한 경우로 나누어서 살펴보고자 한다(소칙 77).

1) 환지예정지 등을 양도하는 경우

가) 종전의 토지소유자가 환지예정지구 내의 토지 등을 양도한 경우

종전의 토지소유자가 환지예정지구 내의 토지 또는 환지처분된 토지를 양도하는 경우에 양도가액은 환지예정(교부)면적에 양도 당시의 단위당 기준시가를 곱한 금액으로 하고, 취득가액은 종전 토지의 면적에 취득당시의 단위당 기준시가를 곱한 금액으로 한다. 이 경우에 환지사업으로 인하여 감소되는 토지의 면적에 대한 가액은 자본적 지출로 계상하지 아니한다.

나) 환지예정지구 내의 토지를 취득한 자가 해당 토지를 양도한 경우

환지예정지구 내의 토지를 취득한 자가 해당 토지를 양도한 경우에 양도가액은 환지예정(교부)면적에 양도 당시의 단위당 기준시가를 곱하여 산정하고, 취득가액은 환지예정면적에 취득당시의 단위당 기준시가를 곱한 금액으로 한다.

2) 환지청산금을 수령한 경우

종전의 토지소유자가 환지청산금을 수령하는 경우의 양도 또는 취득가액의 계산은 다음 산식으로 한다.

가) 환지시 청산금을 수령한 경우

① 양도가액

> 환지청산금에 상당하는 면적 × 환지청산금 수령시의 단위당 기준시가

② 취득가액

> (종전 토지의 면적 × 취득당시의 단위당 기준시가) × $\dfrac{\text{환지청산금에 상당하는 면적}}{\text{권리면적}}$

나) 환지예정지구의 토지 또는 환지처분된 토지를 양도한 경우

① 양도가액

환지예정(교부)면적 × 양도 당시의 단위당 기준시가

② 취득가액

$$\left(\begin{array}{c}\text{종전 토지의 면적} \times \\ \text{취득당시의 단위당 기준시가}\end{array}\right) \times \left(\dfrac{\text{권리면적} - \text{환지청산금에 상당하는 면적}}{\text{권리면적}}\right)$$

라. 파생상품 등에 대한 양도차익의 계산

코스피200선물의 양도차익은 계좌별로 매도 미결제약정(또는 매수 미결제약정)이 동일한 종목의 매수 미결제약정(또는 매도 미결제약정)과 상계(이하에서 '반대거래를 통한 상계'라 한다)되거나 최종거래일이 종료되는 등의 원인으로 소멸된 계약에 대하여 각각 계약체결 당시 약정가격과 최종결제가격 및 거래승수 등으로 산출되는 기획재정부령으로 정하는 손익에서 그 계약을 위하여 직접 지출한 비용으로서 기획재정부령으로 정하는 비용을 공제한 금액의 합계액으로 한다(소령 161의 2 ①). 코스피200옵션의 양도차익은 반대거래를 통한 상계, 권리행사, 최종거래일의 종료 등의 원인으로 소멸된 계약에 대하여 각각 계약체결 당시 약정가격, 권리행사결제기준가격, 행사가격, 거래승수 등을 고려하여 기획재정부령으로 정하는 방법에 따라 산출되는 손익에서 그 계약을 위하여 직접 지출한 비용으로서 기획재정부령으로 정하는 비용을 공제한 금액의 합계액으로 한다. 그리고 당사자 일방의 의사표시에 따라 코스피200 지수의 수치의 변동과 연계하여 미리 정하여진 방법에 따라 주권의 매매나 금전을 수수하는 거래를 성립시킬 수 있는 권리를 표시하는 증권 또는 증서의 양도차익은 환매, 권리행사, 최종거래일의 종료 등의 원인으로 양도 또는 소멸된 증권에 대하여 각각 매수 당시 증권가격, 권리행사결제기준가격, 행사가격, 전환비율 등을 고려하여 기획재정부령으로 정하는 방법에 따라 산출되는 손익에서 그 증권의 매매를 위하여 직접 지출한 비용으로서 기획재정부령으로 정하는 비용을 공제한 금액의 합계액으로 한다(소령 161의 2 ② 및 ③).

위의 양도차익을 계산할 경우 먼저 거래한 것부터 순차적으로 소멸된 것으로 보아 양도차익을 계산한다.

마. 부담부증여에 대한 양도차익의 계산

1) 취득가액과 양도가액의 계산

부담부증여의 경우 양도로 보는 부분에 대한 양도차익을 계산함에 있어서 취득가액 및 양도가액은 다음의 금액으로 한다(소령 159).

가) 취득가액

종전에는 양도가액이 평가가액 또는 임대료등의 환산가액인 경우에는 기준시가로 하고, 양도가액이 임대보증금인 경우에는 실지거래가액으로 하였는데, 부담부증여를 활용한 조세회피를 방지하기 위해서 기준시가로 통일하였다.

나) 양도가액

「상속세 및 증여세법」 제60조부터 제66조까지에 따라 평가한 가액[128]에 증여가액 중 채무액에 상당하는 부분이 차지하는 비율을 곱하여 계산한 가액으로 한다. 이를 계산식으로 표시하면 다음과 같다.

> 양도가액 = 「상속세 및 증여세법」상 평가액(시가 또는 기준시가) × 채무액 / 증여가액

2) 과세대상자산에 대한 채무액의 계산

양도소득세 과세대상에 해당하는 자산과 해당하지 아니하는 자산을 함께 부담부증여하는 경우로서 증여자의 채무를 수증자가 인수하는 경우 채무액은 다음 계산식에 따라 계산한 금액으로 한다(소령 159 ②).

$$\text{채무액} = \text{총채무액} \times \frac{\text{양도소득세 과세대상 자산가액}}{\text{총증여 자산가액}}$$

---

128) 대법원 2007.4.26. 선고, 2006두7171 판결.
   [판결요지] 자산을 증여받은 수증자가 증여자의 채무를 인수한 부담부증여의 경우 그 채무액은 해당 증여자산 전체 또는 증여자산 중 양도로 보는 부분에 대응하는 거래대금 그 자체나 급부의 대가라고 보기 어렵다.

바. 토지와 지하수개발·이용권 등의 양도차익의 구분계산

1) 토지와 지하수개발·이용권의 양도차익의 구분계산

토사석의 채취허가에 따른 권리와 지하수개발·이용권(이하 '지하수개발·이용권 등'이라 한다)은 그 자체만을 양도할 수도 있으나, 토지 및 건물(이하 '토지 등'이라 한다)과 함께 양도하는 경우가 오히려 일반적인 현상이라고 할 수 있다. 이와 같이 지하수개발·이용권 등을 토지 등과 함께 양도하면서 지하수개발·이용권 등과 토지 등의 취득가액 또는 양도가액을 구분할 수 없는 때에는 다음의 기준에 따라 취득가액 또는 양도가액을 산정한다(소령 162의 2).

① 지하수개발·이용권 등에 대하여는 지방세법 시행령 제4조 제1항 제5호에 따른 시가표준액

② 토지 등에 대하여는 총취득가액 또는 양도가액에서 위 "①"에 따라 계산한 지하수개발·이용권 등의 취득가액 또는 양도가액을 뺀 금액. 이 경우 빼고 남은 금액이 없는 때에는 토지 등의 취득가액 또는 양도가액은 없는 것으로 본다.

2) 토지와 임목의 양도차익의 구분계산

임지(林地)와 임목(林木)을 함께 취득하거나 양도하는 경우에 임목과 임지의 취득가액 또는 양도가액을 구분할 필요가 있다. 임목과 임지의 취득가액 또는 양도가액을 구분할 수 없을 때에는 다음 기준에 따라 임목의 취득가액 또는 양도가액을 계산한다(소령 51 ⑧).

① 임목에 대하여는 지방세법 시행령 제4조 제1항 제5호에 따른 시가표준액

② 임지에 대하여는 총취득가액 또는 총양도가액에서 앞의 "①"에 따라 계산한 임목의 취득가액 또는 양도가액을 뺀 금액. 이 경우 빼고 남은 금액이 없는 때에는 임지의 취득가액 또는 양도가액은 없는 것으로 본다.

사. 조합원입주권 등의 양도차익의 계산 특례

1) 재개발사업 등으로 인하여 취득한 조합원입주권의 양도차익

재개발사업이나 재건축사업 또는 소규모재건축사업등을 시행하는 정비사업조합의 조합원이 해당 조합에 기존건물과 그 부수토지를 제공할 때에는 양도로 보지 않으며, 기존건물과 그 부수토지를 제공하고 취득한 조합원입주권(입주자로 선정된 지위)을 양도할 때에 기존건물과 그 부수토지의 양도차익과 그 조합원입주권 프리미엄의 전액

에 대하여 양도소득세를 과세하는 것이다.

그러므로 재개발사업이나 재건축사업 또는 소규모재건축사업등을 시행하는 정비사업 조합의 조합원이 해당 조합에 기존건물과 그 부수토지를 제공(건물 또는 토지만을 제 공하는 경우를 포함한다)하고 취득한 조합원입주권을 양도하는 경우에 그 조합원의 양도차익은 다음 계산식과 같이 조합원입주권 프리미엄과 기존건물과 그 부수토지의 양도차익의 합계액으로 한다(소령 166 ①).

가) 청산금을 납부한 경우

> 양도차익 = [양도가액－(기존건물과 그 부수토지의 평가액＋납부한 청산금)－자본적 지출액 및 양도비]＋[(기존건물과 그 부수토지의 평가액－기존건물과 그 부수토지의 취 득가액)－자본적 지출액 및 양도비 또는 기타의 필요경비의 개산공제액]

위의 계산식 중 앞 부분[양도가액－(기존건물과 그 부수토지의 평가액＋납부한 청 산금)－자본적 지출액 및 양도비]은 관리처분계획인가후양도차익(조합원입주권 프 리미엄), 뒷부분[(기존건물과 그 부수토지의 평가액－기존건물과 그 부수토지의 취 득가액)－자본적 지출액 및 양도비 또는 기타의 필요경비의 개산공제액]은 관리처분 계획인가전양도차익(기존건물과 그 부수토지의 양도차익)을 산정하는 계산식이다.

위의 계산식에 있어서 기존건물과 그 부수토지의 취득가액을 확인할 수 없는 경 우에는 다음 계산식에 따라 계산한 가액으로 한다(소령 166 ③).

> 기존건물과 그 부수토지의 취득가액 =
>
> $\dfrac{\text{기존건물과 그}}{\text{부수토지의 평가액}} \times \dfrac{\text{취득일 현재 기존건물과 그 부수토지의 기준시가}}{\text{관리처분계획인가일 현재 기존건물과 그 부수토지의 기준시가}}$

그리고 기존건물과 그 부수토지의 평가액이라 함은「도시 및 주거환경정비법」에 따른 관리처분계획에 따라 정하여진 가격(그 가격이 변경되는 때에는 변경된 가격)을 말한다. 그러나「도시 및 주거환경정비법」에 따른 관리처분계획에 따라 정하여진 가격이 없는 경우에는 관리처분계획인가일 전후 3월 이내의 매매사례가액, 관리처분계획인가일 전후 3월 이내의 감정가액, 기준시가의 순서에 따라 산정한 가액으로 한다(소령 166 ④).

나) 청산금을 지급받은 경우

청산금을 지급받은 경우 다음의 금액을 합한 가액으로 양도차익을 계산한다.

① [양도가액 - (기존건물과 그 부수토지의 평가액 - 지급받은 청산금) - 자본적 지출액 및 양도비]

② (기존건물과 그 부수토지의 평가액 - 기존건물과 그 부수토지의 취득가액 - 자본적 지출액 및 양도비 또는 기타의 필요경비의 개산공제액) × [(기존건물과 그 부수토지의 평가액 - 지급받은 청산금) ÷ 기존건물과 그 부수토지의 평가액]

위의 계산식 중 "①"은 관리처분계획인가후양도차익(조합원입주권 프리미엄), "②"는 관리처분계획인가전양도차익(기존건물과 그 부수토지의 양도차익)을 산정하는 산식이다.

다음으로 가)와 나)의 계산식에 따라 산정한 양도차익에서 장기보유특별공제액을 공제하는 경우의 보유기간은 다음과 같다(소령 166 ⑤).

청산금을 납부한 경우에 관리처분계획인가전양도차익 및 청산금을 지급받은 경우에 앞의 ②에서 장기보유특별공제액을 공제하는 경우의 보유기간 : 기존건물과 그 부수토지의 취득일부터 관리처분계획인가일까지의 기간

2) 재개발사업 등으로 인하여 취득한 건물 등의 양도차익

재개발사업이나 재건축사업 또는 소규모재건축사업등을 시행하는 정비사업조합의 조합원이 해당 조합에 기존건물과 그 부수토지를 제공하고 관리처분계획에 따라 취득한 신축건물 및 그 부수토지를 양도하는 경우의 양도차익은 다음과 같이 계산한다.

가) 실지거래가액에 따른 양도차익의 계산

재개발사업이나 재건축사업 또는 소규모재건축사업등을 시행하는 정비사업조합의 조합원이 해당 조합에 기존건물과 그 부수토지를 제공하고 관리처분계획에 따라 취득한 신축건물 및 그 부수토지를 양도하고 실지거래가액에 따라 양도차익을 산정하는 경우에는 양도가액 · 취득가액 및 필요경비를 실지거래가액 및 실제 소요된 금액에 따라 계산하면 되기 때문에 별도의 규정을 둘 필요가 없다고 하겠다. 그러나 기존건물과 토지의 취득가액과 평가액을 확인할 수 없는 경우에는 추계방법에 따라 취득가액을 산정하여야 하고, 청산금을 수령하거나 지급하는 경우에는 장기보유특별공제액을 구분하여 계산하여야 하기 때문에 양도차익의 계산방법을 명확히 정하여 둘 필요가 있는 것이다.

재개발사업이나 재건축사업 또는 소규모재건축사업등을 시행하는 정비사업조합의 조합원이 해당 조합에 기존건물과 그 부수토지를 제공하고 관리처분계획에 따라 취득한 신축건물 및 그 부수토지를 양도하고 실지거래가액에 따라 양도차익을 계산하는 경우에 그 양도차익은 다음 산식과 같이 계산한다(소령 166 ②).

(1) 청산금을 납부한 경우

> 양도차익 = [관리처분계획인가후양도차익 × 납부한 청산금 / (기존건물과 그 부수토지의 평가액 + 납부한 청산금)] + {[관리처분계획인가후양도차익 × 기존건물과 그 부수토지의 평가액 / (기존건물과 그 부수토지의 평가액 + 납부한 청산금)] + 관리처분계획인가전양도차익}

위의 계산식 중 앞 부분[관리처분계획인가후양도차익 × 납부한 청산금 / (기존건물과 그 부수토지의 평가액 + 납부한 청산금)]은 청산금납부분 양도차익이고, 뒷부분{[관리처분계획인가후양도차익 × 기존건물과 그 부수토지의 평가액 / (기존건물과 그 부수토지의 평가액 + 납부한 청산금)] + 관리처분계획인가전양도차익}은 기존건물분 양도차익이다.

다음으로 앞의 계산식에 따라 산정한 양도차익에서 장기보유특별공제액을 공제하는 경우 그 보유기간은 다음에 따른다(소령 166 ⑤).

① 청산금납부분 양도차익에서 장기보유특별공제액을 공제하는 경우의 보유기간 : 관리처분계획인가일부터 신축주택과 그 부수토지의 양도일까지의 기간

② 기존건물분 양도차익에서 장기보유특별공제액을 공제하는 경우의 보유기간 : 기존건물과 그 부수토지의 취득일부터 신축주택과 그 부수토지의 양도일까지의 기간

(2) 청산금을 지급받은 경우

청산금을 지급받은 경우 다음의 금액을 합한 가액으로 양도차익을 계산한다.

> ① [양도가액 - (기존건물과 그 부수토지의 평가액 - 지급받은 청산금) - 자본적 지출액 및 양도비]
>
> ② (기존건물과 그 부수토지의 평가액 - 기존건물과 그 부수토지의 취득가액 - 자본적 지출액 및 양도비 또는 기타의 필요경비의 개산공제액) × [(기존건물과 그 부수토지의 평가액 - 지급받은 청산금) ÷ 기존건물과 그 부수토지의 평가액]

나) 기준시가에 따른 양도차익의 계산

　　재개발사업이나 재건축사업 또는 소규모재건축사업등을 시행하는 정비사업조합의 조합원이 해당 조합에 기존건물과 그 부수토지를 제공하고 관리처분계획에 따라 취득한 신축건물 및 그 부수토지를 양도하는 경우 기준시가에 의한 양도차익은 다음의 구분에 따라 계산한 양도차익의 합계액(청산금을 수령한 경우에는 이에 상당하는 양도차익을 차감한다)으로 한다(소령 166 ⑦).

(1) 기존건물 등의 취득일부터 관리처분계획인가일 전일까지의 양도차익

> 기존건물과 그 부수토지의 취득일부터 관리처분계획인가일 전일까지의 양도차익 = 관리처분계획인가일 전일 현재의 기존건물과 그 부수토지의 기준시가 - 기존건물과 그 부수토지의 취득일 현재의 기준시가 - 기존건물과 그 부수토지의 필요경비

　　위에서 기존건물과 그 부수토지의 취득일부터 관리처분계획인가일 전일까지의 양도차익이란 기존건물 및 그 부수토지의 양도차익을 말한다.

(2) 관리처분계획인가일부터 신축건물의 준공일 전일까지의 양도차익

> 관리처분계획인가일부터 신축건물의 준공일 전일까지의 양도차익
> = 신축건물의 준공일 전일 현재의 기존건물의 부수토지의 기준시가 - 관리처분계획인가일 현재의 기존건물의 부수토지의 기준시가

　　위에서 관리처분계획인가일부터 신축건물의 준공일 전일까지의 양도차익이란 토지(대지권)의 양도차익을 말한다.

(3) 신축건물의 준공일부터 양도일까지의 양도차익

> 신축건물의 준공일부터 신축건물의 양도일까지의 양도차익 = 신축건물의 양도일 현재의 신축건물과 그 부수토지의 기준시가 - 신축건물의 준공일 현재의 신축건물과 그 부수토지의 기준시가 - 신축건물과 그 부수토지(기존건물의 부수토지보다 증가된 부분에 한한다)의 필요경비

　　위에서 신축건물(그 부수토지를 포함한다)의 준공일부터 신축건물의 양도일까지의 양도차익이란 관리처분계획에 따라 취득한 신축건물(그 부수토지를 포함한다)의 양도차익을 말한다.

7 자산의 양도시기와 취득시기

가. 양도시기 등의 의의

양도소득세의 과세대상인 토지·건물 등과 같은 자산의 거래는 매매계약 등의 체결, 계약금의 지급, 중도금의 지급, 대금의 청산 및 소유권이전등기의 경료 등과 같은 복잡한 과정을 거쳐서 이루어지며, 이에 소요되는 기간 또한 동산에 비하여 장기간인 경우가 일반적이다. 이와 같이 세분된 자산의 거래과정 중에서 어떤 사실이 나타날 때에 양도가 이루어진 것으로 보아 소득세를 과세할 것인가가 문제이다. 즉 자산의 거래과정 중 어떤 시점을 양도시기로 볼 것인가가 문제인 것이다. 이와 같은 양도시기는 양도소득의 귀속연도를 결정하는 기준이 되는 시기로서 양도일이라고 부르는데, 양도차익의 크기·장기보유특별공제의 적용 여부 및 공제율의 크기·각종 비과세 및 감면요건의 충족 여부·세율의 적용구분·양도소득과세표준 신고기한의 판단 등에 지대한 영향을 미친다.

한편, 취득시기란 양도자산을 취득한 때를 의미하는데, 승계취득에 있어서는 양도시기와 동전의 앞뒷면과 같아서 양도시기를 취득자의 입장에서 파악한 경우가 취득시기인 것이다. 취득시기도 양도시기와 마찬가지로 양도차익의 크기, 장기보유특별공제의 적용 여부 및 공제율의 크기, 각종 비과세 및 감면요건의 충족 여부, 세율의 적용구분 등에 영향을 미치게 된다.

나. 양도시기 등의 판정

1) 원 칙

자산의 취득시기 및 양도시기(이하 '양도시기 등'이라고 한다)는 해당 자산의 대금을 청산한 날로 한다(소법 98).[129] 대금(자산을 양도하면서 해당 자산의 양도에 대한 양도소득세를 양수자가 부담하기로 약정한 경우에는 해당 양도소득세액을 제외한 금액을 말한다.[130] 이하 같다)을 청산한 날이란 매매계약서에 기재된 잔금지급약정일에 불구

---

129) 대법원 2014.6.12. 선고, 2013두2037 판결.
[판결요지] 부동산의 매매 등으로 대금이 모두 지급된 경우뿐만 아니라 사회통념상 대가적 급부가 거의 전부 이행되었다고 볼 만한 정도에 이른 경우에도 양도소득세의 과세요건을 충족하는 부동산의 양도가 있다고 봄이 타당하다고 할 것이나, 대가적 급부가 사회통념상 거의 전부 이행되었다고 볼 만한 정도에 이르는지 여부는 미지급 잔금의 액수와 그것이 전체 대금에서 차지하는 비율, 미지급 잔금이 남게 된 경위 등에 비추어 구체적 사안에서 개별적으로 판단하여야 한다.
130) 대법원 1999.6.22. 선고, 99두165 판결.
[판결요지] 자산의 양도시기는 매매계약의 경우 원칙적으로 매수인이 매도인에게 지급하기로 한 매매대금을 청산한 날을 말한다고 보아야 할 것이고, 나아가 매도인이 부담하여야 할 양도소득세를 매수인이 부

하고 실제로 대금의 잔액(이하 '잔금'이라고 한다)을 주고받은 날을 말한다.[131] 잔금을 어음이나 기타 이에 준하는 증서로 받은 경우에는 어음 등의 결제일이 그 자산의 대금청산일이 된다. 그리고 대물변제의 경우에는 소유권이전등기를 완료한 때에 대가의 지급이 이루어진 것으로 본다.[132]

한편, 자산의 양도가액 중 잔금을 양도자가 취득자 명의로 금융회사 등에서 차입하여 대체하기로 약정한 경우의 해당 자산의 양도시기는 양도자가 차입하여 잔금에 대체한 날, 즉 융자를 받은 날로 보아야 할 것이다.[133]

2) 예 외

가) 대금을 청산한 날이 분명하지 아니한 경우

대금을 청산한 날이 분명하지 아니한 경우에는 등기부 · 등록부 또는 명부 등에 기재된 등기 · 등록접수일 또는 명의개서일로 한다.

그런데 납세의무자가 양도소득과세표준예정신고 또는 과세표준확정신고를 하지 아니하였거나 그 밖의 사유로 대금청산일이 분명하지 아니한 경우에는 등기부 등에 기재된 등기 · 등록접수일 또는 명의개서일을 양도시기로 보아 등기 · 등록접수일 또는 명의개서일 당시의 기준시가에 따라 양도차익을 산정할 수밖에 없다고 본다. 그런데 등기 · 등록접수일 또는 명의개서일 당시의 기준시가에 따라 행한 과세처분에 대하여 취소소송이 제기되고 그 소송의 계쟁 중에 대금청산일이 밝혀진 경우에 어느 시기(대금청산일 또는 등기접수일 등)를 양도시기로 할 것인지가 문제이다. 실질과세의 원칙에 비추어 볼 때 대금청산일을 양도시기로 하고, 그 대금청산일 당시의 기준시가에 따라 양도차익을 산정하는 것이 타당하다고 생각한다.[134]

나) 대금을 청산하기 전에 소유권이전등기 등을 한 경우

대금을 청산하기 전에 소유권이전등기(등록 및 명의개서를 포함한다)를 한 경우에는 등기부 · 등록부 또는 명부 등에 기재된 등기접수일로 한다.

담하기로 특약하여 매수인이 그 세액을 대납함으로써 그 세액 상당액이 구 소득세법(1992.12.8., 법률 제4520호로 개정되기 전의 것) 제23조 제2항에서 말하는 자산의 양도로 인하여 발생하는 총수입금액에 포함되는 경우라고 하더라도 그 총수입금액이 곧바로 시행령으로 말하는 '대금'에 해당한다고 보아서 그 세액의 대납일을 양도시기로 볼 것은 아니다.

131) 대법원 1990.7.10. 선고, 90누2109 판결.
132) 대법원 1990.10.26. 선고, 90누5801 판결 : 대법원 1991.11.12. 선고, 91누8432 판결.
133) 조세심판원, 국심 93서619, 1993.7.1.
134) 대법원 1986.6.24. 선고, 86누161 판결 : 대법원 1990.9.25. 선고, 89누7041 판결.

다) 장기할부조건부 양도의 경우

장기할부조건부 양도의 경우에는 소유권이전등기(등록 및 명의개서를 포함한다) 접수일·인도일 또는 사용수익일 중 빠른 날로 한다. 즉 장기할부조건부 양도의 목적물이 토지 및 건물인 경우에는 소유권이전등기일 또는 사용수익일 중 빠른 날, 주식 등인 경우에는 명의개서일 또는 인도일 중 빠른 날로 하는 것이다.

위에서 장기할부조건이라 함은 자산의 대금을 월부·연부 기타의 부불방법에 따라 수입하는 것 중 다음의 요건을 갖춘 것을 말한다(소칙 78 ③). 따라서, 단지 최종 할부금의 지급일까지 상당한 기간이 소요될 것으로 예상되었거나 구체적인 계약 이행 과정에서 최종 할부금의 지급이 지연되어 결과적으로 소유권이전등기 접수일·인도일 또는 사용수익일 중 빠른 날의 다음 날부터 1년 이상이 경과된 후에 지급되었다고 하여 장기할부조건이라고 할 수는 없는 것이다.[135]

① 계약금을 제외한 해당 자산의 양도대금을 2회 이상으로 분할하여 수입할 것
② 양도하는 자산의 소유권이전등기 접수일·인도일 또는 사용수익일 중 빠른 날의 다음 날부터 최종할부금의 지급기일까지의 기간이 1년 이상인 것

라) 자기가 건설한 건축물의 경우

자기가 건설한 건축물에 있어서는 사용승인서 교부일로 한다. 다만, 사용승인서 교부일 전에 사실상 사용하거나 임시사용승인을 받은 경우에는 그 사실상의 사용일 또는 임시사용승인을 받은 날 중 빠른 날로 하고 건축허가를 받지 아니하고 건축하는 건축물에 있어서는 그 사실상의 사용일로 한다.

마) 상속 또는 증여에 따라 취득한 자산의 경우

상속에 따라 취득한 자산에 대하여는 그 상속이 개시된 날, 즉 피상속인이 사망한 날을 취득일로 한다. 상속등기를 행한 날과는 관계가 없다.

그리고 증여에 따라 취득한 자산에 대하여는 그 증여를 받은 날을 취득일로 한다. 증여를 받은 날이란 증여등기접수일로 새겨야 할 것이다.[136]

---

135) 대법원 2014.6.12. 선고, 2013두2037 판결.
136) 대법원 2012.3.29. 선고, 2011두8994 판결.
[판결요지] 유증이나 사인증여에 의하여 자산을 취득하는 경우에도 별도의 규정이 없는 한 유증 등의 효력이 발생하여 사실상 소유권을 취득하였다고 볼 수 있는 '상속이 개시된 날'이 자산의 취득시기가 된다. 다만 민법이 증여계약의 해제사유를 일반적인 계약에 비하여 넓게 인정하고 있고, 특히 서면에 의하지 아니한 증여의 경우에는 증여계약일을 객관적으로 파악하기도 쉽지 아니한 점 등을 고려하면, 권리의 이전에 등기를 요하는 자산을 증여에 의하여 취득하는 경우에는 예외적으로 '그 등기일'이 구 소득세법 시행령 제162조 제1항 제5호에서 말하는 '증여를 받은 날'로서 자산의 취득시기가 된다고 봄이 타당하다.

바) 점유취득시효에 따라 부동산의 소유권을 취득하는 경우

점유취득시효에 따라 부동산의 소유권을 취득하는 경우에는 그 부동산의 점유를 개시한 날을 취득일로 한다. 즉 20년간 소유의 의사로 평온·공연하게 부동산을 점유하는 자는 등기함으로써 그 소유권을 취득하는데(민법 245 ①), 이와 같은 점유취득시효에 따라 부동산의 소유권을 취득하는 경우에는 그 점유개시일을 취득일로 하는 것이다.

다음으로 등기취득시효(민법 245 ②)의 경우에는 그 등기일을 취득일로 하여야 할 것이다.

사) 공익사업을 위하여 수용되는 자산의 경우

「공익사업을 위한 토지 등의 취득 및 보상에 관한 법률」이나 그 밖의 법률에 따라 공익사업을 위하여 수용되는 경우에는 대금을 청산한 날, 수용의 개시일 또는 소유권이전등기접수일 중 빠른 날로 한다. 다만, 소유권에 관한 소송으로 보상금이 공탁된 경우에는 소유권 관련 소송 판결 확정일로 한다.

아) 완성되지 아니한 자산 등의 경우

완성 또는 확정되지 아니한 자산을 양도 또는 취득한 경우로서 해당 자산의 대금을 청산한 날까지 그 목적물이 완성 또는 확정되지 아니한 경우에는 그 목적물이 완성 또는 확정된 날[137]을 그 양도일 또는 취득일로 본다. 예를 들어 분양계약에 따라 건설 중인 아파트를 취득하는 경우로서 잔금을 청산한 날까지 해당 아파트가 완공되지 않은 경우에는 그 아파트가 완공된 날을 취득시기로 보는 것이다.

다만, 부동산에 관한 분양계약을 체결한 자가 해당 계약에 관한 권리를 양도하는 경우에 그 권리에 대한 취득시기는 해당 부동산을 분양받을 수 있는 권리가 확정된 날(예 : 아파트당첨일)이고, 타인으로부터 인수받은 부동산을 취득할 수 있는 권리를 양도함에 있어서 해당 부동산을 취득할 수 있는 권리의 취득시기는 잔금청산일로 하여야 할 것이다.

다음으로 산업기지개발공사가 시행하는 택지조성사업지구 내의 토지로서 이미 위치와 경계가 특정된 토지를 목적물로 하고 일정한 금액을 대금으로 정하여 매매계약을 체결한 후 대금을 청산한 경우[138]라면 비록 당시로서는 지번 및 지적이 확정되지 아니하여 사후의 측량결과에 따라 면적증감에 대한 청산을 하기로 약정하였다고 하더라도 완성 또는 확정되지 아니한 자산을 양도 또는 취득한 경우에 해당한

---

137) 건설 중인 건물의 완성된 날에 관하여는 앞의 "(4)"의 규정을 준용한다.
138) 분양대금을 완납하면 매도자로부터 토지사용의 승낙을 받아 건축물 등의 신축이 가능한 경우이다.

다고 할 수 없다.

위의 경우에 있어서 토지의 취득시기는 택지조성사업완료 후 지번·지적의 확정일이 아니라 대금청산일로 봄이 타당하다.[139)]

자) 특정주식 중 과점주주가 소유하는 부동산과다보유법인의 주식 등의 경우

특정주식 중 과점주주가 소유하는 부동산과다보유법인의 주식 등의 양도시기는 주주 1인과 기타 주주가 주식 등을 양도함으로써 해당 법인의 주식 등의 합계액의 50% 이상 양도되는 날로 한다. 다만, 그 양도가액은 앞의 양도시기와는 관계없이 사실상 주식 등을 양도한 날의 양도가액으로 한다.

예를 들어 주권비상장법인으로서 과점주주가 지배하는 부동산과다보유법인인 "갑을주식회사"의 주주 1인과 기타 주주의 주식 등의 양도내역이 아래와 같은 경우에 양도일 및 양도가액의 산정시기에 관하여 살펴보기로 한다.

양도일	양도지분(%)	양도가액(원)	비 고
2018. 4. 4.	10	300,000,000	
2018. 12. 8.	25	800,000,000	
2020. 9. 15.	20	660,000,000	

위의 사례에서 주식지분 10% 및 25%의 양도에 대하여는 주권비상장법인의 주식 등으로서 양도소득세가 과세된다. 주권비상장법인의 주식 등의 양도시기는 2018년 4월 4일 및 2018년 12월 8일이다. 해당 주식 등의 양도가 특정주식 중 과점주주가 소유하는 부동산과다보유법인의 주식 등의 양도에 해당하는 시기는 주식지분 20%를 추가로 양도함으로써 주주 1인과 기타 주주가 양도한 주식 등이 "갑을주식회사"의 발행주식의 50% 이상이 되는 날인 2020년 9월 15일이다. 이 날에 2018년 4월 4일 및 2018년 12월 8일에 양도한 주식과 2020년 9월 15일에 양도한 주식이 모두 과점주주가 소유하는 부동산과다보유법인의 주식의 양도에 해당하게 된다. 2018년 4월 4일 및 2018년 12월 8일에 양도한 주권비상장법인의 주식의 양도소득에 대하여 양도소득세를 과세한 후 다시 기타자산인 과점주주가 소유하는 부동산과다보유법인의 주식의 양도로 인한 소득에 포함하여 소득세를 과세하는 때에는 이미 과세받은 세액을 기타자산인 과점주주가 소유하는 부동산과다보유법인의 주식에 대한 산출세액에서 기납부세액으로서 차감하여 그 양도소득산출세액을 계산한다(소령 168 ②).

---

139) 대법원 2001.3.27. 선고, 99두2550 판결.

한편, 과점주주의 주식의 양도일은 2020년 9월 15일이지만, 그 양도가액은 과점주주의 주식의 양도일(2020년 9월 15일) 현재의 양도가액으로 하지 아니하고, 각 주식을 사실상 양도한 날 현재의 양도가액들을 합산한 가액에 따라 산정한다. 앞의 사례에서 주식지분 10%에 대하여는 2018년 4월 4일 현재의 양도가액, 주식지분 25%에 대하여는 2018년 12월 8일 현재의 양도가액, 주식지분 20%에 대하여는 2020년 9월 15일 현재의 양도가액에 따라 각각 산정하되, 이들을 합산한 것을 과점주주의 주식의 양도가액으로 하는 것이다.

차) 기타의 조건부양도의 경우

조건부로 자산을 양도하는 경우에는 그 조건을 충족한 날을 양도일 또는 취득일로 한다.

카)「부동산 거래신고 등에 관한 법률」에 따라 거래계약허가를 받은 토지의 경우

「부동산 거래신고 등에 관한 법률」에 따른 거래계약허가구역 안의 토지를 해당 토지에 관한 거래허가를 얻기 전에 매매계약이 체결되고 대금이 청산된 경우에 양도에 해당하는지의 여부 및 양도시기가 문제가 된다.

대법원은「부동산 거래신고 등에 관한 법률」상의 거래계약허가구역 내의 토지에 대한 거래계약은 관할관청의 허가를 받아야만 그 효력이 발생하고 그 허가를 받기 전에는 물권적 효력은 물론이고 채권적 효력도 발생하지 아니하는 것이므로 설령 토지에 관한 거래허가를 받기 전에 매매계약이 체결되고 대금이 청산되었다고 하더라도 이를 양도소득세의 과세대상인 자산의 양도에 해당한다거나 자산의 양도로 인한 소득이 있었다고 할 수는 없다고 판시하고 있다.[140] 다만,「부동산 거래신고 등에 관한 법률」이 정한 토지거래허가구역 내 토지를 매도하고 대금을 수수하였으면서도 토지거래허가를 배제하거나 잠탈할 목적으로 매매가 아닌 증여가 이루어진 것처럼 가장하여 매수인 앞으로 증여를 원인으로 한 이전등기까지 마친 경우 또는 토지거래허가구역 내 토지를 매수하였으나 그에 따른 토지거래허가를 받지 않고 이전등기를 마치지도 않은 채 토지를 제3자에게 전매하여 매매대금을 수수하고서도 최초 매도인이 제3자에게 직접 매도한 것처럼 매매계약서를 작성하고 그에 따른 토지

---

140) 대법원 1993.1.15. 선고, 92누8361 판결.
국토이용관리법상 토지거래허가지역 내에서의 토지에 대한 거래허가를 받지 아니하여 무효의 상태에 있다면 단지 그 매매대금이 먼저 지급되어 양도인이 이를 보관하고 있다 하여 이를 두고 양도소득세의 과세대상인 자산의 양도에 해당한다거나 자산의 양도로 인한 소득이 있었다고 단정할 수 없다.

거래허가를 받아 이전등기까지 마친 경우, 이전등기가 말소되지 않은 채 남아 있고 매도인 또는 중간 매도인이 수수한 매매대금도 매수인 또는 제3자에게 반환하지 않을 채 그대로 보유하고 있는 때에는 예외적으로 매도인 등에게 자산의 양도로 인한 소득이 있다고 보아 양도소득세 과세대상이 된다고 보는 것이 타당하다.[141]

다음으로 거래계약허가구역 안의 토지를 관할관청의 허가를 받기 전에 양도계약을 체결하여 대금을 청산 받고 그 뒤에 거래계약허가를 받았다면 해당 토지의 양도일을 대금청산일로 볼 것인지,[142] 아니면 거래계약허가일로 볼 것인지[143]에 관하여도 다툼이 있을 수 있다.

대법원은 토지거래허가를 받지 아니한 경우에도 양도소득세의 과세대상이 된다고 보고 있으므로,[144] 대금청산일로 보아야 할 것이다.

타) 환지처분으로 취득한 토지의 경우

도시개발법 기타 법률에 따른 환지처분으로 인하여 취득한 토지의 취득시기는 환지 전의 토지의 취득일로 한다.

다만, 교부받은 토지의 면적이 환지처분에 따른 권리면적보다 증가 또는 감소된 경우에 그 증가 또는 감소된 면적의 토지에 대한 취득시기 또는 양도시기는 환지처분의 공고가 있은 날의 다음 날로 한다.

파) 양도한 자산의 취득시기가 분명하지 아니한 경우

양도한 자산의 취득시기가 분명하지 아니한 경우에는 먼저 취득한 자산을 먼저 양도한 것으로 본다. 즉 선입선출법을 적용한다. 주로 주식 등을 양도하는 경우에 적용될 수 있을 것이다.

하) 교환약정에 의한 양도의 경우

부동산을 서로 교환하는 계약에 따라 자산의 양도가 이루어진 경우에는 양도인이 양도대가로 취득할 교환대상 목적물에 관한 소유권이전등기를 넘겨받기 전이라 하더라도 교환계약의 당사자가 언제든지 상대방의 요구에 따라 소유권이전등기를 마쳐줄 의무가 있는 시기, 즉 당사자 사이에서 그 교환목적물에 대한 실질적인 처분권을 취득한 것으로 인정되는 시기를 양도시기로 보아야 한다.[145]

141) 대법원 2011.7.21. 선고, 2010두23644 전원합의체 판결.
142) 서울고법 1995.4.26. 선고, 94구27450 판결 : 대법원 1997.2.21. 선고, 96구14533 판결.
143) 국세심판소 1994.8.10., 93경2565. 합동회의.
144) 대법원 2011.7.21. 선고, 2010두23644 전원합의체 판결.
145) 대법원 1996.1.23. 선고, 95누7475 판결.

거) 현물출자의 경우

법인에 대한 현물출자로 인한 자산의 양도시기는 현물출자의 대가로 주식을 교부받은 날이다. 그런데 주식회사의 발기설립에 있어서 현물출자에 따라 주식인수인이 된 경우에 그 현물출자로 인한 자산의 양도시기는 그 법인의 설립등기일로 한다. 법인의 설립등기일에 주주의 지위를 취득하기 때문이다.[146]

다음으로 조합에 대한 현물출자로 인한 자산의 양도시기는 조합에 현물출자를 이행한 때로 한다.[147]

너) 일정시기 이전에 취득한 자산의 경우

토지·건물·부동산에 관한 권리 및 기타자산으로서 1984년 12월 31일(주식 등은 1985년 12월 31일) 이전에 취득한 것은 1985년 1월 1일(주식 등의 경우에는 1986년 1월 1일)에 취득한 것으로 의제한다.

제3절 장기보유특별공제

가. 의 의

자산의 단기매매와 같은 투기행위(Spekulationsgeschäft)로 인하여 얻은 소득에 대하여는 소득세를 중과세하는 한편, 장기보유자산의 양도로 인하여 얻은 소득에 대하여는 과세상 상대적으로 우대하고 있는데, 이와 같은 장기보유자산의 양도에 대한 우대조치 중의 하나가 장기보유특별공제제도이다. 그리고 장기보유특별공제제도는 취득일 이후에 인플레이션으로 인하여 늘어난 명목이득을 과세에서 제외하기 위한 장치로서의 기능도 수행한다.

장기보유특별공제제도는 자산의 보유기간이 3년 이상인 장기보유자산에 대하여 그 양도소득금액을 산정할 때에 일정액을 공제하여 줌으로써 건전한 부동산의 투자행태 내지 소유

---

146) 대법원 2000.6.23. 선고, 98두7558 판결.
　　[판결요지] 주식회사의 발기설립의 경우에 현물출자에 의한 주식의 인수로써 주식 인수인이 된 자는 현물출자 이행의 의무를 부담하는 한편 설립 중의 회사의 사원이 되었다가 현물출자가 이행되고 현물출자에 관한 사항과 현물출자의 이행에 관하여 검사인의 검사를 받는 등 제반 절차를 마쳐 설립등기를 하였을 때에 주주의 지위로 전환되는바, 주식회사 발기설립시의 현물출자는 궁극적으로 주주 지위의 취득을 반대급부를 하는 것으로서 주주의 지위를 취득하게 되는 설립등기시에 반대급부의 전부 이행이 있다고 볼 수 있으므로, 대금청산일에 상응하는 설립등기시를 양도소득세의 양도차익 계산에 있어서 양도시기로 보아야 한다.
147) 同旨 : 대법원 2002.4.23. 선고, 2000두5852 판결.

행태를 유도하려고 하는 세제상의 장치이다.

나. 공제대상

토지 및 건물로서 보유기간이 3년 이상인 것 및 부동산을 취득할 수 있는 권리 중 조합원 입주권(조합원으로부터 취득한 것은 제외한다)을 대상으로 한다. 공제신청 등을 공제의 요 건으로 하지 아니한다. 다만, 미등기양도자산과 다음 중 어느 하나에 해당하는 주택에 대하 여는 장기보유특별공제를 적용하지 아니한다(소법 95 ②).

① 조정대상지역에 있는 주택으로서 1세대 2주택에 해당하는 주택

② 조정대상지역에 있는 주택으로서 1세대가 주택과 조합원입주권 또는 분양권을 각각 1개씩 보유한 경우의 해당 주택. 다만, 일정한 장기임대주택 등은 제외한다.

③ 조정대상지역에 있는 주택으로서 1세대 3주택 이상에 해당하는 주택

④ 조정대상지역에 있는 주택으로서 1세대가 주택과 조합원입주권 또는 분양권을 보유 한 경우로서 그 수의 합이 3 이상인 경우 해당 주택. 다만, 일정한 장기임대주택 등은 제외한다.

다. 공제액의 계산

장기보유특별공제액은 해당 자산의 양도차익(조합원입주권을 양도하는 경우에는 「도시 및 주거환경정비법」 제74조에 따른 관리처분계획 인가 및 「빈집 및 소규모주택 정비에 관 한 특례법」 제29조에 따른 사업시행계획인가 전 토지분 또는 건물분의 양도차익으로 한정 한다)에 보유기간별 공제율을 곱하여 계산한 금액으로 한다. 다만, 1세대 1주택이 아닌 자 산(일반자산)의 공제율은 30%를 한도로 하며, 1세대 1주택의 경우에는 40%를 한도로 한 다(소법 95 ②). 주택이 아닌 건물을 사실상 주거용으로 사용하거나 공부상의 용도를 주택으 로 변경하는 경우로서 그 자산이 대통령령으로 정하는 1세대 1주택(이에 딸린 토지를 포함 한다)에 해당하는 자산인 경우 그 자산의 양도차익에 보유기간별 공제율을 곱하여 계산한 금액과 거주기간별 공제율을 곱하여 계산한 금액을 합산한다(소법 95 ⑤).

1) 보유기간

자산의 보유기간은 해당 자산의 취득일부터 양도일까지로 한다. 다만, 거주자가 양도 일부터 소급하여 5년 이내에 그 배우자 또는 직계존비속으로부터 증여받은 자산의 경 우에는 증여한 배우자 또는 직계존비속이 해당 자산을 취득한 날부터 기산(起算)하 고, 가업상속공제가 적용된 비율에 해당하는 자산의 경우에는 피상속인이 해당 자산

을 취득한 날부터 기산한다(소법 95 ④).

소득세법 제95조 제5항에 해당하는 주택이 아닌 건물을 사실상 주거용으로 사용하거나 공부상의 용도를 주택으로 변경하는 경우로 1세대 1주택에 해당하는 경우 주택으로 보유한 기간은 해당 자산을 사실상 주거용으로 사용한 날부터 기산한다. 다만, 사실상 주거용으로 사용한 날이 분명하지 아니한 경우에는 그 자산의 공부상 용도를 주택으로 변경한 날부터 기산한다(소법 95 ⑥).

2) 양도차익

양도차익이란 양도가액에서 필요경비를 공제한 금액을 말한다.

3) 보유기간별 및 거주기간별 공제율

보유기간별 및 거주기간별 공제율은 [별표 8] 및 [별표 9]와 같다.

소득세법 제95조 제5항에 해당하는 주택이 아닌 건물을 사실상 주거용으로 사용하거나 공부상의 용도를 주택으로 변경하는 경우로 1세대 1주택에 해당하는 경우 다음 계산식에 따라 계산한 공제율을 적용한다. 다만, 보유기간별 공제율은 40%를 한도로 한다.

① 보유기간별 공제율

주택이 아닌 건물로 보유한 기간에 해당하는 [별표 8] 보유기간별 공제율 + 주택으로 보유한 기간에 해당하는 [별표 9]에 따른 보유기간별 공제율

② 거주기간별 공제율

주택으로 보유한 기간 중 거주한 기간에 해당하는 [별표 9]에 따른 거주기간별 공제율

[별표 8] 일반적인 자산

보유기간	공제율
3년 이상 4년 미만	6%
4년 이상 5년 미만	8%
5년 이상 6년 미만	10%
6년 이상 7년 미만	12%
7년 이상 8년 미만	14%
8년 이상 9년 미만	16%
9년 이상 10년 미만	18%
10년 이상 11년 미만	20%

보유기간	공제율
11년 이상 12년 미만	22%
12년 이상 13년 미만	24%
13년 이상 14년 미만	26%
14년 이상 15년 미만	28%
15년 이상	30%

[별표 9] 1세대 1주택

보유기간	공제율	거주기간	공제율
3년 이상 4년 미만	12%	2년 이상 3년 미만 (보유기간 3년 이상에 한정함)	8%
		3년 이상 4년 미만	12%
4년 이상 5년 미만	16%	4년 이상 5년 미만	16%
5년 이상 6년 미만	20%	5년 이상 6년 미만	20%
6년 이상 7년 미만	24%	6년 이상 7년 미만	24%
7년 이상 8년 미만	28%	7년 이상 8년 미만	28%
8년 이상 9년 미만	32%	8년 이상 9년 미만	32%
9년 이상 10년 미만	36%	9년 이상 10년 미만	36%
10년 이상	40%	10년 이상	40%

4) 1세대 1주택

1세대 1주택이란 1세대가 양도일(매매계약에 따라 주택에서 상가 등 주택 외 용도로 변경한 경우 매매계약일) 현재 국내에 1주택(소득세법 시행령 제155조·제155조의 2·제156조의 2·제156조의 3 및 그 밖의 규정에 따라 1세대 1주택으로 보는 주택을 포함한다)을 보유하고 보유기간 중 거주기간이 2년 이상인 것을 말한다(소령 159의 4). 이 경우 해당 1주택이 공동상속주택인 경우 거주기간은 공동상속주택에 거주한 공동 상속인의 거주기간 중 가장 긴 기간으로 판단한다. 고가주택, 1세대 1주택에 대한 양 도소득세의 비과세요건을 충족하지 못한 주택 등이 그 예이며, 해당 주택의 보유기간 중 거주기간이 2년 이상인 것을 말한다.

라. 고가주택에 대한 공제액의 계산특례

고가주택에 대한 장기보유특별공제액은 다음 계산식과 같이 계산한다(소법 95 ③ 및 소령 160 ①).

$$\text{고가주택에 대한 장기보유특별공제액} = \text{장기보유특별공제액} \times \frac{(\text{양도가액} - 12\text{억원})}{\text{양도가액}}$$

제4절 양도소득기본공제

양도소득과세표준은 양도소득금액에서 양도소득기본공제를 빼서 계산한다(소법 92 ② 및 103).

양도소득이 있는 거주자에 대해서는 다음의 소득별로 해당 과세기간의 양도소득금액에서 각각 연 250만원을 공제한다.

① 토지·건물·부동산에 관한 권리 및 기타자산의 양도에 따른 소득. 다만, 미등기양도자산의 양도소득금액에 대해서는 공제하지 아니한다.

② 주식 등의 양도에 따른 소득

③ 파생상품 등의 거래 또는 행위로 발생하는 소득

④ 신탁수익권의 양도에 따른 소득

양도소득기본공제를 공제할 때 양도소득금액에 소득세법 또는 조세특례제한법이나 그 밖의 법률에 따른 감면소득금액이 포함되어 있는 경우에는 그 감면소득금액 외의 양도소득금액에서 먼저 공제하고, 감면소득금액 외의 양도소득금액 중에서는 해당 과세기간에 먼저 양도한 자산의 양도소득금액에서부터 순서대로 공제한다(소법 103 ②).

이와 같은 양도소득기본공제액은 신청을 공제요건으로 하지 아니한다. 기초공제적 성격을 지니며, 일정액 미만의 영세한 양도차익에 대하여 양도소득세의 과세를 배제하면서 아울러 행정력의 절약을 도모하기 위하여 마련된 제도이다.

제4장

양도소득에 대한 세액의 계산

1 세액의 계산구조

양도소득에 대한 소득세는 종합소득 및 퇴직소득(이하에서 '종합소득 등'이라 한다)에 대한 소득세와는 구분하여 별개로 세액을 계산한다(소법 4, 15 및 92). 양도소득에 대한 소득세도 종합소득 등에 대한 소득세와 마찬가지로 세액의 산출과정에 따라 산출세액·결정세액 및 총결정세액으로 구분한다(소법 92).

양도소득과세표준에 해당 세율을 곱하여 양도소득산출세액을 계산하게 된다(소법 92 ②). 양도소득에 대한 소득세의 세율은 종합소득 등에 대한 소득세의 세율(최저 6%에서 최고 45%의 8단계 초과누진세율)과는 달리 별도로 정하고 있는데, 양도자산의 종류 등에 따라 초과누진세율과 비례세율구조로 이루어져 있다. 이 경우 하나의 자산이 2 이상의 세율에 해당하는 때에는 그 중 가장 높은 것을 적용한다.

부동산과다보유법인의 과점주주가 보유하고 있는 주식의 일부(예를 들면 발행주식총액의 10%에 상당하는 주식)를 양도함으로써 주식(주권비상장법인의 주식, 주권상장법인의 대주주의 주식)의 양도에 따른 양도소득세를 납부한 후 3년 내에 해당 법인의 주식의 합계액의 50% 이상을 양도함으로써 해당 주식의 양도가 특정주식(과점주주가 소유하는 부동산과다보유법인의 주식)의 양도에 해당하게 된 경우에는 그 특정주식의 양도소득산출세액에서 주식의 양도에 따른 양도소득세의 기납부세액을 뺀 금액을 그 양도소득산출세액으로 한다.

즉 특정주식 중 과점주주가 소유하는 부동산과다보유법인의 주식의 양도소득산출세액에 주권비상장법인의 주주, 주권상장법인의 대주주로서 양도한 주식에 대하여 납부하였거나 납부할 양도소득세액이 포함되어 있는 경우에는 이를 차감한 금액을 그 특정주식의 양도소득산출세액으로 하는 것이다(소령 168 ②).

양도소득 산출세액에서 예정신고납부세액공제와 감면세액을 공제하여 양도소득 결정세액을 계산하게 된다. 그리고 양도소득 결정세액에 가산세를 더하여 양도소득 총결정세액을 계산한다.

2 세 율

가. 세율의 구분

양도소득에 대한 소득세의 세율은 종합소득 및 퇴직소득에 대한 소득세의 세율과는 달리 별도로 정하고 있다.

양도소득에 대한 소득세의 기본세율은 자산의 종류·등기 또는 등록 여부·보유기간·주식을 발행한 법인의 규모(중소기업법인과 기타의 법인) 및 주식의 소유 정도(대주주와 소액주주)에 따라 초과누진세율 또는 비례세율의 형태로 정하여 놓고 있다.

현행 양도소득세의 기본세율을 요약하면 [별표 10]과 같다.

이 경우 하나의 자산이 다음 [별표 10]의 세율 중 둘 이상에 해당할 때에는 해당 세율을 적용하여 계산한 양도소득 산출세액 중 큰 것을 그 세액으로 하고, 파생상품 등의 세율은 자본시장 육성 등을 위하여 필요한 경우 그 세율의 75%의 범위에서 인하할 수 있으며, 이에 따라 파생상품 등에 대한 양도소득세의 세율은 10%로 하고 있다(소법 104 ① 후단, 소령 167의 9).

[별표 10] 양도소득세의 기본세율(요약)

자산의 구분			기본세율
토지·건물·부동산에 관한 권리 및 기타자산	토지·건물 및 부동산에 관한 권리	2년 이상 보유	6~45% 8단계 초과누진세율 (분양권 60%)
		1년 이상 2년 미만 보유 / 주택·조합원입주권 및 분양권	60%
		1년 이상 2년 미만 보유 / 그 외 자산	40%
		1년 미만 보유 / 주택·조합원입주권 및 분양권	70%
		1년 미만 보유 / 그 외 자산	50%
		미등기 양도자산	70%
	비사업용 토지		기본세율 + 10%
	기타자산	비사업용 토지 과다소유법인 주식	기본세율 + 10%
		그 밖의 기타자산	6~45% 8단계 초과누진

자산의 구분			기본세율
주식 등	대주주	중소기업 외의 법인(1년 미만 보유)	30%
		위에 해당하지 않는 경우	20%(과세표준 3억원 초과분 25%)
	대주주가 아닌 자	중소기업	10%
		위에 해당하지 않는 경우	20%
파생상품 등			20%
신탁수익권			20%(과세표준 3억원 초과분 25%)

나. 기본세율(법정세율)

1) 토지 등과 기타자산

토지·건물 및 부동산에 관한 권리(이하에서 '토지 등'이라 한다)와 기타자산의 세율은 [별표 11]와 같다(소법 104 ① I). 다만, 분양권의 경우에는 양도소득 과세표준의 60%로 한다.

[별표 11] 토지 등에 대한 양도소득세의 기본세율

양도소득과세표준	세 율
1,400만원 이하	과세표준 × 6%
1,400만원 초과 5,000만원 이하	84만원 + 1,400만원을 초과하는 금액 × 15%
5,000만원 초과 8,800만원 이하	624만원 + 5,000만원을 초과하는 금액 × 24%
8,800만원 초과 1억5,000만원 이하	1,536만원 + 8,800만원을 초과하는 금액 × 35%
1억5,000만원 초과 3억원 이하	3,706만원 + 1억5,000만원을 초과하는 금액 × 38%
3억원 초과 5억원 이하	9,406만원 + 3억원을 초과하는 금액 × 40%
5억원 초과 10억원 이하	1억7,406만원 + 5억원을 초과하는 금액 × 42%
10억원 초과	3억8,406만원 + 10억원을 초과하는 금액 × 45%

2) 토지 등으로서 그 보유기간이 1년 이상 2년 미만인 것

토지·건물 및 부동산에 관한 권리로서 그 보유기간이 1년 이상 2년 미만인 것의 세율은 양도소득 과세표준의 40%[주택(건물정착면적의 5배 또는 10배의 토지를 포함한다. 이하 같다)·조합원입주권 및 분양권은 60%]로 한다.

위에서의 보유기간이란 해당 자산의 취득일부터 양도일까지로 한다. 다만, 다음 중 어느 하나의 자산에 해당하는 경우에는 각각 그 정한 날을 그 자산의 취득일로 본다(소법 104 ②).

① 상속받은 자산은 피상속인이 그 자산을 취득한 날

② 양도일부터 소급하여 10년 이내에 배우자 또는 직계존비속으로부터 증여받은 자산은 증여자가 그 자산을 취득한 날

③ 법인의 합병·분할(물적분할은 제외한다)로 인하여 합병법인·분할신설법인 또는 분할·합병의 상대방법인으로부터 새로 주식 등을 취득한 경우에는 피합병법인·분할법인 또는 소멸한 분할·합병의 상대방 법인의 주식 등을 취득한 날

3) 토지 등으로서 그 보유기간이 1년 미만인 것

토지·건물 및 부동산에 관한 권리로서 그 보유기간이 1년 미만인 것의 세율은 양도소득 과세표준의 50%(주택·조합원입주권 및 분양권의 경우에는 70%)로 한다. 보유기간은 앞의 "토지 등으로서 그 보유기간이 1년 이상 2년 미만인 것"에서 설명한 바와 같다.

4) 비사업용 토지

비사업용 토지에 대한 세율은 소득세법 제55조 제1항에 따른 세율(기본세율 : 6%부터 45%까지의 8단계 누진세율)에 10%를 더한 세율로 한다(소법 104 ① Ⅷ). 토지를 거주 또는 사업목적 등과 같은 실수요에 따라 생산적 용도로 사용하지 않고 투기 내지 재산증식의 수단으로 사용하는 토지 소유자에게 양도소득세를 중과세함으로써 부동산 투기수요를 억제하고 투기이익을 환수하려는 데에 제도적 취지가 있다.

비사업용 토지란 해당 토지를 소유하는 기간 중 일정기간 동안 부재지주가 소유하는 농지·임야 및 목장용지, 농지·임야 및 목장용지 외의 토지로서 거주 또는 사업과 직접 관련이 없는 토지, 일정한 기준면적을 초과하는 주택부속토지, 별장과 그 부속토지, 그 밖에 거주자의 거주 또는 사업과 직접 관련이 없는 토지에 해당하는 토지를 말한다.

5) 비사업용 토지 과다소유법인의 주식 등

비사업용 토지 과다소유법인의 주식 등에 대한 세율은 소득세법 제55조 제1항에 따

른 세율(기본세율 : 6%부터 45%까지의 8단계 누진세율)에 10%를 더한 세율로 한다(소법 104 ① Ⅸ). 앞에서 비사업용 토지 과다소유법인의 주식 등이란 기타자산인 특정주식(과점주주가 소유하는 부동산과다보유법인의 주식과 체육시설업 등을 경영하는 부동산과다보유법인의 주식)에 속하는 주식 등으로서 해당 법인의 자산총액 중 비사업용 토지의 가액이 차지하는 비율이 50% 이상인 법인의 주식 등을 말한다(소령 167의 7).

법문에서 비사업용 토지 과다소유법인의 주식 등이란 "소득세법 제94조 제1항 제4호 다목 또는 라목에 해당하는 주식 등으로서 해당 법인의 자산총액 중 법인세법 제55조의 2 제2항에 따른 비사업용 토지의 가액이 차지하는 비율이 50% 이상인 법인의 주식 등"이라고 정의하고 있다. 즉 비사업용 토지 과다소유법인의 주식 등은 다음의 두 가지 요건을 모두 충족하여야 한다.

첫째, 기타자산인 특정주식(과점주주가 소유하는 부동산과다보유법인의 주식과 체육시설업 등을 영위하는 부동산과다보유법인의 주식)에 속하는 주식 등이어야 한다. 법인의 자산총액 중 비사업용 토지의 가액이 차지하는 비율이 50% 이상인 법인의 주식 등에 해당하는 경우에도 해당 주식 등이 과점주주가 소유하는 부동산과다보유법인의 주식 등이나 체육시설업 등을 경영하는 부동산과다보유법인의 주식 등에 해당하지 않는 경우에는 비사업용 토지 과다소유법인의 주식 등에 해당하지 않는다.

둘째, 해당 법인의 자산총액 중 비사업용 토지의 가액이 차지하는 비율이 50% 이상이어야 한다.

자산총액은 해당 법인의 장부가액(토지의 경우에는 기준시가)에 의한다. 무형자산의 금액, 양도일부터 소급하여 1년이 되는 날부터 양도일까지의 기간 중에 차입금이나 증자 등에 따라 증가한 현금·대여금 및 기획재정부령으로 정하는 금융재산의 합계액은 자산총액에 포함하지 아니한다(소령 158 ④).

그리고 비사업용 토지의 가액은 기준시가에 따라 평가한 가액으로 하여야 할 것이다.

6) 미등기양도자산

미등기양도자산의 세율은 양도소득과세표준의 70%로 한다.

위에서 미등기양도자산이란 토지·건물 및 부동산에 관한 권리를 취득한 자가 그 자산의 취득에 관한 등기를 하지 아니하고 양도하는 것을 말한다. 중간생략등기에 따라 자산을 양도하는 경우이다. 즉 자산이 최초의 매도인으로부터 중간취득자에게, 중간취득자로부터 최종취득자에게 등기이전되어야 함에도 불구하고 중간취득자에 대한 이전등기를 생략하고 최초의 매도인으로부터 최종취득자에게 직접 이전등기를 행하는 경우가 있을 수 있다. 이 경우에 중간취득자가 소유권이전등기를 하지 아니한 채로 양도하는 자산이 미등기양도자산에 해당한다.

미등기상태의 자산의 양도는 양도소득세 등의 포탈을 결과할 뿐만 아니라 양도차익만을 노려 잔금 등의 지급 없이 전매하는 투기거래의 전형이라 할 수 있으므로 거의 금지적인 고율의 세율을 적용할 뿐만 아니라 비과세 및 감면에 관한 규정이나 장기보유특별공제 및 양도소득기본공제에 관한 규정의 적용을 배제하는 등의 불이익을 주고 있다.

그러나 다음의 자산은 미등기자산의 범위에서 제외된다(소법 104 ③, 소령 168).

미등기양도 제외자산의 범위를 정하고 있는 소득세법 시행령 제168조 제1항은 미등기양도제외자산의 예시규정으로 새겨야 한다.

① 장기할부조건으로 취득한 자산으로서 그 계약조건에 따라 양도 당시 그 자산의 취득에 관한 등기가 불가능한 자산

장기할부조건으로 자산을 취득하는 경우에는 취득자가 해당 자산의 대금을 청산하여야만, 즉 그 할부금을 완불하여야만 그 자산의 소유권에 관한 등기를 이전한다고 약정하는 경우가 일반적이다. 위와 같은 조건으로 취득한 자산을 할부금을 완불하기 전에 양도한 경우에는 그 계약조건상 소유권 이전등기의 이행이 원천적으로 불가능할 수밖에 없다.

② 법률의 규정 또는 법원의 결정에 따라 양도 당시 그 자산의 취득에 관한 등기가 불가능한 자산

법률의 규정에 따라 양도 당시 그 자산의 취득에 관한 등기가 불가능한 자산이란 자산의 취득자에 대하여 법률상 일반적으로 그 취득에 관한 등기를 제한 또는 금지함으로 인하여 등기절차의 이행이 불가능한 경우를 가리킨다. 예를 들어 토지구획정리사업이 종료되지 아니함으로써 취득에 관한 등기를 하지 못하고 양도한 토지는 미등기양도자산으로 보아서는 아니된다. 그리고 주택청약예금통장도 자산의 취득에 관한 등기가 원천적으로 불가능하기 때문에 미등기양도자산에 해당하지 않는다고 해석하여야 한다.[148]

그러나 농지의 양도자가 그 농지 소재지에 거주하지 않는 비농민이므로 농지취득에 제한을 받는 것과 같은 상대적 불능의 경우에는 법률의 규정에 따라 양도 당시

---

148) 대법원 1987.4.28. 선고, 86누652 판결 : 대법원 1988.12.27. 선고, 88누4669 판결.

그 자산의 취득에 관한 등기가 불가능한 경우로 보기 어렵다고 새긴다.[149]

③ 다음의 농지

소유권 관념이 희박하여 미등기상태로 농지를 매매하는 농민을 보호하기 위하여 다음의 농지에 대하여는 미등기양도자산의 범위에서 제외하고 있다.

ⅰ) 양도소득에 대한 소득세가 감면되는 8년 이상 자기가 경작한 농지(조특법 69 ①)

ⅱ) 양도소득에 대한 소득세가 비과세되는 교환 또는 분합하는 농지(소법 89 ①Ⅱ)

ⅲ) 양도소득에 대한 소득세가 감면되는 대토하는 농지(조특법 70 ①)

④ 양도소득에 대한 소득세가 비과세되는 1세대 1주택으로서 건축법에 따른 건축허가를 받지 아니하여 등기가 불가능한 자산

건축법에 따라 건축허가를 받지 아니하여 등기가 불가능한 자산은 법률의 규정에 따라 양도 당시 그 자산의 취득에 관한 등기가 불가능한 자산(앞의 '②'의 규정에 해당하는 자산)으로 새김이 마땅하다.

그렇다면 이 규정과 앞의 "②"의 규정과의 관계가 문제이다. 이에 관하여는 다음과 같은 견해의 대립을 상정할 수 있다.

제1설은 이 규정을 앞의 "②"의 규정에 대한 특례규정으로 이해하는 견해이다. 이 견해에 의하면 건축법에 의한 건축허가를 받지 아니하여 등기가 불가능한 자산은 법률의 규정에 따라 양도 당시 등기가 불가능한 자산에 해당하지만 소득세가 비과세되는 1세대 1주택을 제외하고는 미등기양도자산으로 보겠다는 의미로 해석한다.

제2설은 본 규정을 앞의 "②"의 규정을 단순히 확인 내지 예시하고 있는 규정으로 이해하는 견해이다. 건축허가를 받지 아니하여 등기가 불가능한 1세대 1주택도 당연히 미등기양도자산의 범위에서 제외됨을 확인하고 있는 규정이라고 파악하는 견해이다.

제2설의 입장에 찬성하고자 한다. 왜냐하면 건축법에 의한 건축허가를 받지 아니하여 등기가 불가능한 자산은 법률의 규정에 따라 양도 당시 그 자산의 취득에 관한 등기가 불가능한 자산에 해당한다. 그렇다면 건축법에 의한 건축허가를 받지 아니하여 등기가 불가능한 건물 중 1세대 1주택만을 미등기양도자산에서 제외할 것이 아니고 무허가건물 모두를 미등기양도자산의 범위에서 제외하는 것으로 해석함이 마땅하다. 물론 건축허가를 받지 아니하고 건축물을 건축하는 것은 비난받아 마땅한 행위이다. 그러나 그와 같은 비행은 건축법에 따라 비난하거나 소추하

---

149) 대법원 1995.4.11. 선고, 94누8020 판결.

여야 할 것이지 조세법의 해석의 영역에서까지 불이익을 가할 이유는 없다고 생각한다.

한편, 대법원은 건축허가를 받아 신축한 후 보존등기를 경료하지 않은 채로 양도한 주택은 미등기양도자산으로 판단하였다.[150] 즉 앞의 경우에는 건축허가를 받지 아니하여 등기가 불가능한 것이 아니라 취득에 관한 등기를 할 수 있음에도 불구하고 일부러 등기를 게을리하였음에 논거를 둔 것이다. 타당한 판결이라고 생각한다.

⑤ 도시개발법에 따른 도시개발사업이 종료되지 아니하여 토지 취득등기를 하지 아니하고 양도하는 토지 등

　도시개발법에 따른 도시개발사업이 종료되지 아니하여 토지 취득등기를 하지 아니하고 양도하는 토지와 건설사업자가 도시개발법에 따라 공사용역 대가로 취득한 체비지를 토지구획환지처분공고 전에 양도하는 토지는 미등기양도자산의 범위에서 제외한다.

⑥ 건설사업자가 「도시개발법」에 따라 공사용역 대가로 취득한 체비지를 토지구획환지처분공고 전에 양도하는 토지 등

⑦ 기타 부득이한 사정이 인정되는 경우

　자산의 취득에 있어서 양도자에게 자산의 미등기양도를 통한 조세회피목적이나 전매이득 취득 등과 같은 투기목적이 없다고 인정됨과 아울러 양도 당시 그 자산의 취득에 관한 등기를 하지 아니한 책임을 양도자에게 추궁하는 것이 가혹하다고 판단되는 경우, 즉 부득이한 사정이 인정되는 경우에는 예외적으로 미등기양도자산의 범위에서 제외된다고 새겨야 한다.[151]

7) 주식 등

① 중소기업 외의 법인의 주식 등으로서 대주주가 1년 미만 보유한 주식 등

　중소기업 외의 법인의 주식 등으로서 대주주가 1년 미만 보유한 주식 등의 세율은 양도소득 과세표준의 30%로 한다.

ⅰ) 중소기업이란 주식 등의 양도일이 속하는 사업연도의 직전사업연도 종료일 현재 중소기업기본법 제2조의 규정에 의한 중소기업에 해당하는 기업을 말한다.

ⅱ) 대주주라 함은 주식 등의 양도일이 속하는 사업연도의 직전사업연도 종료일 현재 주주 1인 및 기타주주(법인은 제외)가 소유하고 있는 해당 법인의 주식

---

150) 대법원 1983.6.28. 선고, 83누156 판결.
151) 대법원 1995.4.11. 선고, 94누8020 판결.

등의 시가총액이 50억원(코스닥시장상장법인의 주식 등의 경우에는 2% 또는 시가총액 50억원으로 하고, 코넥스시장의 주식 등의 경우에는 4% 또는 시가총액 50억원으로 한다. 이하에서 같다) 이상인 경우의 해당 주주 1인 및 기타 주주를 말한다(소령 157 ②).

이에 관하여는 "제2절 양도소득의 범위"에서 상론하였다.

iii) 보유기간은 앞의 "2) 토지 등으로서 그 보유기간이 1년 이상 2년 미만인 것"에서 설명하였다.

② 중소기업의 주식 등

중소기업의 주식 등(대주주가 아닌 경우에 한정한다)의 세율은 양도소득 과세표준의 10%로 한다.

③ 기타의 주식 등

위의 "①" 및 "②" 외의 주식 등의 세율은 양도소득 과세표준의 20%로 한다. 즉 중소기업의 주식 등의 경우에도 대주주가 양도하는 경우에는 20%의 세율을 적용하는 것이다. 다만, 대주주이면서 위의 "①"에 해당하지 않는 경우의 세율은 양도소득 과세표준의 20%로 하되, 양도소득 과세표준 3억원 초과분에 대하여는 25%의 세율을 적용한다.

8) 파생상품 등

파생상품 등의 세율은 양도소득 과세표준의 20%로 한다. 다만, 자본시장 육성 등을 위하여 필요한 경우 그 세율의 75%의 범위에서 대통령령으로 인하할 수 있으며, 이에 따라 파생상품 등에 대한 양도소득세의 세율은 10%로 하고 있다.

9) 신탁수익권

신탁수익권의 세율은 양도소득 과세표준의 20%로 하되, 양도소득 과세표준 3억원 초과분에 대하여는 25%의 세율을 적용한다(소법 104 ① XIV).

다. 기본세율의 특례

1) 특례의 내용

가) 지정지역에 있는 비사업용 토지 등에 대한 특례

다음 중 어느 하나에 해당하는 부동산을 양도하는 경우 소득세법 제55조 제1항에 따른 세율(기본세율 : 6%부터 45%까지의 8단계 누진세율. 다만, '①'의 경우에는 16%부터 55%까지의 8단계 누진세율)에 10%를 더한 세율을 적용한다. 이 경우 해당 부동산 보유기간이 2년 미만인 경우에는 기본세율('①'의 경우에는 16%부터 55%까지의 8단계 누진세율)에 10%를 더한 세율을 적용하여 계산한 양도소득 산출세액과 소득세법 제104조 제1항 제2호(40% 또는 60%) 또는 제3호(50% 또는 70%)의 세율을 적용하여 계산한 양도소득 산출세액 중 큰 세액을 양도소득 산출세액으로 한다(소법 104 ④).

① 지정지역에 있는 부동산으로서 비사업용 토지. 다만, 지정지역의 공고가 있은 날 이전에 토지를 양도하기 위하여 매매계약을 체결하고 계약금을 지급받은 사실이 증빙서류에 의하여 확인되는 경우는 제외한다.

② 그 밖에 부동산 가격이 급등하였거나 급등할 우려가 있어 부동산 가격의 안정을 위하여 필요한 경우에 대통령령으로 정하는 부동산

나) 조정대상지역에 있는 1세대 2주택 이상에 대한 특례

다음 중 어느 하나에 해당하는 주택(이에 딸린 토지를 포함한다. 이하에서 같다)을 양도하는 경우 기본세율에 20%('③'과 '④'의 경우 30%)을 더한 세율을 적용한다. 이 경우 해당 주택 보유기간이 2년 미만인 경우에는 기본세율에 20%('③' 및 '④'의 경우 30%)를 더한 세율을 적용하여 계산한 양도소득 산출세액과 소득세법 제104조 제1항 제2호(40% 또는 60%) 또는 제3호(50% 또는 70%)의 세율을 적용하여 계산한 양도소득 산출세액 중 큰 세액을 양도소득 산출세액으로 한다(소법 104 ⑦).

① 주택법 제63조의 2 제1항 제1호에 따른 조정대상지역(이하에서 '조정대상지역'이라 한다)에 있는 주택으로서 대통령령으로 정하는 1세대 2주택에 해당하는 주택

② 조정대상지역에 있는 주택으로서 1세대가 1주택과 조합원입주권 또는 분양권을 1개 보유한 경우의 해당 주택. 다만, 일정한 장기임대주택 등은 제외한다.

③ 조정대상지역에 있는 주택으로서 대통령령으로 정하는 1세대 3주택 이상에 해당하는 주택

④ 조정대상지역에 있는 주택으로서 1세대가 주택과 조합원입주권 또는 분양권을 보유한 경우로서 그 수의 합이 3 이상인 경우 해당 주택. 다만, 일정한 장기임대주택 등은 제외한다.

2) 지정지역의 지정 및 운영

기획재정부장관은 해당 지역의 부동산 가격 상승률이 전국 소비자물가 상승률보다 높은 지역으로서 전국부동산가격상승률 등을 감안하여 해당 지역의 부동산가격이 급등하였거나 급등할 우려가 있는 경우에는 지정지역으로 지정할 수 있다(소법 104의 2, 소령 168의 3).

지정지역 안에 있는 부동산 등에 대하여는 탄력세율을 적용할 수 있다. 그리고 지정지역 안에 있는 토지의 기준시가는 배율방법에 따라 평가한 가액으로 한다(소법 104 ④, 99 ① I 가).

가) 지정지역의 지정요건

지정지역이라 함은 다음 중 어느 하나에 해당하는 지역 중 국토교통부장관이 전국의 부동산가격동향 및 해당 지역특성 등을 감안하여 해당 지역의 부동산가격 상승이 지속될 가능성이 있거나 다른 지역으로 확산될 우려가 있다고 판단되어 지정요청(관계중앙행정기관의 장이 국토교통부장관을 경유하여 요청하는 경우를 포함한다)하는 경우로서 기획재정부장관이 부동산가격안정심의위원회의 심의를 거쳐 지정하는 지역을 말한다.

그리고 기획재정부장관은 필요하다고 인정되는 경우에는 국토교통부장관의 요청 없이도 부동산가격안정심의위원회에 지정지역의 지정에 관한 사항을 회부할 수 있다.

① 지정하는 날이 속하는 달의 직전 월(이하에서 '직전 월'이라 한다)의 주택매매가격상승률이 전국소비자물가상승률의 130%보다 높은 지역으로서 다음 중 어느 하나에 해당하는 지역

㉮ 직전 월부터 소급하여 2월간의 월평균 주택매매가격상승률이 전국주택매매가격상승률의 130%보다 높은 지역

㉯ 직전 월부터 소급하여 1년간의 연평균 주택매매가격상승률이 직전 월부터 소급하여 3년간의 연평균 전국주택매매가격상승률보다 높은 지역

② 직전 월의 지가상승률이 전국소비자물가상승률의 130%보다 높은 지역으로서 다음 중 어느 하나에 해당하는 지역

㉮ 직전 월부터 소급하여 2월간의 월평균 지가상승률이 전국지가상승률의 130%보다 높은 지역

㉯ 직전 월부터 소급하여 1년간의 연평균 지가상승률이 직전 월부터 소급하여 3년간의 연평균 전국지가상승률보다 높은 지역

③ 「개발이익환수에 관한 법률」에 따른 개발사업(개발부담금을 부과하지 아니하는 개발사업을 포함한다) 및 주택재건축사업(이하 '개발사업 등'이라 한다)이 진행 중인 지역(중앙행정기관의 장 또는 지방자치단체의 장이 그 개발사업 등을 발표한 경우를 포함한다)으로서 다음의 요건을 모두 갖춘 지역

㉮ 직전 월의 주택매매가격상승률이 전국소비자물가상승률의 130%보다 높을 것

㉯ 직전 월의 주택매매가격상승률이 전국주택매매가격상승률의 130%보다 높을 것

④ 택지개발촉진법에 의한 택지개발예정지구, 「신행정수도 후속대책을 위한 연기·공주지역 행정중심복합도시건설을 위한 특별법」에 따른 행정중심복합도시 건설사업 예정지역·주변지역, 그 밖에 기획재정부령이 정하는 대규모개발사업의 추진이 예정되는 지역(이하에서 '예정지구 등'이라 한다)으로서 다음 중 어느 하나에 해당하는 지역. 이 경우 예정지구 등의 후보지를 행정기관이 발표하는 경우에는 그 후보지를 예정지구 등으로 본다.

㉮ 직전 월의 주택매매가격상승률이 전국소비자물가상승률보다 높은 지역

㉯ 직전 월의 지가상승률이 전국소비자물가상승률보다 높은 지역

나) 지정지역의 지정절차

기획재정부장관이 지정지역을 지정한 때에는 지체 없이 그 내용을 공고하고, 그 공고내용을 국세청장에게 통지하여야 한다. 앞의 통지를 받은 국세청장은 그 내용에 대하여 일반인의 열람이 가능하도록 조치하여야 한다.

지정지역은 특별시·광역시·특별자치시·도·특별자치도 또는 시(「제주특별자치도설치 및 국제자유도시조성을 위한 특별법」에 따라 설치된 행정시를 포함한다)·군·구의 행정구역을 단위로 지정한다. 다만, 「개발이익환수에 관한 법률」 제2조 제2호의 규정에 따른 개발사업 및 주택재건축사업이 진행 중인 지역, 택지개발촉진법에 의한 택지개발예정지구, 「신행정수도후속대책을 위한 연기·공주지역행정중심복합도시건설을 위한 특별법」에 따른 행정중심복합도시 건설사업 예정지역·주변지역, 그 밖에 기획재정부령이 정하는 대규모개발사업의 추진이 예정되는 지역, 「국토의 계획 및 이용에 관한 법률」에 따른 허가구역에 대하여는 해당 지역만을 지정지역으로 지정할 수 있다.

지정지역의 지정은 그 지정지역의 지정을 공고한 날부터 효력이 발생한다(소령 168의 3 ⑥).

다) 부동산가격안정심의위원회의 심의

기획재정부장관이 지정지역을 지정하거나 해제하는 때에는 부동산가격안정심의위원회의 심의를 거쳐야 한다. 부동산가격안정심의위원회는 필요적 자문기관에 해당한다고 하겠다.

부동산가격안정심의위원회(이하에서 '심의위원회'라 한다)는 위원장 및 부위원장 각 1인을 포함하여 12인 이내의 위원으로 구성한다. 심의위원회 위원장은 기획재정부차관, 부위원장은 국토교통부차관이 되고, 위원은 관계부처 차관급 또는 고위공무원단에 속하는 일반직공무원과 경제 및 부동산에 관한 학식과 경험이 풍부한 자 중에서 기획재정부장관이 임명 또는 위촉하는 자로 한다.

심의위원회의 회의는 재적위원 과반수의 출석으로 개의하고, 출석위원 과반수의 찬성으로 의결한다.

라) 지정지역의 해제

지정지역의 지정 후 해당 지역의 부동산가격이 안정되는 등 지정사유가 해소된 것으로 인정되어 국토교통부장관의 지정해제요청(관계중앙행정기관의 장이 국토교통부장관을 경유하여 요청하는 경우를 포함한다)이 있는 경우에는 기획재정부장관은 부동산가격안정심의위원회의 심의를 거쳐 지정지역을 해제한다. 기획재정부장관은 필요하다고 인정되는 경우 국토교통부장관의 요청이 없더라도 부동산가격안정심의위원회에 지정지역의 해제에 관한 사항을 회부할 수 있다.

기획재정부장관이 지정지역을 해제한 때에는 지체 없이 그 내용을 공고하고, 그 공고내용을 국세청장에게 통지하여야 한다. 앞의 통지를 받은 국세청장은 그 내용에 대하여 일반인의 열람이 가능하도록 조치하여야 한다.

지정지역의 해제는 그 지정지역의 해제를 공고한 날부터 효력이 발생한다.

라. 세율이 다른 자산을 양도하는 경우의 세액계산의 특례

해당 과세기간에 토지·건물·부동산에 관한 권리 및 기타자산을 둘 이상 양도하는 경우 양도소득 산출세액은 다음의 금액 중 큰 것으로 한다. 이 경우 "②"의 금액을 계산할 때 비사업용 토지와 비사업용 토지 과다소유법인의 주식 등은 동일한 자산으로 보고, 한 필지의 토지가 비사업용 토지와 그 외의 토지로 구분되는 경우에는 각각을 별개의 자산으로 보아 양도소득 산출세액을 계산한다(소법 104 ⑤).

① 해당 과세기간의 양도소득과세표준 합계액에 대하여 소득세법 제55조 제1항에 따른

세율을 적용하여 계산한 양도소득 산출세액

② 앞의 "가"와 "나" 및 "다"에 따라 계산한 자산별 양도소득 산출세액의 합계액. 다만, 둘 이상의 자산에 대하여 소득세법 제104조 제1항 각 호, 같은 법 제4항 각 호 및 같은 법 제7항 각 호에 따른 세율 중 동일한 호의 세율이 적용되고, 그 적용세율이 둘 이상인 경우 해당 자산에 대해서는 각 자산의 양도소득과세표준을 합산한 것에 대하여 소득세법 제104조 제1항·제4항 또는 제7항의 각 해당 호별 세율을 적용하여 산출한 세액 중에서 큰 산출세액의 합계액으로 한다.

3 결정세액의 계산

양도소득산출세액에서 감면세액을 공제하여 양도소득결정세액을 계산하게 된다(소법 92 ③). 이하에서는 양도소득세 감면제도의 개요에 관하여만 살펴보기로 한다. 구체적인 감면제도에 관하여는 실무서적 등을 참고하기 바란다.

가. 감면세액의 계산산식

양도소득금액에 소득세법 또는 소득세법 이외의 법률에서 규정하는 감면소득금액[152]이 있는 때에는 다음 계산식에 따라 계산한 금액에 상당하는 양도소득세를 감면한다(소법 90).

$$\text{감면세액} = \text{양도소득산출세액} \times \frac{\text{양도소득기본공제 후의 감면소득금액}}{\text{양도소득과세표준}} \times \text{감면율}$$

위의 계산식에도 불구하고 조세특례제한법에서 양도소득세의 감면을 양도소득금액에서 감면대상 양도소득금액을 차감하는 방식으로 규정하는 경우에는 양도소득금액에서 감면대상 양도소득금액을 차감한 후 양도소득과세표준을 계산하는 방식으로 양도소득세를 감면한다.

위의 계산식에서 양도소득과세표준이란 양도소득금액에서 양도소득기본공제를 차감한 금액을 말한다. 그리고 양도소득기본공제 후의 감면소득금액은 양도소득과세표준을 산정함에 있어서 감면소득금액에서 차감한 양도소득기본공제가 있는 때에는 감면소득금액에서 그 양도소득기본공제를 뺀 금액, 양도소득과세표준을 산정함에 있어서 감면소득금액에서

---

152) 실정세법에서는 세액면제라는 용어와 세액감면이라는 용어를 혼용하고 있다. 법적 성질에 있어서 차이가 있는 것은 아니다. 보통 세액의 전부면제에 대하여는 면제로, 세액의 일부(부분)면제에 대하여는 감면이라는 용어를 사용하고 있는 것 같다.

차감한 양도소득기본공제가 없는 때(양도소득기본공제를 감면소득금액 외의 양도소득금액에서 전액 공제한 때)에는 감면소득금액의 전액을 말한다.

그런데 감면소득금액을 계산함에 있어서 양도소득금액에 감면소득금액이 포함되어 있는 경우에는 순양도소득금액(감면소득금액을 제외한 부분을 말한다)과 감면소득금액이 차지하는 비율로 안분하여 해당 양도차손을 공제한 것으로 보아 감면소득금액에서 해당 양도차손 해당분을 공제한 금액을 감면소득금액으로 본다(소령 167의 2 ②).

나. 감면의 배제와 규제

1) 감면의 배제

미등기양도자산 및 매매계약서의 거래가액을 실지거래가액과 다르게 적은 경우의 해당 자산에 대하여는 양도소득세의 감면에 관한 규정을 적용하지 아니한다(조특법 129). 토지투기를 억제와 세원의 근원적인 탈루 방지, 토지 등 거래의 투명성 확보와 실지거래가액방법에 의한 양도소득세 과세제도의 정착을 위한 법적 장치이다.

미등기양도자산과 매매계약서의 거래가액을 실지거래가액과 다르게 적은 경우의 해당 자산의 범위에 관해서는 앞의 "제2장 제2절 비과세의 배제"와 "제4장 제1절 2. 세율"에서 이미 설명한 바 있다.

2) 양도소득세 감면의 종합한도

특정인에게 지나치게 많은 세액이 감면됨으로써 과세의 형평을 해치는 것을 방지하기 위하여 양도소득세 감면의 종합한도를 설정하고 있다.[153] 개인이 조세특례제한법 제33조, 제43조, 제66조부터 제69조까지, 제69조의 2부터 제69조의 4까지, 제70조, 제77조, 제77조의 2, 제77조의 3, 제85조의 10 또는 법률 제6538호 부칙 제29조에 따라 감면받을 양도소득세액의 합계액 중에서 다음의 금액 중 큰 금액은 감면하지 아니한다. 이 경우 감면받는 양도소득세액의 합계액은 자산양도의 순서에 따라 합산한다(조특법 133 ①).

① 조세특례제한법 제33조, 제43조, 제66조부터 제69조까지, 제69조의 2, 제70조, 제77조, 제77조의 2, 제77조의 3, 제85조의 10 또는 법률 제6538호 부칙 제29조에 따라 감면받을 양도소득세액의 합계액이 과세기간별로 1억원을 초과하는 경우에는 그 초과하는 부분에 상당하는 금액

---

153) 헌법재판소 1995.6.29., 94헌바39(전원재판부).
   [판결요지] 양도소득세 감면의 종합한도액을 설정하고 있는 현행의 조세특례제한법 제133조는 헌법상의 평등의 원칙이나 조세평등주의에 위배된다고 할 수 없다.

② 5개 과세기간의 합계액으로 계산된 다음의 금액 중 큰 금액. 이 경우 5개 과세기간 의 감면받을 양도소득세액의 합계액은 당해 과세기간에 감면받을 양도소득세액과 직전 4개 과세기간에 감면받은 양도소득세액을 합친 금액으로 계산한다.

㉮ 5개 과세기간의 조세특례제한법 제70조에 따라 감면받을 양도소득세액의 합계 액이 1억원을 초과하는 경우에는 그 초과하는 부분에 상당하는 금액

㉯ 5개 과세기간의 조세특례제한법 제70조, 제77조(10% 및 15%의 감면율을 적용받 는 경우로 한정한다) 또는 조세특례제한법 제77조의 2에 따라 감면받을 양도소득 세액의 합계액이 2억원을 초과하는 경우에는 그 초과하는 부분에 상당하는 금액

4 총결정세액의 계산

양도소득결정세액에 가산세를 가산하여 양도소득 총결정세액을 계산하게 된다(소법 92 ③). 가산세에는 무신고가산세, 과소신고가산세, 초과환급신고가산세, 납부·환급불성실가 산세, 기장불성실가산세가 있다.

이에 관하여는 "과세표준과 세액의 결정과 징수"에서 다루기로 한다.

제5장

과세표준과 세액의 예정신고와 납부

제1절 예정신고의 의의

양도소득세의 과세대상이 되는 자산을 양도한 자는 해당 자산을 양도할 때마다 양도소득과세표준 예정신고(이하에서 '예정신고'라 한다)와 납부를 하여야 한다. 조세채권을 조기에 확보함과 아울러 세액의 분산납부에 따른 세부담의 누적을 방지하기 위하여 마련된 제도이다.

납세지 관할세무서장은 양도자가 예정신고를 하지 않거나 예정신고한 내용에 탈루 또는 오류가 있는 때에는 해당 양도자의 양도소득과세표준과 세액을 결정·경정함과 동시에 세액을 징수한다.

제2절 예정신고와 납부

1 신고의무자

자산(파생상품 등은 제외한다)을 양도한 자는 예정신고를 하여야 한다. 자산양도차익이 없거나 양도차손이 발생한 때에도 신고하여야 한다(소법 105 ③).

2 신고기한

자산을 양도한 거주자는 다음의 구분에 따른 기간 이내에 예정신고하여야 한다.
① 토지·건물·부동산에 관한 권리 및 기타자산을 양도한 경우에는 그 양도일이 속하는 달의 말일부터 2개월. 다만, 「부동산 거래신고 등에 관한 법률」 제10조 제1항의 규정에 따른 거래계약허가구역 안에 있는 토지를 양도함에 있어서 토지거래계약허

가를 받기 전에 대금을 청산한 경우에는 그 허가일(토지거래계약허가를 받기 전에 허가구역의 지정이 해제된 경우에는 그 해제일을 말한다)이 속하는 달의 말일부터 2개월로 한다.

② 주식 등을 양도한 경우에는 그 양도일이 속하는 반기의 말일부터 2개월

③ 부담부증여의 채무액에 해당하는 부분으로서 양도로 보는 경우에는 그 양도일이 속하는 달의 말일부터 3개월

3 신고방법

양도소득과세표준예정신고서에 양도소득과세표준예정신고및자진납부계산서와 다음의 서류를 첨부하여 납세지 관할세무서장에게 제출하여야 한다.

1) 부동산 및 부동산에 관한 권리를 양도하는 경우

① 환지예정지증명원·잠정등급확인원 및 관리처분내용을 확인할 수 있는 서류 등

② 해당 자산의 매도 및 매입에 관한 계약서 사본

③ 자본적 지출액·양도비 등의 명세서

④ 감가상각비명세서

2) 주식 등과 기타자산을 양도하는 경우

① 해당 자산의 매도 및 매입에 관한 계약서 사본 또는 매매내역서

② 양도비 등의 명세서

③ 주권상장법인 또는 주권비상장법인의 대주주로 보는 주주 1인, 주권상장법인 기타주주 또는 주권비상장법인 기타주주의 경우에는 기획재정부령으로 정하는 대주주신고서

4 양도차익의 계산과 세액의 납부

가. 예정신고산출세액의 계산

예정신고산출세액은 양도차익에서 장기보유특별공제 및 양도소득기본공제를 한 금액에 기본세율을 곱하여 산정한다. 해당 과세기간에 누진세율 적용대상자산에 대한 예정신고를 2회 이상 하는 경우로서 거주자가 이미 신고한 양도소득금액과 합산하여 신고하려는 경우에는 다음의 구분에 따른 금액을 제2회 이후 신고하는 예정신고산출세액으로 한다.

① 8단계 초과누진세율의 적용대상자산에 해당하는 경우

> 예정신고산출세액 = [(이미 신고한 자산의 양도소득금액 + 2회 이후 신고하는 자산의 양도
> 소득금액 - 양도소득 기본공제) × 제104조 제1항 제1호에 따른 세율]
> - 이미 신고한 예정신고산출세액

② 비사업용 토지에 해당하는 경우

> 예정신고산출세액 = [(이미 신고한 자산의 양도소득금액 + 2회 이후 신고하는 자산의 양도
> 소득금액 - 양도소득 기본공제) × 제104조 제1항 제8호 또는 제9호에
> 따른 세율] - 이미 신고한 예정신고산출세액

③ 대주주가 양도하는 주식 등으로서 1년 미만 보유한 주식 가운데 중소기업 외의 법인
의 주식 등에 해당하지 아니하는 주식 등

> 예정신고산출세액 = [(이미 신고한 자산의 양도소득금액 + 2회 이후 신고하는 자산의 양도
> 소득금액 - 양도소득 기본공제) × 제104조 제1항 제11호 가목 2)에 따
> 른 세율] - 이미 신고한 예정신고산출세액

감면소득금액 외의 양도소득금액에서 빼는 양도소득기본공제는 해당 연도 중에 먼저 양
도하는 자산의 양도소득금액에서 순차로 공제한다.

나. 예정신고세액의 자진납부

① 거주자가 예정신고를 할 때에는 예정신고산출세액에서 조세특례제한법이나 그 밖의
법률에 따른 감면세액을 뺀 세액을 납세지 관할세무서·한국은행 또는 체신관서에
납부하여야 한다(소법 106 ①). 이를 예정신고납부라 한다.
② 예정신고납부를 하는 경우 수시부과세액이 있을 때에는 이를 공제하여 납부한다.
③ 자진납부할 세액이 1,000만원을 초과하는 때에는 그 납부할 세액의 일부를 납부기한
이 지난 후 2개월 이내에 분할납부할 수 있다(소법 112).

5　재외국민과 외국인의 부동산등양도신고확인서의 제출

「재외동포의 출입국과 법적지위에 관한 법률」 제2조 제1호에 따른 재외국민과 출입국관리법 제2조 제2호에 따른 외국인이 소득세법 제94조 제1항 제1호의 자산을 양도하고 그 소유권을 이전하기 위하여 등기관서의 장에게 등기를 신청할 때에는 부동산등양도신고확인서를 제출하여야 한다(소법 108).

등기관서의 장에게 부동산등양도신고확인서를 제출해야 하는 자는 기획재정부령으로 정하는 신청서를 세무서장에게 제출하여 부동산등양도신고확인서 발급을 신청해야 한다. 이 경우 인감증명법 시행령 제13조 제3항 단서에 따라 세무서장으로부터 부동산 매도용 인감증명서 발급 확인을 받은 경우에는 부동산등양도신고확인서를 제출한 것으로 본다(소령 171).

제3절　예정신고의 효력과 확정신고와의 관계

토지 등의 양도에 따라 예정신고납부하여야 할 소득세는 그 과세표준이 되는 금액이 발생한 달의 말일에 그 소득세의 납세의무가 성립한다(기법 21 ② Ⅰ). 이와 같이 성립한 납세의무에 대하여 토지 등의 양도자는 예정신고를 함과 동시에 그 세액을 납부하도록 하고 있음은 전술한 바와 같다.

예정신고가 양도소득세의 납세의무를 구체적으로 확정시키는 효력을 갖고 있음은 의문의 여지가 없다. 그런데 이와 같은 예정신고의 확정력이 확정신고와의 관계에서 확정적·종국적인 것인지 아니면 잠정적인 것인지에 관하여는 다음과 같이 종국적 확정설과 잠정적 확정설의 대립을 생각하여 볼 수 있다.

1) 종국적 확정설

예정신고에 따라 해당 토지 등의 양도소득에 대한 소득세의 납세의무가 확정적·종국적으로 확정된다고 새기는 견해이다. 그 논거는 다음과 같다.

첫째, 양도소득세는 신고주의국세로서 납세의무자가 과세표준과 세액을 신고하는 때에 그 과세표준과 세액이 확정된다. 그리고 과세관청은 예정신고를 하여야 할 자가 그 신고를 하지 아니한 경우에는 해당 거주자의 과세표준과 세액을 결정하며, 예정신고를 한 자의 신고 내용에 탈루 또는 오류가 있는 경우에는 과세표준과 세액을 경정한다(소법 114 ① 및 ②).

과세관청이 과세표준과 세액을 결정 또는 경정하고 그 통지를 납세고지서에 의하여 행하는 경우의 납세고지는 그 결정 또는 경정을 납세의무자에게 고지함으로써 구체적 납세의무 확정의 효력을 발생시키는 부과처분으로서의 성질과 확정된 조세채권의 이행을 명하는 징수처분으로서의 성질을 아울러 갖는다(대법원 1985.10.22. 선고, 85누81 판결 참조).

둘째, 예정신고를 한 자에 대하여 그 예정신고한 내용이 확정신고할 내용과 같다면 해당소득에 대한 확정신고의무를 배제하고 있는 소득세법 제110조 제4항에 비추어 볼 때 예정신고는 종국적 확정력을 갖는 것으로 보아야 한다.

셋째, 자산을 양도한 자가 예정신고기간 내에 양도소득세 예정신고 및 납부를 이행하지 않거나 과소하게 신고납부한 경우에는 무신고가산세, 과소신고가산세 또는 납부지연가산세를 부과하도록 하고 있다(기법 47의 2부터 47의 4까지). 이는 예정신고가 종국적으로 확정력을 갖는다는 의미이다.

2) 잠정적 확정설

예정신고가 확정력을 갖지만 그 확정력은 어디까지나 확정신고를 통한 세액의 정산절차를 유보한 상태 아래에서의 잠정적인 확정으로 새기는 견해이다. 그 논거는 다음과 같다.

첫째, 양도소득세는 기간과세의 원칙이 적용되어 해당 과세기간 중에 발생한 양도소득을 모두 합산하여 그 과세표준과 세액을 산출하여 총괄적으로 신고함으로써 구체적 납세의무가 확정되도록 하고 있다.

둘째, 자산을 양도한 자에 대하여 양도소득세 확정신고의무를 지우고 있는 점이다. 다만, 예정신고를 한 자로서 그 신고한 내용과 같은 내용인 경우에 한하여 "해당 소득에 대한 확정신고를 하지 아니할 수 있다."고 하여, 극히 제한적인 예외를 인정할 뿐이다(소법 110 ① 및 ④).

셋째, 소득세법은 제111조 제3항 등에서 예정신고 산출세액이나 예정경정세액을 양도소득 산출세액에서 공제하도록 규정함으로써 확정신고를 통한 양도소득세액의 정산절차를 유보하고 있다는 점이다.

3) 소결

예정신고 등에 확정력을 부여하고 있음은 의문의 여지가 없지만, 이와 같은 예정신고가 갖는 확정력은 종국적·확정적인 것이 아니고 잠정적인 것으로 새겨야 한다. 따라서 납세의무자가 양도소득 예정신고를 한 후 그 예정신고한 내용과는 다른 내용으로 확정신고를 한 경우에는 예정신고에 의하여 잠정적으로 확정되었던 과세표준과 세액이 확정신고에 의하여 확정된 과세표준과 세액에 흡수되어 소멸하는 것으로 해석하여야 한다. 이와 같은 법리는 예정신고 후에 행하여진 경정과 확정신고와의 관계에서도 그대로 타당하다고 하겠다.

그러나 예정신고 등에 의하여 잠정적으로 확정된 과세표준과 세액이 확정신고에 의하여 확정된 과세표준과 세액에 흡수되어 소멸하는 경우란 납세의무자가 양도소득 예정신고를 한 후 그와 다른 내용으로 확정신고를 한 경우에 한한다. 따라서 납세의무자가 양도소득 예정신고를 한 후 예정신고와 같은 내용으로 확정신고를 한 경우에는 예정신고에 의하여 잠정적으로 확정된 과세표준과 세액이 확정신고에 의하여 확정된 과세표준과 세액에 흡수되어 소멸하는 것이 아니라 그대로 그 효력이 유지된다고 보아야 한다.

예정신고가 갖는 확정력을 잠정적 확정력으로 보는 견해의 논거로서는 다음과 같은 것을 들 수 있다.

첫째, 예정신고는 종국적으로 확정신고를 통한 세액의 정산절차를 예정하고 있다는 점이다. 즉, 예정신고를 이행한 자도 원칙적으로 확정신고의무를 지며(소법 110 ① 및 ④), 확정신고납부를 하는 때에는 양도소득산출세액에서 예정신고산출세액을 공제하도록 하고 있는 점(소법 111 ③) 등은 모두 확정신고 등을 통한 세액의 정산을 예정하여 마련된 규정이다.

둘째, 예정신고납부제도의 입법 취지에 비추어 볼 때 해당 제도는 소득의 발생 초기에 미리 세액을 납부하도록 함으로써 세원을 조기에 확보하고 징수의 효율성을 도모하며 조세부담의 누적을 방지하려는 데 있다(대법원 2011.9.29. 선고, 2009두22850 판결 등 참조).

셋째, 양도소득세는 1역년을 단위로 한 기간과세의 원칙을 적용하여 해당 과세기간 중에 발생한 양도소득을 모두 합산하여 그 과세표준과 세액을 산출하기 때문에 총괄적으로 신고함으로써 구체적 납세의무가 확정된다. 그러므로 예정신고 등은 잠정적이고 부분적인 확정의 효력이 있을 뿐이다.

대법원도 예정신고의 효력을 잠정적인 것으로 보고 있다. 따라서 납세자가 예정신고를 한 후 그와 다른 내용으로 확정신고를 한 경우에는 그 예정신고에 의하여 잠정적으로 확정된 과세표준과 세액은 확정신고에 의하여 확정된 과세표준과 세액에 흡수되어 소멸하고, 이에 따라 예정신고 또는 그 예정신고에 기초하여 그 과세표준과 세액을 경정한 과세관청의 증액경정처분 역시 효력을 상실한다고 판시한 바 있다.[154]

---

154) 대법원 2021.12.30. 선고, 대법원 2017두73297 판결.

제6장

과세표준과 세액의 확정신고와 납부

제1절 과세표준의 확정신고

1 의의와 법적 성질

양도소득세의 납세의무가 있는 자는 자기의 양도소득과세표준과 세액을 해당 과세기간의 다음 연도 5월 1일부터 5월 31일까지[소득세법 제105조 제1항 제1호 단서에 해당하는 경우에는 토지거래계약에 관한 허가일(토지거래계약허가를 받기 전에 허가구역의 지정이 해제된 경우에는 그 해제일을 말한다)이 속하는 과세기간의 다음 연도 5월 1일부터 5월 31일까지] 과세관청에게 신고하여야 한다(소법 110 ①). 이를 양도소득세 과세표준확정신고(이하에서 '확정신고'라고 한다)라고 한다.

신고납세제도를 채택하고 있는 양도소득세에 있어서 그 확정신고는 사인(私人)의 공법행위로서 추상적으로 성립한 납세의무를 구체적으로 확정하는 효력이 부여되어 있다.

신고납세제도 아래에서의 납세의무의 확정과 확정신고와의 관계, 확정신고의 법적 성질에 관하여는 "제3편 종합소득세 등의 과세표준확정신고와 자진납부"에서 설명하였으므로 중복적인 서술을 피하고자 한다.

2 신고의무자

해당 과세기간의 양도소득금액이 있는 거주자는 확정신고의무를 진다. 한편, 해당 과세기간의 과세표준이 없거나 결손금액이 있는 때에도 확정신고를 하여야 한다. 또한 양도소득과세표준 확정신고를 한 자가 「공익사업을 위한 토지 등의 취득 및 보상에 관한 법률」이나 그 밖의 법률에 따른 토지 등의 수용으로 인한 수용보상가액과 관련하여 제기한 행정소송으로 인하여 보상금이 변동됨에 따라 당초 신고한 양도소득금액이 변동된 경우로서 소송 판결 확정일이 속하는 달의 다음다음 달 말일까지 추가신고 납부한 때에는 소득세법 제110

조의 기한까지 신고 납부한 것으로 본다(소법 110 ① 및 ②).

그러나 예정신고를 한 자는 해당 소득에 대한 확정신고를 하지 아니할 수 있다. 다만, 다음의 경우에는 그러하지 아니하다(소법 110 ④ 및 소령 173 ⑤).

① 해당 과세기간에 누진세율의 적용대상 자산에 대한 예정신고를 2회 이상 한 자가 이미 신고한 양도소득금액과 합산하여 신고하지 아니한 경우

② 토지·건물·부동산에 관한 권리 및 기타자산을 2회 이상 양도한 경우로서 양도소득기본공제를 적용할 경우 당초 신고한 양도소득산출세액이 달라지는 경우

③ 주식 등을 2회 이상 양도한 경우로서 양도소득기본공제를 적용할 경우 당초 신고한 양도소득산출세액이 달라지는 경우

④ 토지·건물·부동산에 관한 권리 및 기타자산을 둘 이상 양도한 경우로서 소득세법 제104조 제5항을 적용할 경우 당초 신고한 양도소득 산출세액이 달라지는 경우

3 신고기한

해당 과세기간의 다음 연도 5월 1일부터 5월 31일(「부동산 거래신고 등에 관한 법률」 제10조 제1항에 따른 거래계약허가구역 안에 있는 토지를 양도하는 경우 토지거래계약허가를 받기 전에 대금을 청산한 경우에는 그 허가일이 속하는 과세기간의 다음 연도 5월 1일부터 5월 31일)까지 확정신고를 하여야 한다(소법 110 ①).

4 신고방법

양도소득세과세표준확정신고및자진납부계산서에 다음의 서류를 첨부하여 납세지 관할 세무서장에게 제출하여야 한다(소법 110 ⑤, 소령 173).

① 양도소득금액의 계산의 기초가 된 양도가액과 필요경비의 계산에 필요한 서류
양도가액과 필요경비의 계산에 필요한 서류란 예정신고시에 제출하여야 할 서류(예정신고의 신고방법에서 적은 서류)를 말한다.

② 예정신고에 대한 양도소득과세표준과 세액의 결정통지서 사본(예정신고를 하지 아니한 자는 양도소득금액계산명세서)

③ 필요경비불산입명세서(부당행위계산부인규정에 따라 소득금액을 계산하는 경우)

5 보정요구와 수정신고 등

가. 보정요구와 수정신고 등

① 납세지 관할세무서장은 제출된 신고서와 그 밖의 서류에 미비 또는 오류가 있는 때에는 그 보정을 요구할 수 있다(소법 110 ⑥).

② 거주자가 확정신고를 한 후 그 신고한 과세표준과 세액이 신고하여야 할 과세표준과 세액에 미달하는 것을 발견한 때에는 그 과세표준과 세액을 경정하여 통지하기 전까지 과세표준수정신고서를 제출할 수 있다(기법 45).

③ 법정신고기한 내에 확정신고를 하지 아니한 자도 관할세무서장이 소득세의 과세표준과 세액을 결정하여 통지하기 전까지 기한후과세표준신고서를 제출할 수 있다(기법 45의 3).

나. 경정의 청구

과세표준신고서를 법정신고기한 내에 제출한 자 및 기한후과세표준신고서를 제출한 자로서 과세표준과 세액을 과다하게 신고한 자는 그 법정신고기한 후 5년(각 세법에 따른 결정 또는 경정이 있는 경우에는 이의신청·심사청구 또는 심판청구 기간을 말한다) 이내에 경정을 청구할 수 있다.

그리고 과세표준신고서를 법정신고기한 내에 제출한 자 또는 과세표준 및 세액의 결정을 받은 자는 최초의 신고·결정에 있어서 과세표준 및 세액의 계산근거가 된 거래 또는 행위 등이 판결에 따라 다른 것으로 확정되었거나 해제권의 행사에 따라 해제되는 경우와 같은 일정한 후발적 사유가 발생한 때에는 그 후발적 사유가 발생한 것을 안 날부터 3개월 이내에 결정 또는 경정을 청구할 수 있다. 다만, 결정 또는 경정으로 인하여 증가된 과세표준 및 세액에 대하여는 해당 처분이 있음을 안 날(처분의 통지를 받은 때에는 그 받은 날)부터 90일 이내(법정신고기한이 지난 후 5년 이내로 한정한다)에 경정을 청구할 수 있다(기법 45의 2).

제2절   확정신고세액의 자진납부

가. 확정신고세액의 자진납부

양도소득이 있는 거주자는 해당 연도의 과세표준에 대한 양도소득산출세액에서 감면세액과 세액공제액을 공제한 금액을 확정신고기한까지 납세지 관할세무서·한국은행 또는 체신관서에 납부하여야 한다.

확정신고자진납부를 함에 있어서 예정신고산출세액·예정신고를 하지 않았거나 과소하게 신고한 자에 대하여 결정 또는 경정한 세액·수시부과세액이 있는 때에는 이를 공제하여 납부한다.

나. 확정신고세액의 분납

양도소득이 있는 거주자로서 자진납부할 세액이 1,000만원을 초과하는 때에는 그 납부할 세액의 일부를 납부기한이 지난 후 2개월 이내에 분할납부할 수 있다(소법 112). 분할납부할 수 있는 세액은 다음과 같다(소령 175).

① 납부할 세액이 2,000만원 이하인 때에는 1,000만원을 초과하는 금액
② 납부할 세액이 2,000만원을 초과하는 때에는 그 세액의 50% 이하의 금액

제 **7** 장

과세표준과 세액의 결정 · 경정과 징수

제**1**절 과세표준과 세액의 결정 및 경정

1 서 론

① 양도소득세의 납세의무는 과세기간이 끝나는 때에 성립한다(기법 21 ①). 그러나 이와
같은 추상적인 납세의무의 성립만으로는 구체적인 과세관청의 징수권이나 납세의무
자의 납부의무가 확정되는 것이 아니다. 양도소득세는 신고납세제도를 채택하고 있기
때문에 납세의무자의 납세신고행위(과세표준과 세액의 확정신고행위)에 따라 양도
소득세의 납세의무가 구체적으로 확정된다. 다만, 납세의무자가 납세신고를 이행하지
않은 경우에 한하여 과세관청이 과세처분(과세표준과 세액의 결정)을 통하여 납세의
무를 확정짓게 되는 것이다. 그리고 신고한 양도소득세의 과세표준과 세액 또는 결정
한 양도소득세의 과세표준과 세액에 오류 또는 탈루가 있는 것이 발견된 때에는 과세
관청이 다시 그 과세표준과 세액을 고쳐서 과세처분을 행하게 되는데, 이를 과세표준
과 세액의 경정이라고 부른다.

과세처분의 법적 성질에 관하여는 "종합소득세 등의 과세표준과 세액의 결정 등과 징
수(제3편 제9장)"에서 상론하였으므로 이곳에서는 중복적인 서술을 피한다.

② 과세관청은 예정신고를 하여야 할 자 또는 확정신고를 하여야 할 자가 그 신고를 하지
아니한 때에는 해당 거주자의 양도소득과세표준과 세액을 결정하도록 하고 있다. 그
리고 예정신고를 한 자 또는 확정신고를 한 자의 신고내용에 탈루 또는 오류가 있는
경우에는 양도소득과세표준과 세액을 경정하며, 결정 또는 경정한 양도소득과세표준
과 세액에 탈루 또는 오류가 있는 것이 발견된 때에는 즉시 이를 다시 경정한다(소법
114 ① 내지 ③).

2 결정기관

납세지 관할세무서장이 행한다. 그러나 국세청장이 특히 중요하다고 인정하는 경우에는 지방국세청장이 결정 또는 경정한다(소령 176 ②).

지방국세청장이 결정 또는 경정하는 경우에 납세지 관할세무서장은 해당 과세표준과 세액 또는 양도소득금액의 결정 또는 경정에 필요한 서류를 지방국세청장에게 지체없이 송부하여야 하며, 양도소득금액을 조사결정 또는 경정한 지방국세청장도 그 조사결정 또는 경정한 사항을 지체없이 납세지 관할세무서장에게 통보하여야 한다(소령 176 ③ 및 ④).

납세지 관할세무서장 또는 지방국세청장은 양도소득과세표준과 세액을 결정 또는 경정함에 있어서 주식 등(기타자산인 특정주식과 특정시설물의 이용권이 부여된 주식 등을 포함한다)의 양도차익에 대한 신고내용의 탈루 또는 오류 그 밖에 거래명세의 적정성을 확인할 필요가 있는 경우에는 「금융실명거래 및 비밀보장에 관한 법률」 등 다른 법률의 규정에 불구하고 「자본시장과 금융투자에 관한 법률」에 따른 투자매매업자 및 투자중개업자와 그 주권 또는 출자증권을 발행한 법인에 이를 조회할 수 있다. 이 경우에 납세지 관할세무서장 또는 지방국세청장은 거래자의 인적사항·사용목적 및 요구하는 자료의 내용을 기재한 문서에 따라 증권회사 및 주권 또는 출자증권을 발행한 법인의 대표자에게 요구하여야 한다(소법 114 ⑦ 및 소령 177의 2).

한편, 국세청장은 주소지 관할세무서장 또는 지방국세청장이 양도소득금액을 결정 또는 경정함에 있어서 필요하다고 인정하는 때에는 부동산 감정·평가에 관한 학식과 경험이 풍부한 자에게 자문하여 그 결정 또는 경정에 공정성을 기하게 할 수 있다(소령 176의 2 ⑤).

3 결정방법

가. 개 요

1) 결정방법의 유형

양도소득과세표준과 세액(이하에서 '과세표준'이라 한다)의 결정 또는 경정방법은 크게 실지거래가액방법과 추계방법으로 나눌 수 있다.

양도소득세의 과세표준과 세액은 원칙적으로 실지거래가액방법에 따라 산정한다. 실지거래가액방법은 매매계약서·도급계약서 등과 같은 취득 또는 양도 등과 관련한 직접적인 증거자료를 바탕으로 하여 양도자가 해당 자산을 양도함으로써 실제로 얻은 과세표준을 확인·산정하는 방법으로서 실액방법이라고도 한다.

이에 대하여 추계방법이란 실제 발생한 소득금액에 의해서가 아니고 매매사례가액·
감정가액·환산가액 또는 기준시가 등과 같은 간접적인 증거자료에 따라 양도차익을
산정하는 방법이다. 자산의 양도당시 또는 취득당시의 실지거래가액을 인정·확인할
수 없는 경우에 매매사례가액(주권상장법인의 주식 등은 제외한다)·감정가액(주식
등은 제외한다)·환산가액(취득가액에 한한다) 또는 기준시가와 같은 추정치를 근거
로 하여 과세표준을 산정하는 방법이다.

2) 동일기준의 원칙

양도소득 과세표준을 결정 또는 경정하는 경우 동일기준의 원칙을 적용하여야 한다.
즉 과세표준을 결정 또는 경정하는 경우 양도가액을 실지거래가액[155](양도당시의 매
매사례가액과 감정가액을 적용하는 경우에는 해당 매매사례가액과 감정가액을 포함
한다)에 의하는 때에는 취득가액도 실지거래가액(취득당시의 의제실지거래가액이나
취득당시의 매매사례가액·감정가액 및 환산취득가액을 적용하는 경우에는 그 자산
의 취득당시의 의제실지거래가액·매매사례가액·감정가액 및 환산가액을 포함한
다)에 따라야 한다.

그리고 과세표준을 결정 또는 경정함에 있어서 양도당시의 실지거래가액·매매사례
가액 및 감정가액을 인정·확인할 수 없기 때문에 양도가액을 부득이 기준시가에 의
하는 경우에는 취득가액도 기준시가에 따라야 한다(소법 100 ①).

나. 양도소득과세표준의 결정방법

1) 실지거래가액방법

가) 실지거래액방법의 적용요건

자산의 양도로서 장부나 그 밖의 증명서류에 따라 해당 자산의 양도당시 또는 취
득당시의 실지거래가액이 인정 또는 확인되는 경우이다. 이에 관하여는 "양도차익
의 계산"에서 구체적으로 살펴보았다.

나) 실지거래액방법에 따른 결정방법

양도당시의 실지거래가액에서 취득당시의 실지거래가액·자본적 지출액 및 양도
비를 빼서 양도차익을 결정 또는 경정한다(소법 97 ①). 다만, 거주자가 양도가액 및

---

155) 특수관계 있는 법인에게 고가 양도한 양도소득세 과세대상자산에 대하여 그 시가와의 차액을 상여·배당
등으로 처분한 경우에는 그 시가를 실지거래가액으로 본다.

취득가액을 실지거래가액에 따라 양도소득과세표준예정신고 또는 확정신고를 한 경우로서 해당 신고가액이 사실과 달라 납세지 관할세무서장 또는 지방국세청장이 실지거래가액을 확인한 때에는 그 확인된 가액을 양도가액 또는 취득가액으로 하여 양도소득 과세표준과 세액을 경정한다.

이와 같이 산정한 양도차익에서 장기보유특별공제와 양도소득기본공제를 빼서 양도소득 과세표준을 결정 또는 경정한다.

다) 실지거래가액의 추정

(가) 자산의 양도로 양도소득과세표준 확정신고를 하여야 할 확정신고의무자가 그 신고를 하지 아니한 경우 납세지 관할세무서장 또는 지방국세청장은 그 무신고 자의 양도당시 및 취득당시의 실지거래가액을 조사·확인하여 양도소득과세표 준과 세액을 결정하여야 한다.

(나) 그런데 부동산거래에 있어서 매매당사자들이 작성하여 시장·군수 등의 검인을 받은 검인계약서는 특별한 사정이 없는 한 당사자 사이의 매매계약 내용대로 작 성되었다고 추정할 수 있다고 하겠다.[156] 현행 부동산등기법상 매매에 관한 거 래계약서를 등기원인을 증명하는 서면으로 하여 소유권 이전등기를 하는 경우 에는 「부동산 거래신고 등에 관한 법률」 제3조에 따라 신고한 거래가액을 등기 부에 기재하도록 하고 있는데(부동산등기법 68, 부동산등기규칙 124), 이와 같이 부동 산등기법 제68조에 따라 등기부에 기재된 거래가액의 경우에도 해당 부동산의 실 지거래가액으로 추정된다고 해석하여야 할 것이다. 등기부에 거래가격을 기재하 기 위하여 등기신청인이 등기를 신청할 때에는 신청서에 주택법 또는 「부동산 거 래신고 등에 관한 법률」 제3조에 따른 거래신고필증에 기재된 거래가액을 기재하 고 그 거래신고필증과 매매목록을 함께 제출하도록 하고 있다.

(다) 자산을 양도하고 양도가액 및 취득가액을 실지거래가액에 따라 양도소득과세표 준 예정신고 또는 확정신고를 하여야 할 신고의무자가 그 신고를 하지 아니한 경우에는 납세지 관할세무서장 또는 지방국세청장은 다음의 방법에 따라 부동 산등기법 제68조에 따라 등기부에 기재된 거래가액(이하에서 '등기부기재가액' 이라 한다)을 실지거래가액으로 추정하여 양도소득과세표준과 세액을 결정할 수 있다. 다만, 납세지 관할세무서장 또는 지방국세청장이 등기부기재가액이 실 지거래가액과 차이가 있음을 확인한 경우에는 그 확인한 실지거래가액에 따라

---

156) 대법원 1993.4.9. 선고, 93누2353 판결 : 대법원 1991.9.10. 선고, 91누5938 판결.

양도소득과세표준과 세액을 결정한다(소법 114 ⑤).

세무행정의 효율성을 제고함과 동시에 납세자와의 마찰을 줄이기 위하여 인정하고 있는 장치이다.

① 양도소득세액이 300만원 미만인 경우

등기부기재가액을 실지거래가액으로 추정하여 계산한 납부할 양도소득세액이 300만원 미만인 경우에는 사전안내 없이 납세지 관할세무서장 또는 지방국세청장은 등기부기재가액을 실지거래가액으로 추정하여 양도소득과세표준과 세액을 결정할 수 있다. 신고의무자가 과세처분이 행하여지고 난 후에 실지거래가액에 관한 증빙서류를 제시하여 입증하는 경우에는 그 실지거래가액에 따라 과세표준과 세액을 경정하여야 한다.

② 양도소득세액이 300만원 이상인 경우

㉮ 등기부기재가액을 실지거래가액으로 추정하여 계산한 납부할 양도소득세액이 300만원 이상인 경우로서 다음의 요건을 충족하는 경우에는 등기부기재가액을 실지거래가액으로 추정하여 양도소득과세표준과 세액을 결정할 수 있다.

ⅰ) 등기부기재가액을 실지거래가액으로 추정하여 양도소득과세표준과 세액을 결정할 것임을 신고의무자에게 통보(사전안내)하였을 것

ⅱ) 신고의무자가 앞의 통보(사전안내)를 받은 날부터 30일 이내에 기한후신고를 하지 아니할 것

㉯ 신고의무자가 납세지 관할세무서장 또는 지방국세청장의 통보를 받고 그 통보를 받은 날로부터 30일 이내에 기한후신고를 이행하지 않은 경우에는 설사 그 이후에 실지거래가액에 관한 증빙서류를 제시하더라도 양도소득과세표준과 세액의 경정이 허용되지 않는 것인가가 문제가 된다. 신고의무자가 기한후신고를 이행하지 않은 경우에도 사실심의 변론종결시까지 실지거래가액에 관한 증빙서류를 제출하여 입증하는 경우에는 그 실지거래가액에 따라 양도소득과세표준과 세액을 경정하여야 한다고 새기고자 한다. 그 논거는 다음과 같다.

첫째, 법문이 양도소득과세표준 예정신고 또는 확정신고를 하여야 할 자가 그 신고를 하지 아니한 경우로서 사전안내를 받고 그 안내를 받은 날부터 30일 이내에 기한후신고를 하지 않은 때에는 등기부기재가액을 실지거래가액으로 "추정"하여 양도소득과세표준과 세액을 결정하도록 하

고 있는 점이다. 즉 사전안내일로부터 30일 이내에 기한후신고를 하지 않은 때에는 등기부기재가액을 실지거래가액으로 "의제"하는 것이 아니고 "추정"하는 것이다.

둘째, 조세법의 기본원칙을 이루고 있는 실질과세의 원칙 및 근거과세의 원칙에 비추어 볼 때 추후에 실지거래가액에 관한 증빙서류를 제시한다고 하더라도 그 제시한 실지거래가액이 진정한 거래가액임이 밝혀진다면 그 실지거래가액에 따라 양도소득과세표준과 세액을 경정하여야 한다.

셋째, 양도자가 일정한 기간 안에 실액에 관한 증빙서류의 제출을 게을리 하였다고 하여 증명된 실액에 따른 양도차익을 무시하고 실재하지도 않는 가공소득에 대하여 세부담을 지워야 한다고 해석하는 것은 순소득과세의 원칙(Nettoprinzip)에 위배되어 불합리하다.

2) 추계방법

가) 추계방법의 적용요건

다음의 사유로 장부나 그 밖의 증명서류에 따라 해당 자산의 양도당시 또는 취득당시의 실지거래가액을 인정 또는 확인할 수 없는 경우이다.

① 양도 또는 취득당시의 실지거래가액의 확인을 위하여 필요한 장부·매매계약서·영수증이나 그 밖의 증명서류가 없거나 그 중요한 부분이 미비인 경우

② 장부·매매계약서·영수증이나 그 밖의 증명서류의 내용이 매매사례가액·「부동산가격공시 및 감정평가에 관한 법률」에 따른 감정평가법인등이 평가한 감정가액 등에 비추어 거짓임이 명백한 경우

나) 추계방법에 따른 결정방법

추계방법의 적용요건을 충족하는 때에는 양도가액 또는 취득가액을 매매사례가액·감정가액·환산가액(실지거래가액·매매사례가액 또는 감정가액을 기준으로 하여 환산한 취득가액을 말한다) 또는 기준시가에 따라 추계조사하여 결정 또는 경정한다.

(1) 추계방법의 유형

추계방법을 적용할 경우에도 양도당시의 실지거래가액만 인정 또는 확인할 수 없는 경우, 취득당시의 실지거래가액만 인정 또는 확인할 수 없는 경우, 양도당시 및 취득당시의 실지거래가액 모두를 인정 또는 확인할 수 없는 경우에 따라서 양도차

익의 산정방법이 달라진다.

첫째, 양도당시의 실지거래가액만 인정 또는 확인할 수 없는 경우에는 양도당시의 매매사례가액 또는 감정가액에서 취득당시의 실지거래가액·자본적 지출액 및 양도비를 차감하여 양도차익을 산정한다.

둘째, 취득당시의 실지거래가액만 인정 또는 확인할 수 없는 경우에는 양도당시의 실지거래가액에서 취득당시의 매매사례가액·감정가액 또는 환산가액(실지거래가액·매매사례가액·감정가액을 기준으로 하여 환산한 취득가액을 말한다)과 그 밖의 필요경비의 개산공제액을 차감하여 양도차익을 산정한다. 다만, 취득가액을 환산가액으로 하여 양도차익을 산정하는 경우 그 환산가액과 그 밖의 필요경비의 개산공제액(취득당시의 기준시가 등에 일정한 비율을 곱하여 계산한 금액)의 합계액이 자본적 지출액과 양도비의 합계액보다 적은 경우에는 그 자본적 지출액과 양도비의 합계액을 필요경비로 할 수 있다(소법 97 ② Ⅱ). 이 경우에는 양도당시의 실지거래가액에서 자본적 지출액과 양도비를 차감하여 양도차익을 산정한다.

셋째, 양도당시 및 취득당시의 실지거래가액 모두를 인정 또는 확인할 수 없는 경우에는 양도당시의 매매사례가액 또는 감정가액에서 취득당시의 매매사례가액·감정가액 또는 환산가액과 그 밖의 필요경비의 개산공제액을 차감하여 양도차익을 산정한다. 다만, 취득가액을 환산가액으로 하여 양도차익을 산정하는 경우 그 환산가액과 그 밖의 필요경비의 개산공제액(취득당시의 기준시가 등에 일정한 비율을 곱하여 계산한 금액)의 합계액이 자본적 지출액과 양도비의 합계액보다 적은 경우에는 그 자본적 지출액과 양도비의 합계액을 필요경비로 할 수 있다(소법 97 ② Ⅱ). 이 경우에는 양도당시의 매매사례가액 또는 감정가액에서 자본적 지출액과 양도비를 차감하여 양도차익을 산정한다.

넷째, 양도당시 및 취득당시의 실지거래가액·매매사례가액 또는 감정가액을 모두 인정 또는 확인할 수 없는 경우에는 양도당시의 기준시가에서 취득당시의 기준시가와 그 밖의 필요경비의 개산공제액을 차감하여 양도차익을 산정한다.

위와 같이 산정한 양도차익에서 장기보유특별공제와 양도소득기본공제를 차감하여 양도소득과세표준을 결정 또는 경정하게 된다.

(2) 추계방법의 적용

양도가액 또는 취득가액을 추계결정 또는 경정하는 경우에는 다음의 방법을 순서대로 적용하여 산정한 가액에 의한다. 다만, 매매사례가액 또는 감정가액이 특수관계인과의 거래에 따른 가액 등으로서 객관적으로 부당하다고 인정되는 경우에는 이를 적용하지 아니한다(소법 114 ⑦ 및 소령 176의 2 ③).

(가) 매매사례가액

양도일 또는 취득일 전후 각 3개월 이내에 해당 자산과 동일성 또는 유사성이 있는 자산의 매매사례가 있는 경우에 그 가액을 말한다. 다만, 주권상장법인의 주식 등에 대하여는 이를 적용하지 아니한다.

(나) 감정가액

양도일 또는 취득일 전후 각 3개월 이내에 해당 자산에 대하여 2 이상의 감정평가법인등이 평가한 것으로서 신빙성이 있는 것으로 인정되는 감정가액(감정평가 기준일이 양도일 또는 취득일 전후 각 3개월 이내인 것에 한정한다)이 있는 경우에는 그 감정가액의 평균액으로 한다. 다만, 기준시가가 10억원 이하인 자산(주식 등은 제외한다)의 경우에는 양도일 또는 취득일 전후 각 3개월 이내에 하나의 감정평가법인등이 평가한 것으로서 신빙성이 있는 것으로 인정되는 경우 그 감정가액(감정평가 기준일이 양도일 또는 취득일 전후 각 3개월 이내인 것에 한정한다)으로 한다. 다만, 주권상장법인의 주식 등에 대하여는 이를 적용하지 아니한다.

(다) 환산가액

환산한 취득가액이라 함은 다음의 방법에 따라 환산한 취득가액을 말한다.

① 주식 등

주식 등 또는 기타자산의 경우에는 다음 산식에 따라 계산한 가액으로 한다. 다만, 신주인수권의 경우에는 환산한 취득가액을 적용하지 아니한다.

$$\left(\begin{array}{c}\text{양도당시의 실지거래가액,}\\\text{매매사례가액 또는 감정가액}\end{array}\right) \times \left(\dfrac{\text{취득당시의 기준시가}}{\text{양도당시의 기준시가}}\right)$$

② 일정한 토지 등

토지·건물 및 부동산을 취득할 수 있는 권리의 경우는 다음 산식에 따라 계산한 가액으로 한다. 이 경우 「부동산 가격공시에 관한 법률」에 따른 개별주택가격 및 공동주택가격(이들에 부수되는 토지의 가격을 포함한다)이 최초로 공시되기 이전에 취득한 주택과 부수토지를 함께 양도하는 경우에는 다음 계산식 중 취득당시의 기준시가를 소득세법 시행령 제164조 제7항에 따라 계산한 가액으로 한다.

$$\left(\begin{array}{c} \text{양도당시의 실지거래가액,} \\ \text{매매사례가액 또는 감정가액} \end{array} \right) \times \left(\dfrac{\text{취득당시의 기준시가}}{\text{양도당시의 기준시가}} \right)$$

보유기간 중 새로운 기준시가가 고시되지 아니함으로써 양도당시의 기준시가와 취득당시의 기준시가가 동일한 경우에는 해당 토지 또는 건물의 보유기간과 양도일 전후 또는 취득일 전후의 기준시가의 상승률을 참작하여 기획재정부령이 정하는 방법에 따라 계산한 가액을 양도당시의 기준시가로 한다.

(라) 기준시가

기준시가에 관하여는 이미 앞에서 설명한 바와 같다.

(마) 의제취득일 전에 취득한 자산에 대한 매매사례가액 등의 적용 특례

의제취득일 전에 취득한 자산(상속 또는 증여받은 자산을 포함한다)에 대하여 매매사례가액·감정가액 또는 환산가액을 적용할 때의 의제취득일 현재의 취득가액은 다음의 가액 중 많은 것으로 한다(소령 176의 2 ④).

① 의제취득일 현재의 매매사례가액·감정가액 또는 환산가액

② 취득당시 실지거래가액(매매사례가액 또는 감정가액을 포함한다)이 확인되는 경우로서 해당 자산의 실지거래가액(매매사례가액 또는 감정가액을 포함한다)과 그 가액에 취득일부터 의제취득일의 직전일까지의 보유기간 동안의 생산자물가상승률을 곱하여 계산한 금액을 합산한 가액

4 과세표준과 세액의 경정

납세지 관할세무서장 또는 지방국세청장은 예정신고를 한 자 또는 확정신고를 한 자의 신고내용에 탈루 또는 오류가 있는 경우에는 양도소득세의 과세표준과 세액을 경정한다. 그리고 양도소득세과세표준과 세액을 결정 또는 경정한 후 그 결정 또는 경정에 탈루 또는 오류가 있는 것이 발견된 경우에는 즉시 그 과세표준과 세액을 다시 경정한다(소법 114 ② 및 ⑥).

한편, 납세의무자가 경정청구를 한 경우에는 그 청구를 받은 날로부터 2개월 이내에 경정 등의 처분을 하여야 한다(기법 45의 2).

5 과세표준과 세액의 통지

납세지 관할세무서장 또는 지방국세청장이 거주자의 양도소득 과세표준과 세액을 결정 또는 경정하였을 때에는 이를 그 거주자에게 서면으로 알려야 한다(소법 114 ⑧).

이 경우에는 과세표준과 세율·세액이나 그 밖의 필요한 사항을 납세고지서에 기재하여 서면으로 알려야 한다. 납부할 세액이 없는 경우에도 마찬가지이다.

그리고 과세표준과 세액을 지방국세청장이 결정 또는 경정한 경우에는 그 뜻을 같이 써서 알려야 한다(소령 177 ① 및 ②).

납세지 관할세무서장은 피상속인의 양도소득세를 2인 이상의 상속인에게 부과하는 경우에는 과세표준과 세액을 그 지분에 따라 배분하여 상속인별로 각각 통지하여야 한다(소령 177 ③).

제**2**절 가산세

양도소득세에 관한 가산세에는 무신고가산세, 과소신고가산세, 초과환급신고가산세, 납부·환급불성실가산세, 기장불성실가산세, 환산가액 적용에 따른 가산세가 있다. 신고불성실가산세(무신고가산세, 과소신고가산세, 초과환급신고가산세를 말한다. 이하 같다)와 기장불성실가산세가 동시에 해당하는 경우에는 그 중 큰 금액에 해당하는 가산세만을 적용하고, 신고불성실가산세와 기장불성실가산세의 가산세액이 같은 경우에는 신고불성실가산세만을 적용한다(기법 47의 2 ⑥). 그리고 기장불성실가산세는 산출세액이 없는 경우에도 적용한다(소법 115).

다음으로 소득세법 제105조에 따른 예정신고 및 예정신고납부와 관련하여 가산세가 부과되는 경우(예정신고 및 예정신고납부와 관련하여 가산세가 부과되는 부분에 한정한다)에는 확정신고 및 확정신고납부와 관련한 가산세(무신고가산세, 과소신고가산세, 초과환급신고가산세, 납부·환급불성실가산세)를 부과하지 아니한다(기법 47의 2 ⑥, 47의 3 ⑥, 47의 4 ④).

1 가산세의 내용

가. 무신고가산세

납세자가 법정신고기한 내에 과세표준예정신고서 또는 과세표준확정신고서를 제출하지 아니한 경우에 부과하는 가산세인데, 그 무신고가 납세자의 부당한 방법에 따라 이루어졌는지의 여부에 따라 부당무신고가산세와 일반무신고가산세로 구분한다.

1) 일반무신고가산세

가) 적용요건

납세자가 법정신고기한 내에 과세표준예정신고서 또는 과세표준확정신고서를 제출하지 아니한 경우이다.

나) 가산세액의 계산

무신고납부세액(소득세법 및 세법에 따른 가산세와 세법에 따라 가산하여 납부하여야 할 이자상당가산액이 있는 경우 그 금액은 제외하며, 이하 '무신고납부세액'이라 한다)의 20%에 상당하는 금액(일반무신고가산세액)을 납부할 세액에 더하거나 환급받을 세액에서 뺀다.

2) 부당무신고가산세

가) 적용요건

납세자가 부정행위로 과세표준예정신고서 또는 과세표준확정신고서를 제출하지 않은 경우이다. 앞에서 부정행위란 납세자가 소득세 과세표준 또는 세액 계산의 기초가 되는 사실의 전부 또는 일부를 은폐하거나 가장하는 것에 기초하여 소득세 과세표준 또는 세액의 신고의무를 위반하는 것으로서 다음의 방법을 말한다.

① 이중장부의 작성 등 장부의 거짓 기장
② 거짓 증빙 또는 거짓 문서의 작성 및 수취
③ 장부와 기록의 파기
④ 재산의 은닉, 소득·수익·행위·거래의 조작 또는 은폐
⑤ 고의적으로 장부를 작성하지 아니하거나 비치하지 아니하는 행위 또는 계산서, 세금계산서 또는 계산서합계표, 세금계산서합계표의 조작
⑥ 조세특례제한법 제5조의 2 제1호에 따른 전사적 기업자원관리설비의 조작 또는 전자세금계산서의 조작
⑦ 그 밖에 위계(僞計)에 의한 행위 또는 부정한 행위

나) 가산세액의 계산

부정행위로 신고하지 아니한 무신고납부세액의 40%(역외거래에서 발생한 부정

행위로 국세의 과세표준을 신고하지 아니한 경우에는 60%)에 상당하는 금액으로 한다. 다만, 복식부기의무자가 부정행위로 종합소득과세표준확정신고를 하지 아니한 경우에는 무신고납부세액의 40%(국제거래에서 발생한 부정행위로 종합소득과세표준확정신고를 하지 아니한 경우에는 60%)에 상당하는 금액과 부정행위로 무신고한 과세표준과 관련된 수입금액(부정무신고수입금액)에 0.14%를 곱하여 계산한 금액 중 큰 금액으로 한다.

나. 과소신고가산세

납세자가 법정신고기한 내에 과세표준예정신고서 또는 과세표준확정신고서를 제출한 경우로서 신고한 과세표준이 세법에 따라 신고하여야 할 과세표준에 미달한 경우에 부과하는 가산세인데, 그 과소신고가 납세자의 부정한 행위에 따라 이루어졌는지의 여부에 따라 부당과소신고가산세와 일반과소신고가산세로 구분한다.

1) 일반과소신고가산세

가) 적용요건

납세자가 법정신고기한 내에 과세표준예정신고서 또는 과세표준확정신고서를 제출한 경우로서 신고한 양도소득세액이 세법에 따라 신고하여야 할 세액에 미달한 경우이다.

나) 가산세액의 계산

과소신고한 납부세액(소득세법 및 세법에 따른 가산세와 세법에 따라 가산하여 납부하여야 할 이자 상당 가산액이 있는 경우 그 금액은 제외한다)의 10%에 상당하는 금액(일반과소신고가산세액)을 납부할 세액에 가산하거나 환급받을 세액에서 공제한다.

2) 부당과소신고가산세

납세자가 부정행위로 과소신고한 경우에는 다음의 금액을 합한 금액을 납부할 세액에 가산하거나 환급받을 세액에서 공제한다.

가) 부정행위로 인한 과소신고납부세액에 대한 가산세액

부정행위로 인한 과소신고납부세액의 40%(국제거래에서 발생한 부정행위로 과소신고한 경우에는 60%)에 상당하는 금액(부당과소신고가산세액)으로 한다. 다만,

부정행위로 과소신고(종합소득과세표준확정신고에 한한다)한 자가 복식부기의무
자인 경우에는 그 금액과 부정행위로 인하여 과소신고된 과세표준 관련 수입금액에
0.14%를 곱하여 계산한 금액 중 큰 금액으로 한다.

나) 부정행위로 인한 과소신고납부세액 외의 부분에 대한 가산세액

과소신고납부세액에서 부정행위로 인한 과소신고납부세액을 뺀 금액의 10%에
상당하는 금액으로 한다.

다. 초과환급신고가산세

납세자가 법정신고기한 내에 과세표준예정신고서 또는 과세표준확정신고서를 제출한 경
우로서 신고납부하여야 할 세액을 납세자가 환급받을 세액으로 신고하거나 납세자가 신고
한 환급세액이 신고하여야 할 환급세액을 초과하는 경우이다. 환급신고 또는 초과환급신고
가 납세자의 부정한 행위에 따라 이루어졌는지의 여부에 따라 부당초과환급가산세와 일반
초과환급가산세로 구분한다. 초과환급신고가산세와 기장불성실가산세가 동시에 적용되는
경우에는 각각 그 중 큰 금액에 해당하는 가산세만을 적용하고, 가산세액이 같은 경우에는
초과환급신고가산세만을 적용한다(기법 47의 3).

1) 일반초과환급가산세

가) 적용요건

납세자가 법정신고기한 내에 과세표준예정신고서 또는 과세표준확정신고서를 제
출한 경우로서 소득세법에 따라 신고납부하여야 할 세액을 납세자가 환급받을 세액
으로 신고하거나 납세자가 신고한 환급세액이 소득세법에 따라 신고하여야 할 환급
세액을 초과하는 경우이다.

나) 가산세액의 계산

환급신고한 세액 또는 초과환급신고한 세액에서 기납부세액을 뺀 금액의 10%에
상당하는 금액을 납부할 세액에 더하거나 환급받을 세액에서 뺀다. 이 경우 납세자
가 환급신고를 하였으나 납부하여야 할 세액이 있는 경우에는 납부하여야 할 세액
을 과소신고한 것으로 보아 제47조의 3(과소신고가산세)을 적용한다. 앞에서 초과
환급신고한 세액은 납세자가 신고한 환급세액과 세법에 따라 신고하여야 할 환급세
액과의 차액을 한도로 한다.

2) 부당초과환급가산세

납세자가 부정행위로 초과환급신고한 경우에는 다음의 금액을 합한 금액을 납부할 세액에 가산하거나 환급받을 세액에서 공제한다.

가) 부정행위로 인한 초과환급신고세액에 대한 가산세액

부정행위로 인한 초과환급신고납부세액의 40%(역외거래에서 발생한 부정행위로 초과신고한 경우에는 60%)에 상당하는 금액으로 한다.

나) 부정행위로 인한 초과환급신고납부세액 외의 부분에 대한 가산세액

초과환급신고납부세액에서 부정행위로 인한 초과환급신고납부세액을 뺀 금액의 10%에 상당하는 금액으로 한다.

라. 납부지연가산세

납세자가 법정납부기한까지 소득세를 납부하지 아니하거나 납부하여야 할 세액보다 적게 납부하거나 환급받아야 할 세액보다 많이 환급받은 경우에는 다음의 금액을 합한 금액을 가산세로 한다(기법 47의 4 ①, 기령 27의 4).

① 납부하지 아니한 세액 또는 과소납부분 세액(세법에 따라 가산하여 납부하여야 할 이자 상당 가산액이 있는 경우에는 그 금액을 더한다) × 법정납부기한의 다음 날부터 납부일까지의 기간(납세고지일부터 납세고지서에 따른 납부기한까지의 기간은 제외한다) × 22/100,000

② 초과환급받은 세액(세법에 따라 가산하여 납부하여야 할 이자상당가산액이 있는 경우에는 그 금액을 더한다) × 환급받은 날의 다음 날부터 납부일까지의 기간(납세고지일부터 납세고지서에 따른 납부기한까지의 기간은 제외한다) × 22/100,000

③ 법정납부기한까지 납부하여야 할 세액(세법에 따라 가산하여 납부하여야 할 이자 상당 가산액이 있는 경우에는 그 금액을 더한다) 중 납세고지서에 따른 납부기한까지 납부하지 아니한 세액 또는 과소납부분 세액 × 3/100(국세를 납세고지서에 따른 납부기한까지 완납하지 아니한 경우에 한정한다)

마. 기장불성실가산세

1) 요 건

법인(중소기업을 포함한다)의 대주주가 양도하는 주식 또는 출자지분에 대하여 거래명세 등을 기장하지 아니하였거나 누락한 때이다.

2) 가산세액의 계산

그 기장을 하지 아니한 소득금액 또는 누락한 소득금액이 양도소득금액에서 차지하는 비율을 산출세액에 곱하여 계산한 금액의 10%에 상당하는 금액을 산출세액에 더한다. 다만, 산출세액이 없는 때에는 그 거래금액의 0.07%에 상당하는 금액을 기장불성실가산세로 한다(소법 115 ②).

바. 환산가액 적용에 따른 가산세

거주자가 건물을 신축 또는 증축(증축의 경우 바닥면적 합계가 85제곱미터를 초과하는 경우에 한정한다)하고 그 건물의 취득일 또는 증축일부터 5년 이내에 해당 건물을 양도하는 경우로서 소득세법 제97조 제1항 제1호 나목에 따른 감정가액 또는 환산취득가액을 그 취득가액으로 하는 경우에는 해당 건물의 감정가액(증축의 경우 증축한 부분에 한정한다) 또는 환산취득가액(증축의 경우 증축한 부분에 한정한다)의 5%에 해당하는 금액을 양도소득 결정세액에 더한다. 이는 양도소득 산출세액이 없는 경우에도 적용한다(소법 114의 2).

2 가산세의 감면

가. 천재·지변 등에 의한 가산세의 감면

가산세의 부과원인이 되는 사유가 천재·지변 등 기한연장사유(기법 6 ①)에 해당하거나 납세자가 의무를 이행하지 아니한 데 대하여 정당한 사유가 있는 때에는 해당 가산세를 감면한다(기법 48 ①, 기령 28).

나. 수정신고 등에 의한 가산세의 감면

1) 법정신고기한 경과 후 일정한 기간 안에 국세기본법 제45조에 따라 수정신고를 한 경우

법정신고기한이 지난 후 1개월 이내에 수정신고한 경우에는 과소신고가산세의 90%에 상당하는 금액을 감면한다. 다만, 법정신고기한이 지난 후 1개월 초과 3개월 이내에 수정신고한 경우에는 과소신고가산세의 75%에 상당하는 금액, 법정신고기한이 지난 후 3개월 초과 6개월 이내에 수정신고한 경우에는 과소신고가산세의 50%에 상당하는 금액, 법정신고기한이 지난 후 6개월 초과 1년 이내에 수정신고한 경우에는 과소신고가산세의 30%에 상당하는 금액, 법정신고기한이 지난 후 1년 초과 1년 6개월 이내에 수정신고한 경우에는 과소신고가산세의 20%에 상당하는 금액, 법정신고기한이 지난 후 1년 6개월 초과 2년 이내에 수정신고한 경우에는 과소신고가산세액의 10%에 상당하는 금액을 감면한다.

2) 법정신고기한 경과 후 일정한 기간 안에 기한후신고를 한 경우

법정신고기한이 지난 후 1개월 이내에 기한 후 신고를 한 경우에는 무신고가산세의 50%에 상당하는 금액을, 법정신고기한이 지난 후 1개월 초과 3개월 이내에 기한 후 신고를 한 경우에는 무신고가산세의 30%에 상당하는 금액을, 법정신고기한이 지난 후 3개월 초과 6개월 이내에 기한 후 신고를 한 경우에는 무신고가산세의 20%에 상당하는 금액을 감면한다.

3) 과세전적부심사 결정 · 통지기간 내에 그 결과를 통지하지 아니한 경우 등

과세전적부심사 결정 · 통지기간 내에 그 결과를 통지하지 아니한 경우 또는 세법에 따른 제출, 신고, 가입, 등록, 개설(이하 '제출 등'이라 한다)의 기한이 지난 후 1개월 이내에 해당 세법에 따른 제출 등의 의무를 이행하는 경우(제출 등의 의무위반에 대하여 세법에 따라 부과되는 가산세만 해당한다)에는 이에 따라 해당 기간에 부과되는 납부 · 환급불성실가산세에 한하여 해당 가산세의 50%에 상당하는 금액을 감면한다.

제**3**절 세액의 징수와 환급

1 세액의 징수

가. 미납한 자진납부세액의 징수

납세지 관할세무서장은 거주자가 예정신고 또는 확정신고와 함께 납부하여야 할 양도소득세액의 전부 또는 일부를 납부하지 아니한 때에는 국세징수법에 따라 징수한다(소법 116 ①). 앞에서 예정신고 또는 확정신고와 함께 납부하여야 할 양도소득세액의 전부 또는 일부를 납부하지 아니한 경우라 함은 거주자가 법정신고기한 안에 예정신고 또는 확정신고를 이행하였지만 납부세액의 전부 또는 일부를 납부하지 아니한 경우를 가리킨다. 징수기간에 관한 규정은 훈시규정에 해당한다.

나. 과세표준과 세액의 결정 또는 경정에 따른 징수

납세지 관할세무서장은 양도소득과세표준과 세액을 결정 또는 경정한 경우로서 양도소득 총결정세액이 다음의 금액의 합계액을 초과하는 때에는 그 초과하는 세액(이하 '추가납부세액'이라 한다)을 해당 거주자에게 알린 날부터 30일 이내에 징수한다(소법 116 ②).
① 예정신고납부세액과 확정신고납부세액
② 미납한 확정신고납부세액 또는 예정신고납부세액으로서 징수하는 세액
③ 수시부과세액
④ 원천징수한 세액
비거주자가 국내에 소재하는 자산을 양도함으로써 발생하는 소득에 대한 원천징수세액(소법 156 ① V)을 말한다.

2 세액의 환급

납세지 관할세무서장은 해당 과세기간의 양도소득과세표준과 세액을 결정 또는 경정한 경우로서 기납부세액이 양도소득 총결정세액을 초과하는 때에는 그 초과하는 세액, 즉 환급세액을 환급하거나 다른 국세 및 강제징수비에 충당하여야 한다(소법 117). 세액의 환급절차에 관하여는 국세기본법 제51조 내지 제54조에서 규정하고 있다.

국외자산의 양도소득에 대한 납세의무의 특례

제1절 양도소득의 범위

거주자(해당 자산의 양도일까지 계속 5년 이상 국내에 주소 또는 거소를 둔 자만 해당한다)의 국외에 있는 자산으로서 다음의 자산(이하에서 '국외자산'이라고 부르기로 한다)을 양도함으로써 발생하는 소득에 대해서는 양도소득세를 과세한다. 다만, 다음의 소득이 국외에서 외화를 차입하여 취득한 자산을 양도하여 발생하는 소득으로서 환율변동으로 인하여 외화차입금으로부터 발생하는 환차익을 포함하고 있는 경우에는 해당 환차익은 양도소득에서 제외한다(소법 118의 2, 소령 178의 2).

① 토지 또는 건물

② 다음의 부동산에 관한 권리(미등기양도자산을 포함한다)

ⅰ) 지상권·전세권과 부동산임차권

ⅱ) 부동산을 취득할 수 있는 권리(건물이 완성되는 때에 그 건물과 이에 부수되는 토지를 취득할 수 있는 권리를 포함한다)

③ 다음의 기타자산

ⅰ) 특정주식

과점주주가 소유하는 부동산과다보유법인의 주식 등과 특정업종을 영위하는 부동산과다보유법인의 주식 등을 말한다.

ⅱ) 사업용 고정자산과 함께 양도하는 영업권

ⅲ) 특정시설물의 이용권 등

ⅳ) 이축권

제**2**절 양도가액 등의 특례

1 양도가액의 특례

국외자산의 양도가액은 자산의 종류 등과 관계없이 원칙적으로 그 자산의 양도당시의 실지거래가액으로 한다. 다만, 양도당시의 실지거래가액을 확인할 수 없는 경우에는 양도자산이 소재하는 국가의 양도 당시 현황을 반영한 시가에 따른다(소법 118의 3).

국외자산의 시가를 산정함에 있어서 다음의 가액이 확인되는 경우에는 이를 그 자산의 시가로 한다. 다만, 기타자산에 속하는 특정주식 및 특정시설물의 이용권으로서의 주식의 경우에는 "②" 내지 "④"에 관한 규정을 적용하지 아니한다(소령 178의 3 ①).

① 국외자산의 양도에 대한 과세와 관련하여 이루어진 외국정부(지방자치단체를 포함한다)의 평가가액

② 국외자산의 양도일 또는 취득일 전후 6개월 이내에 이루어진 실지거래가액

③ 국외자산의 양도일 또는 취득일 전후 6개월 이내에 평가된 감정평가법인등의 감정가액

④ 국외자산의 양도일 또는 취득일 전후 6개월 이내에 수용 등을 통하여 확정된 국외자산의 보상가액

다음으로 양도한 자산의 실지거래가액을 알 수 없거나 시가를 산정하기 어려울 때에는 해당 자산의 종류·규모·거래상황 등을 고려하여 대통령령이 정하는 방법에 따라 산정한다. 위에서 "대통령령이 정하는 방법"이라 함은 다음의 방법을 말한다.

① 부동산 및 부동산에 관한 권리의 경우에는 「상속세 및 증여세법」 제61조·동법 제62조·동법 제64조 및 동법 제65조의 규정을 준용하여 국외자산가액을 평가하는 것. 다만, 「상속세 및 증여세법」 제61조·동법 제62조·동법 제64조 및 동법 제65조의 규정을 준용하여 국외자산가액을 평가하는 것이 적절하지 아니한 경우에는 「감정평가 및 감정평가사에 관한 법률」 제2조 제4호에 따른 감정평가법인등이 평가하는 것을 말한다.

② 유가증권가액의 산정은 「상속세 및 증여세법」 제63조의 규정에 의한 평가방법을 준용하여 평가하는 것. 이 경우 동조 제1항 제1호 가목의 규정 중 "평가기준일 이전·이후 각 2월"은 각각 "양도일 또는 취득일 이전 1월"로 본다.

2 양도소득의 필요경비계산

국외자산의 양도에 대한 양도차익의 계산에 있어서 양도가액에서 공제하는 필요경비는 다음의 금액을 합한 것으로 한다(소법 118의 4, 소령 178의 4).

① 취득가액

해당 자산의 취득에 든 실지거래가액. 다만, 취득당시의 실지거래가액을 확인할 수 없는 경우에는 양도자산이 소재하는 국가의 취득당시의 현황을 반영한 시가에 따르되, 시가를 산정하기 어려울 때에는 해당 자산의 종류·규모·거래상황 등을 고려하여 대통령령이 정하는 방법에 따른다. 취득당시의 현황을 반영한 시가와 대통령령이 정하는 방법에 관하여는 "양도가액의 특례"에서 설명하였다.

② 자본적 지출액

③ 양도비

3 양도차익의 외화환산

양도차익을 계산함에 있어서는 양도가액 또는 필요경비를 수령하거나 지출한 날 현재 외국환거래법에 의한 기준환율 또는 재정환율에 따라 계산한다(소령 178의 5 ①). 장기할부조건의 경우에는 그 양도일 및 취득일(소유권이전등기접수일·인도일 또는 사용수익일 중 빠른 날)을 양도가액 또는 취득가액을 수령하거나 지출한 날로 본다.

4 양도소득기본공제

국외자산의 양도에 대한 양도소득이 있는 거주자에 대해서는 해당 과세기간의 양도소득금액에서 연 250만원을 공제한다(소법 118의 7 ①).

양도소득기본공제를 적용할 때 해당 과세기간의 양도소득금액에 소득세법 또는 조세특례제한법이나 그 밖의 법률에 따른 감면소득금액이 있는 경우에는 감면소득금액 외의 양도소득금액에서 먼저 공제하고, 감면소득금액 외의 양도소득금액 중에서는 해당 과세기간에 먼저 양도하는 자산의 양도소득금액에서부터 순서대로 공제한다(소법 118의 7 ②).

제3절 양도소득세의 세율과 세액의 계산

1 세 율

국외자산의 양도소득에 대한 소득세는 해당 과세기간의 양도소득과세표준에 소득세법 제55조 제1항에 따른 세율을 적용하여 계산한 금액을 그 세액으로 한다(소법 118의 5 ①).

2 외국납부세액의 공제

① 국외자산의 양도소득에 대하여 해당 외국에서 과세를 하는 경우에 그 양도소득에 대하여 납부하였거나 납부할 국외자산양도소득에 대한 세액(이하에서 '국외자산양도소득세액'이라 한다)이 있는 때에는 다음의 방법 중 하나를 선택하여 적용받을 수 있다(소법 118의 6, 소령 178의 6).

ⅰ) 외국세액공제방법

해당 과세기간의 양도소득산출세액에 국외자산양도소득금액이 해당 과세기간의 양도소득금액에서 차지하는 비율을 곱하여 산출한 금액을 한도로 국외자산양도소득세액을 해당 연도의 양도소득산출세액에서 공제하는 방법이다.

ⅱ) 외국세액소득공제방법

국외자산양도소득에 대하여 납부하였거나 납부할 국외자산양도소득세액을 해당 과세기간의 양도소득금액계산상 필요경비에 산입하는 방법이다.

② 국외자산양도소득세액이란 국외자산의 양도소득에 대하여 외국정부(지방자치단체를 포함한다)가 과세한 다음 중 어느 하나에 해당하는 세액을 말한다.

ⅰ) 개인의 양도소득금액을 과세표준으로 하여 과세된 세액

ⅱ) 개인의 양도소득금액을 과세표준으로 하여 과세된 세(稅)의 부가세액

③ 국외자산양도소득세액을 공제받고자 하거나 필요경비에 산입하고자 하는 자는 국외자산양도소득세액공제(필요경비산입)신청서를 제출하여야 한다.

제4절 준용규정

국내자산양도에 관한 규정 중 비과세양도소득(제89조), 양도소득세의 감면(제90조), 양도소득세 과세표준의 계산(제92조), 양도소득금액(제95조), 양도자산의 감가상각비의 취급(제97조 제3항), 양도 또는 취득의 시기(제98조), 양도차익의 산정(제100조), 양도소득과세표준의 부당행위계산(제101조), 양도소득과세표준의 예정신고와 양도소득과세표준의 확정신고 등(제105조부터 제107조까지, 제110조부터 제112조까지) 및 양도소득과세표준과 세액의 결정·경정 및 통지(제114조, 제114조의 2 및 제115조부터 제118조까지)의 규정은 국외자산의 양도에 대한 양도소득세의 과세에 관하여 이를 준용한다(소법 118의 8). 다만, 제95조(양도소득금액)에 따른 장기보유특별공제액은 공제하지 아니한다. 즉 국외에 소재하는 부동산의 양도에 대하여는 장기보유특별공제의 적용을 배제하는 것이다.

제9장

거주자의 출국시 국내 주식 등에 대한 과세 특례

제1절 의 의

거주자의 출국시 국내주식 등에 대하여 과세를 하는 것은 거주자가 비거주자로 전환되는 시점인 출국시에 해당 거주자가 거주자였던 기간에 발생한 평가이익(미실현 자본이득)에 대해 과세하는 것으로 이른바 "출국세"라고도 한다. 즉 대주주인 국내 거주자가 해외이주 등으로 국외로 출국하는 경우 출국 당시 소유한 국내주식 등의 평가이익을 양도소득으로 보아서 과세하는 것이다.

제2절 납세의무자

출국하는 거주자(출국일 10년 전부터 출국일까지의 기간 중 국내에 주소나 거소를 둔 기간의 합계가 5년 이상이고 출국일 직전연도 종료일 현재 대주주에 해당하는 자에 한정)는 양도(자산을 유상(有償)으로 사실상 이전하는 것으로 부담부증여 시 수증자가 부담하는 채무액에 해당하는 부분 포함)에 해당하지 않더라도 출국 당시 소유한 국내주식 또는 '기타자산의 양도'에 해당하는 경우 주식 등을 출국일에 양도한 것으로 보아 양도소득에 대하여 소득세를 납부할 의무가 있다(소법 118의 9).

과세표준 및 산출세액 계산

1 양도소득금액의 계산

주식 등의 양도가액은 국외전출자의 출국일 당시의 해당 주식 등의 거래가액으로 하지만, 거래가액을 정하기 어려울 때에는 주권상장법인의 주식 등은 소득세법 제99조 제1항 제3호, 제5호, 제6호에 따른 기준시가를 주권비상장법인의 주식 등은 다음의 방법을 순차로 적용하여 계산한 가액으로 한다(소법 118의 10, 소령 178의 9).

① 출국일 전후 각 3개월 이내에 해당 주식 등의 매매사례가 있는 경우 그 가액

② 소득세법 제99조 제1항 제4호부터 제6호까지의 규정에 따른 기준시가

양도가액에서 공제할 필요경비는 양도소득의 필요경비 계산규정(제97조)에 따라 계산하며, 앞선 양도가액에서 필요경비를 공제한 금액을 양도소득금액으로 한다.

2 양도소득 과세표준의 계산

양도소득 과세표준은 양도차익에서 필요경비를 차감하여 양도소득금액을 계산하고, 양도소득금액에서 연 250만원을 공제하여 양도소득과세표준을 계산한다. 종합소득과 퇴직소득 및 국외전출자 국내주식 등의 양도소득 과세표준 이외의 양도소득 과세표준과 구분하여 계산한다(소법 118의 10).

3 세액의 산출

국외전출자의 양소득세율은 양도소득과세표준이 3억원 이하인 경우에는 20%이고, 3억원을 초과하는 경우에는 [6,000만원 + (3억원 초과액 × 25%)]이다(소법 118의 11).

제**4**절 세액공제

1 조정공제

국외전출자가 출국한 후 국외전출자 국내주식 등을 실제 양도한 경우로서 실제 양도가액이 제118조의 10 제1항에 따른 양도가액보다 낮은 때에는 다음의 계산식에 따라 계산한 조정공제액을 산출세액에서 뺀다(소법 118의 12).

> 조정공제액 = (제118조의 10 제1항에 따른 양도가액 − 실제 양도가액) × 20%(3억 초과시 25%)

2 외국납부세액의 공제

국외전출자가 출국한 후 국외전출자 국내주식 등을 실제로 양도하여 해당 자산의 양도소득에 대하여 외국정부(지방자치단체를 포함하며, 이하에서 같다)에 세액을 납부하였거나 납부할 것이 있는 때에는 산출세액에서 조정공제액을 공제한 금액을 한도로 다음의 계산식에 따라 계산한 외국납부세액을 산출세액에서 뺀다.

$$\text{외국납부세액공제액} = \text{해당 자산의 양도소득에 대하여 외국 정부에 납부한 세액} \times \frac{\substack{\text{제118조의 10 제1항에 따른 양도가액} \\ \text{(제118조의 12 제1항에 해당하는} \\ \text{경우에는 실제 양도가액 − 제118조의 10} \\ \text{제2항에 따른 필요경비)}}}{\substack{\text{실제 양도가액 − 제118조의 10} \\ \text{제2항에 따른 필요경비}}}$$

다만, 다음의 어느 하나에 해당하는 경우에는 외국납부세액공제를 적용하지 않는다(소법 118의 13).

① 외국정부가 산출세액에 대하여 외국납부세액공제를 허용하는 경우
② 외국정부가 국외전출자 국내주식 등의 취득가액을 제118조의 10 제1항에 따른 양도가액으로 조정하여 주는 경우

3　비거주자의 국내원천소득 세액공제

국외전출자가 출국한 후 국외전출자 국내주식 등을 실제로 양도하여 비거주자의 국내원천소득으로 국내에서 과세되는 경우에는 산출세액에서 조정공제액을 공제한 금액을 한도로 다음의 계산식에 따라 계산한 공제액을 산출세액에서 뺀다. 이때 비거주자의 국내원천소득 세액공제를 적용하는 경우에는 외국납부세액공제를 적용하지 않는다(소법 118의 14).

> 세액공제액 ＝ 지급금액(제126조 제3항에 해당하는 경우에는 같은 항의 '정상가격'을 말한다)
> 　　　　　　× 10%

조정공제, 외국납부세액공제 및 비거주자의 국내원천소득 세액공제를 받고자 하는 자는 국외전출자 국내주식 등을 실제 양도한 날부터 2년 이내에 기획재정부령으로 정하는 세액공제신청서를 납세지 관할세무서장에게 제출(국세정보통신망에 의한 제출을 포함한다)하여야 한다(소령 178의 10).

제5절　신고 및 납부

1　신고 · 납부

가. 납세관리인 및 국외전출자 국내주식 등의 보유현황 신고

국외전출자는 국외전출자 국내주식 등의 양도소득에 대한 납세관리인과 국외전출자 국내주식 등의 보유현황을 출국일 전날까지 납세지 관할 세무서장에게 신고하여야 한다. 이 경우 국외전출자 국내주식 등의 보유현황은 신고일의 전날을 기준으로 작성한다(소법 118의 15 ①).

나. 국외전출자 양도소득과세표준 신고 및 납부

국외전출자는 국내주식 등의 양도소득에 대한 양도소득과세표준을 출국일이 속하는 달의 말일부터 3개월 이내(위 '가'에 따라 납세관리인을 신고한 경우에는 양도소득과세표준 확정신고 기간 내)에 납세지 관할 세무서장에게 신고하여야 한다. 이때 국외전출자가 양도소득과세표준을 신고할 때에는 산출세액에서 소득세법 또는 다른 조세에 관한 법률에 따른 감면세액과 세액공제액을 공제한 금액을 납세지 관할세무서, 한국은행 또는 체신관서에 납부하여야 한다(소법 118의 15 ② 및 ③).

다. 가산세

국외전출자가 출국일 전날까지 국외전출자 국내주식 등의 보유현황을 신고하지 아니하거나 누락하여 신고한 경우에는 다음의 구분에 따른 금액의 2%에 상당하는 금액을 산출세액에 더한다(소법 118의 15 ④).

① 출국일 전날까지 국외전출자 국내주식 등의 보유현황을 신고하지 아니한 경우에는 출국일 전날의 국외전출자 국내주식 등의 액면금액(무액면주식인 경우에는 그 주식을 발행한 법인의 자본금을 발행주식 총수로 나누어 계산한 금액을 말한다. 이하 같다) 또는 출자가액

② 국내주식 등의 보유현황을 누락하여 신고한 경우에는 신고일의 전날을 기준으로 신고를 누락한 국외전출자 국내주식 등의 액면금액 또는 출자가액

라. 경정청구

조정공제, 외국납부세액공제 및 비거주자의 국내원천소득 세액공제를 적용받으려는 자는 국외전출자 국내주식 등을 실제 양도한 날부터 2년 이내에 납세지 관할 세무서장에게 경정을 청구할 수 있다(소법 118의 15 ⑤).

2 납부유예

국외전출자는 납세담보를 제공하거나 납세관리인을 두는 등 대통령령으로 정하는 요건을 충족하는 경우에는 국외전출자의 신고·납부 규정에도 불구하고 출국일부터 국외전출자 국내주식 등을 실제로 양도할 때까지 납세지 관할세무서장에게 양도소득세 납부의 유예를 신청하여 납부를 유예받을 수 있다. 다만, 국외전출자가 납부를 유예받은 경우 출국일부터 5년(납세담보를 제공하거나 납세관리인을 두는 등 대통령령으로 정하는 요건을 충족하는 경우에는 10년으로 한다. 이하에서 같다) 이내에 국외전출자 국내주식 등을 양도하지 아니한 경우에는 출국일부터 5년이 되는 날이 속하는 달의 말일부터 3개월 이내에 국외전출자 국내주식 등에 대한 양도소득세를 납부하여야 한다. 이 경우 납부유예를 받은 국외전출자는 국외전출자 국내주식 등을 실제 양도한 경우 양도일이 속하는 달의 말일부터 3개월

이내에 국외전출자 국내주식 등에 대한 양도소득세를 납부하여야 한다.

위에 따라 납부를 유예받은 국외전출자는 국외전출자 국내주식 등에 대한 양도소득세를 납부할 때에는 납부유예를 받은 기간에 대한 이자상당액을 가산하여 납부하여야 한다(소법 118의 16, 소령 178의 12).

제6절 재전입 등에 따른 환급 등

국외전출자('③'의 경우에는 상속인을 말한다)는 다음의 어느 하나에 해당하는 사유가 발생한 경우 그 사유가 발생한 날부터 1년 이내에 납세지 관할세무서장에게 납부한 세액의 환급을 신청하거나 납부유예 중인 세액의 취소를 신청하여야 한다. 단, 아래의 "②" 또는 "③"에 해당하여 국외전출자가 납부한 세액을 환급하는 경우에는 국세기본법 제52조에도 불구하고 국세환급금에 국세환급가산금을 가산하지 않는다.

① 국외전출자가 출국일부터 5년 이내에 국외전출자 국내주식 등을 양도하지 아니하고 국내에 다시 입국하여 거주자가 되는 경우

② 국외전출자가 출국일부터 5년 이내에 국외전출자 국내주식 등을 거주자에게 증여한 경우

③ 국외전출자의 상속인이 국외전출자의 출국일부터 5년 이내에 국외전출자 국내주식 등을 상속받은 경우

납세지 관할세무서장은 위에 따른 신청을 받은 경우 지체 없이 국외전출자가 납부한 세액을 환급하거나 납부유예 중인 세액을 취소하여야 한다(소법 118의 17)

제7절 준용규정

국외전출자 국내주식 등에 대한 양도소득세는 양도소득세액의 감면(제90조), 양도소득과세표준과 세액의 계산(제92조 제3항), 양도소득금액의 통산(제102조 제2항), 양도소득과세표준과 세액의 결정·경정 및 통지(제114조), 양도소득세액의 징수(제116조), 양도소득세액의 환급(제117조)의 규정을 준용하며, 국외전출자 국내주식 등에 대한 양도소득세의 부과와 그

밖에 필요한 사항은 대통령령으로 정한다(소법 118의 18). 위 사유로 국외전출자가 납부한 세액을 환급하는 경우 국내주식등의 보유현황을 신고하지 아니하거나 누락하여 신고하여 출국일 전날의 국외전출자 국내주식등의 액면금액에 2% 더하여진 금액은 환급하지 않는다 (2023년 1월 1일 적용).

제5편

비거주자의 소득에 대한 납세의무

제1장

서 론

제1절 비거주자의 소득과 원천지국과세의 원칙

소득세의 납세의무자는 소득이 귀속하는 개인이다. 소득세법은 소득세의 납세의무자를 거주자와 비거주자로 구별하고, 이에 따라 과세소득의 범위 및 과세방법 등에 차이를 두고 있다. 거주자(residents)라 함은 국내에 주소를 두거나 183일 이상 거소를 둔 개인을 말한다. 이에 대하여 비거주자(non-residents)는 거주자가 아닌 자로서 국내원천소득이 있는 개인을 가리킨다(소법 2 ①).

거주자에 대하여는 거주지국과세원칙(residence principle)에 따라 소득의 발생장소를 묻지 아니하고 전세계소득(world-wide income)에 대하여 무제한납세의무를 지우며, 과세기간별로 모든 소득을 종합하여 과세한다. 그러나 비거주자에 대하여는 원천지국과세원칙(source principle)에 따라 국내원천소득에 한하여 제한납세의무를 지우되, 국내사업장 등의 설치 여부에 따라 종합과세하거나 분리과세하는 것이다.

제2절 국제적 이중과세와 그 방지책

우리나라를 비롯하여 대부분의 국가들은 거주자에 대하여는 거주지국과세의 원칙, 비거주자에 대하여는 원천지국과세의 원칙을 채택하고 있다.

따라서 한 국가의 거주자가 다른 국가의 영토 안에서 일정한 소득을 가득한 경우에 해당 소득은 거주지국에서의 과세소득을 구성함은 물론이고 원천지국에서의 과세소득도 구성함으로써 동일한 소득에 대하여 서로 다른 국가간에 과세권의 경합이 일어나게 되는 것이다. 특히 거주지국과세와 원천지국과세의 경합(conflict of residence against source)은 국제적 이중과세가 발생하는 가장 일반적인 원인을 이루고 있다.

한편, 국가간에 거주자의 정의가 다를 경우에는 한 납세의무자가 동시에 양국의 거주자로 되는 경우가 생길 수 있다. 이를 거주지국과세의 경합이라고 한다. 또한 국가간에 소득원천의 정의가 다름에 따라 원천지국과세의 경합이 발생할 수도 있다.

이상과 같은 국제적 이중과세를 방지하기 위하여 각국은 국내법에서 이중과세를 배제하는 법적 장치를 마련하는 경우도 있고, 쌍무협정인 조세조약을 체결하는 경우도 있다. 국내법상 국제적 이중과세를 방지하기 위하여 선택되는 수단으로서는 외국세액공제방법(tax credit method)·외국세액소득공제방법(tax deduction method) 및 외국소득면제방법(tax exemption method) 등이 있다.

그러나 이와 같은 국내법상의 이중과세 방지장치, 즉 외국세액공제방법·외국세액소득공제방법 및 외국소득면제방법만으로는 효과적으로 이중과세를 방지하기는 어려우며, 관계국 사이에 과세권의 배분에 관한 조세조약을 체결함으로써 국제적 이중과세를 방지하는 방안이 제시되고 있다.

국제적 이중과세의 발생원인과 그 방지수단을 요약하면 다음과 같다.[1]

발생 원인	방지 수단
거주지국과세의 경합	조세조약
거주지국과세와 원천지국과세의 경합	국내법 또는 조세조약
원천지국과세의 경합	조세조약

---

1) 이용섭, 「국제조세의 이론과 실무」(세경사, 1994), p.44.

제3절 소득세법과 조세조약과의 관계

1 국내세법과 조세조약과의 관계

국제간에 자본이나 재화의 이동·기업의 해외진출·기술 및 인적 교류가 빈번하여짐에 따라 필연적으로 국제간의 이중과세문제가 제기되고, 이를 방지하기 위하여 국가 간에 조세조약의 체결이 급속도로 증가하고 있는 추세에 있다.

이에 따라 조세조약이 국내세법(소득세법)의 규정과 상충·모순되는 경우가 발생할 수 있는데, 이 경우에 조세조약의 국내법적 효력이 문제가 된다. 특정 국가와 체결한 조세조약의 내용이 소득세법에서의 납세의무자·과세소득의 범위 및 세율 등에 관한 규정과 상치하는 경우가 그 예이다.

우리 헌법 제6조 제1항에서 "헌법에 따라 체결·공포된 조약과 일반적으로 승인된 국제법규는 국내법과 같은 효력을 가진다"고 규정하고 있다. 그런데 조약이 국내법과 같은 효력을 갖는다고 하더라도 국내법의 어떤 법과 같은 효력을 갖는지가 문제가 된다. 조약은 원칙적으로 국내법의 체계상 법률과 같은 효력을 갖는다고 하겠다. 판례도 같은 견해에 서 있다.[2]

따라서 조세조약이 국내세법과 서로 충돌할 경우에는 특별법우선의 원칙·신법우선의 원칙이 적용된다고 한다.[3] 그런데 조세조약은 그 인적적용범위가 양 체약국의 거주자에 국한되고, 그 규율내용이 특정한 소득에 대한 과세와 관련된 특례사항이기 때문에 국내세법(소득세법)의 특별법으로 해석되고 있다.[4]

---

[2] 헌법재판소 2001.3.21. 선고, 99헌마139·142·156·160(병합), 대한민국과 일본국간의 어업에 관한 협정비준 등 위헌확인 : 헌법재판소 2001.93.27. 선고, 2000헌바20, 국제통화기금조약 제9조 제3항 등 헌법소원 : 대법원 1995.6.13. 선고, 94누7621 판결 : 대법원 1989.1.31. 선고, 85누883 판결 : 대법원 1995.7.14. 선고, 94누3469 판결.
[3] 김성수, 행정법Ⅰ, 법문사, 2000, p.79 : 김남진·김연태, 행정법Ⅰ, 법문사, 2006, p.59 : 대법원 1986.7.22. 선고 82다타1372 : 서울고법 1998.8.27. 선고, 96나37321 판결 : 대법원 1995.6.13. 선고, 94누7621 판결 : 대법원 1995.7.14. 선고, 94누3469 판결.
[4] 박용석, 조세조약과 국내세법과의 관계에 관한 고찰, 법조 46권 1호(통권 484호), 1997, p.130 : 이용섭, 국제조세, 세경사, 2003, p.124 : 金子宏, 租税法, 弘文堂, 2006, p.112 : 藤本哲也, 國際租税法, 中央經濟社, 2005, pp.120-121 : 谷口勢津夫, 租税條約論-租税條約の解釋及び適用と國內法-, 淸文社, 1999, p.29 : 小松芳明, 租税條約の研究, 有斐閣, 1982, p.25.

2 국내세법에 따른 조세조약의 남용의 규제

조세조약을 국내세법에 대한 특별법으로 새기는 경우에 국내세법(예 : 「국제조세조정에 관한 법률」 제2조의 2)에 근거하여 조세조약의 남용을 규제하는 것에 대하여 의문을 제기하게 된다.

그런데 OECD 모델조세조약 주석서 제1조의 주석에서는 조세조약남용을 방지하려는 체약국 국내법의 남용방지규정이 조세조약과 충돌하지 않는다고 해설하고 있다.[5]

국내의 학설은 국내세법에 근거하여 조세조약의 남용행위를 부인할 수 있다는 견해와 일반법인 국내세법으로 특별법인 조세조약을 제한하는 것은 허용되지 않기 때문에 국내세법에 근거하여 조세조약의 남용행위를 부인할 수 없다는 두 가지 견해로 갈리고 있다.

대부분의 견해는 입법자가 조세조약을 무력화시킬 의도 아래 국내세법에서 조세조약의 남용을 부인할 수 있는 조항을 신설하였다면 그 국내세법이 우선한다는 입장을 취하고 있다.[6] 이 경우에도 국제법의 위반문제는 별개의 문제로 남는다.

조세조약은 양 체약국이 그 조약을 준수할 것을 전제로 하여 체결한 규범이다. 그러므로 특정국가가 조세조약에서의 규율내용과 다른 내용에 따라 과세할 필요가 있다고 인정하는 경우에는 먼저 그 조세조약을 변경하거나, 상대국이 조세조약의 변경에 동의하지 않는다면 그 조세조약에서 정한 절차에 따라 해당 조세조약을 종료시킨 후에 국내세법을 제정하여 시행하는 것이 타당하다고 하겠다. 이와 같은 절차에 의하지 않고 일방적으로 조세조약을 무효화(override)하는 국내세법을 제정하는 것은 국제법에 위반될 뿐만 아니라 장기적으로는 상대국으로부터 보복과세를 감수하여야 한다.[7]

---

5) 경제협력개발기구(OECD)에서 발간한 모델조세조약의 주석서(Commentaries on the Articles of Model Tax Convention) 제1조 관련 문단 22.1 참조.
6) 안경봉·윤지현, 실질과세원칙과 조세조약의 적용, 2006년 추계학술대회 논문집(한국세법학회, 2006), p.207 : 이재호, 국내세법의 적용과 Treaty Override, 조세학술논문집 제22호 제2호(한국국제조세협회, 2006), p.158.
7) 박용석, 앞의 논문, p.130 : 안종석·홍범교, 앞의 보고서, p.169.

비거주자의 국내원천소득의 범위

제 1 절 국내원천소득의 개념

납세의무자가 비거주자인 경우에는 국내원천소득에 한하여 소득세의 납세의무를 진다. 국내원천소득이란 소득발생의 원천 또는 결정적 기준이 국내에 소재하는 소득을 가리킨다. 국내원천소득에 해당하는지의 여부를 판정함에 있어서 그 기준이 되고 있는 소득발생의 원천 또는 결정적 기준에는 자산의 소재지, 사업활동의 수행장소, 용역의 제공장소, 권리의 사용장소 또는 지급자의 소재지 등이 제시되고 있다.[8] 그러나 국내원천소득의 판정기준은 소득구분(예 : 이자소득・배당소득・사업소득 등)마다 상이하며, 모든 소득에 공통하는 판정기준이란 존재하지 않는다.[9]

뿐만 아니라 국내원천소득의 판정기준은 국가마다 다를 수 있기 때문에 동일한 소득에 대하여 원천지국과세의 경합을 일으키는 주요한 원인이 되고 있다.

제 2 절 국내원천소득의 범위

소득세법은 국내원천소득의 범위를 제한적으로 열거하고 있다. 즉 거주자에 대한 과세소득의 규정방식과 마찬가지로 열거주의방식을 채택하고 있는 것이다.

따라서 소득세법에서 열거하고 있지 않는 소득은 설사 해당 소득 발생의 원천이 국내에 있다고 하더라도 과세소득을 구성하지 않는 것이다.[10]

---

8) 中里實, 「國際去來課稅」(有斐閣, 1994), p.8.
9) 宮武敏夫, 「國際租稅法」(有斐閣, 1993), p.47.
10) 사업소득에 있어서 소득세법에서 과세소득으로 열거하고 있지 않은 소득이라고 할지라도 조세조약에서 국내원천사업소득으로 규정하고 있는 소득은 소득세법상의 과세소득에 포함한다는 명문의 규정을 두고 있다 (소법 119 V).

이하에서는 소득세법상 비거주자의 국내원천소득의 범위에 관하여 살펴보고자 한다(소법 119).

1) 이자소득

다음의 이자소득으로서 국가 · 지방자치단체 · 거주자 · 내국법인 · 외국법인의 국내사업장 또는 비거주자의 국내사업장으로부터 받는 소득과 외국법인 또는 비거주자로부터 받는 소득으로서 그 소득을 지급하는 외국법인 또는 비거주자의 국내사업장과 실질적으로 관련하여 그 국내사업장의 소득금액을 계산할 때 손금 또는 필요경비에 산입되는 것을 말한다. 다만, 거주자 또는 내국법인의 국외사업장을 위하여 그 국외사업장이 직접 차용한 차입금의 이자는 제외한다. 이 경우에는 그 국외사업장이 소재하는 국가의 국내원천소득이 된다.

국내원천소득에 해당하는지의 여부의 판정은 지급자의 거주지기준[11]으로 함을 원칙으로 하면서도 사용지기준[12]에 따라 보완하고 있다.

① 국가 또는 지방자치단체가 발행한 채권 또는 증권의 이자와 할인액

② 내국법인이 발행한 채권 또는 증권의 이자와 할인액

③ 국내에서 지급받는 예금(적금 · 부금 · 예탁금과 우편대체를 포함한다)의 이자

④ 상호저축은행법에 따른 신용계 또는 신용부금으로 인한 이익

⑤ 외국법인의 국내지점 또는 국내영업소에서 발행한 채권 또는 증권의 이자와 할인액

⑥ 외국법인이 발행한 채권 또는 증권의 이자와 할인액

⑦ 채권 또는 증권의 환매조건부 매매차익

⑧ 저축성보험의 보험차익

⑨ 직장공제회 초과반환금

⑩ 비영업대금의 이익

⑪ 앞의 "①"부터 "⑩"까지의 소득과 유사한 소득으로서 금전 사용에 따른 대가로서의 성격이 있는 것

⑫ 앞의 "①"부터 "⑪"까지 중 어느 하나에 해당하는 소득을 발생시키는 거래 또는 행위와 「자본시장과 금융투자업에 관한 법률」 제5조에 따른 파생상품이 결합된 경우 해당 파생상품의 거래 또는 행위로부터의 이익

2) 배당소득

내국법인 또는 법인으로 보는 단체나 그 밖의 국내로부터 받는 다음의 배당소득 및 「국

---

11) 이자지급자의 거주지국을 기준으로 하는 것이다.
12) 이자소득의 발생원인이 되는 자본사용지를 기준으로 하는 것이다.

제조세조정에 관한 법률」 제13조 및 제22조 제2항에 따라 배당으로 처분된 금액을 말한다. 배당금의 지급자가 내국법인(법인으로 보는 법인 아닌 사단·재단을 포함한다)인 경우에만 국내원천소득을 구성한다. 비거주자가 외국법인으로부터 받는 배당소득은 우리나라의 과세소득을 구성할 여지가 없다.

① 내국법인으로부터 받는 이익이나 잉여금의 배당 또는 분배금
② 법인으로 보는 단체로부터 받는 배당 또는 분배금
③ 의제배당
④ 법인세법에 따라 배당으로 처분된 금액
⑤ 국내 또는 국외에서 받는 집합투자기구로부터의 이익
⑥ 국내 또는 국외에서 받는 대통령령으로 정하는 파생결합증권 또는 파생결합사채로부터의 이익
⑦ 공동사업에서 발생하는 소득금액 중 출자공동사업자에 대한 손익분배비율에 상당하는 금액
⑧ 「국제조세조정에 관한 법률」 제27조에 따라 배당받은 것으로 간주된 금액
⑨ 앞의 "①" 내지 "⑧"까지의 소득과 유사한 소득으로서 수익분배의 성격이 있는 것
⑩ 앞의 "①" 내지 "⑨"까지의 규정 중 어느 하나에 해당하는 소득을 발생시키는 거래 또는 행위와 파생상품이 결합된 경우 해당 파생상품의 거래 또는 행위로부터의 이익
⑪ 「국제조세조정에 관한 법률」 제13조 및 제22조 제2항에 따라 배당으로 처분된 금액
⑫ 소득세법 제87조의 6 제1항 제4호에 따른 집합투자증권의 환매등으로 발생한 이익 중 대통령령으로 정한 이익

3) 부동산임대소득

국내에 있는 부동산 또는 부동산상의 권리와 국내에서 취득한 광업권, 조광권, 지하수의 개발 및 이용권, 어업권, 토사석 채취에 관한 권리의 양도·임대, 그 밖에 운영으로 발생하는 소득을 가리킨다. 국내원천소득에 해당하는지의 여부를 판정하는 기준은 부동산 등의 소재지이다. 다만, 이와 같은 부동산 등의 양도로 인한 소득이 뒤에서 다룰 "양도소득"과 경합하는 경우에는 양도소득으로 한다.

4) 선박·항공기·자동차 및 건설기계의 임대소득

거주자·내국법인 또는 외국법인의 국내사업장이나 비거주자의 국내사업장에 선박·항공기, 등록된 자동차나 건설기계, 산업상·상업상 또는 과학상의 기계·설비·장치·운반

구·공구·기구 및 비품을 임대함으로써 발생하는 소득을 말한다. 앞의 선박 등의 임대소득이 국내원천소득에 해당하는지의 여부는 임차인의 거주지를 기준으로 하되, 비거주자의 국내사업장에 임대한 경우에는 그 사용장소를 기준으로 하여 판정하는 것이다.

5) 사업소득

가) 사업소득의 범위

비거주자가 국내에서 경영하는 사업에서 발생하는 소득(조세조약에 따라 국내원천사업소득으로 과세할 수 있는 소득을 포함한다)으로서 다음의 소득은 국내원천사업소득으로 한다. 귀속주의(attribution principle)에 따라서 국내사업장에 실질적으로 관련되는(effectively connected), 즉 실질적으로 귀속되는 소득을 사업소득으로 하고 있다. 인적용역소득은 사업소득에서 제외하여 별개의 소득으로 구분한다.

① 소득세법 제19조에 규정된 사업에서 발생하는 소득

소득세법 제19조에 규정된 사업 중 국내에서 영위하는 사업에서 발생하는 다음의 소득을 말한다(소법 119 Ⅴ, 소령 179 ②). 다만, 인적용역소득은 제외한다.

㉮ 비거주자가 국외에서 양도받은 재고자산을 국외에서 제조·가공·육성 기타 가치를 증대시키기 위한 행위(제조 등)를 하지 아니하고 이를 국내에서 양도하는 경우(국내에서 제조 등을 한 후 양도하는 경우 포함)에는 그 국내에서의 양도에 따라 발생하는 모든 소득 재고자산이 양수자에게 인도되기 직전에 국내에 있거나 또는 양도인인 해당 비거주자의 국내사업장에서 행하는 사업을 통하여 관리되고 있는 경우, 재고자산의 양도에 관한 계약이 국내에서 체결된 경우 및 재고자산의 양도에 관한 계약을 체결하기 위하여 주문을 받거나 협의 등을 하는 행위 중 중요한 부분이 국내에서 이루어지는 경우에는 해당 재고자산의 양도가 국내에서 이루어지는 것으로 본다.

㉯ 비거주자가 국외에서 제조 등을 행한 재고자산을 국내에서 양도하는 경우(국내에서 제조 등을 한 후 양도하는 경우를 포함한다)에는 그 양도에 따라 발생하는 소득 중 국외에서 제조 등을 행한 타인으로부터 통상의 거래조건에 따라 해당 자산을 취득하였다고 가정할 때에 이를 양도하는 경우(국내에서 행한 제조 등을 한 후 양도하는 경우를 포함한다) 그 양도에 따라 발생하는 소득

㉰ 비거주자가 국내에서 제조 등을 행한 재고자산을 국외에서 양도하는 경우(국외에서 제조 등을 한 후 양도하는 경우를 포함한다)에는 그 양도에 따라 발생하는 소득 중 국내에서 제조한 해당 재고자산을 국외의 타인에게 통상의 거

래조건에 따라 양도하였다고 가정할 때에 그 국내에서 행한 제조 등에 따라 발생하는 소득

㉣ 비거주자가 국외에서 건설·설치·조립 기타 작업에 관하여 계약을 체결하거나 필요한 인원이나 자재를 조달하여 국내에서 작업을 시행하는 경우에는 해당 작업에 따라 발생하는 모든 소득

㉤ 비거주자가 국내 및 국외에 걸쳐 손해보험 또는 생명보험사업을 영위하는 경우에는 해당 사업에 따라 발생하는 소득 중 국내에 있는 해당 사업에 관한 영업소 또는 보험계약의 체결을 대리하는 자를 통하여 체결한 보험계약에 따라 발생하는 소득

㉥ 출판사업 또는 방송사업을 영위하는 비거주자가 국내 및 국외에 걸쳐 타인을 위하여 광고에 관한 사업을 행하는 경우에는 해당 광고에 관한 사업에 따라 발생하는 소득 중 국내에서 행하는 광고에 따라 발생한 소득

㉦ 비거주자가 국내 및 국외에 걸쳐 선박에 의한 국제운송업을 영위하는 경우에는 국내에서 승선한 여객이나 선적한 화물에 관련하여 발생하는 수입금액을 기준으로 하여 판정한 그 외국법인이 국내업무에서 발생하는 소득

㉧ 비거주자가 국내 및 국외에 걸쳐 항공기에 의한 국제운송업을 영위하는 경우에는 국내에서 탑승한 여객이나 적재한 화물에 관련하여 발생하는 수입금액과 경비, 국내업무용 유형자산 및 무형자산의 가액 기타 그 국내업무가 해당 운송업에 대한 소득의 발생에 기여한 정도 등을 고려하여 계산한 그 법인의 국내업무에서 발생하는 소득

㉨ 비거주자가 국내 및 국외에 걸쳐 앞의 "㉠" 내지 "㉧" 이외의 사업을 영위하는 경우에는 해당 사업에서 발생하는 소득 중 해당 사업에 관련된 업무를 국내업무와 국외업무로 구분하여 이들 업무를 각각 다른 독립사업자가 행하고, 또한 이들 독립사업자 간에 통상의 거래조건에 따른 거래가격에 따라 거래가 이루어졌다고 가정할 경우 그 국내업무와 관련하여 발생하는 소득 또는 그 국내업무에 관한 수입금액과 경비·소득 등을 측정하는 데 합리적이라고 판단되는 요인을 고려하여 판정한 그 국내업무와 관련하여 발생하는 소득

㉩ 외국법인이 발행한 주식 또는 출자지분으로서 증권시장에 상장된 것에 투자하거나 기타 이와 유사한 행위를 함으로써 발생하는 소득

㉠ 비거주자가 산업상·상업상 또는 과학상의 기계·설비·장치·운반구·공구·기구 및 비품을 양도함으로 인하여 발생하는 소득

② 국외에서 발생하는 소득으로서 국내사업장에 귀속되는 것

국외에서 발생하는 소득으로서 국내사업장에 귀속되는 것은 사업소득에 포함한다. 다시 말하면 소득을 발생시키는 재산 또는 권리가 국내사업장과 실질적으로 관련되는 경우에는 설사 국외에서 발생한 소득이라 할지라도 그 소득을 귀속주의에 따라 국내원천소득인 사업소득에 포함하도록 하고 있는 것이다.

나) 고정사업장 과세원칙

조세조약상 사업소득에 관하여는 「고정사업장이 없으면 과세하지 못한다」(no taxation without permanent establishment)는 일반원칙이 확립되어 있다. 즉 일방체약국은 타방체약국의 거주자 또는 내국법인이 자국(일방체약국)에서 고정사업장을 설치하고 해당 고정사업장을 통하여 사업을 수행하지 않는 한 해당 타방체약국의 거주자 또는 내국법인의 사업소득에 대하여 과세하여서는 안된다는 원칙이다.

이 원칙은 무역거래나 사업의 준비적 활동 등을 과세의 대상에서 제외함으로써 국제적 경제활동에 대한 조세의 저해적 효과를 가능한 한 배제할 목적으로 인정되고 있으며, 오늘날에는 일반원칙으로 터 잡게 되었다(OECD 모델조세조약 7 ①).

우리나라가 체결한 조세조약들도 이와 같은 원칙을 받아들여 우리나라에 고정사업장을 두고 있지 않은 비거주자의 사업소득에 대하여 소득세를 과세하지 않고 있다.

6) 인적용역소득

국내에서 인적용역을 제공함으로써 발생하는 소득(국외에서 제공하는 인적용역 중 '②'에 해당하는 용역을 제공함으로써 발생하는 소득이 조세조약에 따라 국내에서 발생하는 것으로 간주되는 경우 그 소득을 포함한다)을 가리킨다. 이 경우에 해당 인적용역을 제공받는 자가 인적용역의 제공과 관련하여 항공료·숙박비 또는 식사대를 부담하는 경우에는 그 비용을 제외한 금액으로 한다.

비거주자가 얻는 인적용역소득이 국내원천소득에 해당하기 위하여는 그 용역의 제공장소가 국내이어야 한다.

인적용역이란 다음의 용역을 말한다.

① 변호사·공인회계사·세무사·건축사·측량사·변리사 기타 이와 유사한 전문직업인이 제공하는 용역
② 과학기술·경영관리 기타 분야에 관한 전문적 지식 또는 특별한 기능을 가진 자가 해당 지식 또는 기능을 활용하여 제공하는 용역

③ 직업운동가가 제공하는 용역

④ 배우·음악가 기타 연예인이 제공하는 용역

7) 근로소득

국내에서 제공하는 근로와 다음의 근로의 대가로서 받는 소득을 말한다.

① 거주자 또는 내국법인이 운용하는 외국항행선박·원양어업선박 및 항공기의 승무원이 받는 급여

② 내국법인의 임원의 자격으로서 받는 급여

③ 법인세법에 따라 상여로 처분된 금액

8) 퇴직소득

국내에서 제공한 근로에 대가로 받는 퇴직소득을 말한다.

9) 연금소득

국내에서 지급받는 연금소득을 말한다.

10) 양도소득

자산·권리의 양도로 발생하는 소득이다. 그리고 소득을 발생하는 자산·권리에는 토지·건물·부동산에 관한 권리 및 기타자산이 포함된다. 기타자산에는 영업권·특정시설물의 이용권 등과 부동산주식 등으로서 증권시장에 상장되지 아니한 주식 등이 포함된다. 앞에서 부동산 주식 등이란 내국법인의 주식 또는 출자지분 중 양도일이 속하는 사업연도 개시일 현재 그 법인의 자산총액 중 토지·건물 및 부동산에 관한 권리의 합계액이 50% 이상인 법인의 주식 또는 출자지분을 말한다. 이 경우 조세조약의 해석·적용과 관련하여 그 조세조약 상대국과 상호합의에 따라 우리나라에 과세권한이 있는 것으로 인정되는 부동산 주식 등도 앞의 부동산 주식 등에 포함한다.

11) 사용료소득

다음의 자산·정보 또는 권리(이하에서 '권리 등'이라 한다)를 국내에서 사용하거나 그 대가를 국내에서 지급하는 경우의 그 대가 및 그 권리 등의 양도로 발생하는 소득을 가리킨다. 이를 사용료소득(royalties)이라고 한다.

사용료소득이 국내원천소득에 해당하는지의 여부를 판정하는 기준은 그 소득의 발생원천이 되는 자산 등의 사용지 또는 그 대가의 지급지이다.

① 학술 또는 예술에 관련된 저작물(영화필름을 포함한다)의 저작권, 특허권·상표권, 디자인·모형·도면, 비밀의 공식 또는 공정·라디오와 텔레비전방송용 필름 및 테이프, 그 밖에 이와 유사한 자산이나 권리

② 산업·상업 또는 과학과 관련된 지식·경험에 관한 정보 또는 노하우

㉮ 산업·상업 또는 과학과 관련된 지식·경험에 관한 정보 또는 노하우의 양도로 발생하는 사용료소득과 과학기술·경영관리 기타 분야에 관한 전문적 지식 또는 특별한 기능을 가진 자가 해당 지식 또는 기능을 활용하여 제공하는 용역의 대가인 인적용역소득과의 구별이 문제이다.

이들 사용료소득과 인적용역소득을 구별하는 기준은 아래와 같다.[13]

첫째, 사용료소득이 사용료를 발생시키는 자산이나 정보를 중시하는 데 대하여 인적용역소득은 용역을 제공하는 인적 주체를 중시하는 개념이다.

둘째, 사용료를 발생시키는 노하우(know-how)계약에 있어서 노하우 제공자는 노하우 수취자가 그 비법 등을 적용하는 데에 특별한 역할을 하여야 할 의무도 없고 또한 그 결과에 대해서 보증하지 않는 것이 상례이다. 그러나 인적용역계약에 있어서는 용역제공자가 상대방을 위하여 기술을 활용하여 스스로 용역을 제공하여야 하고 그 제공한 용역의 결과에 대하여도 보증하는 것이 일반적이다.

셋째, 대가가 제공된 기술이나 공업소유권 등을 사용한 횟수·기간·생산량 또는 사용의 이익에 대응하여 산정되는 경우에는 사용료소득으로 보아야 한다. 그리고 대가로서 지급되는 금액이 도면 등의 작성비용이나 용역제공을 위하여 지출한 비용에 통상이윤을 가산한 금액을 훨씬 초과하는 경우에 그 대가도 사용료소득으로 보아야 한다.

㉯ 다음으로 내국법인이 외국법인으로부터 도입한 소프트웨어의 기능과 도입가격, 특약내용 등에 비추어 그 소프트웨어의 도입이 단순히 상품을 수입한 것이 아니라 노하우(know-how) 또는 그 기술을 도입한 것이라면, 그 기술도입 대가는 사용료소득으로 보아야 한다. 그러나 해당 소프트웨어가 범용 소프트웨어로서 외국의 공급업자가 스스로 소프트웨어를 복제한 후 국내법인이 이를 복제판매권 등을 수여받지 아니한 채 수입하여 판매한 상품에 불과한 경우에는 이를 노하우의 전수라고 보기 어렵다.[14]

③ 사용지(使用地)를 기준으로 국내원천소득 해당 여부를 규정하는 조세조약(이하 '사

---

13) 이용섭, 앞의 책, pp.445~446.
14) 대법원 1997.12.12. 선고, 97누4005 판결.

용지 기준 조세조약'이라 한다)에서 사용료의 정의에 포함되는 그 밖에 이와 유사한 재산 또는 권리[특허권, 실용신안권, 상표권, 디자인권 등 그 행사에 등록이 필요한 권리(이하 '특허권등'이라 한다)가 국내에서 등록되지 아니하였으나 그에 포함된 제조방법 · 기술 · 정보 등이 국내에서의 제조 · 생산과 관련되는 등 국내에서 사실상 실시되거나 사용되는 것을 말한다]

12) 유가증권의 양도소득

다음 중 어느 하나에 해당하는 주식 · 출자지분(증권시장에 상장된 부동산주식 등을 포함한다) 또는 그 밖의 유가증권(「자본시장과 금융투자업에 관한 법률」 제4조에 따른 증권을 포함한다. 이하 같다)의 양도로 발생하는 소득으로서 대통령령이 정하는 소득을 말한다. 그러나 국내사업장이 없는 비거주자가 「자본시장과 금융투자업에 관한 법률」 제5조 제2항에 따른 장내파생상품 또는 「자본시장과 금융투자업에 관한 법률」 제5조 제3항에 따른 장외파생상품으로서 같은 법 시행령 제186조의 2에 따른 위험회피목적의 거래인 것을 통하여 취득한 소득은 국내원천소득으로 보지 아니한다(소령 179 ⑫).

① 내국법인이 발행한 주식 · 출자지분과 그 밖의 유가증권

② 외국법인이 발행한 주식 · 출자지분(증권시장에 상장된 것만 해당한다) 및 외국법인의 국내사업장이 발행한 그 밖의 유가증권

한편 앞에서 "대통령령이 정하는 소득"이란 다음의 소득을 말한다(소령 179 ⑪).

① 비거주자가 주식 또는 출자지분을 양도함으로써 발생하는 소득. 다만, 증권시장을 통하여 주식 또는 출자지분을 양도(「자본시장과 금융투자업에 관한 법률」 제78조에 따른 중개에 따라 주식을 양도하는 경우를 포함한다)함으로써 발생하는 소득으로서 해당 양도자 및 그와 특수관계인이 해당 주식 또는 출자지분의 양도일이 속하는 연도와 그 직전 5년의 기간 중 계속하여 해당 주식 또는 출자지분을 발행한 법인의 발행주식총액 또는 출자총액(외국법인이 발행한 주식 또는 출자지분의 경우에는 증권시장에 상장된 주식 또는 출자지분의 총액)의 25% 미만을 소유한 경우를 제외한다.

② 국내사업장을 가지고 있는 비거주자가 주식 및 출자지분 외의 유가증권을 양도함으로써 발생하는 소득. 다만, 해당 유가증권의 양도시에 이자소득으로 과세되는 소득은 제외한다.

③ 국내사업장을 가지고 있지 아니한 비거주자가 내국법인, 거주자 또는 비거주자 · 외국법인의 국내사업장에 주식 또는 출자지분 외의 유가증권을 양도함으로써 발생하는 소

득. 다만, 해당 유가증권의 양도시에 이자소득으로 과세되는 소득은 제외한다.

13) 기타소득

위의 "1)"부터 "12)"까지의 소득 이외의 것으로서 다음의 소득으로 한다.

① 국내에 있는 부동산 및 그 밖의 자산 또는 국내에서 경영하는 사업과 관련하여 받은 보험금·보상금 또는 손해배상금

② 국내에서 지급하는 위약금 또는 배상금

국내에서 지급하는 위약금 또는 배상금이란 재산권에 관한 계약의 위약 또는 해약으로 인하여 지급받는 손해배상으로서 그 명목 여하에 불구하고 본래의 계약내용이 되는 지급 자체에 대한 손해를 넘어 배상받는 금전 또는 기타 물품의 가액을 말한다.

③ 국내에서 지급받는 상금·현상금·포상금이나 그 밖에 이에 준하는 소득

④ 국내에서 발견된 매장물로 인한 소득

⑤ 국내법에 따른 면허·허가 또는 그 밖에 이와 유사한 처분에 따라 설정된 권리와 부동산 외의 국내자산을 양도함으로써 생기는 소득

⑥ 국내에서 발행된 복권·경품권 또는 그 밖의 추첨권에 당첨되어 받는 당첨금품과 승마투표권·승자투표권·소싸움경기투표권·체육진흥투표권의 구매자가 받는 환급금

⑦ 슬롯머신 등을 이용하는 행위에 참가하여 받는 당첨금품 등

⑧ 법인세법 제67조에 따라 기타소득으로 처분된 금액

⑨ 특수관계에 있는 비거주자(이하에서 '국외특수관계인'이라 한다)가 보유하고 있는 내국법인의 주식 또는 출자지분이 자본거래[15]로 인하여 그 가치가 증가함으로써 발생하는 소득

⑩ 국내의 연금계좌에서 연금외수령하는 금액으로서 소득세법 제21조 제1항 제21호의 소득

⑪ 사용지 기준 조세조약 상대국의 거주자가 소유한 특허권 등으로서 국내에서 등록되지 아니하고 국외에서 등록된 특허권 등을 침해하여 발생하는 손해에 대하여 국내에서 지급하는 손해배상금·보상금·화해금·일실이익 또는 그 밖에 이와 유사한 소득. 이 경우 해당 특허권 등에 포함된 제조방법·기술·정보 등이 국내에서의 제조·생산과 관련되는 등 국내에서 사실상 실시되거나 사용되는 것과 관련되어 지급하는 소득으로 한정한다.

---

15) 법인세법 시행령 제88조 제1항 제8호 각 목의 어느 하나에 해당하는 거래로 인하여 주주 등인 비거주자가 특수관계에 있는 다른 주주 등으로부터 이익을 분여받아 발생한 소득을 말한다.

⑫ 소득세법 제21조 제1항 제27호에 따른 가상자산소득[비거주자가 「특정 금융거래정보의 보고 및 이용 등에 관한 법률」 제2조 제1호 하목에 따른 가상자산사업자 또는 이와 유사한 사업자(이하 '가상자산사업자등'이라 한다)가 보관·관리하는 가상자산을 인출하는 경우 인출시점을 양도시점으로 보아 대통령령으로 정하는 바에 따라 계산한 금액을 포함한다]

⑬ 앞의 "①"부터 "⑫"까지 이외에 국내에서 하는 사업·국내에서 제공하는 인적용역 또는 국내에 있는 자산과 관련하여 받는 경제적 이익으로 인한 소득. 다만, 국가 또는 법률에 따라 설립된 금융회사 등이 발행한 외화표시채권의 상환에 따라 받는 금액이 그 외화표시채권의 발행가액을 초과하는 경우에는 그 차액은 제외한다.

그리고 국내사업장이 없는 비거주자가 「자본시장과 금융투자업에 관한 법률」의 규정에 따라 국내사업장이 없는 비거주자·외국법인과 유가증권(채권 등을 제외한다) 대차거래를 하여 유가증권 차입자로부터 지급받는 배당 등의 보상금상당액은 국내원천소득으로 보지 아니한다(소령 179 ⑰).

제3장

비거주자의 소득에 관한 과세방법

제1절 국내사업장 등의 개념

1 국내사업장 등의 설치 여부의 중요성

국내사업장의 유무는 비거주자의 국내원천소득의 과세에 있어서 종합과세 또는 분리과세를 결정하는 기준이 된다(소법 121). 즉 국내사업장이 있거나 부동산임대소득이 있는 비거주자는 퇴직소득 및 양도소득을 제외한 국내원천소득(국내사업장과 실질적으로 관련되지 아니하거나 그 국내사업장에 귀속되지 아니한 소득의 금액으로서 소득세법 제156조 제1항의 원천징수특례규정에 따라 원천징수되는 국내원천소득을 제외한다)에 대하여 종합과세한다. 그리고 퇴직소득 및 양도소득에 대하여는 거주자와 동일한 방법으로 과세하는 것이다.

그러나 국내사업장 등이 없는 비거주자의 국내원천소득(퇴직소득 및 양도소득을 제외한다)과 국내사업장이 있는 비거주자의 국내원천소득 중 원천징수특례규정(소법 156 ①)에 따라 원천징수되는 소득에 대하여는 소득별로 분리과세한다. 다만 원천징수되는 소득 중 인적용역 소득이 있는 비거주자가 종합소득과세표준 확정신고를 하는 경우에는 소득에 대하여(퇴직소득 및 양도소득은 제외한다)종합하여 과세할 수 있다.

한편 전술한 바와 같이 조세조약상 사업소득에 관하여는 고정사업장이 없으면 과세하지 못한다는 원칙이 확립되어 있다. 즉 일방체약국은 타방체약국의 거주자가 그 일방체약국에서 고정사업장을 설치하고 사업을 영위하지 않는 한 해당 거주자의 사업소득에 대하여 과세할 수 없는 것이다. 우리나라가 체결한 조세조약도 이와 같은 원칙을 수용하여 우리나라에 고정사업장을 두고 있지 않은 비거주자에 대하여 소득세를 과세할 수 없도록 약정하고 있다.

2 국내사업장의 개념

가. 국내사업장의 정의

비거주자의 국내사업장이란 비거주자가 국내에 사업의 전부 또는 일부를 수행하기 위하여 설치한 사업상의 고정된 장소(a fixed place), 즉 고정사업장(permanent establishment : PE)을 가리킨다. 고정사업장이 되기 위해서는 일반적으로 다음의 세 가지 요건을 모두 충족하여야 한다.

첫째, 사업장소(place of business)가 존재하여야 한다.

둘째, 사업장소가 고정(fixed)되어 있어야 한다. 앞에서 고정이란 공간적·시간적인 고정성을 가리킨다. 즉 고정이란 지리적으로 특정되어야 할 뿐만 아니라 시간적으로도 어느 정도의 항구성을 지녀야 하는 것이다.

셋째, 고정된 사업장소에서 사업이 수행되어야 한다. 즉 사업의 전부 또는 일부가 사업장소를 통하여(through) 수행되어야 한다.

국내사업장에는 다음의 장소가 포함된다(소법 120 ②).

① 지점·사무소 또는 영업소

② 상점이나 그 밖의 고정된 판매장소

③ 작업장·공장 또는 창고

④ 6개월을 초과하여 존속하는 건축장소, 건설·조립 또는 설치공사의 현장 또는 이와 관련되는 감독을 하는 장소

⑤ 고용인을 통하여 용역을 제공하는 장소로서 다음 중 어느 하나에 해당하는 장소

㉮ 용역이 계속 제공되는 기간이 12개월 중 합계 6개월을 초과하는 기간 동안 용역이 수행되는 장소

㉯ 용역이 계속 제공되는 기간이 12개월 중 합계 6개월을 초과하지 아니하는 경우로서 유사한 종류의 용역이 2년 이상 계속적·반복적으로 수행되는 장소

⑥ 광산·채석장 또는 해저천연자원이나 그 밖의 천연자원의 탐사장소 및 채취장소

위에서 해저천연자원의 탐사장소 및 채취장소에는 국제법에 따라 우리나라가 영해 밖에서 주권을 행사하는 지역으로서 우리나라의 연안에 인접한 해저지역의 해상과 하층토에 있는 것을 포함한다(소법 120 ② Ⅵ).

나. 종속대리인을 둔 경우

비거주자가 국내에 고정사업장을 두지 않은 경우에도 국내에 종속대리인(dependent agent)을 두고 있는 경우에는 국내사업장을 둔 것으로 간주한다. 즉 비거주자가 국내사업장이 없는 경우에 국내에 자기를 위하여 계약을 체결할 권한을 가지고 그 권한을 반복적으로 행사하는 자 또는 이에 준하는 자로서 다음의 자를 두고 사업을 경영하는 경우에는 그 자의 사업장 소재지(사업장이 없는 경우에는 주소지, 주소지가 없는 경우에는 거소지)에 국내사업장을 둔 것으로 본다(소법 120 ③).

① 국내에서 그 비거주자를 위하여 비거주자 명의의 계약, 비거주자가 소유하는 자산의 소유권 이전 또는 소유권이나 사용권을 갖는 자산의 사용권 허락을 위한 계약 또는 비거주자의 용역제공을 위한 계약(이하 '비거주자 명의 계약 등'이라 한다)을 체결할 권한을 가지고 그 권한을 반복적으로 행사하는 자

② 국내에서 그 비거주자를 위하여 비거주자 명의 계약 등을 체결할 권한을 가지고 있지 아니하더라도 계약을 체결하는 과정에서 중요한 역할(비거주자가 계약의 중요사항을 변경하지 아니하고 계약을 체결하는 경우로 한정한다)을 반복적으로 수행하는 자

다. 국내사업장으로 보지 아니하는 경우

국내사업장에는 국내에 설치한 다음의 예비적 또는 보조적인 활동의 수행장소를 포함하지 아니한다(소법 120 ④).

① 비거주자가 단순히 자산의 구입만을 위하여 사용하는 일정한 장소
재화나 상품의 단순한 구매목적만을 위하여 설치한 구매사무소(purchasing office)를 가리킨다.

② 비거주자가 판매를 목적으로 하지 아니하는 자산의 저장 또는 보관만을 위하여 사용하는 일정한 장소

③ 비거주자가 광고·선전·정보의 수집·제공 및 시장조사를 하거나 그 밖에 그 사업의 수행상 예비적 또는 보조적인 성격을 가진 활동을 하기 위하여만 사용하는 일정한 장소

④ 비거주자가 자기의 자산을 타인으로 하여금 가공하게 하기 위하여만 사용하는 일정한 장소

3 부동산임대소득의 범위

국내에 있는 부동산 또는 부동산상의 권리와 국내에서 취득한 광업권·조광권 또는 채석권의 양도, 임대, 그 밖에 운영으로 인하여 발생하는 소득으로서 양도소득에 해당하는 것을 제외한 것을 말한다. 앞의 부동산임대소득에는 선박·항공기 또는 등록된 자동차나 건설기계를 임대함으로 발생하는 소득은 포함되지 아니한다(소법 119 Ⅳ).

제2절 종합과세하는 경우

1 과세방법

국내원천소득이 있는 비거주자에 대하여 과세하는 소득세는 해당 국내원천소득을 종합하여 과세하는 경우와 분류하여 과세하는 경우 및 그 국내원천소득을 분리하여 과세하는 경우로 구분하여 계산한다(소법 121 ①).

국내사업장이 있는 비거주자나 국내원천소득 중 부동산임대소득(소득세법 제119조 제3호에 따른 소득)이 있는 비거주자에 대해서는 퇴직소득 및 양도소득을 제외한 그 밖의 국내원천소득(국내사업장과 실질적으로 관련되지 아니하거나 그 국내사업장에 귀속되지 아니한 소득의 금액으로서 소득세법 제156조 제1항 및 제156조의 3부터 제156조의 6까지의 규정에 따라 원천징수되는 국내원천소득은 제외한다)을 종합하여 과세한다. 그리고 퇴직소득 및 양도소득은 종합과세에서 제외하여 거주자와 같은 방법으로 분류하여 과세한다(소법 121 ②). 그러나 양도소득의 경우 1세대 1주택의 비과세에 관한 규정과 1세대 1주택에 대한 장기보유특별공제에 관한 특례는 적용하지 아니한다. 그리고 양도소득에 대하여는 조세채권의 조기확보를 위하여 자산의 양수자가 양수대가를 지급할 때에 소득세를 예납적으로 원천징수하도록 하도록 하고 있다.

이에 대하여 국내사업장이 없는 비거주자의 국내원천소득(퇴직소득 및 양도소득은 제외한다)이나 국내사업장이 있는 비거주자의 국내원천소득 중 소득세법 제156조 제1항 및 제156조의 3부터 제156조의 6까지의 규정에 따라 원천징수되는 소득에 대해서는 국내원천소득별(퇴직소득 및 양도소득은 제외한다)로 분리하여 과세한다. 그러나 국내사업장이 없고 국내원천소득 중 부동산임대소득이 없는 비거주자라 하더라도 원천징수되는 소득 중 인적용역소득이 있는 자로서 종합소득과세표준확정신고를 하는 경우에는 퇴직소득 및 양도소득을 제외한 그 밖의 국내원천소득에 대하여 종합하여 과세할 수 있다(소법 121 ⑤).

비거주자에 대하여 종합과세를 하는 경우에 과세표준과 세액의 계산, 신고와 납부, 과세
표준과 세액의 결정 및 경정, 세액의 징수 및 환급 등에 관하여는 거주자에 대한 규정을
준용한다(소법 122, 124 및 125). 한편 국내사업장이 있는 비거주자가 공동으로 사업을 경영하
고 그 손익을 분배하는 공동사업의 경우 원천징수된 세액의 분배 등에 관하여는 소득세법
제87조(공동사업장에 대한 특례)를 준용한다.

2 과세표준과 세액 등의 계산에 관한 특례

1) 소득금액의 계산특례

비거주자에게 종합과세하는 경우에 과세표준의 계산은 다음에 의한다(소령 181). 국내
사업장에서 발생된 판매비 및 일반관리비와 기타의 경비 중 국내원천소득의 발생과
관련되지 아니하는 것은 필요경비에 포함하지 아니한다.

① 대손충당금의 필요경비 계산에 있어서 그 대손금은 비거주자가 국내에서 영위하는
사업에 관한 것에 한한다.

② 퇴직급여충당금의 필요경비 계산에 있어서 종업원은 비거주자의 종업원 중 그 비
거주자가 국내에서 영위하는 사업을 위하여 국내에서 상시 근무하는 자에 한한다.

③ 필요경비불산입하는 소득세 및 지방소득세, 벌금·과료 및 과태료, 체납처분비, 가
산세, 법령이 정하는 공과금 외의 공과금에는 외국정부 또는 외국지방자치단체에
의하여 부과된 것을 포함한다.

④ 기부금 또는 업무추진비 등의 필요경비 계산에 있어서 그 기부금 또는 업무추진비
등은 국내에서 영위하는 사업에 관한 것에 한한다.

⑤ 장기할부조건에 의한 상품 등의 판매는 비거주자가 국내에서 영위하는 사업에 관
한 것에 한한다.

⑥ 장기할부조건의 건설·제조 기타 용역(도급공사 및 예약매출을 포함한다)은 비거
주자가 국내에서 영위하는 사업에 관한 것에 한한다.

⑦ 감가상각의 대상이 되는 유형고정자산과 무형고정자산(개발비·사용수익기부자
산가액·주파수이용권 및 공항시설관리권을 제외한 것을 말한다)은 해당 비거주
자의 고정자산 중 국내에 가지고 있는 사업용 고정자산에 한한다.

⑧ 재고자산 또는 유가증권은 비거주자의 해당 자산 중 국내에 있는 것에 한한다.

⑨ 무형고정자산 중 개발비 및 사용수익기부자산가액은 해당 비거주자의 무형고정자

산 중 해당 비거주자가 국내에서 영위하는 사업에 귀속되거나 국내에 있는 자산과 관련되는 것에 한한다. 이 밖에 주파수이용권 및 공항시설관리권도 마찬가지로 새겨야 할 것이다.

⑩ 국내원천소득 중 이자소득 또는 배당소득은 국내에서 받는 것에 한한다.

2) 본점 등의 경비배분

비거주자의 국내사업장의 각 사업연도의 소득금액을 결정함에 있어서 그 본점 및 그 국내사업장을 관할하는 관련지점 등의 경비 중 공통경비로서 그 국내사업장의 국내원천소득 발생과 합리적으로 관련되는 것은 국내사업장에 배분하여 필요경비에 산입한다(소령 181의 2).

3) 종합소득공제의 특례

비거주자에 대하여는 본인에 대한 기본공제 및 추가공제 외의 다른 종합소득공제 등의 적용을 배제한다. 즉 비거주자에 대하여는 비거주자 본인에 대한 인적공제(기본공제 및 추가공제)만을 적용한다. 따라서 비거주자 본인 외의 자(배우자 및 부양가족)에 대한 인적공제와 특별소득공제, 자녀세액공제 및 특별세액공제는 적용하지 아니한다(소법 122 단서).

제3절 분리과세하는 경우

1 분리과세의 방법

가. 이자소득 등의 경우

① 국내사업장 등이 없는 비거주자의 국내원천소득(퇴직소득 및 양도소득을 제외한다)과 국내사업장이 있는 비거주자의 국내원천소득 중 원천징수특례규정(소법 156 ①)에 따라 원천징수되는 소득(퇴직소득 및 양도소득을 제외한다)에 대하여는 국내원천소득별로 분리과세한다(소법 121 ③ 및 ④). 다만, 비거주자로 보는 단체에 대해서는 그 단체의 구성원별로 분배받는 이익에 대하여 소득세법과 소득세법 시행령을 적용한다. 국내사업장이 없는 비거주자에게 분리과세를 함에 있어서 그 과세표준과 세액은 지급받는 해당

국내원천소득별 수입금액에 소정의 원천징수세율을 적용하여 계산한다(소법 126).

국내사업장이 없는 비거주자의 퇴직소득 및 양도소득은 거주자와 같은 방법으로 분류하여 과세한다(소법 121 ②).

② 유가증권의 양도소득에 대하여는 과세표준의 계산에 있어서 다음과 같은 특례를 인정하고 있다.

ⅰ) 양도차익 기준

유가증권의 양도소득에 있어서 유가증권의 양도에 따른 수입금액에서 확인된 취득가액 및 양도비용을 공제하여 계산한 금액을 과세표준으로 할 수 있다. 앞에서 유가증권의 취득가액 및 양도비용이란 유가증권의 양도자 또는 그 대리인이 원천징수의무자에게 원천징수를 하는 날까지 제출하는 출자금 또는 주금납입영수증·양도증서·대금지급영수증 기타 출자 또는 취득 및 양도에 소요된 금액을 증명하는 자료에 따라 그 유가증권의 취득가액 및 양도비용이 확인된 다음의 금액을 말한다(소령 183 ①).

㉮ 해당 유가증권의 취득 또는 양도에 실지로 직접 소요된 금액(그 취득 및 양도에 따라 직접 소요된 조세·공과금 및 중개수수료를 포함한다). 다만, 해당 유가증권이 출자지분 또는 주식으로서 그 출자지분 또는 주식에 법인의 잉여금의 전부 또는 일부를 출자 또는 자본의 금액에 전입함으로써 취득한 것이 포함되어 있는 경우에는 다음 산식에 따라 계산한 금액으로 한다.

$$\frac{\text{구주식 등 1주 또는 1좌당 장부가액}}{(1+\text{구주식 등 1주 또는 1좌당 신주식 등 배정수})} = 1\text{주 또는 1좌당 장부가액}$$

이 경우에 취득가액이 서로 다른 동일 종목의 유가증권(채권의 경우에는 액면가액, 발행일 및 만기일, 이자율 등 발행조건이 같은 동일종목의 채권을 말한다)을 보유한 비거주자가 당해 유가증권을 양도한 경우에 양도가액에서 공제할 취득가액은 이동평균법에 따라 계산한다(소령 183 ②).

㉯ 상속인·수증자 기타 이에 준하는 자가 양도한 유가증권의 취득가액은 해당 양도자산의 당초의 피상속인·증여자 기타 이에 준하는 자를 해당 유가증권의 양도자로 보고 앞의 "㉮"에 따라 계산한 금액. 다만, 해당 유가증권이 「상속세 및 증여세법」에 따라 과세된 경우에는 해당 유가증권의 수증 당시의 시가

㉰ 법인세법 시행령 제88조 제1항 제8호 각 목의 어느 하나 또는 같은 항 제8호의

2에 해당하는 자본거래로 인하여 취득한 유가증권의 취득가액은 앞의 "⑦"에
따라 계산한 금액에 소득세법 시행령 제179조 제16항에 따른 금액을 더한 금액

ⅱ) 수입금액 기준

유가증권의 양도소득에 있어서 유가증권의 양도에 따른 수입금액을 과세표준으
로 할 수 있다. 이 경우 유가증권의 양도소득이 다음의 요건을 모두 갖춘 경우에
는 정상가격을 해당 수입금액으로 한다. 앞에서 정상가격이란 「국제조세조정에
관한 법률」 제5조 및 동법 시행령 규정에 의한 방법을 준용하여 계산한 가액을
말한다.

⑦ 국내사업장이 없는 비거주자와 그와 특수관계가 있는 비거주자(외국법인을
포함한다)간의 거래

⑭ 거래가격이 정상가격에 미달하는 경우

나. 퇴직소득 등의 경우

국내사업장이 없는 비거주자의 퇴직소득 및 양도소득은 거주자와 같은 방법으로 분류하
여 과세한다(소법 121 ②). 다만, 양도소득에 대하여는 조세채권의 조기확보를 위하여 자산
의 양수자가 양수대가를 지급할 때에 소득세를 원천징수하여 납부하도록 하되, 과세표준과
세액의 신고·결정 및 경정을 통하여 정산하도록 하고 있다.

2 원천징수의 특례

가. 원천징수세율의 특례

비거주자의 국내원천소득으로서 국내사업장과 실질적으로 관련되지 아니하거나 그 국내
사업장에 귀속되지 아니한 소득의 금액(국내사업장이 없는 비거주자에게 지급하는 금액을
포함한다)을 지급하는 자(양도소득을 지급하는 거주자 및 비거주자를 제외한다[16])는 다음
의 금액을 그 비거주자의 국내원천소득에 대한 소득세로서 원천징수하여야 한다. 이와 같
은 소득(양도소득은 제외한다)에 대하여는 완납적 원천징수를 하기 때문에 정산절차를 예
정하고 있는 거주자 또는 국내사업장 등이 있는 비거주자에 대한 원천징수세율보다 고율이
다(소법 156).

---

16) 개인이 비거주자로부터 부동산 등을 양수할 때에는 해당 거래가 원천징수대상이 되는 거래인지가 명확하지
않고, 따라서 부동산 등의 양수자에게 과도한 납세협력의무(원천징수의무)를 지우는 것이므로 그 부담을
완화하기 위하여 원천징수의무를 배제하고 있다.

그런데 조세조약에서 이자소득·배당소득 및 사용료소득의 제한세율에 관한 규정을 두고 있는 경우에는 그 제한세율에 관한 규정이 우선적으로 적용된다.

다음으로 양도소득의 경우에는 조세채권의 조기확보를 위하여 자산의 양수자가 양수대가를 지급할 때에 소득세를 원천징수하여 납부하도록 하되, 과세표준과 세액의 신고·결정 및 경정을 통하여 정산하도록 하고 있다.

① 선박 등의 임대소득과 사업소득(인적용역소득을 제외한다)에 대해서는 2%의 원천징수세율을 적용한다.

② 인적용역소득에 대해서는 20%의 원천징수세율을 적용한다. 다만, 국외에서 제공하는 인적용역 중 대통령령으로 정하는 용역을 제공함으로써 발생하는 소득이 조세조약에 따라 국내에서 발생하는 것으로 간주되는 소득에 대해서는 그 지급액의 3%로 한다.

③ 이자소득·배당소득·사용료소득 및 기타소득에 대해서는 20%의 원천징수세율을 적용한다. 다만, 이자소득 중 국가·지방자치단체 및 내국법인이 발행하는 채권에서 발생하는 이자소득의 경우에는 그 지급액의 14%로 한다.

④ 양도소득에 있어서는 그 지급액에 10%의 원천징수세율을 적용한다. 다만, 양도한 자산의 취득가액 및 양도비용이 확인되는 경우에는 그 지급액의 10%에 상당하는 금액과 해당 자산의 양도차익의 20%에 상당하는 금액 중 적은 금액을 그 세액으로 한다.

⑤ 유가증권의 양도소득에 있어서는 그 지급금액에 10%의 원천징수세율을 적용한다. 다만, 유가증권의 취득가액 및 양도비용이 확인되는 경우에는 그 지급금액의 10% 또는 수입금액에서 취득가액 및 양도비용을 공제한 금액의 20%에 상당하는 금액 중 적은 금액을 그 세액으로 한다.

⑥ 사용지 기준 조세조약 상대국의 거주자가 소유한 특허권등으로서 국내에서 등록되지 아니하고 국외에서 등록된 특허권등을 침해하여 발생하는 손해에 대하여 국내에서 지급하는 손해배상금·보상금·화해금·일실이익 또는 그 밖에 이와 유사한 소득은 지급금액의 15%를 원천징수한다.

⑦ 가상자산소득(가상자산사업자 또는 이와 유사한 사업자가 보관·관리하는 가상자산을 인출하는 경우 인출시점을 양도시점으로 보아 계산한 금액 포함)은 다음과 같이 구분하여 원천징수세율을 적용한다(2027년 1월 1일 적용)(소법 156 ① ⅷ).

㉮ 가상자산의 필요경비가 확인되는 경우 : 지급금액의 10%에 해당하는 금액과 가상자산을 교환·인출하는 시점에 그 가상자산을 보관·관리하는 가상자산사업자 등이 표시한 가상자산 1개의 가액의 20% 중 적은 금액

㉯ 가상자산의 필요경비가 확인되지 아니한 경우 : 지급금액의 10%

⑧ 위 ㉮, ㉯ 외의 기타소득 : 지급금액의 20%(2027년 1월 1일 적용)

나. 비거주자의 채권 등의 이자 등에 대한 원천징수의 특례

비거주자에 대하여 채권 등의 이자 등을 지급하는 자 또는 채권 등의 이자 등을 지급받기 전에 비거주자로부터 채권 등을 매수하는 자는 그 이자 등의 지급금액에 대하여 소득세법·조세특례제한법 또는 조세조약에 따른 세율(이하에서 '적용세율'이라 한다)을 적용하는 경우에 그 지급금액에 다음의 세율을 적용하여 계산한 금액을 원천징수하여야 한다. 이 경우에 "①"의 적용세율이 이자소득에 대한 원천징수세율[17]보다 높은 경우로서 해당 비거주자가 채권 등의 보유기간을 입증하지 못하는 경우에는 지급금액 전액을 해당 비거주자의 보유기간이자상당액으로 본다. 그리고 "①"의 적용세율이 이자소득에 대한 원천징수세율보다 낮은 경우로서 해당 비거주자가 채권 등의 보유기간을 입증하지 못하는 경우에는 해당 비거주자의 보유기간이자상당액은 이를 없는 것으로 본다(소법 156의 3, 소령 207의 3).

① 지급금액 중 해당 비거주자의 보유기간이자상당액에 대하여는 해당 비거주자에 대한 적용세율
② 지급금액 중 "①"의 보유기간이자상당액을 뺀 금액에 대하여는 이자소득에 대한 원천징수세율

다. 조세회피지역에 소재하는 펀드 등에 대한 원천징수절차의 특례

1) 제도적 취지

국내 원천징수의무자가 기획재정부장관이 고시하는 조세회피지역에 소재한 펀드 등에 투자소득을 지급하는 경우에는 우선 국내세법에 따라 소득세를 원천징수하여 납부하도록 하되, 펀드 등이 5년 이내에 해당 투자소득의 실질귀속자임을 입증하는 서류를 갖추어 경정을 청구하는 경우에는 해당 조세조약을 적용하여 기납부세액을 환급한다. 다만, 국세청에 사전에 신고하여 승인을 얻은 펀드 등에 대하여는 처음부터 조세조약을 적용할 수 있도록 예외를 허용하고 있다.

조세회피지역에 소재하는 펀드 등이 조세조약을 남용하여 조세회피를 하는 행위(treaty shopping)를 방지하기 위한 장치이다.

---

17) 비영업대금의 이익에 대하여는 25%, 기타의 이자소득금액에 대하여는 14%이다.

2) 원천징수절차의 특례

원천징수의무자가 기획재정부장관이 고시하는 국가 또는 지역에 소재하는 비거주자의 국내원천소득 중 이자소득·배당소득·사용료소득 및 유가증권양도소득에 대하여 소득세로서 원천징수하는 경우에는 소득세법 및 조세조약에서의 비과세·면제 또는 제한세율의 규정에 불구하고 비거주자의 국내원천소득에 대한 원천징수의 특례세율(소법 156 ①)을 적용하여 소득세를 원천징수하여야 한다(소법 156의 4 ①).

그러나 국세청장이 조세조약에서의 비과세·면제 또는 제한세율의 규정을 적용받을 수 있음을 사전승인하는 경우에는 비과세 또는 면제하거나 제한세율을 적용하여 소득세를 원천징수한다. 조세조약에서의 비과세·면제 또는 제한세율의 적용을 위한 사전승인신청을 받은 국세청장은 소득의 실질귀속자에 해당하고 해당 체약상대국의 거주자임이 확인되는 때에는 사전승인을 하여야 한다(소령 207의 4).

3) 실질귀속자의 경정청구

국내원천소득을 실질적으로 귀속받는 자(그 대리인 또는 납세관리인을 포함한다)가 해당 소득에 대하여 조세조약에서의 비과세·면제 또는 제한세율의 규정을 적용받고자 하는 경우에는 소득세가 원천징수된 날이 속하는 달의 다음달 11일부터 5년 이내에 원천징수의무자의 납세지 관할세무서장에게 경정을 청구할 수 있다.

경정청구를 받은 세무서장은 그 청구를 받은 날부터 6개월 이내에 과세표준과 세액을 경정하거나 경정하여야 할 이유가 없다는 뜻을 그 청구를 한 자에게 알려야 한다. 세무서장은 경정청구를 한 소득세법 제119조 제1호·제2호·제10호 또는 제11호에 따른 소득을 수취한 자가 해당 국내원천소득의 실질귀속자에 해당하는 경우에는 경정하여야 한다.

라. 비거주연예인 등에 대한 원천징수절차 특례

1) 제도적 취지

공연계약을 체결한 외국의 연예·체육법인[18]이 국내에서 용역을 제공한 연예인·체육인의 용역제공대가를 지급할 경우 그 외국의 연예·체육법인 등은 연예인·체육인에게 지급하는 용역대가의 20%에 상당하는 소득세를 원천징수하여 납부하여야 한다.

---

18) 연예인·체육인의 공연 등을 제공하고 대가를 받는 외국법인으로서 국내에 고정사업장이 없기 때문에 조세조약에 따라 법인세가 과세되지 않는 법인이다.

한미조세조약상 연예·체육법인을 통하여 용역대가를 지급하는 경우 그 법인이 국내에 고정사업장이 없는 한 과세할 수 없으며,[19] 외국 연예·체육법인 등이 연예인·체육인에게 용역대가를 지급할 때에도 대부분 그 용역대가를 국외에서 지급하기 때문에 세원포착의 곤란으로 현실적으로 과세가 불가능하여 조세회피수단으로 악용되어 왔다. 따라서 국내의 연예기획사 등이 외국의 연예·체육법인에게 용역대가를 지급할 때 그 법인에게 그 지급금액의 20%에 상당하는 소득세를 먼저 원천징수하여 납부하게 하고, 그 외국의 법인이 섭외한 연예인·체육인 등에게 실제로 대가를 지급한 경우 증빙을 갖추어 과세관청을 통하여 정산하도록 하려는데 그 취지가 있다.

2) 원천징수절차의 특례

① 조세조약에 따라 국내사업장이 없거나 국내사업장에 귀속되지 아니하는 등의 이유로 과세되지 아니하는 외국법인(이하에서 '비과세외국연예등법인'이라 한다)에게 비거주자인 연예인 또는 운동가(이하에서 '비거주연예인 등'이라 한다)가 국내에서 제공한 용역과 관련하여 보수 또는 대가를 지급하는 자는 조세조약에도 불구하고 그 지급하는 금액의 20%를 원천징수하여 그 원천징수한 날이 속하는 달의 다음 달 10일까지 대통령령으로 정하는 바에 따라 원천징수 관할세무서, 한국은행 또는 체신관서에 납부하여야 한다(소법 156의 5). 앞의 비거주연예인 등에는 "비과세외국연예등법인"의 국내 용역을 제공하는 해당 연예인·운동가뿐만 아니라 그 연예인·운동가의 국내 용역 제공을 보조하는 감독, 코치, 조명·촬영·음향 기사 및 이와 유사한 용역을 제공하는 자가 포함된다(소령 207의 7 ①).

비과세외국연예등법인에게 보수 또는 대가를 지급하는 자가 징수한 원천징수세액을 납부하는 경우에는 원천징수이행상황신고서와 해당 비과세외국연예등법인에게 보수 또는 대가를 지급하는 자 및 해당 비과세외국연예등법인 간에 체결된 용역제공 관련 계약서를 원천징수 관할 세무서장에게 제출하여야 한다.

② 비과세외국연예등법인이 비거주연예인 등의 용역 제공과 관련하여 보수 또는 대가를 지급하는 때 그 지급금액의 20%를 지급받는 자의 국내원천소득에 대한 소득세로서 원천징수하여 그 원천징수한 날이 속하는 달의 다음 달 10일까지 원천징수 관할세무서장 등에게 납부하여야 한다. 이 경우 비과세외국연예등법인에게 비거주연예인 등의 국내에서 제공한 용역과 관련하여 대가를 지급하는 자가 소득세를 원

---

19) 미국을 제외한 다른 나라와의 조세조약에서는 외국법인과 공연계약을 체결하고 그 대가를 그 외국법인에게 지급하는 경우에도 고정사업장 유무에 상관없이 과세할 수 있는 특별조항을 두고 있다.

천징수하여 납부한 경우에는 그 납부한 금액의 범위에서 이를 납부한 것으로 본다. 비과세외국연예등법인이 징수한 원천징수세액을 납부하는 경우에는 해당 비과세외국연예등법인에게 보수 또는 대가를 지급한 자의 원천징수 관할 세무서장에게 비거주연예인 등의 원천징수이행상황신고서를 제출하여야 한다.

③ 비과세외국연예등법인이 원천징수하여 납부한 금액이 원천징수하여 납부한 금액보다 큰 경우 그 차액에 대하여 비과세외국연예등법인은 관할 세무서장에게 환급을 신청할 수 있다. 비과세외국연예등법인이 환급받으려면 비과세외국연예등법인에 대한 원천징수세액 환급신청서에 비과세외국연예등법인과 비거주연예인 등 간에 체결된 용역제공 관련 계약서와 비거주연예인 등에게 지급한 보수 또는 대가에 대한 증빙서류를 첨부하여 원천징수 관할 세무서장에게 신청하여야 한다.

위와 같이 환급신청을 받은 원천징수 관할 세무서장은 환급 여부를 결정하여야 하며, 환급세액이 있으면 원천징수하여 납부한 날의 다음 날부터 환급결정을 하는 날까지의 기간에 대한 국세환급금가산금을 가산하여 환급하여야 한다.

마. 외국법인 소속 파견근로자의 소득에 대한 원천징수 특례

① 내국법인과 체결한 근로자파견계약에 따라 근로자를 파견하는 국외에 있는 외국법인(국내지점 또는 국내영업소는 제외하며, 이하 '파견외국법인'이라 한다)의 소속 근로자(이하 '파견근로자'라 한다)를 사용하는 내국법인(이하 '사용내국법인'이라 한다)은 소득세법 제134조 제1항에도 불구하고 파견근로자가 국내에서 제공한 근로의 대가를 파견외국법인에 지급하는 때에 그 지급하는 금액(파견근로자가 파견외국법인으로부터 지급받는 금액을 사용내국법인이 확인한 경우에는 그 확인된 금액을 말한다)의 19%를 소득세로 원천징수하여 그 원천징수하는 날이 속하는 달의 다음 달 10일까지 원천징수 관할 세무서, 한국은행 또는 체신관서에 납부하여야 한다.

② 파견외국법인은 위 "①"에 따른 파견근로자에게 해당 과세기간의 다음 연도 2월분의 근로소득을 지급할 때에 소득세법 제137조(근로소득세액의 연말정산)에 따라 해당 과세기간의 근로소득에 대한 소득세를 원천징수하여야 한다. 이 경우 파견근로자에 대한 해당 과세기간의 과세표준과 세액의 계산, 과세표준 확정신고와 납부, 결정·경정 및 징수·환급에 대해서는 소득세법에 따른 거주자 및 비거주자에 대한 관련 규정을 준용한다.

③ 위 "②"에 있어서 사용내국법인은 파견외국법인을 대리하여 원천징수할 수 있다.

④ 위의 "①" 내지 "③"을 적용할 때 파견근로자에 대하여 원천징수를 하는 사용내국법

인 및 파견근로자의 범위, 원천징수·환급신청 등과 관련 서류의 제출 방법 및 절차 등에 관하여 필요한 사항은 대통령령으로 정한다.

바. 비거주자의 국채등 이자·양도소득에 대한 과세특례

① 소득세법 제156조 제1항에 따른 원천징수의 대상이 되는 비거주자의 소득 중 다음의 소득에 대해서는 소득세를 과세하지 아니한다(소법 119의 3).

⑦ 국내원천 이자소득 중 국채법 제5조 제1항에 따라 발행하는 국채, 「한국은행 통화 안정증권법」에 따른 통화안정증권 및 대통령령으로 정하는 채권(이하 "국채등"이 라 한다)에서 발생하는 소득

⑭ 국내원천 유가증권양도소득 중 국채 등의 양도로 발생하는 소득

② 위 '①'에 따라 소득세를 과세하지 아니하는 국채 등에는 대통령령으로 정하는 요건을 갖추어 국세청장의 승인을 받은 외국금융회사 등(이하 "적격외국금융회사등"이라 한 다)을 통하여 취득·보유·양도하는 국채등을 포함한다. 이 경우 적격외국금융회사 등의 준수사항, 승인 및 승인 취소의 기준·절차 등에 관하여 필요한 사항은 대통령령 으로 정한다.

③ 비거주자가 국외투자기구를 통하여 위 '①'의 소득을 지급받는 경우에는 제119조의 2 제1항에도 불구하고 해당 국외투자기구를 위 '①'의 소득의 실질귀속자로 본다.

④ 위 '①'에 따른 비과세를 적용받으려는 비거주자(위 '③'에 따라 실질귀속자로 보는 국 외투자기구를 포함한다) 또는 적격외국금융회사등은 대통령령으로 정하는 바에 따라 납세지 관할 세무서장에게 비과세 적용 신청을 하여야 한다.

⑤ 거주자가 국외투자기구를 통하여 지급받는 위 '①'의 소득에 대해서는 해당 거주자가 대통령령으로 정하는 바에 따라 직접 신고·납부하여야 한다.

⑥ 위 '①'에 따른 비과세를 적용받지 못한 비거주자 또는 적격외국금융회사등이 비과세 적용을 받으려는 경우에는 비거주자, 적격외국금융회사등 또는 위 '①'의 소득을 지급 하는 자가 납세지 관할 세무서장에게 경정을 청구할 수 있다.

사. 외국인 통합계좌를 통하여 지급받는 국내원천소득에 대한 원천징수 특례

① 비거주자가 외국인 통합계좌(외국 금융투자업자가 다른 외국 투자자의 주식 매매거 래를 일괄하여 주문·결제하기 위하여 자기 명의로 개설한 계좌)를 통하여 비거주자 의 국내원천소득을 지급받는 경우 해당 국내원천소득을 외국인 통합계좌를 통하여

지급하는 자는 외국인 통합계좌의 명의인에게 그 소득금액을 원천징수하여 지급하여야 한다(소법 156의 9 ①).

② 외국인 통합계좌를 통하여 소득을 지급받은 비거주자는 조세조약상 비과세 · 면제 및 제한세율을 적용받으려는 경우에는 납세지 관할 세무서장에게 경정을 청구할 수 있다(소법 156의 9 ②).

③ 비거주자가 경정을 청구하는 경우 세액이 원천징수된 날이 속하는 달의 다음 달 11일부터 5년 이내에 대통령령으로 정하는 바에 따라 소득지급자의 납세지 관할 세무서장에게 경정을 청구할 수 있다. 다만, 「국세기본법」 제45조의 2 제2항 각 호의 어느 하나에 해당하는 사유가 발생하였을 때에는 본문에도 불구하고 그 사유가 발생한 것을 안 날부터 3개월 이내에 경정을 청구할 수 있다. 경정을 청구받은 세무서장은 청구를 받은 날부터 6개월 이내에 과세표준과 세액을 경정하거나 경정하여야 할 이유가 없다는 뜻을 청구인에게 알려야 한다. 규정된 사항 외에 신청서 등 및 국외투자기구 신고서 등 관련 서류의 제출 방법 · 절차, 제출된 서류의 보관의무와 경정청구의 방법 · 절차 등 비과세 · 면제의 적용에 필요한 사항은 대통령령으로 정한다(소법 156의 9 ③).

아. 기타의 특례

① 국내원천소득이 국외에서 지급되는 경우에 그 지급자가 국내에 주소 · 거소 · 본점 · 주사무소 또는 국내사업장을 둔 경우에는 그 지급자가 해당 국내원천소득을 국내에서 지급하는 것으로 보고 원천징수한다.

② 국내사업장이 없는 비거주자에게 외국차관자금으로 비거주자의 국내원천소득 중 이자소득 · 사업소득 · 인적용역소득 및 사용료소득을 지급하는 자는 해당 계약조건에 따라 그 소득을 자기가 직접 지급하지 아니하는 경우에도 그 계약상의 지급조건에 따라 그 소득이 지급될 때마다 원천징수를 하여야 한다.

③ 외국을 항행하는 선박이나 항공기를 운영하는 비거주자의 국내대리점으로서 비거주자의 종속대리인에 해당하지 아니하는 자가 그 비거주자에게 외국을 항행하는 선박이나 항공기의 항행에서 생기는 소득을 지급할 때에는 그 비거주자의 국내원천소득 금액에 대하여 원천징수하여야 한다.

④ 유가증권을 「자본시장과 금융투자업에 관한 법률」에 따른 투자매매업자 또는 투자중개업자를 통하여 양도하는 경우에는 그 투자매매업자 또는 투자중개업자가 원천징수를 하여야 한다. 다만, 「자본시장과 금융투자업에 관한 법률」에 따라 주식을 상장하는 경우로서 이미 발행된 주식을 양도하는 경우에는 그 주식을 발행한 법인이 원천징수

하여야 한다(소법 156 ⑥).

⑤ 사업자등록을 하지 아니한 비거주자에게 건축·건설, 기계장치 등의 설치·조립 기타의 작업이나 그 작업의 지휘·감독 등에 관한 용역의 제공으로 인하여 발생하는 국내원천소득 또는 국내원천소득 중 인적용역소득을 지급하는 자는 해당 비거주자가 국내사업장을 가지고 있는 경우에도 원천징수세율의 특례규정에 따라 원천징수를 이행하여야 한다(소법 156 ⑦).

⑥ 비거주자가 민사집행법에 따른 경매 또는 국세징수법에 따른 공매로 인하여 소득세법 제119조에 따른 국내원천소득을 지급받는 경우에는 해당 경매대금을 배당하거나 공매대금을 배분하는 자가 해당 비거주자에게 실제로 지급하는 금액의 범위에서 원천징수를 하여야 한다(소법 156 ⑨).

⑦ 비거주자의 국내원천소득에 대한 원천징수 특례 규정(소법 156 ①부터 ⑨까지)에 따른 원천징수의무자를 대리하거나 그 위임을 받은 자의 행위는 수권(授權) 또는 위임의 범위에서 본인 또는 위임인의 행위로 보아 앞의 규정(소법 156 ①부터 ⑨까지)을 적용한다. 그리고 금융회사 등이 내국인이 발행한 어음, 채무증서, 주식 또는 집합투자증권을 인수·매매·중개 또는 대리하는 경우에는 그 금융회사등과 해당 내국인 간에 대리 또는 위임의 관계가 있는 것으로 본다(소법 156 ⑩ 및 ⑪).

⑧ 양도소득(주식 등의 양도소득은 제외한다)이 있는 비거주자가 해당 원천징수의무자의 납세지 관할세무서장에게 양도소득세신고납부(비과세 또는 과세미달) 확인신청서에 해당 부동산에 대한 등기부등본·매매계약서를 첨부하여 신청하고, 그 확인을 받아 이를 원천징수의무자에게 제출하는 경우에는 해당 소득에 대하여 소득세를 원천징수하지 아니한다(소법 156 ⑮).

3 비거주자의 유가증권 양도소득에 대한 신고 등의 특례

① 국내사업장이 없는 비거주자가 동일한 내국법인의 주식 또는 출자지분을 같은 사업과세기간(해당 주식 또는 출자지분을 발행한 내국법인의 사업과세기간을 말한다)에 2회 이상 양도함으로써 조세조약에서 정한 과세기준을 충족하게 된 경우에는 양도 당시 원천징수되지 아니한 소득(국내사업장이 있는 비거주자의 소득으로서 그 국내사업장과 실질적으로 관련되지 아니하거나 그 국내사업장에 귀속되지 아니한 소득을 포함한다)에 대한 원천징수세액 상당액을 양도일이 속하는 사업연도의 종료일부터 3개월 이내에 그 유가증권을 발행한 내국법인의 소재지를 관할하는 세무서장에게 신고·

납부하여야 한다(소법 126의 2 ①).

② 국내사업장이 없는 비거주자는 주식·출자증권이나 그 밖의 유가증권(이하에서 '주식 등'이라 한다)을 국내사업장이 없는 비거주자 또는 외국법인에 양도하는 경우로서 대통령령으로 정하는 경우에는 그 양도로 발생하는 소득금액에 10%를 곱한 금액(양도한 자산의 취득가액 및 양도가액이 확인되는 경우에는 그 지급금액 등의 10%에 상당하는 금액과 소득금액의 20%에 상당하는 금액 중 적은 금액)을 받은 날이 속하는 달의 다음다음 달 10일까지 대통령령으로 정하는 바에 따라 납세지 관할세무서장에게 신고·납부하여야 한다. 다만, 주식 등의 양도에 따른 소득을 지급하는 자가 소득세법 제156조에 따라 해당 비거주자의 주식 등 국내원천소득에 대한 소득세를 원천징수하여 납부한 경우에는 그러하지 아니하다.

위에서 국내사업장이 없는 비거주자 또는 외국법인에게 양도하는 경우로서 대통령령으로 정하는 경우란 조세특례제한법 시행령 제18조 제4항 제1호 및 제2호 규정에 따라 과세되는 주식 등 유가증권과 외국에서 거래되는 원화표시 유가증권(외국유가증권시장 외에서 거래되는 것을 말한다)을 양도하는 경우를 말한다.

③ 납세지 관할세무서장은 비거주자가 앞의 "①" 및 "②"에 따른 신고납부를 하지 아니하거나 신고하여야 할 과세표준에 미달하게 신고한 경우 또는 납부하여야 할 세액에 미달하게 납부한 경우에는 소득세법 제80조(결정과 경정)의 규정을 준용하여 징수하여야 한다.

제**4**절　비과세 등의 신청

　비거주자의 국내원천소득(사업소득 및 인적용역소득을 제외한다)에 대하여 조세조약에 따라 비과세 또는 면제를 적용받고자 하는 비거주자(그 대리인을 포함한다. 이하 같다)는 납세지 관할세무서장에게 그 비과세 또는 면제신청서 및 국내원천소득의 실질귀속자임을 증명하는 서류(이하 신청서 등)를 국내원천소득을 지급하는 자에게 제출하고, 해당 소득지급자는 그 신청서 등을 납세지 관할세무서장에게 제출하여야 한다(소법 156의 2 ①).

　소득세의 비과세 또는 면제신청을 하고자 하는 비거주자는 비과세·면제신청서 및 국내원천소득의 실질귀속자임을 증명하는 서류를 소득의 지급자에게 제출하고, 해당 소득의 지급자는 소득을 최초로 지급하는 날의 다음 달 9일까지 소득지급자의 납세지 관할세무서장에게 제출하여야 한다. 비과세 또는 면제신청을 한 후 계약내용의 변경 등으로 비과세 또는 면제신청내용이 변경된 경우에도 마찬가지이다. 비과세·면제신청서에는 해당 비거주자의 거주지국의 권한 있는 당국이 발급하는 거주자증명서를 첨부하여야 한다.

　그러나 국내원천소득 중 다음에 해당하는 소득에 대하여는 비과세·면제신청서를 제출하지 아니할 수 있다.

　① 소득세법 및 조세특례제한법에 따라 소득세가 과세되지 아니하거나 면제되는 국내원천소득
　② 그 밖에 기획재정부령이 정하는 국내원천소득

　소득의 지급자가 국내에 주소·거소·본점·주사무소 또는 국내사업장(외국법인의 국내사업장을 포함한다)이 없는 경우에는 소득의 지급자에게 제출하지 아니하고 소득의 수령자가 납세지 관할세무서장에게 직접 비과세·면제신청서를 제출할 수 있다.

제5절 국외투자기구에 대한 실질귀속자 특례

비거주자가 국외투자기구를 통하여 국내원천소득을 지급받는 경우에는 그 국외투자기구를 통하여 국내원천소득을 지급받는 비거주자를 국내원천소득의 실질귀속자(그 국내원천소득과 관련하여 법적 또는 경제적 위험을 부담하고 그 소득을 처분할 수 있는 권리를 가지는 등 해당 소득에 대한 소유권을 실질적으로 보유하고 있는 자를 말한다. 이하 같다)로 본다. 다만, 국외투자기구가 다음 중 어느 하나에 해당하는 경우(소득세법 제2조 제3항에 따른 법인으로 보는 단체 외의 법인 아닌 단체인 국외투자기구는 소득세법 제2조 제3항 제2호 또는 제3호에 해당하는 경우로 한정한다)에는 그 국외투자기구를 국내원천소득의 실질귀속자로 본다(소법 119의 2 ①).

① 다음의 요건을 모두 충족하는 경우

   ⅰ) 조세조약에 따라 그 설립된 국가에서 납세의무를 부담하는 자에 해당할 것

   ⅱ) 국내원천소득에 대하여 조세조약이 정하는 비과세·면제 또는 제한세율(조세조약에 따라 체약상대국의 거주자 또는 법인에 과세할 수 있는 최고세율을 말한다. 이하 같다)을 적용받을 수 있는 요건을 갖추고 있을 것

② 위 "①"에 해당하지 아니하는 국외투자기구가 조세조약에서 국내원천소득의 수익적 소유자로 취급되는 것으로 규정되고 국내원천소득에 대하여 조세조약이 정하는 비과세·면제 또는 제한세율을 적용받을 수 있는 요건을 갖추고 있는 경우

③ 위 "①" 또는 "②"에 해당하지 아니하는 국외투자기구가 그 국외투자기구에 투자한 투자자를 입증하지 못하는 경우(투자자가 둘 이상인 경우로서 투자자 중 일부만 입증하는 경우에는 입증하지 못하는 부분으로 한정한다)

위 "③"에 해당하여 국외투자기구를 국내원천소득의 실질귀속자로 보는 경우에는 그 국외투자기구에 대하여 조세조약에 따른 비과세·면제 및 제한세율의 규정을 적용하지 아니한다(소법 119의 2 ②).

제**6**편

원천징수

제1장

원천징수의 의의와 유형

제1절 원천징수의 의의

원천징수(tax withholding, Quellenabzug)는 납세의무자(소득자) 자신이 직접 과세관청에 세액을 납부하지 아니하고 납세의무자에게 소득금액 등을 지급하는 제3자가 소득금액 등을 지급할 때에 그 납세의무자의 세액을 징수하여 과세관청에 납부하는 제도이다. 원천징수제도는 납세의무자가 실체법적으로 부담하고 있는 납세의무의 이행을 절차법적인 원천징수라는 간접적인 방법에 따라 실현하는 제도인 것이다. 현행 세법상의 원천징수제도에는 소득세·법인세 및 농어촌특별세의 원천징수제도, 주민세의 특별징수제도가 있다.

원천징수의무를 지는 제3자를 원천징수의무자 또는 지급자(이하에서 '원천징수의무자'라고 한다)라고 하며, 납세의무자를 원천납세의무자·납세의무자 또는 수급자 등(이하에서 '원천납세의무자'라고 한다)으로 부른다. 이와 같은 원천징수제도가 채택되고 있는 이유는 다음과 같다.

① 소득의 발생원천에서 원천징수를 하게 되므로 세원의 포착에 기여하여 탈세를 방지한다.

② 소득의 지급시점에서 원천징수를 하게 되므로 조세수입의 조기확보와 정부재원의 평준화를 기할 수 있다.

③ 원천징수의무자가 국가에 대위(代位)하여 원천징수를 하게 되므로 징세비의 절약과 징수사무의 간소화 및 능률화를 기할 수 있다.

④ 소득이 지급되는 시점에 원천징수를 하게 되므로 납세의무자의 세부담을 누적화하지 아니한다.

⑤ 소득의 발생과 해당 소득에 대한 조세의 납부 사이의 시차(time lag)를 단축함으로써 경기의 자동조절기능을 강화한다.

제2절 원천징수의 유형

원천징수제도는 이론상 다음과 같이 구분된다.

1) 완납적 원천징수

원천징수로써 해당 소득에 대한 조세채무가 종국적으로 소멸되는 것을 말한다. 예를 들면 일용근로자의 급여 · 분리과세이자소득 · 분리과세배당소득 · 분리과세연금소득 · 분리과세기타소득 · 국내사업장 등이 없는 외국법인 또는 비거주자의 국내원천소득에 대한 원천징수 등이 이에 해당한다.

2) 예납적 원천징수

각 사업연도 또는 과세기간이 종료한 후에 납세의무자의 납세신고 또는 과세관청의 과세처분에 따라 납세의무가 확정되는 경우로서 특정한 소득금액 또는 수입금액을 영수하는 때에 일정액의 세액을 미리 징수하여 납부하게 하고, 이를 각 사업연도 또는 과세기간의 소득금액에 대한 세액에서 공제하여 정산하는 것을 말한다. 거주자에게 지급한 근로소득이나 사업소득 등에 대한 원천징수와 내국법인에게 지급한 이자소득 또는 투자신탁의 이익에 대한 원천징수가 이에 해당한다.

제3절　원천징수제도와 헌법과의 관계

1　원천징수의무자와 헌법과의 관계

원천징수의무자에게 원천징수납부의무를 지우는 것이 헌법 제11조(법 앞의 평등), 제23조(재산권 보장 등) 또는 과잉금지의 원칙에 위배되는 것이 아닌가 하는 논의가 있다.

첫째, 원천징수의무자에게 원천징수의무를 지우는 것은 원천징수의무자에게만 일반국민과 다른 특별한 의무를 부담시키는 것이므로 법 앞의 평등에 위배된다는 주장이 있다.

원천징수제도는 공공복리(조세수입의 확보)를 위하여 그 존치의 필요성이 긍정되고 있고, 또한 소득 등을 지급받는 자와 경제적 관계가 있으면서 조세징수상 편의가 있는 자에게 해당 의무를 부담시키기 때문에 합리적이라는 점 등을 논거로 합헌으로 이해하고자 한다.

둘째, 납세의무자가 아닌 제3자에게 정당한 보상을 지급함이 없이 원천징수의무를 지우는 것이 재산권의 보장 또는 재산권의 수용 등에 따른 보상의무를 정하고 있는 헌법 제23조 또는 과잉금지의 원칙에 위반하는 것이 아닌가 하는 점이 문제이다.

생각건대 원천징수의무자가 원천징수의무를 이행하기 위하여 지는 부담은 자신의 업무를 수행하면서 부수적으로 처리할 수 있을 정도의 근소한 것이어서 재산권의 내재적 한계의 범위 안에 포용된다고 보아야 할 것이다. 즉 원천징수의무자가 원천징수의무를 이행하기 위하여 입은 경제적 손실 또는 부담은 보상이 요구될 정도의 특별한 희생(besonderes Opfer)에 해당하지 않으며, 따라서 원천징수의무자에게 아무런 보상 없이 원천징수의무를 지우고 있는 현행의 원천징수제도는 위헌은 아니라고 새기고자 한다.[1]

---

1) 같은 취지의 판례로서 日本最高裁 昭和 37年2月28日, 昭和 31年(あ)第1071號가 있다. 그 판지를 요약하여 소개하면 아래와 같다.

첫째, 국민이 법률이 정한 바에 따라 납세의무를 부담한다는 헌법규정은 담세자의 범위·담세율 등을 정하는 데 관하여만 법률에 의한다는 뜻이 아니고 징세의 방법도 법률에 위임한 취지이며, 세징수의 방법으로서는 담세의무자에게 직접 납입시키는 것이 원칙이겠지만 세목에 따라서는 제3자로 하여금 징세납입하도록 하는 것이 적당한 경우도 있을 수 있다. 급여소득자에 대한 소득세의 원천징수제도는 국가가 세수를 확보하고 징세절차를 간편히 하여 그 비용과 노력을 절약할 수 있을 뿐만 아니라 담세자의 입장에서도 신고·납부 등 번잡한 사무를 면할 수 있고 징수의무자로서도 급여 지급시에 이를 공제하였다가 일정기간 내에 납부하면 되므로 그 이득이 전혀 없다고 할 수 없다. 그렇다면 원천징수제도는 급여소득자에 대한 소득세의 징수방법으로서 여러 가지 면에서 능률적이고 합리적이며 공공복리의 요청에도 부합된다. 이와 같이 원천징수의무자의 징수의무는 헌법조항에서 유래되며 단순히 공공의 목적만으로 징수의무자에게 사적 부담을 지우는 것이 아니므로 반드시 보상이 요구되는 것이 아니다.

둘째, 원천징수소득자가 다른 소득자에 비하여 불리한 대우를 받는다는 점에 관하여는 조세는 가장 능률적이고 합리적인 방법으로 징수되어야 하므로 동일한 소득세라고 하더라도 소득의 종류·태양에 따라서 그 징수방법·납부의 시기 등을 개별적으로 정해야 함은 당연하고 그것이 일률적이라고 하여 평등의 원칙에 반하여 다만, 원천징수의무자가 징수하지 아니한 세액을 원천징수의무자로부터 과징하도록 하고 있는 현행 제도(소법 85 ③)는 과잉금지의 원칙 및 재산권의 보장 등에 위배될 소지를 안고 있다. 원천징수의무자의 원천징수의무불이행에 대한 제재는 가산세의 과징 및 형벌을 가하는 것으로 그쳐야 한다.

한편, 현행의 원천징수제도는 행정편의만을 강조하여 원천징수의 대상을 지나치게 확장함과 아울러 그 제도 또한 너무 복잡하고 난해하게 구성하고 있어서 비판의 대상이 되고 있다. 원천징수제도의 제도적 취지를 살리면서도 원천징수의무자의 부담을 최소화할 수 있도록 원천징수의 대상을 축소하고 그 절차도 단순·명료하게 개선하여야 할 것이다.

2 원천납세의무자와 헌법과의 관계

원천징수의무자가 일정한 소득 등을 지급하는 경우에는 과세기간의 종료 여부와는 관계없이 해당 소득 등을 지급할 때에 소득세를 징수하여 납부하여야 한다. 따라서 원천징수대상소득은 원천징수대상이 아닌 다른 소득에 비하여 미리 소득세를 납부하는 결과로 되어 납세시기에 있어서 원천징수대상소득을 다른 소득보다 자의적으로 불평등하게 취급하는 것이 아닌가 하는 의문이 제기되고 있다.

원천징수제도가 조세채권을 능률적으로 징수할 수 있는 합리적인 제도로서 그 존치의 필요성이 긍정되고 있음은 전술한 바와 같다. 그리고 소득세의 과세물건을 구성하는 소득이라고 하여 모두 획일적으로 동일한 징수방법을 채택하고 납세시기도 일치시켜야 하는 것은 아니다. 즉 소득의 종류나 특성을 고려하여 징수방법이나 납세시기를 각각 달리 정하는 것은 입법자의 재량에 속하는 사항이라고 새겨야 할 것이다. 그렇다면 원천징수대상소득에 대하여 소득세를 조기에 징수하더라도 법 앞의 평등에 위배되는 것은 아니라고 하여야 할 것이다.[2]

위헌이라고 할 수 없다.

셋째, 원천징수의무자의 징수사무부담이 자유권 침해이고 노예적 구속이라는 주장은 과장에 불과하다.

2) 同旨의 판례로서는 日本最高裁 昭和 37年 2月 28日, 昭和 31年(あ) 第1071號가 있다.

원천징수관계의 법적 성격

제1절 학설의 개관

원천징수의무자는 국가 또는 지방자치단체(이하에서 '국가'라 한다)의 징수기관으로서의 성격과 납세자로서의 성격을 아울러 지니고 있다.

따라서 원천징수의무자의 법적 성격에 관한 견해도 대체로 이와 같은 원천징수의무자의 양면적 성격을 바탕으로 하여 이원론적으로 구성하는 것이 일반적이다.[3] 즉 원천징수의무자는 원천납세의무자에 대한 관계에 있어서는 국가의 공무수탁사인 내지 위탁징수기관으로서의 지위를 갖고 있지만, 국가에 대한 관계에 있어서는 원천납세의무자의 법정대리인·사무관리인 또는 채무인수인으로서의 지위를 갖는다.

이하에서는 원천징수의무자의 법적 성격에 관한 학설을 간략하게 개관하고자 한다.

1) 공무수탁사인설

공무수탁사인설(公務受託私人說)은 원천징수관계를 국가적 공권이 부여된 사인으로서의 원천징수의무자가 납세의무자로부터 세액을 징수하여 국가에 납부하는 관계로 보는 견해인데, 보통 위탁징수기관설이라고 부르고 있다. 다시 말하면 원천징수의무자를 공무수탁사인(Beliehene), 즉 국가의 세금징수사무를 위탁받아 집행하는 기관으로 파악하는 견해이다.

2) 사무관리설

원천징수의무자를 국가에 대한 관계에 있어서 원천납세의무자의 공법상의 사무관리인으로 이해하는 견해이다. 즉 원천징수의무자는 원천납세의무자를 위하여 공법상의 의무인 납세의무를 관리한다고 주장하는 것이다. 공법상의 사무관리에 관하여는 통칙

---

3) 최명근, "원천징수관계의 법적 성격에 관한 소고" 「한국조세연구」 제10권(사단법인 한국조세학회, 1995), p.347.

적 규정이 없기 때문에 민법상의 사무관리에 관한 규정이 준용된다고 한다.

3) 법정대리인설

원천징수의무자를 국가에 대한 관계에 있어서 원천납세의무자(본인)의 법정대리인으로 새기는 견해이다. 그 논거로서 원천징수의무자가 행한 원천징수세액의 납부의 법률효과가 원천납세의무자에게 귀속한다는 점을 든다.[4]

4) 채무인수설

원천징수의무자를 국가에 대한 관계에 있어서 원천납세의무자의 채무인수인으로 이해하는 견해이다. 원천납세의무자의 납세의무가 동일성을 잃지 않고 원천징수의무자에게 이전되는 것이라고 주장한다.

즉 원천징수의무를 원천납세의무자로부터의 채무인수(Schuldübernahme)라고 보는 견해이다. 채무인수로 보는 견해도 다시 면책적 채무인수라는 견해와 병존적 채무인수라는 견해로 나누어진다.

5) 결 어

원천징수의무자의 법적 성격을 파악함에 있어서는 앞의 견해 중 그 어느 하나의 견해만으로는 설명이 어렵다고 본다. 왜냐하면 원천징수의무자는 징수기관적 지위와 납세자적 지위라는 양면성을 지니고 있음에도 불구하고 하나의 척도를 가지고 서로 다른 법적 성격을 동시에 설명하려고 하기 때문인 것이다. 그러므로 원천징수의무자의 법적 성격은 원천징수의무자의 상반되는 지위, 즉 징수기관적 지위와 납세자적 지위에 따라 이원론적으로 규정하는 것이 합리적이라고 생각한다.

결론적으로 원천징수의무자의 법적 성격을 원천납세의무자에 대한 관계에 있어서는 공무수탁사인의 지위, 국가에 대한 관계에 있어서는 원천납세의무자의 채무인수인으로서의 지위에 있다고 새기고자 한다.

첫째, 원천징수의무자는 원천납세의무자에 대한 관계에 있어서 공무수탁사인의 지위에 있다.

위탁자인 국가와 공무수탁사인인 원천징수의무자와의 관계는 공법상의 위임관계로 새긴다. 원천징수의무자에게 부여된 국가적 공권의 범위는 극히 제한적이어서 원천납세의무자에게 소득금액을 지급함에 있어서 소득세 등을 공제(징수)함에 그친다. 그러

---

4) 中山治三郎, "源泉徵收義務者の法的地位を論ず," 「稅法學」 130號, p.13 이하.

면서도 그 원천징수의무자의 공제행위(징수행위)는 과세관청의 행위로 보지 않으며, 따라서 원천납세의무자는 원천징수의무자의 공제행위에 대하여 항고쟁송을 제기할 수 없다.[5] 매우 이례적이라고 하지 않을 수 없다.

둘째, 원천징수의무자는 국가에 대한 관계에 있어서 원천납세의무자의 채무인수인으로서의 지위에 있다고 새기고자 한다.

그런데 채무인수인은 면책적 채무인수인과 병존적 채무인수인으로 구분할 수 있다. 원천징수의무자는 채무인수인 중에서도 특히 면책적 채무인수인에 해당한다고 해석하고자 한다.

위에서 규명한 원천징수의무자의 법적 성격, 즉 원천납세의무자에 대한 관계에 있어서의 공무수탁사인의 지위와 국가에 대한 관계에 있어서의 원천납세의무자의 채무인수인으로서의 지위는 원천징수의무자의 법적 성격 중에서 극히 제한된 범위 안에서 동질성 내지 유사성을 갖는 성격들의 한 단면만을 제시하는 것임을 지적하고자 한다. 즉 원천징수의무자의 공무수탁사인의 지위와 채무인수인으로서의 지위만으로 원천징수의무자의 법적 성격을 충분하게 설명할 수도 없고, 또한 공무수탁사인 및 채무인수인의 법리가 그대로 원천징수의무자의 법적 성격에 적용되는 것도 아니기 때문이다. 그러므로 원천징수의무자의 법적 성격, 다시 말하면 원천징수관계의 법적 성격은 앞의 공무수탁사인의 지위와 채무인수인으로서의 지위를 이론적 바탕으로 하되, 국가와 원천징수의무자와의 법률관계, 원천징수의무자와 원천납세의무자와의 법률관계 및 국가와 원천납세의무자와의 법률관계로 구분하여 개별적·구체적으로 검토함으로써 해당 법률관계에 타당한 법적 성격들을 각각 도출하는 것이 바람직하다고 생각한다.

---

5) 대법원 1990.3.23. 선고, 89누4789 판결.
 [판결요지] 원천징수하는 소득세에 있어서는 납세의무자의 신고나 과세관청의 부과결정이 없어 법령이 정하는 바에 따라 그 세액이 자동적으로 확정되고, 원천징수의무자는 소득세법 제142조 및 제143조의 규정에 따라 이와 같이 자동적으로 확정되는 세액을 수급자로부터 징수하여 과세관청에 납부하여야 할 의무를 부담하고 있으므로, 원천징수의무자가 비록 과세관청과 같은 행정청이라 하더라도 그의 원천징수행위는 법령에서 규정된 징수 및 납부의무를 이행하기 위한 것에 불과한 것이지, 공권력의 행사로서의 행정처분을 한 경우에 해당되지 아니한다(당원 1983.12.13. 선고, 82누174 판결 : 1984.2.14. 선고, 82누177 판결 참조).

제**2**절 국가와 원천징수의무자와의 관계

원천징수의무자는 타인(원천납세의무자)에게 일정한 소득을 지급하면서 그 원천납세의무자로부터 세액을 징수하여 국가에 납부할 의무를 지는 자이다. 그리고 원천징수의무자가 해당 세액을 원천징수하여 납부하지 않을 경우에는 해당 원천징수세액과 가산세를 과징당하게 되며 아울러 조세범처벌법에 따라 처벌을 받게 된다. 즉 원천징수의무자는 국가에 대하여 납세자와 유사한 지위에 서게 되며, 따라서 원천징수의무자를 원천납세의무자의 채무인수인, 특히 면책적 채무인수인과 유사한 자에 해당한다고 이해하고자 한다.

왜냐하면 원천징수하는 소득세 등의 납부의무는 원천징수의무자가 원천납세의무자에게 소득금액 등을 지급하는 때에 자동적으로 확정(기법 22 ④ Ⅲ)되는 것이기 때문에 원천징수의무자만이 원천징수하여야 할 소득세 등의 납부의무를 진다고 새겨야 하기 때문이다. 즉 채무인수인이 채무관계에 가입하여 종래의 채무자와 더불어 새로이 동일내용의 채무를 부담하게 되는 병존적 채무인수설은 원천징수의무의 성질과는 부합하지 않는 것이다.

원천납세의무자는 원천징수의무자가 납부할 원천징수세액에 대하여 연대납세의무나 제2차 납세의무를 지는 것이 아니므로 이를 납부할 책임을 지지 않는다.

한편, 국세기본법에서는 납세의무자와 세법에 따라 국세를 징수하여 납부할 의무를 지는 자를 납세자라고 정의하고 있다(기법 2 Ⅹ). 즉 원천징수의무자를 납세자의 범위 안에 포함시키고 있는 것이다.

제**3**절 원천징수의무자와 원천납세의무자와의 관계

1 공무수탁사인으로서의 지위

원천징수의무자는 원천납세의무자에 대하여 원천징수세액을 징수할 권한이 있고 원천납세의무자는 원천징수의무자의 세액징수를 수인할 의무를 부담한다. 그런 의미에서 원천징수의무자는 공무수탁사인 내지 위탁징수기관의 성격을 띠고 있다고 하겠다.

원천징수의무자를 공무수탁사인으로 보는 논거로서는 원천징수의무자가 원천납세의무자의 의사 여하에 불구하고 그 소득금액에서 소득세 등을 징수한다는 점, 과세관청의 지위에서 원천납세의무자로부터 원천징수에 필요한 서류 등의 제출을 받아 원천징수세액을 산정하고 있는 점 및 과오납한 소득세를 납부하여야 할 다른 소득세에서 직접 조정하여 원천 납세의무자에게 환급을 할 권한을 갖고 있는 점 등을 들 수 있다.

그러나 원천징수의무자를 공무수탁사인으로 설명하기 어려운 한계점도 적지 않게 안고 있다.

첫째, 원천징수의무자는 원천납세의무자에 대하여 우월적인 지위에서 공권력으로서의 징수권한을 행사하여 징수사무를 수행하는 것이 아니다.

둘째, 원천징수의무자를 공무수탁사인으로 보는 경우에는 원천징수의무자의 납세자적 지위를 설명할 수 없는 난점이 있다. 과세관청이 원천징수가 누락되거나 과소납부된 세액 에 대하여 원천징수의무자에게 납세의 고지 및 체납처분을 행하고, 가산세의 과징과 조세 범으로서의 형벌을 과하는 것 등을 설명할 수 없는 것이다. 과세관청이 원천징수의무자에 게 행한 납세의 고지에 대하여 원천징수의무자에게 항고쟁송을 제기할 수 있도록 허용하는 것도 원천징수의무자의 징수기관으로서의 성질을 부인하는 것이다.

셋째, 원천징수의무자가 행한 원천징수행위를 과세관청의 징수처분으로 보지 않는다는 점이다. 그렇기 때문에 원천납세의무자는 원천징수의무자의 위법·부당한 공제(원천징수) 에 대해서도 과세관청 또는 원천징수의무자를 상대로 하여 항고쟁송을 제기할 수 없는 것 이다.[6]

2 구상권

원천징수의무자가 과세관청으로부터 징수누락한 원천징수세액에 대한 납세고지를 받 고 해당 세액을 우선 납부한 후에 원천납세의무자에게 그 지급을 청구하는 경우가 있을 수 있다.

원천징수의무자가 과세관청으로부터 원천징수가 누락된 세액에 대하여 납세고지를 받고 해당 세액을 납부한 때에는 민사관계에 따라 원천납세의무자로부터 구상하도록 하고 있 다.[7]

---

6) 대법원 1990.3.23. 선고, 89누4789 판결.
7) 金子宏, 「租稅法」 第4版(弘文館, 1992), p.550.

1 확정된 원천징수세액의 징수

원천징수에 있어서의 법률관계는 원칙적으로 과세관청과 원천징수의무자와의 관계이다. 원천납세의무자는 실체법상의 납세의무자이기는 하지만 원천징수절차에 있어서는 과세관청과 직접적인 관계를 맺지 않고 있다.

그러므로 원천징수의무자가 원천징수를 하지 않았거나 과소하게 원천징수함으로써 원천징수세액을 납부하지 않았거나 과소납부하였다고 하더라도 과세관청은 그 누락된 원천징수세액에 대하여 원천징수의무자만을 상대로 하여 납세고지를 행할 수 있을 뿐이다. 설사 원천징수가 누락되었다고 하더라도 과세관청은 직접 원천납세의무자를 상대방으로 하여 누락된 원천징수세액에 대한 납세고지를 행할 수 없는 것이다. 원천징수할 소득세 등의 납부의무는 원천징수의무자가 원천징수대상소득을 지급하는 시기에 해당 원천징수의무자에게 자동적으로 확정되기 때문이다. 즉 이미 원천징수의무자에게 구체적으로 확정되어 존재하고 있는 소득세 등(원천징수세액)을 그 원천징수의무자가 아닌 제3자(원천납세의무자)에게 납세고지를 행할 수는 없는 것이다.

예를 들어 "갑"은 "을"에게 비영업대금의 이익으로 10,000,000원을 지급하면서 이자소득세 2,500,000원을 원천징수하지 아니하였다. 그러나 "갑"이 해당 이자소득에 대한 소득세를 원천징수하였는지의 여부에 불구하고 그 이자를 지급한 때에 "갑"에게 이미 이자소득세 2,500,000원이 구체적으로 확정되어 존재하고 있는 것이다. 과세관청은 "갑"에게 납세의 고지를 행할 수 있을 뿐이며, 그 당사자가 아닌 "을"을 상대로 하여 이미 "갑"에게 확정되어 존재하고 있는 이자소득세를 납부하도록 고지할 수는 없는 것이다. 만일 원천징수 관할세무서장이 앞의 원천징수세액에 대하여 원천납세의무자를 상대방으로 하여 납세고지를 행하였다면 해당 납세고지처분은 흠 있는 처분을 이루게 되는 것이다.

2 원천납세의무자에 대한 누락세액의 결정 및 징수

원천징수의무자가 원천징수를 누락하거나 과소징수한 경우에 과세관청은 그 누락된 원천징수세액에 대하여 직접 원천납세의무자를 상대방으로 하여 납세고지를 행할 수 없음은 앞에서 언급한 바와 같다. 문제는 원천징수가 누락된 원천징수대상소득이 종합소득과세표준·퇴직소득과세표준 또는 법인세과세표준(이하 '종합소득 과세표준 등'이라고 부르기로 한다)을 구성하는 소득에 해당하는 경우이다. 원천납세의무자는 원천징수가 누락된 소득 등이라고 하더라도 종합소득과세표준 등에 포함하여 확정신고를 하여야 하고, 또한 과세관청도 직접 해당 소득 등을 원천납세의무자의 종합소득과세표준 등에 포함하여 과세표준과 세액을 결정 또는 경정하여야 하는 것이다.[8]

그런데 원천납세의무자가 누락된 원천징수대상소득을 종합소득과세표준 등에 산입하여 신고하거나 과세관청이 원천징수가 누락된 소득금액을 종합소득과세표준 등에 산입하여 결정 또는 경정하면서 누락된 원천징수세액에 상당하는 세액을 직접 납부하거나 해당 세액에 대하여 납세고지를 행할 수 있는가 하는 점이 문제이다. 이에 관하여는 긍정설과 부정설의 상반된 견해를 상정할 수 있다.

긍정설과 부정설의 근본적 차이는 원천징수가 누락되거나 과소징수된 경우에 확정신고자진납부세액 또는 징수세액(고지세액)을 산정함에 있어서 그 누락 또는 과소징수된 소득세 등(원천징수하여야 할 세액)을 소득세법 제85조 제4항에서의 기납부세액, 즉 "원천징수한 세액"으로서 공제할 수 있는지의 여부에 달려 있는 것이다.

1) 긍정설

원천납세의무자가 원천징수대상소득을 종합소득과세표준 또는 퇴직소득과세표준에 포함하여 신고할 의무가 있는 경우에는 원천징수가 누락된 소득금액에 대한 소득세를 원천납세의무자로부터 직접 부과·징수할 수 있다고 한다. 즉 원천징수가 누락되거나 과소징수된 경우에 확정신고자진납부세액 또는 징수세액(고지세액)을 산정함에 있어서 그 누락 또는 과소징수된 소득세 등은 "원천징수한 세액"에 해당하지 않기 때문에 이를 공제할 수 없다는 견해인 것이다.

판례는 긍정설의 입장에 서 있다. 즉 대법원은 1981.9.22 선고, 79누347 전원합의부 판결에 따라 종전의 부정설의 입장에서 긍정설의 입장으로 선회하였다.[9]

---

8) 원천징수대상 소득이 종합소득과세준 등을 구성하지 않는 경우, 즉 분리과세소득과 같이 완납적 원천징수의 대상이 되는 경우에 과세관청은 설사 해당 소득에 대한 원천징수가 누락되었거나 징수하여야 할 세액보다 과소징수되었다고 하더라도 원천납세의무자로부터 직접 누락세액 또는 과소징수세액을 부과·징수할 수 없다.

9) 그 판결이유를 소개하면 아래와 같다.

"……1975년 1월 1일부터 개정 시행된 소득세법에 의하면 원심 판시 원고의 1975년도 소득 역시 갑종근로소득으로서 동법 제142조 제1항 제2호 및 제4호에 따라 이를 지급하는 자가 그 소득세를 원천징수하여야 하나, 한편 원고의 위 소득은 동법 제4조 제1항 제1호 소정의 종합소득에 해당되어 동법 제15조, 제100조, 제107조, 제117조에 의하면 그 소득이 있는 자는 해당 연도 종합소득 과세표준에 이를 합산하여서 그 종합소득 과세표준확정신고를 하고 그 원천징수세액을 공제한 종합소득 산출세액을 자진납부하도록 규정되어 있어 결국 원고의 위 소득이 원천세를 징수할 소득이라 하더라도 그 소득이 동법 소정의 종합소득과세표준에 합산하여

2) 부정설

원천납세의무자는 실체법상의 납세의무자이지만 절차법상 원천징수할 소득세 등의 납세의무를 부담하지 않기 때문에 원천납세의무자에 대하여 원천징수의무자가 징수 누락한 원천징수세액을 직접 부과·징수할 수 없다는 견해이다. 즉 원천납세의무자에 대한 종합소득세 등의 확정신고자진납부세액 또는 징수세액(고지세액)을 산정함에 있어서 이미 원천징수하여 납부한 소득세 등은 물론이고 누락 또는 과소징수된 소득세 등도 "원천징수한 세액"으로 보아 이를 공제함이 타당하다고 주장한다.

3) 결 어

소득세법 제85조 제4항에서의 "원천징수한 세액" 및 법인세법 제64조 제1항 제4호에서의 "제73조의 규정에 따라 해당 사업연도에 원천징수된 세액"이라는 법문(法文)을 실제 원천징수한 세액으로 새기는 긍정설의 견해는 일면 타당한 점이 없지 않다. 긍정설에 의하면 원천징수과정에서 징수가 누락되거나 과소징수된 소득세 등은 당연히 원천납세의무자에게 부과·징수할 수 있다고 새기게 된다. 즉 확정신고자진납부세액 또는 징수세액(고지세액)을 산정함에 있어서 원천징수가 누락 또는 과소징수된 소득세 등은 "원천징수한 세액"에 해당하지 않은 것으로 보아 공제하지 않기 때문에 원천징수의무자가 추가로 납부하거나 원천징수의무자로부터 징수할 세액에 해당한다고 주장하는 것이다. 소득세법 제80조 제2항 제2호에서 연말정산 내용에 탈루 또는 오류가 있는 경우로서 원천징수의무자의 폐업·행방불명 등으로 원천징수의무자로부터 징수하기 어렵거나 근로소득자의 퇴사로 인하여 원천징수의무자의 원천징수이행이 어렵다고 인정되는 때에는 과세표준확정신고를 하지 아니한 근로소득자에 대하여도 직접 그의 소득세 과세표준과 세액을 경정할 수 있도록 하고 있는데, 앞의 규정은 긍정설의 논거에 터 잡아 만들어진 조항이라고 하겠다.

그러나 긍정설은 다음과 같은 측면에서 문제점을 안고 있으며, 따라서 저자는 부정설을 지지하는 바이다.

첫째, 소득세법 제85조 제4항 및 법인세법 제71조 제4항의 규정은 원천징수하는 소득세 등에 대하여 자동확정방식을 채택하고 있는 국세기본법 제22조 제4항의 규정과 배치하고 있음을 지적하지 않을 수 없다. 원천징수하는 소득세 등에 대한 확정방식을

신고하여야 할 소득으로서 그 원천징수가 누락되었다면 그 소득자인 원고에 대하여도 위와 같이 종합소득세로서 이를 부과할 수 있다 할 것이다(당원 1980.4.22. 선고, 80누4 판결 : 1980.6.10. 선고, 79누444 판결 참조). 이에 저촉되는 당원 1980.2.26. 선고, 79누430 판결은 이를 폐기하기로 한다. ……"

838

규율한 국세기본법 제22조 제4항은 다른 세법에 우선하여 적용되기 때문에 국세기본법 제22조 제4항에 배치되는 소득세법 제85조 제4항 등의 규정은 그 효력을 인정할 수 없다고 해석한다.

둘째, 소득금액을 지급할 때에 이미 원천징수의무자에게 구체적으로 확정되어 존재하고 있는 조세채무(원천징수하는 소득세 등) 외에 다시 원천납세의무자에게 동일한 조세채무(경정 등에 따라 납세고지하는 소득세 등)를 중복적으로 확정시키는 것도 법리상 허용되지 아니한다.[10]

셋째, 원천징수의무의 강제성도 부정설의 논거가 된다. 현행 제도상 원천징수의무자가 그 의무이행을 게을리한 경우에는 이미 납부의무가 확정된 원천징수하였어야 할 소득세 등에 원천징수납부불성실가산세를 가산한 금액을 해당 원천징수의무자로부터 과징하도록 하고 있다. 그리고 원천징수의무자가 원천징수세액(원천징수납부불성실가산세를 포함한다)을 납세고지서에서 지정하는 납부기한까지 납부하지 않은 때에는 체납처분절차에 따라 그 납부를 강제당하게 된다. 그런데 긍정설을 취하게 되면 이와 같은 원천징수의무의 강제성에 관하여 설명할 논거를 잃게 된다.

---

10) 이태로·안경봉, 「판례체계 조세법」(조세통람사, 1991), p.479.

제3장

원천징수의무자와 원천징수대상소득

제1절 원천징수의무자와 원천징수대상소득의 범위

국내에서 거주자 또는 비거주자에게 일정한 소득금액 또는 수입금액을 지급하는 자[11]는 소득세 원천징수의무를 진다(소법 127 ①). 즉 국내에서 거주자 또는 비거주자에게 원천징수 대상소득을 지급하는 자는 법인 또는 개인의 구분, 사업자에 해당하는지의 여부 등에 관계 없이, 그리고 원천징수의무를 지우는 특정한 절차를 거치지 않고 당연히 소득세의 원천징수의무를 진다.

그러나 봉사료수입금액의 경우에는 음식·숙박용역이나 서비스용역을 제공하는 사업자 (법인을 포함한다)가 고객으로부터 그 대가와 함께 봉사료를 받아 이를 해당 소득자(접대부 등)에게 지급할 때 원천징수의무를 진다(소법 127 ⑥). 그러므로 고객이 접대부 등에게 직접 봉사료를 지급하는 때에는 그 고객 및 사업자 모두 소득세의 원천징수의무를 지지 않는다.

---

11) 대법원 2018.4.24. 선고, 2017두48543 판결.
　　[판결요지] 소득금액을 지급하는 자는 특별한 사정이 없는 한, 계약 등에 의하여 자신의 채무이행으로서 이자소득금액을 실제로 지급하는 자를 의미한다(같은 취지: 대법원 2014.12.11. 선고, 2011두8246 판결). 갑 은행 등이 기업어음 발행기업들과 당좌예금계약을 체결하고 발행기업들에게 기업어음용지를 교부하였 는데, 할인된 후 한국예탁결제원에 예탁된 위 기업어음의 소지인들이 통상적인 어음금 결제 과정과는 달리 만기 전에 기업어음을 인출한 뒤 한국예탁결제원을 거치지 않고 자신이 거래하는 일반 시중은행에 직접 지급제시하여 어음금을 지급받음으로써 한국예탁결제원 등에 의하여 어음할인에 따른 이자소득이 원천징 수되지 않자, 과세관청들이 위 어음금 할인액에 대한 원천징수의무가 지급은행인 갑 은행 등에 있다는 등의 이유로 원천징수납부불성실 가산세 등 부과처분을 한 사안에서, 갑 은행 등은 발행기업에 당좌계좌를 개설 하여 주고 기업어음의 만기가 도래하여 지급제시되면 당좌계좌에서 해당 기업어음의 액면액을 인출하여 어음금을 지급대행하는 사실행위를 한 것에 불과하고, 자신의 채무를 변제하기 위하여 이자소득금액을 지 급한 것이 아니므로, 구 법인세법(2010.12.30. 법률 제10423호로 개정되기 전의 것, 이하 같다) 제73조 제1항 에서 정한 이자소득을 지급하는 자에 해당하지 아니하여 위 규정에 따른 원천징수의무를 부담하지 않고, 갑 은행 등은 어음금 지급이라는 사실행위를 위탁받은 것에 불과한 점, 어음금 지급업무의 수탁자 등에게 이자소득에 대한 원천징수의무를 부과하기 위한 명시적인 규정이 존재하지 않는데도 구 법인세법 제73조 제5항의 '어음 등을 … 또는 대리'에 해당한다고 보는 것은 허용되지 않는 확장해석 내지 유추해석으로서 조세법률주의에 반하는 점 등에 비추어, 갑 은행 등이 기업어음 발행기업으로부터 위탁받은 어음금 지급업 무를 수행한 것만으로는 구 법인세법 제73조 제5항의 '금융회사가 내국법인이 발행한 어음 등을 … 또는 대리하는 경우'에 해당한다고 보기 어려우므로, 위 규정에 따른 원천징수의무를 부담하지 않는다.

그리고 일정한 사업소득(의료업 등)은 그 사업소득을 지급하는 자가 사업자 등에 해당하는 경우에 한하여 그 지급자인 사업자 등이 원천징수의무를 진다. 사업자 등이 아닌 지급자는 해당 소득에 대하여 원천징수의무를 지지 않는다.

가. 거주자 또는 비거주자에게 다음의 소득금액을 지급하는 자

국내에서 거주자 또는 비거주자에게 다음의 소득금액을 지급하는 자는 소득세 원천징수의무를 진다(소법 127 ①).

① 이자소득
② 배당소득
③ 사업소득
④ 근로소득
⑤ 연금소득
⑥ 기타소득
⑦ 퇴직소득. 다만, 근로소득이 있는 사람이 퇴직함으로써 받은 소득은 제외
⑧ 봉사료

1) 원천징수대상 사업소득의 범위

원천징수대상 사업소득이란 부가가치세가 면세되는 의료보건용역 등과 저술가 등이 직업상 제공하는 인적용역을 말한다(소령 184 ①, 부법 26 ①).

사업소득의 경우에는 사업자 등이 원천징수대상 사업소득을 지급할 경우 소득세 원천징수의무를 진다. 따라서 일정한 사업소득을 지급하는 경우에도 그 지급하는 자가 사업자 등에 해당하지 아니하는 경우 또는 지급자가 사업자 등에 해당하더라도 일정한 사업소득에 해당하지 않는 경우에는 소득세의 원천징수의무를 지지 않는 것이다(소령 184).

한편, 사업자 등이란 사업자, 법인세의 납세의무자, 국가·지방자치단체 또는 지방자치단체조합, 민법 기타 법률에 의하여 성립된 법인, 국세기본법 제13조 제4항의 규정에 의하여 법인으로 보는 단체를 말한다(소령 184 ③).

가) 의료보건용역

부가가치세법 제26조 제1항 제5호에 따른 의료보건용역을 말한다. 이와 같은 의료보건용역에는 의료법 또는 수의사법에 따라 의료기관 또는 동물병원을 개설한 자

가 제공하는 것을 포함한다.

① 의료법에 정하는 의사·치과의사·한의사·조산사 또는 간호사가 제공하는
용역

② 의료법에 규정하는 접골사·침사·구사 또는 안마사가 제공하는 용역

③ 「의료기사 등에 관한 법률」에 규정하는 임상병리사·방사선사·물리치료사·
작업치료사·치과기공사 또는 치과위생사가 제공하는 용역

④ 약사법에 규정하는 약사가 제공하는 의약품의 조제용역

약사가 조제용역의 공급으로 발생하는 사업소득 중 기획재정부령으로 정하는
바에 따라 계산한 의약품가격이 차지하는 비율에 상당하는 소득은 원천징수대
상이 되는 사업소득에서 제외한다(소령 184 ① I). 의약가 실거래가 상환제도의
시행으로 약사의 조제용역에 대한 원천징수세액이 종합소득과세표준신고 시
에 환급되는 사례를 방지하기 위하여 조제용역으로 발생하는 사업소득 중 의
약품가격상당액을 원천징수의 대상에서 제외시킨 것이다.

⑤ 수의사법에 규정하는 수의사가 제공하는 용역

⑥ 장의업자가 제공하는 장의용역

⑦ 「장사 등에 관한 법률」에 따라 사설묘지·사설화장시설 또는 사설봉안시설을
설치한 자가 제공하는 화장, 묘지분양 및 관리업 관련 용역

⑧ 지방자치단체로부터 공설묘지·공설화장시설 또는 공설봉안시설의 관리를 위
탁받은 자가 제공하는 화장, 묘지분양 및 관리업 관련 용역

⑨ 「응급의료에 관한 법률」 제2조 제8호에 따른 응급환자이송업자가 제공하는 응
급환자이송용역

⑩ 하수도법 제45조에 따른 분뇨수집·운반업의 허가를 받은 사업자와 「가축분
뇨의 관리 및 이용에 관한 법률」 제28조에 따른 가축분뇨수집·운반업 또는
가축분뇨처리업의 허가를 받은 사업자가 공급하는 용역

⑪ 「감염병의 예방 및 관리에 관한 법률」 제52조에 따라 소독업의 신고를 한 사업
자가 공급하는 소독용역

⑫ 폐기물관리법 제25조에 따라 생활폐기물 또는 의료폐기물의 폐기물처리업 허
가를 받은 사업자가 공급하는 생활폐기물 또는 의료폐기물의 수집·운반 및
처리용역과 같은 법 제29조에 따라 폐기물처리시설의 설치승인을 얻거나 그
설치의 신고를 한 사업자가 공급하는 생활폐기물의 재활용용역

⑬ 산업안전보건법 제16조에 따라 보건관리전문기관으로 지정된 자가 공급하는

보건관리용역 및 같은 법 제42조에 따른 지정측정기관이 공급하는 작업환경 측정용역

⑭ 노인장기요양보험법 제2조 제4호에 따른 장기요양기관이 같은 법에 따라 장기 요양인정을 받은 자에게 제공하는 신체활동·가사활동의 지원 또는 간병 등의 용역

⑮ 사회복지사업법 제33조의 7에 따라 보호대상자에게 지급되는 사회복지서비스 이용권을 대가로 국가·지방자치단체 외의 자가 공급하는 용역

⑯ 모자보건법 제2조 제11호에 따른 산후조리원에서 분만 직후의 임산부나 영유 아에게 제공하는 급식·요양 등의 용역

⑰ 「사회적기업 육성법」 제7조에 따라 인증받은 사회적기업이 직접 제공하는 간 병·산후조리·보육 용역

⑱ 「정신건강증진 및 정신질환자 복지서비스 지원에 관한 법률」 제15조 제6항에 따라 국가 및 지방자치단체로부터 같은 법 제3조 제3호에 따른 정신건강증진 사업 등을 위탁받은 자가 제공하는 정신건강증진사업 등의 용역

나) 저술가 등이 직업상 제공하는 인적용역

부가가치세법 제26조 제1항 제15호에 따른 저술가 등이 직업상 제공하는 인적용 역을 말한다.

① 개인이 물적 시설 없이 근로자를 고용하지 아니하고 독립된 자격으로 용역을 공급하고 대가를 받는 다음에 규정하는 인적용역

  ⅰ) 저술·서화·도안·조각·작곡·음악·무용·만화·삽화·만담·배우· 성우·가수와 이와 유사한 용역

  ⅱ) 연예에 관한 감독·각색·연출·촬영·녹음·장치·조명과 이와 유사한 용역

  ⅲ) 건축감독·학술용역과 이와 유사한 용역

  ⅳ) 음악·재단·무용(사교무용을 포함한다)·요리·바둑의 교수와 이와 유 사한 용역

  ⅴ) 직업운동가·역사·기수·운동지도가(심판을 포함한다)와 이와 유사한 용역

  ⅵ) 접대부·댄서 또는 이와 유사한 용역

  ⅶ) 보험가입자의 모집, 저축의 장려 또는 집금 등을 하고 실적에 따라 보험회

사 또는 금융기관으로부터 모집수당·장려수당·집금수당 또는 이와 유사한 성질의 대가를 받는 용역과 서적·음반 등의 외판원이 판매실적에 따라 대가를 받는 용역

viii) 저작가가 저작권에 따라 사용료를 받는 용역

ix) 교정·번역·고증·속기·필경·타자·음반취입과 이와 유사한 용역

x) 고용관계 없는 자가 다수인에게 강연을 하고 강연료·강사료 등의 대가를 받는 용역

xi) 라디오·텔레비전방송 등을 통하여 해설·계몽 또는 연기를 하거나 심사를 하고 사례금 또는 이와 유사한 성질의 대가를 받는 용역

xii) 작명·관상·점술 또는 이와 유사한 용역

xiii) 일의 성과에 따라 수당 또는 그 밖의 이와 유사한 성질의 대가를 받는 용역

② 개인이 독립된 자격으로 용역을 공급하고 대가를 받는 다음에 규정하는 인적용역

ⅰ) 국선변호인의 국선변호와 법률구조법에 따른 법률구조 및 변호사법에 따른 법률구조사업

ⅱ) 학술연구용역과 기술연구용역

ⅲ) 직업소개소 및 그 밖에 기획재정부령이 정하는 상담소 등을 경영하는 자가 공급하는 용역

ⅳ) 장애인복지법 제40조에 따른 장애인보조견 훈련용역

ⅴ) 외국공공기관 또는 국제금융기구로부터 받는 차관자금으로 국가 또는 지방자치단체가 시행하는 국내사업을 위하여 공급하는 용역(국내사업장이 없는 외국법인 또는 비거주자가 공급하는 용역을 포함한다)

2) 원천징수대상 근로소득의 범위

근로소득을 지급하는 자는 소득세 원천징수의무를 진다. 다만, 외국기관 등이 지급하는 근로소득에 대해서는 원천징수의무가 없다. 그 지급자에게 소득세 원천징수의무를 지우기 어렵기 때문에 원천징수대상소득에서 제외시키고 있는 것이다.

① 외국기관 또는 우리나라에 주둔하는 국제연합군(미군은 제외한다)으로부터 받는 근로소득

② 국외에 있는 비거주자 또는 외국법인(국내지점 또는 국내영업소는 제외한다)으로

부터 받는 근로소득. 다만, 비거주자의 국내사업장과 외국법인의 국내사업장의 국내
원천소득금액을 계산할 때 필요경비 또는 손금으로 계상되는 소득 및 국외에 있는
외국법인(국내지점 또는 국내영업소는 제외한다)으로부터 받는 근로소득 중 소득
세법 제156조의 7에 따라 소득세가 원천징수되는 파견근로자의 소득은 제외한다.

3) 원천징수대상 연금소득의 범위

연금소득을 지급하는 자는 소득세 원천징수의무를 진다. 공적연금소득을 지급할 때에
는 연금소득간이세액표에 따라 소득세를 원천징수한다. 원천징수의무자가 해당 과세
기간의 다음 연도 1월분 공적연금소득을 지급할 때에는 공적연금소득세액의 연말정
산에 의해 소득세를 원천징수한다. 이 경우 다음 연도 1월분의 공적연금소득에 대해
서는 공적연금소득을 지급할 때 연금소득간이세액표에 따라 소득세를 원천징수한다.
다음에 해당하는 연금소득을 지급할 때에는 그 지급금액에 원천징수세율을 적용하여
계산한 소득세를 원천징수한다.

① 다음에 해당하는 금액을 그 소득의 성격에도 불구하고 대통령령으로 정하는 연금계
좌(이하 '연금계좌'라 한다)에서 대통령령으로 정하는(이하 '연금수령'이라 하며, 연
금수령 외의 인출은 '연금외수령'이라 한다) 연금형태로 인출하는 경우의 그 연금

ⅰ) 퇴직소득이 퇴직일 현재 연금계좌에 있거나 연금계좌로 지급되는 경우 또는
지급받은 날부터 60일 이내에 연금계좌에 입금되는 경우에 해당하여 연금외
수령하기 전까지 원천징수하지 아니한 퇴직소득(소법 146)

ⅱ) 소득세법 제59조의 3 제1항에 따라 세액공제를 받은 연금계좌 납입액

ⅲ) 연금계좌의 운용실적에 따라 증가된 금액

ⅴ) 그 밖에 연금계좌에 이체 또는 입금되어 해당 금액에 대한 소득세가 이연(移
延)된 소득으로서 대통령령으로 정하는 소득

② 앞의 "①"에 해당하는 소득과 유사하고 연금 형태로 받는 것으로서 대통령령으로
정하는 소득

4) 원천징수대상 기타소득의 범위

기타소득이라 하더라도 다음의 소득은 제외한다.

① 봉사료수입금액

② 위약금 및 배상금

위에서 위약금 및 배상금이란 계약금이 위약금 및 배상금으로 대체되는 경우에만

해당한다. 당초 지급한 계약금이 위약금 또는 배상금으로서 대체되는 경우에 그 위약금 등에 대한 원천징수의무를 이행하기 위해서는 이미 지급한 계약금을 돌려 받아야 하는 등 그 소득의 지급자에게 과도한 납세협력의무를 요구하는 것이 되기 때문에 원천징수의 대상소득에서 제외하고 있다.

③ 뇌물, 알선수재 및 배임수재에 따라 받는 금품

뇌물, 알선수재 및 배임수재에 따라 받는 금품은 당사자간에 은밀하게 수수하는 불법소득으로서 사실상 원천징수를 기대하기 어렵기 때문에 원천징수의 대상소득 에서 제외하고 있다.

5) 원천징수대상 퇴직소득의 범위

퇴직소득을 지급할 때에는 소득세를 원천징수한다.

6) 원천징수대상 봉사료의 범위

사업자가 음식 · 숙박용역 등을 제공하고 그 공급가액과 함께 용역을 제공하는 자의 봉사료를 세금계산서 등에 그 공급가액과 구분하여 적은 경우로서 그 구분하여 적은 봉사료금액이 공급가액의 20%를 초과하는 경우의 그 봉사료를 말한다.

① 사업자의 개념

사업자란 음식 · 숙박용역, 안마시술소 · 이용원 · 스포츠마사지업소 및 그 밖에 이와 유사한 장소에서 제공하는 용역, 개별소비세법 제1조 제4항에 따른 과세유 흥장소에서 제공하는 용역, 그 밖에 기획재정부령이 정하는 용역(이하에서 '음 식 · 숙박용역 등'이라 한다)을 제공하는 사업자(법인을 포함한다)를 말한다. 앞 에서 개별소비세법 제1조 제4항의 규정에 의한 과세유흥장소란 유흥주점 · 외국 인전용유흥음식점과 기타 이와 유사한 장소를 가리킨다.

② 봉사료수입금액의 범위

사업자가 음식 · 숙박용역 등을 제공하고 그 공급가액(간이과세자의 경우에는 공 급대가를 말한다)과 함께 부가가치세법 시행령 제42조 제1호 바목에 따른 용역 (접대부 · 댄서와 이와 유사한 용역 등을 말한다)을 제공하는 자의 봉사료를 계산 서 · 세금계산서 · 영수증 또는 신용카드매출전표 등에 그 공급가액과 구분하여 적는 경우(봉사료를 자기의 수입금액으로 계상하지 아니한 경우만 해당한다)로 서 그 구분하여 적은 봉사료금액이 공급가액의 20%를 초과하는 경우의 봉사료를 말한다.

계산서 등에 구분기재한 봉사료금액이 음식·숙박용역 등의 공급가액의 20% 이하인 경우에는 원천징수의무가 없다. 그러나 봉사료금액이 그 공급가액의 20%를 초과하면 봉사료금액의 전액이 원천징수의 대상이 된다.

③ 원천징수의무자

사업자가 음식·숙박용역 등을 공급하고 그 대가와 함께 봉사료금액을 받아 이를 해당 소득자에게 지급하는 경우에는 그 사업자를 원천징수의무자로 본다.

나. 거주자 등으로부터 채권 등을 매입하는 법인

거주자 또는 비거주자가 채권 등의 발행법인으로부터 이자 등을 받거나 해당 채권 등을 발행법인 및 법인(국가·지방자치단체 및 외국법인의 국내사업장을 포함하며, 이하에서 "발행법인 등"이라 한다)에게 매도하는 경우 그 채권 등의 발행일 또는 직전 원천징수일을 시기(始期)로 하고 이자 등의 지급일 등 또는 채권 등의 매도일 등을 종기(終期)로 하여 대통령령이 정하는 기간계산방법에 따른 원천징수기간의 이자 등 상당액을 이자소득으로 보고, 해당 채권 등의 발행법인 등을 원천징수의무자로 하며, 이자 등의 지급일 등 또는 채권 등의 매도일 등을 원천징수하는 때로 하여 소득세를 원천징수하여 납부하도록 하고 있다(소법 133의 2 ①).

이에 관하여는 "제3편 제3장 제5절 소득금액 계산의 특례"에서 상론하였다.

다. 국내사업장이 없는 비거주자에게 선박 등의 임대소득 등을 지급하는 자

비거주자의 국내원천소득으로서 국내사업장과 실질적으로 관련되지 아니하거나 그 국내사업장에 귀속되지 아니한 소득의 금액(국내사업장이 없는 비거주자에게 지급하는 금액을 포함한다)을 지급하는 자는 앞의 "가" 및 "나"의 원천징수대상소득 외에도 선박·항공기 또는 등록된 자동차나 건설기계의 임대소득, 사업소득, 인적용역소득, 사용료소득 및 유가증권의 양도소득 등에 대해서도 원천징수의무를 진다.

제2절 원천징수의무자의 대리인 등

다음과 같이 원천징수의무자를 대리하거나 그 위임을 받은 자 등은 원천징수의무자에 포함된다(소법 127).

① 원천징수의무자를 대리하거나 그 위임을 받은 자의 행위는 수권 또는 위임의 범위 안에서 본인 또는 위임인의 행위로 본다(소법 127 ②).[12]

② 금융회사 등이 내국인이 발행한 어음, 채무증서, 주식 또는 집합투자증권(이하에서 '어음 등'이라 한다)을 인수·매매·중개 또는 대리하는 경우에는 그 금융회사 등과 해당 어음 등을 발행한 자간에 대리 또는 위임의 관계가 있는 것으로 본다(소법 127 ③).

③ 「자본시장과 금융투자업에 관한 법률」에 따른 신탁업자가 신탁재산을 운용하거나 보관·관리하는 경우에는 해당 신탁업자와 해당 신탁재산에 귀속되는 소득을 지급하는 자간에 원천징수의무의 대리 또는 위임의 관계가 있는 것으로 본다(소법 127 ④).

④ 외국법인이 발행한 채권 또는 증권에서 발생하는 이자소득 및 배당소득을 거주자에게 지급하는 경우 국내에서 그 지급을 대리하거나 위임 또는 위탁을 받은 자가 그 소득에 대한 소득세를 원천징수하여야 한다(소법 127 ⑤).

---

12) 대법원 2014.7.24. 선고, 2010두21952 판결.
[판결요지] 원천징수의무를 대리하거나 그 위임을 받은 자로서 그 수권이나 위임의 범위 안에서 원천징수의무를 부담하는 자는 구 소득세법 제127조 제1항 각 호의 소득금액을 지급해야 할 자로부터 원천납세의무자에 대한 소득금액의 지급과 아울러 원천징수의무, 즉 원천납세의무자로부터 소득세를 원천징수하는 업무와 원천징수한 소득세를 관할 세무서에 납부할 업무 등을 수권 또는 위임받은 자를 말한다. 그리고 이러한 원천징수업무의 위임은 명시적으로 뿐만 아니라 묵시적으로도 이루어질 수 있으나, 원천징수의 성격과 효과 등에 비추어 볼 때 묵시적 위임이 있다고 하기 위하여는 명시적 위임이 있는 경우와 동일시할 수 있을 정도로 위임의사를 추단할 만한 사정이 있어야 한다. 다만, 소득금액을 지급하여야 할 자를 대리하거나 그로부터 위임을 받아 원천징수대상 소득의 발생 원인이 되는 법률행위 등을 하고 소득금액을 지급한 경우에는 특별한 사정이 없는 한 적어도 원천징수업무의 묵시적인 위임이 있었다고 봄이 당사자의 의사에 부합한다.

제3절 원천징수의무의 승계

1 법인이 해산한 경우

법인이 해산한 경우에 원천징수를 하여야 할 소득세 등을 징수하지 아니하였거나 징수한 소득세 등을 납부하지 아니하고 잔여재산을 분배한 때에는 청산인은 그 분배액을 한도로 하여 분배를 받은 자와 연대하여 납세의무를 진다(소법 157 ①).

2 법인이 합병한 경우

법인이 합병한 경우에 합병 후 존속하는 법인이나 합병으로 설립된 법인은 합병으로 소멸된 법인이 원천징수를 하여야 할 소득세 등을 납부하지 아니하면 그 소득세에 대하여 납세의무를 진다(소법 157 ②).

제 4 장

원천징수의 시기

제1절 원칙적인 원천징수의 시기

원천징수하는 소득세는 그 소득금액 또는 수입금액을 지급하는 때에 원천징수하는 소득세의 납세의무가 성립되며 동시에 특별한 절차를 거침이 없이 저절로 납세의무가 확정되는 것이다(기법 22 ④ Ⅱ). 따라서 원천징수의무자는 원칙적으로 소득금액 또는 수입금액을 지급하는 시기에 원천징수를 할 의무가 있다. 즉 소득금액 또는 수입금액의 지급시기가 원천징수의 시기인 것이다. 그러므로 원천징수의 시기는 해당 소득금액 또는 수입금액의 수입시기, 즉 귀속연도와는 차이가 있을 수 있다.

위에서 소득금액 또는 수입금액을 지급하는 때라 함은 현실적으로 소득금액 또는 수입금액을 지급하는 때를 의미한다.

제2절 지급시기의 의제

소득금액 또는 수입금액을 실제로 지급하지는 아니하였지만 지급한 것으로 보아 원천징수를 하는 경우가 있다. 이를 지급시기의 의제라고 한다.

1 이자소득

가. 할인매출방식의 어음 이자

이자 등을 받은 자가 할인매출일에 원천징수하기를 선택한 할인매출방식의 어음의 이자와 할인액에 대해서는 그 할인매출하는 날에 지급한 것으로 본다(소법 131 ③, 소령 190 Ⅰ).

어음의 이자와 할인액은 그 어음의 약정에 의한 상환일(기일 전에 상환하는 때에는 그 상환일)을 수입시기로 정하고 있기 때문에 그 날에 원천징수하는 것이 원칙이다. 다만, 할인매출방식의 어음의 이자와 할인액에 대해서는 약정에 의한 상환일(기일 전에 상환하는 때에는 그 상환일) 또는 할인매출일 중에서 소득자가 선택하는 날에 원천징수를 하도록 하고 있는 것이다.

위에서 할인매출방식의 어음이란 금융회사 등이 매출 또는 중개하는 어음(실무에서는 'CP'라고 부른다),「전자단기사채 등의 발행 및 유통에 관한 법률」제2조에 따른 전자단기사채 등 과 은행 및 상호저축은행이 매출하는 표지어음으로서 보관통장으로 거래되는 것(은행이 매출한 표지어음의 경우에는 보관통장으로 거래되지 아니하는 것도 포함한다)을 말한다. 다만, 어음 및 전자단기사채 등이「자본시장과 금융투자업에 관한 법률」제294조에 따른 한국예탁결제원에 발행일부터 만기일까지 계속하여 예탁된 경우에는 해당 어음 및 전자단기사채 등의 이자와 할인액을 지급받는 자가 할인매출일에 원천징수하기를 선택한 경우만 해당한다.

한편, 할인매출방식의 어음의 이자와 할인액에 대하여 할인매출일에 소득세를 원천징수하였다고 하더라도 그 이자와 할인액의 수입시기는 원천징수한 시기와는 관계없이 약정에 의한 상환일(기일 전에 상환하는 때에는 그 상환일)이다.

나. 외국법인의 국내사업장의 손금으로 산입된 이자 등

비거주자가 외국법인 또는 비거주자로부터 받는 소득으로서 그 소득을 지급하는 외국법인 또는 비거주자의 국내사업장과 실질적으로 관련하여 그 국내사업장의 소득금액을 계산할 때 손금 또는 필요경비에 산입된 것은 그 소득을 지급하는 외국법인 또는 비거주자의 해당 사업연도 또는 과세기간의 소득에 대한 과세표준의 신고기한의 종료일(신고기한을 연장한 경우에는 그 연장한 기한의 종료일)로 한다(소법 131 ③, 소령 190 I의 2).

다. 동업기업으로부터 배분받은 소득

동업기업으로부터 배분받은 소득으로서 해당 동업기업의 과세기간 종료 후 3개월이 되는 날까지 지급하지 아니한 것은 그 3개월이 되는 날에 지급한 것으로 본다.

라. 기타의 이자소득

소득세법 시행령 제45조의 이자소득의 수입시기에 따른다(소령 190 Ⅱ).

2 배당소득

가. 미지급배당금

법인의 이익 또는 잉여금의 처분에 의한 배당소득을 그 처분을 결정한 날로부터 3개월이 되는 날까지 지급하지 아니한 경우에는 그 3개월이 되는 날에 배당소득을 지급한 것으로 본다. 다만, 11월 1일부터 12월 31일까지의 사이에 결정된 처분에 따라 다음 연도 2월 말일 까지 배당소득을 지급하지 아니한 경우에는 그 처분을 결정한 날이 속하는 과세기간의 다음 연도 2월 말일에 그 배당소득을 지급한 것으로 본다(소법 131 ①).

나. 의제배당

의제배당의 수입시기를 지급시기로 한다.
① 주식의 소각, 잉여금의 자본전입 및 자기주식을 소유하고 있는 법인의 주식발행액면 초과액 등의 자본전입
주주총회·사원총회 또는 그 밖의 의결기관에서 주식의 소각, 자본의 감소 또는 자본에의 전입을 결정한 날(이사회의 결의에 의하는 경우에는 상법 제461조 제3항에 따라 정한 날)이나 퇴사 또는 탈퇴한 날로 한다.
② 법인의 합병·해산 또는 분할
 ⅰ) 법인이 합병으로 인하여 소멸하는 경우
그 합병등기를 한 날에 지급한 것으로 한다.
 ⅱ) 법인이 해산으로 인하여 소멸한 경우
잔여재산의 가액이 확정된 날에 지급한 것으로 한다.
 ⅲ) 법인이 분할 또는 분할합병으로 소멸 또는 존속하는 경우
그 분할등기 또는 분할합병등기를 한 날에 지급한 것으로 한다.

다. 법인세법에 따라 처분되는 배당

① 법인의 소득금액을 결정 또는 경정함에 있어서 처분되는 배당
소득금액변동통지서를 받은 날에 지급한 것으로 본다(소법 131 ②). 법인세법에 따라 세무서장 또는 지방국세청장이 법인소득금액을 결정 또는 경정함에 있어서 처분되는 배당은 법인소득금액을 결정 또는 경정하는 세무서장 또는 지방국세청장이 그 결정 또는 경정일부터 15일 내에 소득금액변동통지서에 따라 해당 법인에 통지하여야 한

다. 다만, 그 법인의 소재지가 분명하지 아니하거나 그 통지서를 송달할 수 없는 경우에는 해당 주주에게 통지하여야 한다(소령 192 ①). 세무서장 또는 지방국세청장이 해당 법인에게 소득금액변동통지서를 통지한 경우 통지하였다는 사실(소득금액 변동내용은 포함하지 아니한다)을 해당 주주 및 상여나 기타소득의 처분을 받은 거주자에게 알려야 한다. 해당 주주 및 상여나 기타소득의 처분을 받은 거주자의 납세편의를 제고하기 위하여 법인에 소득금액변동통지를 하였다는 사실을 그 거주자에게 알려주도록 한 것이다.

② 법인의 소득금액을 신고함에 있어서 처분되는 배당

해당 법인의 법인세 과세표준 및 세액의 신고기일 또는 수정신고일에 지급한 것으로 본다(소법 131 ②). 법인세 과세표준 및 세액의 신고기일이란 법인세 과세표준 및 세액의 신고기한을 의미한다. 따라서 실제로 신고한 날인 신고일과는 차이가 있을 수 있다.

라. 출자공동사업자의 배당소득

출자공동사업자의 배당소득으로서 과세기간 종료 후 3개월이 되는 날까지 지급하지 아니한 것은 그 3개월이 되는 날에 지급한 것으로 본다(소령 191 Ⅱ).

마. 동업기업으로부터 배분받은 소득

동업기업으로부터 배분받은 소득으로서 해당 동업기업의 과세기간 종료 후 3개월이 되는 날까지 지급하지 아니한 것은 그 3개월이 되는 날에 지급한 것으로 본다(소령 191 Ⅲ).

바. 그 밖의 배당소득

소득세법 시행령 제46조(배당소득의 수입시기)에 규정된 날로 한다.

3 근로소득

가. 미지급급여

근로소득을 지급하여야 할 원천징수의무자가 1월부터 11월까지의 근로소득을 해당 과세기간의 12월 31일까지 지급하지 아니한 경우에는 그 근로소득을 12월 31일에 지급한 것으로 본다. 그리고 12월분의 근로소득을 다음 연도 2월 말일까지 지급하지 아니한 경우에는 그 근로소득을 다음 연도 2월 말일에 지급한 것으로 본다(소법 135 ① 및 ②).

나. 법인의 이익 또는 잉여금의 처분에 따른 상여

법인이 이익 또는 잉여금의 처분에 따라 지급하여야 할 상여를 그 처분을 결정한 날로부터 3개월이 되는 날까지 지급하지 아니한 경우에는 그 3개월이 되는 날에 지급한 것으로 본다. 다만, 그 처분이 11월 1일부터 12월 31일까지의 사이에 결정된 경우에는 그 상여를 다음 연도 2월 말일에 지급한 것으로 본다(소법 135 ③).

다. 법인세법에 따라 처분되는 상여

① 법인의 소득금액을 결정 또는 경정할 때 처분되는 상여
   소득금액변동통지서를 받은 날에 지급한 것으로 본다(소법 135 ④).
② 법인의 소득금액을 신고할 때 처분되는 상여
   법인세의 과세표준 및 세액의 신고기일 또는 수정신고일에 지급한 것으로 본다(소법 135 ④).

라. 상여처분의 원천징수 특례

법인이 「채무자회생 및 파산에 관한 법률」에 따른 회생절차에 따라 특수관계인이 아닌 다른 법인에 합병되는 등 지배주주가 변경(이하 '인수'라 한다)된 이후 회생절차 개시 전에 발생한 사유로 인수된 법인의 대표자 등에 대하여 법인세법 제67조에 따라 상여로 처분되는 대통령령으로 정하는 소득에 대해서는 소득세를 원천징수하지 아니한다(소법 155의 4 ①).

4 사업소득

연말정산 사업소득을 지급하는 원천징수의무자(간편장부대상자에 해당하는 보험모집인 등에게 모집수당 등을 지급하는 자)가 1월부터 11월분의 사업소득을 12월 31일까지 지급하지 아니한 경우에는 12월 31일에 그 사업소득을 지급한 것으로 본다. 그리고 12월분의 연말정산 사업소득을 다음 연도 2월 말일까지 지급하지 아니한 경우에는 다음 연도 2월 말일에 그 사업소득을 지급한 것으로 본다(소법 144의 5).

5 기타소득

① 법인의 소득금액을 결정 또는 경정함에 있어서 처분되는 기타소득
   소득금액변동통지서를 받은 날에 지급한 것으로 본다(소법 145의 2).

② 법인의 소득금액을 신고함에 있어서 처분되는 기타소득

법인의 법인세 과세표준 및 세액의 신고기일 또는 수정신고일에 지급한 것으로 본다 (소법 145의 2).

6 퇴직소득

퇴직소득을 지급하여야 할 원천징수의무자가 1월부터 11월까지의 사이에 퇴직한 사람의 퇴직소득을 해당 과세기간의 12월 31일까지 지급하지 아니한 경우에는 그 퇴직소득은 12월 31일에 지급한 것으로 본다. 그리고 12월에 퇴직한 사람의 퇴직소득을 다음 연도 2월 말일까지 지급하지 아니한 경우에는 그 퇴직소득은 다음 연도 2월 말일에 지급한 것으로 본다 (소법 147 ① 및 ②).

원천징수의 면제와 배제

다음의 소득에 대해서는 소득세의 원천징수를 면제하거나 원천징수가 배제된다(소법 154 및 155).

① 소득세가 부과되지 아니하거나 면제되는 소득
② 원천징수대상소득으로서 발생 후 지급되지 아니함으로써 소득세가 원천징수되지 아니한 소득이 종합소득에 합산되어 종합소득에 대한 소득세가 부과된 경우의 그 소득

> **Q 예시**
>
> • 의료보건용역의 제공(사업소득)
> • 사업소득금액의 수입시기 : 2024년 9월 10일
> • 사업소득금액의 지급시기 : 2025년 12월 10일

위의 예에서와 같이 관할세무서장이 해당 사업소득금액을 2024년도 귀속 종합소득 과세표준에 산입하여 그 과세표준과 세액을 결정하였는데, 원천징수의무자가 2025년 12월 10일에 앞의 사업소득금액을 지급하였다면 그 사업소득금액은 "이미 종합소득에 합산되어 소득세가 부과된 경우의 그 소득"에 해당하여 원천징수의무가 배제되는 것이다.

한편 이미 종합소득에 합산되어 소득세가 부과된 경우에는 해당 소득이 있는 사람이 그 소득금액을 종합소득과세표준에 합산하여 신고(수정신고를 포함한다)한 경우를 포함한다고 새긴다.

제6장

원천징수의 방법

국내에서 거주자 또는 비거주자에게 원천징수대상소득을 지급하는 때에는 다음과 같이 원천징수한다.

1 이자소득과 배당소득

가. 이자소득

1) 원천징수의 방법

이자소득금액, 즉 총수입금액에 다음의 원천징수세율을 적용하여 계산한 소득세를 원천징수한다(소법 129 ① 및 130).

① 비영업대금의 이익 : 25%. 다만, 「온라인투자연계금융업 및 이용자 보호에 관한 법률」에 따라 금융위원회에 등록한 온라인투자연계금융업자를 통하여 지급받는 이자소득에 대해서는 14%로 한다.

② 직장공제회초과반환금 : 기본세율

③ 비실명 이자소득 : 45%. 다만, 금융실명법에서 정하고 있는 비실명 이자소득에 대하여는 90%(특정채권에서 발생하는 이자소득의 경우에는 15%)의 세율을 적용하여 소득세를 원천징수하되, 종합소득과세표준에 합산하지 아니한다(금융실명법 5). 다시 말하면 금융실명법상 비실명 이자소득 및 배당소득에 대한 소득과세(소득세와 지방소득세)의 세율은 무려 99%로서 소득금액의 전액을 소득세로서 흡수할 것으로 예정하고 있다.

이와 같은 소득세의 세율구조는 몰수적(konfiskarorishe) 또는 교살적(絞殺的 : endrosselnde)이어서 헌법상 재산권의 보장에 위배될 소지를 안고 있다.

857

④ 그 밖의 이자소득금액 : 14%

2) 원천징수영수증의 발급

국내에서 이자소득 또는 배당소득(이하에서 '이자소득 등'이라 한다)을 지급하는 원천징수의무자는 이를 지급하는 때에 그 이자소득 등을 받는 자에게 원천징수영수증을 발급하여야만 한다. 다만, 원천징수의무자가 그 이자소득 등을 지급한 날이 속하는 과세기간의 다음 연도 3월 31일까지 소득자에게 다음의 방법에 따라 이자소득 등의 연간합계액과 원천징수세액명세를 기재하거나 통보하는 때에는 원천징수영수증을 발급한 것으로 본다(소법 133 ① 및 소령 193 ③).

① 금융회사 등이 이자소득 등을 받는 자의 통장 또는 금융거래명세서에 그 지급내용과 원천징수의무자의 사업자등록번호 등을 기재하여 통보하는 경우

② 금융회사 등이 이자소득 등을 받는 자로부터 신청을 받아 그 지급내용과 원천징수의무자의 사업자등록번호 등을 우편·전자계산조직을 이용한 정보통신 또는 팩스로 통보하여 주는 경우

원천징수의무자는 계좌별로 1년간 발생한 이자소득 또는 배당소득금액이 100만원 이하인 경우에는 원천징수영수증을 발급하지 아니할 수 있다. 다만, 채권 등의 보유기간 이자상당액에 대한 원천징수영수증을 발급하는 경우 및 이자소득 또는 배당소득을 받는 자가 원천징수영수증의 발급을 요구하는 경우에는 원천징수영수증을 발급하거나 통지하여야 한다(소법 133 ②).

3) 원천징수부의 비치·기록

국내에서 이자소득 또는 배당소득을 지급하는 원천징수의무자는 이자·배당원천징수부를 비치·기록하여야 한다. 이 경우 이자·배당원천징수부를 전산처리된 테이프 또는 디스크 등으로 수록·보관하여 항시 출력이 가능한 상태에 둔 때에는 이자·배당원천징수부를 비치·기록한 것으로 본다(소령 217).

나. 배당소득

배당소득금액에 다음의 원천징수세율을 적용하여 계산한 소득세를 원천징수한다(소법 129 ① 및 ②와 130).

① 비실명 배당소득 : 45%

다만, 금융실명법에서 정하고 있는 비실명 배당소득에 대하여는 90%의 세율을 적용하여 소득세를 원천징수하되, 종합소득과세표준에 합산하지 아니한다(금융실명법 5).

② 출자공동사업자의 배당소득 : 25%

③ 그 밖의 배당소득금액 : 14%

다. 비실명자산소득에 대한 원천징수 특례

원천징수의무자가 「금융실명거래 및 비밀보장에 관한 법률」 제5조에 따른 차등과세가 적용되는 이자 및 배당소득에 대하여 고의 또는 중대한 과실 없이 같은 조에서 정한 세율이 아닌 14%의 세율로 원천징수한 경우에는 해당 계좌의 실질 소유자가 소득세법 제127조 제1항에도 불구하고 소득세 원천징수 부족액(국세기본법 제47조의 5 제1항에 따른 가산세를 포함한다. 이하 같다)을 납부하여야 한다(소법 155의 7 ①).

이 경우 소득세 원천징수 부족액에 관하여는 해당 계좌의 실질 소유자를 원천징수의무자로 본다(소법 155의 7 ②).

라. 한국예탁결제원에 예탁된 증권 등에서 발생한 소득에 대한 원천징수의 무의 대리·위임

「자본시장과 금융투자업에 관한 법률」 제294조에 따른 한국예탁결제원에 예탁된 증권 등[같은 조 제1항에 따른 증권 등(법 제127조 제4항이 적용되는 신탁재산은 제외한다)을 말하며, 이하 '증권 등'이라 한다]에서 발생하는 이자 및 배당소득에 대해서는 다음의 구분에 따른 자와 해당 증권 등을 발행한 자 간에 원천징수의무의 대리 또는 위임의 관계가 있는 것으로 보아 소득세법 제127조 제2항을 적용한다.

① 「자본시장과 금융투자업에 관한 법률」 제309조에 따라 한국예탁결제원에 계좌를 개설한 자(이하 '예탁자'라 한다)가 소유하고 있는 증권 등의 경우에는 한국예탁결제원

② 「자본시장과 금융투자업에 관한 법률」 제309조에 따라 예탁자가 투자자로부터 예탁받은 증권 등의 경우에는 예탁자

2 근로소득

가. 매월분의 근로소득에 대한 징수

매월분의 근로소득을 지급하는 때에는 소득세법 시행령 [별표 2] 근로소득 간이세액표(이하에서 '간이세액표'라 한다)에 따른 세액에서 세액공제를 차감한 소득세를 원천징수한다.

① 월급여액에서 비과세소득을 공제한 금액에 대하여 간이세액표의 해당란의 세액을 기준으로 하여 원천징수한다. 다만, 근로자가 근로소득 간이세액표 해당란 세액의 120% 또는 80%의 비율에 해당하는 금액의 원천징수를 신청하는 경우에는 그에 따라 원천징수할 수 있다(소법 134 ①, 소령 194 ①).

② 근로소득세액 연말정산을 할 때 해당 근로소득자가 종합소득공제 및 세액공제를 적용받으려는 경우에는 해당 과세기간의 다음 연도 2월분의 소득을 받기 전(퇴직한 경우에는 퇴직한 날이 속하는 달의 근로소득을 받기 전)에 원천징수의무자에게 해당 공제사유를 표시하는 신고서(이하 '근로소득자소득·세액공제신고서')를 제출하여야 한다(소법 140 ①).

원천징수의무자가 해당 과세기간에 근로소득자소득·세액공제신고서를 받은 경우에는 그 받은 날이 속하는 달분부터 그 신고서에 따라 간이세액표를 적용한다(소칙 89 ②).

③ 종된 근무지의 원천징수의무자가 소득세를 원천징수하는 때에는 해당 근로자 본인의 기본공제와 표준세액공제만 있는 것으로 보고 해당란의 세액을 적용한다(소령 194 ②).

④ 근로소득자의 근무지가 변경됨에 따라 월급여액이 같은 고용주에 따라 분할지급되는 경우의 소득세는 변경된 근무지에서 그 월급여액 전액에 대하여 원천징수하여야 한다(소법 134 ⑤).

나. 일용근로자의 근로소득에 대한 징수

일용근로자의 근로소득을 지급할 때에는 그 근로소득에서 근로소득공제(일 150,000원)를 한 금액에 원천징수세율(6%)을 적용하여 소득세를 산출하고 그 세액에서 다시 근로소득세액공제(산출세액의 55%에 상당하는 금액)를 적용한 소득세를 원천징수한다(소법 134 ③).

다. 상여에 대한 징수

근로소득에 해당하는 상여 또는 상여의 성질이 있는 급여(이하에서 '상여 등'이라 한다)를 지급하는 때에 원천징수하는 소득세의 계산은 다음에 의한다. 종합소득공제를 함으로써 근로소득에 대한 소득세가 과세되지 아니한 사람이 받는 상여 등에 대하여도 또한 같다(소법 136 ①). 다만, 상여액과 그 지급대상기간이 사전에 정하여진 경우에는 매월분의 급여에 상여액을 그 지급대상기간으로 나눈 금액을 합한 금액에 대하여 간이세액표에 따른 매월분 소득세를 징수할 수 있다(소칙 91 ③).

1) 지급대상기간이 있는 상여

상여 등의 금액을 지급대상기간의 월수(지급대상기간이 1년을 초과하는 때에는 12월로 하고, 1월 미만의 단수가 있을 때에는 1월로 한다. 이하 같다)로 나누어 계산한 금액과 그 지급대상기간의 상여 등 외의 월평균급여액을 합산한 금액에 대하여 간이세액표에 따라 계산한 금액을 지급대상기간의 월수로 곱하여 계산한 금액에서 그 지급대상기간의 근로소득에 대하여 이미 원천징수하여 납부한 세액(가산세액을 제외한다)을 공제한 것을 그 세액으로 한다. 이를 산식으로 나타내면 다음과 같다(소칙 91 ①).

$$\left(\frac{\text{상여 등의 금액} + \text{상여 등의 금액 외의 급여의 합계액}}{\text{지급대상기간의 월수}}\right) \text{에 대한 간이세액 표상의 해당 세액}$$
$$\times \text{지급대상기간의 월수} - \text{지급대상기간의 상여 등 외의 급여에 대한 기원천징수세액}$$

2) 지급대상기간이 없는 상여 등

지급대상기간이 없는 상여 등(지급대상기간의 마지막 달이 아닌 달에 지급되는 상여 등을 포함한다)에 대하여는 그 상여 등을 받은 과세기간의 1월 1일부터 그 상여 등의 지급일이 속하는 달까지를 지급대상기간으로 하여 앞의 "(1)"에 따라 계산한 것을 그 세액으로 한다. 이 경우 그 과세기간에 2회 이상의 상여 등을 받았을 때에는 직전에 상여 등을 받은 날이 속하는 달의 다음 달부터 그 후에 상여 등을 받은 날이 속하는 달까지를 지급대상기간으로 하여 세액을 계산한다.

라. 잉여금처분에 따른 상여에 대한 징수

원천징수의무자가 잉여금처분에 의한 상여 등을 지급하는 때에 원천징수하는 소득세는 그 상여 등에 기본세율을 적용하여 계산한 금액으로 한다(소령 195 ②).

마. 연봉제 등에 있어서의 징수

연봉제 등의 채택으로 급여를 매월 1회 지급하는 방법 외의 방법으로 지급하는 근로소득에 대한 소득세의 원천징수는 다음에 의한다(소칙 89 ③).

① 정기적으로 분할하여 지급하는 경우

i) 분할지급대상기간이 1월을 초과하는 경우 : 지급대상기간이 있는 상여 등에 대한 소득세원천징수의 방법에 의한다.

ii) 분할지급대상기간이 1월 미만인 경우 : 매월 지급하는 총액에 대하여 간이세액표를 적용한다.

② 부정기적으로 지급하는 경우

지급대상기간이 없는 상여 등에 대한 소득세 원천징수의 방법에 의한다.

바. 연말정산에 따른 징수

1) 연말정산의 의의

해당 연도의 다음 연도 2월분의 근로소득 또는 퇴직자의 퇴직하는 달의 근로소득을 지급하는 때에는 연말정산의 절차를 거쳐 소득세를 원천징수한다.

이자소득·배당소득·사업소득·근로소득·연금소득 및 기타소득과 같은 종합소득은 과세기간 중의 모든 소득을 합산하여 종합소득 과세표준을 산정하고, 여기에 기본세율을 곱하여 세액을 산출하게 된다. 그러나 종합소득에 포함되는 근로소득에 대하여는 다른 종합소득과 합산하기 전에 먼저 매월분의 급여액에 대하여 간이세액표에 따라 소득세를 원천징수하여 납부하게 하는 한편, 연말이나 퇴직할 때에 다시 연간 총급여액에 대한 종합소득과세표준[13])에 기본세율을 적용하여 종합소득산출세액을 계산하고, 여기에서 세액공제·면제세액 및 이미 납부한 원천징수세액을 빼서 그 차액을 추가로 원천징수하거나 환급하는 절차를 밟게 된다. 이와 같은 절차를 근로소득세액의 연말정산 또는 단순히 연말정산이라고 한다.

근로소득만이 있는 자는 연말정산절차에 따라 해당 소득에 대한 소득세가 정산되어

---

13) 근로소득 외의 종합소득은 없는 것으로 보아 근로소득만으로 산정한 종합소득 과세표준을 말한다.

납부되므로 과세표준확정신고의무가 배제된다(소법 73).

따라서 연말정산은 납세의무자에게 과세표준확정신고의무의 배제 등과 같은 납세편의를 제공함과 아울러 징세비의 절감과 세무행정의 간소화에 기여하게 된다.

2) 연말정산의무자와 연말정산대상소득

가) 원칙적인 경우

근로소득자에게 해당 과세기간의 다음 연도 2월분 또는 퇴직한 달의 근로소득을 지급하는 원천징수의무자는 해당 근로소득자의 근로소득에 대한 연말정산을 하여야 한다(소법 134 ②). 근로자가 원천징수의무자에 대한 근로의 제공으로 인하여 원천징수의무자 외의 자로부터 지급받는 소득(계약기간 만료 전 또는 만기에 종업원에게 귀속되는 단체환급부보장성보험의 환급금과 고용보험법에 의한 고용보험기금에서 지급받는 육아휴직급여·산전후휴가급여를 포함한다)에 대하여는 해당 원천징수의무자가 해당 금액을 근로소득에 포함하여 연말정산하여야 한다.

위에서의 근로소득에는 일용근로자에 대한 급여는 제외된다.

나) 예외적인 경우

원천징수의무자가 근로소득세액의 연말정산을 하지 아니한 때에는 원천징수 관할세무서장이 즉시 연말정산을 하고 그 소득세를 원천징수의무자로부터 징수하여야 한다(소칙 92 ①).

3) 연말정산의 시기

원천징수의무자는 해당 과세기간의 다음 연도 2월분의 근로소득 또는 퇴직하는 달의 근로소득을 지급하는 때에 연말정산을 하여야 한다(소법 134 ②).

4) 연말정산의 절차와 방법

가) 연말정산의 절차와 방법

① 근로소득을 받는 근로소득자가 종합소득공제 및 세액공제를 적용받으려는 경우에는 해당 과세기간의 다음 연도 2월분의 근로소득을 받기 전(퇴직한 때에는 퇴직한 날이 속하는 달의 근로소득을 받기 전)에 원천징수의무자에게 해당 공제사유를 표시하는 신고서(이하에서 '근로소득자 소득·세액공제신고서'라 한다)를 제출(국세정보통신망에 의한 제출 포함)하여야 한다. 이 때 근로소득

자는 근로소득자 소득·세액공제신고서에 주민등록표 등본을 첨부하여 제출하여야 한다. 다만, 이전에 동일한 원천징수의무자에게 주민등록표 등본을 제출한 경우로서 공제대상배우자 또는 부양가족이 변동되지 아니한 때에는 주민등록표 등본을 제출하지 아니한다(소법 140 ①, 소령 198 ②).

다음으로 일시퇴거자의 경우에는 일시퇴거자동거가족상황표를 근로소득자소득공제신고서에 첨부하여 제출하여야 한다.

② 원천징수의무자가 해당 과세기간의 다음 연도 2월분의 근로소득 또는 퇴직하는 달의 근로소득을 지급할 때에는 다음의 순서에 따라 계산한 소득세를 원천징수한다. 다만, 추가 납부세액이 10만원을 초과하는 경우 원천징수의무자는 해당 과세기간의 다음 연도 2월분부터 4월분의 근로소득을 지급할 때까지 추가 납부세액을 나누어 원천징수할 수 있다(소법 137 ① 및 ④).

ⅰ) 근로소득자의 해당 과세기간(퇴직자의 경우 퇴직하는 날까지의 기간을 말한다)의 근로소득금액에 그 근로소득자가 제출한 근로소득자소득공제신고서에 따라 종합소득공제를 적용하여 근로소득에 대한 종합소득과세표준을 계산한다.

ⅱ) 근로소득에 대한 종합소득과세표준에 기본세율을 적용하여 근로소득에 대한 종합소득산출세액을 계산한다.

ⅲ) 근로소득에 대한 종합소득산출세액에서 해당 과세기간 중 매월 간이세액표에 따라 원천징수한 세액, 외국납부세액공제, 근로소득세액공제, 자녀세액공제, 연금계좌세액공제 및 특별세액공제에 따른 공제세액을 공제하여 소득세를 계산한다.

ⅳ) 연말정산에 있어서 징수하여야 할 소득세가 지급할 근로소득의 금액을 초과할 경우(그 다음 달에 지급할 근로소득이 없는 경우는 제외한다) 그 초과하는 세액은 그 다음 달의 근로소득을 지급할 때에 징수한다(소법 139). 원천징수의무자는 근로소득을 지급받는 자에게 원천징수영수증을 교부하여야 한다. 이에 관하여는 후술한다.

③ 해당 과세기간에 매월 간이세액표에 따라 원천징수한 세액(가산세액은 제외한다), 외국납부세액공제, 근로소득세액공제, 자녀세액공제, 연금계좌세액공제 및 특별세액공제에 따른 공제세액의 합계액이 근로소득에 대한 종합소득산출세액을 초과하는 경우에 그 초과액을 근로소득자에게 환급하여야 한다(소법 137 ②, 소령 196 ③).

나) 재취직자에 대한 연말정산의 특례

① 해당 과세기간 중도에 퇴직하고 새로운 근무지에 취직한 근로소득자가 종전 근무지에서 해당 과세기간의 1월부터 퇴직한 날이 속하는 달까지 받은 근로소 득을 포함하여 근로소득자 소득·세액공제신고서를 제출하는 경우 원천징수 의무자는 그 근로소득자가 종전 근무지에서 받은 근로소득과 새로운 근무지 에서 받은 근로소득을 더한 금액에 대하여 앞에서 설명한 연말정산의 절차에 따라 소득세를 원천징수한다(소법 138 ①).

② 해당 과세기간 중도에 퇴직한 근로소득자로서 연말정산절차에 따라 소득세를 납부한 후 다시 취직하고 그 과세기간의 중도에 또다시 퇴직한 자에 대해서도 앞의 "①"의 규정을 준용하여 소득세를 원천징수한다(소법 138 ②).

다) 2 이상의 근무지가 있는 자에 대한 연말정산의 특례

① 2인 이상으로부터 근로소득을 받는 사람(일용근로자는 제외한다)이 주된 근 무지와 종된 근무지를 정하고 종된 근무지의 원천징수의무자로부터 근로소득 원천징수영수증을 발급받아 해당 과세기간의 다음 연도 2월분의 근로소득을 받기 전에 주된 근무지의 원천징수의무자에게 제출하는 경우 주된 근무지의 원천징수의무자는 주된 근무지의 근로소득과 종된 근무지의 근로소득을 더한 금액에 대하여 앞에서 설명한 연말정산의 절차에 따라 소득세를 원천징수한 다(소법 137의 2 ①). 이 경우 근로소득 원천징수영수증을 발급하는 종된 근무지 의 원천징수의무자는 해당 근무지에서 지급하는 해당 과세기간의 근로소득금 액에 기본세율을 적용하여 계산한 종합소득산출세액에서 이미 원천징수한 세 액을 뺀 금액을 원천징수한다.

② 납세조합에 따라 소득세가 징수된 근로소득과 다른 근로소득이 함께 있는 사 람(일용근로자는 제외한다)에 대한 근로소득세액의 연말정산에 관해서는 앞 의 "①"의 규정을 준용한다.

5) 원천징수영수증의 교부 및 제출

가) 원천징수영수증의 교부

근로소득을 지급하는 원천징수의무자는 해당 과세기간의 다음 연도 2월 말일까지 근로소득자에게 그 근로소득 금액과 그 밖에 필요한 사항을 적은 소득원천징수영 수증을 발급하여야 한다. 해당 과세기간 중도에 퇴직한 사람에게는 그 퇴직일이 속하는 달의 근로소득의 지급일이 속하는 달의 다음 달 말일까지 발급하여야 하며, 일용근로자에 대해서는 근로소득의 지급일이 속하는 달의 다음 달 말일까지 발급하여야 한다(소법 143).

나) 원천징수영수증의 제출

국내에서 근로소득을 지급하는 자는 그 지급을 받는 소득자별로 근로소득지급명세서를 다음 연도 2월 말일까지 원천징수 관할세무서장, 지방국세청장 또는 국세청장에게 제출하여야 한다(소법 164 ① 단서). 원천징수의무자가 제출한 원천징수영수증 부분에 대해서는 지급명세서를 제출한 것으로 본다(소법 164 ⑤).

6) 연말정산 불이행시의 조치

원천징수의무자가 연말정산을 하지 아니한 때에는 원천징수 관할세무서장이 즉시 연말정산을 하고 그 소득세를 원천징수의무자로부터 징수하여야 한다.
그리고 원천징수의무자가 연말정산을 하지 아니하고 행방불명이 된 때에는 원천징수 관할세무서장은 해당 근로소득이 있는 자에게 과세표준확정신고를 하여야 한다는 뜻을 통지하여야 한다(소칙 92). 이와 같은 통지에 관한 규정은 훈시규정에 불과하다.

3 연금소득

가. 매월분의 연금소득에 대한 징수

연금소득 중 공적연금소득을 지급할 때에는 연금소득 간이세액표에 따라 소득세를 원천징수하고 다음 연도 1월분 공적연금소득을 지급할 때 연말정산에 따라 원천징수하도록 하고 있다(소법 143의 2). 연금소득 중 연금계좌에서 연금형태로 인출하는 경우의 연금 등을 지급할 때에는 그 지급금액에 다음의 원천징수세율을 적용하여 계산한 소득세를 원천징수한다(소법 129 ① V의 2). 이 경우 아래의 ①과 ②의 요건을 동시에 충족하는 때에는 낮은 세율을 적용한다.

  ① 연금소득자의 나이에 따른 세율
    ⅰ) 70세 미만 : 5%
    ⅱ) 70세 이상 80세 미만 : 4%
    ⅲ) 80세 이상 : 3%
  ② 사망할 때까지 연금수령하는 종신계약에 따라 받는 연금소득 : 4%

나. 연말정산에 따른 징수

1) 연말정산의 시기와 방법

공적연금소득에 대한 원천징수의무자가 해당 과세기간의 다음 연도 1월분의 공적연금소득을 지급할 때에는 연금소득자의 해당 과세기간 연금소득금액에 그 연금소득자가 소득공제 등 신고한 내용에 따라 인적공제를 적용한 금액을 종합소득과세표준으로 하고, 그 금액에 기본세율을 적용하여 종합소득산출세액을 계산한 후 그 세액에서 자녀세액공제와 표준세액공제를 적용한 세액에서 그 과세기간에 이미 원천징수하여 납부한 세액을 공제하고 남은 금액을 원천징수한다(소법 143의 4 ①).

원천징수의무자가 소득공제 등 신고를 하지 아니한 연금소득자에 대해서는 그 연금소득자 본인에 대한 기본공제와 표준세액공제만을 적용하여 소득세를 원천징수한다. 공적연금소득을 받는 사람이 해당 과세기간 중에 사망한 경우 원천징수의무자는 그 사망일이 속하는 달의 다음다음 달 말일까지 그 사망자의 공적연금소득에 대한 연말정산을 하여야 한다(소법 143의 4 ③, ④).

2) 연금소득자의 소득공제 등 신고

① 공적연금소득을 지급받으려는 사람은 공적연금소득을 최초로 지급받기 전에 연금소득자 소득·세액공제신고서를 원천징수의무자에게 제출하여야 한다(소법 143의 6 ①).

② 공적연금소득을 받는 사람이 자신의 배우자 또는 부양가족에 대한 인적공제와 자녀세액공제를 적용받으려는 경우에는 해당 연도 12월 31일까지 원천징수의무자에게 연금소득자 소득·세액공제신고서를 제출하여야 한다. 다만, 해당 과세기간에 "①"에 따라 연금소득자 소득·세액공제신고서를 제출한 경우로서 공제대상 배우자 또는 부양가족이 변동되지 않은 경우에는 연금소득자 소득·세액공제신고서를 제출하지 아니할 수 있으며, 연금소득자가 해당 과세기간에 사망한 경우에는 상속인이 그 사망일이 속하는 달의 다음 달 말일까지 연금소득자 소득·세액공제신고서를 제출하여야 한다(소법 143의 6 ②).

③ 연금소득자 소득·세액공제신고서를 받은 원천징수의무자는 그 신고사항을 원천징수 관할세무서장에게 신고하여야 한다(소법 143의 6 ③).

3) 원천징수세액의 환급과 이월징수

해당 과세기간에 이미 원천징수하여 납부한 소득세·자녀세액공제 및 표준세액공제에 따른 공제세액의 합계액이 해당 종합소득 산출세액을 초과하는 때에는 그 초과액은 해당 연금소득자에게 환급하여야 한다(소법 143의 4 ②).

공적연금소득세액의 연말정산에 따른 원천징수를 하는 경우 징수하여야 할 소득세가 지급할 공적연금소득을 초과할 때에는 그 초과하는 세액은 그 다음 달의 공적연금소득을 지급할 때에 징수한다(소법 143의 5).

4) 연금소득에 대한 원천징수영수증의 발급

연금소득을 지급하는 원천징수의무자는 연금소득을 지급할 때 그 연금소득의 금액과 그 밖에 필요한 사항을 적은 원천징수영수증을 연금소득자에게 발급하여야 한다. 다만, 원천징수의무자가 연금소득을 지급한 날이 속하는 과세기간의 다음 연도 2월 말일(해당 과세기간 중도에 사망한 사람에 대해서는 그 사망일이 속하는 달의 다음다음 달 말일)까지 연금소득을 지급받는 자에게 그 연금소득의 금액과 그 밖에 필요한 사항을 대통령령이 정하는 내용과 방법에 따라 통지하는 경우에는 해당 원천징수영수증을 발급한 것으로 본다(소법 143의 7).

4 사업소득과 봉사료수입금액

가. 사업소득에 대한 원천징수

원천징수의무자가 원천징수대상 사업소득을 지급할 때에는 그 지급금액에 원천징수세율 (3%)을 적용하여 계산한 소득세를 원천징수하고, 그 사업소득자에게 원천징수영수증을 발급하여야 한다(소법 144). 다만, 외국인 직업운동가가 한국표준산업분류에 따른 스포츠 클럽 운영업 중 프로스포츠구단과의 계약에 따라 용역을 제공하고 받는 소득에 대해서는 20%로 한다(소법 129 ①).

나. 보험모집인 등에 대한 연말정산의 특례

1) 연말정산의무자와 연말정산대상소득

다음의 사업자 중 간편장부대상자에게 일정한 사업소득금액을 지급하는 자는 해당 사업소득금액에 대하여 연말정산한 소득세를 원천징수하여야 한다. 다만, "②"의 사업자가 받는 사업소득은 해당 사업소득의 원천징수의무자가 최초로 연말정산을 하려는 해당 과세기간의 종료일까지 사업장 관할세무서장에게 사업소득세액연말정산신청을 한 경우에만 연말정산을 할 수 있도록 하고 있다.

① 독립된 자격으로 보험가입자의 모집 및 이에 부수되는 용역을 제공하고 그 실적에

따라 모집수당 등을 받는 자(보험모집인)

② 「방문판매 등에 관한 법률」에 의하여 방문판매업자를 대신하여 방문판매업무를 수행하고 그 실적에 따라 판매수당 등을 받거나 후원방문판매조직에 판매원으로 가입하여 후원방문판매업을 수행하고 후원수당 등을 받는 자

③ 독립된 자격으로 일반 소비자를 대상으로 사업장을 개설하지 않고 음료품을 배달하는 계약배달 판매 용역을 제공하고 판매실적에 따라 판매수당 등을 받는 자

위와 같은 사업소득만이 있는 자로서 해당 소득에 대하여 소득세의 연말정산을 받은 경우에는 과세표준확정신고의무가 배제된다(소법 73 ① Ⅳ).

2) 연말정산의 시기

사업소득의 원천징수의무자는 해당 과세기간의 다음 연도 2월분 사업소득을 지급할 때(2월분의 사업소득을 2월 말일까지 지급하지 아니하거나 2월분의 사업소득이 없는 경우에는 2월 말일로 한다. 이하 같다) 또는 해당 사업자와의 거래계약을 해지하는 달의 사업소득을 지급할 때에 연말정산을 하여야 한다.

3) 연말정산의 절차와 방법

① 사업소득에 대한 연말정산을 할 때 해당 사업자가 종합소득공제를 적용받으려는 경우에는 해당 과세기간의 다음 연도 2월분의 사업소득을 받기 전(해당 원천징수의무자와의 거래계약을 해지하는 경우에는 해지한 달의 사업소득을 받기 전)에 원천징수의무자에게 소득공제신고서를 제출하여야 한다. 위와 같은 소득공제신고서를 제출하지 아니한 사업자에 대해서는 기본공제 중 사업자 본인에 대한 분과 표준세액공제만을 적용한다.

② 원천징수의무자는 사업소득자별로 해당 과세기간의 사업소득금액에 소득율(1 - 단순경비율)을 곱하여 계산한 금액에 종합소득공제를 적용한 금액을 종합소득과세표준으로 하여 종합소득산출세액을 계산하고, 이 종합소득산출세액에서 소득세법 및 조세특례제한법상의 세액공제를 적용한 후 해당 과세기간에 이미 원천징수하여 납부한 소득세를 공제하고 남은 금액을 원천징수한다.

③ 사업소득세액 연말정산에 있어서 징수하여야 할 소득세가 지급할 사업수입금액을 초과하는 때에는 그 초과하는 세액은 그 다음 달의 사업수입금액을 지급하는 때에 징수한다. 다만, 그 다음 달에 지급할 사업수입금액이 없는 경우에는 전액 원천징수하여야 한다.

④ 사업소득세액 연말정산에 있어서 해당 과세기간에 이미 원천징수하여 납부한 소득세가 해당 종합소득산출세액에서 세액공제를 한 금액을 초과하는 때에는 그 초과액은 해당 사업소득자에게 환급하여야 한다.

4) 원천징수영수증의 발급

원천징수의무자는 연말정산일이 속하는 달의 다음 달 말일까지 사업소득의 금액과 그 밖에 필요한 사항을 적은 원천징수영수증을 해당 사업자에게 발급하여야 한다.

5) 2인 이상으로부터 연말정산 사업소득을 지급받는 자 등에 대한 연말정산의 특례

2인 이상으로부터 연말정산 사업소득을 지급받는 자와 해당 과세기간의 중도에 새로운 계약체결에 따라 연말정산 사업소득을 지급받는 자에 대한 사업소득세액의 연말정산은 2인 이상으로부터 근로소득을 받는 사람에 대한 근로소득세액의 연말정산(소법 137의 2)과 재취직자에 대한 근로소득세액의 연말정산(소법 138)에 관한 규정을 준용한다.

6) 연말정산 사업소득의 원천징수시기에 대한 특례

연말정산 사업소득을 지급하여야 할 원천징수의무자가 1월부터 11월까지의 사업소득을 해당 과세기간의 12월 31일까지 지급하지 아니한 경우에는 12월 31일에 그 사업소득을 지급한 것으로 보아 소득세를 원천징수한다. 원천징수의무자가 12월분의 연말정산 사업소득을 다음 연도 2월 말일까지 지급하지 아니한 경우에는 다음 연도 2월 말일에 그 사업소득을 지급한 것으로 보아 소득세를 원천징수한다(소법 144의 5).

다. 봉사료수입금액에 대한 원천징수

사업자가 음식·숙박용역 등을 제공하고 그 대가와 함께 봉사료를 영수하여 그 봉사료를 해당 소득자(접대부 등)에게 지급하는 때에는 그 봉사료수입금액에 원천징수세율(5%)을 적용하여 계산한 소득세를 원천징수한다(소법 129).

5 종교인소득

종교인소득을 지급하고 그 소득세를 원천징수하는 자는 해당 과세기간의 다음 연도 2월분의 종교인소득을 지급할 때(2월분의 종교인소득을 2월 말일까지 지급하지 아니하거나 2

월분의 종교인소득이 없는 경우에는 2월 말일로 한다. 이하 같다) 또는 해당 종교관련 종사자와의 소속관계가 종료되는 달의 종교인소득을 지급할 때 해당 과세기간의 종교인소득에 대하여 원천징수한다(소법 145의 3 ①).

종교인소득에 대한 연말정산, 소득공제 등의 신고, 원천징수영수증의 발급 또는 원천징수시기에 관하여는 사업소득에 대한 원천징수 및 연말정산 등에 대하여 규정하고 있는 소득세법 제144조의 2(같은 조 제1항은 제외한다)부터 소득세법 제144조의 5까지의 규정을 준용한다. 이 경우 "사업소득"은 "종교인소득"으로, "사업자" 또는 "사업소득자"는 "종교관련 종사자"로, "거래계약"은 "소속관계"로, "해지"는 "종료"로 본다(소법 145의 3 ②).

6 기타소득

원천징수의무자가 기타소득을 지급할 때에는 그 기타소득금액에 원천징수세율을 적용하여 계산한 소득세를 원천징수한다(소법 145 ①). 앞에서 기타소득금액이란 총수입금액에서 이에 대응하는 필요경비로서 해당 원천징수의무자가 확인할 수 있는 금액 또는 의제필요경비(소령 87)를 뺀 금액을 말한다. 기타소득금액을 지급하는 원천징수의무자는 이를 지급할 때에 그 소득자에게 원천징수영수증을 발급하여야 한다. 다만, 원고료, 고용관계 없이 다수인에게 강연을 하고 받는 강연료 등과 라디오·텔레비전방송 등을 통하여 해설·계몽 또는 연기의 심사 등을 하고 받는 보수 등으로서 100만원(필요경비를 공제하기 전의 금액을 말한다) 이하를 지급하는 경우에는 지급받는 자가 원천징수영수증의 교부를 요구하는 경우를 제외하고는 이를 교부하지 아니할 수 있다.

한편, 기타소득에 대한 원천징수세율은 다음과 같다. 다만, 봉사료수입금액에 대한 원천징수세율을 적용받는 경우는 제외한다(소법 129 ① Ⅵ).

① 「복권 및 복권기금법」 제2조에 따른 복권 당첨금 및 이와 유사한 소득으로서 그 소득금액이 3억원을 초과하는 경우 그 초과하는 분에 대해서는 30%
② 세액공제를 받은 연금계좌 납입액 및 연금계좌의 운용실적에 따라 증가된 금액을 그 소득의 성격에도 불구하고 연금외수령한 소득 및 소기업·소상공인 공제부금의 해지 일시금에 대해서는 15%
③ 그 밖의 기타소득에 대해서는 20%

7 퇴직소득

가. 원천징수시기와 방법

① 원천징수의무자가 퇴직소득을 지급할 때에는 그 퇴직소득과세표준에 원천징수세율을 적용하여 계산한 소득세를 징수한다(소법 146 ①).

② 거주자의 퇴직소득이 다음에 해당할 경우에는 해당 퇴직소득에 대한 소득세를 연금외 수령하기 전까지 원천징수하지 아니한다.

ⅰ) 퇴직일 현재 연금계좌에 있거나 연금계좌로 지급되는 경우

ⅱ) 퇴직하여 지급받은 날부터 60일 이내에 연금계좌에 입금되는 경우

이 경우 소득세가 이미 원천징수된 경우 해당 거주자는 원천징수세액에 대한 환급을 신청할 수 있고, 환급할 경우 원천징수의무자는 지급명세서를 연금계좌취급자에게 즉시 통보하여야 한다(소법 146 ② 및 소령 202의 3 ④).

③ 앞의 ②에서 원천징수하지 아니하거나 환급하는 퇴직소득세(이하 '이연퇴직소득세'라 한다)는 다음의 계산식(환급하는 경우의 퇴직소득금액은 이미 원천징수한 세액을 뺀 금액으로 한다)에 따라 계산한 금액으로 한다(소령 202의 2).

$$\text{퇴직소득산출세액} \times \frac{\text{②의 ⅰ) 및 ⅱ)에 해당하는 금액}}{\text{퇴직소득금액}}$$

이연퇴직소득을 연금외수령하는 경우 원천징수의무자는 다음의 계산식에 따라 계산한 이연퇴직소득세를 원천징수하여야 한다.

$$\text{연금외수령 당시 이연퇴직소득세} \times \frac{\text{연금외수령한 이연퇴직소득}}{\text{연금외수령 당시 이연퇴직소득}}$$

이 계산식에서 "연금외수령 당시 이연퇴직소득세"란 해당 연금외수령 전까지의 이연퇴직소득세 누계액에서 인출한 이연퇴직소득의 누계액(이하에서 '인출퇴직소득누계액'이라 한다)에 대한 세액을 뺀 금액을 말하며, 인출퇴직소득누계액에 대한 세액은 다음의 계산식에 따라 계산한 금액으로 한다.

$$\text{이연퇴직소득세 누계액} \times \frac{\text{인출퇴직소득누계액}}{\text{이연퇴직소득누계액}}$$

④ 퇴직소득을 지급하여야 할 원천징수의무자가 1월부터 11월까지의 사이에 퇴직한 사람의 퇴직소득을 해당 과세기간의 12월 31일까지 지급하지 아니한 경우에는 그 퇴직소득을 12월 31일에 지급한 것으로 보아 소득세를 원천징수한다. 원천징수의무자가 12월에 퇴직한 사람의 퇴직소득을 다음 연도 2월 말일까지 지급하지 아니한 경우에는 그 퇴직소득을 다음 연도 2월 말일에 지급한 것으로 보아 소득세를 원천징수한다. 그러나 공적연금 관련법에 따라 받는 일시금에 해당하는 퇴직소득은 이를 적용하지 아니한다.

나. 원천징수영수증의 발급과 정산

① 퇴직소득을 지급하는 자는 그 지급일이 속하는 달의 다음 달 말일까지 그 퇴직소득의 금액과 그 밖에 필요한 사항을 적은 기획재정부령으로 정하는 원천징수영수증을 퇴직소득을 지급받는 사람에게 발급하여야 한다. 다만 아래의 "②"에 해당하여 퇴직소득에 대한 소득세를 원천징수하지 아니한 때에는 그 사유를 함께 적어 발급하여야 한다(소법 147).

② 퇴직자가 퇴직소득을 지급받을 때 이미 지급받은 다음의 퇴직소득에 대한 원천징수영수증을 원천징수의무자에게 제출하는 경우 원천징수의무자는 퇴직자에게 재계산된 이연퇴직소득세액과 이미 납부한 기납부세액을 합계한 금액에 대하여 정산한 소득세를 원천징수하여야 한다(소법 148 ①)

ⅰ) 재계산된 이연퇴직소득세액과 기납부세액의 합계액

$$\text{전체 퇴직소득 산출세액} \times \frac{\text{정산 전 이연퇴직소득(정산 전 수령분 제외)}}{\text{전체 퇴직소득}}$$

ⅱ) 기납부세액(=①+②)

① 정산 전까지 지급된 퇴직소득에 대해 원천징수된 세액

② 정산 전까지 인출한 이연퇴직소득에 대한 세액(전액 연금외수령을 가정한 원천징수세액을 의미함)

단, 이연퇴직소득세가 있는 경우 아래 절차에 따른다.

① 퇴직자가 기 지급받은 원천징수영수증 및 연금계좌 현황자료를 원천징수의무자에 게 제출한다.[14]
② 원천징수의무자가 정산된 퇴직소득세를 원천징수한다.
③ 이연퇴직소득세액 변경시 원천징수의무자가 연금계좌취급자에게 통보한다.[15]
④ 연금계좌취급자가 변경된 이연퇴직소득세액을 반영한다.

다. 퇴직소득세의 환급절차

① 소득세법 제146조 제2항 각 호 외의 부분 후단에 따라 환급을 신청하려는 사람(이하 '환급신청자'라 한다)은 과세이연계좌신고서를 연금계좌취급자에게 제출하여야 한다.
② 환급신청을 받은 원천징수의무자는 앞서 설명한 "가. 원천징수시기와 방법 ③"의 계산식에 따라 계산한 세액을 환급할 세액으로 하되, 환급할 소득세가 환급하는 달에 원천징수하여 납부할 소득세를 초과하는 경우에는 다음 달 이후에 원천징수하여 납부할 소득세에서 조정하여 환급한다. 다만, 원천징수의무자가 기획재정부령으로 정하는 원천징수세액환급신청서를 원천징수 관할세무서장에게 제출하는 경우에는 원천징수 관할세무서장이 그 초과액을 환급한다. 환급되는 세액은 과세이연계좌신고서에 있는 연금계좌에 이체 또는 입금하는 방법으로 환급하며, 해당 환급세액은 이연퇴직소득에 포함한다. 다만, 원천징수의무자의 폐업 등으로 연금계좌취급자가 과세이연계좌신고서를 원천징수 관할세무서장에게 제출한 경우에는 원천징수 관할세무서장이 해당 환급세액을 환급신청자에게 직접 환급할 수 있다.

제 **2** 절   소액부징수와 과세최저한

원천징수세액(이자소득에 대한 원천징수세액은 제외한다) 또는 납세조합의 징수세액이 1천원 미만인 경우에는 해당 소득세를 징수하지 아니한다(소법 86). 한편, 기타소득금액이 매건마다 5만원 이하인 때(승마투표권 등의 환급금으로서 승마투표권 등의 권면에 표시된 금액의 합계액이 10만원 이하이고 단위투표금액당 환급금이 단위투표금액의 100배 이하이면서 개별투표당 환급금이 200만원 이하인 때, 복권당첨금이 200만원 이하인 때, 슬롯머신

---

14) 연금계좌취급자 직접 제출도 가능하다.
15) 다수 계좌 보유시 각 계좌별 이연퇴직소득 비율로 안분한다.

등을 이용하는 행위에 참가하여 받는 당첨금품 등이 매건마다 200만원 이하인 때, 해당 과세기간의 가상자산소득금액이 250만원 이하인 때)에는 소득세를 과세하지 아니한다(소법 84).

제 7 장

원천징수세액의 납부와 환급

원천징수의무자는 원천징수한 소득세 등을 그 징수일이 속하는 달의 다음 달 10일까지 국세징수법에 따른 납부서와 함께 관할세무서 · 한국은행 또는 체신관서에 납부하여야 한다(소법 128 ①).

한편, 직전과세기간(신규로 사업을 개시한 사업자 또는 신설된 종교단체의 경우 신청일이 속하는 반기를 말한다. 이하 같다)의 상시고용인원이 20인 이하인 원천징수의무자(금융 및 보험업을 영위하는 자를 제외한다)로서 원천징수 관할세무서장으로부터 원천징수세액을 매 반기별로 납부할 수 있도록 승인을 얻거나 국세청장이 정하는 바에 따라 지정을 받은 자 또는 종교인소득을 지급하는 종교단체는 원천징수한 소득세(법인세법 제67조의 규정에 따라 소득처분된 상여 · 배당 및 기타소득에 대한 원천징수세액, 「국제조세조정에 관한 법률」 제9조 및 제14조에 따라 처분된 배당소득에 대한 원천징수세액, 비거주 연예인 등의 용역제공과 관련된 원천징수세액은 제외한다)를 그 징수일이 속하는 반기의 마지막 달의 다음 달 10일까지 납부할 수 있다(소법 128 및 소령 186 ①). 직전과세기간의 상시고용인원수는 직전과세기간의 1월부터 12월까지의 매월 말일 현재의 상시고용인원의 평균인원수로 한다. 다만, 종교단체의 경우에는 상시 고용인원의 평균인원수를 계산할 때 종교관련 종사자의 인원수는 제외한다(소령 186 ②).

반기별로 납부하도록 승인 또는 지정을 받은 원천징수의무자라 하더라도 법인세법 제67조의 규정에 따라 소득처분된 상여 · 배당 및 기타소득에 대한 원천징수세액 등은 그 징수일이 속하는 달의 다음 달 10일까지 납부하여야 한다.

제2절　원천징수세액의 환급

1　원천징수세액의 조정환급

　원천징수세액의 환급은 일반적인 국세환급금의 환급절차(기법 51 ①·② 및 ⑤)에 의하지 아니하고 간이·신속한 절차, 즉 조정환급절차를 마련하고 있다(기법 51 ④, 소령 201). 원천징수세액의 환급과 관련하여 국세기본법과 소득세법의 규정이 서로 다를 때에는 소득세법의 규정이 우선적으로 적용된다(기법 3 ①).

가. 국세기본법상의 원천징수세액의 환급

① 원천징수의무자가 원천징수하여 납부한 세액에서 환급받을 환급세액이 있는 경우 그 환급액은 그 원천징수의무자가 원천징수하여 납부하여야 할 세액에 충당하고, 남은 금액은 환급한다(기법 51 ⑤). 이를 조정환급이라 한다. 다른 세목의 원천징수세액에의 충당, 즉 조정환급은 소득세법상의 원천징수이행상황신고서에 그 충당·조정내역을 기재하여 신고한 경우에 한하여 충당할 수 있다.

② 해당 원천징수의무자가 그 환급액을 즉시 환급하여 줄 것을 요구하는 경우나 원천징수하여 납부하여야 할 세액이 없는 경우에는 즉시 환급한다.

나. 소득세법상의 원천징수세액의 환급

① 근로소득세액에 대한 연말정산을 하는 경우에 원천징수의무자가 원천징수하여 납부한 소득세액 중 잘못 원천징수한 세액이 있는 경우에는 그 원천징수의무자가 원천징수하여 납부할 다른 소득세에서 조정하여 환급한다(소령 201 ①, 소칙 93 ①).

② 근로소득세액에 대한 연말정산을 함에 있어서 환급할 소득세 등이 원천징수하여 납부할 소득세 등을 초과하기 때문에 원천징수의무자가 환급신청을 한 경우에는 원천징수 관할 세무서장이 그 초과액을 환급한다. 이 경우에는 원천징수의무자가 원천징수세액환급신청서를 해당 세무서장에게 제출해야 한다. 다만, 원천징수의무자가 원천징수 관할 세무서장에게 환급신청을 한 후 폐업 등으로 행방불명이 되거나 부도상태인 경우에는 해당 근로소득이 있는 사람이 원천징수 관할 세무서장에게 그 환급액의 지급을 신청할 수 있다(소칙 93 ① 및 ②).

③ 앞의 근로소득세액에 대한 연말정산을 하는 경우에 적용하는 조정환급절차(소칙 93 ①

및 ②)는 원천징수의무자가 원천징수하여 납부한 소득세액 중 잘못 원천징수한 세액이 있는 경우에도 이를 준용한다.

2 원천납세의무자의 환급신고

원천납세의무자가 환급받을 소득세를 원천징수의무자로부터 환급받지 아니하고 과세표준확정신고를 하여 주소지 관할세무서장으로부터 환급받을 수 있을 것인지가 문제이다.

1) 원천징수대상소득이 종합소득과세표준 등을 구성하는 경우

① 원천징수대상소득이 종합소득과세표준·퇴직소득과세표준 또는 법인세의 과세표준(이하 '종합소득과세표준 등'이라 한다)을 구성하는 경우에는 종합소득세·퇴직소득세 또는 법인세의 계산구조상 당연히 환급신고가 가능하다고 새긴다. 왜냐하면 원천징수대상소득이 포함된 종합소득과세표준 등에 해당 세율을 적용하여 각각의 산출세액을 산정하고, 이와 같이 계산된 산출세액에서 세액공제·면제세액 및 원천징수세액을 포함한 기납부세액의 합계액을 공제하여 납부세액 또는 환급세액을 산정하기 때문이다.

② 원천징수의무자가 원천징수대상소득이 아닌 것에 대하여 원천징수하였거나 원천징수의 과정에서 세율의 적용·과세표준의 산정 또는 세액의 산정을 그르쳐서 세액을 과다징수한 경우와 같이 적법한 원천징수세액을 초과하는 원천징수세액에 대하여도 기납부세액(원천징수세액)으로서 공제를 허용할 것인지가 문제인 것이다.

이에 관하여는 다음과 같이 긍정설과 부정설의 대립이 있다.

ⅰ) 긍정설

원천징수의무자가 원천징수대상소득이 아닌 것에 대하여 원천징수한 경우와 같이 적법한 원천징수세액을 초과하는 원천징수세액에 대하여도 기납부세액으로서 공제를 허용하여야 한다고 주장한다.[16]

왜냐하면 원천징수의무자가 원천납세의무자로부터 징수한 원천징수세액을 과세관청에 납부한 이상 해당 원천징수세액은 원천납세의무자의 선납 내지 예납세액을 이룬다고 보아야 할 것이기 때문인 것이다.

---

16) 淸永敬次, 「新版税法」(ミネルウア書房, 1984), p.51.

ⅱ) 부정설

원천징수의무자가 적법한 원천징수세액을 초과하여 징수·납부한 원천징수
세액에 대하여는 원천징수의무자의 관할세무서장이 원천징수의무자에게 환
급하여야 할 것이고, 원천납세의무자가 과세표준확정신고를 통하여 기납부세
액(원천징수세액)으로서 공제를 받는 것은 허용될 수 없다고 한다.

과세관청의 행정해석은 이 입장을 견지하고 있다. 즉 법인세법 기본통칙에서
원천징수대상으로 규정하지 아니한 소득에 대하여 원천징수된 법인세액은 법
인세산출세액에서 공제할 수 없다고 해석하고 있다.[17]

ⅲ) 결 어

현행 소득세법은 납세의무자에게 해당 연도의 과세표준에 대한 종합소득산출
세액 등에서 감면세액·세액공제액 및 제127조의 규정에 의한 원천징수세액
등을 공제한 세액을 자진납부하도록 규정하고 있다(소법 76). 그리고 납세지
관할세무서장은 "원천징수세액" 등이 종합소득 총결정세액 등을 초과할 때에
는 그 초과하는 세액을 환급하거나 다른 국세 등에 충당하도록 하고 있다(소법
85 ④). 앞의 소득세법의 규정에 비추어 볼 때 원천징수의무자가 원천납세의무
자로부터 징수하여 과세관청에 납부한 원천징수세액은 설사 원천징수대상소
득이 아닌 것에 대하여 원천징수하였거나 원천징수의 과정에서 세율을 잘못
적용함으로써 적법한 원천징수세액을 초과하는 세액을 이룬다고 하더라도 확
정신고·결정 또는 경정의 단계에서 공제하여야 함이 마땅하다고 새긴다.

2) 원천징수대상소득이 분리과세소득인 경우

원천징수대상소득이 종합소득과세표준 등을 구성하지 않는 분리과세소득인 경우에는
과세표준확정신고에 의한 환급신고의 방법이 적용될 여지가 없다. 이 경우에는 원천
징수의무자가 조정환급하거나 원천징수의무자가 원천징수 관할세무서장으로부터 환
급받아 이를 다시 원천납세의무자에게 환급하여야 한다.

---

17) 법인세법 기본통칙 64-0···1(착오징수된 원천징수세액의 공제)

제8장

원천징수의무자 등의 경정청구

① 소득세의 과세표준확정신고의무가 면제되는 근로소득만 있는 자, 퇴직소득만 있는 자, 연금소득만 있는 자, 원천징수되는 사업소득만 있는 자, 퇴직소득과 근로소득만 있는 자, 퇴직소득과 연금소득만 있는 자, 퇴직소득과 원천징수되는 사업소득만 있는 자(이하에서 '근로소득자 등'이라 한다) 또는 그 원천징수의무자는 과다하게 원천징수하여 납부한 소득세에 대하여 경정청구를 할 수 있다(기법 45의 2 ④).

원천징수의무자의 연말정산에 의한 소득세의 납부를 근로소득자 등의 소득세 과세표준확정신고로 보아 원천징수의무자 또는 근로소득자 등에게 경정청구권을 인정한 것이기는 하나, 자동확정방식을 채택하고 있는 원천징수하는 소득세의 확정방법에 비추어 볼 때 법리상 문제가 적지 않다.

② 연말정산 또는 원천징수하여 소득세를 납부하고 지급조서를 제출기한 내에 제출한 원천징수의무자 또는 근로소득자 등은 원천징수영수증에 기재된 소득세가 세법에 따라 원천징수하여 납부하여야 할 소득세를 초과하거나 원천징수영수증에 기재된 환급세액이 세법에 따라 기재하여야 할 환급세액에 미달하는 때에는 연말정산세액 또는 원천징수세액의 납부기한 경과 후 5년 이내에 최초에 원천징수하여 납부한 소득세의 경정을 관할세무서장에게 청구할 수 있다.

③ 연말정산 또는 원천징수하여 소득세를 납부하고 지급조서를 제출기한 내에 제출한 원천징수의무자 또는 근로소득자 등은 일정한 후발적 사유가 발생한 때에는 그 사유가 발생한 것을 안 날부터 3월 이내에 경정을 청구할 수 있다. 앞에서 일정한 후발적 사유란 국세기본법 제45조의 2 제2항 각 호의 사유를 말한다.

④ 앞의 경정의 청구를 받은 세무서장은 그 청구를 받은 날부터 2개월 이내에 과세표준 및 세액을 결정 또는 경정하거나 결정 또는 경정하여야 할 이유가 없다는 뜻을 그 청구를 한 자에게 통지하여야 한다.

제9장

원천징수의 특례

1 납세조합의 의의

납세조합이라 함은 소득세의 과세표준 및 세액의 결정과 징수가 곤란한 외국기관 등으로부터 받는 근로소득이 있는 자와 농·축·수산물 판매업자, 노점상인 등과 같은 영세한 사업소득이 있는 거주자가 조합을 조직하고 해당 조합이 그 조합원의 소득세를 원천징수하여 납부함으로써 징세비의 절약과 세수확보에 기여하고 납세편의를 도모하기 위하여 조직된 단체이다.

납세조합은 납세관리와 납세에 관한 계몽선전을 위한 업무만을 목적으로 하는 단체로서 권리능력 없는 사단에 해당한다고 하겠다.

2 납세조합의 조직

가. 납세조합의 조직대상자

납세조합을 조직할 수 있는 자는 다음과 같다(소법 149, 소령 204).

① 외국기관 등으로부터 받는 근로소득이 있는 자로서 거주자와 비거주자를 불문한다.

② 다음의 사업자

  ⅰ) 농·축·수산물 판매업자. 다만, 복식부기의무자는 제외한다.

  ⅱ) 노점상인

  ⅲ) 기타 국세청장이 필요하다고 인정하는 사업자

나. 납세조합의 조직 요건

① 일정한 인원 이상의 조합원이 있어야 한다.

ⅰ) 농·축·수산물 판매업자, 노점상인 및 기타 국세청장이 필요하다고 인정하는 사업자의 납세조합은 조합원이 될 납세의무자가 20명 이상일 것

ⅱ) 외국기관 등으로부터 받는 근로소득이 있는 사람의 납세조합은 납세의무자가 50명 이상으로서 그 3분의 2 이상의 동의를 얻을 것. 다만, 지역적인 특수성으로 인하여 조합원이 50명에 미달하는 경우에는 그 미달하는 인원으로도 납세조합을 조직할 수 있다.

② 조합원의 가입 및 탈퇴를 강제하지 아니하여야 한다.

조합에의 가입 및 조합으로부터의 탈퇴를 강제하여서는 안된다. 그러나 납세에 관하여 다른 조합원에게 피해를 입히게 되는 경우로서 해당 조합의 정관 또는 규약에 따로 규정을 둔 때에는 예외로 한다.

③ 조합의 목적은 납세관리와 납세에 관한 업무로 한정하여야 한다. 즉 납세조합은 그 조합원의 소득세에 관한 신고·납부·환급 기타 납세에 관한 관리와 납세에 관한 업무만을 수행하여야 한다.

다. 납세조합의 승인

납세조합을 조직하고자 하는 자는 앞의 조직요건을 갖추어 납세조합 관할세무서장을 거쳐 지방국세청장의 승인을 얻어야 한다(소법 149, 소령 204 ①).

3 납세조합의 직무와 감독

가. 납세조합의 직무

납세조합은 조합원의 소득세를 징수하여 납부하고 환급하는 업무만을 수행한다(소법 153).

1) 소득세의 원천징수와 납부

납세조합은 그 조합원의 근로소득 또는 사업소득에 대한 소득세를 매월 징수하고 이를 그 징수일이 속하는 달의 다음 달 10일까지 납세조합 관할세무서·한국은행 또는 체신관서에 납부하여야 한다(소법 150 ①, 151). 납세조합이 조합원으로부터 소득세를 원천징수한 때에는 해당 조합원에게 영수증을 교부하여야 한다.

① 거주자인 농·축·수산물판매업자 등에 대한 징수방법

농·축·수산물 판매업자, 노점상인 및 기타 국세청장이 필요하다고 인정하는 사업자가 조직한 납세조합이 2024년 12월 31일 이전에 그 조합원에 대한 매월분의

소득세를 징수하는 때에는 그 세액의 5%에 해당하는 금액(납세조합공제)을 공제하고 징수한다(소법 150 ②). 이 경우에 납세조합은 각 조합원의 매월분 수입금액에 단순경비율을 곱한 금액을 공제한 소득금액에 12를 곱한 금액에서 종합소득공제를 하여 연간 과세표준을 환산하고 여기에 기본세율을 적용하여 산정한 세액을 12로 나누어 매월분의 소득세를 계산하게 된다. 그리고 이와 같이 계산된 매월분의 소득세에서 세액공제와 납세조합공제를 한 금액을 원천징수하여 납부하는 것이다. 이 경우에 1월 미만의 단수가 있을 때에는 1월로 한다.

② 외국기관 등으로부터 받는 근로소득이 있는 사람에 대한 징수방법

외국기관 등으로부터 받는 근로소득이 있는 자가 조직한 납세조합이 2027년 12월 31일 이전에 그 조합원에 대한 매월분의 소득세를 징수하는 때에는 그 세액의 3%에 상당하는 금액(납세조합공제)을 공제한 것을 세액으로 하여 징수한다(소법 150 ③). 위 "①","②"에 따라 공제하는 금액은 연 100만원(해당 과세기간이 1년 미만이거나 해당 과세기간의 근로제공기간이 1년 미만인 경우에는 100만원에 해당 과세기간의 월수 또는 근로제공 월수를 곱하고 이를 12로 나누어 산출한 금액)을 한도로 한다. 이 경우에 납세조합은 매월분의 소득에 대하여 갑종에 속하는 근로소득에 대한 원천징수의 예에 따라 계산한 소득세에서 납세조합공제를 한 금액을 징수하게 된다(소법 152 ②).

그리고 외국기관 등으로부터 받는 근로소득이 있는 사람이 종합소득과세표준확정신고를 하거나 그 납세조합이 외국기관 등으로부터 받는 근로소득에 대한 소득세의 연말정산을 하는 때에는 그 납세조합에 따라 원천징수된 근로소득에 대한 종합소득산출세액의 5%에 상당하는 금액을 공제한 것을 세액으로 납부 또는 징수한다.

2) 그 밖의 납세관리

납세조합은 납세관리인선정신고에 따라 그 조합원의 납세관리인이 될 수 있다. 납세조합이 그 조합원의 납세관리인이 되고자 할 때에는 그 조합원이 납세조합을 납세관리인으로 선정한 뜻을 기재하고 연서한 서류를 해당 신고서에 첨부하여야 한다(소령 206 ②). 이와 같은 납세관리인인 납세조합은 그 조합원의 소득세에 관한 징수·납부 및 환급을 관리한다(소법 153 및 소령 206).

3) 기타의 납세에 관한 업무

납세조합은 그 조합원에 대하여 납세의 계몽 및 선전 등 기타의 납세에 관한 업무를 담당한다.

나. 납세조합에 대한 질문·검사

소득세에 관한 사무에 종사하는 공무원은 납세조합에 대하여 질문하거나 해당 장부·서류 또는 그 밖의 물건을 조사하거나 그 제출을 명령할 수 있다(소법 170 ① Ⅲ). 세무에 종사하는 공무원의 질문에 대하여 허위의 진술을 하거나 그 직무집행을 거부 또는 기피한 때에는 조세범으로 처벌한다.

4 납세조합의 해산

납세조합이 다음에 해당하는 경우에는 해산해야 한다(소령 204 ③ 및 ④).

가. 조합원의 동의

조합원의 1/2 이상의 동의가 있는 때에는 해산하여야 한다. 이와 같이 조합원의 동의에 따라 해산하는 경우를 임의해산이라고 지칭하기로 한다.

나. 조합원이 소정인원에 미달하는 경우

조합원의 수가 다음의 인원에 미달하는 경우에는 해산하여야 한다.
① 농·축·수산물 판매업자, 노점상인 및 기타 국세청장이 필요하다고 인정하는 사업자가 조직한 납세조합에 있어서는 20명
② 외국기관 등으로부터 받는 근로소득이 있는 사람의 납세조합에 있어서는 50명. 다만, 지역적인 특수성으로 인하여 조합원이 50명에 미달하는 경우로 그 미달하는 인원이 납세조합을 조직한 때에는 예외로 한다.

다. 지방국세청장의 해산명령을 받은 때

관할 지방국세청장은 납세조합이 다음의 사유에 해당하는 경우에는 그 해산을 명할 수 있다(소령 204 ④).
① 납세조합의 조직요건에 위반한 때
② 조세행정에 지장 있는 행위가 있다고 인정되는 때

5　납세조합에 대한 교부금의 지급

납세조합이 징수한 근로소득세를 납부한 때에는 매월 징수·납부한 소득세액의 2% 내지 10%에 해당하는 금액의 범위 안에서 납세조합이 징수·납부한 세액, 조합원수, 업종의 특수성, 조합운영비 등을 고려하여 산정한 교부금을 해당 납세조합에게 지급하여야 한다(소법 169, 소령 221 ①). 이와 같은 교부금의 지급을 받고자 하는 자는 해당 연도 12월 20일까지 납세지 관할세무서장에게 청구하여야 한다. 다만, 12월분에 대하여는 다음 연도 2월 말일까지 청구할 수 있다.

제2절　서화·골동품 양도로 발생하는 소득의 원천징수특례

서화·골동품의 양도로 발생하는 소득에 대하여 원천징수의무자가 일정한 사유로 원천징수를 하기 곤란하여 원천징수를 하지 못하는 경우에는 서화·골동품의 양도로 발생하는 소득을 지급받는 자를 원천징수의무자로 본다(소법 155의 5).

제**3**절 국내사업장이 없는 비거주자에 대한 원천징수특례

국내사업장이 없는 비거주자에게 분리과세를 하는 경우에 그 과세표준과 세액은 그 지급받는 해당 국내원천소득별 수입금액에 따라 계산한다(소법 126). 다만, 부동산의 양도소득 또는 유가증권의 양도소득에 대하여는 해당 부동산 또는 유가증권의 양도차익(수입금액에서 취득가액 및 양도비용을 공제하여 계산한 금액)을 과세표준으로 할 수 있다.

그리고 국내사업장이 없는 비거주자에 대하여는 완납적 원천징수를 하는 것이므로 거주자 또는 국내사업장이 있는 비거주자에 대한 원천징수세율보다 고율인 점에 유의하여야 한다(소법 156). 이 밖에도 비거주자의 채권 등의 이자 등에 대하여 비거주자가 채권 등의 보유기간을 입증하지 못하는 경우에는 적용세율과 이자소득에 대한 소득세 원천징수세율을 비교하여 높은 세율을 적용하도록 하고 있다(소령 207의 3).

그리고 조세회피지역에 소재하는 펀드 등이 조세조약을 남용하여 조세회피를 하는 행위(treaty shopping)를 방지하기 위하여 조세회피지역에 소재한 펀드 등에 투자소득을 지급하는 경우에는 우선 국내세법에 따라 소득세를 원천징수하여 납부하도록 하되, 펀드 등이 5년 이내에 해당 투자소득의 실질귀속자임을 입증하는 서류를 갖추어 경정을 청구하는 경우에는 해당 조세조약을 적용하여 기납부세액을 환급하여 주도록 하고 있다(소법 156의 4).

이 밖에도 비과세외국연예 등 법인에게 비거주자인 연예인 또는 운동가가 국내에서 제공한 용역과 관련하여 보수 또는 대가를 지급하는 자는 조세조약에도 불구하고 그 지급하는 금액의 20%에 해당하는 금액을 원천징수하여 납부하는 등 여러 가지 특례를 마련하고 있다.

이에 관하여는 "제5편 비거주자의 소득에 대한 납세의무"에서 다루었기 때문에 구체적인 설명은 생략하기로 한다.

제 10 장

원천징수의무의 불이행에 대한 제재

제1절 원천징수세액의 징수와 가산세의 적용

1 원천징수세액의 징수

원천징수의무자가 징수하였거나 징수하여야 할 세액을 그 기한 내에 납부하지 아니하였거나 미달하게 납부한 때에는 해당 원천징수의무자로부터 그 징수하여야 할 세액에 원천징수납부등불성실가산세를 더한 금액을 그 세액으로 하여 징수하여야 한다. 다만, 원천징수의무자가 원천징수를 하지 아니한 경우로서 납세의무자가 신고·납부한 과세표준금액에 그 원천징수대상금액이 이미 산입된 때 또는 원천징수하지 아니한 원천징수대상 소득금액에 대하여 납세의무자의 관할세무서장이 해당 납세의무자에게 직접 소득세를 부과·징수하는 때에는 원천징수납부 등 불성실가산세액만을 징수한다(소법 85 ③).

이때에 납세지 관할세무서장은 징수의무자에게 무납부 또는 과소납부세액에 가산세액을 합산한 금액을 그 세액으로 하여 납세의 고지를 행하게 되는데, 이와 같은 납세고지의 법적 성질이 문제된다.

원천징수하는 소득세의 납부의무는 소득금액 등을 지급하는 때에 성립하고 동시에 특별한 절차 없이 확정된다. 따라서 원천징수의무자가 납부하지 아니하거나 과소납부한 소득세 등(가산세를 제외한 금액을 말한다. 이하 같다)에 대하여 과세관청이 행하는 납세고지의 법적 성질을 어떻게 이해할 것인가가 문제인 것이다. 원천징수의무자에 대한 소득세 등의 납세고지의 법적 성질에 관하여는 과세처분이라는 견해와 징수처분이라는 견해로 나누어져 있다. 생각건대 원천징수하는 소득세 등은 해당 소득금액 등을 지급할 때에 이미 자동적으로 확정되어 존재하는 것이므로 해당 세액에 대한 납세고지는 이행을 청구하는 징수처분에 해당한다고 새겨야 할 것이다.[18]

이에 비하여 납세의무자에 대한 과세표준과 세액의 결정 또는 경정에 따라 행하는 소득

---

18) 대법원 1985.1.29. 선고, 84누111 판결.

세나 법인세에 대한 납세고지는 과세처분으로서의 효력(과세표준과 세액의 통지)과 징수처분으로서의 효력(이행의 청구로서의 납세의 고지)을 아울러 갖고 있는 것이다.

2 원천징수납부 등 불성실가산세

원천징수의무자가 징수하였거나 징수하여야 할 세액을 그 기간 내에 납부하지 아니하였거나 과소납부한 때에는 그 납부하지 아니한 세액 또는 과소납부분 세액의 10%에 상당하는 금액을 한도로 하여 다음의 금액을 합한 금액을 징수하여야 할 세액에 가산한 것을 그 세액으로 하여 납부하여야 한다. 이를 원천징수납부 등 불성실가산세라고 한다(기법 47의 5).

① 납부하지 아니한 세액 또는 과소납부분 세액의 3%에 상당하는 금액
② 납부하지 아니한 세액(과소납부한 경우에는 과소납부분 세액) × 납부기한의 다음 날부터 자진납부일 또는 납세고지일까지의 기간 × 금융회사 등이 연체대출금에 대하여 적용하는 이자율을 고려하여 대통령령이 정하는 이자율(1일 1만분의 2.2)

제2절 조세범 처벌법에 의한 처벌

조세의 원천징수의무자가 정당한 사유 없이 그 세금을 징수하지 아니하였을 때에는 1,000만원 이하의 벌금에 처한다(처법 13 ①). 그리고 조세의 원천징수의무자가 정당한 사유 없이 징수한 세금을 납부하지 아니하였을 때에는 2년 이하의 징역 또는 2,000만원 이하의 벌금에 처한다(처법 13).

제 **7** 편

보 칙

제1장

근거과세를 실현하기 위한 법적 장치

제1절 서 론

과세는 기장 및 증거에 근거하여 객관성 있게 이루어져야 한다. 이를 근거과세의 원칙이라고 하는데, 국세를 부과함에 있어서 준거하여야 할 기본원칙이다(기법 16 ①).

소득세법은 근거과세의 원칙을 구현하기 위한 법적 장치로서 사업자에게 직접적인 증거자료인 장부를 비치·기장하게 하고 그 비치·기장한 장부 등에 따라 과세표준과 세액을 확정하도록 하고 있다. 다만, 장부를 비치하고 있지 않은 경우 또는 그 비치한 장부가 현저히 부정확하거나 신뢰성이 결여되어 추계의 필요성이 인정되는 경우에만 간접적인 증거 또는 자료에 따른 과세표준의 추정을 허용하고 있을 뿐이다.

그리고 소득세법은 특정한 소득금액 또는 수입금액을 얻거나 지급하는 자에게 그 소득금액 또는 수입금액에 관한 과세자료를 제출하게 하고 있다. 소득세의 과세물건을 이루고 있는 소득은 그 종류가 많고 그 원천이 다양할 뿐만 아니라 발생장소도 광범위하게 산재하고 있기 때문에 그 포착이 어려울 수밖에 없다. 따라서 소득의 탈루로 인하여 사실상 과세베이스의 침식을 초래하게 되고, 개인의 부담능력에 상응하는 공평과세의 실현과는 거리가 멀어지는 결과를 빚게 된다. 그러므로 사업상 일정한 거래를 하거나 특정한 소득금액 또는 수입금액을 지급하는 자에게 세금계산서·계산서 및 지급조서 등을 작성·제출하게 함으로써 가능한 한 모든 거래자료 또는 소득자료를 수집하여 과세의 증거 또는 근거자료로써 활용할 것을 기대하고 있는 것이다.

다음으로 세원의 투명성을 확보함과 동시에 매출액의 양성화를 유도하기 위하여 일정한 사업자에 대하여는 신용카드가맹점 또는 현금영수증가맹점에 가입하여 재화 등을 공급할 때에 신용카드매출전표 또는 현금영수증을 발급하도록 하고 있고, 사업자가 다른 사업자로부터 재화 등을 구입할 때에는 계산서·세금계산서·신용카드매출전표 또는 현금영수증 등과 같은 적격영수증을 수취하도록 하고 있다. 또한 개인사업자의 금융거래통장을 사업용계좌와 가계용계좌로 분리하여 개설하되, 사업상 재화 또는 용역의 공급과 관련한 대가를 금융기관을 통하여 받거나 지급하는 경우에는 반드시 사업용계좌를 사용하도록 의무화하고 있다.

제2절 장부의 비치·기장의무

1 기장의무자

사업자는 증명서류 등을 갖춰 놓고 그 사업에 관한 모든 사실이 객관적으로 파악될 수 있도록 복식부기에 따라 장부에 기록·관리하여야 한다. 이를 장부의 기록·관리의무(이하에서 '기장의무'라고 한다)라 한다. 그리고 법인의 대주주는 그가 양도하는 주식 등에 대하여 종목별로 거래내역을 장부에 기록·관리할 의무를 진다. 기장의무는 근거과세를 실현하기 위한 전제를 이룬다. 주식 등을 양도하는 법인의 대주주를 제외하고 사업자가 아닌 자, 예를 들면 이자소득·배당소득·근로소득·기타소득·퇴직소득·그 밖의 양도소득 등이 있는 자는 기장의무를 지지 아니한다.

2 기장의무의 구분과 내용

가. 사업자에 대한 기장의무

1) 기장의무의 구분

사업자에 대한 기장의무는 기장능력에 차등을 두어 복식부기의무자와 간편장부대상자로 구분하고, 이에 따라 서로 다른 기장의무를 부여하고 있다. 기장능력은 거주자별로 직전 과세기간의 수입금액의 합계액의 크기에 비례한다고 보아 이를 기준으로 하여 기장의무를 판단한다. 즉 거주자를 단위로 그 거주자가 경영하는 사업의 직전 사업연도의 수입금액의 크기를 기준으로 하여 기장의무를 판정하는 것이다.

이하에서는 기장의무의 내용을 복식부기대상자와 간편장부대상자로 구별하여 살펴보고자 한다.

가) 복식부기의무자

(1) 대상자

사업자 중 간편장부대상자 외의 자를 복식부기의무자라고 한다. 간편장부대상자에 관해서는 후술한다.

(2) 복식부기의 내용

복식부기의무자는 복식부기에 따른 장부를 비치·기장하여야 한다. 복식부기라 함은 사업의 재산상태와 그 손익거래내용의 변동을 빠짐없이 이중으로 기록하여 계산하는 부기형식의 장부를 말한다(소령 208 ①).

한편, 복식부기의무자가 다음 중의 어느 하나에 해당하는 경우에는 복식부기에 따른 장부를 비치·기장한 것으로 본다(소령 208 ②).

① 이중으로 대차평균하게 기표된 전표와 이에 대한 증빙서류가 완비되어 사업의 재산상태와 손익거래내용의 변동을 빠짐없이 기록한 때

② 장부 또는 전표와 이에 대한 증빙서류를 전산처리된 테이프 및 디스크 등으로 보관한 때

나) 간편장부대상자

(1) 대상자

① 구별기준

다음의 사업자는 간편장부대상자로 하고, 간편장부대상자가 아닌 사업자는 복식부기의무자로 한다. 다만, 의료법에 따른 의료인(의사·치과의사·한의사를 말하며, 조산사·간호사를 제외한다)이 영위하는 의료업·수의사법에 따른 수의업·약사법에 따른 약사에 관한 업무를 행하는 사업자·변호사업·심판변론인업·변리사업·법무사업·공인회계사업·세무사업·경영지도사업·기술지도사업·감정평가사업·손해사정인업·통관업·기술사업·건축사업·도선사업·공인노무사업·측량사업 기타 이와 유사한 사업서비스업으로서 기획재정부령이 정하는 것은 사업개시일 및 수입금액의 크기에 관계없이 복식부기의무자로 한다(소법 160 ② 및 ③, 소령 208 ⑤).

ⅰ) 해당 과세기간에 신규로 사업을 개시한 사업자

해당 연도에 신규로 사업을 개시한 사업자는 그 연도의 수입금액의 크기에 관계없이 간편장부대상자로 한다.

ⅱ) 직전 과세기간 또는 그 이전에 사업을 개시한 자

직전 과세기간의 수입금액(결정 또는 경정으로 증가된 수입금액을 포함하며, 사업용 유형자산을 양도함으로써 발생한 수입금액은 제외한다)의 합계액이 다음의 금액에 미달하는 사업자를 간편장부대상자로 한다. 다만, 업종의 현황 등을 고려하여 기획재정부령으로 정하는 영세사업의 경우에는 기획재정

부령으로 정하는 금액에 미달하는 사업자로 한다.

직전 과세기간에 신규로 사업을 개시하여 직전 과세기간의 사업기간이 1년에 미달하는 경우에도 그 수입금액을 연단위로 환산하지 않고 실제 수입금액을 기준으로 하여 기장의무를 판정한다.

ⓐ 농업·임업 및 어업, 광업, 도매 및 소매업(상품중개업은 제외한다), 부동산매매업, 그 밖에 "ⓑ" 및 "ⓒ"에 해당하지 아니하는 사업 : 3억원

ⓑ 제조업, 숙박 및 음식점업, 전기·가스·증기 및 공기조절 공급업, 수도·하수·폐기물처리·원료재생업, 건설업(비주거용 건물 건설업은 제외한다), 부동산 개발 및 공급업(주거용 건물 개발 및 공급업에 한정한다), 운수업 및 창고업, 정보통신업, 금융 및 보험업, 상품중개업 : 1억 5,000만원

ⓒ 부동산임대업, 부동산관련서비스업, 임대업(부동산임대업은 제외한다), 전문·과학 및 기술서비스업, 사업시설관리 및 사업지원서비스업, 교육서비스업, 보건 및 사회복지서비스업, 예술·스포츠 및 여가 관련 서비스업, 협회 및 단체, 수리 및 기타 개인서비스업, 가구 내 고용활동 : 7,500만원

한편, 사업자가 앞의 "ⓐ" 내지 "ⓒ"의 업종을 겸영하거나 사업장이 2 이상인 경우에는 다음 계산식에 따라 계산한 수입금액에 의한다.

$$\left(\begin{array}{c}\text{주업종(수입금액이}\\\text{가장 큰 업종을}\\\text{말한다)의 수입금액}\end{array}\right) + \left(\begin{array}{c}\text{주업종 외의}\\\text{업종의 수입금액}\end{array}\right) \times \left(\dfrac{\text{주업종에 대한 기준금액}}{\text{주업종 외의 각 업종별 기준금액}}\right)$$

예를 들어 도매업과 제조업을 겸영하는 사업자의 직전 과세기간의 수입금액이 도매업 2억원, 제조업 6,000만원인 경우 그 사업자의 기장의무의 구분에 관하여 검토하여 보기로 한다. 겸업하는 업종의 직전 과세기간의 수입금액을 주업종의 수입금액으로 환산하여 보면 아래의 산식에서와 같이 320,000,000원이 된다.

$$200{,}000{,}000원 + 60{,}000{,}000원 \times (300{,}000{,}000 \div 150{,}000{,}000) = 320{,}000{,}000원$$

따라서 앞의 사업자의 기장의무의 구분은 복식부기의무자에 해당하는 것이다.

② 간편장부대상자의 판정

ⅰ) 기장의무자의 판정은 각 거주자를 기준으로 한다. 즉 거주자별 직전 과세기간의 수입금액의 합계액을 기준으로 하여 판정하는 것이다. 거주자가 2개소 이상의 사업장을 설치한 경우에는 그 거주자의 모든 사업에서 얻은 수입금액의 합계액을 기준으로 한다. 사업장 단위로 복식부기의무자 또는 간편장부대상자를 판정하는 것이 아니다.

ⅱ) 거주자가 사업소득을 공동으로 경영하는 경우에는 해당 공동사업장을 1거주자로 보아 간편장부대상자에 해당하는지의 여부를 판정한다. 예를 들어 거주자가 1개의 공동사업장과 2개의 단독사업장을 두고 있는 경우에 공동사업장은 그 공동사업장의 직전 과세기간의 수입금액만을 기준으로 하여, 그리고 단독사업장의 경우에는 2개의 단독사업장의 직전 과세기간의 수입금액을 합산한 금액만을 기준으로 하여 간편장부대상자에 해당하는지의 여부를 판단하는 것이다.

(2) 간편장부의 내용

간편장부란 다음의 사항을 기재할 수 있는 장부로서 국세청장이 정하는 것을 말한다(소령 208 ⑨).

① 매출액 등 수입에 관한 사항
② 경비지출에 관한 사항
③ 사업용 유형자산 및 무형자산 증감에 관한 사항
④ 기타 참고사항

2) 기장의무의 내용

가) 장부의 비치 및 기장

기장의무자는 기장의무의 구분에 따라 소득별·사업장별로 복식부기에 의한 장부 또는 간편장부를 비치하고 그 사업에 관한 거래사실을 빠짐없이 기장하여야 한다. 즉 사업자(국내사업장이 있거나 부동산임대소득이 있는 비거주자를 포함한다)는 소득금액을 계산할 수 있도록 증빙서류 등을 비치하고 그 사업에 관한 모든 거래사실이 객관적으로 파악될 수 있도록 복식부기에 따라 장부에 기록·관리하여야 하는 것이다(소법 160 ①).

기장의무는 사업자가 그 사업에 관한 장부와 증빙서류를 작성·기장·비치할 작위의무이다.

나) 소득별·사업장별 구분기장

부동산임대업에서 발생한 소득이 포함되어 있는 사업자는 그 소득별로 구분하여 회계처리하여야 한다. 이 경우에 소득별로 구분할 수 없는 공통수입금액과 공통수입금액에 대응하는 공통경비는 각 총수입금액에 비례하여 그 금액을 나누어 장부에 기록하여야 한다(소법 160 ④). 그리고 2 이상의 사업장을 가진 사업자가 소득세법 또는 조세특례제한법에 따라 사업장별로 감면을 달리 적용받는 경우에는 사업장별 거래내용이 구분될 수 있도록 장부에 기록하여야 한다(소법 160 ⑤).

다) 감면소득 등의 구분기장

외국항행소득이 있는 자로서 소득세의 감면을 받고자 하는 경우에는 그 감면소득과 그 밖의 소득을 구분하여 장부에 기록하여야 한다(소법 161).

나. 법인의 대주주에 대한 기장의무

법인(중소기업을 포함한다)의 대주주가 양도하는 주식 등에 대해서는 종목별로 구분하여 거래일자별 거래명세 등(거래일자·거래수량·단가·취득가액 또는 양도가액·거래수수료·증권거래세·농어촌특별세 등 양도가액과 필요경비에 관한 사항)을 장부에 기록·관리하여야 하며, 그 증명서류 등을 갖추어 두어야 한다. 다만, 「자본시장과 금융투자업에 관한 법률」에 따른 투자매매업자 또는 투자중개업자가 발행한 거래명세서를 갖추어 둔 경우에는 장부를 비치·기록한 것으로 본다(소법 115 ① 및 소령 178).

3 기장의무의 불이행에 따른 제재

1) 기장불성실가산세의 과징

① 소규모사업자를 제외한 사업자가 장부를 비치기장하지 아니하였거나 과소기장한 경우에는 무기장 또는 과소기장에 상당하는 세액의 20%에 상당하는 무기장가산세를 과징한다. 소규모사업자의 범위는 제3편의 "가산세"에서 설명한 바 있다.

복식부기의무자가 기업회계기준을 준용하여 작성한 재무상태표·손익계산서와 그 부속서류 및 합계잔액시산표와 조정계산서를 제출하지 아니한 경우에는 소득세 과세표준신고를 하지 아니한 것으로 무신고가산세를 과징한다(소법 70 ④ 후단). 무신고가산세와 기장불성실가산세(양도소득세의 기장불성실가산세를 포함한다)가 동시에 적용되는 경우에는 각각 그 중 큰 금액에 해당하는 가산세만을 적용하고, 가산세액이 같은 경우에는 무신고가산세만을 적용한다(기법 47의 2).

반면에 간편장부대상자가 과세표준확정신고를 함에 있어서 비치·기장한 장부에 따라 소득금액을 계산한 경우에는 기장세액공제를 받을 수 있다(소법 56의 2).

② 법인(중소기업을 포함한다)의 대주주가 양도하는 주식 등에 대하여 거래내역 등을 기장하지 아니하였거나 누락한 때에는 그 기장을 하지 아니한 소득금액 또는 누락한 소득금액이 양도소득금액에서 차지하는 비율을 산출세액에 곱하여 계산한 금액의 10%에 상당하는 금액(산출세액이 없는 때에는 그 거래금액의 0.07%에 상당하는 금액)을 기장불성실가산세로서 과징한다(소법 115 ②).

2) 추계방법에 의한 확정

사업자가 장부를 비치·기장하지 않았거나 중요한 부분이 미비 또는 거짓임이 명백한 경우에는 추계방법(양도소득의 경우에는 기타의 추계방법)에 따라 과세표준과 세액을 확정하게 된다(소법 80 ③ 단서, 소령 143 ①).

4 장부의 보관의무

납세자는 작성한 장부 및 증빙서류를 그 거래사실이 속하는 과세기간에 대한 법정신고기한이 지난 날로부터 5년간(역외거래의 경우 7년) 보관하여야 한다. 이 경우에 납세자는 장부와 증빙서류를 자기테이프·디스켓 기타 정보보존장치에 따라 보존하여야 한다. 전자문서 및 전자거래기본법에 따른 전자화문서로 변환하여 공인전자문서센터에 보관한 경우 장부 및 증거서류를 갖춘 것으로 본다. 다만, 계약서 등 위조·변조하기 쉬운 장부 및 증거서류는 그러하지 아니하다(기법 85의 3).

한편, 조세를 포탈하기 위한 증거인멸의 목적으로 세법에서 비치하도록 하는 장부 또는 증빙서류를 해당 국세의 법정신고기한이 지난 날부터 5년 이내에 소각·파기 또는 은닉한 자는 조세범처벌법에 따라 2년 이하의 징역 또는 2,000만원 이하의 벌금에 처한다(처법 8).

제**3**절 경비 등의 지출증명의 수취와 보관

1 경비 등의 지출증명의 수취와 보관

거주자 또는 소득세법 제121조 제2항 및 제5항에 따른 비거주자가 사업소득금액 또는 기타소득금액을 계산함에 있어서 필요경비로 계산하려는 경우에는 그 비용의 지출에 대한 증명서류를 수취하고 이를 확정신고기간 종료일부터 5년간(각 과세기간의 개시일 5년 전에 발생한 결손금을 공제받은 자는 해당 결손금이 발생한 과세기간의 증빙서류를 공제받은 과세기간의 다음다음 연도 5월 31일까지) 보관하여야 한다(소법 160의 2 ①). 사업자가 필요경비에 관한 증명서류를 갖추고 있지 않을 때에는 사업자가 그 필요경비를 실제로 지출하였는지의 여부를 확인할 수 없으므로 필요경비 불산입한다.

경비 등의 지출증명의 형식으로서는 계산서·세금계산서·신용카드매출전표 및 현금영수증 등과 같은 적격영수증과 영수증 등과 같은 비적격영수증으로 대별할 수 있다.

사업자가 경비 등을 지출하고 지출영수증을 갖추지 못한 경우에는 그 경비를 필요경비로 산입하지 아니한다. 그리고 사업자인 거주자가 1만원(경조금 : 20만원)을 초과하는 기업업무추진비를 지출할 때 적격영수증을 수취하지 않은 경우에는 이를 직접 필요경비 불산입한다(소법 35 ②).

그러나 복식부기의무자가 경비 등을 지출하고 계산서 등과 같은 적격영수증을 수취하지 아니하고 영수증 등과 같은 비적격영수증을 수취하여 보관하는 경우에는 필요경비로 용인하기는 하지만, 증빙불비가산세(비적격영수증 수취액의 2%)를 과징하면서 다시 영수증수취명세서제출의무를 지운다. 그리고 복식부기의무자가 영수증수취명세서를 제출하지 않거나 제출한 영수증수취명세서가 불분명한 때에는 영수증수취명세서제출불성실가산세(미제출 또는 불분명한 금액의 1%)를 과징하는 것이다.

2 적격영수증의 수취

① 사업자가 사업과 관련하여 다른 사업자(법인을 포함한다)로부터 재화 또는 용역을 공급받고 그 대가를 지출하는 경우에는 경비 등의 지출증명의 형식을 제한하여 반드시 계산서·세금계산서·신용카드매출전표(직불카드·외국에서 발행된 신용카드·기명식 선불카드·기명식 선불전자지급수단·기명식 전자화폐를 사용하여 거래하는 경우 그 증빙서류를 포함한다. 이하 "신용카드매출전표 등"이라 한다) 및 현금영수증과

같은 적격영수증만을 수취하도록 하고 있다. 사업자가 신용카드업자로부터 교부받은 신용카드 월별이용대금명세서 및 선불카드·현금영수증의 월별이용대금명세서, 신용카드업자로부터 전송받아 전사적자원관리시스템에 보관하고 있는 신용카드·직불카드·선불카드·현금영수증의 거래정보를 보관하고 있는 경우에는 신용카드매출전표 및 현금영수증을 수취하여 보관하고 있는 것으로 본다. 그리고 사업자가 세금계산서를 교부받지 못한 경우로서 부가가치세법 제34조의 2 제1항에 따른 매입자발행세금계산서를 발행하여 보관하는 때에는 적격영수증 수취·보관의무를 이행한 것으로 본다. 사업자가 다른 사업자로부터 재화 등을 구입하는 경우의 지출증명을 적격영수증으로 제한함으로써 사업자의 경비지출내용의 투명성을 제고함과 아울러 거래상대방 사업자의 매출액의 양성화를 유도하기 위하여 마련된 제도적인 장치이다.

② 다음의 거래에 대하여는 적격영수증을 수취하지 않아도 된다. 즉 비적격영수증의 수취 및 보관이 용인되는 것이다.

㉮ 공급받은 재화 또는 용역의 거래건당 금액(부가가치세를 포함한다)이 3만원 이하인 경우

㉯ 거래상대방이 읍·면지역에 소재하는 간이과세자 중 직전 연도 공급대가 합계액이 48백만원 미만이거나 신규 사업자로서 여신전문금융업법에 따른 신용카드가맹점이 아닌 경우

㉰ 금융·보험용역을 제공받은 경우

㉱ 국내사업장이 없는 비거주자 또는 외국법인과 거래한 경우

㉲ 농어민(한국표준산업분류에 따른 농업 중 작물재배업·축산업·작물재배 및 축산 복합농업, 임업 또는 어업에 종사하는 자를 말하며, 법인을 제외한다)으로부터 재화 또는 용역을 직접 공급받은 경우

㉳ 국가·지방자치단체·지방자치단체조합으로부터 재화 또는 용역을 공급받은 경우

㉴ 비영리법인(비영리외국법인을 포함하며, 수익사업과 관련된 부분을 제외한다)으로부터 재화 또는 용역을 공급받은 경우

㉵ 원천징수대상 사업소득자로부터 용역을 공급받은 경우(원천징수한 경우에 한한다)

㉶ 기타 기획재정부령이 정하는 경우

③ 다음으로 사업자(복식부기의무자에 한한다)가 사업과 관련하여 다른 사업자로부터 재화 또는 용역을 공급받고 그 대가를 지출하면서 적격영수증 등을 수취하지 아니하고 영수증과 같은 비적격영수증을 교부받은 경우에 해당 금액(기업업무추진비를 지

출하고 신용카드매출전표 등을 교부받지 않음으로써 필요경비불산입된 금액은 제외한다)에 대해서는 증빙불비가산세를 과징한다.

④ 거주자가 사업소득 또는 기타소득의 필요경비로 계상한 지출에 대한 증빙서류는 확정신고기간 종료일부터 5년간 보관하여야 한다. 다만, 현금영수증·국세청 현금영수증 홈페이지에 사업용 신용카드로 등록한 신용카드 매출전표·화물운전자 복지카드 매출전표 및 발급명세서가 전송된 전자계산서에 해당하는 지출증거자료는 보관하지 아니할 수 있다.

⑤ 사업자는 적격영수증 등과 비적격영수증을 구분하여 보관·관리하되, 특히 수취한 비적격영수증에 대하여 과세표준확정신고기한 내에 영수증수취명세서를 제출하도록 하고 있다. 사업자(복식부기의무자에 한한다)가 영수증수취명세서를 제출하지 아니하거나 제출한 영수증수취명세서가 불분명한 경우에는 영수증수취명세서제출불성실가산세를 과징한다.

제4절 기부금영수증 발급명세 등의 작성·보관의무

1 기부금영수증 발급명세의 작성·보관의무

거주자 또는 소득세법 제121조 제2항 및 제5항에 따른 비거주자에게 기부금의 필요경비 산입 또는 기부금세액공제를 받거나 내국법인이 손금에 산입하기 위하여 필요한 기부금영수증을 발급하는 거주자 또는 비거주자(이하 '기부금 영수증을 발급하는 자'라 한다)가 기부금영수증을 발급하는 경우에는 기부자별 발급명세를 작성하여 발급한 날부터 5년간 보관하여야 한다. 기부자별 발급명세에는 기부자의 성명·주민등록번호 및 주소(기부자가 법인인 경우에는 상호, 사업자등록번호와 본점 등의 소재지), 기부금액, 기부금 기부일자, 기부금영수증 발급일자와 그 밖에 기획재정부령이 정하는 사항이 포함되어야 한다. 기부금영수증을 발급하는 자가 기부금영수증을 사실과 다르게 기재하거나 기부자별 발급명세서를 작성·보관하지 아니한 경우에는 기부금영수증작성불성실가산세를 부과한다(소법 81의 7). 그 구체적인 내용은 가산세에서 설명한 바와 같다.

다음으로 기부금영수증을 발급하는 자는 국세청장·지방국세청장 또는 관할세무서장의 요청이 있는 경우에는 기부자별 발급명세서를 제출하여야 한다(소법 160의 3). 그리고 기부금영수증을 발급하는 자는 해당 과세기간의 기부금영수증 총 발급건수 및 금액 등을 기재한 기부금영수증 발급합계표를 해당 과세기간의 다음 연도 6월 30일까지 관할세무서장에게 제출하여야 한다.

기부금영수증을 발급하는 자는 해당 과세기간의 직전 과세기간에 받은 기부금에 대하여 발급한 기부금영수증 금액의 총 합계액이 3억원 이상의 금액으로서 대통령령으로 정하는 금액을 초과하는 경우에는 해당 과세기간에 받은 기부금에 대하여 그 기부금을 받은 날이 속하는 연도의 다음 연도 1월 10일까지 전자기부금영수증을 발급하여야 한다.

2 금융회사 등의 증명서 발급명세의 작성·보관의무

금융회사 등이 소득세법 또는 조세특례제한법의 규정에 따른 소득공제에 필요한 증명서를 발급하는 경우에는 개인별 발급명세를 작성하여 발급한 날부터 5년간 보관하여야 한다(소법 160의 4). 개인별 발급명세에는 거주자의 성명·주민등록번호 및 주소, 소득공제대상 저축의 불입금액 또는 보험료 납입금액, 소득공제대상 차입금의 원리금 또는 이자 상환액(주택담보노후연금에서 발생한 이자상당액을 포함한다), 소득공제대상이 되는 신용카

드·직불카드·기명식선불카드·직불전자지급수단·기명식선불전자지급수단·기명식전자화폐의 이용금액, 그 밖에 기획재정부령이 정하는 사항이 포함되어야 한다.

금융회사 등은 국세청장이 요청하는 경우에는 개인별 발급명세를 제출하여야 한다.

제5절 사업용계좌의 신고 · 사용의무 등

1 제도적 취지

세원의 투명성을 확보하기 위하여 과세당국이 사업자의 금융거래명세와 세금계산서합계표 등 실물자료를 대조할 수 있도록 하는 장치를 마련할 필요가 있다. 이를 위하여 사업자의 금융거래통장을 사업용계좌(Business Account)와 가계용계좌(비사업용계좌)로 분리하여 개설하고 사업상 재화 또는 용역의 공급과 관련한 대가를 금융회사 등을 통하여 받거나 지급하는 경우에는 반드시 사업용계좌를 사용하도록 의무화하였다. 즉 사업자가 재화 또는 용역을 공급하거나 공급받고 그 대금을 금융회사 등을 통하여 결제받거나 결제하는 때, 인건비 및 임차료를 지급하거나 지급받는 때에는 반드시 사업용계좌를 사용하도록 함으로써 세원의 노출과 과세표준의 양성화를 유도함과 동시에 사업용계좌의 확인 · 대조를 통한 과세표준의 파악이나 포착에 있어서의 용이성 및 편의성을 제고하고 있다.[1]

또한, 사업용계좌를 신고하여야 할 자가 이를 신고하지 아니하거나 사업용계좌를 신고한 자가 사업용계좌를 사용하지 아니한 때에는 일정액의 가산세를 부과함과 동시에 조세감면의 적용을 배제함으로써 해당 제도의 실효성을 담보하고 있다.

---

1) 헌법재판소 2010.03.25. 선고, 2007헌마1191 결정.
　[판결요지] 복식부기의무자에게 사업용계좌의 사용을 의무화하고, 사업용계좌의 개설 · 신고 의무를 부과한 구 소득세법 제160조의 5 제1항은 신고납세방식을 적용함에 있어 세원의 투명성 확보를 통한 공평과세의 실현이라는 조세법의 기본원칙을 달성하기 위하여 과세당국이 과세사업자의 금융거래내역 등 실물자료를 대조할 수 있는 장치를 마련하고자 하는 것으로서, 그 입법목적이 정당하고, 복식부기의무자의 경우 비사업용계좌와 구별되는 사업용계좌를 별도로 개설 · 신고하고 사용하도록 하는 것은 위와 같은 목적을 달성하고자 하는 데 있어서 효과적이고 적합한 방법이 될 것이다. 또한 이 사건 법률조항은 복식부기의무자에게 사업상 거래에 사업용계좌를 사용하도록 하고 있을 뿐 다른 특별한 부담을 지우지 않고 있으며, 이 사건 법률조항을 위반한 경우에 사업용계좌미사용가산세를 부과하는 것도 과도한 제재조치라고는 보이지 아니하여 피해의 최소성 원칙에 위배되지 아니하고, 이 사건 법률조항으로 인해 얻게 될 세원의 투명성 확보를 통한 공평과세의 실현이라는 공익은 이 사건 법률조항으로 인해 복식부기의무자가 부담하는 사업상 거래와 그 외의 거래를 구별하여 계좌를 사용하여야 하는 불이익에 비하여 크다고 할 수 있으므로, 법익의 균형성도 인정된다. 결국 이 사건 법률조항은 복식부기의무자인 청구인들의 직업수행의 자유를 침해한다고 할 수 없다.

2 사업용계좌의 신고의무

가. 사업용계좌의 신고의무자

사업용계좌의 신고의무자는 개인사업자 중 복식부기의무자이다(소법 160의 5 ①).

나. 사업용계좌의 요건

사업용계좌라 함은 다음의 요건을 모두 갖춘 것을 말한다(소령 208의 5 ①).
① 「금융실명거래 및 비밀보장에 관한 법률」 제2조 제1호의 어느 하나에 해당하는 금융기관에 개설한 계좌일 것
② 사업에 관련되지 아니한 용도로 사용되지 아니할 것

다. 사업용계좌의 신고방법

사업용계좌는 사업장별로 사업장 관할세무서장에게 신고하여야 한다(소령 208의 5 ②). 사업자는 복식부기의무자에 해당하는 과세기간의 개시일(사업개시와 동시에 복식부기의무자에 해당되는 경우에는 다음 과세기간 개시일)부터 6개월 이내에 사업용계좌를 해당 사업자의 사업장관할세무서장 또는 납세지 관할세무서장에게 신고하여야 한다. 다만, 사업용계좌가 이미 신고되어 있는 경우에는 그러하지 아니하다(소법 160의 5 ①).

사업용계좌를 신고하는 경우 반드시 새로운 계좌를 개설하여 신고하여야 하는 것은 아니며, 기존에 개설하여 사용하던 계좌도 사업용계좌로 신고하여 사용할 수 있다. 그리고 사업용계좌는 한 사업장에서 반드시 하나의 사업용계좌만을 신고·사용하여야 하는 것은 아니며, 한 사업장에서 복수의 사업용계좌를 신고하여 사용하는 것도 허용된다. 다음으로 2 이상의 사업장이 있는 사업자의 경우 하나의 계좌를 2 이상의 사업장에 대한 사업용계좌로 신고하여 사용하는 것도 허용된다(소령 208의 5 ② 및 ③).

주택법 제2조 제11호 가목에 따른 지역주택조합이 같은 법 제5조에 따른 공동사업주체인 등록사업자와 공동명의로 개설한 사업용계좌는 사업용계좌로 본다(소령 208의 5 ⑥).

한편, 복식부기의무자가 사업용계좌를 변경하거나 추가하는 경우에는 종합소득과세표준확정신고기한(성실신고확인서를 제출하는 경우에는 그 과세기간의 다음 연도 5월 1일부터 6월 30일까지) 내에 사업용계좌신고(변경신고·추가신고)서를 사업장 관할세무서장에게 제출하여야 한다.

3 사업용계좌의 사용의무

① 복식부기의무자는 사업과 관련하여 재화 또는 용역을 공급받거나 공급하는 거래의 경우로서 다음 중 어느 하나에 해당하는 때에는 사업용계좌를 사용하여야 한다(소법 160의 5 ①).

⑦ 거래의 대금을 금융회사 등을 통하여 결제하거나 결제받는 경우

거래의 대금을 금융회사 등을 통하여 결제하거나 결제받는 경우에는 사업용계좌를 사용하여야 한다. 그리고 사업용계좌를 사용하여야 하는 거래의 범위에는 금융회사 등의 위탁·중개 등을 통하여 그 대금의 결제가 이루어지는 경우로서 다음 중 어느 하나에 해당되는 것을 포함한다.

ⅰ) 송금 및 계좌간 자금이체

ⅱ) 수표법 제1조에 따른 수표(발행인이 사업자인 것에 한한다)로 이루어진 거래대금의 지급 및 수취

ⅲ) 어음법 제1조 및 제75조에 따른 어음으로 이루어진 거래대금의 지급 및 수취

ⅳ) 신용카드·직불카드, 기명식 선불카드·직불전자지불수단·기명식선불전자지급수단·기명식전자화폐를 통하여 이루어진 거래대금의 지급 및 수취

⑭ 인건비 및 임차료를 지급하거나 지급받는 경우

인건비 및 임차료를 지급하거나 지급받는 경우이어야 한다. 다만, 인건비를 지급하거나 지급받는 거래 중에서 거래상대방의 사정으로 사업용계좌를 사용하기 어려운 거래는 제외한다. 앞에서 거래상대방의 사정으로 사업용계좌를 사용하기 어려운 거래란 다음 중 어느 하나에 해당하는 자와 한 거래를 말한다.

ⅰ) 금융거래와 관련하여 채무불이행 등의 사유로「신용정보의 이용 및 보호에 관한 법률」제25조 제2항 제1호에 따른 종합신용정보집중기관에 그 사실이 집중관리 및 활용되는 자

ⅱ) 외국인 불법체류자

ⅲ) 건설공사에 종사하는 일용근로자로서 국민연금법에 따른 국민연금 가입대상이 아닌 자(2009년 12월 31일까지 적용한다)

② 다음으로 복식부기의무자는 매년 해당 과세기간 중 사업용계좌를 사용하여야 할 거래금액, 실제 사업용계좌를 사용한 금액 및 미사용금액을 구분하여 사업장별로 기록·관리하여야 한다.

4 사업용계좌의 신고 및 사용의무 위반에 대한 제재

가. 과세표준과 세액의 경정

납세지 관할세무서장 또는 지방국세청장은 과세표준확정신고를 한 자 중 사업용계좌를 신고하여야 할 사업자가 이를 이행하지 아니하거나 사업용계좌를 이용하여야 할 사업자가 이를 이행하지 아니한 경우로서 시설규모나 영업상황으로 보아 신고내용이 불성실하다고 판단되는 경우에는 해당 연도의 과세표준과 세액을 경정한다(소법 80 ②).

나. 가산세의 부과

복식부기의무자가 다음 중 어느 하나에 해당하는 때에는 해당 금액을 해당 과세기간의 결정세액에 가산한다.

① 거래대금을 금융회사 등을 통하여 결제하거나 결제받은 때 또는 인건비 및 임차료를 지급하거나 지급받는 경우로서 사업용계좌를 사용하지 아니한 때
    사업용계좌를 사용하지 아니한 금액의 0.2%에 상당하는 금액
② 사업용계좌를 신고하지 아니한 때
    과세기간 중 사업용계좌를 신고하지 아니한 미개설기간의 수입금액의 0.2%에 상당하는 금액 또는 사업용계좌의 사용대상이 되는 거래금액의 합계액의 0.2%에 상당하는 금액 중 큰 금액

다. 감면의 배제

사업용계좌를 신고하여야 할 사업자가 이를 이행하지 않은 경우에는 창업중소기업 등에 대한 세액감면 등에 관한 규정을 적용하지 아니한다(조특법 128 ④). 그리고 근로소득이 없는 거주자로서 성실사업자에 해당하는 경우에는 소득공제 중 특별세액공제(표준공제)로서 연 12만원을 공제한다. 이와 같은 성실사업자의 요건에는 사업용계좌를 신고하고, 해당 과세기간에 사업용계좌를 사용하여야 할 금액의 3분의 2 이상을 사용할 것이 포함되어 있다(소령 118의 8).

제**6**절　신용카드가맹점 가입·발급의무 등

1 　신용카드가맹점 가입·발급의무 등

국세청장은 주로 사업자가 아닌 소비자에게 재화 또는 용역을 공급하는 사업자로서 업종·규모 등을 고려하여 대통령령으로 정하는 요건에 해당하는 사업자에 대하여 납세관리를 위하여 필요하다고 인정되는 경우 신용카드가맹점으로 가입하도록 지도할 수 있다(소법 162의 2, 소령 210의 2). 앞에서 "대통령령으로 정하는 요건에 해당하는 사업자"란 소비자에게 재화 또는 용역을 공급하는 별표 3의 2에 따른 소비자상대업종을 영위하는 다음 중 어느 하나에 해당하는 사업자로서 국세청장이 정하는 바에 따라 사업장소재지 관할세무서장 또는 지방국세청장으로부터 신용카드가맹점 가입대상자로 지정받은 자를 말한다.

① 직전 과세기간의 수입금액(결정 또는 경정에 따라 증가된 수입금액을 포함한다)의 합계액이 2,400만원 이상인 사업자
② 의료업, 수의업 및 약국을 개설하여 약사에 관한 업을 행하는 사업자
③ 변호사업, 심판변론인업, 변리사업, 법무사업, 공인회계사업, 세무사업, 경영지도사업, 기술지도사업, 감정평가사업, 손해사정인업, 통관업, 기술사업, 건축사업, 도선사업, 측량사업, 공인노무사업, 의사업, 한의사업, 약사업, 한약사업, 수의사업, 기타 이와 유사한 사업서비스업으로서 기획재정부령이 정하는 것

신용카드가맹점은 사업과 관련하여 재화 또는 용역을 공급하고 그 상대방이 대금을 신용카드로 결제하려는 경우 이를 거부하거나 신용카드매출전표를 사실과 다르게 발급하여서는 아니된다. 신용카드가맹점으로부터 신용카드에 따른 거래를 거부당하거나 사실과 다른 신용카드매출전표를 받은 자는 그 거래내용을 국세청장·지방국세청장 또는 세무서장에게 신고할 수 있으며, 이와 같은 신고를 받은 자는 신용카드가맹점의 납세지 관할세무서장에게 이를 통보하여야 한다. 이 경우 납세지 관할세무서장은 해당 과세기간의 신고금액을 해당 신용카드가맹점에 통보하여야 한다. 국세청장은 신용카드에 따른 거래를 거부하거나 신용카드매출전표를 사실과 다르게 발급한 신용카드가맹점에 대하여 그 시정에 필요한 사항을 명할 수 있다. 신용카드가맹점에 대한 명령사항을 위반한 사업자에게 2천만원 이하의 과태료를 부과·징수한다.

한편 신용카드가맹점이 신용카드에 따른 거래를 거부하거나 신용카드매출전표를 사실과 다르게 발급한 경우에는 관할세무서장으로부터 통보받은 건별 거부금액 또는 신용카드매

출전표를 사실과 다르게 발급한 금액의 5%에 상당하는 금액(건별로 계산한 금액이 5천원에 미달하는 경우는 5천원으로 한다)을 신용카드거부가산세로서 부과한다(소법 81의 9).

2 현금영수증가맹점 가입 · 발급의무 등

주로 사업자가 아닌 소비자에게 재화 또는 용역을 공급하는 사업자로서 업종 · 규모 등을 고려하여 대통령령으로 정하는 요건에 해당하는 사업자는 그 요건에 해당하는 날이 속하는 달의 말일부터 60일 이내에 신용카드단말기 등에 현금영수증 발급장치를 설치함으로써 현금영수증가맹점으로 가입하여야 한다(소법 162의 3). 앞에서 "대통령령으로 정하는 요건"은 다음과 같다.

① 직전 과세기간의 수입금액(결정 또는 경정에 따라 증가된 수입금액을 포함한다)의 합계액이 2,400만원 이상인 사업자

② 의료법에 따른 의료인(의사 · 치과의사 · 한의사를 말하며, 조산사 · 간호사를 제외한다)이 영위하는 의료업, 수의사법에 따른 수의업, 약사법에 따른 약사에 관한 업무를 행하는 사업자, 변호사업, 심판변론인업, 변리사업, 법무사업, 공인회계사업, 세무사업, 경영지도사업, 기술지도사업, 감정평가사업, 손해사정인업, 통관업, 기술사업, 건축사업, 행정사업, 공인노무사업, 측량사업 기타 이와 유사한 사업서비스업으로서 기획재정부령이 정하는 것

③ (숙박 및 음식점업) 출장 음식 서비스업, 고시원 운영업, 숙박공유업 등

④ (기타 업종) 가구소매업, 전기용품 · 조명장치 소매업, 골프장운영업, 예식장업, 기념품 · 관광 민예품 및 장식용품 소매업, 사진처리업, 낚시장 운영업, 기타 수상오락 서비스업 등

⑤ (통신판매업) 전자상거래 소매업 등

현금영수증가맹점으로 가입한 사업자는 국세청장이 정하는 바에 따라 현금영수증가맹점을 나타내는 표지를 게시하여야 한다. 또한 현금영수증가맹점으로 가입한 사업자는 사업과 관련하여 재화 또는 용역을 공급하고 그 상대방이 대금을 현금으로 지급한 후 현금영수증의 발급을 요청하는 경우에는 그 발급을 거부하거나 사실과 다르게 발급해서는 아니 된다.

현금영수증가맹점으로 가입하여야 하는 사업자 중 소득세법 시행령 [별표 3의 3]에 따른 업종을 영위하는 사업자는 건당 거래금액(부가가치세액을 포함한다)이 10만원 이상인 재화 또는 용역을 공급하고 그 대금을 현금으로 받은 경우에는 상대방이 현금영수증 발급을 요청하지 아니하더라도 대통령령으로 정하는 바에 따라 현금영수증을 발급하여야 한다. 다

만, 계산서 또는 세금계산서를 교부한 경우에는 현금영수증을 발급하지 아니할 수 있다.

현금영수증가맹점으로 가입한 사업자가 현금영수증을 발급하지 아니하거나 사실과 다른 현금영수증을 발급한 때에는 그 상대방은 그 현금거래 내용을 국세청장·지방국세청장 또는 세무서장에게 신고할 수 있다. 신고를 받은 국세청장·지방국세청장 또는 세무서장은 해당 사업자의 납세지 관할세무서장에게 이를 통보하여야 한다. 이 경우 납세지 관할세무서장은 해당 과세기간의 신고금액을 해당 사업자에게 통보하여야 한다.

현금영수증가맹점으로 가입한 사업자 또는 현금영수증을 발급하여야 하는 사업자는 그로부터 재화 또는 용역을 공급받은 상대방이 현금영수증의 발급을 요청하지 아니하는 경우에도 대통령령으로 정하는 바에 따라 현금영수증을 발급할 수 있다.

국세청장은 현금영수증가맹점으로 가입한 사업자에게 현금영수증 발급 요령, 현금영수증가맹점 표지 게시방법 등 현금영수증가맹점으로 가입한 사업자가 준수하여야 할 사항과 관련하여 필요한 명령을 할 수 있다. 현금영수증가맹점에 대한 명령사항을 위반한 사업자에게 2천만원 이하의 과태료를 부과·징수한다.

한편 현금영수증가맹점으로 가입하여야 할 사업자가 이를 이행하지 아니하거나 현금영수증가맹점이 현금영수증 발급을 거부한 경우 및 사실과 다르게 발급하는 경우에는 현금영수증미발급가산세를 부과한다(소법 81의 9).

3 금전등록기의 설치 · 사용

금전등록기는 주로 사업자가 아닌 소비자에게 재화 등을 공급하는 사업자들이 그 규모의 크기에 관계없이 설치·사용하고 있는 실정이다. 이 경우 소매업자 또는 주로 사업자가 아닌 가계소비자에게 재화 또는 용역을 공급하는 영세사업자 등이 금전등록기를 설치·사용하는 경우에는 총수입금액의 계상시기에 관하여 특례를 인정하고 있다.

즉 다음의 사업자가 금전등록기를 설치·사용한 경우에 총수입금액의 계산은 권리의무확정주의에 불구하고 해당 연도에 수입한 금액의 합계액, 즉 현금주의로 할 수 있는 것이다 (소법 162, 소령 210).

① 소매업 및 음식점업(다과점업 포함) 등으로서 부가가치세가 면제되는 사업을 영위하는 자

② 금융보험업, 사업서비스업, 교육서비스업, 보건 및 사회복지사업, 오락·문화 및 운동관련서비스업과 기타 공공·수리 및 개인서비스업, 가사관련서비스업 등과 같이 사업자가 아닌 가계소비자에게 재화 또는 용역을 공급하는 사업자

③ 부가가치세법에 따라 영수증을 교부할 수 있는 사업자

　　소매업, 음식점업(다과점업 포함), 숙박업, 목욕·이발·미용업, 여객운송업, 입장권을 발행하여 영위하는 사업, 변호사업 등과 행정사업(사업자에게 공급하는 것을 제외한다), 우정사업조직이 소포우편물을 방문접수하여 배달하는 용역을 공급하는 사업, 주로 사업자가 아닌 소비자에게 재화 또는 용역을 공급하는 사업으로서 기획재정부령이 정하는 사업(도정업 등)을 영위하는 자와 부가가치세법에 의한 간이과세자

제7절　계산서의 작성·발급 등

1　계산서의 의의

　계산서 또는 영수증(이하에서 '계산서 등'이라 한다)은 사업자가 재화 또는 용역을 공급하는 때에 그 거래내용을 기재하여 상대방에게 발급하는 증빙서류이다. 이와 같은 계산서 등은 재화 또는 용역을 공급하는 사업자는 물론이고 재화 또는 용역을 공급받는 사업자에 있어서도 거래의 기초증빙서류를 이루게 된다. 아울러 계산서 등은 과세자료로서의 기능을 수행하게 된다.

2　발급의무자

1) 재화 등의 공급자

　사업자등록을 한 사업자로서 재화 또는 용역을 공급하는 자이다. 이 경우 부가가치세법에 따른 전자세금계산서를 발급하여야 하는 사업자와 그 외 사업자로서 직전 과세기간의 사업장별 총수입금액이 8천만원 이상인 사업자(그 이후 과세기간의 사업장별 총수입금액이 8천만원 미만이 된 사업자를 포함한다)는 전자계산서를 발급하여야 한다. 그러나 부가가치세가 과세되는 사업자(이하에서 '과세사업자'라고 한다)는 세금계산서 또는 영수증을 발급하여야 하므로 결국은 면세사업자만이 계산서 등의 발급의무를 지게 되는 것이다. 즉 부가가치세법에 따라 세금계산서 또는 영수증을 작성·발급한 경우에는 계산서 등을 작성·발급한 것으로 본다(소법 163 ⑥).

　한편, 다음의 자는 계산서의 기재사항 중 공급받는 자를 따로 기재하지 아니한 영수증을 발급할 수 있다. 주로 가계소비자에게 재화 또는 용역을 공급하는 사업자이다. 다

만, 재화 또는 용역을 공급받은 사업자가 사업자등록증을 제시하고 계산서의 발급을 요구하는 때에는 그러하지 아니하다.

① 부가가치세법에 따라 영수증을 발급할 수 있는 사업자

　소매업, 음식점업(다과점업 포함), 숙박업, 목욕·이발·미용업, 여객운송업, 입장권을 발행하여 영위하는 사업, 변호사업 등과 행정사업(사업자에게 공급하는 것을 제외한다), 주로 사업자가 아닌 소비자에게 재화 또는 용역을 공급하는 사업으로서 기획재정부령이 정하는 사업(도정업 등)을 영위하는 자를 말한다.

② 앞의 "①"의 사업 중 부가가치세가 면제되는 사업을 영위하는 사업자

③ 주로 사업자가 아닌 소비자에게 재화 또는 용역을 공급하는 사업으로서 국세청장이 정하는 사업을 영위하는 자

④ 토지 또는 건축물을 공급하는 경우

2) 위탁판매 등의 경우의 특례

부가가치세가 면제되는 농산물·축산물·수산물과 임산물의 위탁판매 또는 대리인에 의한 판매의 경우에는 수탁자 또는 대리인이 재화를 공급한 것으로 보아 계산서 등을 작성하여 해당 재화를 공급받는 자에게 발급하여야 한다. 다만, 위탁자 또는 본인이 자기의 명의로 계산서 등을 발급하는 경우와 수탁자 또는 대리인이 위탁자 또는 본인의 명의로 계산서 등을 발급하는 경우에는 그러하지 아니하다.

3) 세관장

세관장은 수입되는 재화에 대해서는 재화를 수입하는 자에게 계산서를 발급하여야 한다(소법 163 ③). 이를 수입계산서라고 한다.

세관장이 교부하는 수입계산서는 관세청장이 정하여 고시하는 바에 따라 이를 작성·발급한다(소령 212의 2 ①).

3 계산서 등의 발급의무의 면제

다음의 재화 또는 용역의 공급에 대하여는 계산서 또는 영수증의 발급을 면제한다(소령 211 ④).

주로 가계소비자를 거래상대방으로 하고 있는 영세규모의 사업자 또는 국내사업장이 없는 비거주자 등을 거래상대방으로 하는 사업자와 같이 재화 등을 공급하고 계산서 등을 발급한다고 하더라도 그 계산서 등이 과세자료로서의 활용가치가 거의 없다고 판단되는 경우

에는 계산서 등의 발급을 면제하는 것이다.

① 노점상인·행상인 또는 무인판매기 등을 이용하여 재화를 공급하는 자가 공급하는 재화 또는 용역

② 시내버스에 의한 용역

③ 국내사업장이 없는 비거주자 또는 외국법인(외국법인 연락사무소 제외)과 거래되는 재화 또는 용역

④ 기타 부가가치세법 제36조 제1항 제1호, 부가가치세법 시행령 제71조 및 제73조에 따라 세금계산서 또는 영수증의 발급이 면제되는 재화 또는 용역

4 계산서 등의 기재사항

1) 계산서의 기재사항

사업자가 재화 또는 용역을 공급하는 때에는 다음의 사항이 적힌 계산서 2매를 작성하여 그 중 1매를 공급받는 자에게 발급하여야 한다(소령 211 ①). 계산서의 기재사항 중 "①" 내지 "④"의 기재사항은 필요적 기재사항이다.

① 공급하는 사업자의 등록번호와 성명 또는 명칭

② 공급받는 자의 등록번호와 성명 또는 명칭

③ 공급가액

④ 작성연월일

⑤ 공급받는 자가 사업자가 아니거나, 등록한 사업자가 아닌 경우 고유번호 또는 주민등록번호

⑥ 기타 참고사항

2) 영수증의 기재사항

영수증은 계산서와는 달리 공급받는 자를 따로 기재하지 아니한다. 즉 영수증은 계산서의 기재사항 중에서 공급받는 자의 등록번호와 성명 또는 명칭을 제외한 사항만을 기재한 약식의 계산서인 것이다. 재화 등을 공급받는 자가 주로 가계 실수요자들이기 때문에 공급받는 자의 등록번호와 성명 또는 명칭의 기재를 생략하도록 하고 있는 것이다.

5 계산서 등의 발급의제

1) 원천징수영수증의 수취

사업자가 용역을 공급받는 자로부터 해당 사업소득에 대한 원천징수영수증을 발급받는 것에 대하여는 계산서를 발급한 것으로 본다(소령 211 ⑤).

2) 전자계산조직에 따른 전송

① 사업자가 부가가치세법 시행령 제68조 제5항에서 정하는 전자적 방법에 따라 계산서를 발급하고 그 자료를 보관하는 경우에는 계산서를 발급한 것으로 본다(소령 211의 2 ①). 이와 같은 계산서를 전자계산서라 한다.

② 사업자가 전자계산서를 발급하였을 때에는 전자계산서의 발급일의 다음 날까지 기재사항을 적은 전자계산서 발급명세를 국세청장에게 전송할 수 있다(소령 211의 2 ④).

③ 전자계산서의 발급·전송 및 각 설비 및 시스템을 구축·운영하는 사업자에 관한 등록에 관하여는 소득세법 시행령에 특별한 규정이 있는 경우를 제외하고 부가가치세법 시행령 제53조의 2를 준용한다. 이 경우 "전자세금계산서"는 "전자계산서"로 본다(소령 211의 2 ⑥).

④ 앞의 "①"과 "②"에서 설명한 사항 외에 전자계산서의 발급절차 및 보관요건 등에 관하여 필요한 사항은 기획재정부령으로 정한다(소령 211의 2 ⑦).

6 계산서 등의 제출

사업자는 사업장 현황보고기한(해당 과세기간의 다음 연도 2월 10일) 내에 매출·매입처별 계산서합계표를 사업장 관할세무서장에게 제출하여야 한다.

사업자가 부가가치세법의 규정에 따라 매출·매입처별 세금계산서합계표 또는 영수증을 작성·발급 또는 제출한 경우에는 계산서를 작성·발급하였거나 매출·매입처별 계산서합계표를 제출한 것으로 본다.

복식부기의무자가 계산서를 발급하지 아니한 경우 또는 발급한 계산서에 필요적 기재사항의 전부 또는 일부가 기재되지 아니하거나 사실과 다르게 기재된 경우, 매출·매입처별 계산서합계표를 기한 안에 제출하지 아니한 경우 또는 제출한 합계표에 기재하여야 할 사항(거래처별 등록번호 및 공급가액)의 전부 또는 일부가 기재되지 아니하거나 사실과 다르게 기재된 경우에는 그 공급가액의 1%(기한 경과 후 1개월 이내에 지연제출하는 경우에는 0.5%)에 상당하는 금액을 산출세액에 가산한다. 다만, 매출·매입처별 계산서합계표를 기한 안에 제출하지 아니한 경우 또는 제출한 합계표에 기재하여야 할 사항의 전부 또는 일부가 기재되지 아니하거나 사실과 다르게 기재된 경우에는 그 공급가액의 0.5%(기한 경과 후 1개월 이내에 지연제출하는 경우에는 0.3%)에 상당하는 금액을 산출세액에 가산한다. 이에 관하여는 "가산세"에서 설명한 바 있다.

제**8**절 매입처별세금계산서합계표의 제출

사업장현황신고를 하여야 하는 사업자는 재화 또는 용역을 공급받고 부가가치세법 제32조 제1항·제7항 및 제35조 제1항에 따라 세금계산서를 발급받은 경우에는 해당 과세기간의 다음 연도 2월 10일(사망하였거나 출국하는 사업자의 경우는 과세표준확정신고기한을 말한다)까지 매입처별세금계산서합계표를 사업장소재지 관할세무서장에게 제출하여야 한다(소법 163의 2).

소득세법 제163조 또는 법인세법 제121조에도 불구하고 소득세법 제168조에 따라 사업자등록을 한 사업자 또는 법인으로부터 재화 또는 용역을 공급받은 거주자가 사업자 또는 법인의 부도·폐업, 공급 계약의 해제·변경 또는 그 밖에 대통령령으로 정하는 사유, 재화 또는 용역을 공급한 후 주소 등의 국외 이전 또는 행방불명, 그밖에 이와 유사한 경우로서 공급자가 발급하기 어렵다고 인정되는 경우로 계산서를 발급받지 못한 경우 납세지 관할세무서장의 확인을 받아 계산서(이하에서 "매입자발행계산서"라 한다)를 발행할 수 있다(소법 163의 3).

제**9**절 지급명세서의 제출

1 지급명세서의 의의

지급명세서란 일정한 소득금액 또는 수입금액을 지급받는 자의 인적사항, 소득금액 또는 수입금액의 종류와 금액, 소득금액 또는 수입금액의 지급시기와 귀속연도 등을 기재한 과세자료이다. 이와 같은 지급명세서는 해당 소득금액 또는 수입금액을 지급하는 자가 제출할 의무를 진다. 따라서 지급명세서의 제출의무는 소득자(소득을 지급받는 자)의 소득금액 또는 수입금액에 관한 과세자료를 수집하기 위하여 해당 소득금액 또는 수입금액을 지급하는 자에게 지운 협력의무로서 지급명세서의 제출을 내용으로 하는 작위의무(作爲義務)인 것이다.

2 지급명세서의 제출의무자와 제출대상소득

1) 지급명세서의 제출

소득세 납세의무가 있는 개인에게 지급명세서의 제출대상이 되는 금액을 지급하는 자(법인, 소득금액의 지급을 대리하거나 그 지급을 위임 또는 위탁받은 자, 납세조합, 원천징수세액의 납세지를 본점 또는 주사무소의 소재지로 하는 자, 부가가치세법 제4조에 따른 사업자단위과세사업자를 포함한다)는 지급명세서 제출의무를 진다.

지급명세서의 제출대상이 되는 금액에는 다음과 같은 것이 포함된다(소법 164 ① · ②, 164의 2).

① 이자소득
② 배당소득
③ 원천징수대상 사업소득
④ 근로소득 또는 퇴직소득
⑤ 연금소득
⑥ 기타소득('⑦'의 봉사료수입금액을 제외한다)
⑦ 봉사료
⑧ 장기저축성보험의 보험차익

2) 간이지급명세서의 제출

소득세 납세의무가 있는 개인에게 다음 중 어느 하나에 해당하는 소득을 국내에서 지급하는 자(법인, 소득의 지급을 대리하거나 그 지급 권한을 위임 또는 위탁받은 자 및 납세조합, 원천징수세액의 납세지를 본점 또는 주사무소의 소재지로 하는 자와 부가가치세법 상 사업자 단위 과세 사업자를 포함하고, 휴업, 폐업 또는 해산을 이유로 근로소득간이지급명세서 제출기한까지 지급명세서를 제출한 자는 제외)는 간이지급명세서를 다음의 간이지급명세서를 그 소득 지급일(근로소득 원천징수 특례 적용소득과 연말정산 사업소득에 대해서는 해당 소득에 대한 과세기간 종료일)이 속하는 달의 다음 달 말일(휴업, 폐업 또는 해산하는 경우에는 휴업일, 폐업일 또는 해산일이 속하는 달의 다음 달 말일)까지 원천징수 관할세무서장, 지방국세청장 또는 국세청장에게 제출하여야 한다(소법 164의 3).

① 일용근로자가 아닌 근로자에게 지급하는 근로소득

② 원천징수대상 사업소득

③ 일시적인 인적용역에 대한 기타소득

위에 따라 간이지급명세서를 제출하여야 하는 자는 근로소득간이지급명세서의 기재 사항을 국세기본법 제2조 제18호에 따른 정보통신망을 통하여 제출하거나 디스켓 등 전자적 정보저장매체로 제출하여야 한다. 이 경우 위 "①" 및 "②"의 소득 중 일정한 소득을 지급하는 자는 조세특례제한법 제126조의 3에 따른 현금영수증 발급장치 등 대통령령으로 정하는 방법을 통하여 제출할 수 있다.

국세청장은 일정 업종 또는 일정 규모 이하에 해당되는 자에게는 근로소득간이지급명세서를 문서로 제출하게 할 수 있으며, 원천징수 관할 세무서장이나 지방국세청장 또는 국세청장은 필요하다고 인정할 때에는 근로소득간이지급명세서의 제출을 요구할 수 있다.

3 지급명세서의 형식

① 지급명세서는 해당 금액을 지급받는 자의 소득금액 또는 수입금액에 관한 과세자료를 수집하는 데에 그 목적이 있으므로 과세자료의 활용에 필요한 최소한의 사항이 기재될 것을 요구하고 있다. 지급명세서에는 소득금액 또는 수입금액을 지급받는 자별로 지급하는 자의 인적사항과 지급받는 자의 인적사항, 소득금액 또는 수입금액의 종류와 금액, 소득금액 또는 수입금액의 지급시기와 귀속연도 등에 관한 사항이 기재되어야 하는데, 그 서식은 법정되어 있다(소령 213 ①).

② 총급여액이 근로소득공제액 및 본인에 대한 기본공제액의 합계액 이하인 거주자에 대하여는 지급명세서에 갈음하여 국세청장이 정하는 근로소득지급명세서를 제출할 수 있다. 다만, 종된 근무지가 없는 거주자에 한하며, 과세기간 중에 취직 또는 퇴직한 자에 대하여는 연으로 환산한 총급여액을 기준으로 적용한다(소령 215 ②).

그리고 연말정산한 사업소득의 소득금액(연으로 환산한 소득금액을 말한다)이 본인에 대한 기본공제액 이하인 보험모집인 등에 대하여는 지급조서에 갈음하여 국세청장이 정하는 사업소득지급명세서를 제출할 수 있다.

③ 이자소득이나 배당소득에 대하여는 소득자별로 작성한 지급명세서에 갈음하여 이자·배당소득지급명세서를 제출할 수 있다(소령 215 ③).

④ 국민건강보험공단 또는 근로복지공단이 의료기관 또는 약국에게 요양급여비용 등을 지급하는 경우와 다단계판매업자가 다단계판매원에게 후원수당을 지급하는 경우와

금융회사 등이 연간 계좌별로 거주자에게 지급한 이자소득금액(채권 등에 대한 이자소득금액은 제외한다)이 100만원 이하인 경우에는 각 소득자의 연간 지급된 소득금액 또는 수입금액의 합계액에 대한 지급명세서를 원천징수 관할 세무서장·지방국세청장 또는 국세청장에게 제출하여야 한다.

⑤ 지급명세서를 제출하여야 하는 자는 지급명세서의 기재사항을 정보통신망에 따라 제출하거나 전산처리된 테이프 또는 디스켓 등으로 제출하여야 한다(소법 164 ③). 이 경우 일용근로자에게 지급하는 근로소득, 총급여액이 근로소득공제액과 본인에 대한 기본공제액 이하이기 때문에 지급명세서에 갈음하여 근로소득지급명세서를 제출하여야 하는 거주자에 대하여 근로소득을 지급하는 자는 현금영수증발급장치를 통하여 지급명세서를 제출할 수 있다.

그러나 국세청장은 직전 과세기간에 제출한 지급명세서의 매수가 50매 미만인 자 또는 상시 근무하는 근로자의 수(매월 말일의 현황에 의한 평균인원수를 말한다)가 10인 이하인 자에 대하여는 지급명세서를 문서로 제출하게 할 수 있다. 또한 원천징수 관할 세무서장, 지방국세청장 또는 국세청장은 필요하다고 인정할 때에는 간이지급명세서를 제출한 직전 과세연도 지급명세서가 20매 미만인 자 또는 상시 근무하는 근로자의 수(매월 말일의 현황에 따른 평균인원수)가 5명 이하인 자에게 간이지급명세서 제출을 요구할 수 있다. 다만, 금융보험업자, 국가·지방자치단체 또는 지방자치단체조합, 법인, 복식부기의무자는 제외한다.

4 지급명세서 및 근로소득간이지급명세서 제출의무의 면제 등

1) 비과세소득 등

소득세법 제12조 제5호의 규정에 따라 소득세가 비과세되는 기타소득 등과 같이 과세자료로서의 활용가치가 없거나 금액이 아주 적은 소득에 대해서는 지급명세서 및 근로소득간이지급명세서의 제출의무를 면제한다(소법 164 ②, 소령 214 ①).

① 소득세법 제12조 제5호의 규정에 따라 소득세가 비과세되는 기타소득. 다만, 종교관련 종사자가 소속 종교단체의 규약 또는 소속 종교단체의 의결기구의 의결·승인 등을 통하여 결정된 지급기준에 따라 종교 활동을 위하여 통상적으로 사용할 목적으로 지급받은 금액 및 물품은 제외한다.

② 소득세법 제12조 제3호 가목부터 사목까지, 카목, 타목, 하목, 너목, 버목 및 저목의 규정에 따라 소득세가 비과세되는 근로소득과 퇴직소득

③ 소득세가 비과세되는 실비변상적 급여 중 선원법에 따라 받는 식료 등

④ 그 밖에 기획재정부령으로 정하는 소득

2) 비거주자의 국내원천소득 등에 대한 특례

다음 비거주자의 국내원천소득은 지급명세서를 제출하지 아니한다(소령 216의 2 ①).

① 소득세법 또는 조세특례제한법에 따라 소득세가 과세되지 아니하거나 면제되는 국내원천소득

② 국내원천소득 중 이자소득(원천징수되는 채권 등의 보유기간이자상당액은 제외한다)·배당소득·선박 등의 임대소득·사용료소득·유가증권의 양도소득 및 기타소득('⑥'에 열거하는 복권의 당첨금품 등을 제외한다)으로서 국내사업장과 실질적으로 관련되거나 그 국내사업장에 귀속되는 소득(소득세법 제46조 규정인 채권 등에 대한 소득금액 특례 규정에 따라 원천징수되는 소득을 제외한다)

③ 국내원천소득 중 부동산임대소득 및 양도소득

④ 국내원천소득 중 사업소득

국내원천소득 중 사업소득을 말한다. 그러나 비거주자의 국내원천소득에 대한 원천징수의 특례에 따라 소득세가 원천징수되는 사업소득(세율 : 2%)은 제외된다.

⑤ 비과세 또는 면제신청을 한 국내원천소득

⑥ 기타소득 중 국내에서 발행된 복권 등의 당첨금품 및 승마투표권·승자투표권·소싸움경기투표권·체육진흥투표권의 구매자가 받는 환급금과 슬롯머신 등을 이용하는 행위에 참가하여 받는 당첨금품

⑦ 원천징수세액이 1천원 미만인 소득

⑧ 그 밖에 지급명세서를 제출할 실효성이 없다고 인정되는 소득으로서 기획재정부령이 정하는 소득

3) 천재·지변 등 불가항력인 사유로 인한 면제

천재·지변 등 불가항력인 사유로 인하여 장부나 그 밖의 증명서류가 멸실된 경우에는 그 사유가 발생한 달의 전월분부터 해당 사업이 원상으로 회복된 달의 전월분(전산처리된 테이프 또는 디스켓으로 제출하는 경우에는 전산시스템의 유지·관리 및 입력·출력상태 등을 고려하여 국세청장이 정하는 기간분)까지 지급명세서의 제출을 면제할 수 있다. 다만, 그 면제를 받고자 하는 자는 지급명세서 제출기한 내에 원천징수 관할세무서장·관할 지방국세청장 또는 국세청장에게 신청하여야 한다(소령 216).

5 지급명세서의 제출간주

1) 원천징수 관련 서류의 제출

원천징수의무자가 원천징수를 하여 제출한 원천징수 관련 서류 중 지급명세서에 해당하는 것이 있으면 그 제출한 부분에 대하여 해당 지급명세서를 제출한 것으로 본다(소법 164 ⑤). 다만, 이와 같은 원천징수 관련 서류에 의한 지급명세서 제출간주는 지급명세서 제출기한 내에 제출된 원천징수 관련 서류에 한한다.

2) 매출·매입처별계산서합계표 등의 제출

소득세법 또는 부가가치세법이 따라 사업장 소재지 관할세무서장에게 제출한 매출·매입처별 계산서합계표 또는 매출·매입처별 세금계산서합계표 중 지급명세서에 해당하는 것이 있으면 그 제출한 부분에 대하여 지급명세서를 제출한 것으로 본다(소법 164 ⑥).

6 지급명세서의 제출기한과 제출기관

가. 지급명세서의 제출기한

1) 지급명세서의 제출기한과 그 기한의 연장

가) 원칙적인 제출기한

지급명세서는 그 지급일(12월분의 급여 또는 12월에 퇴직한 자의 퇴직급여액을 다음 연도 이후에 지급하는 경우, 이익 또는 잉여금의 처분에 따라 지급하여야 할 상여 또는 퇴직급여액을 그 처분을 결정한 날로부터 3개월이 되는 날까지 지급하지 아니하여 그 결정일이 속하는 과세기간의 다음 연도 이후에 지급한 것으로 의제하는 경우에는 그 소득금액 또는 수입금액에 대한 과세기간 종료일을 말한다)이 속하는 과세기간의 다음 연도 2월 말일(사업소득·근로소득 또는 퇴직소득, 기타소득 중 종교인소득 및 대통령령으로 정하는 봉사료의 경우에는 다음 연도 3월 10일, 휴업·폐업 또는 해산한 경우에는 휴업일·폐업일 또는 해산일이 속하는 달의 다음다음 달 말일)까지 원천징수 관할 세무서장·관할 지방국세청장 또는 국세청장에게 제출하여야 한다. 다만, 일용근로자의 근로소득의 경우에는 그 지급일이 속하는 달의 다음 달 말일(휴업, 폐업, 또는 해산한 경우에는 휴업일, 폐업일 또는 해산일이 속하는 달의 다음 달 말일)까지 지급명세서를 제출하여야 한다(소법 164 ①).

나) 제출기한의 연장

권한 있는 기관에 장부 기타 증빙서류가 압수 또는 영치된 경우에는 그 사유가 발생한 당월분과 그 전월분(전산처리된 테이프 또는 디스켓으로 제출하는 경우에는 전산시스템의 유지·관리 및 입력·출력상태 등을 고려하여 국세청장이 정하는 기간분)에 대하여 지급명세서를 제출할 수 있는 상태로 된 날이 속하는 달의 다음 달 말일까지 제출기한을 연장할 수 있다. 다만, 일용근로자의 근로소득의 경우에는 그 지급일이 속하는 달의 다음 달 말일(휴업, 폐업 또는 해산한 경우에는 휴업일, 폐업일 또는 해산일이 속하는 달의 다음 달 말일)까지 지급명세서를 제출하여야 한다(소법 164 ①).

2) 비거주자의 국내원천소득에 대한 특례

국내원천소득을 비거주자에게 지급하는 자는 지급명세서를 그 지급일이 속하는 과세기간의 다음 연도 2월 말일(근로소득과 퇴직소득의 경우에는 다음 연도 3월 10일, 휴업하거나 폐업하는 경우에는 휴업일 또는 폐업일이 속하는 달의 다음다음 달 말일)까지 납세지 관할세무서장에게 제출하여야 한다(소법 164의 2 ①).

3) 수시 제출요구

원천징수 관할 세무서장·관할 지방국세청장 또는 국세청장이 필요하다고 인정하는 때에는 수시로 지급명세서의 제출을 요구할 수 있다(소법 164 ⑧).

나. 지급명세서의 제출기관

지급명세서는 지급명세서 제출기한 내에 원천징수 관할세무서장·관할 지방국세청장 또는 국세청장에게 제출하여야 한다(소법 164 ①).

7 기타소득의 내역 제공

국세청장은 기타소득금액 중 대통령령이 정하는 기타소득에 대한 지급명세서를 제출받은 경우에는 국세정보통신망을 이용하여 그 명세를 해당 기타소득금액의 납세의무자에게 제공하여야 한다. 이 경우 오류 등으로 인하여 그 명세에 변동이 발생한 때에는 국세청장은 이를 정정하고 해당 납세의무자에게 통지하여야 한다.

8 지급명세서 제출의무의 불이행과 보고불성실가산세

지급명세서 제출의무자가 제출하여야 할 지급명세서를 그 기한 내에 제출하지 아니하였거나 제출된 지급명세서가 불분명한 경우에 해당하는 경우에는 미제출 또는 불분명한 지급금액의 1%(일용근로소득의 지급명세서의 경우 0.5%)에 상당하는 금액을 산출세액에 더한다. 이에 관하여는 "가산세"에서 다루었다.

제10절 과세자료의 수집에 대한 협조 등

1 소득공제 및 세액공제 증명서류의 제출

① 연금계좌납입액·주택담보노후연금이자비용·보험료·의료비·교육비, 주택임차차입금 원리금 상환액과 장기주택저당차입금 이자상환액, 공제부금불입액, 청약저축 및 주택청약종합저축불입액, 장기주식형저축불입액, 장기투자집합증권저축불입액, 신용카드 등 사용금액과 같은 소득공제 및 세액공제를 위한 증명서류(이하 '소득공제 및 세액공제 증명서류'라 한다)를 발급하는 사업자는 근로자를 대신하여 정보통신망의 활용을 통하여 자료집중기관(전국은행연합회, 생명보험협회, 손해보험협회, 교육인적자원부, 여성가족부, 노동부, 한국여신전문금융업협회 등)에 소득공제 및 세액공제 증명서류를 제출하여야 한다. 다만, 소득공제 및 세액공제 증명서류를 발급받는 자가 본인의 의료비내역과 관련된 자료의 제출을 거부하는 경우에는 그러하지 아니하다(소법 165 ①). 그리고 자료집중기관은 국세청장이 정하는 바에 따라 국세청장에게 소득공제 및 세액공제 증명서류를 제출하여야 한다.

② 소득공제 및 세액공제 증명서류를 제공받은 자는 이를 타인에게 제공 또는 누설하거나 과세목적 외의 용도로 사용하여서는 아니 된다. 그리고 소득공제 및 세액공제 증명서류를 제공받아 알게 된 자 중 공무원이 아닌 자는 형법 그 밖의 법률에 따른 벌칙의 적용에 있어서 공무원으로 본다.

③ 국세청장은 소득공제 및 세액공제 증명서류를 발급하는 자에 대하여 소득공제 및 세액공제 증명서류를 국세청장에게 제출하도록 지도할 수 있다.

2 주민등록전산정보자료의 이용

국세청장은 소득세의 과세업무 및 징수업무의 원활한 수행을 위하여 「주민등록법」에 따른 주민등록사무의 지도·감독기관의 장 또는 지도·감독을 위임받은 기관의 장(이하에서 '주민등록사무감독기관의 장'이라 부른다)이나 「가족관계의 등록 등에 관한 법률」 제11조에 따른 법원행정처장에게 전산매체를 이용하여 주민등록 전산정보자료 또는 가족관계 등록사항에 대한 전산정보자료의 제공을 요청하여야 한다. 이와 같은 국세청장의 요청을 받은 주민등록사무감독기관의 장 또는 법원행정처장은 정당한 사유가 없는 한 주민등록 전산정보자료 또는 가족관계 등록사항에 대한 전산정보자료를 제공하여야 한다(소법 166, 소령 218).

3 주민등록표등본 등의 제출

납세지 관할세무서장은 거주자가 과세표준확정신고를 한 경우에는 주민등록표등본(주민등록표등본에 따라 가족관계가 확인되지 아니하는 경우에는 가족관계기록사항에 관한 증명서를 말하며, 이하 '주민등록표등본 등'이라 한다)에 따라 배우자·공제대상부양가족·공제대상장애인 또는 공제대상경로우대자에 해당하는지를 전산으로 확인하여야 한다. 다만, 납세지 관할세무서장의 전산확인에 동의하지 아니하는 거주자는 과세표준확정신고서에 주민등록표등본 등을 첨부하여 제출하되 이전에 주민등록표등본 등을 제출한 경우로서 공제대상배우자·공제대상부양가족·공제대상장애인 또는 공제대상경로우대자가 변동되지 아니한 경우에는 주민등록표등본 등을 제출하지 아니한다.

한편, 비거주자가 과세표준확정신고를 할 때에는 외국인등록표등본 또는 이에 준하는 서류를 납세지 관할세무서장에게 제출하여야 한다(소법 167, 소령 219).

4 과세자료의 수집에 대한 협조

소득세 납세의무가 있는 개인으로서 대리운전용역, 소포배달용역, 간병용역, 골프장경기보조용역, 파출용역, 이와 유사한 용역으로서 한국표준산업분류 또는 한국표준직업분류에 따른 대인 서비스와 관련된 일에 종사하는 자(이하에서 '용역제공자'라 한다)에게 용역의 제공과 관련된 사업장을 제공하는 자(골프장사업자, 병원사업자, 직업소개업자, 그 밖의 용역제공과 관련된 사업장을 제공하거나 그 용역을 알선·중개하는 자 등)는 용역제공자에 관한 과세자료를 수입금액 또는 소득금액이 발생하는 달의 다음 달 말일까지 사업장소재지 관할세무서장·지방국세청장 또는 국세청장에게 제출하여야 한다(소법 173).

국세청장은 앞의 규정에 따라 과세자료를 제출하여야 할 자가 과세자료를 제출하지 아니하거나 사실과 다르게 제출한 경우 그 시정에 필요한 사항을 명할 수 있다.

5 매각·등기·등록관계서류 등의 열람 등

관할세무서장, 관할 지방국세청장 또는 그 위임을 받은 세무공무원이 개인의 재산상태와 소득을 파악하기 위하여 다음의 자료에 대한 관계서류의 열람 또는 복사를 요청하는 경우 관계기관은 정당한 사유가 없으면 이에 따라야 한다(소법 172).

① 주택·토지·공장재단·광업재단·선박·항공기·건설기계 및 자동차 등의 매각·등기·등록 자료
② 국민기초생활보장법에 따른 수급자 등의 소득·재산 및 급여자료
③ 국민연금법에 따른 가입자 등의 소득·재산 및 급여자료
④ 국민건강보험법에 따른 가입자 등의 소득·재산 및 요양급여비용자료
⑤ 고용보험법에 따른 피보험자 등의 임금 및 급여자료
⑥ 산업재해보상보험법에 따른 수급권자 등의 임금 및 급여자료
⑦ 앞의 자료와 유사한 것으로서 대통령령이 정하는 자료

6 손해보험금지급자료 제출

보험업법에 따른 손해보험회사는 소송의 결과에 따라 보험금을 지급한 경우에는 손해보험금지급자료를 지급일이 속하는 과세기간의 다음 연도 2월 말일까지 손해보험회사의 관할세무서장에게 제출하여야 한다(소법 174).

7 파생상품 또는 주식의 거래내역 등 제출

「자본시장과 금융투자업에 관한 법률」 제8조 제1항에 따른 금융투자업자는 다음 중 어느 하나에 해당하는 자료를 거래 또는 행위가 발생한 날이 속하는 분기의 종료일의 다음 달 말일까지 관할 세무서장에게 제출하여야 한다. 이 경우 금융투자업자가 기한 내에 자료를 제출하지 아니한 경우 관할 세무서장 또는 국세청장은 해당 금융투자업자에게 해당 자료를 제출할 것을 요청할 수 있으며, 요청을 받은 금융투자업자는 정당한 사유가 없으면 이에 따라야 한다. 다만, "③"에 해당하는 자료는 국세청장이 요청한 날이 속하는 달의 말일부터 2개월이 되는 날까지 국세청장에게 제출하여야 한다(소법 174의 2, 소령 225의 2).

① 파생상품 등의 거래내역 등 양도소득세 부과에 필요한 자료
② 「자본시장과 금융투자업에 관한 법률」 제286조에 따른 장외매매거래의 방법으로 주식의 매매를 중개하는 경우 그 거래내역 등 양도소득세 부과에 필요한 자료
③ 양도소득세의 부과에 필요한 주권상장법인의 주식 등으로서 대주주가 양도하는 주식 등에 해당하는 주식 등의 거래내역 등으로서 대통령령으로 정하는 바에 따라 국세청장이 요청하는 자료

8　신탁 수익자명부 변동상황명세서 제출

신탁의 수탁자는 양도세 과세대상 신탁수익권에 대하여 신탁이 설정된 경우와 수익권의 양도 등으로 인하여 신탁 수익자의 변동사항이 있는 경우 수익자명부 변동상황명세서를 작성·보관하여야 하며, 신탁 설정 또는 수익자 변동이 발생한 과세기간의 다음 연도 5월 1일부터 5월 31일(법인과세 신탁재산의 수탁자의 경우에는 각 사업연도의 종료일이 속하는 달의 말일부터 3개월)까지 수익자명부 변동상황명세서를 납세지 관할 세무서장에게 제출하여야 하며, 다음의 내용을 포함해야 한다.
① 위탁자의 성명 또는 명칭 및 주소
② 수탁자의 성명 또는 명칭 및 주소
③ 수익자의 성명 또는 명칭 및 주소
④ 수익자별 수익권 또는 수익증권의 보유현황 및 내용
⑤ 과세기간 중 수익자의 변동사항

9　가상자산사업자의 자료제출

「가상자산 이용자 보호 등에 관한 법률」에 따른 가상자산사업자는 가상자산 거래내역 등 소득세 부과에 필요한 자료를 대통령령으로 정하는 바에 따라 거래가 발생한 날이 속하는 분기 또는 연도의 종료일의 다음다음 달 말일까지 납세지 관할 세무서장, 지방국세청장 또는 국세청장에게 제출하여야 한다(2027년 1월 1일부터 적용)(소법 164의 4, 소령 216의 4).

국세청장은 가상자산사업자가 가상자산 거래내역 등 소득세 부과에 필요한 자료를 제출하지 아니한 경우에는 그 시정에 필요한 명령 및 과태료를 부과할 수 있다. 과태료는 수입금액별로 다음과 같이 부과한다(2028년 1월 1일 이후 발생하는 거래 관련자료 미제출에 대한 제출명령을 미이행한 분부터 적용).

직전 과세연도 수입금액	과태료
1,000억원 초과	2,000만원
500억원 초과 1,000억원 이하	1,500만원
100억원 초과 500억원 이하	1,000만원
100억원 이하	500만원

10 국외 주식매수선택권 등 거래명세서의 제출

내국법인 또는 법인세법 제94조에 따른 외국법인의 국내사업장을 둔 외국법인은 해당 내국법인 또는 외국법인의 국내사업장에 종사하는 거주자 및 비거주자[주식매수선택권 또는 주식기준보상(이하에서 "주식매수선택권 등"이라 한다)으로부터 발생하는 소득의 전부 또는 일부가 비거주자의 국내원천소득에 해당하는 사람으로 한정한다]에 해당하는 임원 또는 종업원(임원 또는 종업원이었던 자를 포함)에게 다음의 사유가 발생하면 그 사유가 발생한 과세기간의 다음 연도 3월 10일(휴업, 폐업 또는 해산한 경우에는 휴업일, 폐업일 또는 해산일이 속하는 달의 다음다음 달 말일)까지 임원 등의 인적사항과 주식매수선택권 등의 부여·행사 또는 지급 내역 등을 적은 기획재정부령으로 정하는 주식매수선택권 등 거래명세서를 납세지 관할 세무서장에게 제출하여야 한다(소법 164의 5).

① 대통령령으로 정하는 국외 지배주주인 외국법인으로부터 부여받은 주식매수선택권(이와 유사한 것으로서 주식을 미리 정한 가액으로 인수 또는 매수할 수 있는 권리를 포함한다)을 행사한 경우

② 위 "①"의 외국법인으로부터 주식기준보상(주식이나 주식가치에 상당하는 금전으로 지급받는 상여금으로서 대통령령으로 정하는 것을 말한다)을 지급받은 경우

납세지 관할 세무서장은 내국법인 또는 국내사업장을 둔 외국법인이 주식매수선택권 등 거래명세서를 제출하지 아니하거나 거짓으로 제출한 경우 해당 서류의 제출이나 보완을 요구할 수 있다(소법 164의 5 ②).

주식매수선택권 등 거래명세서의 제출 또는 보완을 요구받은 자는 그 요구를 받은 날부터 60일 이내에 해당 서류를 제출하여야 한다(소법 164의 5 ③).

제**11**절 사업자등록 등

1 사업자등록

새로 사업을 시작하는 사업자는 사업장마다 해당 사업의 개시일로부터 20일 내에 사업자 등록신청서를 사업장 관할세무서장에게 제출하여야 한다.

한편, 부가가치세법에 따라 사업자등록을 한 사업자는 해당 사업에 관하여 사업자등록을 한 것으로 보며, 소득세법에 따라 사업자등록을 하는 사업자에 대해서는 부가가치세법 제8조를 준용한다.

2 고유번호의 부여

사업장소재지 또는 법인으로 보는 단체 외의 사단 · 재단 그 밖의 단체의 소재지 관할세무서장은 다음 중 어느 하나에 해당하는 자에게 대통령령으로 정하는 바에 따라 고유번호를 부여할 수 있다(소법 168 ⑤).

① 종합소득이 있는 자로서 사업자가 아닌 자

② 비영리민간단체지원법에 따라 등록된 단체 등 과세자료의 효율적 처리 및 소득공제 사후검증 등을 위하여 필요하다고 인정되는 자

제2장

질문검사와 자문

제1절 질문검사

① 소득세에 관한 사무에 종사하는 공무원은 그 직무수행상 필요한 때에는 다음의 자에게 질문하거나 해당 장부·서류 기타 물건을 조사하거나 그 제출을 명할 수 있다. 다만, 종교인소득(종교인소득에 대하여 근로소득으로 원천징수하거나 과세표준확정신고를 한 경우를 포함한다)에 대해서는 종교단체의 장부·서류 또는 그 밖의 물건 중에서 종교인소득과 관련된 부분에 한하여 조사하거나 그 제출을 명할 수 있다(소법 170).

  ⅰ) 납세의무자 또는 납세의무가 있다고 인정되는 자

  ⅱ) 원천징수의무자

  ⅲ) 납세조합

  ⅳ) 지급명세서 제출의무자

  ⅴ) 소득세법 제156조 및 제156조의 3부터 제156조의 6까지의 규정에 따른 원천징수의무자

  ⅵ) 납세관리인

  ⅶ) 납세의무자 또는 납세의무가 있다고 인정되는 자와 거래가 있다고 인정되는 자

  ⅷ) 납세의무자가 조직한 동업조합과 이에 준하는 단체

  ⅸ) 기부금영수증을 발급하는 자

② 세무에 종사하는 공무원이 소득세에 관한 조사를 하는 경우에 장부·증서 기타 물건의 검사를 하는 때에는 조사원증과 납세자권리헌장을 담은 문서를 관계인에게 제시 또는 교부하여야 한다(소령 222). 조사원증 등을 제시하지 아니하고 행한 질문검사권의 행사는 위법이다.[2]

---

2) 최명근, 「세법학총론」(세경사, 1995), p.348 : 이태로, 「조세법개론」(조세통람사, 1995), p.107.

제2절 자 문

세무서장·지방국세청장 또는 국세청장은 소득세에 관한 신고·결정·경정 또는 조사를 할 때 필요하면 사업자로 조직된 동업조합과 이에 준하는 단체 또는 해당 사업에 관한 사정에 정통한 자에 대하여 소득세에 관한 사항을 자문할 수 있다(소법 171).

제3절 표본조사

납세지 관할세무서장 또는 지방국세청장은 기부금을 필요경비에 산입하거나 기부금 세액공제를 받은 거주자 또는 소득세법 제121조 제2항 및 제5항에 따른 비거주자 중 기부금 세액공제 대상금액 또는 필요경비 산입금액이 100만원 이상인 거주자 또는 비거주자(이하에서 '기부금공제자'라 한다)에 대해서 필요경비산입 또는 세액공제의 적정성을 검증하기 위하여 해당 과세기간 종료일부터 2년 이내에 표본조사를 하여야 한다(소법 175). 표본조사는 기부금공제자 중 1%에 해당하는 인원에 대해서 실시한다. 국세청장은 매년 표본조사 기본계획을 세워 매년 8월 말까지 기획재정부장관에게 제출하여야 한다.

표본조사는 실지조사·서면조사 등의 방법으로 하며 절차 등에 필요한 사항은 국세청장이 정할 수 있다.

참고문헌

國內文獻

- 姜求哲, 講義行政法 Ⅰ, 學研社, 1992.
- 강석규, 조세법쟁론, 삼일인포마인, 2017.
- 姜仁涯, 所得稅法, 韓國稅政新聞社, 1984.
- _____, 租稅法 Ⅰ, 조세통람사, 1988.
- 郭潤直, 民法總則, 博英社, 1991.
- _____, 物權法, 博英社, 1986.
- 權寧星, 憲法學原論, 法文社, 1992.
- 金基燮·崔仁燮, 國際租稅, 稅經社, 1984.
- 金南辰, 行政法의 基本問題, 法文社, 1992.
- _____, 行政法 Ⅰ, 法文社, 1992.
- 金道昶, 一般行政法論(上), 靑雲社, 1992.
- 金東建, 現代財政學, 博英社, 1990.
- 金東建 외 3人, 主要國의 財政政策, 大永文化社, 1992.
- 金東熙, 行政法(Ⅰ), 博英社, 1991.
- 金斗千, 稅法學, 博英社, 1991.
- _____, 法人稅法의 理論과 實際, 조세통람사, 1988.
- _____, 稅法判決評釋, 博英社, 1992.
- 金白映, 租稅判例研究 Ⅰ, 韓國稅政新聞社, 1990.
- 金龍昇·柳泰鉉, 要解 財政學, 商經社, 1993.
- 金疇洙, 親族·相續法, 法文社, 1984.
- 金震宇, 租稅法體系, 育法社, 1984.
- 金完石, 稅法講義 2(所得稅法), 稅經社, 1993.
- 金完淳, 財政學原理, 茶山出版社, 1986.
- 金在吉, 實質課稅의 原則에 관한 研究, 慶熙大學校大學院 博士學位論文, 1991.

- 金哲洙, 憲法學槪論, 博英社, 1992.
- 金炫彩, 現代稅法의 基本問題 Ⅰ, 韓國司法行政學會, 1986.
- 金亨培, 勤勞基準法, 博英社, 1993.
- 南相午, 現代財務會計, 茶山出版社, 1993.
- 朴鈗炘, 最新行政法講義(上), 國民書館, 1992.
- 石琮顯, 一般行政法(上), 三英社, 1993.
- 成再明, 所得稅法, 普成文化社, 1983.
- 宋雙鍾, 租稅法論, 法文社, 1991.
- _____, 租稅法의 理論體系에 관한 硏究, 國民大學校大學院 博士學位論文, 1990.
- 吳然天, 韓國租稅論, 博英社, 1992.
- 吳載善, 個人所得稅의 課稅所得에 관한 硏究, 東國大學校大學院 博士學位論文, 1989.
- 吳赫柱 外 3人, 主要國의 個人所得課稅制度, 韓國租稅研究所 調査報告 第3輯, 1988.
- 柳漢晟, 財政學, 博英社, 1991.
- _____, 財政學槪論, 三英社, 1989.
- 兪好根, 現代財政學, 法文社, 1988.
- 李萬雨, 公共經濟學, 泰進出版社, 1991.
- 李庸燮, 租稅條約의 理論과 實際, 稅經社, 1991.
- 李鍾奎, 法人稅法 解說, 중앙경제사, 1993.
- 李鍾南, 租稅法研究, 法曹文化社, 1975.
- 李載瑅, 財政學, 螢雪出版社, 1993.
- 李在賢, 讓渡稅 解說, 稅務通信社, 1993.
- 李正浩, 現代會計理論, 經文社, 1993.
- 李鎭淳, 財政學, 조세통람사, 1990.
- 李喆晟, 最新 租稅法, 博英社, 1992.
- 李泰魯, 租稅法槪論, 조세통람사, 1995.
- 李泰魯·李哲松, 稅法上 實質課稅에 관한 硏究, 韓國經濟研究院 研究叢書 22-85-03, 1985.
- 李弼佑, 財政學槪論, 法文社, 1985.
- 任煐得, 租稅判例法研究, 서울出版文化社, 1986.
- 張在植, 租稅法, 서울大學校出版部, 1993.
- 全縡九, 韓國 租稅法의 諸問題, 조세통람사, 1989.

- 鄭東潤, 會社法, 法文社, 1989.
- 鄭泰仁·徐熙烈·朴俊奎, 稅務會計, 稅經社, 1993.
- 鄭熙喆, 商法學(上), 博英社, 1990.
- 車軒權, 財政學槪論, 博英社, 1992.
- 崔基元, 商法學新論(上), 博英社, 1991.
- 崔明根, 稅法學總論, 稅經社, 1995.
- _____, 稅法講義 法人稅法, 稅經社, 1995.
- _____, 韓國租稅의 課題, 圖書出版 又玄, 1992.
- _____, 租稅의 公平과 效率, 稅經社, 1984.
- 洪井善, 行政法原論(上), 博英社, 1992.
- 黃元五, 所得稅 要解, 語文閣, 1975.
- 黃夏鉉, 財政學講義, 博英社, 1991.
- 許 營, 韓國憲法論, 博英社, 1993.
- 행솔 李泰魯 敎授 華甲記念論文集 刊行委員會, 租稅法의 論點, 조세통람사, 1992.
- 法院行政處, 租稅事件의 諸問題(재판자료 제17집), 1983.
- 法院行政處, 租稅事件에 관한 諸問題(上) 및 (下) (재판자료 제60집 및 제61집), 1993.

日本文獻

- 藤田良一, 所得稅法の重點詳解, 中央經濟社, 1992.
- 藤田晴, 所得稅の基礎理論, 中央經濟社, 1992.
- 小松崎亮也, 要說所得稅法, 稅務經理協會, 1980.
- 市川深, 所得稅重要判例ユンメンタール, 稅務經理協會, 1991.
- _____, 法人稅重要判例ユンメンタール, 稅務經理協會, 1990.
- 野水鶴雄, 徹底解明所得稅法, 中央經濟社, 1992.
- 吉良實, 所得課稅法の論点, 中央經濟社, 1978.
- 吉田富士雄, 所得稅法, 稅務經理協會, 1973.
- 大山孝夫, 所得稅の計算と理論, 稅研, 1993.
- 林大造, 所得稅の基本問題, 稅務經理協會, 1966.
- 忠在市, 課稅所得の槪念論·計算論, 大藏財務協會, 1980.
- 金子宏, 租稅法 第四版, 弘文堂, 1992.

- 金子宏 編, 所得課稅の研究, 有斐閣, 1991.
- 田中二郎, 租稅法, 有斐閣, 1985.
- 清永敬次, 新版稅法, ミネルウア書房, 1984.
- 新井隆一, 租稅法の基礎理論, 日本評論社, 1986.
- 中川一郎 編, 稅法學體系總論, 三晃社, 1974.
- 宮武敏夫, 國際租稅法, 有斐閣, 1993.
- 村井正, 國際租稅法の研究, 法研出版, 1990.
- 川田剛, 國際課稅の基礎知識, 稅務經理協會, 1989.
- 廣瀨正, 判例からみだ稅法上の諸問題, 新日本法規, 1972.
- 北野弘九, 質問檢查權の法理, 成文堂, 1974.
- 北野弘九 編, 日本稅法體系 1－稅法の基本原理, 中央經濟社, 1978.
- _____, 日本稅法體系 3－租稅手續法 Ⅰ・租稅實體法 Ⅱ, 中央經濟社, 1980.
- 齊藤明, 裁判にみる稅法の解釋, 中央經濟社, 1993.
- 村井正, 租稅法－理論と政策, 青林書院, 1993.
- 木村弘之亮, 租稅過料法, 弘文堂, 1991.
- 渡邊淑夫・山本守之, 法人稅法の考えみ方, 稅務經理協會, 1993.
- 山本守之, 法人稅の理論と實務, 中央經濟社, 1993.
- _____, 體系法人稅法, 稅務經理協會, 1982.
- 吉國二郎・武田昌輔, 法人稅法(理論編), 財經詳報社, 1978.
- 武田昌輔, 立法趣旨法人稅法の解釋, 財經詳報社, 1984.
- 中村利雄, 法人稅法要論, 稅務經理會出版局, 1992.
- 小松芳明, 法人稅法概說, 有斐閣, 1984.
- 小宮保, 法人稅の原理, 中央經濟社, 1968.
- 和田八束, 租稅政策の新展開, 文眞堂, 1986.
- 遠藤三郎, 現代日本稅制の諸問題, 昭和堂, 1986.
- 牛嶋正, 社會的公正と所得課稅, 東洋經濟新報社, 1984.
- 貝塚啓明ほか 編, 稅制改革の潮流, 有斐閣, 1990.
- 宮島洋, 租稅論の展開と日本の稅制, 日本評論社, 1986.
- 監查法人 トーマシ/EC綜合チーム, EC加盟國の稅法, 中央經濟社, 1992.
- 藤岡純一, 現代の稅制改革, 法律文化社, 1992.
- 山田雅俊, 現代の租稅理論, 創文社, 1991.

• 福田幸弘, 税制改革の觀點, 税務經理協會, 1985.

• 大淵利男ほか, 租税の基本原理とアメリカ租税論の展開, 評論社, 1992.

• 清永敬次, [夫婦合算課税], 憲法判例百選 Ⅱ(別冊ジュリスト No.69 : 1980. May), 有斐閣.

• 三木義一, [資産所得合算課税制度の合憲性], 租税判例百選(第2版)(別冊ジュリスト No.79
　　　　　: 1983. May), 有斐閣.

• 金子宏, [所得税における課税單位の研究], 公法の理論(中), 有斐閣, 1983.

• 税務經理協會 編, 税制の拔本改革(税制調査會 第2・第3 特別部會中間報告), 税務經理協
　　　　　會, 1986.

• 日本税法學會, 40周年記念祝賀税法學論文集, 1991.

• 租税法學會, 所得税法の基本問題(第3號), 有斐閣, 1975.

• _____, 所得税・法人税の課税ベス(第17號), 有斐閣, 1989.

美國・英國 및 獨逸文獻

• Aaron, H. J. Inflation and the Income Tax, The Brookings Institution, 1976.

• Auerbach, A. J., The Taxation of Capital Income, Harvard University Press, 1983.

• Barr, N. A. et al, Self－Assessment for Income Tax, Heinemann Educational Books, 1977.

• Bittker, B. I., Federal Taxation of Income, Estates and Gifts, Volume 4, 2nd edition, Warren, Gorham & Lamont, 1981.

• _____, "Federal income taxation and the family", 27 Stanford L. Rev., 1975.

• Bradford, D. F., Untangling the Income Tax, Harvard University Press, 1986.

• Carter et al, Report of the Royal Commission on Taxation(Volume 3, Taxation of Income), Queen's Printer and Controller of Stationery, 1966.

• Cox, C. & Ross, H. J., Capital Gains Tax on Businesses, 2nd edition, Sweet & Maxwell, 1986.

• Feldstein, M., Capital Taxation, Harvard University Press, 1983.

• Goode, R., The Individual Income Tax, The Brookings Institution, 1976.

• Groves, H. M., Federal Tax Treatment of the Family, The Brookings Institution, 1963.

• Haig, R. M., "The Concept of Income－Economic and Legal Aspects," in R. M. Haig ed. The Federal Income Tax, Columbia University Press, 1921.

• Hübschmann・Hepp・Spitaler, Kommentar zur Abgabenordnung und Finanzgerichtsordnung, 9. Aufl., Verlag Dr. Otto Schmidt KG, 1989.

• IFS, The Structure and Reform of Direct Taxation(Report of a Committee chaired by

Professor J. E. Meade), George Allen & Unwin, 1978.

- IFS, Internationl Tax Avoidance, Kluwer, 1978.
- International Bureau of Fiscal Documentation, International Tax Avoidance and Evasion, 1981.
- Kerridge, R., "capital gains tax－what next?", British Tax Reivew 1990 Number 3, Sweet & Maxwell, 1990.
- King, M. A. & Fullerton, D., The Taxation of Income from Capital, The University of Chicago Press, 1984.
- Klaus Tipke/Joachim Lang, Steuerrecht, Ein systematischer Grundriß, 13. Aufl., Verlag Dr. Otto Schmidt KG, 1991.
- _____, Steuerrecht, Ein systematischer Grundriß, 11. Aufl., Verlag Dr. Otto Schmidt KG, 1994.
- Klaus Tipke, Steuerrecht, Ein systematischer Grundriß, 11. Aufl., Verlag Dr. Otto Schmidt KG, 1987.
- Klaus Tipke/Heinrich Wilhelm Kruse, Abgabenordnung Finanzgerichtsordnung Kommentar, 13. Aufl., Verlag Dr. Otto Schmidt KG, 1988.
- Klein, W. A. & Bankman, J., Federal Income Taxation, 9th edition, Little, Brown and Company, 1993.
- Ludwig Schmidt, Einkommensteuergesetz Kommentar, 9. Aufl., Verlag C. H. Beck, 1990.
- Masters, C., Tax Avoidance, Sweet & Maxwell, 1992.
- Mayson, S. A. & Blake, S., Mayson on Revenue, 13th edition, Blackstone Press, 1992.
- McLure, C. E., Jr., Must Corporate Income Be Taxed Twice?, The Brookings Institution, 1979.
- McNulty, J. K., Federal Income Taxation of Individuals, West Publishing Co., 1988.
- Musgrave, R. A., "In defence of an income concept", Harvard Law Review Volume 81 No.1, 1967.
- Musgrave, R. A. & Musgrave P. B., Public finance in the theory and practice, 5th edition, McGraw－Hill International Edition, 1989.
- Office of the Secretary Department of the Treasury, Tax Reform for Fairness, Simplicity, and Economic Growth－The Treasury Department Report to the President(Volume 1 overview), 1984.
- Pechman, J. A., Federal tax policy, 4th edition, The Brookings, Institution, 1983.
- Pechman, J. A. ed., What Should Be Taxed : Income or Expenditure?, The Brookings Institution, 1980.
- Pinson, B., Pinson on Revenue Law, 17th edition, Sweet & Maxwell, 1986.

- Rosen, H. S., Public Finance, 3rd edition, Irwin, 1991.
- Salter, D. R. & Kerr, J. L. B., Cases and Materials on Revenue Law, Sweet & Maxwell, 1990.
- Schanz, G. V., "Der Einkommensbegriff und die Einkommensteuergesetze," Finanzarchiv 13. Jg., 1896.
- Seligman E. R. A., Essays in Taxation, The Macmillan Company, 1921.
- Simons, H. C., Personal income taxation, University of Chicago Press, 1938.
- Streck, M., Körperschaftsteuergesetz Kommentar, 3. Aufl., Verlag C. H. Beck, 1991.
- Surrey, S. S. & McDaniel, P. R., Tax Expenditures, Harvard University Press, 1985.
- Tanzi, V., Inflation and the Personal Income Tax, Cambridge University Press, 1980.
- Weidenbruch, P. P. & Burke, K. C., Federal Income Taxation of Corporations and Stockholders, West publishing co., 1989.
- Walker, C. E. & Bloomfield, M. A. ed., New Directions in Federal Tax Policy for the 1980s, Ballinger Publishing Company, 1984.
- Whitehouse, C. & Stuart - Buttle, E., Revenue Law - Principle and practice, 10th edition, Butterworths, 1992.
- Wylie, O. P., taxation of the family, Butterworths, 1983.
- Yoran, A., The Effect of the Inflation on Civil and Tax Liability, Kluwer Law and Taxation Publishers, 1983.

찾아보기

F

| 저 | 자 | 소 | 개 |

저자 김 완 석

▌저자 약력

- 중앙대학교 및 동 대학원 졸업(법학 박사)
- 국세청 직세국 등 근무
- 한국조세법학회·한국세무학회·한국조세연구포럼·한국 세법학회·한국토지공법학회 및 한국공법학회 회원
- 중앙법학회 회장
- 한국조세학회 조세법연구회장
- 사단법인 한국세무학회장
- 법무연수원 및 사법연수원 강사
- 감사원 자문위원, 국무총리 산하 소득파악위원회 위원
- 사법시험·행정고등고시·입법고시 및 세무사시험위원(조세법)
- 한국조세재정연구원 초빙연구위원 및 자문위원
- 한국지방세연구원 자문위원
- 행정자치부 법제정비자문위원회 위원장
- 재정경제부 세제발전심의위원회 부위원장
- 기획재정부 조세법령개혁위원회 공동위원장
- 기획재정부 국세예규심사위원회 민간위원
- 조세심판원 비상임 조세심판관
- 서울시립대학교 세무대학원장 및 지방세연구 소장
- 서울시립대학교 세무전문대학원 및 법학전문대학원 교수
- 조세심판원 정책자문위원회 위원장(현)
- 강남대학교 대학원(세무학과) 석좌교수(현)

▌주요 저서·논문

- 조세심판에 관한 연구, 1990.
- 납세신고의 법적 성질에 관한 연구, 1993.
- 독일의 세무대리제도에 관한 연구(공저), 1994.
- 추계과세의 방법과 그 합리성에 관한 연구, 1995.
- 소득세제도 및 행정의 개선에 관한 연구, 1996.
- 경정청구제도에 관한 연구, 1997.
- 소득처분에 관한 연구, 1997.
- 행정쟁송의 재결 등에 따른 경정결정 등의 제척기간, 2000.
- 해당 재산에 대한 조세의 우선권, 2001.
- 소급과세의 금지에 관한 연구, 2003.
- 국세기본법 제22조의 2의 해석론, 2003.
- 세법상 특수관계인과 관련된 문제점 및 개선방안, 2005.
- 조세법체계의 개편에 관한 연구, 2006.
- 수증재산에 대한 소득세와 증여세의 경합과 그 조정에 관한 연구, 2009.
- 제2차 납세의무제도의 문제점과 개선방안, 2012.
- 조세법령 새로 쓰기(소득세법편), 2012.
- 법인세의 후발적 경정청구, 2013.
- 소득세법상 주소의 개념, 2015.
- 조세법령 새로 쓰기(국세기본법편), 2016.
- 거래내용에 관한 실질과세의 원칙의 적용 범위, 2016.
- 주식 명의신탁에 따른 증여의제제도의 개선방안, 2016.
- 상속으로 인한 납세의무의 승계의 해석상 논점, 2018.
- 명의사업자의 이름으로 납부한 국세환급금의 환급청구권자, 2018.
- 하자있는 세무조사에 근거한 과세처분의 효력, 2019.
- 가업승계세제의 평가와 입법적 개선방안, 2020.
- 조세감면법령의 개정과 납세자의 신뢰보호, 2020.
- 주석 국세기본법(공저), 삼일인포마인, 2023.
- 조세법 해석방법에 관한 대법원 판례의 검토, 2022.
- 법인세법론(공저), 삼일인포마인, 2025

저자 정 지 선

▌저자 약력

- 서울시립대학교 및 동 대학원 졸업(세무학 박사)
- 세무사시험 합격(제36회)
- 한국세법학회·한국세무학회·한국조세연구포럼·한국국제조 세협회·중앙법학회·한국지방자치법학회 회원
- 동국대학교·건국대학교·한성대학교·덕성여자대학교 강사
- 건양대학교 세무학과 교수
- 행정고등고시·세무사·관세사 및 각급 공무원 시험위원
- 한국세법학회 총무이사·연구이사·편집이사
- 한국세무학회 법제이사·지방세 연구위원장
- 한국세무학회 세무학연구 편집위원장
- 한국조세연구소 연구위원
- 한국국제조세협회 편집이사·연구이사
- 한국조세연구포럼 총무부학회장·학술부학회장·연구부학회장
- 한국지방세학회 부회장
- 중부지방국세청 국세심사위원회 위원
- 기획재정부 세제발전심의위원회 위원
- 조세심판원 비상임 조세심판관
- 기획재정부 국세예규심사위원회 민간위원
- 국세청 납세자보호위원회 위원
- 사행산업통합감독위원회 위원
- 서울시립대학교 세무학과·세무전문대학원 교수(현)

▌주요 저서·논문

- 현행 세법상 경정청구제도에 관한 연구, 2004.
- 지방세법상 취득세의 본질규명과 취득시기의 개선방안, 2006.
- 지방세법상 재산세의 문제점과 개선방안, 2007.
- 양도소득세 과세표준 산정방법과 세율구조에 관한 연구, 2008.
- 지방세 비과세·감면제도의 문제점과 개선방안, 2009.
- 지방자치단체의 과세자주권에 관한 연구, 2010.
- 출자자의 제2차납세의무제도의 문제점과 개선방안에 관한 연구, 2011.
- 자산의 저가양수도 및 고가양수도에 따른 과세문제에 관한 연구, 2011.
- 세법상 납세협력의무 및 관련 가산세 개선방안 연구, 2011.
- 납세자의 권리구제를 위한 심판청구제도의 합리적인 개선방안, 2012.
- 사업관련 부동산이 제외된 사업양도의 부가가치세 과세여부에 관한 연구, 2013.
- 소득세법상 종합소득공제제도의 세액공제방식 전환에 관한 평가와 문제점, 2014.
- 부가가치세 매입자 납부제도의 문제점과 개선방안, 2014.
- 명의신탁 관련 취득세 과세문제에 관한 연구, 2015.
- 회원제 골프장에 대한 중과세제도의 위헌성, 2016.
- 합병으로 인하여 받은 합병신주의 명의신탁 증여의제, 2017.
- 소득세의 과세에 있어서 직무발명보상금의 소득구분에 관한 연구, 2018.
- 고급주택 관련 취득세 중과세제도의 문제점과 개선방안, 2024.
- 취득세 과세표준 규정의 문제점과 개선방안, 2023.
- 부가가치세법론, 삼일인포마인, 2019.
- 지방세 쟁점별 판례해설, 삼일인포마인, 2024.
- 세무학의 이해, 청람, 2024.

2025년 개정증보판 **소득세법론**

1994년 3월 4일 초 판 발행
2025년 3월 12일 개정 31판 발행

저자협의
인지생략

저　　자 김　완　석
　　　　 정　지　선
발 행 인 이　희　태
발 행 처 **삼일피더블유씨솔루션**
서울특별시 용산구 한강대로 273 용산빌딩 4층
등록번호 : 1995. 6. 26 제3-633호
전　　화 : (02) 3489-3100
F A X : (02) 3489-3141
I S B N : 979-11-6784-356-2　93320

정가 50,000원

※ '삼일인포마인'은 '삼일피더블유씨솔루션'의 단행본 브랜드입니다.
※ 파본은 교환하여 드립니다.